《资兴历史》第二部

资兴历代县官考

上册

欧资海　著

中国致公出版社
China Zhigong Press

图书在版编目（CIP）数据

资兴历代县官考 / 欧资海著 . —北京：中国致公
出版社，2019
ISBN 978-7-5145-1185-7

Ⅰ.①资… Ⅱ.①欧… Ⅲ.①县长-生平事迹-资兴
-古代 Ⅳ.①K827＝2

中国版本图书馆 CIP 数据核字（2018）第 002834 号

资兴历代县官考

欧资海 著

责任编辑：尤　敏　梁玉刚
责任印制：岳　珍

出版发行：中国致公出版社
　　　　　　China Zhigong Press

地　　址：北京市海淀区翠微路 2 号院科贸楼
邮　　编：100036
电　　话：010-85869872（发行部）
经　　销：全国新华书店
印　　刷：天津雅泽印刷有限公司
开　　本：710 毫米×1000 毫米　　　1/16
印　　张：59.5
字　　数：971 千字
版　　次：2019 年 7 月第 1 版　　2019 年 7 月第 1 次印刷

定　　价：198.00 元

·目　录·

·1·

次委任）、江侍御、程琼、仇应麟、顾斌、魏廷美、陈继缨、冯升、封祖裔、李揆、史载泽、汪瑾、陈交、陈远谟、麦江、虞瑶祷、何灿、金廷烜、黄桢、刘正亨、刘应魁、许登云、陈舜道、黄志尹、喻思化、伍实、罗继韩、黎可、萧建勋、萧奇烋、方澄澈、马宗益、山春、周朝重、陶凌云、何大有、李玉、宋臣熙、虞瑶、萧仪凤、范秉义、程美中、宋良弼、侯之宣、官正荣、胡文焕、傅其德、徐士章、朱朝望、林大佑、吴子骐、丁元忠、汪梦尹、张大观、宁养初、阎廷谕、刘文炳、沈启淮、朱英、马士达、李宏源

贾蓝玉（明）、王士（明）、吴之玉（明）、李士贞、韩文炳、王赞贤、赵三骐、蒋甲梅（明）、线维统、孔东周、高燻、徐腾、耿念劢、郭维屏、李玳、萧汝藿、汪维国、黄士宪、崔士杰、张时英、冯时奉、余起腾、林模、陈邦器、郭之祚、戴正冠、刘士铎、徐天时、张联芳、蒋宗芝、申奇彩、张为经、谢乃实、张陟、段绎祖、何瑞涵、林宸佐、杨蔵、陈善、王仁荣、颜天球、缪铎、崔鹤龄、周天相、董植、李廷枢、刘肇相、倪其忱、张宗嵛、王伯麟、苏畅华、陈亨元、路可大、福隆阿、朱钥、张勤治、黄福、官书禄、凌鱼、李允性、罗绅、赫伸、朱丝纶、张照藜、张拱极、何大璋、蔡昌诒、孟潜、杨锡绶、李兆吉、于兆熊、江清、李逢升、邓家燕、贺知非、熊起磻、党兆熊、徐孝标、励守训、汪廷模、蒋兆甲、周岸、牛曾若、方廷机、任鉴、梁纯谋（三次委任）、白明礼（三次委任）、卫际可、陈新、鲍西、宋海涵、宋大荣、陈文煜、侯靖宇、翟敏政、周曰健、茅瑞、郑人纪、杨辉宣、蔚常春、李芝梓（两次委任）、刘澍、张伟（两次委任）、董友筠、田诏金、杨彬、孙尚谦（两次委任）、蒋庸、叶攀鳞、汪仁堂、宋翔凤（两次委任）、戴鸿恩、杨国菜、秦琮、朱国宾、张宝辰、贵德、傅祥华、章学纯、陆费菜、吴本芝、彭嗣昌、贺锡朋、万时若、郭树馨、朱耀奎、黄善福、俞文葆、田福亨、刘锡九、陈少厓、陈维祯、单□□、陈建常、连自华、颜□□、高联璧、李伯龄、龚鹤畴、王章棋、章采房、黄国权、祝鸿泰、宋传基

资兴概况

资兴市位于湖南省东南部，湘江流域耒水的上游，在罗霄山脉西麓、茶永盆地南端。东邻桂东县、株洲市炎陵县（原酃县），南接汝城县、宜章县，西连苏仙区（原郴县），北抵永兴、安仁县。土地总面积 2746.79 平方公里，总人口为 37.73 万，其中农业人口 24 万，常住人口为 34.31 万。资兴市是一个集矿区、库区、林区、老区、旅游区于一体的新兴工业城市和旅游城市。区划代码：431081000000。

2000 年，资兴市辖 1 个街道、10 个镇、15 个乡、2 个民族乡：唐洞街道、滁口镇、鲤鱼江镇、三都镇、蓼江镇、七里镇、兴宁镇、州门司镇、青腰镇、黄草镇、东江镇、香花乡、高码乡、东坪乡、团结瑶族乡、碑记乡、连坪瑶族乡、何家山乡、坪石乡、彭市乡、汤市乡、烟坪乡、兰市乡、波水乡、皮石乡、清江乡、龙溪乡、白廊乡（原旧市乡与厚玉乡合并）。

2013 年，资兴市下辖 2 个街道、10 个镇、6 个乡、2 个民族乡，共有 266 个行政村、45 个社区。

2015 年 11 月底，资兴市乡镇区划调整后，下辖 9 个镇，2 个乡，2 个街道。现辖蓼江、三都、兴宁、州门司、汤溪、黄草、滁口、白廊、清江 9 个镇，回龙山、八面山 2 个瑶族乡，唐洞、东江 2 个街道，总人口 37.73 万（湖南省民政厅批复文件）。

2016 年 12 月底总人口数：382723。

一、历史沿革

地名由来

唐代高祖武德八年（625）撤晋兴，归郴县；高宗咸亨三年（672）重置县，以治所前资兴江命名，首称资兴。据《地学杂志》1914 年第 3 期《拟改各省重复县名呈文并批》称："该县唐为资兴县，今县东南二十里有资兴水。"故名（《中国地名语源词典》）。

据《兴宁县志·沿革志》记载：资兴境地，"三皇五帝时期，黄帝有熊氏至颛顼高阳氏，属于荒服地域；帝喾始创制九州，隶属于荆州，直至唐尧、虞、夏、商、周"。

古代传说时期，资兴属于炎帝神农氏地域。

湖南，有着悠久的历史。考古发现，早在 5—10 万年前，就有原始人类在这片土地上繁衍生息。距今约 9000 年前，进入新石器时代；6500 年前，进入定居生活的母系氏族繁荣时期；到 5000 年前，进入父系氏族社会。

中国三皇五帝的传说时期，湖南并不属于黄帝，而是属于炎帝的势力范围。黄帝部落居黄土高原，以"黄"色为代表，故称"黄帝"。他占据中原，位于中央，故号"中国"。炎帝是刀耕火种的部族，以"火"为代表，故称"炎帝"。炎帝被黄帝打败后虽称"联盟"，实则被挤压得不断向南迁徙，因而位居南方，江南号曰"炎天"。黄帝和炎帝所处的时代为新石器时代，大约从 1 万年前开始，结束时间距今 5000 多年至 2000 多年不等。炎帝是中国上古时期姜姓部落的首领尊称，号神农氏，又号魁隗氏、连山氏、厉山氏。《礼记》上说："厉山氏，炎帝也；起于厉山，故曰厉山氏。"厉山即今湖北随州。炎帝神农氏"以姜水成"，葬于"长沙茶乡之尾"，即现在的湖南省株洲市炎陵县（原酃县），号曰"炎帝陵"。

资兴与炎陵县接壤。资兴的回龙山（海拔 1402 米，比南岳衡山的祝融峰还高出 112 米），为何称"古南岳"？《兴宁县志》中说："古字思之，盖古有三古，兹之所谓古，或非唐虞以下之古也，乃五帝以上之古。云阳氏处于万里沙，即今之茶陵神农氏起于厉乡，葬于茶乡。茶乡今酃县（今炎陵县），随州古厉乡也，俱属南土。且茶陵、酃县（今炎陵县）接壤，吾宁（兴宁，即资兴）审如是也。回龙山作镇，畿甸其高，又耸峙衡山之上。石碣所谓南岳，古之所谓古焉，意在斯呼？"

民间传说，炎帝神农做耒于耒山（汝城县耒山）。公元前 26 世纪，炎帝神农氏率领部落联盟离开中原，南迁来到茶陵（今陵山尚存两百余坟）。湘南繁茂的森林、肥沃的土地与宜人的气候、丰富的物产，深深吸引着炎帝神农。

在郴州，神农帝踏遍大小山川，寻找果腹之种，搜求治病之药，尝百草创医药于安仁。在现在的嘉禾县，神农意外地发现可种食的稻谷，并试种成功。其事最早见于春秋战国的《管子》一书。《桂阳州志》引《衡湘稽古录》的话说："《管子》曰：神农种谷于淇田之阳……九州之人，乃知谷食。"又云："天降嘉谷，神农拾之，教耕于淇田之北，其地曰禾仓，后以置县。"淇田，即后改称的"骑田岭"。今日之嘉禾县城，古名禾仓堡，即纪念神农拾嘉谷教耕之事。帝拾嘉谷，播种收获。但双手难耕，帝思耕播之法，必得有耕播之具。为此，神农冥思苦想，在郴州汝城（原属资兴地域）的耒山发明了农耕的耒耜。耒为柄，耜为铲。神农做耒耜，最早见于《古史考》："神农作耜"；"神农氏作，斫木为耜，揉木为耒"。《衡湘稽古录》记载：帝之匠赤制氏，作耒耜于郴州耒山。耒山在郴州汝城县城南五里，即因神农帝在此发明耒耜而得名。湘江上游的耒水因发源于此而得名（流经资兴），耒阳又因城临耒水之阳而得名。《路史》曰："（炎帝）乃命郴天，作扶耒之乐，制半年之咏，以荐犁耒。"《虞书》载：炎帝"五月南巡，狩至于南岳"。炎帝尊资兴的回龙山为南岳，每年五月到此朝拜，故曰"古南岳"。炎帝神农氏到资兴的汤市温泉洗澡，在温汤旁石头上留下深深的手掌印，后人称之为"仙人掌"。炎帝采药误尝断肠草，行将去世，嘱咐身边的大臣，死后要安葬于汤市温汤边的"妙松奇"（原汤市乡政府所在地）。大臣们遵嘱办丧，灵船沿发源于资兴的洣水逆流而上，由于天降大雨，河中涨水，灵船倾覆，故葬于离汤市不远的炎帝陵。

这些民间传说，虽然不能作为历史依据，但正如"三皇五帝"的传说一样，反映了本土文化的精髓和普通百姓的历史观。近年来，永州道县玉蟾岩旧石器遗址发现一万二千年前的栽培稻种，澧县彭头山新石器早期遗址发现稻田遗存，证明湖湘地区确为世界上稻作农业最早发源地之一。

湖南古代居民属于古苗族和古越集团，包括湖南大部地区在内的洞庭、彭蠡之间，形成"三苗国"部落联盟，同华夏部落集团进行了长期斗争，结果三苗瓦解，大部被赶到边远山区。迄至夏、商、西周时期，湖南是"荆蛮"和"夷越"的活动地域，但同中原华夏文化已发生比较密切的联系。春秋战国时期，湖南逐渐被纳入楚国的范围，在中原文化的直接影响下，融合原有土著文化，形成以长沙为中心的有独特风格的楚文化。

据《资兴市志·古迹》记载，到1988年止，资兴发现古遗址8处，重点有三处：唐家岭遗址、柿花岭遗址和碑记岭遗址。唐家岭遗址在蓼江镇中心完小操场内，属于新石器时代遗址——距今1万年左右，1986年被发现。因建学校操场遭到严重破坏，仅存西部一角，面积约4800平方米，文化年层厚约40厘米，残存木炭粒和红烧土，在地表采集到泥质灰陶、夹砂灰白陶和三菱形石箭镞、石斧等。器物有平底器、三足器、圈足器等。部分陶片饰方格纹。柿花岭遗址地处蓼江镇政府大院内，距今大约3500年。碑记岭遗址地处原香化乡镜塘村碑记岭，距今大约3000年。

建造这些遗址的人们，应该就是资兴人的祖先。他们大约从1万年前开始，最迟也是从公元前2000多年开始，就制造了泥质灰陶、夹砂灰白陶和三菱形石箭镞、石斧等器皿和工具，留下了古人类活动的了不起的证据。换句话说，创造这些遗址的人们，应该就是资兴人的开天辟地之"盘古"，或者说是资兴人的"三皇五帝"。

事实上，资兴境地的郴州及其周边地区，从古代，经夏朝（约前2070—前1600）、商朝（前1600—前1046）、周朝（前1046—前256），直到周朝时期的战国中期，都属于"荒服地域"，处于聚族而居的原始氏族社会——亦称氏族公社，即以血缘为纽带结成的社会基层单位，亦是社会经济的基本单位，并不属于哪一"国"、哪一"州"。"帝喾始创制九州"。也有的说"州"始于黄帝时代，以一万平方里为一州；至夏禹分天下为九州，这是中国别称"九州"的来源。那时的"州"只是一个方位、一个大的范围，并不是一个行使实际统治权的"州政府"。《兴宁县志》中说：资兴"隶属于荆州"，也不是今人所理解的"隶属"关系，只不过是为资兴人找到一个在中国的"位置"而已。

资兴境地的郴州及其周边地区，虽属于"荒服地域"，但由于物产奇特，其名声早已传播到了中原。郴州古代称为"桂阳郡"，其"桂"字就是药材名，上古时期中原人因此称"桂国"（当地人还没有"国"的概念）。周成王六年（前1037），周公旦摄政，诸侯各国派遣使者前往洛邑（今洛阳）朝贺，从《逸周书·王会》"自深桂"句（自深，贡的桂树）及《商书》"桂国"之名，推知西周之前的夏王朝，"桂"地的桂菁茅等药材，已从"深水"（即后来改称的"桂水"）运出，在大禹时代已是专用贡物，包装上贡给王室，酿酒以做宗庙祭祀用品。西晋左思《三都赋》可做旁征："《尚书·禹贡》曰包匦菁茅。菁茅生桂阳，可以缩酒，给宗庙，异物也。"

夏、商、西周（前1046—前771），资兴属古越地——林国

商、周时期，主要实行"分土封侯""封邦建国"的分封制度，资兴并没有真正的行政区划。

湖南省南部和两广、越南北部地区，商代时称为"南越"，周代时又有称为"百粤""南海"。早在公元前九世纪的周代，广州的"百越"人和长江中游的楚国人已有来往，建有"楚庭"，这是广州最早的名称。现越秀山上有清代建的一座石牌坊，坊上书写"古之楚庭"，不少史籍将"楚庭"视为广州的雏形，是广州最早的称谓。

中国历史地理学奠基人谭其骧（1911年2月25日—1992年8月28日）的大著《中国历史地图集》中的"战国楚域图"，将上古名称"方林"（"方"系指古代方国，"林"为国名）标示于今南岭郴州一带，即上古以"郴"为中心的南岭地域。这个叫作"林"的国名，就是上古时期郴州南岭一带的名称。

有人根据《韩非子·和氏》中的记载，推算出古"林（萛）"地早就并入了楚国。《韩非子·和氏》中记载："春秋林人，卞和，得璞于荆山，卞和奉献于楚厉王……"据南宋地理志《舆地纪胜》载："在湖广郴州永兴县荆山观旁有玉洞，世传卞和取玉之地。"这个"春秋林人"，显见即春秋时期的"萛人"，"林""萛""郴"都为通假字使用，故《辞源》对"郴"释义为"春秋楚地"。其实，"和氏璧"是个"奉献"宝玉的故事，并不能以此断定为"林"国从此"并入"了楚国，只说明当时"林"国人正向楚国"进贡（奉献）"，"林"国属于楚的方国。楚厉王名叫"蚡冒"，公元前757年—前741年在位。如果按此计算，"林"国（萛、郴）向楚国"进贡"的时间，最早要追溯到公元前757年。

春秋（前770—前476），至战国中期，资兴属古越地——萛国

春秋战国时期，"岭南"泛指今五岭南部地区，即今两广、越南北部和湖南省的南部地区，当时居住在这里的民族称为南越，又称南粤——《史记》中称"南越"，《汉书》称"南粤"。

"萛"，读lǐn：1. 拂萛：我国古代称东罗马帝国；2. 蒿类植物；读má：古同"麻"。远古的"萛"地是一个水源丰富的地方，其河溪、湖泊、沼泽的水边，长满了一种被称为萛蒿的蒿类植物。萛蒿，即莪蒿，又名萝蒿，为多年生草本植物。萛蒿的茎叶可食用，根茎可入药，是古越人的主要菜蔬药草，深受越人喜欢——并且成为向周朝"天子"进贡的贡品。古越地盛产"菻蒿",中原人便以"菻"为古郴地的国名,意思就是长满青蒿并以此物进贡的方国。

1978年秋,全国重点工程东江水电站动工兴建。资兴县东汉至南宋理宗绍定二年(1229)的县治所在地旧市的"九十九堆"等地,由于地处淹没区,湖南省和郴州地区文物部门进行了抢救性考古发掘,历时两年,共发掘春秋至东汉的墓葬近600座。其中45座为春秋墓,有20座有随葬物,最多的一座出玉玦和水晶玦饰物21件,少的仅一件。出土文物共115件,青铜器为多,共有65件,主要是铜兵器(46件)和铜工具,也有鼎二只,陶器极少。根据墓葬形制和随葬器物判断均为典型的越人墓(《湖南省志·第二十八卷·文物志》,湖南出版社,1995年版)。这说明,资兴境域古代属百越之地,即古籍中所记载的"林""菻"地。

种种迹象表明,战国早期,郴州境内尚未出现真正意义上的国家,还处于氏族部落君长阶段,但已有初步的部落联盟,并具有一定的方国雏形。

战国(前475—前221)中晚期,资兴属楚国——郴县

《兴宁县志·沿革志》记载:"周:统于职方氏。正南曰荆州,宜在荆州之南。按:周成王始封熊绎于楚,鲁僖公元年始见于《经》。后吞并长沙等处,属楚南境。周末为楚巫中地。"熊绎,公元前1042—前1006年在位。鲁僖公元年,即壬戌,公元前659年。公元前380年前后,楚国吞并长沙、苍梧等处,郴属楚南境。周末(前256年之前),郴地为楚巫中地(巫州,治所在今湖南省黔阳西南黔城镇),即楚黔中郡。

楚国(前11世纪—前223):周朝时期华夏族建立的诸侯国,国君为芈姓熊氏(芈读mǐ,为羊叫声)。周成王时期,封楚人首领熊绎为子爵,建立楚国。楚国在武、文王之世开始崛起,奄有江汉,史称"大启群蛮"。公元前704年,熊通僭越称王,是为楚武王。楚成王时,楚国在令尹子文的治理下更显强盛,北抗齐桓公、宋襄公,实为一代霸主。楚庄王时,任用虞邱子、孙叔敖等贤臣,问鼎周室,邲之战大败晋国称霸,开创春秋时期楚国最鼎盛的时代。

战国中期,楚悼王熊疑(前402年即位)拜著名军事家吴起(前440—前381)为相。吴起针对楚国弊端进行了变法,国力迅速强盛。于是,楚国北征南讨,拓土开疆,其中就有对楚国南边以居住古越人为主的湘资流域发动的"南平百越"战争。在这场以武力南平百越的战争中，公元前385年前后，由来自楚都郢邑附近沮漳流域（今湖北保康、南漳一带）的楚人组成的一支水军，在占领湘江中游长沙一带后，沿耒水"上逾取㮤"。从此，㮤为楚征服，属楚南边陲（后来，楚国攻灭了南越，其边境直达大海）。

㮤，地处五岭北麓、耒水上游河谷，一条并不起眼的郴江，时而咆哮，时而平静，款款北去，连接着耒水、湘江，最后融入长江，形成了一条古代对外交通的黄金水道。楚人发明了"屯三舟为一舿"（将三舟并在一起为一舿）的航行方式，在大江、大河中航行用舿，在小河中用舟。有了这种当时十分先进的航行方式，楚怀王六年（前322），湘水及支流耒水成为楚国南北联系的重要交通干线。㮤成为楚国都城郢邑通往南楚水路交通的末梢，是南楚的通衢冲要。于是乎，大量的楚国官吏、军人、商贾沿水道而来，一个长满青蒿的地方逐渐形成楚人聚居的城邑。为此，楚人将地名"㮤"舍"艹"从"邑"改称为"郴"（"郴""㮤"音同义通，为通假字）。"郴"字最早并不是始于《史记》，而是来源于楚篆"郴"字。安徽省寿县城南邱家花园1957年4月出土的战国青铜器"鄂君启节"（楚怀王颁发给他儿子——封地在今湖北鄂城的鄂君启用于水陆两路运输货物的免税通行证，此节制于楚怀王六年，即公元前323年）的铭文中，有一个"就郴"（楚篆"郴"字）——表明货物是从郴县运往寿县的。郴者，谓之"林中之邑"；林者，谓之"郊野之外"；邑者，谓之"人聚之称"。依照远古的城邦体制，城邦有国野之分，邑有都鄙之别。郴地，远离楚都郢邑，地处楚国边陲。郴邑，意为遥远的城邑，即边鄙之邑。"㮤"改"郴"，意味着一个长满青蒿的地方成为一个人类聚居的城邑。从此，中国多了一个从"邑"的专属地名：郴。"㮤"改"郴"是郴城建制的肇始，具有划时代、里程碑式的意义。郴城是舿舟载来的城邑，为楚南边邑，是军事边塞，亦是楚南通往岭南的边境商贸口岸。楚国在此不但设置官署、驻屯军队，还设置税官，向通关往来的商人征税。

"郴县"并不是公元前221年"始设置"的，而是大大地早于这个时间。2002年湘西龙山县里耶遗址发掘出大批秦简，其中14—17号简牍有"苍梧郴县"4字。这说明，战国中期，楚国南平百越、设置苍梧郡时，已有"郴县"。这个时间，在公元前385年—381年之间。周朝县大于郡，秦以后县属于郡。《周礼·地官》中记载："五鄙为县。"说明鄙、县都是周王朝的行政单位。每鄙住家不超过500家，行政区划小于县，是县、国的边镇。大量的史籍资料表明：郡县制最早创始于春秋时期。当时的楚、秦、晋等诸侯国在新兼并的地方设置郡县，由国王派游官直接管理，以便加强对这些地方的统治。对新兼并的地方，秦国是采取一部分分封，一部分郡县；而楚国则基本上实行郡县制。因此，"苍梧郴县"4字表明，郴县的历史，起码要追溯到公元前385年—前381年。有研究者还据此认为，楚国的苍梧郡郡治就设在"郴县"——今郴州；舜帝"南巡狩"于郴，崩于临武或蓝山，葬于宁远九嶷山。值得说明的是：秦简中的记载也表明，在秦始皇二十五年（前222），秦占领楚全境后沿袭旧置，仍然设置了"苍梧郡"和"郴县"。

资兴旧市"九十九堆"挖掘战国墓84座，其中既有楚人墓，又有越人墓。这些战国墓均有随葬器物出土，共477件，与同一地区春秋墓不同的是，战国墓随葬器物以陶器为主，有238件，其仿铜陶礼器主要分布于42座楚人墓中，而生活日用陶器则分布于40座越人墓中。越人墓还共存84件青铜兵器、35件铁质生产工具和24件铜鼎及少量铜镜。由此可见，战国中晚期，众多越人，包括从湘水中游迁徙而来的越人，除了部分迁徙于岭南外，相当部分越人仍居住于五岭北麓的广大山林河谷地区，为莽郴地区的主要构成居民。越人在保持固有越文化的同时，亦吸收了大量先进的楚文化，表现为陶器和铁质工具的普遍使用，并随着越人南迁，将楚文化带入岭南。而征服者楚人主要驻扎于交通冲要和军事塞城，对越人进行离散式统治。战国中后期，楚越文化共存并开始交错融合。楚国南侵及150余年的统治，给湘南地区带来了中原华夏文化和汉江地区的楚文化，使湘南地区结束了聚族而居的原始氏族社会，直接进入了更为先进的社会形态——封建社会。

东汉许慎《说文解字》："郴，桂阳县。从邑，林声。""郴，桂阳县"依现代词典表示方法，即为"郴，桂阳郡属县"。郴，其义为地名，即桂阳郡郴县。郴字，其形为形声字，形旁为"邑"，声旁为"林"，且以声兼义，本义为"林中之邑"，也可以说为"林中之城"——明朝历任河南参政、太仆少卿、太仆卿、都察院右副都御史兼云南巡抚、兵部侍郎、吏部侍郎、吏部尚书的郴州人何孟春（资兴旧市钟家坊"官四川布政司右参议"欧瑄的女婿），在《余冬叙录·物产》中，记述郴地所产名贵的木楮树前谓云："吾州制字郴，以多木名。"

种种迹象表明，郴地的原始居民为百越之族的越民，郴城是战国中晚期由楚人营建并聚居的城邑。显然，这些外来移民就是楚人。越人是最早的郴人，说的话自然是越语；但楚人是最早迁入郴地的郴人，说的自然是楚语。在郴城建邑之初，楚人无论是人数还是地位都居强势，其楚语自然是郴邑的强势语言，必定成为郴城的通行官话。由此，居住于郴城的郴人，无论是楚人，还是越人，都要说楚国官话——这就是郴州话的由来。同样，资兴这块地方，属于郴，但居住偏远，地方土语本为越语——这是资兴现今土话之源；隶属楚国之后，与官府和对外交往，都要说楚国官话——这是资兴官话的由来。

秦昭襄王三十年（前276），秦蜀郡郡守张若攻击楚国，夺取楚国巫郡（今四川巫县）及江南地（今湖南），设置黔中郡。秦黔中郡辖境广袤，领今湖南大部、贵州、湖北、四川小部。郴邑属秦国黔中郡。秦昭襄王三十一年（前275），楚国收复江南地，郴邑复属楚国。

综上所述：上古时期，商、周甲骨文、金文与春秋早期篆文中，郴州地域为"林"国（方国）；春秋至战国中期，郴州地域为"𣏌"国（方国）；战国中期以后，郴州地域为楚国苍梧郡的郴县。资兴分属"林"国、"𣏌"国、郴县。

秦朝（前221—前206），秦王政二十五年（前222），秦将王翦最终平定楚国江南地，以其地置长沙郡。始皇二十六年（前221）置郴县，资兴属郴县东境，属长沙郡

秦王政二十四年（前223），秦国攻打楚国，破寿春，俘楚王负刍，楚国灭亡。秦王政二十五年，王翦最终平定楚国江南地，置长沙郡，郴邑入秦，属长沙郡。始皇二十六年，秦始皇灭六国，统一中国后，取消了分封制，全面推行郡县制，成为中国历史上第一个中央集权的封建王朝，秦王政改称秦朝"始皇帝"。

秦统一中国后，湖南设黔中、长沙二郡。

置郴县：始皇帝嬴政二十六年（前221），秦始皇在全国范围内实行郡县两级行政区划的政区制度，分天下为三十六郡，并普遍设置县级政区：秦置郴县，为长沙郡属县。秦郴县辖区较广，相当于今北湖区、苏仙区、资兴市、汝城县、桂东县的全部、永兴县、宜章县和桂阳县的大部，几乎涵盖了今郴州市辖境的一大半。秦郴县初属长沙郡，后属苍梧郡。秦末，郴县属长沙郡。

　　赢政三十三年（前214），秦始皇为巩固南部疆域，发"罪人"50万戍守五岭（道），修筑郴县西南境地驰道90里（郴县30里至华塘，再30里至正和圩，再30里至鲁塘，接通至临武及广东连州之大道）。

　　秦汉之际，项羽徙义帝于长沙之郴县。《汉书·地理志》记载："项羽所立义帝都此。"领县十一，而郴隶之，属荆州。资兴属郴县东境

　　"郴"字唯郴独有，由"林""邑"二字组成，意为"林中之城"。别看"郴"字现在一点也不起眼，能正确识其形、辨其音的国人着实不多。但在秦汉之交，郴县却是一个名邑，是全国的政治中心。这一切都是源自郴城是一个皇帝的"都城"（前206年春正月至前205年初）。这个皇帝是中国继秦始皇、秦二世后的第三个皇帝，史称义帝，姓熊名心，是楚国怀王熊槐之孙。秦郴县是秦长沙郡的属县，但郴县却早于临湘（今长沙）成为帝王都城，属湖南第一都，名不见经传的郴县由此跃升为楚汉之交的政治中心。

　　《史记》中说：项羽尊楚怀王孙（熊）心为义帝，徙都郴，寻弑之，陵犹存。

　　熊心（？—前205），战国时期楚怀王熊槐之孙。秦二世二年（前208）六月，项梁立熊心为王，定都盱眙，执掌朝政三载，楚兴秦亡，功载史册。《盱眙县志》记载，楚怀王熊槐客死秦国后，楚亡，其孙熊心在盱眙山区牧羊。项梁抗秦时，为号召天下，于秦二世二年六月，寻找到熊心，立为王，仍叫楚怀王，在盱眙故治圣人山、甘泉山一带建都于盱台（今盱眙）。不久，迁都彭城，项羽尊为义帝。汉高祖二年（前205）十月，项羽迫其徙迁郴县，密令九江王英布弑之。义帝被弑，其女楚皇姑年十四岁，遂自缢。

　　项羽使人徙、促义帝迁都于郴。郴地虽为楚邑百余年，但位于楚南中心，没有军事威胁，也没有筑城。楚、秦建置郴县后，秦始皇为防六国复辟，不允许六国旧地修筑城郭，故秦时郴县虽有大量人口和商人，仍然无城无郭。既然郴县已成为义帝之都，哪怕项羽心不甘、情不愿，他也不敢违逆"筑城卫君"的传统，叫义帝都于无城无郭的鄙邑。为此，项羽派兵前往郴地，选择城址匆匆修筑都城来安顿义帝。于是乎，莽郴之地矗立起一座真正的城池、一座帝王之都——虽显简陋，却还是义帝之"都"。

　　郴县为世人所知，源于义帝徙之。郴城为后人所用，缘起"项羽迁义帝所筑"。郴州为千年古郡，出自义帝的无奈。义帝（汉王）元年（前206）元月，项羽佯尊怀王熊心为义帝，封领长沙一郡，都于长沙郡郴县。汉高祖二年初，就国驻都的义帝住进了项羽为自己匆忙修筑的郴城。当他将皇城巡视一通后，诸多不满便油然而生。你看：皇城太小，帝都级别太低，王畿之地虽"地方千里"，却仅有长沙一郡。皇城太小可以将就，但帝都级别太低，王畿之地属郡过少，这关系到礼制，断不可马虎了事。于是乎，义帝颁布诏书，遂分长沙郡南地始置桂阳郡，使帝都郴县成为桂阳郡城。同时，分长沙郡原黔中郡旧地复置黔中郡（或改名武陵郡）。这样，既尊重了历史，又兼顾了现实；既提高了帝都级别，又扩充了王畿之地属郡。尤其是分长沙郡为三郡，三者，众也，确是一步好棋。义帝沉醉其中，似乎已从南迁旅途的疲惫中有所恢复，对未来也有了几分期许。历史不以人们的意志为转移，项羽已暗令衡山、临江、九江等王对义帝行击之。也许义帝的诏书墨迹还未干，翌年十月，英布奉项羽密令就已追杀过来，将义帝弑于郴城的穷泉旁（穷泉，在原文庙，即今燕泉路郴州技术监督局院内，进门左侧不远处，系一口长方形石井；当时，义帝被英布追逐至此，疲倦不堪，势穷而亡，故曰穷泉；郴人怜之，将义帝葬于城邑西南边的后山）。由于义帝被弑，分长沙为三郡的动议也许并没有真正付诸实施，就尘封于历史档案之中。当我们读到北魏郦道元《水经注·耒水篇》："郴，旧县也，桂阳郡治也，汉高帝二年，分长沙置。……项羽迁义帝所筑。"和《水经注·沅水篇》："汉高祖二年，割黔中故治为武陵郡。"这两段语焉不详、含糊其词的记载时，才使我们对这段历史有了隐隐约约的理解。

其实，义帝都城"郴"辖地广袤。其辖区北至湘中茶陵、攸县、邵阳，西至广西桂林东部全州、灌阳，南至广东粤北连州、阳山，扼守长江、珠江两大流域中部最便捷的通道，控制着湘江、潇水、武水、舂陵江、耒水、章江六大水系的源头，为省一级的行政设置。

《史记·项羽本纪》中说："项王出关，使人徙义帝。曰：'古之帝者地方千里，必居上游。'乃使使徙义帝长沙郴县，趣义帝行，群臣稍倍叛之，乃阴令衡山王、临江王击之，杀义帝江南。"《史记·黥布列传》又载："汉元年四月，诸侯皆罢戏下，各就国。项氏立怀王为义帝，徙都长沙，乃阴令九江王布等行击之。其八月，布使将击义帝，追杀之郴县。"《汉书》中的《高帝纪》载："二年冬十月，项羽使九江王布杀义帝于郴。"

当然，义帝被弑时间与地点令后人疑窦丛生（《史记》中有多种说法），但是，义帝葬于郴县已成定论。《史记·集群》引汉朝末年名家文颖的话："郴县有义帝陵，多时常祠未绝。"就是说到郴县祭祀楚怀王义帝持续了两汉全历程。距今2200余年历史的义帝陵，位于郴州城内老城区文化路中段，其冢高5.2米，底宽8.5米，陵前立2.35米汉白玉碑，刻"义帝之墓"四字，碑前安放一块1.7米长、0.6米高的汉白玉供桌，四周用麻石砌成九级台阶，阶下竖一对6.4米高的大理石华表，上刻"楼头有伴应归鹤，原上无人更牧羊"。

西汉（前202—公元8），汉高祖五年（前202），以长沙郡为国，分长沙南郡为桂阳郡，治郴；领县十一，隶荆州，郴县隶焉。资兴属郴县东境

公元前202年，刘邦统一中国，建立西汉王朝。西汉置长沙国和零陵、桂阳、黔中三郡。长沙国为刘邦所封功臣吴芮建，都临湘（今长沙市），这是湖南历史上第一个诸侯王国。

汉承秦制，实行郡县制，郡下辖县，与县平级的还有"道"。"道"是设在边区少数民族聚集地的政区。由于特定的历史背景，汉高祖刘邦分封异姓功臣7人为诸侯王。诸侯王国约占全国疆域的一半土地，均兼有数郡，刘邦自领24郡。汉初实际上并非真正意义上的中央集权国家，而是皇帝与诸侯分治天下，政区结构为中央集权与分封制并行。汉王朝与诸侯国均实行郡县制，只不过隶属汉王朝的郡称汉郡，隶属诸侯国的郡称支郡。

汉高祖五年（前202），刘邦即帝位，封衡山王吴芮为长沙王，分长沙南郡置桂阳郡，领8县，郡治设于郴县县城。太守杨璆始筑城垣。

前文已述，郴城为项羽派兵所筑，这里为什么又说"太守杨璆始筑城垣"？因为项羽派兵所筑义帝之都被九江王英布焚毁一空（书籍典册亦遭焚毁），地方志书几乎没有记载，有记载的是"太守杨璆始筑城垣"，其地点则在今人民东路一带，当时称"城内"——也或许，杨璆始筑城垣的地点就是义帝之都的地点。裕后街是郴州城"九街十八巷"的中心部位，是原郴江河终端码头，是郴州发源地；此后，为历代郡、军、府、路、州、专区治所地。

据《史记》记载，公元前214年，秦王朝为统一中国，发动五十万大军远征南越，攻取两广，为了军事上的需要，修筑了郴州至宜章的湘粤古道雏形——九十里大路，北端起点就在现在郴城的裕后街南关上（湘粤古道连接湖南与广东两个省，南起广东省韶关市乐昌市坪石镇水牛湾，北至湖南省郴州市郴州裕后街；其中湖南境内部分南起宜章县南关街三星桥，也称"九十里大道"和"骡马古道"）。东汉建武十五年（39），桂阳郡（今郴州）太守卫飒征集郡民，将九十里驰道延伸修筑至岭南，总里程五百余里，并沿途置邮驿，路宽2—3米，路面为青石板，形成古代中原通往岭南沿海的交通要道。当时货物运输全赖人工肩挑或骡马驮运，年复一年，踏出蹄迹，每个深1～50毫米，排列有序，形成古道奇观——此为后话。

西汉长沙为诸侯国，先后有吴氏长沙国和刘氏长沙国。汉高祖五年，刘邦改封衡山王吴芮为长沙王，吴氏长沙国始立。虽然汉初为诸侯国强盛时期，但长沙国封域也只有长沙、桂阳、武陵三郡。正因长沙国势力较弱且坚持维护中央政权，吴氏长沙国是唯一得到保全的异姓诸侯国。文帝后元七年（前157），因长沙王吴差"无子、国除"，共传五代，凡46年。吴氏长沙国撤封后，被拆分为长沙、桂阳、武陵三个汉郡。景帝二年（前155），景帝封庶子刘发为长沙王。刘氏长沙国始立时，正值中央削藩之时，刘氏长沙国虽有长沙国旧名，但其封邑仅为长沙一郡而已。后因武帝实施"推恩法"，其辖境进一步缩小，与汉郡几乎没有差别。刘氏长沙国共传7代，至王莽称帝时国除，凡162年（前155—公元9）。

汉惠帝元年（前194）九月，惠帝刘盈诏封长沙王吴芮次子吴浅为便侯（今永兴县），食邑两千户。便侯的封地就是长沙国桂阳郡便县。便侯国从吴浅始至元鼎五年（前112）吴千秋，因"坐酎金，国除"，共传四代，凡82年，是古郴州时间最为长久的封国。

元鼎四年（前113）伏波将军路博德屯兵于境。翌年，由郴出兵击败南越国叛将吕嘉，南越国除。汉廷始置县，以含洭（今广东英德西部、连江下游）、浈阳（今广东英德东部、翁源）、曲江（今广东韶关）三县属桂阳郡。

元封五年（前106），汉武帝设十三刺史部（州）。西汉刺史部仅为监察区，而非行政区划。每部设刺史一名，秩仅六百石，居无常治，以六条问事，监察该部所属各郡太守的工作。成帝绥和元年（前8）改刺史为州牧，秩两千石，刺史的权威有所加强。桂阳郡属荆州刺史部，为其南端，与交趾刺史部接壤。

汉昭帝四年（前83），义帝之孙熊畅被封为郴侯。《大明一统志》载："汉昭帝封楚怀王孙（熊）畅为郴侯。"郴县为侯国——今资兴蓼江镇的郴侯山，即为其旧址。

《汉书·地理志》记载：元始二年（2），桂阳郡领郴、便、耒阳、南平、临武、桂阳、曲江、浈阳、含洭、阴山、阳山，共十一县。治所郴县。桂阳郡总户数为二万八千一百一十九（28119 户），总人口有十五万六千四百八十八（156488 人），辖境约为 5.1 万平方公里。

新莽时（9—23），王莽称帝并复古改制，按经义更定州部，将十三刺史部遂改为十二州，置州牧，改郡守为大尹，县令为县宰。

东汉（25—220），县名：汉宁县。顺帝永和元年（136）析郴县地始建县，称汉宁，县治设凤凰山前（称"旧县"，即旧市乡，已被东江湖水库淹没），其辖境包括今资兴、汝城、桂东三县地；隶属桂阳郡、荆州刺史部

新莽末年，天凤四年至五年（17—18），先后爆发了绿林、赤眉起义。地皇三年（22），汉景帝后裔刘秀起事。更始元年（23）九月，莽死"新"亡。南平郡（桂阳）大尹（太守）张隆见势，据郡自守，割据一方，以求自保。更始二年（24）初，更始帝刘秀封刘信为汝阴王。不久，汝阴王刘信便率兵从汝南杀向江南，占据豫章郡（今江西省），并以此为基地屡犯江南其他各郡。为防刘信进犯，桂阳郡太守张隆将桂阳郡的郡治从郴县徙移至郡北重镇耒阳县，在耒水与肥水交汇处的南岸另筑桂阳郡城，据险阻敌。公元 25 年，刘秀称帝于鄗，后迁都洛阳，史称东汉。同年，刘信进犯桂阳郡，被太守张隆击溃。建武五年（29），桂阳郡太守张隆与江南、交趾七郡，同遣使者到洛阳向光武帝进贡称臣。张隆被封为列侯，其子张晔被封率义侯，桂阳郡归东汉——列侯张隆便将郡治从耒阳还迁郴县。

东汉建国后，沿用西汉旧制。郡县地名、官职名恢复旧称，并恢复十三刺史部，简称十三州。刘秀为加强对地方的控制，把刺史固定为州一级的长官，并有了固定的治所和属官，还可直接向皇帝汇报地方长官情况，刺史威权日益增大。东汉末年，爆发黄巾起义，为加强地方官权力以镇压起义，改刺史为州牧，给予领兵治民大权，刺史部从监察区演变为政区。从此，郡县二级地方行政机构转变为州、郡、县三级行政机构。

《后汉书·郡国志》记载："顺帝永和元年（136），分郴县东地始置汉宁县，从桂阳郡。"汉宁县辖地包括今资兴、汝城、桂东三县地域。

永和五年（140），桂阳郡户十三万五千二十九（135029 户），总人口为五十万一千四百零三（501403人），领郴、便、耒阳、南平、临武、桂阳、曲江、浈阳、含洭、阴山、汉宁十一县，治所为郴县。

东汉末永和五年，桂阳郡较西汉户数增长380%，人口增长220%。西汉末桂阳郡人口密度在九十七郡国中仅列七十七位，东汉末桂阳郡人口密度从3人/平方公里增加到9.8人/平方公里，在一百零五个郡国中位列五十七位，其排位有较大幅度的提高，为中等发达地区。但桂阳郡人口密度仅相当于长沙郡人口密度的70%及零陵郡的58.3%，其总人口仅是零陵郡的50%，在相当长时期内只称零桂，不称桂零。桂阳郡人口骤增的原因，除自然增长外，还有两个主要原因：一是对逐渐汉化的土著越人和流民实行户籍管理，尤其在郡南，随着郡道的修筑，"流民稍还，渐成聚居，使输租赋，同之平民"；二是汉人大量移民。汉人南迁到桂阳郡，一方面带来了先进文化，加快了居住于平地、河谷越人的汉化；另一方面亦激化了汉族与土著的矛盾。越人除被同化的外，有一部分迁至深山溪谷，称桂阳蛮。在东汉晚期，桂阳蛮的起义、反叛骤起，较著名的有延嘉年间的李研、胡兰起义，都被荆州刺史、后迁桂阳太守的度尚所镇压。

三国时期（220—280），为东吴管辖，县名：汉宁县、阳安县。三国吴孙权子亮（会稽王孙亮）建兴元年（252），改县名为阳安。据《水经注》记载，故阳安又有"魏宁"之号。隶属荆州

东汉献帝建安二十年（215），吴、蜀争荆州，吴孙权取长沙；寻分荆州，以湘水为界，东属吴，西属蜀。汉宁县为吴地。

公元222年，孙权继曹丕、刘备称帝之后称"大帝"，于建业（今南京）称帝建国，与曹魏、蜀汉形成三国鼎立。孙吴地方政区多依汉制，实行州、郡、县三级制。桂阳郡辖郴、便、耒阳、南平、临武、桂阳、曲江、浈阳、含洭、阴山、汉宁十一县，治所郴县，属荆州。建兴元年（252）改汉宁为阳安县（《宋书·州郡志》）。

据《晋书·地理志》和《宋书·州郡志》记载，甘露元年（265）十一月，东吴末帝孙皓析桂阳郡曲江、桂阳、浈阳、含洭四县，并析含洭县桃乡复立阳山县，拨庐陵郡始兴县（今韶关始兴县），划南海中宿县（今清远市），共七县始置始兴郡，为粤北第一郡，治所曲江，属荆州。两汉及东吴初期，桂阳郡北接长沙郡，南邻南海郡。长沙、南海两郡治所临湘（今长沙）、番禺

（今广州）地位显赫，分别为江南、岭南政治、军事、经济中心。郴县居其中，承上启下，区位十分独特重要。为镇抚蛮越，东吴于长沙郡酃县（今属于衡阳市）分设长沙东部都尉，于桂阳郡南地曲江县（今韶关市）设桂阳南部都尉。酃县、曲江两县地位迅速提升，东吴后将两都尉改置湘东、始兴两郡，既是政治军事的需要，也是酃县、曲江地位上升的必然。东吴桂阳郡被肢解分割后辖境大幅度缩小，从原来的5.1万平方公里缩小约2.2万平方公里。桂阳郡原属县十一县分割为十五县，桂阳郡仅辖其中的郴、便、临武、耒阳、南平、阳安六县，现代郴州政区基本格局初见端倪。阳安县辖区仍然为今资兴、汝城、桂东三县地域。

西晋(265—316)，县名：晋宁县。武帝太康元年（280），杜预平吴，得桂阳郡，领六县，更阳安为晋宁，隶属桂阳郡，先后隶属荆州刺史部、江州、湘州

晋太康元年二月，晋大将杜预攻克荆州州治江陵，桂阳郡望风降晋。晋武帝司马炎改阳安县（今资兴市）为晋宁县（《宋书·州郡志》）。桂阳郡辖郴、耒阳、便、临武、晋宁、南平六县，以郴县为治所，仍属荆州。

据《晋书·武帝纪》记载，太康元年，东吴降晋时，有"州四，郡四十三，县三百一十三"。但户籍人口并不多，仅有"户五十二万三千，男女口二百三十万"。其人口数还不及东汉江南长沙、零陵、桂阳三郡。据《晋书·地理志》记载，吴末晋初，桂阳郡户一万一千三百，低于零陵、湘东，但远高于始兴、南康（今赣州）。如采取东吴户均人口数来推算桂阳郡人口约为5.3万，人口密度为2.4人／平方公里。只相当于西汉3人／平方公里的80％，远低于东汉9.8人／平方公里的水平。而刚划出桂阳郡的始兴郡户仅五千，却拥有近三万平方公里的辖境，人口密度仅为0.73人／平方公里。桂阳、始兴两郡合并，相当于东汉桂阳郡，人口密度更只有1.47人／平方公里，不到西汉的一半，仅为东汉的15％。

由于近百年的战乱，全国人口骤降，桂阳郡虽鲜有战事，但人口仍下降得十分严重。魏晋南北朝时期，由于都城东移，交通旁落，辖境减少，人口凋零，作为楚都汉郡的桂阳郡，开始从一个区域性中心城市向地区性中心城市转变，从而进入一个长达四百多年的相对衰落期。

惠帝永熙元年（290），分桂阳、武昌、安成三郡置江州（九江），宁隶属于江州。怀帝永嘉元年（307），分桂阳等七郡置湘州，治临湘（今长沙），宁隶属于湘州。湘州始置时统七郡，后来拓展至岭南始安（今广西桂林）、临贺（今广西贺州）、始兴（今广东韶关）三郡，长期拥有十郡，泛称湘川十郡。从此在相当长时期里，湘州之南的岭南三郡称为湘南，湘州中部的岭北零陵、营道、桂阳、湘东四郡（今湖南南部的永州、郴州、衡阳三市，今称湘南）称为湘中。

晋武帝司马炎（236－290年5月16日）时期，有石刻碑文记载：郴县曹氏女的祖父（失名）为"九德太守郴侯"。说明曹某担任九德太守，封郴侯。九德：今越南境内。这是郴县历史上的第二个"郴侯"，也是第一位郴县本地人士的"封侯"记载。

东晋(317—420)，县名：晋宁县。穆帝升平二年（358），以江州五郡属桂阳郡，宁隶属于桂阳郡。同年，分晋宁县（今资兴）地置汝城县，为汝城建县之始

说明：汝城县辖地包括今桂东县，直到南宋嘉定四年（1211），析桂阳县（汝城县）的宜城、零陵二乡置桂东县，县治设上犹寨（今寨前乡），隶属湖南路郴州军。从此，资兴辖区基本形成，直到中华人民共和国成立，也没有变化。

晋元兴元年（402），荆州、江州刺史，都督八州军事桓玄起兵反叛，攻入建康。安帝被迫封桓玄为桂阳郡公、豫章郡公。桓玄假意推辞，安帝复封桓玄兄之子桓俊为桂阳郡公。桂阳郡为公国，太守改内史，以郴伯国为治所，属荆州。这是桂阳郡第一次称桂阳国。元兴二年（403），桓玄自任相国，迫安帝册封为楚王，领南郡、南平、宜都、天门、零陵、营阳、桂阳、衡阳、义阳、建平十郡。年底，桓玄逼晋安帝退位，篡晋称帝，国号楚。桂阳国从楚。元兴三年（404），刘裕京口起兵反桓玄，405年，楚亡。晋安帝复位，桂阳国国除，复为桂阳郡入晋。

晋安帝义熙年间（405—418），仆射、左光禄大夫袁湛封晋宁县男（爵位），晋宁县为男国。晋宁县男，并不是晋宁县的县官，而是爵位，即封建制度爵位公、侯、伯、子、男五种爵位中的第五等。食邑是古代诸侯封赐所属卿、大夫作为世禄的田邑，被封爵者在食邑内原享有统治权力，秦汉推行郡县制后渐无统治权力，食禄已改为以征敛封邑内民户赋税拨充。袁湛（379—

418)，字士深，陈郡阳夏（今河南太康）人。东晋历阳太守袁耽孙。东晋官员，官至尚书右仆射，本州大中正。其祖父袁耽，晋时任历阳太守，父袁质，任琅琊内史，都很有名。其女袁齐妫后成为南朝宋文帝的皇后。

《宋书·州郡志》载：刘宋孝武帝大明八年（464），桂阳国，领郴、耒阳子国、南平男国、临武侯国、汝城、晋宁六县国。有 2219 户，22192 人。桂阳国辖境仍为 2.2 万平方公里，人口密度仅为 1 人／平方公里，远少于两汉，甚至少于东吴、西晋，再创历史新低。大明时期湘州辖十郡，总人口为 357572，还不如东汉桂阳郡一郡。湘州十郡人口数排序为：始兴 7.6 万，零陵 6.4 万，长沙 4.6 万，临贺 3.1 万，衡阳 2.8 万，邵陵 2.5 万，始安 2.24 万，桂阳 2.21 万，营阳 2.1 万，湘东 1.7 万。

南北朝（420—589），县名：晋宁县

南齐高帝建元二年（480），撤晋宁并入郴县，属桂阳郡。梁初（502）置郴州，郴以州名始此，复为晋宁县；郴州寻罢，复为桂阳郡。陈武帝永定三年（559），晋宁县又并入郴县。同年，陈武帝析桂阳、汝城地置卢阳郡，兼置卢阳县。

隋朝（581—618），县名：晋兴县

隋文帝开皇三年（583），罢天下郡，实行以州领县的两级地方行政区划制度。平陈后，隋将此制度推向全国。隋开皇九年（589）平陈，桂阳郡入隋。隋废桂阳郡置郴州，废除卢阳郡（今汝城），以卢阳县入郴州。耒阳因县治移治耒水之东的鹜山口，依水之南及东为阴改称耒阴县。郴州辖郴县、卢阳、耒阴、便县、临武、南平六县，州治郴县。开皇九年二月，晋王杨广平陈并征服岭南，析郴县原晋宁地复置县，改称晋兴县。

隋大业十三年（617），南朝后梁皇帝曾孙、罗川令萧铣自立梁王，建立地方割据政权，史称隋末萧梁（617—621）。萧梁建都于江陵（今湖北荆州），桂阳郡属萧梁。萧梁时期，析郴县南及西南地分别增置平阳县（今桂阳县）和义章县（今宜章县）。桂阳郡统郴、卢阳、临武、晋兴、平阳、义章六县，郡治郴县。

唐朝（618—907），县名：晋兴、资兴县

唐高祖武德五年（622）平梁，改桂阳郡为郴州，晋兴隶焉。太宗贞观元年（627）以桂阳郡属江南道；贞观八年（634）撤晋兴，归郴县，属江南道。

高宗咸亨三年（672）重置县，以治所前资兴江命名，首称资兴，隶桂阳郡，属潭州都督。

唐朝地方政区制度：唐朝因安史之乱（755—763）而分前后期，其行政制度差异较大。唐前期为州（郡）县二级政区建制。唐初改郡为州，恢复隋初的州县制。天宝元年到至德二年（742—757），又改州为郡，于唐中期实行了近十六年的郡县制。唐朝如同隋朝一样，州郡曾迭次使用，但州郡始终是唐代重要的地方一级政区。

《元和郡县志》记载，湖南观察使所属七州在元和八年（813）户数分别为：潭州 15444 户；衡州 18047 户；郴州 16437 户；永州 894 户；连州 5270 户；道州 18338 户；邵州 10800 户。其中只有衡州不降反升，其余六州都有不同程度的下降。开元时期郴州位居湖南第一大州，元和时期位居第三位，户数从 32176 下降至 16437，下降 48.9%，净减少 15744 户。

唐昭宗乾宁元年（894），马殷（852—930）随忠武军进军湖南攻占潭州；乾宁三年（896），唐朝廷授马殷为潭州刺史，判湖南军府事。光化元年（898），唐昭宗任马殷为武安军节度使，治所潭州。光化二年（899），郴州被马殷攻占，陈彦谦兵败身亡，郴州从马氏。

五代时期（907—960），县名：资兴县、泰县

属南楚（927—951），称资兴。还有一说："后晋（937—947）撤资兴县立资兴寨。"自梁至晋，为楚马氏（马殷）、南汉刘氏相继窃据。《五代史》载："刘晟伪乾和九年（951），遣内史潘崇彻败李景兵于义章，遂取郴州。后汉隐帝乾祐三年（950），废资兴为泰县。后周（951—960）为泰县。"

南汉（917—971）：五代十国时期的政权之一。现位于广东、广西两省及越南北部，面积约 80 万平方公里。唐朝末年，刘谦任封州（现广东封开）刺史，拥兵过万，战舰百余。刘谦死后，刘隐继承父职，逐步统一岭南，进位横海节度使。907 年，刘隐受后梁封为彭郡王，909 年改封为南海王。刘隐死后，其弟刘䶮（yǎn）袭封南海王。刘䶮凭借父兄在岭南的基业，于后梁英明三年（917）在番禺（今广州）称帝，改广州为兴王府，国号"大越"。次年，刘䶮以汉朝刘氏后裔自视，改国号为"汉"，史称"南汉"。971 年为北宋所灭，历五主，五十四年。

三国争郴：汉唐以来，郴州鲜有重大战事，但在五代十国时期却发生了三国（南唐、南楚、南汉）以武力争夺郴州的历史事件。后周广顺元年（951），南唐主李璟派大将边镐入湘攻楚，袭马氏。而后，南汉主刘晟遣内侍吴怀恩乘虚攻楚。楚灭后，南唐和南汉瓜分了楚国，岭北归南唐，岭南归南汉。郴州属南唐。南汉乾和九年（951）年底，南汉主刘晟遣内侍省丞潘崇彻攻郴州，于宜章大败南唐边镐，遂取郴州。后周广顺二年（952）十月，楚旧将刘言从朗州起兵，攻打潭州，夺回除郴、连二州以外湖南楚马故土。接着，遣王逵督军五万，欲收复郴州，被潘崇彻大败于郴州，斩首万余级。郴州及桂阳监从公元951年底始，开始脱离湖湘政权，归都兴王府（今广州）的南汉国统治。

北宋（960—1127），县名：泰县

宋太祖乾德元年（963），攻南汉，郴州克之。置荆湖南、北二路安抚司，改郴州军隶湖南路，泰县隶焉。

南宋（1127—1279），县名：泰县、资兴、兴宁县

宁宗嘉定元年（1208），割郴之程水、资兴二乡仍置资兴县，治在一都凤凰山前。理宗绍定二年（1229），改资兴为兴宁，徙县治于管子壕（今兴宁镇）。另据《湖广通志》注：嘉定二年（1209）改曰兴宁——未知孰是，附录于此。隶属荆湖南路安抚司郴州军。

元朝（1271—1368），县名：兴宁县

隶属湖广等处行中书省岭北湖南道。改郴州军为郴州路；至元十三年（1276），立郴州安抚司，至元十四年置录事司；至元十五年改安抚司为郴州路总管府，隶湖南道宣抚司，兴宁县隶焉。

明朝（1368—1644），县名：兴宁县

初隶属湖南布政司，并隶湖广布政使司上湖南道。洪武初，改郴州路置郴州府；洪武九年（1376），改郴州府为直隶州，兴宁属焉。《兴宁县志·沿革志》中说："兴宁隶湖广巡抚、南赣巡抚：正统十四年（1449），建巡抚于各省。郴隶湖广抚院。又以界居岭表，地近瑶壮，兼听南赣巡抚节制。天启（1621—1627）初，设偏沅巡抚，又受辖焉。"南赣：巡抚名，全衔为"巡抚南赣汀韶等处地方提督军务"，明弘治十年（1497）始置，驻赣州（今江西赣州市）；清康熙三年（1664），一作四年，废。偏沅：原偏桥（贵州省施秉县，在元代和明代称"偏桥"）、沅州（府治芷江，即今湖南省芷江侗族自治县）两卫，因名。

清朝(1644—1911)，县名：兴宁县

初属吴三桂割据政权管辖。顺治四年（1647）归入清朝版图，直隶郴州，属湖广巡抚管辖，兼受南赣巡抚、偏沅巡抚节制。康熙三年（1664）以偏沅巡抚开镇长沙，分设藩、臬，专治湖南，并分守衡、永、郴、桂道，而总督仍兼辖焉。兴宁县编户十五里，瑶峒十二。

中华民国(1912—1949)，县名：资兴县

中华民国三年（1914），因与广东省兴宁县同名，是年1月复名资兴县。

中华人民共和国(1949年至今)，县名：资兴县、资兴市

1949年10月20日，资兴解放。1952年3月，郴县专区行政公署下文，再一次决定将郴县二区所辖的碑松（碑记、松木）、高石（高桥、石拱）两个乡，划归资兴县——从唐朝即脱离资兴的"半都"，终得入统。1959年3月，郴、资合并称为郴县；1959年11月划出鲤鱼江、木根桥、香花、三都、蓼市及高码等地成立东江市——先为郴县所辖，1961年5月升格为郴州专员公署所辖。1961年5月资兴县恢复建制（7月10日国务院批准）。1962年10月东江市撤销，鲤鱼江、木根桥、香花、三都、蓼市等地仍归入资兴县，高码复归郴县。1984年12月24日，经国务院批准，撤销资兴县，设立资兴市（县级），将郴县的高码乡划归资兴市管辖；由省直辖，市城设唐洞——由兴宁镇搬迁至此，称唐洞新区。

1994年12月17日国务院批准撤销郴州地区、郴州市和郴县（郴县分设为苏仙、北湖两区），设立由省直辖的郴州市。资兴市1995年划归郴州市代管。

二、全市概况

资兴，位于湖南省南部，耒水上游，周围毗邻七个县：东连桂东，南接汝城、宜章，西靠郴县（今苏仙区），北界永兴、安仁、酃县（今炎陵县）。县城（今兴宁镇）距离省会长沙410千米，距离郴州市55千米，距离桂东县城98千米，距离汝城县城215千米，距离宜章县城117千米，距离永兴县城110千米，距离安仁县城145千米，距离酃县县城110千米。资兴版图呈不规则长形。东从与桂东县接壤的烟坪乡脚盘寮起，西至与永兴县交界的香花乡程江口止，约60千米；北从与安仁县相邻的江背山医疗站（麻风病院）起，南抵与汝城县交界的黄草乡浙江止，约80千米。全境十分之九是山地，平均山高海拔630米。最高点是东部的八面山主峰，海拔2042米；最低部分位于西部的程江口，海拔105米。

资兴地理坐标顶端位置：北纬25度34分至26度18分，东经113度08分至113度44分。

资兴，历史悠久，人杰地灵。古往今来，在这块土地上留下了炎帝神农氏、汉朝名将李广、马援等许多动人的传说，培养了王吉显、曹一本两个状元，孕育了辛亥革命志士程子楷、红军名将曾中生、传奇省委书记曾希圣、空军元勋曹里怀、文坛女杰白薇、数学博士袁亚湘等资兴籍风流人物，留下了毛泽东、朱德、陈毅等许多无产阶级革命家的战斗足迹。

资兴，物华天宝，资源丰富。素有"水乡、电城、煤都、林海、粮仓、基因库、游乐园"的美称，是湖南省重要的林业基地、能源基地和建材基地。全市300万亩山，30万亩水，30万亩田，有一湖可直饮的东江湖水——水面160平方公里（24万亩），蓄水量达81.2亿立方米，称湘南洞庭；一个绿色长青的银行——森林覆盖率达71%，活立木蓄积量1045万立方米，年产商品材15万立方米；一只长盛不衰的"大电瓶"——水电、火电装机容量8.26万千瓦；一座闪亮的黑色金山——煤炭储量3亿吨，年产量300万吨；一个坚固耐用的建材库——年产水泥120万吨。

资兴，山川秀丽，景色迷人。境内山丘、江湖、岛屿、溶洞、名刹、温泉、古迹等景观奇特各异，自然景观和人文景观交相辉映。到处是"曲曲弯弯水，重重叠叠山，无穷无尽树，不冷不热天"，到处都有"人在山上走，云在山下飘，千亩良田挂山腰"的美景。特别是被誉为"湘南洞庭"的东江湖，集山的灵秀、水的神韵于一体，挟南国秀色、禀历史文明于一身，风景尤为迷人，被国家旅游局列为华夏城乡游"青山秀水经典"，著名经济学家厉以宁畅游东江湖后，发出了"仙境原来非梦幻，随风飘落在人间"的感叹。

资兴，交通便捷，通信畅达。铁路有郴三线与京广线相连；省道1813线贯穿全境，3517线与1803线和1813线相接，郴资高等级公路上1813线与京珠高速公路和106线107国道相通；航空有茅坪简易林业机场；水路有150千米东江湖航线，形成了由航空、铁路、公路、水路构成的立体交通网络。市内邮电通信发达，移动电话、电子网络覆盖全市，是全省 10 个电话市之一；全市城区宽带主网已经搭建，有线电视通达千家万户。市内各金融机构全部实现全国联网，通存通兑。

资兴，城市建设日新月异，基础设施完善配套。经过历年的建设和发展，资兴已发展成为一座拥有城市人口 12 万、建立城区面积 11.04 平方公里的新兴城市。市区居民人均居住面积达 18.6 平方米，人均绿地面积达 12.5 平方米，市容市貌发生了深刻变化，环境质量显著提高，实具中国优秀旅游城市、国家卫生城市和全国畅通工程城市的称号。

本书笔者在担任湖南省东江师范学校党委书记期间，1993 年为学生编写地方教材《炎帝走过的郴州——郴州乡土丛书之一》创作的《题记》中，撰写了一副对联："郴州古今趣谈——谈神天神地神山神水神崖神洞神仙神道神乎其神神也神也真神也；讲奇人奇事奇文奇物奇情奇俗奇巫奇鬼奇之又奇奇哉奇哉更奇哉！"该书于当年出版发行时，《题记》印在扉页上。2003 年，这副对联被镌刻在东江湖景点"兜率灵岩"的石崖上，变成了：神天神地神山神水神崖神洞神仙神道神乎其神神也神也真神也；奇人奇事奇文奇物奇情奇俗奇巫奇鬼奇之又奇奇哉奇哉更奇哉！这副对联，也可以说是神奇资兴的一个绝妙写照。

三、县官之责

2016 年发现并收藏于资兴市档案馆的康熙五十三年甲午（1714）《兴宁县志》卷之五《赋役志》中记载：存留经费（交完国税后存留的开支）："知县：**俸银肆拾伍两**，除荒实征银肆拾壹两陆钱陆分三厘九毫。**心红银贰拾两**，除荒实征银壹拾捌两伍钱壹分柒厘壹毫伍丝。**门子贰名**，工食银壹拾贰两，除荒实征银壹拾壹两壹钱壹分叁毫伍丝。**皂隶壹拾陆名**，工食银玖拾陆两，除荒实征银捌拾捌两捌钱捌分贰厘柒毫玖丝。**马快捌名**，工食银肆拾捌两，除荒实征银肆拾肆两肆钱肆分壹厘肆毫。**民壮贰拾名**，工食银壹百贰拾两，除荒实征银壹百壹拾两叁钱伍毫。**灯笼夫肆名**，工食银贰拾肆两，除荒实征银贰拾贰两贰钱贰分陆毫肆丝。**禁卒捌名**，工食银肆拾捌两，除荒实征银肆拾肆两肆钱肆分壹厘肆毫。**修理仓监银贰拾两**，除荒实征银壹拾捌两伍钱壹分柒厘壹毫伍丝。**轿

伞夫柒名，工食银肆拾贰两，除荒实征银叁拾捌两捌钱捌分陆厘贰毫贰丝。**库子肆名**，工食银贰拾肆两，除荒实征银贰拾贰两贰钱贰分陆毫肆丝。**斗级肆名**，工食银贰拾肆两，除荒实征银贰拾贰两贰钱贰分陆毫肆丝。"**心红银**：印色心红、并诸名项杂支（今指办公经费）。**库子**：掌管官库者。**斗级**：主管官仓、务场、局院的役史。由此可知，每年用于知县的经费，是不少的。当然，从另一个角度看，这是当时整个县政府的开支，与现在的县政府开支比起来，几乎为九牛之一毛。

县令，为一县之长，"掌导扬风化、抚字黎氓，养孤寡，抚孤独，穷察冤屈，躬亲讼狱"；负责一县行政事务，"掌总治民政，劝谋农桑，凡户口、赋役、钱谷、赈济、给纳之事，皆掌之"；有戍兵驻县的，还兼管军事。

在中国古代，县官是全县的行政长官，主管一县的行政、治安、司法与教育，位卑权重。清光绪元年（1875）编纂的《兴宁县志》卷十一《秩官志》中说："县令为亲民之官，赋税、讼狱，均实司之。职分虽卑，民生攸寄，故西汉首重吏治；唐初县令，悉策于后庭；宋则以朝臣强干者出为知县，诚重之也。我朝（清）职重守令，又辅以尉丞，承以师儒，设以武弁，所为设官分职，以为民级者至矣。"

古代，县官职掌最明显的特征之一，就是县政长官法官化，县官既是一县最高民政长官，同时也是一县最高司法长官。古代，人们常以"七品芝麻官"来形容县令的官微言轻。其实，从古至今，当好一县之长从来就不是一件容易的事情。在中国两千多年的封建王朝历史上，县一直作为地方基本行政区划而存在。而县令作为基层行政官员，集行政、司法、军政、教育等诸权于一身，可谓是位卑责重、人简事繁。

清朝沿袭明朝官制，建立起从中央的大学士、尚书，到地方的总督、巡抚、知府、知州，而至知县的封建官僚体制。皇帝拥有至高无上的权力，发布政令，决定一切；但"朝廷敷布政教，全赖州县奉行"。全国一千三百多个（散州四十八个）县官是清朝政令的直接执行者，没有县官这一级，县以上就会变成空架子。

《兴宁县志·职官志》中说："爰兹民牧，实关政治。剖竹握符，保厘是寄。周官良法，汉时循吏。设之僚佐，爰养以敦。董之师儒，伦理以明。采风肃典，百度为贞。"又说："为之官属，明其统也；为之官职，别其守也；为之官联，合其势也；为之官常，秩其序也；为之官成，为之官法，使依而据也；为之官刑，为之官计，使威而修也……"

《兴宁县志·秩官志》中还说："宁自立县以来，官斯土者伙矣，而其间卓卓可传者，不下数十人。殆循吏不尚赫赫名耶？抑歌颂在民间，而学士大夫无纪传以永之耶？棠茇兴歌，黍莞作诵，有由来矣。士君子膺民社之寄，备干城之选，安可不顾名以思哉？"（注：棠茇，喻惠政；干城，指盾牌和城墙，比喻捍卫者）。

"郡县治则天下安。"县域是城乡之间、工农之间、宏观和微观之间的重要接点和交汇处。从古至今，概莫能外。

资兴的历史，是人民创造的历史。同时，也少不了历代县官的辛勤工作，其中不乏优秀且有成就者。笔者现将搜寻到的资兴历代县官资料罗列如下——除东汉至唐朝的资料缺失外，三国至清朝搜寻到的县官 244 人，民国县官 35 人，以飨读者。同时，用以抛砖引玉，以就教于方家——资兴地方历史的研究者。

资兴沿革表

原载《兴宁县志·沿革志》

清光绪元年（1875）

郴为《禹贡·荆州》之域。宁未分析以前属郴县东境。汉以下，郴之称名数易，辖隶屡更。宁自设县后，亦有分合，故条列之，仍考其世次，证以传记，著之表，庶览者判若眉列。

世代	九州	郡	军	路	州	县
三皇： 黄帝经理天下，画井分州，虽南至熊湘，而楚南尚属荒服。	荒服					
颛顼： 革九黎之乱，日月所照，莫不臣服。南至交趾，楚地始内属。	荒服					
帝喾： 始创制九州，为冀、兖、青、徐、雍、豫、梁、荆、扬。	荆州					

世代	九州	郡	军	路	州	县
唐：肇十有二州，分冀为幽州、并州，分青为营州。	荆州					
虞：因唐之旧。摄政初岁，五月南巡，至于南岳。	荆州					
夏：复为九州。《禹贡》荆及衡阳。唯《荆州孔氏传》：北据荆山，南及衡山之阳。	荆州					
商：因于夏。	荆州					
周：《周礼·职方氏》：正南曰荆州。又分天下为九畿，九畿之内列为五服。宁邑在职方荆州之南。	荆州					
春秋：周成王始封熊绎于楚。僖公元年，楚始见《经》。荆、楚皆木名，楚尤高起，喻人之出类也。	楚国					

世代	九州	郡	军	路	州	县
战国	楚国					
秦		长沙郡：始皇二十年灭楚，以其地署南郡、黔中郡，又分黔中地为长沙郡。郴属长沙南境。				郴县：《史记》项羽尊楚怀王孙熊心为义帝，徙都郴，寻弑之，陵犹存。郴之见于书传始此。
汉	荆州	桂阳郡：高祖五年，分长沙南境为桂阳郡，领县十一，隶荆州。				郴县：宁，时属郴地。
东汉	荆州刺史部	桂阳郡（建武中徙治耒阳，寻还郴）				汉宁县：顺帝永和元年，分郴县地置汉宁县。按旧志书：永和元年。考《郴州总志》并参《宜章县志》，俱系九年，今从之（本书笔者注：永和仅六年，无"九年"）。

世代	九州	郡	军	路	州	县
三国：吴	荆州	桂阳郡：后汉建安二十年，吴孙权取长沙，昭烈帝欲和于权，分荆州以湘水为界，东属吴，西属蜀。				阳安县：孙权子亮，改汉宁为阳安县。
西晋	荆州刺史部	桂阳郡：武帝太康元年，杜预平吴，得桂阳，仍置为郡，领六县。				晋宁县：武帝太康元年，改晋宁县。按：《水经注》有过魏宁之语，注云："魏宁，故阳安也。"据此，则兴宁疑又有魏宁之号，当在太康以前。附识于此。
西晋	江州：惠帝永熙元年，分桂阳等三郡置江州，即今九江府。	桂阳郡				晋宁县

世代	九州	郡	军	路	州	县
西晋	湘州：怀帝永嘉二年，分桂阳等九郡置湘州，咸和四年罢，寻复置。	桂阳郡				晋宁县
东晋		桂阳郡：穆帝升平二年，以义阳流民在南部者立义阳郡。以江州五郡俱属桂阳郡。				晋宁县
六朝：前宋	桂阳郡					晋宁县
六朝：齐	桂阳郡					晋宁县：高帝建元二年，废晋宁县。
六朝：梁	桂阳郡：《梁书》：置郴州，寻罢，复桂阳郡。				郴州：郴以州名始此。	晋宁县：仍为晋宁。
六朝：陈	卢阳郡：武帝永定三年，析桂阳、汝城地，置卢阳郡。					郴县：省晋宁入郴县。

世代	九州	郡	军	路	州	县
隋	荆州刺史部	桂阳郡：文帝开皇九年，平陈，并卢阳地仍为桂阳郡，治郴。复改桂阳为郴州。			郴州	晋兴县：开皇九年，置晋兴县。
隋	荆州刺史部	桂阳郡：炀帝大业元年，桂阳郡复领郴县、临武、卢阳三县。			郴州：大业十二年，废桂阳郡，改东衡州为郴州，领县如旧。考：陈天嘉元年，分衡州之始兴、安远二郡，为东衡州，皆广州地。	晋兴县
唐		桂阳郡			郴州：高祖武德五年，平梁，改桂阳郡为郴州，领县六。七年复为桂阳郡。	晋兴县

世代	九州	郡	军	路	州	县
唐	江南道	桂阳郡：太宗贞观元年，以桂阳郡属江南道。				晋兴县：贞观八年，废晋兴县。
唐	潭州都督	桂阳郡：睿宗景云二年，以桂阳郡隶潭州都督，寻罢。				资兴县：高宗咸亨三年，复置资兴县。
唐	江南西道：开元二十二年，以桂阳分隶江南西道采访处置使，治洪州。	桂阳郡				资兴县
唐		郴州桂阳郡：天宝元年，改桂阳郡为郴州桂阳郡。				资兴县
唐	江南西道				郴州：肃宗乾元元年，改桂阳郡为郴州，分隶江南西道，治平阳，领县八，即今桂阳州。	资兴县

续表

世代	九州	郡	军	路	州	县
五代：后梁	无考					资兴县
五代：后唐	无考					资兴县
五代：后晋	唐乾宁三年，马殷入潭州，唐立为刺史。殷遣其将秦彦晖等攻连、郴、桂、衡、道、永六州，下之，郴属马氏。				敦州：改郴为敦，未详年号。考唐乾元元年，改桂阳郡为郴州，治平阳。今州治为郴、县其属邑也。天福元年，始改郴县为敦化。	资兴县
五代：后汉			汉隐帝末，马希声送款于李璟。南汉刘晟遣潘崇彻大败璟兵于义章，遂取郴州。		郴州：隐帝乾祐初，复改敦州为郴州。	泰县：废资兴为泰县。
五代：后周	同					泰县
宋		荆湖南路安抚司：宋分天下为十五路，路与元之路不同。	郴州军：太祖乾德初，攻南汉，郴州克之。置荆湖南、北二路安抚司，改郴州军隶荆湖南路。			资兴县：南宋宁宗嘉定元年，割郴之资兴、程水二乡，仍置资兴县，治在一都凤凰山前。

续表

世代	九州	郡	军	路	州	县
宋		荆湖南路安抚司	郴州军		据《湖广通志》注：嘉定二年，改曰兴宁。按：嘉定为宁宗改元，在理宗前二十年，未知孰是，附识于此。	兴宁县：理宗绍定中，改资兴为兴宁，徙治管子壕，即今县治。
元	湖广等处行中书省岭北湖南道			郴州路：初，置湖广等处行中书省。改郴州军为郴州路，分隶于岭北湖南路肃政廉访司。		兴宁县
元				郴州安抚司：至元十三年，立郴州安抚司，十四年置录事司。		兴宁县
元	湖南道宣抚司			郴州路：至元十五年，改安抚司为郴州路总管府，隶湖南道宣抚司。		兴宁县

续表

世代	九州	郡	军	路	州	县
明				郴州府：洪武初，改郴州路，置郴州府。		兴宁县
明					直隶郴州：洪武九年，改郴州府为直隶州，裁附郭郴阳县，增临武、蓝山、平阳三县。按：附郭郴阳，谓桂阳州。	兴宁县
明	湖广布政使司上湖南道				直隶郴州：洪武十三年，升平阳为桂阳州，仍以临、蓝、嘉属之。郴只领五县：永兴、宜章、兴宁、桂阳、桂东，隶湖南布政司，并隶上湖南道。	兴宁县

世代	九州	郡	军	路	州	县
明	湖广巡抚 南赣巡抚 偏沅巡抚				直隶郴州：正统十四年，建巡抚于各省。郴隶湖广抚院。又以界居岭表，地近瑶壮，兼听南赣巡抚节制。天启初，设偏沅巡抚，又受辖焉。	兴宁县
清	湖广巡抚 南赣巡抚 偏沅巡抚				直隶郴州：顺治四年归入版图，名号仍旧。	兴宁县：本邑编户十五都，瑶峒十二。
清	湖广湖南承宣布政使司				直隶郴州	兴宁县
清	康熙三年，以偏沅巡抚开镇长沙，分设藩、臬，专治湖南，并分守衡、永、郴、桂道，而总督仍兼辖焉。				直隶郴州	兴宁县

以上是清光绪元年（1875）《兴宁县志》中的记载。

郴州市历史沿革

郴州市位于湖南省东南部，地处南岭山脉与罗霄山脉交错、长江水系与珠江水系分流的地带。"北瞻衡岳之秀，南峙五岭之冲"，自古以来为中原通往华南沿海的"咽喉"。既是"兵家必争之地"，又是"人文毓秀之所"。东界江西赣州，南邻广东韶关，西接湖南永州，北连湖南衡阳、株洲，素称湖南的"南大门"。

郴州市东西宽202千米，现辖1市2区8县（资兴市、北湖区、苏仙区、桂阳县、宜章县、永兴县、嘉禾县、临武县、汝城县、桂东县、安仁县），总面积1.94万平方公里，第六次全国人口普查中郴州总人口约460万。

郴州是国家优秀旅游城市，有"林中之城，创享之都"的美誉，山地丘陵面积占总面积的75%。别名"福城""林城"，为国家级湘南承接产业转移示范区，是湖南对接粤港澳的"南大门"。

郴州历史悠久，是古代炎帝部落苍梧越的聚集地，秦末汉初楚义帝熊心的都城，其水系分别注入珠江、赣江、湘江，有天下上游之称。郴商自古往来商贾于湘赣粤桂之间，勤劳刻苦，诚信可靠，人称"水上骡子"。

历史沿革

楚置临武邑、郴邑。

秦（前221—前206）置郴县、耒县。

西汉元鼎四年（前113），桂阳郡辖郴、临武、南平、便、耒阳、桂阳、阳山、阴山、曲江、含洭、浈阳11县。

新朝建国元年（9），王莽称帝，改桂阳郡为南平郡，改郴县为宣风、临武为大武、便县为便屏、曲江为除虏、浈阳为基武，并移郡治于耒阳（改名为南平亭）。

东汉建武中（35）还郡治于郴县，恢复郡县原名。

东汉永和元年（136），分郴县地置汉宁县，省阴山县。

三国吴建兴元年（252），改汉宁为阳安县。

甘露元年（265），分南境曲江、桂阳、阳山、含洭、浈阳县置始兴郡，度属交州，桂阳郡则余六县。

晋太康元年（280），阳安县更名为晋宁。

建兴三年（315），陶侃分郴县地立平阳郡领平阳县，始一分为二郡。

升平二年（359），析晋宁县地置汝城县。

南朝梁天监六年（507），初置郴县，不久撤销；耒阳县度属湘东。

陈天嘉元年（560），以桂阳郡之汝城县置卢阳郡领卢阳县，则一地三郡。

隋开皇九年（589），三郡合为郴州，平阳县、便县均省入郴县。

大业三年（607），南平省入临武县，晋宁县更名为晋兴。

大业十三年（617），析郴县南为义章县，分郴县西复置平阳县。

唐武德四年（621），复置南平县。

贞观元年（627），卢阳县更名为义昌。

咸亨三年（672），晋兴县更名为资兴。

武周如意、长寿元年（692），分义章南置高平县。

开元十三年（725），分郴北置安陵县，此时桂阳郡领九县。

开元二十三年（735），改桂阳郡为郴州，高平县省入义章，徙义章县治于高平旧址。

天宝元年（742），始称郴州为桂阳郡，安陵县改名为高亭，八月，南平县改名为蓝山。

乾元元年（758），郴州移治于平阳县。

贞元二十年（804），置桂阳监于平阳，专理采铜铸钱。

元和十五年（820），郴州还治于郴县。

后唐同光三年（925），义昌县更名为郴义。

后晋天福元年（936），改郴州为敦州，郴县为敦化，资兴为资兴寨、属敦化县，省平阳县入桂阳监。

天福四年（939），省临武县入桂阳监。

后汉乾祐三年（950），郴州、郴县复名，资兴县恢复县制，改名为泰县。

宋乾德元年（963），设郴州军。

太平兴国元年（976），泰县并入郴县，郴义县改名桂阳，义章县改名宜章。

景德二年（1005），蓝山县划入桂阳监。

天禧三年（1019），复置平阳县属桂阳监。

熙宁六年（1073），高亭县改名永兴。

绍兴三年（1133），桂阳监升为桂阳军。

绍兴十年（1140），复置临武县属桂阳军。

嘉定二年（1209），析郴县之资兴、程水二乡置资兴县，属郴州军。

嘉定四年（1211），析桂阳县之零陵、宜城二乡置桂东县，郴州军辖六县。

绍定二年（1229）资兴县改名为兴宁，徙县治于管子濠。

元至元十三年（1276），改军为路，郴县改名为郴阳。

明洪武元年（1368），改路为府，蓝山县复归郴州府，府辖七县；桂阳府辖常宁、耒阳二州及平阳、临武二县。次年，蓝山复归桂阳府；常宁、耒阳均复为县，度属衡州府。

洪武九年（1376），撤销桂阳府，平阳、临武、蓝山三县归衡州府辖；郴州撤府设直隶州，郴阳县并入郴州，辖五县。

洪武十三年（1380），升平阳县为桂阳州，仍辖二县，隶于衡州府。

崇祯十二年（1639），析桂阳州西南之禾仓堡置嘉禾县，并析临武县上乡八里属该县。

清康熙十七年（1678），吴三桂称帝于衡州，改桂阳为义昌县、桂阳州为南平州。次年均复原名。

雍正十年（1732），桂阳州改属州为直隶州，与郴州直隶州并列。

中华民国元年（1912），废府、州，存道、县。

民国二年（1913）2月，桂阳县复名为汝城。9月，郴州直隶州改为郴县，桂阳直隶州改为桂阳县。

民国三年（1914）1月，因兴宁县与广东兴宁县重名，故复名为资兴县。

民国十一年（1922），撤销道制，存省、县两级。

民国二十六年（1937）12月，设置湖南省第八行政督察区。

民国二十九年（1940），改第八区为第三区，辖郴、资兴、桂东、汝城、宜章、临武、蓝山、嘉禾、桂阳、永兴10县，154乡，1892保，25307甲。

中华人民共和国成立初，原第三区各县由衡阳专区代管。

1949年11月25日，成立郴县专区。

1950年11月，更名为郴州专区，辖10个县，78个区，11个镇，1436个乡。

1952年月11月13日，郴州、零陵、衡阳3专区合为湘南行政区。

1954年7月6日，撤销湘南行政区，改设衡阳与郴县两个专区，郴县专区增辖新田、耒阳、安仁、酃县，共计14个县，111个区，21个镇，1764个乡。

1958年8月，设县级郴州市，专区仍辖14个县，136个人民公社，12个镇，1403个大队，33个居委会，14813个生产队，321个居民小组。

1959年3月，资兴并入郴县，桂东并入汝城称为汝桂县，临武并入宜章县，嘉禾并入蓝山称为蓝嘉县，新田并入桂阳县，酃县划归湘潭专区茶陵县。

1960年7月18日，改郴县专区为郴州专区。

1961年6—7月，恢复原县市建制，并析资兴县地置东江市。

1962年12月，撤销东江市，划蓝山、新田归零陵地区。郴州专区辖12个县、市，12个镇，293个乡。

1963年5月20日，撤销郴州市，仍为郴县县级镇。

1967年3月8日，专区改称为地区。

1977年12月，恢复郴州市（县级）。

1983年5月，耒阳县划归衡阳市。

1984年12月，资兴县改为资兴市。

1988年，郴州地区辖2市9县，39个镇、209个乡（其中5个民族乡）、5个街道办事处，2950个村、130个居民委员会，30387个村民组。

1995年撤地建市。

行政区划

湖南省郴州市人民政府驻五岭广场东侧五岭大道9号，下辖北湖区、苏仙区、桂阳县、宜章县、永兴县、嘉禾县、临武县、汝城县、桂东县、安仁县、资兴市，共11个县（市、区），县以下设164个乡（其中11个瑶族乡）、86个镇、7个街道办事处。

郴州市行政区划

编码	县（县级市）/区	面积	政府驻地
423000	苏仙区	1357 平方公里	苏园路 6 号
423000	北湖区	815 平方公里	骆仙西路 2 号
423400	资兴市	2716 平方公里	唐洞街道
423600	安仁县	1461 平方公里	永乐江镇
424400	桂阳县	2973 平方公里	龙潭街道
423300	永兴县	1979 平方公里	便江镇
424200	宜章县	2086 平方公里	玉溪镇
424500	嘉禾县	696 平方公里	珠泉镇
424300	临武县	1375 平方公里	舜峰镇
424100	汝城县	2424 平方公里	卢阳镇
423500	桂东县	1453 平方公里	沤江镇

人口

截至 2014 年末，郴州市常住人口为 469.79 万人，其中城镇人口 227.84 万人，乡村人口 241.95 万人，城镇化率 48.5%，比上年末提高 1.47 个百分点。人口出生率 13.62‰，死亡率 6.98‰，人口自然增长率为 6.64‰。

2013 年郴州市各县（区）人口数据

名称	总人口中		城镇化率	总人口
	男（万人）	女（万人）		
郴州市	241.95	224.58	47.03	513.02
北湖区	22.12	20.75	80.61	36.63
苏仙区	21.33	20.22	62.76	37.10
桂阳县	36.83	33.78	42.87	87.96
宜章县	30.70	27.97	39.56	62.48
永兴县	28.65	26.80	43.56	66.93
嘉禾县	15.74	14.53	42.78	40.83
临武县	19.35	17.98	36.12	38.85
汝城县	17.52	15.87	31.20	39.90
桂东县	12.19	11.00	37.34	21.26
安仁县	20.07	18.82	38.44	43.35
资兴市	17.45	16.86	60.28	37.73

第一章　三国至元朝县令、县尹、知县

郴州档案信息网 2007 年 11 月 19 日 19 时 37 分 15 秒发布的《古代至建国前郴州大事记》（以后简称为《郴州大事记》）中记载："汉永和元年（136），析郴县东部地置汉宁县（今资兴、汝城、桂东辖区）。汉永和五年（140），桂阳郡领 11 县，13.5029 万户，50.1403 万人。其中郴、耒阳、便、汉宁、临武、南平 6 县 5.4011 万户，18.5612 万人。"

清光绪元年（1875）编纂的《兴宁县志》卷十一《秩官志·官制考》中说："资兴，秦、汉属郴县，东汉始置汉宁，三国改阳安，晋改晋宁，六朝、隋或仍晋宁，或仍合为郴县，职官未详，行政区划亦无资料可考。"

县署所设职官如下：

县令：为一县之长，"掌导扬风化、抚字黎氓，养孤寡，抚孤独，穷察冤屈，躬亲讼狱"；负责一县行政事务，"掌总治民政，劝谋农桑，凡户口、赋役、钱谷、赈济、给纳之事，皆掌之"；有戎兵驻县的还兼管军事。秦汉以后，人口万户以上的称令，万户以下的称长。唐朝分县为赤、畿、望、紧、上、中、下六等（京都所治为赤，京之旁邑为畿，其余则以户口多少、资地美恶为差），俱称县令。宋朝县令之名虽存，事实上多派遣中央官员执行其职务，称为知某县事（知县）。元称县尹，明、清称知县。

县丞：为县令辅佑，唐朝京县置丞三人，余各一人，为县令之贰。唐朝县丞为正八品，典文书与仓狱。宋初不置，北宋熙宁四年（1071）诏县令："万户以上增县丞一人，掌修水利之政，行市易之清与山泽之利。"

主簿：汉代中央及地方均设置，与县丞同为佑官之一，京县置 2 人，其余则置 1 人，以典领文书，办理事务。魏晋以后，渐参与机要，统领府事，为要职。北宋开宝三年（970）诏县令："千户以上置主簿，四百户以上置令尉，兼管主簿事宜；四百户以下置主簿，兼领知县事。"咸平四年（1001）诏县令："五千户以上置主簿，其余以县尉兼其事。"以后职位渐轻。

县尉：秦始置，两汉沿置，大县2人，小县1人，掌一县军事。唐县尉通常初任之官都是进士出身者，京畿县尉职位尤重。宋初置1人，由候补、候选官员充任；大中祥符（1008—1016）以后，也有武官担任此职的。以后职位渐轻，明代废。

典史：元始置，明、清沿置，掌管缉捕、监狱事务。如无县丞、主簿的县，典史则兼领其责。

儒学分设教谕和训导。光绪三十一年（1905），湖南省设提学史司，县设劝学所，为新式教育行政机关。

教谕：学官，宋代在京师设立的小学和武学始置，元、明、清县学皆置，掌文庙祭祀，教育所属生员。

训导：学官，明、清设置，协助同级学官教育所属生员。

医学设训科，清代始置。

阴阳学设训术，清代始置。

僧会司设僧会，清代始置。

道会司设道会，清代始置。

本章引用的史料，以清光绪元年（1875）编修的《兴宁县志》（1988年10月重印本）和湖南人民出版社1999年7月出版发行的《资兴市志》为主。文中引用其他资料，均另外注明。

资兴，从析郴县东部地置汉宁县开始至唐，县令皆无考。

第一节　三国（吴）县长

三国（220—280）：魏：建立于220年12月10日，曹丕建都于许昌，灭亡于266年2月4日。蜀：建立于221年5月15日，刘备建都于成都，灭亡于263年11月。吴：222年，孙权称吴王，建都城于建业（今南京）；229年5月23日，孙权称帝；灭亡于280年5月1日。

三国时期，是上承东汉下启西晋的一段历史时期，分为曹魏、蜀汉、东吴三个政权。赤壁之战时，曹操被孙刘联军击败，奠定了三国鼎立的雏形。220年，曹丕篡汉称帝，国号"魏"，史称曹魏，三国历史正式开始。次年刘备在成都延续汉朝，史称蜀汉。222 年刘备在夷陵之战失败，孙权获得荆州大部。223 年刘备去世，诸葛亮辅佐刘备之子刘禅与孙权重新联盟。229 年孙权称帝，国号"吴"，史称东吴，至此三国正式成立。此后的数十年内，蜀汉诸葛亮、姜维多次率军北伐曹魏，但始终未能改变三足鼎立的格局。曹魏后期的实权渐渐被司马懿掌控。263 年，曹魏的司马昭发动魏灭蜀之战，蜀汉灭亡。两年后司马昭病死，其子司马炎废魏元帝自立，国号为"晋"，史称西晋。280 年，西晋灭东吴，统一中国，至此三国时期结束。

东汉末汉献帝建安年间（196—220），皇室衰微，王霸迭起。荆州统南郡、南阳、江夏、长沙、武陵、零陵、桂阳七郡，雄踞长江中游，交通便利，地势险固，位当冲要，户口繁盛，战略地位凸显重要，为群雄必争之地。初平三年（192），刘表领荆州牧，移治襄阳，拥兵自立。建安十三年（208），曹操统一北方后，南下进攻刘表，夺荆州南阳、南郡。曹操后分南郡北立襄阳郡，分南阳西立南乡郡。赤壁大战后，孙权乘势取南郡。刘备略取江南长沙、武陵、桂阳、零陵四郡，并向孙权借南郡，埋下孙、刘争荆州的祸根。建安二十年（215），孙权以武力夺取荆州，刘备求和。孙、刘以湘江为界分荆州，湘江以东的江夏、长沙、桂阳三郡属孙权；湘江以西的南郡、武陵、零陵三郡归刘备。此时荆州属郡已从七郡分成十郡。曹操辖南阳、襄阳、南乡三郡；刘备分南郡立宜都郡，据南郡、宜都、武陵、零陵四郡；孙权统江夏、长沙、桂阳三郡。建安二十四年（219），孙权夺取刘备荆州四郡。荆州南北双立，曹操据北荆州三郡、孙权据南荆州七郡。

初平三年（192），刘表领荆州牧，拥兵自立。桂阳郡属荆州，为刘表所据。建安三年（198），长沙太守张羡率长沙、零陵、桂阳三郡反叛。三郡连郡自守，割据一方。建安五年（200），张羡病死，刘表乘势平定三郡——桂阳郡复为刘表所据。建安十三年（208），刘备南征江南四郡，遣偏将军赵云攻打桂阳郡，太守赵范迫降，赵云代领桂阳郡太守——桂阳郡为刘备所据。建安二十年（215），孙权派置桂阳郡长吏，被关羽驱逐。孙权复遣大将吕蒙率兵两万取江南三郡，桂阳郡闻风而降。桂阳郡为孙权所据，统十一县，治郴县。

东吴地方政区制度：222 年，孙权继曹丕、刘备称帝之后称吴王，于建业（今南京）称帝建国，与曹魏、蜀汉形成三国鼎立。孙吴地方政区多依汉制，实行州、郡、县三级制。桂阳郡辖郴、便、耒阳、南平、临武、桂阳、曲江、浈阳、含洭、阴山、汉宁十一县，治所郴县，属荆州。吴建兴元年（252），改汉宁为阳安县（《宋书·州郡志》）。

　　孙吴疆域较曹魏为小，较蜀汉为大，据有东汉交州的全部，荆、扬两州的大部。东吴汉族与少数民族矛盾较为突出。扬有山越，交有南越，荆有蛮越等少数民族。孙吴不断分割郡县设置新的郡县，作为镇抚蛮、越的既定国策，致使孙吴郡县增置很多。

　　东吴建国初，荆州南北双立，分别为曹魏、孙吴所据，曹魏辖南阳、襄阳、南乡三郡；孙吴辖南郡、江夏、宣都、长沙、武陵、零陵、桂阳七郡。东吴末，南荆州扩至十五郡。

　　吴太平二年（257），东吴析长沙郡东地及桂阳郡北地置湘东郡（今衡阳市），以郡辖境多在湘江东岸而得名。桂阳郡划阴山县与长沙郡容陵县合并仍称阴山县渡湘东郡，并析耒阳县西地置新宁、新平两县（两县并为今常宁市）入湘东郡，耒阳县仍属桂阳郡。桂阳郡划三县后辖境有所减少，统郴、临武、便、耒阳、南平、阳安、曲江、桂阳、浈阳、含洭十县，治郴县，属荆州。

　　晋太康元年（280）二月，晋大将杜预攻克荆州州治江陵，桂阳郡望风降晋；晋武帝司马炎改阳安县（今资兴市）为晋宁县（《宋书·州郡志》）。桂阳郡辖郴、耒阳、便、临武、晋宁、南平六县，以郴县为治所，仍属荆州。

　　资兴县地域，在三国吴的前期，称为汉宁，中后期县名为阳安。据郦道元《水经注》记载，故阳安又有"魏宁"之号。

汉宁县长

　　谷朗：桂阳郡耒阳人，吴赤乌三年（240），举孝廉，选贤才，"弱冠仕郡，历右职为阳安长"——任东吴桂阳郡阳安长（今资兴地之县长）。治理有方，政绩称最，任满。

　　《兴宁县志·知县》中没有记载，据《谷朗碑》及有关资料补入。

　　《谷朗碑》铭文："府君讳朗字义先，桂阳耒阳人，豫章府君之曾孙，公府君之孙，朗中君之子也。其先世自颛顼益赐姓嬴氏，至于扉子，封于秦谷，因而氏焉。君承洪源之清流，禀奕世之高洁，履道思顺，德行纯备，三岁丧母，十一亡父，独与弟居。承奉继亲，和颜悦色。孝友温恭，曾闵之操，君其蹈焉。弱冠仕郡，历右职为阳安长。淑问宣流，遂申王府，除郎中尚书令史大中正，迁长沙浏阳令，播惠渥以育民，垂仁恩以宣化，莅政未几，征于督尉尚书郎，靖密枢机，名冠众僚，迁部广州督军校尉，正身率下，不畏疆御，流清荡浊，万里肃齐。功成辞退，拜五官夕郎中，迁大中正，时交州窃邑叛囤，戎车屡驾，干戈未戢。帝咨俾公，以君往效南州，恩威素著，迁九真大守。君禀明德，所历殊勋。南州遐纪，光赞皇家，如何不永，春秋五十有四，凤凰元年四月乙未疾卒，呜呼哀哉！凡百君子，莫大嗟痛，乃立石作颂，以显行迹。其辞曰：于烁府君，禀性玄通，积行如闺，九族睦雍，羽仪上京，德兴云从，入蹈丹墀，夙夜靖恭。出抚黎民，风移俗同，名噪约产，勋齐往踪，当永黄耆，翼佐帝庸，昊天弗吊，哲人其终，济济缙绅，靡瞻靡宗，勒兹玄石，永光无穷。

谷朗（218—272）：字义先，三国衡阳郡耒阳县（今衡阳市耒阳市亮源乡）人，三国杰出的政治家、军事家、民族英雄，历任吴国郎中、尚书令史、郡中正、浏阳令、都尉、尚书郎、广州督军校尉、拜五官中郎将、迁大中正大夫。平定交趾（今越南）叛乱，维护吴国南疆稳定，平乱后迁九真太守。吴凤凰元年（272），病逝于任所，归葬耒阳。谷朗捍卫整肃边疆，抗击外族侵犯，人民安居乐业，治理南疆卓有成效。为昭示其功绩，刻《吴故九真太守谷府君碑》。谷朗碑为国宝、世界文化遗产，现存耒阳县城，为省重点保护文物。

生平：3 岁丧母，11 岁丧父，与弟侍奉继母，友爱孝顺，时有"曾参"之称。

谷朗成年后，正是三国鼎立时期，朗出仕吴国。20 岁，为郡吏。吴赤乌三年（240），举孝廉，选贤才，任阳安长。治理有方，政绩称最，任满调入王府，先后任郎中、尚书令史、郡中正。后迁浏阳令，在治理浏阳时，能关心黎庶疾苦，垂仁恩以宣化百姓，深得浏阳邑民爱戴。不久，迁立忠都尉、尚书郎，参与枢机政务。朗为人忠诚谨慎，名望颇高，得吴帝赏识，升任广州督军校尉。到职后，朗以身为表率，捍卫疆域，抗击外族侵犯，保障边疆整肃，人民得以安居乐业。吴王以谷朗忠诚秉公、遵守典章，又调朗入朝，拜五官郎中，迁大中正大夫，专司察举人才。

吴永安六年（263），交趾郡吏吕兴，杀太守，招诱九真、日南，背叛吴国。宝鼎三年（268），吴遣交州刺史刘俊、前部督军脩则等率军征讨，皆失败，军卒溃散。吴末帝孙皓悬旨征召平息祸乱将领，满朝官员都认为谷朗曾任职广州，素有威望，堪当此重任。吴建衡元年（269）十一月，谷朗率兵经番禺（今广州）、牂牁，进军交趾，讨伐吕兴。交趾降服，九真、日南归顺。平乱后，谷朗迁九真太守。

吴凤凰元年（272），谷朗病逝任所，享年54岁，归葬耒阳。为昭示其功绩，时人刻有《吴故九真太守谷府君碑》。碑现存耒阳县城，为省重点保护文物。

碑：谷朗碑通高176厘米，宽72厘米，厚24厘米，青石质。碑额《吴故九真太守谷府君碑》（九真即现越南首都河内市），为全国现存的三块半楷书母体碑之一，堪称国宝，世界文化遗产。碑文18行，行24字，字体介于隶书与楷书之间，人称原始楷书，是隶书向楷书过渡的代表作。碑原在谷府君祠内，宋代移至杜工部祠前，1979年移置蔡侯祠内。此碑是研究书法史的珍品，亦是中越两国交往的重要史料。

碑主谷朗三世仕吴为牧守，累官长沙浏阳令、立忠都尉尚书郎、广州督军校尉等职，吴建衡三年（271）迁九真太守（今越南河内南顺以北地区）。吴凤凰元年（272）四月乙未卒，终年五十有四。其墓在今耒阳马水乡木村虎形山，嗣孙谷起凤、谷尚志等为之立碑。碑旧在耒阳城东谷府君祠内，清时移置县城杜甫祠中（现耒阳一中），后迁蔡侯祠（传为蔡伦故居，在城内蔡子池畔）内保存。碑之两侧原有谷氏后裔题名，清初尚存，后渐磨灭。

《谷朗碑》字虽称隶书，实则体式已非常接近楷书，故亦有定为楷书者。当然同后世魏碑、唐楷相比，它还带有较浓的隶味。其结体方整，笔画圆劲，书风浑朴古雅，与曹魏诸刻风格稍异，但同为开后世楷书法门的重要碑刻。此碑在清代以前，唯见欧阳修、赵明诚二家著录。翁方纲《两汉金石记》云："其字遒劲，亦有汉分隶法。"严可均谓其"隶法不恶，刻手极拙"。康有为称其"古厚，为真楷至极"。

墓：谷朗墓位于衡阳市耒阳市亮源乡睦村谷家坳，坐东朝西，封土堆呈圆形，底径7米，高0.6米，周砌花岗石，保存完好。1983年10月，谷朗墓被公布为省级文物保护单位。

"郴州街上的老奶钵"写作的《郴州简史》中"九、三国时期"中说：

《谷朗碑》全称《吴九真太守谷朗碑》，吴凤凰元年（272）立于桂阳郡耒阳县。《谷朗碑》字形结构仍有隶书痕迹，但笔法已从隶体中脱化而出，表现出新的体式，初步具备了楷书书体的特点。金石界将它定为最早的楷书碑刻（《中华文明大博览》，李默主编，广东旅游出版社，2002 年版，第二册 538页），足以反映东吴桂阳郡书法碑刻艺术水准达到了一个崭新的高度。清瞿中溶《金石文编》评价此碑为"文词古雅，隶体端劲有法，其时去东京未远，尚多汉人遗意，当与汉碑为墨林宝藏"。清书法家陶濬诗云："渐收波发为横直，楷法传衣有凤凰。不见凤毛临海相，寻源南祖问潇湘。"并注云："《吴九真太守谷朗碑》，刻于凤凰元年，分书波发至渐收，已驺驺开楷法矣。"（《郴州地区文物志》，郴州地区文物工作队编，1982 年版）。

谷朗任职名称考

资兴县的历史，要从东汉顺帝永和元年（136）算起。这一年，析郴县地始建县，称汉宁，县治设凤凰山前（后称"旧县""旧市"）。汉宁县名，一直延续到三国吴孙权子亮（会稽王孙亮），吴建兴元年（252），改县名为阳安。阳安县名，一直延续到晋武帝太康元年（280），始改为晋宁县。

然而，谷朗在吴赤乌三年（240），举孝廉，选贤才，"弱冠仕郡，历右职为阳安长"。从时间上推算，此处的任职，谷朗应为"汉宁县长"（全县人口在万户以下称为"长"）。

那么，《谷朗碑》文为什么写作"弱冠仕郡，历右职为阳安长"呢？这是因为，谷朗"凤凰元年四月乙未疾卒"，谷氏后裔在同年为其立碑。而此时，汉宁县已经改名为阳安县了，故碑铭为"历右职为阳安长"。

因此，谷朗所任职务，准确地说，应为"汉宁县长"，而不是"阳安长"。

"右职"：（1）重要的职位。《汉书·循吏传·文翁》："数岁，蜀生皆成就还归，文翁以为右职，用次察举，官有至郡守刺史者。"颜师古注："郡中高职也。"《后汉书·蔡邕传》："宜擢文右职，以劝忠謇。"李贤注："右，用事之便，谓枢要之官。"宋洪迈《容斋三笔·神宗待文武臣》："右职若效朝士养名，而奖进之，则将习以为高，非便也。"清刘献廷《广阳杂记》卷五："汉制以右为尊，以贬秩为左迁，居高位曰右职。"（2）指武职。《宋史·神宗纪一》："诏：'自今文臣换右职者，须实有谋勇，曾著绩劲，即得取旨'。"参见"右选"。

第二节 五代县令

五代十国时期是中国历史上的一段大分裂时期。这一称谓出自《新五代史》，是对五代（907—960）与十国（891—979）的合称。五代是指907年唐朝灭亡后依次更替的位于中原地区的五个政权，即后梁、后唐、后晋、后汉与后周。960年，后周赵匡胤发动陈桥兵变，黄袍加身，篡后周建立北宋，五代结束。而在唐末、五代及宋初，中原地区之外存在过许多割据政权，其中前蜀、后蜀、吴、南唐、吴越、闽、楚、南汉、南平（荆南）、北汉等十余个割据政权被《新五代史》及后世史学家统称为十国。北宋建立后先后统一了尚存的荆南、武平、后蜀、南汉、南唐、吴越、北汉等政权，基本实现了南方的统一。

郴州档案信息网《郴州大事记》中记载：后梁开平元年（907），马殷据湖南，建楚国。郴州属楚。后晋天福元年（936），改郴州为敦州、郴县为敦化县、资兴为泰县（后为资兴寨），省平阳县入桂阳监。后周广顺元年、南汉乾和九年（951）十一月，南汉刘晟遣内侍潘崇彻于义章击败南唐李璟，遂取郴州。次年，湖南将刘言、王逵以兵五万及龙溪洞（属于今资兴）瑶民攻郴州，潘崇彻败逵于蚝石，斩首万余级。

楚为马殷所建，都潭州（长沙）。盛时据二十一州，相当于今天湖南大部及广西、广东部分地区。开平元年，后梁太祖朱温封马殷为楚王，始建割据政权，但楚均向北方五代政权称臣，无年号。后唐长兴元年（930），马殷死，遗命次子马希声继立，并令兄弟依次继位，遂开马氏诸子内讧、争夺王位的大幕。马希声、马希范、马希广相继为王，马希萼不服，从朗州（今常德市）起兵，杀希广，自立为楚王。后马希崇发动兵变，也自立为楚王。马希萼却在衡山称衡山王，向南唐李璟称臣，马希崇害怕李璟干涉，也请命于南唐。李璟趁此机会，于后周广顺元年（951）派边镐统兵入湖南，灭楚。楚共传六主，共四十五年。马氏亡后，其部将刘言打败南唐大将边镐。刘言开始统治湖南，不久又被部将所杀。马氏旧将周行逢继位统治湖南，传至儿子周保权。乾德元年（963），宋大将幕容延大破武平军，周保权投宋，湖南遂平。乾德二年

（964），宋大将潘美克郴州，郴州入宋。

后梁与后唐郴州：统郴、平阳、资兴、义章、义昌（郴义）、高亭、临武、蓝山八县，治郴县，属马楚。

后晋敦州：天福元年（936），晋高祖石敬瑭灭李唐建后晋。天福二年（937），晋高祖设宗庙，追尊曾祖父石郴为孝简皇帝，为避孝简帝庙讳，取《中庸》"小德川流，大德敦化"之意，改郴县为敦化，改郴州为敦州，改郴义为敦义。资兴县降为资兴寨并入敦化县（《明一统志》："五代时废为寨，宋嘉定中复为资兴。"）敦州辖敦化、平阳、义章、敦义、高亭、临武、蓝山七县，治敦化，属马楚。

后汉郴州：晋出帝开运三年（946），后晋被辽国所灭。947年，后晋中书令刘知远称帝，改国号为汉，史称"后汉"。后汉乾祐元年（948），敦州、敦化、敦义复称旧名。郴州辖郴县、郴义、义章、高亭、蓝山五县及桂阳监，治郴县，仍属马楚。

郴州从907年至951年，即五代中后梁、后唐、后晋、后汉四代属马楚，治所郴县。马楚前期，政治上"上奉天子，下抚士民"，使楚获得一个相对安定的环境。经济上，提倡种茶，发展纺织，铸铅铁钱，通商中原，湖南及郴州经济得到较快的发展。

南汉据郴：南汉国是岭南继西汉南越国后的又一次割据称帝，为刘隐、刘岩兄弟所建。唐末，刘隐承父业，掌控岭南封州兵事，后为岭南东道清海军节度使。后梁开平三年（909），朱温封刘隐为南平王。刘隐死，其弟刘岩继王位。后梁贞明三年（917），刘岩称帝于番禺（今广州），国号大越，改元乾亨。次年，刘岩以汉代刘氏后裔自居，改国号为汉，史称南汉。郴州于南汉乾和九年（951）入南汉，为广南岭北重要门户，设重兵镇守。南汉后两代国君都是极其奢侈的暴君，政治败坏，武力废弛，郴州深受其害。令郴人额手称庆的是南汉郴州末位刺史陆光图却是一个循吏，《十国春秋》载：陆光图"至郴，周恤穷民，招辑兵士。民皆呼'陆父'"。

宋乾德元年（963），宋太祖派兵南下，割据湖南武平幼主周保权投宋，湖南遂平。乾德二年（964），宋大将潘美进攻郴州，郴州军民浴血奋战。南汉将领暨彦赟、郴州刺史陆光图均战死，郴州都监陈珏等二百多人被俘。郴州入宋，南汉军余众退保韶州。

资兴县名：唐高宗咸亨三年（672）重置县，以治所前资兴江命名，首称资兴，仍属江南西道。五代十国时期，后汉隐帝乾祐三年（950），废资兴为泰县。后周同。

五代县令

《兴宁县志·知县》中记载："五代县令（凡一人，余无考）。"

黄玉：万历乙卯县志"由进士任"，乾隆己卯县志以为"同光二年任"。考黄氏谱则谓荆州人，黄盖之裔。宋乾德初，由明经进士任资兴，此其实录云。按：乾德之号，一为五代梁，一为宋太祖。此云"宋乾德"，则黄公之任当列于宋。既列于五代，则不得言"宋"矣。附疑。

万历乙卯：1615 年。乾隆己卯：1759 年。同光二年：后唐，924 年。宋乾德：北宋，963—967 年。五代梁：后梁，其中无"乾德"年号，只有"乾化"即 911—914 年、"龙德"即 921—923 年。前蜀有"乾德"年号，为919—924 年。

黄玉任资兴县令考

2016 年发现并收藏于资兴市档案馆的康熙五十三年甲午（1714）《兴宁县志》卷三《秩官志·历代知县》中记载："唐、五代：黄玉：由进士旧志以为同光二年之任。考《黄氏谱》以为荆州人，黄盖之裔，宋乾德初由明经进士任资兴。此其《实录》云。"

资兴《清江黄氏族谱》之《家庆录》记载（括号内的说明为笔者所加）："玉祖（黄玉）：字仙琚，江夏人，汉黄香之后，登唐昭宗乙卯（895）进士，同光二年甲申（后唐，924）为古资兴令。政洽人心，挽留住籍，卜居旧治（旧县城，后名'旧县'，即旧市）石城山下。州、县志秩官名宦具首载焉，至今享祀。"黄玉，是开派资兴的黄氏始祖。

据此，对照《兴宁县志》的记载，《黄氏族谱》的记载应是正确的：黄玉"同光二年甲申为古资兴令"。

"同光二年甲申"是个什么年代呢？正是"五代十国"时期，公元 924 年。即后唐庄宗（李存勖，923—925）同光二年，吴越保大元年，吴顺义四年，前蜀乾德六年，闽同光二年，南汉乾亨八年，荆南（南平）顺义四年，契丹天赞三年。

当时，湖南全境属于马殷建立的楚国。马殷自制官属，但使用后唐年号，927年二月才"贡于唐"。因此，"同光二年甲申（后唐，924），黄玉为古资兴令"——隶属于楚国马氏。

马殷（852—930）：字霸图，许州鄢陵（今河南鄢陵县）人，五代十国时期南楚开国君主。马殷早年以木匠为业，后投入秦宗权军中，隶属于孙儒部下。孙儒战死后，马殷作为刘建锋的先锋，南下湖南，攻占潭州等地，成为马步军都指挥使。乾宁三年（896），刘建锋被杀，马殷被推为主帅，逐步统一湖南全境。唐朝任其为湖南留后、判湖南军府事，迁武安军节度使。此后，马殷逐渐扩大地盘，兼并静江军，夺取岭南数州。开平元年（907），后梁太祖朱温封其为楚王，定都潭州（今长沙）。四年（910），加天策上将军，尚书令。天成二年（927），后唐封其为南楚国王。在位期间，采取"上奉天子，下奉士民"的策略，不兴兵戈，保境安民，很少主动对外交战。对内发展农业生产，减轻百姓赋税，使得湖南经济得以繁荣。930年，马殷去世，时年七十九岁，谥号武穆王。次子马希声继位。

黄玉的祖先是汉朝的黄香。黄香（约68—122）：字文强（一作"文疆"），江夏安陆（今湖北云梦）人。东汉时期官员、孝子，是"二十四孝"中"扇枕温衾"故事的主角。他年方九岁，便知事亲之理，名播京师，号曰"天下无双，江夏黄香"。后任郎中、尚书郎、尚书左丞。又升任尚书令，任内勤于国事，一心为公，熟悉边防事务，调度军政有方，受到汉和帝的恩宠。后出任魏郡太守，于水灾发生时以自己的俸禄赏赐来赈济灾民。不久被免职，数月后在家中去世。其子黄琼、曾孙黄琬，都官至太尉，闻名于天下。

江西遂川古村落鄢溪，在黄氏正祖祠内书有一副对联，详述了鄢溪黄氏的历史源流，脉络清晰，对仗工整："承孝友家声，千百年青编记录，东汉降临留岭表；召清江基业，十八代黄甲题名，西城派系衍鄢背。"上联提及的孝友家声，起源于"二十四孝"中"扇枕温衾"的黄香。自黄香之子黄琼首定"孝悌"为黄氏家教以后，历代黄氏家训、族谱中都突出了"孝"的地位。唐代黄芮割股做羹为继母治病的事迹流传甚广，黄氏家族得以旌表于国史。宋代文豪黄庭坚，虽官至太史，仍坚持每日为病母洗涤便溺器物，从未间断，亦名列"二十四孝"。"东汉降临留岭表"说的是东汉时期黄氏迁至广西太平府，上赐诰命印章，世袭土司，地位尊荣。下联说的是，后唐时先祖黄玉任湖南资兴县令，家族从桂林迁至清江乡开创基业，而后家族共有十八位进士及第，诗书传家可见一斑。"西城派系"是指后人黄文海一脉从湖南桂东迁徙至遂川县堆子前镇，在此繁衍昌盛。

以上可证：黄氏宗族，也为黄玉为古资兴令而骄傲。

第三节　宋朝县令

宋（960—1279），分北宋和南宋。

《郴州大事记》中记载："乾德元年（963），宋兵攻占湖南，俘南汉将领周保权。九月，宋将潘美、张继勋率兵克郴城，郴州与桂阳监归宋。设郴州桂阳郡军事，军治郴县县城。隶属荆湖南路湖南道。始以朝臣知县事。"

宋朝地方政区制度：宋朝初年，地方政区实行州（府、军、监）、县二级制，但州级行政区有府、州、军、监四类，府设于重要州郡之地，军一般设置于重要兵防之地，监一般设置于重要工业之地。军、监均有州、县两级建制。各州（府、军、监）直属朝廷，由朝廷委派京朝官管理州府军民政务，初称"权知军州事"（军谓兵，州谓民政，表示全权管理全州的军民之政）。后多用文人，改称"知州军事"，简称"知州"，一般称知某州（府、军、监），又设通判，与知州同理州事。宋初沿袭唐制，在州、县之上设道，为朝廷派出机构。同时，宋太祖设某路转运使，限于在路上管理军队粮饷。宋太宗废道为路，初为财政收转区。各路皆设转运使（漕司）和提点刑狱（宪司），部分路常设安抚使（帅司），后增设仓司。帅司由本路最重要的州府长官兼任，主管军政。漕、宪、仓三司都具有监察职能，路类似于监察区。后来，转运使兼有民事、刑法、军政和监察权力，权任颇重，路成为实际上的一级行政政区。宋代便出现了路、州、县三级制。

乾德二年（964）九月，宋大将潘美克郴州。郴州领桂阳监及属县入宋，衡阳刺史张勋迁任郴州刺史兼桂阳监使。郴州入宋后仍为州级建制，统郴、郴义、义章、高亭、蓝山五县及桂阳监，治郴县。乾德三年（965），桂阳监作为州级建制划出郴州，由比部郎中董枢出任桂阳监使（《宋史·董枢传》）。桂阳监划出郴州后不统县，同下州；郴州统郴、郴义、义章、高亭、蓝山五县，治郴县。郴州、桂阳监直隶中央王朝。

太平兴国元年（976），宋太宗赵光义继位，郴义、义章两县犯帝名讳。为避帝讳，取音近义通，郴州改义章为宜章。由于桂阳监别郴自立，延续桂阳郡的郴州已经没有桂阳地名，郴人源自对桂阳郡辉煌的眷恋，奏请朝廷改郴义为桂阳县（今汝城），取原郡名。郴人这种既有"郴"，又要"桂阳"的做法，导致北宋时期有三个称桂阳的政区并存：一是荆湖南路桂阳监（今桂阳县）；二是荆湖南路郴州属县桂阳县（今汝城县）；三是广南东路连州州治桂阳县（今广东连州）。

至道三年（997），宋太宗改道为路，全国为十五路。湖南为荆湖南路，治潭州（今长沙）。郴州、桂阳监属荆湖南路。

北宋郴州统郴、永兴、宜章、桂阳四县，实为今北湖、苏仙、资兴、永兴、宜章、汝城六县区，现面积为12936平方公里；桂阳监统平阳、蓝山二县，实为今桂阳、临武、嘉禾、蓝山四县，现面积为6857平方公里。据《宋史·地理志》记载，北宋崇宁元年（1102），郴州（中）统郴（紧）、永兴（中）、宜章（中）、桂阳（中）四县，全州有39392户，138999人。桂阳监（同下州）统平阳（上）、蓝山（中）二县，全监有40476户，115900人。

北宋靖康年间发生"靖康之变"，宋室南渡。建炎元年（1127）五月，赵构重建赵宋王朝，史称南宋。郴州、桂阳监属南宋。绍兴元年（1131），改荆湖南、北路为荆湖东、西路，郴州、桂阳监改隶荆湖东路（治鄂州，今武汉）。绍兴二年，仍复南、北路，郴、桂复隶荆湖南路，治潭州（今长沙）。

《宋史·地理志》记载："嘉定二年（1209），郴州析郴县原资兴地（郴县资兴乡）并增割郴县程水乡，即以郴县资兴、程水二乡地复置资兴县。郴州领郴、永兴、宜章、桂阳、资兴五县，治郴县。"

嘉定四年（1211），荆湖南路宣抚曹彦约为镇抚黑风峒瑶人，奏请割桂阳县（今汝城）东北宜城、零陵二乡始置桂东县，取桂阳县之东为县名（《宋史·地理志》）；并改桂东县黑风峒地名为效忠。郴州统六县。

绍定二年（1229），改资兴县为兴宁县，徙县治于管子壕（今兴宁镇）。

南宋末，郴州领郴、永兴、宜章、桂阳（今汝城）、兴宁、桂东六县，郴县为治所，隶属荆湖南路。桂阳军领平阳、蓝山、临武三县，治所为平阳（今桂阳县城），隶属荆湖南路。

一、北宋县令

北宋（960—1127），是中国历史上以汉族为主体建立的封建王朝，建都开封（今属河南），其创建者为宋太祖赵匡胤。北宋共历九帝167年。

北宋，是中国历史上继五代十国之后的朝代，与南宋合称宋朝，又称"两宋"。960年，后周诸将发动陈桥兵变拥立赵匡胤为帝，后周末帝柴宗训被逼禅位于赵匡胤。北宋定都于汴梁（今河南开封），并先后设陪都西京河南府（今河南洛阳）、南京应天府（今河南商丘），北京大名府（今河北大名），与东京开封府合称四京。赵匡胤即位后通过杯酒释兵权，将兵权与财政权全部集中于中央，避免出现中晚唐藩镇割据的乱象，但也导致宋朝在与辽国及西夏的战争中失利。靖康元年（1126）发生靖康之难，金国兵临汴梁，次年灭亡。北宋疆域东北以今海河、河北霸州、山西雁门关为界；西北以陕西横山、甘肃东部、青海湟水为界；西南以岷山、大渡河为界。宋神宗时通过熙河开边收复河湟，宋徽宗时期于青海北部置陇右都护府，并重金赎回幽云七州。有学者指出，北宋是中国古代历史上经济文化最繁荣的时代。在此期间儒学得到复兴，科技发展突飞猛进，政治也较开明，经济文化繁荣。北宋时期，因推广占城稻，人口从太平兴国五年（980）的3710万迅速增至宣和六年（1124）的12600万。北宋时期对外关系在唐朝的基础上进一步发展，在东亚同朝鲜和日本关系交流密切，在东南亚同越南和印度尼西亚也加强了联系，同时还影响到了西亚和非洲。

资兴，北宋时期县名：泰县。

泰县县令

张兑：荆州江陵人，北宋英宗治平四年（1067）前后，担任泰县县令。

关于北宋县令，《兴宁县志·知县》中没有记载，据资兴《上坊唐氏族谱》补入。

资兴《上坊唐氏族谱》第二卷载有《来宁始祖世录》，其中记载（括号内的说明为笔者所加）："第一世：介公四子，唐嘉问：字进思，号碧川，由进士历转江西赣州太守。北宋英宗治平四年（1067），因父贬谪郴州监税，公亦致仕（卸职、辞职，或谓退休），纤道来郴省亲。甫到资兴，介公已蒙召还（到京任职）。县令张讳兑者为内兄弟（舅父的儿子或妻兄弟），留止署中。闻湘江寇起，遂卜上坊家焉，是为（旧市）上坊一世祖也。"唐嘉问的《退耕堂记碑》说得更详细："时资兴邑宰内兄张君，将余留止署中（当时，县城在旧市）。盘桓之下，余因得流（游）览石角（石角奇观，地址在旧市后山，即县城内）、温泉（旧市温泉）诸胜。窃见樵则有山，钓则有水，而且风澶而土腴，清淑之气，复磅礴郁积。余因不禁叹曰：'此邦风景，视故乡之冲繁嚣杂何如哉！使于此令卜，则可长子孙而保世。'滋大矣！用是胜中选胜，得附郭之上坊，拟奠厥居。"

据此，张兑在北宋英宗治平四年前后，担任泰县县令。唐嘉问原籍荆州江陵人，张兑县令也应是荆州江陵人（江陵，又名荆州城，今为湖北省荆州市和荆州区人民政府所在地）。

然而，这里存在一个问题，即资兴县当时已撤销，划归到了郴县。《郴州地区志·沿革》与《资兴市志·沿革》中记载："北宋太平兴国元年（976），废泰县（950 年资兴县改为泰县），境地归郴县。"直到南宋嘉定二年（1209），才恢复为资兴县。据此张兑县令岂非郴县县令乎？然而，如果张兑为郴县县令，绝不会让唐嘉问游览旧市（县城）周围的胜景，而应游览郴州周围的胜景——如苏仙岭之类。唐嘉问的文章中说得十分明确："得附郭之上坊"——"附郭"者，县城"近城的地方，郊外"也。

《郴州地区志·沿革》与《资兴市志·沿革》是当代志书，再往前查《兴宁县志》，其中《县志卷之二·沿革志》中记载："后汉：隐帝乾祐（948）初，复为郴州。废资兴为泰县。后周：同（泰县）。宋：太祖乾德（963）初，攻南汉，郴州克之，置荆湖南、北二路安抚司。郴州军属湖南道。按：南汉复改敦化为郴县。今州治仍县也，此所谓郴即今桂阳州。时泰县隶之。宁宗嘉定元年（南宋，1208），割郴之程水、资兴二乡，仍置资兴县。按：资兴旧治在一都凤凰山前，今梵安寺即其故址。"这就是说，从后汉、后周至北宋，资兴并没有并入郴县，而是"废资兴为泰县"，直到南宋的"宁宗嘉定元年，割郴之程水、资兴二乡，仍置资兴县"。

也正因为如此，《兴宁县志·流寓》篇中，才有北宋人物到"兴宁"县的记载：如"周敦颐，字茂叔，号濂溪，道州春陵人。先为郴令，调桂阳令（今汝城县）。熙宁四年（1071），知郴州军，道出宁，人以为有过化之风"。

据此，张兑在北宋英宗四年（1067）前后，担任泰县县令，应是可以肯定的。

张兑为荆州江陵人。江陵（楚国连续二十代王在此建都400余年）县，现隶属湖北省荆州市，位于湖北省中南部，地处江汉平原腹地、长江中游荆江北岸。全县版图呈马鞍形，东西距53.5千米，南北距36.2千米。面积1032平方公里。2010年末总人口为40.5万。1998年7月，经国务院批准，撤销原江陵区，在郝穴镇设立江陵县。

谨录此存疑，以供识者考证。

附录：

郴县宋朝县令

资兴境地原属于郴县，因位于郴县的东边，故有河流曰"东江"。自从析郴县地建县以后，历史上多与郴县分分合合。因此，将郴县宋朝县令附录如下。

北宋时期

周敦颐：营道人，庆历六年（1046）任。

郭震：嘉祐元年（1056）任。

陈叔献：嘉祐四年（1059）任。

南宋时期

姓名	始任年号	公元	姓名	始任年号	公元
徐晰	建炎元年	1127	钟黄	建炎二年	1128
胡大年	绍兴二年	1132	杨知先	绍兴四年	1134
郭邂	绍兴五年	1135	蒋元量	绍兴九年	1139
唐时德	绍兴十一年	1141	余执度	绍兴十四年	1144
孔浩然	绍兴十六年	1146	胡永孚	绍兴二十一年	1151

姓名	始任年号	公元	姓名	始任年号	公元
卢　衷	绍兴二十五年	1155	李　愧	绍兴二十八年	1158
蔡兴邦	绍兴三十二年	1162	葛孝卿	隆兴元年	1163
范大用	乾道四年	1168	陈　奥	乾道七年	1171
雷　溧	淳熙元年	1174	黄　髹	淳熙二年	1175
廖邦集	淳熙四年	1177	范公谨	淳熙八年	1181
吴　镒	淳熙十一年任，十五年召赴都堂审察	1184—1188	田　拱	淳熙十四年	1187
江取善	绍熙五年	1194	严思义	庆元元年	1195
沈　建	庆元三年	1197	余　珍	嘉泰元年	1201
余　钢	嘉泰四年	1204	沈　优	嘉定元年	1208
赵彦比	嘉定三年	1210	陈　雩	嘉定八年	1215
周直方	嘉定九年	1216	彭　震	嘉定十年	1217
余兴裔	嘉定十二年	1219	吕伯固	嘉定十三年	1220
周思诚	嘉定十五年任，始筑县城	1222	留　开	嘉定十六年	1223
刘日宣	宝庆二年	1226	陈　觉	绍定元年	1228
邹　宝	绍定二年	1229	赵兴丞	宝祐三年	1255
周　智	宝祐六年	1258	谢安世	开庆元年	1259
戴梅孙	景定二年	1261	邓东旸	咸淳八年	1272

二、南宋县令

　　南宋（1127—1279）：1127 年，金国完颜宗望、完颜宗翰与诸将攻破宋朝都城开封，俘虏了宋徽宗、钦宗二帝。金太宗下诏废宋徽宗、钦宗二帝，贬为庶人，北宋灭亡。1127 年 5 月，徽宗第九子康王赵构在南京即帝位，他就是宋高宗，改元建炎，国都在不久后迁到临安。史称南宋。

　　南宋，是北宋靖康之变后宋室在江南建立的政权，与北宋合称宋朝，共传五世九帝，享国 153 年。1127 年靖康之变时宋徽宗、宋钦宗被金国所俘，宋徽宗第九子康王赵构定都南京应天府（今河南商丘），继承大宋皇位，为了延续宋朝皇统和法统，定国号仍为宋，史称南宋。1138年，迁都临安府（今浙江杭州）。金国几度南征都未能消灭南宋，而南宋也有过数次北伐皆无功而返，南宋和金国形成对峙局面。后宋、金达成绍兴和议，双方以秦岭淮河为界。到南宋中后期奸相频出，朝政糜烂腐败，而处于漠北草原的蒙古人开始崛起，1206年成吉思汗建立大蒙古国，征服金国后开始大举入侵南宋，南宋军民拼死抵抗，直到1276年南宋都城临安被攻占，1279年崖山海战中宋军战败，宋末帝赵昺随陆秀夫跳海而死，南宋灭亡。

南宋在政治和军事等诸多领域都沿袭北宋。在中央地方权力、官僚机构、司法、军权等方面加强中央集权的一系列措施，军事上在招收溃兵、盗贼及勤王之兵等基础上，开始军事重建之路，最终形成几支比较强大的军事力量，如岳家军、韩家军等。南宋虽偏安于秦岭淮河以南，却是中国历史上经济文化繁荣、科技进步、对外开放程度较高的王朝。南宋与金国、西辽、大理、西夏、吐蕃及13世纪初兴起的大蒙古国为并存政权。游牧民族对宋朝先进生产关系的毁灭性打击，使一直处于上升阶段的东方先进文明，从此逐渐趋于衰落。

南宋灭亡时，是中国朝代更替时最为惨烈的。1276年元朝攻占南宋首都临安（今杭州），俘获5岁的南宋皇帝恭宗。随后，陆秀夫、文天祥和张世杰等人连续拥立了两个幼小的皇帝（端宗、幼主），成立了小朝廷，文天祥任宰相。景炎元年（1276）十一月，元军逼近福州，十一月十五日，朝臣陈宜中、张世杰护送赵昰和赵昺乘船南逃，从此小朝廷只能海上行朝。宋端宗赵昰和赵昺被元朝军队相逼南逃避难，途经香港九龙半岛一块约有300吨的巨岩上休息，后来附近的民众在那块可以容纳50多人的巨岩上，刻上"宋王台"三个汉字，以示纪念。景炎三年（1278）四月十五日，在广东湛江雷州湾的硇洲岛，年仅11岁的赵昰因落水而染病去世；陆秀夫与众臣拥戴赵昺为帝，改元祥兴（1278）。元军紧追不放，发动猛攻，雷州失守，小朝廷迁往崖山（今广东新会崖门）。文天祥在海丰兵败被俘。元军在南宋汉人叛将张弘范的带领下紧追小朝廷，对崖山发动总攻，宋军无力战斗，全军覆灭。1279年3月19日，时年8岁的赵昺皇帝被丞相陆秀夫抱着与赵宋皇族八百余人集体跳海自尽。世人不耻张弘范，特于此立碑"宋张弘范灭宋于此"嘲之，宋朝到此宣告彻底灭亡。崖山海战极为惨烈，战后，有10万人自杀殉国，海上都是尸体。被俘后身在元营的文天祥目睹惨状，作诗云："羯来南海上，人死乱如麻。腥浪拍心碎，飙风吹鬓华。"

赵昺的陵墓，被称为"宋少帝陵"，位于深圳市南山区招商街道赤湾村少帝路，就在赤湾公园和赤湾小学附近。这是广东省境内唯一的一座皇帝陵寝，也是深圳市第一批重点文物保护单位。据说，1911年香港赵氏后裔才修建了少帝墓，1963年被赤湾驻军发现。1984年初，香港赵氏宗亲会和蛇口工业区旅游公司又捐资四十多万港元，对陵墓进行了修茸扩建。

宋朝是中国古代历史上商品经济、文化教育、科学创新高度繁荣的时代。宋时出现了宋明理学，儒学得到复兴，科技发展迅速，政治也比较开明。著名史学家陈寅恪曾说过："华夏民族之文化，历数千载之演进，造极于赵宋之世。"

《郴州大事记》记载："嘉定二年（1209）：析郴县东部资兴、程水二乡置资兴县。桂阳县黑风峒李元砺率瑶民起义，义军增至数万人。翌年，李退至南雄州，被俘遇害。"桂阳县：今汝城县。黑风峒：今桂东县西南。

行政区划无资料可考。

南宋，县名：泰县、资兴、兴宁县。

南宋宁宗嘉定元年（1208），割郴之程水、资兴二乡仍置资兴县，治所在一都凤凰山前。南宋理宗绍定二年（1229），改资兴为兴宁，徙县治于管子壕（今兴宁镇）。另据《湖广通志》注：嘉定二年（1209）改曰兴宁——未知孰是，附录于此。隶属荆湖南路安抚司郴州军。

资兴知县

1. 黄现象：字世范，南宋建炎四年（1130）进士，官资兴知县

黄现象担任资兴知县，古今县志中均没有记载，据福建邵武《黄峭后裔进士名录》补入。

网站2015年7月25日发布的福建邵武《黄峭后裔进士名录》中记载："黄现象：字世范，南宋建炎四年（1130）进士，官资兴知县。"

黄现象是福建邵武人。邵武素有"铁城"之称，地处武夷山南麓、富屯溪畔，史称南武夷。1983年10月撤县建市，现辖12镇3乡4个街道，全市总人口30万，其中，城区人口18万（2012），全市土地面积2852平方公里，建成区面积16.15平方公里。邵武历史悠久，建城已有1700多年的历史，曾为

福建八府之一，历史上曾出了2个宰相、7个兵部尚书、271位进士。邵武市和平古镇还是世界黄氏宗亲寻根谒祖之地，后唐工部侍郎黄峭后裔遍布沿海各省及中国台湾、香港、澳门和东南亚各国。宋代名相李纲、文学评论家严羽均是邵武人。革命战争时期，邵武曾先后设立过闽赣省委、闽中特委、福建省委等党的领导机关。

但没有查到黄现象的资料，只查到他的祖先。黄峭（872—953）：字峭山，又名岳，字仁静，号青岗，后裔尊称为峭公或峭山公，锡公的长子。远祖自河南光州固始入闽。生于唐懿宗咸通十三年（872）四月十五日戌时，卒于后周太祖广顺三年（953）癸丑十一月初十日巳时，享寿八十有二，卜葬鹳薮黄家林旧茔。官至工部侍郎，娶上官氏、吴氏、郑氏三郡君，共生二十一子。

南宋年间资兴大事记

《兴宁县志·古迹》记载："朱丞相古碑：在南乡蟓珠洞。上刻丞相致邑人'李镗书'，宋建炎庚戌六月，星沙张履中为之跋，门人李森立石。今字迹尚能摹读。"朱丞相：朱胜非（1082—1144年12月24日），南宋丞相，在"高宗南渡时"——"宋建炎四年庚戌（1130）六月"之前，来到东江。他"提点浦溪山银矿，寻以烦民启寇，得不偿失命罢采"；过泸渡，登兜率灵岩，遂作《泸渡》诗一首："曾到泸溪渡，山青石壁粗。云藏天宝塔，水绕率岩湖。日暖鱼增价，风和酒易沽。渔舶交过往，商旅及成都。"南乡蟓珠洞：今清江乡玭珠洞。建炎庚戌：1130年。

《兴宁县志·艺文志》载有谢岩写作于绍兴元年（1131）的《兜率岩记》，文章开头就说："曹成既陷安仁，郴桂云扰，余从严君命，徙家于资兴。"（后为西岭头谢氏始祖）

《中国历史大事年表》（冯君实主编，辽宁人民出版社，1984年12月第1版）载："公元1130年，庚戌，南宋建炎四年十一月：宋吉州民起义，攻占江西、湖南八县。公元1131年，绍兴元年，辛亥：二月，宜章县民李冬至二起义。"

《郴州大事记》记载："绍兴二年（1132）：曹成起义军十余万，由江西经湖南，据道、贺2州。攻郴。权知潭州兼权荆湖东路安抚都总管岳飞奉命前往招抚，曹成不从。岳飞率八千官兵由茶陵经郴州入贺州境，破义军之太平场寨及蓬头岭等据点，曹成率部奔连州。岳军张宪自贺连、徐庆自邵道、王贵自郴桂，招降二万余人，与岳飞会于连州，进兵追击曹成。此间，岳飞两度驻军郴城。"

2. 吴志富：嘉定二年己巳（1209）至嘉定三年庚午（1210），担任资兴知县

吴志富担任资兴知县，古今县志中均没有记载，据资兴《吴氏族谱》补入。

资兴《吴氏族谱·郴兴宁始祖开派总世录》载（括号内的说明为笔者所加）："第一世：大有长子，志富：正三郎，字天申，号似陶，悦公六世孙。登南宋隆兴癸未（1163）进士，官湖广永兴县、兴宁县知县。后挂冠遂卜黄泥桥而居焉，为我族郴阳始祖。生于绍兴二十二年壬申（1152），殁于嘉定七年甲戌（1214），寿享六十三岁，葬郴州兴宁县西双溪渡头石头桥龙形。行实：州、县志失载，无从稽考。第爱著甘棠，永邑之民至今犹有传其遗泽者。且示儿一疏，襟期磊落的是靖节风流而表道一言，尤令人兴旷怀千古之想。生平实录莫备，于此若强加掇拾，匪以传之，适以诬之。但后世子孙有志表章者，特遗疏标大两志，俾群知宋代有似陶先生则为功多矣。配李氏，生于绍兴二十年庚午（1150），殁于嘉定三年庚午（1210），葬地同夫。生子三：长亮魁，次亮彩，三亮昌；女一：适邓。"

根据以上的说法，吴志富为南宋隆兴癸未（1163）进士，曾任永兴县、资兴县知县。

然而，经查《资兴市志·沿革》载："北宋太平兴国元年（976）废泰县，境域归郴县。南宋嘉定二年（1209），划郴县之程水、资兴2乡仍置资兴县。"前面《北宋县令》中，本书笔者已经根据《兴宁县志·沿革》的记载，推翻了这个结论，证明后汉、后周、北宋至南宋"宁宗嘉定元年"（1208）为泰县。

根据这种情况，吴志富担任资兴县令的时间就有两种可能。一是他担任过"泰县"县令，其时间就在他担任永兴县令之后至"宁宗嘉定元年"之间。二是他担任的是"资兴"县令，其时间就在他生时的最后6年，即从嘉定二年己巳（1209）至嘉定七年甲戌（1214）；也就是他57岁至63岁之间。又据《兴宁县志·知县》名录所载的，王瀛为南宋第一个担任资兴县令之人的时间："嘉定四年（1211）任"，则推知吴志富担任资兴县令的时间应为：嘉定二年己巳（1209）至嘉定三年庚午（1210）。据此，也就可以证明，他开始定居资兴县黄泥桥的时间，亦应在嘉定三年至嘉定七年甲戌之间。

特录此备考。

资兴知县

《兴宁县志·知县》中记载："宋县令（凡十四人）。"

3. 王瀛：嘉定四年（1211）任

2016年发现并收藏于资兴市档案馆的康熙五十三年甲午（1714）《兴宁县志》卷三《秩官志·历代知县》中记载："宋、元：王瀛：嘉定四年之任。"

《兴宁县志·古迹》中记载："飞来钟：在旧治梵安寺。按：钟原在永兴十六都洞元观，系元延祐六年（1319）春，李春魁铸造，不知何年飞来，遂相传为'飞来钟'。"笔者说明："梵安寺"即资兴旧治公署故址，寺后为故学宫地；又故老相传，县署在"奇观石"下，后汇为潭——在旧市，1986年8月2日东江大坝关闸蓄水后被东江湖水淹没。

4. 赵崇尹：嘉定七年（1214）任

《通志》："嘉定（1208—1224）中任，时初立学校，未有专师，公请于郡守，发钱五百贯，市井养士，举宜阳朱彬主教，士始向学。"

《兴宁县志·学校志》卷之七"文庙"中记载：文庙（旧称先师殿，明嘉靖九年（1530）从大学士张璁议，改殿称庙）："自南宋绍兴中，由旧治徙治管子壕，即立学于城西。嘉定间，知县赵崇尹请于郡，举宜阳朱彬主教，郡守陈勋发钱五百贯，市田为养士资（按州志载：嘉定间，郡守杨勋捐俸置买学田事，并无陈勋）。"

《兴宁县志·山水》中记载："奇观石：在县南二十里旧治后。苍崖环抱，顶起一石，围径二尺余，本丰末锐，屈曲如牛角，而没于榛莽。宋知县赵崇尹于山麓大石镌'天下奇观'四字。或遂以大石为奇观，非矣！邑人郭启悊曾辨之。李端诗云'一弯屈曲眠金壁'正谓此。邑旧景称'石角奇观'。"原资兴县城旧市石角山的"天下奇观"，1986年8月2日东江水电站大坝关闸蓄水后，已被东江湖水淹没。李端：字宗正，号栗山，渡头洁隅人，景泰庚午（1450）乡荐，举天顺丁丑（1457）进士，授顺天府固安县知县，升滦州知州，嗣升杭州知府。

5. 黄仲纯：嘉定八年（1215）任

康熙五十三年甲午（1714）《兴宁县志》卷之三《秩官志·历代知县》中记载："宋、元：黄仲纯：嘉定八年之任。"

6. 元祖亨：嘉定十一年（1218）任

康熙五十三年甲午（1714）《兴宁县志》卷之三《秩官志·历代知县》中

记载："宋、元：元祖亨：嘉定十一年之任。"

7. 罗有开：嘉定十四年（1221）任

康熙五十三年甲午（1714）《兴宁县志》卷之三《秩官志·历代知县》中记载："宋、元：罗有开：嘉定十四年之任。"

《庐陵县宋朝296名进士》中列有"罗有开"的名字，说明他是江西省吉安地区庐陵县人（资料见互联网）。

8. 余昌言：嘉定十七年（1224）任

康熙五十三年甲午（1714）《兴宁县志》卷之三《秩官志·历代知县》中记载："宋、元：余昌言：嘉定十七年之任。"

9. 曹应新：宝庆二年（1226）任

经查县令罗绅编修的乾隆己卯（1759）《兴宁县志》（本书笔者于2017年11月11日据北京故宫博物院扫描的翻印本），卷三《秩官》中记载："曹应新：宝庆二年任。"但是，其编排却在郭梦升（1239）之后、王炳（1257）之前。

10. 刘镒：绍定元年（1228）任

康熙五十三年甲午（1714）《兴宁县志》卷之三《秩官志·历代知县》中记载："宋、元：刘镒：绍定元年之任。"

南宋时期的"郴县县令"中记载："吴镒：淳熙十一年（1184）任，十五年（1188）召赴都堂审察。"是否就是同一个人呢？

"郴州街上的老奶钵"所著的《郴州古代简史》中说："吴镒，临川人，南宋文学家。乾道二年至四年（1166—1168）任郴州教授（见张栻《郴州迁建学记》），淳熙十二年至十六年（1185—1189）先后知宜章县、郴县，绍熙三年（1192）任郴州知州。吴镒在郴州历官四任，留下不少诗文。吴镒在郴曾作凭吊义帝的《义陵吊古赋》，被元朝刘壎《隐居通议·古赋》收入而传世，离任时作《去郴》留下'他年休歇处，诗里识郴州'的佳句。"

吴镒：字仲权，自号敬斋，崇仁人。隆兴元年（1163）进士。乾道中为郴州州学教授，淳熙中知宜章、郴县。淳熙十六年（1189），授秘书省正字。绍熙三年（1192）冬起知武冈军，未莅任，即改知郴州。四年（1193）十一月，经朝奉大夫、提举荆湖南路常平茶盐公事，五年（1194）除浙东提举，旋改尚书吏部郎中，后历湖南转运判官、广西院判。庆元三年（1197）卒。有《敬斋集》三十二卷。

再查《吴镒小传》，其中说（摘要）："南宋文学家吴镒，《宋史》无传，清陆心源《宋史翼》亦未补之。《全宋词》曰：'镒字仲权，自号敬斋，崇仁人。隆兴元年（1163）进士。淳熙中，知宜章。十六年（1189），秘书省正字。知武冈军，司封郎中，广西运判，湖南转运判官。庆元三年（1197）卒。有《云岩集》、《敬斋词》，俱不传'。"（1965 年 6 月出版，第 3 册，第 1831 页）。此小传甚简略，兹辑补其所未备者如下：（一）镒生于高宗绍兴十年（1140）。（二）孝宗乾道二年（1166）春，郴州（今属湖南）州学教授。四年（1168）二月，犹在此任。（三）乾道八年（1172）至孝宗淳熙二年（1175），常德府龙阳县（今湖南汉寿）丞。（四）淳熙十二年（1185）七月，知郴州宜章县（今属湖南）。十四年（1187）十一月，犹在此任。（五）约淳熙十五年（1188），知郴州郴县（今湖南郴州市）。（六）淳熙十六年（1189）约三月至闰五月之间，曾干办行在粮料院。"粮料院"乃"行在诸司粮料院"及"行在诸军粮料院"之通称，以"干办官"领院事。镒所任者为"诸司"抑"诸军粮料院"，待考。宋佚名《南宋馆阁续录》卷九《官联》三《秘书省·正字》记镒淳熙十六年闰五月已除秘书省正字（中华书局，1998 年 7 月版，第 344 页），其官粮料院，当在此前。又，该院官亦储才之所，镒擢此官，显系罗点荐举之效。唯二月被荐，及召至京师，至速亦当在三月矣。（七）淳熙十六年闰五月至十一月，秘书省正字。十一月，为台谏论罢，奉祠《南宋馆阁续录》卷九《正字》："淳熙五年以后十二人。……吴镒……十六年闰五月除，十一月罢。"（第 344 页）。（八）光宗绍熙三年（1192）冬，起知武冈军，未莅任，即改知郴州——见《弘治抚州府志》卷二二："吴镒……起知武冈军。"（第 22 卷，第 8 页）。（九）绍熙三年冬至四年（1193），朝请郎、知郴州（今属湖南）——见《弘治抚州府志》卷二二："吴镒……起知武冈军，改郴州。创社仓八十余所。属邑桂阳恶民持兵剽掠，乃严保甲，倍赏罚，不逾时，皆就缚，则请兵戍之。"（第 22 卷，第 8 页）。（十）绍熙四年至五年（1194），朝散郎、提举荆湖南路常平茶盐公事。至迟五年九月，犹在此任——洪迈《容斋三笔》卷五《绯紫假服》："近吴镒以知郴州除提举湖南茶盐。"（《容斋随笔》，上海古籍出版社，1978 年 7 月版，下册，第 471 页）。（十一）绍熙五年闰十月，除尚书省吏部司封司郎中。宁宗庆元元年（1195）初，始到任。二年（1196）正月，犹在此任。（十二）至迟庆元二年五月，已任荆湖南路转运司判官。至三年（1197）四月，皆在此任。（十三）庆元三年四月，移广南西路转运司判官。未及莅任，即于五月放罢。冬，感疾卒。《夷坚三志·壬》卷一《吴仲权郎中》："绍熙初，临川董居厚醇父自靖州教授赴都改秩，未及调县，病终于旅邸，无亲故在旁。崇仁吴仲权镒时为秘书省正字，虽无雅契，特以同郡之故，医疗棺殓，寄攒遗报，皆一力任之。庆元二年，吴由尚书郎出持湖南漕节。明年四月，徙广西，旋遭论罢。方还乡，建大第。平日嗜酒，膳食尽废，清瘦柴立，而精明殊不衰。至冬感疾，即沉困，忽呼家人，使备茶汤，曰：'董教授来见我。'怪问之，曰：'醇父也。'俄与喏诺应答。次日复然，时时若与之言。人问何在，指其拄杖曰：'正坐于此。他报我后日午时当去，可造斋食一分，先遣之。'家人知其与鬼从事，毛发森卓，不胜忧怖。明日索浴，治具于房，婢以罘罳围之，吴曰：'何用？'曰：'恐为隙风所搏。'笑曰：'到此岂复怕风耶！'浴毕，著衣冠，扶入后堂，辞家庙，出，命设酒，与妻李氏并子侄叙别。有数姜，犹令歌词，仍随声应和。酒五行，罢席，自书治命。首言不得废本族义学，次经理家政，末乃嫁遣诸姜。远近厚薄，粲然有伦。但每书及姜名，辄汪然长恸。凡尽数纸，放笔昏睡。追醒，又若见董来尤数，诃之曰：'醇父先生且先去，莫要吵人！'且令先酌发了。展转经夕，命仆探时辰，及午果卒。其寿不登六十，为可惜也。"（《夷坚志》，第 4 册，第 1468—1469 页）。

以上所录的这个郴州知州、文学家"吴镒"，庆元三年（1197）"冬，感疾卒"；与任资兴知县的刘镒——"绍定元年（1228）任"，年代大不相同。由此，知其属于另外一个"吴镒"了。也或许，"绍定元年（1228）任"存在问题？因与郴州有关，特别录此，待考。

《资兴市志·大事记》中记载："宋，绍定二年（1229），改资兴县为兴宁县，并徙县治于管子壕（今兴宁镇）。"

兴宁知县

11. 王旦：绍定六年（1233）任

《兴宁县志·政绩》中记载："王旦：绍定（1228—1233）中任。宁邑学宫，旧属草创，公始为更新，规模略备。"

2016 年发现并收藏于资兴市档案馆的康熙五十三年甲午（1714）《兴宁县

志》卷之三《秩官志·历代知县》中记载："宋、元：王旦：绍定六年之任。"

《兴宁县志·学校志》卷之七"文庙"中记载："至绍定，知县王旦乃（建）新庙宇。"

《资兴市志·大事记》中记载："嘉熙二年（1238），资兴人袁文敷动员群众捐资助学，在三都创立辰冈书院，为全县最早的书院。"

从"王旦绍定六年（1233）任"以后，至"郭梦升嘉熙三年（1239）任"以前，其间的县令出现了空缺。是不是王旦一直担任县令到嘉熙二年（1238）？"旧志：绍定（1228—1233）中任"，并没有具体说任到什么时间为止。从现有的资料编排来看，我们只能认为"王旦一直担任县令到嘉熙二年（1238）"。

12. 郭梦升：嘉熙三年（1239）任

《郴州总志》："嘉熙（1237—1240）中任，修整学宫，祷雨石菌山亭，匾曰'鸣丰阁'。"

康熙五十三年甲午（1714）《兴宁县志》卷之三《秩官志·历代知县》中记载："宋、元：郭梦升：嘉泰三年之任。"嘉泰三年：癸亥年，1203年。因此，康熙县志将郭梦升排在余昌言之后、刘镒之前。然而，《学校志》中，史料明确记载："嘉熙间，知县郭梦升加修。"这样，县令罗绅编修的乾隆己卯（1759）《兴宁县志》将其调整为"嘉熙三年任"。

《兴宁县志》卷之十八《杂纪志》中记载："致云亭：在仰灶上。宋知县郭梦升立。"又载："放鹤亭：在仰灶上。宋知县郭梦升立。"仰灶：今十龙潭的仰灶，为天然石拱桥。每遭遇大旱，知县祷雨均从县城步行十来里地到此。

《兴宁县志·古迹》中记载："石峰寨：在南乡山口。上记宋嘉熙己亥（1239），黄姓避寇，合族建寨事，今字迹宛然。"南乡山口：今清江乡山口村。

《兴宁县志·古迹》中记载："贡士庄：在资兴、程水二乡。淳祐十年（1250）置，朝散郎雷应春记。"

13. 王炳：宝祐五年（1257）任

康熙五十三年甲午（1714）《兴宁县志》卷之三《秩官志·历代知县》中记载："宋、元：王炳：宝祐五年之任。"

14. 衍申子：景定二年（1261）任（《资兴市志》中"衍"为"尹"）

康熙五十三年甲午（1714）《兴宁县志》卷之三《秩官志·历代知县》中记载："宋、元：衍申子：景定二年之任。"

15. 叶符：咸淳元年（1265）任

康熙五十三年甲午（1714）《兴宁县志》卷之三《秩官志·历代知县》中记载："宋、元：叶符：咸淳元年之任。"

16. 龙大伟：咸淳六年（1270）任

康熙五十三年甲午（1714）《兴宁县志》卷之三《秩官志·历代知县》中记载："宋、元：龙大伟：咸淳六年之任。"

《中国历史大事年表》记载："南宋咸淳六年，庚午，1270 年：正月，宋以李庭芝为京湖制置使督师援襄樊。二月：蒙古遣兵入高丽，立行省，设达鲁花赤监其国。五月：宋四川军与蒙古军战于嘉定、重庆，皆败。八月：贾似道定言边事者赐死。

"公元 1279 年，己卯，南宋赵昺祥兴二年，元世祖忽必烈至元十六年：正月，元将张弘范攻崖山。二月：张世杰兵败崖山，陆秀夫（1236—1279）负帝昺投海，宋亡。元禁汉持弓矢。"

附录：

宋 主 簿

主簿：汉代中央及地方均设置，与县丞同为佑官之一，京县置两人，其余则置一人，以典领文书，办理事务。魏晋以后，渐参与机要，统领府事，为要职。北宋开宝三年（970）诏县令："千户以上置主簿，四百户以上置令尉，兼管主簿事宜；四百户以下置主簿，兼领知县事。"咸平四年（1001）诏县令："五千户以上置主簿，其余以县尉兼其事。"以后职位渐轻。

《兴宁县志·主簿》记载："宋主簿（凡六人）。"

黄知聿：荆州人，乾德元年（北宋，963）任

黄知聿任职考

《兴宁县志·主簿》（重印本）中的记载为"正德元年任"。北宋与南宋均无"正德"年号，同时代的只有西夏有"正德"年号，"正德元年"为公元 1127 年，即南宋高宗建炎元年。

《清江黄氏族谱》之《家庆录》中记载（括号内的说明为笔者所加）：

"黄知聿：玉祖（黄玉）子，字绥宇，靖泰甲午（后唐，934）选举，任古郴阳同知，宋乾德元年（北宋，963）移县主簿。父子继仕资兴。详州、县志。"

黄知聿既列于宋主簿之首位，据此推论，《黄氏族谱》的记载应是正确的："**宋乾德元年（北宋，963）移县主簿。**"据此可知：《兴宁县志·主簿》中的记载"正德元年任"，应为"乾德元年任"，其实是《兴宁县志》在重印过程中所出现的错误。

以下人员的任职年号，均为南宋。括号内的公元年代，为笔者所加。

侯申：宝祐四年（1256）任

2016年发现并收藏于资兴市档案馆的康熙五十三年甲午（1714）《兴宁县志》卷之三《秩官志·主簿》中记载："宋：侯申：宝祐四年任。"

《兴宁县志·主簿》（重印本）中为"**宝裕四年任**"，北宋与南宋均无"宝裕"年号，南宋有"宝祐"，共六年，即1253—1258年，"四年"即1256年。此处也是《兴宁县志》在重印过程中所出现的错误。

张应元：开庆元年（1259）任

陈秀举：景定三年（1262）任

《宋人传记年号索引》与《宋宝祐进士》中说："陈秀举(1228—?)：宝祐四年四甲，字慧叔，衡州耒阳人。长于赋，年二十八登宝祐进士……"这么算来，陈秀举中进士的时间，当在宝祐四年、农历丙辰年，公元1256年。

赵迪天：咸淳四年（1268）任

郭元亨：咸淳七年（1271）任

第四节　元朝县尹

元朝（1279—1368）：1279年，元军围攻南宋残余势力，陆秀夫背着南宋最后的皇帝赵昺跳海，张世杰突围海上，遭遇海难而死。至此，忽必烈灭了南宋，结束了自晚唐五代以来辽、金、西夏、吐蕃、大理等政权并立、全国分裂的局面，实现了全国的大统一。同时，蒙古军队连年西征，扩大了元朝的疆域，成为中国疆域最广的王朝。

元朝疆域东起日本海，南抵南海，西至天山，北到贝加尔湖。《元史》

称："东尽辽左西极流沙，北逾阴山南越海表，汉唐极盛之时不及也。"全国划分为由中书省所直辖的京畿地区（河北、山东、山西及漠南部分地区），由宣政院（初名总制院）所管辖的吐蕃地区，以及十个行中书省，分别为岭北行省、辽阳行省、甘肃行省、陕西行省、河南江北行省、湖广行省、四川行省、云南行省、江浙行省、江西行省。

元朝的藩属国有高丽、缅甸、安南、占城及四大汗国。其中有两个直属的藩属国，即高丽王朝与缅甸蒲甘王朝，分置特别行政区征东行省与缅中行省。西北方面，1268 年窝阔台汗国的海都意图夺回汗位而联合钦察汗国与察合台汗国反元，史称"海都之乱"。直到 1304 年元成宗时期，元廷与这三大汗国达成和议，并与伊利汗国一同承认元朝的宗主地位，成为元朝的藩属国，而且元成宗赐伊利汗国君主刻有"真命皇帝和顺万夷之宝"等汉文印玺，实质上也承认其独立性。到 1310 年元武宗时期，元朝和察合台汗国联合攻灭窝阔台汗国。元文宗年间编纂《经世大典》时，将钦察汗国、察合台汗国、伊利汗国列为元朝的藩属国。

元朝，是中国历史上由蒙古族建立的王朝，定都大都（今北京），传五世十一帝。1206 年，成吉思汗铁木真统一漠北建立蒙古帝国后开始对外扩张，先后攻灭西辽、西夏、花剌子模、东夏、金朝等国。蒙哥汗去世后，引发了阿里不哥与忽必烈的汗位之争，促使大蒙古国分裂。1260 年忽必烈即汗位，建元"中统"。1271 年，忽必烈取《易经》"大哉乾元"之意改国号为"大元"，次年迁都燕京，称大都。1279 年，元军在崖山海战中灭南宋统一中国，结束了自晚唐五代以来的分裂局面。元朝统一中国后持续对外扩张，但在出海征伐日本和东南亚诸国时屡遭失利，如元日战争、元越战争、元爪战争等。元朝中期政变频繁，政治始终未上正轨。后期政治腐败，权臣干政，民族矛盾与阶级矛盾日益加剧，导致元末农民起义。1368 年，朱元璋称帝建立明朝，随后北伐驱逐元廷攻占北京，此后元廷退居漠北，史称"北元"。1402 年，元臣鬼力赤篡夺政权建立鞑靼，北元灭亡。

元朝废除尚书省和门下省，保留中书省与枢密院、御史台分掌政、军、监察三权，地方实行行省制度，开中国行省制度之先河。元代也推行了不少弊政，如诸色户计、投下制、驱口制、匠籍制、籍没制、人殉、宵禁、海禁等，中断了唐宋变革的进程，深刻地重塑了宋后中国的历史。元朝商品经济和海外贸易较繁荣，但整体生产力不如宋朝，在文化方面，其间出现了元曲和散曲等文化形式。

至元十三年（1276），蒙古大军挥戈南下，春三月，潭州（今长沙）兵败城破，湖南所辖州、军悉数降元。荆湖行省移治潭州（长沙）。郴州入元后，次年（1277）改为郴州路，改郴县为郴阳县，为郴州路倚郭。至元十八年（1281），将行省徙鄂州（后为湖广行省），同时将湖南道移治于潭州，湖南道属湖广行省。郴州路、桂阳路统县如旧，属湖南道。兴宁属郴州路。

元代中央与地方之划分颇异于前代。其中书省直辖的地方仅限于山东西与河北，谓之腹里，而以 10 个行中书省分辖 185 路、33 府、359 州、1127 县（据《元史·地理志》）。所以，省、道、路、府（州）、县，成为五级行政划分。

元代地方行政制度：中统、至元年间，元朝在灭宋的过程中置行中书省（简称"行省"，是"省"行政区划的由来），并改州为安抚司，后改为路。至元二十七年（1290），世祖忽必烈在除中央直属"腹里"之外共设十一个行省，行省之下置路、府、州、县四等。"腹里"为路、府、州、县四级。外省则一般为路（府、州）、县（州）二级。但较大的行省，则"分道以总郡县"，即在省、路之间分置"道"，设宣慰司，行省下为道、路（府、州）、县（州）三级。

中国古代的地方行政制度在元朝以前一般为二级制或三级制，其最基础的政区称为"县"，千余年来没有太大的改变，但直隶中央的政区（一级政区）及辖县的政区（二级政区）却在各个朝代有不同的名称，或名称相同却大相径庭。秦为郡县二级制；两汉从郡县制过渡到州郡县三级制；隋为州（郡）县二级制；唐从州（郡）县制过渡到道州（郡）县三级制；宋改为路州县三级制；而元朝则实行省、道、路（府、州）、县（州）四级制。可见，元朝的行政区划最为复杂，县级以上的政区名称几乎包括唐宋的道、路、府、州等。元朝的行省及道相当于今天的省，路相当于今天的地级市，州（府）却分两等，即有相当于路，但略低于路且直隶省（道）的直隶州（府），也有相当于县，但稍高于县，直隶路的属州（府）。行省以下各级行政组织均设置达鲁花赤官职（相当于今各级政府中的党委书记），由蒙古人担任。

元朝将人分为"四等人制度"，即：第一等人，蒙古人；第二等人，色目人，主要指西域人，是最早被蒙古征服的，如钦察、唐兀、畏兀儿、回族人等，另外，蒙古高原周边的一些较早归附的部族，也属于色目人，如汪古部等；第三等人，汉人，指淮河以北原金国境内的汉、契丹、女真等族以及较晚被蒙古征服的四川、云南（大理）人，东北的高丽人也是汉人；第四等人，南人，即最后被蒙古征服的原南宋境内各族，淮河以南不含四川地区的人民。

12世纪初，北宋人口突破一亿大关，南宋末年由于战乱，人口耗损严重。至元二十七年（1290）全国仅有人口7500万，下降十分严重。据《元史·地理志》记载，至元二十七年，郴州路（下）领郴阳（中）、宜章（中）、永兴（中）、兴宁（下）、桂阳（下）、桂东（下）六县和郴州录事司。郴州路61259户，95119人。桂阳路（下）领平阳（上）、临武（中）、蓝山（下）三县和桂阳录事司。桂阳路65057户，102240人。

元朝路分二等，十万户以上为上路，十万户以下为下路，郴、桂两路均为下路。县分三等，三万户以上为上县，一万户以上为中县，一万户以下为下县。郴、桂两路属县有九，其中上县仅有一个（平阳），中县四个（郴阳、宜章、永兴、临武），下县四个（兴宁、桂阳、桂东、蓝山）。

郴、桂两路元初合计户有12.6万，可为上路。人口合计19.7万，仅相当于宋朝郴、桂合计的77.4%，基本与全国人口下降比例相当。两路人口密度为8.97人／平方公里，与东汉时期相当，仅是湖广行省平均数14.76人／平方公里的60%。足以说明，宋末元初郴、桂两路再次进入衰落时期。其实，郴、桂人口下降始于南宋初。《续资治通鉴·宋纪·一百九》记载：宋高宗绍兴元年（1131），"自江西至湖南，郡县与村落，极目灰烬，所至残破，十室九空。询其所以，皆缘金人未到而溃散之兵先之，金人既去，而袭逐之师继至。官兵、盗贼劫掠一同，城市乡村搜索殆遍"。

元朝至元年间大规模疏浚整治大运河，使大运河成为南北交通大动脉。因此，经九江入赣水翻大庾岭进真（浈）水成为逾越五岭的主要驿道，郴宜、郴连二驿道地位骤降。由于交通旁落及矿冶业的萎缩关闭，郴、桂两地政治、经济地位由此进入长达数百年的衰落期。

元朝末年，顺帝至正年间，政治腐败，天灾频繁。至正十一年（1351）五月，中原爆发红巾军起义。同年十月，红巾军徐寿辉称帝，在湖广建立"天完政权"。至正十二年（1352），天完招讨唐云龙攻占郴州、桂阳路。郴州、桂阳路属"天完政权"。临武人陈均义招募土人大破红巾军，据临武。至正十七年（1357），陈均义于临武再破红巾军。元湖广行省见势上报元朝，以陈均义领兵万户、判临武事，又授兼湖南宣慰副元帅，谕下郴、桂、连诸寨。元末，郴州、桂阳路陷入多股势力混战之中，绵延不断逾十年。

兴宁县行政区划无资料可考。

《中国历史大事年表》记载："公元1265年，南宋度宗赵禥咸淳元年，乙丑：二月，蒙古定制各路以蒙古人充达鲁花赤，汉人充总管，回回人充同知。"

官制考："县设'达鲁花赤'一人，蒙古人任；凡事皆掌其衔，谓之监县，兼课农事。县尹一人：汉人、南人任，职同'达鲁花赤'。县丞、主簿、县尉各一人：凡县事皆同签署。教谕、训导各一人，典史一人。按元制，中、下县不置丞，余悉如上县之制。"

元朝为加强对汉人的统治，设"达鲁花赤"一职，由蒙古人担任，掌印办事，把握实权。"达鲁花赤"，蒙古语，意即"镇压者、制裁者、盖印者"，转而有"监临官、总辖官"之意。

兴宁知县

1. 黄道昴：元至元十九年（1282）前后，任兴宁知县

《兴宁县志·知县》名录中没有记载，据资兴《黎氏族谱》补入。

2008年11月1日，"资兴吧"发表了《南宋兵部侍郎黎尚流落资兴考证》的文章。全文如下：

近年，资兴市退休干部黎先汉先生在翻阅一部至今保存完好的《黎氏族谱》时发现，原南宋兵部侍郎黎尚系资兴黎姓始祖。与此同时，黎先汉先生对黎尚流落资兴的概况进行了一番考证。

黎尚，字子尚，号一清，祖籍江陵（今属湖北省），南宋兵部侍郎。据资兴《黎氏族谱》中记载："公系宋英宗时直讲官以经术名世讳淳之七世孙，原籍西蜀。其四世孙讳子元；迁江陵，三传至公，官度宗兵部侍郎，副吕文焕守襄阳，竭力保御，后因势穷援绝，焕（指吕文焕）以城降，公不屈，弃官来宁（资兴当时为兴宁县），爱杨林（原厚玉乡杨林村）山环水绕，因卜居焉，优游卒岁，与渔樵杂处，见者不知其为兵部公也。"

又据资兴《黎氏族谱》自明永乐年间留下历年旧序记载以及有关史料印

证，黎尚公生于南宋庆元三年丁巳（1197）正月十五日。其父官于闽。尚公累官至兵部侍郎。度宗咸淳年间，元兵大举南侵，尚公先于知襄阳府兼京西安抚副使吕文焕一年，即咸淳二年（1267）督襄阳军事。守城六年。时城危无援，咸淳九年（1273）正月，元兵先破樊城，宋将范天顺、牛富战死。二月，元兵以回回炮攻襄阳，尚公力主死战，而吕文焕执意出降，为虎作伥。尚公此时已是七十六高年。不得已，携一家数十口南奔，最后落籍于当时湘南偏僻之地兴宁县南之杨林。

元至元十九年（1282），距尚公来宁十年，时任兴宁知县的黄道昴，亲往杨林拜访了这位年届86岁高龄的南宋遗臣，感慨之际，在资兴《黎氏族谱》中留下了一篇珍贵的序言，盛赞黎尚公之才节。《序》原文如下。

古之称名臣者：日才日节。第年清平之时，才节易见；值多事之秋，才节难全。侍郎黎公尚，非有才而兼有节乎。当宋咸淳之间，与吕文焕同守襄阳，其任甚重，其事盖危。先生以治师济变之略，克守无虞。卒之文焕卖国，先生不与其苟延，而又知势之莫挽，于是而悯然一去，亦微算之意也。余闻其名而未睹。今之摄篆于宁，而始知先生之来于此也有年矣。甫任特谒其庐，睹其品貌端庄矍铄强健，至所言皆有古清亮风。觉今之得所见，果符向之所闻也。犹意其时，使文焕与先生同心，岂不并垂以节著者哉。乃先生独以节著，以视夫贪爵禄以亡身者，固大相径庭也。噫，先生真节士也哉。

大元至元十九年岁次壬午孟秋月上浣，榖旦。

知兴宁县事年眷晚生黄道昴拜。

黎尚公卒于元至元二十七年己丑（本书笔者注：此处年号有问题，至元二十七年为"庚寅"，1290年；"己丑"年为至元二十六年，1289年）八月初八日，享年九十三岁。姒韩氏、曹氏，同葬上杨林宗祠后。遵其遗嘱，墓碑书刻"宋故臣黎尚公之墓"，后世子孙刻有巨碑记。惜1986年东江湖蓄水，其墓未迁而今已淹没。黎尚公在资兴已繁衍三十代，其子孙代有人出，且于国家民族贡献很大。主要有二：一是大革命时期，厚玉乡（现改为白廊乡）布田村乃黎姓人聚居地，是资兴苏区之一，朱德、陈毅等于1928年8月1日在此召开了"南昌起义周年纪念大会"。后来布田村遭国民党反动派的残酷"清剿"，地下党员和革命群众87人被杀害，当地黎姓群众为革命事业做出了巨大的牺牲。新中国成立后，朱德同志曾给布田黎氏人民来信慰问和嘉勉。二是东江水库关闸蓄水后，以布田为中心的黎氏村民舍小家为国家，从世居的土地、从良田沃野之中搬迁或后靠，再一次为社会主义现代化建设做出了巨大的牺牲和贡献……

本书笔者说明：襄阳大战是元朝统治者消灭南宋统一中国的一次重要战役，是中国历史上宋元封建王朝更迭的关键一战。这次战役从南宋咸淳三年（1267）蒙将阿术进攻襄阳的安阳滩之战开始，中经宋吕文焕反包围战，张贵、张顺援襄之战，龙尾洲之战和樊城之战，终因孤城无援，咸淳九年（1273）吕文焕力竭降元，历时近6年，以南宋襄阳失陷而告结束。降将吕文焕，为安丰（今安徽寿县）人，度宗时守襄阳五年，城破后投降，被元军招降后为沿江州郡；后又为向导，引元军东下。在元官至中书左丞，江淮行省右丞，于至元二十三年（1286）辞官。

元朝县尹

《兴宁县志·知县》中记载："元达鲁花赤、县尹（凡三人。编者按：旧志未分注官职，今无从考）。"

2. 杨从任：至元二十八年（1291）任。此见于左云龙《观澜书院记》，旧志未载

《兴宁县志》卷之十六《艺文志》。（重印本第345页），大德六年（1302），郴州教授左元龙写作的《观澜书院记》中说（原文摘要）："迨至元辛卯冬，得百里杨从任（重印本'任'错成'仕'）师文嘉重吾道主张而修葺之。"至元辛卯：至元二十八年，1291年。百里：古时一县所辖之地，因以为县的代称——借指县令。

关于观澜书院：（1）"明嘉靖二十九年岁在庚戌（1550）夏六月八日之吉、邑训导欧坤拜撰"的《曹氏族谱序》中说："观澜书堂……即不幸斯堂，前厄于南宋丙子（1296）被红军烧毁。邦椿公之父汝继，无忘贻谋，倡率兄弟子姓，用心修葺，复得令尹杨从任师文，出给榜文，并免曹氏一族杂派差徭，令社长起集丁夫，用工鸠造，至冬告成。"观澜书堂，后改称为"观澜书院"。（2）据《曹氏族谱》记载，观澜书院创建于绍定四年（1231），有777年的历史，是当地三大旺族曹姓的家族书院，先后诞生了6个进士，其中曹一本还是元代状元。该书院曾三次毁于战火。元至元二十八年辛卯（1291）重修，元大德六年（1302）再一次重修，有碑文。

《郴州大事记》中记载："元贞元年（1295），衡永郴桂诸路人民抗粮、抗丁，起义频繁，朝廷于衡州设行枢密院，强化统治。皇庆二年（1313）王都中任郴州路总管，首修《郴州志》。"

3. 黄可道：至正五年（1345）任。有传

按："黄雷孙《塑绘从祀记》：'公以至正乙酉来任'，乙酉则五年也。"但《记》中黄作王。附疑。

康熙五十三年甲午（1714）《兴宁县志》卷之三《秩官志·历代知县》中记载："宋、元（一人）：黄可道：至正六年之任。兴举学校，为政孜孜。"

《兴宁县志》卷之十一《知县》中记载："黄可道：至正六年（1346）任。有传。按：黄雷孙《塑绘从祀记》：'公以至正乙酉来任'，乙酉则五年也。但《记》中黄作王。附疑。"《知县·政绩》（重印本218页）记载："元，凡一人：黄可道：旧志按：黄雷孙《塑绘记》：公南阳人，至正中任。修整学宫，绘两庑从祀于壁，寻以绘容弗称，更为塑像。所谓兴举学校，为治孜孜者。《记》以黄为王，或传写之误？"

经查《兴宁县志》卷之十六《艺文志》（重印本第344页），至正六年，同知黄雷孙写作的《从祀塑像记》中说（原文摘要）："至正五年，南阳黄公可道，以文献世裔来尹兹邑。莅政之初，孜孜民教，兴举学校，尤切究心。乃修创礼殿，完砌庭址，自讲堂东西两序，斋舍戟门，外至棂星门外垣，莫不重加修理。栋宇仑奂，焕然一新。"

《兴宁县志·学校志》卷之七"文庙"中记载："元至正六年，知县黄可道绘塑圣像，末年，毁于兵。"

由此可知，黄可道任县尹的开始时间为1345年，1346年仍然在任。

4. 韩仪：至正乙酉（1345）任县尹。据李元禄《古祭器记》补入

经考证：韩仪，应为"至正己丑（1349）任县尹"。

《兴宁县志》卷之十六《艺文志》（重印本第368页），乾隆三十五年（1770），邑恩贡李元禄（县城排塘人）写作的《古祭器记》中说（原文摘要）："乾隆三十五年庚寅春三月己卯，余侄薰得古祭器一具，土人李文常，城东里许教场坪船形背耕地得之，携以视余……其铭楷书得三十三字：'兴宁县儒学祭器提调官县尹韩仪、教谕刘尚质、府委官教谕萧元，至正己丑仲夏置。'验之铭，其为夫子庙中器，信然……元有天下近百年，志载县尹二人、教谕一人，知亡者不少。韩仪、刘尚质据此器，可补邑乘之缺。"

元至正己丑：至正九年，1349 年。

韩仪既然是"据李元禄《古祭器记》补入"，为什么写作"至正乙酉（1345）任"？经查《兴宁县志》卷之十一《秩官志·教谕》（重印本第 204 页）记载："元凡三人：车轺（至正四年任），刘尚质、萧元：府委、教谕，二人俱至正己丑任。据李元禄《古祭器记》补入。"据此，据李元禄《古祭器记》补入的韩仪，应为"至正己丑（1349）任"。

元朝，元惠宗（顺帝）在 1368 年闰七月退出大都（今北京市），同年即为明朝之洪武元年。

附录：

元朝教谕

2016 年发现并收藏于资兴市档案馆的康熙五十三年甲午（1714）《兴宁县志》卷之三《秩官志·教谕》中记载："元，车轺：至元四年（1338）之任。"

第二章　明朝知县

　　明朝（1368—1644）：1368 年，朱元璋部将徐达连续攻下德州、通州等城，元顺帝率众北逃。当年八月，北伐军攻占大都（北京），结束了元朝的统治。朱元璋在南京称帝，建元洪武，国号大明。朱元璋就是明太祖。1389 年，朱元璋派军队，最终在捕鱼儿海将北元灭亡，维护了国家的统一。

　　明朝，是中国历史上最后一个由汉族建立的大一统的中原王朝，共传十二世，历经二十帝，享国 276 年。元末爆发红巾起义，朱元璋加入郭子兴的队伍。1364 年朱元璋称吴王，建立西吴。1368 年朱元璋称帝，国号为大明，因皇室姓朱，又称朱明，定都于应天府（南京）。1420 年朱棣迁都至顺天府（北京），以应天府为陪都。明初历经洪武之治、永乐盛世、仁宣之治等治世，政治清明、国力强盛。中期经土木之变由盛转衰，后经弘治中兴、嘉靖中兴、万历中兴，国势复振，晚明因东林党争和天灾外患，导致国力衰退，爆发明末农民起义。1644 年李自成攻入北京，崇祯帝自缢殉国。明朝宗室在江南建立南明，随后清朝趁乱入关，击败大顺、大西、南明诸政权；1662 年永历帝被杀，南明灭亡。1683 年清军攻占台湾，奉明为正朔的明郑告终。明代疆域囊括汉地，东北抵日本海、外兴安岭，后缩为辽河流域；北达戈壁沙漠一带，后撤至明长城；西北至新疆哈密，后退守嘉峪关；西南临孟加拉湾，后折回约今云南境；并在青藏地区设有羁縻卫所，还曾收复安南，明代极盛国土面积约达 1000 万平方公里。明代手工业和商品经济繁荣，出现商业集镇和资本主义萌芽，文化艺术呈现世俗化趋势。据《明实录》所载人口峰值为 7185 万，但大部分学者认为实际逾亿，也有学者指出晚明人口接近两亿。明朝是继汉唐之后长治久安的大一统王朝。明代无汉之外戚、唐之藩镇、宋之岁币，天子守国门，君王死社稷。清朝官方评价明朝为"治隆唐宋""远迈汉唐"。

明代地方行政建制：明初地方行政建制沿袭元朝体制置十三行省，但对省以下行政组织进行较大调整，撤除道、路政区建制。行省下面简化为府（州）、县（州）二级，其中州仍沿旧制，分为直隶州和属州。洪武九年（1376），明太祖朱元璋为削弱地方权力，废除行省，设承宣布政使司（俗仍称省），与按察使司、都指挥使司合称"三司"，分掌"政、刑、兵"三事。后来，在省内部分府（州）分设派出机构"道"，主要有分守道、分巡道、兵备道等。明成祖永乐十九年（1421）遣尚书等大臣"巡行天下，安抚军民，事毕复命"，始有"巡抚"，后置定员。三司日渐失权。明朝省以下为府、县两级：第一级为府，长官为知府；第二级为县，长官为知县。州分二等，一是相当于府，但略低于府，直隶布政司（省）的直隶州，即省辖州；二是相当于县，但稍高于县而隶属府的属州及散州，即府辖州。直隶州统县，但不能统属州及散州。府辖州中属州与散州的差别是属州可统县，散州不统县。直隶州与属州既领县又有"本州"。"本州"与"属县"不同，它由原附郭倚县裁革而来，是州的"直辖区"。

明朝的州与唐宋时期的州（郡）相比有了重大变化。唐代州、郡并列，以州（郡）领县。宋代为州县制，"郡"只是州（府）的别称。明代只有"府"完全保持着唐宋时期州（郡）的地位，而"州"虽然也保留了领县的位置，但同时因为"亲领编户"而降到与县相同的地步。所以说，明朝的州制继承了唐代州统县的老传统，又发扬了元代将州分为"州"和"属州"的新传统，同时统一地建立了"本州"制度。这些因素的结合，使明朝的州仿佛成为"府"与"县"的一种混合体制，不能与唐宋时期州（郡）完全相提并论，在行政层级上有了不同程度的下降。

洪武元年（1368）三月，明湖广行省平章政事杨璟克永州，略取桂阳路。五月克静江府（今桂林市），"复移师徇郴，降两江土官黄英岑、伯颜等"，郴州路入明。郴州路、桂阳路入明后撤路改府，任知府。拨蓝山县属郴州，郴州府领郴阳、永兴、宜章、桂阳（今汝城）、兴宁、桂东、蓝山七县，治郴阳；桂阳府领平阳、临武二县，治平阳（今桂阳）。二府同属湖广行省（治武昌府）。

洪武二年（1369），蓝山复归桂阳府。郴州府领六县，桂阳府领三县，恢复元朝政区格局。在郴州府始置守御郴州千户所，其后在桂阳府置守御桂阳千户所。洪武三年（1370）置武汉都卫指挥使司，与行省同治于武昌府。洪武八年（1375）改武汉都卫为湖广都指挥司。郴州千户所和桂阳千户所先隶武汉都卫，后属湖广都司。

洪武九年（1376），是郴州府、桂阳府这对难兄难弟行政建制走向衰落的拐点。这一年，明太祖朱元璋改湖广行省为湖广布政使司（治武昌府）。同时，朱元璋随之将大量的府、州或废并、或降格。在这场政治体制改革风暴中，郴州府、桂阳府无一幸免，被双双降格。郴州府降为郴州直隶州，虽然仍直隶湖广布政使司，但其行政长官从四品的知府改设为从五品的知州。由于只是直隶州，郴州裁革附郭郴阳县为州直隶，并裁革录事司在郴城置一里，称"在城里"。而桂阳府更惨，被直接撤销府建制，其属县平阳、临武、蓝山三县划入郴州直隶州。郴州领本州及永兴、兴宁、宜章、桂阳（今汝城）、桂东、平阳（今桂阳）、临武、蓝山八县。郴、桂在宋元分离四百年后又一次合二为一，恢复郴州唐朝行政区划的基本格局，但政治地位却不可同日而语。

郴州自汉唐置郡建州后至明朝的一千六百多年来从未被并省降级；桂阳府自宋朝建监置军以来，军升路，路改府，行政建制节节攀高。但在明朝洪武年间的政治风暴中，郴、桂两府双双降格，此举看似偶然，但势在必行。究其原因，固然有着外部政治因素的影响，但主要原因还是郴、桂两府日渐衰落的内在原因所致。

桂阳州别郴入衡：洪武十三年（1380），朱元璋又对地方政区改革进行微调，分郴州直隶州原桂阳府地复置州级建制，取旧名，称桂阳州，为属州。桂阳州依例裁革原倚郭平阳县（今桂阳县）为州直隶，复领临武、蓝山二县。倘若郴州为府，则可以像永州府领道州一样领隶桂阳州。但郴州仅为直隶州，不能领属州，所以桂阳州又一次别离郴州，只不过这次桂阳州不是自立，而是划属衡州府（今衡阳市）。

桂阳州别郴入衡后，郴州直隶州领本州及永兴、兴宁、桂阳（今汝城）、桂东、宜章五县，隶湖广布政司。明英宗正统十四年（1449）隶湖广巡抚，明孝宗弘治八年（1495）后，兼受南赣巡抚（驻赣州）节制。明熹宗天启二年（1622），或置或罢偏源巡抚（驻沅州），明思宗崇祯二年（1629）定置，郴州又受其节制。

郴桂兵制：明代地方兵制为都司、卫、所三级制。所有千户所、百户所，下设旗。对于各府、州要冲，专置守御千户所，为直隶所，直隶都指挥使司（简称"都司"）。郴州、桂阳州先后设置了五处直隶湖广都司的守御千户所。洪武二年（1369），郴州寨长罗福作乱，茶陵卫千户刘保奉命镇压，诏留兵戍守，始置守御郴州千户所，其后在桂阳府置守御桂阳千户所。洪武二十九年（1396），桂阳县（今汝城县）置守御广安千户所，宜章县置守御宜章千户所，蓝山县置守御宁溪千户所。郴州、桂阳州没有设置卫，但在郴州设置了"守备"官史。《万历郴州志·卷十四·兵戎志》载："郴桂守备，原无，正德年间奏设。专守郴州、桂阳州二州七县。宜章驻扎。"《光绪湖南通志·兵制一》载："郴州守备一人，驻宜章县，辖郴州、桂阳、宜章、广安、宁溪五所。"明朝兵制除有都司、卫、所三级常备军建军体制外，沿袭宋代管兵与用兵相分离的思想，还另设以总兵官组成的地方战时临时领导体制。总兵配备副总兵、分守参将、守备等。所以郴、桂守备是湖广总兵官的下属，统郴、桂五所。正德（1506—1521）后，郴州形成了湖广总兵、郴桂守备、郴桂守御千户所新的军事体制。即便郴、桂两地宋元分置四百年，明初短暂合并五年又分道扬镳百余年，由于历史及地理的原因，明中期两州又成为军事共同体。

南赣巡抚：明代初中期，在江西、福建、广东、湖广四省交界相连山区中聚居着大量瑶人及流民，曾爆发大小不等的起义，各省曾分别进行军事镇压，但起义军常转战于四省交界相连山区，清剿效果甚微。为了加强对四省交界地区的控制，弘治八年（1495），明朝政府在江西赣州设置新的省级机构南赣巡抚。由于赣州唐宋时期曾名虔州，南赣巡抚常称"虔台"或"虔镇"。由于南赣巡抚的设置源于军事的需要，"虽以巡抚为名，实则提督军务"。所以说，南赣巡抚是一个特殊的省级机构，不是一个完全独立的行政区域，约相当于今天的大军区，但只提督四省部分州府军务。《大明会典·卷一百二十八·镇戎三》记载："巡抚南赣汀韶等处地方、提督军务一员。所辖江西岭北赣州道及广东岭东惠潮道、岭南韶南道、福建漳南道、湖广上湖南郴桂道，俱听节制。"南赣巡抚虽然是以江西南安、赣州命名，辖区却是江西、福建、广东、湖广四省交界相连山区，共四省五道十府（州）。这五道实际是兵备道，或兵备道兼分巡道。其中江西岭北赣州道辖赣州、南安二府；广东岭东惠潮道辖惠州、潮州二府；岭南韶南道辖韶州、南雄二府；福建漳南道辖漳州、汀州二府；湖广郴桂道辖郴州、桂阳二州。五道各司其职，守土有责，由南赣巡抚统筹调度。但至万历年间，唯有湖广郴桂兵备道受其提督，兼管范围竟横亘五岭，连跨四省，而且有部分府州并不是南赣巡抚的传统辖区，是一个十分重要且特殊的军事机构。

据《续文献通考》载："万历六年（1578），衡阳府户 51961，人口 358916；永州府户 23881，人口 141633；郴州户 15866，人口 94390。"另据《万历郴州志》记载："弘治十五年（1502），郴州口 94142 人；隆庆六年（1572），口 95273 人。"明隆庆、万历年间郴州人口密度 7.26—7.32 人／平方公里，与元朝至元二十七年（1290）郴州路人口密度（7.31 人／平方公里）几乎相等，未有升降。

崇祯八年（1635），临武矿工刘新宇组织矿工、联合宜章莽山九峰洞瑶人，共万余人起事。这次起义声势浩大，起义军转战郴州、桂阳州、衡州、长沙、袁州、吉安、韶州三省数州，时间长达四年。崇祯十二年（1639），朝廷调四省官兵合击，方才将刘新宇杀于桂阳州仓禾堡。同年，朝廷在崇祯矿工起义策源地立嘉禾、新田两县。嘉禾县乃割桂阳州仓禾堡及临武部分地始置，属桂阳州。桂阳州领临武、蓝山、嘉禾三县，仍隶衡州府。

崇祯十六年（1643），张献忠于武昌自称"大西王"，秋九月，其部攻占郴州、桂阳州。十二月，南赣巡抚发兵收复郴州及诸县。第二年，张献忠起义军主力远走四川，在广东明军支援下，桂阳州及属县反正复明。

县名：兴宁县。行政区划："明前期无考。崇祯十七年（1644），县行政区划分四乡，编户十四里。"

官制考："县设知县一人，儒学教谕（可考者四十人）、训导（可考者四十五人）各一人，县丞、典史各一人。主簿，上、中县各一人，小县不置。阴阳、医学、僧会司各一人。驿丞、巡检因地添设，无定员。"

知县名录

《兴宁县志·知县》中记载："明朝知县（凡七十三人，增补四人）。"

1. 杜坚：洪武元年（1368）任

《郴州大明一统志》："洪武初任，时当草创，城市榛芜。公至，抚辑离叛，城垣、衙舍、公廨、学校、使司以次创立，不五年，百废俱举。一代维新之治，公与有力，祀'名宦'。"

2016 年发现并收藏于资兴市档案馆的康熙五十三年甲午（1714）《兴宁县

志》卷之三《秩官志·历代知县》中记载:"明:杜坚:洪武元年之任。时当草创,城市榛芜。公至,抚辑离叛,披立草莱,衙舍、公廨、学校、使司以次创立,不五年,百废俱举,民安物阜,非复乱离,为一代维新之治,公与有力焉。"

《兴宁县志·建置志》卷之四中记载:(1)"兴宁县城":前系土垣。明洪武元年,知县杜坚始易以砖。(2)公署·县署:元以前莫考。明洪武元年,知县杜坚重建。(3)"附旧制":按察司行署(在县署东):厅后为川堂,为后堂;左官房,右吏房;左右侧为厨房,前东、西皂隶房各三间;二门一座,头门一座,风纪房一座:洪武初,知县杜坚建。(4)"附旧制":布政司行署(在县署西):洪武初,知县杜坚建。(5)城隍庙(在城西门内):洪武四年,知县杜坚建。(6)卷七"学校志":文庙(元末年毁于兵):洪武初,知县杜坚复新旧址。

《兴宁县志·艺文志》中,载有恩贡何瑶诰写于康熙五十四年(1789)的《重建城隍祠并社稷山川坛记》,文中说:"邑城西偏,城隍神之庙貌在焉。建自邑侯杜公坚,溯其时,则明洪武四年也。"

《资兴市志·大事记》记载:"洪武元年(1368),县城之土垣改建成砖石墙。是年,改郴州路为郴州府,兴宁属之。"

资兴《湘南欧阳通谱·欧阳氏家谱总系》中说:"洪武四年(1371),知县杜坚佩印莅县时,祖宗俊、宗才同寅协恭赞襄县事。"然而,经查《郴州大事记》,明朝占领郴州,却是洪武元年:"洪武元年(1368)朱元璋遣大将杨璟率军夺取郴城。改郴州路为郴州府,领郴阳、永兴、兴宁、桂东、桂阳、宜章、蓝山7县;改桂阳路为桂阳府,领平阳、临武2县和耒阳、常宁2州。均隶属湖广行省。"为什么占领后四年才派出县令到达?此处的"四年"应为"元年"之误。

双溪(今东江镇星红村东庄冲)《王氏族谱》第四卷《孝房匾额》载:"洪武己卯岁季冬月,文林郎知兴宁县事正堂杜坚,为乡进士王道隆立'月殿驰名'匾额。"

"洪武己卯岁":洪武三十一年,闰五月为建文元年,1399年。此处可能是"己酉"(族谱中的错误很多),即洪武二年,1369年。

《郴州大事记》中记载:

"洪武二年（1369）：郴州寨长罗福率民起义，茶陵卫千户所刘保领兵镇压，并于郴城设立守御千户所。"

"洪武三年（1370）：境内瑶民杜回子、冒阿孙等起义。"

"洪武五年（1372）：疋袍峒钟均道响应起义。州署改筑郴城砖石垣，周长593丈，高2.5丈，厚1.8丈。"

2. 戴用：洪武六年（1373）任

《郴州大明一统志》："**洪武中任。承杜公之后，政守画一。岁大旱，率僚庶祷于仰灶龙潭，俄有石燕飞集其冠，顷之飞去，大雨方数十里，岁以丰稔。祀'名宦'。**"

康熙五十三年甲午（1714）《兴宁县志》卷之三《秩官志·历代知县》中记载："明：戴用：洪武六年之任。承杜公之后，乐趾画一，政尚体要。岁大旱，公率僚庶祷于仰灶龙潭（本书笔者注：今十龙潭），石燕飞集冠上，俄而大雨，境内沾洽，年谷遂登。"

《兴宁县志·建置志》卷之四中记载：坛制·社稷坛（在县城南关水星楼左，风、云、雷、雨、山川、城隍坛）："洪武六年，知县戴用建。"

《资兴市志·大事记》记载："洪武九年（1376），改郴州府为郴州直隶州，兴宁属之。"

《郴州大事记》中记载："洪武九年四月，撤桂阳府，改为平阳、临武、蓝山县，都属衡州府；撤郴州府，改为直隶州，郴阳县省入郴州，州领永兴、兴宁、桂东、桂阳、宜章5县。"

3. 王敏：洪武十二年（1379）任

康熙五十三年甲午（1714）《兴宁县志》卷之三《秩官志·历代知县》中记载："明：王敏：洪武十二年之任。"

《兴宁县志》（重印本）卷之十八《杂纪志·古迹》中记载："玉泉馆：在治西。明洪武二年知县王敏建。"此处的"二年"（1369），应该是"十二年"——重印时的错印。

说明：从"洪武十二年（1379）"到"洪武二十六年（1393）"，中间历时14年，没有知县任职的记载——是遗漏了，还是王敏一直在担任知县？不得而知。在这期间，资兴发生了一件大事：洪武十四年（1381），朝廷血洗旧市的上坊唐家。然而，县志中却没有任何记载。具体内容见笔者所著《资兴历史》第一部《资兴欧阳村落探源》。

4. 高（失名）：洪武二十六年（1393），奉文建谯楼，铸漏壶，教谕彭九思为记刻壶上，今壶尚存

《兴宁县志·建置志》卷之四"公署"：县署："头门一座，上为谯楼：洪武二十六年，知县高某原铸铜壶一座，圆径一尺，高尺余，三足高六寸，贮其上，后存库中。教谕彭九思为记，刻其上。门前照壁一座。"

《兴宁县志·艺文志》卷之十六（重印本第345页），"教谕彭九思"写作于洪武二十六年的《漏壶记》中说："邑侯高公，奉明文经营其楼，设置铜壶，以步天行，而施政于民，因征予言以志之。"教谕彭九思：洪武二十六年任兴宁县教谕。经查网站，彭系台州人（浙江省）。福建泉州府学记载："永乐初（1403），知府姚恕，教授彭九思，指挥王浚葺两庑，重建棂星门"。

《兴宁县志·古迹》中记载："铜漏壶：明洪武二十六年（1393），知县高某铸。圆径一尺，高尺余，三足高六寸，教谕彭九思为记刻其上。国朝学使徐松考试郴属经古，以此命题并拟作古歌。时郴州御使陈起诗，桂东拔贡傅凌云，邑（资兴）拔贡段腾奎应试诸生试作歌，均载入州、县《艺文志》。原置县署头门谯楼上，后楼废，移藏县库。咸丰间叠经兵燹，此壶遂剥落经制，厅差役无知，作化纸钱炉用。邑绅许开玉因公至其地，见壶上隐约有文，摩挲读之，知为前数百年法物，谂官存原处。"

资兴《湘南欧阳氏通谱》第二十五卷中载有"癸未（1403）恩科举人郴阳袁友才"写于"皇明永乐丙戌（1406）秋八月"的《福源公夫妇合传》（蓼江市人），其中说："永乐癸未（1403，永乐元年）春，公年九旬（八十进一），邑侯钦其德徽锡以'南极星辉'匾额其家，而且年播朝廷，享受圣天子之恩，旌'高年表耆德'，赐粟养老，已食三载矣。"可惜，文中"邑侯"没有写明姓名。

5. 吴志盛：永乐八年（1410）任

《郴州总志》："永乐中任，劝兴学校，科贡得人。岁遭虎患，公率属虔告城隍，其害顿息。祀'名宦'。"

康熙五十三年甲午（1714）《兴宁县志》卷之三《秩官志·历代知县》中记载："明：吴志盛：永乐八年之任。劝兴学校，科贡得人。岁丁酉，境内虎害残食人畜，公诚告城隍，其害顿（息），宁民德之。"岁丁酉：永乐十五年，1417 年。

互联网《从古至今高州府出了多少名人呢》中说："吴志盛任抚州府同知。"高州府：明洪武元年（1368）改元高州路置，府治茂名县——今广东高州城。

6. 黄象：宣德十年（1435）任，永嘉人

《郴州大明一统志》："浙江永嘉人，宣德中任。临民宽恕，治事简易，在任十一年，百姓戴之如父母。去之日，老稚咸感泣攀辕，相送遮道。祀'名宦'。"

康熙五十三年甲午（1714）《兴宁县志》卷之三《秩官志·历代知县》中记载："明：黄象：浙江永嘉人，宣德十年之任。正统十二年得代去，民保留，覆任，不报。"

说明：黄象"在任十一年"，即从宣德十年到正统十年（1445）；然而，甲午志却说"正统十二年得代去，民保留，覆任，不报"。那么，他的任职究竟多久呢？从宣德十年到"达贵天顺四年（1460）任"，其中有 25 年的时间。当中，定有"知县"遗漏。

7. 赖礼：景泰（1450—1456）中任。字同文，南康（今江西赣州）人

《兴宁县志·知县》中没有记载，据网站资料补入。

"赖礼：字同文，南康（今江西赣州）人。明朝政治人物、进士、知县。永乐二年甲申（1404）科进士：三甲第一百一十一名进士。历任武功县、兴宁县、沅江县知县，卒于任上。"[①]

《资兴市志·大事记》记载："正统七年（1442），县境始有人口统计记载，共有 2459 户，计 23830 人。"

《郴州大事记》中记载："天顺元年（1457）郴、桂 2 州共 14905 户，69795 人。"

8. 达贵：天顺四年（1460）任。江西赣县监生

康熙五十三年甲午（1714）《兴宁县志》卷之三《秩官志·历代知县》中记载："明：达贵：江西赣县人，由监生天顺四年之任。"

---

① 潘荣胜《明清进士录》，中华书局，2006 年版，第 26 页。

《兴宁县志》卷之四《桥》中记载：（1）登瀛桥："在城南云盖山下，旧名望仙桥，明天顺间（1457—1464），知县达贵建。"（2）九仙桥（旧名莲花桥，在西关）："明天顺间，知县达贵建。"（3）杭溪桥："亦名普济桥，在县东五里。天顺二年（？），知县达贵建，邑人李端记。"

笔者说明："天顺二年，知县达贵建"——此处应为《兴宁县志》在重印过程中所出现的差错，应为"天顺四年（1460），知县达贵建"。

《资兴市志·大事记》记载："天顺年间（约1460），知县达贵拨款在县城南面云盖仙下修建登瀛桥（又名望仙桥）。"

双溪《王氏族谱》第四卷《孝房匾额》载："天顺庚辰岁（1460）孟春月，文林郎知兴宁县事正堂达贵，为庠生王克端立'当代人龙'匾额。"

《兴宁县志·杂纪志·灾侵》中记载："辛巳，天顺五年：大旱，虫食苗，大疫。见《通志》。"

9. 章贡达：天顺五年（1461）任

《兴宁县志·知县》中没有记载，据《儒学科贡题名记》补入。

《兴宁县志·艺文志》中载有"天顺五年（1461）教谕李文"写作的《儒学科贡题名记》，文中说："昔由是而擢科第者，虽已碑纪名实，惜乎制度弗称，文词拘泥，而岁贡未与焉。邑大尹章贡达侯，恒诰提调，顾谓不足以启迪后进，而期待将来于无已也。乃幡然觅石，琢磨成式，嘱余记之。"大尹：春秋时宋官名，王莽时称郡太守为大尹，后为对府、县行政长官的称呼。恒诰：古代帝王对臣子的命令。提调：管领、调度的意思。

《兴宁县志·教谕》中记载："李文：江西波阳人（鄱阳），天顺五年任（教谕）。"他在文章中说的"邑大尹章贡达侯"，县志的"知县"栏目中，却没有"章贡达"的记载，本书笔者据此补入。

10. 刘源：成化二年（1466）任。南直上元举人

康熙五十三年甲午（1714）《兴宁县志》卷之三《秩官志·历代知县》中记载："明：刘源：南直上元人，由举人成化二年之任。"

《中华刘氏族谱网论坛》中有一位网友说："我是重庆綦江三角红岩坪刘氏的后代。根据族谱记载，始祖刘源，明朝广东南雄府始与县人，在山东济南府任知府，后迁居北京顺天府长寿县山寒里，生子四：景镇、景德、景钊、景阳……"

11. 张时谨：成化五年（1469）任

旧志未详年代。按公《重造鼓楼记》，系成化五年任。《郴州总志》："江西省泰和进士，莅政严明，群小屏迹，寻以更贤育民，调未阳县。"

康熙五十三年甲午（1714）《兴宁县志》卷之三《秩官志·历代知县》中记载："明：张时谨：江西太和人，由进士莅政严明，群小屏迹，寻以更贤育民。调知未阳县事。"

事实上，张时谨任兴宁知县的开始时间为"成化四年（1468）"。《兴宁县志·艺文志》中载有知县张时谨于成化六年（1450）写作的《重造鼓楼记》，文中说（摘要）：

"乃成化四年，大臣疏以进士外补知县，而余自礼部出知兴宁。余临莅之初，顾瞻是邑，百度俱废，县门卑隘，弗称尤甚……既越数月，讼狱稍简，期会稍纾，乃采木于山，佣工于官，民役于农隙，财出于素积，易刓敝为坚良，广卑隘为高阁，垒石以崇其基，加灰以坚其瓦。阶级莹洁，垩艧鲜丽。所处既高，所望益简，四境山川，送奇献秀，环列目前。经始于成化五年冬十一月，及明年春二月而工告讫……"

《兴宁县志·艺文志》中载有"训导邑人"欧坤写作于嘉靖二十七年（1548）的《西泉重修观澜书院记》中说："元大德初，有先生曰状元学士者，自幼泉武敦学，临流居业，择其潆洄济湃，环绕而带砺者处焉，因以'醽醁观澜书院'自匾……逮今二百余年，栋宇坠颓，所幸存者，故碑遗址，暨其余裔尚未艾也。又际我邑父母大夫敬翁隆儒重道，修举废坠……"

为此，康熙七年（1668）任知县的耿念劬在编纂县志时，在欧坤此文的最后加了一个按语（括号内的说明为本书笔者所加）："《曹氏宗谱》载甲第坊题名。明弘治戊申（1488），知县张时谨建立者有：绍定戊子（1228）赐进士曹行锡，瑞宗己卯（1279）乡进士曹邦椿；大德元年（1297）状元曹一本，授左春坊第一筵；同榜二甲传胪，授翰林学士，又大德丙午（1306）赐进士曹一鉴；明成化甲辰（1484）尚有乡贡士曹镛，附记于此。今按知县张时谨以成化四年（1468）来任，见其所撰《鼓楼记》甚悉，事在洪治前二十年（弘治只有十八年），若洪治元年戊申（弘治，1488），在任者为邱崇郁。作谱者或一时考据未详，与书以备参。"这就说明，耿念劬在编纂县志时，确认"知县张时谨以成化四年来任"。

《泰和县历代进士名录》中记载："明朝204名：……张时谨。"

《郴州大事记》中记载："成化八年（1472）：郴州城区发生大火，官署、仓库、民房大部被焚。同时暴发瘟疫。"

12. 王琼：成化十五年（1479）任。浙江萧山监生

《郴州总志》："萧山县岁贡，成化中任。悉心抚字，劝课诸生，士民赖之，祀'名宦'。"

康熙五十三年甲午（1714）《兴宁县志》卷之三《秩官志·历代知县》中记载："明：王琼：浙江萧山县人，由岁贡成化十五年之任。悉心抚字，劝课诸生，民胥攸赖。"

13. 张淳：成化二十年（1484）任。广东增城监生

康熙五十三年甲午（1714）《兴宁县志》卷之三《秩官志·历代知县》中记载："明：张淳：广东增城人，由监生成化二十年之任。"

14. 邱崇郁：成化二十三年（1487）任。江西泰和举人

邱崇，州志作"岳崇"，误。

康熙五十三年甲午（1714）《兴宁县志》卷之三《秩官志·历代知县》中记载："明：邱崇郁：江西泰和人，由举人成化二十三年之任。"

康熙七年（1668）任知县的耿念劬在编纂县志时，在"训导邑人"欧坤写作于嘉靖二十七年（1548）的《西泉重修观澜书院记》后的按语中说："洪治元年戊申（1488），在任者为邱崇郁。"（见后文）

15. 李实：弘治二年（1489）任。北直元城举人

康熙五十三年甲午（1714）《兴宁县志》卷之三《秩官志·历代知县》中记载："明：李实：北直元城人，由举人弘治七年（1494）之任。平恕与民休息，去位日民不忍，老诵德不衰。"

按照李实本人的说法，其任职时间为："戊午（1498）冬"至"己未（1499）仲冬月"以后。

双溪《王氏族谱》第四卷《孝房匾额》载："大明弘治甲寅年（1494）春正月，乡进士知兴宁县事正堂李实，为原任四川射洪县正堂王公讳泰立'续著甘棠'匾额。"

《上坊唐氏族谱》首卷载有李实写的《唐氏族谱序》，文中说："戊午（1498）冬，余奉简命宰兹邑……越明年三月，谱成，向余问序……"文章的最后落款为："明成化十八年（1482，此处应为"弘治十二年"即1499年）岁次己未（1499）仲冬月，乡进士、文林郎、知兴宁县事李实。"

根据以上两则资料，说明：（1）李实"大明弘治甲寅年（1494）春正月"至"弘治十二年岁次己未（1499）仲冬月"在任；（2）按照他本人的说法，则其任职时间为"戊午（1498）冬"至"己未（1499）仲冬月"以后；（3）《兴宁县志·知县》中所载，这是否与后面的盛琏任职时间弄颠倒了呢？特录以备考。

《兴宁县志·古迹》中记载："照身碑：在旧治梵安寺，明宏（弘）治四年（1491）立。石理细腻，光润明澈，觌面窥之，可鉴须发。"

16. 盛琏：弘治七年（1494）任

《郴州总志》："苏州崇明县岁贡，弘治中任。政用平恕，虑民休息，去位日，民思卧辙焉。祀'名宦'。"

攀辕卧辙。卧辙：东汉侯霸为淮阳太守，征入都，百姓号哭遮使车，卧于辙中，乞留霸一年。

附录资料：

《虔台志》系明代南赣巡抚衙门所修志书。共历嘉靖十二年、嘉靖二十三年、嘉靖三十四年、天启三年四修，前二种今已无存，后两种仅见于日本内阁图书馆。

南赣巡抚一般称为"巡抚南赣汀韶等处地方提督军务"，始设于明弘治八年（1495），于清康熙四年（1665）裁撤。该衙门属于都察院系统，历任巡抚都兼有都察院副都御使或佥都御使的头衔。明代都察院是由前代御史台发展而来的，南赣巡抚驻地赣州则旧称虔州，因此称南赣巡抚衙门为"虔台"。

南赣巡抚的职责是提督军务，剿匪防盗，但不可避免地会介入地方政务，所以朝廷给历任巡抚赋以对辖区内武职三品文职五品以下官员的处置权。

南赣巡抚所辖区域屡有增损，比较稳定的是江西布政使司辖下之南安府、赣州府，福建布政使司辖下之汀州府、漳州府，湖广布政使司辖下之郴州，两广巡抚属下的南雄府、韶州府、潮州府、惠州府共八府一州。

《重修虔台志》卷之四

乙卯弘治八年（1495）初，命广东左布政使金公泽为都察院右副都御史，巡抚江西等处地方。南赣居江藩上游，阻岭为险，东为汀漳潮惠，西为郴桂，南为雄韶，盘错二千余里，山峒险峻，盗贼充斥，事无统摄。巡按江西御史张公缙镇守太监邓原议请增设巡抚以示弹压，遂拜公是职，巡抚江西等处并节制福建广东湖广兵备守备等官，驻扎赣州。

秋八月莅任。

弘治乙卯八年（1495）夏四月，条陈地方便宜凡五条……一修城垣。郴州并桂阳宜章桂东兴宁永兴五县，设在万山，接连广东江西韶南等府仁化上犹等县。郴州及宜章桂阳兴宁三县虽有城池，内多矮薄倒塌，桂东永宁二县皆无城池，宜设法修筑。及桂阳二县地名雷家洞浙山等处无碍山场，产有木植数多，招人砍伐，待其放至永兴河下，十分抽三，一年可得价银千数两，以助修筑前项城池。

弘治己未十二年（1499）九月，以广东左布政使韩公邦问升都察院右副都御史代。冬十一月，韩公莅任。

正德壬申七年（1512）三月，请复设郴州兵备。郴州接境两广，先年设有兵备于郴桂等处，整饬地方，往来巡视，衡永各县皆得宁息。近因裁革，盗贼不时出没，虽动兵征剿，奈缺整饬，仍旧为患。今请照旧添设兵备副使一员在彼驻扎，一则申理冤枉以清盗源，一则整饬边备以资弹压。

兵备：

湖广郴州本州民壮一百二十名，招募广东阳山县杀手六十名，乡兵二百二十名，弓兵二十六名。

永兴县民壮一百二十名，招募阳山县杀手三十五名，乡兵二百六十名，弓兵共五十名。

兴宁县民壮一百一十三名，招募阳山杀手四十名，乡兵二百二十五名，哨军二十名，弓兵共五十四名。

宜章县民壮八十名，招募土兵一百三十名，弓兵共六十名，各堡旗军共六百十五名，杀手共五十四名，拨永州长沙二卫哨军一百四十二名，乡兵共六十五名。

桂阳县（今汝城）民壮六十八名，弓兵九十二名，杀手五十名，乡兵共五十名。

桂东县民壮八十三名，杀手五十名，拨衡州卫哨军三十九名，各堡旗军九十五名，乡兵共一百二十二名。

17. 江瓒：正德三年（1508）任

康熙五十三年甲午（1714）《兴宁县志》卷之三《秩官志·历代知县》中记载："明：江瓒：南直歙县人，由举人正德十五年之任。建立旌、善二亭。按旧志纪城池载，正德三年载明，何以示后载，特详之。"

《兴宁县志·杂纪志·纪异》记载："戊辰，正德三年：苗寇乱，陷永兴、兴宁。"

《资兴市志·大事记》记载："正德三年（1508），苗民起义军进入兴宁，攻占县城，杀死知县江瓒。"本书笔者注：此事的详细经过见后"江瓒：正德十五年（1520）任"的说明（江瓒并没有死，只是因为"失城"而降调，正德十五年复任）。

《郴州大事记》中记载："正德三年（1508）：苗民起义军攻克永兴、兴宁城。"

18. 县令江侍御

《兴宁县志》卷之四《建置志·桥》（重印本第59页）中记载："石墩桥：在县西二十五里鱼岭下，吏目陈廷鲤募建，**县令江侍御铭**。康熙五十年间，邑庠郭启宪重建。有记。"这个"县西二十五里鱼岭下"的具体地址，就是今东江镇星红村花坛组下面田洞中的官道上（从东江至县城），过去由此处登山上鱼岭铺，前往芋头坪、兴宁县城。这里的"县令江侍御"，在知县名录中没有查到，不知是哪个朝代的人。

然而，在《兴宁县志》卷之十一《秩官志·四属》（重印本第217页）中记载："医学训科，明（据州志补入）陈庭鲤、杨文卿。"这就证明："吏目陈廷鲤"，应该是"医学训科陈庭鲤"，是明朝人。那么，**县令江侍御**也应该是明朝人——只是不知道他们所处的具体年代。

吏目：中国古代文官官职名，元不少提举司与明、清太医院、五城兵马司及明太常寺、盐课提举司、市舶提举司、京卫指挥使司等，皆有吏目掌文书。医学训科：中国古代医学行政管理、医学教育、分科及考核升迁等方面的组织机构与政令。因此，在《兴宁县志》中，一处写作"吏目陈廷鲤"，一处写作"医学训科陈庭鲤"，其实，他的职务是一样的，即"医学训科吏目陈庭鲤"。

本书笔者分析：江侍御就是江瓒，字侍御。特别记录于此。待考。

19. 程琼：正德四年（1509）任

《郴州大明一统志》："江西永丰县监生，正德中任。时瑶寇大作，公悉心警备。后数年，寇造吕公车攻城，楼堞俱碎，公神色不异，随方悍卫者七昼夜，民不忍叛。寇觇不可破，乃宵遁，城中免祸者近万人。亟白当道改筑旧城，高、厚各倍。又虑无水不可守，开渠由学后注堰，凿垣以入，保障无恐。惜渠今已久毁。祀'名宦'。"

康熙五十三年甲午（1714）《兴宁县志》卷之三《秩官志·历代知县》中记载："明：程琼：江西永丰人，由监生正德四年之任。时瑶寇大作，干戈倥偬，公悉心警备。八年秋，众奄至造吕公车攻葵城，楼堞俱碎，公神色不异，随方悍御如是者七昼夜，城几陷。再回，民畏公令不敢跋去。寇觇不可破，寅夜遁去，城中赖以免害者近万人。又虑城中无水不可守，开渠由学后注堰，凿垣以入，保障无恐。惜渠今已湮。"

《郴州大事记》中记载："正德四年（1509）：春夏大饥。"

《兴宁县志·建置志》卷之四中记载：（1）"兴宁县城"："正德八年，贼复造吕公车薄城，知县程琼率民死守七昼夜，贼退。具白当道加筑，尽用砖石式，视旧城高厚倍之（周围一里三分，计四百丈，高二丈，厚八尺，东南西北正楼四座；四隅楼四座，垛口三百六十。西南二门开，东北二门原塞。嘉庆二年始开东门）。时民舍逼近城下，贼每乘以拒战，且焚之以迫城中。程议以东北西空地凿为深池。独南一面恐伤地脉，门为月城，左右有栅栏，空其中（按：王志载：南街直冲，县治所忌。天启元年，知县吴子骐于南门外砌墙壁，绕道东行）。又虑城中无水，远为大圳，由学后引流入城。大工十成八九而程去，上宪更委本州千户王福督完厥绩。"（2）"桥"中记载："杭溪桥：亦名普济桥，在县东五里。正德间，知县程琼重建。"

《兴宁县志·建置志》卷之四"关市"中记载："新沟隘：在县东南八十里，正德中，官军于此歼瑶。"

《资兴市志·大事记》记载："正德八年（1513），县城城墙加厚，周围1里3分（计400丈），高2丈，厚8尺，并筑东南西北正楼4座、四隅楼4座，垛口360个。"

双溪《王氏族谱》第四卷《孝房匾额》载："正德己巳岁（1509）冬月，文林郎任兴宁县事程琼，为庠生王经荣立'华国文龙'匾额。"

《郴州大事记》中记载："正德十一年（1516）：宜章莽山笠头等峒龚福全、李斌、梁柏联合桂阳县（今汝城）延寿等峒高仲明、李仁才及粤北、赣南瑶民起义，攻占湖广、南赣、广东数府州县，击毙守备邓昱。次年，在三省土汉官兵镇压下，起义失败。"

20. 仇应麟：正德十二年（1517）任。江苏如皋监生

经考证：仇应麟的任职时间当在正德十一年，或以前。

《兴宁县志·建置志》卷之四"公署"中记载：（1）县署："正德十一年（1516），知县仇应麟复修。"（2）典史署（在县署左前）："明正德十一年，知县仇应麟建。"据此，仇应麟的任职时间，当在正德十一年，或以前。

21. 顾斌：正德十三年（1518）任

《郴州总志》："**南直华亭县举人，正德中任。慈爱廉洁，不事敲扑，诱士以向学，劝民以务本，顽梗弗率者，唯以理谕。著有《皇明祖训俗解》以颁于众。城西莲花桥，前为贼所焚，当涉者病，公鼎葺之。祀'名宦'。**"

康熙五十三年甲午（1714）《兴宁县志》卷之三《秩官志·历代知县》中记载："明：顾斌：南直华亭人，正德十三年之任。慈爱廉洁，专务德化，雅薄敲扑，诱士以向学，劝民以务本，顽梗弗率者惟以理谕晓之。为《皇明祖训俗解》以颁于众，节财用尚大体。邑西莲花桥前为贼所焚，当涉者病，公鼎葺之。古有循吏，公近者也。"

南直华亭县：今上海市松江。

《兴宁县志》卷之四《桥》中记载："九仙桥（旧名莲花桥，在西关）：正德八年（1513），贼焚毁，存石墩。嘉靖元年（1522），知县顾斌构复。"据此，岂不是顾斌的任职直到"嘉靖元年"？留此待考。

22. 江瓒：正德十五年（1520）任。浙江歙县举人。庚戌旧志按："城池条"载："正德三年贼劫县治，公罹害。"是公于三年已在任矣。此载十五年，意罹害云者，当时以失城降调，十五年乃复任矣。陈、王二公续修（县志），俱失于注明，特详之。

《湖南通志》："南直歙县举人，正德中任。建'申明''旌善'二亭。先是正德三年，贼劫县治，瓒被劫，至是复任，民益怀之。注：庚戌旧志按'城池条'载：'正德三年贼劫县城，公罹害。'是公于三年已在任矣。此载十五年，意罹害云者，当时以失城降调，十五年乃复任耳。陈、王二公续修

（县志），俱失于注明，特详之。"

《兴宁县志·建置志》卷之四中记载：（1）兴宁县城："正德三年，贼劫县治，知县江瓒罹害，乃加串楼。"（2）"官置附·附旧制"："旌善亭（在头门外左）：明制，凡有小善，邑宰即揭姓名于此亭奖励之，示民好德。申明亭（在头门外右）：明制，民有小讼，邑宰剖断于此亭，当可而止，示民无讼。二亭皆正德年间，知县江瓒奉例建。"

《兴宁县志·杂纪志·灾侵》中记载："辛巳，正德十六年（1521）正月，有乌云如车轮，击逐空中，自辰至巳始没。"

《郴州大事记》中记载："嘉靖元年（1522），郴、桂2州共有27038户，13.8688万人。"

23. 魏廷美：嘉靖四年（1525）任。福建闽县举人

康熙五十三年甲午（1714）《兴宁县志》卷之三《秩官志·历代知县》中记载："明：魏廷美：福建闽县人，由举人嘉靖四年之任。"

《兴宁县志·学校志》卷之七：文庙·庙制："桂月亭（在膳庠仓前，教谕汪澄江建，为讲会之所）、膳庠仓（在明伦堂后东边）、会馔堂，嘉靖五年知县魏廷美建。"

《兴宁县志·艺文志》中载有"典史"郑骥于康熙五十一年写作的《喜雨井记》，全文如下（括号内的说明为笔者所加）：

"今春，雨旸时若，咸占为有年。及季夏之交，弥月不雨。堂台林公（林宸佐）以公出，骥忧旱仓皇，为民请命，诣城隍祠竭诚虔祷。每于礼拜之余，寻览古碑。知祠前有井，开于嘉靖间（1522—1566），堂台魏公（廷美）为'汲福井'。"

《潇湘书院·观澜书院楹联、诗词整理》（根据《曹氏族谱》整理）中，有"邑宰魏廷美"的一首诗：

"谁言聚散类传沙？族派虽繁实一家。澄水云仍昭嗣服，文镌琬瑛擅才华。"

《兴宁县志·杂纪志·灾侵》中记载："丙戌，嘉靖五年夏：大水漂民庐。"

24. 陈继缨：嘉靖七年（1528）任。四川垫江监生

康熙五十三年甲午（1714）《兴宁县志》卷之三《秩官志·历代知县》中记载："明：陈继缨：四川垫江人，由监生嘉靖七年之任。"

《兴宁县志》卷之四《桥》中记载（括号内的说明为笔者所加）："登瀛桥：在城南云盖山下，旧名望仙桥，明天顺间（1457—1464），知县达贵建。嘉靖五年（1526），水冲破。八年（1529）知县陈继缨命邑人何志瑗、李仕爵募财完复。其后，钱送举子于上（在桥上为'举子'上州城、省城、京城考试钱行）。"

《兴宁县志·杂纪志·灾侵》中记载："庚寅，九年（1530）：有星陨于民舍，化为石。见《通志》。"

25. 冯升：嘉靖十年（1531）任。直隶霍邱监生

直隶：旧省名。明称直隶于京师（南京）的地区为直隶。自永乐初建都北京后，又称直隶北京的地区为北直隶，简称"北直"，相当今于北京、天津两市、河北省大部和河南、山东的小部分地区；直隶南京的地区为南直隶，简称"南直"，相当于今江苏、安徽两省。

霍邱县是安徽省六安市下辖的一个县，位于安徽省西部。

26. 封祖裔：嘉靖十二年（1533）任

《郴州总志》："字绍先，云南楚雄卫举人。嘉靖中，时偶值大疫，公市药给医，民多全活。摘奸剔弊，植弱锄强，吏民畏爱，不敢缘饰，招置逋冠，宁谧郊落。寻以调景陵县，升工部员外郎。"

康熙五十三年甲午（1714）《兴宁县志》卷之三《秩官志·历代知县》中记载："明：封祖裔：字绍先，号白石，云南楚雄卫人，由举人嘉靖十二年之任。时值大疫，公为市药以医，散给民，多全活。摘奸剔弊，植弱锄强，吏民畏爱，不敢缘饰，招置逋冠，宁谧郊落，寻以更贤。调景陵县，升北京工部员外郎。"

《兴宁县志·建置志》卷之四"附旧制"（重印本第54页）中记载：（1）主簿署（旧在县署前，吏舍十间）："知县冯祖裔建"。（2）附旧制：布政司行署（在县署西）："洪武初，知县杜坚建。嘉靖中，知县冯祖裔重建。"

这里的"知县冯祖裔"，经查整个知县名录，没有这个人，应该就是"封祖裔"吧？"封"误作"冯"，可能是重印时的错误。

27. 李揆：嘉靖十七年（1538）任。江西省兴国监生

康熙五十三年甲午（1714）《兴宁县志》卷之三《秩官志·历代知县》中记载："明：李揆：江西兴国县人，由监生嘉靖十七年之任。"

《兴宁县志·杂纪志·灾侵》中记载："庚子，十九年：七月，大水。"

28. 史载泽：嘉靖二十年（1541）七月署

《郴州总志》："字济之，贵州新添卫监生，任衡阳县丞，嘉靖署（知县）。政尚体要，事无苛留。学宫弊甚，公周视怃然，悉力修葺如家事，越三月，庙貌岿然。寻得代归衡阳，士民挽留者盈道。祀'名宦'。"

康熙五十三年甲午（1714）《兴宁县志》卷之三《秩官志·署篆》中记载："史载泽：字济之，号庐亭，贵州新添卫人，由监生衡阳县县丞嘉靖二十七年（1548）七月（原文如此）奉署兴宁县事。年力精锐，器奇荦政，尚体要事无苛留。本县儒学敝甚，公周视抚然，悉力修葺如家事。越三月，庙貌岿然，不谨然簿书期会，小劳教也，寻得代归衡阳，士夫民庶挽留盈道，不忍其解去云。"

《兴宁县志·艺文志》中载有"邑举人"李廷束于嘉靖二十一年（1542）写作的《重修学宫记》，其中说："宁之有学，厥惟旧哉。乃弗葺亦云旧矣。尹也不力，莫肯用汛。甚至朝雨流潦，夕天罗宿，大坏极敝，几不可为矣。岁辛丑（1541）夏六月，我虚亭史侯，由衡阳来摄我邑事，年力精锐，才器奇荦，政尚体要，事无苛留，吏民畏爱焉。一日周视黉校，喟然叹曰：'老佛之宫，金碧辉映，几遍天下。吾党不唯不能为之抑制，至乐为施舍以侈，厥观根本之地，颓敝顾当尔耶？'亟核实具闻于宪府五石李公，公志存经略，敦典宏化，大首肯焉。侯喜曰：'可以成吾志矣。'八月既望，实始事焉……东庑、西庑创造以完其制。棂星、戟门，鼎缔建以备其规。且壁神厨，扉复道，库皿器，饰斋居。环宫之墙若干丈，易土以砖，趾之以石。环署之墙若干丈，易土以新，鳞之以瓦，牢不可破，高不可升也……曾几阅月，大工告成。时虎之年，暮之春也……"这说明史载泽字虚亭，确于嘉靖二十年署兴宁县事。

《兴宁县志·杂纪志·灾侵》中记载："辛丑，二十年：八月，西北有声如折柱，野雉皆鸣。九月，有星陨于二都民舍，化为石。"

29. 汪瑾：按：王、耿二志未详莅任年代。按传云："公首修邑志时，秉笔者，李公廷束也。"在嘉靖二十二年（1543）。

《湖南通志》："字子珍，南直宁国府宁国县监生。嘉靖中由靖州州判升任（知县）。秉性刚峭，持己整洁。抚恤里甲，日馈一无所入。用法明敕，吏胥舆皂，不稍假贷。至首修邑志，创建'乡贤''名宦'二祠，葺复城堞，尤为知所先务。"

康熙五十三年甲午（1714）《兴宁县志》卷之三《秩官志·历代知县》中

记载："明：汪瑾：字子珍，号寻峰，直隶宁国府宁国县人，由靖州州判升本县知县。秉性刚峭，持己整洁。樽惜里甲，日馈一无所入，衙庖不盈。用法明敕，吏胥舆皂，不稍假贷。阛阓之民，或有用强梗。得其尤者少加惩艾，习风顿息。以至首修邑志，创建'乡贤''名宦'二祠，葺复城堞，惇化保为知所先务云。"阛阓：读 huán huì。阛，是指环绕市区的墙；阓，是指市区的门。古时，市道就在墙与门之间，所以通称市区为"阛阓"。

《兴宁县志·建置志》卷之四"兴宁县城"中记载：（1）"嘉靖二十二年，知县汪瑾因城多崩陷，随方修复，并改建南门城楼。"（2）政司行署（在县署西）："洪武初，知县杜坚建。嘉靖中，知县冯（应为'封'）祖裔重建。后知县汪瑾增建（左右承流宣化坊）。"

《兴宁县志》卷之首《兴宁县志七修原修姓氏》（重印本第 12 页）记载："嘉靖二十二年癸卯：主修：兴宁县知县宁国汪瑾。纂修：邑举人李廷柬。副纂：长乐县训导邑人黄应举。"嘉靖二十二年癸卯：1543 年。

《资兴市志·大事记》记载："嘉靖二十二年（1543）：三都、蓼江市、栗脚开办炭厂。是年，第一部《兴宁县志》编成、刊行。"

关于资兴历次编纂的县志，陈光贻所著的《稀见地方志提要》卷十二（上）中介绍说："《兴宁县志》十三卷康熙九年刻本、四十五年增刊（北京图书馆藏）：清耿念劬修，林春芳纂。念劬河南杞县人，顺治十六年进士，康熙七年任兴宁知县。春芳事迹未详。兴宁即今湖南资兴县，清时为兴宁县，属郴州管辖。明嘉靖二十二年知县汪瑾修有县志，为邑举人李廷柬所纂也。万历四十三年知县傅其德、邑人陈元旦又为修纂；天启五年知县汪梦尹、邑人王廷玑三为修纂。此志修于康熙九年，其体例，为纲者十有三，为目一百有二，编次颇为得体。康熙四十五年，知县杨葳又为续补，各从前志纲目，增于每卷之末。据沿革，兴宁为汉郴县地，顺帝永和元年，析郴县地置汉宁县，三国为阳安，晋为晋宁，隋为晋兴，唐为资兴，五代为秦（泰）县，宋始称为兴宁，元为兴宁县属郴州路，明清属直隶郴州。县旧产铁，在西南两乡，今矿尽山空。铁炭出西北两乡，贩通湖北、芜湖、南京。煤炭出南乡。"

《兴宁县志·杂纪志·灾侵》中记载："癸卯，二十二年：正月雨至四月。"

《兴宁县志·艺文志》中，载有"靖州学正林金"的三首诗《兴宁道中夜行》《到兴宁赆汪寻峰明府》《别兴宁赆汪寻峰明府》，就是写给知县汪瑾的。

这说明：汪瑾，字寻峰，又字子珍。

兴宁道中夜行　　靖州学正　林金

劳劳嗟远役，肃肃抱宵征。露气侵衣薄，星光入路径。

溪山连暝色，蟋蟀起秋声。淡月朦胧里，征夫报近城。

到兴宁贻汪寻峰明府　　林金

肃肃山城会，欣欣旧日情。绨袍倾故事，杯酒道平生。

花照河阳色，琴清单父声。行看继前烈，知己借光荣。

别兴宁贻汪寻峰明府　　林金

醉饮琴堂酒，殷勤别使君。边城悬晓月，山路阁晴云。

南国龙光逼，西风马首分。衡阳鸿雁在，消息可相闻？

贻：赠送。明府：对太守的尊称。林金：字良珍，号焦崖（《通山县志》作"焦涯"），福建连江县大澳（今晓澳镇道沃村）人。林金的三首诗进入《兴宁县志》而得以保留下来，说明他写作的时间在明嘉靖二十二年癸卯（1543）。

30. 陈交：嘉靖二十三年（1544）任。江苏常熟举人

康熙五十三年甲午（1714）《兴宁县志》卷之三《秩官志·历代知县》中记载："明：陈交：嘉靖二十三年之任。"

《郴州大事记》中记载："嘉靖二十三年（1544）：夏，蝗灾。宜章、安仁旱灾严重，春秋大旱，秋不能插，九至十一月仍无雨，火热如夏。秋，郴州大疫，死者数千，复大饥。"

31. 陈远谟：嘉靖二十八年（1549）任。直隶监生（重印本将"直"错成"石"）

康熙五十三年甲午（1714）《兴宁县志》卷之三《秩官志·历代知县》中记载："明：陈远谟：嘉靖二十八年之任。"

《兴宁县志·杂纪志·灾侵》中记载："己酉，二十八年：大水冲没民舍。见《州志》。"

32. 麦江：嘉靖三十三年（1554）任

《湖南通志》："字廉泉，广东番禺举人，嘉靖中任。周慎精明，新庠序，勤考课，重修云盖仙八角台。诸生贫而失配者，为之婚娶，行取大理寺评事，官至柳州知州。"

康熙五十三年甲午（1714）《兴宁县志》卷之三《秩官志·历代知县》中记载："明：麦江：号廉泉，广东番禺人，由举人嘉靖三十三年之任。律己，公清折狱，平恕。膺荐行取大理寺评事，官至柳州府知府。"

《兴宁县志》中记载：（1）山水："云盖山：嘉靖间，知县麦江创八角层台于其上，曰'大观阁'。寻废。"（2）卷之四《桥》记载："登瀛桥：在城南云盖山下，旧名望仙桥，嘉靖三十四年（1555），知县麦江重建，更曰'登瀛'。"

《兴宁县志·艺文志》中载有知县麦江于嘉靖戊午年（1558）写作的《修云盖山缥缈亭记》。文中说："县之南前二三里，巍然而峙者，曰云盖山……说者指为文峰。故昔人因建梵宇于其上，以壮游观。岁久摧于风雨，翳于荆榛，日就颓圮，识者咸议宜重修之，而时莫能也。迄今嘉靖丁巳（1557）之冬，岁康人和，庠生李受爵、欧坤、欧乾、何宗中、唐仕道等，奋然首倡前议，询谋佥同，乃募缘敛赇、鸠材饬工，予亦捐俸以助其成。撤梵宇，建重楼，规模宏廊，黝垩绚丽……"

《陈氏溥泉族谱》第三本第 268 页记载："第八世：义字辈。锐公子三，义魁：老宾，字体仁，号月山。明成化二十年甲辰（1484）十二月二十八日生于溥泉（今兴宁镇仙桥村）祖居，明万历二年甲戌（1574）二月初二日殁于庄居西岭头，享寿 91 岁，葬竹园头路佛堂。配何氏、符氏、胡氏、傅氏，子二、女一。"其《行实》中说："因西岭头祖庄风水不均，择于嘉靖丙申（1536）冬鼎建住宅一大所于官路旁……嘉靖丙辰（1556）冬，邑侯麦公慕其齿德，特迎乡饮，祖乃固辞。癸亥（1563）春，邑侯刘雷山公同师生造成请始就大宾位。而刘侯待之甚厚，每造门问以邑中事……"

说明：老宾、大宾，即为乡饮宾，源于乡饮酒礼。由本籍致仕官员或年高德劭、望重乡里者充之。

33. 虞瑶祷：嘉靖三十七年（1558）任

康熙《兴宁县志》和光绪《兴宁县志》均没有"虞瑶祷"的记载，据资兴档案馆编印的《资兴历代县官》（打印本，未出版）补入。

《兴宁县志·杂纪志·灾侵》中记载："戊午，三十七年：春，有妖物能魔人，形声变幻，乡城间呼为猴精。至夜群聚鸣锣以逐之，凡十余日乃灭。"

34. 何灿：嘉靖三十八年（1559）任。广东连州监生

康熙五十三年甲午（1714）《兴宁县志》卷之三《秩官志·历代知县》中记载："明：何灿：广东连州人，嘉靖三十八年之任。"

35. 金廷烜：嘉靖四十年（1561）任。湖南衡阳丞

康熙五十三年甲午（1714）《兴宁县志》卷之三《秩官志·署篆》中记载："金廷烜：衡阳县丞，嘉靖四十年奉委署宁。"

36. 黄桢：嘉靖四十一年（1562）任。广东横州人。《郴州总志》作"黄正"

康熙五十三年甲午（1714）《兴宁县志》卷之三《秩官志·历代知县》中记载："明：黄祯：广东横州人，嘉靖四十二年之任。"光绪元年的《兴宁县志》作"嘉靖四十一年（1562）任"，应为更正了错误（见后文"刘正亨"条）。

《兴宁县志·杂纪志·灾侵》中记载："癸亥，四十二年：有红水出东城濠如血。"

37. 刘正亨：嘉靖四十四年（1565）任

《郴州总志》："号雷山，江西新淦县（今新干县）举人，嘉靖中任。清慎平易，凡所剂量，皆为经久计。以城北空野难守御，自东北角至西北角加筑外城。丁内艰，贫不能去，民合金助之，坚不受。出境日，泣送者塞途。"

有资料证明：刘正亨的任职开始之年，应为"癸亥春"（1563，嘉靖四十二年）。

康熙五十三年甲午（1714）《兴宁县志》卷之三《秩官志·历代知县》中记载："明：刘正亨：号雷山，江西新淦县（今新干县）人，由举人嘉靖四十四年之任。仁以恤民，文以课士。丁忧。旋日，无不乞书，谯楼联云，齐群听天外江山，人大观其亲手笔者，有甘棠之思焉。官至吉府长吏。"

前面已引《陈氏溥泉族谱》第三本第 268 页记载："癸亥春，邑侯刘雷山公同师生造成请始就大宾位。而刘侯待之甚厚，每造门问以邑中事……"癸亥，是嘉靖四十二年，1563 年，比刘正亨"嘉靖四十四年（1565）任"早了两年。这说明：刘正亨（雷山）的任期开始之年，应为"癸亥春"（1563，嘉靖四十二年）。

《兴宁县志·建置志》卷之四《兴宁县城》中记载："嘉靖四十四年，知县刘正亨以城北空旷，难于守御，自东北角起至西北角止，加筑外城，阨塞严整。厥后失于修葺，遂悉倾圮（城东壕，宽二丈二尺，原占过民地以筑外城，后割一半与民养鱼取利，以偿前地。其半仍取税。西壕宽二丈，深二尺，今作官店，收税为义学馆谷，故街名正壕街）。"

丁忧、丁外艰、丁内艰：丁忧，是指朝廷官员的父母亲如若死去，无论此人任何官何职，从得知丧事的那一天起，必须回到祖籍守制二十七个月，这叫丁忧。据《尔雅·释诂》："丁，当也。"是遭逢、遇到的意思。据《尚书·说命上》："忧，居丧也。"所以，古代的"丁忧"，就是遭逢居丧的意思。"遭逢居丧"时，儿女们会忧伤，会居丧，会遵循一定的民俗和规定"守制"，这显然比单纯"人丁忧伤"包含的内容要广泛得多。丁忧期限三年，其间要吃、住、睡在父母坟前，不喝酒、不洗澡、不剃头、不更衣，并停止一切娱乐活动。丁艰，即丁忧，亦称"丁家艰"，指遭逢父母丧事。丁外艰，旧指父丧或承重祖父之丧。丁内艰，即丁母忧，旧指母丧。

《兴宁县志·纪异》记载："乙丑，嘉靖四十四年，上下连峒贼首黄积珠等作乱，南赣都御史陆稳剿平之。十二月，贼首刘廷奉等千百为徒，劫财伤人，旋结串酃县（今炎陵县）贼段永清等过境行劫，蔓延江西龙泉、太和等县。"

《资兴市志·大事记》记载："嘉靖四十四年（1565），黄积珠等率雷连十二峒（今龙溪一带）瑶民起义，被南赣都御史陆稳镇压。"

《兴宁县志·艺文志》中载有刘正亨的诗歌，抄录如下：

孝养篇 七言古 （知县）刘正亨

吾闻敬斋陈子和，孩提失怙孤苦多。赖有贞慈邱母在，左提右挈将奈何？艰苦备尝说不尽，母子零丁谁与讯？乃今长长功已成，慈乌反哺敦孝顺。朝夕承颜不敢违，尽物尽志乐庭闱。定省温清礼益至，寸草思报三春晖。短檠夜仿燃藜火，占毕呻吟功益伙。莘英黉序亲心欢，立身扬名心始妥。几番膝下舞斑斓，北堂萱母为怡颜。祷神频入金炉篆，祝亲寿考如南山。陈子之孝有如此，庶儿不负贞慈妣。姜鲤孟笋美岂专，孝养行看载青史。

双溪《王氏族谱》第四卷《孝房匾额》载："大明嘉靖丙寅（1566）菊月（九月），文林郎知兴宁县事刘正亨，为新生王廷魁立'青云独步'匾额。"

38. 刘应魁：嘉靖四十四年（1565）任

《郴州总志》："号山泉，广东曲江县（今曲江区）举人，嘉靖中任。时瑶洞狷獗，上方议剿，公惧玉石俱焚，力请招抚，遂活数千人，士民德之。"

康熙五十三年甲午（1714）《兴宁县志》卷之三《秩官志·历代知县》中记载："明：刘应魁：号山泉，广东曲江人，由举人（任）。屡有洽民心。时瑶峒狷獗，上方议剿，公惧玉石俱焚，力为止之，建议招抚，遂活千余人，邑士民德之。屡举人祀'名宦'，未蒙批允，尤为缺典云。"

《兴宁县志·纪异》记载："明，乙丑，嘉靖四十四年：上下连峒贼首黄积珠等作乱，南赣都御史陆稳剿灭之（见《州志》）。十二月，贼首刘廷奉等千百为徒，劫财伤人，旋结串酃县（今炎陵县）贼段永清等过境行劫，蔓延江西龙泉、太和等县。"

说明：刘正亨如果任职到了"大明嘉靖丙寅（1566）菊月（九月）"，则刘应魁应为嘉靖四十五（1566）年冬开始任职。

39. 许登云：隆庆元年（1567）任

《郴州总志》："号裕庵，广西临桂县（今临桂区）举人，隆庆初任。政尚严明，奸邪惕息。"

康熙五十三年甲午（1714）《兴宁县志》卷之三《秩官志·历代知县》中记载："明：许登云：号裕奄，广西临桂县（今临桂区）人，由举人隆庆元年之任。政尚严明。"

《兴宁县志·艺文志》中载有（知县）陈元旦（邑人）于万历十八年（1590）写作的《云盖山增建后庵记》，文中说："是庵之建，则命自粤西许侯（许登云）。"

《兴宁县志·杂纪志·古迹》中记载："南楚雄观：在县治南云盖山。明隆庆间，知县许登云命邑人李应期书刻于山麓石上。"

40. 陈舜道：隆庆二年（1568）署。耒阳县教谕，由举人隆庆二年署

康熙五十三年甲午（1714）《兴宁县志》卷之三《秩官志·署篆》中记载："陈舜道：耒阳教谕，由举人隆庆二年奉委署宁。"

《兴宁县志·纪异》记载："戊辰，隆庆二年，雷家峒等贼行掠，会有奏请剿捕，是遂负固以叛。南赣都御史张翀令擒其贼首杨子常、李时学，余党悉招抚之。庚午，四年（1570）罗水山贼黄朝祖等作乱，虔院张翀调兵讨之。"

《资兴市志·大事记》记载："隆庆二年（1568），雷家峒杨子常、李时学等聚众反抗朝廷，被南赣都御史张翀镇压。隆庆三年（1569），境内瑶人谢福通、

李子学等保境有军功，被朝廷招抚引见，义不受赏，愿给官山 48 处。于是，朝廷在龙溪峒设永安堡，封瑶官。隆庆六年（1572），九月二十一日午，县城莲花桥附近一民户失火，风助火威，延燔四邻，烧毁民舍千余间，死 11 人。"

《兴宁县志·建置志》卷之四"关市"中记载：（1）"玛瑙堡：在八面山中，隆庆中，官军平瑶贼谢福通，因置堡。"（2）"永安堡：隆庆三年，奉三院奏，设永安堡于浓溪洞。详议拨民壮八名哨守，把总三员驻于此。国朝（清）来议，以公举瑶洞二人为瑶总，一住上六洞，一住下六洞。"

《兴宁县志·建置志》卷之四《兴宁县城》中记载："隆庆六年，调募杨山杀手，立营房于城北。因邑火灾，论者以后龙不宜设此，乃以南坛空地，与谭氏比换民地，迁营房于城之东北隅，后亦废。"

《兴宁县志·杂纪志·灾侵》中记载："壬申，隆庆六年（1572）：九月二十一日午时，城西隅莲花桥失火，延燔启圣祠西庑。须臾，火飞四隅，烧民舍千余间，城中死者十有一人。见《通志》。"

《郴州大事记》中记载："隆庆六年（1572）：郴、桂 2 州共有 25156 户，17.3077 万人。"

41. 黄志尹：万历元年（1573）任。广东南海举人。按：旧志作"广西南海"，今正之。又按：州志作"番禺举人"。

康熙五十三年甲午（1714）《兴宁县志》卷之三《秩官志·历代知县》中记载："明：黄志尹：号左泉，广西（应为'广东'）南海人，由举人万历元年之任。有《梟幕诗草》行世，惜未从任。"

《资兴市志·大事记》记载："万历元年（1573），建文昌书院于城东，县学始脱离学宫。"

黄志尹：番禺（今广州）人，有文学作品存世——载于《全粤诗》。

42. 喻思化：万历二年（1574）任。《郴州总志》："号石台，浙江绍兴府嵊县（今嵊州市）举人，万历初任。禔躬清慎，注厝精明，初行条编，自为磨算，遂以忧勤致恙，五载，卒于官，士民惜之。祀'名宦'。"

康熙五十三年甲午（1714）《兴宁县志》卷之三《秩官志·历代知县》中记载："明：喻思化：号石台，浙江嵊县（今嵊州市）人，由举人万历二年之任。禔躬清慎，注厝精明，初行条编，自为磨算，遂以忧勤致恙，卒于官，批允祀'名宦'，协舆情。"

《兴宁县志》卷之四《桥》中记载："九仙桥（旧名莲花桥，在西关）：万历三年（1575），知县喻思化重建，阔丈余。乾隆二年（1737），贡生段岂等倡建石栏杆于两旁，童叟称便。"

双溪《王氏族谱》第四卷《孝房匾额》载："大明万历甲戌（1574）桂月，文林郎知兴宁县事喻思化，为新生王家远立'兴朝名世'匾额。"

《浙江通志》卷一百三十八"举人"中记载："喻思化（嵊县人，兴宁知县）。"嵊县，今属于绍兴市。

43. 伍实：万历六年（1578）任

《湖南通志》："号石梅，江西安福县举人，万历中任。持身端谨，运务老成，升北胜州知州。有遗爱碑。祀'名宦'。"

康熙五十三年甲午（1714）《兴宁县志》卷之三《秩官志·历代知县》中记载："明：伍实：号石梅，江西安福人，由举人万历六年之任。持身端谨，运务老成，升北胜州知州。有遗爱碑。批允祀'名宦'。"

《兴宁县志·艺文》中载有知县伍实所作的诗词，抄录如下：

沪渡渔舟　知县　伍实

石磴千盘折，江流百顷旋。寒漪浮碧藻，小艇破苍烟。

柔橹从施网，轻篾应叩舷。沧浪歌一曲，清响落前川。

"北胜州"：元、明、清时期的行政区划名，治所在今云南省永胜县，先后设有北胜州、北胜府、北胜直隶州。康熙三十一年（1692），升北胜直隶州为永北府。"北胜"一名的来历：蒙古忽必烈从甘肃出兵，自北而来，到大渡河兵分三路进攻大理国，其中一路首先占领永胜，以自北而来，首战取胜之意，取名"北胜"。

44. 罗继韩：万历十年（1582）署。本郴州学正

康熙五十三年甲午（1714）《兴宁县志》卷之三《秩官志·署篆》中记载："罗继韩：本州学正，由举人万历十年奉委署宁。"

《四川罗氏名宦录》中记载："罗继韩，五十三世，字剑云，丰城县（今丰城市）金樟人。明嘉靖辛酉乡举，任苏州府教谕，升知县。"嘉靖四十年，辛酉，1561 年。

学正：中国古代文官官职名，掌执行学规，考校训导。明为秩九品，清初不改，乾隆初升为正八品。

45. 黎可：万历十年（1582）任

《湖南通志》："号敬斋，四川达州选贡，万历中任。力持弊俗，禁牛判及溺女及取孀妇鹅钱，民间受惠者多。有遗爱碑。"

康熙五十三年甲午（1714）《兴宁县志》卷之三《秩官志·历代知县》中记载："明：黎可：号敬斋，四川达州人，由选贡万历十年之任。品格高朗，注厝宽仁，禁牛判，禁溺女，禁取孀妇鹅钱，民间受惠者多，至今啧啧不忘。有遗爱颂碑。"

《兴宁县志·公署》卷之四中记载：（1）"县署"戒石坊一座（旧为戒石亭）："万历十年，知县黎可去亭作坊，坊上书《戒铭》。"（2）《官置附》中记载："迎宾馆（在仪门左）：万历间，知县黎可建。今改为羁候所。"

《兴宁县志·艺文志》中载有（知县）陈元旦（邑人）于万历十八年（1590）写作的《云盖山增建后庵记》，文中说："是庵之建，则命自粤西许侯（登云）。庵门之改，则命自蜀西黎侯（黎可）。"

双溪《王氏族谱》第四卷《孝房匾额》载："大明万历十年岁次壬午（1582）季冬月，文林郎知兴宁县事黎可，为耆老王朝弼立'盛世耆英'匾额。"

46. 萧建勋：万历十四年（1586）署。湖南永兴教谕，由举人署

康熙五十三年甲午（1714）《兴宁县志》卷之三《秩官志·署篆》中记载："萧建勋：永兴教谕，由举人万历十四年奉委署宁。"

萧建勋：万历元年（1573）举人。四川忠州知州。广东顺德黄连人。

47. 萧奇烋（重印本为"休"，错）：万历十五年（1587）任

《郴州总志》："号师庭，福建莆田进士，万历中任。治狱平恕，雅好文学，士多造就，以贤良调繁湘潭。有遗爱碑。"

康熙五十三年甲午（1714）《兴宁县志》卷之三《秩官志·历代知县》中记载："明：萧奇烋：号师庭，福建莆田人，由进士万历十五年之任。治狱平恕，棘庭无宪，通'宝'（bǎo），雅好文学，士多造就，以贤良更繁湘潭。今有遗爱碑。"

《福建莆田进士》榜中记载："万历十四年（1586），吴洪绩、林玑、萧奇烋、曾光鲁。"

《明朝清朝各科殿试金榜（进士）名录》中记载："萧奇烋：明万历十四

年丙戌科殿试金榜第三甲 105 名同进士出身。"

因此，"萧奇休"应为"萧奇㑺"（这可能是县志重印时出现的错误）。"㑺"读作 xiāo。

48. 方澄澈：万历十六年（1588）任

《湖南通志》："号钟岳，南直六合县选贡，万历中任。先是宁邑钱粮，本年止征先年之数，当事者每以后时受罚。公至，查帑中无碍官银，申作本年钱粮之半，民间凑完一半，遂得逐年征解，官民皆便，公之力也。虽清粮一节，误听霄人，后公悔悟，民皆谅之。又损俸修学，有祀，见《艺文志》。升温州三府。有遗爱碑。"

康熙五十三年甲午（1714）《兴宁县志》卷之三《秩官志·历代知县》中记载："明：方澄澈：号钟岳，南直六合人，由选贡万历十六年之任。清若水壶，明如秋月，幽冤悉除。宁之钱粮先时本年只征先年之数，合未兑后时之罚。公至任，查帑中无碍官银百两，申作一年钱粮之半，民间凑征完一半，遂得逐年征解，公之力也。虽清粮一节，误听霄人，后公知悔，民皆谅之。升温州三府。有遗爱碑。"三府：通判的别称。官品低于知府、同知，故称。

《湖南通志·名宦》记载："方澄澈：六合人，万历中知兴宁县。旧例，先年赋税至次年始征，常不及额。澄澈查帑中无碍官银，申作本年钱粮之半，再征民间之半。本年之余逐岁征解，遂得如期输纳，官民皆便之。"

《兴宁县志·学校志》卷之七《文庙》中记载："文庙：嘉靖十五年，西庑毁。二十年，署县史戴泽并加修建。万历十九年，知县方澄澈因规制狭小，与教谕张任教、训导周文衡移殿于明伦堂阶，即殿址作露台，坐向皆无考。"

《兴宁县志·艺文志》中载有（知县）陈元旦（邑人）于万历十八年（1590）写作的《云盖山增建后庵记》，文中说："是庵之建，则命自粤西许侯（许登云）。庵门之改，则命自蜀西黎侯（黎可）。第规制浅狭，而其堂又半为神象所居，游者每惜之。时方侯（方澄澈）以金陵名贤，借寇宁邑，尝于公余偕庠之学博，游豫其间，以浅狭故，命增建后庵以栖神，俾前有余地，足供游观。且人神有别，亦敬亦远。住持者奉命鸠工，曾不逾时以成功告。乃采贞珉嘱余记之。"

《兴宁县志·艺文志》中载有知县方澄澈于万历二十年（1592）写作的《重修学宫记》，文中说："粤若戊子岁（1588），余钦承帝命，来领奥区事。时维盛夏，迤逦由郊行，欣睹田畴辟治，山林丰蔚，老稚嘻嘻于阡陌间……越三日，礼谒文庙，俯仰周览，心殊弗怿。因语学博张君（笔者注：张任教，临安举人，万历十七年任兴宁县教谕）曰：'宫墙堙圮，殿庭卑陋，其如圣灵之未妥何？欲昌文运而振士类，恐非所宜，余窃忧之。'逮莅政后……至己丑岁（1589），积有若干金，欲移以修建学宫。两院嘉之……继得九溪周君来任（笔者注：周文衡，九溪人，万历十八年任兴宁县训导；此时，张君已擢婺川令），共竭心力，赞襄完美。肇工于己丑，落成于辛卯（1591）。"

《郴州大事记》中记载："万历十八年（1590）郴、桂两州因粮少路塞而免缴漕粮，只缴漕运费。安仁县年纳大米 1048 担，缴漕运费银 1313 两。"

49. 马宗益：万历二十年（1592）任。广西临桂经魁

康熙五十三年甲午（1714）《兴宁县志》卷之三《秩官志·历代知县》中记载："明：马宗益：号东北，广西临桂人，由经魁万历二十年之任。慈祥惠民，恺悌造士。"

经魁：明科举有以五经取士之法，每经各取一名为首，名为经魁。乡试中每科必于五经中各中一名，列为前五名。清亦沿称前五名为五经魁，或五魁。乡试第一名称解元，第二名称亚元，第三、第四、第五被称为"经魁"。

《郴州大事记》中记载："万历二十一年（1593），烟草传入桂阳州、郴州等地。"

50. 山春：万历二十二年（1594）署。郴州州判，由监生署

康熙五十三年甲午（1714）《兴宁县志》卷之三《秩官志·署篆》中记载："山春：本州州判，由监生万历二十二年奉委署宁。"

州判：中国古代文官官职名，在明、清朝之位阶约为从七品。州判职能通常为地方衙门辅佐主官的基层官员编制，不过也为外派直隶州知州的左右手。明朝各府置通判，分掌粮运、水利、屯田、牧马、江海防务等事，分管粮食、水利、农业、畜牧和地方防务。府通判，正六品。州，只有判官，为从七品。

监生：国子监学生的简称。国子监是明清两代的最高学府，按照规定必须是贡生或荫生才有资格入监读书，所谓荫生即依靠父祖的官位而取得入监的官僚子弟，此种荫生亦称"荫监"。监生也可以用钱捐到，这种监生，通称"例监"，亦称"捐监"。

51. 周朝重：万历二十三年（1595）任

《湖南通志》："号葵阳，四川富顺县举人，万历中任。刚明严肃，群小屏迹，邑当积玩，赖公得以振作。后调繁零陵，士民立生祠祀之。"

康熙五十三年甲午（1714）《兴宁县志》卷之三《秩官志·历代知县》中记载："明：周朝重：号葵阳，四川富顺人，由举人万历二十三年之任。赋性刚明，行政严肃，小人屏迹，君子赡衣，盖当姑息积玩之邑，不可无此以振作之。及调繁零陵，群小复出矣。立有生祠。"繁零陵："繁"是府州县分等的称谓——见本书"前言"所述。

《湖南通志·名宦》记载："周朝重，富顺人，万历中知兴宁县。政尚严明，豪猾敛迹。调任零陵，民立生祠祀之。"

52. 陶凌云：广西全州举人，万历二十四年（1596）以零陵更任

康熙五十三年甲午（1714）《兴宁县志》卷之三《秩官志·历代知县》中记载："明：陶凌云：广西全州人，由举人以零陵更加任，万历二十四年之任。"

53. 何大有：万历二十六年（1598）署

《郴州总志》："号伴琴，广东高要县（今高要市）人，任本州同知，万历中任。政尚平恕，科目之贤不是过。旋郴日，民不忍离去，为立遗爱碑。"

康熙五十三年甲午（1714）《兴宁县志》卷之三《秩官志·署篆》中记载："何大有：号伴琴，广东高要县（今高要市）人，由吏员升本州同知。政尚平恕，大得人心，恭子调科目之贤，当不是过。旋郴之日，士民不忍其去，立碑县前。"

同知：明清时期官名。同知为知府的副职，正五品，因事而设，每府设一二人，无定员。

54. 李玉：万历二十六年（1598）任。广东东莞经魁

康熙五十三年甲午（1714）《兴宁县志》卷之三《秩官志·历代知县》中记载："明：李玉：号罗明，广东东莞人，由经魁万历二十六年之任。"

《兴宁县志·建置志》卷四中记载："城隍庙（在城西门内）：洪武四年，知县杜坚建。万历二十七年，知县李玉重建。"

55. 宋臣熙：由举人任本州（郴州）学正，万历二十二年（1594）署。按：前二条云二十六年，此云二十二年，必有讹误。且二十二年署者，已有山春矣。旧志未议及，附疑于此。

康熙五十三年甲午（1714）《兴宁县志》卷之三《秩官志·署篆》中记载："宋臣熙：号起崖，本州学正，由举人万历二十二年奉委署宁。"

宋臣熙署兴宁知县考

"新闻网"2007年6月14日发布的中华博物审编委员会的《中国古代名人录》中的《宋臣熙》介绍说："宋臣熙，〔明〕号起岩，溧阳（今江苏溧阳）人。官广东新安令，改郴州学正。善书小楷。宗黄庭坚。据《史书会要》。"郴州地区网"天涯来吧"也有同样的记载。

溧阳旅游网2007年11月9日发布的孙瑞麟《翰林宋孕育三代英才》中说（摘要）："在溧阳市竹箦镇东南三五里处，有一个小村名翰林宋——因为在明代崇祯末年村中出了翰林宋之绳，才将村名改为翰林宋。闻名卓著的宋臣熙、宋之绳等，祖孙三代英才。宋臣熙，字缉峰，号起岩，明代丙子（万历四年，1576）贡生，并以贡生资格出任广东新安知县，后改调湖南彬（郴）州学正（管理教育之职的州官）。他一生简静廉洁、两袖清风。他又曾到荆王府中担任官职，吟诗作文，与诗友、文士互相唱和，闻名于当时。告老还乡时因无积蓄，船舱中唯载巨石而归，宅第中后来建'载石堂'以资纪念。他精于书法，尤以小楷著称。书法宗黄庭坚（号山谷）。著有《缉峰诗集》。"

"溧阳文明网"，发表时间：2016—8—5 10：20，作者：邓超，标题为《宋臣熙：嗜诗好游恤民情》。

嗜诗，雅事也。好游，亦雅事也。李杜以诗传世，徐霞客以游闻名。明万历年间的溧阳名门望族之后宋臣熙，论诗，随李杜，论游，从霞客。

宋臣熙：字缉峰，又字尧咨，号起岩。幼穷经，岁贡生，曾任广东新安县、郴州学正，荆王府长史。系唐朝名相宋璟之后，儿子劼和孙子之绳（溧阳榜眼），皆有时名。

宋臣熙从小"颖敏异群"，他的父亲玉峰公以"学行冠邑"，就他这么一个儿子，因此"训之甚严，历十四五，《十三经》正文熟烂背读，不遗只字"。"神童"宋臣熙十八岁那年，县院两试皆冠军，入校屡试第一，"弱冠吃廪"，"每有大制作，必笔是属"。与当时的马一龙、史玉阳等先生交往过甚，志趣相投。然而，辛酉科考，一二场入围，考到第三场，"书策目越格，遂堂贴不入卷"。写考试题目越格，当场作为废卷处理。"一邑为之嗟遗珠云"，一县的人为他可惜！直到四十岁才入贡生，五十多岁才入选得广东新安令。可谓仕途多艰也。

新安地僻近海，百姓多以渔业为生。按照旧例，一艘渔船入海捕鱼要缴纳一金，县令方才让其启航，因此一年知县可得金三千两（银）。宋臣熙到任后，想到渔民入海命悬一线，勇闯蛟窟，怎么忍心袖纳他们的血汗钱？他说："民，我子也。我子贫无恒业，至以性命出没风涛中求衣食，为之长者忍袖其金乎？""悉捐之，民皆感泣，然自此公无一钱入矣！"百姓"谣颂遍于四野"（见《墓表》《行略》）。可见，宋臣熙是位体恤民情的清官。

宋公"工古文辞"，"积学励志行，能文章及古近诸体诗，尤工书法"（见《丧叙》《墓表》）。新安县"讼简，公庭雀罗多暇"，衙门清静，公事简少，偏偏宋县令是位"诗歌尤癖嗜"之人，于是"与乡之高贤、诸生之隽异者酬唱"，"性落落，寄而结社吟诗"。"公又好诗歌，而讼庭无一事，每独坐堂上，搘（zhī，同'支'）颊苦吟，胥吏皆匿笑罢去。时问邑诸生，有能诗者乎？曰有，则揖其人，人与赋诗！"

嗜诗如命，结社酬唱，独吟不算，还要揖人！哪里有一点县官的架子和模样！这样纯粹的诗人注定要被官场淘汰，于是"上官岁逢迎，须财贿，无以献。上官怒目，曰：尔出身明经也，敢尔！"宋知县惨矣！渔政蓄金你不入，上官财贿你不出，虽然"大索公罪状，无一得及大计"，于是上官以"文学甚裕，政事稍疏"而奏了宋臣熙一本，吏部遂下文，"左迁郴州学政"。此时，跟着他的父亲已八十多岁，儿子尚小，走时空空的行囊，没有雇一个老乡来抬金银挑行李的。"去新安之日囊无一钱，新安民相聚号泣，酾金百饮"。那百饮的酒钱还是舍不得他走的百姓凑的。

因诗丢官，天下奇闻。但宋公并不消沉沮丧，罢官迁任。"先生意甚适，闻西粤多奇山水，不以此时往游将谁待乎？适奉其父入桂林，度苍梧、九嶷、潇湘、长沙，酹酒招屈贾魂吊之。浮洞庭、江汉，尽揽撷三楚之胜。而与诸子若孙袖书诵诗蓬窗中，如故"。"府君好天下名山水，以广右山水为舆图奇绝。奉王父携不孝辈，买舟迂道万里抵家。凡所经粤西之山峭拔瑰怪，水之激湛澈渟，楚南北江湖之浴日吞天，城邑楼阁之遗墟壮丽，父祖子孙共为凭吊题咏。人人指目为迂，不屑也!""公买舟纤道，行万里抵家。凡经两粤三楚，山水峭拔奇丽、浩渺动荡、可喜可愕之处，公上奉老亲，下携令子，停桡登临凭吊，益赋诗，得佳句即长吟自豪。家人或相笑谯议之，曰：公以好诗失上官意，今奈何尚好之? 公亦笑曰：此非尔所知! 我失上官意不在诗!"

宋公真是洒脱，遭贬返乡，理应愁肠百结，唉声叹气，他倒好! 买舟顺游，时不我待，广东广西、湖南湖北，遇名胜古迹要凭吊赋诗，得佳句还要长吟自豪! 而且是陪父带子，祖孙三代一起作诗"发痴"，难怪别人要笑话这一家"迂"人! 积习难改，诗痴不改!

但诗歌不能当饭吃、当钱用! 当"舟至桂林，资斧竭，乃解己束带、脱妇簪易米。过肇庆水急舟空不能行，乃载石三尺许压舟以归"。典束卖簪，不弃诗游，仓空无米，买石压舟，宋公，真君子之游矣!

贬官郴阳，理应"改过自新"了吧? 不然。"郴饶山水，先生乐之，日群其门弟子绅书诵诗如故"。"盖郴亦名山水窟也"。"课艺之暇，啸咏名岩壑间"。荆王待宋臣熙不薄，但宋臣熙想到老父春秋八十，"事有不可知，何能违膝下色养，而屑屑从斗筲之役乎? 遂上书自免"。弃官回家。

宋臣熙返乡后，"生平于家人业未之问，唯是与乡父老戚执话农桑，较晴雨"，与诸生讨论古句，不易前好，著有《缉峰诗集》传世。临终之时，他呼侍姬拿过大笔、佛珠、扇面握在手中，并告诫子孙："吾生平无长物，长物止此!""吾家书种，尔等勉之!"读书人之肺腑言，令人动容。

历史上，孟东野任溧阳尉，时年五十有五，他文人武用，心存不满，于是骑驴携童，流连射鸭塘，苦吟作诗，被县令告状，俸禄分去一半，养家糊口难以为继。溧阳宋臣熙，年亦五十有五，以贡生选县令，衙门清闲，赋诗为乐，免除渔利，得罪上官，却扬扬自得，买舟畅游，卖簪买石。两位先贤，不谋而合，以诗果腹，寄情山水，寒馁自知。

结论：(1)根据以上资料，宋臣熙明代丙子（万历四年，1576）贡生，此时四十岁（其生年则推算为1536年，即嘉靖十五年，农历丙申年）。"年亦五十有五，以贡生选县令（溧阳）"，即为1591年，万历十九年，农历辛卯年。县令任期一般为3年，贬郴州学正（明"州学正"秩九品），其时间当在"万历二十二年（1594）"。我们不知道他担任郴州学正的时间有多久，但一般以 3 年为期，则最迟可以推算到万历二十五年（1597）。

（2）"署"与"任"是有区别的："署"为暂代，或为兼任；"任"为"给予职务""就任"职务。"宋臣熙：由举人（应为贡生）任本州（郴州）学正，万历二十二年（1594）署"，即以郴州学正兼任兴宁知县，其时间是十分短暂的——可能只在万历二十二年秋天至次年春天。

（3）《兴宁县志·知县》中说："按：前二条云二十六年，此云二十二年，必有讹误。"这个说法是正确的。应予以肯定的是，宋臣熙"二十二年署"兴宁知县，而不是"二十六年"。

56. 虞瑶：万历二十八年（1600）任。广西马平举人

康熙五十三年甲午（1714）《兴宁县志》卷之三《秩官志·历代知县》中记载："明：虞瑶：号心适，广西马平人，由举人万历二十八年之任。"

《兴宁县志·艺文志》中载有知县虞瑶所作的诗词，抄录如下：

游云盖山　五言律　　　（知县）虞瑶

迢递称云盖，今朝得畅游。亭从空际立，僧向定中修。

捣药云连杵，谈经石点头。寄声林下友，觞咏共悠悠。

《兴宁县志·灾侵》记载："辛丑，万历二十九年：春，妖物变幻魇人，一如嘉靖三十七年事。是岁疹疫大作。知县虞瑶祷于城隍祠乃消。"

57. 萧仪凤：万历三十二年（1604）任

《通志》："字虞弦，贵州省大足县选贡，万历中任。律己严正，奸消吏肃，民不敢欺，以不苟逢迎登下考，人咸称其持身之正。去任数十年，民犹思之。"

康熙五十三年甲午（1714）《兴宁县志》卷之三《秩官志·历代知县》中记载："明：萧仪凤：号虞弦，避圣讳作元，四川大足人，由选贡万历三十二年之任。持身正大，运政精明，奸消吏肃，民不敢欺。第欠逢迎，遂登下考。公道在人，特表而出之。"

大足县：今为重庆市大足区。

《湖南通志·名宦》记载："萧仪凤，大足人，万历中知兴宁县。严正民不敢欺，以不苟合登下考，去任，既灰，民犹思慕，书一志送。"登下考：上级考核时被登记为"下等"。"既灰"：有道是"身如不系之舟，一任流行坎止；心似既灰之木，何妨刀割香涂？"

58. 范秉义：万历三十三年（1605）任

《郴州总志》："永州卫经历，万历中任。规恢有识，听继惟明。"

康熙五十三年甲午（1714）《兴宁县志》卷之三《秩官志·署篆》中记载："范秉义：永州卫经历，万历三十三年奉委署宁。规恢有识，听继惟明。"

明朝军队编制实行"卫所制"。军队组织有卫、所两级。一府设所，几府设卫。卫设指挥使，统兵士五千六百人。卫下有千户所（一千一百二十士兵），千户所下设百户所（一百一十二士兵）。各府县卫所归各指挥使司都指挥使管辖，各都指挥使又归中央五军都督府管辖。

经历：明清都察院、通政使司、布政使司、按察使司，军队卫、地方州、府等，均置经历，职掌出纳文书。府经历，正八品。

59. 程美中：万历三十五年（1607）任。江西上饶岁贡。升南京兵马

康熙五十三年甲午（1714）《兴宁县志》卷之三《秩官志·历代知县》中记载："明：程美中：号午兴，江西上饶人，由岁贡万历三十五年之任。升南京兵马。"

《兴宁县志》卷之十八《杂纪志·古迹》中记载："平政堂书林半山亭：在云盖山半，知县程美中建。"

60. 宋良弼：由监生任衡州府经历，万历三十六年（1608）署

康熙五十三年甲午（1714）《兴宁县志》卷之三《秩官志·署篆》中记载："宋良弼：衡州府经历，由监生万历三十六年奉委署宁。"

《郴州大事记》中记载："万历三十六年（1608）：境内矿工起义。"

61. 侯之宣：万历四十年（1612）任

《湖南通志》："号葵寰，河南尉氏县举人，万历中任。政尚宽平，省刑节财，大修邑署及邑乘。寻擢鲁藩审府，士民立石颂德。"

康熙五十三年甲午（1714）《兴宁县志》卷之三《秩官志·历代知县》中记载："明：侯之宣：号葵寰，河南尉氏县人，由举人万历四十年之任。心存兢业，政尚宽平，省刑节财，士民安之。迢擢鲁藩审府，通邑立石颂德，亦聪近世不多得也。"

《湖南通志·名宦》中记载："侯之宣，河南人，万历中知兴宁县，政尚宽乎，士民立石颂德。"

《兴宁县志》卷之四《公署》中记载："县署：万历四十二年，知县侯之宣大为修葺，崇壮可观。继此者各为增饰。”

《兴宁县志》卷之首《兴宁县志七修原修姓氏》（重印本第 12 页）记载：“万历四十三年乙卯：主修：兴宁县知县尉氏侯之宣，兴宁县知县钱塘傅其德。纂修：赣榆县（今赣榆区）知县邑人陈元旦。”万历四十三年乙卯：1615 年。

62. 官正荣：万历四十年（1612）署

《郴州总志》：“**由监生任本州同知，万历中署。时尚妙龄，政多挥霍，士庶群戴。**”**按：宋公良弼三十六年署，至四十年乃有侯公之宣来任，而四十年又有官公之署，旧志俱未详其说，姑仍之。若侯公任于四十年，则其修志序之可据者。**

康熙五十三年甲午（1714）《兴宁县志》卷之三《秩官志·署篆》中记载：“官正荣：本州同知，由监生万历四十年奉委署宁。”

明《汀州府志·援例·宁化县》中说：“官正荣（柳州同知）。”说明：（1）柳州，应是郴州之误；（2）他是汀州宁化县人。

63. 胡文焕：万历四十二年（1614）署

《郴州总志》：“**字德甫，浙江钱塘县监生，万历间由耒阳县丞署宁。存心清洁，运政平明，不两月，民颂大兴。**”

康熙五十三年甲午（1714）《兴宁县志》卷之三《秩官志·署篆》中记载：“胡文焕：字德甫，号金庵，浙江钱塘人，由监生耒阳县丞万历四十二年奉委署宁。存心清洁，运政平明，不两月，民颂大兴。且妙于诗律，旋来之日，民之求字求诗者纷纷，不以为烦，蔼然若家人，殳子士民相与。为记。”

殳，读 shū：（1）象形，甲骨文字形，像手持一种长柄勾头似的器具，可以取物，可以打击乐器，后成为兵器。本义：一种用竹或木制成的，起撞击或前导作用的古代兵器。（2）古八体书之一：殳书（用于兵器上）。

《兴宁县志·艺文志》中，载有知县胡文焕的诗词，抄录如下：

泸渡渔舟　五言律　（署县）胡文焕

滩到泸江静，源从桂水来。渔歌频唱晚，渡舫任迟回。

鱼跃霜天月，波澄金碧堆。何人长夜泊？沽酒玉山颓。

《文献》2007 年第 4 期向志柱写的《〈胡氏粹编〉的版本及价值》（2008年 4 月 8 日发布于互联网）说：“明万历胡氏文会堂刻本《胡氏粹编》，仅国家图书馆收藏，堪称海内外孤本。"其中的"一、《胡氏粹编》版本叙录"中说："胡文焕，字德甫，一字德父，号全庵，别署抱琴居士、西源醉渔、全道人等。生卒年均不详，主要生活在万历间。国子监监生。曾建文会堂刻本、藏书。万历四十一年（1613）任耒阳县丞（道光《耒阳县志》），四十三年（1615）任兴宁知县（光绪《兴宁县志》）[3]，颇有政声。著有杂剧《桂花风》和传奇《奇货记》《犀佩记》《三晋记》《余庆记》等（俱佚），以及《文会堂琴谱》等。编选《群音类选》和《胡氏粹编》（1100多篇文章）等。刻书以《格致丛书》和《百家名书》最为有名。"文末的注释[3]说："地方志的这两条资料有抵牾之处。第一，同书[光绪]《兴宁县志》卷十一'秩官·知县'条，四十三年兴宁县县令为钱塘傅其德，并于同年修县志。而《耒阳县志》中胡文焕的下任为王之龙，四十五年任，胡在任时间应为四十一年至四十五年，与《兴宁县志》载四十三年（1615）任兴宁知县相抵牾。第二，对兴宁知县而言，侯之宣万历四十年任，傅其德四十三年任，没有胡文焕任职的时间和机会。第三，[康熙]《郴州总志》卷五和卷二十五（《中国地方志集成》湖南卷第21、22册）无胡文焕任职的记载。[道光]、[光绪]《志》都在康熙之后，一般应以时间前者为准。所以，胡文焕的知县之说应存疑。"

事实上，按"胡文焕，万历四十二年（1614）署"兴宁知县，却是没有"抵牾"的。

胡文焕，明代文学家、藏书家、刻书家。字德甫，一字德文，号全庵，一号抱琴居士。祖籍江西婺源，居于仁和（今浙江杭州）。深通音律，善鼓琴，嗜好藏书，于万历、天启间建藏书楼"文会堂"，后又取晋张翰诗句，改名"思莼馆"。著有《文会堂琴谱》《古器具名》《胡氏粹编》《诗学汇选》《文会堂诗韵》《文会堂词韵》等，《四库总目》盛传于世。

胡文焕一生刊刻图书多达600余种，1300余卷。仅刻《格致丛书》，就收书181种600余卷（一说为206种和346种，今从《四库全书总目》），现存168种；收辑古今考证名物的各种专著以及文学、训诂、艺术等书，其中多秘册珍函，都是罕见之本。如翁昂《传真秘要》、宁原《食鉴本草》、李洪宣《缘情手鉴诗格》等。又选编《群英类选》，是明代最大的一部戏曲选。刻印有《寿养丛书》，收书35种；《百家名书》103种，229卷；《医经萃录》20种；《青囊杂纂》8种；《儒门珠算》《古今原始》《全庵胡氏丛书》等。所刻

《格致丛书》数百余种，中多秘册珍函，有功于文化不浅。工于作曲，著有《奇货记》《犀佩记》《三晋记》《余庆记》传奇，郑振铎《中国文学史》今并不传。又编《群音类选》二十六卷，（同上）为明代最大的一部戏曲选，中多今人未知未见的剧本。其他著作，有传奇4种，今不传。

《兴宁县志·灾侵》记载："甲寅，四十二年：正月雨至上月。"

64. 傅其德：万历四十三年（1615）任

《湖南通志》："号雨梅，浙江钱塘县岁贡，万历中任。重建学宫，修创三楼及邑乘。"

康熙五十三年甲午（1714）《兴宁县志》卷之三《秩官志·历代知县》中记载："明：傅其德：号雨梅，浙江钱塘县人，由岁贡万历四十三年之任。重建学宫，修建三楼。"

《兴宁县志》卷之首《旧志》中记载："万历乙卯（1615）志序一，知县傅其德。"《序》言中说："不佞（本人自谦）与宾旸（陈元旦，号宾旸，兴宁县城人，曾任淮安赣榆知县）同官于淮。倾，盖结白首欢。越二岁，不佞奉简书莅兹土，下车谒先生。先生出宁邑志、侯君刻半就者示余……不佞缘托三生，复淮上余欢。奇其事，为侯君（侯之宣）了未了公案，敬续之，图先生不朽云。万历乙卯春。"

《兴宁县志·兴宁县志七次原修姓氏》中记载："万历四十三年乙卯（1615）：主修：兴宁县知县尉氏侯之宣，兴宁县知县钱塘傅其德；纂修：赣榆县知县邑人陈元旦。"

《资兴市志·大事记》记载："万历四十三年（1615），第二部《兴宁县志》编成、刊行。"

《兴宁县志·学校志》卷之七《文庙》中记载："文庙四十三年冬，知县傅其德新建之，作子午兼壬丙向。"

《兴宁县志·艺文志》卷之十载有《重建学宫记》万历四十四年北直提学御史陈宗契（衡阳人）。文中说（摘要）：

余驱车吴越，早擅名武林傅公。既请，亟还湘。公来令资兴，时修上官常谒过余于墅，挟邑乘请余额之。居亡何，邑弟子樊朝勋、李翀、李之鹏、胡文统等，蹑跻丐余记，学宫推美，令君甚具。余乃揮襟而叹，令方释儒而吏，车尘之不远，而猷远神逸，图诸百年不问，而政可知也。先是，宁学建于资兴乡，洪武御极之明年，迁管壕（以迁管壕为洪武二年，未知确否）。永（乐）宣（德）而后……嘉（靖）隆（庆）后……乃从吉迁，请盟于抚台梁公、按台彭公、宪台吴公、州大夫李公，自解缙钱一百两有奇，亲莅视之即功焉。先殿、次堂、次斋庑、次戟门棂星。楼曰"魁星"，亭曰"敬一"，两桴楔曰"腾蛟""起凤"。而启圣、乡贤、名宦，崇楹奠宇，井井翼翼，营两博士退休横经之所，除道缭石，蜿列鳞次，有闳有苑，而庖湢祝祭，燕射之器具焉。役凡百余日而功集……侯神至惠，行期年而民和，不佞前所谓其政可知也。卢博士以儒术佐成，又不惜撤师席地辟学宫，而课读心劳，称二璧云。侯名其德，号雨梅，浙江钱塘人；博士名泌，邵阳人；如司训梁名拱高、李名廷瑀，典史周名登仕，巡司李名国桢，皆与有力焉。法得并书。

　　陈宗契（1569—1630）：字褆生，号景元，明代湖广衡阳县人。25岁中举人，32岁中进士，选庶吉士，补福建道监察御史。他不怕得罪权贵，不顾自身安危，毅然以弹劾不法官吏及政治弊端为己任。曾多次上疏批评辅臣李廷机，特别是对控制陕西税收的宦官梁永陷害巡按御史徐懋恒一案，多次上疏请诛梁永以正国法，其直言敢谏之声威，令朝臣无不震惊。熹宗天启四年（1624），为通政司参议，后转任右通政。时熹宗年幼无能，宦官把持朝政，忌陈宗契直言，遂派任太常寺卿，负责礼乐，别无实权。因不满太监魏忠贤专权误国，辞官隐居不出。隐居期间，犹不忘民困，常具呈藩抚，诉民疾苦。崇祯三年（1630），召为兵部右侍郎，朝命未达前三日卒。著有《醒耳吹二十卷》《陈褆生文集》。诗作最有名的是《咏南岳诗》，其佳句"青天七十二芙蓉，回雁南来第一峰"，现刻于衡阳回雁峰烟雨池畔（据《湖湘文化名人衡阳辞典》，甘建华主编，尔雅文化出品）。

　　《兴宁县志·艺文志》中，载有庠生胡谦写于康熙十年（1671）的《学宫纪述》，文中说："万历初，圣宫迁今戟门处。乙卯（1615）冬，邑侯傅讳其德，升今露台处，作子山午向，兼壬丙，越年久而科第之落落如故也。"

65. 徐士章：南直太仓州监生，任本州同知，万历四十五年（1617）署

　　康熙五十三年甲午（1714）《兴宁县志》卷之三《秩官志·署篆》中记载："徐士章：号念益，南直太仓人，由监生出本州同知，万历四十五年奉委署宁。"

　　《兴宁县志·杂纪志·灾侵》记载："丁巳，四十五年：春，猛雨经旬不绝，田庐淹没不可胜记。是岁米价腾贵。竹稍忽生米，状如麦，人取以充饥。"

《资兴市志·大事记》记载："万历四十五年春，大雨连续半月，田地房屋淹没无数。是年，米价昂贵。"

66. 朱朝望：万历四十六年（1618）任。浙江萧山举人

康熙五十三年甲午（1714）《兴宁县志》卷之三《秩官志·历代知县》中记载："明：朱朝望：号震龙，浙江萧山县（今萧山区）人，由举人万历四十六年之任。"

《兴宁县志·艺文志》中，载有知县朱朝望写作的诗词，抄录如下：

游道应山　　（知县）朱朝望

巅簇连云溢九峰，灵芝丛绕带阴浓。

瀑泉烟霭凝朝雾，石磴光浮映晚钟。

仙乌翩跹罗胜概，僧袈缥缈跨芳踪。

搴幽不数青莲社，抚景登临万象供。

道应山：《兴宁县志·山水》中记载："九峰山，在县西五里，连簇九峰，奇石前峙如炉。旧有九仙亭，每祷辄应，改名道应山。"县西五里：今兴宁镇水栗村（水井铺）之所在。

67. 林大佑：万历四十七年（1619）署。广西龙安（应为"陆安"）选贡，任本州州判

康熙五十三年甲午（1714）《兴宁县志》卷之三《秩官志·署篆》中记载："林大佑：号自闲，广西陆安县人，由选贡任本州州判，万历四十七年春奉委署宁。"

说明：（1）陆安县：（越南语：Huyện Lục yên），现在是越南北圻地区安沛省下辖的一个县，距离安沛市 60 千米，北接宣光省，西北连老街省。以矿产闻名，主要有蓝宝石、尖晶石、电气石。该县也同时以宝石画吸引顾客。下辖 1 市镇和 23 个人民公社。（2）广西没有"龙安县"，只有"隆安县"。

选贡：指科举制度中由地方贡入国子监的生员之一种。明制，于岁贡之外考选学行俱优者充贡，因有此名。见《明史·选举志一》："弘治中，南京祭酒章懋言：……乞于常贡外，令提学行选贡之法，不分廪膳、增广生员，通行考选，务求学行兼优、年富力强、累试优等者，乃以充贡。"清定拔贡、优贡之制，亦由此而来。

68. 吴子骐：万历四十八年（1620）任。贵州新贵举人

康熙五十三年甲午（1714）《兴宁县志》卷之三《秩官志·历代知县》中记载："明：吴子骐：号九逵，贵州新贵县人，由举人万历四十八年之任。"

《兴宁县志·杂纪志·灾侵》记载："己未，万历四十七年：虎灾，乡民多被伤。知县吴子骐祷于城隍祠，寻得止。王廷玑为撰牒文，见旧志。"按照这条记载，则吴子骐任兴宁知县的开始时间为"己未，万历四十七年"（1619）。

《兴县志·建置志》卷之四《兴宁县城》中记载："南街直冲，县治所忌。天启元年（1621），知县吴子骐于南门外砌墙壁，绕道东行。"

《兴宁县志·山水》中记载："紫金山：在县东六十里清溪。旧有佛殿，多灵应。知县吴子骐匾曰：'紫金宝殿'。江右吉水、谏议邹南皋赍以匾曰：'南国西天'。永宁御史龙紫海匾曰：'真源堪寂'。朝谒者甚众。殿宇今废。每清夜常见灯悬半空，光明四映，远观则有，近寻则无。乡人祷雨多应。"

上文中的"江右吉水、谏议邹南皋"：邹元标，字南皋，太子太保、吏部尚书；明代东林党首领之一，江西省吉水人。"永宁御史龙紫海"：明巡抚，直隶监察御史，永宁（今北京延庆永宁镇）人。

《兴宁县志·艺文志》中载有"邑人，府通判"王廷玑于万历四十八年写作的《昭德观修建殿楼记》，文中说："我宁之昭德观，盖自苏仙真人云游标异，故号徽号以名之。洵为一邑华表，为众姓皈依。其建造亦不知几经阅世矣……至黔中吴侯登观眺赏，更加嘉与维新。随竖其额曰：'列真灵境'。爰是仑奂掀腾，奕然改观。"黔中吴侯：知县吴子骐。

《兴宁县志·艺文志》中载有"吏部尚书陈荐（祁阳人）"写作的《龙湫亭记》（龙湫亭在县城北拱桥边，明邑人王廷玑建），文中说："吴令君复颜其亭，曰'龙湫'。其义何居？盖凡天地之盈虚，日月之往来，云雾之聚散，鸢鱼之飞跃，草木之荣枯，心地之见得，皆活泼泼地，唯所见者大，斯一切皆小……"吴令君：知县吴子骐。

关于吴子骐，另有两条资料记载：（1）《明史》中记载，明崇祯十七年（1644），李自成克北京，思宗皇帝（朱由检）于景山自尽，是时死国难者东阁大学士范景文以下二十一人，殉难臣工士子以百千计，其中就有"乡官吴子骐"。（2）互联网《吴氏在线》2007年4月5日发布的《吴中蕃与天河潭》中说："吴中蕃祖父吴淮，字徐川，是嘉靖三十一年壬子（1552）科解元，官户部郎中。吴中蕃的父亲叫吴子骐，字九逵，中万历四十年壬子（1612）科举人，官湖广郴州兴宁县令。天启初年，安邦彦反明围攻贵阳（吴淮驻守贵阳）。贵阳解围后，吴中蕃就跟着父亲到江浙一带游历……吴中蕃的父亲吴子骐，早于永历元年丁亥（1647）与张献忠部下孙可望在清镇滴澄作战被俘后，自投大火焚身而亡。"

69. 丁元忠：天启三年（1623）署。浙江义乌恩选，桂阳州州判

康熙五十三年甲午（1714）《兴宁县志》卷之三《秩官志·署篆》中记载："丁元忠：号勋铭，浙江义乌县（今义乌市）人，由恩选任桂阳州州判，天启三年奉委署宁。"

恩选：宋时科举，承五代后晋之制，科举制度每三年举行乡、会试，是为正科。遇皇帝亲试时，可别立名册呈奏，特许附试，称为特奏名，一般皆能得中，故称"恩科"。恩科始于宋。明、清亦用此制。清代于寻常例试外，逢朝廷庆典，特别开科考试，也称"恩科"。

70. 汪梦尹：天启三年（1623）任

《郴州总志》："字莘衡，江西广信府弋阳县选贡，嘉兴二尹，天启中任。**慈祥简谧，不事苛刻。纂修志乘，造东塔，置学田，刑清律肃，县民从无越诉者。**"

康熙五十三年甲午（1714）《兴宁县志》卷之三《秩官志·历代知县》中记载："明：汪梦尹：号莘衡，江西广信府弋阳县人，由选贡天启三年之任。初任嘉兴二尹。慈祥简谧，不事苛刻。委且肃，法殚威能，敛越诉。风清盖宽恤、精明并用者也。"

二尹：明清时对县丞或府同知的别称。

《兴宁县志》卷之首《旧志》中记载："天启乙丑（1625）志序一，知县汪梦尹。"《序》言中说："余初下车，得宾旸陈公（陈元旦，兴宁县城人）所修《兴宁志》……遂过七元王公（王廷玑，西乡双溪东庄冲人），谈及宁志应修，随托之执笔……阅三月而竣……天启五年乙丑孟夏。"

《兴宁县志·兴宁县志七次原修姓氏》中记载："天启五年乙丑（1623）：主修：兴宁县知县广信汪梦尹；纂修：桂林府通判邑人王廷玑。"

《资兴市志·大事记》记载："天启五年（1625），第三部《兴宁县志》编成、刊行。"

资兴创建于明万历五年（1577）的《汉宁书院》简介中说："天启间，知县汪梦尹改建于明伦堂。"

《兴宁县志·建置志》卷之四《官置附》中记载：（1）"东塔一座（在城东塔岭上，与水星楼相对）：明天启间，知县汪梦尹建。"（2）卷之七《学校志·书院》："文昌书院：天启间，知县汪梦尹改建于明伦堂后。"

《兴宁县志·艺文志》中，载有教谕熊光琛写作的《重建东塔记》，文章开头便说："宁邑东塔，在城东岭头。志载明天启间，知县汪梦尹建。"

《兴宁县志·艺文志》中，载有庠生胡谦写于康熙十年（1671）的《学宫纪述》，文中说："文昌祠原在殿之巽地，天启间汪侯讳梦尹改建于昔之明伦堂后。阴阳家每谓其夺龙气，不宜。屡欲迁于殿之艮方而未果。若乃造东塔者，亦汪侯也。"

《兴宁县志·艺文志》中，载有知县汪梦尹写作的七言律诗两首：

九日同宋广文游云盖山　　（知县）汪梦尹

登高随例说重阳，偶挈同僚到上方。

帽正不妨风作祟，酒酣聊借石为床。

云留古洞苔花湿，月逗孤亭树影凉。

赢得浮生闲半日，且拼余兴共徜徉。

游涵虚洞　　（知县）汪梦尹

涵虚洞口自天开，菩树昙花拥翠岩。

元邃碧潭空万籁，峻峥宝鼎列三台。

芳踪谁识仙郎去？福果应逢地主来。

自此亭台供跳舞，豪吟常附白云隈。

《兴宁县志·杂纪志·灾侵》记载："甲子，天启四年：四月至七月无雨。老幼日采蕨根糊口，兼以辽黔加征，师旅饥馑，民多逃徙。"

《郴州大事记》中记载："天启四年（1624）：永兴、兴宁（今资兴）、临武大旱，四至七月无雨，江流俱绝。民食蕨根竹实，多逃徙。安仁大旱，次年米价昂贵，殍殣载道。"

71. 张大观：崇祯元年（1628）任。辽东恩选

康熙五十三年甲午（1714）《兴宁县志》卷之三《秩官志·历代知县》中

记载："明：张大观：号化字，辽东人，由恩选崇祯元年之任。民相安。"

"福建省情网"2008年10月22日发布的《连城县志》中说："（连城）县志，明天启五年（1625）知县张大观倡修，经三年编纂后刊出，是县内最早的刻本县志。"

"张大观担任四川通政司。"《大理文化》2001年第3期《闹春王正月中的"耕"与"渔"》中说："闹春王正月是白族聚居的村子——波大邑独特的民俗活动。它源远流长，是明朝万历年间乙卯（1615）科举人张大观担任四川通政司时，采纳外地春节文娱活动的精华部分，并结合波大邑古老而又富有传奇色彩的民族文化，召集村中文艺爱好者开创组编的，至今已有五百多年的历史。"

辽东，指辽河以东地区，今辽宁省的东部和南部及吉林省的东南部地区。战国、秦、汉至南北朝设辽东郡。又为军镇名，明初设置，辖境相当于今辽宁省大部分和吉林省一部分。

72. 宁养初：由恩选任永兴县，崇祯四年（1631）署

康熙五十三年甲午（1714）《兴宁县志》卷之三《秩官志·署篆》中记载："宁养初：任永兴县，由恩选崇祯四年奉委署宁。"

《莱芜县志》中记载："宁养初：北直永年县（今邯郸市永年区）人。举人。天启元年（1620）任。"说明宁养初开始任莱芜知县，接着任永兴知县，崇祯四年（1631）才署理兴宁知县。

73. 阎廷谕：崇祯五年（1632）任

《湖南通志》："号钦命，陕西肃镇恩选，崇祯中任。修学宫，建南塔，缮城垣，御流寇。革除陋规，瑶洞输饷恐后。凡五载，丁内艰解任，士民建祠立碑志爱。"

康熙五十三年甲午（1714）《兴宁县志》卷之三《秩官志·历代知县》中记载："明：阎廷谕：号钦命，陕西肃镇人，由恩选崇祯五年之任。仁恕精明，爱民重士，植弱锄强。修学宫，建南塔，缮城垣，御流寇。催科抚字，革除陋规，瑶洞输饷，狐鼠敛迹。凡五载，丁内艰解任，士民建祠立石，至今颂服。"

《兴宁县志·建置志》卷之四"官置附"中记载："南塔一座：崇祯间，知县阎廷谕建。"

为了建造南塔，即文塔，资兴的《湘南欧阳氏通谱》第二十六卷有如下记载：

合县起造文塔地基借约

立借山场：合县绅袷士庶王廷玑、陈元旦、李永传、曹崇雅、陈良仁、焦明景、黄荣衮、何绍箕、樊廷璋、陈显化、黄忠谏、胡文统、袁仰吾等。

近因风龙不振，科第不登，反有虎虫肆为民害。蒙县主合带堪舆登山审脉，识县形系龟蛇相会，必南边山上建造一塔，以作学宫文峰。合县于本月初一日在城皇祠公议。查得山场系关厢四甲欧棋绅户祖坟山。蒙县主唤棋户人丁欧礼辅、礼勉、礼轩、信汝等，向借坟山内空地起造文塔一座，其于祖坟数冢以及山场树株仍凭欧阳氏挂扫管业，不得藉此以为官山官地。起造之日不可在本山上打石起脚，恐伤欧阳氏祖坟龙脉。今恐无凭，立此借约永远为照。

本县教谕汪弘玉，

本学训导焦养重。

从场同借人：樊嘉兴、郭正沛、熊日元、黄德鹏、陈端玉、何香甲、李永传、王家牲、文孟瑶、陈元旦、何公敏、黄廷珪、王廷玑、焦明宦、罗显杰、陈良仁、王煜国、袁玑、王家位、李之鹏、谭廉、蒋时晋、黄元、李珀、何绍斗、李培、王国琇、黄君吾、曹合川、胡用我、吴显吾、戴瑞华、周武华、徐素吾、萧林初。

大明崇祯五年二月二十五日，王家牲笔，立。

《兴宁县志·艺文志》中，载有庠生胡谦写于康熙十年（1671）的《学宫纪述》，文中说："造南塔者，则崇祯间阎侯讳廷谕也，皆谓其增秀峰以培文运，然一发祥而辄靳者。得无尤有缺陷，规制未如前欤？"

双溪《王氏族谱》第四卷《孝房匾额》载："崇祯癸酉（1633）孟秋月，文林郎知兴宁县事阎廷谕，为贡元王家敬立'彤廷特荐'匾额。"

《郴州大事记》中记载："崇祯八年（1635），刘新宇、李荆楚分别在临武香花岭、蓝山高梁源、紫梁源聚集矿工、瑶民共万余人起义。攻郴、桂、衡、长、袁（宜春）、韶（韶关）等府州县。至崇祯十二年，起义失败。"

74. 刘文炳：江西省丰城举人，任桂东县，崇祯十年（1637）署

康熙五十三年甲午（1714）《兴宁县志》卷之三《秩官志·署篆》中记载："刘文炳：江西丰城人，由举人任桂东县，崇祯十年奉委署宁。"

刘文炳的"署"字而不是"任"字让人疑惑不解。经查《桂东明清时县长》，其中记载："刘文炳，丰城人，天启元年至七年（1621—1627）任。"到

崇祯十年（1637），刘文炳除了担任兴宁知县外，已经没有其他官职，为何用"署"呢？

据江西《刘氏通谱》记载，刘和生二子：刘仲方、刘仲正。刘仲方生子刘文炳，刘文炳生子刘吉牟，刘吉牟生子刘定民。刘定民有四个儿子：刘文叔、刘定叔、刘荣叔、刘仁叔。他的后裔因此又分为四支。刘仲正则迁居江西泰和县早和市，生三子：刘文靖、刘文斌、刘文炼，后裔多迁居湖南。

75. 沈启淮：崇祯十年（1637）任。贵州普安州岁贡

康熙五十三年甲午（1714）《兴宁县志》卷之三《秩官志·历代知县》中记载："明：沈启淮：号？贵州普安州人，由岁贡崇祯十年之任。"

《郴州大事记》中记载："崇祯十年（1637）：三月初四，徐弘祖（霞客）至桂阳州龙洞，初十至苏仙岭，十二日至兴宁，后至永兴等地游览考察，将境内山水风光及民俗记入其《徐霞客游记·楚游日记》。"

《资兴市志·大事记》记载："崇祯十年（1637）四月，地理学家徐宏祖（徐霞客）到资兴游程江口，著有《舟行郴江耒水记》。"

本书笔者说明：徐宏祖在明崇祯十年（1637）四月十一日、十二日、十五日到兴宁县西北部游览考察，将资兴的东江和程江同时载入了《徐霞客游记·楚游日记》之中。

《郴州大事记》中记载："崇祯十一年（1638）：二月，刘新宇起义军别部（临武、蓝山砂夫）数千，两度围攻郴城，首领王'癫子'等战死。"

76. 朱英：崇祯十二年（1639）署。湖南郴州训导

康熙五十三年甲午（1714）《兴宁县志》卷之三《秩官志·署篆》中记载："朱英：本州训导，崇祯十二年内奉委署宁。"

《郴州大事记》中记载："崇祯十二年（1639）：署州守张恂奉议析桂阳州西南之禾仓堡置嘉禾县，析临武县地益之。"

77. 马士达：南直和州岁贡，崇祯十三年（1640）任

有传。**《兴宁县志·政绩》中记载："《湖南通志》：号德孚，南直和州岁贡，崇祯中任。捐俸修学，重士恤民，厘弊剔奸。中遭献贼之变，失城追印，卒请兵虔院，复城留任，治叛党数十人。寻有委调，士民感其忠节，立祠东司之右。"**

康熙五十三年甲午（1714）《兴宁县志》卷之三《秩官志·历代知县》中记载："明：马士达：号德孚，南直和州人，由岁贡崇祯十三年之任。心存恺弟，政尚慈和，重士恤民，厘弊剔奸。中遭献贼之变，失城追印。卒请兵虔院，复城留任，治叛党数十人，寻有委署，士民感其忠节，立祠东司之右，今碑尚存焉。"

《兴宁县志·学校志》卷之七《文庙》中记载："文庙：崇祯十三年，知县马士达集邑绅士鼎建正殿暨戟门、棂星门，定作癸山丁向。"

《兴宁县志·杂纪志·灾侵》记载："庚辰，崇祯十三年：正月，积雪经月，池水坚数寸。冬，夜地震，卧者坠地。癸未，十六年：冬，白虹见西南，首尾至地。"

《郴州大事记》中记载："崇祯十三年（1640）：正月，积雪经月。池坚冰数寸。冬，夜地震，卧者坠地。"

《兴宁县志·艺文志》中，载有庠生胡谦写于康熙十年（1671）的《学宫纪述》，说得神乎其神。文中说：

崇祯间，士人复有改建之议。告邑侯马讳士达，侯首肯之。往聘豫章孝廉喻先生，时以他去不得至，诸生郁郁。适王友家勤善扶乩，虔祷于谦家。仙降判曰：至圣殿有指，众与偕往，纯阳吕祖诗云："大皇迢递入黉宫，出唇脱气未顶龙。欲求甲第联镳振，明伦堂一认真宗。"求示以圣宫方向，仙曰：诸生殿后一绕，自有佳兆。时儒童王家式，见明伦堂左角一红光大四尺围，众皆未之睹也。复至殿，仙曰：红光处即真宗。当作癸山丁向，以明伦堂后檐为界。术士不月日自至，勿远图。问以科第，题一联云："琼阁雄飞，扩九万里泰程，凤起蛟腾，盛代韩苏新甲第；球宫焕美，开一百年离运，龙翔虎变，明时班马著文章。"问以姓名，曰联中已寓意，不复判而去。未逾月，丰城徐腾宇来谒马侯。侯集诸生谓曰：徐人行术吾乡大老家，阴阳事，悉获其吉。修学之举，宜信任之。徐至学宫，察前后左右，议论一如仙示。于是庠友毅然从事。以谭生廉及谦总理，且为之鸠工，为之支给。李生恭、何生香甲、袁生有为、许生昌期、王生家生、王生玫、袁生玑、陈生登瀛、王生国琇、李生荣瑞为之理财募众。分任既定，告于马侯。卜吉移先圣、先贤位于文昌旧祠。卸其殿而材皆松料，无复可用。乃别取杉梓，培筑其基址，拣庚辰岁（崇祯十三年，1640）十二月吉作癸山丁向，鼎建圣殿。较之旧制，高昂洪阔。不数月而戟门、棂星门相继告成。详报学院，赐匾额花红，示嘉美焉。时匠作、人夫工价，悉同民间。饮食用度，丝毫不损。行户约费三百余金，马侯捐俸一百二十两，余则庠中里递义民各为协助，而程乡之仗义者为最。圣灵既妥，文运斯开。王生家珏先以拔贡入监，遂于崇祯壬午科（1642）中式八十二名。人皆曰仙判所云"明时班马著文章"之言验矣。

双溪《王氏族谱》第四卷《孝房匾额》载："崇祯癸未（1643）孟冬月，文林郎知兴宁县事马士达，为贡元王家生立'颖异津梁'匾额。"

《兴宁县志·纪异》记载："壬午，崇祯十五年（1642），土寇蜂起，在城枭恶凡五十人，昼则带刀出入，夜则酣歌聚饮。邑令不克究，反收多人为义勇，执旗摆道，往来衙署，卒至癸未（1643）寇变，掳衙抢当者，即若辈也。是年秋九月，六都乡恶竖旗歃血，后同党自攻，拿巨恶四人，申允就戮，乱风稍息。癸未，十六年（1643），流贼张献忠犯衡阳，选授伪职。伪令易礼清、伪参谋杨台治，九月至县。时知县马士达被执，寻得释。前义勇尽附贼。冬腊月，会郴、耒贼兵犯粤东，抵九峰司，败走。粤虔大兵追至宁境，焚掳杀戮惨极。赣州发官兵镇守通县，保留前任马令复任，究叛贼，杀五十余人。"

《资兴市志·大事记》记载："崇祯十六年（1643）九月，张献忠率部进驻衡阳后，选派县令易礼清、参谋杨台治至兴宁县就任，并抓获朝廷委任县令马士达，不久，将其释放。原县衙的义勇全部归附起义军。十二月，张献忠部败走广东，明朝官兵追至兴宁县内，焚掳杀戮极惨，死50余人。"

《郴州大事记》中记载："崇祯十六年（1643）：九月：张献忠率农民起义军攻克郴州、桂阳州，当地农民、矿工响应。十二月，南赣巡抚发大军前来镇压。次年，张率起义军离郴、桂退入四川。"

78. 李宏源：本州州判，甲申年（1644）署

康熙五十三年甲午（1714）《兴宁县志》卷之三《秩官志·署篆》中记载："李宏源：本州州判，甲申年奉委署宁。差长，行势如狼虎，以致丙戌（1646，清顺治三年）复来署百姓拒之。"

甲申年：明朝崇祯十七年，1644年。是年，明朝亡。是年（甲申），后金始改国号为清，称之为清朝顺治元年，即明亡清兴。然而，资兴地处江南，清朝的势力并没有因明亡而立即达到资兴县境，当时资兴还是南明福王朱由崧的控制区，直到清朝"顺治四年（1647）五月十三日，知县李士贞来任，宁始隶（清）版图。"因而在清初，仍有四位县令是明朝任命的——详见清朝知县录。

附录：

明朝县丞、主簿、教谕、训导、典史名单

（一）明朝县丞

县丞：为县令辅佑，唐朝京县置丞三人，余各一人，为县令之贰。唐朝县丞为正八品，典文书与仓狱。宋初不置，北宋熙宁四年（1071）诏县令："万户以上增县丞一人，掌修水利之政，行市易之清与山泽之利。"

《兴宁县志·秩官志》中记载："县丞，元以前无考。明凡五人。"

曹友德：洪武十四年（1381）任。

刘伯翼：洪武二十四年（1391）任。

郑庸：广东连州人，宣德四年（1429）任。

何诚：广东高要县监生，正统四年（1439）任。

何清：景泰（1450—1456）初任。后裁。

（二）明朝主簿

主簿：古代官名，是各级主官属下掌管文书的佐吏。魏、晋以前主簿官职广泛存在于各级官署中；隋、唐以后，主簿是部分官署与地方政府的事务官，重要性减少。

《兴宁县志·秩官志》中记载："明正德（1506—1521）初裁。按：《州志》谓县丞、主簿俱裁于宏治（弘治：1488—1505），未确。明凡六人。"

程贞：洪武四年（1371）任。

金□：见洪武二十六年（1393）所铸漏壶。

徐礼：浙江山阴人，宣德五年（1430）任。

向昭：四川广安州监生，正德十一年（1521）任。2016年发现并收藏于资兴市档案馆的康熙五十三年甲午（1714）《兴宁县志》卷之三《秩官志·主簿》中记载："明：向昭：四川广安州人，由监生正统十一年（1446）之任。"

朱海：北直河间府吏员，弘治十六年（1503）任。康熙五十三年甲午（1714）《兴宁县志》卷之三《秩官志·主簿》中记载："明：朱海：北直河间府人，由吏员弘治元年（1488）之任。"

林缪（应为"谬"）：福建寿陵（应为"宁"）监生，弘治十六年（1503）任。康熙五十三年甲午（1714）《兴宁县志》卷之三《秩官志·主簿》中记载："明：林谬：福建寿宁县人，由监生弘治十六年（1503）之任。"

（三）明朝教谕

教谕：学官，宋代在京师设立的小学和武学始置，元、明、清县学皆置，掌文庙祭祀，教育所属生员。

《兴宁县志·秩官志》中记载："明朝教谕凡四十人。"

万道杰：洪武（1368—1398）时任，见州志。

彭九思：洪武二十六年（1393）任，作《漏壶记》。

李畅：永乐九年（1411）任。

阳复：永乐（1403—1424）时任，见州志。

周嘉宾：广西恭城人，宣德三年（1428）任。本书笔者注：《兴宁县志》重印本为"广东恭城人"，错。康熙五十三年甲午（1714）《兴宁县志》卷之三《秩官志·教谕》中记载为"广西恭城人"。经查资料，恭城县属于广西桂林市。

裴镗：江西新建人，正统元年（1436）任。

李文：江西鄱阳人，天顺五年（1461）任。

萧性和：江西泰和举人，成化元年（1465）任。有传："《郴州总志》：江西泰县人，成化初任。性刚峭雅，工诗，谕宁十余载，士多所造就。"

吴珣：广西宾州举人，成化十八年（1482）任，据州志补入。

李銮：横州举人，宏治十四年（弘治，1501）任。按：王志作"季銮"，不知孰是？有传："《郴州总志》：广西横州举人，宏治中任。仪容整肃，条教严明，诸生小有过失，未尝经假以词色，人有严师之目。"康熙五十三年甲午（1714）《兴宁县志》卷之三《秩官志·教谕》中记载："明，李銮：广西横州人，由举人宏治十年之任。仪容严雅，条教严明，诸生小有过失，未尝轻假以辞色，可为严师矣。"宏治十年，即弘治丁巳年，1497年。

彭祐：四川涪州监生，字景福，正德七年（1512）任。

麦孟阳：广东高要举人，正德十二年（1517）任。有传："《郴州总志》：字汝复，广东高要举人，正德中任。先是瑶寇猖獗十余年，士学废失。公至，亟束诸生日于明伦堂陈说经义，择通敏者置诸斋舍，朝夕迪诲。又以俗礼乖僻，取文公家礼，躬为倡导。寻升国子助教，后官至石阡知府。赴任，道出宁，闻者迎候充斥，至垂泪别。祀'名宦'。"

《郴州志·郴州》中记载：麦孟阳（高要人，兴宁县教谕），诗三首：

石角奇观　麦孟阳

路转千回路未平，万山抵拱此峥嵘。

东封且莫专夸岱，南岳谁知更有衡？

画嶂连云终日锁，碧梧栖凤有时生。

奇观入眼诗多得，石角留题解和人。

东江古渡　麦孟阳

山屏高列水低流，活活泓深未尽头。

两岸绿杨停渡马，数竿明月钓鱼舟。

济川手段还千古，击楫英雄又几秋？

一度临河一舒笑，满天香露洒江楼。

泸渡渔舟　麦孟阳

落落沧波也胜樵，不怀春色不悲秋。

一竿钓破西头月，只艇移开水面鸥。

俗利浮名难入梦，得鱼沽酒易为谋。

半酣适意歌铜斗，花柳满川随去留。

《古今图书集成》，全书共10000卷，目录40卷，原名《古今图书汇编》，是清朝康熙时期福建侯官人陈梦雷（1650—1741）所编辑的大型类书。该书编辑历时28年，共分6编32典，是现存规模最大、资料最丰富的类书。该书《明伦汇编氏族典卷诸姓部之46》中记载："麦孟阳：按《郴州志》，孟阳广东举人，正德间任兴宁知县。瑶寇充斥垂十余年，士学废失，孟阳陈说经义，择生徒之通敏者置斋，亲为教督；又以俗礼乖僻，取文公家礼教之，风俗丕变。"

石阡：贵州省铜仁市石阡县。

宋珑： 广西宾州举人，正德十五年（1520）任。

汪澄江： 侯官举人，嘉靖十年（1531）任。有传："《郴州总志》：字汝练，福建侯官县举人，嘉靖十年任。倜傥有才思，诗文举笔立就，士心倾慕。"

孟英：将乐人，嘉靖十五年（1536）任。有传："《郴州总志》：字邦彦，号云峰，福建将乐县人，由泰州训导升本学教谕，嘉靖十五年升任。赋性温谨，与人恭逊，勤训谕，科益隽举。"

刘一夔：福建莆田人，号野航，嘉靖三十三年（1554）任。

黄元宪：福建漳浦人，号新吾，嘉靖三十七年（1558）任。

聊梦麟：四川越隽人，号会算，嘉靖四十二年（1563）任。

刘作沛：平乐举人，隆庆二年（1568）任。有传："《郴州总志》：字顺斋，广西平乐举人，隆庆中任。律己峻洁，接物（制行）光明，文学优长，启迪不倦，升酃县知县，官至临江同知，诸士到今仰焉。"

句仕伸：四川新繁人，万历元年（1573）任。

李垣：耒阳人，号紫峰，万历五年（1577）任。有传："《郴州总志》：号紫峰，耒阳人，万历五年任，由萍乡训导升任。督课有方，教人无类，门墙子弟咸仰赖之。"

夏贡：蕲水人，万历九年（1581）任。有传："《郴州总志》：号黄溪，蕲水人，万历九年任。学规严肃，人不敢犯。申画惟勤，士皆景从，朴少长咸惕，当士皆懈驰之日，诚不可无此以振作之也。"

戴时言：汉阳人，号松山，万历十三年（1585）任。郎萧会元为婿，不以夸张。

张任教：临安举人，万历十七年（1589）任。有传："《郴州总志》：号常弦，云南临安举人，万历十七年任。公以妙龄英俊之姿，擅稽古精诣之学，启迪无倦，率作有方，尤诸士所倾慕焉。升婺川县知县，官至大平府同知。"

周之屏：房县人，号文楼，万历二十一年（1593）任。

李基：永昌人，号文冈，万历二十四年（1596）任。有传："《郴州总志》：号文冈，云南永昌人，万历二十四年任。由阿迷州（笔者注：亦即云南省红河州开远市）训导升本庠教谕。身范端严，教规整肃，造士常勤，月试阅文，不厌批评，寻升景东府教授（笔者注：治今云南省景东彝族自治县）。"

冯永德：德安人，号莆南，万历二十八年（1600）任。

徐汉：均州人，万历三十一年（1603）任。有传："《郴州总志》：号恕安，均州人，万历三十一年任，由黄州训导升任。秉赋端方，行己刚劲，不阿世以取容，唯直躬以范士，亦近空谷之音，士类倾心，升西安府教授。"

黄民端： 广东长乐人，号正吾，万历三十四年（1606）任。

卢应斗： 临武人，万历三十七年（1609）任。有传："《郴州总志》：号梦田，临武人，万历三十七年，由吉安训导升任本庠教谕。存心正直，律己讲理，学于圣道，严课程于士，学者宗之，习尚一变。升常德府教授，立有'遗爱碑'。"

李敷秀： 酃县（今炎陵县）人，万历三十九年（1611）任。有传："《郴州总志》：号用斋，酃县人，万历三十九年，由德兴训导升任本庠教谕。存心谦恭，功勤修缮，学究典坟，逢掖多造就之恩，当道播荐扬之、誉之，选也。"

卢泌： 邵阳人，万历四十二年（1614）任。有传："《郴州总志》：号楚宾，宝庆府邵阳县人，万历四十二年，由沔阳训导升任本庠教谕。襟期轩明，蕴藉弘深，风春蔼芹。诸士多所造就，登之名宦，允协舆情。推奖士类，无不翕服。"

范韶儒： 江西鄱阳人，由举人入仕。

方亨德： 巴陵人，号谷屏，天启二年（1622）任。

袁鹤翔： 广西养利州人，号玉余，天启五年（1625）任。

朱大选：

汪宏育： 汪宏育应为"汪弘玉"。《湘南欧阳氏通谱》（资兴卷）第二十六卷中载有《合县起造文塔地基借约》，即向欧阳氏族借地建造文塔（南塔）。《合约》签字时间为"大明崇祯五年（1632）二月二十五日"；"立借山场：合县绅衿士庶王廷玑、陈元旦"等四十多人与"本县教谕汪弘玉，本学训导焦养重"（本书笔者说明）。

张应台：

陈万家：

王梦伊：

以上俱崇祯（1628—1644）时任。

（四）明朝训导

训导：学官，明、清设置，协助同级学官教育所属生员。

《兴宁县志·秩官志》中记载："训导，元以前无考。明朝训导凡四十五人。"

杨恕： 广东番禺人，宣德三年（1428）任。

张文纪：四川眉州举人，正统十年（1445）任。

赵智：南直歙县监生，天顺四年（1460）任。

汪昆：江西瑞昌县（今瑞昌市）监生。

郭义：四川夹江县监生。

李瓒：江西鄱阳县人，成化十年（1474）任。

杨靓：直隶庐州府人，成化十六年（1480）任。

周环：直隶万江县人，宏治十一年（弘治，1498）任。

邹义：浙江瑞安县监生，宏治十二年（弘治，1499）任。

张龙：直隶江浦县监生，宏治十七年（弘治，1504）任。

李寅：华亭举人，宏治十八年（弘治，1505）任。有传："旧志：华亭举人，宏（弘）治中任。文学醇正，作《自警箴》。邑解元李邦宪从父宦游归，公试之大惊，以为当得首选，是科果然。（按：邦宪以成化十年甲午得元，先于李寅莅者三十余年，且寅莅任之年非科也，旧志恐未确。又按：成化十年来任者有李瓒，或以同姓成讹欤？）"

陈典庸：江西新淦县举人，正德二年（1507）任。

林英：赵州岁贡，正德三年（1508）任。有传："《郴州总志》：云南赵州岁贡，正德三年任。素行修洁，居心雅正，不愧师儒。"

司马贵：广西宜山县人，正德四年（1509）任。

黄效：成都岁贡，正德十年（1515）任。有传："《郴州总志》：四川成都后卫岁贡，正德十年任。愿实不欺，士以诚应。秩满当别迁，力请致归（退休），有知止风焉。"

蔡裕：江西宁都人，正德十一年（1516）任。

郭邻：嘉靖三年（1524）任。

饶棠：祁门人，嘉靖八年（1529）任。有传："《郴州总志》：字廷信，号夔夔（kuí），直隶徽州府祁门县监生，嘉靖八年任。积学，善属文，尤长于诗。诸生以有疑辞，剖字非公莫决，争相质请。性峭直，是非分明。著有《夔夔赘语》，孝廉李廷柬为之序，见《艺文志》。"

王菜：四川眉州青神县人，字德彰，号彭溪，嘉靖十八年（1539）任。旧志按："饶、王二君，皆以十八年任，盖其时训导二员犹未裁革也。"《州志》云："六城皆训导一员者，就嘉靖中既裁革后言耳。"有传："《郴州总志》：字德彰，四川眉州青神县监生，嘉靖十八年任。力学强记，通晓《易》义，常为诸生陈说。淡泊自守，有儒素之风焉。"

杨光训：江西临川岁贡，号巽谷，嘉靖二十六年（1547）任。

陈经纶：沙县人，见《郴州志》。

陈述：永丰人，见《郴州志》。

郝维仑：四川叙南人，嘉靖三十三年（1554）任。

资兴北乡（今七里镇）"观澜十景诗词楹联"的"之七古道西风"中，载有"酃醁寺泉闻酒气；观澜书院听书声——郝训导作"。本书笔者认为，此联应改"寺"为"酒"。"酃醁酒泉闻酒气；观澜书院听书声。"民间传说铁拐李用拐杖凿成酒泉，后因主人贪心不足（有酒无糟喂猪）而使其变为清泉。

缪希彤：广西临桂人，嘉靖三十六年（1557）任。

王禹卿：浙江永嘉人，嘉靖四十六年任（本书笔者注：嘉靖只有四十五年）。康熙五十三年甲午（1714）《兴宁县志》卷之三《秩官志·训导》中记载："王禹卿：号□崖，浙江永嘉人。嘉靖四十一年之任。"王禹卿应为嘉靖四十一年（1562）任。

李价：乐昌人，号蒙泉，嘉靖四十五年（1566）任。

王守礼：浔州南平岁贡，号龙阳，隆庆三年（1569）任。

萧杲（读 gǎo）：江西龙南人，号晴峰，万历元年（1573）任。

王似：四川中江举人，万历五年（1577）任。有传："《湖南通志》：号师泉，四川中江举人，万历五年任。博极群书，殷勤造士，召资学优者日会以文，曰'英选会'。又鼎建文昌书院为肄业之所，亲为讲说，至宵乃罢。捐俸新建教谕衙舍。后署永兴，寻升贵州县知县，宁士为立'遗爱碑'。"

本书笔者注：（1）2016 年发现并收藏于资兴市档案馆的康熙五十三年甲午（1714）《兴宁县志》卷之三《秩官志·训导》中记载："王似：号师泉，中江人，由举人因选署宁训事。有'低头红日得抬头'之伤也，有'说起兴宁梦亦惊'之句（后同以上评语）……"（2）网站上说："广福，古铜山县治所也。现位于四川中江县南端约 40 千米，属丘陵地区，物华天宝，山清水秀，人杰地灵，历代人才辈出……王惟贤是王氏家族入川第七代，其曾祖父王志宏，年度选拔人才入国子监，不乐于当官，恳请朝廷允准，回乡供养亲人，朝廷优厚封赠散官卿大夫；祖父王溥，倡导王氏子孙耕读传家；父王锡，封赠刑部清史司主事，置业中江城北，为子孙在县城读书食宿之所；四叔王钦，任芒部军民府吏目；子王似。《中江县志》1930年版记载：王似，号师泉，万历中署兴宁训导。殷勤造士，取诸生可造者，捐俸会课，建文昌书院，以时讲习其中。擢知县，民为立遗爱碑（见《湖南通志》）。"

彭卿：常宁人，号龙潭，万历十年（1582）任。

周文衡：九溪卫人，号楚岳，万历十八年（1590）任。

蔡侯：巴陵县人，号宪文，万历二十四年（1596）任。写景抒怀，多所吟咏。

王用中：云南蒙化人，号锦城，万历二十九年（1601）任，升广西新宁州学正。

杜宗甫：宁乡县人，号剑□，万历三十四年（1606）任。

梁拱高：靖州人，号挂麓，万历三十九年（1611）任。仪表魁梧，造士谆切。

李廷瑀：偏桥卫人，号太麓，万历四十三年（1615）任。

廖宜昌：云南昆明人，万历四十七年（1619）任。本书笔者注：重印本为"廖言昌"，据康熙五十三年《兴宁县志》为"廖宜昌"。

宋居功：江陵人，号念周，天启元年（1621）任。

刘大受：《郴州志》：此下六人皆崇祯间任。

焦养重：崇祯五年（1632）在任（本书笔者说明：事见"教谕：汪宏育"）。

章时亨：

柳之贤：

赵三才：

梁柱：

赖芳：宁都人，见《郴州志》。旧志未列，唯"学校"条云："曾建道义门于时习斋之下，亦未详年代。"

（五）明朝典史

典史：元始置，明、清沿置，掌管缉捕、监狱事务。如无县丞、主簿的县，典史则兼领其责。

《兴宁县志·秩官志》中记载："典史，元以前无考。明朝典史凡四十四人。"

吴宗名：洪武十八年（1385）任。

邱□：见洪武二十六年（1393）所铸漏壶。

徐让：洪武二十八年（1395）任。

罗庆（应为"度"）**中：**洪熙元年（1425）任。《郴州总志》："洪熙中任。兴学勤民，遇有灾害，诚心虔祷，颇得民心。"2016年发现并收藏于资兴市档案馆的康熙五十三年甲午（1714）《兴宁县志》卷之三《秩官志·典史》中记载："明：罗度中：洪熙元年（1425）之任。兴学劝民，遇有灾害，诚心恳祷，颇得民心。"

万友辅：江西新建吏员，正统二年（1437）任。

潘润：广东番禺吏员，正统十年（1445）任。

杨祥：四川大竹人，成化七年（1471）任。

吴祥：江西南康人，成化十一年（1475）任。

许胜：四川大竹人，成化二十年（1484）任。

陈宗仁：广西琼山人，宏治三年（弘治，1490）任。

黄琯：广东四会人，宏治十年（弘治，1497）任。

黄式得：江东进贤人，宏治十五年（弘治，1503）任。

谭明道：广东高要人，正德元年（1506）任。有传："《郴州总志》：广东高要县人，正德初任。时值寇虐，力勤捍贼。"

叶卿：福建莆田人，正德十三年（1518）任。

何有源：广东东莞人，正德十六年（1521）任。

刘琪：广东人，嘉靖三年（1524）任。

阮廷祐：江西丰城人，嘉靖九年（1530）任。（重印本中为"佑"，错）

周乾：江西永丰人，嘉靖十九年（1540）任。有传："《郴州总志》：字汝建，江西广信府永丰人，嘉靖中任。谙晓法律，胥役不能欺。"康熙五十三年甲午（1714）《兴宁县志》卷之三《秩官志·典史》中记载："明：周乾：字汝健，号东峰，广信永丰人，嘉靖十九年（1540）之任。谙晓法律，吏不能欺，先正古作多所记忆，有儒雅风。"

许朝昇：广东潮州揭阳人，嘉靖三十六年（1557）任。

刘潮：江西峡江人，嘉靖三十九年（1560）任。

李俊：广东肇庆府四会人，见《郴州志》。

钟裘：江西泰和人，嘉靖四十三年（1564）任。（重印本中为"球"，错）

郑卿：福建莆田人，隆庆二年（1568）任。

李春源：广西融县人，万历元年（1573）任。

黄汝敏：江西清江人，万历四年（1576）任。康熙五十三年甲午（1714）《兴宁县志》卷之三《秩官志·典史》中记载："明：黄汝敏：字丰溪，江西清江人，万历四年（1576）之任。曾习儒业，谈吐文雅。"

岑大伟：浙江余姚人，万历十年（1582）任。康熙五十三年甲午（1714）《兴宁县志》卷之三《秩官志·典史》中记载："明：岑大伟：号养吾，浙江余姚人，万历十年（1582）之任。政有挥霍，升壁山主簿。"

常忠：南直溧阳人，万历十七年（1589）任。

谌应梧：江西高安人，万历二十一年（1593）任。

沈露：浙江乌程人，万历二十四年（1596）任。

陈自高：四川叙州府人，万历二十五年（1597）任。

刘以清：广东海阳人，号龙见，万历二十九年（1601）任。

姚国传：浙江建德人，号新宇，万历三十四年（1606）任。

龙浑：福建福清人，号坤宇，万历三十六年（1608）任。

王巡：福建福州人，万历三十八年（1610）任。

聂还淳：南直隆安州人，号九初，万历四十年（1612）任。

周登仕：陕西略阳人，万历四十四年（1616）任。

钟秉粹：福建武平人，号瑶廷，万历四十七年（1619）任。

林曾俦：福建福清人，号谨庐，天启三年（1623）任。

蔡云路：江西丰城人，天启六年（1626）任。

陈宪：南直当涂人，崇祯二年（1629）任。

楼栋：浙江人，崇祯七年（1634）任。

蒲仁龙：江西人，崇祯十年（1637）任。

涂上达：江西籍，湖广人，崇祯十三年（1640）任。

朱之玺：陕西人，崇祯十五年（1642）任。

第三章　清朝知县

清朝（1644—1911）：1644年农历三月十九日，李自成率领的农民起义军攻陷北京，明朝皇帝朱由检在煤山自缢身亡。四月，驻守山海关的明将吴三桂降清。清摄政王多尔衮指挥八旗劲旅，兼程入关，以吴三桂为前导，四月二十二日在山海关击败李自成的农民起义军。李自成被迫西撤，途中，将吴三桂父吴襄及家属三十余口全部杀死；二十六日，返回北京，二十九日草草即"大顺"皇帝位于英武殿，三十日晨，仓皇撤离北京，率军西行归陕。清、吴联军紧追不舍，长驱直入，五月二日进占北京。十月，清顺治帝迁都北京，清朝开始对中国进行统治。

清朝，是中国历史上由满族建立的大一统王朝，也是中国历史上最后一个封建王朝，共传十帝。1616年，建州女真部首领努尔哈赤建立后金。1636年，皇太极改国号为大清。1644年大顺攻占明朝国都北京。山海关一片石之战后，清军趁势入关，政治上推行首崇满洲、圈地投充、剃发易服、迁海令、文字狱等；军事上平定大顺、大西、南明等政权，并大规模屠城，后逐步掌控全国。康、雍、乾三朝走向鼎盛，统一多民族国家得到巩固，同时君主专制发展到顶峰。中后期由于政治僵化、文化专制、闭关锁国、思想禁锢、科技停滞等因素，逐步落后于西方。鸦片战争后多遭列强入侵，主权和领土严重丧失。也开始了近代化的探索，开启了洋务运动和戊戌变法。甲午战争和八国联军侵华战争使得民族危机进一步加深，清朝后期沦为半殖民地半封建社会。1911年，辛亥革命爆发，清朝统治瓦解，清帝颁布了退位诏书，清朝从此结束。清朝灭亡后复辟势力一直存在，例如张勋复辟、袁世凯称帝和伪满洲国的建立，"二战"后期苏军出兵东北，伪满洲国彻底灭亡。

乾隆二十四年（1759），清朝统一全国后的疆域是：北起蒙古唐努乌梁海地区及西伯利亚，南至南海，包括"千里石塘、万里长沙、曾母暗沙"（今西沙群岛、南沙群岛等岛礁），西南达西藏的达旺地区、云南省的南坎、江心坡等今缅甸北部地区，西到咸海与葱岭地区，包括今新疆以及中亚巴尔喀什湖，东北抵外兴安岭，包括库页岛，东南包括台湾、澎湖群岛。总面积达 1300 万平方公里。除此之外，许多周边国家，也都成为清朝的藩属国。在盛清之时的藩属有：东边的朝鲜、琉球（今冲绳），中南半岛有安南（越南）、南掌（老挝）、暹罗（泰国）、缅甸以及南洋群岛的兰芳共和国，西南有廓尔喀（尼泊尔）、哲孟雄（锡金）、不丹，中亚西亚有浩罕、哈萨克、布鲁特、布哈尔、山克、爱乌罕（阿富汗）等藩属国，然此最大版图维持时间不超过 80 年。不过在近代时期，由于清朝的迅速衰落和列强的入侵，鸦片战争以后清朝以不平等条约的形式先后失去了以下领土：香港（1842 年至 1898 年间分批割让或租借给英国，直到 1997 年交还其继承政权于中华人民共和国）；外满洲（包括黑龙江以北约 60 万平方公里），以及乌苏里江以东，包括库页岛（萨哈林岛）在内的约 40 万平方公里的领土，分别于 1858 年和 1860 年被迫割让给俄罗斯帝国；新疆极西帕米尔高原，即巴尔喀什湖之东南、伊犁以西以及喷赤河以东的帕米尔等地区约 45 万平方公里的领土，于 1864 年被迫割让给俄罗斯帝国；台湾岛和澎湖列岛，为日本占领。

清朝一共建立了 23 个省，其中内地 18 省为沿袭旧制或以旧制为基础，其余在边境并为清末所置。这些省是：直隶、奉天、吉林、黑龙江、江苏、安徽、山西、山东、河南、陕西、甘肃、浙江、江西、湖北、湖南、四川、福建、台湾、新疆、广东、广西、云南、贵州。其中奉天、吉林、黑龙江、新疆、台湾为后设。理论上总督管两省或两省以上的地方军政事务，尤其侧重军事。雍正元年（1723）定总督加衔制，加尚书衔的兼都察院右都御史，从一品；余为兵部右侍郎兼右副都御史，正二品。在清代，全国共设总督 9 个，即东三省、直隶、两江、陕甘、闽浙、湖广、四川、两广、云贵。此外还在省级地方设有专门管理漕运的漕运总督和治河的河道总督。

清朝地方政区制度：清朝内地地方政区建制沿袭明代，但设于省、府之间的分守道，从省派出机构转为行政机构，地方政区为省、道、府（州）、县（散州）四级。省级最高行政长官是总督和巡抚，总督可督数省军政，巡抚为省行政长官，俗称抚台。巡抚之下，各省有布政司，俗称藩台，还有按察司，俗称臬台。三台为省级主要官员。道一级官员为道员，俗称道台，尊称观察。道有分守道和分巡道两种，其分守道辖若干府（州）县，为一级政区，但清后期，道一级成为上级派出机构，负责考核官员、传达政令，原则上已不能成为一级行政机构了。府、县二级多沿明制。州分两等，一是相当于府，但略低于府，直隶省、道的直隶州。直隶州统县，长官称知州。二是相当于县，但稍高于县，隶属于府的属州。

明崇祯十七年、清顺治元年（1644）：三月，李自成起义军攻入北京，崇祯帝自缢。四月底，李自成败走山西，清军入京。五月三日，福王朱由崧于南京建立南明政权。郴州、桂阳州虽号南明之地，实"官吏迁易，兵寇纷错，乡民或起义，或结砦自保"。

南明弘光元年、清顺治二年（1645）：五月，明荆州宗室朱俨饰招募郴州、桂阳州矿工、僧人万余人占据郴州，自称"辽王"。冬十月，南明湖南巡抚何腾蛟遣中军曹志建出道州领兵万余讨伐"辽王"，歼杀过半，遂取郴州。

南明弘光二年、清顺治三年（1646）：张献忠余部郝摇旗自衡州掠屠桂阳州，攻占郴州。南明曹志建出赣州据郴州桂阳县（今汝城）。十一月，永明王朱由榔于广东肇庆继立南明永历政权。

清世祖顺治四年（1647）：清济尔哈朗亲王攻占湖南。五月，清恭顺王领兵占据郴州，清平南王尚可喜攻占桂阳州。郴州直隶州、桂阳州入清。郴州领本州及永兴、兴宁、宜章、桂阳、桂东五县，隶湖广布政使司。桂阳州领本州及临武、蓝山、嘉禾三县，属衡州府。

清顺治五年至顺治十年（1648—1653）：南明永历政权以广东、广西为据点抗拒清军。郴州、桂阳州战乱频仍，各路人马你争我夺，直至顺治十年，郴州、桂阳州始平。

南明永历二年、清顺治五年（1648）：年初，南明大将曹志建出道州龙虎关收复桂阳州、郴州。

南明永历三年、清顺治六年（1649）：正月，闯王余部一只虎攻略永兴县。二月，原明高、李二镇兵马数万至郴州。三月，清和硕郑亲王领兵从衡州至郴，高李镇兵及一只虎退走湘粤边境。郴州、桂阳州复入清。

南明永历六年、清顺治九年（1652）：原张献忠起义军统领、南明永历政权大将李定国兵进湖南，六月至道州，取临武、夺桂阳州。郴州仍为清属，但宜章县闻风归顺南明，年底反正复入清。

南明永历七年、清顺治十年（1653）：清廷任洪承畴为经略，总督湖广、两广、云贵五省军务。郴州、桂阳州始平。

康熙三年（1664）：分湖广置湖南布政使司，为湖南省，治长沙，并将偏沅巡抚自沅州徙驻长沙，为省治。湖南省下设四道，其中衡永郴道（明代为上湖南道）为分守道，并带兵备，兼驿传，治衡阳、设道员，辖衡、永、郴三府（州）。郴州改隶属于衡永郴道，桂阳州仍属衡州府。

康熙十二年（1673）：吴三桂反清，第二年攻占湖南。郴州、桂阳州从吴。康熙十七年（1678）闰三月，吴三桂于衡州称帝，称衡州府为定天府。为避吴三桂名讳，改桂阳州为南平州，桂阳县为义昌县。八月，吴病死，所改州县复旧名，郴、桂二州复归大清。

雍正二年（1723）：改偏沅巡抚为湖南巡抚，衡永郴道属湖南巡抚。

《光绪湖南通志》记载："嘉庆二十一年（1816），郴州全州编 187135 户，1024890 人，其中州直隶 38890 户，257040 人。桂阳州全州 165411 户，788186 人，其中州直隶 88860 户，395810 人。"

道光三十年（1850）：洪秀全广西金田起事，建国号"太平天国"。咸丰二年（1852）太平军入湘南，四月二十五日攻占道州，随后攻占嘉禾、蓝山、桂阳州。七月三日（8 月 17 日）攻占湘南重镇郴州。随之，天王洪秀全屯兵郴州 38 天进行休整，扩军 3 万人。在这期间，郴州一带天地会信徒纷纷加入太平军，其中有大量挖煤工人擅长挖掘地道，太平军将他们组成土营，在日后攻城中发挥了巨大的作用。

行政区划

明崇祯十七年（1644），县行政区划分四乡，编户十四里。清光绪元年（1875）分五路，增编为十五里。另外，置瑶洞十二个，以瑶治瑶，为自治区，统称之为"雷连十二峒"，直属郴州管辖。

清初，县以下基层组织沿袭明制，划设乡、里，县城邻近为关厢，置长。康熙年间（1662—1722），改里为都、团，置都总、团总。同治十年（1871），置乡（镇）董事会总董、董事（副职）。乡镇以下置保、甲、牌，分设保正（长）、甲长、牌头。基层官员分由地方绅士充任。

《郴州大事记》记载："道光二十一年（1841）：三月二十九日起，郴、桂两州各县均实行保甲制。"它的最本质特征是以"户"（家庭）为社会组织的基本单位，而不同于西方的以个人为单位。以 10 户为 1 牌，10 牌为 1 甲，10 甲为 1 保。保甲制的基本职能是弥盗安民、参与基层司法，并"联保连坐"，互相监督，由此建立起了封建王朝对全国的严密控制。

光绪元年（1875），全县分五路，编户十五里。五路：关厢（东南关，西北关）、资兴乡（西面属西乡或西路，北面属北乡或北路）、下保乡（亦属东乡）、丰乐乡（亦属南乡）、程水乡（西面属西乡或西路，北面属北乡或北路）。十五里：关厢辖一里（关都），资兴乡辖九里（东辖四都一、五都、六都、七都，南辖一都、二都二、二都三、四都一、四都二），下保乡辖一里（下都），丰乐乡辖一里（丰都），程水乡辖五里（西辖三都三、北辖二都一、三都一、三都二、三都三）。关厢所属村庄四十二个，资兴乡所属村庄一百五十二个，下保乡所属村庄一个，丰乐乡所属村庄七个，程水乡所属村庄七十二个。另外：置瑶洞十二个，以瑶治瑶，为自治区，统称之为"雷连十二洞"（"洞"原写为"峒"，编写《资兴市志》时统一改写成"洞"），隶属于永安堡（设于龙溪洞）。"雷连十二洞"分为上六洞和下六洞。上六洞为：上洞、上连洞、长古洞、田坪洞、吕城洞、竹洞。下六洞为：东坪洞、正雷洞、龙溪洞（"龙"原写为"浓"，1968 年 9 月经上级批准改为"龙"）、源坑洞、周源洞、低坪洞。

各乡都管辖的村庄，详见《兴宁县志》重印本 46 页《厢都》。

官制考

清朝沿袭明朝，县公署设知县 1 人，正七品，总理全县政务。署内佐治人员设典史 1 人，未入流，分掌缉捕、狱因；儒学教谕 1 人（康熙三年奉裁，至十九年复设），正八品，分掌文庙祭祀、教育所属生员；训导 1 人，从八品，协助教谕教育所属生员；巡检 2 人（州门司缺，康熙六年奉裁），未入流，分掌险要之地治安；训科 1 人，未入流，掌医术；训术 1 人，未入流，掌阴阳术与天文；僧会司、道会司各 1 人（后裁，雍正时复设），未入流，分掌佛教、道教；驿丞 1 人，未入流，掌管驿站。光绪末年增设警务长、视学员等职，并始设议事会、董事会。知县到任时，常自带幕僚，称师爷，师爷处理钱粮、刑名。

2016 年发现并收藏于资兴市档案馆的康熙五十三年甲午（1714）《兴宁县

志》卷之三《秩官志》的"员额"中记载："知县一人，邑官之长。县丞一人，贰宰，弘化、景泰初裁革。主簿一员，正德初裁革。典史一员，捕盗贼，今设。教谕一人，教事论德，正身率士，康熙三年缺裁。训导二员，训迪经义，道引德教，嘉靖中裁革一人。巡检二员，一居州门司，康熙六年缺裁；一居滁口司，今设。阴阳学训术一员。医学训科一员。僧会司僧会一员。"

关于明末清初的兴宁历任知县，比较乱。为使读者有一个比较清晰的了解，本书笔者特加以说明：明朝到崇祯十七年（1644）止，国亡。是年（甲申），后金始改国号为清，称之为清朝顺治元年，即明亡清兴。然而，资兴地处江南，清朝的势力并没有因明亡而立即达到资兴县境，当时资兴还是南明福王朱由崧的控制区，直到清朝"顺治四年（1647）五月十三日，知县李士贞来任，宁始隶（清）版图"。因而在清初，下列清朝"知县"中，开始的三位县令，仍然是明朝任命的官吏。此后，又有不断的反清斗争，到顺治九年（1652），蒋甲梅任知县，又是明朝任命的知县。顺治十年之后，反清斗争才逐步停止——康熙十二年（1673）吴三桂"三藩王"反清属于叛乱，虽然历时五年，却并非群众性自发参与的"反清"，因而不在此列。

清代兴宁知县名录

《兴宁县志·知县》中记载："国朝（清）可考者凡一百三十一人。"

1. 贾蓝玉：顺治二年（1645）正月署（明朝知县）

《郴州总志》："字种之，西京人。由恩选顺治二年正月任，设盟长，典团练，恩威相济，至八月卒，士民思之。"

2016 年发现并收藏于资兴市档案馆的康熙五十三年甲午（1714）《兴宁县志》卷之三《秩官志·署篆》中记载："贾蓝玉：字种之，西京人，由恩选乙酉年（1645）正月之任。设盟长，典团练，恩威相济，至八月卒。"

《兴宁县志·纪异》记载："乙酉，顺治二年（1645），江西叛仆构难。（明）副总曹志健统兵万余，由宁道进剿。"

《资兴市志·大事记》记载："顺治二年（1645），思想家王夫之（又名王船山）为避兵乱，与父亲、兄长隐居兴宁旧县。五年，王夫之前往广东，又路经兴宁，邀朋友游览旧县石角山，写下《永兴廖、邓二君邀宿石角山僧阁，是侍先君及仲兄石坚斋游处》五言律诗一首。十二年，王夫之专程来到兴宁，给县内学者讲授《春秋》，并着手哲学著作《周易外传》的写作。"

《郴州大事记》中记载："南明弘光元年（1645，即清顺治二年）：五月，荆州明宗室朱俨饰招募湘南矿工万余人，攻占郴城，号称'辽王'。十月，朱被明巡按中军曹志健击败，杀伤矿工过半。"

2. 王士：由选贡顺治三年（1646）署（明朝知县）。西京人

康熙五十三年甲午（1714）《兴宁县志》卷之三《秩官志·署篆》中记载："王士：西京人，由恩选丙戌年（1646）奉委署宁。夏四月病，吴之玉接署。"

《兴宁县志·杂纪志·灾侵》记载："丙戌，顺治三年：四月大水，既，苦旱，至七月乃雨。"

《郴州大事记》中记载："南明隆武二年（1646）九月，李自成义军部将郝摇旗（永忠）与明湖广总督何腾蛟联合抗清，率部从衡州征桂阳州，失利，退居郴州。"

3. 吴之玉：顺治三年（1646）署（明朝知县）。贵州宜平府人，署本州州判

康熙五十三年甲午（1714）《兴宁县志》卷之三《秩官志·署篆》中记载："吴之玉：号连城，贵州黎平府人，本州署州判，丙戌年（1646）奉委署宁。未一月，李洪源复委代署，士民拒之，具呈上台，批留吴准署。明年丁亥（1647）五月，始奉国朝（清）升授李公士贞莅治。"

关于吴之玉反清的经过情形，事见后文"韩文炳顺治五年署"。

《郴州大事记》中记载："顺治四年（1647）五月，清恭顺王领兵取郴、桂两州，郝摇旗率部退走广西，郴、桂始受清统治。冬，原明将曹志健起兵反清，据郴、桂，袭明制委任州、县官员。顺治五年（1648）南明王朱由榔遣曹志健占嘉禾，派吴之玉署兴宁县，并发动瑶民反清。清兵于欧家寨大败吴之玉部，各团乡乘势入瑶峒焚戮数日，清兵抵城市放掳七日。郴、桂两州各县复归清。"

《郴州简史·兴宁瑶人之难》中说："崇祯十六年（1643）秋九月，张献忠其部攻占郴州，兴宁知县吴之玉逃避于兴宁大山瑶寨中。十二月，南赣巡抚发兵至郴。江西督师刘季矿令吴之玉同郴州兵备道率兴宁瑶人出县配合官兵一同讨伐张献忠部，并收复郴州。清顺治四年（1647）五月，清恭顺王领兵占据郴州，委降吏（原宜章典史）韩文炳任清兴宁县知县。吴之玉同瑶人复避于兴宁瑶寨，半月后，吴之玉率兴宁瑶人屯守欧家寨，并请蔡将统明兵进驻援驰。清兴宁县知县韩文炳闻讯，请孟军门统清兵数千攻打欧家寨。明军蔡将先小胜，杀清兵十余人，但随之蔡将被清军箭矢击中，只得后退。但吴之玉率骁勇善战的兴宁瑶人大破清军，并乘胜前进，杀入兴宁城。为犒赏英勇善战的兴宁瑶人，吴之玉放任其在兴宁城掳掠七日。清顺治五年（1648）初，南明大将曹志建出道州龙虎关，收复桂阳州、郴州。曹志建重新任命郴州及各县官员，并不认可吴之玉及瑶人破清军、复兴宁的功劳，反任道州人陈蔺为南明兴宁县知县。吴之玉及瑶人不服，与南明军兵刃相接，不敌退回瑶岗山寨。兴宁县各团乡民因瑶人'假兵掳掠，又幸自败，乘势入岗焚戮，数日殆尽。瑶患始息，今居岗者多系招垦乡民'。（参照《嘉庆郴州总志·卷四十一·事纪》整理）。这就是兴宁县瑶人的顺治之难。"

兴宁县各团乡民"乘势入岗焚戮，数日殆尽。瑶患始息，今居岗者多系招垦乡民"。岗，即瑶岗仙，今滁口镇所属之地。这说明当时杀得瑶岗仙瑶民片甲不留。但据《兴宁县志·瑶峒》中记载：嘉庆二年（1797），兴宁县雷连十二峒"瑶民共六千三百五十户"。这是否说明：地处今龙溪、连坪、东坪等地雷连十二峒的瑶民，当时没有受到牵连?!

关于吴之玉的简历，《远口吴氏宗谱》2000年版第七卷《人物》中介绍说："吴之玉：天柱县远口人，崇祯五年（1632）岁贡。累官郴州州判，新宁县知县，衡州府推官，永州知府、宝庆府知府、桂林府知府、兵部职方司兼理郴桂道，分守上湖南道。清风两袖，解职归林，节操永矢，德胜养尊。"本书笔者说明：（1）文中的"新宁县知县"，为"兴宁县"（今资兴市）之误；（2）天柱县：贵州省东部；（3）吴之玉所任的官职，都是明朝任命的。

4. 李士贞：顺治四年（1647）任

《郴州总志》："山东德州岁贡，顺治四年任。当鼎革之初，讲学息讼，志民安堵，寻遇变，劫入瑶洞，病卒。"

康熙五十三年甲午（1714）《兴宁县志》卷之三《秩官志·历代知县》中记载："国朝（清）：李士贞：号人斋，山东德州人，由岁贡顺治四年之任。讲学息讼，志民安堵，寻遇变，劫入瑶洞，病故。"

《资兴市志·大事记》记载："顺治四年（1647），兴宁县归入清国版图，编户15里，另设瑶峒12个，直隶郴州。"

《兴宁县志·纪异》记载："丁亥，四年（1647）五月十三日，知县李士贞来任，宁始隶（清）版图。"按照中国历史有关的记载："清世祖顺治四年（1647），清济尔哈朗亲王攻占湖南。五月，清恭顺王领兵占据郴州，清平南王尚可喜攻占桂阳州。"据此，《兴宁县志·纪异》的记载有据可查。这也同时说明：李士贞前面三位县令都是明朝"南明王朱由榔"委任的知县，从顺治四年李士贞开始，才是清朝委任的县令。

关于李士贞的任职时间，《兴宁县志·纪异》篇中的记载言之凿凿，然而，双溪洞的《王氏族谱》中却另有记载："顺治丙戌（1646）孟秋月（农历七月）。"双溪《王氏族谱》第四卷《孝房匾额》载："顺治丙戌孟秋月，文林郎知兴宁县事李士贞，为贡元王煜立'优裕四迁'匾额。"这说明李士贞上任兴宁知县的时间并非"丁亥，四年（1647）五月十三日"，而是起码在"顺治丙戌（1646）孟秋月"。录此存疑。

《兴宁县志·杂纪志·灾侵》记载："丁亥，四年：饥。银七钱斗米。耒（阳）、衡（阳）以下就籴就食者满乡市。是年山崩（见《州志》）。"

顺治五年，李士贞"寻遇变"，被吴"之玉拥李令士贞入瑶峒约半月"，病卒。

5. 韩文炳：顺治五年（1648）署。宜章典史，顺治五年领孟军门兵复宁，因署

康熙五十三年甲午（1714）《兴宁县志》卷之三《秩官志·署篆》中记载："国朝（清）：韩文炳：宜章典史，顺治五年领孟军门兵侵宁，因署。"

《兴宁县志·纪异》记载："戊子，五年：瑶人为害，乡人入峒焚戮，其患乃息。先是原署宁吴之玉避瑶峒，因各处风起，江西督帅刘季矿委之玉同本州兵备道率瑶人出县。时陈星从桂阳委署宁。粤东副总欧委唐姓者署宁。未旬日，我（清）大兵至郴，委宜章典史韩文炳署宁。之玉拥李令士贞入瑶峒约半月。之玉请蔡将统明兵同瑶人至县，韩文炳请孟军门统兵数千，直至欧家寨交锋。蔡将先伤孟军十余人，继受孟军矢伤而退，之玉大败。孟军抵城市放掳七日。未几，江西副总王乃圣、监军王云先督兵带杨镒署宁。因王镇肆害，乡众环攻，求放南路脱去。复有段鄘，亦从江西委署，随有原副总曹志健据龙虎

关称公爵，委放衡、永、郴、桂官职，道州人陈蔺来署宁。自明以来，瑶人屡为害，时因假兵掳掠，又幸自败。各团乡民乘势入峒焚戮数日殆尽，瑶患始息。今居瑶峒者多系招垦乡民。"

《资兴市志·大事记》记载："顺治五年，南明王朱由榔派吴之玉署理兴宁县。吴发动瑶民反清，攻占县城。清军于欧家寨大败吴之玉部，入县城，烧杀抢掠达七天。各团勇乘势洗劫瑶寨数日。"

廖开桂所著《郴州古今纵横》卷三《郴州人民革命斗争》中记载："三十四、明兴宁署吴之玉反清，瑶寨遭洗劫：顺治五年（1648），兴宁瑶民起义，联明署宁之吴之玉反清，被清将孟军门领兵数千镇压，入城烧杀七日，随即洗劫瑶寨。郴、桂阳州县复归清。"

顺治五年，是谁纵兵进入兴宁县城"放掳七日"？综上所述资料，出现了两种截然不同的观点：一说为吴之玉放任瑶人，多数说为孟军（清军）"抵城市放掳七日"。本书笔者认为，应该承认《兴宁县志·纪异》记载的真实性。

6. 王赞贤：顺治六年（1649）署。衡阳人。按《兵变条》载："顺治六年，衡阳人黄赞元署宁。"正谓此。而王或黄，或贤或元，音皆相近，盖骚扰时势不暇，详其为一人无疑也

康熙五十三年甲午（1714）《兴宁县志》卷之三《秩官志·署篆》中记载："王赞贤：衡阳府衡阳县人，顺治六年奉委署宁。"

《郴州大事》中记载："顺治六年（1649）正月，李自成部将李锦率部从衡州退至永兴、郴州。三月，和硕郑亲王率兵追杀，义军败走广西。顺治七年（1650）原明提督线国安领兵复据临武、蓝山、嘉禾，反清复明。"

《兴宁县志·纪异》记载："己丑，六年，高李二镇兵及五镇军门兵黎元宣党为害。是年二月，高李二镇兵数万突至永兴，郴州发副总梁带兵至，委原任永兴县徐中斗署宁。四月，郑王统大兵追高李入粤，委衡州人黄赞元署宁。抵县一日，随有五镇军门带兵数万盘踞鄙、安、桂东。宁邑四界报警，城市尽空。是时，宁西北属本朝（清），东南流兵窃据。六月初，罗镇统兵入城。九月初，我（清）大兵至，五镇兵马走入雷峒及两桂（桂东、桂阳——今之汝城县）各山。东南之民无地可栖，西北两乡复遭耒阳人黎元宣招恶党数十，计委署宁。只坐蓼市月余，赃以百计，为西北难民告究。仍委黄赞元复署，莅治一载有余。"本书笔者说明：此处的"黄赞元"，应为"王赞贤"。

《兴宁县志·纪异》记载："庚寅，七年，乱兵来往无时。四月，奉本朝招安。未半月又罹红寇，走入桂东，掳害宁境，田舍抛荒。"

7. 赵三骐：顺治八年（1651）署

旧志："桂阳州判，顺治八年署。用意抚绥，坐不暖席。"

康熙五十三年甲午（1714）《兴宁县志》卷之三《秩官志·署篆》中记载："赵三骐：桂阳州判，顺治八年奉委署宁。用意抚绥，无如坐不暖席。"

《兴宁县志·杂纪志·灾侵》记载："辛卯，八年：大水。汤边、下保等处，田多沙塌，山多崩裂，溺死者甚众。一家住山下，七口皆没。是岁再饥，银五钱斗米。"

《扬州画舫录》卷十记载："赵三骐，字乾符，号石集，江西韩城人，后官泰州同知。文简尝曰：'吾衙官屈、宋矣。'工诗。著有《似园集》。"

8. 蒋甲梅：顺治九年（1652）十一月任（明朝知县）

《兴宁县志·知县》中未载，据《纪异》补入。

《兴宁县志·纪异》记载："壬辰，九年，知县蒋甲梅详除荒粮。十二月，知县线维统以乡兵捕剿红寇。是年秋，李定国统兵突至衡阳，郴属六城县官，于八月望夜，从酃县奔吉安，会于武昌。十一月，定远大将军恢复衡州。蒋甲梅奉李营委任宁，取协济粮米，谕士民具告荒状，详请以熟科征，后即因例除荒，至今被其余泽。十二月，知县线维统来任。时有残兵连营，乌合安仁、酃县者万余人，大肆掳掠，即前所谓红寇也。线日夜戒严，遣家丁线彪、柴大、柴二、杨把总、张明俊、郝云等分路堵截，擒获甚众。寇据雷连瑶峒，线领家丁前驱，义勇乡兵尾后，入峒捕剿。贼众溃走桂东。线令乡勇守塞峒口，民始耕种。"

本书笔者说明：

（1）"李定国统兵突至衡阳"，说是的顺治九年（1652），明朝大西军安西王李定国衡阳大捷：李定国等部明军连续攻克湖南大批州县的消息传到北京，顺治皇帝大为震惊。七月十八日他派敬谨亲王尼堪为定远大将军，统八旗精兵南下，二十日离开北京，原定计划是经湖南进入贵州，同吴三桂、李国翰所统四川清军合攻贵阳。孔有德兵败身死的噩耗传来，清廷于八月初五日急令尼堪改变进军方向，先占湖南宝庆府（府治在今湖南邵阳市），然后进军广西。清定南、平南、靖南三藩中孔有德兵力最强，桂林失守后，定藩兵马逃入广东。

顺治帝唯恐广东有失，特发专敕告诫平南王尚可喜、靖南王耿继茂："切毋愤恨，轻赴广西；倘贼犯广东，尔等宜图万全为上计。"等候定远大将军尼堪军至广西后，两藩兵力听从尼堪指挥。十一月十九日，尼堪军至湘潭县；明将马进忠引部众退往宝庆。二十一日，尼堪自湘潭起程，次日进至距离衡州府（今衡阳市）三十余里处。李定国派出部将领兵一千八百名佯抵一阵，随即后撤。尼堪骄心自用，以为明军不堪一击，即于二十二日夜"兼程前进"，次日天色未明到达衡州府，与李定国大军相遇。定国见尼堪轻进寡谋，决定以计取胜，事先埋伏重兵，命令前线将士对阵时稍一接触即装出兵力不敌的样子，主动后撤。尼堪"乘胜"追击二十余里，陷入埋伏。定国一声令下，全军出击，杀声震天，势如潮涌；清军仓皇失措，迅速被明军击败。李定国手举大刀，将尼堪一劈两半。清军失去主帅，大败而逃。同时被明军击杀的还有一等伯程尼和尼堪随身护卫多人。李定国军士割取尼堪首级献功，"东珠璀璨嵌兜鍪，千金竟购大王头"，全军欢声雷动。清军不敢再战，在多罗贝勒屯齐（或译作"吞齐"）的率领下垂头丧气退往长沙。不久被清廷革爵处理，明军取得了衡州之战的辉煌胜利，史称"衡州大捷"。李定国在不到半年的时间里，指挥攻城、野战都取得了辉煌的战绩。他用兵机动灵活，英勇果断，显示出卓越的军事才华。时人张怡根据李定国委任的桂林知县李楚章的话说："公用兵如神，有小诸葛之称。纪律严明，秋毫无犯，所至人争归之。军中室家老弱各为一营，皆有职事，凡士伍破衣敝絮，皆送入后营，纫织为衬甲、快鞋之用，无弃遗者。"

（2）"十一月，定远大将军恢复衡州"：李定国缴获了尼堪的铠甲、绣旗，正准备乘胜追击，才发现明军冯双礼、马进忠两部人马未到，派人侦察说已走湘乡。李定国才知自己是孤军作战，无法扩大战果，只得收兵向武岗转移。十一月，清朝的"定远大将军"部众恢复衡州。

（3）蒋甲梅奉李营委任宁：李，即李定国，南明安西王。李定国（1621—1662）：字宁宇（或云字"一人"，初名"如靖"），南明永历政权抗清名将，陕西榆林（或作"延安"）人。李定国出生于贫苦农民家庭，崇祯三年（1630），张献忠发动陕北饥民起义，将少年李定国收为养子，改姓张（或云十岁时为张献忠所掠，养以为己子）。从此，他跟随张献忠转战南北。李定国成年后，勇敢善战，为张献忠所钟爱。张献忠死后归顺南明政权，永历六年、清顺治九年（1652）初，李定国在经过充分准备之后，出兵八万攻湖南。先取沅州（今湖南黔阳）、靖州（今湖南邵阳），继攻广西桂林，大败清军，逼得清军主帅、定南王孔有德自杀。李定国七月初占领桂林，随后，直下柳州、衡州等四州，兵锋指向长沙。清廷闻讯大惊，增派十万大军驰援。为避清军锐气，李定国暂时撤离长沙外围，退守衡州。清军主帅、亲王尼堪率军尾追，李定国设伏将清军团团包围，四面猛攻，清军大溃，尼堪被阵斩，全军覆没。李定国取得桂林、衡阳两大战役的胜利，使南明的抗清斗争打开了一个新局面。永历十五年、顺治十八年（1661），清军吴三桂部十万大军进入缅甸，逼缅王交出永历帝，未果。次年，吴三桂在昆明将永历帝缢杀，南明至此灭亡。李定国闻讯，悲愤成疾，在西南边陲坚持抗清斗争 17 年的李定国于 1662 年六月在勐腊（在澜沧江以西）病逝，时年 42 岁。当下云南人仍然视李定国为滇中的脊梁，晚清革命党人起义，蔡锷等仍以李定国为榜样，章炳麟说："愿吾滇人，毋忘李定国！"

9. 线维统：顺治九年（1652）十二月任

《湖南通志》："辽东正黄旗人，顺治九年任。魁梧刚直，不曲意以阿上，不徇情以悦人；重士不吝奖赉，恤民特缓征输。时地方多故，挺身御寇，保障全城之功，公实为最。卒于署，士民感德弗谖，合祀阎侯祠。"

康熙五十三年甲午（1714）《兴宁县志》卷之三《秩官志·历代知县》中记载："国朝（清）：线维统：辽东人，正黄旗下，顺治九年之任。魁梧雄伟，刚直果敢，不曲意以阿上，不循情以容人。重士，不吝施与；恤民，缓征输。时地方多故，挺身御敌，以寡胜众，气勇绝之功。公实为最惜任用，非人借业假虎禾免遗议。卒于署，士民感其御寇恩，祠焉。"

线维统"九年十二月"任——见前"蒋甲梅"注释。

《兴宁县志·纪异》记载（括号内的说明为本书笔者所加）："癸巳，十年（1653），红寇潜出四板桥（今青腰镇团桥村），大举寇宁，进围城北，合邑奔窜，数十里绝烟火者三日。时线公率其弟线三，子线彩，家丁张明俊等五六骑，往来驰骋于城西高坡，以为疑阵。线彪等十余人杀入贼营，夺其大旗数杆。贼众不知虚实，大溃。（线）公合三十余骑追杀至平田（今青腰镇平田村）而还。（贼）复奔桂东，不敢窥宁者数月。冬，大兵进扎桂东。宁邑运粮，每米三斗，脚价银一两五钱。甲午，十一年（1654），红寇复扰，知县线维统剿平之。是年正月，贼于八面山夺粮米数十挑，走入上连峒（今连坪乡），又欲从竹峒口（今白廊乡竹洞村）出犯城。先，大村（原厚玉乡大村，现已被东江湖水淹没）人与连溪口（原厚玉乡连溪，现已被东江湖水淹没）等众，入竹峒通上连扼要处，砍伐大树塞道十余里。贼至，砍二日夜不得通。乡人探知，男妇远避，乡勇防御隘口。贼乃假它道，长驱冲竹峒口而出，杀守隘者多人，屋舍尽焚。报急，线公遣柴大、柴二等十余骑前驱，亲领线彪等接应。贼众已上车田坳（原厚玉乡车田，车田坳距县城五里，与坪石乡沙田交界），又杀守隘者数人。柴大等突冲而前，贼众应弦而倒，乃退走。柴等追过车田河，又杀大旗手二。乡兵协应，公扎车田坳，以彰兵势，令线彪等合兵追赶，进竹峒口，贼倒戈，自踏、溺水、堕岩者不可胜数。势遂大乱，奔峒中。公合桂东官兵进剿，贼众乏食，尽从江西、广东散去。"

"郴州街上的老奶钵"所著的《郴州简史》"明清之交红头军"中说：明清之交，郴州、桂阳州战乱频仍，导致郴、桂之地"官吏迁易，兵寇纷错，乡民或起义，或结砦自保"（见《清同治桂阳州志·卷三·事纪》）。其中有一支被清军击溃的明军乱兵组成的"红头军"，长期占据郴州东南各县，侵扰郴州，祸害民众。南明永历二年（清顺治五年，1648年）八月，明河南进士田辟率溃兵千余从闽退至桂阳县（今汝城县），复领兵往桂东县至何公渡被江西溃兵邱升等所杀。十二月，田辟余部王宗等人以为田辟报仇为名，纠集各路溃兵五千，头裹红巾，号"红头军"，占据桂阳县。顺治七年（1650）八月，清军甲喇章京领兵千余征剿，"红头军"转桂东县东北万王城山，并以其为据点，盘踞数年，导致桂东县人口殆尽，仅存六十三家。顺治八年（1651）八月，"红头军"复攻克桂阳县。第二年，桂阳知县杨正萃请州府发兵，收复桂阳县。"红头军"损失过半，退走诸山洞寨。顺治十年（1653），"红头军"出四板桥围攻兴宁县城，被兴宁知县线维统击退后退回桂东。顺治十一年（1654）正月，"红头军"缺乏粮草，先出八面山夺粮数十担，又欲出竹峒口攻略兴宁县。兴宁知县线维统率兵合桂东县官兵分道进剿，"红头军"不敌，遁走江西、广东（本节参照《嘉庆郴州总志·卷四十一·事纪》整理）。

《兴宁县志·杂纪志·灾侵》记载："癸巳，十年：虎入城市，伤人以百计。民间昼日闭门，途绝往来。适有庙神出降，令叩神者闭目，示一簿，戒勿泄。簿高二尺，蓝字，书中列诸姓名，皆先后被虎毒者。历十七年始息。"

《资兴市志·大事记》记载："顺治十年（1653），发生虎患，城镇亦有老虎窜入，伤人以百数计算，民间白天闭门，道路断绝行人。"

双溪《王氏族谱》第四卷《孝房匾额》载："顺治十年（1653）孟夏月，文林郎知兴宁县事线维统，赠廪生王玟立'业继青箱'匾额。"

10. 孔东周：顺治十一年（1654）署

旗人。《郴州总志》："由旗下任本州同知，顺治十一年署。时奉均里，除荒征熟，十四里充十里充差。"

康熙五十三年甲午（1714）《兴宁县志》卷之三《秩官志·署篆》中记载："孔东周：由旗下任本州同知，顺治十一年奉委署宁。时奉旨，均里、除荒、征熟，作十里充差。"

《兴宁县志·兵变》记载："除荒征熟，始于顺治九年李定国之取粮米，公（孔东周）继其后，遂因而不变，宁亦被余泽焉。"除荒征熟：古代农业税为征粮或为税银，对于已经开垦而又荒废之地不予征粮，只征购正在耕种之熟地的粮食（税银）。原来凡是已经开垦，后又荒废之地也一同征税，自从蒋甲梅开始才改为只征"熟地"。

11. 高燧：顺治十二年（1655）任

山东青州府沂水进士，顺治十五年坐升（郴州知州）

康熙五十三年甲午（1714）《兴宁县志》卷之三《秩官志·历代知县》中记载："国朝（清）：高燧：号哲眉，山东清州府沂水县人，由进士顺治十二年之任。十五年坐升本州。"

《兴宁县志·学校志》卷之七《文庙》中记载："文庙：国朝顺治十二年，知县高燧率教谕龙宏祚、训导尹暹建东西两庑。"

《兴宁县志·艺文志》中，载有庠生胡谦写于康熙十年（1671）的《学宫纪述》，文中说："（明崇祯年间）自是献贼蹂躏长、衡，癸未（1643）伪职入宁。十余年间，士子避乱于僻壤，当道掣（掣）肘于时艰。文物之地，竟成榛莽之区。及国朝顺治乙未岁（1655），邑侯高讳燧为之主盟。教谕龙师、训导尹师乃率诸生而建两庑焉。"

双溪《王氏族谱》第四卷《孝房匾额》载："皇清顺治十五年（1658）春月，赐进士第任兴宁县事高燧，为八十叟王家气立'仙姿德硕'匾额。"

资兴《湘南欧阳氏通谱》第二十一卷中记载：居住在水圳头（今属兴宁

镇仙桥村）的欧正榜：字文元，生于天启壬戌年（明，天启二年，1622年）十一月十二日，殁于康熙辛卯年（清，康熙五十年，1711年）正月十二日，葬官路下。配蔡氏，生女二，子四。其《行实》中说："时邑侯高公勋、徐公腾、张公时英、段公绎祖，或赠寿匾，或颂真容，或赐墓志，咸称曰：尔能承先启后，真欧氏一肖子也。目今五代，寿跻九十，宜享三多而无疆。"

《兴宁县志·杂纪志·灾侵》记载："丙申，十三年：八月大水，先二十二三日，雨不甚骤，及二十五日，处处泛滥，乙坡近江等房屋，人民淹没甚众。"

《郴州大事记》中记载："顺治十三年（1656）：四月，桂东大水，冲毁香林寺；永兴大水，淹没民居无数，损塌城垣大半。五月，兴宁大水，陆地行舟；桂阳（今汝城）大水，洗去香明寺。八月，郴州大雨，崩山淹舍；兴宁又遭大水，房屋、人、畜、稻田淹没甚多。"

《康熙沂水县志》卷之四中记载："高熏（燻），顺治壬辰（1652）进士，嶙峋有气骨，制行持大体，不屈于势，不趋于时。任湖广兴宁知县，坐升郴州知州，多善政。有《郴江弦闻录》《赞颂百篇》。"

《山东省沂南县大庄镇》介绍中说："在清朝，大庄高氏（山东沂南高家店子高氏）出了四位进士、八名举人。七世高燻，顺治戊子（1648）举人，壬辰（1652）进士，授兴宁县知县，升湖广郴州直隶州知州，为政体恤百姓，刚直不阿，制行持大体，不屈于势，不趋于时，多受百姓赞扬。八世高名图，清顺治辛卯举人，康熙丁未进士，曾任山西汾州石楼县知县。十二世高淑曾，雍正癸卯科举人，丁未科进士，历任江南同考试官，蒙城县知县，湖南常德府知府。十四世高敩（xiào）龄，清嘉庆戊午科举人，辛未科进士，曾任登州府学教授。"

12. 徐腾：顺治十五年（1658）任

《郴州总志》："号光甫，顺天大兴县生员。奉经略洪题授，顺治中任。御游兵，疏盐课，清税粮，葺祠宇，莅治十载，士民祠之。"

康熙五十三年甲午（1714）《兴宁县志》卷之三《秩官志·历代知县》中记载："国朝（清）：徐腾：号光甫，顺天府大兴县人，由生人奉经略洪题授，顺治十五年之任。御游兵，疏盐课，清税粮，葺祠宇，莅治十载，士民德之。"

《兴宁县志·纪异》记载："戊戌，十五年，逃兵劫掠乡境。庚子，十七年（1660），逃兵万余复掠乡境。时由永兴十八都，昼夜兼行，抵桃源江、观音阁（今七里镇），从间道至半都源塘（今碑记乡源塘村）、江口（原旧市乡今白廊乡江口），出青草（今清江乡）、二都（原渡头乡），过广东王布司，人不及避，所经杀掳甚惨。时王布司乡团有备，不得行，会追兵数千至，招降而返。县令徐犒赏牛酒、粮米给人夫，乃免肆掠出境。壬寅，康熙元年（1662），大兵进剿西山。本邑派运夫三批，夫价每名一十二两，后减至七两。寇乱饥馑之余，重以夫征，民贫刻骨。"

《兴宁县志·建置志》卷之四中记载：（1）"关市"："乾坑关：在县南八十里，界宜章延溪等瑶洞。鸟道临坑，不可仞计。据险邀击，一夫当百。明正德十二年（1517），征剿后以省费罢守。自后寇或出没，乡民受害。顺治十五年，逃兵千余从此道入粤，大肆掳掠。向使守关如旧，必不能假道于宁矣。"（2）"关市"中记载："州门司：在东路七都，地通酃县及江西，旧有巡检司署。明季，红寇出入，司舍民居尽毁。康熙六年奉裁。"（3）"渡"中记载："雷溪渡：在县西四十里，连州界，滩急石滑，或桥或渡，皆无常设，人多病涉焉。耿念勋论曰：雷溪或且并桥设之，以年来患虎，遂弃雷溪，而迁道从罗围下渡，其间溪水泛涨无常。前知县徐腾捐资倡建石墩，架木桥，所费甚繁，行者称便。康熙己酉（1669），秋水冲毁，多病涉矣。宜仍复雷溪旧道为便。"（4）城隍庙（在城西门内）："国朝康熙元年（1662），知县徐腾增修。"（5）卷之七《学校志·文庙》中记载："顺治十五年，知县徐腾建戟门、棂星门。"

《兴宁县志·赋役志·盐政》中记载："宁邑地僻民穷，无力承商领引（本书笔者说明：'引'，即购买食盐的票据），旧食粤东乐昌县之西河埠盐，不销商引。迨康熙七年（1668），粤商计巧多事，欲攀累郴属纳税销引，意谓税分于人而利专于己也。维时合邑具呈知县徐腾，详请抚宪周题达部议，照旧食粤盐，不销粤引，有司官严缉私贩（详疏议复俱见《艺文志·公移》）。无如粤商狡狯不已，至偏抚卢、韩二公，遂议郴、宜、永、宁四州县分销引目，自后遂为定例。"

《兴宁县志·艺文志》中，载有庠生胡谦写于康熙十年（1671）的《学宫纪述》，文中说："戊戌（1658）夏，邑侯徐讳腾任。适上台有建修文庙，准以纪录之檄。由是增设四配十哲龛座，修葺正殿、两庑。门格饰以帏幔，加以丹臒，瓷砌其地面。而戟门、而棂星门则重建焉。启圣祠、明伦堂、敬一亭、魁星楼、泮池及名宦、乡贤二祠，犹阙如也。"

杨梅英写的《南明史·洪承畴长沙幕府与西南战局》中说："兴宁知县徐腾，号光甫，顺天大兴县生员，'奉经略洪（承畴）题授'，顺治十五年就任，御游兵，疏盐课，清税银，葺祠宇，莅治十载，士民祠祀（引自黄榜元《兴宁县志》卷十一《秩官·政绩》《秩官·知县》，光绪元年刊本）。"

《资兴市志·大事记》记载："顺治十八年（1661），浓溪洞复设永安堡，封瑶官。"

《兴宁县志》卷之十五《艺文志》中，刊登了康熙六年州守叶臣遇写作的《详豁无征米》，文章开头就说："为奏销康熙四年钱粮事，该本州知州某某遵奉宪行，随经严檄州属宜章县确查详复。去后，据宜章知县匡兰瑞回称云，又据兴宁县知县徐腾回称云云，又据桂阳县黄应庚云云，又据桂东县知县张希召云云……"说明徐腾在康熙六年（1667）仍然担任"兴宁县知县"。

《兴宁县志·艺文志》中，载有"邑拔贡任山东定陶知县"唐宗镕（翠轩）写作的《徐太母墓田记》，全文如下：

邱墓宜守之子孙，至不得已而托人之僧，以曲尽其孝，此亦居斯地者当共为保护也。邑旧尹徐公于顺治中自金台来宰吾宁，十载之间御游兵、疏盐课、清税额、葺祠宇，琳宫梵刹，亦捐资置田，固宜阖县士民尸而祝之也。泊丁太夫人之变，水陆万里，归梓未能，乃卜地于城西羊角山之青菜冲，置产立碑。山僧供扫墓之役，即永食其田租，百余年来，不啻徐公之身来祭奠也。不意近年山僧将此产私售，此与儿孙故绝父母血食何异？邑人奔控数载，未能复故。乾隆三十八年（1773），明府邓公乃闻之上宪，将田附之学宫，岁命礼宾四人互为经理，并将所入田租十石内以六石供税额及春秋祭扫，余四石拨充书院馆谷。争讼息而田亩永存，孝思伸而推恩不匮。此则明府之有功于前人及后世者也。夫徐公之田，初尤求祝厘于僧人，今则奉蒸尝于庠序，万世永无绝续之忧，且使一抔之土，始而吾邑共守之。今自藩司以至守令，皆为之防闲而爱护之，此岂非徐公一念之孝所结而成耶？而凡怀旧令尹之思者，亦可以永慰无憾矣！是为记。

《兴宁县志·杂纪志·灾侵》记载："庚子，十七年（1660）：三月望，大雨雹。甲辰，康熙三年（1664）：秋，虫伤稼。冬，有星昏中天，长丈余，尾大如帚，向西——盖慧也，几月始没。乙巳，四年（1665）：元夜，雨如墨汁，著物皆黑，鱼舟内如烟煤，扫之成堆。"

13. 耿念劬：康熙七年（1668）任

《湖南通志》："号绿房，河南杞县进士。值积弊之后，屏革陋规，与民休息，狡悍者薄惩士警，招逋逃，给牛种，详豁从前坐垦六百余石。纂修志乘，捐俸授馆课士，又建立养济院以瞻孤贫。暇则览图史，在任凡五年。"

康熙五十三年甲午（1714）《兴宁县志》卷之三《秩官志·历代知县》中记载："国朝（清）：耿念劬：号绿房，河南杞县人，由进士康熙七年之任。心存简直，政尚宽平。值积弊之后，屏隔陋规，与民休息，狡悍者薄惩以示警。招逋逃，给牛种，详豁从前坐垦六百余石。捐俸授馆课士，育才不惮诱诲，建养济院以恤孤贫。征收以外披览图史，不汲汲名利，以此自致。"

根据耿念劬本人所说，"康熙七年九月到任"，"壬子（1672）冬罢任"，任期为五年。

关于耿念劬是"顺治十六年进士"，还是"康熙进士"，笔者查到了网站中《河南杞县明清进士表》，其中记载："耿念劬：清顺治十六年（1659），第3甲263名。"

《兴宁县志·杂纪志·灾侵》记载："戊申，七年（1668）：正月二十八、九日初昏，有白气如枪，长二三丈，见长庚星上，随星转没。"

纂修志乘

《资兴市志·大事记》记载："康熙九年（1670），第四部《兴宁县志》编成、刊行。"

康熙九年（1670），叶遇臣为《兴宁县志》写作了《序》言。《兴宁县志》卷之首《旧志》中记载："康熙庚戌志序一，郴州知州叶遇臣。"《序》言中说："余自承乏郴郡，尝拟合五属（五县）为一总志，而各邑多缺然无所考，故迟有待焉。耿君绿房（知县耿念劬）以文学之才，筮仕宁邑，恢恢乎吏治有余也。爰掇拾残缺，访罗见闻，而运以新裁，凡廑仅数月之劳，以成此书。书成，问序于余……康熙九年孟夏月吉。"

《兴宁县志》卷之首《旧志》中记载："康熙庚戌志序二，知县耿念劬。"《序》言中说："劬自戊申（1668）秋衔命宰斯邑，地僻而民瘠，催科抚字，动多盘错，心孔瘁矣。迄于今岁凡三更，而任职实未逮两期。去年秋，适有黔闱之役，往返五阅月，不获视事……康熙九年庚戌四月。"

《兴宁县志》卷之首《兴宁县志七修原修姓氏》（重印本第 12 页）记载："康熙九年庚戌：纂修：兴宁县知县杞县耿念劬。校修：邑举人林春芳"等 20 人。

康熙五十三年甲午（1714）《兴宁县志》卷之三《秩官志》中记载："奉直大夫知湖广直隶郴州事叶臣遇鉴定，文林郎郴州兴宁县事耿念劬纂修，郴州兴宁县儒学训导吴士千校阅。秩官志：员额、姓氏、名宦、武功……"

关于资兴历次编纂的县志，陈光贻所著《稀见地方志提要》卷十二（上）中介绍说："兴宁县志十三卷康熙九年刻本、四十五年增刊（北京图书馆藏）：清耿念劬修，林春芳纂。念劬河南杞县人，顺治十六年进士，康熙七年任兴宁知县。"

"郴州地区网" 2004 年 10 月 22 日发布的《［康熙］兴宁县志十三卷》中说："（清）耿念劬修，林春芳纂。念劬，号绿房，河南杞县人，康熙进士，文林郎，康熙七年（1668）至十二年兴宁知县。春芳，字芝山，邑人，举人。是志上承天启五年（1625）汪（梦尹）志，下续崇祯、顺治、康熙三朝邑事，始修于康熙九年四月，同年成书付梓，纪事亦止于是年。正文分十三门百零二目，约二十万字，为兴宁（资兴）四修县志。《封域志》前列总论，分兴图、沿革、星野、幅员、山川、形胜、坊乡、陂堰、市镇、古迹、陵墓十一门。《山川》记名山秀水、老井清泉六十余处；《陂堰》记陂堰塘坝八十八处；《市镇》记东江、程江、蓼江三市，栗脚、三都二炭厂史事，均有益于兴宁地理环境考证。《学校》记书院十一所，是研究本邑历代教育的重要资料。《赋役》分税粮、户口、起运、揽运、协济、裁款、经卖、均徭、夫马、杂文、仓米十一目，详录本邑历朝经济史事。《人物志·游寓》目记汉李广、马援，唐雷万春、韩愈、张籍，宋周敦颐、朱胜非、谢岩，明陈学伊等人寓居宁史事。《灾异》上升为专志，详分景云、雨道、水旱、妖疫、虫蝗、火虎、兵寇诸目；首列总论，次列明正德迄清康熙九年天灾人祸、水旱虫疫三十余次。《艺文》列诰敕、公移、赋、记、序、杂说、诗、词、铭九类，详录各体（裁）著作近二百种，其中杂说收录李廷柬《舌戒》《不义乌戒》，陈元旦《食牛戒》《笔戒》，王廷玑《嗜利戒》等短文，文笔流畅犀利。是志卷目门类设置，别于湖南康熙诸志。土产人风土，营建列武备；书籍附拾遗，艺文设公移，诚属

不当。有康熙九年（1670）刻本，1977年胶印本。"（刘志盛）

《兴宁县志·八景》卷之三中记载："宁邑旧有十景，耿志更定为八：云盖仙亭、牛山宿雁、玉泉映月、兜率灵岩、瑶岭占晴、炉峰袅烟、回龙望日、程乡酿水。耿念劬曰：都邑之建形胜，盖綦重矣。相阴阳，观流泉，升墟望楚，自昔有然。又况山河百二，丸泥可封；一夫当关，万人辟易。岂尽山溪之险，可云废耶？宁邑虽小，东江襟带其前，八面屏峙其后，东列七宝，北枕羊角，亦完固之区也。然语曰'众志成城'，厥重顾安在哉！至若云盖、玉泉诸胜，游览者之具耳，非所以固吾圉也。且邑必有景，景必以八，在在类然。岂工部诗圣必在秋兴，秋兴必在八耶？"

本书笔者说明：兴宁县原有古八景，其顺序是，云盖仙亭（县城）、玉泉映月（清江井头）、辰冈征应（三都）、温泉藻雪（旧市上坊）、兜率灵岩（渡头西瓜铺）、瑶岭晴云（滁口）、石角奇观（旧市古县城）、泸渡渔舟（渡头渡口）。后来增至十景，即增加了：炉峰袅烟（碑记茶坪）、回龙望日（团结二峰）。牛山宿雁（青市）和程乡酿水（蓼市）是什么时候增加的？可能就是耿念劬康熙九年（1670）纂修县志时增加的。

忙于建设

《兴宁县志·山水》中记载：云盖山："康熙八年，知县耿念劬重建，名曰'缥缈亭'，又废。"

《兴宁县志·艺文志》中，载有庠生胡谦写于康熙十年（1671）的《学宫纪述》，文中说：

一日，兴国术者饶南阳，入学宫熟视审观，语庠友曰：圣殿顶龙既真布置合法，补助亦云善矣。顾犹有未至者，云盖山在县为丁峰，在学居午位，使得尖秀如卓笏，然则邑之富贵累若不歇。前此科第丕振，民庶殷饶者，其顶殆有楼台亭榭欤？众以为言之诞而无征也。及耿侯讳念劬莅治之明年，己酉（1669）花朝游云盖山，偕胡生国璠、曹生高明、黎生继联登山巅，其土平衍，其景空旷。环视城垣、庠序，人物星列，气象万千。侯快然曰："盍亭焉以振兹邑之文峰？"诸生唯唯。侯慨然捐俸，拟建八角层楼，召谦董其事。谦同朱友英俊相视其广狭方向，而正针焉。缝石既定，金曰："前之梵宇坐向，不若是也。"谦曰："如其制，则丑未落墓库矣；与琴堂、泮宫，不相维系。"众口哓哓，谦独坚执所见。及平基于顶之癸方，得左右两碣，且昔之疑砖具在，与谦所定，不差毫末。又于古刹右得旧碑，系嘉靖戊午（1558）记载，麦侯燻修山顶八角层台之事之石也。邑人士始为贴服。四月甲子竖柱上顶，至季夏而工竣。侯命之曰"缥缈亭"，南北二十七尺，东西如之，高三十尺。秀插云汉，居然一卓笏文峰。无非为培植学宫起见也。

《兴宁县志·建置志》卷之四中记载："兴宁县城"，庚戌（1670）旧志耿念劬论曰："旧称正楼、旁楼、串楼、栅栏、水圳及杀手营房，今皆废弛久矣。且邑治建两山之中，视山为下，幸城处高埠。东城外为濠，易守；自北而西北，山与城埠，北而西，稍平阔；西南复低下，其附城平者仅数丈耳。跨濠作官店，以迫于城南，则平直稍远。旧建水星楼，一关也。审度地利，宜自东北起，外筑子城，绕西北至西南。尽东南处，引川水流入，则城宽气萃，且不苦于无水矣。然东、西、北皆高山，非守地也。严保甲，厉器械，服习固结，以战为守，斯乃长策。居今而谈战守，似属杞忧。语曰：'兵可百年不用，不可一日不讲。'正德三年（1508）、八年（1513），已事可鉴也。"

《兴宁县志·建置志》卷之四《官置附》中记载：（1）养济院（在城西莲花桥右偏）："旧有房屋十二间，久废。康熙八年，知县耿念劬重建。寻又废。"（2）漏泽园（一在城东北演武场右，一在城西北路佛坳边，一在城蒋家窿，一在城西枣子坪）："凡远人及贫无告者，均得葬。耿念劬论曰：鳏寡孤独，必先无告，掩骼埋尸，王者有成令焉。仁之至也！观于养济、漏泽，非不忍之所推乎？顾口粮、花布，或有名存而实亡者。所在院宇，不时修葺，行有死人，谁其瑾之？伤哉民也！生无所庇，死无所依，积沴酿灾，有由致也。为民父母，秦越视之乎？恻我心矣！"（3）大椿亭（在后街西偏）："康熙八年，知县耿念劬建。有记，见《艺文志》。"（4）卷之七《学校志·书院》："文昌书院：康熙八年，知县耿念劬重修，捐俸择师，群弟子俊秀者就学。"

《兴宁县志·艺文志》中载有知县耿念劬写作于康熙七年的《大椿亭记》，文中说："邑署之西偏，有隙地焉。大椿一株，挺然森秀，顾而乐之，拟建亭其下。越宰邑之明年己酉（1669）仲冬，适余以麟经聘试黔闱归。往复数千里，荡然心眼，颇多眺咏。抵署，促促隘陋，殊难自协。会风日烘晴，冬暖如春，亟命工草草构数椽。右为闲厅，以供佳客对酒弹棋之所；前后疏棂八格，左为斗室，横一榻以待清梦；厅后凿小池，种红白莲花，蓄金鱼数尾，听其游泳……亭成，勒文于石。"

《兴宁县志·杂纪志·寺观》记载："回龙庵：亦名七姑庵，在县南五里杨林。旧祀风神，后圮。传有七姑过其地，遇雨乞盖不得，适黎叟赠以七笠。姑谢曰：'他日地旱，可来雷公岭寻我姐妹。'始悟为仙。后旱，祷，果应，率为常。康熙八年，杨林人复迎之，灵应尤捷，比送神，遂愿祀杨林，不复归。土人因即回龙旧庵新为仙坛，并祀之。知县耿念劬并为之记。"见《艺文志》。

《兴宁县志·艺文志》中载有知县耿念劬写作于康熙九年的《重建杨林回龙庵记》，讲述的七仙女故事很有趣——是仙，是神，还是人？七仙女回外氏（娘家）遇雨而向人借雨具，回报以遇旱降雨，宣扬的是救人急难、有恩必报的思想。全文如下（括号内的说明为笔者所加）：

岁己酉（康熙八年，1669）六月，邑旱。杨林人来诉祈祷，曰有七姑者，旧显化雷公岭，往迎之可致雨。余然之，遂往迎仙祈祷，雨果然应期降，槁壤霑足。农庆于野，旅货于途。余诣坛，为民礼谢毕，随有黔闱之役（到广西去监考），仆仆去，冬仲乃还。杨林人来告余曰：仙降雨后，即愿祀杨林，不复归。杨林旧有回龙庵，祀风神，久圮。今将鼎新为仙坛修祠事，敢祈捐助，为里人倡，余然之。今年春，黎生芳来告成，具述所以：谓七姑初得道时将诣雷公岭，道经寒族，值大雨，化为七女子，遇先祖。以归外氏（娘家）为词，求假雨盖（借雨具）。祖赠以七笠。仙乃示意曰："他时此地旱，可往雷公岭寻我姐妹。"后数年旱，果如言往祷，辄应。自是率以为常。去夏，如公至诚，灵应尤显且捷。今庵幸落成，愿赐数言，以垂不朽。余复然之。曰："祭法有云，能御大灾则祀之。"旱，国灾之大者。鬼神之事不可知，既求无不应，食福思报，祀之固其宜也。颠末则尔土人业已甚悉，无庸余赘。遂付黎生芳，以其言勒之石。

杨林：原厚玉乡杨林，1986年8月2日以后被东江湖水淹没；但其建回龙庵之山，仍然耸立在湖中。移民时山中树木被砍光，但其中有一株大树，老百姓认为此树有神，不敢砍，故傲然独立于山顶，就是原来的回龙庵所在之处。

《中国古代书院·汉宁书院简介》中说："汉宁书院位于湖南兴宁（今属资兴）。原名文昌书院……清康熙八年（1669）知县耿念劬重建，并捐俸择师，以授俊秀子弟……"

资兴创建于宋咸淳九年（1273）的《辰冈书院》简介中说："清康熙九年（1670）重建，知县耿念劬作《辰冈书院续记》，以纪书院、学庄之实。"

勤于著述

（1）"详豁从前坐垦六百余石"

县志《艺文志》中，载有知县耿念劬于康熙八年写作的《捏垦申文》，其中说（括号内的说明为笔者所加）："宁邑地接郴、桂，山谷崎险，贼兵盘踞。至顺治四年内虽奉本朝开辟，然而贼兵交加，横行杀掳，岁无宁日，以致百姓逃亡过半，田地荒芜居多。顺治九年（1652），奉偏抚（偏沅巡抚）金题为湖南受祸日深等事，奉行报荒三千余担在案。至十二三年间（1672—1673），广行招募，或异民，或土著，始得一二孑遗，初辟蓁芜，筑场开挖，渐次有人。不意前任高、徐二令任内，奉行劝民开垦，但以奉上为急图，不查荒芜之虚实，故实垦者少而捏归者多，至陷生民逃窜，而捏垦复荒之粮，非户赔即递纳……今幸抚宪洞察民隐……卑县出具印结，分别捏垦荒米石六百九十一石九斗六升零……"

（2）"请复孤贫口粮等事"

县志《艺文志》中，载有知县耿念劬于康熙八年"为请复孤贫口粮等事"写作的《详藩宪》，其中说（括号内的说明为笔者所加）："自先朝设立养济院宇，每年动支前项银两。后因兵乱贼据，自癸未年（明崇祯十六年，1643）来，孤贫被戮，屋舍倾颓。卑职于康熙七年九月到任，目击鳏寡孤独，疲癃盲跛之流，转徙无依，不禁太息……始具乡约保甲具呈，开列花名前来，随将八月份前项银两发给乡保，买办砖瓦木料，起造屋宇，今已告竣。其九年分项下，给予李光宇妻胡氏并李京岩、唐长寿、何右等花布、口粮，业于本年二月初八日，具详前宪，未蒙批示，理合具文造册，申报宪台，俯赐转报施行。"

（3）兴利革弊

县志《艺文志》中，载有知县耿念劬于康熙九年"为询利弊、图兴革"写作的《利弊条议》，其中说："卑职于康熙七年九月到任，环邑远近，荒残在目，日夕焦劳，亟求所为，当兴当革者而图之。顾小民难与虑始，事势未可猝图。未及期，辄奉檄取佐试黔闱凡五阅月，始得还署……惟徭役照里分派，则苦乐不均实甚……独有虑者，里甲均平则利偏小户；里甲偏枯则利偏豪强。

更张骤举，未必无强梗中挠，非奉宪台严敕，先之以雷霆之施，则雨露之泽终难以下济也……宁邑旧编一十四里，荒残而后承赋役者，缩为十里。六七两都，丰溪、下保等地方，山田多而膏腴少。昔年为红寇所杀掠，死亡殆尽，幸有存者，皆转徙粤界，其为豺虎之区久矣，熟田曾不得十之一二焉。"（兴学校，养孤贫）……

（4）其他文章

县志《艺文志》中，载有知县耿念劬于康熙七年写作的《大椿亭记》；于康熙八年写作的《行儒学》《馆谷回文》，还有《季考告示》；康熙九年，还写作了《辰冈书院续记》。

双溪《王氏族谱》第四卷《孝房匾额》载："康熙辛亥年（1671）仲冬月，文林郎知兴宁县事耿念劬，为贡元王国琇立'戢羽旋升'匾额。"

《清江黄氏族谱》第一卷载有耿念劬写的序言，标题为《旧谱耿序》，文中说："余今资三载，黄生北有游处颇数，壬子（1672）冬罢任，投间与北有订瑶冈之约，余由秀流黄沙滩，而北有由矮殿会于峰顶……"最后的署名为："皇清康熙十有一年（1672）冬十一月二十二日，赐进士第、文林郎、知湖广直隶郴州兴宁县事、古杞耿念劬撰。"这说明了耿念劬确是在"壬子（1672）冬罢任"，任期为五年。

《袁氏族谱》中载有耿念劬写的《辰冈书院记》，文中说："余自戊申（1668）奉天子命为资阳宰，抵治……越壬子（1672）"游辰冈书院并作《记》。然而，康熙十二年（1673）朔二，落款为"古中州耿念劬"为《袁氏族谱》写的《石背袁氏重修宗谱序》中说："余修邑志，得辰冈书院碑而知袁氏之世德源远而流裕也……余以公事过便江，道出程江，袁生亮……以千日酒相饷，有顷，出其旧谱……余故乐为之序。"这说明，康熙十二年朔二，耿念劬仍来往于兴宁县境内，"以公事过便江，道出程江"，但不知此时他任何职务？

《高陂曹氏族谱》第一卷第232页载有耿念劬写的《节母伍孺人传》，文中说："孺人桂池，丞署青阳令曹公显濂之妻也……康熙丙辰（十五年，1676年），时际改革，贼兵乘乱猖獗，杀掠滋甚，孺人被其所掳。贼诱甘言，许以富贵。孺人文其面，剪发衄鼻（鼻子流血），坚节不从……遂自刎。"最后落款题为："特简文林郎知湖南直隶郴州兴宁县事襄平耿念劬撰。"然而，这篇文章没有写出时间。

诗词绝妙

《兴宁县志·艺文志》中，载有知县耿念劬写作的诗词，抄录如下。

游兜率岩　七言古（清·知县）耿念劬

世事白云与苍狗，乾坤气化无不有。

兜率何年撑天开？到今想象巨灵手。

我来偶从僚纵观，二月风高过雨寒。

黑洞径逼游履折，石磴磳研跬步难。

乍入只愁不可出，燃炬摩挲翻诧异。

物态时时相攫挐，陆离五色能悉记。

花鸟斑斓绣不成，龙象齰齚纷送迎。

水乳长下响滴沥，石笋倒矗赑屃行。

水奇化石石化土，雕绘飞腾竟千古。

一重劈空一重关，错愕惊悸心无主。

说向人间成大惑，天工自巧非人力。

俯瞰长河静练明，孤峰缥缈情何极！

赑屃（bì yàn）

祈雨龙潭　七言古（清·知县）耿念劬

我闻北山之北有奥府，老龙鼾睡足云雨。能令须史遍昭苏，神功历历伊可数。只今四野遍黄埃，我今应愧斯民主。欲问老龙借涓滴，馨香遥荐岂伊吐？冠上不闻石燕集（昔戴令祷此，石燕飞集冠上，俄大雨），岩前几见商羊舞？龙兮龙兮潭水深，巫尪为说得幽寻。济人须向急时济，肯负鳞甲养至今。

尪：wāng，瘦弱。

游羊角山　（知县）耿念劬

列嶂横云峻，中虚隐洞天。回看飞鸟下，幽入断桥连。

苔气寒侵石，花阴翠积烟。扶摇如可接，何处更元元？

游九芝山 有序 （知县）耿念劬

辛亥七夕后二日，偶同县卒刘桐岩，邑子李石庵游九芝山。时王茂才鳞长读书寺中，酾酒烹葵，遂成小集，分得一先：

道应何年寺？登山兴洒然。良朋开久酝，野衲汲新泉。

石碣疑无路，窗虚信有天。催诗云雨黑，应得夜深还。

辛亥：康熙十年，公元1671年。七夕：七月初七日；后二日，即初九日。

花朝偶游云盖山 （知县）耿念劬

簿书未许识春光，偷得花朝一霎忙。

石磴小桥流水去，夕阳满路菜花香。

滁口道中口号 （知县）耿念劬

嫩绿新莺剪剪呼，高峰长涧入云孤。

不知驿路行多少，错认全身在画图。

春杪登云盖山 （知县）耿念劬

山不在高仙则名，凝然覆滏驻山城。

绿荫缀处春如织，碧涧流来晓更清。

赑屃无劳筇作杖，盘桓适共柳迁莺。

一番花信惊新眼，布谷齐声唤早耕。

东 江 （知县）耿念劬

汤汤流水汛长澜，露染征衣返照寒。

危嶂几重青翠合，平沙一带苇芦残。

萧萧败址思全盛，寂寂高门异旧观。

向夕停骖时极目，烟汀剩有钓鱼竿。

昭德观赋感 （知县）耿念劬

寂寂珠宫迥自开，依稀仙路半成灰。

谁云鹤有重归日？无复花从去后栽。

金阙影浮青霭动，玉箫声断紫云哀。

未须更论长生事，白日空庭看去来。

黄莲庵访王子雪稜　（知县）耿念劬

绛帐风高护紫霞，鸣驺遥引向山家。

历来危磴溪声细，穿过密林石畔斜。

人倚窗虚生静照，树连天碧漾空华。

幽寻已适蒹葭望，不许归云噪暮鸦。

自黔闱旋署有作　（知县）耿念劬

千里峦烟转夕辉，还持浊酒换征衣。得人敢谓双珠合（闱中拔梅、章两生），理篋赢将一草归（时刻有黔游小草）。林鹤驯来无疏否？宓琴弹处有音稀。公家案积如山重，只应心劳鼓吹违。

缥缈亭成　（知县）耿念劬

矗然高阁倚云开，四顾天光拂槛来。

城廓蓁芜时在目，川原缭绕几兴怀。

珠帘细卷千家雨，画栋直凌最上台。

蔚起人文今有象，喜从潘县借花栽。

题周源山　（知县）耿念劬

郁葱佳气绕山岗，旧刹争传古佛场。

回雁一肩行脚去，紫霞无量劫星忙。

即看筋化方棋竹，还美泉供石乳香。

三尺也应茔寿母，须知儒墨孝名扬。

说明：亦有"三尺边地茔寿母"之说。

七祖肉身偈　（知县）耿念劬

我性本来无住着，

更于何处觅元身？

一拳打破骷髅障，

要见从前自在人。

疑问

耿念劬在兴宁知县的任期"在任凡五年"，但他有诗却说"六载伤心忧患中"。刘华寿编注的《郴州历代诗文选注》第270页，选注了耿念劬的诗文，其中有《寓景星观别宜章窦舒庵明府》诗，如下：

寓景星观别宜章窦舒庵明府　（耿念劬）

摇落高飔山涧通，头颅一夜便成翁。故人情话千觞雨，傲吏归装两袖风。

章水雾沉秋瘴紫，蒙岩霜染晚林红。不堪去去频回首，六载伤心忧患中。

刘华寿注释：作者耿念劬，河南杞县人，清朝进士。康熙七年（1668），知兴宁县（今资兴市）。任内革除陋规，与民休息，纂修县志，捐俸课士，建养济院，以恤孤贫，有政绩。这首七言律诗，载清《湖南通志》卷二百四十，嘉庆《郴州总志》卷之二十八。

高飔：指暴风。千觞雨：一作"千杯饮"。傲吏：作者自指。章水：在宜章县30里，源出黄茅岭东北麓郴县境黄茅大山。蒙岩：在宜章县东一里桄榔山，旧养正书院后。岩嵌空玲珑，内有白石晶莹如玉。霜染：一作"霜旱"。六载：作者耿念劬于清康熙七年任兴宁知县，历时六年。

本书笔者认为：耿念劬在兴宁知县的任期"在任凡五年"，但却有六个年头，其中虽然有两人在职，但都是"署"（代理，时间不久）。因此，耿念劬的任职时间，应为康熙七年九月至康熙十二年。此说存疑。

14. 郭维屏：康熙八年（1669）署

《郴州总志》："字宪伯，江南无锡拔贡，任郴州州判。康熙八年，县令耿赴黔闱，聘入内帘，奉委来署。凡数月，颂声大作。"

康熙五十三年甲午（1714）《兴宁县志》卷之三《秩官志·署篆》中记载："郭维屏：字宪伯，江南无锡人，由拔贡任本州州判官，康熙八年本县知县耿念劬黔省聘入内闱，奉委署宁。凡数月，士民悦服，颂声大作。"

《兴宁县志·杂纪志·灾侵》记载："己酉，八年（1669）：四月降霜，高山雪。六月，八面山又雪。秋，半都（碑记）被虎患最惨。附近间有伤者，数月乃息。冬腊月，尽雨雪，至九年闰二月。"

15. 李玭：康熙十年（1671）署

《郴州总志》："字玉山，陕西省三原县拔贡，任长沙府经历，康熙十年来署。政简刑清，礼贤爱士，有去思碑。"

康熙五十三年甲午（1714）《兴宁县志》卷之三《秩官志·署篆》中记载："康熙五十三年续：李玭：字玉山，陕西三原县人，由拔贡任长沙府经历，康熙十年署宁。政简刑清，礼贤爱士，有去思碑。"

互联网《河南文献》中的《获嘉县》"历届修（县）志"介绍说："清代凡三修：首为顺治志，十六年（1659）付梓，已佚，知县李玭主修，县贡生王政举、郭献吉纂。李玭，陕西沔县（今勉县）贡生，顺治十六年（1659）来任。"

16. 萧汝霍：康熙十一年（1672）任

《郴州总志》："字介庵，江南庐州府英山县人，由教谕康熙十一年署。轻火耗，惩刁顽，尤好学重士，莅治四载，卒于官。"

康熙五十三年甲午（1714）《兴宁县志》卷之三《秩官志·历代知县》中记载："国朝（清），康熙五十三年续：萧汝霍：字介庵，江南庐州府人，由进士康熙十一年之任。慈和廉政，轻火耗，惩刁顽，常寓抚字于摧科中。尤好学，能重士。莅治四载，卒于官。"

《海州志》（善本）中说："萧汝霍，字孝思，清代岁贡生，任海门训导，课士有方。移海州学正，秩满，升湖广兴宁知县，多惠政。"

《兴宁县志·杂纪志·灾侵》记载："癸丑，十二年（1673）：初夏，日日磨荡，昼夜不停，色赤眩目，俯视水中始见，秋末乃止。又河中小鱼浮满水面，信手可获，名为刀枪鱼。又西北方天上偶见关刀，长丈余，色赤，愈时乃隐。次年（1674）春遭吴（三桂）逆变，凡五年。"

《兴宁县志·纪异》记载："甲寅，十三年（1674）春，逆贼吴三桂陷衡州，郴属文武俱遣人纳印投降。三月，吴逆变乱，钱粮预征，差役繁重，鸡犬不宁者凡五年。"

《郴州大事记》记载："康熙十三年（1674）三月，吴三桂反清，率兵攻占衡州，郴、桂州县文武官员纳印归附。改桂阳州为南平州，改桂阳县为义昌县。"

吴三桂（1612年6月8日—1678年10月2日）：字长伯，一字月所，明朝辽东人，祖籍江南高邮（今江苏高邮），锦州总兵吴襄之子，祖大寿外甥。明末清初著名的政治、军事人物。明崇祯时为辽东总兵，封平西伯，镇守山海关。崇祯皇帝登基，开武科取士，吴三桂夺得武科举人。不久，吴三桂又以父荫为都督指挥。崇祯十七年（1644）降清，在山海关大战中大败李自成，封平西王。顺治六年（1649），吴三桂镇守云南，引兵入缅甸，迫缅甸王交出南明永历帝。康熙元年（1662），吴三桂杀南明永历帝于昆明。同年，晋封为平西亲王，与福建靖南王耿精忠、广东平南王尚可喜并称"三藩"。康熙十二年（1673），清廷下令撤藩。吴三桂自称周王、总统天下水陆大元帅、兴明讨虏大将军，发布檄文，史称"三藩之乱"。康熙十七年（1678），吴三桂在衡州（今衡阳市）登基为皇帝，国号大周，建都衡阳。建元昭武，同年秋在衡阳病逝。追谥为开天达道同仁极运通文神武高皇帝。其孙吴世璠支撑了三年之后被清军攻破昆明，"三藩"之乱遂告结束。

17. 汪维国：康熙十四年（1675）署。江南婺源人，任衡州府经历

康熙五十三年甲午（1714）《兴宁县志》卷之三《秩官志·署篆》中记载："康熙五十三年续：汪维国：字治庵，江南徽州府婺源县人，由衡州府经历，康熙十四年署宁。"

州府经历：司务、五经博士、国子监学正、学录、钦天监主簿、太医院御医、太常寺协律郎、僧录司左右讲经、道录寺左右至灵、府经历、县丞、州学正、教谕、外委千总，为正八品（相当于今天的正科级）；布政司照磨、盐运司知事、训导，为从八品（相当于今天的副科级）。

18. 黄士宪：康熙十五年（1676）任。云南省举人

康熙五十三年甲午（1714）《兴宁县志》卷之三《秩官志·历代知县》中记载："国朝（清），康熙五十三年续：黄士宪：字德公，云南人，由举人康熙十五年之任。"

19. 崔士杰：康熙十六年（1677）署

《郴州总志》："字汉英，江南宁国府宣城县监生。体貌魁奇，才能敏练。康熙十三年遭吴逆变，十六年奉征南将军穆（詹）恢复来郴题委署事。适高、李、蔡三镇兵驻扎县城，公力请抚慰，严禁骚扰，兵民相安，渐次复业。立有去思碑。"

康熙五十三年甲午（1714）《兴宁县志》卷之三《秩官志·署篆》中记载："康熙五十三年续：崔士杰：字汉英，江南宁国府宣城县人，由监生康熙十六年署宁。体貌魁奇，才能敏练。康熙十三年遭吴逆之变，于十六年奉征南将军穆（詹）恢复题委署事。适高、李、蔡三镇兵驻扎县城，公力请抚慰，严禁骚扰，兵民相安，渐次复业。立有去思碑。"

《兴宁县志·纪异》记载："丁巳，十六年冬十二月，江西红头贼由宁道入郴。男妇十余万，络绎数月，所过尽掳。次年王师至乃息。"

《郴州大事记》记载："康熙十六年（1677）春，吴三桂遣胡国柱等率部自衡州经郴州攻韶州，后败退。往返在郴州、宜章等地索粮抓夫。十二月，江西红巾军 10 万余人入郴，络绎数月。次年，被清参将勒背、将军额楚领兵镇压。"

20. 张时英：康熙十六年（1677）任。江南宁国进士

康熙五十三年甲午（1714）《兴宁县志》卷之三《秩官志·历代知县》中记载："国朝（清），康熙五十三年续：张时英：字芊公，江南宁国府宁国县人，由进士康熙十六年之任。"

《郴州大事记》记载："康熙十七年（1678）三月初一，吴三桂称帝。闰三月，吴自衡州南下取郴、桂两州。清征南大将军穆詹领兵从安仁至郴州讨吴。六月，吴败走永兴。七月，吴军在永兴全力反攻，清军屡败。八月，吴病死，清军围攻永兴，吴军撤走。康熙十八年（1679）春，郴、桂两州重归清，原吴三桂所改州县恢复旧名。"

《兴宁县志·纪异》记载："戊午，十七年三月十八日，大兵复至，吴逆退走云南。时征南将军穆坐镇州城，蔡、高、李三总镇副守宁邑，供亿繁苦，每粮一石，用银数十两不等，兼以江西红兵投诚，悉由宁邑赴州，络绎不绝，田地荒芜。"

《兴宁县志·杂纪志·灾侵》记载："戊午，十七年（1678）：大饥，钱五钱斗米。"

双溪《王氏族谱》第四卷《弟房匾额》载："康熙庚申年（1680）仲夏，文林郎知兴宁县事张时英，为廪生王房正立'文章鼎甲'匾额。"

21. 冯时奉：康熙二十一年（1682）任。陕西省富平人，黄陂县丞

康熙五十三年甲午（1714）《兴宁县志》卷之三《秩官志·历代知县》中

记载："国朝（清），康熙五十三年续：冯时奉：字雨庵，陕西富平县人，黄陂县丞，康熙二十一年之任。"

黄陂：湖北省武汉市市辖区，地处武汉市北部，湖北省东部偏北。黄陂是一座有 4400 年筑城史、1800 余年建置史的中国历史文化名城，有"无陂不成镇"的深厚文化积淀。

22. 余起（应为"启"）腾：康熙二十四年（1685）署

《郴州总志》："**字天安，浙江省会稽人，宝庆府通判，康熙二十四年署。时值五甲差徭，公禁绝滥派，节省不下数千，民困大苏。立有德政碑。**"

康熙五十三年甲午（1714）《兴宁县志》卷之三《秩官志·署篆》中记载："康熙五十三年续：余启腾：字天安，浙江绍兴府会稽县人，宝庆府判，康熙二十四年署宁。赋性慈祥，操守严介。是年轮五甲差徭，公禁绝滥派，节省不下数千，民困大苏。立有德政碑。"

根据以上资料，应为"余启腾"。

《郴州大事记》中记载："康熙二十四年（1685）：三月，宜章莽山农民起义军攻郴州。九月，杀清军把总余奇及官兵甚众。同年，知州陈邦器与宜章训导刘戴蕙、郴州训导李嗣泌纂成《郴州总志》11 卷。"

23. 林模：康熙二十四年（1685）任。福建省德化进士。

康熙五十三年甲午（1714）《兴宁县志》卷之三《秩官志·历代知县》中记载："国朝（清），康熙五十三年续：林模：字周木，福建人，癸丑进士，康熙二十四年之任。丁忧回籍。"本书笔者注："癸丑"，康熙十二年，1673 年。

据《德化县志》中记载："林模（1646—1691）：字靖若，号周木，福建德化人。顺治三年（1646）十月十日出生于德化县桂阳乡，康熙五年（1666）中举人，康熙十二年（1673）中进士。林模登第后回乡，值靖南王耿精忠据闽反清，郑经派兵驻德化，林模集乡族修筑桂阳太平寨堡，据险固守。康熙二十三年（1684）冬，林模进京选授湖广兴宁县（今湖南省资兴县）知县。他体恤民间疾苦，任内极力减轻民负，'寓抚字于征科之中，火耗尽捐，汰丁徭于编审之内'，做到'冗役悉去''逃户皆宁'，而且'物价底平，树艺益崇'，农业生产得以发展。同时，'课士以文''训才以义'，因此，深得吏民爱戴。任职不到一年，以丁忧归，'士民勒石讴思'。康熙二十八年（1689）

春，补广东省普宁县（今普宁市）知县。该县地广，人多贫困，上任便革除接任时酬酢的糜费。当地富豪凌绨欺寡，结党营私。林模不徇私情，严惩邪恶，使小民之受抑略伸，致力于兴利革弊。二十九年乡试，受聘为房考官，校阅试卷，各方咸庆得人。康熙三十年十月二十二日劳累致病，卒于官，年四十六。林模性聪慧，工书，尤精绘事。其著作有《四书讲章》《读书易解义》。"

资兴北乡（今七里镇）的"观澜十景"中，景之八"观澜碑廊"载有林模写作的诗一首：

> 观澜古迹隐程乡，曹氏成名天下扬。
>
> 书院尚存唐故事，石碑尤撰宋文章。
>
> 耿耿高才尤见在，明明翰墨朗然香。
>
> 待贮他年春试院，儒生定作状元郎。

——邑宰林（模）

24. 陈邦器：康熙二十五年（1686）署。辽东人，荫生，本州知州，康熙二十五年兼摄

康熙五十三年甲午（1714）《兴宁县志》卷之三《秩官志·署篆》中记载："康熙五十三年续：陈邦器：字庶安，荫生，辽东人，本州知州，康熙二十五年兼摄。"

《［康熙］郴州总志十一卷》中说："清陈邦器修，李嗣泌、刘带蕙纂。邦器，字允匡，远东盖州（今辽宁盖州）人，荫生，康熙二十一年（1682）至二十四年郴州知州。"

《郴州大事记》中记载："康熙二十四年（1685）三月，宜章莽山农民起义军攻郴州。九月，杀清军把总余奇及官兵甚众。同年，知州陈邦器与宜章训导刘戴蕙、郴州训导李嗣泌纂成《郴州总志》十一卷。"

陈邦器后任重庆知州。互联网《重庆人文景观》中介绍："'澎湃飞雷'"石刻土坎镇关滩村处的乌江关滩，古为乌江险滩之一，河中乱石横陈，江水吼声如雷，似千军万马过关。清康熙四十二年（1703），重庆知府陈邦器路过，叹其险峻奇观，遂题'澎湃飞雷'4字，镌刻大石上，阳刻，字高0.43米，宽0.35米，总长2米，总宽0.56米，有较高的观赏价值。"

荫生：名义上是入国子监读书，实际只需经一次考试，即可给予一定官职。荫生是凭借上代余荫取得的监生资格。由汉的"任子"制度继承而来。

有各种不同名目。明代凡按上代品级取得的称"官生"，不按品级而由皇帝特赐的称"恩生"。清代凡因上代系现任大官或遇庆典给予的称"恩荫"，因上代殉难而给予的称"难荫"，通称"荫生"。特殊情形下的可造之才，或者皇帝看上的人才，会获得实际进入国子监深修的机会，甚至比皇子贝子们的待遇更高。

25. 郭之祚：康熙二十六年（1687）任。北直保安进士

康熙五十三年甲午（1714）《兴宁县志》卷之三《秩官志·历代知县》中记载："国朝（清），康熙五十三年续：郭之祚：字览庵，北直保安人，丙辰进士，康熙二十六年之任。"

据《明清进士名录》中记载："郭之祚为康熙十五年丙辰（1676）科进士，位列第三甲一百五十六名。"

26. 戴正冠：康熙二十八年（1689）署。福建漳州举人，永兴县知县

康熙五十三年甲午（1714）《兴宁县志》卷之三《秩官志·署篆》中记载："康熙五十三年续：戴正冠：字端甫，举人，福建漳州人，永兴县知县，康熙二十八年署宁。"

27. 刘士铎：康熙二十八年（1689）任

《湖南通志》："字振庵，福建省莆田县（今莆田市）举人，康熙二十八年任。三十一年，勘亩丈粮，减豁虚浮，邑旧额一十四里，兵燹之余，仅存十里，公奉例照粮编甲，仍复一十四里，自后粮无飞洒，徭无偏枯，人食其福。凡十载，卒于署。"

康熙五十三年甲午（1714）《兴宁县志》卷之三《秩官志·历代知县》中记载："国朝（清），康熙五十三年续：刘士铎：字振庵，举人，福建莆田人，康熙二十八年之任。公任内，于三十一年（1692）奉旨，公临亩勘丈，减豁虚浮，焦劳数月，始旧额一十四里，兵燹之余仅存十里，公后又奉旨，照粮编甲，仍复一十四里。自后粮无飞洒，徭无偏枯，宁人食其福焉。"

双溪《王氏族谱》第四卷《弟房匾额》载："康熙戊辰年（1688）仲春月，文林郎知兴宁县事刘士铎，为贡元王国珑立'崖廊鼎望'匾额。"《孝房匾额》载："大清康熙二十八年冬月，乡进士知湖广直隶郴州兴宁县事刘士铎，为生员王以正立'龙入泮池'匾额。"

《兴宁县志·杂纪志·灾侵》记载："庚午，二十九年：冬，大雪。冰厚数尺，溪涧绝流，次年二月始泮。"

福建省泉州市图书馆卷四十一著述第三章社会科学类图书目录中记载："《自哂集》：清晋江刘士铎著。刘士铎，康熙二年（1663）举人，官至兴宁县知县。"

《兴宁县志·秩官志·政绩》记载："（滁口司巡检）赵光嗣：河南杞县人，康熙二十九年（1690）任（巡检）。有传：康熙中任。两代捕务，弭缉多方。知县刘士铎卒，扶榇之资，悉出措办。"说明知县刘士铎为官清廉，无储蓄，卒后，其"扶榇之资"，全由滁口司巡检赵光嗣"悉出措办"。

说明：按照《王氏族谱》中的记载：刘士铎开始担任兴宁县令的时间，起码应为"康熙戊辰年（二十七年，1688）仲春月"。其简历中说，任职"凡十载"，但考其前后的时间仅 1688—1694 年，仅 7 年，不知何故？

28. 徐天时：康熙三十四年（1695）署。辽东荫生，本州知州，康熙三十四年兼摄

康熙五十三年甲午（1714）《兴宁县志》卷之三《秩官志·署篆》中记载："康熙五十三年续：徐天时：字则之，荫生，辽东人，本州知州，康熙三十四年兼摄。"

《湘南欧阳氏通谱》第七卷 1068 页中记载："五十世，（兴宁镇山海村赤竹海）信圣三子，廷嗣：字文珍，生于崇祯庚午年（明，三年，1630）八月初八日，殁于康熙己卯年（清，三十八年，1699）闰七月初七日，葬竹园背。配文氏，子正：林、先、君、臣、衣。行实：公抱济世之术，本生人之心，施药物于贫人，不以为功。为当道缙绅推重，而抑然自下，医学三载，邑侯徐锡之题匾曰：'术士无双。'"

《保安州志》中记载："康熙一十五年（1676），知州徐天时编审，除故人丁九百一，卜藏丁细出人丁九百二，卜四丁北缙九，丁岐旧显增银一分一厘四毫四丝五忽一微五织。"说明徐天时曾任保安知州。

29. 张联芳：康熙三十五年（1696）任。辽东人，由笔帖式任。

康熙五十三年甲午（1714）《兴宁县志》卷之三《秩官志·历代知县》中记载："国朝（清），康熙五十三年续：张联芳：字述庵，举人，辽东人，由笔帖式康熙三十五年之任。"

《兴宁县志·杂纪志·灾侵》记载："丁丑，三十六年：秋七月，大水。弥雨连旬，漂荡民庐，田地沙雍石碾者七之三。"

笔帖式：清入关前称有学问的人为"巴克什"（baksi），天聪五年（1631）改为"笔帖式"（bithesi），意为办理文件、文书的人。清各部院、内行衙署均有设置，主要掌管翻译满汉奏章文书、记录档案文书等事宜。约在天聪末崇德初，刑部笔帖式已从事汇集整理、登记存档已审结案件的工作，以备随时查考利用；国史院笔帖式要定期将重要的刑部档案记入国史档册。清入关后，国家制度日臻完善，政务活动急剧增加，文书档案工作也日渐繁杂，清政府遂在各衙门广置笔帖式。笔帖式为国家正式官员，有品级。早年有五、六品者。雍正以后除极少数主事衔笔帖式为六品外，一般为七、八、九品。笔帖式升迁较为容易，速度较快，被称为"八旗出身之路"。

30. 蒋宗芝：康熙三十九年（1700）署

《郴州总志》："字瑞庵，广西全州举人，知宜章县，康熙中署。时奉委道宪，复丈田亩，合邑以劳费为忧，好事者遂有科派调停之议。公弗听，及道宪按临，公以数语寝其事，民不得忧。邑至今感之。"

康熙五十三年甲午（1714）《兴宁县志》卷之三《秩官志·署篆》中记载："康熙五十三年续：蒋宗芝：字瑞庵，广西全州举人，宜章知县，康熙三十九年署宁。赋性仁慈，政尚宽大。是年，宁邑田亩复委道宪复丈，合邑以劳费为忧，好事者遂有科派调停之议。公弗听，候道宪按临，数语回销，民不得忧。仁言利溥，士民至今感激。"

《中国通史》（卜宪群总撰稿）第十卷清时期（上册）第三节中说："清政权号召民间修谱。康熙中，湖南宜章知县蒋宗芝见当地人视修谱为'不急之务'，加以劝说，于是大姓立即响应。"

据《明清蒋氏文武举人》中说："蒋宗芝（生卒年不详），广西全州人。举人。"

据《民国宜章县志》记载，蒋宗芝，康熙二十五年（1686）任宜章知县，爱民如子，开仓赈民，边境安然，南巡黄沙谦岩，在岩内留下题词"龙宫""湛室""谦岩"等墨宝，并有题诗一首。

31. 申奇彩：康熙四十年（1701）任

《湖南通志》："字长文，辽东（奉天）襄平荫生。邑旧苦里长，虽屡颁严禁，阳奉阴违，公实心奉行，严绝派端，勒石公庭，永杜后患。爱士重学，捐俸重建明伦堂，升江南滁州知州。邑人为之竖德政碑。"

康熙五十三年甲午（1714）《兴宁县志》卷之三《秩官志·历代知县》中记载："国朝（清），康熙五十三年续：申奇彩：字长文，荫生，辽东人，康熙四十年之任。升江南滁州知州。德量宽洪，爱民恤士，捐奉重建明伦堂，历今轮奂犹新。邑旧有里长之害，屡行严禁，阳奉阴违，致陷穷民鬻男卖女，苦难殚述。公实心奉行，严绝派端，且勒石公庭，以儆后来。数百年之积锢，自公而除，千万户之讴歌至今。未民照墙前竖有德政碑，邑人相戒勿毁，以志其棠之意云。"

《兴宁县志·杂纪志·寺观》记载："东湖庵：在南乡丰溪。康熙三十年间（笔者注：应为'四十年'），知县申奇彩南巡，偶憩此庵，与洪浪和尚剧谈通禅，捐建方丈，为升座说法之所。"

"邑令申奇彩"在观澜书院有题联一副：醽醁世家兄弟名香千里地，观澜遗泽祖先曾踏九重天。

里长：职务名。里正又称里君、里尹、里宰、里有司等，是中国春秋战国时的一里之长，唐代称里正、明代改名为里长（相当于民国的甲长，新中国人民公社的生产队队长，现在的村民小组组长），其职能沿用至今。

"互联网"《绝版图书》记载："《河阴县志》，清申奇彩修，清康熙三十年（1691）刻本。"

《郑州诗选》中载有申奇彩写的诗《紫云宫》："兀突层峦起，峰回画阁开。烟笼南岭近，河绕北山来。云自沟中作，星从天上裁。登临未尽兴，重游任徘徊。"（引自民国《河阴文征》）诗末的注释中说："紫云宫"，在河阴县广武山飞龙顶之巅，明嘉靖建。申奇彩：字长文，奉天（今属辽宁）辽阳太学生。康熙二十四年（1685）前任河阴知县。"

《申朝纪的后人》中说："申伟抱是朝纪长子，号文轩，顺治四年充持卫，顺治五年管佐领充户部理官，告罢，考取戊子贡士，顺治七年（1650）除颍河间府景州知州，顺治九年升福建泉州府知府，顺治十三年升河南徽宁道副使，顺治十七年降补山西冀南道参议，顺治十七年升福建汀漳道副使，康熙三年裁补江南池太安庆道副使，康熙八年降补两淮运同，康熙十一年升贵州思南府知府。娶王氏诰封恭人，葬于顺天府彰义门外祖茔之左；继娶赵氏生子二，名奇彩、奇贵，生女一名适全旗礼部主客司副郎李杰。申奇彩是伟抱长子，号长文，太学生授本旗满洲都统笔贴式，升河南开封府河阴县知县，娶曲氏，继娶范氏。

申奇贵是伟抱次子，号炳文，太学生，候选知县，改授章京，妻李氏。"

32. 张为经：康熙四十一年（1702）署。山东济南进士，桂东知县

康熙五十三年甲午（1714）《兴宁县志》卷之三《秩官志·署篆》中记载："康熙五十三年续：张为经：字涵六，山东济南人，辛未（1691，康熙三十年）进士，桂东知县，康熙四十一年署宁。"

《桂东县明清知县》中记载："张为经，山东济宁进士，康熙三十六年（1697）任职。"

《聊城进士》中说："张为经，字公沛，临清人，康熙三十年（1691）进士。任湖广桂东县知县。"

33. 谢乃实：康熙四十一年（1702）任

《湖南通志》："字华峰，山东省登州福山县进士，初授河南杞县知县，康熙中补任（兴宁知县）。体貌阔绰，德性果毅，留心学校，加意作人，赁王姓城内宅，令生童肄业其中，亲临讲课。改建学宫，捐俸首倡大成殿并两庑，及文昌祠、魁星楼、明伦堂，次第告成。听断明允，抚字殷勤，遇旱虔祷。设村长，照烟编甲，素行不轨者，即列名册尾，由是不敢为非，盗贼寝息。近今邑中言政声者，推公为最。"

康熙五十三年甲午（1714）《兴宁县志》卷之三《秩官志·历代知县》中记载："国朝（清），康熙五十三年续：谢乃实：字华峰，戊辰（1688）进士，山东登州福山县人，康熙四十一年之任。体貌润绰，德性果毅，留心学校，加意作人。赁城内王宅为生童肄业之所，额曰：正业书院。学规大要，以端士品崇，经术为重。亲临讲解，抵暮不倦。修理学宫，捐俸首倡，大殿两庑、文昌、魁星诸祠，次第告成。听断明允，两造无冤。抚字殷勤，征输特缓。又设立村长，照烟编甲，素行不轨者，即立民册尾，由是不敢为非，盗贼寝息。士民称之，历久不忘焉。"

《兴宁县志·学校志》卷之七《文庙》中记载：（1）文庙："康熙四十二年，知县谢乃实捐资改建先师庙，专作子山午向，移置明伦堂于东隅，即殿址作月台，改建两庑各五楹，戟门、棂星、文昌、魁星祠皆以次修建。因坐未合，著《朝对略言》云：当作内外两向。"（2）书院（文昌书院）："后圮坏。四十三年，知县谢乃实仍建于儒学门左，即万历初建地也，于祠旁为魁星祠。"

《兴宁县志·艺文志》中载有知县谢乃实在康熙四十三年（1704）写作的

《新修学宫记》，文章中说（括号内的说明为笔者所加）："余于壬午（1702）七月，承乏兹邑（任兴宁知县），假城隅之闲馆，设多士之讲堂，论文课艺，不以余为不敏而翕然相从焉。越癸未（1703）夏，诸生以修学请谋诸邑之绅士，共为捐助……余适以不合时宜去，乃甲申（1704）夏五月也。临行，诸生请记，弗暇。及舟次湖湘间，皓月当空，澄波万顷，披襟而坐，清风洒然。回思两载作吏，五夜何惭。遂援笔为记，以寄诸生……"

《兴宁县志·艺文志》中，还载有知县谢乃实在康熙四十二年、四十三年写作的《募修文庙记》《附朝对略言》和《文昌祠纪略》。

《兴宁县志·艺文志》卷之十载有"督学"潘宗洛于康熙四十三年写作的《新修学宫归》，文章中说（摘要）：

> 郴之兴宁，在南楚之南。余奉命试楚，衡其士之文，多铮铮者。询其举于乡而试于廷，则杳无闻焉。已而，邑令谢君，以新修文庙请记于余。余谉其详，其改作者，大成殿也。其续成者，明伦堂、文昌祠、魁星祠也。其竣事而毕新者，启圣祠、棂星门，由堂而池、而甬道、而垣墙也。其经始谢君捐俸以为之，倡其乐成，邑士助资以襄其成，而不以勤诸民也……谢君讳乃实，字华峰，山东福山县人，宗洛同年进士也。观其学宫之措施，可以知其政教矣！故为之记。

潘宗洛：字书原，号巢云，别号垠谷。清代宜兴（今江苏宜兴市）人。康熙二十七年（1688）中进士，官至偏沅（湖南）巡抚。在湖南时，"出入苗界，群苗底定，其迹甚著"。潘宗洛三掌文衡，胥号精鉴，曾任湖广学院，即提督学政，负责湖北和湖南地区的学校、科举，稽查士习文风。

资兴市政协常务副主席陈子雄（原汤市乡陈家洞人）在他的《回忆录》中写道："汤市与炎陵县接壤，是洣水支流——船形河的源头。船形河以炎帝陵为界，下游是平坦开阔的地面。从炎帝陵至汤边田垌口的上游，层山起伏，峡谷幽深，森林耸翠，林海茫茫。船形河弯曲蜿蜒，两岸危崖悬壁。未通公路之前，炎帝陵到汤边，走山路从山腰、山脊、山顶捷径而行。放眼群山，大山如牛如龙，活灵活现，气势磅礴；小岭如钟如锣，击可鸣乐，精致无比；山上巨石高耸，或玉女披纱、或少帅扬威、或犬兽飞奔，千姿百态，奇石林立；河水飞下深潭，瀑布高挂，水响钟鸣，回应山顶，美乐悦耳。山路经过的这个大山岭，形状如牛，尾盘七里（原皮石乡七里组），头拱汤边，叫牛岭。传说是炎帝带来的神牛，睡觉时鼻孔呼出热水热气，可能是没有那么多的田地供它耕作，所以，它长年呼呼大睡。作品入选乾隆皇帝开馆纂修的《四库全书》的文化名人、康熙四十一年的兴宁（现资兴市）知县谢乃实，经过此岭时，感慨题诗《牛岭》：'峻岭如牛卧，毛丰未着鞭。尾盘七里曲，角竖两峰巅。蹄底乔林满，筋痕古路缠。欲耕无广陌，鼻息涌温泉。'也许是力大无比、吃苦耐劳、勇于拓荒的炎帝神牛的神力，造就了汤市人民勤俭奉献、务实开拓、诚实守信、热情好客、侠义忠勇的品格。"

双溪《王氏族谱》第四卷《弟房匾额》载："康熙四十三年甲申（1704）春月，文林郎知兴宁县事谢乃实，为乡约王庆国立'望登名教'匾额。"

《程乡谢氏族谱》卷一载有谢乃实写的《序》，最后落款为："康熙四十三年甲申岁（1704）桂月，赐进士第、文林郎、知兴宁县事、东鲁谢乃实题。"

《陈留堂谢氏族谱》（半都，即今碑记乡）中载有谢乃实写的《谢氏族谱序》，文中说："余膺简命，牧民斯土……"最后落款题为："清康熙四十有五年（1706）季春之念二日，赐进士第、文林郎、知湖广直隶郴州兴宁县事、年眷宗弟乃实源山氏拜撰。"

资兴创建于明万历五年（1577）的《汉宁书院》简介中说："清康熙四十三年（1704），知县谢乃实复建迁至县学东。"

《兴宁县志·杂纪志·灾侵》记载："癸未，四十二年：二月大旱，三月不能下种，西、南、北三乡尤甚。知县谢乃实步祷城隍祠及回龙山、仰灶龙潭，至五月末始雨。"

《中国文学家大辞典》第5757页中记载："谢乃实（约公元1703年前后在世）：字华函，号峇庐山人，福山人。生卒年均不详，约清圣祖康熙四十二年前后在世。康熙二十七年（1688）进士，官兴宁县知县。乃实工诗词，著有《峇庐山人集》（四库总目）传于世。"

烟台市福山电视台2009年7月27日发表的《福山明清进士——谢乃实》中说（摘要）：

谢乃实（1652—1715）：字华函，号华峰，福中社西关村人。康熙二十七年（1688）春，福山科举又传捷报，西关村谢琰的两个儿子谢乃实、谢乃果于戊辰（1688）科同榜考取三甲进士。谢琰，字连城，原籍安徽省宣城。始祖谢魁四，世袭军籍，在明洪武间充小旗（武官名，明置）官，调往登州备倭，驻扎福山中前所守卫（卫所是明代军事机构，每卫辖 6000 人，每千户所辖 1120 人，每百户所辖 120 人；百户所下辖 2 总旗；每总旗辖 50 人；每总旗辖 5 小旗，每小旗辖 10 人）。在福山传至第九代为谢琰。

谢乃实为谢琰长子，生于顺治九年壬辰（1652）二月，卒于康熙五十四年乙未（1715）正月，享年 64 岁。少年读书负盛名，17 岁入泮为庠生。康熙二十年（1681）入山东乡试辛酉科中第四十六名举人。康熙二十七年晋全国会试，中三甲第六十九名，赐同进士出身。授江苏睢宁知县。睢宁历史上隶属徐州管辖……

康熙三十一年（1698）[笔者注：此处时间上出现了问题，若是"康熙三十一年"，则为 1692 年，农历壬申年；若是 1698 年，则为康熙三十七年，农历戊寅年]，谢乃实在睢宁俸满，（因得罪上司）没有升迁，又改任湖南省兴宁县知县。兴宁即今湖南资兴，属衡阳道，归郴州管辖，地处湘南山区，为湘、赣接壤的诸广山、万洋山，平均海拔 1000—1500 米。这里交通不便，百姓生活困苦不堪。谢乃实来到此地，在调查经济落后的同时，他还发现此地陋俗难移，最为严重的是卖妻溺女之风，屡禁不止。谢乃实十分气愤，便制定严厉的地方法规，凡再有卖妻溺女者，一经发现和举报严惩不贷。凡举报者有奖，知情不报者与违法犯者同罪。从此，此陋俗灭绝。老百姓无不焚香颂扬他的德政。

兴宁虽属贫困地区，但每年在官场上迎送州府招待的费用极多，每年多达 3500 多两白银。谢乃实决定坚决把这笔额外负担减下来，将公田减少到最低限度，把盈余的钱都用到县学中去。他还从自己做起，清廉勤政，每逢州府官吏来县巡视，所用招待一律从简，不送礼。他的这些对旧习的改革，表面上得到上司的口头嘉奖，实际上却引起了一些贪官污吏的嫉恨，只是还没有在短时间里找到合适的借口来整治他罢了。最后终于在一件人命案子上，他们找到了陷害谢乃实的机会。原来，兴宁县某村村民何某与妻子因鸡毛蒜皮小事发生口角，其妻心胸狭窄，便自缢身亡。这原本是十分清楚的一桩案子，可州府官吏便乘机向何某索贿，因何某无力缴纳，州官便判他虐妻致死罪。谢乃实查到实情，便力排众议为其申辩冤情，村民何某得以获释。州官便借此案造谣中伤，州府好多官员也联合起来弹劾他，谢乃实被革职。谢乃实解职后，不申不辩，辞官回乡。离开兴宁那天，百姓数千人前来送行，攀杆泣送，场面十分感人。

谢乃实回乡后，每日除了读书，便奉养老母，全不为个人荣辱所念，每日粗茶淡饭，过着淡泊名利、宁静致远的生活。乾隆三十七年（1772）开馆纂修的《四库全书》，将谢乃实的诗文编入其目，为福山第一个入选《四库全书》的人。康熙五十四年，谢乃实安静辞世，享年64岁。他有3个儿子：长子谢光纶，号丹书，监生，康熙五十三年癸巳（1714）恩科中举，授河南省宜阳县知县；次子谢光纪，字星度，号竹筠，康熙五十七年（1718）进士，授广西壮族自治区富县知县；三子谢光组，字玉征，雍正四年（1726）考取丙午科举人，授官刑部广东司主事。

34. 张陟：康熙四十三年（1704）署。福建福州岁贡，衡州府判

康熙五十三年甲午（1714）《兴宁县志》卷之三《秩官志·署篆》中记载："康熙五十三年续：张陟：字逊斋，福建福州府福清县（今福清市）人，岁贡，衡州府判，康熙四十三年署宁。"

《兴宁县志·杂纪志·灾侵》记载："甲申，四十三年：饥。银三分三钱斗米。鬻男女卖产业者强半。"

35. 段绎祖：康熙四十三年（1704）任。云南剑川州举人

康熙五十三年甲午（1714）《兴宁县志》卷之三《秩官志·历代知县》中记载："国朝（清），康熙五十三年续：段绎祖：字念庵，云南人，康熙四十三年之任。"

《陈留堂谢氏族谱》中载有段绎祖写的《谢氏宗谱序》，文中说："余宰斯邑（兴宁）二年矣……"最后落款题为："清康熙四十五年岁次丙戌（1706）仲夏，乡进士、文林郎、知湖南直隶郴州兴宁县事、滇西剑水段绎祖念庵撰。"

双溪《王氏族谱》第四卷《孝房匾额》载："康熙己丑岁（1709）仲冬月，文林郎知兴宁县事段绎祖，为耆民王顺孔立'槐荫重新'匾额。"《弟房匾额》又载："康熙己丑年（1709）孟冬月，文林郎知兴宁县事段绎祖，为儒士王绪正立'翬（huī）飞绚彩'匾额。"

《清初的云南文学》中说："段绎祖，字念庵，有五柳之风，其诗内容平实，用语贴切，还能写词，善用典。"

《云南段氏》中说："李缵绪著《白族文化》中有段绎祖。段绎祖，清代作家。"

《湘南欧阳氏通谱》（资兴卷）第一卷载有段绎祖写作的《续修族谱序》，

其中说："其裔正名（族谱编纂者）食饩邑庠为一时名士，穷源溯本，毅然有克光前烈之志。一日手其旧谱残篇，索序于余……"《湘南欧阳氏通谱》第一卷载有段绛祖写作的《续修族谱序》，其中说："余也谬叨邑宰，凡邑中名家世阅，孝子闻孙，无不心焉慕之，恨相得晚。矧见斯谱，得闻先达之事业文章，甚有其量十世、量百世而与日月争光者，爰拜手而续之序云。"最后落款题为"时康熙四十八年戊子（1708），乡进士知兴宁县事段绛祖题"。

36. 何瑞涵：康熙四十六年（1707）署。正蓝旗监生，本州知州，康熙四十六年兼摄

康熙五十三年甲午（1714）《兴宁县志》卷之三《秩官志·署篆》中记载："康熙五十三年续：何瑞涵：本州知州，康熙四十六年兼摄。"

37. 林宸佐：康熙四十六年（1707）任。福建省莆田举人，五十二年（1713）卒于署

康熙五十三年甲午（1714）《兴宁县志》卷之三《秩官志·历代知县》中记载："国朝（清），康熙五十三年续：林宸佐：字耕洲，举人，福建莆田人，康熙四十六年之任。"

《兴宁县志·艺文志》中载有"典史"郑骥于康熙五十一年写作的《喜雨井记》，全文如下（括号内的说明为笔者所加）：

今春，雨旸时若，咸占为有年。及季夏之交，弥月不雨。堂台林公（林宸佐）以公出，骥忧旱仓皇，为民请命，诣城隍祠竭诚虔祷。每于礼拜之余，寻览古碑。知祠前有井，开于嘉靖间（1522—1566），堂台魏公（魏廷美，嘉靖四年任兴宁知县，福建省闽县举人）为"汲福井"。后数十年，瓦砾堆塞，城中之人汲于城外。见面相失，愚亦甚矣。已而邀神之灵，次日大雨，四野沾渥，苗黍勃然。复诣祠称谢，遂谋之众曰："雨泽泉流，皆天之所以厚民生也。此间古井，盍加濬凿？况在城内，所关尤巨。昔之官斯土者，深谋远虑，岂可使良法美意，终等湮灭乎？"众韪之，欣然从事，彻底开掘。清泉混混，味亦甘美。觉雨泽固可大，而泉流亦可久。是得雨，固喜也，得井又喜，更名为"喜雨井"，效古"喜雨亭"之意。由是挹彼注兹，群黎遍德；五风十雨，物阜民安。均之汲王明之福也。其喜更当何如？乃序其事，勒之石，以垂永久云。

双溪《王氏族谱》第四卷《慈房匾额》载："康熙壬辰年（1712）孟春

月，乡进士知兴宁县事林宸佐，为乡耆王廷秀立'槐堂袭庆'匾额。"

《段氏续修族谱》末卷载有其写的《贲元翁寿序》，最后落款为："康熙癸巳（1713）孟冬月念六日，文林郎知兴宁县事、戊子（1708）科同考试官林宸佐。"念：廿（二十）。

《郴州大事记》中记载："康熙五十一年（1712）：知州范廷谋始建考棚于城南。清廷实行'滋生人丁，永不加赋'之制。郴、桂 2 州有计税人口（16—60 岁的男子）46350 人，年征丁银 10611 两。"

《福建通志》中记载："康熙二十三年（甲子）丘坦榜……兴化府黄简（兰州知州）程震元（刑部主事）王泌，莆田县程鲲化（东昌知府附兄甲化传，见人物）林宸佐（兴宁知县）……"

38. 杨葳：康熙五十三年（1714）署

《湖南通志》："杨葳，字圣与，四川省犍为县举人，宜章知县，康熙中署（兴宁县令）。甫至，见邑乘多缺，捐俸续修。狱讼盈千，随到立决。恶佃霸骗者，严加究治，并刊以广其禁。校正法码，谕民自封投柜。甫月余，而两限将竣。至严季考，课农桑，饬保甲，罔不奉行尽善。祀宜章'名臣'。"

康熙五十三年甲午（1714）《兴宁县志》卷之三《秩官志·署篆》中记载："康熙五十三年续：杨葳：字圣叟，四川犍为人，由举人、宜章知县，康熙五十三年署宁。廉洁，居秉精明。宜，卓有政声。前经抚宪赵首列荐判，复屡以署，籍公盘错，东而桂阳（今汝城县），而永兴；上而郴州，远而衡之（州），无不被公恺泽焉。甲午（1714）春，邑失侯，士民（盼）公之来。俄有传公他摄者，则皇然尤走；神曰：来则欣然喜。阅月，而公果来矣。公甫至，则察宁之地、相宁之时，以为更始之治。见学宫之栋折榱（椽子）崩也，曰：不及时葺之，且大坏，遂毅然捐俸以首厥事。见邑乘（县志）残缺，后事未续也，曰：不及时补之，则泯前人之功而堕后人之志，又毅然捐俸，以重加修辑。至狱讼盈千，随到随问，两造输（舒）服，民自不冤。尤念悉恶佃霸骗成风，业主自种粑苗强获，致陷虚赔国课（税），饮恨无奈。公严加整治，刊布告示以广其禁，此风赖以稍息。弊瞒上侵下，公惟较正法焉，严剔弊端，民自封投柜。甫月余，而两限俱将告竣，而公未差一签一欠也。他如勤季考以振文风，风时劝课以重农桑，饬保甲而盗贼息，正戥称而市价平，良法美意未可殚述。要皆因时兴地而为之，不瓒瓒于其缓，且末者也。代庖未两月也而遂如是，将来治声又安可纪极也，宁民何幸而得此于公也。宜乎吾民瞿瞿然，既喜公之来，旋又虑无术以留公之将去也。"

蔰：拼音：diǎn。（1）古人名用字。（2）古书上说的一种草。

《兴宁县志·艺文志》中载有郭启恝写作的《怡怡楼记》，文中说："吾邑胡珍翁、竹翁二先生建层楼于居室之右，日夕寝处其中，友爱之声，溢于中外。岁甲午（康熙五十三年），犍为杨公圣与先生来署县事。以其暇日，饮宾从于城南云盖山缥缈亭。亭与楼相望也。酒酣，公凭栏四眺，指楼中人问之。或以二先生对，且详其所以。公曰：'是合以天，非合以人者也。'命撤宴去，造先生之楼。觞咏竟日。因匾之曰：'怡怡'……杨公好奖励人伦，自其题额后，诸骚人墨士多相过赋诗……"

《资兴市志·大事记》记载："康熙五十三年（1714），第五部《兴宁县志》编成、刊行。"

《兴宁县志》卷之首《旧志》中记载："康熙甲午（1714）志序一，署知县杨蔰。"《序》言中说："甲午夏，余代庖至宁，回念曩者历署诸城皆有志，而宁独无……况志之修也，距今四十有五年矣……自康熙九年而后者，各从其类，续于一十三卷之末，阅三月刻竣……康熙甲午季秋月（九月）。"

《兴宁县志》卷之首《旧志》中记载："康熙甲午志跋一，教谕邑人李德芳。"《跋》言中说："宁志自绿房（耿念劬）先生组而后，阅今四十余年矣……我杨父台以宜阳福曜，来纂于宁，不数月而百废俱兴……康熙甲午秋月既望。"这说明，杨蔰确实是从宜章知县调为兴宁县令的，时间为康熙五十三年"甲午夏"到职。

《兴宁县志》卷之首《兴宁县志七修原修姓氏》（重印本第 12 页）记载："康熙五十三年甲午：纂修：兴宁县知县犍为杨蔰。校修：邑举人胡国篇"等20 人。2016 年发现并收藏于资兴市档案馆的康熙五十三年甲午（1714）《兴宁县志》卷之三《秩官志》（员额、姓氏、名宦、武功）、卷之四《风土志》、卷之五《赋役志》、卷之六《祀典志》中，每一卷的开头均记载："奉直大夫知湖广直隶州郴州事叶臣遇鉴定，文林郎郴州兴宁县事耿念劬纂修，郴州兴宁县儒学训导吴士千校阅。"

关于资兴历次编纂的县志，陈光贻所著的《稀见地方志提要》卷十二（上）中介绍说："兴宁县志十三卷康熙九年刻本、四十五年增刊（北京图书馆藏）：清耿念劬修，林春芳纂……康熙四十五年，知县杨葳又为续补，各从前志纲目，增于每卷之末。"从这则记载来看，杨葳任兴宁知县的时间，起码在"康熙四十五年"。这应属于误记。

资兴发现康熙甲午《兴宁县志》［《湖南日报》2016年11月14日讯（记者　李秉钧　通讯员　何志强）］："今天，资兴市档案局局长戴忠诚介绍，他们征集到一本清朝康熙甲午年修订刊印的《兴宁县志》。据悉，此志书是目前发现的资兴最早的一本县志，也是湖南唯一的知州、知县同修县志。康熙甲午年，即康熙五十三年（1714），距今已有302年。据《湖南省地方志综合目录》《湖南省图书馆馆藏湖南地方志目录》记载，中国各地图书馆均没有收藏康熙甲午《兴宁县志》。现在该书被发现实属难得，为珍贵古籍孤本。据光绪元年乙亥重修的《兴宁县志》记载，资兴市历史上先后有嘉靖癸卯志、万历乙卯志、天启乙卯志、康熙庚戌志、康熙甲午志、乾隆乙卯志、嘉庆丁丑志、光绪乙亥志等县志。康熙甲午《兴宁县志》是目前发现的资兴最早的一本县志。此次发现的县志为其中的3至6卷，分别是秩官志、风土志、赋役志、祀典志。据光绪元年《兴宁县志》记载，完整的资兴康熙甲午志共有13卷。此次发现的《兴宁县志》为官刻本，宣纸印刷，用纸、印刷精良，木刻字精美，而较常规志书的字显得小一点，更加珍贵，反映了清早期郴州、兴宁造纸工艺和印刷技术水平。此书具有一定的学术资料价值，从中可以窥探出300余年前资兴部分面貌。如书中记载康熙年间资兴不仅有虎、豹、豺、狼、猴子、穿山甲，还有熊、麋鹿、香獐、羚羊等动物，说明那时资兴生态环境很好。"

《兴宁县志·艺文志》中载有知县杨葳写作于康熙五十三年的《禁恶佃占田》，其中说："本县莅宜（章）九载，曾署临（武）、永（兴）、两桂（桂东、桂阳即汝城县），又曾护理州篆，此种刁风（恶佃占田）在彼数处事虽间有，不意兴宁为独甚也。余奉宪委来署此邑，恶佃耙苗，日每见告……"

《兴宁县志·艺文志》中载有知县杨葳写作于康熙五十三年的《季考告示》，全文如下：

照得宁邑，凤号名区。自王丞相振兴而后，金殿听传胪，两见状头游上苑；云瞿忻发轫，频闻榜首荐贤书。江汉朝宗妙赋，脍炙人口；英雄入彀春闱，领袖乎琼林。或一科而数人，蝉联雀起；或一门而数士，桂馥兰馨。邑乘所载，可考而知也。虽自嘉靖以来科名寥落，然大屈者必大伸，况清淑之气于斯为最，自必有毓秀钟灵，脱颖而出，联袂而登，以应此日之昌期者。本县侥幸虽早，攻读颇勤，筮仕宜章，如本州，如临武，如永兴、两桂，俱曾以代庖之，故悉其风土，识其人文，独于此有阙焉。今奉檄委而来，得日接其誉髦之士，倘不一探奇奥，是犹见海藏多珍，诧然缩步也。矧今翠樾浮阴，朱明永昼，正群隽心华葱茜文波演漾之时。而况岁值宾兴，揣摩既熟，触笔皆灵，是以吏冗稍闲，乐观静业，除牒儒学外，兹择于本月日，不论生童，无分文武，俱于是日齐集县堂，举行季考，明经国学。有不斯挥毫，欣然而至者，集裾联会，角艺操觚，共纬精思，直抒素蕴。本县得借冰蘗新篇，浣此风尘俗胃；就季考品题甲乙，作秋闱嚆矢先声。是诚艺林之兼资，文人之佳会也。跂望殊殷，幸册遐弃。

以上文章之中，也说明：杨藏在担任宜章知县的同时，曾兼任"宜章，临武，永兴、两桂"（桂东、桂阳——今汝城县）知县和"本州"（郴州）州篆。

《郴州大事记》中记载："康熙五十三年（1714）：'朝廷议准：民可取矿自给，二八抽税（官二民八）。'大凑山、黄沙坪、马家岭、雷坡石、松树背、绿紫坳等地矿坑先后启禁开办，郴桂矿业兴起。"

39. 陈善：康熙五十四年（1715）任

《郴州总志》："字九皋，福建晋江人，由贡监任上海知县，康熙中补任（兴宁知县）。建山川、社稷两坛，筑城隍庙歌台。邑人何瑶诰有记，见《艺文》。"

《兴宁县志·建置志》卷之四中记载：坛制：（1）社稷坛（在城西关）："康熙五十四年，知县陈善重建。"（2）风云雷雨山川坛（在南关水星楼左）："康熙五十四年，知县陈善修复。"

《兴宁县志·艺文志》中，载有恩贡何瑶诰写于康熙五十四年（1789）的《重建城隍祠并社稷山川坛记》，文中说："今春正月，邑侯晋江陈公来莅，惓惓于民人社稷。甫谒城隍神象，即为捐资，合殿绘塑，庙宇焕然一新。复建二门，上构歌台，左右修砌，广大宽敞。维时观者肃然起敬……"

双溪《王氏族谱》第四卷《慈房匾额》载："康熙五十年（1711）秋月，文林郎知湖广直隶郴州兴宁县正堂陈善，为国学生王家骏立'仕籍先声'匾额"——此处的时间，是否存在错误？应该掉了一个"四"字，即康熙五十四年（1715）。《弟房匾额》又载："康熙甲午年（1714）仲春月，文林郎知兴宁县事陈善，为溪卫教授王鸿立'英才待育'匾额"——此处的时间言之凿凿。"康熙五十六年（1717）季秋月，陈善为介宾王维正立'达尊有二'匾额。"

《古籍中的陈姓人》中说："《学诗》，清晋江陈善著。陈善，字孙敬，清康熙椽吏，官至上海知县。"《福清市志·古代人物表·历代进士》中记载中进士时间："清，陈善，字以昆，乾隆七年，1742年。"根据《兴宁县志》中记载的陈善"由贡监任上海知县"，则知其并没有中过进士。那么，此"陈善，字以昆"的人，并不是任过兴宁知县的"陈善，字孙敬"了——特录以备考。

《资兴市志·大事记》记载："康熙五十五年（1716），朝廷规定岁、科考试准予兴宁瑶族考生各1名参加应试。雍正三年（1725）又各增加2名。"

40. 王仁荣：康熙五十七年（1718）署。宝庆府通判

《湘南欧阳氏通谱》（资兴卷）第一卷载有王仁荣写作的《欧阳氏重修族谱序》，其中说："余自邵陵来宁，于水陆间见其山耸峙，而水清涟，在在引人入胜，昌黎所谓有清淑之气，信不诬也……莅政数月……迨七月中旬，值余生辰，邑缙绅先生及诸秀士咸称觚跻堂为余寿，因接欧子正名、光珊（族谱编纂者）……"最后落款题为"时康熙五十七年桂月朔四日，湖广宝庆督粮府兼摄兴宁县事王仁荣撰"。"桂月"，即农历八月；"朔四日"，即初四日。邵陵：晋避司马昭讳，改原吴昭陵郡置，治邵陵（今湖南邵阳）。隋废。

41. 颜天球：康熙五十七年（1718）任

《郴州总志》："字嗣图，福建省泉州德化县举人。岁苦旱，步祷杨林七姑仙及仰灶龙潭，甘霖大沛。邑人歌咏其事，梓有《喜雨集》。"

《兴宁县志·艺文志》中载有知县颜天球写作的《李烈妇传》（泌福妻宋氏）。文章中说："李烈妇宋氏，名丹桂，邑西江口宋曾琼之女，关厢学生李泌福之妻……（夫故）悬梁死矣，年始二十有一，时康熙五十八年正月乙未也。……死之日，远近闻者掩涕，阖学诸生诣余、请题旌，具闻上宪，中丞王公谓为巾帼完人。总制满公及提学缪公，亦以为两间正气，义烈可风，咸檄旌其庐云。"

《德化县志》卷十三《人物志（上）》中记载："颜天球：字嗣图，瑶市人。忠诚淳悫。授湖广兴宁知县。瑶、苗杂处，素梗化，球以诚抚之。首革重耗，苗民率服。旱魃为虐，露宿以祷，甘霖立沛。解任之日，士庶遮道扳辕。"

《湘南欧阳氏通谱》卷首载有颜天球写作的《欧阳氏族谱序》，其中说："余奉简书宰宁邑，下车不数日，有欧生正名、光珊（族谱编纂者）……（请余）一言以序之。"最后落款题为"时康熙戊戌岁（1718）季秋月，赐进士出身，文林郎知兴宁县事，龙浔年家侍教生颜天球顿首拜撰。""季秋月"，即秋季的最后一个月，农历九月。"龙浔"：镇名，位于德化县城关。

《湘南欧阳氏通谱》第二十四卷第3280页中记载："阳朝长子，正兰：耆老，字子芳，号水洁，法名行良。生于康熙辛丑年（1661）十二月二十三日，殁于乾隆乙丑年（十年，1745）正月十四日，葬欧阳垄同星岭冲天凤形。配黄氏，葬成江岭龙形，生女二、子五：光学、光攀、光文、光亨、光亮。"其《行实》中说："邑侯颜天球赐以匾曰：善盖一乡。"

双溪《王氏族谱》第二卷中，载有颜天球写的《璞英王年翁遗像赞》，文章的落款为："文林郎知兴宁县事温陵颜天球题，康熙五十八年（1719）岁次己亥孟冬月。"温陵是泉州的别称。德化县是福建省泉州市下辖的一个县，中国当代著名瓷器产地，1996年被国务院发展研究中心命名为"中国陶瓷之乡"，2003年又被称评为"中国民间（陶瓷）艺术之乡"，获"中国瓷都·德化"之称，2015年被世界手工艺理事会授予首个"世界陶瓷之都"称号，为中国古代三大瓷都之一。

《段氏续修族谱》末卷载有颜天球写的《幼素翁淑配王氏墓志》，文中说："余膺简命，承乏兹土……辛丑（1721）七月，余奉调至省归……"文章最后落款为："康熙六十年（1721）岁在辛丑七月中浣吉日，乡进士文林郎知湖广直隶郴州兴宁县事，庚子（1720）科乡试同考官温陵年家眷弟颜天球顿首拜撰。"中浣：中旬。也就是说：颜天球于"辛丑（1721）七月中浣"离任。

42. 缪锃：康熙六十年（1721）署。浏阳县丞

《兴宁县志·建置志》卷四中记载："城隍庙（在城西门内）：康熙六十一年，署知县缪锃乃更今制。"

《兴宁县志·艺文志》中，载有邑举人胡国篇写于康熙六十一年（1722）

的《重修城隍祠记》，文中说："宁之重建城隍祠，受命于署侯缪公。将落成，而公以得代去。"

经网络中搜索，在《万寿盛典初集》卷四十九中，有"选县丞（臣）缪錞"的记载。

錞：音 chún。释义：（1）古代一种铜质的军乐器，形如圆筒，上大下小，顶上多作虎形纽，可悬挂，常与鼓配合："以金錞和鼓。"（2）靠近。

43. 崔鹤龄：康熙六十一年（1722）任。山西汾州府临县进士，卒于署

双溪《王氏族谱》第四卷《弟房匾额》载："雍正元年岁次癸卯（1723）孟春月，赐进士、文林郎、知兴宁县事崔鹤龄"，为王恩顺等立"瑞蔼河东"匾额。"孟春月"，即农历一月、正月。

农历月份别称：一月：正月、隅月、孟月、端月、始春、元春、孟春；二月：如月、杏月、仲春、早春；三月：病月、桃月、季春、炳月、三春、阳春、暮春；四月：余月、清和月、槐月、孟夏；五月：榴月、薄月、仲夏；六月：且月、荷月、伏月、季夏；七月：相月、巧月、霜月、孟秋、桐月；八月：壮月、桂月、仲秋、中秋月；九月：玄月、菊月、季秋；十月：阳月、小阳春、孟冬；十一月：辜月、葭月、仲冬；十二月：涂月、腊月、嘉平月、季冬。

明《山西通志》中记载："崔鹤龄（临县人，进士）。"

《中国地方志集成》（巴蜀书社，1992年版）目录中，载有："山西《临县志》，知县杨飞熊续修，邑进士崔鹤龄、李棠荫主编，清康熙五十七年（1718）刊刻本。"说明崔鹤龄在担任兴宁知县之前，曾经在家乡撰修过县志。

44. 周天相：雍正元年（1723）署。浙江省钱塘举人，永兴知县

《段氏续修族谱》末卷载有周天相写的《祭德祥翁文》，文中说："忆予奉简命承乏永邑，往者奉委过兴（宁）盘查，道经桃源，见其洞别有天……今年秋，复奉宪檄来署兴篆，莅政数月……"最后落款为："文林郎知兴宁县事周天相。"然而，未具年月日，但说明周天相的始任时间为"秋"天。

这就是说：崔鹤龄雍正元年岁次癸卯（1723）"卒于署"之后，当年"秋"，由永兴知县周天相署理（兼任）兴宁知县。

《兴宁县志·杂纪志·灾侵》记载："癸卯，雍正元年：正月大雪。凡四旬，树木折倒大半。"

《郴州大事记》中记载："雍正元年（1723）：将丁银摊入田亩征收，郴、

桂 2 州年征地丁税共 12.64 万两。"

45. 董植：雍正二年（1724）任。河南省开封府南阳进士

经考证：董植的任职时间为"雍正三年乙巳岁（1725）夷则月"（农历七月）至雍正五年（1727）。

《郴州大事记》中记载："雍正二年（1724）：境内兴建社仓，供民间积粮备荒。改偏沅巡抚为湖南巡抚，下设衡永郴巡兵备道。"

《程乡谢氏族谱》2006 年续修之卷二《雍正年创修艺文》中，载有董植写的《耆民谢公讳崇绪、字子能寿帐文》，文中说："耆民谢子能，以孝友仁睦著称乡里，盖敦行人也。先是族人被事，上宪予缓赎而苦于贫难，子能率其弟连拔争出重金，为宗党倡，赖以贷。适余莅治未浃月而宪檄适至，得悉其事。余喜而嘉之，旌其庐曰'敦伦睦族'。"文章最后落款为："皇清雍正三年乙巳岁夷则月中浣谷旦，赐进士出身、文林郎、知湖南直隶郴州兴宁县事、前翰林院教习典礼董植题赠。"

笔者考：浃月：一个月；"未浃月"：未满一个月。宪檄：旧时称上官所发檄文的敬辞。夷则月：《史记·律书第三》载："七月也，律中夷则。夷则，言阴气之贼万物也。其于十二子为申。申者，言阴用事，申贼万物，故曰申。"根据上文的意思，董植开始担任兴宁知县的时间为"雍正三年乙巳岁夷则月"（农历七月）。当然，文章中所说的"宪檄适至，得悉其事"，是讲知其事的开始；再"余喜而嘉之，旌其庐曰'敦伦睦族'"。这些过程都需要时间——如果拖的时间比较长，最后到写作文章，这么倒推时间的话，也可以理解为其开始担任兴宁知县的时间为"雍正二年"（1724）——但很勉强。

《陈留堂谢氏族谱》中载有董植写的《谢氏族谱序》，文中说："余生长河洛，壮游京华。兹奉简命出宰斯邑（兴宁）……"最后落款题为："清雍正五年岁次丁未（1727）仲春月，赐进士出身、文林郎、翰林院教习典礼、知湖南直隶郴州兴宁县县事、加三级、中州兰阳年家眷弟董植顿首拜撰。"这一条记载，证明董植之任到了"雍正五年"。

《兴宁县志》卷之四《公署》中记载："县署：大堂：西为兵、刑、工并承发科房四间，雍正五年（1727）、乾隆二年（1737），知县董植、王伯麟先后修建。"这一条记载，也证明董植之任到了"雍正五年"。然而，后面"李廷枢：雍正四年（1726）任"——何也？见后考证。

46. 李廷枢：雍正四年（1726）任。山东省济宁州举人，雍正四年简发湖南试用，五年之任。

《兴宁县志·建置志》卷之四中记载：（1）坛制："先农坛（在城南云盖仙之半）：雍正四年，奉文建庙立坛，置买耤田四亩九分，设农夫、农具、牛只，其耤田租谷动作祭费；每岁季春亥日致祭，祭毕行耕耤礼：知县李廷枢、张宗昺先后建置。"（2）《学校志》卷之七："文庙：雍正五年，训导杨而晋改复癸山丁向，众心翕然，科名颇盛。知县李廷枢修棂星门。"

《兴宁县志·艺文志》中载有知县李廷枢于雍正七年写作的《复建头门仓舍记》，文中说："兴宁仓库，旧在大堂侧，不知几历年所，欹侧倾危，将有覆压之惧。予甫至，即撤而新之……"

《兴宁县志·山水》中记载："水岩：在南乡江口。嵌空一穴，广二丈许，中多石乳凝结，五色俱备。知县李廷枢游兜率岩经其地，题曰：'渐入佳处'。"水岩、江口：已被东江湖水淹没。今长盈头码头即是江口所辖之地，水岩在凉亭头村庄下面的湖水中。

《段氏续修族谱》末卷载有其写的《挽段贡元先生文》，文中说："余于丙午（1726）夏作令于宁。"最后落款为"文林郎知兴宁县事李廷枢"。

《高陂曹氏族谱》第一集第196页载有李廷枢写的《李孺人像赞》，最后落款为"雍正四年岁次丙午孟秋月中浣既望日，特授湖南直隶郴州兴宁县事李廷枢题"。

在《上坊唐氏族谱》第一卷中，载有李廷枢写的《温泉亭记》，文中说："丁未（1727）夏，余奉简命来长兹邑……"文章的落款为："时，雍正己酉岁（1729）仲冬月，乡进士、文林郎、知兴宁县事、济宁李廷枢。"

双溪《王氏族谱》中，李廷枢写有序言，文章中说："丁未（1727）之夏，余奉简命尹兹兴邑，甫下车访遗，编征文献……"文章的落款为："皇清雍正八年岁次庚戌（1730）春三月上元之吉，湖南直隶郴州文林郎知兴宁县事、加三级、年家眷弟李廷枢顿首拜撰并书。"又，双溪《王氏族谱》第四卷《慈房匾额》载："雍正戊申年（1728），乡进士知湖广直隶郴州兴宁县正堂李廷枢，为乡谥孝简王廷秀立'古道犹存'匾额。"又，雍正八年庚戌（1730）孟秋月，李廷枢又为耆英王家豪立"淳朴可风"匾额。

笔者考：（1）根据李廷枢自己写作的文章所说："丁未（1727）之夏，余奉简命尹兹兴邑。"应为雍正五年"丁未（1727）之夏"，始任兴宁知县。（2）再来分析上文，其文意应为"雍正四年简发湖南试用"，而其任兴宁知县则在"五年之任"。（3）然而，李廷枢有的文章则又说"余于丙午（1726）夏作令于宁"，并在同年秋有题词，不知何故？笔者认为，李廷枢应为"丁未（1727）之夏"任。

47. 刘肇相：雍正四年（1726）任。《兴宁县志·知县》中未载，据资兴《陈留堂谢氏族谱》补入——存疑

关于"刘肇相"任"知县"的问题，据《陈留堂谢氏族谱》记载，在雍正四年（1726）任知县的还有刘肇相，字瓯园。《陈留堂谢氏族谱》中载有其写的《谢氏谱序》，文中说："邑之东乡平石（今坪石）谢氏……今岁谢氏修谱，（谢）联升君撰稿问序于余……"最后落款题为："大清雍正四年岁次丙午孟秋，湖广直隶郴州兴宁县知县、登仕佐郎、通家弟三山刘肇相瓯园氏拜撰。"

经查《兴宁县志·艺文志》下篇，"刘肇相"的诗篇下面注明的却是"典史"。现将刘肇相的两首诗附录如下：

玉泉　（典史）刘肇相

老寺何年废？泉流直到今。龙蟠山骨冷，风静月华沉。

荡漾分光润，潆洄失浅深。试看秋夜景，谁作井头吟？

辰冈　刘肇相

辰冈天路近，石垒覆钟形。响应传更鼓，峥嵘占斗星。

文光涵水碧，曙色点山青。登眺频回首，题诗肯勒铭。

经查阅《兴宁县志·典史》中记载："刘肇湘（相）：福建福州闽县人，康熙六十一年（1722）任（典史）。有传。"再查其《传》："刘肇湘（相）：《郴州总志》：字甄园，福建福州闽县人，顺天大兴籍，由吏员康熙末年任（典史）。公余赋诗，著有《壮囊草》。卒于署，葬城外枣子坪。邑人为其立有'遗爱碑'。"

根据以上考证证明：刘肇相担任的职务为"典史"，而不是"知县"。

48. 倪其忱：雍正八年（1730）署。浙江省金华浦江人，由贡监任桂阳知县

桂阳县：今汝城县。

《兴宁县志·杂纪志·灾侵》记载："庚戌，八年：四月大水，溪涧四溢，南乡台前并高塘等处多遭患。"

49. 张宗昺：雍正八年（1730）任

《郴州总志》："字晖吉，陕西省庆阳府安化县拔贡。邑多讼，每逢告期，词以百计，公莅数月，讼庭遂闲。义学久驰，赖以复兴。甫一年，改教归里，邑人思慕，以为张公乃'谢乃实'后一人焉。"

《兴宁县志·建置志》卷之四中记载：坛制："先农坛（在城南云盖仙之半）：雍正四年，奉文建庙立坛，置买耤田四亩九分，设农夫、农具、牛只，其耤田租谷动作祭费；每岁季春亥日致祭，祭毕行耕耤礼：知县李廷枢、张宗昺先后建置。"

《兴宁县志·艺文志》中载有知县张宗昺写作的诗词，抄录如下：

游伴山亭 亭在排塘泼泼岩 （知县）张宗昺

胜地谁堪匹？环山势更幽。遥分千嶂雨，近带一帘秋。

菊淡舒瑶座，云深护竹楼。公余频玩赏，别过兴还留。

《上坊唐氏族谱》首卷载有张宗昺写的《唐氏族谱序》，文中说："庚戌（1730）秋，余以捧檄南来。"文章最后的落款为："雍正九年辛亥岁（1731）仲冬月，特简文林郎、知兴宁县事、古秦张宗昺。"古秦：咸阳，泛指陕西省。

50. 王伯麟：雍正九年（1731）任

《郴州总志》："字懿斋，四川省保宁府广元县（今广元市）举人。甫下车，详革陋规，勒石永禁。建文昌祠、魁星楼，并置田亩以善守者，就其处扩为义学，延师课士。表节孝，举优行。莅治九载，行取主事，调永顺县候升。邑人检其政绩，作为诗歌曰《实政录》。"

《兴宁县志》卷之四《公署》中记载：县署：（1）大堂："西为兵、刑、工并承发科房四间，雍正五年、乾隆二年（1737），知县董植、王伯麟先后修建。"（2）戒石坊一座（旧为戒石亭）："万历十年（1582），知县黎可去亭作坊，坊上书《戒铭》；乾隆二年，知县王伯麟复建。"（3）西书房二进六间："雍正十一年，知县王伯麟修建。"（4）后衙二进六间："雍正间，知县王伯麟重修。"（5）《官置附》中记载："育婴堂（在县治头门前左）：四缝三间，厢房二间、总房一间（屋宇虽建，未有育婴经费）：雍正十三年，知县王伯麟奉文捐建。"（6）武庙（旧称关帝庙，同治五年奉文称"武庙"，有二处。一在城内城隍祠左）："雍正十一年，知县王伯麟扩建为前后二进。"（7）文昌宫（旧在司训斋）："知县王伯麟合建，文昌祠、奎星楼在义学内，即今汉宁书院。"（8）"桥"："大板桥：在县西双溪洞（今东江镇文昌村与星红村公路交界处），旧系石墩架板，雍正间，知县王伯麟倡建石拱。后水冲破，里人王元吉等募金重修。"（9）卷之七"学校"："书院（文昌书院）：雍正十一年，知县王伯麟改建于城西北隅壕上，即今书院处也。爽垲高阔，栋宇四进。后奉文昌，中为楼奉魁星，旁为书院一十余间。延邑人郭启悊主课。除学俸外，捐置田亩以膳守者。"

《郴州大事记》中记载："雍正十年（1732）桂阳州升为直隶州，附郭平阳县，领临武、嘉禾、蓝山；改衡永郴分巡兵道为衡永郴桂分巡兵道。"

《兴宁县志·杂纪志·灾侵》记载："壬子，十年：四月初八日，雨雹。"

《资兴市志·大事记》记载："雍正十三年（1735），知县王伯麟发动捐款，在县城建办育婴堂。"

《兴宁县志·艺文志》中载有知县王伯麟写作于雍正十年的《详革陋规碑》。这是一篇严厉禁止官场送礼的文章，故"奉各宪批准，现在立石署前"。

《兴宁县志·艺文志》中载有知县王伯麟写作于雍正十一年的《鼎建文昌祠魁星楼并义学记》，讲的是因调处纠纷、取得办学建设用地的故事。全文如下（括号内的说明为笔者所加）：

文昌、斗魁，垂为天象，而学校中祀之，以其主文场而司禄命也。义学者，所以育英才而受天糈，权舆乎学校者也。兴宁神祠，旧附司训之斋，廊宇逼仄，余兹不安。而义学缺略，设建亦未得所（无地可建）。辛亥（雍正九年，1731）秋，会袁、李二生以土地之故质于余（因为土地打官司），各请往勘。去学宫数十步，李氏已营治书舍，坐坎向离，堂室具备；前后两厢，能容数十人。其场圃隙地，周遭十余丈，悉可增成广厦。因念二生结讼连年而未能下，不可不谋。为解纷计，遂并其基址、庐舍而归之公，以奉文昌，以设义学。而量给木石匠作之费于李氏，两造惬服。绅士闻之，悉敛金以偿。尤不足，则以李氏所居城西公地摘横三丈，直十一丈批给之。邑人咸谓斯举也，讼端息，神祠建，义学以兴，数善备是。余自视欣然。明年，鸠工庀材，即祠前建楼，以为醮魁之所。又易居民曾氏地，以廓其面势。捐俸买田五十石，招僧守之。总计栋宇四进，新旧楼房合二十余间。因榜其祠，曰"文昌"，楼曰

"魁星",堂曰"敬业"。敦端士郭讳启愆(双溪——今东江镇仁里郭家人,邑廪生)以为学者师,而来游者日众。又明年春,而工程告竣,卜日偕腾、黎二先生及督事刘尉与邑之绅士,肃神祭告,合乐宴饮而落之。是日也,宿雨新晴,气象光霁,彩云朝飞,明霞夕映,天文也;歌台振响,舞袖飘空,四座琳琅,冠裳毕集,人文也;瑶冈勃郁当其前,囷水(县城之河)波滴出其下,山翠围绕而生色,佳木森秀以流形,春华也;学者于此,啸歌古人,自得于撷经史之膏腴,为黼黻(fǔ fú)之文章,则秋实也!今圣主佑文,多士云兴,于以出素业而克酬知眷,岂异人任哉?余于此有厚望焉!是为记。

《上坊唐氏族谱》首卷载有王伯麟写的《唐氏族谱序》,文中说:"辛亥(1731)之春,余赴湖南星沙候试用,同年唐君托余访其族裔……迨除授兴宁,余以忙,此约未能卒践。今岁夏五,有唐子作等以家谱成(请余写序)……"最后落款为:"雍正十年壬子岁(1732)蒲月望日,乡进士、文林郎、知兴宁县事、中州王伯麟。"

《段氏续修族谱》末卷载有王伯麟写的《段台捷淑配廖氏六旬寿序》,其落款为:"雍正十二年岁次甲寅(1734)季夏,特简湖南直隶郴州文林郎知兴宁县事王伯麟。"《段氏续修族谱》末卷载有其写的《淮山段翁夫妇双寿序》,落款为"特简文林郎知湖南直隶郴州兴宁县事王伯麟";最后在附记中说:"戊辰(1748,乾隆十三年)正月,再至兴宁晤淮山、季昆永澄。山头握别意怦怦,重到桥西话牒成。芝宇相欣犹未改,岁华却怪已频更。江间泼剌鼓游值,柳干笙簧抽织莺。连日莫辞达曙饮,一回相见一回情。"

《程乡谢氏族谱》卷一载有王伯麟写的《序》,最后落款为:"大清雍正十三年乙卯(1735)冬月,兴宁县知县王伯麟。"

资兴创建于明万历五年(1577)的《汉宁书院》简介中说:"清雍正十一年(1733),知县王伯麟迁建于城西北隅,有大门、敬业堂、魁星堂、文昌楼四进,另辟射圃、射亭、关帝祠(武庙)。"

湘西自治州网《[乾隆十年]永顺县志四卷》中介绍说:"清,李瑾纂修,王伯麟增修。瑾,云南河阳县(今徵江)人,举人,雍正七年(1725)永顺知县。伯麟,四川广元人,举人,乾隆四年(1739)知县……乾隆九年伯麟上承二志增修核定,成书十三门五十四目,八万字,较李志增文数倍。"

《兴宁县志·艺文志》中载有"雍正十三年"(1735)的《详豁小拨船

差》，文中虽然没有署名，显然是"特简文林郎、知湖南直隶郴州兴宁县事王伯麟"所作。全文如下：

等因准此：该卑职查得事关装运军粮急务，难容稍延时刻，当即密差干役，前去县属各埠头，着落各船总星飞雇觅外，唯是职查宪治，及卑邑地方之小拨船只，船身仅长丈余，宽只二尺余寸，其船头则只高数寸，而水手亦只容一人。凡往来长衡一带，稍有风息，即为停泊而不敢行。此久在各宪洞鉴之中。今查长衡运米赴黔，必由长沙以抵常德，由常德转入辰河，方抵黔境。无论辰河之清浪等滩，船小夫少，滩高浪涌，万难直上。即自衡至常，尽皆大江，且中隔天星等湖，一遇风浪，则波涛汹涌，雪浪滔天，似此如瓢小拨，使其负彼重载，冲风破浪而行，能保其相安无事者，诚万难也。所以前奉取小船运米前往龙驹寨等处，亦只敢用秋舡，而并不议及于郴属之小拨，此即可为前鉴矣。卑职微秩末员，固不应妄为冒详，以干推延之咎，但事关军粮重务，卑职既深知碍难施行，若静默雍于上闻，倘将来船不能载，另行雇觅，则往返耽延，而军粮已被迟误。且恐一经勉强压令装载，而大江之风涛无常，设有虚虞，在船户一身一舟固无足惜，其如万不可缓之军需何？是以不揣冒昧，除一面现在将船雇觅外，相应具文，详请宪台俯赐鸿裁，或应照依来关，即将各船押往衡河听用。或候宪慈，转请各宪酌夺，暂缓开行，以免虚糜国帑，穷民枉受奔驰，则弹邑官民，均沐洪恩无既也。

从上文知县请求"宪台"（湖南巡抚）免除用东江小拨船"承差"运送军粮一事，可以看出资兴当时的交通状况：有"军粮"也运不出去。

《兴宁县志·杂纪志·灾侵》记载："丙辰，乾隆元年（1736）：六月不雨，至十二月始雨。"

51. 苏畅华：乾隆四年（1739）任

《郴州总志》："字子实，云南省石屏拔贡。性严正，才敏捷，听断平允，待绅士甚恭，于立品善读书者尤加器重，或造庐以礼，或量给膏火以助。十年（1745）春奉调绥宁。解任时，士民阻饯者，载酒塞途，直抵东江。士民歌颂其德，邑人哀而付之梓，颜曰《棠咏》。"

《兴宁县志·杂纪志·灾侵》记载："己未，四年（1739）：虎灾。先是雍正十二年，南乡多虎患。至乾隆二三年，率月伤数人，六年尤甚。众请粤东巫师遣之，又立赵公庙于人和墟。上宪复饬令地方官尽法驱捕。迄至八年四月始获一虎，三百余斤。壬戌，七年（1742）：六月，郴、宜等处来籴，银三钱斗米。是月十五日大雨至二十二日，涨水坏近江田禾，西垒尤酷。"人和墟：渡头街墟场，现已被东江湖水淹没。西垒：今何家山乡所属之村。

《兴宁县志·建置志》卷之四记载：（1）武庙（旧称关帝庙，同治五年奉文改称"武庙"，庙二，一在县城西北隅濠上）："乾隆八年立碑。"（2）卷之七《学校志》：文庙："乾隆七年，知县苏畅华、教谕陈宗溥率绅士迁崇圣祠于庙后，建尊经阁于祠左，移明伦堂于阁前。"

郴州知州胡星写作的《重修八面山路记》（载《兴宁县志·艺文志》卷十）中说："迨壬戌（1742）夏，因编甲务巡历各属，由宁之桂，亲历其地……缘是，归而谋诸属吏，共结善缘。余捐薄俸以为之倡，各属亦欣然乐从。即令宁邑苏令纠工督匠，董率其事。因山之左有旧开小路，较为坦夷，重加修砌。披荆填石，务求宽稳；移置邮递，以增烟火；建造客房，以便憩息。至癸亥（1743）春，始得告竣。"这说明，苏畅华在知州胡星的任命下，主持修缮了八面山道路。值得说明的是，在《兴宁县志》（重印本）中，这篇文章标为"乾隆二年，郴州知州胡星"。根据胡星本文的记载，这篇文章写作时间为"至癸亥（1743）春，始得告竣……是为记"。因此，"乾隆二年（1737）"是错的。这一年，胡星刚刚进入"楚"境、在耒阳担任知县。此处应更正为"乾隆八年（1743），郴州知州胡星"。

乾隆九年甲子（1744），督学阮学浩写作的《重修县学记》（载《兴宁县志·艺文志》卷十）中说："岁己未（1739），石屏苏君子实来宰斯邑（到兴宁任知县）……建议重修（县学）。一时众情踊跃，协助者不日而集，鸠工庀事，考落有期。适浩按试抵郴，嘱记其事，以示于后……爰推苏君相属之谊而为之记。"阮学浩：字裴园，号缓堂，清代淮安府山阳县人。雍正八年（1730）中进士，历官翰林院检讨，《四朝实录》编修，提督湖南学政，主持陕西、山西乡试，任京都会试同考官，赠中宪大夫通政使司参议。

乾隆九年，苏畅华也写作了《重修学宫记》，文章中说："余己未（1739）秋，下车兹土，兢兢图报国恩，他务未遑，首以隆学兴教为急……辛酉（1741），余出项捐俸，先备四配十哲神龛，大成门匾额，正殿垣墉，两庑牌位，而其他具不能无待。壬戌（1742），幸岁物丰稔，吏民相安，爰集诸绅士，谋所以增修而建造之……是年，司训渠阳潘先生至，复协力以新其署，而气势愈见峥嵘。"文章中说的"是年，司训渠阳潘先生至"，司训是旧时对于县学教谕的别称，此即指兴宁训导"潘岱：通道岁贡，乾隆八年任，有传"。

《兴宁县志·艺文志》中载有知县苏畅华于乾隆九年写作的《详禁田麻议碑》。这是一篇禁止在田里种麻（因而减少了粮食）的告示。其原因是，乾隆二年（1737），县民胡万山赴前院张、呈控张等废田栽麻一案，批经前道宪刘查议详准批饬"听民各相土宜，随种取利"，因而成风。现在人口增加，"卑邑山占其九，田居其一"，"民田多不种稻而种麻"，每岁仅一次收获，麻则每年三次割剥，造成"麻多而谷少，谷少而价昂"之势，因而采取严厉措施，并立碑"永远禁止"。

《兴宁县志·艺文志》中，载有知县苏畅华写作的《李节妇传》（士贵妻林氏），文章中说："李节妇林氏，名兆第，邑西东江吏员林岱之女，乡进士林春芳孙女……余自下车，采邑中节孝，得氏申闻，喜其可式乡间，因次其行实为之传。"

《兴宁县志·杂纪志·寺观》记载：风神仙："在东乡白家洞。山形如覆钟，知县苏畅华题曰'最上一乘'。"

清乾隆九年（1744），苏畅华为《吴氏族谱》写了序言，载族谱卷十四《人物》篇。

双溪《王氏族谱》第四卷《孝房匾额》载："乾隆九年（1744）仲冬月，特简文林郎知湖南直隶郴州兴宁县事加三级苏畅华，为吏员王世纬立'名策天府'匾额；乾隆十年乙丑（1745）仲夏月，为乡耆王世绍立'食德寿岂'匾额。"

中央研究院历史语言研究所明清档案工作室存有"湖南巡抚杨锡绂"乾隆十二年二月十五日《题报前曾被参县官钱粮全完请准开复》的奏折中说（原文无标点）："乾隆九年分奏销案内，原报……兴宁县经征知县今补湘潭县知县苏畅华接征署事。善化县县丞路可大未完知县缺俸银壹两叁钱零、裁缺民壮工食银柒两、缺廪膳银柒钱零、缺乡饮银贰两，知县食过编俸扣抵罚俸银叁拾两壹钱零，经前抚臣蒋溥据册核参部覆在案……详请照例开复。"这说明苏畅华离开兴宁后原拟所任职务为"今补湘潭县知县"。

苏畅华在乾隆二十二年（1755）以前曾任湘西凤凰厅通判。《凤凰厅志》记载：大成殿"通判苏畅华重加修饰"。

52. 陈亨元：乾隆十年（1745）署。四川省举人，简发湖南试用，乾隆十年二月署

《兴宁县志·杂纪志·灾侵》记载：“乙丑，十年（1745）：夏饥。银四钱斗米。”

《资兴市志·大事记》记载：“乾隆十年（1745），县内瑶族居住区设瑶总、千长等官职。”

53. 路可大：乾隆十年（1745）署。选拔，善化县丞，乾隆十年夏署

双溪《王氏族谱》第四卷《孝房匾额》载：“乾隆十年乙丑（1745）季夏月，湖南直隶郴州兴宁县正堂加三级路可大，为寿母陈氏立‘节寿双辉’匾额。”

中央研究院历史语言研究所明清档案工作室存有“湖南巡抚杨锡绂”乾隆十二年二月十五日《题报前曾被参县官钱粮全完请准开复》的奏折，见前“苏畅华”条。

54. 福隆阿：乾隆十年（1745）八月任。《郴州总志》：“字爰郅，镶黄旗举人。岁大饥，权宜发仓赈济，择绅士老成者监粜，或贫不能籴，则令殷实人代领，秋成归仓。又捐诸生科举盘费，减收童生应试卷价。后调常德桃源县，人咸慕其德惠政焉。”

资兴《段氏族谱》［此谱始于乾隆乙丑（1745），落成于戊辰（1748），历时四年］中，刊有“文林郎、知直隶郴州兴宁县事、丁卯科（1747）乡试同考官年家眷弟福隆阿”撰写的《兴宁段氏重修谱序》，其中说：“戊辰（1748）春，有二生，段月溪、练江自常宁来兴（宁），与其族绅士远侯、一韩、淮山（十人）诸年兄，投刺谒予，并呈其所作谱牒丐序。”这说明他在乾隆十三年（1748）春还在任。

《清代永州知府名录》中记载：“福隆阿，镶黄旗，乾隆二十一年（1756）任。”

《清代浙江官员履历目录》中记载：“福隆阿：镶黄旗兆亮佐领下，乾隆三十五年（1770）浙江温州府知府。”

台湾的《台州风雅事系列》中说：“福隆阿，道光十八年（1838）任台州知府。”显然，这个“福隆阿”并非曾任兴宁知县的“福隆阿”。

55. 朱钥：乾隆十三年（1748）任。顺天宛平举人

《兴宁县志·杂纪志·灾侵》记载："戊辰，十三年：冬无雪。次年疫大作。己巳，十四年：三月晦日，风雹大作。夏大疫。"

《医源资料库·中医词典》记载："《本草诗笺》：药学著作。十卷。清朱钥撰。刊于1739年。全书将872种药物分为诸水、诸火、诸土、诸金、诸石、卤石、山草、芳草、隰草、毒草、蔓草、水草、石草、苔草、诸米、诸菜、诸果、水果、诸味、香木、乔木、灌木、寓木、苞木、藏器、诸虫、龙蛇、诸介、诸禽、诸兽、人等部。又将每种药物的性味、功效和临床应用编为七言诗，以便习诵。现存几种清刻本和一种石刻本。"

56. 张勤治：乾隆十五年（1750）八月署。四川省遂宁拔贡。以州判试用

《兴宁县志·杂纪志·灾侵》记载："庚午，十五年：牛瘟几尽。次年春耕用人犁。"

乾隆二十年（1755）八月二十八日，湖南巡抚杨锡绂有一篇《题请将拔贡出身之道州州判龚锜调补郴州直隶州判，其所遗员缺由试用郴州直隶州州判张勤治署理》的奏折，文中说（原文无标点）："查有试用（郴州）直隶州州判张勤治，拣发湖南历经委署尚未得缺，因署兴宁县，任内失察私雕假印，降一级调用，于乾隆十九年（1754）遵旨速议，具奏事例，捐复原官，仍发湖南委用，现委署郴州州判。该员均能实心任事，勤慎办公，请即以张勤治署理道州州判，仍俟试看一年。如果称职，另请实授……今升调直隶州州判，应否再行送部引见？听候部覆。"

57. 黄福：乾隆十五年（1750）十月任。江西新城进士

《兴宁县志》卷之四《公署》中记载：县署："大堂三间：乾隆十六年，知县黄福重修。"

《兴宁县志·杂纪志·寺观》（重印本430页）中记载："真君宫：系江右客民会馆，内奉许真君。康熙五十年，置地名三都将军庙禾田一十七石半；乾隆三年，又置地名油草塘飞虎吉禾田三十石；十八年，又置地名十里洞蛇形禾田四十五石，以供住持。乾隆十二年重修，知县黄福置匾、联以奉之。因此田不载邑中斋田册，故详之。"此处的"乾隆十二年（1747）"，是否为误记？或为县志重印之中的错误？存疑于此。

浙江保利国际拍卖有限公司2008年3月7日拍卖的黄福"行书七言联屏

轴"简介中说:"黄福,江西新城人,乾隆四年(1739)进士。"

58. 官书禄:乾隆十六年(1751)署。山东文登副榜,芷江县丞

《兴宁县志·杂纪志·灾侵》记载:"辛未,十六年:夏,饥。银三钱七分斗米。秋七月十一、二日大水,漂流尸棺无数。"

59. 凌鱼:乾隆十六年(1751)署。《郴州总志》:"字西陂,广东番禺(今广州)进士。才敏捷,性和缓,治事若不经意,而案卒无留牍,勤行季考,鉴拔甚明。"

《兴宁县志·艺文志》中载有知县凌鱼的诗词,抄录如下:

滁口道中 (桂阳知县旧署兴宁) 凌鱼

深林穿仄径,幽涧走银涛。雨意收巫萝,禽声带楚骚。

群峰争抱石,一水仅容刀。野叟遥相认,停锄慰客劳。

游兜率岩 (桂阳知县旧署兴宁) 凌鱼

杖策俯层曲,眺兹兜率山。中有一仙岩,野云长为关。

绿萝既峭蒨,黄鸟兼绵蛮。伊余拂云入,古色争斑斓。

石烛光微露,玉磬声何珊?仰见佛跌坐,侧闻猿欲还。

燃松耿灵曜,尽兴穷跻攀。丹溪阻以深,渺然非人间。

刘华寿编注的《郴州历代诗文选注》第313页选载了凌鱼的《游兜率岩》诗,在注释中说:作者凌鱼,番禺人,清朝进士,乾隆十七年(1752)曾任桂阳县(今汝城县)知县。这首五言古诗,载清嘉庆《郴州总志》卷之二十八。

峭蒨:拼音 qiào qiàn,鲜明(高耸挺立)。绵蛮:鸟叫声。《诗经》"绵蛮黄鸟"。珊:珊珊,象声词,声音舒缓。佛跌(fū)坐:佛像双足交替而坐。燃松:烧着松枝照明。穷跻(jī)攀:探寻奥秘尽情攀爬。

兴宁书院乐成,规制宏敞,爽然巨观,喜赋二律,呈罗带溪寅长

(桂阳知县原署兴宁) 凌鱼

鸠工几载辟城隈,作始曾闻旧尹来。

四壁已开弦诵地,百年还豫栋梁材。

绮疏绕砌通凉月,杰阁凌云接上台。

从此资江成鹿洞,春风桃李及时栽。

作人雅化咏菁莪，讲学从来乐事多。

吏治岂唯涂色泽，儒林应复振枝柯。

潜鳞待跃归沧海，栖凤须培上曲阿。

破落喜君能养士，兴来聊用纪长歌。

兴宁署中和许宛彤见怀韵 （桂阳知县原署兴宁）凌鱼

秋入资阳苦雨淫，溪流随处似江深。

笋舆度陌晴观稻，铁马当檐夜拂琴。

坐爱远山含秀色，起闻中泽发清音。

心劳又见瓜期代，尺素空烦出故岑。

初春自竹篙岭下丰溪至东江 （桂阳知县原署兴宁）凌鱼

顺流乘雨下丰河，路入溪桥雪转多。

古寺地寒僧送炭，浅船蓬断客分簑。

石峰抽笋当胸出，滩鸟呼群向眼过。

最喜梅花香匝岸，枝枝摇曳逗阳和。

郴州地区网 2004 年 10 月 22 日发布的《［乾隆］桂阳县志十三卷》介绍说："清，凌鱼纂修。鱼，字西波，号沧洲，番禺（今广州）人，乾隆壬戌（1752）知县。"桂阳县：今汝城县。

刘华寿编注的《郴州历代诗文选注》第 314 页还选载了凌鱼的《过予乐亭》诗："孔颜真乐妙难名，吟弄千秋想二程。问柳喜逢云正淡，临川欣对水长清。应时禾黍皆含绿，适意鸢鱼更不惊。偶憩石亭思往事，流风谁得似先生。"刘华寿在注释中说：这首七律载清嘉庆《郴县县志》卷三十七。予乐亭：在汝城县境，传为周敦颐所建。二程：指北宋哲学家程颢（1032—1085）和程颐（1033—1107）。他们曾受学于周敦颐。先生：指周敦颐，号濂溪。

互联网《番禺人坊》中介绍说："凌鱼，字沧洲，凌边（村）人。清乾隆十二年（1747）举人，翌年成进士。历任桂阳、昭陵、醴陵等县知县，廉介明敏，治事若不经意而案无留牍。为官十余年，所至有政绩。辞官归家后，闭门养母、读书。三十八年（1773），应知县任果聘请，与进士檀萃主修《番禺县志》（世称任志）二十卷。著有《书耘轩》前后集。"

60. 李允性：乾隆十六年（1751）任

《郴州总志》："字远人，山西翼城县进士。听讼明决，至有一日归结六七案者。与绅士交有礼貌。岁当苦旱，步祷仰灶处雨，民赖以苏。改造黉门（学校）月墙，升东西两庑，建西街城楼，更书院于旧义学之前，每月亲临课士，谈经讲义，成就甚多。任五载，调攸县。"

《兴宁县志》卷之四《公署》中记载：（1）县署："大堂三间：左为听事房，乾隆十七年，知县李允性建。"（2）台下为东西二班公所，"乾隆二十年（1755），知县李允性重修"。（3）《官置附》中记载："射圃（在武庙右）：知县李允性建。"（4）卷之七《学校志》：文庙："乾隆十九年，知县李允性、教谕张增改建围墙，较旧制阔五尺，并东西两坊为东西向。"（5）《学校志·书院》（原为文昌书院）："乾隆十九年，知县李允性复大造栋宇于其前，广设桌凳，躬为月课，额曰'汉宁书院'。"

《兴宁县志·建置志》卷之四《兴宁县城》中记载："乾隆二十年，知县李允性修复东边城垣十余丈，并西南两楼（西曰'迎旭楼'，南曰'来薰楼'，皆有楼有门）。"

《资兴市志·大事记》记载："乾隆十九年（1754），县文昌书院改名为汉宁书院，并兴土木，扩建校舍。"资兴创建于明万历五年（1577）的《文昌书院》简介中说："乾隆十九年（1754），知县李允性重修，改名汉宁，每月亲临课士，谈经讲义，成就甚众。"

《兴宁县志·艺文志》中载有知县李允性写作的《月课告示》。告示激情飞扬（摘要）：

……楚南湖岳钟灵，晋兴（资兴）山麓毓秀。晴空月色，光映玉泉之波；云岫鼓声，韵留辰冈之窟。甲第黄师郑，李玠庵名魁锁院；仕官袁部郎、李侍御节凛严霜。黄世范孝友可风，士夫争颂，李叔仁文学足式，父子继征，洵是文献旧邦，允矣人材渊薮。不佞下车三载，校士数年，户拥径寸之珠，辉联数乘；人怀盈尺之璧，价重连城。惟念学成观摩，肆业必借讲习之地。邑属寥廓，赴期多艰斧资之人。因谋荐绅倡建书院，土木已举，旬日告竣。特与诸生订九月初八日暂集明伦堂月课……

这说明是他任职三年之际写作的，即乾隆十九年（1754）。

《兴宁县志·艺文志》中，还载有知县李允性于乾隆十九年写作的《喜雨亭记》，文中说："越甲戌（1754），余宰邑之三年，夏有旱，同城诸荐绅士步羊角山龙潭祷之，大雨。集宴公庭，亦同同年张十二学博，议建书院，众欣然！数月功成，且立亭，用揽胜概。余既喜书院之成之速，而并以喜成之之自于雨也。窃忆昔人喜雨之名，而亦以名吾亭。"

双溪《王氏族谱》第四卷《慈房匾额》载："乾隆二十年乙酉（应为'乙亥'，1755）仲夏月，湖南直隶郴州兴宁县正堂李允性，为节母何孺人六旬加一荣寿立'冰心映月'匾额。"

《兴宁县志·杂纪志·灾侵》记载："癸酉，十八年（1753）：春，二月初十日雨，至四月二十日始晴。秧苗大坏。见《州志》。"

61. 罗绅：乾隆二十年（1755）任

《郴州总志》："广西苍梧县拔贡。在任五年，百废俱举：广书院，增膏火，培城垣，建春亭，立赤帝宫，纂修志乘，制度焕然一新。雅善书画，工诗文，于邑先达之文行兼优，德望素著者，师事友处，始终如一。骎骎乎，有古贤尹虚怀好善风焉。"

据《桂东县志·清代桂东知县表》记载："罗绅，籍贯：苍梧；科第：拔贡；任职时间：乾隆十九年（1754）。"

《资兴市志·大事记》记载："乾隆二十一年（1756），雷连十二峒（今龙溪、连坪、东坪一带）瑶民多数改为新民（汉族）。"

忙于建设

《兴宁县志·山水》中记载：云盖山："乾隆二十一年，知县罗绅倡，邑绅樊文模等复建，迁奉魁星于其上，文峰卓然。邑八景称'云盖仙亭'。"

《兴宁县志·建置志》卷之四《兴宁县城》中记载："乾隆二十三年，知县罗绅修整西城门，并建复西北城垣，垛口自北楼起至西楼止。又修复东北两楼（东曰'结翠楼'，北曰'拱北楼'，皆有楼无门）。二十四年，更修复东边城垣，自北绕东至西，全城垛口俱整复。"

《兴宁县志》卷之四《公署》中记载："县署：（1）大堂：西为兵、刑、工并承发科房四间，乾隆二十二年，知县罗绅增建户二科房一间。（2）右为库房、柜房二间，乾隆二十二年，知县罗绅重建。同年，知县罗绅增建二科房一间。（3）戒石坊一座（旧为戒石亭）：乾隆二十三年，知县罗绅重修。（4）仪门一座三间：门左为土地祠，右前为相国祠，为监狱三间（又外监一间，女监一间），乾隆二十三年，知县罗绅重修。（5）二堂三间、厢房二间：乾隆二十三年，知县罗绅重修。（6）西书房一进六间：乾隆二十三年，知县罗绅建，额云'望云堂'，有记。（7）《官置附》中记载：起春亭（在东关赤帝宫后）：乾隆二十二年，知县罗绅鼎建。（8）巡警铺地：东冲桥边一块，宽六尺、长一丈；水星楼即迎恩门前左下一块，宽六尺、长一丈；欧王庙右前，即西街巷一块，宽八尺、长一丈二尺。以上三块，俱系乾隆二十四年，知县罗绅查复公地。（9）文昌宫（旧在司训斋，文昌祠、魁星楼在义学内，即今汉宁书院）：乾隆二十一年，知县罗绅改建为高楼，专奉文昌于上，移魁星楼于云盖仙山。（10）赤帝宫（在城东外青龙寺）：乾隆二十一年，知县罗绅奉文鼎建。庙制二进六间，旁筑围墙。附田亩：一处六都，地名上鸡垅，田五石；一处深坳长山里，新田八石，共十三石，税米九升二勺。乾隆二十三年，知县罗绅审结生员陈善控李连芳之案，连芳出具承耕，甘结存案。每年额租给守祠人收。（11）汉宁书院：二十二年，知县罗绅又增两廊房舍十间，高建层楼，移奉'文昌'于其上。"

《兴宁县志·艺文志》中，载有"邑举人"胡兴黉于乾隆四十八年写作的《重建生祠记》，文中说："此地为文昌祠旧址，实书院之权舆也。乾隆丁丑（1757），邑侯罗公扩崇阁于敬敷堂，移祀文昌帝君于其上，乃以其处为生祠，奉官司之。扩舍宇，增馆谷，培文教者，余不得滥厕，亦崇德报功之意也。其旁守皆有楼，上下可容肄业者十余辈，往余承邑父母聘九载，讲艺于斯，生徒多五六十，无有额于墙舍者。"

资兴创建于明万历五年（1577）的《汉宁书院》简介中说："乾隆二十二年，知县罗绅扩建斋舍10间，复并入故有义学，自作记，以明其兴学而'务实行'之旨，戒诸生'毋以名应'。"

《兴宁县志·艺文志》中载有知县罗绅于乾隆二十二年（1757）写作的《汉宁书院记》，文中说："乾隆乙亥（1755），余始摄篆，喜李君先得我心而惧无以观厥成也。乃于书院增廊舍十间，以处生徒。合故有之义学，改建高楼以祠司禄之神，为文昌新阁……"

《兴宁县志·艺文志》中载有知县罗绅于乾隆二十二年（1757）写作的《重修云盖山缥缈亭记》，文中说："云盖山，上有仙亭，为邑志八景之首。前明邑令麦公江修，迄康熙己酉，耿公念刳复鼎新之，所谓'八角缥缈亭'是也。惜圮废已久……丙子（1756），爰属都人士中能懂其事者，庀材鸠工，扩旧址，仿遗制，环以石砌……凡四阅月而亭成。"

县志中还载有知县罗绅写作的《望云堂小记》，文中说："戊寅（1758）仲秋，余居宁三年，政有余闲，乃营署前隙地为堂三间……"

县志中还载有知县罗绅写作的《新建赤帝宫记》，文中说："余既治宁之明年丙子（1756），乃买城外民地一抽，建庙于其中，为殿宇以栖神像。有门，有庑，竹树森立。后山又建一春亭，至丁丑年（1757）十一月工竣……"

县志中还载有知县罗绅写作的《春亭跋》和《怀清亭记》。

纂修县志

《资兴市志·大事记》记载："乾隆二十四年（1759）：第六部《兴宁县志》编成刊行。"

《兴宁县志》卷首《旧序》中载有"乾隆己卯（1759）志序一，郴州知州曾尚增"，《序》言中说："郴郡居楚上游，兴宁隶焉。宰斯土者，为苍水罗君。君以倜傥才，年未三十，膺民社任，历四载于兹。会余秉郡事，甫至星沙，君适来谒，指陈邑之利弊，凿凿如绘，知其政绩必大可观者。迨余下车后，廉访循声，所谓政通人和者，仿佛见之。近于公余之暇，悯志乘之失修，博采广咨，手自编辑。帙成，问序于余……独念余承乏郴阳，检阅遗编，颇多散佚，徒以簿书历录，半载以来，未遑厘订。他日将续而修之，其即以罗君此役为先路之导也夫。"

《兴宁县志》卷首"旧序"中载有"乾隆己卯（1759）志序二，知县罗绅"，《序》言中说："兴宁志，创修于前明李廷柬、陈元旦、王廷玑三乡先生。至国朝康熙庚戌（1670），邑令耿念劬重修之，号称美备。后四十有五年甲午（1714），署令杨葳续补之。距今又四十五年，其间因革变迁，时积事多……今岁大宪阐扬盛化，纂修《湖南通志》告成，颁布各属，凡宁之所有，悉班班见于卷中，已非复曩时之旧观也。绅于斯时承乏是邦，会士人有以重修邑乘请者，余谢不敏，因念夫统志、省志其纲也，邑志其目也……乾隆二十三年戊寅（1758）仲冬月。"

《兴宁县志》卷之首《兴宁县志七修原修姓氏》（重印本 13 页）记载："乾隆二十四年己卯：纂修：兴宁县知县苍梧罗绅；校修：郴州训导中湘张九镡"等18人。

互联网《〔乾隆〕兴宁县志十二卷》首一卷中说："乾隆《兴宁县志》，（清）罗绅修，张九镡纂。罗绅，字带溪，号宪甫，广西苍梧人，拔贡，乾隆二十年（1755）至二十四年兴宁知县。九镡，字溶湖，又字竹南，号吾溪，湖南湘潭人，乾隆进士，官内阁中书，翰林院编修，乾隆二十三年兴宁儒学训导，升郴州学正，著有《笙雅堂诗文集》《竹书纪年考证》。是志上承康熙九年（1670）耿志，下续康熙十年至康熙二十四年近事，始修于乾隆二十三年，阅十月成书，翌年刊刻问世，记事止于乾隆二十四年。正文分十二门百零五目，约二十四万字，为兴宁（资兴）六修县志。《封域志》幅员目有全境、全城、县署、文庙、书院、八景诸图。《山川》纪本境山、岭、岩、石、埠、江、潭、泉、井七十余处，较康熙九年耿志新增十余处，详载云盖山、郴侯山史迹及汤泉治疗效果，续载张九镡《兴宁水道考》和新增八景图说，有益于文物考古历史地理及水利研究。《选举志》列唐宋迄清各朝科第人士三百余人；《秩官录》存五代迄清县官近百人；《宦迹》收录宋元明清著名知县传略六十二篇，有裨于本邑历代政绩考索。《物产》目记谷蔬竹木、果菜花草、禽兽鳞介、煤铁土产二百七十余种，品种之多，居湘南各县之首。《艺文》存诰敕公移四十一篇，记序议传五十余篇，诗歌词赋近二百首。《拾遗志》收录宋咸淳十年（1274）郴州教授林应春《辰冈书院记》，清康熙八年邑庠生胡谦《学宫纪述》等十九篇文章，详记宋以来兴宁学宫之变迁。著述书目纪明二十二种、清三十四种，有裨于兴宁各家著作考索。是志体例完善，门目齐全，序论文齐，是湖南方志上乘。有乾隆二十四年（1759）刻本。"

勤于写作

《兴宁县志·杂纪志·灾侵》记载："丙子，二十一年：秋七月大水。初四日未刻，大雷雨，蛟自半都丛木桥后裂山而出，势甚汹涌，冲神龙桥至三都炭厂。铺屋漂没五六百间，淹死者三百余人。知县罗绅捐给掩埋、筑屋银，亲加赈恤。"

《资兴市志·大事记》记载："乾隆二十一年（1756），七月初四，兴宁一带下暴雨，半都（今碑记）山洪暴发，洪水冲毁神龙桥和三都炭厂，淹没店铺、房屋五六百间，死三百余人。"

《兴宁县志·艺文志》中，载有知县罗绅写作的七言古诗，记述了这一事件：

丙子七月书事　七言古（知县）罗绅

丙子初秋之四日，恶风吹雨雨声急。雷轰电掣江海翻，平地作川川水溢。合围已看松木颓，巨瓮又见神龙失。松木神龙皆桥名，不知天崩地塌欲何为？传是半都老蛟裂山出，昂冠掉尾雄鸡声，白鳞霏雪赤点漆。须臾千亩成洪涛，万灶人烟深夜泪。可怜赤子尽鱼头，逆折冲波马未逸。抱石倚树曾不留，埋沙入土那可缗。平明险过荒沮洳，遗黎何处寻家室？群号父母对我前，为民除害真无术。倾囊倒廪五百金，沉溺安能十济一？亡羊补牢竟何辞？悼死慰生良足恤。尝闻月令书伐蛟，渔师令严季秋律。澹台不作次飞亡，旌阳仙去空相叱。积诚悔过良有因，天变可畏殊难必。感此惨怛伤予心，痛定无忘今日述。

丙子：乾隆二十一年，公元 1756 年。

松木、神龙：原为碑记乡（古称"半都"）桥名，今为行政村名。

《兴宁县志·艺文志》中，还载有知县罗绅写作的诗词，抄录如下：

汉宁书院落成志喜二首　　（知县）罗绅

> 杰阁凭山建，光芒接斗城。
>
> 名区开旧尹，大业付诸生。
>
> 地爱书筠静，天依讲树清。
>
> 太平沾雅化，今日乐观成。

> 清淑盘桓处，规模此最宜。
>
> 雨亭留德泽，射圃习威仪。
>
> 庭有芝兰秀，门无车马驰。
>
> 辉煌泮沼近，共赋鹿鸣诗。

云盖仙亭　　（知县）罗绅

> 藤萝一径丞登仙，石壁涵虚上洞天。
>
> 山色远浮云气外，人家都在碧阴前。
>
> 依稀城堞分朝树，诘曲溪流度晚烟。
>
> 最是官斋凝望好，翠微终日映珠帘。

玉泉夜月　　（知县）罗绅

古寺何年化井头？跃鳞归去似云浮。

蟾光滴露深宜夜，桂影沉波满汛秋。

皎洁有情牵玉绠，高寒无语对琼楼。

他时饮马投钱去，一勺清风为我留。

井头：原清江乡清江村井头组（与黄桥村交界），地处玉泉映月池边——1986 年 8 月 2 日东江水电站大坝关闸蓄水后被东江湖水淹没。

回龙望日　　（知县）罗绅

梦里行惓忆祝融，鸡鸣山顶望瞳眬。

千层潮水全飞白，一道火云相送红。

直拥金轮辉世界，莫愁羊角舞春风。

应龙欲去频回首，笑指扶桑在此中。

瑶岭占晴　　（知县）罗绅

微茫百里浦溪横，一朵琼瑶分外明。

光射龙须初宛转，气蒸仙塔尚峥嵘。

如逢太史书云物，不用农夫课雨晴。

今日秋高无个事，早看曙色到层城。

程乡酃水　　（知县）罗绅

程乡酃水《水经》传，别派犹存官酒泉。

千日醉供高士兴，一盂清祝大夫贤。

应从同献知名早，自信移封得味全。

重与资阳拈旧景，观澜风月记年年。

兜率灵岩　　（知县）罗绅

宝气东南镇玉函，诸天青碧倚巉巉。

松明夜照云常冷，石乳寒生雪半嵌。

几处楼台喧寂历，无多钟鼓隔尘凡。

凭谁谱入名山记？道是当时一谢岩。

炉峰褭烟 （知县）罗绅

西望玲珑邈画图，屏风几叠胜香炉。

影穿奇石群峰绕，彩散莲花五色铺。

仙鸟飞来晴霭静，梵钟敲断暮云孤。

兴余扶杖登临际，九点齐烟得似无？

牛山宿雁 （知县）罗绅

严风蠢起玉巑岏，过嶂先惊路百盘。

人道牛山非信美，天留雁荡是奇观。

三冬羽浴全依暖，六出花飞未觉寒。

早晚衡南春信近，青霄漠漠见高翰。

赠同寅谭广文十歆（排律） （知县）罗绅

酃水耆英旧，程水物望推。苏湖垂律令，申状仰威仪。

已拂春风至，还看化雨宜。专斋聊自好，清俸乐频施。

俎豆存佳制，宫墙振远规。几除堂下瓮，不坏壁中丝。

雅惠分冰座，余明映雪帷。庇寒资广厦，种学得新畬。

礼器千年在，弦歌一邑思。迟心卜金玉，欲赋白驹诗。

本书笔者注：（1）畬：音 zī、zāi；开荒，初耕的田地；引申为开垦、耕耘，插入、树立。（2）同寅：同僚，一起做官的人。（3）谭广文，即谭显名：酃县（今炎陵县）恩贡，乾隆二十二年（1757）任兴宁县教谕——见附录《清朝教谕》。

《竹园何氏六修族谱》（清光绪壬寅年，即 1902 年编纂）第二卷，载有罗绅为其族写的《文昌阁碑文》，文章最后的署名为："乾隆二十五年（1760）孟夏月上浣，特简文林郎湖南直隶州知兴宁县事、加五级、记录五次罗绅。"

《高陂曹氏族谱》第一卷第 195 页载有罗绅写的《思翁老年台先生像赞》，最后落款题为："时乾隆二十五年（1760 年）岁次庚辰孟春月中浣，特简文林郎、知湖南直隶州兴宁县事，年家眷弟苍梧罗绅顿首拜题。"

罗氏通谱网2005年10月8日发布的《罗绅——直隶知州》中说："罗绅，字书宪，清广西苍梧人。乾隆十八年（1753）拔贡，官至澧州直隶知州。历州县凡十四年，以通道决狱明敏见称。乾隆二十年（1755）任湖南兴宁知县时，慎择邑中九人同纂县志，一手订成《兴宁县志》十二卷，时人称是志'文章赅洽，远异乎俗吏之为'。据著录，另纂有《通道志》一部。喜文学，志工书画。《广西名人志》有传。"

62. 赫伸：乾隆二十五年（1760）任。满洲镶黄旗举人

《兴宁县志·建置志》卷之四"桥"中记载："平政桥：在东乡清溪里铺下，上达郴、桂、江、闽，下达粤东、湘南。乾隆二十五年，贡生胡清洛等倡建石拱，将成，知县赫申过，请题桥曰'平政桥'，捐廉二十金，为之记。"东乡清溪里：彭市乡丹坳村清溪洞。铺下：今名"老铺下"。

《陈氏溥泉族谱》第二本340页中记载："应天子，启麟：廪生。字玉书，号溥泉居士（溥泉：今兴宁镇水井头）。清康熙三十一年壬申（1692年）四月初二日子时生。康熙五十二年癸巳（1713年）游泮，乾隆十九年甲戌（1754年）补廪。乾隆三十八年癸巳（1773年）六月二十六日殁，享寿八十二岁。配上方唐万里公女先娘，子四，女一。"其《行实》中说："邑侯赫公，仰慕甚殷。四时乡饮，首席是尊。赫公升后，耿耿于心。思慕不忘，寄物以赠。扇连福字，遗泽堪珍。"

63. 朱丝纶：乾隆三十年（1765）任。浙江长兴监生

根据《清实录·乾隆朝实录》卷之八百九十五记载："乙未（1775），谕：'李兆吉著革职。杨桑阿著交部严加议处。朱丝纶、张照藜、张拱极、何大璋、蔡昌诒、孟潜、杨锡绶，俱著交部察议。'"事见后文"李兆吉"条。

网站中说："朱丝纶，清朝政治人物。浙江长兴县人。曾担任过知县。朱丝纶为监生出身。乾隆三十六年（1771）六月，署任湖南永顺府龙山县知县。"

《清朝龙山县历任知县名录》载："朱丝纶，浙江长兴县监生。乾隆三十六年（1771）六月任。"

64. 张照藜：乾隆三十一年（1766）任。直隶磁州举人

根据《清实录·乾隆朝实录》卷之八百九十五记载："乙未（1775），谕：'李兆吉著革职。杨桑阿著交部严加议处。朱丝纶、张照藜、张拱极、何大璋、蔡昌诒、孟潜、杨锡绶，俱著交部察议。'"事见后文"李兆吉"条。

张照藜在赣州留有诗句。《赣州史话》中说："还有张照藜'粉堞重围资保障，画楼叠起倚崔嵬。旌旗云拥将军幄，章贡波环学士台。'（《虔州怀古》）"

65. 张拱极：乾隆三十二年（1767）署。山西保德州举人

根据《清实录·乾隆朝实录》卷之八百九十五记载："乙未（1775），谕：'李兆吉著革职。杨桑阿著交部严加议处。朱丝纶、张照藜、张拱极、何大璋、蔡昌诒、孟潜、杨锡绶，俱著交部察议。'"事见后文"李兆吉"条。

《保德州志》卷七《选举志》中记载："张拱极，乾隆壬申（1752）举人，四十一年（1776）由湖南浏阳知县升永州府同知。"

66. 何大璋：乾隆三十二年（1767）任。四川会理州拔贡

根据《清实录·乾隆朝实录》卷之八百九十五记载："乙未（1775），谕：'李兆吉著革职。杨桑阿著交部严加议处。朱丝纶、张照藜、张拱极、何大璋、蔡昌诒、孟潜、杨锡绶，俱著交部察议。'"事见后文"李兆吉"条。

互联网2008年3月12日发布的《抚宁县历代知县名录》中记载："何大璋，四川会理人，拔贡，（乾隆）二十一年任。"另外，他还主持编纂了《通渭县志》。

67. 蔡昌诒：乾隆三十三年（1768）任。江西上犹举人

双溪《王氏族谱》第二卷中，载有蔡昌诒写的《顺炳夫妇像赞》，文章的落款为："特授文林郎、署直隶郴州兴宁县事、年家眷弟蔡昌诒顿首拜题，皇清乾隆己丑（1769）岁仲夏蒲月。"

《程乡谢氏族谱》2006年续修之卷二《雍正年创修艺文》中，载有其写的《耆民谢公讳忠岱、字声远夫妇双寿帐文》，文章的落款为："赐进士出身、文林郎、署知直隶郴州兴宁县事、加三级记军功一次、年家眷弟蔡昌诒顿首敬撰，乾隆己丑（1769）岁仲秋月。"

根据《清实录·乾隆朝实录》卷之八百九十五记载："乙未（1775），谕：'李兆吉著革职。杨桑阿著交部严加议处。朱丝纶、张照藜、张拱极、何大璋、蔡昌诒、孟潜、杨锡绶，俱著交部察议。'"事见后文"李兆吉"条。

68. 孟潜：乾隆三十四年（1769）任。山西太谷举人

《兴宁县志·灾侵》之"逸事"记载："检烧尸。乾隆三十一年，有黄姓民因奸被殴死而焚尸于炭窑者,事越三载告发。三十四年冬,署令孟潜往检其窑,用火烧地至极热,以芝麻撒之,扫去,俨然一人形。其伤处,芝麻爆射有声。复检其形,地以新金漆桌面覆之,印见人形,伤痕宛然。乃如例上申定案。见《州志》。"

根据《清实录·乾隆朝实录卷之八百九十五》记载:"乙未(1775),谕:'李兆吉著革职。杨桑阿著交部严加议处。朱丝纶、张照藜、张拱极、何大璋、蔡昌诒、孟潜、杨锡绶,俱著交部察议。'"事见后文"李兆吉"条。

《太谷历史档案》中存有孟潜写的《太谷十景诗选·象水秋波》,诗曰:

象水涵清濑,微波动素秋。回纹澄阵雁,浅浪戏沙鸥。

兰芷多侵岸,蒹蔚欲溯流。断桥余夕照,何处觅渔舟?

69. 杨锡绶:兴宁县知县。江西举人。《兴宁县志·知县》中未载,据《清实录·乾隆朝实录》卷之八百九十五补入

《清实录·乾隆朝实录》卷之八百九十五记载:"乙未,谕:据永德参奏,兴宁县郭齐仁,致死黄化五一案,案经六载,官易七任。前讳后纵,上下因循,几致凶犯漏网。现任知县李兆吉,瞻顾前官,固执意见,并不细心推鞫。知州杨桑阿,两次率转,始终袒庇。请将李兆吉革职,杨桑阿敕部严加议处。所有从前承审之正署各令,并先经草率办理之按察使王太岳,均附参听候部议等语。李兆吉著革职,杨桑阿著交部严加议处,朱丝纶、张照藜、张拱极、何大璋、蔡昌诒、孟潜、杨锡绶,俱著交部察议。王太岳著一并交议。"

乙未年,即乾隆四十年,1775 年。按照以上史料的记载,杨锡绶担任兴宁知县的时间,在孟潜之后,而在李兆吉之前。"案经六载,官易七任":从李兆吉 1775 年"革职"往前推,则朱丝纶、张照藜、张拱极、何大璋、蔡昌诒、孟潜、杨锡绶,共七任,每届任期都不满一年:乾隆三十年至三十五年,共六年。杨锡绶任职的时间,应在乾隆三十五年(1770)。

民国《宜章县志》中记载:"清·知县·杨锡绶《揭邝忠肃公祠》(诗):

萧萧画角动边城,展卷犹闻太息声。

阉宦可能知阃略,乘舆何事必亲征?

三疏未报先心碎,一战无成势已倾。

闻道衣冠归故里,享堂愁看暮云横。"

70. 李兆吉：乾隆三十五年（1770）任。江苏省江都举人

《兴宁县志·建置志》卷之四《官置附》中记载："东塔一座（在城东塔岭上，与水星楼相对）：明天启间，知县汪梦尹建。国朝雍正六年圮。乾隆三十五年，知县李兆吉重建。"

《兴宁县志·艺文志》中，载有"知县李兆吉"写作的《读李节母传》（洛福妻），全诗（五言古诗）如下：

> 人生植大节，所重在纲常。况乃闺阁贤，矢志励冰霜。
>
> 青年失所天，号泣称未亡。以妇代子职，含泪奉姑嫜。
>
> 膝下有孤儿，慈训惟义方。篝灯工纺织，夜月照流黄。
>
> 弓裘幸下坠，笃佑在彼苍。长君贡成均，次子列胶庠。
>
> 以此慰母心，劬劳永相将。母曰酬泉壤，食报非所望。
>
> 瑞气溢庭帏，七十寿而康。孙曾欣蔚起，云路共翱翔。
>
> 盛朝重节孝，彤史擅芬芳。母惟持大义，曷敢邀阐扬？
>
> 赖有贤刺史（谢讳仲玩），作传纪其详。因之传志乘，万古饮名香。
>
> 母节诚可钦，母德毋相忘。愧我羁旅人，陟屺望高堂。
>
> 十年疏定省，风雨怅潇湘。对此心志怡，长言当表章。

"赖有贤刺史（谢讳仲玩）"这一句，讲的是郴州知州谢仲玩（经考证为"谢仲埙"），他写作的赞颂资兴人李有福的《送李邑侯序》和《李节孝妇传》载入了《兴宁县志》和《郴州志》。

李节妇："氏名礼韫，字寿姬，邑名庠笃敬女也。"《兴宁县志·列女志·节孝》中记载："李黄氏：逸士洛福妻。"《郴州总志》："洛为州司锡贵次子，三试童子冠军，厄弗遇，赍志而殒。氏年二十九，毁不欲生。乃父黄笃敬勉以大义，强起育双孤光禄、元禄成名。痛舅椠积年在殡，督二子扬历艰巨以葬厥事。有邻姬张贫欲嫁媳，氏慰止之，卒济以全。邑先达谋为请旌，氏坚却不允，年七十一以寿终。邑侯邓公家燕挽歌临祭，方伯秦公承恩饬发'陶柳高风'匾式表其闾。郡伯谢仲玩（埙）为传以纪实，载《艺文志》。后人汇集当代名公巨制鸿题得二卷曰《含贞集》。入（省）《通志》。"

《兴宁县志·艺文志》中，载有教谕熊光琛写作的《重建东塔记》，全文如下（括号内的说明为笔者所加）：

宁邑东塔，在城东岭头。志载明天启间，知县汪梦尹建（天启三年，即

1623 年任职）。本朝雍正六年（1728）圮，已四十余年矣。乾隆三十五年，邑绅士倡修学宫，先整理南塔，覆以铁瓮，又迎奎星于云盖山之缥缈亭，继重建是塔，经始于岁九月，至十二月落成。高五丈有奇，用公费二百金，使百数十年之倾圮者，巍然鼎新，与南塔双标插汉，拱卫文垣，诚盛举哉！是役也，邑君子争先踊跃，而经营劳勋，则贡生李光禄居多云。

熊光琛：长沙府益阳县（今益阳市）举人，乾隆三十五年任兴宁县教谕。喜谈诗文，善诱后进。有志之士，多赖其甄陶。

《清实录·乾隆朝实录》卷之八百九十五记载：

乙未，谕：据永德参奏、兴宁县郭齐仁、致死黄化五一案，案经六载，官易七任。前讳后纵，上下因循，几致凶犯漏网。现任知县李兆吉，瞻顾前官，固执意见，并不细心推鞫。知州杨桑阿，两次率转，始终袒庇。请将李兆吉革职，杨桑阿敕部严加议处。所有从前承审之正署各令，并先经草率办理之按察使王太岳，均附参听候部议等语。李兆吉著革职，杨桑阿著交部严加议处，朱丝纶、张照蓁、张拱极、何大璋、蔡昌诒、孟潜、杨锡绥，俱著交部察议，王太岳著一并交议。

这是一个错案被查后责任追究的典型案例。根据以上史料："乙未（1775），谕"："现任知县李兆吉著革职。"这确切地说明，李兆吉担任兴宁知县直到这一年才被"革职"。果真如此，则李兆吉前任与后任所标明的任职时间，都存在问题。然而，县志中记载"乾隆三十五年，知县李兆吉重建"东塔；上谕中的"案经六载，官易七任"，也与前述知县任职都相符——存疑。

71. 于兆熊：乾隆三十六年（1771）任。江苏山阳拔贡

《郧阳府志》卷五《官师志》：于兆熊，江苏山阳拔贡。

72. 江清：乾隆三十六年（1771）任。贵州安平举人

73. 李逢升：乾隆三十七年（1772）任。湖北孝感监生

网站中有资料说明："李逢升曾任沅陵知县——未注任职年代。"

74. 邓家燕：乾隆三十七年（1772）任。四川成都举人

《兴宁县志·学校志》卷之七中记载："汉宁书院：乾隆四十年，知县邓家燕改书院前截，修建考棚号舍于讲堂左右。"

资兴创建于明万历五年（1577）的《汉宁书院》简介中说："乾隆四十年，知县邓家燕、山长唐范兹改前半部为考棚，号舍可容五六百人，'造士'

'选士'始合为一处。"

《兴宁县志·艺文志》中，载有知县邓家燕写作的诗三首，抄录如下：

吊李节母黄氏三首（洛福妻）　　　（知县）邓家燕

西禽愁影入瑶池，缟帐霜寒描素姿。

卅载茹茶还饮蘖，苦心端合《柏舟》诗。

乌啼夜永漏淹淹，画荻丸熊灯火严。

历尽寒更辛苦偏，只因教育一身兼。

松筠节操卓然钦，四十年中一日心。

潜德由来多食报，鹤书仁见下璃林。

《程乡谢氏族谱》2006 年续修之卷二中，载有其写的《耆宾忠格公字廷书七旬加一寿帐》，文章中说："今春予膺简命莅任宁邑，见夫山明水秀……是年冬值谢翁廷书古稀晋一仁寿……"最后落款为："特简文林郎知湖南直隶郴州兴宁县正堂、加三级又随带军功一级、记录五次邓家燕撰。"

双溪《王氏族谱》第四卷《弟房匾额》载："乾隆四十一年丙申（1776）仲春月，特授湖南直隶郴州兴宁知县、代理郴州事务、题调永顺府保靖县正堂、特恩加一级、又随带军功一级、记录五次邓家燕，为乡约王通微立'望隆乡邑'匾额。"

湘西州保靖县《莲塘书院》简介中说："清乾隆四十六年（1781），知县邓家燕将县署东辕门外城隍庙迁至西南城根（今实验小学处），书院迁入其内，更名为清厘书院。"说明邓家燕离开兴宁知县之后，又担任了保靖县知县。

75. 贺知非：乾隆四十一年（1776）任

《郴州总志》："**山西崞县举人。性刚严公正，存心爱人，在任三年，盗贼屏迹，豪强畏服。岁丙申（1776），邑被水灾，抚道亲勘，冒露忍饥，诸凡差务，为民请命，宁民赖以不扰。后人思其遗爱，为立长生禄位祀焉。**"

《兴宁县志·杂纪志·灾侵》记载："丙申，四十一年（1776）：六月雨，大水。冲倒房屋七百六十三间，淹毙大小男妇七十六名。石沙压坍，崩田一千八九百亩。分别赈恤给谷一百五十三石九斗，银共一百零八两六钱。其淹毙者，县主捐资殓埋。"

《资兴市志·大事记》记载："乾隆四十一年己卯（此处错误，应为'丙申'；'己卯'为乾隆二十四年，1759年）六月，县内连降暴雨，洪水冲倒房屋763间，溺死76人，冲毁稻田1800余亩。"

《郴州大事记》载："乾隆四十一年（1776）：六月，郴州、永兴、兴宁、宜章大水，其中兴宁县被水冲倒房屋763间，溺死男女76人，崩田1800亩。"

《华容县明、清知县》表中记载："贺知非：乾隆三十六年（1771）任（知县），举人，籍贯山西。"

76. 熊起磻：乾隆四十三年（1778）任。江西新建举人

网站《南昌熊传高寻熊起磻后人》中说："本族人现居于江西省南昌市新建县（今新建区）溪霞镇店前村，祖上来自湖北江陵一带，据族谱及老人说法，清乾隆年间族上有一支脉（熊起磻）因为做官迁出。今年听闻该支脉后人寻访（熊起磻）至此，但由于年轻人对族谱不甚了解，导致寻访未果。后经老人按族谱查证，（熊起磻）与我们确系同宗。"现将族谱上相关记录摘抄如下："熊起磻，清乾隆戊子年（1768）科举人，三十六年（1771）大挑知县，敕授山东泰安平阴县知县。捐养廉（银）买民地建云门书院，并置田亩以瞻赏（膏）火，阖邑绅士建生祠于院左。丁酉（1777）同考试官，复发湖南，署兴宁县兼带柳州（郴州）印，越年三，署宝庆府，分防理摇同知事，己亥（1779）恩科同考官，复任浏阳知县。"

77. 党兆熊：乾隆四十四年（1779）任。陕西华州进士

网站《党氏明清进士名录》中记载："党兆熊：清乾隆，陕西华州人。"

78. 徐孝标：乾隆四十四年（1779）七月署。江苏太湖厅监生

清嘉庆元年（1796）六月，《吏部为徐孝标署云南顺宁府知府事》的奏折中说："事由：移会稽察房云贵总督（勒保）奏云南顺宁府知府朱绍曾升任，遗缺查有俸满同知徐孝标，才具明干，办事勤能，堪以委署。"

79. 励守训：乾隆四十五年（1780）任。直隶静海举人

《兴宁县志》卷之四《公署》中记载：（1）武庙（旧称关帝庙，同治五年奉文称"武庙"，庙二，一在城内城隍祠左）："乾隆四十九年，知县励守训、教谕王世闻、训导申佐鼎、城守刘宗瀚重建。"（2）卷之七《学校志》：文庙："乾隆四十八年，知县励守训、教谕王世润、训导申佐鼎重修。"

《兴宁县志·艺文志》中，载有"邑举人"胡兴黉于乾隆四十八年

（1783）写作的《重建生祠记》，文中说："此地为文昌祠旧址，实书院之权舆也。乾隆丁丑（1757），邑侯罗公扩崇阁于敬敷堂，移祀文昌帝君于其上，乃以其处为生祠，奉官司之……壬寅（1782）癸卯（1783），余自安化丁忧旋里，复膺是席，负笈者杂沓来，苦无下榻地。盖既改为号舍，群宇又多就倾塌，生祠且更化为乌有，列公牌位尚颠踣于泥涂中，无怪其局促而不可居也。请于邑侯励公，发钱一十千文外，余捐馆谷钱一十五千文（幸邑尉孙公慨然任其事，捐钱一十二千文，并力督公贮谷钱），爰取群房门宇，遍加葺治，塌者修之，缺者补之，凋敝、暗陋者整饰而丹垩之，亦既骎骎可观也……"

《湘南欧阳氏通谱》第七卷第 969 页中记载："正秩长子，光裕：字幅安，生于雍正癸卯年（元年，1723）殁于乾隆庚戌年（五十五年，1790）十月二十七日，葬古塘（今兴宁镇近城村古塘）下手龟形……"其《行实》中说："邑侯励暨缙绅先生制锦以旌其善。"这个"邑侯励"，即指励守训。

80. 汪廷模：乾隆五十年（1785）署。浙江钱塘监生。

《郴州大事记》载："乾隆五十年（1785）：桂阳州、郴州两地产铅 42 万斤，产锌 13 万斤。"

汪廷模是扬州著名的谜家。互联网 2006 年 6 月 4 日发布的《扬州灯谜古今谈》（发表于《民族民俗》）中说："竹西春社是一批市民阶层出身的文士自发组合的灯谜社团。有《竹西春社抄》七册，共三百五十余条谜传世。其中著名的谜家有爱素生、汪廷模等十余人。春社的出现打破了谜坛长期沉寂的局面，提高了灯谜的艺术质量和社会地位，使灯谜愈益深入文士书斋和豪绅盐商的庭院，'打灯谜'一时成为淮扬区域风雅的时尚。"

81. 蒋兆甲：乾隆五十一年（1786）任

《兴宁县志·政绩》中记载："陕西渭南县举人。量拨华顶仙租谷一百二十一桶归书院以充学俸。"

《观澜书院》诗文集中载有"邑令蒋兆甲"的对联："望日庆升平仰凤岭回山气象峥嵘峙绣虎；观澜汇学海带桃源渌水文机活泼衍雕龙。"

蒋兆甲在乾隆四十四年（1779）编纂了《岐山县志》八卷，并辑有《岐山县志诗文》，现已成为古籍。

82. 周岸：乾隆五十三年（1788）任。山东茌平人

83. 牛曾若：乾隆五十四年（1789）署

《兴宁县志·政绩》中记载："直隶静海县举人。性慈祥，每至用刑，必掩其面。未及期辄解任去，宁民扶老携幼，跪送道旁，络绎数里，皆生平未登公堂之人。盖有仁声而能深入民心者。"

牛曾若在兴宁县"未及期辄解任去"，被调到清泉县当知县去了。清代乾隆二十年（1755）（据清编《湖南通志》卷一百二十三"职官"十四"清泉县知县"条记载有云"乾隆二十一年设"），把衡州府衡阳县以"路当要冲事繁难治"为由分东南之境置清泉县，西北为衡阳县。因衡州东乡有一名山叫清泉山，以此山名县叫清泉县。

网站《那段苗族的历史，有多少人记得》中说："1797 年正月，乾州至凤凰大路两旁的黑苗杂处，其余党仍然盘踞民村，官兵由湾溪经竿子坪晒金塘、武定营、高楼哨等处分搜余苗，多处设卡，乾州官军搜于拱棚楼处招集汉人难民复业。当月，苗人麻季三等率三十一苗寨投降，十二日，捕杀平陇苗吴廷玉兄弟。同年，傅鼐招集汉人难民复业，并酌情发放房屋维修费。战事稍宜，并委清泉县知县牛曾若、儒学刘代照署儒学，并绅士曾朝瑞、田宏湘、李寅孔等照章协助维护秩序，傅鼐自率练勇日夜抓捕叛苗残余恶首，所以苗乱遂平，汉人得以休养生息。11 月，花苗复侵犯沿边汉民地，傅鼐在都容、泸塘将花苗击败。12 月，凤凰厅属左营的黑黄由旧司坪（今凤凰县三拱桥乡）出寇泸溪县浦市的新堡，傅鼐率练勇堵截乱苗归路，至已容寨时，大雪纷飞，苗兵数百突致后路夹攻，练勇战死者数百……"

牛曾若还碰到了一件难办的案子。嘉庆六年（1801）三月，《吏部为贼犯拒伤事主身死事题名》的奏章中说："事由：移会稽察房刑部右侍郎暂署湖南巡抚祖之望奏，清泉县知县牛曾若验讯贼犯曾德进拒伤事主蒋士洪身死一案，该管知府巴哈布于属员失出命案，未即亲提究办，相应听候部议。"

84. 方廷机：乾隆五十五年（1790）任。贵州黔西州人

《云霄方氏文化》中说："方廷机，乾隆六年辛酉（1741）进士。"

据清嘉庆修《沅江县志》中记载："琼湖书院在沅江县城西（原考棚坪），清乾隆十二年（1747）知县方廷机（一作'方廷玑'）率官绅建，是为旧书院。今址琼湖书院创建于清光绪二十四年（1898），二十六年竣工……"

85. 任鉴：乾隆五十六年（1791）署。江苏荆溪监生

《湘南欧阳氏通谱》（资兴卷）第二卷载有任鉴写的《欧阳氏族谱序》，其中说："恭承简命，莅宰汉宁，适因公事抵南乡。离城五六里许，道见夫旌旗远扬，九山环抱，金墩平堆，八面玲珑。方石壁立若门拱，圆塘湾注如垒峙，溪横玉带拖成玳瑁之光，寨舒锦屏焕作琉璃之色。右有高盈张榜，左有翠岩赞笔，周围罗列隐隐有烟火数十家。侍从告余曰：此雷震欧阳氏巨族也……停车怅望者久之，已而有生阳珍、阳家与族中诸文人欢然款接，以今岁所续家谱进呈，乞言于余……亦喜而为之序。"最后落款题为："时大清乾隆五十六年岁次辛亥季冬月，谷旦；文林郎、知兴宁县事荆溪任鉴顿首拜撰。""季冬月"，即农历十二月，又称腊月。

《石门县历代县官》表中记载："任鉴（荆溪监生），乾隆五十六年（1791）任。"

86. 梁纯谋：乾隆五十六年（1791）八月任

《兴宁县志·政绩》中记载："广西临桂县举人，莅宁十余年，调署无常，在任日少，恒以加惠甘林，作育人才为急务。尝拨湾火冲田一十一亩二分，又买长富桥田一十五石以充书院学俸。"

《兴宁县志》卷之四《建置志·渡》中记载："鳌山渡：即寨脚潭渡，又叫乙陂渡，在县南二十里。因七星桥樊渡束岸倾覆频，里庠黄永清等改设于此。乾隆五十九年，知县梁纯谋据唐有虞等呈请，将七星桥渡田粮移归于此。"

《湘南欧阳氏通谱》第十九卷第2799页中记载："文德长子，家麟（家住县城南郊仙桥村水圳头）：字周瑞，号祥溪，生于雍正壬子年（1732）十二月初五日，殁于嘉庆癸亥年（1803）十一月十九日。配李氏，生女三、子四。"其《行实》中说："客岁，为翁周甲嵩辰（1792），邑侯梁公以匾、联晋祝纪实也。"

87. 白明礼：乾隆六十年（1795）署。陕西澄城举人

《澄城县名人》中记载："白明礼，字立三，蔺庄河人，乾隆二十五年（1760）举人，桂阳知县。"

88. 卫际可：乾隆六十年（1795）八月兼署

《郴州总志》："河南济阳举人，乾隆六十年由宜章县署郴州，兼署理兴宁事。到任五月，决冤狱，除积弊，至今郴、宜与宁三邑之民犹思慕之。"

卫际可：郴州知州，兼署理兴宁事。《兴宁县志·艺文志》中载有"署州守卫际可"的《饬复廪膳兑扣正饷旧额碑》。清嘉庆元年（1796）四月初九日，兴宁"阖县廪生何昭华等"26人，"为恳复旧典，俾沾实恩事"，告状到州府，卫际可发出批示"将应给廪膳，照依州办章程"办理。为此，"清嘉庆元年丙辰五月，阖学立碑明伦堂"，将此事"以垂永久"。

廪生：科举制度中生员名目之一。通常简称廪生。科举考试，成绩名列一等的秀才称为廪生，廪生可获官府廪米津贴。廪生是秀才当中的佼佼者。

廪膳：廪，米仓，亦指储藏的米，仓廪；膳，饭食，膳食，用膳，膳宿，进食。廪膳是科举时代公家发给在学生员的膳食津贴。明代府、州、县学生员最初每月都给廪膳，补助生活。名额有定数，明初府学四十人，州学三十人，县学二十人，每人月给廪米六斗。清沿其制，经岁、科两试一等前列者，方能取得廪名义。名额因州、县大小而异，每年发廪饩银四两。廪生须为应考的童生具结保证无身家不清及冒名顶替等弊。《明史·选举志一》："提学官在任三岁，两试诸生。先以六等试诸生优劣，谓之岁考，一等前列者，视廪膳生有缺，依次充补，其次补增广生……继取一二等为科举生员，俾应乡试，谓之科考。其充补廪、增给赏，悉如岁试。"

清朝沿袭明制。有人在网站上根据明代万历年《宛署杂谈》及《明史》算了一笔账："一两银子等于多少人民币？"

明朝米价在洪武二十八年以后基本上一两银子可以购大米二石。《明史·食货二》："于是户部定：钞一锭，折米一石；金一两，十石；银一两，二石。"明代一石约等于现在的94.4千克。按2006年大米价均价1.75元500克计算。一两白银是$2 \times 94.4 \times 2 \times 1.75 = 660.8$元（人民币，下同）。

明朝的工资，柴薪皂隶：百姓有给国家服役的义务，不过服役是有工资的。轮到当役了，派给当官的跟班，柴薪皂隶就是买柴烧水、干杂活。年收入20两，13216元。

明朝国家规定七品正堂可以有四名柴薪皂隶，县丞二员各二名，主簿二名，典史一名；以上官员，每人用马夫一名，国家付工资。马夫：给政府公务员赶马，出差办事使用，年收入40两，计每年26432元。一年45两白银，实际月收入$7.5 \times 188.8 \times 1.75 = 2478$元。每年约3万元。其他收入：柴薪皂隶四个、马夫一个，这五个人工资由国家支付。冬夏官服和笔墨费由国家补贴。新官上任，还可以先拿到40两修理费。看起来七品县官45两白银跟马夫40

两白银年俸差不多（明朝的公务员工资真的是很低的，历朝历代中明代公务员工资收入算少了）。但是县官、典史的住房、出行、皂隶人员、衣食花费基本由国家支付津贴，所以年俸基本是净收入，而且笔墨费都是固定按两算由国家拨给，还有多余。马夫就没有这些好处了。

学生：明朝洪武十三年（1380）八月，朝廷规定："州县学师生日给米一升。"《明史》中说，考上了秀才每人每天给一升米（注：10 升 = 1 斗；10 斗 =1 石）。明代优待秀才时甚至可以拿到每月 1 两白银的廪膳费（刚够两人吃鱼肉油盐）。不过明代的学生概念不是现在的学生概念，现代的学生只能算作童生，童生考成了秀才入了县学才算是廪膳生，才可以食廪，所以明代秀才不干活也可以生活，只是不干活只吃廪膳会很穷，所以有"穷秀才"之称。

兴宁县廪生为什么上州府告状？事情的原委是这样的。

兴宁县学额廪二十名，每名饩膳银三两零六分六厘。地方官"以饩银兑扣饷粮，每名应征地丁银两，书给串票比销"。这一过程之中，"乃法以人坏，弊由吏生，计量分毫，司牧者密网而取，侵渔锥末，胥吏辈中饱为奸，以致饷不扣完，膳需另发"，而且"给发"不及时："去岁应发银两领状已具，延今未给。"为此，兴宁"阖县廪生何昭华等"26 人，"为恳复旧典，俾沾实恩事"，告状到州府。卫际可时任知州，同时兼任宜章知县，立即处理，发出批示，全文如下：

署湖南直隶郴州正堂、宜章县知县卫，为恳复旧典，俾沾实恩事。本年四月初九日，据贵县阖廪生何昭华等禀称云云等情到州。据此，除批准即移县，将应给廪膳，照依州办章程，抵扣正耗钱粮外，查廪生膳饩银两，原系库平纹银，本州向来俱系抵扣钱粮，每膳饩银一两一钱，兑完正饷银一两，耗羡在内，相沿已久。今据各生具禀，自应一律办理，合行移明。为此备移贵县，请烦查照来移事理。嗣后，每年各生应食膳饩银两，希照州办章程，仿承按数扣算，书给串票，幸勿听柜书短扣滋弊。望切望切！

——嘉庆元年丙辰五月日阖生立碑明伦堂

卫际可，"有吏才""贤吏也"。根据刘大观《玉磬山房文集》卷二的记载：

卫际可，字式之，济源轵深井里人（今河南省济源市轵城镇，轵深井里：战国刺客聂政之故乡）。乾隆丁酉（1777）举人，分发湖南以知县用，权城步、临湘（长沙）、宜章、郴州，补安化，调湘潭。平生以俗吏为耻，公暇辄读书，取法古人。座右置日记一册，昼所为，夜必书焉。大司寇姜晟抚南楚时，察吏安民，杜奔竞为，封疆第一。

际可有吏才，受知姜公。适长沙道，州有巨案，械逮累累，委际可研讯。止坐法六七人，乡愚受迫胁者，悉请超脱。姜公曰："际可贤吏也。目以才吏，犹小之矣！"

在城步，能安抚苗民。在临湘（长沙），不浮收漕米。在宜章，界联粤东乐昌，两处争讼，皆就宜章判曲直，发奸摘伏，以理为断无袒私。及补安化，宜章民赴巡抚戟辕，乞请留任，安化民乞请到任，仍留宜章。及权郴州，且兼理宜章、永兴、桂阳（今汝城）县事。雀角鼠牙，争来控诉，悉如所愿以归。

是时，衡州安仁县岁歉。贾航过境，饥民劫掠，啸聚千余人。观察某公猝然以兵至，民大哗，将谋为变。廉访某公告抚军曰："此事非际可不能了，他人往，愈滋大矣！"檄下，际可单骑，携数人入寨，出肝膈语，悚以祸福。饥民泣，皆曰："非青天来，吾侪小人无生理，愿俯首，受青天惩创。"际可杖首恶数十人，余挥去，案遂了结。

及调任湘潭，求治愈切。数月，了积案千余起，士民欢腾。顾反以来暮为憾。未几，病作，乞回籍调养，而卒于家。

89. 白明礼：乾隆六十年（1795）九月，闱场试毕仍回署

闱场：科举考试的考场。白明礼原是举人，应是参加京城的进士考试。

90. 陈新：嘉庆元年（1796）署。浙江省海盐副榜

副榜：明代永乐中期，会试有副榜，即于正式录取的正榜外，再选若干人列为副榜。名列副榜者不得参加廷试，但可应下科会试。乡试副榜起于明嘉靖时。清因之，每正榜五名取中一名，名为副贡，不能与举人同赴会试，仍可应下届乡试。清初，乡、会试正榜以外，还录取一定名额的"副榜"。

91. 白明礼：嘉庆元年六月，复奉委代理

《澄城县名人》中记载："白明礼：字立三，蔺庄河人，乾隆二十五年（1760）举人，桂阳县知县。"

92. 鲍西：嘉庆元年（1796）署。安徽省旌德举人

举人：被荐举之人。汉代取士，无考试之法，朝廷令郡国守相荐举贤才，

因以"举人"称所举之人。唐、宋时有进士科，凡应科目经有司贡举者，通谓之举人。至明、清时，则称乡试中试的人为举人，亦称为"大会状""大春元"。中了举人叫"发解""发达"。习惯上举人俗称为"老爷"，雅称则为"孝廉"。

93. 梁纯谋：嘉庆二年（1797）六月，军营差竣回任

《兴宁县志·建置志》卷四中记载："城隍庙（在城西门内）：嘉庆二年，知县梁纯谋重修。"卷之四《兴宁县城》中记载："嘉庆二年，知县梁纯谋开建东城门，颜曰'寅宾'，重修结翠楼。"

《程乡谢氏族谱》卷一载有其写的《谢氏重修族谱序》，最后落款为："大清嘉庆二年丁巳冬月，敕授文林郎、知郴州直隶州兴宁县事、桂林梁纯谋。"

《程乡谢氏族谱》卷二载有其写的《赠谢翁程万先生序》，文章的落款为："敕授文林郎、知直隶郴州兴宁县事、年家眷教弟、桂林梁纯谋拜撰，嘉庆三年岁次戊午（1798）仲春月。"

《竹园何氏六修族谱》（清光绪壬寅年，1902 年编纂）第二卷，载有梁纯谋为其族写的《七星桥移寨脚潭渡茂斋接施碑文》，文章最后的署名为："嘉庆戊午年（1798）桂月，知兴宁县事、桂林梁纯谋撰。"

94. 宋海涵：嘉庆六年（1801）任。贵州瓮安举人

经考证：宋海涵在皇清嘉庆四年岁次己未（1799）仲春月（三月）已经担任兴宁县知县了。

资兴《陈氏溥泉族谱》（溥泉：现兴宁镇水井头）2008 年续修第一本第372 页载有"邑侯宋海涵拜撰"写于"皇清嘉庆四年岁次己未（1799）嘉平月"的《右选公夫妇墓志铭》，其中说："今春之仲，公出南乡，由大村（笔者注：原厚玉乡大村，现已被东江湖水淹没）道，细览形胜，水秀山环，清幽可爱。中凝吉地，古树阴森，层峦拥抱，状如仙鹤。出洞，适黎生学诗以礼相接。因问曰：此山何名？内系何人之墓？黎生曰：是名石嘴上，当年陈公讳宦值，字右选，老先生暨淑配何老孺人之双墓。"这就说明：宋海涵在皇清嘉庆四年岁次己未（1799）仲春已经担任兴宁县知县了。"嘉平月"是对农历十二月的一种别称。

《明清档案》中有《题报直隶桂阳州嘉禾县知县……宋海涵署理》的奏章（原文无标点）："兵部侍郎兼都察院右副都御史巡抚湖南等处地方提督军务兼

理粮饷降一级留任臣阿林保谨题，为详请题署县令事：窃照直隶桂阳州属嘉禾县知县陈邦杰病故于嘉庆十一年（1806）四月十二日，据桂阳州申报到司，业据司详于十一年四月十九日恭疏俱题开缺在案，所遗员缺系简缺，应归部选，声明湖南现有应补人员，照例另疏题补在案。兹据湖南布政使韩封、按察使积容会详称：查有应用知县宋海涵年五十一岁，贵州瓮安县举人，乾隆乙卯（1795）科会试大挑一等引见，奉旨以知县试用，钦此。签掣湖南，六十年（1795）六月二十日到省，委署龙阳、兴宁、清泉，代理临武各县印务。嘉庆六年（1801）告病调治，就近报痊。嗣闻讣丁忧回籍服阕，咨赴部引进，奉旨着仍发往湖南，以知县试用，钦此。嘉庆十一年二月十八日到省，现署麻阳县知县。查该员先经详请题署益阳县知县陈嘉言患病遗缺，业蒙行知于十一年四月十九日具题，但现于四月三十日奉准部文陈嘉言，因造册迟延违限六月以上，议以降两级调用，于三月十七日具题，十九日奉旨，系在三月二十日题报。陈嘉言患病出缺之前是益阳县缺，先已照例开缺归部铨选，宋海涵自应仍归大挑，本班另行请补。查现在嘉禾县知县陈邦杰病故，遗缺扣在五月十九日已届限满。宋海涵请补益阳，其缺既归部选，该员到省名次在先，应俟次先行请补，以符定例。该员年力强壮，办事勤明，以之题署嘉禾县知县，与例相符。仍俟试看期满，如果称职，另请实授，等情，前来臣覆查宋海涵年力强壮，办事勤慎，堪以题署嘉禾县知县。谨会题请旨。"

95. 梁纯谋：嘉庆四年（1799）二月调署辰州通判，五年八月回任

《袁氏族谱》中载有他写的《程乡袁氏续修家谱序》，文章最后的署名为："嘉庆六年（1801）孟夏月，特授文林郎、知湖南直隶郴州兴宁县正堂事、加三级、又随带军功加一级、记录十次、桂林梁纯谋敬撰。"

双溪《王氏族谱》中，梁纯谋也写了序言，文章的落款为："特授文林郎、知湖南直隶郴州兴宁县事、加五级随带军功加一级、记录十次、年家眷小弟嘉园梁纯谋顿首拜撰；嘉靖八年（1803）岁次癸亥仲夏月上浣。"

96. 宋大荣：嘉庆六年（1801）任。浙江仁和举人

《兴宁县志》卷之四《桥》载（括号内的说明为笔者所加）："登瀛桥：在城南云盖山下，旧名望仙桥，明天顺间（1457—1464），知县达贵建。嘉靖五年（1526），水冲破。八年（1529）知县陈继缨命邑人何志瑗、李仕爵募财完复。其后，饯送举子于上（在桥上为'举子'上州城、省城、京城考试进行饯行）。至三十四年（1555），知县麦江重建，更曰登瀛。久而复圮。康熙三十八年（1699），廪生胡家典兄弟倡众阔砌石磴，架以厚板。雍正七年（1729），绅士李应显尤以饯送未便，乃倡建石拱，宽一丈余。乾隆十一年（1740），绅士许显森等，更倡募捐建造亭榭于其上，宾兴者遂宛如登瀛。嘉庆七年（1802），知县宋大荣重修。"

陈其泰、刘兰肖所著的《魏源平传》中说："嘉庆十三年（1808），魏源接连参加这三级考试（县试、府试、院试），均表现不俗。主持县试的邵阳知县宋大荣批阅魏源和他在爱莲书院的同窗石昌化的文章，'欣赏之，拔置前茅，赞为双璧'。"说明宋大荣后任邵阳知县。

97. 陈文煜：嘉庆六年（1801）代任。浙江归安举人

陈文煜编纂了《吴兴合璧》四卷本，现为稀有"乾隆五十二年（1787）抄本""归安张宗焕玉照山房清光绪五年（1879）刻本"。

《沅陵县志》记载，清，沅陵县知县中有"陈文煜"。

98. 侯靖宇：嘉庆九年（1804）代任。郴州州判

99. 翟敏政：嘉庆九年（1804）四月署。甘肃省皋州举人

《明清档案》中有湖南巡抚景安嘉庆十四年（1809）七月二十一日的奏章，文中说："窃照辰州府属辰溪县知县翟敏政，业于嘉庆十四年四月十四日恭疏具题调补绥宁县知县，所遗辰溪县知县员缺系冲简缺，应归部选（甘庆增堪以署理）……"说明翟敏政从兴宁县知县调任辰溪知县，又于嘉庆十四年（1809）"调补绥宁县知县"。

100. 周曰健：嘉庆九年（1804）六月任。贵州省遵义举人

《湘南欧阳氏通谱》（资兴卷）第九卷第1120页中记载："五十三世，（东乡青腰铺花塘）光简次子，文必：字名魁，生于康熙己酉年（笔者注：'己酉年'为康熙八年，1669年——此处应为雍正七年己酉，1729年）八月十六日；配李氏，生于雍正癸丑年（十一年，1733年），同葬城背垇椅子形。生女三，子：家禄。""文林郎知兴宁县事年家眷弟周曰健顿首拜撰"的《寿文》中说："邑之东有欧名魁公者，生平嘉言懿行，难以枚举……而公届七十一寿绅制屏，以祝遐龄……"按照时间推算，周曰健写作的《寿文》时间为1800年，即嘉庆五年，农历庚申年。

《陈氏溥泉族谱》第三本第302页记载："大村锋房粘禾田（原厚玉乡），

宦什次子，清迈（第十六世）：字时邦，配半都碑记脚谢宗田长女新娘，清乾隆十年乙丑（1745）四月二十五日生，嘉庆十七年壬申（1812）正月十九日殁，葬简背松树下虎形，生子三、抚子一。显妣六十加一，邑侯周曰健赠以匾联。匾曰'青鸟西来'。联曰：'周甲应天年算拟蟠桃千始一；代终符地道阶腾芳桂一倡三。'"按照"六十加一"计算，则为1805年，即嘉庆十年，农历乙丑年。

双溪《王氏族谱》第四卷《慈房匾额》载："嘉庆丁卯（1807）孟春月，文林郎兴宁县正堂、加五级、记录十次周曰建，为王母樊孺人六旬开一立'风斋仉氏'匾额。"

《兴宁县志》卷之四《公署》中记载：县署："大堂：西为兵、刑、工并承发科房四间，嘉庆十四年（1809），知县周曰健重修。"仪门一座三间：门左为土地祠，右前为相国祠，稍前为制经厅，"嘉庆十年（1805），知县周曰健倡建"。西书房一进三间，额云"望云堂"，"嘉庆十四年，知县周曰健重修"。后衙二进六间，"嘉庆十四年，知县周曰健重修"。

按照《兴宁县志》的记载，周曰健在嘉庆十四年（1809）仍然在任。

101. 茅瑞：直隶大兴监生，候补县丞，嘉庆十二年（1807）调入闱，代任

茅瑞在嘉庆九年（1804）任永绥厅经历——详见下文"郑人纪"条。

102. 郑人纪：嘉庆十三年（1808）署。四川广安州拔贡。郴州州判

《兴宁县志·杂纪志·灾侵》记载："己巳，嘉庆十四年：六月大水。十九日辰、巳时，自城东十里起至四五十里，洪水陡发，损失民房、田无数。县令多所周济。土人云：水发平地，乃起蛟所致。"

双溪《王氏族谱》第四卷《弟房匾额》载："嘉庆己巳年（1809），署兴宁县事郑玉琳，为监元王佐清兄弟立'积善余庆'匾额。"由此可知，郑人纪，字玉琳。

郑人纪在嘉庆九年（1804）任永绥厅候补直隶州州判。湘西网《从"苗田"与"客田"说起》的文章中说："1804年（嘉庆九年），永绥厅均田最为苛虐。辰沅永靖兵备道署派出得胜营知事高诚协同候补直隶州州判郑人纪、署经历茅瑞和熟悉苗族情况的守备李可用、千总曾彪、把总卢升等人，前往永绥督办均田。他们不管苗民死活，采取的办法极尽恶毒……"

103. 杨辉宣：嘉庆十五年（1810）二月署。浙江会稽举人

104. 蔚常春：嘉庆十六年（1811）任。山西省朔州举人

《兴宁县志·学校志》卷之八中记载："书院（汉宁书院）：嘉庆十七年，知县蔚常春因坐号不敷，倡阖邑绅士于号舍后、左、右各添一进，又重修头门及门左右房舍，头门外接两廊为亭，为应试者避雨之所。"

《兴宁县志·建置志》卷四中记载："城隍庙（在城西门内）：嘉庆十八年，知县蔚常春重修正殿。"

《兴宁县志·赋役志》卷之六中记载："铅砂：嘉庆十八年，有首引庵等在烟竹坪（今烟坪）、黄泥坳（今清江）地方私挖铅矿，经前县蔚封禁。"

双溪《王氏族谱》第四卷《弟房匾额》载："嘉庆丁丑（二十二年，1817），特授湖南直隶郴州知兴宁县事蔚常春，为监元王佐清立'年符绛甲'匾额。"

"中国书网稀缺图书代寻分站"中说：《湘阴县志》嘉庆三十九卷，"蔚常春监修"。说明蔚常春曾任湘阴知县。

105. 李芝梓：嘉庆二十年（1815）署。号蔚南，云南省河阳进士

李之梓在《重建社稷、山川坛记》中说："乙亥（1815）春，余恭膺简命，摄篆斯土。"说明了他到任兴宁知县的时间。

《资兴市志·大事记》记载："嘉庆二十一年（1816），全县共有 26686 户，人口 145672 人。"

《兴宁县志》卷首《旧序》中载有"嘉庆丁丑（1817）志序一，知县李芝梓"，《序》言中说："乙亥（1815）春，梓代庖是邦。越明年，上宪有修《通志》之举，并饬修邑志以备《通志》之采录……爰聚都人士而议所以修之……嘉庆二十二年丁丑嘉平月。"嘉平月：农历十二月，又称腊月。

《兴宁县志》卷之首《兴宁县志七修原修姓氏》（重印本第 13 页）记载："嘉庆二十五年丁丑（此处原文如此，年号弄错了：'嘉庆二十五年'为农历'庚辰'，1820 年；'丁丑'年为'嘉庆二十二年'，1817 年）：原修：署兴宁知县滇南李之梓，署兴宁知县蒙自刘澍；纂修：兴宁县知县掖县（今山东省莱州市）张伟；校修：兴宁县教谕新化孙铤、兴宁县训导乡阴傅先正等50 人。"

《兴宁县志·建置志》卷之四《官置附》中记载：（1）育婴堂（在县治

头门前左）：四缝三间，厢房二间、总房一间："雍正十三年，知县王伯麟奉文捐建。"屋宇虽建，未有育婴经费，名存实废。"嘉庆二十二年，知县李之梓重建。拟以现存公项数十金置买田担，并先劝捐存案之田，作为小学补修之费。每岁延师训诲蒙童其中，名仍其旧，实则更新。庶几育婴养蒙，二者兼济，诚良图也。后废，其田租拨归汉宁书院。"（2）栖流所（在城西门内）："嘉庆二十二年，知县李之梓鼎建。"（3）坛制：社稷坛（在城南关）："嘉庆二十一年，知县李芝梓重修围墙、砌门。"（4）风云雷雨山川坛（在南关水星楼左）："嘉庆二十一年，知县李芝梓重修，围砌石墙。"（5）先农坛（在城南云盖山之半）："嘉庆二十一年，知县李芝梓重建。同治五年，邑绅士公修。"（6）邑厉坛（在城外东北）："嘉庆二十二年，知县李芝梓砌石筑坛，立碑禁占。"

《兴宁县志·赋役志》卷之六中记载："铅砂：二十二年，有石启模又复在彼（烟竹坪、黄泥坳）私挖，经前县李封禁。"

资兴创建于明万历五年（1577）的《汉宁书院》简介中说："嘉庆二十年（1815），知县李之梓、山长蔡允桂新增膏火田租137石。次年，又清复隐占学田。"

《兴宁县志·艺文志》中，载有知县李之梓写作的《记》述文章七篇。（1）《重建社稷、山川坛记》中说："乙亥（1815）春，余恭膺简命，摄篆斯土。"说明了他到任兴宁知县的时间。（2）《重修先农坛记》中说："余于乙亥春莅任……爰捐廉俸，卜日兴修……不一月而工竣。"（3）《新建邑厉坛记》中说："余膺简命莅兹土，凡山川、社稷以及先农坛，既已次第修举矣，而无祀鬼神，独任其游魂于荒丛中，号哭于残月下？……余复垒石以为此坛者，敢必其有德有法，呵护我民人乎？亦惟是无祀为有祀，俾不为灾，不为患，化厉而不为厉者焉。"（4）《文庙宾兴义学三处捐金买田记》中说："丁丑岁（1817），适有修志之举，半载辛勤，脱稿付梓。吾乡先生刘公代庖适至，余因即关内修金五百元，分捐文庙一百五，宾兴会一百五，育婴堂义学一百，均移学存案，交首事承领买田，以垂永久。余一百，买屋以安流人……"（5）《宾兴碑记》。（6）《新增书院膏火碑记》（共得田一百三十七石）。（7）《育婴堂并小学记》（余自乙亥摄篆来宁，倏已三载）。

《程乡谢氏族谱》卷二在孙尚谦写的文章之后，紧接着刊登的就是李之梓为"恭祝献翁年兄老先生六旬开一华诞"而题赠的对联"南极灿金华光映少微经五度，东山高玉树香凝仙蝶赋三章"；并赠匾额"松菊风高"。最后落款为："大清咸丰元年岁在辛亥（1851）冬月，赐进士出身、知兴宁县事、年愚弟滇南李之梓题赠。"见后"咸丰元年"——特录以备考。

《高陂曹氏族谱》第193页载有李之梓写作的《清如年兄像赞》和《清如年兄配樊孺人像赞》，最后落款题为："赐进士出身署兴宁县事、补授新化县年家眷弟李之梓题并书。"

106. 刘澍：嘉庆二十二年（1817）署。号芝田，云南省蒙自举人

《郴州大事记》载："嘉庆二十二年（1817）：郴、桂两州共42.8863万户，185.3728万人。"

《兴宁县志·建置志》卷四中记载："城隍庙（在城西门内）：嘉庆二十三年（1818），知县刘澍重修十二司祠。"

《兴宁县志》卷首《旧序》中载有"嘉庆丁丑（1817）志序二，知县刘澍"，《序》言中说："兴宁志，入国朝凡三修，康熙九年始修于耿令念劬，五十三年复修于杨令葳，阅四十有五年续修于罗令绅，距今六十年矣。大宪檄修以备《通志》采择。前署任吾乡李令之梓首议举修，采访具有章程。余适权兹邑篆，再为搜罗六十年散佚，经三阅月，而知志之系于治教者巨也……嘉庆二十三年戊寅秋七月。"

以上的《记》与《序》说明：知县刘澍在"嘉庆二十三年戊寅秋七月"仍然在任。

107. 张伟：嘉庆二十三年（1818）任

《兴宁县志·政绩》中记载："号逊夫，山东省掖县进士。宽厚恤刑，谦恭礼士，详封矿厂，纂修邑乘，抚字五载，民多阴受其福。"

《郴州大事记》载："嘉庆二十四年（1819）：大旱，江河几乎断流。嘉庆二十五年（1820）：朱偓、至善、常庆、徐凤喈先后主修，陈昭谋总纂成《郴州总志》四十三卷、首末各一卷。是年统计，桂阳直隶州13.6099万户，77.3353万人；郴州直隶州17.8039万户，99.7021万人。合计31.4138万户，177.0374万人。"

《兴宁县志·杂纪志·灾侵》记载："庚辰，二十五年（1820）：夏，大旱兼疫。"

《兴宁县志·建置志》卷之四《兴宁县城》中记载：（1）"嘉庆二十年，东城垣圯二十余丈；二十三年（1818），西城圯数丈，知县张伟修复，兼修众垛。"（2）《官置附》中记载："养济院：嘉庆二十五年（1820），知县张伟重建。"

《兴宁县志·赋役志》卷之六中记载：铅砂：二十三年九月，又有石敏良在彼（烟竹坪、黄泥坳）偷挖，前县张伟饬滁口司岳往行封禁。嘉庆二十四年三月，据监生何添明等具控，黄任详等招来郴桂两境匪民，在山口龙、大脚岭各私开矿挖砂，奉前县张批，概行封禁。旧志张伟按：银坑之设其害有六，恶水灌田害一，践踏禾苗害二，招集匪类害三，易起争斗害四，使附近居民不务本而趋末害五，采取易竭，详上之后，一有不继，则居民受累害六。故前州尊屡请封禁，诚防患于微也。兴宁地僻山卑，所产有几而启斯民之趋乎？故民屡请开挖概不准行。"

《资兴市志·大事记》记载："嘉庆二十五年（1820），第七部《兴宁县志》编成、刊行。"

《兴宁县志·兴宁县志七次原修姓氏》中说："嘉庆二十五年丁丑（此处原文如此，年号弄错了：'嘉庆二十五年'为农历'庚辰'，1820年；'丁丑'年为'嘉庆二十二年'，1817年）：原修：署兴宁知县滇南李之梓，署兴宁知县蒙自刘澍；纂修：兴宁县知县掖县张伟；校修：兴宁县教谕新化孙铤、兴宁县训导乡阴傅先正。"

《兴宁县志》卷首《旧序》中载有"嘉庆丁丑（1817）志序三，知县张伟"，《序》言中说："宁志自罗公绅修后，奉宪谕以董修者为蔚南李公。公以署任，政事多所举行，修志未竣而去。其继署者为春田刘公。半载之间，采辑颇富。比余之至也，邑人复以属。余因不揣固陋，谨遵司式，与学博雪园孙岩、傅雨两先生并县尉石泉张公，或广为采访，或重加订正，凡六阅月稿脱，未及付梓，历三年始刻之……道光元年辛巳（1821）九月。"

《兴宁县志》卷首《旧序》中载有"嘉庆丁丑（1817）志序四，教谕孙铤"，《序》言中说："兴宁志，自乾隆戊寅岁（1758）前县罗公重修，而后载笔缺如。嘉庆乙亥（1815），蔚南李公篆兹邑三载，政有名迹。适大宪编纂《通志》，颁发款式，檄县采访续修。李公与余谋，爰举士绅之才而优于品者分司其事。丁丑（1817）夏杪开局……方编辑以观成，而蒙自刘公已及瓜受代……以至丝麻中辍。幸逊夫张公莅宁……金以前稿进请增删……夫张、李公皆名进士也……道光元年辛巳（1821）九月。"

郴州地区网2004年10月22日发布的《［嘉靖］兴宁县志六卷》介绍说："清张伟等修，孙铤等纂。张伟，字逊夫，山东掖县人，嘉靖二十三年（1818）进士，兴宁（今湖南资兴）知县。孙铤，字雪园，湖南新化人，举人，县教谕。是志肇修于嘉庆二十二年，道光元年（1821）刊刻问世，记事至嘉庆二十四年。正文分二十三类，约十九万字。是志缉录历次县志之序及其修纂者姓氏，为他志所少见，可考证该县志书源流。记瑶族的源流、生产、生活以及风俗习惯亦富史料价值。记人物尤详，如职官类列五代至清嘉庆间五百三十余人，选举类载晋至清嘉庆间四百八十余人。政绩、人物类搜录宋至清二百七十余人传略，均属珍贵的历史人物档案资料，因人涉事，于该县政治、经济，可见一斑。有道光元年刻本。"

《兴宁县志·沿革》卷之二中记载："《旧志》张伟按：宁邑、汉宁，皆称曰宁。特加国号于上以别之。考《水经注》：'钟水与鸡水合，又北过魏宁县之东。'注云：'鸡水即桂水。魏宁，故阳安也。'晋太康元年，改曰晋宁县，在桂阳郡东一百二十里。其为指兴宁无疑。但魏宁之号，未知何时？《一统志》及省、州、县志皆不载。据三国吴为阳安，岂晋未平吴之先，魏已割据此县，故得而易其名耶？《魏志》不及地理，以《后汉书》及《晋书》参与，皆无之。大抵此号在晋太康前，为时未久，人遂置而不论耳。第《水经》所载，必非无据。附论于此，以见宁邑向有魏宁之号，为不没其实云。"

《兴宁县志·山水》卷之三中记载："丁丑旧志张伟按：宁邑西南之水合于东江，北路之水会于程江口，唯东路六七都之水发于双江、顶寮，源远而流长，历青溪、水南、川牛坳、大陂水，达永兴、安仁。江无专名，未便纪入（县志），故旧志遗之，附记于此。"

双溪《王氏族谱》第四卷《慈房匾额》载："道光甲申年（1824）季夏月，文林郎、兴宁县正堂、加五级、记录十次张伟，为王母李孺人九旬开一立'婺宿长明'匾额。"

《袁氏族谱·世德堂·启道祖七甲宗祠》第一卷《旧谱艺文选刊》载有其题写的对联和匾："恭祝袁节翁叔太姻先生寿：五岭接辰冈毓秀钟灵徵岳降，三源汇程水延龄益算祝川流。匾曰：老重天家。赐同进士出身、知湖南直隶郴州兴宁县事、年家眷弟逊夫张伟拜题。皇清道光四年（1824）岁次甲申孟冬月下浣，谷旦。"

《高陂曹氏族谱》第一集载有张伟写的《恭祝曹楚望老年先生六旬开一荣寿志庆》，最后落款为："道光四年岁次甲申（1824）孟冬月下浣，谷旦。赐进士出身、知兴宁县事张伟题赠。"

《湘南欧阳氏通谱》（资兴卷）第二卷载有张伟写作的《欧阳氏续修族谱序》，其中说："余承简命，握篆宁邑，簿书余间，即留心世族，意欲得巨家名阀敦伦有素饬纪堪称者，表为一邑范……今岁仲夏，欧生昕、照、煦携谱来署，以续修谱乞序于余……爰乐书而为之序。"最后落款题为："时：大清道光五年岁次乙酉（1825）吉月，同进士出身、知兴宁县事、年家眷弟张伟拜撰。"

《陈氏溥泉族谱》第二本第 222 页中记载："时器：清乾隆五十四年己酉（1789）四月初九日生，道光二十九年己酉（1849）九月初九日殁，为'营守卫府'（县府守卫，坪石乡昆村大冲垅人），'邑侯张伟（为其）题联曰：秩膺五品喜诏频加旋看荣施三代，婚成次君欣鸳鸯绾就占定庆衍万年。''湖南巡抚裕泰'为其'四十一寿题匾'云：'名寿悠长。'"

湖南巡抚裕泰：历四川、湖南、安徽按察使；湖南、陕西、安徽布政使。《湖南历届巡抚名单》中记载："裕泰：道光十六年正月（1836 年 3 月）任。"任期只有这一年。然而，按照时间推算，时器的"四十一寿"应该在 1829 年，即道光九年，农历己丑年。时器任职"营守卫府"，相当于现在的县政府警卫，本来无品无级，却能获得"秩膺五品"——比张伟知县的级别还高二级，并能得到知县、湖南巡抚裕泰这样高级官员的题词，真不知道他是立了什么大功，竟然"秩膺五品"！

108. 董友筼：道光二年（1822）任。号柯亭，直隶进士

《兴宁县志·杂纪志·灾侵》记载："壬午，道光二年：秋，疫。"

《兴宁县志·赋役志》卷之六中记载："铅砂：道光四年八月间，有匪党陈斯图等请州开挖，经前县董禀请本州曾暨守藩各上宪，十一月内，接任田奉各上宪札饬封禁。"据此，说明董友筼任兴宁知县时间在道光二年（1822）至道光四年十月。

《高陂曹氏族谱》第一集载有其写的《遂翁先生传》，最后落款为："时道光十九年岁次己亥（1839）仲夏月，赐进士出身、前知兴宁县事、现任湘潭县松轩董友筼拜撰。"

《沧州古今图书集成·古代部分·方志》中："［咸丰］《重修沧州志稿》，

（清）沈如潮等修，董友筠、叶圭缓等纂，清咸丰间修稿本。中国科学院图书馆所藏，即天津图书馆所藏稿本之缩微胶卷。《民国沧县志》卷十五《志余》载：'清咸丰三年（1853），知州沈如潮、前祁州知州归安吴增嘉、州人前金衢严遭董友筠等《续修沧州志序》。'吴增嘉曰：'辛亥（咸丰元年）之秋，沧州刺史沈君月梅（如潮）寄书曰：州志修于乾隆八年，迄今已越百，其乡之先达董公柯亭（友筠）先生惧文献之无征，有志于重修。州之绅富咸乐于从事盛举也，求可以任总修者，曾以奉荐，其有意乎！当以芜陋不足以副斯任辞。次年壬子（咸丰二年）正月，刺史去访寓室，复以为言，且述先生相须甚切，亦未敢即许。至四月，刺史专使致书，并奉先生币以来，未谋面而心倾。感延揽之盛节，袱被登车。'清咸丰三年（1853）九月，太平军破沧州，知州沈如潮死事。五年（1855）二月始又重修，邑人叶圭缓、王国均续成，然终未付梓。"（中国科学院图书馆藏书）。

109. 田诏金：道光四年（1824）任。号金门，贵州玉屏进士

据上文董友筠的记载，田诏金始任时间在道光四年十一月。

《高陂曹氏族谱》第一卷第 237 页载有田诏金写的"蒂才老先生八旬晋一寿诞匾联"。匾：渭滨钓逸。联：令诞秋逢三恩承锡杖赢得闲余游渭水，贵旬今历八年合飞熊共仰达尊庆平阳。最后落款题为"赐进士出身敕授文林郎、知湖南直隶郴州兴宁县事正堂、加五级记录十次、黔南田诏金拜题。道光十九年岁次己亥（1839）仲秋月中浣"（农历八月中旬）——此处疑为"道光九年岁次己丑（1829）"之误特录以待考。

《贵州七百进士录·玉屏》中记载："田诏金：字恩书，号紫亭。道光二年（1822）清宣宗登极壬午恩科进士，三甲八十四名。官湖南知县，改石阡府教授。"

玉屏县是铜仁市下辖之县。《铜仁县印山书院》简介中说："道光七年（1727），知县高仲谋在该邑进士田诏金、绅士田均益、洪如曙、郑炯等人协助下，创建于（玉屏）城内钟鼓楼西北之印山……"

110. 张伟：前文已有记述，嘉庆二十三年（1818）任，"抚字五载"。然而，有两则资料却记载他"道光四年（1824）岁次甲申仲冬月上浣"和"道光五年（1825）岁次乙酉吉月"仍然在任。

《高陂曹氏族谱》第一卷第 248 页载有张伟写的《恭祝曹楚望老年先生六

旬开一荣寿志庆》，最后落款题为："时，道光四年（1824）岁次甲申仲冬月上浣，赐进士出身、知兴宁县事张伟题赠。"

《湘南欧阳氏通谱》（资兴卷）第一卷载有张伟写的《欧阳氏续修族谱序》，其中说："今岁仲夏，欧生昕、照、煦携谱来署，以续修族谱乞序于予……爰乐书而为之序。"最后落款题为："时大清道光五年（1825）岁次乙酉吉月；同进士出身、知兴宁县事、年家眷弟张伟拜撰。"欧阳昕，岁进士（举人），字复初，号晓堂，资兴县城南关人，为道光五年乙酉资兴《欧阳氏族谱》的纂修者；欧阳照，字玉章；欧阳煦，字克照，则是这届族谱的编修者。这样看来，张伟文中所说的时间、人名，都是正确的。

特别录此，用以待考。

111. 杨彬：道光七年（1827）任。号杏轩，陕西富平进士

2016年6月19日发表的《富平流曲镇：回望古城话乡彦》文章中说：明万历间武举杨四聪，流曲梅家庄人。杨氏一门"父子（侄）三武举、兄弟两将军"，光宗耀祖，名显乡里。孙丕扬赋《河华吟》赞曰："君不见黄河之水来天上，禹门三汲千层浪。又不见太华巀嶭（jié niè）不可量，三峰突起关西望。三峰三汲万古高，君家三俊俱人豪。两难边塞铺鸿略，仲子武围展龙韬。圣明推毂重贤哲，而况趄趄又一杰。……马氏五长白眉良，杨家兄弟首重郎。共道渠翁严大训，不减燕山有义方。若翁妙悟契濂洛，入官晋魏振木铎……西山有渠子所始，更有翩翩佳公子。方今九岁即能文，他年定见充闾里……入以荣三接，出以凛七擒。但令皇图固，莫教阴翳侵，不负本来最初心。"其子杨定国，字希于，明万历七年（1579）武进士，俱有战功，骁勇善战，"敌闻之莫不丧胆"，官拜宁夏副总兵，村西有沟，人称杨将军"遛马沟"。其侄杨卫国，字希康，别号靖寰，明万历十五年（1587）武举人，官拜甘肃镇标下游击将军，战功卓著。其堂孙杨日升，号白石，自幼聪慧机敏，博涉子史，弱冠闲吟，孝顺父母，善结交四方名士，明天启辛酉（1621）举人，明通榜进士，授嘉兴同知。后裔族人杨彬，字升雅，号杏轩，清道光六年（1826）进士，历兴宁、宁远、汀阳、保靖、慈利五县令，均有贤声；任慈利令主持童子试时，复查试卷，发现左宗棠文笔上乘，遂冠秀才。后来左宗棠官拜封疆大吏，不忘知遇之恩，竖"骠骑将军"碑于梅家庄村口。

112. 孙尚谦：道光九年（1829）任

《兴宁县志·政绩》中记载："号坦山，河南鲁山进士。才识练达，爱民礼士，听讼剖决如流，案无留牍。尤加意学校，公余常诣讲院，集诸生亲为讲授，宁邑文风赖以以正。莅任三载，解组归，饯送者攀辕遮道。"

《湘南欧阳氏通谱》（资兴卷）第一卷载有孙尚谦写作的《欧阳氏续修族谱序》，其中说："余于丙戌（1826）捷春闱，奉简命以县令用。己丑（1829）仲夏来宰斯邑。莅治年余……庚寅（1830）秋有欧阳生相谦、耀举、吏员惠清与族诸生等谒见，持谱请序……"最后落款题为："大清道光十年岁次庚寅（1830）季秋月上瀚谷旦；赐进士出身、敕授文林郎知直隶郴州兴宁县事，坦山孙尚谦拜撰。"季秋月：九月；上瀚：上旬；谷旦：吉日。

《高陂曹氏族谱》第一集第222页载有其为"学老先生九旬开一寿诞联：棘津待聘"，最后落款题为："道光己亥年（本书笔者注：此处应为道光九年己丑，1829年；己亥年为道光十九年，1839年）仲秋月中浣，赐进士出身、知兴宁县事、年家眷弟、鲁阳孙尚谦题。"

《程乡谢氏族谱》卷二载有孙尚谦与其他三人合写的《赠谢君珍斋讳贵瑚字献朝三兄先生六秩晋一荣诞寿序》，最后落款为：大清咸丰元年（1851）桂月（八月），赐进士出身、知直隶郴州兴宁县事、中州弟坦山孙尚谦拜祝。"——笔者特别录以待考。

《河南文献·明清进士》中记载："孙尚谦：清道光六年（1826），第三甲二十一名（进士）。"

113. 蒋庸：道光十一年（1831）署。浙江举人

114. 叶攀鳞：道光十一年（1831）任

《兴宁县志·政绩》中记载："号枚生，浙江丽水优贡，道光十一年任。妙龄英敏，政尚严明，除暴安良，崔苻敛迹。见学宫湫隘，捐俸倡建，重修武庙。尤留心文教，尊贤育才，每月两课，召诸生入署坐试闲院，口讲指画，启迪维勤。且受以粲，优以奖，师生一体，始终不倦。更增置学田，以助膏火。时土匪黄四海等啸聚掳劫，募勇亲征剿灭，民赖安绪。后以卓异调繁湘潭。去之日，父老祖饯攀辕。寻卒于潭，邑人闻之咸感泣。"

《兴宁县志·艺文志》中，载有知县叶攀鳞于道光十六年写作的《重修学宫记》，文中说："辛卯（道光十一年，1831）夏，予奉简命，来斯兹土。"清楚地说明了他到任的时间。关于重修学宫的时间，文中说："是役也，始于道光十二年十二月十三日，迄工于道光十六年二月初旬，予已署篆昭（湘）潭矣。"

《兴宁县志·建置志》卷之四《公署·县署》中记载：（1）二堂，东为官房五间，厨房二间，厂厅一间，厅后一进三间："道光十二年，知县叶攀麟修建。"（2）明伦堂（在学宫左、教谕署后）："康熙二年（1663）徐公建；道光十三年，知县叶攀麟重修。"（3）《兴宁县志·建置志》卷之四记载：武庙（旧称关帝庙，同治五年奉文改称"武庙"，庙二，一在县城西北隅濠上）："乾隆八年（1730）立碑。乾隆三十年（1743）公捐科举银，并变卖公地，经庠生许储等新建，前后二进。庙右有庠生谭因时、春首等捐上地土一片。道光十二年，知县叶攀麟重修。春秋二祀，塑像行香，诣此。正殿一间南向，中奉帝像，旁立关、周二将军像。后殿三间，中奉三代主位（雍正二年，荣封五代），左右为住持僧舍，门楼三间。又左旁子舍四间，为神厨涤牲诸处。前列歌台，两旁绕以围墙（同治十二年将歌台撤）。"（4）卷之七《学校志》：文庙："道光十二年，知县叶攀麟率绅士等通行改造，按粮筹费，经三年而工竣，规模视旧制为宏敞。"

《兴宁县志·杂纪志·灾侵》记载："癸巳，十三年：夏四月，烈风，雨雹。古树多拔，禾麻俱坏。"

资兴《陈氏溥泉族谱》2008 年续修第一本第 378 页载有"邑侯叶攀麟拜撰"写于"皇清道光十一年岁次辛卯（1831）仲冬月"的《金榜墓志并铭》，其中说："余莅兹土将一载矣。下车时，邑缙绅以礼相谒。余采访贤俊，应曰：邑之南则陈君讳金榜字冠英者，其人也……"说明叶攀麟是"皇清道光十一年岁次辛卯（1831）"春季上任的。

双溪《王氏族谱》第四卷《孝房匾额》载："道光壬辰（1832）冬月，特授湖南直隶郴州知兴宁县事叶攀鳞题。"为明经王鹤龄年兄建桅既尊堂黄太孺人九秩寿辰两曾孙嘉礼志庆，立"康强逢吉"匾额。

《袁氏族谱·世德堂·启道祖七甲宗祠》第一卷《旧谱艺文选刊》载有其题写的对联和匾："为袁节翁先生八旬开一：斗雪冰桃辉生锦帨，临风玉树秀舞斑衣。匾曰：慈云水阴。皇清道光十二年岁在壬辰仲冬月。特授湖南直隶郴州兴宁县知县、年家眷弟叶攀麟拜题。"

《陈氏溥泉族谱》第二本第 216 页中记载：坪石乡昆村大冲垅"清柏子一，时和：太学生。字致祥，号惠园。清乾隆三十七年壬辰（1772）五月二十四日生，道光二十四年甲辰（1844）十一月二十日殁，葬茶叶垅"。其《行实》中记载："邑侯叶攀鳞题。"匾云：指挥如意。联云：远性风疏逸情云上，和光春霭爽气秋高。这条资料说明，陈时和参与了叶攀鳞组织的剿匪战斗，并且"指挥如意"。

《兴宁县志·纪异》记载："甲午，道光十四年（1834），南乡牛子坳土匪黄四海、李观章、李观钊等倡乱。邑令攀鳞募勇亲往剿平之，获首逆就地正法。"这说明，叶攀鳞在道光十四年仍在兴宁县知县任上。

然而，《湘潭人物》中记载（摘要）："叶攀鳞（1795—1836）：字枚生，浙江省丽水县人。清道光十三年（1833）署湘潭知县。办案自费餐宿，执法无私，民众呼为'叶青天'。道光十四年夏，大水灾，组织赈灾，自己捐出俸银，并劝富人捐款，使数千百姓得救，灾民唱出：'水上楼，百姓愁；水上屋，百姓哭，一叶扁舟来活佛。'在任病逝，终年 42 岁。死后箱中无积蓄，只有几张典当帖子。城乡百姓皆来哭吊，奔走捐献，操办丧事，派专人护送灵柩和伶仃二子归原籍（本书笔者注：湘潭市现在拟建《三贤侯事迹碑》，纪念湘潭县令白璟、卫际可、叶攀鳞）。"

这就说明，《兴宁县志·纪异》中的记载与《湘潭人物》中的记载产生了矛盾。

《史志网》中有一篇文章，介绍汝城县的何庆元（1785—1850），文章中说："道光十二年，赵金龙的瑶民起义军头目李观章一千多人，从资兴越境到桂阳（今汝城）北乡，南乡也有不少人响应，气势汹汹，大有发生哄抢之势。何庆元以举人身份晋见知县易大来，他献策，派出强健兵勇交典史杨珸率领，赴北乡清剿。生擒李观章，将起义军镇压下去。又教杨珸，南乡须选择乡村士绅组织农民办团练。杨珸带领兵勇到各团村组织和训练团勇。聚众起事者散去。"

这条资料说明：资兴"南乡牛子坳土匪黄四海、李观章、李观钊等倡乱"发生的时间，在"道光十二年"（1832，农历壬辰）；而不是"甲午，道光十四年"（1834）。这样算来，《湘潭人物》中记载：叶攀鳞"清道光十三年（1833）署湘潭知县"，"道光十四年夏"在湘潭组织救灾，就没有矛盾了。但是，考虑其后任者汪仁堂为"道光十四年（1834）任"，则资兴县在道光十三年空缺了知县。笔者认为，叶攀鳞离开兴宁知县岗位的时间，可能在道光十三年秋季——其写作的对联云："远性风疏逸情云上，和光春霭爽气秋高。"当年冬季"署湘潭知县"。汪仁堂应为道光十三年冬任职。

115. 汪仁堂：道光十四年（1834）任。江西举人

《兴宁县志·杂纪志·灾侵》记载："甲午，十四年：夏大饥。千钱斗米。"

汪仁堂在《双溪王氏族谱》中写有《序言》，其落款官衔与时间为："皇清道光十五年岁次乙未孟秋月，特授湖南直隶郴州知兴宁县事、加五级、记录十次、年家眷弟汪仁堂顿首拜撰。"这说明，他在"道光十五年孟秋月（农历七月）"仍在任。

《平江县志·清末时期主要职官》记载："汪仁堂：道光十年（任知县），举人，江西人。"

116. 宋翔凤：道光十五年（1835）任。号于廷，江苏长州举人

《兴宁县志·纪异》记载："乙未，十五年夏，粤匪标贩洋烟。在南乡五里桥，帮党自相斗杀，陈尸横野。初，八、九、十年间，广匪标贩洋烟，每岁一二次，或数百人，或千数人。帮分两党，各持军器护送。下湘道由宁邑，纵横无稍忌。当道置若不闻。咸丰以来，发难之端，未必不由此伏。"

《兴宁县志·艺文志》中，载有知县宋翔凤的诗词，抄录如下：

祈雨五首　（知县）宋翔凤

皇天不雨意如何？龟坼塍头焦着禾。

定是长官行无治，坐看赤子患沉疴。

山田苦种方憔悴，水利难兴费切磋。

中伏欲过秋已至，可能三日赐滂沱。

薄劣心情有几何？春思牟麦夏思禾。

台司飞檄征泉谷，井里忧苗遍疾疴。

仁术未施方自讼，新篇闲和谢如磋。

万山隔却江流远，举首惟期沛泽沱。

不识天公意若何？昨宵小雨略沾禾。

设坛循例惭诚敬，禁杀从宜隔瘅疴。

晨气自凉云未浣，午钟欲动志空磋。

官寒转累民穷甚，闭阁思量涕欲沱。

入秋酷暑未祛何？不雨空教植晚禾。

莫望年丰忧国赋，更愁膈久益民疴。

官无善政心徒疚，野有疲农骨欲磋。

早向斯邦友贤士，可能救此戚嗟沱。

雨势频兴忽霁何？几番出郭看田禾。

数畦有水或无水，百计医疴未起疴。

欲达民艰多委曲，每修公牍自磨磋。

云师可鉴私情切，愿解屯膏一体沱。

《高陂曹氏族谱》第一卷第 227 页载有宋翔凤为"鹤飞宗兄先生六旬开一寿"题写的匾联。匾：星灿圌桥。联：鹤算益椿庭今从服政卜上寿，飞龙跃壁水旋言采藻绍前徽。最后落款题为："龙飞道光十六年岁在丙申孟冬月上浣，知兴宁县事宋翔凤。"

《程乡谢氏族谱》2006 年续修之卷二中，载有"宋凤翔"写的《晋祝登仕郎彩昌谢老二兄先生暨淑配曹孺人七旬开一双寿》，文章中说："余以知县捡发湖南，即任兹邑，鞅掌无虚，每以公事下乡，刑科经承谢洛书者，呈卷精明，办牍勤慎，无刀笔习，有儒家风……"最后落款为："特授文林郎、署湖南直隶郴州兴宁县事、眷弟长洲宋凤翔拜撰，大清道光二十七年岁次丁未（1847）端月。"这条资料，是否年号弄错了？应为"大清道光十七年岁次丁酉（1837）端月"（农历正月）?！因为其后继者"丁酉（道光十七年，1837）冬，（戴）鸿恩甫莅兹土"。

宋翔凤（1779—1860）：字虞庭，一字于庭，清江苏省长洲（今吴县）人。嘉庆五年（1800）举人，官湖南新（兴）宁县知县。生于乾隆四十四年（1779），死于咸丰十年（1860），年 82 岁。宋翔凤是清代今文学家，常州学派的著名学者。他"通训诂名物，志在西汉家法，微言大义"，著有《论话义》和《过庭录》等 28 种。

117. 戴鸿恩：道光十七年（1837）任

《兴宁县志·政绩》中记载："号叠峰，安徽合肥进士。洁己爱士，严课程，精藻鉴，文体独宗先正。岁当县试，自执文衡，取录前茅三十人，焦三届院试全录无遗。每月两课，必益以经艺，手自点窜不少假，文风翕然。见兴邑迩来文运稍歇，力培庠序，高敞星门以纳远秀。寻因典史事被议，士论惜之。"

《兴宁县志·建置志》卷之四《公署·县署》中记载："二堂厅前一进三间：道光十七年，知县戴鸿恩增建。"

《兴宁县志·学校志》卷之七《文庙》中记载："文庙：越十八年（道光十二年起），知县戴鸿恩辟泮池前屏墙为棂星门，以纳远秀。"

《兴宁县志·艺文志》中，载有知县戴鸿恩于道光十八年写作的《重修学宫记》，文中说："兴邑文庙之修，始于前任叶君攀麟，续修于汪君仁堂，宋君翔凤，历数年之久而工未竣。丁酉（道光十七年，1837）冬，鸿恩甫莅兹土……劝捐得钱数百缗。于是卜吉兴工，甫月余而告成……是役也，经始于壬辰（1832）嘉平之月，迄今丁酉而告竣……"这篇文章，清楚地说明了他到任的时间和学宫告竣的时间。

《城步白云书院》简介中说："道光十四年（1834），知县戴鸿恩取青云直上之意改名为'青云'，并置田亩。"说明戴鸿恩是从城步知县，调任兴宁知县的。

《千年合肥到底出过多少进士？》"明清进士"中说："戴鸿恩：城步知县、兴宁知县，有《云卧山房诗草》《漱芳园诗集》。"

"李氏网"《李凤章》中说："凤章，李鸿章五弟……原配夫人戴恭谨，字婉湘，进士、湖南兴宁知县、合肥戴鸿恩第三女……"

【孤本合肥文献】李凤章丈人合肥进士戴鸿恩《云卧山房诗草》卷一至卷四，"国图无藏，未见著录"。已经找不到了，还有其他店铺销售此图书。

118. 杨国菜：道光十九年（1839）任。四川璧山荫生

《兴宁县志·杂纪志·灾侵》记载："己亥，十九年：夏六月大水。十七、八日淫雨连日，初不甚大，至十九日，无论高山平地，水俱崩裂而出，雍淤不流，淹没田园庐墓无数，东南两乡尤甚。经道宪费踏勘下县。"

《黔城书院》简介中说："清宣宗道光二十二年（1842）知县杨国菜修建'义学宫'以及'教泽堂'，添设'龙标书院'，月课十名，出制艺百题，约城乡作文者，按数偿以金帛。"说明杨国荣后任黔城知县。

道光十九年：中国从禁烟走向战争（四月廿二日，虎门销烟开始）……

119. 秦琮：道光二十年（1840）任。号以黄，贵州安化进士

《兴宁县志·杂纪志·灾侵》记载："庚子，二十年：七月十四日大水。较十九年稍减。辛丑，二十一年：五月十三日午时，日绿色。"

《兴宁县志·建置志》卷之四中记载：（1）文昌宫（旧在司训斋，文昌祠、魁星楼在义学内，即今汉宁书院）："乾隆二十一年（1756），知县罗绅改建为高楼，专奉文昌于上，移魁星楼于云盖仙山。道光二十五年（1845），知县秦琮撤楼，仍奉文昌宫之正殿。"（2）魁星阁："原与文昌祠合建于义学内，后知县罗绅以云盖仙位当南离，有文明之象，迁奉于缥缈亭之上。道光二十五年，知县秦琮即汉宁书院头门重建高楼，奉魁星于上。"

《贵州七百进士录》中介绍说："秦琮：道光六年丙戌（1826）科进士，三甲五十七名，官湖南兴宁县知县。"

《郴州大事记》载："道光二十年（1840）：郴州成为湖南广东货物集散地，以湘莲、食盐为大宗，商贾云集。春陵江、便江、耒水、武水中常有货船2000只，郴宜驰道上日有4000—5000肩运夫及2000匹骡马通行，驿铺达141处。兴宁大水，嘉禾大风拔木。道光二十一年（1841）：境内置办团练，防止会党活动，镇压农民起义。居城江西籍商民于郴城河街兴建江西会馆，为境内第一所外籍同乡会馆。鸦片自岭南大量流入郴境。三月二十九日起，郴、桂两州各县均实行保甲制。"

120. 朱国宾：道光二十六年（1846）署。号雁坪，云南进士

《郴州大事记》载："道光二十六年（1846）：郴州署以境内铅、锡、铜、煤等矿区常发生械斗、戕杀为名，明令禁止开矿。"

121. 张宝辰：道光二十七年（1847）任。号铣溪，浙江开化举人，咸丰元年卒于任

资兴《程乡谢氏族谱》2006年续修之卷二中载有张宝辰写的《谢母黎孺人九旬开一寿序》，文章中说："（余）俸满笫，仕南楚，历任烦剧，旋膺简命，谬宰斯土（兴宁县），案牍之暇，获与谢君经纶先生相款洽……"最后落款为："时大清道光丁未年（1847）冬月，敕授文林郎、知直隶郴州兴宁县事、加三级、记录十次、眷弟铣溪张宝辰顿首拜撰。"

《资兴市志·大事记》记载："道光三十年（1850），郴州矿商在南乡（今清江）大脚岭开办铅锌矿。因采矿破坏森林、农田，当地农民告之县府，矿山被封禁。"

《兴宁县志·杂纪志·灾侵》记载："庚戌，道光三十年：夏，大疫。"

《平江县志·清末时期主要职官》记载："张宝辰：道光二十六年（任知县），举人，浙江人。"

122. 说明：根据以下佐证分析，在张宝辰"咸丰元年（1851）卒于任"之后，咸丰元年"十月"贵德任知县之间，还有"孙尚谦"与"李芝梓"先后任兴宁县知县——此为单独证据，存疑：

孙尚谦： 前面已有记载，孙尚谦于"道光九年（1829）任。号坦山，河南省鲁山进士"，"莅任三载"。然而，《程乡谢氏族谱》卷二载有孙尚谦与其他三人合写的《赠谢君珍斋讳贵瑚字献朝三兄先生六秩晋一荣诞寿序》，最后落款为："大清咸丰元年桂月，赐进士出身、知直隶郴州兴宁县事、中州弟坦山孙尚谦拜祝。"桂月，即八月——特录以备考。

李芝梓： 前面已有记载，"嘉庆二十年（1815）任（兴宁知县）。号蔚南，云南省河阳进士"。《程乡谢氏族谱》卷二在孙尚谦写的文章之后，紧接着刊登的就是李芝（写成"之"）梓为"恭祝献翁年兄老先生六旬开一华诞"而题赠的对联：南极灿金华光映少微经五度，东山高玉树香凝仙蝶赋三章；并赠匾额：松菊风高。最后落款为："大清咸丰元年岁在辛亥（1851）冬月，赐进士出身、知兴宁县事、年愚弟滇南李之（芝）梓题赠。"冬月，即十一月——特录以备考。

123. 贵德：咸丰元年（1851）任。号东卿，满洲监生

双溪《王氏族谱》第四卷《孝房匾额》载："咸丰元年辛亥冬月，钦赐蓝翎任湖南直隶郴州知兴宁县事贵德，为大耆英王翠春八旬开一寿辰立'槐荫松古'匾额。"

《程乡谢氏族谱》卷一载有其写的《谢氏续修族谱序》，最后落款为："大清咸丰元年岁次辛亥十月，特授湖南郴州直隶州兴宁县正堂、加五级、纪录十次、正白旗满洲贵德。"

《兴宁县志·纪异》载："咸丰元年冬，烟匪哨聚东乡汤边（今汤市乡），掳人勒财，土痞为与和头。南乡渡市（原渡头，现已被东江湖水淹没）城外小巷口亦如之，月余乃止。""壬子，（咸丰）二年春三月，盗杀郴牧胡礼箴，邑令贵德带勇往捕，兴宁始有勇名。秋七月，西匪大股陷郴，邑令夜遁出城，逻者截路拥人。八月，匪由西北下窜，总镇马龙领兵分扎城北梁婆田，及西乡东江西、木根桥北、上塘桥等处均受害。是月，广匪朱一王、杨保连、刘丁丁、曾逢高等由鄙窜入县境，劫掳东乡下塘何家、白家洞刘家、朱坪温家。适桂阳营参将玉领兵驻城，邑人请兵进剿，并募士勇在朱坪开仗。兵勇义民死者十七人，生获匪首就地正法。"这些事，一直到这年的十一月，都是"邑令贵德带勇"做的。

《湖南·衡阳书院》载："清乾隆九年（1744），知县贵德始置义学于山房下，名邺侯书院，祀李泌，拨观湘书院租50石，延师课读其中。"说明贵德在清乾隆九年（1744）曾任衡阳知县。

《资兴市志·大事记》记载："咸丰元年（1851），焦亮（今蓼江镇焦家人）以湘南天地会山堂首领的资格投奔太平军。次年4月，在永安州（今广西壮族自治区蒙山县）突围中，被清军俘获。清将赛尚阿诈称捕获太平天国'首逆要犯'——天德军师洪大全（焦亮），并押解北京请赏。6月，焦亮就义。"

《郴州大事记》载："咸丰元年（1851）三月初九，清廷派文华大学士、首席军机大臣赛尚阿赴湖南、广西交界地区督办防堵太平军。次日，授赛尚阿为钦差大臣。五月十二日，以广西武宣大股会军攻至象山地方，传闻有湖南会党接应之说，清廷命湖南提督余万清'即于楚粤交界各地要隘，督兵堵截'。七月二十一日，以湖南衡、永、宝三府，郴、桂两州，以及长沙府之善化、湘潭、浏阳等县会党充斥，有所谓红薄教、黑薄教、结草教、斩草教、捆柴教等名目，清廷命严密防拿湖南会党，并查禁销毁传教之《性命圭旨》及《水浒传》两书。闰八月，广东阳山会军攻入宜章。二十九日，以广东拿获会党李哑子、邓叫古、冯房长等，供称'起意为首'者系湖南桂阳（汝城）县人朱福隆、谭福，清廷命湖南'迅速查拿，按名弋获'。九月，郴州矿工刘代伟、萧榜仁、廖扬星等组织天地会。萧榜仁等5人被捕。十月二十六日，以有人奏安仁知县王化成之门丁谢一'倚势诈索'，经手钱粮亏空一万余两，清廷命湖南巡抚骆秉章'确切访查，认真究办'。"

124. 傅祥华：咸丰二年（1852）署。号堃山，广东番禺举人

《兴宁县志·杂纪志·灾侵》记载：“壬子，咸丰二年：二月，太白昼见。五月，西南方有星如帚，长丈余，月余始没。是年三月，州牧胡被难。七月，粤寇大举由郴过宁西北两乡下窜。冬十二月，广匪哨聚数百，劫掠桐树冲衰家，邑令傅祥华亲往查看，已鸟兽散。”

“癸丑，三年（1853）春，广匪由桂东八面山窜入县境，掳掠南乡荒洞、上连等处。邑令傅祥华督绅募勇，驻扎布田。五月，匪由天塘窜过爻山，居民家出丁勇迎击。匪回窜，纵掳烧毁黄、李两姓房屋。至井头黄家，该地居民又出家勇迎击失利，家勇死者二人。遂由留嘉田、乾坑带遁去。先四月，郴桂痞党聚众南乡大脚岭，偷挖铅砂，西里居民家出奋勇击之，杀匪六十余人，坑之。邑令傅祥华禀请大宪，永远封禁。秋七月，广匪刘老二突陷宁城，老湘营王璞山带勇殄灭之。奋勇死者二人，居民被胁不从，死者十一人。先五月间，刘老二哨聚三百余人，由渡市假道入城，居民避匿不及，劫掳罄尽，并胁令梨园子弟（戏子）欢戏数日。时湘乡王璞山统带老湘营由桂东易历崎岖，兼程抵县。方三鼓，密布机宜。八月初一日天方甫曙，旗鼓四进，枪炮齐施，殄灭过半，所获衣物资财无数，群情欢呼，牛酒相劳，立生祠奉之。后余匪逸出南乡乾坑带，西里居民家出奋勇追杀二十余人，余皆越坑而散。秋九月，邑令傅祥华带勇往船形救援，四面兜剿，击毙贼匪无数，生擒三十九人，就地正法。”

《兴宁县志·建置志》卷之四《兴宁县城》中记载：“咸丰三年，西北城垣圮数丈，知县傅祥华建复，易砖以石。”卷之四《公署·县署》中记载：“西书房二进六间：咸丰三年，知县傅祥华建。”

《兴宁县志·赋役志》卷之六中记载：“铅砂：咸丰三年二月间，地痞张二古勾引郴桂痞党李大光、何华伦、邓大安等，聚党私挖，构成巨案。经前县傅通本州梅、本道徐、钦差曾、制军张、臬司陶、藩司周、部院骆批饬，严行封禁。”

《兴宁县志·艺文志》中载有知县傅祥华于咸丰三年五月写作的《封禁南乡大脚岭矿砂批示》，并于同年七月获得“署两湖总督张批”。

《资兴市志·大事记》记载：“咸丰二年（1852），焦玉晶与许月桂、许香桂为策应太平军起义，自树一帜，在湘南各地攻州夺县，声威大振。是年三月，郴州天地会首领刘代伟率众起义，策应太平军，转战兴宁县境。知县贵德

率乡勇配合驻衡州清军，'围剿'起义军。六年（1856）正月，焦、许部在嘉禾县与清军重兵决战，损失惨重，被捕。不久，焦玉晶与二许均遭巡抚骆秉章杀害。"

《郴州大事记》载："咸丰二年（1852）：二月二十七日（应为'二月十七日'，4月6日），清军于广西昭平擒拿太平天国军天德王洪大全（焦亮，兴宁人），监送京师。四月二十六日，焦亮遇害（6月13日）。春，郴人李年通聚众数百起义，赴广西加入太平军。三月十四日雨夜，郴州天地会首领刘代伟率众攻入郴城劫狱，入郴州署，杀知州胡礼箴，救出萧榜仁等。因外援未至，次日，遂奔永兴油榨圩，树旗起义反清。四月，郴州天地会起义军遭清参将积拉明、永州镇总兵孙应照统兵围攻，刘代伟等数十人战败牺牲，党徒百余人被俘。六月二十七至二十九日，太平天国军克嘉禾、蓝山、桂阳州。皆弃城不守，继续东进。七月初三，洪秀全率太平军攻占郴州，斩知州孙恩保，焚学宫，毁孔子木主。设天王府于城关陈家大屋。会党数万及采煤矿工千余人参加太平军。太平军旋特为另立'土营'，专备穴地攻城；郴城健壮青年百名选入天王卫队。七月十二日，洪秀全命西王萧朝贵率李开芳、林凤祥部千余人，自郴州北破永兴。清廷允许贷给临武营兵丁仓谷，又命广东已镇压罗镜、凌十八起义之军营弁兵'驰赴湖南协剿'。七月十四日，安仁县李光德聚众起义，占县城以响应太平军。旋被清军平复。七月十八日，萧朝贵所统太平军偏师破安仁县城，兵锋直指长沙。八月十一日、十二日，天王洪秀全、东王杨秀清闻西王萧朝贵在长沙中炮阵亡消息后，即自郴州分批率太平军主力北上，直捣长沙，九月初一抵长沙城外。十二月初一，据湘抚张亮基奏报，安仁、临武、蓝山等地，均有会党'纠众滋事'。清廷命其发兵剿办，并'准其便宜从事，一切不为遥制'。十二月三十日，清廷准予蠲免缓征嘉禾、桂阳州、郴州、永兴、安仁等太平军经过之地新旧额赋。"

125. 章学纯：咸丰三年（1853）任。号兰轩，江西进士

根据《兴宁县志·纪异》的记载：咸丰三年"秋九月，邑令傅祥华带勇往船形救援，四面兜剿，击毙贼匪无数，生擒三十九人，就地正法"；而到了同年的"冬十二月，永兴土匪径入三都，火焚乡绅袁振文住屋，邑令陆费棻督率乡勇，同署郴州城守肖铃，带兵会剿，绅勇、营兵、义民死者二十二人，讯获贼首从等二十一人，就地尽法处死"。这么一算，章学纯任职时间最多只有咸丰三年（1853）十月至十一月了。

《兴宁县志·杂纪志·灾侵》记载："癸丑，三年：春，群鸟蔽天，飞集城中。是年七月，广匪陷城。四月大水。五月疫。六月正西方彗星见。十月有星如斗，五色，向城中坠，其光如炬。"

《资兴市志·大事记》记载："咸丰三年（1853）四月，郴州矿商聚众在南乡（今清江）大脚岭偷挖铅砂，与当地农民发生械斗，死60余人。知县傅祥华禀报朝廷，封禁矿山。咸丰三年十月，江西天地会首领孙恩隆率会党袭击兴宁县城，被清军塔齐布击败。是年，兴宁县开始征收厘金。"

本书笔者在《兴宁县志》中没有查到与塔齐布相关的记载，只在《郴州地区志·军事·驻军》中，查到了一条记载："塔齐布部：咸丰三年，驻安仁、兴宁。"根据《兴宁县志》"是年七月，广匪陷城"的记载，"江西天地会首领孙恩隆率会党袭击兴宁县城，被清军塔齐布部击败"的事，应该在同年的七月。

《郴州大事记》载："咸丰三年（1853）：正月十八日，清廷从张亮基奏，勒令署桂阳知县陈济钧'即行革职'。正月二十五日，曾国藩命教谕刘长佑、生员王鑫分率楚勇、湘勇赴湘南'剿办起事会党'。三月，江西上犹刘洪义起义军集于桂东，清廷命三省'会剿'。五月二十九日，天地会党李明先起事，响应太平军，占领桂东，称'洪顺元年'，势颇张。七月二十七日，广东天地会军攻克兴宁。二十九日，被王鑫平复。十一月十四日，湘南天地会尹尚英率众占嘉禾。十二月十五日，湘南天地会占领永兴。十二月二十一日，湘抚令罗泽南带湘勇500人前往永兴镇压天地会。十二月，郴州邱昌道（化名朱九涛）、王大才、黄中环率众起义，称楚帝，立国号'天德'，据郴、永、资三县边境。知州戚天保遣城守率营兵乡勇往剿受挫。起义军屯兵永兴油榨圩，队伍扩至数千人。"

126. 陆费茶：咸丰四年（1854）任。号芝卿，浙江桐乡监生

《兴宁县志·赋役志》卷之六中记载："铅砂：咸丰四年二月间，前痞邓大安、许光化、李六香等，胆敢仍前窃挖，前县陆费茶迭禀本州杨、藩司徐、部院骆再行封禁。"

《兴宁县志》卷之四《公署》中记载：县署：（1）大堂："左为听事房，右为库房、柜房二间，堂前为吏、户、礼并户二科房四间，西为兵、刑、工并承发科房四间，咸丰五年，毁于贼，知县陆费菜重建。"（2）戒石坊（旧为戒石亭）："咸丰四年夏因雷震圮，知县陆费菜重修。"（3）头门内常平仓一十间，乾隆九年奉文添造丰裕二号仓廒八间，在署西，共仓廒一十八间："咸丰五年毁于贼，知县陆费菜重修。"（4）县署全部房屋："咸丰五年毁于贼，知县陆费菜重修。"（5）奎星阁："原与文昌祠合建于义学内，后知县罗绅以云盖仙位当南离，有文明之象，迁奉于缥缈亭之上。道光二十五年，知县秦琮即汉宁书院头门重建高楼，奉奎星于上。咸丰四年，知县陆费菜撤楼，仍移奉于云盖仙缥缈亭。"

《兴宁县志·纪异》载（括号内的说明为本书笔者所加）："癸丑，三年（1853）冬十二月，永兴土匪径入三都，火焚乡绅袁振文住屋，邑令陆费菜督率乡勇，同署郴州城守肖钤，带兵会剿，绅勇、营兵、义民死者二十二人，讯获贼首从等二十一人，就地尽法处死。乙卯，五年（1855）春正月，乐昌广匪陷桂阳（今汝城县），邑令陆费菜调集绅勇驰往救援，在烟竹坪等处打仗，残害乡勇七名。夏五月，西匪大股由宜袭郴，邑令陆费菜调集绅勇防守东江，即随同州牧戚天保，进扎郴地首家洞一带。秋七月，西匪大股由郴入宁，陷城三日，大肆掳掠，纵火城厢祠庙、民房而遁。七日，火始灭，乡勇死者一百余名，绅民妇女不受屈辱死者五十余人。秋九月，土匪黄蒲崽（原木根桥乡今东江镇田心村黄家人）肆扰西北两乡，邑令陆费菜率同绅勇击捕，乡勇死者甚众，生获逆首就地正法。冬十月，贼聚宁、酃界地桐木墟。邑令陆费菜督率东乡绅勇，会同酃勇兜剿，歼匪七百有余，生擒伪军师李松亭、伪元帅钟秀潆，就地正法。初，西匪大股数十万陷郴，陆费菜令调集绅勇防守东江，会州牧戚天保同一绅至，乃进扎郴地首家洞（许家洞）一带，相持日久。后乃同令督全军进剿，小获胜仗。至七月二十七日，股匪溃出，由半都长驱入城，搜山罗谷，杀掳甚众。三日，纵火而遁，延烧十余里，烟雾迷天，城厢祠庙、屋宇顿成灰烬。七日，火乃灭。百姓奔回，栖止无所，苦不堪诉。既而溃匪西窜，而西乡土匪黄蒲崽盘踞木根桥等处，北乡土匪焦玉晶（今蓼江镇大坪村焦家人）招军蓼江市，蚁聚乌合，西北两乡半属贼垒。百姓日夜不宁，风鹤时惊。且东乡之青草寨（烟坪乡）、牛岭（汤市乡）、七里（原皮石乡下皮石之七里组，与酃县交界处）、长坳各隘，与酃、永毗邻，恐前往股匪回窜，防御甚难，刻难稍懈。时陆费菜令寄宿东乡下浆（今州门司乡下浆），因余氛未靖，极力募勇，各处堵剿。复虑勇粮不济，任意指捐，兵灾之余，又受无厌诛求，民不堪命极矣。及至九月，邑绅督勇进剿，西乡（黄）蒲崽受首。十月，会剿东乡桐木一仗，大获全胜，歼匪七百有余，东西稍安。然西匪大股虽溃，而遗孽何禄尚距郴城。惟时宝庆刘节帅长佑、李都督辅朝统带兵勇，驻防永兴龙海塘。陆费菜令乃饰绅赍粮迎请会剿，驻军郴地下渡及鸦秀坪（鸦石坪）一带，连营数里。未几，何逆溃出，协同追剿，西北始靖。"

《兴宁县志》卷之十四《节烈》载，咸丰五年七月，"贼入村，恐受辱"而死于自尽、投水、被贼焚烧（1人），并受旌表的妇女，共有7人。

《湘南欧阳氏通谱》（资兴卷）第十八卷第2587页中记载："文进四子，家光（东江镇田心村欧家今属唐洞街道）：从九品、保升六品。号阳耀，字正照，生于嘉庆十四年己巳（1809）九月二十三日，殁于同治五年丙寅（1866）；配刘氏、李氏，同葬州地虎骨岭，生女二、子四：通开、通讲、通枢、通艺。"其《行实》中说："幼业诗书，乃援例纳职（从九品），以光前人。后因筹办团练，蒙邑侯陆费菜保升六品衔。"同时，田心村欧家保升六品的还有"家桂，字明玉"；"家仕，名其昌，候选巡检职"。

127. 吴本芝：咸丰五年（1855）任。号瑞山，湖北江夏增生

《兴宁县志·杂纪志·灾侵》记载："乙卯，五年：七月二十旬，西南方有白气如关刀，长数丈，直竖空中，自午至未，历两时始没。是年，西匪陷城，焚毁民居。"

《资兴市志·大事记》记载："咸丰五年（1855）七月二十七日，太平军攻占兴宁县城，驻扎三日。"

《郴州大事记》载："咸丰五年（1855）：二月二十八日，占领嘉禾县的湘南天地会尹尚英兵败被俘。二月，邱昌道被团练诱捕杀害，王大才投入广东会军。洪秀全太平军别师甘先率数万人攻占宜章城。杨匡来率起义军由临武至郴州，与清军战于板屋桥，毙附生郭玉环。四月十五日，广东天地会邓象、王二潮等率会军入湘粤边，杀郴州候补知州赵启玉等数百人。四月，桂阳州人李石保率起义军，联合广东和湘南会军克桂阳州城。四月二十一日，广东天地会葛耀明应石达开召，率众攻入湘南，占领宜章，旋于五月十日败退。五月初三，由李松定、黄玉胡为向导，邓象、王二潮部向郴城进军。五月初五，广东天地会何禄、陈荣等率党徒自韶州相继攻入湘南，与邓象部合军北上。五月三十

日，广东天地会何禄等占领郴城，旋分兵攻打附近各州县。六月十九日，广东天地会陈义和率众占领桂阳州。八月十三日，广东天地会何禄派陈荣、周培春自郴州出兵，于是日攻下永兴。次日，占领茶陵，从而打通了前往江西与太平军会合的道路。九月初九，湘军王鑫败天地会何禄于郴州，擒其都督邓亚五、先锋赵月贵。九月二十六日，会军副帅陈材阵亡，陈良退却中遇难。当晚，湘军王鑫、陈士杰合兵陷桂阳州城，会军李石保部退至郴州修整。十月十八日，广东天地会陈金刚、胡黄连率众自郴州反攻桂阳州，为湘军陈士杰所败，胡黄连被俘。十一月初五，湘军王鑫力攻郴州，天地会何禄拒之，知县魏承祝战死。十一月二十六日，湘军王鑫、刘长佑败广东天地会何禄，攻陷郴州城。十二月初三，湘军王鑫、刘长佑破广东天地会于宜章黄沙堡，何禄牺牲，余众败退广东连州。"

128. 彭嗣昌：咸丰六年（1856）任。号厚轩，福建江州府崇安举人

莅政勤敏，案无留牍，不资幕友。遇命案重件，不准株累。城隍庙毁于寇，倡议建复。尤其加意士林，增置书院膏火，捐送科举盘费。邑经寇难，轸恤民艰，汰除滥派，减割虚浮，民困稍苏。宁自军兴以来，科派兵勇，经费以数万计。谋议详请增广学额二名，士民德之。后以西匪重寇失城，诖误。

《兴宁县志·建置志》卷之四《公署·县署》中记载：（1）大堂，右偏书房二进六间："咸丰八年，知县彭嗣昌建。"（2）城隍庙（在城西门内）："咸丰五年，毁于贼。六年，知县彭嗣昌率典史伍相廷重建。"

《郴州大事记》载："咸丰六年（1856）：正月初十，湘军王鑫攻陷江华，两广天地会朱洪英、陈金刚、萧元发分走广西、广东。十三日，湘南天地会军师焦宏（洪大全之弟）、大元帅许月桂（洪大全之妻）在嘉禾投降湘军。七月，李石保在广东乳源与清军交战中牺牲。四月，州府在郴城设厘金局，始征厘金税。"

《兴宁县志·赋役志》卷之六中记载："铅砂：咸丰八年二月间，郴痞王永信、何文清、李隆锦、黄世钧、李向荣等，又敢纠众窃挖，前县彭禀本州张札饬，严捕痞徒，会同封禁。"

《兴宁县志·杂纪志·灾侵》记载："戊午，咸丰八年：十月，南方彗星见。次年，西匪陷城。"

彭嗣昌"后以西匪重寇失城"一事，指的是咸丰九年（1859）春二月，太平天国石达开部,由桂阳(汝城)回攻而下"宁城",因此而被撤职。

《兴宁县志·纪异》记载:"己未,九年春二月,大股西匪石达开由桂阳(今汝城县)回陷宁城,灰灭常平仓谷,邑令彭嗣昌出资赔还。绅民不受污屈被害者一百八人。初,西匪陷桂阳,正月初二,提督刘培元、参将彭定泰带兵数千,由宁进剿,初八日抵桂,十八日与贼战于热水、集垅失利,全军覆灭。残兵奔回,身无丝缕。邑人大警,各携老幼妇女深匿山谷穷处。二月初,贼股分道入:一从大路黄草坪、渡头等处,一从小径周塘、浓溪、竹峒等处。沿途淫掳,勇力不支,于十一日遂陷宁城,大肆蹂躏。近城二三十里劫掳殆尽。前股既去,后股复来,络绎不绝。城厢内外,水为之枯。又有一股从南乡五里桥斜入恒魁、海水,出西乡东江,与前股合窜郴州入桂(桂阳州,即今之桂阳县),火焚常平仓谷数百石。自二月初至三月底,近城四五十里绝烟火者月余,掳去人民数千。后多有逃回者,面皆刺字。夏四月,股匪回窜桂阳,南边吃警,彭令(彭嗣昌县令)调集团勇四千余名,又借鄯勇五百名,分防各隘。"

《资兴市志·大事记》记载:"咸丰九年(1859)二月十一日,太平天国翼王石达开率部兵分两路从兴宁南乡攻陷县城。"

《资兴市志·知县公署》中记载:"镇压农民起义:咸丰九年(1859)初,太平天国翼王石达开率部攻陷桂阳(今汝城县)。提督刘增元(错,应为'刘培元')、参将彭定泰领兵数千,由兴宁(今资兴)前往镇压,与起义军战斗于桂阳的热水、集垒,遭惨败。起义军乘胜尾追而至,分两路进入县境。知县彭嗣昌遣团勇阻截,大败而散,起义军一举攻占兴宁县城,彭嗣昌弃城而逃。"

《郴州大事记》载:"咸丰九年(1859):正月二十八日,翼王石达开率太平军自江西南安陆续入湘,本日前队(太平军右一、二、三旗)占领桂阳县(今汝城)。二月初三,全军入湘,初九,占领兴宁县,十一日,占领郴州。清军参将钟万兴败逃,团绅李柱达、参将胡国安自缢。二月十三日,石达开自率后队(太平军右四、五、六旗)由兴宁出发,是日占领桂阳州。十五日,占领嘉禾县。随即分军攻新田、临武,大队则入宁远境,拟取永州、祁阳。八月十四日,广东连州天地会张清观应石达开召,进至湖南宜章,败湘军李朝辅部。"

互联网 2007 年 6 月 27 日发布的周辉湘《1859 年石达开入湘之初的进军》

中说（摘要）："1859 年（清咸丰九年）三月二日，石达开命赖欲新等部攻克桂阳（今汝城县），取得入湘立足点。随后，石达开大部于七日自（江西）南安分两路进入湖南，计划攻取郴州所辖几个县城。郴州知州胡镛急调魏喻义沿兴宁（今资兴县）城西东江防守，彭嗣昌率团练驻兴宁、桂阳交界之滁口，吴清（宛鸟）、钟石山、王福元等驻宜章东部之赤水司、官渡，他自己则率兵两路照应，以兴宁、宜章互为犄角，护卫郴州。"

《兴宁县志》卷之十四《节烈》载，咸丰九年二月，"贼入村，恐受辱"而死于自尽、投水、被贼焚烧，并受旌表的妇女，共有 21 人。

《咸丰朝实录》卷之三百零一载："以湖南桂阳、兴宁、宜章、江华、永明等县城被匪窜陷。革知县董继芳、彭嗣昌、吴清鹅、林周培、唐淳灿，参将常明、钟万升职。均逮问。参将彭定太（泰）、革职留营效力。"

《段氏续修族谱》末卷载有"特授文林郎湖南直隶郴州知兴宁县事加三级、记录十次彭嗣昌"写的《少垣公传》，文中说："公讳邦球，字韶成，号少垣，宁邑名士也……廿六岁即膺丁酉（1897）选拔……连赴束闱十六科，屡荐不售，因之有志未逮……故继父掌汉宁书院，亦十有余载。乃至咸丰乙卯岁（1855），贼匪扰境，焚毁民房，典籍悉遭火化，公曾隐然痛之。同治乙丑岁（1865），叛匪突窜城中，家财复被掳尽，公又隐然伤之；加之胞兄遭惨，内助悼亡，数月之间变故迭经，因之悲愤成疾，竟以忧卒……"从文中叙事的时间来看，他已记述到了"同治乙丑岁（1865）"——同治四年，不知何故？难道他在咸丰九年被撤职后，还留在兴宁吗？如果是这样，撤职的官员在署名时，定会加以"前署"或"原任"等字样的说明。

129. 贺锡朋：咸丰九年（1859）署。号葆忱，湖北省武昌增生

《兴宁县志·纪异》载："庚申，十年（1860）春、夏及秋，流寇屡犯边境，民无宁日。邑令贺锡朋协同城守集勇防守各隘，城保无恙。"

《大冶贺氏宗谱（十修）》卷一目录中有"清文宗咸丰八年（1858）敕贺锡朋诏书"。大冶市位于湖北省南部，长江中游南岸，地处武汉、鄂州、黄石、九江城市带之间。

《湘南欧阳氏通谱》第二十五卷载有《钦赐文林郎欧阳公奇照老先生传赞》（香花乡黄花庄人），其中说："庚申（1860 年，咸丰十年）皇恩下，逮邑令贺胪（陈述）其寿而有德以闻，敕授七品职。"

《高陂曹氏族谱》第一集第 321 页载有"岁在庚申（1860）仲夏交泰日"，"邑侯贺锡朋"送给"恢尔氏六旬"的联额：升恒共永。

《高陂曹氏族谱》第一第 325 页载有贺锡朋写的"诰授宜人，曹母许太宜人六秩晋一荣寿之匾及联"，最后落款为："钦加知府衔补用湖南直隶知州、前署郴州兴宁县事、侍生贺锡朋顿首拜题。"时为同治九年（1870）岁次庚午黄钟月中浣。

130. 万时若：咸丰十年（1860）任。号虚谷，江西丰城举人

《兴宁县志·杂纪志·灾侵》记载："庚申，咸丰十年：二月初旬，雨如墨汁，竹梢生米如稷。辛酉，十一年：三月，雨豆，形色不一。八月，彗星见西方。壬戌，同治元年（1862）：饥，米贵。秋七月，彗星见西方，十余夜始没。八月十五日，午时天爆。甲子，同治三年：正月大雪。凡月余，冰厚盈尺，树木多拔。秋、冬无雨，江井俱涸。乙丑，同治四年：三月初十日夜半，大风雨雹。百余里瓦裂皆飞，拔古木树株无数。夏，大旱。"

万时若于同治二年（1863）写的《郴侯书院记》中说："岁庚申（咸丰十年，1860），余奉檄湖南直隶郴州兴宁知县。侨寄长沙市桓，与前任兴宁县彭君厚轩（彭嗣昌）往来日密，相得甚欢。每剧谈，彭君为余言兴邑民俗，勤俭有古朴风……及莅任，公余之暇，进多士而课以诗古文辞……岁壬戌同治元年（1862），举行恩科，并补行咸丰己未（1859）恩科。余以调廉赴省，放榜后奉饬回任，经永邑，抵北乡。有贡生曹维精等遮道款迎，入所建书院……门外额曰'郴侯书院'。因汉封楚怀王之孙畅于此而遂以名焉……书院于咸丰九年（1859 年，己未）三月丁未创始，于同治元年（1862 年，壬戌）九月戊寅落成……乞余言以勒诸贞珉，用不辞而为之叙……"

《兴宁县志·艺文志》中还有万时若写作的《程水书院记》，文中说："鉴于诸书院之私于一家，致不能久，特广诸一乡，名曰：程水书院。同治三年，举行湖南甲子科，并补行咸丰辛酉（1861）科乡试。余再奉调入守，榜后回任。道经程水书院……余尝序其乡之《郴侯书院志》矣。"

资兴创建于宋咸淳九年（1273）的《辰冈书院》简介中说："清同治二年（1863），知县万时若以书院私于一家一族不能久远，合三书院之资，取名'程水'，以示'大公'。"

《兴宁县志·建置志》卷之四《兴宁县城》中记载："同治三年（1864），

知县万时若移建东门于旧址右偏，颜曰'文昌'。"县志中的《公署·县署》中记载："同治四年，县衙毁于叛勇（欧阳辉霆营叛勇投入太平军占领兴宁县城），知县万时若重建。"

《兴宁县志·赋役志》卷之六（重印本 100 页）中记载：铅砂（地处今清江乡大脚岭、山口等地）："（1）咸丰十一年十月，又有郴痞何玉伯，请州开采，前县万禀本州冯封禁。（2）同治二年八月间，又有何道平等，请州开挖，代任张禀本州魏封禁。"

这说明，在万时若担任兴宁县知县期间，在"同治二年（1863）八月间"，有个"代任张"。请见下文。

（3）同治二年二月间，何道平、罗国统等复朦禀藩司文请试开采。前县万通禀本州魏、本道张、部院毛札藩司恽颁发告示，永远封示。八月间，藩台升抚任内，函致广武军前江苏臬司、桂郡陈派委亲信密勘，随饬外甥夏孝廉时下县履勘查，看得实在情形，大有碍于田园庐墓，万不可开，经前县万剀切缕陈禀在案。十二月间，罗春湖即国统等，再敢密赴抚辕窃名捏禀，请试开采。抚台恽札藩台李委湘乡大绅李军门，临州监采。合邑绅耆士庶及南乡该地居民妇女共二百余人，累牍号禀，情词惨切。三年正月，万县亲赴州城，合邑议派绅士随同前往，向李军门驳陈一十六害。本州魏一面通禀本道转禀部院恽。二月间，合邑士绅何邦新等人联名三百余人，迫赴抚辕，吁请封禁。奉批："山口、大脚岭地方，实碍田园庐墓，万不可开。"昨据兴宁县查明禀复，已批饬严行封禁，永不准开。并查拿窃名具禀之人，严刑惩办，仰即查照办理，毋容隐纵。当即遵饬刊碑示封，所奉各批示及通详等等，节载《艺文志·公移》类中。

清同治四年乙丑（1865），兴宁知县万时若（虚谷）在其写的《纪大脚岭矿禁》（载于县志《艺文志》中）载："兴宁处万山之中，地硗民瘠，所持者浅，所入者薄，奸民恒无所得逞。而南方大脚岭地方好事者，或倡言可以开矿，一时亡命之徒，百计图维，搭厂设炉，几于披猖。自嘉庆戊寅（1818），被郴匪盗掘，旋即驱禁。嗣是而乙酉（1825），而戊午（1858），咸有死党挟势强有力取，俱经地方官捕逐惩戢，封禁加严。然中间之觊觎者，尤复不少……余奉檄守土于兹几年矣，谂悉其弊，重加禁束……盖尝闻昔人谓开采最泄山川灵气，有关地方兴替。因是而推之，兴（宁）境文运远久，或亦天之储蓄，其精英磅礴郁积，使之愈久愈盛，于以勃发，而大显奇焉，未可知也。顾又堪听其左右戕摧，金椎丁丁，玉虎腾腾，朝斯夕斯，而使数百年含宏清淑之气，发泄无遗也耶……同治乙丑良月记。"在这篇矿禁里，万时若历数了乱采之害，提出了行之有效的禁矿措施。在巡道张士宽、布政使司恽世临（两人的文章见《艺文志》）的支持下，他在兴宁县采取了强有力的办法禁矿，才使这一地区的采矿行为得以制止。

《湘南欧阳氏通谱》（资兴卷）第九卷载有万时若送给今兴宁镇山海村鱼岭铺欧通义（家发三子，字友仁，耆老，例授登仕郎）寿联："恭祝耆英通义三兄大人九秩寿联：善气会三星三三桃实赓三祝，心田符九德九九椿荣颂九如。钦加清军府衔任郴州兴宁县正堂、加五级、虚谷万时若拜题，同治二年（1863）孟秋月中浣谷旦。"

《湘南欧阳氏通谱》（资兴卷）第一卷载有万时若写的《欧阳氏续修族谱序》，其中说："（族谱）唯苏氏、欧阳氏二谱为最著。苏氏用横谱，古之所谓牒也。欧阳氏用直谱，古之所谓图也。迄今观之，苏谱之法固然美备，而欧阳谱则本史记表法，上下旁行为图，尤令人了如指掌。则谱法之善，诚莫如欧阳氏矣。"最后落款题为："同治三年岁次甲子（1864）仲冬月上浣，谷旦；钦加清军府衔、特授直隶郴州知兴宁县事、年家弟万时若虚谷氏拜撰。"

双溪《王氏族谱》第四卷《慈房匾额》载："同治乙丑（1865）季夏月，特授湖南直隶郴州兴宁县正堂万时若，为王母何孺人八旬开一立'仙姑赐瑞'匾额。"

《郴州大事记》载："咸丰十年（1860）：十一月十六日，太平军彭大顺等部经江华、蓝山、临武、宜章、桂阳（汝城）、桂东，旋入江西南安境。后入赣南、入闽。咸丰十一年（1861）：二月二十八日，石达开旧部纪章生等自广东折入湖南宜章境。三十日，败于宜章，纪降，黄添理率众东走入江西。同治元年（1862）：夏，安仁、永兴、桂东、桂阳州、嘉禾、蓝山发生大饥荒。耒阳斗米价钱九百，桂阳州饥民4500人。同治四年（1865）：在湖北金口哗变的鲍超旧部'霆军'十八营，于五月初六占领安仁县。"

《兴宁县志·纪异》记载："乙丑，同治四年（1865）：夏五月，霆营叛勇突陷宁城三日，杀掳甚酷，火焚县署而遁。先年冬，霆勇在湖北武昌因口粮不济，负固以叛，随窜往江西袁州等县，日夜兼行至永兴十八都矮塘铺，距宁城五十里。五月初十，二鼓后，邑始闻警，仓皇莫措。会天大雨，乘夜各携老幼妇女挺险而走，破面折足，哀声满路。次早辰刻，贼蜂至，人民未及避者掳去数十，不屈者杀毙数十。蹂躏三日，由南乡洁隅等处窜往广东。时洁隅居民，势迫不及远避，各携家小就附近山坳、古洞潜匿，并积薪洞口，置风轮以备贼至，热火煽风为计。及贼搜山至，计不及施，贼反风举火，遂烧毙男妇共八十九口，绝烟灶者十二家。十五，贼退，村人为封洞口，立碑作大冢为记。先，十三日贼退，官军至，和字营尾贼后，相距不过五六里，乃逗留城中。既威武军至，奋力前进至翰塘山，与贼相遇交数锋而退。占领城厢民房半月，贼掳未尽之物，一洗而空。语云：'贼如梳，兵如篦'，诚不我欺欤？"

《资兴市志·大事记》记载："同治四年（1865）五月十三日，南乡洁隅农民为避兵乱，携老带幼藏入山中一岩洞，被兵点燃柴草，用风车往洞里吹烟火，烧死89人。"

131. 郭树馨：同治五年（1866）署。号桂山，山西宁乡举人

《兴宁县志·杂纪志·灾侵》记载："丙寅，五年：五月初旬，虎灾。形类不一，内有一种类马，俗名马熊，见人不甚畏。近城十余里伤人甚多，乡村出入必相与结伴，各执军器乃行。"

《兴宁县志·公署》卷四《县署》中记载："戒石坊（旧为戒石亭）：同治五年，知县郭树馨重修。"

《兴宁县志·建置志》卷四中记载："赤帝宫（在城东外青龙寺）：乾隆二十一年，知县罗绅奉文鼎建。同治六年，知县郭树馨见庙将圮，募捐重修。"

清光绪元年（1875）编纂的《兴宁县志》卷首第二篇《序》言，就是郭树馨写的，文章中说："余俗吏，未能深观天人之际，去春漫以铅刀庖代此邦，竞竞唯惧失坠。夏始，中丞李公随以续修通志朝请，而先饬府、厅、州、县各续其志，以备采择……余既奉中丞檄，即传集城乡绅士，周咨询度，量才程事，筹费开局，勤勤者已岁计矣。今余方解任，末由与诸君共葳厥事，心滋恧焉……时，大清同治六年岁在丁卯夏仲上浣吉旦。敕授文林郎，己酉拔贡，辛亥顺天乡试举人，大挑一等，署郴州兴宁县事，晋阳郭树馨谨撰。"

己酉：道光二十九年，1849年。辛亥：咸丰元年，1851年。

大挑：清朝乾隆年间制定的一种科考制度，为的是让已经有举人身份但又没有官职的人有一个晋身的机会。清乾隆十七年（1752）定制，三科（原为

四科，嘉庆五年改三科）不中的举人，由吏部据其形貌应对挑选，一等以知县用，二等以教职用。每六年举行一次，意在使举人出身的士人有较宽的出路，名曰大挑。挑选的标准：重在形貌与应对，须体貌端正，言语译明，于时事吏治素有研究。相传有"同田贯日气甲由申"八字诀，合于前四字形貌者为合格。例如长方面型为"同"，方面型为"田"，身体长大为"贯"，身体匀称为"日"。

《兴宁县志·兴宁县志七次原修姓氏》中说："《兴宁县志》卷之首重修姓氏：纂修：署兴宁知县晋阳郭树馨，兴宁知县灵川黄善福，署兴宁知县北平俞文葆，兴宁知县天津刘锡九。"

郴州地区网 2004 年 10 月 22 日发布的《［光绪］兴宁县志》十八卷首一卷末一卷介绍说："清郭树馨、刘锡九等修，黄榜元、许万松等纂。郭树馨，号桂山，山西宁县人，举人，同治五年（1866）兴宁知县。刘锡九，知县。榜元，邑人，恩贡。许万松，邑人，拔贡。是志于光绪元年（1875）成书付梓，记事亦止于是年。正文分十七纲右五十五目，约五十二万字。是志山水目记山、岭、石、江、滩、潭、泉近百处，按东南西北排列，井然有序，附张九镡《兴宁水道考》，更详尽有据。瑶峒目搜录瑶族史事亦很珍贵。《杂纪志》记明代至清代虫害、水灾、地震、张献忠、石达开等农民起义的资料，卷末录著书目八十余种，为后世史学工作者提供了重要参考资料。有光绪元年（1875）刻本。"

《高陂曹氏族谱》第一集第 302 页载有郭树馨写于"同治十一年岁次壬申（1872）菊月上浣之吉"的"曹母袁安人旌表节孝六旬晋一寿彩：白首完贞。"最后落款为："知兴宁县事桂三郭树馨拜题。"这则资料说明：郭树馨在"同治十一年岁次壬申（1872）菊月（农历九月）"还任兴宁知县？待考。

清《［同治］鄣县县志》二十卷首一卷介绍说："是志始修于同治十一年（1872）知县郭树馨，继任知县唐荣邦续修完稿，翌年付梓成书，记事止于十一年。"说明郭树馨在"同治十一年"任鄣县知县。

山西宁乡县：西汉，置中阳县。东汉，并入离石。北周大象初年，置平夷县。金明昌六年，改平夷县为宁乡县，部分村镇曾为古孟门县管辖。隋大业三年，宁乡县并入离石，只置平夷。金泰和年，改平夷县为宁乡县。民国三年，改宁乡县为中阳县。1914 年，改称中阳县。1958 年，离山县合称离石县，翌年恢复中阳县。1958 年，并入离山县。1959 年，恢复中阳县置。

132. 朱耀奎：同治六年（1867）署。号列仙，天津静海人

《兴宁县志·杂纪志·灾侵》记载："丁卯，六年：夏，大旱。"

《郴州大事记》载："同治六年（1867）：七月初十，以湖南捐输军饷，（新增）永广桂阳州学额 5 名，宜章学额 3 名，郴州、永兴、兴宁、桂东学额各 2 名，安仁学额 1 名。"

133. 黄善福：同治七年（1868）任。号兰笙，广西进士

据黄善福自己说：其之任始为"丁卯（同治六年，1867）春"。

《兴宁县志·杂纪志·灾侵》记载："戊辰，七年：夏，旱。秋，东南两乡疫。己巳，八年：二月初一日雨雹。二十四日清明节，午后昼晦。秋七月初旬，北乡夏雨雹，伤稼甚多。"

《兴宁县志·兴宁县志七次原修姓氏》中说："《兴宁县志》卷之首重修姓氏：纂修：署兴宁知县晋阳郭树馨，兴宁知县灵川黄善福，署兴宁知县北平俞文葆，兴宁知县天津刘锡九。"

《资兴市志·大事记》记载："同治六年（1867），第八部《兴宁县志》开始编修，至光绪元年（1875）完稿、刊行。"

《段氏续修族谱》末卷载有其写的《节孝段母袁孺人七旬开一寿序》，文中说："今岁丁卯（1867）六月十二日为孺人七秩开一帨辰，值邑修志、家续谱……是岁之春，余奉大部檄莅任兴邑……"文章最后落款为"赐进士出身知湖南郴州兴宁县事黄善福拜撰，时同治六年（1867）八月中秋"。据此可以证明，黄善福之任始为"丁卯（同治六年，1867）春"。

双溪《王氏族谱》第四卷《孝房匾额》载："同治七年仲冬月，赐进士出身知兴宁县事黄善福，为王母谢孺人七旬开一寿诞立'令德受祉'匾额。"

《湘南欧阳氏通谱》第二十卷第 2931 页中载有《廷江祖裔与何姓讼争地名下把塘山场堂示》——"下把塘"即位于原厚玉乡杨扶市（杨虎坑）："正堂黄示审得欧青选等与何雍和等互争山场寨脚坪一案……"最后注明的时间是"同治九年（1870）七月二十七日"。

《王氏族谱》第四卷《孝房匾额》载："同治九年（1870）桂月，赐进士出身、钦加同知衔、特授湖南直隶郴州兴宁县正堂、加十级、记录十次黄善福，为良珍年兄金昆令堂立'婺宿常明'匾额。"

《程乡谢氏族谱》卷二载有其写的《恭祝谢府玉书年兄先生暨德配焦孺人八旬晋一双寿志庆》,文中说:"予忝牧兴邑,庚午(同治九年,1870)七月奉藩调廉赴省,过程水书院,谢宣筋予,席间详其言其族……"最后落款为:"特授湖南直隶郴州兴宁县正堂世弟黄善福,龙飞同治十年岁在辛未(1871)仲春月。"

《高陂曹氏族谱》第一集载有其写的《曹氏再续族谱序》,最后落款为"诰授奉政大夫、钦加清军府衔、赐进士出身、特授湖南郴州直隶州知兴宁县事、随带加二级、记录五次黄善福兰笙氏,同治十一年岁在壬申(1872)季秋月。"

134. 俞文葆:同治十二年(1873)署。号荫棠,浙江举人

据俞文葆自己说"余去腊来篆斯土",即同治十一年(1872)腊月(十二月)到任。

《兴宁县志·学校志》卷之八中记载:"书院(汉宁书院):同治十二年,阖邑绅士将入籍公项于西边增建号舍一栅。"

《兴宁县志·纪异》载:"癸酉,十二年(1873)春正月,郴匪罗国统结党千余,假名开矿,在南乡大脚岭搭棚立寨,肆行掳掠。当经邑令俞督率团勇捕剿弗克,后闻官军大队至,各自逃散。贼首罗经州牧刘饰(率领)勇拿获,畏罪自毙。秋七月,有妖僧昆仑,结盟哥弟会党,约于月底乘间起衅。因机泄,反,布散谣言,使居民纷纷逃遁。经邑令俞饰(率领)勇拿获,就地正法。"

清光绪元年(1875)编纂的《兴宁县志》卷首第三篇《序》言,就是俞文葆写的,文章中说:"康熙八年,诏天下各修志书,复命儒臣编纂《大清一统志》……考兴宁之志,自道光辛巳续修之后,迄今五十有三年……余去腊来篆斯土,数月后,值此书告成,丞取阅之……时,同治十二年,岁在癸酉季冬下浣,知兴宁事,北平俞文葆荫棠氏撰并书。"这说明:俞文葆"知兴宁事"的时间在"去腊"——同治十一年(1872)农历十二月。"康熙八年":农历己酉,1669年。"道光辛巳":道光元年,1821年。

《兴宁县志·兴宁县志七次原修姓氏》中说:"《兴宁县志》卷之首重修姓氏:纂修:署兴宁知县晋阳郭树馨,兴宁知县灵川黄善福,署兴宁知县北平俞文葆,兴宁知县天津刘锡九。"

互联网《名人世家》中说："俞文葆：顺天府宛平县人，原籍浙江山阴。历任大清兴宁知县、东安知县、知府。祖俞世琦。俞氏三十五世俞世琦早已离开绍兴居在北京。"俞启义的《俞大光家族史》中说（摘录）："俞家大约在清朝中后期成为斗门的名门富绅，有'三代翰林'之称。其中尤以俞文葆、明震、明颐一支最为显赫。俞文葆长子俞明震（1860—1918），是晚清著名文人，甲午战争时驻守台湾；他还是鲁迅之师，《鲁迅日记》中多次提到的'恪士师'就是俞明震；其夫人是曾纪泽（曾国藩次子，中国第一代外交家）之女。次子俞明观（1862—1897），别名明鼎，字用宾，历署洪江知县（1895—?）；幼子俞明颐，一女俞明诗。俞文葆在湖南做官时，与湖南巡抚陈宝箴结为亲家，其女明诗嫁给宝箴之子陈三立（诗坛泰斗，号散原）。以后，陈三立的女儿陈新午又嫁给了俞文葆的嫡孙俞大维（国民党陆军总司令及国防部长）。俞家还与湖南世家、清末名臣曾国藩三代联姻。"

135. 田福亨：同治十三年（1874）署。号懋堂，浙江省监生

在资兴保存的最后一部古代县志中，光绪元年乙亥重修《兴宁县志》卷之首知县刘锡九写作的《序》中说："余恭厥职，刚三阅月。正扫清积牍间，适邑绅诸董事，持其前署任俞荫棠、田茂堂两大令先后奉大宪委修宁志而重辑之。"说明田福亨的字，又写作"茂堂"。

136. 刘锡九：光绪元年至三年（1875—1877）任。号桂生，天津举人

《资兴市志》第五篇第二章"政府"第一节"知县公署"记载："刘锡九：籍贯天津；任职时间：光绪元年至三年（任知县）。"

在资兴保存的最后一部古代县志中，光绪元年乙亥重修《兴宁县志》卷之首《序》中说："余恭厥职，刚三阅月。正扫清积牍间，适邑绅诸董事，持其前署任俞荫棠、田茂堂两大令先后奉大宪委修宁志而重辑之……三弥年而告成，属（嘱）余为之序……时，光绪元年岁在乙亥仲夏之月，下旬吉旦。知兴宁县事，津邑刘锡九桂生氏撰并书。"这篇《序》言说明，刘锡九，字桂生，天津人，于光绪元年春任"知兴宁县事"。

《资兴市志·大事记》记载："光绪元年（1875），县行政区划分1关厢4乡，下辖15里。是年，县域东西宽50千米，南北长90千米。"

《兴宁县志·兴宁县志七次原修姓氏》中说："兴宁县志卷之首重修姓氏：纂修：署兴宁知县晋阳郭树馨，兴宁知县灵川黄善福，署兴宁知县北平俞文

葆，兴宁知县天津刘锡九。""郴州地区网"2004年10月22日发布的《［光绪］兴宁县志十八卷首一卷末一卷》介绍说："清郭树馨、刘锡九等修，黄榜元、许万松等纂。郭树馨，号桂山，山西宁县人，举人，同治五年（1866）兴宁知县。刘锡九，知县……"此志原藏于县公安局档案室，1984年移交到县档案馆。此县志即我们现在使用的胶印本（重印本）光绪元年乙亥（1875）刊印的《兴宁县志》。

137. 陈少厓：光绪三年至四年（1877—1878）任

《资兴市志》第五篇第二章"政府"第一节"知县公署"记载："陈少厓：任职时间：光绪三年至四年（任知县）。"

《资兴市志·大事记》记载："光绪三年（1877），皮石小洞开办贺记陶瓷厂。"

138. 陈维祯：光绪五年己卯（1879）任

县志与市志中没有记载，据《王氏族谱》补入。

双溪《王氏族谱》第四卷《孝房匾额》载："光绪己卯（1879）季冬月，钦加五品衔、署湖南郴州直隶兴宁县事先用正堂、加五级、记录五次陈维祯，为玉兰金昆令堂谢孺人七旬开一寿诞立'巾帼硕望'匾额。"

根据这份资料，证明陈维祯任兴宁知县的时间为"光绪己卯（光绪五年，1879）"。其中的"先用"是何意？不解。

139. 单□□：光绪六年（1880）任

《资兴市志》第五篇第二章"政府"第一节"知县公署"记载："单□□：任职时间：光绪六年在任。"

140. 陈建常：光绪八年（1882）以前在任

据陈建常自己说：其任职的开始时间为"光绪三年岁在丁丑"（1877）七月十五日前。其任职到光绪六年庚辰（1880）止。

《资兴市志》第五篇第二章"政府"第一节"知县公署"记载："陈建常：任职时间：光绪八年以前在任。"

《上坊唐氏族谱》首卷载有陈建常写的《唐鼎成夫妇八旬寿兼主修序》，文中开头说："岁在疆圉赤奋中元（旧俗以阴历七月十五日为"中元节"）前奉上谕署理资兴……"最后的落款题为"知兴宁县事、年家眷弟礼斋陈建常顿首首拜，龙飞光绪三年岁在丁丑（1877）菊月上浣"。疆圉：边界。赤奋：

天神名。菊月：九月。上浣：上旬。这就说明，陈建常任职的开始时间为：光绪三年岁在丁丑（1877）七月十五日前。

《程乡谢氏族谱》卷二载有知县陈建常撰写的《恭祝谢君良弼先生七旬晋一寿序》，文中说："谢君良弼，余下车前日得遇于大坪（今蓼江镇大坪村）渡市……其后十余日令子月池偕其乡人士以公事来城，谒时袖出其实行以质俭，谓此老不可无传，且乞余为之序……"最后落款为："赐进士出身、署湖南郴州兴宁县正堂、年眷弟理斋陈建常撰，龙飞光绪三年岁在丁丑（1877）冬月吉日。"

双溪《王氏族谱》第四卷《孝房匾额》载："光绪丁亥年（1887）冬月，前任湖南兴宁县正堂陈建常，为良珍先生老大人九旬开一夫妇荣诞立'乐应启期'匾额。"

根据以上资料，证明陈建常任职时间为"光绪三年岁丁丑（1877）"，刚好与陈少厓的任职时间对调。

《陈氏溥泉族谱》第二本第229页载有坪石昆村大冲坳陈继迹的世录，其妻"城南盈背胡瑞珍公女，清嘉庆五年庚申（1800）十一月二十日生，光绪十六年庚寅（1890）四月初六日殁，享寿九十一岁，葬昆村水口上，子三：晄绪，昭绪，晓绪"。她"八十一寿诞：红呢，大寿字——兴宁县正堂陈建常题"。这则资料说明，陈建常在光绪六年庚辰（1880）前后在任。

141. 连自华：光绪九年（1883）在任

《资兴市志》第五篇第二章"政府"第一节"知县公署"记载："连自华：任职时间：光绪九年在任。"

《湖南醴陵渌江书院简介》中说："渌江书院，清乾隆十八年（1753），知县管乐倡建于城东门内，以前临渌水，故名。光绪五年（1879）知县连自华设经课，教以训诂词章之学。"说明连自华曾任醴陵知县。

光绪六年，连自华参与了民间专家组会诊慈禧太后。《1880年民间专家组会诊慈禧太后》摘要：

最早记录慈禧太后生病的，是军机大臣王文韶。他在二月初二日（3月12日）的日记中说：入对一刻许，慈禧太后圣躬欠安，召见时慈安太后在座。交看药方并谕知病状，意甚焦急。盖缘思虑伤脾，眠食俱损，近日益不能支。在翁同龢此后的日记中，也出现了慈禧"夜不成寐，饮食少，面色萎黄口干";"多步履则气怯心空","郁闷太息,肩重腰酸,饮食少味,心脾久虚";"多言则倦,多食则滞,多步则涩";"痰带血丝","便溏气弱"等内容。二月初八日,翁同龢更在日记中特别写道:自初二起召见办事,皆慈安太后御帘内,十余年来此为创建也。

朝廷大臣中的好事者,开始酝酿要请外面的民间医生来为慈禧治病。时任左庶子的张之洞,在一封写给军机大臣李鸿藻的密信中首先提出。但最后上疏的,是另一位清流宝廷,他"请召中外大臣博访名医以闻,令随同太医诊视"。很多人都为宝廷的建言捏一把汗。宝廷表示,"国事日棘,不暇顾也"。奏上,得到太后本人的同意。旋发布上谕……

光绪六年六月初七日(7月13日)奉上谕。于是,直隶总督李鸿章推荐的山东候补道薛福辰、山西巡抚曾国荃推荐的山西阳曲县知县汪守正、江苏巡抚吴元炳推荐的江苏武进县(今武进区)孟和镇地方职员马文植、江西巡抚李文敏推荐的江西县丞赵天向、浙江巡抚谭钟麟推荐的浙江醢尹薛宝田、浙江淳安县教谕仲学辂、湖南巡抚李明墀推荐的新宁知县连自华、湖北巡抚荐彭祖贤推荐的湖北盐法道程春藻八位医生相继来到了北京。此外,丁忧在籍的前湖北巡抚潘霨也被举荐诊视,但他到京后就称病回避了。

连自华,字书樵,浙江钱塘人,名医连宝善子。以优贡生官湖南知县,累官武冈知州,为官多惠政。得家传,亦精于医道。

从上述名单还可以看到,当年被公认医术高明的大夫,其实多是有学识的官员,并非专业的悬壶郎中。中国传统医学在最高境界上是一种哲学,同入仕做官的读书人倒是相通的。应召看病的医生,薛福辰最早到京,六月廿四日请脉。汪守正第二个到达,六月三十日请脉。他们和太医李德立、庄守和、李德昌组成一个团队,每天集体为慈禧太后看病。赵天向是第三个到京的。尔后,马文植七月廿日抵京,廿五日首次入宫诊断,比薛福辰整整晚了一个月。其余的医生则在八月陆续抵达,加入专家组。

医生多了,七嘴八舌,各有主见。慈禧太后将医生分开,每天只宣三四个医生上班,集体会诊,次日又换一拨。依薛福辰的说法,在他入京之初,薛宝田、仲学辂、连自华、程春藻到京之前,慈禧太后已经内定他和汪守正为主治大夫,其他人不过是虚设名头,在方剂上列衔而已。此说系郑逸梅转述他从朋友彭长卿处见到的亲笔书札,正确与否,我无从评论。从流传下来慈禧每天的医方看，医生是允许各抒己见的，并非在一个一以贯之的方子上各自署名。而按照翁同龢观察，太后其实并不服用医生的处方（"闻久停药，因温闻杂投无验也"），后人不清楚这些治病开方背后的复杂运作，但他们不同的观点，却给慈禧太后增添了许多新鲜建议，使这个精明的女人得以兼听则明。

伴君如伴虎。给慈禧太后看病，所有的医生都既感到荣幸，又极为害怕，只求太后早日康复，自己可以解脱回家，内中机密，外人难以知悉。

经过观察，慈禧在九月三十日（11月2日）下旨：诸医各回原省，留马文植及薛福辰、汪守正照常请脉。嗣后分为两班，太医院一班，马文植、薛福辰、汪守正一班，进诊二日，下班一日。钦遵！

最后治好慈禧病的，主要还就是这三位医生，尤其是薛福辰、汪守正。由此可见，薛福辰的说法，是有一定依据的。

光绪七年的夏天姗姗地来到了。在薛福辰、汪守正等人的精心治疗和调理下，病恹恹的慈禧圣体终于痊愈。六月二十五日，清廷颁布上谕……（赏赐薛福辰、汪守正、马文植及大臣等人，光绪六年九月三十日被放回籍的都没有得到赏赐）。

142. 颜□□：光绪九年至十年（1883—1884）任

《资兴市志》第五篇第二章"政府"第一节"知县公署"记载："顾□□：任职时间：光绪九年至十年（任知县）。"

143. 高联璧：光绪十四年至二十一年（1888—1895）任

经考证：他在"丁亥（1887）"，即光绪十三年开始任职，至光绪二十二年（1896）仍在职。

《资兴市志》第五篇第二章"政府"第一节"知县公署"记载："高联璧：任职时间：光绪十四年至二十一年（任知县）。"

《袁氏族谱·世德堂·启道祖七甲宗祠》第一卷《旧谱艺文选刊》载有其题写的对联和匾："钦赐登仕郎袁有章七秩晋一弧辰大庆：修养定从心天赐鹤筹臻上寿，康强恒食肉国尊鸠杖庆稀龄。匾曰：恩重乞言。——知兴宁县事东垣高联璧拜题。光绪五年（1879）岁在己卯季春月上浣。谷旦。"《袁氏族谱》同时还载有："袁玉章先生七旬晋一、德配张孺人双寿大庆暨文长孙荣婚志喜：合德象无疆健顺咸贞永祝乾坤春不老，贻谋钦有道和平洽庆频谐钟鼓铄于胥。匾曰：福禄鸳鸯。——知兴宁县通家弟东垣高联璧拜题。光绪十七年（1891）岁在辛卯季春月中浣。谷旦。"从以上第一副对联上所题写的时间上看，他的任职起码在"光绪五年（1879）岁在己卯季春月"。如果是"十五年"，则为农历的"己丑"而不是"己卯"了。但据其本人所写的文章，证明他的任职在"丁亥（1887）"年，则此处之"己卯"应为"己丑"（1889）之误。

《高陂曹氏族谱》第一集第 399 页载有其写的《恭介钦加司马衔曹府健翁先生暨德配唐安人六旬晋一双寿志庆》，文中说："邑于古为阳安，环绕皆山，有能得山之磅礴坚凝气者，其人必多寿。璧奉简命来守兹土……"最后落款为："钦加五品衔、癸酉（1873，同治十二年）科拔贡、朝考第一等、特授湖南兴宁县知事高联璧拜撰。时，光绪十六年（1890）岁次庚寅正月。"在族谱第 400 页中，载有高联璧"恭介登仕郎曹府庚开老先生九旬开一大庆"所送的匾：耆龄衍庆；彩：策杖临朝；联：澜水泛霞觞南极辉临彻渭滨而永耀，腊春开寿域东阶彩舞映兰亭以增荣。最后落款为："钦加五品衔、特授湖南兴宁县正堂、加五级、东垣高联璧敬题。清光绪十六年（1890）岁次庚寅季秋月上浣谷旦。"

《段氏续修族谱》末卷载有其写的《同文先生百旬开一寿序》，文中说："联璧登拔而擢部曹，改京秩而为邑宰……"文章最后落款为"特授湖南直隶郴州知兴宁县事、蜀南东垣高联璧拜撰。"

《程乡谢氏族谱》卷二载有"知兴宁县事年家眷高联璧"在光绪二十二年（1896）写的《烈妇词序》，文中说："余自丁亥（1887）出宰此土……"说明他开始任职兴宁县知县的时间在"丁亥（1887）"，即光绪十三年，光绪二十二年（1896）仍在职。

《中国美术家名人辞典》记载："高联璧，字东垣，四川乐山人。同治十二年拔贡，朝考一等，授户部主事，分发湖南兴宁县。书法宗颜真卿。"

《益州书画录》中说："高联璧，字东垣，四川乐山人。光绪癸酉（按：光绪无癸酉，疑为同治十二年癸酉，1873）拔贡，朝考一等，授户部主事，分发湖南兴宁县。书法宗颜真卿。"

《郴州大事记》载："光绪十八年至二十二年（1892—1896）：日、英帝国主义者至郴州开矿，提炼；掠走白银 767 两、粮食 20.5 万公斤，毁林 600 余亩、田土 1300 余亩，打死矿工、农民 370 余人，打伤 400 余人。"

144. 李伯龄：光绪二十三年（1897）任

《资兴市志》第五篇第二章"政府"第一节"知县公署"记载："李伯龄：任职时间：光绪二十三年在任。"

双溪《王氏族谱》第四卷《孝房匾额》载：光绪戊戌（1898）四月赐进士出身、现任兴宁县正堂李柏龄，为国学王纯久七旬开一荣题'祝晋华封'匾额。"

《高陂曹氏族谱》第一集第 460 页载有"兴宁县正堂李柏龄"送给曹绍周夫妇的"彩：友琴偕老"。然而，未注明年代。

《郴州大事记》载："光绪二十四年（1898）：春，陈为镒、潘仁瑶响应维新，在郴州城文昌宫创办舆算学会。五月，扩充为经济学堂。六月，郴州学会以'革除旧习，振兴新学'为宗旨，响应戊戌变法。九月，因变法失败，学会解散。十二月初二，俞廉三奏：'查勘粤汉铁路公司人等定期来湘'，清廷饬令地方州县认真保护，毋得稍有疏失。"

《资兴市志·大事记》记载："光绪二十九年（1903），汉宁书院改为汉宁高等小学堂，为县内新学之始。"

145. 龚鹤畴：光绪年间任。桂林人。据《高陂曹氏族谱》补入

《高陂曹氏族谱》第一卷第 477 页载有："日升先生金昆之令堂段孺人（曹嘉乐之配偶）七旬晋一寿诞彩额：慈竹长春。知兴宁县事桂林龚鹤畴拜题。"可惜没有记载年代。但是，按照段孺人的年代推测，龚鹤畴的任职，应在光绪年间（族谱中载有写于"中华民国二十二年岁在癸酉孟冬月下浣"的《嘉乐公夫妇合传》，后面附载的）。

146. 王章棋：光绪三十一年至三十二年（1905—1906）任

《资兴市志》第五篇第二章"政府"第一节"知县公署"记载："王章棋：任职时间：光绪三十一年至三十二年三月（任知县）。"

《清江黄氏族谱》第一卷载有王章棋写的序言，标题为《清江黄氏续修族谱序》，文中说："光绪乙巳（1905），余知县中事……"最后的署名为："光绪三十一年岁在乙巳（1905）仲秋月，钦加同知衔直隶州用、特授湖南郴州直隶州兴宁县正堂、加五级、华阳王章棋敬撰。"

《资兴市志·大事记》记载："光绪三十二年（1906），南乡滁口建成一座

七孔石拱桥，长约 50 米，宽约 2 米，为境内规模最大的石拱桥。"

《郴州大事记》载："光绪三十二年（1906）：三月，郴州官立中学堂在东山书院开办。民国元年（1912），改为郴郡六城（郴县、永兴、资兴、宜章、汝城、桂东六县）联合中学，校址迁考棚。民国三年，再改为湖南省第七联合中学（今市第一中学前身）。郴属各县以经济学堂为基础，在橘井观兴办六城师范学校及六师附属小学。"

《广安县志·大事记》载："民国二年（1913）2 月初，奉命改州为县，州知事公署更名为县知事公署。8 月 8 日，知事王章棋为策应川西、川东各县讨伐袁世凯在四川的代理人胡景伊，宣布广安独立。不久，讨胡失败，王弃任。"

147. 章采房：光绪三十三年丁未（1907）任

《段氏族谱》卷首《衣冠人物录》载："段兴钊：'光绪丁未年（1907），邑侯章公采房申详府宪批准重游泮水，匾赠：胶序耆英。'"本书笔者据此补入。

148. 黄国权：光绪三十四年（1908）在任。湖南省长沙人

《资兴市志》第五篇第二章"政府"第一节"知县公署"记载："黄国权：籍贯：湖南长沙；任职时间：光绪三十四年在任。"

《资兴市志·大事记》记载："光绪三十四年（1908），全县开始流通'大清银币（银洋）'。是年，基督教徒刘子堂在县城创设西医简易诊所，为县内西医之始。"

149. 祝鸿泰：光绪三十四年至宣统三年（1908—1911）任

《资兴市志》第五篇第二章"政府"第一节"知县公署"记载："祝鸿泰：任职时间：光绪三十四年至宣统三年（任知县）。"

《郴州大事记》中记载：

"宣统元年（1909）：郴、桂两州共有 32.4349 万户（正户 16.6591 万户，副户 15.7758 万户），181.6354 万人。

"郴州直隶州在郴城考棚举行己酉（1909）恩科府试，录取拔贡、廪生、附生共 33 人，为郴境最后一次科举考试。

"宣统三年（1911）：郴、桂两州财政总收入银 21.9 万两，支出 8.4 万两，上交 13.5 万两。

"九月十一日，宜章同盟会会员彭邦栋率千余人，占县城，并以湘南革命实行团名义传檄湘南各县联合行动。十二日，宜章知县吴道晋畏罪逃走。十三日，湘南革命实行团张贴安民告示。

"九月十五日，郴州同盟会会员谢凤池敦促知州陈仰山响应武昌起义，响应省政府通令，陈被迫宣布反正，宣布郴州独立，脱离清政府。随后，在郴城设立行政厅，取代清州署。清王朝在郴桂的封建统治结束。"

"九月十九日，嘉禾县同盟会会员李国柱组织民众起义，攻打县城。嘉禾知县钟麟闻变自杀。民军随即占据县城。"

150. 清朝最后一任知县是宋传基

资兴《湘南欧阳氏通谱》原十一卷 2002 年新编第 1727 页中，载有"同学兄程子枢撰"于民国二十三年（1934）的欧群良《墓志铭碑》，其中说：

宣统三年（1911），武昌起义，湘省先响应，君（欧群良）与黄达人欲举兵于南乡，已募有数百人，旋奉湖南军政令，非经军政府许可不得招兵，遂罢。湖南组织临时省议会，规定每县派送二人。多数以此参翼青当选，其乡坚不承认，邑宰宋传基不能决。君（欧群良）慷慨辩驳，旁若无人，直呼县宰为先生，众皆惊愕失措。以专制时代遇县宰，必称公举祖。议遂决。君（欧群良）由是偕翼青、鼎参等连翩晋省会。是时，嵩生适出镇岳州，驻节城陵矶。君入幕与黄达人合办军需，兼任水上稽查长事务。未几，南北统一。君忽抱病，临绝诳喜，大声呼曰：满清果为我辈推翻耶！不数日，竟殒于岳州军次。

本书笔者注：（1）欧群良：字全才，号晓亭。生于光绪壬午年（1882）六月十七日，殁于民国元年（1912）六月十五日。配何氏，生女一，抚侄植国、植明。现兴宁镇大石村下东坑人。以复试第一名的成绩考取官费留学日本，由嵩生介绍，与达人见孙中山先生，入同盟会。留学年余回国，任南乡高等小学和本乡（东江）高等小学教员，"唯汲汲以推翻满为绝大业"。（2）嵩生：程子楷（1872—1945），字嵩生，号忍公。兴宁县北乡三都三里（资兴原香花乡——今程水乡）石鼓村程家人。清光绪年间拔贡。任同盟会副揆，湖南讨袁军第一军司令，授孙中山国民革命政府上将军衔。首批参加同盟会，参与指挥了辛亥革命；1945 年在反抗日军侵略中以身殉国，终年 73 岁。（3）黄达人：黄惠，字达人，原渡头乡秀流人，曾留学日本，同盟会会员，是著名女作家白微的父亲。（4）程子枢：程子楷之兄，曾是资兴县立中学首任校长，民国时期湖南省议员，1920 年在省议会提案中，因反对女权运动而闻名全省。

（5）邑宰宋传基：没有找到其资料。

说明：清朝最后一个年号宣统，共 3 年（1909—1911），从 1912 年 1 月起就是中华民国元年了。

附录一：

清朝教谕、训导、典史名单

（一）清朝教谕

儒学分设教谕和训导。光绪三十一年（1905），湖南省设提学史司，县设劝学所，为新式教育行政机关。

教谕：学官，宋代在京师设立的小学和武学始置，元、明、清县学皆置，掌文庙祭祀，教育所属生员。

《兴宁县志·秩官志》中记载："清朝教谕凡四十六人。康熙三年（1664）裁缺，至十九年（1680）复设。"

洪名俊：顺治四年（1647）任。

谭世名：顺治七年（1650）任。有传："《郴州总志》：茶陵州攸县人，奉郑王推选，顺治中任。勤课文艺，升宝庆府教授。"

龙宏祚：荆州府江陵人，顺治十一年（1654）任。能诗善草书，升汉阳府教授。

程达时：安陆府景陵县举人，号尔芜，顺治十四年（1657）任。与士相守，康熙三年（1664）奉裁回籍。

康熙五十三年续（康熙十九年复设教谕）：

本书笔者说明：以下的任职时间，前为《兴宁县志》重印本所记载，凡有疑误者，均加上了康熙五十三年甲午（1714）《兴宁县志》（原本）的记载，应以后者为准。

王一贞：武昌大冶例贡，字元复，康熙二十年（1681）任。丁忧回籍。

胡期孝：长沙府宁乡县例贡，字希舜，康熙二十三年（1684）任。丁忧回籍。

唐世皥：汉阳府人，康熙二十五年（1686）任。2016 年发现并收藏于资兴市档案馆的康熙五十三年甲午（1714）《兴宁县志》卷之三《秩官志·教谕》中记载："字皥白，汉阳府人，康熙二十四年之任"。

徐维椿：蒲圻例贡，康熙二十八年（1689）任。有传："《郴州总志》：字德庵，武昌蒲圻县例贡，康熙二十八年任。气量豁达，日以讲学论文为事，不悄势利，后以病告归。"康熙五十三年甲午（1714）《兴宁县志》中记载："字叠（叠）庵，武昌蒲圻人，例贡，康熙二十九年之任。气量豁达，襟怀坦易，日惟讲学课文，不悄悄于势利，后以病告归里。"

周祖武：汉阳例贡，字绳其，康熙三十五年（1696）任。升岳州府教授。

洪沛：荆州府例贡，字德斋，康熙四十一年（1702）任。丁忧回籍。

李德芳：常德武陵拔贡，康熙五十年（1711）任，升襄阳府教授。康熙五十三年甲午（1714）《兴宁县志》中记载："字容斋，拔贡，常德府武陵县人，康熙五十一年之任。"

腾文昌：麻阳拔贡，雍正五年（1727）任。有传："《郴州总志》：字亦纯，辰州府麻阳拔贡，雍正五年任。力勤月课，以文艺砥砺学者，在任八载，始终一致，诸生德之。"

陈宗溥：石门拔贡，雍正十三年（1735）任。有传："《郴州总志》：字淑长，澧州石门县拔贡，雍正十三年任。为人严而和，文字有法度，见庠秀及童子中有英敏者，加意栽培，在任十六年，诸生鲜有干法被黜者。学宫（县学）四配、十哲，两庑神龛及尊经阁并衙署，以次修建。后升常德府教授，立有德政碑。"

丁士锜：醴陵恩贡，乾隆十六年（1751）春任，六月卒于署。

张增：湘潭举人，乾隆十七年（1752）任。有传："《郴州总志》：字兴五，湘潭人，乾隆戊午（1738）乡榜，壬戌（1742）明通，初谕溆浦，十七年补任。奉满，升福建知县。邑中登乡荐、选辟、雍试优等及新进者，皆其受业士。学问蕴藉，与生徒接甚款洽，宰邑者咸加敬礼。佐修黉门（县学大门）、月墙及两庑有功。诸生中有以牙角质者，面谕即解，未成一讼，亦盛德所感焉。"

谭显名：酃县恩贡，乾隆二十二年（1757）任。有传："《郴州总志》：衡州府酃县贡生，乾隆二十三年任。品行端严，开诚化导。家本素封，以唯饮邑水自厉。捐置学宫（县学）祭器，均易以锡。买学租田，以给寒生。任内详请咨题公事甚伙。光明慨慷，郴属闻风，咸敬慕之。邑人立木主祀'有斐祠'，并醵钱置田为文昌诞会，于十月初二日为公诞辰，随轮办处，设位致祭，以志不忘。"

谭隐之，即谭显名，又字广文。郴州知州曾尚增写作了《赠兴宁广文谭隐之》五言古诗，载于《兴宁县志》之中。诗前的序言中说：

> 鄞县谭先生，初谕宁时，睹学宫祭器缺然，捐俸制造一百七十件，大宪为之纪功二次。又捐置学田、书院田各二十五石。先生年八十余，不日致归矣。亟兴盛举，知非汲汲为功名者，爰作歌纪其事，并以为赠。

"教谕谭显名"在县志《艺文志》中，留有二首七言绝句：

瑶岭占晴

> 万山环处一峰悬，三素晴依尺五天。
>
> 几度清烟霏欲散，翠岚争挂彩云边。

兜率灵岩

> 神工鬼斧自何年？一洞虚含别有天。
>
> 蕊结层岩神变化，灵奇争锁隔轻烟。

县志《艺文志》卷之十载有"司谕谭显名"写于乾隆二十四年（1759）的《文昌圣诞记》。文章开头就说："文昌圣诞一会，乃余致归（退休回家）之前月，捐资率邑中子弟而立也……己卯（1759）秋，得以礼致……"这说明，谭显名的任期为1757—1759年秋。曾尚增的序言中说："先生年八十余，不日致归矣。"这就证明：曾尚增写作这篇五言古诗的时间为1759年秋。

王孝治：长沙湘乡举人，乾隆二十四年（1759）署。

姚明性：辰州沅陵副榜，乾隆二十五年（1760）任。

简弼：本邑训导，乾隆二十八年（1763）兼署。

陈凭翼：桂阳州蓝山拔贡，乾隆二十九年（1764）任。

简弼：乾隆三十四年复署。

熊光琛：长沙益阳举人，乾隆三十五年（1770）任。有传："旧志：长沙府益阳县举人，乾隆三十五年任。喜谈诗文，善诱后进。有志之士，多赖其甄陶。"

申佐鼎：本邑训导，乾隆四十六年（1781）奉委兼理。

王世润：永州祁阳拔贡，乾隆四十八年（1783）任。有传："旧志：永州府祁阳县拔贡，乾隆四十八年任。倡修文庙，冒暑劝捐，接引士类，礼待门生，不分厚薄，若干与外事，必加摈斥。识者以为寓秋肃于春温中云。"

笔者注：王世润的儿子王棠：祁阳县人，乾隆四十五年（1780）庚子科举人。王棠跟随其父到兴宁，游览山水，写有《游道应山二首》，载入了《兴宁县志·艺文志》之中。王棠，《湖南通志》有传。

俞江：靖州廪生，肄业国子监，乾隆五十八年（1793）署。

蔡铭：长沙湘潭副榜，乾隆五十八年（1793）任。

王先昇：岳州华容副榜，乾隆五十八年（1793）十二月任。有传："旧志：岳州府华容县副榜，乾隆五十八年任。不喜趋承，务持公道，学中有单寒而优于文行者，虽素未谋面，必振拔之。"

王章：长沙府拔贡，嘉庆三年（1798）任。

向宗潮：辰州溆浦拔贡，嘉庆四年（1799）任。

周士仪：永州祁阳举人，嘉庆六年（1801）任。

左德澍：衡州清泉副榜，嘉庆八年（1803）任。有传："旧志：衡州清泉县副榜，嘉庆八年任。襟怀洒落，善气迎人，投刺辄见，不计赘礼，亲炙者不觉鄙吝顿消。未几赴省，卒于邸。士论惜之。"

麻于瓒：辰州辰溪廪生，嘉庆九年（1804）任。

张有璨：永州宁远岁贡，嘉庆十年（1805）任。

黄大观：桂阳州蓝山贡生，嘉庆十一年（1806）二月任。

任显箴：号盖山，岳州巴陵拔贡，嘉庆十一年（1806）八月任。

李占螯：宝庆新宁岁贡，嘉庆十四年（1809）任。

孙铤：宝庆新化举人，嘉庆十五年（1810）任。有传："号雪园，宝庆府新化县举人，嘉庆十五年任。器宇深醇，学问渊博，勤训课，多士佩服。丁丑（1817），董率士子勸修邑乘（县志）。"

朱光珍：澧州慈利廪贡，道光四年（1824）署。

任显箴：道光五年（1825）复任。有传："号盖山，岳州府巴陵县拔贡，嘉庆十一年任。十五年告养归里，后道光十五年复任。静穆端严，衣冠行止，绰有师范。勤训课，常集诸生把酒论文。善书法，求者日不暇给，怡如也。佐修黉宫（学校）。两任十余年，学者多钦仰之。年逾七十，升德安府教授。"

笔者注：任显篯的任职时间，在"简历"与"传记"中出现了矛盾：一说"道光五年复任"；一说"道光十五年复任"（1835）。按照"传记"中说"两任十余年"来分析，则"简历"中的说法是正确的：第一次任职为两年多，第二次任职（道光五年复任）为十三年，加在一起为十五年多。如果按照"传记"中所说（道光十五年复任），则加在一起为五年多。

谭书六：号云台，衡州清泉拔贡，道光十八年（1838）任。

何志敦：衡州安仁人，道光二十三年（1843）署。

谭培滋：号直青，长沙茶陵拔贡，道光二十四年（1844）任。

周宗钰：永州府道州廪贡，咸丰元年（1851）署。

陈凤喈：号井梧，长沙湘潭举人，咸丰三年（1853）署。

刘克道：号论卿，长沙宁乡举人，咸丰六年（1856）任。

傅腾蛟：澧州廪生，同治二年（1863）署。

周岳斌：号荑生，长沙举人，同治四年（1865）署。

易光济：号海青，长沙湘乡附生，同治五年（1866）任。

（二）清朝训导

训导：学官，明、清设置，协助同级学官教育所属生员。

2016 年发现并收藏于资兴市档案馆的康熙五十三年甲午（1714）《兴宁县志》卷之五《赋役志》中记载："存留经费（交完国税后存留的开支）：训导：俸银叁拾壹两伍钱贰分，除荒实征银贰拾玖两壹钱捌分叁厘壹毫捌丝壹忽玖微。门斗工食银壹拾肆两肆钱，除荒实征银壹拾叁两叁钱叁分贰厘肆毫壹丝捌忽。斋夫银叁拾陆两，除荒实征银叁拾叁两叁钱叁分壹毫肆丝伍忽。膳夫贰名，工食银壹拾叁两叁钱叁分叁厘叁毫叁丝叁忽叁微，除荒实征银壹拾贰两钱肆分。喂马草料银壹拾贰两，除荒实征银壹拾壹两壹钱壹分叁毫伍丝。"

《兴宁县志·秩官志》中记载："清朝训导，凡四十九人。"

吴绪扬：郧阳府岁贡，顺治九年（1652）任，升零陵教谕。本书笔者注：重印本为"顺治元年（1644）任，升零陵教谕"。资兴地处江南，清朝的势力并没有因明亡而立即达到资兴县境，当时资兴还是南明福王朱由崧的控制区，直到清朝"顺治四年（1647）五月十三日，知县李士贞来任（兴宁知县），宁始隶（清）版图"。据此，吴绪扬"顺治元年任"，应该还是明朝任命的官员。经查康熙五十三年《兴宁县志》卷之三《秩官志·训导》中记载："吴绪扬：郧阳府人，由岁贡顺治九年（1652）之任，升永州府零陵县教谕。"

尹暹：茶陵州人，号君旭，由岁贡顺治十一年（1654）任。升永安府新田县教谕。

龚逢圣：郧阳府郧西岁贡，号见鲁，顺治十四年（1657）任，升浙江宁波府鄞县县丞。

谭五美：襄阳府南漳县岁贡，康熙五年（1666）任。有传："《郴州总志》：号鹤渚，襄阳府南漳岁贡，康熙五年任。赋性旷达，不屑名利，居常吟咏自适。寻告病归。"本书笔者注：康熙五十三年《兴宁县志》中记载："谭五美：号崔渚。"崔：读作 hè，古同"鹤"。

吴士千：黄梅岁贡，康熙八年（1669）任。有传："《郴州总志》：黄州府黄梅县岁贡，康熙八年任。秉性端严，不苟言笑。知县耿念劬创造志乘（县志），多所赞襄。"

康熙五十三年甲午（1714）《兴宁县志》卷之三《秩官志》中记载："奉直大夫知湖广直隶郴州事叶臣遇鉴定，文林郎郴州兴宁县事耿念劬纂修，郴州兴宁县儒学训导吴士千校阅。秩官志：员额、姓氏、名宦、武功……吴士千：号章民，广州黄梅县人，由岁贡康熙八年之任。秉性严韧，不苟言笑，诸士惮之。"

罗宏道：彝陵岁贡，康熙十一年（1672）任。有传："《郴州总志》：字能庵，彝陵州岁贡，康熙十一年任。器宇深醇，学问渊博，勤训课，多士佩服。升本州学正。"

刘士埈：长沙府攸县生员，《州志》作岁贡，奉征南将军穆委，康熙十八年（1679）任。

本书笔者注：（1）"征南将军穆"，即穆詹。《郴州大事记》中载："康熙十七年（1678）三月初一，吴三桂称帝。闰三月，吴自衡州南下取郴桂两州。清征南大将军穆詹领兵从安仁至郴州讨吴。六月，吴败走永兴。七月，吴军在永兴全力反攻，清军屡败。八月，吴病死，清军围攻永兴，吴军撤走。康熙十八年（1679）春，郴、桂两州重归清，原吴三桂所改州县恢复旧名。"（2）埈：读作 jùn。本意是古亭名，在今中国陕西省大荔县，古同"峻"，引申义是陡峭。

罗光珊：衡州嘉禾岁贡，字玉来，康熙十九年（1680）任。

张之相：德安府岁贡，字弼公，康熙二十二年（1683）任。

汪金：黄陂县岁贡，字汝精，康熙二十三年（1684）任。州志："卒于署。"

刘天宁：武昌府岁贡，字枚公，康熙二十三年（1684）任，升沅州学正。

本书笔者注：康熙五十三年甲午（1714）《兴宁县志》卷之三《秩官志》中记载："升阮州学正。"康熙朝没有"阮州"的行政区划，应为"沅州"之误。沅州，因沅水而得名。地处湖南省西部。清高宗乾隆元年（1736），升沅州为沅州府，置芷江县附郭沅州府，属湖南布政使司。府治芷江（在今湖南省芷江侗族自治县）。下辖：芷江、黔阳（县治在今湖南省洪江市黔城镇）、麻阳（县治在今湖南省麻阳苗族自治县锦和镇）共3县。

李启宗：岳州府巴陵岁贡，字开先，康熙四十一年（1702）任。

雷霩：郧阳岁贡，康熙四十六年（1707）任。有传："《郴州总志》：字澄瞻，郧阳府岁贡，康熙四十六年任。勤课艺，言规动矩，有古人风。"本书笔者注：霩，汉语拼音 huò、kuò，古同"廓"，空阔，开朗。

段之彩：宝庆府岁贡，康熙五十九年（1720）任，卒于署。

金之珍：东安岁贡，康熙六十年（1721）任。

杨而晋：五寨岁贡，雍正四年（1726）任。有传："《郴州总志》：字我昭，辰州五寨司岁贡，雍正四年任。雅善堪舆，以学宫（县学）坐向不合，更子午而复癸丁，捐俸任劳，寝食弗懈，以勤致病，甫落成，卒于署。宁士为立石学宫以志思。"

资兴北方（今七里镇）"观澜十景诗"之七"古道西风"中，载有："酾酻三冬梅蕊秀，观澜六月荔枝新——杨教谕。"

魏琛：长沙优生，雍正七年（1729）任。有传："《郴州总志》：字廷献，长沙县庠生，雍正六年（1728）举优，简发兴宁训导，次年来任。不计诸生赘礼，勤月课，严优劣，淬砺六载，士习益端。委谕桂东，以送考勤劳致疾，卒于州邸，比归榇，庠士哭而送之。"

雷鸣高：永州东安岁贡，雍正十三年（1735）任。

潘岱：通道岁贡，乾隆八年（1743）任。有传："《郴州总志》：字鲁瞻，通道县岁贡，乾隆八年任。居心长厚，师范端严，倡建衙署。任满致归，有'德教碑'。"

傅允昭：辰州凤凰厅岁贡，乾隆十九年（1754）补任。

陈焕章：岳州华容岁贡，乾隆二十二年（1757）任。

幸超士：永兴教谕，乾隆二十四年（1759）署。

胡世宗：岳州华容岁贡，乾隆二十六年（1761）任。

简弼：长沙湘乡岁贡，乾隆二十八年（1763）任。

熊光琛：本邑教谕，乾隆三十五年（1770）兼任。

李芳观：永州东安岁贡，乾隆三十五年（1770）九月任。

熊光琛：乾隆三十六年（1771）五月复署。

郑国彦：永州新田岁贡，乾隆三十七年（1772）正月任。

张眉大：长沙湘乡举人，乾隆三十七年（1772）任。

陈德馨：岳州华容举人，乾隆三十八年（1773）任。有传："旧志：岳州府华容县举人，乾隆三十八年任。司训七载，教诲殷勤，师范端严，毫无苟且，至今士林称之。"

樊在伸：永州宁远廪生，乾隆四十五年（1780）任。

申佐鼎：宝庆邵阳岁贡，乾隆四十六年（1781）任。有传："旧志：宝庆府邵阳县贡生，乾隆四十六年任。持身俭素，古道照人，进谒者必去华服，尤恶奔竞，严加训饬，是能以朴诚立师范者。"

刘运际：长沙浏阳举人，嘉庆元年（1796）十二月任。

吴鸿礼：澧州永定岁贡，嘉庆二年（1797）任。有传："旧志：澧州永定县岁贡，嘉庆二年任。性廉洁，在任五年，解组（卸职，或谓退休）去。和气谦德，感遍胶庠。"

周采洛：长沙宁乡举人，嘉庆六年（1801）十一月任。

王懋：长沙宁乡举人，嘉庆七年（1802）三月任。

唐谦：长沙善化廪贡，嘉庆十年（1805）任。

陈宗璧：凤凰厅恩贡，嘉庆十一年（1806）任。

魏荣渊：桂阳州举人，嘉庆十六年（1811）三月任。

傅先正：长沙湘阴拔贡，嘉庆十六年（1811）任。

李国栋：桂阳州蓝山岁贡，嘉庆二十五年（1820）任。

王邦隽：号双溪，道光元年（1821）署。

包明汉：号秋河，辰州府凤凰厅岁贡，道光二年（1822）任。有传："号秋河，辰州府凤凰厅岁贡，道光二年任。浑厚温蔼，士乐亲之。佐修黉宫（学校），课士有方。一切修金厚薄，毫不计较，晚年清苦自甘。在任十余载，年九旬余，无疾卒于官，宦囊萧然，士林醵金归榇。"

张伦绅：沅州府麻阳廪贡，道光十四年（1834）署。

田宏典：号中山，辰州溆浦岁贡，道光十五年（1835）任。

常宪：号星乔，长沙附生，道光二十五年（1845）署。

俞理枝：号密垣，善化举人，道光二十六年（1846）任。

张振玉：号瑞廷，辰州府乾州厅岁贡，咸丰六年（1856）任。

黄拔萃：号云岑，永州宁远廪生，同治四年（1865）署。

龙汝谦：号吉皆，长沙湘潭举人，同治六年（1867）任。

本书笔者说明：

（1）《兴宁县志·艺文志》最后一页中，载有"（训导）陈西津"的诗一首。然而，在"训导"名单中，却没有陈西津。其诗如下：

题陈节母丘氏贞慈卷　　（黄玖妻）（训导）陈西津

妇道惟贞母道慈，贞慈两尽更无遗。

皇天眷德元无欤，留向房帷作女师。

（2）乾隆二十三年（1758），张九镡任兴宁县训导，《兴宁县志·训导》中却没有记载。张九镡乾隆二十一年（1756）任兴宁县儒学训导，二十三年（1758）升郴州学正。他自己纂修《兴宁县志》，然而，在《兴宁县志·训导》名单中，却没有记载自己的名字和任职时间，他自己的诗和其兄张九镒的诗却载入了《艺文志》。

互联网《［乾隆］兴宁县志》十二卷首一卷中说："乾隆《兴宁县志》，（清）罗绅修，张九镡纂。绅，字带溪，号宪甫，广西苍梧人，拔贡，乾隆二十年（1755）至二十四年兴宁知县。九镡，字溶湖，又字竹南，号吾溪，湖南湘潭人，乾隆进士，官内阁中书，翰林院编修，乾隆二十三年兴宁儒学训导，升郴州学正，著有《笙雅堂诗文集》《竹书纪年考证》。"

张九镡任兴宁县训导，有诗三首载于《兴宁县志·艺文志》。其诗如下：

兴宁道中　郴州学正　　张九镡（湘潭）

清晨凌满苍，细雨点轻装。野水渡头急，秋山云外凉。

石危千树黑，稻熟半村黄。乘兴原无事，怀人路阻长。

县斋赠罗大令带溪　　张九镡

百里能名著，花封到处殊。杯衔千日酒，架插十行书。

官阁联宾榻，高堂奉版舆。弦歌聊复尔，相对意何如？

秋日汉宁书院雅集，赠唐京安、胡亿来、蔡孚瞻、胡庠升诸同学

郴州学正　　张九镡

凌云丽日共飞翔，讲院初开特擅场。

绿水清溪环县郭，芳林翠沼近宫墙。

卷中品第留金管，物外风流赎瓣香。

何限论文樽酒兴，一天秋雨散新凉。

县斋赠罗大令带溪：兴宁知县罗绅，字带溪。

张九镡还写作了《兴宁水道考》，载于《兴宁县志》卷之三《疆域志·山水》（重印本第 44 页）之中。

刘华寿编注的《郴州历代诗文选注》中，选录了张九镡的诗文《集灵观》（郴城东门）、《苏仙桥》（由郴州去长沙，由苏仙桥下上船）、《中峰寺》（苏仙岭山腰中的景星观）、《白马岭》（即苏仙岭）、《白鹿洞》（在苏仙岭山麓）、《郴州》（四首）、《义帝祠歌》（在义帝陵旁）、《游白鹿洞记》。刘华寿在注释中说："作者张九镡，湘潭人，清朝禀贡。乾隆二十一年，曾任郴州学训导，后登进士第，入京任翰林院编修。"张九镡应该是"乾隆二十一年"任兴宁县儒学训导，"二十三年"升郴州学正。

《文学家大辞典》中介绍：张九镡（约公元 1764 年前后在世）："字竹南，号蓉湖，湖南湘潭人，张九镒之弟。生卒年均不详，约清高宗乾隆二十九年前后在世。乾隆四十三年（1778）进士。官翰林院编修，馆中以耆宿推之。笃居京师二十二年，肃然一身，应官外，但闭户著书。九镡之诗，春容大雅，自然名贵；尤邃于经学，所著有《笙雅堂集》（《清史》列传）行于世。"

（三）清朝典史

典史：元始置，明、清沿置，掌管缉捕、监狱事务。如无县丞、主簿的县，典史则兼领其责。

2016 年发现并收藏于资兴市档案馆的康熙五十三年甲午（1714）《兴宁县志》卷之五《赋役志》中记载："存留经费（交完国税后存留的开支）：典史：俸银叁拾壹两伍钱贰分，除荒实征银贰拾玖两壹钱捌分叁厘壹毫捌丝壹忽玖微。门子壹名，工食银陆两，除荒实征银伍两伍钱伍分伍厘壹毫柒丝伍忽。皂隶肆名，工食银贰拾肆两，除荒实征银贰拾贰两贰钱贰分陆毫肆丝。马夫壹名，工食银陆两，除荒实征银伍两伍分伍钱壹毫柒丝伍忽。"

《兴宁县志·秩官志》中记载："清朝典史凡六十三人。"

申泽：河南人，委署。

孙瑞：广西全州人，委署。

王文宗：陕西人，部选，顺治十三年（1656）任。

侯受禄：浙江人，委署。

诸士英：浙江绍兴府会稽人，部选，康熙三年（1664）任。

刘洪元：山东邹县人，康熙十年（1671）任，卒于署。

魏云惊：江西南昌人，奉征南将军穆委署，康熙十六年（1677）任。

笔者说明："征南将军穆"，即穆詹。然而，据《郴州大事记》中载："康熙十六年（1677）：春，吴三桂遣胡国柱等率部自衡州经郴州攻韶州，后败退。往返在郴州、宜章等地索粮抓夫。十二月，江西红巾军 10 万余人入郴，络绎数月。次年，被清参将勒背、将军额楚领兵镇压。康熙十七年（1678）：三月初一，吴三桂称帝。闰三月，吴自衡州南下取郴、桂两州。清征南大将军穆詹领兵从安仁至郴州讨吴。六月，吴败走永兴。七月，吴军在永兴全力反攻，清军屡败。八月，吴病死，清军围攻永兴，吴军撤走。康熙十八年（1679）：春，郴、桂两州重归清，原吴三桂所改州县恢复旧名。"据此，"康熙十六年"郴州应为吴三桂所据。这里所说："奉征南将军穆委署，康熙十六年任"，是否可疑？应为"康熙十八年"之误。

张翼：浙江绍兴人，康熙十九年（1680）任。升广东钦州吏目。

张瑜：北直沧州盐山县人，字完珍，康熙二十六年（1687）任。

虞守员：江南宁国府人，康熙四十年（1701）任。有传：《郴州总志》：

"字庠生，江南宁国府人，常德府驿丞，康熙四十年升任。严缉捕，禁赌博，年老致仕（退休），士民为立'去思碑'。"康熙五十三年甲午（1714）《兴宁县志》卷之三《秩官志·典史》中记载："康熙五十三年续：虞守员：字庠生，江南宁国府人，由常德府驿丞升任，康熙四十年任。严缉捕，禁赌博，邑市恶少咸知敛迹。年逾七十致归里（老家），士民爱之，竖有'去思碑'。"

陈永锡：浙江绍兴人，康熙四十三年（1704）任。丁忧回籍。

郑骥：浙江会稽人，字德庵，康熙四十九年（1710）任。本书笔者说明：康熙五十三年甲午（1714）《兴宁县志》卷之三《秩官志·典史》中，到郑骥为止，说明此时郑骥还在职。

刘肇湘：福建福州闽县人，康熙六十一年（1722）任。有传："《郴州总志》：字甄园，福建福州府闽县人，顺天大兴籍，由吏员康熙末年任。公余赋诗，著有《壮囊草》。卒于署，葬城外枣子坪。邑人为立'遗爱碑'。"

"典史刘肇湘"在《兴宁县志·艺文志》中，载有两首诗：其一《玉泉》：

老寺何年废？泉流直到今。

龙蟠山骨冷，风静月华沉。

荡漾分光润，漪涟失浅深。

试看秋夜景，谁作井头吟？

其二《辰冈》：

辰冈天路近，石垒覆钟形。

响应传更鼓，峥嵘占斗星。

文光涵水碧，曙色点山青。

登眺频回首，题诗肯勒铭。

沈文富：顺天通州人，雍正十二年（1734）任。有传："《郴州总志》：字润之，顺天府通州人，由供事雍正十二年任。勤捕缉，虽严冬盛暑不懈。凡酗博斗殴诸犯，执法如山。偶奉批卷，一经鞫讯，两造凛然。至有请于县以受成者。"

胡世铨：浙江绍兴人，乾隆七年（1742）任。

沈士良：浙江人，永兴高亭司巡检，乾隆十六年（1751）署。

金家圭：浙江人，乾隆十六年（1751）任。

董伟：山阴人，顺天大兴籍，乾隆十六年（1751）任。

在《兴宁县志·艺文志》中，载有典史董伟写作的诗一首：

兜率灵岩

依约灵岩兜率中，天开石屋作禅宫。

玲珑钟乳垂星象，仿佛几床运化工。

象迹秋深云黯黯，龙潭春尽雨蒙蒙。

东南半壁探奇景，我欲凌虚问太空。

吴维坤：滁口司巡检，乾隆二十四年（1759）署。

汪家猷：浙江慈溪人，乾隆二十五年（1760）任。

陈鉴：滁口司巡检，乾隆三十二年（1767）署。

陈其钰：顺天大兴人，乾隆三十三年（1768）四月任。

刘遐龄：滁口司巡检，乾隆三十四年（1769）署。

冯文燕：顺天永清人，乾隆三十五年（1770）五月任。

刘遐龄：滁口司巡检，乾隆三十五年（1770）复署。

黄世逢：江西新城人，乾隆三十六年（1771）四月任。

吕为政：顺天宛平人，乾隆三十六年（1771）六月任。

吴仁当：江南泰兴人，乾隆四十三年（1778）正月任。

沈大宇：浙江山阴人，乾隆四十三年（1778）六月任。

邱锡旸：江南宁州人，乾隆四十五年（1780）任。

孙龙章：四川新宁人，乾隆四十五年（1780）任。

郭尚信：滁口司巡检，乾隆四十五年（1780）兼署。

余翔：广东嘉应州人，乾隆五十四年（1789）十月署。

娄克明：顺天宛平籍，浙江仁和人，乾隆五十五年（1790）六月任。

郭尚信：滁口司巡检，嘉庆四年（1799）兼署。

娄克明：嘉庆四年调署祁阳典史，五年（1800）四月回任。

刘廷鉴：广东曲江人，嘉庆九年（1804）署。

夏侯灿：江西吉水人，嘉庆九年（1804）九月任。

黄宇辉：广东南雄人，嘉庆十七年（1812）四月署。

陈其宏：顺天大兴人，嘉庆十七年（1812）六月署。

陆榛：江苏吴县人，嘉庆十八年（1813）三月任。

陈羲五：四川成都人，嘉庆二十一年（1816）十月署。

张昱本：山西浮山人，嘉庆二十二年（1817）十月署。

张林：上虞人，嘉庆二十三年（1818）任。

汪兆禾：山西人，嘉庆二十五年（1820）任。有传："山西人，嘉庆二十五年任。精明果断，严缉捕，雀符敛迹。尊贤礼士，工书法，有求辄应。公余，恒与文人把酒赋诗，无俗吏气。实佐杂中罕有者。"

李济：直隶人，道光二年（1822）署。

汪廷荣：直隶人，道光四年（1824）任。

顾梁：江苏长洲人，道光十年（1830）署。

屈见复：浙江人，道光十一年（1831）任。

宋光裕：浙江人，道光十四年（1834）任。

许昆：号蓝田，浙江人，道光十五年（1835）任。

汤仲三：直隶人，道光十九年（1839）署。

李宗涑：道光二十一年（1841）署。

陶溶：浙江人，道光二十二年（1842）任。

李士元：号心斋，江西人，道光二十四年（1844）署。

周嘉穗：号颖初，江苏人，道光二十五年（1845）任。

朱玉田：号兰坡，山东历城人，咸丰元年（1851）署。有传："号兰坡，山东历城人，咸丰元年署。居官清慎，尊贤礼士，雅爱诗书，无俗吏气，署宁仅数月，民犹怀之。"

林桐：号康甫，浙江人，咸丰三年（1853）任。有传："号康甫，浙江人，咸丰二年任。廉静寡欲，不事敲扑。在位四载，俭约自甘，虽饘粥不继，恬如也。去之日，囊橐萧然，士民醵金以归。"

本书笔者说明：林桐的任职在"简历"与"传记"对照中，出现了矛盾：一个说"咸丰三年任"，一个说"咸丰二年任"。按照"传记"当中的说法："在位四载"，则应该是咸丰元年至四年在任——对照上条"朱玉田"的"传记"中所说："署宁仅数月"，也是属于"咸丰元年任"。

伍相廷：号健堂，广东连州阳山人，咸丰五年（1855）任。有传："号健堂，广东阳山人，咸丰五年任。气骨坚卓，洁己自守，不肯阿容。善楷书，公事毕，挥毫不倦。督修城隍庙，亲为经画，不辞劳瘁。去之日，资斧维艰，士民合金助之，坚不受。"

陆瀛：号莲汀，直隶大兴人，咸丰七年（1857）任。

徐德周：号次山，安徽人，咸丰十年（1860）署。

陆瀛：号莲汀，直隶大兴人，咸丰十一年（1861）回任。

附录二：

明、清武备概况及官员名册

《万历郴州志》卷七《关隘·巡司、营堡》记载："兴宁：乾坑关：在县南八十里，界宜章县延寿峒。鸟道临坑，不可仞记。据险要击，一夫当百。正德十二年（1517）征剿后，以省费罢守。滁口关：在县南七十里。通桂阳（今汝城）延寿贼巢，险峻四塞，旧巡司在焉。正德中，移司黄家涧，借寇以喉舌而扪其足，识者恨之。滁口巡检司：在县南五十里。设巡检一员，弓兵三十名。州门巡检司：在县东三十里。设巡检一员，弓兵三十名。乐安堡：在县南四十里。隆庆间，峒瑶猖獗，既抚安之，即设堡于此，岁轮把总官一员，领民兵二十名镇守。玛瑙堡：在县东三十里。岁委郴属空闲千百户一员，领军二十名、民兵二十名镇守。"

《兴宁县志》卷之十《武备志》记载：

兵可百年不用，不可一日不备。宁邑僻处楚边，虽非要冲，而界连江广，地接瑶洞，不无草窃之足虑。迩来咸丰间（1851—1861），粤寇窃发，迭遭蹂躏，有明证矣。我朝（清）鉴明卫所之失，于宜、桂二县设立营将，而于宁分防把总，并于诸隘设立塘讯。防守之策，抑何精当欤？志武备。

兵防：旧志载："兴宁县原无军，守御者皆民壮，所谓乡兵也。明成化（1465—1487）初，寇袭县治，当道委指挥胡宣哨守，后以纵军暴民，调边瞭哨。正德三年（1508），寇复破县城，再置军守，至十年（1445）大征。后亦以扰民革去。"

"国朝（清）顺治四年（1647）初入版图，设额兵三百名，以守备统之，兼防郴之六属及临（武）、蓝（山）、嘉（禾）、桂（阳州，今桂阳县）。外属于湖广提督总兵官，总督都御史，内属于兵部（按：我朝外省经制：绿旗兵皆招募，官以功、能、资次迁授。定鼎之初，以守备防州属六城，兼及临、蓝)。顺治十年（1653），分治宜郴营，设参将，辖宜（章）、郴（县）、永（兴）三县。又置两桂营，设游击，辖桂阳（今汝城）、桂东、兴宁三县，并设中军、守备等官。康熙十年（1671），改游击设参将（按：顺治九年，守备牛灿以郴邻东粤，接南赣、瑶洞，草寇出没无常，申请经略内院大学士洪承畴，题改分宜、郴、永三州县为宜郴营，设参将，桂阳、桂东、兴宁三县为两桂营，设游击。康熙十年改参将，其属二营各设中军、守备一，千总二，把总四）。顺治十三年（1656）分防，兴宁县城守把总一员，管领战守兵五十三名（嘉庆二十年奉裁三名，同治二年奉裁十名）。除拨防塘汛外，实存城兵十名。雍正六年（1728），增设协防蓼江市外委一员，管领兵丁三名。"

经制马步战守营兵："原额六十名：马战兵二名，步战兵四名，守兵五十四名。乾隆四十七年（1782）裁汰官弁、亲丁、养廉七名。嘉庆二十年（1815）裁减守兵三名。同治二年（1863）裁汰十名。今（1875，光绪元年）存四十名。"

陆路塘防："州门司塘（距城四十里，设兵三名），赤竹园塘（距城四十里，设兵三名），七星桥塘（距城三十里，设兵三名），江口塘（距城三十里，设兵三名），渡头塘（距城四十里，设兵三名），滁口塘（距城六十里，设兵三名），东江塘（距城四十里，设兵三名），凤凰山塘（距城三十里，设兵三名），蓼江市塘（距城五十里，设兵三名。右哨外委一员协防）。以上九塘属兴宁汛管。另外还有：白牛塘、丰溪塘，以上两塘系桂阳营拨兵防守。"

军器："明以前无考。《郴州总志》：枪炮之制，元以前所未有。明永乐（1403—1424）间平交趾（今越南），始得'神机枪炮法'。制用生熟赤铜相间，或用柔铁大小不等，大者发用车，次及小者用架、用桩、用托。大利于守，小利于战，为行军要器。正统（1436—1449）末，铸两头铜铳。嘉靖（1522—1566）间，从都御史汪铉言，造佛郎机炮，谓之'大将军'，发诸边境。其法传自佛郎机国，长五六尺，大者千斤，小者百五十斤，巨腹长颈，腹有修孔，以子铳五枚贮药置腹中，发及百余丈，最利水战，驾以蜈蚣船，所击辄糜碎。"二十五年（1546），又造"三出连珠""百出先锋""母子炮"，又有西洋"红夷炮"，大者长二丈，重三千余斤。此外，炮名多至数十种，其他刀牌、弓箭、枪弩、狼筅、蒺藜、甲胄、战袄，皆有卫所杂造局制造。自嘉靖以后，其制益备。然郴属所设数目皆未详。

国朝（清）额设炮："铁威远炮二座，铁威黄炮六座（随时修制量力，年限以三十年后实有炸裂，准制。十五年后，口门宽大，准修）。"

俸饷："明以前无考。《郴州总志》：明初令各卫所军以三分守城、七分下屯，仿汉时塞下屯田遗意。其田每官存户田二百亩，每军存户田一百亩，其军故绝，则名曰'操田'，每年只纳子粒若干。至崇祯（1628—1644）末年，始有增操练饷名色，然亦不多，其子粒只供本卫官俸暨军人工食，无所为起解也。各官除各存户田外，指挥使正四品服俸，每月支俸米七石；指挥使同知，从四品服俸，月支俸米五石二斗；指挥佥事，正五品服俸，月支俸米四石八斗；卫镇抚司服俸，同正千户，月支俸米三石二斗；卫经历司，从七品服俸，同正千户五品服俸，月支俸米三石二斗；副千户从五品服俸，月支俸米二石八斗；所镇抚司，从五品服俸，月支俸米二石八斗；实授百户，正七品服俸，月支俸米二石；试用百户，从七品服俸，月支俸米一石五斗。若推任管事，同实授正军，每人除存户田一百亩，月支俸米八斗。郴属所旧额屯田四百九十四顷有奇，其分给各官军屯亩未详。此外，复有征额在民军器料银及兑军米石，其支领额数俱未详。"兴宁尚无军，亦无屯田，故旧志未载及。今（1875）遵州志录入，以便参稽。

"国朝（清）两桂营需俸薪、养廉、兵饷、马乾银八千三百二十七两八钱二分六厘七毫，兵米一千五百五十八石八斗。《郴州总志》按：'官兵俸饷在南藩司衙门支领。兵米折色，按季于南粮道衙门支领。其本色（米），按月于桂阳、桂东、兴宁三县常平仓内支放。武职向例俸薪之外，照亲丁坐马额数支请。乾隆四十七年（1782），改报实兵照文员之例，议给养廉。参将俸薪等银二百四十三两三钱六分，养廉银五百两；守备俸薪等银九十两零七钱六厘，养廉银二百两；千总俸薪等银四十八两，养廉银一百二十两；把总俸薪等银三十六两，养廉银九十两；外委俸薪一十八两，又岁领公费银二百八十四两八钱四分有奇。又雍正年间（1723—1735）钦赏营运，给商生息，赏给红白事故银两，至乾隆三十四年（1769）内撤减，今在南藩司衙门请领朋扣银两赏给。'"

民壮：元以前无考。

"明正统二年（1437），始募所在军余民壮。弘治二年（1489），立《佥民壮法》：州县七八百里以上，里佥五人，五百里四人，三百里三人，百里以上二人。有司训练，遇警调发，或称机兵。

"嘉靖二十二年（1543），增州、县民壮额：大州、县千人，次六七百人，小五百人。兴宁原编三百名，渐次减至一百五十名。二十二年（1543），增三十名，共一百八十名。后又渐增至二百一十三名。每名工食银，初三两五钱，后增至为七两二钱。至四十一年（1562），山寇劫掠郴、桂，守备李思尧建议州、县各招募杀手，兴宁四十名。

"原招杨山杀手五十名，后奉文减十名，实四十名。每名工食银七两二钱，带润一钱二分。国朝（清）来，杀手悉附民籍。

"国朝（清）因明制，而汰其数。初，县设民壮五十名，顺治十六年（1659），奉裁三十名。雍正八年（1730），拨乾州厅四名，存县十六名。乾隆七年（1742），裁一名，今（1875）存一十五名。"

附：旧民色把总。邑旧无军，守御者皆民壮，所谓乡兵也。而事不可以无统，故择有功者为首弁，此把总所由名。其曰名色者，或以非奉部设额定之员而异其称欤？附参：

武功，邑把总：

饶盖：号近城，明隆庆年间（1567—1572）剿巨贼黄朝祖有功，张鹤楼荐之兵部，将册有名。本书笔者注：《兴宁县志·纪异》记载："明，庚午，四年（1570），罗水山贼黄朝祖等作乱，虔院张翀调兵讨之。"

何正寅，号两溪；胡廷珊，号南乔；邹瑞，号玉泉；廖廷宣，号东桥；萧敦魏，号印洲；廖鸣凤，号梧冈，廷宣之子；彭英，号玉成；廖仕章，号似梧，鸣凤之子；饶应位，号秩华，饶盖之子；樊朝熙，号惺众，系庠生兼武事，州判楚翘之子，不欲泯其父功，故就职建勋；彭绍伊，号莘埜（音 yě，同"野"），彭瑛之子，勒昔轮略，有赴武科之志；周孔化，号希宁；廖振楚，号翔宇，仕章之子；何兴勋，号树伟，正寅之子。以上旧志未详年代。

营房杀手：

黄伯勋：号玉所，广东连州籍，住本县营房。天启元年（1621），奉文征蜀，给授把总，有功，奉王都御史扎，给加衔守备听用。

隘长：

朱希卿，号仰川；姚仲义，号桂轩。皆招抚与有功者。

弓兵：元以前无考。明弘治二年（1489），金民丁隶巡检司，曰弓兵。国朝（清）因明制而酌裁其员。

州门司：巡检弓兵原额三十名（每名工食银六两，带润一钱），后减至六名。康熙六年（1667）全裁。

滁口司：巡检弓兵原额五十名，嘉庆十四年（1809），裁十五名，今（1875）存一十五名。

永安堡：明隆庆三年（1569），奉三院奏设于浓溪洞，拨民壮八名，哨守把总三员（每员口粮银二十一两五钱，各家兵一名在内。每年四季南赣月报共路费八两，俱靛税支给）。国朝（清）初，裁废。顺治十八年（1661），招安复设。康熙时（1662—1722），奉例准其与试。乾隆十一年（1746），改设瑶总二：一管上六洞，一管下六洞。

修志者议论

旧志耿念劻论曰："靛山多系招抚瑶民耕种。其税银以岁之所出有异，商之来贸不常，故多寡难以定数。奉文每年扣一百五十两解郴州，又扣五十七两九钱六分解宜章，凑给香口堡各杀手。又支给瑶童二十四两，教读八两，并把总口粮，月报路费。所余银两则申详上宪，作正项支销。"

又按：旧志陈元旦曰："靛税出于兴宁，而反以之济宜章，是舍己田而耘人田也。曷不以之给本县杀手工食，免派于小民乎？"此议诚当。但今（1875）以荒绝无征，存此以备参酌。

旧志王廷玑论曰："予兵虽不详，而有备乃无患。矧宁原非无事之邑也。嘉靖间（1522—1566），上下连洞贼首黄积珠等构难，南赣都御史陆稳讨平之。又隆庆间（1567—1572），雷家等洞贼劫掠邻境，会有奏请剿除者，遂负固以叛。赣都御史张翀令擒贼首杨子常、李时学等数十人，余党谢福通等悉招抚之，始建立永安堡，以把总哨守焉，讵非防御至计哉？顾迩来虽承平，而亡命乌合之徒，每窜入挑衅，以致瑶人辄遣牌出哨，或封人仓，毁人庐，乘扰害，无复顾忌。此何啻厝火积薪，燕雀处堂乎？今列职纪官，固昭事迹于往代，尤冀善后于将来云。"

武备官员名册

兴宁县古代主管军事的官员，主要有巡检、千总、把总和抚瑶把总等。

（一）州门司、滁口司巡检名册

巡检：官名。"巡检"之名始于宋代。主要设置于沿边或关隘要地，或兼管数州数县，或管一州一县，均以武官任之，属州县管辖，以镇压人民反抗为其专职，受州县指挥。在海南及归、峡、荆门等地，则置都巡检使。金、元沿置，职权多限于一县之境，为九品官。金于中都及各州分置都巡检使、都巡检、散巡检等。明、清的巡检多设于离州、县城稍远的地方，管理当地的治安等事。

州门司巡检

《兴宁县志·秩官志》记载："州门司巡检，元未设。明朝凡十四人。清朝一人，康熙六年（1667）裁。"

苏宗愚：万历十五年（1587）任。

李得富：福建邵武人，万历二十五年（1597）任。

项朝复：浙江人，万历二十九年（1601）任。

吴任国：南直池州人，万历三十二年（1604）任。

胡以让：江西清江县人，万历三十五年（1607）任。

刘华：山西人，万历三十九年（1611）任。

吴淮：南直人，万历四十一年（1613）任。

尹忠：江西南昌人，万历四十五年（1617）任。

赵登科：陕西西安府泾阳县人，万历四十八年（1620，此处应为泰昌元年）任。

张钦：南直苏州府常熟县人，天启三年（1623）任。

邹汴：按："此下旧志未详履历、年代。"

包钦：

楼国棣：棣一作"栋"。

张成绩：

清朝（一人）：

王文元：顺治十七年（1660）任。

按：本司县东路七都地方，由鄞县通江西，因明季兵马及红寇出入，司舍、民房尽焚。入国朝（清），并无委署。王文元于顺治七年选授，至借署南门内；至康熙六年奉裁。

明朝滁口司巡检

《兴宁县志·秩官志》记载："滁口司巡检，元未设。明朝凡十五人。"

尚任教： 万历十六年（1588）任。

韩时光： 江西饶州府人，万历二十二年（1594）任。本书笔者注：康熙五十三年县志中记载："万历二十二年之任。"光绪元年县志重印本误为"二十一年任"。

霍铁： （铁，一作"铁"）山西人，万历二十九年（1601）任。

潘振源： 广西桂林人，万历三十三年（1605）任。

张士元： 河南人，万历三十八年（1610）任。

张嘉仁： 四川荣经人，万历四十年（1612）任。

赵任训： 南直南陵人，万历四十四年（1616）任。

王俸诰： 四川乐至县人，万历四十八年（1620，此处应为泰昌元年）任。

刘储： 广东保昌县人，天启三年（1623）任。

李茂德： 浙江处州府人。此下旧志未详年代：

周时顺： 福建福州府福清县人。

杨中镜： 浙江处州府青田县人。

胡臻禹： 南直镇江府丹徒县人。

江启龙： 浙江人。

劳超迹： 广东广州府人。

清朝滁口司巡检

2016 年发现并收藏于资兴市档案馆的康熙五十三年甲午（1714）《兴宁县志》卷之五《赋役志》中记载："存留经费（交完国税后存留的开支）：滁口司巡检：俸银叁拾壹两伍钱贰分，除荒实征银贰拾玖两壹钱捌分叁厘壹毫捌丝壹忽玖微。皂隶工食银壹拾贰两，除荒实征银壹拾壹两壹钱壹分叁毫伍丝。"

《兴宁县志·秩官志》记载：滁口司巡检，清朝凡三十二人。

戴瑞： 浙江绍兴府山阴人。

安顺： 直隶顺德府邢台人。

罗光辅： 江西南昌府南昌县人，康熙五年（1666）任。

康熙五十三年续

李德茂：浙江山阴人，康熙二十五年（1686）任。

赵光嗣：河南开封府杞县人，康熙二十九年（1690）任。有传："河南杞县人，康熙中任。体度端疑（凝），心存长厚，两代捕务，弭缉多方。知县刘士铎卒（邑侯刘疾终廨），所扶榇之资，悉出措办，士民尤服其厚道焉。"

王家栋：北直平谷人，字隆吉，康熙四十五年（1706）任。

叶科生：浙江慈溪人。

常广誉：北直顺德人，由供事康熙四十年（1701）任。本书笔者注："原文如此。康熙五十三年《兴宁县志》中也是这么记载的："常广誉：字德美，北直顺德府人，由供事康熙四十年（1701）之任。"此处是否为"康熙五十年（1711）任"？也可能是"康熙六十年（1721）任"。

供事：清代京吏在衙门内各房科管理事务的，都称供事，大体上指不属于各房科正式编制的人员。

滁口司巡检的任职名单，从康熙五十年至六十一年，中间空缺。

徐诹：直隶大名清丰吏，雍正元年（1723）任。

姚仕：浙江人，北直籍，由吏员雍正九年（1731）任。

张迈：山西太原人，乾隆二年（1737）任。

萧文法：贵州人，乾隆六年（1741）任。

任铥：江南旌德人，乾隆十五年（1750）任。

葛灵：州志作"炅"，浙江杭余人，乾隆二十三年（1758）任。

吴维坤：江苏娄县供事，乾隆二十四年（1759）三月任。

陈鉴：浙江山阴人，寄籍顺天宛平，乾隆三十二年（1767）任。

刘遐龄：湖北江夏人，乾隆三十三年（1768）五月任。

何定国：顺天宛平人，乾隆三十九年（1774）二月任。

娄克明：本邑典史，乾隆五十三年（1788）兼署。

本书笔者注：经查《典史》名单，其中记载："娄克明：顺天宛平籍，浙江仁和人，乾隆五十五年（1790）六月任。"如果是"兼署"滁口司巡检，应该"典史"之任在前，滁口司巡检之任在后才对。这里却是"巡检"之任在前，而"典史"之任在后，不知何故？

郭尚信：浙江诸暨人，乾隆五十三年（1788）十一月任。

谢朝銮：直隶清宛县监生，乾隆五十六年（1791）任。

郭尚信：乾隆五十六年（1791）回任。

娄克明：本邑典史，嘉庆三年（1798）复署。

郭尚信：嘉庆三年（1798）七月回任。

恽秉恂：江苏阳湖人，嘉庆九年（1804）八月署。

岳清企：江西介休人，嘉庆十五年（1810）任。

赵康安：浙江人，嘉庆二十三年（1818）任。

孙显章：浙江绍兴人，道光六年（1826）任。

孙嘉元：浙江人，道光十年（1830）署。

李宗涞：道光十八年（1838）署。本书笔者注：《典史》中记载："李宗涞：道光二十一年（1841）署。"

熊锡光：江西瑞州人，道光二十年（1840）任。

孙霖：江苏人，咸丰二年（1852）任。

万立钱：号叔陶，江西丰城监生，咸丰四年（1854）任。

曾冠英：号立夫，广东韶州府监生，咸丰十一年（1861）署。

谢璜：号芝轩，浙江山阴监生，同治元年（1862）任。

（二）把总名册

千总、把总：明代驻守京师的京营兵分为三大营，设千总、把总等领兵官，职位低下。清代绿营兵编制，营以下为汛，以千总，把总统领之，称"营千总"，为正六品武官、把总为七品武官。又漕运总督辖下各卫和守御所分设千总，统率漕运军队，领运漕粮，称为卫千总、守御所千总。京师内九门、外七门，每门设千总把守，称为"门千总"。又四川、云南等省的土司官也有此职，称"土千总、土把总"。

防守右哨二司把总，清朝顺治十一年（1654）设，凡四十三人。

吴鼎：宜郴营千总，顺治十三年（1656）任。本书笔者注：康熙五十三年县志中列为"宜郴营把总"，并非"千总"。然而，耿念劬在记载此事时曰"千总"。

张元柱：宜郴营把总，顺治十四年（1657）任。

汪世恩：宜郴营把总，顺治十五年（1658）任。

杨春彪：两桂营把总，顺治十六年（1659）任。

旧志：此后分拨更换，皆属两桂营（桂东、桂阳即今汝城、兴宁）。

张胜龙：两桂营把总（下同），顺治十七年（1660）任。

王君实：顺治十八年（1661）任。

郭德：康熙元年（1662）任。

高上升：康熙二年（1663）、三年任。

陈子玉：康熙四年（1665）任。

田思雄：康熙七年（1668）任。

夏时启：康熙八年、九年（1670）任。本书笔者注：康熙五十三年县志中为"夏特启"。

耿念劬曰："宁邑从无军，自本朝顺治十三年始奉经略内院洪、偏沅院袁着宜郴、两桂营拨兵防守州、县。吴鼎由宜郴营千总奉委防宁，至十六年杨春彪始由两桂营分拨，日后更换，皆属两桂。国家绸缪之计可谓密矣，保障之功是在乎奉职者。"

杨虎：此下旧志年代无考：

张德元：功加。陕西巩昌府人。

黄桂楚：河南人。

李芳：陕西宁夏人。

华明：广东人。

王连：本省人，康熙三十年（1691）任。

王贵：山西人。

毛友才：功加都司金书。本省巴陵州人，康熙四十六年（1707）任。卒无哗市，马不践亩，凡十载。有"去思碑"。

杨策：福建人，康熙五十六年（1717）任。

陈国斌：两桂营人，康熙六十一年（1722）任。

周文：两桂营人，雍正三年（1725）任。

朱太：本省靖州人，雍正四年（1726）任。

李世忠：零陵县人，雍正九年（1731）任。

马宗武：一名何天怀，桂阳营人，乾隆二年（1737）任。

孟超龙：靖州人，乾隆十三年（1748）任。

曾尚典：临武县人，乾隆十六年（1751）任。

程庆：乾隆十八年（1753）任。

符光玉：两桂营人，乾隆二十年（1755）任。

黎诗言：两桂营人，乾隆二十一年（1756）任。

刘承福：桂阳县人，乾隆三十年（1765）任。

笔者注："桂阳县"，即今汝城县；"桂阳州"，即今桂阳县——下同。

李文湘：长沙府人，乾隆四十八年（1783）任。

刘宗翰：桂阳县人，乾隆五十四年（1789）任。

张楚山：宜章县人，由戎伍嘉庆二十一年（1816）任邑外委，是年升任。

何文志：祁阳举人。

张正魁：辰州凤凰厅举人。

马宏骥：桂阳县人，行伍。

吴振道：桂阳州临武县人。

杨国桂：辰州府辰溪县人。

李正均：桂阳县人。

张大楷：辰州府辰溪县人。

杨宝：辰州府溆浦县人。

范继扬：桂阳县人。

（四）协防右哨外委千总

清朝雍正六年（1728）增设，凡十七人。

张进忠：临武县人，雍正七年（1729）任。

陈德昌：武陵县人，雍正九年（1731）任。

张忠：桂阳县人，乾隆七年（1742）任。

刘兴富：桂阳县人，乾隆十八年（1753）任。

刘兴邦：桂阳县人，乾隆二十年（1755）任。

何盛世：桂阳县人，乾隆二十二年（1757）任。

陈登云：桂阳县人，乾隆三十六年（1771）任。

郑玉光：永州府人，乾隆三十七年（1772）任。

刘元：桂阳县人，乾隆四十六年（1781）任。

宋士联：桂阳县人，乾隆四十八年（1783）任。

何邦政：桂阳县人，乾隆五十四年（1789）任。

周仕伦：永州府人，乾隆六十年（1795）任。

雷俊德：临武县人，嘉庆三年（1798）任。

马宏骥：桂阳营人，原籍兴宁，嘉庆二十一年（1816）任。笔者说明：其在"营"伍中，改籍为"营"（不需交税）。

何克胜：桂阳县人。

李正钧：桂阳县人。

田经文：辰州府人。

（五）抚瑶把总

旧驻永安堡，隆庆三年（明，1569）设，时姓氏无考，亦无专属。国（清）初时废，顺治十八年（1661）招抚复设，则皆住瑶峒人承顶。

笔者注：《郴州大事》载："乾隆十年（1745）：郴桂各县瑶族聚居区设瑶总、千长。"

胡国清：康熙十七年（1678），奉征南将军穆（穆詹）恢复领瑶投诚扎，授抚瑶把总。

胡家驹：由生员袭职。

胡宁兴：袭职。雍正十年（1732）奉裁。

乾隆十一年（1746），详奉布政司长批："查雷连等峒，应设瑶总，公举详请给委牌。乾隆十一年复设，两人分管（一管上六峒，一管下六峒）。"

雷连下六峒瑶总

本书笔者注："雷连下六峒"，即东坪峒、正雷峒、浓溪峒、源坑峒、周源峒、低平峒。

庞文林：乾隆十一年（1746）公举，分管下六峒，住白云仙峒。

庞良辅：庠生。乾隆二十一年（1756）公举，顶充文林。

庞良裔：乾隆三十八年（1773）公举，顶充良辅。

庞良皓：乾隆五十三年（1788）承袭良裔。

庞达江：嘉庆十年（1805）承袭良皓。

庞高阁：道光五年（1825）承袭达江。

庞敦化：咸丰七年（1857）承袭高闳。

雷连上六峒瑶总

李云：庠生。乾隆十一年（1746）公举，分管上六峒，住浓溪峒。

本书笔者注："雷连上六峒"，即上峒、上连峒、长古峒、田坪峒、吕城峒、竹峒。

庞凤翔：乾隆五十年（1785）公举，承充李云。

庞广授：嘉庆元年（1796）承袭凤翔。

庞达礼：道光九年（1829）承袭广绥。

庞明通：同治七年（1868）承袭达礼。

旧志："宁瑶有二种：一曰高山瑶，一曰平地瑶。高山瑶，盘瓠之后，踞东南大山中，蓬头跣足，露胸椎髻，绣帕覆首，或用金饰耳及腕，言语迥异，刀耕火种，男女并作，行山上捷若猿猱，寝处不别，节序婚嫁，不用外人礼仪。明末，瑶人乘衅为乱者，此也。我朝（清）沛恩，招抚流亡窜入，号曰'新民'，即平地瑶也。其始佃种营生，后渐置产，兼及诗书，故有观化社学之设。康熙间（1662—1722）奉例与考，另取瑶生一名。雍正三年（1725）又增一名。每岁科考，各取二名，准与土著诸生一体应试。风俗好尚，亦略相等，近且互为婚媾，交相往来，同编甲里。椎鲁朴纯之性，变而为衣冠文物之习矣。旧设瑶总一，近以十二峒分为上下，设瑶总二。烟册有常编，迁徙有定所，抚绥控驭，盖兼得之。旧志略而不载（县志），兹具颠末，庶拊循者知所究心焉。"

第四章　中华民国党政负责人

　　中华民国（1912—1949）：是从清朝灭亡至中华人民共和国成立期间的国家名称，简称民国。历时 38 年。清宣统三年（1911）10 月 10 日，辛亥革命爆发，推翻清王朝，建立中华民国，于 1912 年 1 月始称"中华民国元年"。中华民国虽然采用"民国×年"的纪年法，却将历史上的农历纪年改成了世界通行的公元纪年。

　　中华民国，位于亚洲东部、东临太平洋，是辛亥革命以后建立的亚洲第一个民主共和国，简称民国，为第二次世界大战的主要战胜国及联合国五个主要创始会员国之一。1911 年辛亥革命爆发后，革命党在南京建立临时政府，各省代表推举孙中山为中华民国临时大总统，1912 年元月民国正式建立。以袁世凯为首的北洋势力主政中国，北洋政府分崩离析后政局动荡不安，孙中山南下广州，召开国民党一大，建立黄埔军校，随后建立国民政府，促成国共合作后不久孙中山病逝。1926 年，蒋介石继承孙中山遗志领导国民北伐，意欲统一中国，到 1928 年东北易帜，国民政府从形式上统一了中国。蒋介石成为继孙中山之后的国民党领袖。统一之后，民国进入十年建设时期，教育稳步发展，政权趋于定型。然而，其间除了国共内战之外，又有日军入侵。1937 年，抗日战争全面爆发，国共合作，中国成为反法西斯同盟国，国际地位大大提高，一举成为美、英、中、苏四大国之一。其面积为 1141 万 8174 平方公里，是世界领土面积第二大国，仅次于苏联。民国坚持共和制政体，主权属于全体国民。初期颁布临时约法，后以三民主义和《建国方略》为背景，国民政府实施军政期、训政期、宪政期，抗战后召开国民大会，确定了总统制。民国时期外交呈现了一个国际化与现代民族国家的建立、遵循国际规则与维护国家利益、法理上的独立与事实上的自主等特点。

中华民国建国初期，承袭清朝旧制。不同之处在于废除府，将所有不管县的州、厅全改为县，1914年在省县之间设置93个道。当时的省份依当时顺序排列，有直隶、奉天、吉林、黑龙江、山东、河南、山西、江苏、安徽、江西、福建、浙江、湖北、湖南、陕西、甘肃、新疆、四川、广东、广西、云南、贵州等22个省。北洋政府在22个省之外设了京兆地方、热河、察哈尔、绥远、川边等几个特别区域，西藏、蒙古、青海3个地方，胶澳、淞沪等2个省级商埠，另保留阿尔泰、塔尔巴哈台、伊犁3个地区（后均并入新疆省）。

辛亥郴州：1911年10月10日，革命党在武昌新军中发动反清武装起义。翌日成立湖北军政府，12日改国号为"中华民国"。10月22日，湖南率先响应武昌起义，同盟会发动兵变，占领长沙，成立湖南军政府，并通电全省，敦促各地易旗。同盟会员郴人谢凤池只身会见清朝郴州知州陈仲山，力述民族大义，明晓利害攸关，陈仲山迫于形势向革命党交权。1911年11月5日，郴州人民于州衙前聚会，升"汉"字旗，宣布郴州独立。

民国元年（1912），湖南省改巡抚为都督，衡永郴桂道设观察使，仍治衡阳，代领湘南四府州。郴州统本州及兴宁、永兴、桂阳（今汝城）、宜章、桂东五县；桂阳州领本州及临武、蓝山、嘉禾三县。

民国二年（1913）2月，为避桂阳州地名重名，改桂阳县为汝城县，仍属郴州。9月，废除府、厅、州建制，保留道。废除郴州直隶州，将郴州本州（原明朝州附郭郴阳地）复置郴县。郴县划县城环城五里地设"在城区"，区下设五隅。废除桂阳直隶州，将桂阳州本州（原附郭平阳地）改置桂阳县。郴县、桂阳县及原郴桂两州所属各县直属衡永郴桂道。

民国三年（1914）元月，因重名改兴宁县为资兴县。废衡永郴桂道，改置衡阳道，设道尹，驻衡阳。衡阳道辖二十四县（各县设知事），其中包括原郴州，桂阳州的郴、桂阳、永兴、资兴、桂东、汝城、宜章、临武、蓝山、嘉禾十县。

民国十一年（1922），湖南都督下令取消道尹制，改省、道、县三级行政建制为省、县二级。衡阳道撤销，所属各县直属湖南省。

交通复兴：民国十四年（1925）年初，湖南成立"衡郴路工程处"，开始筹建衡郴公路。1926年6月，耒阳至郴县公路开工，1927年10月，耒阳至永兴高亭司段通车，1928年12月28日，永兴至郴州公路通车，1932年6月，

郴州至宜章公路竣工通车，1934年湘粤公路全线通车。民国二十二年（1933）
7月，粤汉铁路株洲至韶关段破土动工，1936年9月10日竣工通车。民国二
十一年（1932），为围剿井冈山和中央苏区，国民政府强征郴州6县1.4万民
工于郴城西部建成简易郴县机场，1939年，重修郴县机场，建立航空54站，
为抗日后方军事机场。二十世纪二三十年代，郴州先后建成粤汉公路、粤汉铁
路，为民国南北交通主干线。交通优势的复兴，为郴州的发展奠定了良好的
基础。

民国十七年（1928）年初，朱德、陈毅率南昌起义余部艰难转战进入湘
南，与中共湘南特委共同领导发动了著名的湘南起义。

民国二十五年（1936）5月，国民政府行政院颁布《行政督察区专员公署暂
行条例》，全国普遍设立行政督察专员公署，行政建制为省、区、县三级制。湖
南省政府划为九区，并划郴县、桂阳、资兴、永兴、宜章、临武、嘉禾、蓝山、
汝城、桂东十县设立"湖南省第八行政督察区"，驻郴县"在城区"。"湖南省第
八行政督察区"是郴州、桂阳州分置后经明朝洪武年间短暂合并后的再一次合
并，完全恢复了唐郴州（桂阳郡）政区架构。民国二十九年（1940）4月，改
"湖南省第八行政督察区"为"湖南省第三行政监督区"，统县如旧。

抗日战争后期的1945年1月14日和22日，日机空袭郴城，配合地面日
军进攻郴州，驻守郴城的国军薛岳部第九十九军东撤到资兴，专员公署警备司
令部南撤宜章，郴县政府东撤大奎上。2月24日日军攻入郴城，2月25日，
日军占领郴城。随后，日军侵占资兴西北乡，占领鲤鱼江东江、木根桥、香
花、三都、蓼江市、七里、团基垅（团结）等地。1945年8月15日，日本宣
布无条件投降。8月21日，日军逃离资兴。8月25日，湘警二大队开进郴城，
郴城光复。

1949年8月18日，中国共产党领导的资兴人民武装占领资兴县城。根据
中共湘南地委的决定，成立了资兴县人民政府，结束了国民党的统治。按照习
惯，这一天作为资兴解放日。

本章资料主要来源：一是《资兴市志》；二是资兴档案馆保存的《民国档
案》——2009年，笔者用了半年的时间，查阅了全部民国档案（包括公安局
1984年交上去的"敌伪档案"），共有一千多卷。值得说明的是，资兴民国时
期的档案资料不全，当时的人事档案、财会档案和"报告""报表""通缉令"

等，都没有。1988 年笔者担任中共资兴市委常委、市委办公室主任时，市档案局长刘茂山向笔者汇报时曾说："1949 年临近解放时，有国民党骨干从县政府挑走了 28 担档案，新中国成立后追查许久，终未获得。"

第一节 民国资兴县知事、县长

《资兴市志》第一篇"地理"第一章"建置"第二节"沿革"中记载："民国三年（1914），将衡永郴桂道改设为衡阳道；兴宁县因与广东省兴宁县重名，于是年 1 月恢复为资兴县。民国二十六年（1937）12 月，湖南省划分 9 个行政督察区，资兴县属第八区。民国二十九年（1940）4 月，全省划为 10 个行政督察区，原第八区改为第三区，资兴从属第三区。"

基层政权

民国初年的基层行政组织沿袭清末旧制，县以下设团，以所在地命名。团设团总 1 名，由地方绅士推举，呈报县署加委。民国十七年（1928），全县划设 37 个团，分别成立团防局。团以下设甲，共 413 甲。民国十九年（1930），将原来的 37 个团改设为 9 个区和 1 个独立乡，区以下设乡，乡以下设保、甲。民国二十七年（1938），湖南省政府决定撤区并乡，颁布调整乡镇保甲规程，县以下为乡镇，乡的面积不得少于 400 市方里（方里：长宽各一里的面积），亦不得超过 1200 市方里，镇之面积不受限制。乡镇所辖保数，以 10 保为原则，不得少于 6 保多于 15 保。每保不得少于 6 甲多于 15 甲，每甲不得少于 6 户多于 15 户。根据上述原则，资兴于同年撤区并乡，重新编组乡镇，划定全县为 23 个乡镇。乡镇设乡镇公所，为基层行政机构，置正、副乡镇长各 1 名，下设民政、警卫、经济、文化 4 股，其他员丁 5 至 6 人，经费纳入县财政预算。

行政区划

民国初年（约 1915 年）改乡、里为乡、团。全县设 5 个乡、37 个团，东乡辖 16 个团、135 个甲；南乡辖 9 个团、117 个甲；西乡辖 3 个团、47 个甲；北乡辖 8 个团、93 个甲；城厢辖 1 个团、21 个甲。民国十八年（1929），实行地方自治，以 5 个乡、37 个团更为 5 个区、37 个乡。民国十九年（1930），全县划为 9 个区、1 个独立乡。民国二十二年（1933）年初，奉令实行区、乡自治，全县划为 4 个区、1 个直属镇，各区共辖 37 个乡。民国二十四年（1935），奉令编组保甲，将 37 个乡调整为 33 个乡，辖 361 保、3827 个甲。民国二十七年（1938）1 月，撤销城厢直属镇，归于第四区；全县并为 30 个乡。民国二十七年 10 月，根据湖南省扩并乡镇、调整保甲的规程，撤销区制，将全县划为 22 个乡，辖 275 个保。民国三十年（1941）4 月，全县保甲有异动，扩为 23 个乡、249 个保、2742 个甲。民国三十三年（1944），恢复区制，划为 5 个大区，辖 8 个小区、24 个乡。民国三十四年（1945），省令合并乡镇，全县并为 9 个乡、1 个镇，辖 248 个保、2606 个甲。

民国档案第 220 卷第 1 页载有中华民国三十五年（1946）12 月 24 日填报的《资兴县政府九至十二月份工作报告》，其中"秘书室工作报告"说："一、调整人事：'奉湖南省政府民字一字第一三九五号训令，订颁各县市政府卅五年下期编制规定：三等县设县长一，主任秘书一，科长五，会计、合作主任各一，县政指导员三，督学、技士各二，统计员一，科员一十一，事务员七，雇员五，教产经理一，合作指导员二，督察员一，共计四十五人。嗣奉省令：以据各县纷纷呈报人额不符分配，应准增加秘书一，合作指导员一，科员、事务员各一，本府奉令后当即于本年 7 月 1 日遵照编制之规定，先后分别调整，并呈报备查……'""民政科工作报告"中说："三、扩并乡镇，整编保甲：查本府前以本县地域最小，人口稀疏，地方财政困难，文化水准低落，乡保单位实嫌过多。经呈奉核准，并为九乡一镇，于 11 月上旬扩并竣事，名曰：城厢镇，昌平乡（原青田、百何、太平三乡合并），七都乡（原兰溪、谷洞、和顺三乡合并），保民乡（原三民、仁保二乡合并），永正乡（原永安、雷正二乡合并），二都乡（原六和、鼎新、西里、保和四乡合并），凤凰乡（原长丰、旧市二乡合并），复兴乡（原中西、和海二乡合并），程水乡（原鹿鸣、五谷二乡合并），郴侯乡（原湘源、威武、桃源三乡合并）。全县共 110 保，其甲数尚无统计，人口刻正切实清理中。"

民国三十七年（1948）10 月，全县划为 10 个大区，辖 1 个镇、23 个乡、282 个保、3247 个甲。城厢区辖城厢 1 个镇；保民区辖三民、仁保 2 个乡；永正区辖永安、雷正 2 个乡；昌平区辖百何、太平、青田 3 个乡；凤凰区辖旧市、长丰 2 个乡；郴侯区辖湘源、威武、桃源 3 个乡；程水区辖鹿鸣、五谷 2

个乡；二都区辖六和、保和、鼎新、西里4个乡；复兴区辖中西、和海2个乡；七都区辖和顺、蓝溪、谷洞3个乡。

县级机构设置

民国元年（1912），县署改为知事公署，知县改为知事。下设书记官、承启官各1人，署内设司法、行政二科，每科配科长、科员2～4人。知事兼理司法，设帮审员辅之。

民国三年（1914）5月，袁世凯以教令公布省官制、道官制和县官制，司法、行政分立；知县改称知事，改县署为县行政厅（县正堂）。知事以下分为总务、财政、学务教育、民政、警察5科。科设科长及佑理人员若干，办理各项事务。

民国四年（1915）9月，更行政厅为知事公署，设司法、行政2科。知事兼理司法，设帮审员辅之。

民国五年（1916）废除道制，县隶属省政府，县属机构有劝学所掌教育，典狱所掌刑法，征收局掌田房税契，警署掌治安。

民国十一年（1922），赵恒惕主湘，推行宪政，知事公署废科，改置内务、财务、教育、实业4局。

民国十四年（1925），知事改称县长，知事公署改称县长公署。

民国十八年（1929）3月，湖南省各县改组县政府，资兴核定为三等县。依三等县之规定，置县长1人，综理县政。科长2人，科员4人，事务员4人，雇员5人。8月，改设县长1人，秘书1人，设第一、第二两科，各置科长1人；科员、事务员数人。县长兼理司法，置司法书记员1人，检验吏1人，录事1人。同年，国民政府公布县组织法。根据组织法规定：县政府下设公安、财政、建设、教育4局。公安局掌警卫、消防、防疫、卫生及森林保护。财政局掌征税、募捐、管理公产及其他地方财政。建设局掌关于土地、森林、水利、道路、桥梁工程及其他公共事业等项。教育局掌关于学校、图书馆及其他文化事业。

民国二十年（1931），民国政府颁布实施"厘定县等办法"，就其县面积、人口、富力三项厘定：人口以1万为1分，财富以2万为1分，面积以千平方公里（250平方公里）为1分，平均分数在26分以上为一等，11分以上为二等，10分以下为三等。资兴厘定为三等县。

民国二十六年（1937），县政府奉令裁局改科，共设三科一局（教育局）。第一科掌管地方自治、保甲、地方保卫、选举、民众组织训练、禁烟禁毒、社会救济、仓储、卫生、民众团体、风俗习惯、褒扬抚恤等。第二科掌管税捐、金融、公债、土地以及预算决算等。第三科掌管公路及其他交通、水利、工程建筑、农林、工商、矿业、渔牧、合作等。

民国二十八年（1939）9月，国民政府行政院县政计划委员会发布县各级组织纲要，决定在全国实施新县制，重新划定县等，充实各县政府组织机构。湖南省分三期进行：民国二十九年7月1日为第一批实施期，民国三十年1月1日为第二批实施期，民国三十一年1月1日为第三批实施期；民国三十年1月1日开始实施新县制。资兴被划定为三等甲级县，县政府编制如下：县长1人，主任秘书1人，秘书1人，民政科长1人，财政科长1人，教育科长1人，建设科长1人，军事科长1人，粮政科长1人，会计主任1人，县政指导员5人，技士1人，工矿指导员1人，督学2人，会计科员2人，科员16人，事务员9人，雇员13人，公丁15人，合计74人。

民国三十年（1941）10月10日（中华民国国庆节），湖南省政府训令全省各县分期筹设社会科，次年7月资兴社会科成立。这年的县政府编制78人，其中科长7人。

民国三十二年（1943）县政府编制如下：县长1人，主任秘书1人，秘书1人，民政科长1人，财政科长1人，教育科长1人，建设科长1人，军事科长1人，会计主任1人，合作指导主任1人，统计员1人，合作指导员4人，征训督导员4人，技士2人，督学2人，医生1人，教育产款经理1人，度量衡检定员1人，科员17人，事务员9人，雇员12人，公丁23人，号兵1人，通讯班士兵9人，合计97人。

民国三十五年（1946）县政府设置以下机构：秘书室、民政科、财政科、教育科、建设科、警保科、合作科、会计室、统计室。

民国三十八年（1949）8月，县政府编制如下：县长1人，副县长1人，主任秘书1人，军事秘书1人，机要秘书1人，助理秘书2人，顾问1人，民政科长1人，财政科长1人，教育科长1人，建设科长1人，军事科长1人，督学1人，会计室主任1人，会计室副主任1人，言议2人，其他职员不详。

中华民国历任知事、县长名录

本节"知事、县长任职"资料，录自湖南人民出版社1999年7月出版发行的《资兴市志》第五篇第二章第二节《县政府·民国时期资兴历任知事、县长表》。资兴的民国史料，是笔者于 2009 年用了半年的时间，到资兴市档案馆查阅的，属于第一次公布——因此，史料除个别错字修改外尽量保持原貌。

1. 童文豹：民国元年（1912）任知县

《资兴市志·大事记》记载："民国元年（1912）冬，国民党湖南省党部派人来兴宁县发展地方组织。是年，废地丁、秋米、采买等税目。全县田赋仿照明嘉靖时一条鞭法征银两。是年，全县小学堂全部改称小学校。"

《郴州大事记》载："元年（1912）：1 月，全国废府、州，存道、县。衡永郴桂道设观察使。陈九韶组织同盟会郴州分部。8 月，改组为国民党郴州分部，陈任部长。冬，陈九韶当选为国会议员。"

2. 胡倬云：民国元年至 2 年（1912—1913）任知县

《郴州大事记》载："2 年（1913）：2 月，桂阳县改称为汝城县。2 月，县乡自治选举，成立县乡议事会、董事会。5 月，郴州电报支局在郴城五通庙设立，为境内电信之始。9 月，废除州级建置，郴州直辖范围改为郴县，桂阳州直辖范围改为桂阳县。"

3. 崔兆麟：民国三年至 4 年（1914—1915）任知事

民国三年（1914）5 月，袁世凯以教令公布省官制、道官制和县官制，司法、行政分立；知县改称为知事，改县署为县行政厅（县正堂）。知事以下分为总务、财政、学务教育、民政、警察 5 科。科设科长及佑理人员若干，办理各项事务。

《资兴市志·大事记》记载："民国三年（1914）：1 月，因县名与广东省兴宁县同名，故将县名复称为资兴县。是年，县内瑶岗仙发现钨砂，为全省最早发现的钨矿。随即，在此采钨砂的有 20 多家公司。"

《段氏续修族谱》末卷载有崔兆麟写的《恭祝段礼章先生六旬寿序》，文中说："余以甲寅（1914）孟春，捧檄宰资……阅今乙卯（1915），余奉上宪命为四方游，夏四月抵北（乡）……今（年）五月十二日为先生花甲初周，都人士将以是日称觞……"文章最后落款为："邑知事愚弟崔兆麟撰。"

《段氏续修族谱》末卷载有崔兆麟写的《段君松如行实》，文中说："余莅资将四月，因公信宿于县北之崇义堂，获晤段君松如……迄今，又年余矣，于其生平知之甚详……"文章最后落款为："时民国五年岁在丙辰季夏月，资兴知事崔兆麟撰。"这份资料说明：崔兆麟在"民国五年岁在丙辰（1916）季夏月（6月）"，还在担任"资兴知事"。

《郴州大事记》载："3年（1914）：5月，同盟会员张衍洪组织'改进会'，与驻郴新军司令联合，反对袁世凯；7月14日，失败遇害。6月2日，湖南划为4道，衡永郴桂为衡阳道。10日，俞寿璋任道尹。6月28日，李国柱等革命党人奉孙中山之命，回湘组织讨袁军，策动驻郴县守备队举行反袁武装起义，守备队营长邬云升被委任为讨袁军第一路军司令，湘南7县响应。7月9日，李国柱等率部占领桂阳、嘉禾、临武、宜章、永兴、耒阳等县，袁世凯急调湘、桂、粤、赣军夹攻。起义军苦战两个月而失败，死难者逾2000人。衡阳天主教会至郴城传教。7月13日，衡、郴驻军起事，占耒、永，宣布反袁独立。后遭省督汤芗铭调驻省北军三十九旅镇压。7—9月，区内革命党首领张子南（7月14日）、雷龙海（7月）、雷瀛（8月8日）、陈校经（8月）、曾纪光、周同（9月1日）遇害。7月28日，省军克复耒阳、永兴。是年，湖南废除府、州、厅建制，保留道、县两级。"

4. 崔兆睿：民国四年至5年8月（1915—1916）任知事。

《资兴市志·大事记》记载："民国四年（1915）：6月3日，上午9时，蓝溪（今兰市）一带发生地震，碗柜震动有声，历时数分钟。是年，全县开展整顿私塾，改办国民学校，使用国家统编的教科书。是年，汉宁高等小学校（今市一中校址）改为县立中学。是年，基层行政组织改乡、里为乡、团。全县设5乡，下辖37团、413甲。"

《郴州大事记》载："4年（1915）：6月，郴城师生集会，纪念'五九'国耻日，反对袁世凯与日本签订的《二十一条》不平等条约，开展抵制日货活动。是年，田赋由征银改征银圆。"

5. 戴笠：民国五年（1916）任知事

《资兴市志》第五篇第二章第二节县政府《民国时期资兴历任知事、县长表》（238页）中记载："戴笠：民国五年（1916）任知事。"

附录一：

戴笠任资兴县"知事"考

（欧资海）

戴笠，何许人也？他曾任资兴县"知事"吗？

戴笠是国民党蒋介石在大陆时的"股肱"。

什么是"股肱"？股：大腿；肱：手臂从肘到肩的部分。起到耳朵、眼睛、手臂的作用，比喻辅佐帝王的重臣，也比喻十分亲近且办事十分得力的人。戴笠对于蒋介石，就是这样的人。他号称为"蒋介石的佩剑""中国的盖世太保""中国最神秘的人物"。美国总统罗斯福曾向蒋介石提出要见到"中国的希姆莱——戴笠"。

戴笠，字雨农，小名春风，浙江省江山县（今江山市）保安镇人，1896年（另一说为"1897年"）5月28日出生。他肄业于浙江省立第一中学，到"民国五年（1916）"出任资兴县知事时，年方20岁。此后，他曾在浙军周凤岐部当兵，后脱离部队到上海，在交易所结识蒋介石、戴季陶等人。1926年，戴笠入黄埔军校，在第六期骑兵科毕业后任蒋介石侍从副官。1928年开始进行情报活动。1930年建立国民党第一个特务组织调查通讯小组，深得蒋介石宠信。1932年3月，蒋介石为了加强特务统治，先组织力行社，后在南京秘密成立"中华复兴社"（又叫"蓝衣社"），戴笠被任命为特务处处长。1938年，特务处扩大为军事委员会调查统计局（简称"军统"），任局长。授陆军少将军衔，死后"追赠为陆军中将，准照集团军总司令阵亡例公葬"。

戴笠为什么会到资兴担任"知事"？没有查到相关资料。追溯戴笠的早期资料，也没有这方面的记载。据2004年9月14日互联网中的《间谍戴笠》"1. 江山戴氏"中说：

戴笠的曾祖父戴启明，在当地镇压太平天国起义的战争中，得了一个"武德左射骑"的称号，从而改变了其贫穷农民的社会地位，变成了当地的地主和高利贷者，因而他搬迁到了离仙霞岭20千米之外的、算命先生说"得此地者昌"的保安村。戴笠的祖父戴顺旺因效忠清政府而被授予晋升五级的荣誉，购置了200亩的良田和一系列产业，并获得了种茶、收木材和在附近山坡上采矿的权利。戴笠的父亲戴士富在衢州府任巡警。他挥霍无度，嫖赌成性，在生下两个儿子春风和春榜时，已耗尽了大部分家产。1920年他去世时，原来的200亩地只剩下20亩，家里其他7个成员全靠戴母蓝夫人替人缝缝补补来维持生计。

戴笠是长子，1897年5月28日出生，在家谱上的名字为春风，字子佩，原号为芳洲；14岁进入高小，取学名为征兰；30岁进入黄埔军校第六期时，改名字为戴笠。戴笠7岁上了私塾，一生对母亲十分孝敬，他的母亲活到了80多岁，1949年病故。

戴笠少年剽悍，上小学时就是一个不守成规者，又是一个天生的"领头人物"。1909年，他离家进入了文溪高小；16岁时成了学校宣传卫生、提倡进步、反对鸦片和裹小脚的"青年会"主席。他记忆力也非常强，1913年从文溪高小毕业时，他是班上的第一名。次年，戴笠结婚了，新娘是毛秀丛，其父是离县城仅有两三千米的枫林镇地主毛应升。显然，这桩婚姻并没有使放荡不羁的戴笠就范——他仍然是个恶贯满盈的丈夫，吃喝嫖赌，直到引起当地警方的注意。1914年秋，戴笠考入了浙江省立一中，两年后他因偷窃被开除（次年他的儿子藏宜出生）。他在杭州的一家豆腐坊里干了一段时间后，便回到了山区老家与家人团聚，时年20岁。

戴笠对赌博的嗜好使他卷入了更深的麻烦。他把扑克牌玩得得心应手，而且学会了在洗牌时做手脚，经常作弊。那时县里的警察白天抓赌，他们便在夜晚聚集在夏口河对面的空场地上赌博。有一晚他因屡次作弊被抓，被赌徒们打得鼻青脸肿。为了保命，戴笠把偷来的扇子卖掉，凑足了路费来到杭州，报名加入了潘国纲指挥的浙江陆军第一师（周凤岐部）当兵。民国十年（1921），戴笠在上海结识杜月笙，拜为把兄弟。民国十五年（1926）赴广州，进入黄埔军校第六期骑兵科，将"戴春风"改名为戴笠……

根据《间谍戴笠》的记载，戴笠似乎没有到过资兴来担任"知事"。同时，从"戴春风"改名为"戴笠"的时间来看，此任资兴知事的"戴笠"也非"间谍戴笠"。

然而，资兴市档案馆800多卷民国档案中，其中"永久保存"的第20卷为"军统局戴雨农之死情"的专卷（铅印本）。现将有关资料摘录如下：

《民国政府褒扬令》（原文无标点，文中的标点为本书笔者所加）："国民政府令：军事委员会调查统计局局长戴笠，志虑忠纯，谋勇兼备。早岁参加革命，屡濒于危。北伐之役，勤力戎行，厥功甚伟。抗战军兴，调综军事情报，精勤益励，用能制敌机先，克奏虞功，比以兼办肃奸工作，不遑宁处。讵料航机失事，竟以身殉。缅怀往绩，痛悼良深。该故局长戴笠，应予明令褒扬。着追赠陆军中将，准照集团军总司令阵亡例公葬，并交部从优议恤，生平事迹存备宣付史馆，用示政府笃念勋劳之至意。此令。中华民国三十五年六月十一日。"

雨农同志　千古　碧血千秋　　　蒋中正（后印"戴雨农将军遗像"和于右任、宋子文等23名国民党高官的题词，以及美国海军少将梅乐斯先生三月二十日唁电与译文）。

《戴雨农将军行状》：公讳笠，字雨农，籍浙江江山之保安镇，秉赋异常人，少怀大志，父早殁，事母蓝太夫人，孝懔慈训，深知公忠体国之旨，时值军阀祸国，公不忍生灵涂炭，奋身随堂兄志南先烈，奔走革命，几濒于危，民国十五年，入黄埔军官学校，以锐敏机智，为今主席蒋公识拔，擢赞戎机，蒋公倚为心腹，公亦以领袖之股肱自任，劳怨不辞，危难不避，毁谤不计，尽忠竭智，二十年来如一日，北伐告成，党国肇建，敌虞我国趋于统一，将无所施其计，谋我益亟，因有"九一八""一·二八"之变，公奉命主持调查统计局第二处，专负对敌在华之间谍侦防工作，吾国初无是项活动，公亦知事非易为，顾以国家民族之安危所系，为配合国策，制敌伐谋，毅然以赴，西安事变前，公早烛机先，而以仰体领袖用人不疑之旨，绕室私虑，犹冀狡谋可寝也，及既变起，公在中枢策划后，飞秦赴难，或有阻之者，公曰：领袖蒙难，自系国家存亡，余纵身殉，亦何所惜，往者陈炯明叛变，总理蒙难于中山舰，领袖侍总理侧，今领袖蒙难，余为领袖学生，能不舍此身与领袖共患难乎，公初与张学良氏，私交尚笃，及抵西安，卒随诸前辈以大义面责张杨，其丹忱远识，固非常人所可及，抗战军兴，公复奉命主组第二处，扩充为军事委员会调查统计局，受命之日，语及僚属曰，自今日始吾人革命青年之责任，将益加重，吾人所为，原为人所不敢为，人所不愿为，人所不屑为者，倘辱使命，不惜一死，唯有不矜不伐，益自淬励，互相勉励，继续奋斗，勿贻领袖忧，盖公一生以责任为重，名利绝非所计，故在常人以为喜者，而公则益忧之也，二十九年后，局势益艰，海陆交通，先后阻绝，后方物资奇缺，物价上涨，民生凋敝，人心惶然，政府实施经济作战政策，授公以交通运输监察处处长，兼财政部缉私署署长，货运管理局局长等职，俾于监护军品，防缉走漏，抢购物资，相互为用，公严正自持，破除情面，未尝以招尤召怨为虑，卅一年，美国海军为求配合全面战局，早日击溃敌人，拟侦察在我国沿海港湾，实施布雷工作，派梅乐斯少将求华主持其事，但以色种互异，语言不同之美方人员，而欲通过敌占领区，以达成其任务，绝非易事，公乃亲偕梅氏，前往东南，指挥所属，协助勘察，卒底于成，美方知公之力量，足以协助，尤感以在华战区，打击敌人位置之重要，并以在华情报之迅捷精确，大有助于世界战局整个军事之行动，始议订立特种技术合作之协定，卅二年，公奉令主持中美特种技术合作所，与美方负责人梅乐斯少将，策划筹谋，无间昼夜，对所属前方各地单位，均与梅少将亲往视察指挥，虽交通工具所不可及之处，亦必徒步与往，公尝戒所属云，友邦人士，来华合作，吾人应处处保持国体尊严，开诚合作，尤宜虚怀纳物，以增进技术上之智能，于打击敌人外，并应尽保护美员之责，以故遇有战役，均能身先，而美员虽出入敌占领区，亦得免于危险，其间经过以及各处战功，已由美海军部为之揭布，杜宾斯少将，以曾参加工作，所识尤多，亦著文在美国柯尔利杂志发表，美国政府，且于胜利后，颁赠司令勋章，友邦推崇有如此者，卅四年，国民党第六届召开全国代表大会时，公以抗战有功，被选为第六届中央委员，亲友皆为公贺，公正色曰，敌寇未灭，民不聊生，余何德何功，敢享盛名，跻身显要，力辞未获，亲谒领袖恳切陈词，邀垂允，淡泊明志，于此可觇一斑矣，去岁八月，敌寇准备投降，公时适在闽浙，策划配合盟军登陆，先得讯，即于十三日通是各地单位，运用策反成熟伪军，以保境安民为重，并先入京沪部署一切，各重要城市赖以安谧，旋奉令主持肃奸工作，公遇事公正严明，不稍枉纵，辗转京沪平津青济各地，指挥审理，无片刻暇，亲友均为公之健康虑，不料于三月十七日，由青返京途中，以气候恶劣，飞机在京郊失事，竟以身殉，呜呼，公一生为国，不治私产，上报领袖以忠，下服部属以德，尝为组织即是家庭，同志即是手足，曾自撰秉承领袖意旨，体念领袖苦心两语为座右铭，并戒同志，以宁静忍耐，伟大坚强，为修身之本，待人无亲疏厚薄，遇事必公私分明，以身作则，一言不苟，其为属下所敬爱者在此，而为时俗所畏惮者亦在此，往岁蓝太夫人七十大寿，公时适偕美海军梅乐斯少将在东南沿海一带视察，以公务所系，过家门而不入，必待事竣，始匆匆一省，或询之者，公曰，余岂忘之，盖奉慈命，移孝作忠，许身报国，倘因私忘公，是违慈训，非余母之所期望也，蓝太夫人现年七十有二，乡居，犹能躬持家务，原配毛夫人，于廿八年春病逝沪寓，子藏宜，毕业于上海大同大学，致力教育事业，造福乡村青年，现任江山建国中学校长，女淑芝，十一岁，孙男孙女各一，均在髫龄，一门清介，公固无所遗憾，惟以公坚贞亮节，忠勇兼资，国家需才正切，领袖倚畀尤殷，而天夺元良，百身莫赎，追思往迹，瞻念头前途，固念人悲伤欲绝也。卅五年四月（文中一"，"到底，原文如此——摘录者特注）。"

《雨农将军殉难详情》："军事委员会调查统计局局长戴笠，于二月十二日离渝，遍历上海、苏州、南京、北平、济南、青岛等地，处理要务，三月十一日上午十一时四十五分，由青岛偕该局人事处长龚仙舫等七人乘航委会 C－471 二二二号机，起飞赴沪转渝，行前因据报上海气候恶劣，故决定如上海气候不佳，改在南京降落，如南京气候亦不佳，即径飞重庆，故带有汽油八百加仑以备直飞重庆之用。该机于是日十三时零六分到达南京上空，气候恶劣，旋又电称：现穿云下降，时在十三时十三分，此后即再无消息，下落不明，当晚由航委会及中航公司与美海军方面分别派机，沿途搜索，均未发现，二十日下午由美空军机在南京板桥镇附近二十华里之山上，发现该机残骸，军统局驻京人员闻讯，驰赴戴山，见机身已全部焚毁，仅余机尾，遗尸十三人，均模糊难辨，但寻获龚仙舫圆章一枚，戴局长及其随员所佩手枪四支，及戴氏日常所用之物等，嗣后经该局多数人员研认，根据齿牙特征及所佩手枪，将戴局长及其随员遗体辨认明确，运回南京城内，于二十二日上午九时，分别入殓，其余尸首五具，除其中之一系局长之友人黄顺伯，并由该局予以收殓外，余系该机飞行员冯振忠等之遗体，已由航委会运回殡葬，据目击该机坠地之农民谈称：该机所碰之山，名称戴山，该机飞行甚低，碰及高约三丈之大树，遗落一螺旋桨，即连续擦过三个山坡，复碰落一螺旋桨，随即初碰山脚，再碰山腰，发生巨响，立即焚烧，至晚始熄。

"自戴将军噩耗传出后蒋主席极为震悼，经即令派军委会办公厅朱主任绍良为戴将军治丧处处长，负责赡丧葬事宜。"

附同时殉难人员名籍：

姓名	年龄	籍贯	出身	生前职务
龚仙舫	三八	湖南石门	中央军校六期	军统局人事处处长
金玉坡	五二	安徽阜阳	将校研究所	军统局专员
马佩衡	四四	江苏上海	香港大学文学士	翻译官
周在鸿	二〇	浙江江山	衡州八中	译电员
徐燊	二九	浙江永嘉	中央军校十七期	副官
曹纪华	二八	江苏无锡		卫士
何启义	三〇	安徽无为		卫士
黄顺伯		河北天津		戴将军之友人

又航委会随机殉难人员计有：

职级	姓名	年龄	籍贯	出身
上尉一级飞行员	冯俊忠	三三	广东鹤山	中央航校第七期轰炸科
中尉三级飞行员	张远仁	二七	四川彭山	军校十七期航校十五期
少尉三级飞行员	熊冲	二六	河北北平	军校十八期航校十六期
同少尉三级通讯员	李齐	二八	江西南昌	航讯第五期
上士二级机工长	李开慈	二六	河南洛阳	第三修理工厂第一期学徒班

《主席祭文》："维中华民国三十五年六月十二日。国民政府主席蒋中正。谨以醴酒香花致祭于戴故局长雨农同志之灵曰。呜呼。笳鼓频喧。兵祸犹延。匹夫有责。共扫腥膻。胡期一朝。殒此英贤。心伤天丧。五内俱煎。忆昔黄埔。君受陶铸。天资英敏。慧眼独具。志虑超群。先迈骥步。蹨险履危。靡有瞻顾。洎乎北伐。乃效前驱。出没虎穴。妙应戎谟。安澜江表。多所询于。剖疑陈筹。参从尔劬。迺维纲纪。车航重劳。刺微入隐。洗髓伐毛。牛角珍昔。刮磨勤操。奇谋密运。葆就炎徽。胜算弥逮。远绥朔辽。蜗角蛮触。于焉渐消。事藏而思。厥功丕昭。抗倭军兴。咸惧将压。料敌除奸。庙谟咸洽。财蠹政蟊。无远不察。以振颓风。以正国法。爱寄股肱。干济中枢。素绳直道。民诵来苏。更勤悍御。别出洪图。汤决之功。垺于虎符。友邦刮目。誉为奇模。庶绩之茂。堪冠吾徒。介节皎然。持躬寅亮。名位数颁。均表谦让。美德高风。为世所仰。常勉十思。补天是望。薄言凯旋。恫瘝遍访。肃奸捕逆。大义

所尚。中道云徂。口存心想。皓月孤光。繁星昭朗。倦念时艰。深哀吾党。惟君之死。不可补偿。忠勇足式。益以谦光。以此策勋。宜垂史章。褒功崇德。民不能忘。清酒爱奠。来格来尝。尚飨。"

全国各地的挽联、挽词、挽诗，现选其中的三副挽联如下。

1. 雄才冠群英山河澄清仗汝绩，奇祸从天降风云变幻痛予心。——蒋中正。

2. 党国著勋劳碧血丹心昭史乘，都门陈祭奠素车白马吊英灵。——中国国民党中央执监委员会。

3. 生为国家，死为国家，平生具侠义风，功罪盖棺犹未定；名满天下，谤满天下，乱世行春秋事，是非留待后人评。—— 章士钊。

本书笔者特将以上资料摘录，汇编于此，用以请教考证爱好者，批评指正——2009 年 12 月 16 日摘抄于资兴市档案馆。

6. 唐虞：民国六年（1917）任知事

《郴州大事记》载："6 年（1917）：5 月，郴县学生会救国团召开国民大会，抵制日货，并通电北京、广州、上海等地学生联合会。9 月 18 日，零陵镇守使刘建藩、驻衡阳湘军第一师第二旅旅长林修梅联名宣布衡、永独立，并宣布湘南 24 县为戒严区，揭开护法战争序幕。21 日，孙中山与非常国会分别致电刘建藩、林修梅，祝贺湘南自主。10 月 24 日，谭浩明率部援湘，程潜由粤入湘。众推程为湘军总司令，谭为湘桂联军总司令。分兵反攻，北军纷纷败逃。10 月 25 日，广东援湘军第一军马济率所部四营，自广州启程赴湘，28 日抵宜章。11 月 1 日，马济部统领唐绍慧率六营武卫军抵郴县。11 月 5 日，广东援湘军第二军林虎所部三团抵安仁县。次日，进驻攸县。11 月，郴县金船塘矿区保湘公司与德国多福洋行签订 15 年产销合同。是年，境内领照正式成立钨矿公司者十余家。全省年产钨砂 1130 吨，宜章、郴县、汝城、资兴 4 县占 1000 吨左右。次年，全区钨矿公司近百家，年产钨砂 2000 吨。"

7. 黄授：民国六年（1917）任知事

8. 文汉德：民国七年（1918）任知事

《资兴市志·大事记》记载："民国七年（1918）5 月 10 日，知县文汉德以'改变市场银钱异常短缺，实现军民两安'为由，印发'当十文'小票投放市场，受到县民抵制。是年，全县掀起集资办学高潮。翌年，共有高小 11

所，初小 270 所。"

《郴州大事记》载："7 年（1918）：2 月 25 日，湘军退守耒阳、郴县、桂阳一带。4 月，护法军湘南总司令程潜由衡阳退驻郴城，与吴佩孚军对峙。5 月 2 日，吴佩孚部占领安仁。5 月初，程潜将永兴、郴县之兵全部调往耒阳。自任前敌督战总司令，任吴剑学为作战总指挥。吴佩孚闻讯，亦亲自督战，陷耒阳。5 月 8 日，奉军张宗昌部占醴陵，马济部向安仁撤退。5 月 25 日，南军赵恒惕部和北军吴佩孚部各派代表，在耒阳举行停战谈判。6 月 19 日，为攻占郴州，北京政府决定悬赏 10 万银圆。7 月，南军退处郴、永。程潜驻郴县，赵恒惕、宋鹤庚、廖家栋、马济驻永兴，与北军相持。9 月 19 日，谭延闿由郴县赴永州，与谭浩明商谈解决局势问题。下半年，《民国日报》《新湖南报》《民言报》《湖南时报》相继在郴创刊。翌年，又创办《中华日报》《民意日报》。郴城报业兴盛一时，两年后均迁长沙。"

《郴州地区志》第 319 页中记载："民国七年 10 月，护法军湘南总司令部在郴县组成，推举程潜为总司令，程子楷（资兴人）任清乡督办兼筹饷督办。"

9. 姚大慈：民国八年（1919）任知事

姚大慈（1888—?）：字叔子，号大知。湖南岳阳平江县人，姚汉舟第三子，早年与哥哥姚大愿共同留学日本，接受新式教育，由于满清政府的腐败无能，而有革命救国之新思维，随即加入了同盟会，追随国父孙中山先生，参加各项革命活动及战役。在广州黄花岗之役，大家以为姚大慈已阵亡，名字已列在烈士名单中，但后来找到他了，受重伤尚有气息，救了回来。1911 年辛亥革命成功，民国成立，但不料袁世凯在京称帝，且军阀纷起，各霸一方，国势日乱。国父孙中山先生，因而发动二次革命。

谭延闿是湖南的重要人物，是制宪自治的首倡者，但对于地方自治是持反对和犹豫态度的。他怕得罪北京政府和广州政府。孙中山先生在反对北洋军阀的斗争中，曾一再把谭延闿作为争取对象，希望谭赞助护法，共同对付北洋政府。见谭延闿持"骑墙"态度，孙中山先生即派姚大愿、姚大慈、柏文蔚、覃振等到湖南说服谭延闿。谭延闿终于通电表示与桂系彻底决裂、明确回应孙中山的讨桂战争。孙中山先生对于谭的转变感到非常高兴，任命谭延闿为北伐讨贼湘军总司令兼湖南省省长。后孙中山因谭延闿不愿出兵广西，为重组军政府出力，决定将谭驱赶下台。姚大愿奉孙中山之命，回湘找各方活动，在平江发动兵变，配合赵恒惕将谭延闿赶下了台。

姚大慈、姚大愿两兄弟参加南社湘集，诗文名噪一时，与醴陵傅钝安、巴陵（岳阳）李澄宇（李洞庭）及衡阳谢晋为"湘中五子"。1912年，在岳阳姚大慈开始与李澄宇相识相交，当时李澄宇在岳阳办《岳阳日报》。柳亚子作书极草率，不易识，唯姚大慈均能识之，盖姚作书，更草率于柳亚子。1917年唐宋诗之争，8月23日，姚大慈发表诗叙，自述由学唐而学宋的经过，称誉陈三立的七律源于江西诗派，而又自成一家。姚大慈新中国成立后任湖南省文史馆馆员，等等。姚大慈的著作多散佚，作品今能见诸《南社丛刻》《南社湘集》刊物之中；湖南省图书馆今存姚大慈的《音学发微集》《老子类编》一卷，《杂储》不分卷，稿本。

《资兴市志·大事记》记载："民国八年（1919）10月，资兴籍青年学生黄庭经、袁作屏、袁树森3人，因在'五四'运动中受到反帝爱国思想的影响，参加赴法国勤工俭学运动。"

《郴州大事记》载："8年（1919）：5月9—15日，郴州教育、工商各界联名致电北京政府，要求释放被捕爱国学生，惩办卖国贼曹汝霖、章宗祥、陆宗舆。5月17日，郴县等地教育会和各校学生又联合农、工、商各界，致电声援'五四'爱国运动。5月30日，郴属学生联合救国团成立，在郴城文庙召开国民大会，声讨北洋军阀卖国行为，声援北京'五四'爱国运动，呼吁'抵制日货，还我青岛'。6月18日，三千余人在郴城文庙举行大会，号召抵制洋货。6月29日，湘省护法军总指挥程潜被谭延闿排挤，被疑为'单独与北军媾和'，部属离二，辞去湘军总司令职，是夜潜行离郴。其军队归赵恒惕指挥。7月28日，广州军政府任命谭延闿为湖南督军，29日，谭在郴县就职，是以一省出现二督军（7年，北京政府已特任张敬尧为湖南督军）。8月15日，邓中夏回宜章邓家湾，在亮公祠向贫苦农民宣讲翻身求解放的道理。下旬，至县城邑小学，向教育界人士宣讲十月革命、五四运动的伟大意义，传播新思想新文化。12月，湖南学生联合会组织各校学生代表至郴，向湘军及吴佩孚部请愿，强烈要求驱逐张敬尧并抵制日货。"

10. 彭振铺：民国九年至十一年（1920—1922）任知事

《湘南欧阳氏族谱》（资兴卷）第二十五卷中载有彭振铺写的《欧阳华春

墓志》（源塘瓦园墙人），其中说："壬戌（1922）春，予督卫队下乡，经过源塘。观夫阳古岭阴（背面），山环水绕，气象磅礴，龙堂雅秀，巍巍耸然，此间必有潜闷也……"最后落款题为："资兴县知事彭振镛拜撰，中华民国十一年仲冬月中浣谷旦。"民国十一年：1922 年；"仲冬月中浣"：农历十一月中旬。

《程乡谢氏族谱》卷二载有资兴知事彭振镛所写的《双启夫妇墓表》，最后落款为："资兴知事彭振镛拜撰，民国十五年丙寅冬月吉日。"这说明："民国十五年丙寅（1926）冬月"，"资兴知事彭振镛"还在任——这是不是何元文逃跑之后，他又来担任县长了呢？没有资料能证明此说——暂且放在这里存疑。

双溪《王氏族谱》第四卷《孝房匾额》载："光绪丙午（1906）十月，现任县长彭振镛"，为禹俞王先生鼎建落成大厦并长君婚典纪念赠"肯堂桂馥"匾额。这条资料令人疑惑不解。其实，这条资料的意思是说：在"光绪丙午（1906）十月，现任县长彭振镛"曾经"为禹俞王先生"赠送过"肯堂桂馥"匾额。这说明是"老关系"了。然而，"现任"是什么时间却没有说明（应该是族谱编纂时间）。

《大公报》2002 年创刊 100 周年，刊登了《百年回眸》的历史资料，其中的临时大总统《命令》中，就有"陆军总长段祺瑞呈请授……彭振镛……为陆军步兵少校"。

《资兴市志·大事记》记载："民国九年（1920）：是年，资兴籍青年学生李化之、李墨昌、李番、曹士芳、袁若驱 5 人，第二批赴法国勤工俭学。民国十年（1921）3 月 16 日，衡阳省立第三师范学校进步师生成立革命团体'心社'。资兴籍学生袁作飞是'心社'最初的 30 名成员之一。是年，全县总人口 158985，其中男 91395 人，女 67590 人。是年，资兴籍旅法勤工俭学学生李化之在法国加入中国社会主义青年团。民国十一年（1922）5 月上旬，曾希圣在衡阳省立第三师范学校加入中国社会主义青年团。10 月，毛泽东第三次来衡阳发展党组织，资兴籍学运骨干袁作飞在省立第三师范学校由中国社会主义青年团转为中国共产党党员。据现有资料，袁作飞是资兴最早的共产党员。是年，在衡阳就读的资兴籍学生黄义藻、曾希圣、黄义行等 30 余人，在反帝反封建思想的影响下，组织'资兴旅衡学友会'，创办会刊《资兴曙光》。但

'学友会'部分成员思想守旧，寻衅闹事，造成组织分裂。"

《郴州大事记》载："9 年（1920）：2 月，何叔衡率代表团抵郴，揭露军阀张敬尧的罪恶，开展驱除军阀张敬尧活动，宣传反帝反封建。4 月下旬，因广东军界李烈钧、李根源失睦，滇军第四师朱培德部由粤移驻湘南，分驻宜章、临武两县。6 月 5 日，湘军占领安仁，鲁军张宗昌所率第一师败退。7 月，谭延闿、赵恒惕自郴率湘军至长沙，推翻张敬尧的统治。9 月 4 日，湘督谭延闿下令取消道尹制，改三级行政为二级行政。9 月 6 日，湘军编区案发表，决定成立 12 个防区。第七战区司令陈嘉佑驻郴县。9 月 28 日，谭延闿为严厉禁止鸦片烟，指令各县设禁烟科长。10 年（1921）：夏秋，3 个月不雨。境内大旱，饥荒。永兴等县饿死者甚多。郴区人口减至 179.2019 万人（其中女80.7579 万人）。10 月，黄敬源在衡阳的省立第三师范由毛泽东介绍加入中国共产党。11 年（1922）：7 月，滇军朱培德联合陈嘉佑反对赵恒惕。8 月 20日，赵恒惕派叶开鑫、唐生智两旅至永兴、桂东、宜章一带防堵陈嘉佑部。"

11. 潘仲青：民国十二年（1923）任知事

《资兴市志·大事记》记载："民国十二年（1923）：3 月，省立第三师范学校、省立第三中学等校资兴籍进步青年黄义藻、曾希圣、黄不若等为了纯洁组织，增加战斗力，改组'资兴旅衡学友会'，成立'东升会'，并将会刊改名为《东升刊》，传播新文化，介绍新思想。是年，李化之在法国加入中国共产党。

资兴市档案馆民国档案第 5 卷第 5 页载有"民国十二年 12 月 19 日"《为驱逐中西乡自治局文牍文焕章宣言书》，其中说："文焕章自入局以来，与局长宋贤材朋比为奸，无恶不作。今夏唆使成诚学校学生驱逐该校全体教员，诚谓从来未有之风潮。驱逐文焕章之理由（六条）……"

《郴州大事记》载："12 年（1923）：3 至 12 月，粤桂湘军阀混战，进退屯兵于郴，民众屡遭兵祸。6 月，中共嘉禾县小组、中国共产主义青年团嘉禾县支部先后成立，为郴桂各县建立党团组织之首。谭延闿、赵恒惕军阀混战，驻郴陆军第一师第十团团长汪嘉宣布郴属六县（郴县、永兴、资兴、宜章、汝城、桂东）特别戒严。10 月 26 日，桂军沈鸿英部进驻郴城。后谭延闿军鲁涤平部、赵恒惕部、李品仙部先后争占郴城。11 月 12 日，因陈炯明叛乱，广州形势危急，孙中山致电在耒阳的谭延闿，令其赶快回师救粤。13 日，谭率部向广东进发。赵恒惕护宪军唐生智部占领郴州，邹鹏振部占领常宁并向桂阳推进。11月18日，赵恒惕下令各县知事一律兼任本县剿匪指挥法官，拿获匪盗，可先行处决。并令各知事收集散枪办团练，政绩以治匪为第一项内容。11月23日，赵恒惕部进驻汝城。12月，桂军陆云高部驻临武；沈鸿英部驻桂东，并委派知事。"

潘仲青在1923年曾任湖南省议员。陈文嘉发表的《公务员过年钱难发，省议员质问为何要多征税》的文章中说："1923年2月12日，旧历年腊月二十七，要过年，湖南省务员们讨论各个官署经费如何拨发，讨论给公务员们过年发多少钱。召集会议的省务院，是1920年湖南省宪法实施以来新成立的机构，该机构由省各司，比如内务司、财政司、教育司、实业司等部门的一把手组成，这些人又称省务员。当时的湖南省当局财政困窘已极，当年2月，湖南《大公报》感叹，省府每月财政收入不过五十万左右，而月支出则在百万元以上，'收支相抵，不敷甚巨'。公务员们过年经费很是紧张。省务员们讨论给公务员们发的'经费'，从哪儿来？这些钱无非是借来的。早在1920年，就有省财政司长觑颜向商会借钱过年之事，财政司几经腾挪，仍不能填满缺口。1923年，财政司在延续向商会借钱的传统的同时，向县一级政府摊派债券。湖南《大公报》说，1923年2月，财政司通电各县预购印花券三月，以此作为'年关经费之用'，有的县同意了，但湘潭县拒绝了，理由是，先前发的债券都没有认购完，再买就完不成任务了。之后的交涉结果尚不知，但写这篇报道的记者叹息说，财政司一个筹款过年的办法，又差点被湘潭打破了。省府还派公务员乃至军队下到基层，提拿赋税。在浏阳，征税的人要拿走浏阳赋税大头——田赋17万元，而法律规定，当地向百姓征收田赋的上限是13万元。另外，征税者还'向公民劝借'，等同勒索。当地苦不堪言，商会遂向当时的省议员潘仲青报告。1923年2月11日，后者在省议会的一次会议上提出了质问案，湖南《大公报》当天进行了报道。潘仲青质问：政府为何要提留17万？派军官向民间勒索，试问与宪法是否相符？如此非法行径，政府应行负责。派军官勒索是谁下的命令？提拿的田赋数，超过当地田赋征收上限，法律依据是什么？这些必须在三天内答复。于是就有了1923年2月12日省务院开的这次'议常会'，省务员们讨论如何答复。但直到2月14日，尚未见到有关此次答复的报道，省府如何答复不得而知。倒是在此次会议之后的第二天，各机关年关经费分配办法已经出台了。这是后话。"

潘仲青后来去了哪里？在纪念秋收起义80周年喻咏槐写的《金秋烈焰·第八章王新亚兵败浏阳》中说："（秋收起义军）攻占醴陵县城之后，大家又潮水般拥进县长潘仲青的住宅，将县政府的牌子砸个稀巴烂，把写有'工农革命军第一军第一师第二团'字样的军旗插在县政府屋顶上。县长潘仲青脸色惨白，诺诺连声，表示拥护工农革命军进城。"本书笔者说明：王新亚是毛泽东领导的秋收起义部队——工农革命军第一军第一师第二团团长，起义中兵败浏阳。

"株洲网·文化频道"《80年的今天：红旗插上醴陵城》中则说："不知谁喊了一声：'快去捉潘仲青呀！'大家抄起棍棒，像潮水般向伪县长潘仲青的住宅涌去，而潘仲青早已逃之夭夭。"这说明：1927年9月，潘仲青任醴陵县县长。

12. 曹铭勋：民国十三年（1924）任知事

《资兴市志·大事记》记载："民国十三年（1924）5月5日，李奇中等资兴青年考入孙中山创办的黄埔军官学校第一期学习。之后，又有曾钟圣（曾中生）等200余名资兴青年分期入黄埔军校学习。是年，李奇中、黄义藻分别在黄埔军校、湖南省立第三中学加入中国共产党。"

《郴州大事记》载："13年（1924）：1月15日，湘滇联军宋鹤庚、朱培德等部在广东北江击败沈鸿英部；沈军一部退至宜章。1月20日，临武北区油榨头（英溪）花馆工人联合南岭各馆工人，共百余人枪，围攻焚毁北区团防局。3月，湖南省政府派员会同郴县禁烟科长，查出桂阳县种罂粟763万株，并课以罚金。4月，第七联合中学学生罢课，反对校长陈葆清迫害学生。6月，湘南督办唐生智屯兵郴州，筹划、勘测修筑衡郴公路。民国十五年（1926）1月动工，民国十七年12月28日竣工通车。8月，中共党员黄益善组建中共嘉禾县特别支部。9月25日，第二路北伐军柏文蔚、胡谦、李国柱部抵达坪石。26日，朱培德部王均一师由连州开抵乐昌、坪石，其前锋向宜章警戒。10月26日，北伐军先遣队总指挥樊钟秀部于江西吉安遭伏击失败，退入桂东。11月23日，第二路北伐军总司令程潜部攻克宜章。守军唐生智部团长张元达战死。25日，唐部反攻。26日，程部向坪石退却。12月，唐生智部在汝城击退陈嘉佑部。年底，中共党员胡世俭、孙开球、刘之和等在郴州学生救国团的基础上，成立郴县学生联合会，宣传反帝反封建，动员参加国民革命。"

13. 何元文：民国十三年 7 月至 15 年 11 月 22 日（1924—1926）任县长。醴陵人

《资兴市志》第五篇第二章"政府"第二节《县政府·民国时期资兴历任知事、县长表》记载："县长何元文：籍贯：湖南醴陵；任职时间：民国十五年 11 月 22 日以前在任。"

民国十四年（1925），"知事"改称"县长"。

《湘南欧阳氏通谱》（资兴卷）第二十五卷中，载有何文元"甲子岁（1924）孟秋月上浣谷旦"送给"欧母袁太君九旬开一帨辰志庆"的《祝联》："渤海堂中特尊寿母；绯罗天上首册真姬。资兴县知事何元文拜祝。"此联于"民国二十三年（1934）岁次甲戌孟秋月上浣谷旦"刊于族谱。这条资料说明，何元文在 1924 年农历七月上旬就已经担任资兴县知事了。

《湘南欧阳氏通谱》第二十五卷中载有何文元写的《欧门谢氏孺人墓志》，其中说："时值孺人之次子阳昞赘述此事，请余赞实。余援管略叙，以表千古不朽焉。"最后落款题为："资兴县知事何文元拜撰，民国十四年（1925）岁次丙寅孟夏月上浣谷旦。"孟夏月：四月。

《湘南欧阳氏通谱》第六卷第 915 页中载有"圣徒长子，学高"的履历，其中说："忠德过学富下，因民国十五年（1926）涉讼，经县长何元文判决：'永远不准过祧'之效。"即学高之子过继给了其弟学富，因学富生有 3 个儿子，经县长何元文判决：永远不准过继。为此，忠德仍然为学高之子，承继家产。

1925 年以后，"知事"改称"县长"。然而，在何元文的署名中，仍然署为"资兴县知事"。这说明："县长"这一称呼，直到其后任才实行。

《资兴市志·大事记》记载："民国十四年（1925）7 月上旬，'东升会'会员根据湘南学联的统一部署，利用暑假回到资兴，组织'资兴旅衡同学通俗演讲团'，下农村自编自演话剧和进行化装演讲，开展反帝反封建的宣传活动。"

《资兴市志·大事记》记载："民国十五年（1926）：5 月，叶挺率国民革命军独立团从广州北伐，挺进湘南，县内工农群众纷纷组织慰劳队、运输队、向导队、敢死队，支持和配合北伐军作战。8月，中共湖南区委以国民党省党部名义，派共产党员邓立平、王泽昌为农民运动特派员，来资兴开展工农运动和发展共产党组织。9月1日，中共资兴支部在县立中学成立，樊淦任书记。9月，国民党省党部派彭国英（中共党员）等到资兴指导工农运动，筹建国民党资兴县党部。10月上旬，县农民协会通讯处成立。不久，组织5支宣传队，分赴区、乡宣传革命，组织农民运动。10月中旬，全县各界人士分别召开'资兴庆祝革命军北伐胜利大会'和'追悼平江阵亡农民大会'，悼念在平江战役中牺牲的资兴支前农民。有近万人参加大会。10月下旬，共产主义青年团资兴支部在县立中学成立，黄义藻任支部书记。10月，黄义藻、黄义行等借用黄、蔡两姓祠堂，创办县立简易女子职业学校。10月，国民党资兴县第一届代表大会召开，大会以宣传'联俄、联共、扶助农工'三大政策为主题。11月22日，县立中学学生举行罢课，要求允许师生参加社会活动。县长何元文前往压制，被学生痛打一顿。何元文无地自容，当天即逃往长沙。11月下旬，全县办起区农民协会5个，乡农民协会79个。"

1926年11月22日，何元文离开资兴，"当天即逃往长沙"，后来去了哪里呢？

《中共衡阳地方组织的恢复与重建》中说（摘要）：1927年5月21日，独立第三师师长许克祥制造"长沙马日事变"之后，5月27日凌晨，驻衡湘军独立第三团团长俞业裕宣布成立衡阳警备司令部，并自封司令，大肆屠杀共产党员，制造了衡阳历史上著名的"沁日事变"，党的各级组织遭受了重大破坏。衡阳"沁日事变"发生后，国民党衡阳县长徐方济、反动军官俞业裕与地方豪劣加紧勾结，施展各种手段，大肆搜捕屠杀共产党员和革命群众，建立各种"清乡""剿共""铲共"等团体和机构，搞得衡阳天昏地暗。1927年6月1日国民党县政府成立清共委员会，6月14日，又按照湖南省政府军事厅发出的分路清乡电文，以"湘省暴徒啸聚各县，亟应肃清，以根本解决"为由，将"清共委员会"改为"清乡委员会"，令"俞业裕团担任衡阳、耒阳、资兴、郴县清乡之责"，"限于令到十日内，一律肃清具报，毋稍敷衍延玩"。俞业裕与后派到衡阳的周荣光一并率队到衡阳各地，会同当地的挨户团和封建势力，实行"宁肯错杀三千，不要放走一个"的反动政策，大肆搜捕杀害共产党人。1927年9月，徐方济去职，不数月，县长一职几经更替，皆因"清乡不力"而落马。为了彻底肃清"共患",何键最后派来自己的亲信何元文为县长。何到任后,即改组挨户团,县里设立总局,全县东南西北四乡设分局,并同时成立 36 个挨户团队,除派 4 个队护守总局外,每乡驻扎 8 个队。同时,各地还成立"铲共义勇队",对共产党员和革命群众"以迅风扫落叶的手段,剿灭罄尽"。1928 年 3 月,湘桂军阀"握手言和",于是集中精力调兵遣将,对"共患尤烈"的湘南实行南北夹击。以桂军第七军军长李朝芳充任湘南剿匪总司令,在湘南设立"湘南剿匪司令部",调集正规军 4 个师兵力,配以地方团防,清剿衡阳、衡山等地革命武装,进攻耒阳、永兴等地苏维埃政权……

《长沙市首任市长何元文》介绍说:"何元文(1891—1986):长沙市首任市长。湖南省醴陵人。字少梯。北京中国大学毕业。曾任长沙私立建国初级中学校长,资兴、衡阳、常宁县县长,湖南省民政厅秘书,建设厅科长、代理厅长,湖南纺纱厂厂长,国军编遣第三区办事处秘书长,第四路总指挥部秘书及少将参事。民国二十一年(1932)任长沙市政筹备处处长,次年任长沙市首任市长。抗日战争胜利后,退隐长沙东郊水竹山庄。1949 年去香港,1951 年去台湾,任中圻园佛学讲习所、新竹私立光复中学、台湾新竹师范学校国文教员。"

附录二:

蒋介石到郴州考

(欧资海)

郴州档案信息网 2007 年 11 月 19 日发布的《古代至新中国成立前郴州大事记》载:"十五年(1926):7 月 12 日,蒋介石抵郴。后在致夏曦的电文中说:'沿途备受民众欢迎,并见党部农协组织完善,为他省所不及,殊深欣慰。'"

"7 月 12 日,蒋介石抵郴"? 此事令人疑惑不解。经查 1996 年 6 月出版的《郴州地区志》,在"大事记"第 37 页中和第二章"中国国民党郴州地方组织"第 319 页中,其记载与上述完全一致。

1926 年 7 月 12 日,时任"国民革命军总司令"的蒋介石到达了郴州吗?

一、民国十五年 7 月 12 日,蒋介石还在广州,并没有"抵郴"

团结出版社出版的张秀章编著的《蒋介石日记揭秘》下册第 391 页中

记载：

（1926 年）7 月 11 日："晨五时，点验第五、六两团，至正午毕。电复唐生智，已与袁、彭代表尽量接洽。野战卫生处全部开赴韶关，随军推进。"

11 日：北伐军迅速攻占长沙。吴佩孚所属湘军总司令叶开鑫率部北遁。

（1926 年）7 月 12 日："早起，电复唐生智贺捷。复孙传复电。上午主中央军校纪念周，讲演后，复回省垣主总司令部纪念周。下午诣葵庐，复议中央常务会议、政治会议委员，及解决罢工，并对付北京关税会议。"

（1926 年）7 月 13 日："中央党部开常务会议，就主席职。电诰各征收官吏。"

以上记载，说明：在 7 月 11 日，蒋介石领导的北伐军迅速攻占长沙，吴佩孚所属湘军总司令叶开鑫率部北遁。7 月 12 日，蒋介石"早起，电复唐生智贺捷"。7 月 13 日，蒋介石在"中央党部开常务会议，就主席职"。此时，蒋介石都在广州。

二、"国民革命军总司令蒋介石由广东抵达郴州"的前后经过

1926 年 5 月底，叶挺率国民革命军第四军独立团作为北伐先锋队到达郴县。7 月底，军长程潜、副党代表林伯渠率国民革命军第六军，经韶州、乐昌，于 30 日午抵达郴县。他们都受到了郴县民众的热烈欢迎。

1926 年 8 月 3 日，蒋介石在《日记》中写道："由良田起程，至郴州，一路民众欢迎，鞭炮噼啪之声，不绝于耳。出村远道恭候，该地农民协会，组织尤为整齐……将来革命成功，当推湖南第一，而军人尚在梦中，可胜太息。"

8 月 3 日午，北伐军总司令蒋介石经良田来到了郴县县城。是日，县机关官员，各工、商会头面人物，以及士绅约二百人前往南关上列队迎接。蒋介石着军装，乘四人抬的敞轿缓缓而来，前后一百多名配挂驳壳枪的卫兵护拥，从南关上入城，经裕后街、东街、北街，至东门淑仪女校到县党部会场，沿途有蒋介石的卫兵站岗，警卫森严。欢迎会上，县党部常务执行委员罗任首先致欢迎词，然后请蒋介石发表大会演说。蒋介石首先赞扬了湖南农会组织完善，工农运动为他省所不及，然后勉励大家同心同德，把国民革命贯彻到底。第三天，蒋介石悄然离郴北上衡阳，没有再组织欢送。

湖南省政协文史委编印、中国文史出版社 1993 年 1 月第 1 版的《湖南近150 年史事日志》中记载："1926 年 8 月 3 日：蒋介石到郴州，在听取了前敌总指挥唐生智的代表林薰南的报告后，召集总司令部人员及苏联顾问会议，研讨第2期作战方案，决定先攻武汉，并相机进攻江西。本日，蒋介石及总司令部人员离郴赴衡阳。"这个记载的最后一句是错的。

张秀章编著的《蒋介石日记揭秘》（团结出版社出版）下册第 402 页至404 页中，1926 年 7 月 31 日至 8 月 8 日的《日记》如下（张秀章编辑的资料，部分略）：

[**1926 年 7 月 31 日**] 二时前，出于乐昌城北门，行三十里，至凤门坳，复行十五里，至牛头坳，十时半，至九峰村，约共六十五里（沿途人烟稠密，村有学校，学生多俊秀。）。休息后，莅军民联欢晚会讲演。电熹胡谦收复淡水。自三月至此，中央军校陆续招收入伍生共一千余名，编为第二团，以陈复为团长。陈联璧为该团第一营营长，杜廷英为第二营营长，张鼎家为第三营营长。按部规定，凡本年七月三十一日以前入伍者，称为第五期，以后入伍者，称为第六期。

[**1926 年 8 月 1 日**] 午前零时，由九峰早发。六时后，上山径，越青草岭、鱼岭关、八名钟矣。十一时后，始达唐村。其地名为黄圃，屋舍整齐，宿于高等小学。九峰至唐村，足有九十里，皆从山谷中行。（将到唐村时，沿路松林连云，起故乡天童之感。）电令胡、钱、林各部努力剿匪。

张秀章注：蒋介石是沿着粤汉线北上的。当时的韶关—株洲一段，莽莽林海，荆棘丛生，不通火车。五岭逶迤，山道曲折，时值盛暑，骑马北行，好不辛苦。

附：蒋介石电令胡、钱、林各部努力剿匪

惠州胡师长、广州钱师长、黄埔林海军处处长，均鉴：据虎门要塞司令王蓥世电称，据探报，前飞龙舰长孙绳武，于七月十二日，乘飞龙舰由港装载枪千余枝（"枝"原文如此），驳壳数十支，水机关三架，驰至沙头起卸，并约沙头著匪陈大茂等，共图不轨，谋反革命，请速派兵舰进剿，免致蔓延等语。着各该部认真防范，严密查缉，务必搜获逆踪，努力进剿，以绝根株而安地方。所有办理情形，随时具报备查为要。此令。中正。东。

[**1926 年 8 月 4 日**] 上午，拟电稿。训令约六七通。九时后，登苏仙岭，在苏仙庙午餐。相传汉苏耽成仙于此，旁有沉香岩，为其飞升之处，山麓有白鹿洞，即耽所骑一鹿如龙者，养育其中云。旋访楚义帝墓，在孔庙之后，观成

为小丘陵矣。电令第三军迅赴浏阳接防。电令航空处派飞机来衡。电令胡谦迅剿马雄韬。晚，莅党部演讲。第一军军纪日堕，甚愤恚，严电三通，申斥其主帅，自以事务太繁，精神不贯而令至此。

[**1926 年 8 月 5 日**] 四时半，由郴县出发，经马头岭，十一时，至西凤渡，约有二百家，其地为通衢要道，而又有练兵场也。驻节于神农庙。电催何应钦，并转陈楚楠、李钰，变卖海滩济饷。下午三时，莅联欢晚会演讲。与李仲公论川滇黔事。

[**1926 年 8 月 7 日**] 三时，上程，沿途民众候道，十一时，达耒阳城，欢迎倍闹，接见士绅毕，才憩息。电令胡谦移兵老隆剿匪。电令胡谦痛剿连平、和平、龙川一带土匪。近日，军次看建国方略之物质建设，至此终卷，因曰，此著全以经济为革命建国之基础，而以科学方法建设一切，实乃改造国家之大计，总理经纬在前，中正实行于后，革命其庶几乎？傍晚，莅军民欢迎会。八时后，闻县党部人员籍党营私，延见痛斥一番。离来上船。自入湘以来，人多疑慎惧。[拒之不得，迎之不愿]，而余以诚动之，令稍得谅解矣。

[**1926 年 8 月 8 日**] 舟次拟作战宣言。耒河淤塞，水师窳败，以各省官吏蠹国病民，如出一辙，恨革命之不早耳。晚七时，出耒河口，入湘江。来迎者络绎不绝，至衡阳城，各界整队鹄候，已终朝矣。如此盛暑，而挥汗喘待，见之，心甚不安，自谓何以报答人民耶。驻节于督办署。接报，飞机衡狂风，落于吉安某村 [在前月二十八日]，系念不置，向民众致歉谢词。

张秀章注：8 日，蒋介石在耒河舟中过夜。悠悠萧寺钟声，不时打破他的征尘之梦。蒋在船中还草拟了对吴佩孚的作战宣言。

三、蒋介石 8 月 3 日抵达郴州，8 月 8 日离开"郴境"

根据以上资料，郴州档案信息网《郴州大事记》以下的记载才是正确的：

"（1926 年）8 月 3 日，国民革命军总司令蒋介石由广州抵达郴州。4 日，蒋介石在郴召开司令部军事会议，研讨北伐第二期作战计划。5 日，离开郴州。"

最后，应该加上一句："8 日，离开郴境"，因为当时的耒阳县属于郴州管辖。

——此文刊载于郴州文史研究会主办的《人文湘南》2017 年 9 月第 3 期（总第 13 期）。

14. 傅鲲：民国十五年 12 月至 16 年（1926—1927）任县长

《资兴市志》第五篇第二章"政府"第二节《县政府·民国时期资兴历任知事、县长表》记载："县长傅鲲：任职时间：民国十五年 12 月至 16 年。"

本书笔者认为，傅鲲任资兴县县长的时间为两个阶段：一是民国十五年 12 月至 16 年"六月"；二是从民国十六年"八月十八日"至"十一月"。中间的民国十六年"七月"至"八月十七日"为邵成谦任县长；民国十六年"十二月"起彭如需任县长。

资兴市档案馆民国档案 2 件：民国档案第 10 卷第 1 页载有"民国十六年三月二十五日，湖南资兴第二区第八乡农民协会"的《快邮代电》称（摘要）："第八乡农民协会（公布）推（摧）残农运的反革命陈晋筼（字垂绅）的罪行（共十条）：去岁古十月二十七日召集敝乡农民初次组织农会，陈晋筼身为乡长，中途吹散农会，翌日密开会议，张贴否认农协布告。去岁古十二月初六日，欢迎省特派员，数乡农民先日整队来城，陈晋筼唆使地痞流氓阻碍农民入城。昨天还指使刺客逞凶……农民协会要求将其打倒。"民国档案第 10 卷第 2 页载有"第一区农民协会筹备主任黄九思呈称：区农民协会业于古历十一月十五日开成立大会。筹备期间：由阴七月初四日起至十一月十七日止，共用银九十五元九毛正……东乡总区区长均筌——资兴县农民协会启"。此件没有注明年号，应为民国十五年（1926）。这两件档案资料说明了当时筹办农民协会的艰难和农民协会与地方当局矛盾的激烈程度。

民国档案第 11 卷《罗锦棠抄存》的案件中记载：在"民国十六年古五月二十二日呈"报的对罗金华的诉状上，"傅县长批：状悉，该罗金华……胆大妄为，准予拘捕"。同年八月一日，在泰昌器等 30 家"三都市商民代表"对罗金华的拆状上，"傅县长批：已于中西乡自治区区长呈内指示矣，仰即知照，此批"。《罗锦棠抄存》的案件从此件之后，便是同年"八月一十七日"的"邵县长批示"。因此认为，傅鲲所任职务的时间，到民国十六年 8 月 1 日即止。但是，在写于"中华民国十六年九月，即旧历八月十八日"的《中西乡自治区请枪决罗金华呈稿》上，"傅县长批：呈悉，准即提讯，依法惩办。此批。古八月二十二日"。此后，直到同年 11 月 6 日，还有"资兴县县长兼法官傅"的批示："钧核，迅将该罗金华即予枪决，以息民愤，以安人心。"

对照此后的"邵成谦"和"彭如需"的任职时间，本书笔者认为，傅鲲任资兴县县长的时间为两个阶段：一是民国十五年 12 月至 16 年"六月"；二是从民国十六年"八月十八日"至"十一月"。中间的民国十六年"七月"至"八月十七日"为邵成谦任县长；民国十六年"十二月"起彭如需任县长。

1926 年秋至 1927 年 5 月，为第一次国共合作资兴县"大革命"高潮时期。1926 年秋，在衡阳加入中国共产党的黄义藻、黄义行和国民党湖南省党部农民部派来资兴的特派员邓立平、彭国英（均系共产党员）先后来到了资兴，开展的工作是：一、组织工农运动；二、建立国民党资兴县党部；三、秘密从事中国共产党和共青团的组建工作。同年 10 月，中国国民党资兴临时县党部在县城（今兴宁镇）成立，执行委员 7 人：彭国英（书记长）、袁耀塈（资兴三都辰南人，常务委员）、李练成（组织委员）、康少塈（宣传委员）、陶宇芝（青年委员）、侯碧华（妇女委员）、龙本支（资兴人，共青团员，财经委员）。彭国英与 6 名委员均为共产党员和共青团员（1 名）。同年 9 月 1 日，在县城秘密成立了中国共产党资兴支部，发展首批共产党员 15 名；同年 10 月，在县立中学成立了共产主义青年团资兴支部。1927 年 2 月至 3 月，又组织和发动群众，先后建立了县总工会、县农民协会、县女界联合会、县学生会等群众团体，并建立了工农武装（工人赤卫队、农民赤卫队等）。此时，资兴的农民运动蓬勃发展，共产党员秘密发展到了 23 名。1927 年 5 月 21 日，长沙发生了"马日事变"，国民党反动派疯狂镇压农民运动，大肆捕杀革命干部和群众。中共资兴支部负责人在 6 月 5 日才得到这个消息，革命干部和各级负责人迅速转入地下。但是，大革命运动却播下了革命的火种，为 1928 年春的湘南起义和后来中国共产党组织的建立与发展奠定了基础。

《资兴市志·大事记》记载："民国十六年（1927）2 月初，全县第一次工人代表大会在县城召开，成立资兴县总工会，樊淦任委员长。3 月上旬，县农协通讯处召开全县第一次农民代表大会，通过一系列决议，正式成立资兴县农民协会，段廷璧任委员长。3 月上旬，中共资兴支部和县农民协会建立一支 1000 余人的农民自卫军，许雅琴任队长。同时建立工人纠察队，王卓如任队长。3 月中旬，中共资兴支部（本书笔者注：此处应为'县农民协会'）成立审判土豪劣绅特别法庭，王卓如任庭长，谢流昆任审判员，黄义行任书记员。到 4 月底，共审判 100 余名土豪劣绅。5 月 30 日，县总工会、县农会在县城召开'五卅'惨案两周年纪念大会，有近万人参加。6 月中旬，长沙'马日事变'后，县内土豪劣绅纠集起来，对共产党员、农会会员和革命群众进行血腥镇压。10天内（笔者注：6月10日至20日），被捕百余人，有数十人惨遭杀害。8月，县挨户团成立，各区、乡亦组建挨户团武装。9月，中共资兴支部（秘密）组织抗租运动，先从北乡区、西乡区开始，然后扩展到东乡区、南乡区，农民以各种理由抗租。11月25日，朱德、陈毅率领部分南昌起义部队，由广东（本书笔者注：'由汝城'）转战到资兴，打开县政府监狱，放出'马日事变'后被捕的中共党员、农会会员和革命群众，并召开中共资兴党组织的活动分子会议。12月初，朱德、陈毅率部离开资兴。"

此时的傅鲲县长，不知是正常的离任，还是被吓走了？民国十六年"十一月六日"之后，没有留下任何档案资料了。

15. 邵成谦：民国十六年（1927）以前在任县长

《资兴市志》第五篇第二章"政府"第二节《县政府·民国时期资兴历任知事、县长表》记载："县长邵成谦：任职时间：民国十六年以前在任。"

本书笔者认为，邵成谦任县长的时间为：民国十六年农历"七月"至"八月十七日"。

民国档案第11卷《罗锦棠抄存》的案件中，写于民国十六年古七月二十一日的《罗体成具诉罗金华等十一人诉状》和写于"八月一十七日"的《区长陈惠行请枪决罗金华呈文》一案，最后"邵县长批：呈悉，据称各节，实属暴动，不法已极，仰处讯明，呈请上峰核办。此批"。因此，本书笔者认为，邵成谦所任职的时间，即从民国十六年（1927）七月开始，到"八月十七日"结束。

16. 彭如需：民国十七年（1928）2月4日以前在任县长。湖南省长沙人（应为祁阳人）

《资兴市志》第五篇第二章"政府"第二节《县政府·民国时期资兴历任知事、县长表》记载："县长彭如需：籍贯：湖南长沙；任职时间：民国十七年2月4日以前在任。"

本书笔者认为，彭如需任县长的时间为：民国十六年（1927）农历"十二月"至民国十七年2月4日。

民国档案第11卷《罗锦棠抄存》的案件中，写于"民国十六年十二月二十五日"的向"资兴县县长兼法官彭"呈报的《鹿鸣团公民代表陈芳定呈请缉拿共暴罗金华等（4人）呈文》，最后是："彭县长指令：查悉，暴首罗金华等种种罪恶，诚堪痛恨。前已派队缉拿未获。兹据称该党仍回家活动，殊属不畏法。除本署随时饬警访拿、并赏索通缉外，仰该总区长迅饬团下严密查拿，务获解案讯办，以靖地方，是为至要。此令。民国十七年一月二十日。"这说明：彭如需在民国十六年（1927）古历的十二月开始担任资兴县县长。

民国档案第18卷载有"资兴追悼会筹备处印"制的"福光生惠存"的《追悼哀思录》铅印本，其中的《请看资兴政委会主任李公正权冤案并资邑前后被共匪焚杀惨状》中说："时资兴县县长彭如需，骇闻朱德连陷郴宜各县，又不察正权属何方军队，遂于古历正月十三（阳历2月4日）夜，弃官逃走。次日县署人员，若鸟兽散，资城为之一空，人民惊慌无措。"

民国十七年（1928）1月，中国共产党领导的"年关暴动"（湘南起义）爆发了，朱德、陈毅率领南昌起义队伍从广东省来到了湘南，智取宜章城成功了，并迅速占领了郴州。资兴人民起义的工作正在紧锣密鼓地秘密进行着，2月4日清晨，资兴县城的大街上也出现了起义的标语。2月4日晚，如惊弓之鸟的县长彭如需，脱下官袍，丢下官印，慌慌乱乱地收拾贵重物品，不与同僚商议，不辞而别，当夜骑了一匹快马赶到东江，从那里雇了一条船，仓皇地逃往长沙去了。

根据《湖南省宪法》，1922年5月，全省75县，共选出省议员166名。选举中的乱象：《大公报》（长沙）1922年4月15日报道中说："祁阳县彭如需、刘霆威两人，采取收买选票的方式，以1000张选票50元至80元不等的价格，在全县448000张选票中，获得330000多张。城中区选票18200张，彭、刘二人通过协商，最后以1400元的代价各买一半。最奇的是，选举还未开票，两人所得票数，在未开票时即已上报；待开票后，票数完全相符。祁阳公民宣布彭如需、刘霆威违法……"

17. 李正权：民国十七年（1928）2月11日（农历正月二十）至3月19日，任县行政委员会主任，代理县政。新化人

《资兴市志》第五篇第二章"政府"第二节《县政府·民国时期资兴历任知事、县长表》记载："主任李正权：籍贯：湖南新化；任职时间：民国十七年2月11日至4月10日——系县行政委员会主任，代理县政。"

李正权是许克祥部的一个连长，3月19日在资兴战败，只身逃回到郴州以后，"古闰二月二十日（4月10日）下午三时"被许克祥在郴州枪毙了。

民国档案第18卷载有"资兴追悼会筹备处印"制的"福光生惠存"的《追悼哀思录》铅印本，其中的《请看资兴政委会主任李公正权冤案并资邑前后被共匪焚杀惨状》说："李正权，号国安，新化人。少读书，在第一师范肄业三学期，以湘省连年兵难，投笔入第三独立师师长许克祥部，由班长升连长。马日政变后，从许克祥入粤剿匪锄暴，大扰坪石之役，正权不及归队，率所部六十余人，计枪五十八支。绕道塘村，过我资兴，由渡头而东江，虽窘甚不扰民，宁卖枪以购食。时资兴县县长彭如需，骇闻朱德连陷郴宜各县，又不察正权属何方军队，遂于古历正月十三（阳历2月4日）夜，弃官逃走。次日县署人员，若鸟兽散，资城为之一空，人民惊慌无措。及李培生知之，与正权约购未成，且留欧阳灿等二人为质，夤夜到县，欲与保管处计议，筹款购枪，为资防卫。不惟款无从筹，并无可与语，乃用羁磨政策，命刘海贼往与之接洽。随即派代表袁指南、李东泉、曾文卿、蔡彪、何灿等，会商议定步枪五十八支，价洋三千元。约至县城，限一周间给（清）楚。比至主政无人，款不可得。李培生已无颜相见避去，嗣由城绅刘国翰、李灿、袁指南等，请于正权，于资兴设行政委员会，维持现状，推正权为主任。正权固忠于党国，且最热心时局者，遂欣然任之。即日开成立大会，接篆视事，时古正月二十日也（2月11日）。正权勤政恤民，时以共匪为患，合计县署及城厢反（共）挨户团五十支，并自己部下五十八，茶（陵）有枪百余。加以正权善用兵，侦缉四布，早晚亲自训练，督队梭巡，吾资人赖以安堵。始由驻城各机关，据实呈报乐昌许师长（许克祥），汝城何司令（何介青），声请长资。许师座大欣悦，随即委以游击大队长，督队驻资，并令何部分兵协助。及古二月间，朱匪陷永耒各县，声势紧张。正权深以资兴兵力单薄为忧，曾先后派遣邑人李灿及何部副官叶文琛，赴汝城乞援。不期日费巨金，总如石沉大海。而郴县难民避祸，由东江渡来者日以千计。更与保管处长李凌霄等，筹商设救济妇孺会以赈之。因有难民代表陈龙泣请救郴，正权正恐郴匪混入，急分兵一排，驻东江以防。讵知陈乱掷金钱，市买该排长擅往郴境打匪，直至大宛桥口。而西北两乡七里山、木根桥等处，又以警告，自不能不分兵防剿。最可恨者，郴属半都，插花资兴内地，且逼近资城，已老早私立匪区政府，梗塞西北通要，致西北两乡首蒙赤祸。而邑中蚕贼，亦皆趋之若鹜。加以刘海贼兄弟三人，贼心贼胆，内外勾通，日夜图谋倾陷，乘此兵皆四出，密引半都、三都各路共暴数千余人，突于古二月十八日（阳历3月9日）乘虚抄小路扑城。时署内只有步枪四支，正权背负一支，手携一支，从者二三人，出城迎敌，将作背城之战。至大碑脚下，大股匪已蜂拥而来。正权击无不中，连毙数贼，又击一骑马者倒，始挥令从人向枣子坪先走，已独自断后。城厢民众，及各法团人员，闻枪声仓皇走出，扶老携幼，呼号之声震荡天地。政委陈澜（县行政委员）、商民金文彬稍后，皆遭惨杀。纵火焚烧西门外，铺屋尽情掳劫。是夜正权宿山中，远见城厢火光烛天，随即调回前分遣七里山、木根桥及郴属桥口各处枪兵六七十人。而何部副官叶文琛与李灿所请汝城救兵朱鸿仪营长，亦于是日到旧县屯扎，共图恢复，约定两路兜剿。次早六时，正权由海水团先至，冲锋入城。朱营继至，于大雾迷漫中，不知匪已登文庙后山，反向城中望着红影猛击，杀伤多人，盖为青天白日旗边所误也。及至日出，子弹已尽，悔无及矣，冤哉是役。正权丧得力队兵一名何维启，朱营潘连长亦死于难，其余死者不计其数。日已傍午，朱营将士皆烟鬼，无斗志，急退屯旧县。正权无奈，只得尾随出城，至旧县与朱营另商反攻。是夜共匪复入，烧毁县署，并警察所监狱、保管处各法团机关，火焰终霄不撤。二十日，匪向塘婆田逸去。正权复邀朱营长并驾入城，移政务会于中校，重新整理一切，招待朱营将士。乃事方就绪，忽奉何司令命令，委朱鸿仪为正指挥官，编正权为副，升肖曙初为连长；所有枪兵编成一连，悉受朱鸿仪指挥（李正权所有官兵，概被何部改编）。遂使资兴军事、政治纠纷加甚。迄古二月十六七等日（3月7、8日），共匪得毛泽东、王佐之声援，复谋陷资。先扰东江。城中闻报，正权嘀之朱营出师防剿，朱于次早见肖队先去，朱营随后出发。及至东江，匪已渡江自至旧县，焚烧蒋伯华屋矣。先是何部驻滁口卡抽税，任意苛索，收入颇丰。闻匪警恐有失，急召朱营回守此卡。朱营不特不管匪至旧县，反翻然退滁，竟置资兴而不顾，而大批士绅，从往者如市。时正权只有枪八支，留守资城，自朱营西去，沿途探信。日中以后，闻匪至旧县，即率从人携带枪出南门，登高瞭望，遇老百姓奔狂跌者扶之，瞩曰：尔等勿从我，请东走。不一时，遇匪于牛角湾，且退且击。至凉桥头，抵御二小时之久。城中居民，得尽走出，始退入城。急走羊角山，于是资城又陷。入夜，匪（追）迹至，烧羊角庵而还。是夜，正权露宿七宝山，从者仅十九人。次早，至营火垅觅食民家。上午经何家山、平田，闻袁、王二匪首率众万人，由县东来。正权无可为计，不禁声随泪下，慰请各团兵，始转道浓溪，闻团兵有泣送至浓溪者。后经滁口，至黄草坪。而邑人李灿，已受何委充顾问参谋各职，言及资事，徒唤奈何！正权愤甚，且惧朱、萧之同谋陷己也，乃屏弃从人，微服往乐昌。至九峰，闻许师驻郴，知郴已克复矣，转由坪石过宜章到郴，诣许师座，面陈前事。许嘉悯焉，给以旅费二十元，嘱令休息数日，俟大队出发，用为向导。从此逗留数日。正权急欲复资，出民水火，不任咎刻迟延，转托于十六军范部，摧队速来援资。自信亦无他处。不知何因，突于古闰二月二十日（4 月 10 日）下午三时，已尸横郴阳府（被许克祥枪毙），年仅二十五岁。闻其临刑，尚嘱其从兵云：'寄语资人，垂念我死，当葬我于资土……'袁指南、蒋汉雄、唐腹冰、黎汉山（等 23 人），民国十七年十一月十五日（12 月 26 日）。"

本书笔者说明：（1）上文中括号内的（阳历×月×日），原文有注明，但其日期是错误的，本书笔者已予以改正。（2）文中的"二月十六七等日（3 月 7、8 日）"，应为"二十六七日"，即为阳历的 3 月 17、18 日——这可能是铅印排版时出现的错误。据此，可以确定：资兴农军第二次占领县城的时间为农历二月二十八日，即 1928 年 3 月 19 日——李正权战败，逃离资兴。（3）文中的"闻袁、王二匪首率众万人，由县东来"：指井冈山中国工农革命军第一军第一师第二团团长袁文才，副团长王佐。"率众万人"，显然系夸大之词。

根据袁指南等 23 名"公民代表"民国十七年十一月十五日的请示，"县长易宝钧"于十一月二十三日发出《资兴县长公署训令》："令保管处处长曹馨藻：案据公民代表袁指南等呈称云云等情，据此，除指令呈悉云云此令印发外，合行令仰该处长，即便遵照筹备光洋二百元，交袁绅指南，以便发起追悼。切勿迟延为要。切切此令。"

袁指南等随后召开筹备会议，同时向全县发起募捐。至民国十八年（1929）四月三日，袁指南等向县长何巍呈文，要求于四月三十日召开追悼大会。县长何巍于四月七日发出《资兴县政府指令》："准予如期举行追悼"大会，但对于其将李正权"祀关岳祠"的请示，经请示省政府指示："查关岳祠与烈士祠，性质迥异。该李烈士自不能附祀关岳祠内"。

"县长何巍"与"城步县典狱署长袁德南"（资兴人）一起还为李正权送了一副挽联："舍身取义，杀身成仁。""商民福安堂"也送了一副挽联，不知是歌颂还是讽刺，很有代表性："枪被人夺，卒被人编，两回贼忽轰城，血战全资铁汉宰；官为我丢，命为我丧，三字冤还未雪，心伤岂独燃柴商。"

资兴市史志办公室编印的《中国共产党资兴历史》（新民主主义时期）第四章"湘南起义在资兴"中的"李正权势力的灭亡"说：

1928年3月11日，资兴农军撤出县城后，朱鸿仪、李正权率部复据县城，重整残部，以图再起。因国民党县政府办公楼被农军烧毁，"行政委员会"只好暂住县立中学。

此时，何介青（驻汝城"剿共"司令）已有将李正权部吞并的意图。于是借整顿之名，任命朱鸿仪为资兴游击大队长，李正权为副大队长。原李正权连也由何介青安排亲信萧曙初为连长。所有枪兵均受朱鸿仪的指挥，李正权被架空。论军事才干与指挥能力，李正权均胜于朱鸿仪，但李正权慑于何介青、朱鸿仪的地方势力，不敢抗争，只得屈从。敌内部从此争权夺利，矛盾加剧。

3月中旬，毛泽东、何长工率工农革命军第一团、第二团从井冈山出发，攻克酃县（今炎陵县），随后进驻酃县中村。3月28日，毛泽东、何长工兵分两路，毛泽东率第一团开往汝城，何长工率第二团经彭公庙、何家山、浓溪开往滁口（本书笔者注：何长工率部没有去浓溪，而是经旧县、渡头开往滁口）。何介青恐汝城有失，急调朱鸿仪部返回汝城。打入国民党资兴"行政委员会"的地下党员刘海珍闻讯后，秘密通知资兴县委、县苏维埃政府。县委、县苏维埃政府得到消息后，立即组织工农革命军资兴独立团，汇合半都（今碑记）赤卫队，共2000余人，乘势进攻县城。李正权与萧曙初率一连兵力急忙撤往城外，在县城东南方向半公里远的牛角湾与农军相遇，激战两小时，李部惨败。败退至坪石时，李正权部一连兵马已损失大半，随者仅剩19人。是夜露宿于七宝山，李正权遥望县城，见自己一败涂地，大势已去，悲叹不已。第二天，李率残部转道何家山、浓溪、滁口、黄草等地，企图组织何家山、浓溪等地挨户团，以寻时机，东山再起。但中途又与萧曙初发生纠纷，李恐被萧暗害，于是单身只人便服走。先逃至广东乐昌，后至九峰山。湘南农军撤往井冈山之后，李正权在郴州找到许克祥（独立第三师师长，长沙"马日事变"的发动者）。许见李惨败，枪兵全被何介青收编，大为不满，即以贻误军机治罪，将李正权枪毙于郴州。

18. 易宝钧：民国十七年 4 月至十八年 3 月底（1928—1929）在任。湘潭人

《资兴市志》第五篇第二章"政府"第二节《县政府·民国时期资兴历任知事、县长表》记载："县长易宝钧：任职时间：民国十七年 10 月 5 日任职。"

本书笔者认为：易宝钧任县长的时间，从民国十七年 4 月开始，直到"民国十八年 3 月"底才止。

《资兴市志·大事记》记载："民国十七年（1928）：6 月，一都、敦仁（今旧市、滁口）一带山洪暴发，淹死 10 余人，冲毁稻田 3000 余亩，冲走牲畜、家具无数。秋，县立中学改为县立简易乡村师范学校。冬，大冰冻，至次年春始化，历时 50 余天，冻死 10 余人。是年，衡阳人李玉生在县城创办石印局，引入石印技术，承印布告、报刊等。"

《资兴市志》第四篇"党政群团"第二章"中国国民党资兴地方组织"中记载："民国十七年（1928）春，国民党湖南省党务指导委员会派向吉（衡山人）、宾联辉（本书笔者注：湘潭县茶思公社吴家大队谭家生产队人）到资兴。6 月，成立中国国民党资兴党务指导委员会……此时，县长易宝钧与驻资兴的国民党第八军吴英兆团长联合起来，与县党务指导委员会作对。宾联辉带全体委员赴长沙向省党务指导委员会告状，宾联辉得胜，易宝钧被调离资兴。"从这个记载中可以看出，易宝钧任县长的时间，绝不是"民国十七年（1928）10 月 5 日"，而应是"民国十七年春"，即陈毅率领的湘南起义军 4 月 10 日离开彭公庙上井冈山之后。

宾联辉，民国十七年 8 月至民国二十七年 5 月任国民党资兴县党务指导委员会常务委员（那时没有设书记长，常务委员为一把手）。

民国档案第 312 卷第 27 页载有《伪资兴县政府》（资兴县革命委员会人民保卫组、中国人民解放军资兴县公、检、法军管小组 1969 年 6 月编印的综合材料）记载（摘要）："县长易宝钧：从民国十七年 4 月起到 17 年 8 月止。""事务员：冯海清（城厢人）"。

民国档案第 312 卷第 23 页载有《资兴县清乡委员会》（1969 年 6 月资兴县革命委员会人民保卫组、中国人民解放军资兴县公、检、法军管小组编印的综合材料）记载（摘要）：

一、资兴县清乡委员会。成立时间：民国十七年（1928）。组织概况：民国十七年大革命失败后，（国民党当局）随即成立"资兴县清乡委员会"，当时大肆疯狂，其目的专为屠杀共产党员，并有乘机报复私仇的。有句极其反动的口号："宁可错杀一千，不许漏走一人。"因此，人心鼎沸，寝食不安。这个时期的土豪劣绅，真是活阎王，人民畏惧清乡，甚似虎狼。当时残杀革命人士甚多，不胜枚举。资兴县清乡委员会：民国十七年3月成立，至同年6月结束。主任易宝钧（县长，湖南湘潭人），袁炎南（七里人），副主任唐伏水（碑记源塘人），委员：唐汉侦（源塘人），张月江，李郁（渡头人），邝索修（兰市人），谭蔚然（波水人），黎雪楼（布田人），李岳生（城关人），李培生（木市人），罗代成（三都人），文共赏（鲤鱼江人），樊忠益（青市人），王卓宾，温衍南，焦琴，袁指南。收发焦镇南（蓼市人），庶务陈镜（烟坪人），文书尹民瞻（七里人），樊孝天（城关人），录事黄杨炳。

关于"清乡委员会"成立的时间，"民国十七年3月成立"——这个"3月"应为农历，公元则为"4月27日"之后。湖南人民出版社于1991年7月出版的《湖南人民革命史》记载：大革命失败后，白色恐怖笼罩三湘大地。从1928年"西征军"入湘后，反动派开始有计划有组织地大规模"清乡"，并且于这一年的4月27日成立湖南全省清乡督办署。11月底，鲁涤平为削弱何键的权力，曾将清乡督办署撤销。1929年2月何键主湘后恢复，3月起改为全省清乡司令部，何键担任清乡司令，提出"除恶务尽"的口号，对革命军民实行疯狂的"进剿"和镇压。"湖南全省清乡督办署"成立之后，将全省划分为若干"清剿区"，各县也成立了"清乡委员会"，组织了"清乡队""挨户团"，以配合正规军队作战。《郴州大事记》中记载：民国十七年"4月27日，省清乡督办署成立。各县设清乡委员会，以县长为委员长，指派豪绅担任委员。各县设挨户团总局，各区、乡镇设分局"。

二、"资兴县挨户团"。成立时间：民国十七年至十八年（1928—1929）。组织概况：民国十七年6月，清乡委员会宣告结束，改名为"资兴县挨户团"，将清乡委员会职员改任挨户团各职；将全县所有武装全部集训重编，成立4个大队（92人），称"资兴县挨户团所属常备队"，分驻要冲地带，专防红军入境。各区乡另行自凑挨户团武装，继承清乡委员会的全部技法，同时实行"十家联保、五家联结"的联坐法，摧残革命。县长兼团长易宝钧，副团长唐伏水。城乡常备一队长李东泉，东乡常备二队长胡孟清（彭市人），南乡常备三队长蒋超（旧市人），常备四队长袁志超（三都人）。

民国档案第 13 卷载有《资兴县清乡委员会训令》："令东乡挨户团、自治区：五家联结，久经令发，遵办在案，迄今数月，尚未告竣，殊属玩延。现在十家联结及清查户口总册、正册、另册、门牌各式，又奉上峰钧悉，严令督促办理……"最后署名为："县长兼委员长易宝钧，中华民国十七年九月二十日。"在民国档案第 13 卷中，还载有民国十七年"九月二十日"的县公署《关于设立前哨以防共产党》，"十月三日"县公署《关于架设资兴至桂东电线》，"十二月二十三日"县公署《关于调查统计户口一事》，都是最后署名为"县长兼委员长易宝钧"。

民国档案第 20 卷中载有"县长易宝钧"于民国十八年二月六日发布的《资兴县长公署训令》，其中说："第六师师长何副师长刘电开：本师干部训练处学员学生业经毕业，分发各部队服务，于本日一律离校，仰即知照沿途驻军、团局查照放行……"还有于民国十八年二月十六日发布的《资兴县长公署训令》，其中说："兹值大军会剿，防范尤须周详"，严防朱德、毛泽东的红军。还有于民国十八年三月十二日发布的《资兴县长公署训令》，其中说（大意）对"迷途者"要宽严相济，"限令在五日之内（自新自首）据实具状"。民国档案第 21 卷中载有"县长易宝钧"于民国十八年三月二十六日发布的《资兴县长公署训令》。这些资料说明，易宝钧任县长的时间，直到"民国十八年三月"底才止。

资兴史志办公室编印的《中国共产党资兴历史》（新民主主义革命时期）中说：1928 年 7 月 24 日，"国民党资兴县县长兼县清乡委员会主任易宝钧，见资兴独立团来势凶猛，不敢守城，率部经半都逃往三都。独立团占领县城"。这个时间不准确。

《井冈山革命根据地》上册中载有 1928 年至 1929 年的《湖南省全省清乡总报告》（据湖南省档案馆资料选编），其中的"清乡概况"和"清乡报告"中说（摘要）："资兴：官兵克酃县，随猛追至楂树以南之线，毛匪遁回宁冈，朱匪率众将犯资、永窜郴县。官兵即由船形山向阳（汤）边墟截击，其时，适资、永防军向成杰他调。21 日匪扑资兴，遂陷之……8 月 4 日，八军阎（仲儒）师进抵永兴，以八、九两团向资兴攻击前进。6 日，在距资 20 余里地方，迁匪破之。跟追至资城，匪尚凭险固守，官兵奋勇猛击。7 日拂晓，克复资兴，击毙伪团长王某一名，残匪均退据龙溪。"这则资料说明：资兴独立团占领资兴县城的时间是 1928 年 7 月 21 日至 8 月 7 日拂晓。也就是说："国民党资兴县县长兼县清乡委员会主任易宝钧，见资兴独立团来势凶猛，不敢守城，率部经半都逃往三都"的时间为 7 月 21 日，并不是"7 月 24 日"。

王英兆：国民革命军第八军第二师副师长兼团长。《资兴市志·大事记》记载："民国十七年（1928）9 月 17 日，国民党第八军王英兆团及县挨户团共 2000 余人'围剿'布田村，烧毁房屋 100 余间，残杀中共党员、游击队员和群众 87 人，牲畜、粮食全部被掳走。"资兴市档案馆民国档案第 13 卷载有"民国十七年 10 月 19 日，县长易宝钧"发布的《资兴县长公署委任令》，称："令委李区长映雪：本月十九日，由王副师长召集县务会议，遵令统一国防……"说明此时，王英兆已担任了第二师副师长，同时兼任团长。

19. 何巍：民国十八年 4 月至十九年 9 月 22 日（1929—1930）任。安仁县人

《资兴市志》第五篇第二章"政府"第二节"县政府·民国时期资兴历任知事、县长表"记载："县长何巍：任职时间：民国十八年 5 月任职，十九年 8 月 20 日以前在任。"

本书笔者认为：何巍任县长的时间，从"民国十八年四月一日"开始，到"民国十九年（1930）九月二十二日"之后。

民国档案第 19 卷第 6 页载有"东乡区德仁乡惨遭匪害孤子谷辛和泣告"《请看共魁陈匪阶升穷凶极恶杀良祭匪之罪案》，其中说："古三月初七日夜半""照抄陈匪阶升亲笔信件，原信缴何县长巍案下"，但他在什么时间"缴何县长巍案下"却不明确。民国档案第 21 卷第 4 页载有："民国十八年四月一日县长何巍"发布的（手书）《资兴县政府指令》："委任何廉生为大富自治分区区长"。因此，本书笔者认为：何巍任县长的时间，应是从"民国十八年四月一日"开始。

民国档案第 312 卷第 27 页载有《伪资兴县政府》（资兴县革命委员会人民保卫组、中国人民解放军资兴县公、检、法军管小组 1969 年 6 月编印的综合材料）记载（摘要）："县长何巍（湖南安化人）：从民国十七年 8 月起到 19 年 3 月止。""事务员：冯海清（城厢人）"。

民国档案第 312 卷第 23 页载有《资兴县清乡委员会》（1969 年 6 月资兴

县革命委员会人民保卫组、中国人民解放军资兴县公、检、法军管小组编印的综合材料）记载（摘要）：

一、资兴县没收逆产委员会。这是民国十七年大革命失败后（此处应为"1928 年 4 月中旬湘南起义农军上井冈山后"）组织成立的。当地豪绅、恶霸地主集中于县城，以"没收逆产委员会"为名，抄掳参加过大革命（湘南起义）人员家产，进行拍卖，美其名曰"充实经费"，但大部分均入私囊。县长兼主任何巍，委员：均为当时的豪绅和各级机关主要负责人。

二、资兴县清乡善后委员会。成立时间：民国十九年至二十一年（1930—1932）。组织概况：资兴县在反动党政机关联合搜刮之后，弄得民穷财尽。县长何巍接事以后，召集各机关团体主管人员，成立"资兴县清乡善后委员会"，办理自首、自新和五家联结。主要是索取革命人士自首、自新的费用，其数巨大。主任委员何巍（县长，安仁县人），副主任委员宾联辉（湘潭人）；保管股蒋汉雄、袁仲猷、陈何煊，宣传股陈晴和、邝索修、蒋定欧，总务股唐开明、刘恢汉、许先照，录事李泽新。

关于"资兴县清乡善后委员会"成立的时间，民国档案第 19 卷中载有"民国十八年四月卅日"《资兴县清乡善后委员会公函》，其中说："县政府委任令开为令委事：兹委唐晋卿、李成章、何森严、袁炽周四人为资兴县清乡善后委员。职等于本月廿四日宣誓就职。"

民国档案第 17 卷载有"民国十七年（1928）九月县长何巍"发布的《清乡善后委员会布告》，要求共产党员和革命人士"自新自首"。第 19 卷中还载有"县长兼委员长何巍"于民国十八年八月发布的《资兴县清乡善后委员会布告》（转发全省清乡司令部训令）。

民国档案第 27 卷载有民国十九年（1930）"四月二十五日"发布的《资兴县政府训令》和"五月十四日"发布的新字第 2045 号《资兴县政府训令》（关于取得国籍的规定），在最后的署名为："县长何巍——因公晋省，秘书何锡鲲代派代行。"

《资兴市志》第四篇"党政群团"第二章"中国国民党资兴地方组织"中记载："民国十九年（1930）7 月 15 日，中国国民党资兴县党部及其监察委员会在县城正式成立……县监察委员会由郭孝仁（资兴人，常务委员）、陈何煊（资兴人）、何巍（县长）3 人组成。"

民国档案第 27 卷载有"县长何巍"于民国十九年（1930）八月二十三日发布的《资兴县政府指令》："令东区区长钟述孙：呈请转呈枪决共首康少堃由，呈悉，准予汇转。仰即知照。此令。"民国二十四年（1935）7 月 27 日，资兴东区向县政府呈称：康少堃"被捕于首都"，在南京被杀。

民国档案第 27 卷载有"民国十九年（1930）八月二十日县长何巍"发布的《便衣密查暂行办法》。这也是确定其"1930 年 8 月 20 日离任"的文件根据。然而，第 27 卷也载有"民国十九年（1930）九月二十二日县长何巍"发布的新字第二四六〇号《资兴县政府训令》，文件转发湖南省政府总字第二六号训令，说："各级政府、党义研究会大都敷衍塞责其能，依照中央规定办法实行者系少数。"这个文件说明：何巍起码任职到"民国十九年（1930）九月二十二日"。

1933 年，何巍曾任安仁县县长。"互联网"2007 年 9 月 18 日发布的《红军师长侯梯云的故事》中说："1933 年 4 月初，侯梯云师长率湘赣红军独立师1 个团（400 余人）回到故乡安仁……安仁县县长何巍大为震惊，于 5 月 1 日向省急电：'……赤匪伪独立师长侯梯云部，枪约三百，人数倍之……焚毁盐卡，枪杀盐官……情势既迫，草木皆兵……县长守土有责，唯有督同在县团队，凭河戒备，死守待援'……"

《资兴市志·大事记》记载："民国十八年（1929）：是年，全县有弹纺染织业 13 家，年产土布 6500 匹。"

20. 杨钰：民国十九年（1930）9 月 22 日之后任县长，1931 年 2 月离任。宁远人

《资兴市志》第五篇第二章"政府"第二节《县政府·民国时期资兴历任知事、县长表》记载："县长杨钰：任职时间：民国十九年至二十年 8 月。"

本书笔者认为：杨钰任县长的时间，从"民国十九年（1930）九月二十二日"之后开始，至民国二十年二月离任。

民国档案第 312 卷第 27 页载有《伪资兴县政府》（资兴县革命委员会人民保卫组、中国人民解放军资兴县公、检、法军管小组 1969 年 6 月编印的综合材料）记载（摘要）："县长杨钰：从民国十九年 3 月起到 19 年 12 月止。""秘书李衡，事务员冯海清（城厢人）。"

民国档案第 312 卷第 23 页载有《资兴县清乡委员会》（1969 年 6 月资兴

县革命委员会人民保卫组、中国人民解放军资兴县公、检、法军管小组编印的综合材料）记载（摘要）："资兴县铲共义勇总队部。成立时间：民国二十年（1931）。组织概况：该组织由县政府命令各区组织成立，企图扩大武装，巩固政权，摧残共产党和革命势力。该组织以区长兼任支队长，各乡乡长兼任中队长，所有书记、财务等要职均由区乡公所干部兼任，充为骨干。"

民国档案第 27 卷载有"县长杨钰"于民国十九年（1930）十一月二十二日发布的《资兴县政府训令》："关于区公所与教育委员会互相间行文之关系——是否平行？仰候各县区公所正式成立后再行规定。"

民国档案第 33 卷载有"民国二十年（1931）七月编印"的《资兴县铲共义勇队总部官佐一览表》中记载："总队长：杨钰；籍贯：宁远；履历：资兴县长。副队长：何世承；年龄：四二；籍贯：资兴；履历：南二区区长。督练员：王隆汉；年龄：三四；籍贯：资兴；履历：曾任东区区长。督练员：曾忠宁；年龄：三五；籍贯：资兴；履历：曾任北区副区长、义勇队特别队队长……附记：第一支队 89 组，队兵 874 人；第二支队 306 组，队兵 3023 人；第三支队 368 组，队兵 3350 人；第四支队 196 组，队兵 1914 人；第五支队 375 组，队兵 3748 人；第六支队 109 组，队兵 1024 人；第七支队 126 组，队兵 1151 人；第八支队 248 组，队兵 2401 人；第九支队 139 组，队兵 1373 人；海水直属分队 12 组，队兵 115 人。"

《资兴市志·大事记》记载："民国十九年（1930）：5 月，县政府将民间道路划分为县道与区道、乡道，并在交叉路口竖立路碑。夏，原中共资兴县委委员李世成由江西潜回资兴，以乐成高小教员身份为掩护，重建中共资兴地方组织。7 月 15 日，国民党资兴县第二届代表大会召开，正式成立国民党资兴县党部。"

《资兴市志·大事记》记载："民国二十年（1931）：2 月 3 日，红军湘东独立师陈韶、谭思聪两部由酃县进入县境，击溃资兴民团，缴枪数百支，随后占领县城。不久，两部离开资兴开往永兴。2 月 15 日，张云逸率红七军五十八团进入资兴，转战于县境南部地区，19 日离开资兴。"

21. 杨继业：民国二十年（1931）3 月任县长，1932 年 9 月中旬离任。湘潭人

《资兴市志》第五篇第二章"政府"第二节《县政府·民国时期资兴历任

知事、县长表》记载："县长杨继业：任职时间：民国二十年 8 月至二十一年 10 月。"

民国档案第 312 卷第 27 页载有《伪资兴县政府》（资兴县革命委员会人民保卫组、中国人民解放军资兴县公、检、法军管小组 1969 年 6 月编印的综合材料）记载（摘要）："县长杨继业（湘潭人）：从民国十九年 12 月起到 20 年 11 月止。""秘书穰嘉，事务员冯海清（城厢人）"。

民国档案第 35 卷中载有"令一区区长王升汉"（手书）的《资兴县政府训令》，最后是"民国二十年三月六日，县长杨继业——因公赴衡，秘书李卫代拆代行"。第 35 卷中还载有"令东区区长谢昭榜、欧阳荣"（手书）的《资兴县政府指令》："民国二十年十二月，县长杨继业——出巡，秘书杨叙熙代行。"

民国档案第 33 卷载有资兴县铲共义勇队总部民国二十年给"第五支队第四分队长黄常道遵照"的《命令》一份："命令：十二（月）、三（日）、于南二区公所，总部行营：查该队所属组长何全珠、何克勤、何翊精、唐邦屏等四名抗不应点（点验），实属藐视已极，仰该队长率带队兵前往拘拿，解送来部，以凭惩办而儆效尤。是为至要。切切此令。县长兼总队长杨继业，副队长何世承。"

民国档案第 35 卷载有《资兴县政府指令》："令没收逆产委员袁桑南：该尹世莹殊属藐法已极，候严拿到案，依法惩办可也。县长杨继业。民国二十年十二月十四日。"

民国档案第 41 卷载有"令东区区长樊忠益、邓国侯"等各区《资兴县政府密令》："据密报，近赤匪及伪湘南游击队派遣匪党来县属各处，组织伪县委及乡村机构，希图赤化，以南北四区为最，东西城各区较少……希认真查获，务获尽法惩治。县长杨继业——因晋省，秘书江阴绅代行。民国二十一年六月二十七日。"

民国档案第 41 卷载有"民国二十一年八月县长杨继业"的一系列"训令"。

民国档案第 40 卷载有"令东区区董（事会董事）"的《资兴县政府训令》："国民革命军第二十八军军长刘铣电开：自封锁匪区经济后，贼乃多方接济，乡民无知，唯利所在，往往巧避关防，偷为供给，殊碍封锁政策之进行。自今凡与匪区交通之处，驻防军及保安义勇各队，最需严密关防，加紧封锁工作。敢有仍前偷为接济者，拿解外并将财物没收，一概送交该县县政府管理呈报，听候处理。其经人告发获得者，以其半奖给告发人。前此颁有此项没收事件，其财物往往由保安团或公法团擅自处置，多有不妥，宜即予制止，照法令而免纠纷。其自匪区运出财物，亦依此例办理。倘有玩令故违，一经告发，定予惩办。此令——县长杨继业。中华民国二十一年八月二十四日。"本书笔者注：（1）铣电，按民国电报日期代码，指 16 日这一天发出的电文。（2）"二十八军军长刘"，即刘建绪：中将加上将衔。字恢先，湖南醴陵人，生于 1890 年 10 月 3 日。1930 年 1 月任讨逆军前敌总指挥，5 月随蒋介石参加中原大战，9 月任第 28 军军长，10 月兼任平浏绥靖处处长，1931 年兼任湖南省保安司令部副司令，1933 年任西路军参谋长兼第 1 纵队司令，参加第 5 次围剿……

民国档案第 40 卷载有"民国二十一年八月卅一日县长杨继业"的《资兴县政府训令》：通报"醴陵县长罗植乾"抓获"赤军独立第一师师部""赤匪侦探朱正平"交代："独立第一师师长李昆，有枪千余杆，系受彭德怀指挥节制。此次化装前行来醴、茶、攸、临川、桂东五县侦察共有五人，于半月内回报……接头暗号……望严密缉拿，务获法办……县长杨继业。"

民国档案第 40 卷载有"民国二十一年九月十日县长杨继业"的《资兴县政府训令》：转发"豫鄂皖三省剿匪总司令蒋庚密电"。

《资兴市志·大事记》记载："民国二十年（1931）：11 月，国民党资兴县第三届代表大会召开。是年，县政府成立铲共义勇总队，大肆搜捕、杀害中共党员和积极分子。是年，大饥荒，米价飞涨。饥民以草根、树皮和'神仙土'为食，死者日以十计。是年，县政府在教育方面做了四件事：一是增加教育经费，每田赋正银 1 两附加洋 5 角；二是开办县立女子职业学校；三是举行全县学生运动会，并参加郴、永、宜、资、汝、桂 6 县运动会；四是建筑公共体育场。"

《资兴市志·大事记》记载："民国二十一年（1932）：7 月 12 日下午，国民革命军第一集团军空军第二分队一架飞机，在飞往广东韶关途中，因雨大雾浓，误落在县城南部江口沙滩上（沙滩今已被东江水库淹没）。12 月，资兴成立剿匪筑路局。翌年 3 月，县城至中西乡（今水井铺、芋头坪、鱼岭铺、双溪、木根桥）公路破土动工。12 月，中共资兴县委员会（秘密）恢复成立，李世成任书记。是年，国民党资兴地方武装搜捕中共党员和积极分子 72 人，其中有 65 人被杀害。"

22. 曹楚材：民国二十一年（1932）8 月任县长，1933 年 9 月离任。永兴人

《资兴市志》第五篇第二章"政府"第二节《县政府·民国时期资兴历任知事、县长表》记载："县长曹楚材：籍贯：湖南永兴；任职时间：民国二十一年 10 月至二十二年 5 月。"

本书笔者认为：曹楚材的任职时间为"民国二十一年八月"至"民国二十二年（1933）九月"。

民国档案第 312 卷第 27 页载有《伪资兴县政府》（资兴县革命委员会人民保卫组、中国人民解放军资兴县公、检、法军管小组 1969 年 6 月编印的综合材料）记载（摘要）："县长曹楚材（永兴人）：从民国二十一年 3 月起到二十二年止。""秘书兼科长李英翰（永兴人），事务员冯海清（城厢人），会计龙骏骅（长沙人）。"

民国档案第 40 卷载有"县长曹楚材"民国二十一年（1932）8 月至 12 月关于防务工作等文件资料。因此，说他"10 月任县长"似乎不妥。准确地说，"县长曹楚材"是"民国二十一年六月二十七日"确定，但其"因晋省"而到八月才正式到任行使职权。

民国档案第 41 卷载有"民国二十一年十月卅日县长曹楚材"的《资兴县政府指令》："令第二区区董樊忠益：呈报成立区公所并（准予）定于十一月一日宣誓就职……此外，还有同年十一月和十二月的《训令》。"

民国档案第 45 卷载有县长曹楚材主持的"民国二十二年四月资兴县第一届行政会议汇刊"（铅印本）。民国档案第 46 卷载有县长曹楚材民国二十二年六月至九月二十日的《民事判决书》。民国档案第 136 卷载有县长曹楚材的《民事判决书》（共 33 个案件），其时间为民国二十二年六月二十三日至九月二十日。

湖南《大公报》民国二十二年（1933）1 月 12 日以《资兴党部代表会：轩然大波——监委唐开明被殴伤、党部什物多被打毁》为题报道："资兴县长曹楚材、保安大队队长程振霆本月八日来电云：县属四全大会，内容复杂，酝酿已久，事前调解无效，本日开幕，因取消区分部初选代表许名谟选举资格，双方冲突，打伤党部候补监委唐开明眼角，全部杂物，亦多毁坏，职事正在斡旋，维护治安。"

《资兴市志·大事记》记载："民国二十二年（1933）：1月8日，国民党资兴县第四届代表大会召开，因内部矛盾激化，致使会议中止。同年7月，会议再度举行。12月初，中共资兴县委委员李平阶被捕叛变，导致50余名中共党员被捕，县委书记李世成等17人遇害。是年，全县掀起营造油茶林热潮，当年种植、垦复油茶林1.2万余亩。"

曹楚材曾任长沙县县长。湖南省政协文史委编印、中国文史出版社1993年1月第1版的《湖南近150年史事日志》中记载："1926年6月29日，长沙县长曹楚材，因大雨成灾，自本日起禁荤三天，并往玉泉山向观音佛虔求晴霁。7月2日再次设坛祈晴。6月30日，江水开始涌入长沙城。7月1、2两日，每日再涨二三尺，长沙城内，半成泽国，水深数尺或丈余不等，舟楫沿街往来……"《潇湘晨报》2014年7月4日的《民国长沙6月天：大雨倾盆，要穿棉衣》中说："让我们回望下历史。从1911年到1949年，民国前夜到民国终止，6月的平均气温共有14年低于今年（2014年），其中，1911年和1926年平均气温最低，均为24.7℃。两个毫不相干的年份，有了6月，就有了共同的线索。1911年，从4月持续到6月的低温降雨天气，留下了6月穿棉衣的民间记忆，'保路'这样的家国情仇则是低温中的一种热烈。1926年6月，长沙县长曹楚材禁荤三天祈晴，结果雨越下越大。北伐战争正在进行中，暴雨淹了援湘的鄂军余荫森的阵地……"

23. 王希烈：民国二十二年（1933）9月任县长，1934年3月离任。益阳人

《资兴市志》第五篇第二章"政府"第二节《县政府·民国时期资兴历任知事、县长表》记载："县长王希烈：任职时间：民国二十二年9月至二十三年3月。"

民国档案第312卷第27页载有《伪资兴县政府》（资兴县革命委员会人民保卫组、中国人民解放军资兴县公、检、法军管小组1969年6月编印的综合材料）记载（摘要）："县长王希烈（益阳人）：民国二十二年内六个月的时间（任职）。""秘书江荫坤，事务员冯海清（城厢人）。"

民国档案第47卷载有县长王希烈民国二十二年九月发布的要"附乱人民或赤匪分子""自首自新"的《资兴县政府布告》，同卷还载有县长王希烈民国二十二年九月十六日发出的关于催缴"二十一年以前各年田赋欠款"的《资兴县政府训令》，说明他确于"民国二十二年（1933）9月任县长"。

《高陂曹氏族谱》第一集载有其写的《曹氏三续族谱序》，文中说："予承乏资邑，阅三越月于延见绅耆采风问俗之余，知习尚纯朴，无乞丐，无盗贼，殆其所秉者厚焉。"最后落款为"署理资兴县长王希烈瑞珊氏，中华民国二十二年十二月谷旦。"

民国档案第54卷载有县长王希烈民国二十三年一月十三日发布"严追教育欠款"的《资兴县政府训令》。

益阳《箴言乡农民运动》的文章中说："1948年2月26日，省民主经济协会在社会交谊室召开会议，决议以协会名义，电示益阳田植县长、王希烈议长、李仲怀书记、孟昭云理事长切实究办。3月2日，田植的呈复就到了省社会处。田竭尽造谣诬蔑之能事，把一些不实之词和莫须有的罪名强加到邓梅魁（农民运动领头人）头上……"说明王希烈后来在益阳县担任参议会议长。

24. 程煜：民国二十三年（1934）3月任县长，1935年8月底离任。醴陵人

《资兴市志》第五篇第二章"政府"第二节《县政府·民国时期资兴历任知事、县长表》记载："县长程煜：任职时间：民国二十三年5月至二十四年4月。"

民国档案第312卷第27页载有《伪资兴县政府》（资兴县革命委员会人民保卫组、中国人民解放军资兴县公、检、法军管小组1969年6月编印的综合材料）记载（摘要）："县长程煜（醴陵人）：从民国二十三年起。""秘书杨田锡，事务员冯海清（城厢人），科员李杜（鲤鱼江公社人，即原郴县桥口，住鲤鱼江铁桥附近）、樊东儒（坪石人）。"

本书笔者认为：其任职时间为"民国二十三年三月"至"民国二十四年（1935）八月"底。

民国档案第54卷载有"县长程煜"民国二十三年三月二十八日发出的"追查逃兵"的命令，说明他从"民国二十三年三月二十八日"就任了资兴县县长。同年的五月十五日，他又发出《密令》："近查本县境内时有共匪潜藏，秘密工作，业经先后破获数起，殊属危害治安，亟应严密检举，以遏乱萌。特规定办法于后……县长兼义勇总队长程煜。"

《湘南欧阳氏通谱》卷首载有程煜县长写的《欧阳氏谱序》，文章说："今欧阳辉君因公来府，挟其通谱一册，请序于余。"最后落款为："资兴县县长程煜谨撰，民国二十三年（1934）岁次甲戌七月上浣谷旦。"

《湘南欧阳氏通谱》第二十五卷载有资兴县长程煜写的《欧阳辉先生序》（世居何家山），其中说："资东有慷慨悲歌之士，曰欧阳先生者，名辉，润吾其字也。余奉宰斯邦，与吉嗣阳奎（群琇，字美成，黄埔军校毕业，时任湖南保安第十七团第二营营长）过从甚密，因族修家乘请为先生序，刊入谱牒，以光来兹。余虽谫陋，谊难固辞……"最后落款为："资兴县县长载英氏程煜撰，民国二十三年（1934）岁次甲戌孟秋月上浣，谷旦。"

双溪《王氏族谱》第四卷《孝房匾额》载："民国甲戌年（1934）仲冬月，资兴县长程煜，为隆选老先生德配李孺人七旬开一既令长孙敬民婚典双庆立'萱荫蠡斯'匾额。"

《湖南瑶岗仙钨矿的百年历史》（《中国选矿技术网》新闻发布日期：2014–08–26）中说："1935年上半年，（资兴滁口）地主唐博文等组织一批人结队上山，因抢砂与工人发生殴斗，一个头目在斗败逃跑中坠崖身死。事后，唐博文等出面诬告人是鼎记泽民公司打死的。官司打到县里。鼎记泽民公司股东凌新霞找到民政厅科长胡念僧写信给资兴县长程煜，才化解此次危机。"

民国档案第55卷载有民国二十四年（1935）六月二十四日县长程煜发出的关于"推广民众教育和推行合作事业"的《资兴县政府训令》。同卷载有同年八月六日县长程煜向"平石乡新任乡长樊忠唐、卸任乡长李兆邦"发出的手书的1856号《指令》："委任樊忠唐为该区平石乡乡长。"同卷中还载有民国二十四年八月二十日县长兼总队长程煜发出的《资兴县铲共义勇总队部训令》。这些资料说明，程煜任县长的时间绝不是"1935年4月离任"，而是"民国二十四年（1935）八月"底。

资兴市档案馆民国档案第312卷第23页载有《资兴县清乡委员会》（1969年6月资兴县革命委员会人民保卫组、中国人民解放军资兴县公、检、法军管小组编印的综合材料）记载（摘要）：

资兴县建碉委员会：民国十七年大革命失败后（此处应为"1928年4月中旬湘南起义农军上井冈山后"），红军力量集中江西建立革命根据地。国民党在江西进行第五次围剿，梦想消灭红军。民国二十年，湖南省第八行政区司令段珩，为了防止红军入湘，乃严令各县、区、乡建立碉堡。在建碉期间，强拆民房，勒索民财，派夫征款，限期完成，企图阻止红军长征。资兴县建碉委员会：县长兼主任程煜（湖南醴陵人），副主任宾联辉（国民党资兴县党部常务委员，湘潭人），计划股长程振霞（香花石鼓人），财务股长黄仁镜（团结半垅人），工程股长曹屏（七里高坡人），事务李泽新（城关人）。

资兴县警察局组织概况。民国二十二年（1933）以后，资兴县义勇总队缩编为资兴县保安警察大队。民国二十七年（1938）与资兴县抗日自卫团后备中队会汇为"资兴县抗日自卫团基干中队"，同时，在县政府内设置政警队武装，隶属县政府内警佐室。民国三十三年（1944）改为资兴县警察局。警察局下辖警察队、分驻所、派出所：黄草分驻所、三都分驻所（内训东江派出所一班）、城厢镇警察所、蓼市分驻所、彭市分驻所（内训柳沙坪派出所一班）。

《资兴市志·大事记》记载："民国二十三年（1934）：5月1日，县新生活运动促进会成立。8月初，从江西突围出来的红军独立第四团共1200余人进入资兴，在八面山一带开展游击斗争。8月14日，任弼时率红六军团4000余人（本书笔者注：应为9000余人）从汝城转战到资兴，在南部地区打击地主武装，并在西里乡（今清江）黄家园召开军民大会，宣传中共北上抗日救国主张。16日撤出资兴（注：冲破东江国民党军的防堵，进军郴县）。"

25. 陈正銮：民国二十四年（1935）9月任县长，1936年10月底离任。长沙人

《资兴市志》第五篇第二章"政府"第二节《县政府·民国时期资兴历任知事、县长表》记载："县长陈正銮：任职时间：民国二十四年10月至二十五年4月。"

本书笔者认为：县长陈正銮之任职开始时间为"民国二十四年（1935）9月"，直到"民国二十五年（1936）十月"底才离任。

民国档案第300卷第1页载有"兼总队长陈正銮、副总队长陈振霆"民国二十四年九月十七日发布的《资兴县铲共义勇总队命令》："桂东匪巢业已捣毁，该散匪等势必向资境逃窜，令各区乡支中队长派义兵昼夜严密防范。

1. 顷奉何团长（字迹不清）……匪巢业已捣毁，该散匪等势必向资境逃窜。

2. 查浓溪、青要乡、黄草坪、滁口、彭公庙、汤边、横溪、雷正乡等要地当冲要，当地友（各）分队长应召集义勇兵昼夜梭巡，严密防范，并密查地匪暗探。3. 团队到达该处时，义兵统归驻防军队指挥、调遣。如有规避、畏死、遗失武器、不服调遣者，概以军法从事。右三项令：第一支队长刘泰辅，第二支队长何莹，黄草坪中队长胡开元，青要乡中队长郭家卿，滁口中队长骆学成，浓溪中队长何泗芳，彭公庙中队长胡熙甫，汤边中队长陈二南，横溪中队长李朝阳，雷正乡中队长。"

民国档案第 55 卷载有民国二十四年十一月九日县长陈正銮发出的"破获伪营长"，"严密讯明"等情的报告，还有同月十九日发出的《资兴县政府训令》："令第一区区长刘泰辅：清和乡乡长胡熙甫呈：王国山往安仁县娶妻邓知秀，路经永邑，被居民阻拦解送永属第五区公所……"令其协调解决。

民国档案第 312 卷第 27 页载有《伪资兴县政府》（资兴县革命委员会人民保卫组、中国人民解放军资兴县公、检、法军管小组 1969 年 6 月编印的综合材料）记载（摘要）："县长陈正銮（长沙人）：从民国二十五年起。""科长陈正刚（长沙人），事务员冯海清，科员李杜，书记员黄玉圭（坪石大铺人）、黄锡光（团结碰泥人）。"

民国档案第 62 卷载有民国二十五年五月二十八日县长陈正銮发出的 822 号《资兴县政府指令》："令第一区区长刘泰辅：委任陈孝礼为百嘉乡乡长。"同卷中载有同年六月一日县长陈正銮发出的 846 号《资兴县政府指令》："令查政警李己养、李世德执行殴打、捆吊何家山人民雷文祥情形。"同卷中载有同年七月五日县长陈正銮发出的关于"催缴和查核契税"的《资兴县政府布告》。同卷中载有同年十月卅日县长陈正銮发出的 1145 号关于"仓储管理"的《资兴县政府训令》。这些文件说明，县长陈正銮的任职直到民国二十五年十月底。

民国二十六年编印的《二都传书》——人们俗称《二都志》，记述的是"南区二都崇义书院"（立于渡头街）1880 年创建及以后之概况，卷首第一篇文章就是陈正銮写作的《弁言》，全文如下（原文无标点）："古者家有塾师，党有庠，州有序，国有学，历代相沿，虽百变而不离其宗。清沿明制，令各郡县建设书院以造士。维时中国有四大书院之称，吾湘岳麓书院亦居其一。有清数百年来，吾湘人才之盛几甲全国，其出身于岳麓书院者居大多数——书院之设法良意美于兹已可概见。夷考资邑南区二都崇义书院，创始于清光绪六年

（1880），告成于十有一年（1885），惨淡经营，六易寒暑，众擎得力，蔚成巨观，俾莘莘学子得咿唔咕哔于其间，二都文化始由此而日有进展。逊清末叶，学制变更，改书院为学校，崇义书院亦随时会而转移，遂改为高初两等小学校。溯自改革以来，迄今已三十年矣，毕业生徒不可数计，谓之为二都文化渊薮也，亦无不可。彼都人士因念前人矩矱缔造艰难，窃恐代远年湮，流传失实，将崇义书院沿革、事实分门别类，笔之于书，请序于余。余奉檄来兹，瞬愈一稔，弦歌雅化，有愧牛刀，展览是篇，窃幸文化渊源提倡有自，宏规硕书，应数十年而不敝；且负笈而来者，日益发达，将来菁莪棫朴造成有用之才，继起人文，班班辈出，是则余之所属望也。是为序。资兴县县长陈正銮撰。中华民国二十五年十月。"（此资料系 2017 年 10 月 17 日增补）

注：（1）一稔：一年。（2）菁莪棫朴：菁莪造士，棫朴作人。

《资兴市志·大事记》记载："民国二十四年（1935）：3 月，从中央苏区突围出来的红军第二十四师第七十一团三营、第七十二团和湘赣苏区独立第五团的部分人员共 180 余人，潜伏浓溪一带，坚持斗争。6 月，县内的茶叶、苎麻、冰姜等土特产在青岛举行的第四届全国铁路沿线出产物品展览会上展出。6—7 月，连续 50 余天无雨，全县禾苗枯死大半。是年，粮价暴涨，贫民饥饿不堪。是年，县成立禁烟所，禁止贩卖、吸食鸦片，但由于明禁暗纵，烟毒扩散面增大，全县烟民剧增。"

《资兴市志·大事记》记载："民国二十五年（1936）：5 月下旬，中共湘南特委重建，书记周礼。嗣后，周礼在浓溪一带领导游击斗争。是年，县立简易乡村师范学校并入郴郡联立师范。县政府利用原址创办县立初级农业学校。民国二十六年（1937）：5 月，省教育厅第四电影教育巡回放映队来县城放映电影，为境内电影放映之始。6 月 27 日，滁口等地降暴雨，河水猛涨，冲毁大小石拱桥 17 座，冲毁店铺 10 余家，淹死 20 余人。秋，中共湘南工作委员会书记谷子元（秘密）来资兴重建中共资兴地方组织。12 月，粤汉铁路支线——许家洞至三都铁路筹建动工，翌年停工。民国二十九年（1940）复工，至三十一年（1942）竣工通车。但未架鲤鱼江河面铁桥，分南北两段通车。是年，全县植油桐 227759 株，居第八行政督察区之冠。是年，湘南煤矿资兴炭厂（今资兴矿务局）安装一台 25 千瓦交流发电机，为境内发电用电之始。是年，地质博士谭锡畴一行到三都矿区探测煤炭资源，历时数月，写出《湖南资兴烟煤地质矿产报告书》，文中估计煤炭储量为6000万吨。是年，全县总面积1008.2平方公里，合2520.5平方公里。"

26. 杨哲：民国二十五年（1936）11月任县长，1938年3月离任。衡阳人

《资兴市志》第五篇第二章"政府"第二节《县政府·民国时期资兴历任知事、县长表》记载："县长杨哲：任职时间：民国二十五年11月至二十七年4月。"

民国档案第62卷载有民国二十五年十二月六日"县长杨哲"发出的1281号"公职人员禁赌"的《资兴县政府训令》。同年十二月二十二日，"县长兼主任委员杨哲"再一次发布了"禁烟委员会"《烟禁一项法令》。

民国档案第312卷第27页载有《伪资兴县政府》（资兴县革命委员会人民保卫组、中国人民解放军资兴县公、检、法军管小组1969年6月编印的综合材料）记载（摘要）："县长杨哲（衡阳人）：从民国二十年11月起到21年3月止。""科长周王宾，事务员冯海清（城厢人）。"本书笔者说明：此处"县长杨哲"的记载，在任职时间上确实弄错了。

民国档案第68卷载有民国二十六年二月十一日至十二月卅一日的"县长杨哲"发出的一系列《指令》。

民国档案第69卷载有民国二十六年六月十七日的发给"第一区区长刘泰辅""关于经费概算与调查表格"的《资兴县政府训令》，其文在最后署名为"县长杨哲——晋京受训，秘书梁埶中代领"。到"七月九日"的《资兴县政府训令》，其文在最后署名为"县长杨哲"中则没有"晋京受训"的注明。这些资料说明，县长杨哲在同年的"六月"曾经"晋京受训"。

民国档案第69卷载有《资兴县政府训令》（壹字第2213号）："令第一区区长刘恢汉：为令知事，案奉湖南保安第八区司令部佳恭代电开，奉兼司令何庚申保一电开，命令：（一）据报李林、刘厚总、游世雄各股残匪流窜郴、永、桂、耒边境。值兹抗日期间，颇思投诚，为国效力。（二）着李特务队长宗保率领全部特务员，即日由平江开赴耒、郴、永一带，担任招抚。如果各该股匪众确具诚意投诚，为国效力，准由李队长收编成团。倘兵额不足，并准招集新兵补充，计团辖三营，每营三连，每连战斗兵八十一名；团特务排兵二十三名，限十日内集中来郴具报。（三）如各该股匪或无诚意投诚时，应由李队长督部协同驻防团队积极搜剿，彻底肃清。（四）前拨归李队长指挥之罗蒲两团所派之各一连及平浏地方义勇队，着均归还建制。（五）李特务队所遗平南防务，着由蒲团长抽派部队迅即前往接替。上五项仰即遵办，并将办理情形随时电呈为要。此令，特转各区区长知照……县长杨哲。中华民国二十六年（1937）九月十四日。"

民国档案第 80 卷记载：民国二十七年元月二十一日，"兼总队长杨哲"发布任命各区乡"乡民训练员"的《命令》，分别任命了第一区平石、蓝溪、仁保、和顺、百嘉、大富、平田、青要、德仁、清和、何家山十一个乡；第二区保和、西里、里仁、敦仁、六和、一都、四都七个乡；第三区鹿五、香花、罗围、和海下辖四个乡；第四区得胜、桃源、威武、龙虎、鹿鸣、五谷、丹团七个乡；还有"城厢镇"的"乡民训练员"名单。不知为什么，南乡片的"第五区"没有列于"任命名单"之中，故不知其所辖之乡名。

民国档案第 86 卷资料中记载：（一）资兴县政府第三三六四号《训令》下达后，民国二十七年一月三日，第二区区长袁仲猷发出"猷字第 118 号"《通告》："委座通令各地人民，凡野外降落之航空人员，不问敌我，概不准杀害……"（二）资兴县政府警字第八号训令下达后，第二区区公所发出《通告》：抗战期间，部队征调频繁，各县市地方人民对于过境军队应尽力协助，以期减少行军困难：（1）代觅休息场所（前已发《训令》：不经县长或县教育局长允许，不准住学校），尽量供给茶水、补洗衣服等；（2）代为寻邀医师，并在可能范围内供给药品；（3）帮助购置所需物品，劝告商民不抬高物价；（4）对有重病之官兵，义务将其与其所携器材送达目的地。军队方面，关于人员及物品之征用，应依军事征用法办理……右通告西里乡乡长李绍谟。第二区区长袁仲猷，民国二十七年四月二十二日。（三）资兴县政府县长杨哲壹字第 386 号《训令》下达后，民国二十七年（1938）四月三十日，第二区区长袁仲猷发出"猷字第 369 号"《通告》，其中说："游士（世）雄、王赤等部队，近复成立资（兴）汝（城）桂（东）崇（义）办事处，以抗日为名，发动各种组织，请转饬资汝桂各县制止……"

民国档案第 79 卷载有《资兴县政府训令》（壹字第 199 号）："令第一区区长刘恢汉：为令知事，案奉湖南省第八区保安司令唐俭参作电开感电悉，据称该县青要乡发现商旅被劫……县长杨哲，中华民国二十七年三月三日。"同卷载有"民国二十七年五月"的《资兴县政府训令》（警字第 96 号）："我县配备补助哨十所，以区乡长兼任哨长，对空监视由"；"令委防空第八补助哨哨长李绍谟"，其文在最后署名为"县长杨哲晋省参训，第一科科长王周实代行"。这是杨哲发出的最后一份文件。从时间上分析，此件的"民国二十七年五月"应为"三月"之误。

27. 戴鸿志：民国二十七年（1938）3月下旬任县长，1940年1月离任。河北省蓟县人

《资兴市志》第五篇第二章"政府"第二节《县政府·民国时期资兴历任知事、县长表》记载："县长戴鸿志：任职时间：民国二十七年5月至二十九年1月。"

民国档案第77卷载有民国二十七年"三月卅一日于县政府"发出的《机密特急命令》："据报散匪窜扰东南乡各地……"最后落款为"县长戴鸿志晋省参训，第一科科长王周实代行"。同年四月二十三日发出的《资兴县政府指令》（壹字第105号）："开释烟民曹良德"；还有五月二十七日发出的《资兴县政府指令》（壹字第560号）："委任刘国维等三人为百嘉乡乡仓保管委员"，最后落款均为"县长戴鸿志晋省参训，第一科科长王周实代行"。

这些资料说明："县长戴鸿志"从3月下旬至"五月二十七日"，都是"晋省参训"，但其任职时间应从民国二十七年"三月"下旬算起。

民国档案第312卷第27页载有《伪资兴县政府》（资兴县革命委员会人民保卫组、中国人民解放军资兴县公、检、法军管小组1969年6月编印的综合材料）记载（摘要）："县长戴鸿志（河北省蓟县人）：从民国二十七年起到28年止。""主任秘书张海云（河北省蓟县人），第一科科长周应云（湘阴人）、第二科黄仁镜（团结碰泥人，已枪决），第三科科长刘振文（外籍），科长萧国英（桂阳人）、易缓华（长沙人）、王化三（华容县人），县政指导员罗笃周（永兴人），工矿指导员吴嘉杰（长沙人），督学王介民（兰市公社人，现在安徽省工作）。"

民国二十七年七月二十一日县长戴鸿志发出了《资兴县政府密令》（志役字第100号）："令西里乡乡公所：查第八路军遣送回籍的残废人员……应集中教养，学习技能，使其精神有所寄托，防其行动不致越轨……"同年十月二十一日，县长戴鸿志发出了《资兴县政府密令》（志军字第32号）："令西里乡乡公所（乡长李绍谟）：本月二日在新浆路侧拾得小册子一本……据册内载明：邱细明、罗海名、罗文汉三人为游击班长。邱细明执游谷洞、横溪、新浆、下保、汤边等处；罗海名执游彭市、青又（腰）、横路、横（黄）草等处；罗文汉执游秋田、船形等处。册载调查之富民确有其人……""邱细明、罗海名、罗文汉等三人显系匪徒，查挐解案法办。"

民国档案第80卷载有民国二十七年九月五日"兼团长戴鸿志"发出的《训令》，说："际兹倭寇日逼，国军久已开赴前线，后方治安悉待地方维持。本团各乡镇自卫常备队，亟应早日成立，加紧训练。该队队长，各乡镇长须慎重遴选。限文到五日之内成立队部，并缮具队长详历表三份呈本部，以凭加委。"

民国档案第80卷记载："民国二十七年十一月十一日，湖南省民众抗日自卫团资兴县团部发布'日卫字第1号'《命令》：'奉湖南全省防空司令部命令：委戴鸿志兼任资兴县防卫团团长，萧藩兼任该团副团长（同时任参谋主任），首先兼任该团总干事（同时任军训主任）。'"此命令同时对城厢镇、三民、青田、百何、太平、鼎新、中西、湘源、仁保、蓝溪、和顺、旧市、长丰、西里、六和、和海、五谷、鹿鸣、桃源、谷洞、永安、雷正、威武共1个镇22个乡的正、副大队长进行了"任命"。

民国档案第80卷记载："民国二十七年（1938）十一月二十二日，县政府颁布实施了《湖南省民众抗日自卫团资兴县县团部抽调壮丁集训暂行办法》，规定：'甲、选送壮丁办法：每保各选送优秀壮丁一名。乙、壮丁携带装具：壮丁自带装具（鞋、被、衣服等）。丙、各乡镇大队缴团武器弹药办法：各乡镇大队缴步枪三支、刺刀三把、子弹三百发、子弹带三条。丁、各乡镇大队缴经费办法：暂分三个中队训练，每中队官长六员，统计十八员，均系义务职，平均每员每月津贴伙食洋十二元；每中队月支办公费十元。壮丁三百六十一名，每名月支伙食洋四元（教育费由伙食余款下开支）。共计六个月，合计一万零一百四十元，每名壮丁摊派洋二十八元零九分。各地方暂分三期呈缴……定于十二月二十五日缴清。'兼团长戴鸿志，副团长萧藩、首先。"

《资兴市志·大事记》记载："民国二十七年（1938）：12月，中共资兴县工作委员会（秘密）成立，朱培任书记。民国二十八年（1939）：7月，县工委为宣传抗日、实行自卫，组建旧县豆瓜园抗日武工队。是年，资兴至相邻各县邮路开辟，单程共390千米。"

民国档案第91卷载有《资兴县政府训令》（志壹字第1515号），其中说：

"奉国民政府行政院电开：任命薛岳、陶履谦、杨绵仲、朱经农、余籍傅、李扬敬、谭道源、仇鳌、刘兴为湖南省政府委员，以薛岳兼主席，陶履谦兼民政厅长，杨绵仲兼财政厅长，朱经农兼教育厅长……遵于二月一日在长沙宣誓就职，特电知照。中华民国二十八年二月九日，县长戴鸿志。"

民国档案第 90 卷载有《资兴县政府训令》（志壹字第 1765 号），其中说："湖南省政府主席兼全省保安司令保参人字第二二四号训令开：军事委员会铨叙厅转送国民政府简字第六三号简任状一件，内开：任命薛岳兼湖南全省保安司令，此状……转饬所属知照。中华民国二十八年三月一日，县长戴鸿志。"

民国档案第 94 卷载有发布的《资兴县政府训令》（志字第 2219 号）："令各乡镇长：奉湖南省政府本年五月十二日秘一字第二〇一六号密令开，行政院 28 年四月十九日吕字第三八四六号皓一代电开：兹奉国民政府训令，全国国民向称蒋委员长为领袖，以后政府机关及军队均应改称总裁……中华民国二十八年六月三日，县长戴鸿志。"

民国档案第 94 卷载有《资兴县政府训令》（志壹字第 228 号）"令各乡乡长"，其中说："案奉湖南省第八区保安司令电开，奉主席兼司令薛（岳）电开：根据徐特立对湘省共党工作指导之要点如下：（一）籍（借）国民党精神总动员发展共党党员及政治影响；（二）共党青年党员应就近设法打入三民主义青年团；（三）加紧青年群众工作；（四）锻炼领导群众能力；（五）深入乡间工作……希即密予注意防范。中华民国二十八年六月十五日，县长戴鸿志。"

民国档案第 123 卷载有"郴县县长张翰仪"发出的"令永数乡公所"（今碑记乡）《郴县县政府训令（密）》（翰秘字第 29 号），转发民国二十八年六月二十九日（国民党）第五届中央常务委员会第一二四次会议（通过的）《县各级党政关系调整办法》（摘要）："……（四）县以下党部对于政府及民众团体不直接发生指导与监督关系，但应与同级政府机关切实联系，推动民众实现本党政策，推行政府法令，并注重使党员尽量参加下层工作，从工作上发生领导作用。（五）县党部书记长应出席县政会议，并得兼任县参议会秘书。（六）县政府教育（或社会）、军事科长，应就中央训练合格之党员中遴选。（七）县党部书记长、委员与县长及县政府秘书、科长为党员者，每二周应由县党部书记长召集秘密会议一次。如县长为党员，而其年龄、资格超过县党部书记长者，得推为会议之主席，除会（汇）报本周党政事项及工作外，会议决议事件分交党政机关执行。（八）区署主管军事、教育之指导员及乡镇公所警卫股主任（或干事）等，就中央或本省训练合格党员中遴选充任（共有十二条，后略）。"

民国档案第 94 卷载有《资兴县政府训令》（志壹字第 2462 号）"令各乡乡长"，其中说："据第九战区司令长官薛（岳）电，抄发《土匪投诚及缴获匪枪给奖办法》：一、徒手投诚者免罪。二、携械投诚者：步（骑）枪一支十元，轻机枪一挺五十元，重机枪一挺一百二十元，步兵炮一门二百元，手枪一支十元，枪弹每百粒一元，步兵炮弹每五颗一元。堪用者按以上规定给奖，待修者按以上五成给奖，废品不给奖。三、自三十名以上由匪首率领投诚者，除按第一条二款办理外，依投诚情形对匪首得由清剿指挥官呈请本部核奖。四、投诚土匪一律交补训处或师管区训令服兵役。五、各部缴获之枪支弹药，按第二条之规定减半给奖。特予布告施行。中华民国二十八年七月十九日，县长戴鸿志。"

民国档案第 96 卷载有《资兴县政府训令》（志壹字第 3161 号）"令各乡乡长"，其中说："湖南省政府训令开，查近来各机关团体各学校办理报告，关于年代记载多以西历代替国历……今后均不得以西历代替国历（如不写中华民国二十八年，而写 1939 年之类）……中华民国二十八年十一月二十二日，县长戴鸿志。"

民国档案第 109 卷载有民国二十九年"一月二十日县长戴鸿志"发出的《资兴县政府训令》（志征字 1048 号）转发郴县团管区司令部善字第 1502 号"训令"："耒阳县县长李尚镜呈请奖惩该县各乡镇长……""一月二十日县长戴鸿志"还发出了志警字第 1078 号《资兴县政府训令》：转发《湖南省政府耒府振救一民二字第一八二九号训令》，即《振济委员会训令》。

民国档案第 111 卷载有民国二十九年"一月二十一日县长戴鸿志"发出的《资兴县政府训令》（志统字 102 号）："事由：各保粮食调查表错误太多，仰即遵照指示各点转饬更正。"

关于戴鸿志的有关情况：

《怀化地区志·大事记》记载："民国三十二年（1943）1 月 1 日，怀化县政府成立，为三等乙级县（6 月升为三等甲级县），首任县长戴鸿志。"

《怀化地区志·人物》记载："戴鸿志（1909—1949）：又名戴洪，河北省蓟县人。戴曾因掩护中共地下工作者，受到国民党当局的怀疑而被迫离开北平，去江苏镇江市某校任教。1938年，闻湖南招考县长，即赴湘应试，被任为资兴县税务局长。1940年，调任湖南省干部训练团中校政治教官、科长。1941年任资兴县县长，后任省民政厅视察员、秘书等职。1942年，湖南省决定设立怀化县，戴被委派为筹备委员会主任。1943年1月，怀化县正式成立，戴出任县长。任职期间，整饬社会，惩治匪盗，社会治安情况有所好转，为百姓所称道。1946年7月，因受地方士绅和国民党怀化县党部的攻讦而去职，任洪江（县）洪达中学秘书兼公民教员。1947年，任第十区专员公署第一科科长。1949年9月，中国人民解放军进军湘西，国民党军队仓皇（惶）逃窜，戴鸿志带领专署文职人员赴芷江学习，不久病逝。"

28. 刘茂华：民国二十九年（1940）1月22日任县长，1943年9月离任。平江人

《资兴市志》第五篇第二章"政府"第二节《县政府·民国时期资兴历任知事、县长表》记载："县长刘茂华：籍贯：湖南平江；任职时间：民国二十九年1月至三十二年9月。"

民国档案第136卷中载有"民国三十年二月二十五日编制"的《资兴县政府职员录》，第一名为"县长刘茂华"："年龄：三九，籍贯：平江（原件为'江平'），性别：男，略历：金陵大学研究院毕业，曾任讲师、秘书、视察员、编审等职。到职日期：民国二十九年（1940）一月二十二日。党证字号：湘2410。"

民国档案第312卷第27页载有《伪资兴县政府》（资兴县革命委员会人民保卫组、中国人民解放军资兴县公、检、法军管小组1969年6月编印的综合材料）记载（摘要）："县长刘茂华（平江人）：从民国二十九年1月22日起到32年11月止。""主任秘书李荃浦（平江人），军法秘书何群生（二都人，已劳改），县政指导员刘恢汉（彭市人，已枪决）、曹德布（永兴人）、李远清（青市漆木下人，已枪决）、陈绍平（湘阴人）、李英华（宁乡人）、钟植华（广东人）、袁伯济（平头江人，已枪决）、廖克祖（永兴人），督学李芬（永兴人）、罗增美（桂东人）、胡鉴孟（彭市人）、王介民（兰市人，已在安徽省工作），经理员何懋齐（二都人，已枪决），工矿指导员吴嘉杰（长沙人），科长罗笃周（永兴人）、陈智（湘乡人）、陈时和（鲤鱼江公社人，现住长沙）、谢宾（永兴人），事务长袁南勋（三都流华湾人），主任彭甲春（平江县长寿街人）、刘开菊（衡阳人）、黄明（长沙人），指导员朱忠圣（渡头秀流人）、罗会亨（桂东人）、胡明言（汤市下堡人）、唐秀章（廖江公社人）、朱忠燕（又名朱异青，渡头秀流人）、樊孝伦（城厢人），书记陈真（资兴人）、李凌章（广东曲江人）、何由堕。"

民国档案第 109 卷载有民国二十九年"元月二十六日县长刘茂华"发出的《资兴县政府训令》（华军字第 8 号）：转发湖南省政府"奉令抄发优待出征抗敌军人家属证明书式样"。"元月二十七日县长刘茂华"发出了《资兴县政府训令》（华一字第 4 号），转发湖南省政府民国二十九年一月六日发出的《训令》："控告官吏递呈办法。"

民国档案第 114 卷载有民国二十九年"二月二十四日县长刘茂华"发出的《代电》 （华秘字第 100 号），转发湖南省政府主席薛（岳）电称："（一）日利用汉奸土匪携带自意运来之小型漂流性水雷置于珠江、长江、资澧水、赣江吉水及襄河上游，阻我军运。该项水雷二百箱已由沪转汉。（二）敌将划全国为五个警备区：何板垣任中总司令官（湘鄂赣豫），稻叶任东部司令官（苏浙皖），香月清任北部司令官（冀察鲁晋绥），田代任蒙古司令官（冀绥蒙古），久耐诚一任南部司令官（广东一带）。各司令部分设南京、汉口、北平、张家口、广州各处。特电知照。"

民国档案第 112 卷与 113 卷中载有的民国二十九年"三月""四月"和"六月""七月"《资兴县政府训令》均注明："县长刘茂华出巡，秘书李荃浦代行。"县长刘茂华在民国二十九年九月四日的《资兴县政府训令》（华一字第 14 号）中说："本县长此次出巡各乡，抽查户籍结果，其能认真办理按时造报异动者固不乏人，而于户籍要政漠不关心、敷衍塞责者亦属多数……"说明他之"出巡"，全系本县调查了解有关情况。

民国档案第 114 卷载有《资兴县民国二十九年六月份配赋兵额及积欠统计表》（分乡镇统计数，每个乡镇均欠兵额）："全县合计，截至五月底止欠兵额一四七八人；六月份月额一六七人，六月份征解八九人；结至六月底止积欠兵额一五五六人。"经多电催促和努力，到年底的"华军字第 1398 号"《代电》中的《资兴县各乡镇二十九年度积欠兵额一览表》统计，全县共欠兵额"七九四"人。

民国档案第114卷载有"民国二十九年八月制"的《资兴县乡镇概况一览表》：

乡镇名称	乡长姓名	乡公所驻地	距县城里数	有无邮电	保　数	甲　数
城厢镇	樊　鸿	区王庙	县城	有三等邮局通讯处	一四	一五二
三民乡	王隆汉	彭公庙	七十	有邮政代办所（三日班）	一五	一七一
青田乡	段　清	青要墟	三〇	有邮政信柜（三日班）	一三	一五五
百何乡	许承先	何家山	二〇	有邮政信柜（六日班）	一〇	一一九
太平乡	何共明	平　石	八	通电话	一五	一四五
鼎新乡	黄常道	滁　口	六五	有邮政代办所（四日班）通电话	一七	一八三
中西乡	樊汉儒	香花桥	四五	邮政由三都转（二日班）通电话	一七	二一二
湘源乡	陈传久	蓼江市	四五	有邮政（每日班）通电话	一四	一八五
仁保乡	金仁崇	汤　边	一〇〇	有邮政信柜（三日班）通电话、山路	一一	一一三
蓝溪乡	李伯皋	柳沙坪	六〇	有邮政信柜、通电话	一八	二二六
和顺乡	谭远治	大波水	九〇	同上	一四	一七九
旧市乡	唐富兴	旧　县	二〇	有邮政信柜（四日班）通电话	一六	一八一

续表

乡镇名称	乡长姓名	乡公所驻地	距县城里数	有无邮电	保　数	甲　数
长丰乡	谭　鸿	厚　玉	一五	通电话	一一	一四二
西里乡	李永芳	青　草	五〇	邮政由渡市转（四日班）通电话	一二	一四六
六和乡	邓国材	黄草坪	一〇〇	有邮政信柜（四日班）通电话	一二	一三五
和海乡	何　焜	东江口	三〇	有邮政信柜（五日班）通电话	一五	一九一
五谷乡	许流裕	太平墟	五〇	有邮政信柜（五日班）	一二	一一九
鹿鸣乡	许先河	花园口	三五	邮政由三都或蓼江市转	一一	一一八
桃源乡	袁志廷	七里山	四〇	有邮政信柜、山路	七	九〇
威武乡	唐秀昆	回龙庵	四〇		一〇	一〇六
永安乡	何泗芳	浓溪中洞	五〇	通电话、山路	八	六五
雷正乡	黄汉雄	兜坪洞	八〇	同上	六	六七
谷洞乡	樊忠汉	谷　洞	一〇〇	邮政由蓝溪转，通电话，山路	四	四七
合计	23 个乡镇		最远 100 里		278 个保	2849 个甲

注：永安、雷正、谷洞、桃源四乡保甲数字不合法规，已将特殊情形呈请上峰备案。

民国档案第 114 卷载有“民国二十九年 9 月 11 日”发布“肃清散匪计划并赏格六项”的《代电》（华秘字第 1185 号）：“奖赏六项：（一）匪首：人枪并获者奖银三百元，斩首来献者，奖银二百元。（二）匪众：人枪并获者奖银一百元，斩首来献者，奖银五十元。当场格毙匪首匪众查明属实者每匪尸一具，奖银十元。（三）各自卫队、警察官兵因剿匪伤亡者，抚恤……优待……

（四）匪首匪众携械自首者，不咎既往，保障生命安全。（五）各乡保人员剿匪努力者，给奖，并升迁。（六）警士擒匪一名或毙匪一名，给奖，并以警长存记，遇缺时尽先录用；警长以巡官存记，报民政厅尽先派用。"

民国档案第107卷载有《全国节约建国储蓄劝储委员会资兴分会工作纲要》，其中说："每人最少应劝储三十五元，在民国三十年（1941）一月二十八日以前收齐缴交邮政局核收：（1）党员千一百人；（2）团员四百九十八人；（3）保长保队五百六十四人；（4）保国民学校教员二百八十二人；（5）中心学校教员六十人；（6）中学校学生一百四十人；（7）中学教员十三人；（8）女校学生五十四人，教员八人；（9）县政府职员四十人；（10）县党部九人；（11）国民兵团十人；（12）税务局九人；（13）教育局八人。"

民国档案第115卷载有"民国二十九年十月编印"的《资兴县动员委员会工作报告书》，其中说："本会始于民国二十八年春，戴前县长兼主任委员，同年十一月改组，正式成立。从成立至今共举行会议十四次。"在"概述"中的"书记长办公室""委员"中又说："自28年十一月正式成立之日起，主任委员为戴县长鸿志。至29年二月以至现在为刘县长茂华。副主任委员为曹石人，至29年改组废除。委员初有十五人，即萧藩、樊忠益、陈时和、钟述孙、文经伟、樊子慈、樊鹤、甘霖、王化三、唐振禄、夏增汉、袁国基、樊传江、张汝正、段衡徽。至29年二月，甘霖、萧藩去职，改由李宝琦、萧炳荃继任。迄五月，委员曹石人去职，由蔡以沅继任。不久，旋复奉令改组，依法重新推定委员为五人，即县长刘茂华，县党部书记长蔡以沅，国民兵团副团长萧炳荃，军事科长王化三、驻军长官李宝琦。职务分配如下：萧委员兼组训股主任，王委员兼征调股主任，李委员兼救济股主任，蔡委员兼总务宣传股主任。十二月，王委员化三去职，由周志颢继任。"

民国档案第149卷中载有"中华民国三十年十二月二十日"编印的《本县地方行政干部训练所乡干组同学录》，其中的"第一二期全体职员录"中记载："所长刘茂华：年龄：四〇，籍贯：平江，学历：金陵大学毕业，经历：曾任大学教授、军区秘书，通讯处：资兴县政府。"

民国三十一年（1942），全国学潮波及资兴。进步学生上街游行，宣传抗日，反对独裁，请愿县长，顺从民意。县长刘茂华畏怯退缩，跳窗逃跑。学潮不仅轰动城内，而且风波四起，席卷乡村。连续数日，政务中断，政府陷于瘫痪。反动当局把风波起因归罪于县立中学童子军教官黄常隆，明令通缉。黄常隆系黄埔军校武冈分校第十七期学生，魁梧高大，思想进步。他不仅策划活动，还亲自领头游行。黄常隆遭到通缉后，为免于难，被迫离校，躲避于段廷珪的"两亩半园"（蓼江市街上）。段廷珪不怕嫁祸于身，极力联系时任第九战区司令部参谋部任人事参谋的袁伯林，推荐黄常隆任第九战区司令部警卫团中尉排长。因为黄常隆加入军籍，资兴县政府才不得不收回成令，隐隐息事。

说明：1942 年是农历壬午年（马年），2 月 15 日春节；民国三十一年，也是伪满洲国康德九年，日本昭和十七年，越南保大十七年。1942 年，第二次世界大战进入战略相持与转折阶段。1 月 1 日，中、美、英、苏等 26 国代表签订了《联合国家宣言》，标志着世界反法西斯同盟的正式形成。6 月，中途岛战役日本海军惨败，成为太平洋战争转折点。7 月至 11 月斯大林格勒战役的胜利，成为苏德战争的转折点，也是第二次世界大战的转折点。在国内，中国共产党在延安展开了整风运动。

民国档案第 130 卷中载有"民国三十二年（1943）二月十九日，华民建字 1344 号"《湖南省资兴县县政府训令》：内容为宜章县与资兴县互争瑶岗仙钨矿而引起县界之争，从民国四年至今累讼未断，兹定于三月一日专员亲往会戡定界……民国档案第 15 卷、第 156 卷和第 158 卷中载有民国三十一年"湖南郴县专员公署电"及同样的瑶岗仙"勘界"内容。

民国档案第 175 卷第 12 页载有"民国三十二年（1943）七月二十八日，华秘字三九六四号"《湖南省资兴县县政府密令》："据报：宜章白石渡及鱼溪、里田、平和各乡，与汝城、资兴交界之各地，匪党（共产党）自命为救国联军自卫团，报称赴前方参加杀敌，并与耒阳、永兴、祁阳、汝城、资兴、桂东、酃县、桂阳九县（含宜章）联络，曾拟在永兴集合，后以耒阳匪主脑失败致行作罢，匪等全属著匪李林指挥。据开李现已前往江西。并据传闻湘省落伍军人罗树甲对渠等曾经接济三万元，甚其干部在宜章、姚（瑶）岗仙矿山地方有欧阳监、欧子英、欧阳折等三人及杨香易、唐仕敏、薛和礼、张楚等负责附近各乡指挥匪类。又杨美亦系伊等主使活动分子，平和乡杨前乡长一韩之叔父。杨某一名字待查，除自有二花机关枪外，村中（还有）二百余步枪，渠可随时指挥合计人数一千以上，枪数亦如之。除白石渡有一部分人常川负责外，县城至中和浩然居和平乡民邓氏（主人邓天甲）均为与之相通……希各地进行防堵。县长刘茂华。"

民国档案第 277 卷第 20 页载有"民国三十七年七月二十日"内政部民政司发给"湖南省资兴县县参议会"的公函，其中说："查湖南省政府保荐储备行政监察专员刘茂华，曾任贵县县长职。为明了该员任职内之具体政绩及操守、学识、能力、考核奖惩等具体事实起见，曾于上年检寄行政监察专员存记人员调查表一份，迄今未复，今再寄一份，查照迅予核填，以便办理……"

刘茂华为双溪东庄冲的《王氏族谱》所写《王氏宗谱序》的落款为："中华民国三十二年癸未七月中浣，资兴县长刘茂华拜撰。"

《无湘不成军——湘湘 3000 国民党将军》"596 刘茂华：第二绥靖区司令部办公厅少将主任"介绍说："刘茂华，1901 年出生于湖南省平江县长寿国福村。早年在上海美专求学时，受业于刘海粟、潘天寿等名师。1927 年，刘茂华随军北伐，任武昌广播电台军代表。后又考入南京金陵大学国学研究院。抗日战争中，刘茂华曾任湖南省民众训练处指导员，资兴、邵阳县县长，湘西行署主任秘书，湖南省民政厅主任秘书。1944 年，王耀武任第二十四集团军总司令、第四方面军司令官。在湖南声名显赫、事业如日中天的刘茂华遂投入王之麾下，成为幕僚。1946 年，王耀武任山东第二绥靖区司令时，刘茂华随同来到济南，任司令部主任秘书、办公厅少将主任、司令部少将高参、山东省政府主任秘书。1948 年，刘茂华去香港，先后在培正中学、浸会中学、官立文商学院任教。"

《资兴市志·大事记》记载：

"民国二十九年（1940）：4 月，省立衡阳女子中学为避日军骚扰，将校址迁至蓼江市。是年，国民教育计划在全县实施，每乡一所中心国民学校，每保一所国民学校。是年，省政府规划在东江河段修建水电站，并于民国三十一年（1942）设立水文站，积累水文资料。后因无力筹资，未能动工（本书笔者注：水文站却保留下来了，直到现在，为后来国家重点工程——东江水电站的兴建积累了详细的水文资料）。

"民国三十年（1941）：2 月 15 日，县内 184 个农产品在湘农产品展览会上展出，其中早稻、蕨粉、土瓷、板鸭为展出的代表性产品。是年，根据人口、面积、文化等状况，资兴由三等乙级县升为三等甲级县。是年，全县田赋由征收货币改为实物征收（稻谷）。是年，县政府筹资在城厢鲁仙阁开办民生工厂，设织布、缝衣、织袜3科。是年，为避日军侵扰，省立第二中学迁至资兴青田（今青腰），省立第六中学、衡阳私立五洲中学迁至蓼江市，成章中学迁至旧县（今旧市）。是年，县政府注重造纸业的发展，全县纸槽增至44个，共有工人150余人，年产纸2300余担。至民国三十二年（1943），县内建有大华、赵成利、风强、钟万兴、永顺、永茂、业记等7家纸厂。

"民国三十一年（1942）：3月，中国地质研究所所长、著名地质学家李四光，带学生邓玉书、张春常等人来资兴考察，采集了不少矿石和化石标本，写出专题考察报告。同时，在县城做学术讲演。春，县长刘茂华总结永安乡（今龙溪）种植旱稻的经验，发动全县各地种植旱稻，并印发《旱稻政策》等资料。

"民国三十二年（1943）：秋，为避日军侵扰，衡阳扶轮中学迁至和顺（今波水），衡阳私立平智中学迁至旧县（今旧市）。"

29. 陈起凤：民国三十二年（1943）9月27日任代理县长，1944年10月底离任。宁乡人

《资兴市志》第五篇第二章"政府"第二节《县政府·民国时期资兴历任知事、县长表》记载："县长陈起凤：籍贯：湖南宁乡；任职时间：民国三十二年9月至三十三年11月。"

资兴市档案馆民国档案第312卷第27页载有《伪资兴县政府》（资兴县革命委员会人民保卫组、中国人民解放军资兴县公、检、法军管小组1969年6月编印的综合材料）记载（摘要）："县长陈起凤（宁乡人）：从民国三十二年11月起到三十三年11月止。""秘书钟明植（宁乡人），军事秘书程展云（宁乡人），督指导员周俊杰（长沙人）、叶明（广东人），县政指导员李监水（湘阴人）、李远清（青市人，已枪决）、袁克岐（平江人）、杨师项（黄草坪人）、樊存伦（城厢人）、胡明言（汤市下堡人）、唐秀章（廖市人），督学段鹏程（七里桃源关人）、胡鉴孟（彭市人）、龙国义，科长曹树声（蓼市大坪人）、李彬（安仁人）、王介民（兰市人，已在安徽工作）、许世袭（旧市人）、谭英、杨鸿钧（四川人），主任彭甲春（平江人）、许天愚（长沙人）、朱忠圣（渡头秀流人）。"

民国档案第173卷第76页载有"民国三十二年九月二十七日"《资兴县

县政府代电》，称："奉湖南省政府创字第二九三号令开：兹派陈起凤代理资兴县县长。奉此，遵于九月二十七日到任接印视事……特电知照。代理县长陈起凤（印）。"

民国档案第185卷载有县长陈起凤发布的一系列关于催缴公粮和征派民夫运送军粮的命令。其中第22页载有民国三十三年六月二十九日大富乡长樊东儒根据县政府命令发布的《命令》："（一）本乡奉令规定大富田赋粮仓出谷八百石，每保分配八十石。兹特定本月三十日为第一、二、三、四、五、六、七保出谷日期，七月二日为八、九、十保出谷日期。（二）仰一至七保随即漏夜发动民众于该保规定出谷日期准时全数拨出，碾成军米，于七月二日运至香花述（树）下交拨。八至十保于七月二日由大富仓出谷，应即漏夜碾米于七月三日运至香花述（树）下交拨。（三）交拨方法，每石最低限度七十五斤。如交拨时米每石都不及标准者，由承碾人补足之。米内如有掺揉糠粉及发水等情形，除拒收重碾米外，应按军法治罪。（四）各保长、保队附或为延误者，定以军法惩治。乡长樊东儒。"本书笔者说明：当年县城之东的香花树下，为国民革命军暂二年的后勤基地。

民国档案第202卷载有民国三十三年四月编印的《湖南省资兴县地方行政干部训练所第一期乡干组同学录》，其中第一名记载："上校所长陈起凤，别号仲威，年龄三五（岁），籍贯湖南宁乡，通讯处：湖南宁乡日新巷十四号贺宅交。"

《资兴市志·大事记》记载："民国三十三年（1944）：1月23日，资兴湘盛煤矿（今宇字煤矿）工人刘笃生组织罢工，抗议矿把头卡扣工资，矿把头朱振声将刘笃生抓去。工人闻讯后，手持器械包围把头的住宅。罢工两天后，矿把头只好释放刘笃生，并给工人发放工资。4月，三民主义青年团资兴分团部成立。至民国三十七年，统一归属（合并）国民党县党部。7月，经省教育厅批准，乐城高等小学改为私立乐城中学。"

附录：《郴县来了日本鬼子》作者：黄家郴

日军为摆脱困境，企图打通我粤汉铁路，夺取直通东南亚走道，于1944年倾巢南犯，继攻陷长沙、衡阳之后，又进逼郴县。郴州为湘粤要冲，地势险要，历为兵家必争之地。国民党政府根据盟国作战方针，要拖住日军泥足，不做作战准备，所以郴县为不设防城市。决议由驻郴某廿军负责地方治安，县政府与县党部分路东、路西建立应变根据地。

郴州专员公署兼保安司令部（专员兼司令肖文铎）所属机构的应变根据地在路东郴宜边境的长泽。国民党郴县党部书记长张焕南的应变根据地在路西永宁乡蕉塘——设路西行署。郴县县政府（县长葛赓虞）及所属机构——警察局、自卫大队、在城镇公所及其自卫中队的应变根据地在瑶林乡大奎上。郴县司法处、郴县田粮处、郴县税捐处……与县政府同在一起。

1944年冬，前方情况日紧，民心惶惶，各机关、部队早已按计划迁离，工商界和城市居民大都疏散到山区，唯党、政、军部分负责人及部分工作人员还留在县城，履行公务。

农历十二月初九日下午四时，阴云低沉，大地一片郁积，忽然一声巨响，房屋为之震撼。我们从办公室跑出，以为是敌机投弹，旋得报，是我方炸毁郴州铁桥，以阻止日寇南进。此时，各机关人员才决定全部撤离县城。翌日清晨，县长葛赓虞率县府科员撤离。在城镇镇长张朱清率自卫队先行，至白水时，自卫队长张财旺枪杀镇长张朱清和一名电话兵，叛变投敌。下午，张焕南率所部撤离郴城，取道路西安和圩，前往十寺。

日军陷郴前，还是存有戒心的，并不径直攻城，而是从郴北耒阳、永兴分兵绕道桂阳、临武、宜章沿西南面包围郴县。因此，炸毁郴州铁桥的前两日就有一部分敌兵从桂阳、临武边境爬过骑田岭到达郴西南的黄茅，另一部分敌兵从临武、宜章边境抄越骑田岭到达郴南的廖家湾、良田一带，扼住我军的去路。

到达黄茅之敌，深夜沿路在田野宿营，劫掠民食，砸毁家具烧火做饭取暖。在蛇形村与方石村之间的石桥边抓获村民黄家鉴，用大刀砍死。十二月初八日，由临武、宜章边境包抄来的日军到达郴南廖家湾，驻守廖家湾公路桥的肖文铎保安部队遭日军忽袭，死十二人。先日到达黄茅的日寇与到达廖家湾的日寇，于初九日会合于良田，紧缩包围圈，直逼郴城。日寇在良田与万岁桥之间的雷打坳途中与肖文铎保安部队激战，保安部队一排三十余人，全部牺牲。当地有名妇女，被日寇强奸。

农历十二月十二日，日军进城，郴县沦陷。一时，沉渣泛起，县城以陈晴州、廖镜廷、杨幼竹等为首组织汉奸组织——郴县复兴委员会，由张财旺充当伪保安团团长。乡镇以何伯涵、陈泽柏为首的良田维持会，以李瑞为首的永一乡（白露塘）维持会……先后登场。汉奸们丧心病狂，为虎作伥，抓夫派款，推行伪币，为敌人做向导，到处袭击我自卫队，掳掠民财。1945 年 8 月 15 日，日本投降，汉奸张财旺畏罪潜逃，后被缉拿回郴，依照《惩治汉奸条例》判处死刑。

30. 何子伟：民国三十三年（1944）11 月 1 日任县长，1947 年 3 月辞职。资兴县州门司白筱人

《资兴市志》第五篇第二章"政府"第二节《县政府·民国时期资兴历任知事、县长表》记载："县长何子伟：籍贯：湖南酃县；任职时间：民国三十三年 11 月至三十六年 3 月。"

民国档案第 185 卷载有民国三十三年十一月十九日发布的伟秘字第 482 号《湖南省资兴县政府通令》："事由——为通令自本年十一月份起由本任负责、十一月份以前由陈（起凤）前任负责由：查本任于 33 年十一月一日接印视事，业经呈报并函令各在卷。关于本府一切事宜自本年十一月份起由本任负责，其于十一月份以前所有一切应了之未了事宜或手续，希遵向陈前任洽商，本任未便过问。事关职责，合亟令仰知照。县长何子伟。"

民国档案第 188 卷第 1 页载有民国三十三年十二月二十一日县长何子伟发布的伟军字第 1271 号《湖南省资兴县政府训令》："湖南省第三行政监察专员兼保安司令公署十二月代电开战地情形旬报表称，安仁、耒阳两县之敌近日来均有增加。闻安仁城郊及耒阳东湖社头街与安仁黄泥铺等处，增加之敌均各在千余名以上，意在扫荡安耒公路，排除国军在该线之障碍。现安仁敌自本月二十六日起（原文如此）尚在华王庙与我四十四军某部接触中。且闻敌近以大批便探乔装难民，扶老携幼，随携大批行李，中藏手枪，深入我后方，探我方军情或行刺我军政高级长官。特饬各乡队设置盘查哨，严加防范为要。"

民国档案第 203 卷载有民国三十四年（1945）编印的《资兴县地方行政干部训练第二期同学录》，其中第一名记载："所长何子伟，别名崼雄，现在：资兴县政府。"

民国档案第 220 卷第 98 页载有《资兴县政府 35 年十月份职员录》，其中（第一名）记载："职衔：县长；姓名：何子伟；性别：男；别号：崼雄；年龄：45；籍贯：资兴；略历：黄埔军校第一期毕业，曾任团、旅、师长，师管区司令；铨叙经过：陆军少将；到职日期：33 年 11 月 1 日；担任职务：综理县政。"

民国档案第312卷第27页载有《伪资兴县政府》（1969年6月资兴县革命委员会人民保卫组、中国人民解放军资兴县公、检、法军管小组编印的综合材料）记载（摘要）："县长何子伟（州门司白筱人）：从民国三十三年11月起到三十六年3月止。""主任秘书罗建极（长沙人）、刘天民（鄜县人）、何子奇（城厢人）、督学段鹏程（七里桃源关人）、金远谡（汤市人），科长李映奇（城厢朱家坪人）、周振湘（长沙人）、欧阳文（城厢山海杨柳塘人）、曹树声（廖市公社大坪人）、李亮生（廖市公社显塘洞人）、陈时和（鲤鱼江公社人，现住长沙）、许世袭（州门司人）、何国翰（州门司白筱人），主任许天愚（长沙人）、李盛唐（城厢朱家坪人）、朱忠圣（渡头秀流人）。"

1944年11月，资兴县成立了县自卫大队，由县长何子伟出面组织，300余人，大队长李德生，一中队长唐广俞，二中队长李超。自卫大队的主要任务是维护社会治安，同时配合暂二军与日军作战，救护伤员。

资兴档案局《兵祸和自然灾害史》记载："1944年农历十二月二十四日（1945年2月6日），日军入侵资兴。"

《资兴市志·大事记》记载："民国三十四年（1945）：1月10日，下午，两架日军飞机轰炸东江街，炸毁房屋10余间。1月11日，两架日军飞机轰炸县城，炸死2人，伤1人，房屋设施毁坏严重，计经济损失1.48亿元（法币）。2月6日，晨，日军突然抢渡鲤鱼江，向驻守在鲤鱼江、东江一带的中国军队发起攻击。随后，侵占县境西北乡。日军所到之处，烧杀掳掠，强奸妇女，无恶不作。2月上旬，国民党暂编第二军在中西乡（今木根桥，即东江镇）与瓦家坳等地与入侵日军激战一昼夜，击毙日军数十人，迫使其放弃由瓦家坳入侵县城的企图。5月，蓼江市（今蓼江镇）大坪人曹向经与当地名士张犹达、焦子魁欲往县城商讨组建抗日游击队事宜，途中被日军所获，备受种种酷刑后，遭日军活埋。6月，蓼江市青年武术师谢森田带领10余个徒弟，智取杨梅垄炮楼，歼灭日军一个班。8月上旬，国民党暂二军中校副团长黄琢玉率领突击营，在县内地方武装和群众的配合下，向驻守在西北乡的日军据点发动全面进攻，打死日军10余人，活捉1人，迫使其龟缩在郴侯山日军司令部。8月15日，侵华日军无条件投降。21日，日军逃离资兴。日军侵占资兴半年期间，残杀抗日军民987人，致伤致残群众7864人，强奸妇女无数，烧毁房屋 8054 栋，抢掠粮食 9 万余担、耕牛 7466 头以及衣物器具等。总计经济损失 444 亿元（法币）。"

本书笔者说明：民国三十四年农历十二月二十四日（1945 年 2 月 6 日），日本侵略军在六十八师六十一大队二中队司令长官高桥敬逸率领下，一路从永兴进犯资兴境内的桃花庙、关王庙、鲁塘村、大坪村并直驱蓼江市；一路沿许（家洞）三（都）铁路从郴县的桥口进犯资兴的鲤鱼江、木根桥、香花、高码（当时属郴县管辖，1985 年才划归资兴）、三都、碑记、蓼江市、七里地区。两路敌军会合后，在蓼江市的郴侯寨（今蓼江中学所在地），建立了日军司令部。由于国民革命军第九十九军和暂编第二军的顽强阻击，日军没能占领县城，只占领了资兴的西北乡（主要是三都煤矿），直至 1945 年 8 月 21 日日军逃往郴州。

民国档案第 205 卷第 46 页载有"县长何子伟"于民国三十四年元月十九日发布的《紧急命令》，称："一、据报宜章附近之敌（日军）经我军痛剿后分股乱窜，有一部现已窜进坪石、九峰山、杨梅山一带。二、鼎新、六和两乡各级仓、储积谷着即日移运至雷正一带储存。保和、西里两乡积谷即向永安乡一带地方运储。如至最后必要时得悉数散人民，免资敌用。三、各该乡人口、物资疏散亦如前项迁移，但除老弱女孺外，所有壮丁应责成各乡保队付，严密编组，确实掌握，备供战时任务。四、以上三项各该乡长应切实把握时机，妥慎办理具报，不得稍涉敷衍，自贻伊戚。"

民国档案第 205 卷第 68 页载有"县长何子伟"于民国三十四年 1 月 26 日发布的《资兴县政府训令》（伟民字 824 号），说："顷奉长官薛（岳）电话：'该（本）县西南北区一带乡公所，大多无人负责，保和乡乡长尤其避不见面，不尽职责，饬查明严办。'兹值抗战胜利来临之日，正洽人艰苦奋斗之时，各该乡长为政府之基层干部，负责实际推行政令之责……保和乡乡长唐时璠擅离职守，违误命令，本应依法严办；惟念该乡长平日尚无遗误，姑准从宽免议。饬如其他各乡乡长，候另案查明核办。"

以上这条资料说明，薛岳在民国三十四年 1 月 26 日之前视察过资兴的"西南北区一带乡公所"。按当时所设的"电话"条件——由于战争需要，资兴大部分乡镇均架设了电话，还架设了一条通往桂东（郴桂师管区司令部）的电话。他直接打"电话"，也应是在资兴打的。

当时资兴的通信情况如何呢？民国档案第 219 卷第 5 页载有民国三十五年（1946）三月桂蕃二字《资兴县电信分局工作报告》（手书），全文如后："（一）组织：本局系分有线与无线两组。有线电组编制设技士一员，主管全组信政及修理机件之责；技助一员，辅助修理机件等工作；技目一员，督率全组技工工作；技工九人，专负架设线路、守听总机之责。无线电组设领班一员，主管全组信政、修理机件之责；报务员一员，专负对上及各县联络之责；机工二人，负摇手摇机之责。公丁一人，专负勤务及炊事之责；报差一人，专负送电之责。全局设事务员一员，掌管全局事务及缮写之责。（二）任务：一、有线电组：专负架设各干支线路及县府所属机关，俾全县通信灵捷。二、无线电组：专负县府及所属机关、乡村士绅对上及邻县之联络。（三）工作情形：无线电组：自去年二月十五日至现在，每月平均发报约为 60 份，收报则较多，约为 100 份。因机器太陈旧，故虽能完成任务，但工作情形不甚痛快。有线电组：西北乡迭经敌陷，沿途电线均已破坏；东南各线虽未沦陷，亦被国军破坏无余。文任之内乃以经济困难毫无建设，今日工作全无。（四）特殊情形：无线电组：本组现用之机器，其使用时间已达十年以上，早应更换，但因经济困难，故仍沿用至今，在工作时间中常发生故障。若再迟迟不换新机，则将来通信堪有（忧）。有线电组：现因材料缺乏，无法复工。技士方清桂，领班何志蕃。"

民国档案第 206 卷第 26 页载有"县长何子伟"于民国三十四年元月廿七日发布的《资兴县政府代电》（伟民字 2068 号），称："各乡镇长览：案准陆军暂编第二军司令部子敬参代电开：'查军纪为军队命脉，关系战争之胜败至巨。革命军之所以能制胜军阀，以寡克众，原因固多，而军纪严肃、秋毫无犯实为其主要因素。现本军奉命守土，屏障东隅，责任既艰，任务尤重。当此犯敌他窜、民众流离转徙之际，凡我官兵均应爱民如子，饥溺为怀，本悲天悯人之慈心，行保国为民之仁道，约束所部，检点自身，无论行军、驻守，皆能一本至诚，整饬军纪，作卫国之干城，解民众之痛苦。我地方政府及战区民众亦应深明大义，竭诚拥护军队，尽地主之谊，贡献其人财物力，使军队之输送皆无误贻，尤以民众之组训各种任务队之编成、运用刻不容缓。凡此，军民合作，肃清间谍，皆为要务之急，期我军民融协，万众一心，以达杀敌致果之效。除分电外希即照办。'特电遵照办理。"

民国档案第 206 卷第 28 页载有民国三十四年元月廿七日发布的《第九战区湖南省资兴县党政战斗指挥所代电》（伟政字 2072 号），称："各乡镇长览：本所为加强战时工作起见，特组织战时服务队，并经本月感日正式成立，开始工作。兼指挥官何子伟，副指挥官刘泰辅（笔者注：国民党资兴县党部书记长）、钟述孙（笔者注：三青团资兴分团部负责人）。"

民国档案第 206 卷第 29 页载有"县长何子伟"于民国三十四年元月二十九日发布的《资兴县政府代电》（伟［卅四］财字 2080 号），说："查敌寇压境，本县各级仓储积谷亟应疏散，籍资安全。兹规定疏散办法：（一）各乡镇现存县分仓、乡镇仓、义仓等积谷，一律限文到日由各该乡镇长会同各级仓储保管员全数货放民间，取据存查。如有散失，归各该乡镇长负责赔偿。（二）所有货放各级仓储积谷，必要时听候归仓提用。（三）各该乡镇各级仓储历年民欠积谷，及此次货放保甲户名，如数清册暨簿据等件，责成各乡镇长与各级仓储保管员切实妥为保存，如有散失，应负赔偿之责。"

民国档案第 211 卷第 1 页载有《资兴县三十四年元月份各乡镇乙级壮丁配征表》：

乡镇名称	乡镇长姓名	月征额	配征数
城厢镇	李盛唐	五	七
太平乡	黄才雄	五	七
青田乡	黄仁术	五	七
百何乡	欧阳文	三	五
和顺乡	李郁生	五	七
三民乡	兰秀楷	五	七
兰溪乡	贺显相	八	十一
仁保乡	金远亮	四	六
谷洞乡	曾宪综	一	三
旧市乡	李维干	五	七
长丰乡	黎先逵	五	七
永安乡	何泗芳	二	四
雷正乡	李成忠	二	四
保和乡	唐时璠	三	五

乡镇名称	乡镇长姓名	月征额	配征数
西里乡	李芬芳	五	七
六和乡	袁居南	五	七
中西乡	李作纲	六	八
和海乡	夏增良	六	八
湘源乡	袁昭麟	七	九
鹿鸣乡	李若言	三	五
五谷乡	焦子魁	四	六
鼎新乡	谭国栋	四	六
威武乡	曹志超	四	六
桃源乡	孙长明	四	六
合计	二十四	一〇六	一五五

说明：此表盖有县政府大印，但未注明日期。

民国档案第 211 卷第 2 页载有（未注明日期）：

资兴县各乡镇铣配兵额表

征集区	督征员姓名	乡镇名称	配赋数
城厢区	袁了然	城厢镇	一三
第一区	高振容	太平乡	六
		百何乡	六
		青田乡	一四
		和顺乡	四
第二区	尹元杰 （军士两名）	三民乡	一三
		兰溪乡	四二
		仁保乡	三四
		谷洞乡	二
第三区	王亚平 （军士两名）	中西乡	四〇
		和海乡	三〇
		鹿鸣乡	努力完成欠额

续表

征集区	督征员姓名	乡镇名称	配赋数
第四区	谢开识 （军士两名）	湘源乡	四三
		威武乡	二七
		五谷乡	三〇
		桃源乡	一八
第五区	曾家声 （军士一名）	长丰乡	一六
		旧市乡	九
		永安乡	一四
		雷正乡	四
第六区	杨树勋 （军士一名）	保和乡	一四
		西里乡	一四
		六和乡	努力完成欠额
		鼎新乡	七
合计		二十三乡一镇	四〇〇

　　民国档案第211卷第4页载有《资兴县扩并乡镇名称、地址一览表》（未注明日期）：

原名	新名	乡公所地点
直属城厢镇	城厢镇	区王庙
清和、烟坪、德仁乡	德和乡	彭公庙
百嘉、何家山乡	百何乡	何家山
青要、平田乡	青田乡	青要墟
大富、平石乡	太平乡	龟颈上
保和、敦仁、里仁乡	敦保乡	滁口
罗围、香花、鹿五乡	三合乡	香花桥
丹圆、龙虎、得胜乡	湘源乡	蓼江市
仁保乡	仁保乡	仍设汤边
兰溪乡	兰溪乡	仍设柳沙坪
和顺乡	和顺乡	仍设大波水

原名	新名	乡公所地点
一都乡	一都乡	仍设旧县
四都乡	四都乡	拟暂设布田
西里乡	西里乡	仍设青草
六和乡	六和乡	仍设黄草坪
和海乡	和海乡	仍设文昌阁
五谷乡	五谷乡	仍设太平墟
鹿鸣乡	鹿鸣乡	仍设花园口
桃源乡	桃源乡	仍设七里山
谷洞乡	谷洞乡	仍设谷洞
上六峒乡	上六峒乡	仍设浓溪中洞
雷正乡	雷正乡	仍设兜坪洞
威武乡	威武乡	仍设回龙庵
合计：二十二乡一镇		

民国档案第 205 卷第 1 页载有"兼司令何子伟、副司令袁南山"于民国三十四年 2 月 2 日发布的《资兴县政府、第九战区资兴抗敌自卫团司令部密令》，称：查此非常时期，为防范敌侦探悉及便于保守我军秘密与联络识别容易起见，特制发各部队代字表：

部别	代字	部别	代字
县政府	伟	六和乡	六
司令部	雄	鼎新乡	鼎
筹委会	筹	鹿鸣乡	鹿
特务排	特	中西乡	中
县自卫大队	林	五谷乡	五
县自卫大队第一中队	1／Ⅰ	和海乡	海
县自卫大队第二中队	2／Ⅰ	永安乡	永
警察大队	清	桃源乡	桃
北五乡联乡办事处	泉	兰溪乡	兰

部别	代字	部别	代字
第一联乡大队	壹	三民乡	三
第二联乡大队	贰	谷洞乡	谷
第三联乡大队	叁	和顺乡	和
第四联乡大队	肆	城厢镇	城
第五联乡大队	伍	仁保乡	仁
第六联乡大队	陆	百和乡	百
第七联乡大队	柒	青田乡	青
威武乡	威	太平乡	太
湘源乡	湘		
长丰乡	长		
雷正乡	雷		
保和乡	保		
西里乡	西		

民国档案第209卷第29页载有民国三十四年二月四日《第九战区兵站总监部直属第五粮服仓库第二分部》刚发字第00五号称："特急：西里乡李（芬芳）乡长勋鉴：查九十九军驻江口附近一带，指定在本分库补给，需粮浩大，而贵乡应交配额之军粮迄未送交……"这则资料说明，"民国三十四年二月四日"，"九十九军驻江口附近一带"。"江口"即原旧市乡江口村，现已被东江湖水淹没，即现长堰头。

民国档案第210卷第67页载有民国三十四年2月6日《资兴县太平乡公所命令》（雄［34］军字第十一号）："一、顷奉：资兴县政府本年二月五日伟（34）军字第二一号命令开：'兹准暂二军预六师吴师长本年二月四日公函，以本师驻资未久，对于地形尚未熟习（悉），敬希贵府选当地熟识（悉）地形民众拾名，常驻本部（米粮副食薪饷由本部发给），以便随时派遣，充当部队之向导诸工作，是为至荷等由，准此，应予照办。除分令外，仰该乡长速派熟悉地形民众向导四名，交预六师司令部派遣。勿误为要。'此项着第二保保长黄锐如遵办。乡长黄才雄。"

民国档案第215卷第65页载有民国三十四年二月八日《第九战区司令长

官司令部副官处公函》恭字第 0770 号（手书）："本部为便于工作起见，请选派强干长民夫十名前来服务。其待遇：日给食米贰拾伍两（本书笔者注：当时十六两为一斤），食盐肆钱，副食费贰拾元。限于本月十三日到处报到。用特函请。"批示："每保一夫。"拟为西里乡公所李芬芳乡长的批示。

民国档案第 215 卷第 64 页载有民国三十四年三月一日《第九战区司令长官司令部副官处》的公函（手书）："第九战区司令长官司令部快邮代电恭慎0784 号。事由：为请速派民夫六十名于文到三日内交来员带回备用由。（正文）资兴县西里乡公所：兹有本部公物一批，亟待运往他地，请于文到三日内将民夫陆拾名派齐，交来员带回备用，免误戎机为荷。第九战区司令长官司令部副官处长朱之萍。"同页中乡长（李芬芳手书）写道："照派：令六保十五名、七保二十名、八保三十五名。"最后是县长手书批示："由各该保队付（副）率领至黄草坪集中待命。各保长如有贻误，准该兵将该保长拘去法办。请张事务员天桂前往押送。"

民国档案第 208 卷（本卷未编页）载有民国三十四年二月九日《第九战区兵站总监部黄草坪指挥所第二次军粮会议记录》："会议日期：二月九日午后二时；会议地点：黄草坪……出席人：龙静渊，六和乡长袁居南，鼎新乡长谭国栋请假樊嘉模代，雷正乡长李成忠请假刘嘉宾代，西里乡长李芬芳，永安乡长何泗芳请假黄镇疆代，保和乡长唐时璠请假薛远超代，刘志杰，第二支部支部长邓耀同、赵衡、丁元震，第二分站站长刘昌宇，独立分监部派出所所长吴昆初，资兴县政府秘书唐振与，资兴县政府督导员杨师项。记录：赵吉。议决：（一）渡头、雷正两地应如何筹屯案：1. 雷正应屯之米 463 大包（本书笔者注：每大包 200 斤），由雷正、永安两乡现有之粮运至水头洞屯备。2. 渡头应屯之米 450 大包，由西里乡负责就该乡配粮运屯。3. 两地屯备之地点俟决定后另案通知。（二）所有屯粮及补给粮应如何碾拨案：议决：由各地乡公所按二谷一米办法（每石谷碾米七十五斤），发动民众碾米送库。（三）各乡欠缴赋谷应如何催收案：议决：1. 调拨由兵站决定。2. 碾米由乡公所负责。（四）民夫交米衡量及手续应如何改善案：议决：1. 衡器以度量衡砝码为标准。2. 由送米民夫公举代表掌称。3. 由支部派员监交。（五）雷正、永安两乡雨灾芽谷成色过低，交米标准应如何决定案：议决：由县政府田粮处、独立分监部会同检验，转请层峰减低成色，并由独立分监部主办。（六）义务担架应如何组织案：议决：1. 每乡准备二十副。2. 由各乡负责逐步追送。（七）常备民船船夫应如何征雇案：议决：1. 保和乡负责征雇民船二十只，并负责代雇船夫，交兵站备用。2. 滁口以上本部雇到之船由六和、鼎新两乡负责代雇船夫。"本书笔者注："独立分监部派出所"之全称为"第九战区兵站独立分监部直属第三派出所"（引自民国档案第 209 卷第 5 页）。

民国档案第 206 卷第 34 页载有民国三十四年二月十九日拟稿、二月二十四日发出的伟［34］财字 2071 号（红印中编号为 884 号）《资兴县政府代电》，说："查此次长官部（本书笔者注：指薛岳所率领的国民革命军第九战区司令长官部）经过本县西南各乡，所借粮米前准长官部副官处朱处长子寝代电，请将借据即日检核换据一案，当经本府伟［三四］财字第二〇一九号代电饬遵在卷。兹除保和乡公所遵照赍府外，其余均未遵办，合再电催办。仰于文到日遵照检据报核，如再迟延列报不准，概归各乡长负责赔偿。县长何子伟（三四）丑皓财。"

民国档案第 205 卷第 74 页载有县长何子伟于民国三十四年二月廿四日发布的《资兴县政府训令》（伟军字 2111 号），称："陆军暂编第二军司令部本年二月十九日后勤会议记录讨论事项：'如何整饬军纪，恢复地方秩序案议决：1. 绝对禁止拉夫，并于地方（资兴）任务队成立后放回扣留民夫（前后方一致）。2. 不强迫买卖及强取强借民物。3. 严禁官兵自由行动（须有营长以上证明文件）。4. 派员督导乡保甲长及民商开设市场。'仰照所属一体遵守。"

民国档案第 209 卷第 5 页载有民国三十四年二月二十七日《报告》："事由：一、匪兵二名枪一官长、太太，于昨日下午二时到达本保坪珠下村。二、本哨即派枪兵三名前往查检、查问，二兵所说是属于 99 军 92 师 25 团，假送官长、太太名义过路。三、匪兵所带武器：步枪一、手榴弹四，余者身中武器不知。四、据官长太太说：此二兵是属长官部某部分，即太太丈夫勤务兵，在途中枪死官长一名，太太一名。五、匪兵即假装买菜出门，举枪开放。本队队兵仓促即应火，未得命中，向村背山中逃去。谨呈：资兴县西里乡乡长李（芬芳）。自卫队第八分队玭珠分哨哨长（印）。"

民国档案第 206 卷第 38 页载有民国三十四年三月五日发出的伟［34］民字 2203 号《资兴县政府代电》，其中说："本府前为避免空袭，便利政令推行，曾于上月九日移驻城郊办公。兹因适应日今局势，经于本月三日将本府全部人员迁回县城办公，原朱坪本府行署同时停设。"

民国档案第 206 卷第 41 页载有民国三十四年三月六日发出的伟 [34] 民字 2382 号《资兴县政府代电》，其中说："奉第九战区司令长官薛（岳）寅支代电开：'查该县（资兴）乡镇缺乏组织，国军过境乡保长不能适时征集民夫协助军运，且多畏缩躲避，放弃职责，致使军民愈感隔阂，殊遵军民合作之本旨，仰速切实整理训导，以利作战为要'等因。查乡镇保甲人员在平时固应忠勇，勤职守，遇战时尤宜艰苦奋斗，以赴争功，不得随便擅离，并应切实督促所属各保甲长协助办理军差。如违，以贻误戎机论处。"

民国档案第 205 卷第 74 页载有县长何子伟于民国三十四年三月十一日发布的《资兴县政府训令》中说："陆军暂编第二军司令部本年二月十九日军政联席会议记录第十二案军民合作事项规定：（一）先请县政府饬乡保甲长返家居住，并召民众归家。（二）情况紧急时应派治安人员协助指导疏散。（三）密查奸伪，防止扰乱后方。（四）暂二军每天运粮需民夫贰百伍拾名，始能勉强应食。"

民国档案第 205 卷第 85 页载有县长何子伟于民国三十四年三月十六日发布的《资兴县政府训令》（伟民字 2361 号），其中说："事由——救荒办法。此次敌寇（日军）犯境，窜扰西北各乡，在当其冲者固已产业荡然，而邻区地方蒙受影响者亦复抛业田庐，流离待徙。其间耕牛宰杀、农具摧毁、粮食损失，比比皆是，盖藏都尽，十室九空。现在时局粗足，逃亡渐归，正当从事春耕，恢复生产……"

民国档案第 205 卷第 86 页载有何子伟于民国三十四年三月十九日发布的《第九战区湖南省资兴县国民抗敌自卫团司令部代电》（雄山泰字 2407 号），其中说："顷奉暂二军军长沈（发藻）代电开：……据报，敌近由广州、台山、汉口等地训练大批汉奸混入我后方各县活动，已派有男女间谍化装文人、商贩、手匠等，团结当地流氓以及非法分子，专司造谣破坏……"

民国档案第 205 卷第 88 页载有县长何子伟于民国三十四年三月廿八日发布的《资兴县政府训令》（伟军字 2538 号），其中说："桂郴师管区补充第二团团本部资仲字 0732 号代电：'案奉本管区配属军军长梁（汉明）代电开：'本军缺额甚多，希贵团继续努力征集，随时送拨'，兹派本团第二营营长夏长春率该营三个连开驻地贵县征补（新兵）……'令西里乡一保立即征送五兵至该处。"西里乡：其地域包括今清江乡和已被东江湖水淹没了的原渡头乡。

民国档案第 208 卷（本卷未编页）载有民国三十四年四月六日《资兴县国民抗敌自卫团司令部训令》（雄山参字第 2722 号），其中说："第九战区独立兵站分监部总字第一九二号代电开，现住本处秘书魏益坚（中校预备员）本年三月三十一日报告称：窃职于上月间自郴县永一乡到资兴江口九十九军部洽办抢运郴县军粮事宜，并返处请示工作方针，当蒙详加指示。并请率同库员陈家祺、库兵曹健、黄国保、黄初弄等，克日返大奎上，随郴县田粮处行动……"本书笔者注：（1）"雄山"即县长兼自卫团团长何子伟的代号。这则资料说明，国民革命军第九十九军军部，在民国三十四年（1945）三月的驻地为江口——原旧市乡江口村，现已被东江湖水淹没，部分移民后靠在长堰头。（2）魏益坚（1904—1953）：上海暨南大学毕业，新中国成立前历任五华县（广东长乐县）参议员、教育科长、民政科长，吉林省吉林电器化学厂长，吉林省议员。

民国档案第 210 卷第 141 页载有民国三十四年四月十四日发布的《资兴县太平乡公所训令》（雄［卅四］财字第二十九号），其中说："奉资兴县政府本年四月十二日伟（三四）财字第二八三五号代电开："案准陆军暂编第二军司令部本年四月三日给字第 56 号代电开：'暂二军各部队在永兴、资兴各地转战频繁，军粮追补不及，就地向乡保长借领，数量殊难统计，兹为便利核结起见，希转饬各乡公所，如有本军所属各部队借米收据，限于四月底以前特授到部，以便转账清结。'准此，自应遵办。乡长黄才雄。"本书笔者说明：（1）太平乡公所：在坪石乡石塯的龟颈上（已被东江湖水淹没），其管辖地域包括今坪石乡。（2）因日机对县城轰炸，暂二军的军部从县城的排塘，移居到了太平乡沙田的阔田桥（现已被东江湖水淹没）。

民国档案第 205 卷第 93 页载有县长何子伟于民国三十四年四月十六日发布的《资兴县政府训令》（伟军字 2945 号）——关于招募壮丁就地补充暂二军的训令（字迹不清，具体内容见下文）。

民国档案第 210 卷第 107 页载有民国三十四年四月二十四日发布的《资兴县太平乡公所训令》（雄［卅四］军字第六五号）："令第二保保长黄锐如、保队付黄仁心：案奉资兴县政府本年四月十六日伟（三四）军字第二九四五号训令，据陆军暂编第二军司令部（本）月来经委挺进大队长及补充大队长多人，在县属各乡镇招募壮丁，除函请暂二军予以制止外，合行令仰该乡镇长转饬各保甲切实调查。如已被招入营之壮丁，或自投该部服务者，分别年龄、籍贯，迅即列册具报，以凭核办……"

民国档案第 206 卷第 51 页载有县长何子伟于民国三十四年四月十二日发布的《资兴县政府训令》（伟军字 2821 号），其中说："奉长官薛（岳）密电：'限急到资兴何县长。为充实各野战军兵员，准备反攻，经奉军令部电饬，征集新兵办法如下：（一）该县（资兴）着急征募新兵二营，交第九十九军接收补充。（二）规定每团以三营，每营以新兵六百名编成。（三）征募该项新兵由接收部队每名发给征募费五十元。其伙食费自征集日起归接收部队切实发给，在接收部队未派员到达以前，着由县府暂垫，规定每名给食米廿五两，副食费十元。（四）该项新兵限五月底一次拨交，不足时即由该县联乡大队所属各乡自卫中队列兵先行拨补征募之新兵。（五）此次征募兵员关系至为重要，定为各该县本年县政主要考成之一……'各乡分配壮丁数目如下（略，共计 1200名）。"

民国档案第 205 卷第 109 页载有县长何子伟于民国三十四年五月十六日发布的《资兴县政府训令》（伟军字 3559 号）——事为九十九军新兵奉令暂缓拨交，其中说："案查前奉长官薛（岳）密电，饬本县于五月底交拨九十九军新兵一千二百名一案，当经遵照规定名额依据各该乡镇壮丁数目配赋，饬遵在卷。本县长因念战区民众任务繁重，痛苦较深。际兹春耕农忙，尤恐失时，秋收绝望。经一再电请层峰，矜予核减。兹奉长官薛（岳）电开：'征发九十九军兵额准暂缓'。电转桂郴师管区补充第二团查照办理……"

民国档案第 208 卷（本卷未编页）载有民国三十四年四月十四日《资兴县国民抗敌自卫团筹监委员会代电》，其中说："遵照《县国民抗敌自卫团整编办法》，本年三月二十八日召开改组会议，按《办法》之规定，除由县长兼任主任委员、县党部书记长刘泰辅、县青年团干事长钟述孙、县田赋管理处长柳正楷、县税捐处长吴炳革为委员外，再推聘刘恢汉、袁伯济、陈维禹、曹树声、李卓然、曹克家六人为委员，并由兼主任委员就委员中指定刘恢汉、曹树声、李卓然三人为常务委员。均于本（四）月一日就职视事。"

民国档案第 217 卷第 39 页载有民国三十四年五月十日西里乡（现清江）

第五保保长邓爱写的《报告》，其中说："敝职于本月九日奉令为陆军暂编第八师挺进支队部代购米壹佰伍拾市斤……"

民国档案第217卷第28页载有手书一件："顷据本保第十七、十八甲甲长报称：于古月初九日暂二军在小溪油榨上忽遇敌人，在小溪一十八名，在小溪护枪。暂二军四十余名，打死敌人四名，打伤六名。同日山河江又打死三名，活捉三名，解送江口宋家究办。谨具报钧座查核。第四保保队副张天徽。三十四年五月初十日。"此件载于西里乡档案之中。

民国档案第205卷第112页载有县长何子伟于民国三十四年六月四日手书的《资兴县政府训令》（伟军字3981号），其中说："仰征派民夫运送教导总队公物行李由。案准第九战区干部训练团、湘南省地方行政干部训练团合办学生教导总队，本年五月二十日公函开：本总队日内即由贵境经过王家渡，新存公物、行李挑运共计需民夫一千一百名……令保和乡、西里乡（乡长钟巍，征派民夫350名）、鼎新乡、旧市乡征派民夫一千名，迅速办理。"（本书笔者注：西里乡乡长钟巍，别号武章，年龄四十五，旧市乡人，中央军校毕业，曾任排长、连长及资兴县政府科员、指导员等职——录自第206卷第87页《乡镇长履历一览表》）。

民国档案第210卷第157页载有民国三十四年六月六日发布的《资兴县太平乡公所训令》（雄［卅四］军字第93号），其中说：案准第九战区兵站总监部直属第六分站本年五月二十七日电，奉长官薛（岳）辰马明电开："据沈军长电称：以补粮无着，行将断炊等情，仰遵前令速将永兴运大波水之粮赶运补给，如再违误，定予枪决。"令各保迅速办理，勿误。乡长黄才雄。

民国档案第205卷第30页载有县长何子伟于民国三十四年六月二十六日发布的《命令》，称："一、查各乡镇人口及壮丁数案经本府五月二十四日、六月十一日先后令饬，限期查报，各在案。迄今日久，该乡镇仍未报核实，属玩忽已极。二、现兵站总监部根据本县过去人口壮丁数配赋本县壮丁接运酃县中村新开两处军粮一万五千大包（本书笔者注：每大包200斤），济补暂二军军食。此种痛苦系由丁壮数不确所致。三、兹为惩前毖后计，着该乡长于七月二日前将该乡常住实有男女人口及壮丁数翔实调查，分别列表具报，勿再玩延干咎为要。"七月十八日"县长何子伟"再一次发布《紧急命令》，称："本县奉令由酃县提运军米10000（1万）大包、桂东龙军1000（1千）大包及大波水 7000（7 千）大包济补驻军。因民力困难，经桂东兵站总监部指挥所召开粮运会议及决议，资兴除在中村接运贰仟大包（计四十万斤）外，其余均在下堡、土垅两地接运……"

民国档案第 205 卷第 125 页载有"伟（34）军字第 4553 号，民国三十四年六月二十八日"《资兴县政府训令》，说："西里乡公所：暂二军军部副官处电话称：'本军暂八师挺进支队阻击分队奉令于明（二十九日）开赴渡头、旧市、江口一带防堵，嘱即通饬知照并协助一切……'此令，县长何子伟。"本书笔者说明：江口原为九十九军军部所在地，此时，九十九军奉令调往江西九江地区。

民国档案第 206 卷第 85 页载有"县长何子伟"于民国三十四年七月十三日发布的《资兴县政府代电》（伟军字 5001 号），其中说（下文括号内为本书笔者所加）："第九战区兵站总监部直属第六分站本年七月七日资经字第 1267 号代电开：（一）自宗村（酃县中村）至资兴行程一一〇华里，每夫应发工资贰拾贰元，来回程口粮陆斤肆两。每大包（200 斤）验耗贰拾两（当时每斤为十六两）。（二）高垒（下堡）至资兴行程八十华里，每夫应发工资拾陆元，按来回程三天发给口粮四斤十一两。每大包验耗拾伍两。（三）土垅至资兴行程七十五华里，每夫应发工资十五元，口粮四斤十一两。每大包验耗十四两。（四）交接两处均由民夫代表过称，粮库人员只可在场旁观，不得假手。以上四项请速饬各乡一体知照施行。"

民国档案第 214 本 29 页载有"民国三十四年八月十三日"《陆军第六预备师卫生队长王德沛给永数乡（原属郴县，即今碑记）乡长的公函》。其中说："我队于昨日（十二）收容十八团十营伤兵陈汝卓一名，因伤势沉重，救治无效亡故。当经敝队原驻地购板钉棺殓埋，所需费用叁仟，特检具原单拨一纸请予证明，以便核算。队长王德沛。"这则资料说明，暂二军预六师确实驻在资兴。

《资兴市志·大事记》记载："民国三十四年（1945）：8 月 16 日，王震率八路军南下支队进入资兴，转战三民、蓝溪、谷洞（今彭市、兰市、皮石）一带。19 日，离开县境进入汝城县。"

民国档案第 204 卷载有民国三十四年九月编印的《资兴县第一届行政会议纪要》，其中的"丙、军差夫役"中说："本县至三十三年十一月间战局紧张，驻郴各机关暨军事机关、部队向资、汝、桂移动，适东江及县城被炸，西北吃紧，大军营集，缄请派夫运输公物、行李、弹药、器材等等文件如雪片飞来。计上年十一月份征派民夫二九〇〇名，十二月份除西北区及沿途各路线由部队直接向乡公所或保甲派用不计外，东南城乡征派民夫九〇八七名。本年元月份计征派民夫八七三五名，二月份三九四〇名，三月份九七十八名，四月份三六七〇名，五月份八〇〇五名，六月份八八五三名，七月份七七五八名，八月份六五七九名，九月份五二三四名，十月份一五六八名。自十一月以后，军队全部离县，夫役大减，虽有复员部或机关进境需要民夫，应属少数。以上总计征派民夫为七六〇八九名。"

民国档案第 209 卷第 34 页载有《资兴县税捐征收处三十四年度工作报告》，其文开头就说："本县自粤汉铁路战事蔓延县境，西北各乡相继沦陷，敌人铁蹄离县城只十余里，军队纷纷后退。东南各乡人民张皇失措，风声鹤泪（唳），纷纷扶老携幼，逃避山中，家中十室九空，路上行人绝迹，以致税收陷于停顿。至四月间，时局稍定，然人民已成惊弓之鸟，返家者尚不踊跃。自敌人投降消息传播后，人民大多返家，而西北各乡又已收复，税收暂有起色。"

民国档案第 209 卷第 27 页载有（约于民国三十四年）资兴县政府印发的《奸党武力调查表》：

姓名	奸伪军番号及职务	人枪数目	潜伏地点	备注
李林	新四军独立第一大队长	200 余	汝资郴边地	原属湘南游击大队
刘厚总	新四军独立第二大队长	100 余	汝宜郴边地	原属湘南游击大队
章上林	逼反团团长	80 余	汝桂及粤赣边地	
范某	汝城县委	70 余	汝桂及湘赣边地	

《资兴市志·大事记》记载："民国三十五年（1946）：1 月 1 日，资兴县首届参议会成立。6 月，米价、盐价昂贵，1 斗米值银元 1.5 元，1 斤盐换 1 担谷。百姓以草根、树皮为食，饿死者甚众。6 月 25—26 日，国民党资兴县第五届代表大会召开。"

民国档案第 292 卷第 27 页载有民国三十五年五月二十二日县长何子伟发布的《资兴县政府公函》（伟秘人字第 1223 号），"事由：转知新任王主席接印视事日期"。其中说："湖南省政府本年四月卅日府东秘一字第 10 号训令内开，案奉行政院邬真人电卅五年四月九日本院第七三九次会议议决，湖南省政府委员兼主席吴奇伟另有任用，应免本兼各职，任命王东原为湖南省政府委员兼主席。奉此，本主席遵于四月二十七日到府先行接印视事，另期补行宣誓典礼。除呈报及分别函令外，合行令仰知照。"

民国档案第19卷第121页载有民国三十五年八月十五日《中国国民党湖南省执行委员会代电》（35长舫人字第2163号）："事由：据请嘉奖该县县长何子伟，希径请省府核奖由。资兴县参议会并转县党部、分团部及各公法团体：资参字午条一五九号代电悉，该县县长何子伟抗敌有功，希径省府核奖。中国国民党湖南省执行委员会主任委员张炯"。

民国档案第220卷载有《资兴县政府（民国）三十五年十月份职员录》，其中第一名记载："职衔：县长；姓名：何子伟；性别：男；别号：崐雄；年龄：45；籍贯：资兴……"这是何子伟自己填写的资料，应是真实的。"文化大革命"中，资兴县公、检、法军管小组调查证实，他是"州门司白筱人"。

民国档案第220卷第1页载有民国三十五年十二月二十四日填报的《资兴县政府九至十二月份工作报告》，其中"秘书室工作报告"说："调整人事：奉湖南省政府民字一字第一三九五号训令，订颁各县市政府卅五年下期编制规定：三等县设县长一，主任秘书一，科长五，会计、合作主任各一，县政指导员三，督学、技士各二，统计员一，科员一十一，事务员七，雇员五，教产经理一，合作指导员二，督察员一，共计四十五人。嗣奉省令：以据各县纷纷呈报人额不符分配，应准增加秘书一，合作指导员一，科员、事务员各一，本府奉令后当即于本年七月一日遵照编制之规定，先后分别调整，并呈报备查……""民政科工作报告"中说："扩并乡镇，整编保甲：查本府前以本县地域最小，人口稀疏，地方财政困难，文化水准低落，乡保单位实嫌过多。经呈奉核准，并为九乡一镇，于十一月上旬扩并竣事，名曰：城厢镇，昌平乡（原青田、百何、太平三乡合并），七都乡（原兰溪、谷洞、和顺三乡合并），保民乡（原三民、仁保二乡合并），永正乡（原永安、雷正二乡合并），二都乡（原六和、鼎新、西里、保和四乡合并），凤凰乡（原长丰、旧市二乡合并），复兴乡（原中西、和海二乡合并），程水乡（原鹿鸣、五谷二乡合并），郴侯乡（原湘源、威武、桃源三乡合并）。全县共一一〇保，其甲数尚无统计，人口刻正切实清理中……""建设科工作报告"中说："1. 整饬市容……2. 修复郴资公路……3. 成立工振工程处，兴修资永、资汝、资桂各县道……

4. 拟建筑县府府址：查本府原有房屋于民国十七年遭'共匪'焚烧无余，连年以来限于地方财力迄未修复，现犹借用城隍庙为府址。屋宇狭小，不堪应用。经饬科遵照内政部营建司颁发图样，拟具预算书计需建筑费二三二九六〇〇〇元。电请湘救济分署列入特别工振配发物资，以便兴修。5. 本年底以前恢复乡村电话……"

民国档案第 29 卷第 105 页载有中华民国中央政府社会部发出的函件："据查　贵会参议员钟述苏、邝汉英、李莆庵、曹克家、唐振兴等，俱系由职业团体选出，究竟是否合于《县参议员选举条例》第十一条或《市参议员选举条例》第十六条之规定确为各该会现在之会员，现从事何种职业，请查照于文到一星期内核实查覆为荷。此致——资兴县参议会。回信请寄南京社会部组织训练司第五科。社会部（印）。卅六年一月十九日。"

何子伟（曾用名何昆雄）是哪里人呢？本书笔者认为：由于何子伟的父亲曾在酃县水口墟做生意，他出生于酃县水口墟联坑村。后来，其父回到了资兴县城做生意，何子伟 1913 年入资兴县"乐成高小"读书。何子伟的原籍在资兴县州门司白筱村，在资兴县城也有房产。他的父亲有田产 500 亩，主要分布在资兴。因此，何子伟是资兴人。

网站资料： 何子伟，曾用名何昆雄，1903 年 12 月出生，湖南酃县（今炎陵县）水口墟人。1908 年在家乡读私塾，1913 年入酃县（资兴）乐成高小，1916 年考入长沙市岳云中学，1920 年进入岳云体育专修科肄业，1923 年考入汉口明德大学商科肄业。中文名：何子伟；出生地：湖南酃县（今炎陵县）水口墟；出生日期：1903 年 12 月；毕业院校：汉口明德大学。人物经历：1924 年到广东，何子伟考入国民党黄埔陆军军官学校第一期，与陈明仁同学。同年在校集体加入国民党。在黄埔军校毕业后，分派到国民党教导第二团第五连任见习排长，1925 年升任教导第二团第九连副连长。1926 年先后调任黄埔军校入伍生团中尉排长、区队长和军官团上尉连长。同年冬，任国民党新编第一师第二团第二营少校营长。1927 年赣南行政委员会成立，被任命为赣南五县行政监察员，负责清党与改组各县政法组织工作。同年秋调任国民党新编第一师第二团团长。1928 年到上海，在国民党三十二军军长钱大钧属下任第三师第一团团长，驻守江苏无锡。不久离开第三师到蒋介石侍从室工作，兼任军事杂志社武汉分社负责人。1929 年 1 月何子伟调安徽任新编第三旅第五团上校团长。1931年任南昌行营上校参议。1932年调任国民党军政部上校附员。1934年进入南京陆军大学第十三期学习，1936年从陆大毕业后任一四〇师少将参谋长。主要功绩：1937年抗日战争全面爆发后，任一四〇师四一八旅少将旅长、副师长、代理师长等职，并参加了台儿庄会战。1938年秋，何子伟调充湖北襄樊师管区中将副司令。1939年冬因坚请辞职，被降职调任国民党军事委员会军政部少将附员。1943年回到湖南耒阳开办农场。1944年出任资兴县县长。1945年抗战胜利后，何子伟调任湖南省第三区行政督察专员兼保安司令、特种汇报会主任。1949年1月，由程潜任命为湖南省第二区行政督察专员兼保安司令。同年7月解职后由郴县到邵阳。8月4日湖南和平解放后，于年底到长沙向湖南临时省政府投诚，经陈明仁同意进入中南军政大学湖南分校学习。1950年5月，何子伟任湖南人民军政委员会参议室参议，1955年任湖南省人民委员会参事室参事。

值得说明的是："1913年入鄜县乐城高小"，乐城高小是在资兴县城，并不是"鄜县"。

由中国社会出版社出版的《郴州地区志》（上册）第347页"湖南省第八（三）行政督察专员名录"中记载："姓名：何子伟；籍贯：湖南资兴人；文化程度：大学；任期：1948.8.25派—1948.11.17免。"

何子伟实际担任郴州"行政督察专员"的时间，与《郴州地区志》的记载也有分歧：

郴州档案网发布的《郴州大事记》说："民国三十七年（1948）2月24日，第三行政督察区专员文益善调第七区专员，何子伟代理第三行政督察区专员。"

《桂东县志·大事记》记载：民国三十七年（1948）4月："衡阳警备司令部副司令齐耀荣、第三区专员何子伟至县'清剿'。（中共领导的）北上先遣队损失很大，只剩下100余人分散在东边山与西边山坚持斗争。"

《郴州地区志》的记载说明，何子伟是资兴人。其实，资兴档案馆民国档案第220卷载有《资兴县政府（民国）三十五年十月份职员录》，其中第一名记载："职衔：县长；姓名：何子伟；性别：男；别号：崐雄；年龄：45；籍贯：资兴。"这是何子伟自己填写的资料，应是真实的。

何子伟是资兴哪里人呢？"文化大革命"中，资兴县公、检、法军管小组的调查证明，他是"州门司白筱人"（今资兴市州门司镇白筱村）。

2006 年 11 月 5 日发布的《黄埔军校里的郴州籍学员》中说："在黄埔军校一至五期的 7399 名毕业生中，湖南籍的就有 2189 名，占了将近 30%，其中郴州籍的有 191 名（注：不完全统计），但大多都碌碌无名。其中最著名的就是中共红军时期的军事领导人资兴的曾（中圣）中生和安仁的唐天际中将，国民党方面军衔最高的就是曾任国民党总统府参议的曹日晖中将。黄埔一期（21 人）：资兴：何昆雄 李奇忠 何清 曾绍文。嘉禾……"又说："何昆雄在抗日战争时期曾任武汉防空司令部代理副司令，但在四二年被撤职，少将军衔。李奇忠，曾任国民党第十六绥靖区副司令，八三年病逝，少将军衔。何清，曾任湖南省第三区行政督察专员兼保安司令，六四年在台北病逝，少将军衔。"

历史资料证明何子伟（曾用名何昆雄）是资兴人：

台北国史馆《黄埔军校第一期同学姓名籍贯表》（1924 年 5 月入学）记载："何昆雄：湖南资兴。"

1936 年出版的《黄埔同学录》（黄埔军校教官及学员名单）记载："何昆雄：湖南资兴。"

现在的株洲和炎陵县则说何子伟（曾用名何昆雄）是"炎陵县水口人"：

株洲社科网 2012 年 3 月 29 日发布的《中华民国国军将军—株洲将军》"中将"介绍："何昆雄（1903—1960），炎陵县水口人。黄埔军校第一期毕业。曾在国民革命军、第八路右军总指挥部、国民党军政部、陆军一四〇师等单位任职。1938 年，被蒋介石任命为湖北襄郧师管区司令部中将司令。湖南解放后，于 1953 年任湖南省参事室参事。1960 年病逝。"

2017 年 11 月 22 日在网站上发布的《黄埔军校各期的炎陵（酃）县籍人》记载："何昆雄（子伟）：水口镇联坑村。"

现在网站中说："何昆雄，黄埔军校第一期毕业。别号子伟，湖南资兴（又载酃县）人。父从商农，有田产 500 亩。本县高等小学及私立长沙岳云中学毕业，体育专修一年，汉口明德大学商科肄业二年。陆军大学正则班第十三期毕业。1924 年春由湖南省出席国民党一大代表林祖涵、邹永成保荐报考黄埔军校，同年 5 月到广州，入黄埔军校第一期第二队学习……"

笔者注：文益善（1897—1959）：少将。又名季多、弘道，湖南东安人。广东大本营陆军讲武学校、陆军大学特别班第三期毕业。曾任国民革命军第六军参谋，1926 年参加北伐，1927 年任第十八军副官处处长，后任上海警察局水巡队队长，1939 年 5 月任新编第六军暂编六师参谋长，参加长沙会战，1940 年 6 月任第九战区司令长官部少将参谋主任，1942 年任湖南省第十区（洪江）行政督察专员兼保安司令，后任湖南省第七区（零陵）行政督察专员兼保安司令，1948 年 1 月任湖南省第三区（郴州）行政督察专员兼保安司令，1949 年 1 月调任衡阳警备司令，不久被免职，同年 10 月在湖南洪江参加起义。后任湖南省人民政府参事。1959 年 5 月 18 日在长沙病逝。

有关情报资料汇编

民国档案第 208 卷（本卷未编页）载有民国三十四年《极机密·情报第一号·司令部参［34］三月十二日》："［长官部电］（本书笔者注：指第九战区司令长官部）：我军'四一'进攻已克茶陵、莲花，现粤赣洛在大庾、遂川、永新附近战斗。粤汉路在坪、宜、东江、三都、安仁附近战斗。我军独对敌四面作战，必死必胜。我军东辰攻克永新，斩获颇多，现（正向）遂川之敌进攻中。［本部探报］：一、窜驻蓼江市、三都等地之敌六百余人，于二月二十七日由联队长腾云调去百余人向东江方面增援。二、猫儿山、观音打住、郴侯山为敌炮兵阵地，附炮一门，敌兵六名至八名。三、良田有敌马六十余匹及弹药、稻谷储藏库各一所。四、分驻蓼江市、三都等处之敌，均在鱼子坑、七炭堰、莲琴岭、高码坪等山地，发动人民赶筑工事，似图坚守，并于红毛塘强修大道一条，似通帽岭上，经护禾庵、八姑仙，企图强制半都及县城。五、驻地、东江、瓦家坳、桥背、山冲坳、铜鼓山之敌已有一部向东撤退，军械、弹药纷纷拉夫运往郴县。六、敌于战区掳去幼童甚多，现运至东江，由敌派员施以奴化教育。七、敌在东江大肆屠杀，尤以该乡第二保最惨，计被害者黄才仫、王章民等三十余人，因强奸毙命之妇女十余人。资兴自卫团司令部参谋处发。"

民国档案第 208 卷（本卷未编页）载有民国三十四年四月三日印的《极机密·湖南省资兴县国民抗敌自卫团司令部参谋处通报第三号》："第三督察专员兼司令电：（一）郴城敌无变化，惟近掳夫建筑飞机防空洞。城敌时露恐惧状态。（二）郴宜段之敌共约二千，以骡马抢粮北运郴城附近驻敌警备部及宪兵部，仅少数宪兵。本部探报：（一）廿九日拂晓，蓼市敌步兵十余人由风毛坳进犯八姑仙我军火阵地，当即被我军击退。（二）东江方面（和海乡境内）统计有敌百余人，具敌指挥所驻夏家祠内，木根桥近来无敌军，仅设有招待所一个。（三）敌人最近在沦陷区强拉民众二百余人，掳获耕牛廿余头，准备工本费三千万元，开发塘垅谋矿。（四）郴侯山有敌炮七门，连日向帽岭上做无目标之示威射击。（五）卅日晚，我方民众在蓼江市附近之拦头湾敌哨所，击毙敌兵三名，生擒一名。"

本书笔者说明："民国三十四年四月三日"的"第三督察专员兼司令"（郴州地区）是谁呢？应为萧文铎：1940 年 4 月至 1948 年 1 月任湖南省第三区（郴州）行政督察专员兼保安司令，后为文益善接任。网站中说："**萧文铎**（1891—1962）：陆军少将。号震东。湖南宜章人。17 岁考入长沙陆军小学堂。18 岁加入中国同盟会。清宣统三年（1911）考入湖北陆军第三中学校，未及数月，武昌起义，参加革命，任鄂都督府军械科员。1914 年 6 月，毕业于北平清河陆军第一预备学校；11 月入保定陆军军官学校第二期步兵第五连。1916 年 5 月，毕业于保定军校，一度赴天津参加讨袁军团。1920 年冬，任湖南城步县县长。1922 年夏，任湖南陆军第二师司令部中校参谋，旋任骑兵团团副。1924 年任第二师第八团团长；4 月加入中国国民党。1926 年 6 月随师北伐；冬，兼任江西省新淦县县长。1928 年任第十八师五十二旅参谋长。1931 年兼任第十八师补充旅旅长并代理第十八师师长。1936 年 3 月，国民政府授陆军少将。1939 年任湖南省第八区保安司令兼郴县警备司令、郴宜防空指挥官、第九战区荣誉军人管理处第三分处处长。1940 年 4 月，任湖南省第三区行政督察专员兼保安司令。1948 年 1 月，当选为立法院立法委员。1950 年去台湾，续任'立法委员'。1962 年 5 月 14 日病逝于台北。"

民国档案第 206 卷第 71 页载有民国三十四年五月二十二日《极机密·情报第十一号》："本部探报：（一）瓦家坳驻敌大队部，其大队长名冶去也香，号为川也广秀广系。（二）东江上截街驻敌机枪一四队，棋盘山驻炮兵一中队；垅头港驻三九步兵队部。罗仙岭敌配兵二十余名，机枪三挺；铜鼓山配兵四十名，火炮一门，机枪六挺；大地头配兵十余名，机枪二挺；裴家村一百三十名，内机枪八挺；陈家岭配兵三十余名，小钢炮一门，机枪五挺；山冲坳配兵十余名，小钢炮二门；纳利堆配兵十余名，机枪四挺，电机一个；坪山配兵三十余名，机枪四挺，电机一个。（三）据报，敌在蓼江各地病兵甚多，已死者十余名。资兴县抗敌自卫团司令部参谋处发（本书笔者注：此为日军在东江与龙泉村驻防情况的情报）。"

民国档案第 208 卷（本卷未编页）载有民国三十四年七月六日《资兴县国民抗敌自卫团司令部代电》（雄山参字第 253 号），其中说："奉湖南省第三区行政督察专员兼保安司令公署本年六月所得情报分列如下：一、驻扎郴县敌一个师团，共一万一千余人，师团长系五十三岁之人，姓名未详。二、敌现赶修铁路，因无材料，则撤（拆）偏铁轨修接正道，接轨处用螺钉，此处两个拟定要接通韶关。郴站台电械已修好。三、据确报，杨梅山约有敌五十四名。现该处共有敌三百一十六名，并声称另有一团来此修路。四、临武日来疏散，谓湘桂路敌经临武来粤汉线。又直属白石渡之敌日来压迫当地民众迁居，谓有大批敌军来住。五、杨梅山敌有进犯模样。六、郴县敌近来强迫每保送未婚女子或（靓）妇五名至十名，以供兽淫。每保派禾（柴）千斤或二千斤，以资北运。连日我飞机轰炸郴城郊，军民一律疏散，（郴城）顷刻变一死城。以上六项特电知照。"

民国档案第 208 卷（本卷未编页）载有民国三十四年七月六日《资兴县国民抗敌自卫团司令部代电》（雄山参字第 254 号），其中说："奉湖南省第三区行政督察专员兼保安司令公署本年六月廿五日专情字第 730 号代电开：一、资属蓼江市地区司令及高桥部队，自开往永兴、安仁后，所有接防部队均系伪军，名复兴队，老弱残兵，无斗志。又，东江之敌番号为云本队，队长福本。二、直属白石渡之敌，甚痩弱，均已移驻小溪、白石渡，现甚空虚。三、罗家渡墟场有敌炮，弹械、枪弹约二百箱。四、郴宜一带我部连日轰炸敌驻地、阵地，敌甚惶恐。以上四项特电知照。"

民国档案第 208 卷（本卷未编页）载有民国三十四年七月七日《资兴县国民抗敌自卫团司令部代电》（雄山参字第 263 号），其中说："奉湖南省第三区行政督察专员兼保安司令公署本年六月二十七日专情字第〇二六九号代电开：本部得情报如次：一、资属蓼江市敌司令部及高桥、护法佑藤各部均向永兴开去，所存粮弹各相继向永末运去，刻由永兴方面调来敌兵一部，由队副一员为竹内义男，义虽为第内纵队，现驻蓼江市。二、郴城日兵及身体强健者均向北调去，现换来新兵，素质、武器均不如前，正在训练。三、宜章敌暂无动作，前之焦口之役，敌被我自卫队及栗源堡民众武力击毙队长两名，敌兵三十余名，伤五十余名，敌死伤很重，即向坪石遁去。以上三项特电知照。"

民国档案第 208 卷（本卷未编页）载有民国三十四年七月十八日《资兴县国民抗敌自卫团司令部代电》（雄山参字第 296 号），其中说："奉湖南省政府主席兼全省保安司令薛（岳）本年六月十九日电开：据报，敌近日在坪石集合裁缝工匠制就军衣帽数百套（衣帽黄色，灰短裤，帽有党徽），企图假冒我军名义，混入我方防线，遂行袭击。请饬严加防范。"

民国档案第 208 卷（本卷未编页）载有民国三十四年七月十八日《资兴县国民抗敌自卫团司令部代电》（雄山参字第 267 号），其中说："奉第九战区湖南省抗敌自卫团汝桂区司令部参战字第 199 号电开：据报，广东敌近编组便衣队四百余名，每名发麻布袋一个，内藏短枪及碗等，化装乞丐，深入我后方，刺探军情及扰乱治安等。希严密防缉。"

民国档案第 208 卷（本卷未编页）载有民国三十四年七月十九日《资兴县国民抗敌自卫团司令部代电》（雄山参字第 299 号），其中说："奉湖南省第三区行政督察专员兼保安司令公署本年专情字第 705 号代电开：近日所得敌情分列于次：一、据报郴城敌现已恐慌，所有物资北运，宪兵移驻南关东坡岭下李家大屋及桐子坪张氏祠内，均为仓库。二、敌兵日间四出抢劫，夜间集中于哨所，东坡岭、七里洞、五里堆、马家坪、东塔岭及华塘铺、保和墟、良田等处兵，驻敌约一旅团，穷困懊恼，毫无斗志。三、良佐、良佑两乡敌已斟防，司令岳宫，副司令西村。四、公路电线敌完全撤走，邓家塘车站水机重要机件撤取北运。特电知照。"

民国档案第 208 卷（本卷未编页）载有民国三十四年七月二十八日《资兴县国民抗敌自卫团司令部代电》（雄山参字第 330 号），其中说："奉湖南省第三区行政督察专员兼保安司令公署本年专情字第 778 号代电开：本署最近所得情报分列于次：一、资属东江、裴家驻敌兵二十余名，番号为皇回队。山冲坳驻敌兵五十余名，番号为三九队。瓦家坳驻敌兵四十余名，其最高指挥官为卜也上尉。又，东江上截街敌兵三十余名，番号为良本队，队长名福本久。龙头港驻敌兵五十余名，番号为广江队。王家庄驻敌兵四十余名，番号为一九队。二、粤汉线郴集云敌俘（上）六四旅团及四十师团所抽编成之一三一师团独立步兵四个大队，有维护交通、企图惟其装备，素质、士气均弱劣，刻下正运输物资。三、据报杨梅山敌现增加四百余名，有返回赤室（石）堡样。又，里田……（此处字迹不清楚）往粤……为防患计，实有严切戒备及切实防查之必要。"

民国档案第 208 卷（本卷未编页）载有民国三十四年七月二十八日《资兴县国民抗敌自卫团司令部代电》（雄山参字第 331 号），其中说："奉湖南省第三区行政督察专员兼保安司令公署本年专情字第 774 号代电开：近日所得敌情分列于次：一、据报，粤汉路南段之敌为一三一师团，司令名小仓连次中将，现驻乐昌县政府办公，夜宿于西市岩。二、原驻直属白石渡之敌大部分移五小坪、樟桥、铁坑等处，警备司令盐边少佐，驻小溪，现正拉夫准备北开。白杨支线敌积极修复铁道，并招收矿工卅余名开矿。三、宜章城郊约四百，又驻小溪敌亦近百名，现强拉民夫，加强该地附近工事。四、永兴湘阴渡敌约四百名，不时四出掳掠，经我自卫队屡次截击，为收成果，敌已顿挫。以上四项，特电知照。"

民国档案第 208 卷（本卷未编页）载有民国三十四年八月三日《资兴县国民抗敌自卫团司令部代电》（雄山参字第 347 号），其中说："奉湖南省第三区行政督察专员兼保安司令公署本年专情字第 855 号代电开：综合最近所得情况如下：一、本月初旬，敌万余并车运物资、武器沿郴宜公路于夜间北开。二、十三日敌由宜属白石渡开至白杨支线冷水坑阴洞左侧山麓之铜锣井，火车头一个，厂厢四辆，内载重要物品百余袋（均麻布袋），并有敌兵百余护运，用途不明。三、杨梅山敌枪兵约二百，徒手约三百，并招收矿工百余，在一号总章窿开采。四、白石渡移驻小溪敌之警备司令盐边少佐，日前出发路西梅田打护时，被我自卫队击受重伤，现赴郴就医。以上四项，特电知照。"

民国档案第 208 卷（本卷未编页）载有民国三十四年八月六日《资兴县国民抗敌自卫团司令部代电》（雄山参字第 355 号），其中说："奉湖南省第三区行政督察专员兼保安司令公署本年专情字第 901 号代电开：综合最近所得情况如下：一、据报，南雄之第四师团于前数日沿郴乐公路全数北撤，另有三个师团亦由粤境向北正撤退中。二、敌畏我机轰炸，多夜障行军。郴宜路段之敌为震动部队，系八八混成旅团，旅团长小山奚中将，归六八师团指挥。又，郴宜城郊现各驻敌军万人，并积极构筑工事。三、资属蓼江市附近一带之敌共二百余人，多新兵，体弱且大患疫痢。以上三项，特电知照。"

民国档案第 36 卷、37 卷、38 卷、39 卷，均为《蒋中正自反录》（第一卷至第六卷）。第 42 卷为《蒋委员长西安蒙难记》。

民国档案第 40 卷为《蒋（介石）主席传略》，共 80 节。其中第 9 页

"一、诞生"中说："主席姓蒋名中正，别号介石，民国纪元前廿五年，九月十五日（西历一八八七年十月三十一日）诞生，今年六十岁。出生的地方，是浙江省，奉化县，禽孝乡，溪口镇，在四明山麓，离东海不远，是靠近宁波一个山明水秀的地方。"其中第9页"二、家世"中说："主席先世多明达，父肃庵公为人急公好义，有一个哥哥，一个姐姐，一个弟弟，两个妹妹，九岁丧父，弟妹早故，母亲王太夫人，是在民国十年（1921）去世的，主席现有两个公子，长名经国，次名纬国，两个孙儿和一个孙女，主席家里一向以务农为业，耕读为本，到他父亲手里兼营商业，家境虽不富足，也不十分贫寒，是个小康之家，历代传下来的家风，都是勤耕苦读，和睦邻里，尤其讲究忠孝，助人救世。主席在溪口蒋氏家祠门首的匾额，题有'忠孝传家'四个字，可说是名实相符。"第44页的"六七、约见毛泽东"中说："主席为求国内和平，早日完成受降复员与统一，借可开始建国工作，相忍为国，礼让为国，于三十四年（1945）八月间电约中国共产党的首领毛泽东到陪都重庆相晤，共商国是。毛泽东于八月二十八日到重庆，十月十一日离重庆回延安。"

31. 李绍邺：民国三十六年（1947）3月21日任县长，1948年3月10日离任。澧陵人

《资兴市志》第五篇第二章"政府"第二节《县政府·民国时期资兴历任知事、县长表》记载："县长李绍邺：籍贯：湖南醴陵；任职时间：民国三十六年3月至三十七年2月。"

关于李绍邺县长"1948年2月离任"一说存在问题。（1）他于民国三十七年（1948）三月九日还发出了《资兴县政府代电》（绍军计财字第8259号）。（2）接替他职务的"县长鲁倬昌"，于民国三十七年（1948）"三月十一日接印视事"，说明他的离职在民国三十七年（1948）三月十日。

民国档案第256卷第108页载有《资兴县政府三十六年四月份职员录》，其中第一名为"李绍邺：男，别号：一素；40岁，籍贯：醴陵；曾任湖南省政府教育厅第二科科长；铨叙经过：荐任；到职时间：36年3月21日；担任职务：综理县政；备考：前任何子伟辞职"。（1）秘书室：主任秘书胡谭政，男，32岁，祁阳人，曾任县政府科长、秘书、主任秘书，三十六年3月21日到职。秘书郭力田，男，30岁，醴陵人，曾任科员、乡长、科长等职，36年3月21日到职。指导员周章、张穆文、杨师项、李昌隆，统计员袁水精，科员许泽民、李昌乾、陈惕安，事务员黄李尧等5人，雇员刘南元等6人。（2）民政科：科长欧阳文，男，别号：化之，27岁，资兴人，曾任科员。技士何先农，科员何江鳌、黄琮。（3）财政科：科长曹树声，别号：含光，46岁，资兴人，曾任主任、科员、科长，三十二年6月1日到职。科员李成忠等5人，事务员袁作仁。（4）教育科：科长许世袭，男，36岁，资兴人，岳云高中毕业，曾任初中教员，三十三年2月5日到职。有督学1人，科员1人，事务员1人，教产经理员1人。（5）建设科：科长李亮生，男，39岁，资兴人，曾任科员、技士、指导员，三十五年2月1日到职。有技士1人，科员1人，事务员1人。（6）军事科：科长何国翰，男，37岁，资兴人，曾任连、营长、警察局长、军事科长，三十五年7月1日到职。（7）会计室：主任会计欧阳建成，男，32岁，常宁人，三十五年12月21日到职。有科员4人，事务员2人。（7）合作室：合作主任朱忠圣，男，35岁，资兴人，衡师毕业，曾任合作指导员，31年5月27日到职。有指导员3人，额外科员2人。（8）警察局：局长赵振戎，别号：耀武，男，45岁，祁阳人，曾任排长、连长、营长、副团长、政训主任、警察局长，三十六年1月16日到职。有督察长1人，训练员1人，科员2人，督察员1人，办事员3人，驻乡镇警官7人，雇员2人。（9）卫生院：院长刘珍，男，资兴人。有医师1人，护士2人，助产、事务等7人。（10）训练所：所长李绍邺（兼），有教育长1人，事务股长1人。（11）民教馆：馆长陈受群，男，资兴人，34岁。有干事1人。

民国档案第312卷第27页载有《伪资兴县政府》（资兴县革命委员会人民保卫组、中国人民解放军资兴县公、检、法军管小组1969年6月编印的综合材料）记载（摘要）："县长李绍邺（醴陵人）：从民国三十六年3月起到37年3月止。""主任秘书李若屏（醴陵人）、胡谭政（祁阳人），军法秘书谢宗翰（碑记石巩人），县政指导员杨师项（黄草坪人）、蒋国祯（湘乡人），科长欧阳文（城厢杨柳塘人，在劳改）、曹树声（廖市大坪人）、李亮生（廖市人）、许世袭（州门司人，劳改已死）、何国翰（州门司白筱人，劳改中死亡）、主任欧阳建威（常宁人）、朱忠圣（渡头秀流人）、督学段鹏程（廖市公社桃源关人）、樊荣（城厢人，已枪决）、曹继泉（旧市人，在郴县农具厂工作）。"

民国档案第262卷第95页载有民国三十六年四月廿四日，"为副军长何公士雄为国殉难恳速予明令褒恤以慰忠魂",资兴县参议会议长钟述孙发出的《资兴县参议会代电》(草稿),其中说:"南京国民政府主席蒋(介石)钧鉴:顷闻第(五十二)军副军长何公士雄在抚顺阵亡,噩耗传来,不胜震悼。何公党国英俊,军界劲将,自黄埔军兴后追随革命十余年,赴汤蹈火,尽力以赴。抗战军兴,倭奴肆掠,北击远征,尤身先士卒,屡战皆捷。近来赤匪叛乱,鼠扰东北,更复矢志杀贼,冲锋陷阵,转战千里剿匪,卓著奇勋。无何抚顺之役,遽尔壮烈牺牲,成仁就义,宜与日月同光。惟何公身后萧条,寡妻孤儿,无以为依;公生前公而忘私,此种精神,尤堪敬佩。特呈请国府明令褒恤……"就在同日,第97页载有《资兴县参议会代电》(草稿):"为副军长何公士雄家属"发出的"慰问"电。称何士雄之死,"资兴固失仰赖,国家尤失良材"。

民国档案第264卷第3页载有《报告》一件,全文如下:"事由:为何故副军长士雄忠勇殉国,恳予举行公葬,以慰英魂由。报告——中华民国三十六年七月七日。正文:窃本县何故副军长士雄,秉性忠贞,智勇英挺,少年从戎,先后在黄埔军校第四期、庐山军官训练团、美驻中缅印陆军军官战术研究班毕业,军委会驻滇干部训练团将校研究班及作战人员研究班结业,历任排、连、营长,陆军二五师一四九团一营营长,二五师七三旅一四六团团长,二五师七三旅七四团团长,陆军一九五师五八四团团长,一九五师少将副师长,最后任九五军副军长。效忠党国二十五年如一日,于剿匪、讨逆、抗战、平乱诸役大小数百余战,无不身先士卒,收克敌制胜之效,有国府给予甲种二等奖章及海陆空军甲种一等奖章各一座,及颁授勋章三座可资证明。讵料此次在东北进剿叛匪,以深入虎穴、孤军无援,竟于本年二月二十四日在通化哈泥河壮烈殉职。噩讯飞来,凡我军民无不痛哭震悼。其遗体原已公葬沈阳,嗣以遗族之请,又命启运回籍,旬日之内即可抵县。夫马革裹尸死固属军人天职,而杀身成仁、舍生取义前贤所难。何故副军长奋驰国事,忘家室之乐,舍一己之安,匪特军人模范,亦党国柱石,人民救星。今哲人已萎,而风范犹存。皇皇勋绩,何能忘之?!故民等恳请钧会,转请县政府通令各公法团降学校,于何故副军长灵柩抵之日,恭迎拜祭;更择日举行公葬大典;拨县有吉地云盖仙前麓为忠骨永息之所,俾英灵有寄,用张忠贞深为德便。谨呈:资兴县参议会议长钟(述孙)。"最后是42人的签字(每人都加盖了私章):胡克柔、钟述孙、何樵夫……

民国档案第 254 卷第 54 页载有《资兴县各届公祭何副军长（士雄）座谈会（纪要）》：地点：县政府会议厅；时间：三十六年七月廿九日；出席人：邝汉英、钟述孙、李永松、欧阳文、陈爱群、蒋定欧、袁作云、何樵夫、马第泰、何泗淮、何国翰、段碧江、胡克柔、黄镇中、李德生、袁觉民、赵振戎、李绍郴；主席：李绍郴（县长）。讨论事项：（1）名称定为'资兴县公祭何副军长士雄公办事处'。（2）组织：办事处设主任一人，副主任三人，总干事一人。（3）人事：推县长为主任，袁书记长（觉民）、钟议长（述孙）及李主任（德生）为副主任，何樵夫为总干事，黄镇中为总务股长，唐声铸为布置股长，樊孝伦为交际股长，黄玉圭为典礼股长，赵局长为警例股长。各股股员由各该股长物色报聘。（4）办事地点设强夫学校。（5）办公地点由总干事临时通知。（6）灵柩迎祭地点：定为枫树岭。主席：李绍郴，记录：欧阳文。

民国档案第 264 卷第 1 页载有民国三十六年七月三十日资兴县政府发出的《通知》一件，全文如下："查本县公葬何故副军长士雄公座谈会议决：'灵柩运回时，迎祭地点定为枫树岭（两口塘）'等语，记录在卷。兹据治丧办事处总干事何樵夫报称：'以何公灵柩可能于本日上午十时抵县'等情，相应通知，即希率领所属全县职员，准时齐赴上开地点迎祭，以示崇敬。"

民国档案第 253 卷第 40 页载有民国三十六年八月三日民众向县政府写的《报告》一件，全文如下：

"事由：为否认不合法定会议及公葬何副军长于龟形，请鉴核俯准以洽舆情而免意外由。一、窃本县公葬何故副军长士雄一案，前闻县府通电各乡镇公所，候提交县政会议核议。兹据外间传说，此事在何副军长灵柩未回以前，其家属早已蓄计谋取地方公葬，再夺全县风水，借以福利其子孙，故将已在前方公葬之何故副军长灵柩，不惜牺牲巨款，设法运回；复又密使本县有名堪舆何同照（此人系其同族），阳假公葬云盖仙之名，阴即指穴于地名各别之龟形小邱（丘）上。故不待县府提交正式县政会议核议，即用种种狡猾，突于本月一日朦请县府召集少数士绅会议，擅将何副军长安厝于云盖仙之议通过，实则其所择阴穴并非云盖仙山本地也。此种明取西川、暗夺荆州之阴谋诡计，不但到会士绅受其愚弄，即对县府亦太不诚，尤其值此宪典称颂还政于民之际，更不容以少数之士绅高压多数之民意。况闻龟形领土不但不属云盖仙山，且非县有公地。兹除到处广收凭证另案呈核外，特具云盖仙山与龟形略图一份呈赍鉴核，并对县府本月一日之不合法会议声明否认。二、才考我邑县志内载：云盖仙山，在县治南，为四关水口，其形圆耸如覆钟，稍左为昭德观，循右为先农坛，山巅面阳为梵刹居，我邑八景名胜之首。故自建邑以来，历数千年之久未有不修葺爱护、视为全县命脉者。即以迷信论，亦据多数堪舆云：按云盖仙为我邑县治之水口，山圆，耸若覆钟，建亭如文笔，县属秀气聚集于斯。山之另歧突出尖圆小邱（丘），成龟形状；而云盖仙山脉化（汇）聚于此，阴来阳受，穴处成窝且适成辛壬会而聚辰之格局；如以壬丙兼子午分金，则永年不败，将来发福冠于郴属六县。惜其葬后患动祝融，县治必常遭大火，全县文风逐渐衰颓，人口大伤，尤以西北南各区为甚；因气自西北，至水向东南消故也。金龙遭伤财败不知伊于胡底，灵龟被击贵显必死异乡（系出水龟）等语。今何副军长家属竟图自利风水，欲将灵柩安厝于历史悠久、关系重要且与云盖仙山不相关切之龟形岭上，只谋一家昌盛，不顾全县命脉，此种行为，假令爱护桑梓之何副军长有知，恐亦不能承认。总之，保护公私名胜古迹，早经政府三令五申，严切不可训导。公民等虽愧平民，但生长斯土，利害所在，休戚攸关。为本身计，为全县计，对于何副军长安厝该处一节，不得不秉公至诚申请否认。如其家属必以高压手段行之，公民等虽赴汤蹈火在所不惜，誓不至与此地共存亡。不止除分呈外，理合联名呈请钧会查核否认，以顺舆情。右二项谨呈：资兴县参议会长钟（述孙）。谨附略图一份。资兴县公民代表焦至荣、曾广恒、李世珍、罗厚文、刘英毅等（签字盖章者达256人）。通讯处：德春泰。"本书笔者注：这是中共资兴地下党发动民众反对将何士雄葬在云盖仙的请愿书，此书有理、有义、有节，加上数百人在现场的强行阻挠，迫使国民党当局改葬他处。

民国档案第264卷第2页载有《资兴县公葬何故副军长士雄公公葬时间、地点一览表》，全文如下："甲、追悼大会：时间：八月九日上午十时；地点：修斋新村。乙、公祭：时间：八月九日下午一时；地点：修斋新村；次序：县政府、党、团、参（议会）、县中、乐中、各公法团体；公祭后备点心证一份（凭此证赴工人福利社吃食）；题主时间：八月九日下午八时。丙、出殡（游行）：时间：八月十日上午九时；游行次序：党、国旗，万民伞，挽联，警察队，像亭，锣鼓，孝子，家属，治丧处职员，各公法团、学校，各民众团体及族、戚、友；路线：修斋新村出发，经头门口、西正街、学宫街、丁字街、莲花桥、杨公桥、管子巷、正豪街、南门外、云盖仙。丁、送葬后便餐：八月十日下午二时，地点：南正街何氏总祠。注意：集合均以摇铃为号。"

《资兴市志·大事记》记载："民国三十六年（1947）：夏，县政府欲将被人民解放军击毙而运回家乡的国民党副军长何泗（士）雄抢葬在县城南面的风景名胜地——云盖仙，激起民众的愤慨，部分进步学生组织'反对抢葬委员会'，发动数千群众对抗，迫使县政府改变埋葬地点。冬，全国著名女作家白微回家乡任县立中学教员。1949 年 6 月，白微参加中共领导的资兴地方武装斗争，任县工委创办的《资兴人民报》编辑；同年 11 月，经组织安排去北京工作。"

关于何士雄的情况，有两则资料。（1）《黄埔军校第四期同学录》中介绍："何士雄，字子溪，20 岁，政治科大队第二队，湖南资兴人，通讯地址：湖南省资兴县城内东门口瑞星楼转东乡西垒。"（2）《林彪军事生涯》中记载："（1947 年）1 月 30 日，国民党军集中五十二军赵公武部一九五师（师长陈林达）、第二师，新六军新二十二师，第六十军暂二十一师及第二〇七师各一部，在五十二军军长赵公武统一指挥下，分三路进攻南满根据地临江地区。东北民主联军开始二保临江战斗……2 月 5 日，林彪率领东北民主联军指挥部驻双城。拂晓，东北民主联军南满军区之第三纵队（司令员程世才）、第四纵队（司令员胡奇才）第十师（师长杜光华）于高丽城子、大荒沟，向国民党军第一九五师发起攻击，经一天激战，将该师三面包围。第一九五师随即向西南突围。第三纵队各部立即展开追击，歼灭其五个营。击溃国民党军五十二军陈林达部一九五师、六十军暂二十一师（师长陇耀）。歼灭第一九五师副师长何士雄少将、第五八四团长、第五八五团团长以下二千三百余人（本书笔者注：国民党军第五十二军一九五师号称'能征善战'，下辖五八三团、五八四团、五八五团）。"

民国档案第 261 卷第 117 页载有民国三十六年九月十二日《郴县参议会代电》，"电录在水竹滩建设发电厂决议案"："资兴县参议会公鉴，查本会第一届第七次常会准参议员曹光明提拟联合资兴参议会向上级请愿，在水竹滩建设大发电厂。其理由为：本县之东江上游有水竹滩者，瀑布、洪水大，如能建筑水闸，开设发电厂，其电力足以供给郴县、资兴、永兴、宜章、桂阳（今汝城）县之用。曾经资兴省参议员唐士嘉建议，尚未见证实行。本县为湘南重镇，工亟待发展，而境内无以洪水、瀑布足供大量发电。爰以联合资兴参议会向上级请愿，利用日本赔偿及联合国救济物资建设水竹滩发电厂。经提交第四审查委员会审查，签具意见，拟照案通过。并经本次常会第八次会议建字第一案议决，照审查意见通过。现呈请湖南省政府及湖南救济分署，请求发给大量日本赔偿物款及联合国救济物资，俾资建设外，相应电请贵会照一致主张，并希见复为荷。议长李大梁。"

民国档案第 261 卷第 119 页载有民国三十六年九月十二日《资兴县参议会代电》，"水竹滩开设电厂，本会长同意，特复"："湖南省参议会赵钧鉴、郴县参议会李议长勋鉴：本县水竹滩至头滩一带（三滩十二浪）水流湍急，滩势险峻，仅次三峡。中央及本省，早有筑闸发电之拟议，第固时局影响未克兴办。本会第一次大会，曾议决呈请省政府及救署与水利委员会拨资开发……"

民国档案第 264 卷第 13 页载有民国三十六年元月十六日至四月十日"局长赵振戎"的《资兴县警察局工作报告书》，其中的"一、编制情形"中说："本年元月，奉湖南省政府核定，机构为三等警察局，一丙等警察所，二分驻所，三派出所，五警察中队，一共设警官职员三二员，警长警士三〇八名，夫役四八名。因经费困难，现仍如去年：只有警官职员一七员，警长警士一二四名，夫役一七名"……其中的"三、武器管理情形"中说："本局共有步枪 140 支，马枪 32 支，重机枪 1 挺（已坏），轻机枪 1 挺，手提机枪 1 支，驳壳枪 11 支，左轮枪 3 支，各种弹药共 3726 发。上项枪支出均属超过使用年龄，零件不齐或为整个废坏不能用。鉴于治安之重要，经承办府稿，于三月十七日以伟局耀总字第 93 号呈请警务处，拨发步枪 100 支，手枪 30 支，并按基数配发相当弹药。可否获得，尚待核示。"其中的"六、请求变更警区情形"中说："复兴乡三都于抗战期间设有湘南煤矿局，筑有轻便铁道，员工数千，分子复杂，为治安秩序计，故当时设有警察分驻所一所。现煤矿局停办，铁路破坏，致该地已复往昔之冷落，已无设该所之必要。而东江为本县出入之孔道，近以木业繁盛，商旅云集，人口众多，分子复杂，已不逊于抗战时期的三都，且该地仅设警察派出所一所。已于三月二十六日将三都与东江所设机构互相对换……"其中的"十二、剿匪情形"中说："本县自抗战以至胜利，匪患甚少发生，乃由人民过去受匪之害深刻脑际，嗣后有匪即报，以致匪徒无处藏匿而绝迹。今年三月十六日始又有匪徒三人，由汝城窜来至二都乡之敷（副）滩，劫抢行人。事为黄草坪警察所得悉，乃派警深夜进剿，卒于白石坑击毙匪徒一人。因警力单薄（仅有长警 10 人，出发 6 人），武器低劣，致未完全捕灭，殊为遗憾……"

民国档案第 271 卷第 1 页载有民国三十六年编制的《郴县永康乡第二保联保联坐切结（禁烟）》，其中的地名如后：马冲、栗岭背、茶元冲、井斋坑、台斋上、凉卜（婆）亭、株树下、大岗洞、塘冲、塘堰头、大湾头、墙头坳、楂岭头、丝毛坳、朝卜垅、草坪头、斋坳、康家坪、深塘、浅塘。第 36 页载有"国民大会代表选举人名册第一保"，其中的地名如后：竹园下，高塘，浅坪冲，一甲村，黄泥堪，寨脚，圳头门，新屋墙，党上，深江，巩（拱）桥上，偏上，龙厦，李家坪。第 83 页载有"第六保国民身份证名册"，其中的地名如后：双元坪、龙边上、仙家背、梨花村、泉水坪、坳上塘、洞头、偏上、石园头、路头社、里竹山、下麻垅、黄牛颈、上麻垅、棕叶垅、杨家、石排、庙背垅、锯木垅、挂板山、新屋里、棕叶垅、排上、塘头堰、鸡冠寨、下茶坪、桂花垅、曾家、八丘头、劳皮庵、高堡垅、梨枝树下、杨梅垅、万鼓山、老鼠柴、新屋图。

民国档案第 275 卷第 58 页载有"县长李绍邺"的《资兴县政府代电》（民国三十七年三月九日，绍军计财字第 8259 号），其内容为："事由：为经本府第十五次县政会议决定，接收省干团赠送之白枕套轮报代处理办法。"

《潇湘晨报》2014 年 1 月 15 日《资兴发现民国年间"户口簿"》的报道中说："本报郴州讯：1 月 13 日，资兴市档案工作人员在清理老旧档案时，发现一本封面题写《中华民国国民身份证》，相当于现在'户口簿'的珍贵印刷品。这本民国三十六年颁发的'户口簿'，为中间对折白色硬纸，展开高 109 厘米，宽 158 厘米。封首上方，印有正楷繁体汉字《中华民国国民身份证》；下方印有户籍所在的省、县地名，持证人姓名、性别、出生年月、本籍、号码和颁证日期。折簿第 2 页，记录户主的教育程度、个体特征，第 3 页记录户内人员的称谓、姓名及户主的服役登记，第 4 页记录具体居住地址如乡镇、保、甲、户。根据上面的文字记载，这本'户口簿'为民国三十六年资兴县政府颁发给资兴县程水乡第 8 保第 1 甲第 16 户李墨昌的《国民身份证》，颁证时间距离今天已达 67 年。目前，这本'户口簿'妥善保管在资兴市公安局档案室。（通讯员朱孝荣、宋光明）"本书笔者说明：李墨昌是民国九年（1920）资兴籍青年学生第二批赴法国勤工俭学的学生；1946 年任国民党资兴县党部监察委员。

32. 鲁倬昌：民国三十七年（1948）3 月 11 日任代理县长，1949 年 1 月 24 日离任。宁乡人

《资兴市志》第五篇第二章"政府"第二节《县政府·民国时期资兴历任知事、县长表》记载："县长鲁倬昌：籍贯：湖南宁乡；任职时间：民国三十七年 3 月至三十八年 1 月。"

鲁倬昌任县长的时间为"自 37 年三月十一日至 38 年元月二十五日前一日止。"

民国档案第 275 卷第 73 页载有县长鲁倬昌的《资兴县政府代电》（民国三十七年三月十一日，安府秘字第四号），其中说："事由：为电告接印视事日期请查照由。奉湖南省政府三十七年二月二十四日府人一字第〇四九七三号派令开：'兹派鲁倬昌代理资兴县县长。'奉此，遵于本月十一日接印视事。"

资兴市档案馆民国档案第 312 卷第 27 页载有《伪资兴县政府》（资兴县革命委员会人民保卫组、中国人民解放军资兴县公、检、法军管小组 1969 年 6 月编印的综合材料）记载（摘要）："县长鲁倬昌（宁乡人，已枪决）：从民国三十七年起到 38 年 2 月止。""主任秘书杨一鸣（长沙人），助理秘书鲁岳岩（宁乡人），军法秘书金国翰（长沙人），特种会报秘书何双栋（二都人，已枪决），督学曹继泉（旧市人）、段鹏程（廖市人），县政指导员杨师项（黄草坪人）、蒋国祯（湘乡人），科长陈时若（嘉禾人）、曹树声（廖市大坪人）、许世袭（州门司人）、何国翰（州门司白筱人），主任李剑夫（城厢竹园背人）、袁南淮（廖市人），指导员朱忠燕（渡头秀流人）、胡明言（汤市下堡人）、黄秀章（廖市人），县中校长兼委员程任义（香花石鼓人），女校校长兼委员何应德（厚玉大队人）。"

民国档案第 275 卷第 72 页载有县长鲁倬昌的《资兴县政府代电》（民国三十七年三月二十二日，安府秘字第 23 号），其中说："事由：以后拍发电报一律改用密码。"

民国档案第 275 卷第 71 页载有县长鲁倬昌的《资兴县政府代电》（民国三十七年三月二十四日，安府秘字第 52 号），其中说："事由：为电请担任本县自卫队饷械筹、监委员会委员。"

民国档案第 275 卷第 59 页载有县长鲁倬昌的《资兴县政府代电》（民国三十七年四月十四日，安府秘字第 102 号），为"资兴参议会举行第一届第七次大会"庆贺。

民国档案第 277 卷第 5 页载有《资兴县党政参各机关暨各公法团组织戡乱建国动员委员会联席会议（记录）》："时间：民国三十七年四月二十四日；地点：县参议会。出席人：县长鲁倬昌，青年党县党部主任委员袁南彬，国民党县党部书记长袁觉民、聂景涛代，县自卫总队副总队长陈弟情，筹监委员会副主任委员何世承（代），商会理事长李永松，参议会议长钟述孙（代），主席：钟述孙、何樊斋代。会议议决：戡乱建国动员委员会设委员九人，推县长鲁倬昌、钟议长述孙、袁书记长觉民、袁主任委员南彬、陈副总队长弟情、何副主任委员世承、李理事长永松、程校长任之、樊馆长策为委员。"第 7 页和第 8 页中记载："定于本日（廿九）下午一时在参议会（蔡家大屋）召开本县戡乱建国动员委员会成立大会。大会议决：本会会址设参议会；设秘书 1 人，干事 2 人；经费由筹监委员会核实支给。"

民国档案第 287 卷第 17 页载有"民国三十七年八月二十日"发布的《湘南煤矿局资兴矿厂代电》（兴复第 113 号），其中说："奉敝总局本年七月卅一日南复字第 1059 号委任令开：委刘镜蓉为本局采矿工程师兼资兴矿厂厂长。奉此，遵于本年八月一日接钤视事。"——刘镜蓉，见《中国煤炭·湖南卷》第十一篇"人物"第一章"人物传略与人物简介"。

民国档案第 292 卷第 119 页载有《资兴各界庆祝三十八年元旦纪念筹备会纪录》："时间：卅七年十二月廿二日下午二时；地点：县政府，出席人（略），主席：鲁倬昌。"

民国档案第 292 卷第 121 页载有《资兴县政府同事录》（三十八年一月编印），第一名为"鲁倬昌：男，别号少安，年龄三九，籍贯宁乡，通讯处：长沙南门外祝成岗七号安庄"。（1）秘书室设有 18 人：主任杨一鸣：男，四十二岁，长沙人，长沙天心街八号。秘书金国干：男，六十岁，别号逸林，长沙人，长沙文星桥十二号……（2）第一科设有 7 人，科长陈时若：男，三十一岁，别号惠生，嘉禾人，通讯处：桂阳石市邮转潭湾。（3）第二科设有 14 人，科长曹树声：男，四十五岁，别号念光，资兴人，通讯处：永兴转蓼江市寺加下。（4）第三科设有 5 人，科长许世袭：男，三十七岁，资兴人，通讯处：资兴县城福安商店转七都乡州门司。（5）会计室设有 6 人，主任李剑夫：男，二十九岁，别号湘基，资兴人，通讯处：资兴县城小巷口胜昌号转。（6）合作室设有 5 人，主任袁南淮：男，三十五岁，别号润晨，资兴人，通讯处：蓼江市转。

民国档案第 293 卷第 18 页载有县长鲁倬昌的《资兴县政府工作报告》（民国三十七年八月至十二月份），其中"建设部门"说："一、架设乡村电话：查本县各乡镇电话自三十三年沦陷后，完全被敌寇及散兵破坏无余。三十四年复员后，仅完成郴侯、程水、昌平、保民四个乡的电话，其余限于财力延未架设。本年八月，省农建公司发还本县粮食库券股本息计法币七十余亿元，由县参议会交县自卫队饷械筹监委员会派人赴省领取，立即购买电线器材到县，由本府饬令技士星夜率领技工将复兴、凤凰、二都、七都等四乡电线架设完竣，现已通话。其余永正电话线正在赶架，于本年底全县各乡镇电话网均可完成。"

民国档案第 300 卷第 18 页载有民国三十八年二月四日《资兴县自卫总队部代电》（文情参字第 1 号），其中说："奉湖南全省保安司令部本年元月十二日命令开：'派陈弟情为资兴县自卫总队部中校总队附。'奉此，遵于二月一日就职。资兴县自卫总队附陈弟情。"

民国档案第 302 卷第 37 页载有《湖南省资兴卸任县长鲁倬昌任内职员姓名交待清册》，在《职员姓名册》下注明："自三十七年三月十一日至三十八年元月二十五日前一日止。"主任秘书杨一鸣：四十三岁，长沙人，民国三十七年三月任职到三十八年元月二十五日前一日止……共计 53 人。《名册》之后（第 40 页）记载："中华民国三十八年元月二十五日：新任县长潘余文、卸任县长鲁倬昌、监盘人向寅、经办员许泽民。"这本移交《名册》，清楚地记载了"县长鲁倬昌"的任职时间："自三十七年三月十一日至三十八年元月二十五日前一日止。"

民国档案第 300 卷第 15 页载有民国三十八年二月九日《资兴县自卫总队部代电》（文情参二字第 6 号）。事由："电送前鲁（倬昌）兼部队长任内经管武器弹药交接清册请查照核对见复由。"（正文）："资兴县饷械筹监委员会公鉴：案准本部前任兼总队长鲁倬昌三十八年二月二日资安翰参移字第〇〇七号咨：'查本兼任内经管武器弹药，兹值交卸，相应造具移交四柱清册一份，咨请新任查收，惠复为荷。'附武器弹药清册一份……咨复，（县长）兼总队长潘余文。"

《资兴市志·大事记》记载："民国三十七年（1948）：2月，中国青年党资兴县党部成立。翌年10月，被人民政府取缔。6月19日，郴州至资兴公路（土路）试车。20日上午，第一辆以木炭做燃料的卡车开进县城。7月，因通货膨胀，县城发生群众拒用5000元等4种面额的'金元券'风波，县政府出动军警干涉，强迫群众使用，引起群众的强烈愤慨。9月20日，中共资兴县西北区支部在木根桥田心村（秘密）成立，陈传春为支部书记，隶属中共湘南地委领导。党支部发动群众，为开展武装斗争做准备。11月，粤赣湘边人民解放总队北上先遣队第一大队进入资兴，在青田、雷正、六和（今青腰、东坪、黄草）一带发动群众，开展反'三征'（反征兵、反征粮、反征税）的斗争，并积极组建县内人民武装。11月，民主社会党资兴县筹备委员会成立，至1950年自行解散。"

关于鲁倬昌：鲁传先写作的《鲁涤平的另一面》中说："1935年元月，鲁涤平因脑出血病逝于南京。妾沙佐安在鲁涤平死后痛不欲生，跳楼自杀，年仅26岁。鲁涤平死后，国民政府发给两万银圆治丧费。当鲁涤平盛大的出葬行列来到去鲁氏祖山必须经过的一座小石桥前，只见桥毁路烂。原来，他家乡一些人听到他的灵柩要经过这里，连夜将桥拆掉，把路挖烂。当时，只好在桥下临时开出一条路通过。这毁桥挖路的原因是鲁涤平任湖南省主席时，不但拒绝许多家乡人向他求官找事做，还因上述长沙南湖湾的码头秉公未判给道林船帮的宿怨，使一些家乡人怀恨在心，就演出了上述一幕。鲁涤平墓建在宁乡大屯营附近的铁皮塘，由县人题联墓庐：'是诚忠孝人，伟烈待扬太史笔；安得廉耻将，清风凭吊少陵诗。'国民政府主席林森题其墓道联为：'勋留党国。'监察院长于右任草书其墓前华表联为：'遗爱越溪山，开府英姿云飒爽；元勋湘部曲，将军故垒鹤归来。'其墓于'文革'中被毁。鲁涤平一生从军从政以清、慎、勤三字自勉，财政公开，不任人唯亲。鲁涤平夫人丁静安，生有独子鲁倬昌，字少安，又称恩六。早年留学日本，学政治。曾先后任湖南省嘉禾、资兴县县长。湖南和平起义后，鲁倬昌辞职回长沙南门外碧湘街祝崴岗巷原鲁涤平公馆，随后携家属回宁乡道林老家杜公塘居住。土改前夕，鲁倬昌在家乡已感到压力，曾到长沙拜谒萧劲光，萧提议要他去北京见李富春要求参加学习。鲁倬昌在回乡安排家中老小生活和准备川资赴京时，适逢土改开始，不久即被枪毙。时年仅 37 岁。临难时，曾呼：'冤枉啊！冤枉啊！'鲁倬昌有三子一女。鲁涤平侧室沙佐安自杀后，遗有两子：鲁伟昌、鲁伦昌；两女：鲁申之、鲁钱之，当时都年幼，丁夫人抚育如己出。鲁涤平的子孙均在大陆。"

33. 潘余文：民国三十八年（1949）1 月 25 日任县长，同年 6 月 15 日离任。平江人

《资兴市志》第五篇第二章"政府"第二节《县政府·民国时期资兴历任知事、县长表》记载："县长潘余文：籍贯：湖南平江；任职时间：民国三十八年 1 月至 5 月。"

民国档案第 312 卷第 27 页载有《伪资兴县政府》（资兴县革命委员会人民保卫组、中国人民解放军资兴县公、检、法军管小组 1969 年 6 月编印的综合材料）记载（摘要）："县长潘余文（平江县城西街，劳改释放）：从民国三十八年 2 月起到 38 年 5 月止。""主任秘书李荃蒲（平江人，1952 年在长沙被杀），军法秘书曹敏求（长沙人，在省机械工业局工作），党政军团特会报会秘书何泗怀（何家山西垒人），县政督导员杨师项（黄草坪人）、蒋国祯（湘乡人），民政科长张蔡（外籍），财政科长曹树声（大坪人），建设科长李亮生（廖市人），教育科长许世袭（州门司人），军事科长何国翰（州门司白筱人），会计室主任李剑夫（城厢竹园背人），督学黄维泉（青市人），合作指导室主任朱忠圣（渡头秀流人），指导员朱忠燕（渡头秀流人）、唐秀彰（廖市人）、胡明言（汤市下堡人）。"

民国档案第 292 卷第 42 页载有民国三十八年二月二十六日《资兴县政府代电》（文一字第 556 号），其中说："本县参议会黄议长勋鉴：贵会议长改选结果……黄鸿当选。兹奉民政厅电悉，当选证书丑冬封发。希即先行到会主持会务为荷。县长潘余文。"第 43 页载有民国三十八年二月二十八日《资兴参议会代电》，其中说：原参议长钟述孙与新议长黄鸿"准定三月一日上午十时在本会举行交接典礼"（黄鸿任议长、何泗贤任副议长）。

民国档案第 277 卷第 48 页载有资兴县政府聘书一份，其中说："曹只常先生惠鉴：刻下二都永正、昌平各乡鼠子锋起，风鹤频惊，国家粮仓竟被抢劫，中产之户惨受勒捐，言念前途不寒而栗……先生地方贤达，特敦聘为本县自卫

总队部顾问。县长潘余文。（民国三十八年）四月十五日。"

民国档案第 287 卷第 90 页载有"通讯员何懋斋"手写的《资兴一度发生严重金融风潮》：（民国三十八年）"［资兴通讯］本县七月中旬，市面拒用五千元钞，县政府曾出示布告，应绝对流通，然未生效。唯以五千元钞票筹码不多，亦未发生若何严重现象。迄月底，万元钞又遭拒绝使用，县政府为维持金融，令饬警察局强迫使用。警察局亦出示布告，不准人民拒用万元钞，并组织经济警察队，在市面巡逻、干涉。卅日曾有卖瓷器之挑贩，因拒用万元钞被抓住游街。其他因拒用万元券发生之纠纷一日数起，然均系与小商贩及卖农产物如蔬菜、苞谷等贫苦阶级发生者，而大商店则虽拒用，亦未发生纠纷。政府人员对万元券亦多拒用，以致引起舆论界之不平。本县报纸曾为文批评。八月五日，参议会第八次大会开幕，下午预备会中，各参议员鉴于当前金融风潮严重，曾提出讨论，有主张搭成使用，以维市面金融者；有主张任其自流，以免外县万元券流入者；有主张金融机关——省银行资兴办事处交流收兑者。各抒己见，莫衷一是。次日上午，二万元券钞及四万元券钞亦成问题，于是市面金融略呈骚动。到下午，情势极度紧张，持二万元及四万元券者纷纷抛用，物价顿时剧烈波动，一日之内，有涨二分之一者，有涨一倍者。大小商人激增，平日每日收入不达百万元之小商店，一日之间竟达一二亿之数。有一卖豆油之挑贩，一担豆油不旋刻即售卖殆尽，所获二万元及四万元钞亦为一担。县政府以情势险恶，于下午六时召集各机关各公法团谈话会，县商会、工会及各同业公会均被邀出席。金以省垣方面，对五千元券尚一律通用，本县使用二万元四万元券亦存歧视，殊不合理。况以情势论，并非对二万元及四万元券绝对怀疑，而系借口抬高物价，显系奸商作祟。爰经议决：万元券搭成使用，银行更予以便利，二万元及四万元券绝对流用；否则，依法论处。今后如需调整办法，需先由县商会呈请县政府会商决定。次日，县政府录案布告，并由各同业公会出席人员多方开导，此项金融风潮始渐趋平息。呈议长。"县参议长钟述孙批示（手书）："加盖关防，核正后即缮寄省参议会会刊编辑室。"

民国档案第 300 卷第 5 页载有民国三十八年四月二十日"向县参议会第十次大会"写的《资兴县自卫总队部工作报告书》（油印件），其中说："查本部自卅六年十一月奉令成立以来，迄今因时局动荡，本县东南边境匪氛日炽，虽经竭力捍卫，惟恨于兵力过小，财源枯竭，械弹低劣。因此，部队补给尤感困难，每有顾此失彼之虑"……"治安：本年三四月间，由汝桂边境窜扰本县之二都永、正各乡股匪人枪五十余，先后在罗洞口、东坪等地劫抢田赋实物，经本队派常备自卫队由李中队长子才率领前往，并会同驻黄草之警察中队同时夹击。该匪于本月三日乘黄草坪空虚，企图袭击。该地警察所幸事前洞烛（悉）其奸，盖驻黄草坪之警察早已占领碉堡，稍有接触，即行退窜，故匪卒未得逞。四月十四日，复拨警察中队李队长永茂，及黄草坪警察所所长曹伴林报称，该匪本月十四日拂晓，抢劫永正乡所属之仙殿桥居民何炽家及丰溪居民谢长养家寄存之田赋谷。查此次共匪抢劫者，多系眉溪老百姓，仅极少数向坪头江挑去。据事后调查，通眉溪地方之道路漏谷颇多，通平头江道路漏谷极少也。本部得悉后，令饬警察中队、警察所继续搜剿，并令切实调查、严密戒备外，同时于本月十五日令饬渡头市之自卫分队王分队长星夜驰往协剿，并指定部队概由李永茂指挥。惟本县限于兵力单薄，且补给困难，故有此剿彼窜，使进剿疲于奔命。今后应请大会极力筹充给养，并增加两个常备自卫中队……"

民国档案第 301 卷第 15 页载有民国三十八年四月二十九日向"资兴县参议会"发出的《资兴田赋粮食管理处代电》。"事由：为匪劫赋谷一案请会同派员前往查明，以凭核办。"其中说："渡头处赋谷计已被劫者四起，一为罗洞口于四月一日晚劫去二四五（245）——六八五（685）石，一为仙殿桥于四月十四日晚劫去二二一（221）——三二〇（320）石，一为丰溪于四月十四日晚劫去六〇（60）——一〇〇（100）石，东坪分仓于四月十四日晚劫去二二（22）——五六（56）石，合计匪劫七三九（739）——六七三（673）石。亟待派员前往核实。"

民国档案第 300 卷第 29 页载有民国三十八年五月七日《资兴县自卫总队部代电》（文情参一字第 185 号）："事由：为本县土共大肆猖獗，本县自卫武力太弱，前车之鉴，着即成立常备自卫分队一分队备守本县青要墟，希查照惠复由。"正文："资兴县参议会公鉴：查本县边区土共横行，治安堪虑，只以现有一个中队之兵力实属防备难周。旬前黄草坪吃紧，已将整个自卫中队及警察中队星夜驰援，城防空虚，致有永正乡公所遭劫之不幸事件发生。现本县青要墟防务重要，兵力不敷分配，深恐再陷履辙，已经定编制编组常备自卫一分队驻守该地，借保治安。相应电请查照赐予同意，并函筹监会照办为荷。县长兼总队长潘余文，总队附陈弟情。"

民国档案第 300 卷第 30 页载有民国三十八年五月十日《资兴县自卫总队部代电》（文情参二字第 193 号）："事由：准县参议会为添购武器一案电请查照办理由"："资兴县自卫总队饷械筹监委员会：案准本县参议会本年五月六日代电开：案准贵部交议，拟请衡阳警备司令部代购武器，充实本县自卫队力量。经本会第十次大会第五次会议议决：1. 添购轻机枪四挺，连同自卫队原有一挺，警察局原有一挺，合计六挺，以每一分队配备轻机枪一挺为原则。2. 添购快慢机、驳壳五支，驳壳弹一千发。3. 除动支自卫经费预算内所列枪械购置费外，余遵以上令动支中央旧欠赋谷等办理⋯⋯县长兼总队长潘余文，总队附陈弟情。"同卷第 38 页载有《资兴县自卫总队部请代购武器数量表》："七九步枪二五〇支，七九子弹二五〇〇〇发，轻机关枪五挺，轻机关枪子弹四〇〇〇发，十发驳壳枪一〇支，驳壳枪弹二〇〇〇发。

民国档案第 300 卷第 24 页载有民国三十八年五月二十六日《资兴县自卫总队部代电》（文情参二字第 222 号）："事由：电复试枪子弹壳六十发及驳壳弹五发，已铸制通条，请提会核销。"正文："资兴县自卫队筹监委员会：（内容见'事由'）⋯⋯县长兼总队长潘余文，总队附陈弟情。"

民国档案第 302 卷第 46 页载有《湖南省资兴县卸任县长潘余文任内经管仓储积谷交待清册》，"自卅八年元月二十五日到任起至同年□月□日交卸前一日止"。第 47 页的《资兴县各乡镇仓储积谷一览表》则注明为："中华民国三十八年六月十五日。"**这说明：县长潘余文的任职时间为"自 38 年元月二十五日起"到六月十五日止。**

民国档案第 307 卷载有民国三十八年编印的《乐城初级中学同学录》，其中记载："潘余文：37 岁，男，别号公樵，平江县人，民国中学毕业，曾任永明县长，现任本县县长，现为本校教员，所教课程：公民，通讯处：平江西门潘家大屋。"

关于潘余文：《野火烧不尽，春风吹又生——抗日烽火中的平江教育掠影》中说："三高师生——湘鄂赣边区总政宣传队主力。1938 年 7 月，三高教师徐业斌、潘余文、凌尚武、汤远德、陈玑、彭解春、周政令、潘湘贤等在湘鄂赣边区总部政治部搞宣传工作。队长潘余文，吴丹尼任宣传科长，学生参加的有邱柱才、张柏如等。政治部设在献冲，先在献冲学习四十多天后，再开往江西铜鼓等地。宣传队员身穿列宁装的军服，在修水县城演出《放下你的鞭子》《黄河恋》《电线杆子》《三江好》等节目，揭露日本残暴的罪行。还参加伤员救治工作，在伤员转运站服务，发动群众搞担架，到士兵中去教歌，办墙报，墙报内容有漫画，有文章，全部采用群众喜闻乐见的形式宣传抗日。"

《资兴市志·大事记》记载："民国三十八年（1949）：4月5日，在北上先遣队的支持下，雷正乡（今东坪）大水口胡显志发动当地农民成立游击队，转战在雷正、永安（今龙溪）一带。同月中旬，游击队正式改编为'粤赣湘边区人民解放总队北上先遣队资兴武工队'。4月中旬，中共资兴县工作委员会成立（陈传春任工委书记）。"

34. 郭拥民：民国三十八年（1949）6月至7月任县长。资兴东江人。7月10日被中国共产党领导的武工队活捉

《资兴市志》第五篇第二章"政府"第二节《县政府·民国时期资兴历任知事、县长表》记载："县长郭拥民：籍贯：湖南资兴；任职时间：民国三十八年5月至7月。"

资兴县档案馆民国档案第312卷第27页载有《伪资兴县政府》（资兴县革命委员会人民保卫组、中国人民解放军资兴县公、检、法军管小组1969年6月编印的综合材料）记载（摘要）："县长郭拥民（鲤鱼江人，已枪决）：从民国三十八年5月起到38年7月止。""主任秘书宋滢（廖市人），继任主任王祯德（鲤鱼江人），助理秘书王敬恕（鲤鱼江人），军事秘书袁振刚（汤市人，劳改），党政军团特会报会秘书何泗怀（何家山西垄人），县政指导员郭卫民（东江人），民政科长李为干（旧市人），民政代理科长黄常弼（城厢山海大队人，现住长沙），建设科长李亮生（廖市人），教育科长许世袭（州门司人，劳改中死亡），军事科长何国翰（州门司白筱人），会计室主任李剑夫（城厢竹园背人），合作室主任朱忠圣（渡头秀流人），合作室指导员唐秀章（廖市人）、胡明言（汤市下堡人），无线电台领班何志番（旧市人）。"

民国档案第287卷第93页载有"湖南省警察训练所第三分所大队部、教务室、事务室、会计室各同仁"写于"十一月二十五日于冷水滩"的《快邮代电》，其中说："查本分所教育长郭拥民，人格卑鄙，目无法纪，贪污渎职，以饱私囊，自本年四月接事以来，利用职权，对于僚属采取高压手段，愚民政策，举凡吃缺、假公济私，无孔不入。一、吃员警空缺……二、私自动用公款经商贷息……三、扣饷不发图私利……四、伪造单据浮报公款……"

民国档案第300卷第22页载有民国三十八年六月六日《资兴县自卫总队

部代电》（民情参一字第 244 号）："事由：电送本部夺获匪枪一支及手榴弹四枚请查照，并请将此次战斗损坏枪机二个、消耗子弹九百三十粒提会核销。"正文："本县饷械筹监委员会：本部常一中队本年六月四日报告称，窃职奉令于本月三日上午四时出发，向渡头司之匪进剿，八时到达渡头司，发现匪张贴之标语，满市询问匪踪。据报，该匪已于昨（三）晚半夜在渡头司张贴标语，该匪向吉榴（洁瑀）方面窜扰。职为明确匪情，绥靖地方，当即率部尾踪进击。经吉榴东头坳直抵爻山，发现数倍于我之匪盘踞该地四周高山上，准备于是日夜间来攻旧市。职为击破土匪企图，遂率部猛攻，官兵士气旺盛，精神抖擞，奋勇前进，努力杀敌，对抗约三小时，当即毙匪三名（内有中队长周厚成一名），途中生擒一名，击伤六名，获七九步枪一支，俄式手榴弹四枚。至下午三时，战斗结束，检查本队官兵无伤亡，损坏步枪机二个，消耗手榴弹五枚，轻机枪弹二百五十二发，步枪子弹六百七十八发……兼总队长郭拥民，总队附陈弟情。"

民国档案第 305 卷第 24 页载有民国三十八年七月三十一日的《资兴县邮政局公务呈文》（收文者：湖南邮政管政局，抄送：郴县、桂东局，事由：关于邮运事项）："一、资兴县城业经中央军于七月卅日上午五时予以克复，职局员工饱受惊惶。二、据口头通知：'不准与解放区通邮。'故自昨日起暂行停开桂东班与王家渡班，同时为安全计，郴县班将依据事实发班，钟点将有更改（所有邮件在东江仍有停留）。"

《资兴市志·大事记》记载："民国三十八年（1949）：5 月，（中共）县工委组建'资兴县西北区武工队'，活动于桃源（今七里）、湘源（今蓼江）一带。6 月 4 日，经中共湘南工委批准，县内两支游击队合编为'粤赣湘人民解放军湘南游击司令部第三大队'，大队长何奇，指导员陈佳春。6 月 26 日，县工委创办《庶民报》，李世贤任报社社长兼总编辑。报纸散发到全县各游击队、各区乡和邻近县。7 月 4 日，在县工委策动下，国民党资兴县自卫总队副总队长陈弟情，在旧市率部起义。队伍改编为'粤赣湘人民解放军湘南游击司令部资兴解放大队'，大队长陈弟情，指导员陈家麟。7 月 10 日，湘南游击司令部一大队、三大队和县内人民武装联合攻克县城，活捉县长郭拥民，建立资兴县军事管制委员会，萧昶任主任，袁漫游任副主任。"

《古代至建国前郴州大事记》中记载："民国三十八年（1949）7 月 10

日，资兴（陈弟情）起义部队配合湘南支队资兴武工队、湘南游击司令部南区指挥所一部，攻克资兴县城，活捉县长郭拥民，建立县军管会，萧昶任主任。后遭强敌反扑，被迫撤离。"

互联网 2008 年 8 月 12 日发布的《黄埔生中的湖南人》"黄埔军校第六期学生第一总队炮兵第三中队"："郭拥民，湖南资兴东江保生堂转（联系地址）。"

35. 何樵夫：民国三十八年（1949）8 月 22 日任县长。资兴何家山人。1950 年 2 月中旬，活动在何家山乡西垒、百加、两江地区，最后在白灵庵附近的战斗中被击毙

《资兴市志》第五篇第二章"政府"第二节《县政府·民国时期资兴历任知事、县长表》记载："县长何樵夫：籍贯：湖南资兴；任职时间：民国三十八年 8 月。"

资兴档案馆民国档案第 312 卷第 27 页载有《伪资兴县政府》（资兴县革命委员会人民保卫组、中国人民解放军资兴县公、检、法军管小组 1969 年 6 月编印的综合材料）记载（摘要）："县长何樵夫：从民国三十八年 8 月起到 38 年 10 月止。""副县长董守家（东北人），主任秘书袁国基（大波水人，已枪决），军事秘书李济元（城厢排塘人），机要秘书何昌琼（何家山西垒人，劳改就业在耒阳煤矿），助理秘书黄存心（坪石大富人）、欧阳文（山海杨柳塘人），顾问蔡道彰（城厢人），民政科长欧阳文（山海杨柳塘人），财政科长蒋定欧（城厢人，已枪决），建设科长黄常尧（鲤鱼江人），教育科长欧阳光（青市人，外逃），教育督学黄仁荣（青市人），军事科长萧圣相（烟竹坪人，已枪决），会计室主任李世清（城厢朱家坪人）、会计室副主任程大源（香花石鼓人）。"

何樵夫原为六和乡、昌平乡的乡长。

民国档案第 205 卷第 22 页载有"县长何子伟"于民国三十四年三月十九日发布的《资兴县政府命令》（伟民字第 2410 号）："任免六和乡长：一、六和乡长袁居南辞职照准。二、派何樵夫为六和乡长。三、该卸任乡长袁居南应即将铃记（印）及任内经管器物、枪弹武器、书册表籍移交。四、该新任乡长应即日到差具报。五、派本府指导员杨师项为该乡新旧乡长移交监督员。"

民国档案第 208 卷（本卷未编页）载有民国三十四年四月十六日《资兴县国民抗敌自卫团六和、鼎新联乡大队部代电》（樵字第 1 号）："案奉资兴县国民抗敌自卫团司令部本年三月十日部雄山民参字第二六〇一号命令开：'派六和乡长何樵夫兼六和、鼎新、西里联乡大队长。'奉此，谨遵于本年四月一日正式履新视事。兼大队长何樵夫（印）。"

民国档案第 208 卷（本卷未编页）载有民国三十四年六月二十日《资兴县国民抗敌自卫团司令部训令》（雄山参字第一九七号），其中说："奉湖南省第三区行政监察专员保安司令公署卅四年六月五日已微战专战字第〇五八五号代电开：'辰有军代电悉，六和乡（长）兼自卫队长何樵夫认真清剿，击毙匪首黎朝亲等三名，并夺获手枪等项，殊堪嘉慰，应予传令嘉奖……'"本书笔者注："雄山"系资兴县县长兼县自卫团团长何子伟的代号。

民国档案第 244 卷第 72 页载有民国三十五年十一月二十五日昌平乡第二保公民萧为、黎承鉴写的《报告》："事由：为昌平乡长何樵夫包办选举，共同舞弊，并制造纠纷，诬告良善，呈报事实，恳转请专案依法讯办，以伸民意由"；"窃民等于本月二十日奉召集合于四板桥（本书笔者注：今青腰镇团桥村）戏台下开会选举本昌平乡新编第二保保长，而乡长何樵夫派其忠实走狗樊嘉谟随带枪兵二名莅场监选。首先当众报告，略谓此次选举保长虽由民选，可是乡长不愿意之人，可随即撤除，大家要注意云云；又除乡长指派人员外，其余均不准上台。选举开始后，凡选民所投之票，由收票人黄贤才逐一开视，然后投入票箱；幕后则暗布记录人员，视收票人所表示之暗记（何泗杰票则用头一偏，李永汉票则用力向箱一插）分别记录被选举人之票数。及至选举将毕（只余二甲），监选人樊嘉谟见其孕育之保长何泗杰不能当选，目使早已预备之蛮棍李顺修、福修、孔修兄弟三人，借故哄闹，急冲上台，由顺修将乡长预先填写何泗杰之伪票一大束插入票箱，随将民众所投李永汉之票抓出一把。民等众目昭彰，见此当众公然舞弊情形，即向监选人樊嘉谟及大会主席黄贤才以合法请示。讵樊嘉谟不但不予接理，反大骂吼吓，并唆使枪兵下台捕拿发言之人，因此激动众愤，群情大哗，会场秩序紊乱。李福修又以手持乡长预备舞弊填好何泗杰余存之伪票四十张，乘势插入，被人拿得（当庭呈验）。见事败露，神情慌乱，乃由樊嘉谟指使乘风殴打，捣乱会场，撕毁选票。幸经青年团区队长周书明（由原八九保保长函请参加指导，党区分部书记已请未到）在场，竭力排解，致未酿成惨祸。渠等随向何乡长报告云，系李永汉主使行凶，做成圈套，一面用轿将受微伤之两个送县，一面星夜派枪兵六名由嘉谟率领，直向李永汉围捕。如临大敌，用绳索将李永汉捆吊，多方受辱，故意弯路一日一夜始到县城报案……谨呈：资兴县参议会议长钟（述孙）。"

民国档案第 263 卷第 6 页载有民国三十六年元月十日资兴县参议会议长钟述孙发出的《资兴县参议会代电》（草稿，资参秘字第 274 号），其中说："资兴县政府公鉴，准昌平乡第二保公民萧为等二百九十九名报告，为昌平乡乡长何樵夫包办选举，共同舞弊，制造纠纷，诬害良善，呈明事实，恳转县政府传案，依法讯办，以申民意。又准昌平乡第二保公民李永汉报告，为昌平乡乡长何樵夫意图架（加）害，违法逮捕，捆打拘押，妨害自由，恳请转缄县政府，依法究办，以保人权。经提交第三次大会第四次会议讨论决议，照审查意见通过。附审查意见如次，关于行政部分，由县政府查照处理……"

何樵夫任县长到职日期："民国三十八年 8 月 22 日"

民国档案第 302 卷第 3 页载有《资兴县政府（民国三十八年）八月份（自廿二日至卅一日）伙食名册》（包括 2 个炊事员在内共计 36 人），第一名为"何樵夫：自廿二日至卅一日，10 天，副食壹元，费二〇"。同卷第 6 页载有《资兴县政府八月下半月职员薪俸》，第一名为"县长何樵夫：日数 15，应支薪俸：五七五五元，折谷数三五〇石；特公费：金额三七五元，折谷数二五〇石。合计：六〇〇石。"以下是"主任秘书袁振纲：合计：五〇〇石"；共计 64 人，最少者为"二五〇石"。同卷第 9 页载有"38 年十月"编造的《资兴县政府职员名册》（共计 87 人），第一名为："县长何樵夫：籍贯：资兴县昌平乡；到职日期：38 年八月二十二日。"

民国档案第 292 卷第 7 页至 14 页载有民国三十八年九月十七日资兴县"县长兼队长何樵夫、副县长兼副队长董守家"发出的《命令》，分别任命了"萧秀川为郴侯乡第十保总体战实施工作督导员""马国治为郴侯乡第五保总体战实施工作督导员""刘秉和为郴侯乡总体战实施工作第二组组长""张振西为郴侯乡第一保总体战实施工作督导员""闰福云为郴侯乡第七保总体战实施工作督导员""杨公华为郴侯乡第四保总体战实施工作督导员""赵炽昌为郴侯乡第八保总体战实施工作督导员""张瑶圃为郴侯乡第二保总体战实施工作督导员"。

民国档案第 302 卷第 25 页载有民国三十八年九月二十二日《资兴县政府特务队官兵请领符号花名册》记载："共计 23 人，中队长樊嘉谟，特务长王锡丞；下辖 3 个分队，每分队长下设班长、副班长、警士。"

民国档案第 298 卷为何樵夫于民国三十八年九月二十三日成立的"中兴司令

部"文件，其中军械处的文件说："本处遵于十月二十三日成立"，"钧部（司令部）三十八年十月十九日樵参人字第四七五号派令开：兹派陈化东为本部军械处处长"。民国档案第 300 卷第 123 页载有《一一三四（中兴）司令部军械处官兵伕花名册》（民国三十八年十月二十九日）：上校处长陈化东（十月十九日任，即日到职），中校副处长陈除（十月十九日任，二十三日到职）……"

民国档案第 303 卷第 21 页载有民国三十八年九月二十八日《资兴县复兴乡公所命令》："甲、奉县政府本年九月廿五日命令：'本府遵照华中军政长官之指示，各县饬属急办事如左：（一）组织情报网。（二）成立递步站。（三）设立茶水站。（四）速催军粮，不分日夜送交军民合作站核收。（五）成立民运队。（六）征收壮丁，限五日内每保征送三名送府。（七）调查损失报府，以凭转报。（八）修复电话线。（九）组织反共宣传委员会。（十）成立乡镇财务委员会。（十一）征集军用品缴府。（十二）征借私有枪弹。（十三）成立军民合作分站。以上十三项仰即该乡长迅即饬属办理。'乙、奉县府本月二十六日樵二征字第一九九号代电内开：'为军粮万急，规定每保向保内大粮户筹借谷二百至八百石为限，本年田赋未征以前集中备拨，准抵完三十八年田赋。其谷非经必要军粮及呈奉本府核准者不得动用，并将办理情形报府。'乡长谭纯一。"

民国档案第 304 卷第 59 页载有《资兴人民反共自卫救国军司令部办公厅三十八年十月份官兵薪饷受领清册》（共计 40 人）。

职级	姓名	薪饷（折稻谷，石）	职级	姓名	薪饷（折稻谷，石）
少将司令	何樵夫	八〇〇	上校副司令	董守家	七四〇
上校参谋长	袁国基	七四〇	上校副参谋长	欧阳文	七四〇
中校军法秘书	李济九	七二〇	中校秘书	何昌琼	七二〇
上尉参谋	冯天赐	六六〇	上尉参谋	罗恢扬	六六〇
中尉参谋	黄扬名	六四〇	准尉收发	陈之杰	六〇〇
准尉收发	何昌庭	六〇〇	上士卫士	刘置裕	五七〇
上士卫士	罗兴安	五七〇	上士卫士	何泗光	五七〇
上士卫士	何友德	五七〇	上士卫士	陈国彰	五七〇
上士卫士	陈厚德	五七〇	上士卫士	胡国材	五七〇

续表

职级	姓名	薪饷 （折稻谷，石）	职级	姓名	薪饷 （折稻谷，石）
上士卫士	雷贵治	五七〇	上士卫士	何五羊	五七〇
上士卫士	张两古	五七〇	上士卫士	张丙德	五七〇
上士卫士	杨龙光	五七〇	上士卫士	李佑和	五七〇
上士卫士	王外如	五七〇	上士卫士	何快快	五七〇
二等长伕	李五斤	五〇〇	二等长伕	朱细告	五〇〇
二等长伕	黎丙昌	五〇〇	二等长伕	蔡癸松	五〇〇
二等长伕	樊良太	五〇〇	二等长伕	李忠和	五〇〇
公　役	陈甲林	五〇〇	公　役	李桃花	五〇〇
公　役	肖奋子	五〇〇	公　役	何细九	五〇〇
公　役	段寿星	五〇〇	伙　伕	胡耀兴	五七〇
伙　伕	蔡伯松	五七〇	伙　伕	何全福	五七〇
合计	四十人	二三三八〇			五三四〇三

民国档案第 304 卷第 83 页载有民国三十八年十月份《中兴司令部军械处武器弹药统计报告表》："（一）警察大队第一中队：步枪 24 支，马枪 6 支，手枪 2 支，轻机枪 1 挺；步枪子弹 1210 发，机枪子弹 1170 发，手枪子弹 34 发，手榴弹 24 枚。（二）警察大队第二中队：七九步枪 38 支，步枪子弹 24758 发（内存汉阳造步枪 4 支，队长借走 1 支，警局马枪 1 支外，现存四千二百发）。（三）永正中队：七九步枪 27 支（另有坏枪 6 支，因行军时未带），马枪 2 支，步枪子弹 835 发。（四）保民中队：七九步枪 25 支（内派去突击队步枪 6 支），马枪 8 支，步枪子弹 620 发，手榴弹 5 枚（内派去突击队 3 枚）。（五）突击队：七九步枪 5 支（警一中队派去），马枪 2 支（警一中队派去），子弹 350 发（警一中队派去），手榴弹 4 枚（警一中队派去）。统计：七九步枪 119 支，手枪 2 支，轻机枪 1 挺，马枪 11 支，步枪子弹 5490 发，手枪子弹 34 发，轻机枪子弹 8870 发，手榴弹 33 枚。（警察）大队长曹伴林。"

民国档案第 304 卷第 86 页载有民国三十八年十月二十六日《资兴人民反共救国军司令部警察一中队武器弹药统计清册》记载：第一中队官兵 31 人，突击队官兵 7 人：'袁忠明，佩加拿大轻机枪，子弹 1170 发；曹伴林，佩土造左轮，子弹 2 发'……其余佩步枪和马枪的，子弹每人最多者为 50 发，最少者为 20 发。"第 89 页载有《资兴人民反共救国军司令部警察二中队武器弹药统计清册》，共计 32 人，子弹每人几乎都有 80 发，只有 1 人为 75 发，2 人为 65 发，1 人为 40 发。第 93 页载有《资兴人民反共救国军司令部保民中队武器弹药统计清册》，共计 27 人，子弹每人 10 至 20 发不等，个别人有 55 发与 65 发。第 97 页载有《资兴人民反共救国军司令部永正游击队武器弹药统计清册》，共计 29 人，子弹每人 15 至 50 发不等。

民国档案第 302 卷第 30 页载有《资兴县工作队官长队员姓名简历册》，共计 119 人。此名册的前头有新中国成立后的资兴县公安局或县清理人员用红笔所做的批注："白崇禧匪部在刚解放时派遣至资兴各保的特务名册。"现摘录其中的分队长名录："第一分队长施鼎章：广西桂林人，43 岁，军校六期步科出身，历任排、连、营、团、旅长，原任职单位及职级：国防部突二纵队储训队上校队员。第一组（12 人）组长凌衡：东北沈阳人，27 岁，军委会特训班出身，历任排、连、区队长，原任职单位及职级：国防部突二纵队一大队一中队少校队员。第二组（12 人）组长刘秉和：河北东鹿人，43 岁，东北讲武堂出身，历任排、连、营长，原任职单位及职级：国防部突二纵队少校队员。第三组（12 人）组长谭炳麟：河北天津人，38 岁，山东新干班出身，历任司书、秘书、军需主任，原任职单位及职级：国防部突二纵队少校队员。第四组（12 人）组长杨任华：湖南长沙人，27 岁，西南干训班一期出身，历任排、连长，原任职单位及职级：国防部突二纵队上尉副分队长。第二分队长徐达：江西铭山人，35 岁，塞兴学校军官一期出身，历任排、连、营长、大队长，原任职单位及职级：国防部突二纵队中校队员。第五组（12 人）组长李适中：河北琛果人，32 岁，军校十九期出身，历任排、连长，原任职单位及职级：国防部突二纵队上尉队员。第六组（11 人）组长陈伟和：贵州銮安人，31 岁，干训团三团出身，历任排、连长，原任职单位及职级：国防部突二纵队储训队上尉副官。第七组（11 人）组长黄宾廷：河南照果人，30 岁，西北军训班二期出身，历任排、连、营长，原任职单位及职级：国防部突二纵队储训队少校队员。第三分队长钱乃良：山东广城人，33 岁，军校以训班六期出身，历任排、连长、副官，原任职单位及职级：国防部突二纵队储训队少校队员。第八组（11 人）组长李省三：河南夏邑人，34 岁，中央军校技术班三期出身，历任排、连、营长，原任职单位及职级：国防部突二纵队储训队少校队员。第九组（10人）组长谢学贤：湖南安化人，37岁，军校军训班十一期出身，历任排、连、营长，原任职单位及职级：国防部突二纵队储训队少校副官。第十组（13人）组长徐汝琼：江苏太昊人，41岁，军校高教班九期出身，历任排、连、营长，原任职单位及职级：国防部突二纵队储训队少校队员。"在队员的"出身"一栏中，有的属二十九军、十四集团军、一集团军、三十一集团军、青年军、第九战区、第五师、八十三师、七十三军、二十四军、七十四军、七十一军、五十三军、新六军、第三路军、青年军二○七师、四十九军、一九二师等部队，可以说是一个大杂烩。根据《资兴市志·大事记》记载：民国三十八年（1949）"9月上旬，国民党白崇禧部第八十二师窜至资兴，（中共资兴）县工委、县人民政府和县大队暂时撤离县城，到南区开展农村工作"。上述的所谓"工作队"，应为此时所派。

民国档案第304卷第16页载有民国三十八年十月十日《通报》，其中说："奉司令条谕：为严守军事机密，特规定本部代号为1134。今后凡本部公告、标语、设营等，均应使用代号，不得书写真实番号。资兴县自卫总队部。"

民国档案第304卷第22页载有民国三十八年十月八日《资兴人民"反共"自卫救国军司令部命令》，其中说："兹为争取民心，发扬本军名誉与适应环境之需要，特规定部队游击应遵守之事项……（县长）兼司令何樵夫，兼副司令董守家。"

民国档案第304卷第25页载有民国三十八年十一月四日《一一三四部队司令部指令》（樵参二字第五二九号），说："令李总队附馥：一、卅八年十一月四日报告悉。二、尔后须切实掌握所属，切勿自相惊扰。兹将各地国军连日捷报转发。三、据确息：国际反共同盟军曾在沈阳投下原子弹一颗，炸死土匪十五万余人。四、广州土匪七万余人被我（国）军层层包围，不日即可全部歼灭。五、何公子伟业已抵郴，于近日内即可来资。六、希随时侦察匪情具报，并将以上捷音向民间作广讯之宣传为要。此令，（县长）兼司令何樵夫，（副县长）兼副司令董守家。"笔者注：此乃天方夜谭。但设想在当时的资兴交通闭塞、通信不畅的条件下，如能够如其《指令》所说"向民间作广讯之宣传"，或许确能蛊惑人心的呀！

何樵夫，资兴县何家山人。在解放资兴的战斗中，被中国共产党领导的游击队击败后，退守彭公庙，后在激战中率警卫数人逃脱。1950 年 2 月中旬，活动在何家山乡西垄、百加、两江地区，最后在白灵庵附近的战斗中被击毙。

《资兴市志·大事记》记载："民国三十八年（1949）：7 月 20 日，国民党白崇禧两个团窜至资兴，城内人民武装和军事管制委员会撤出县城。8 月 6 日，根据中共湘南地委和湘南支队的指令，县内大部分人民武装合编为湘南支队资兴县大队，孙立（中共资兴县工委书记）兼任大队长、政治委员。8 月 10 日，湘南游击司令部配合县大队再次攻克县城。8 月 18 日，资兴县人民政府成立（孙立任县长）。8 月 20 日，中共资兴县工作委员会迁入县城办公。9 月上旬，国民党白崇禧部第八十二师窜至资兴，县工委、县人民政府和县大队暂时撤离县城，到南区开展农村工作。9 月，全县人口为 14.2 万人，因长期战乱，加上自然灾害频繁等因素，比民国十年（1921）减少 16593 人。"

本书笔者说明：关于"7 月 20 日，国民党白崇禧两个团窜至资兴"的说法并不准确。民国档案第 305 卷第 24 页载有民国三十八年七月三十一日的《资兴县邮政局公务呈文》，其中说："资兴县城业经中央军于七月卅日上午五时予以克复。"因此，"7 月 20 日"应改为"7 月 30 日"。

"人过五十网"2008 年 1 月 19 日发布的樊传宜回忆、蒋任南整理的《彭公庙之战》中说（摘要）："1949 年秋，（中共）资兴县工委领导革命武装解放了资兴县城和绝大多数区、乡。可是，国民党末任伪县长何樵夫带领伪县政府人员、伪警察局曹泮林中队和地主胡孟清武装以及其他残部近千人盘踞在彭公庙，利用其天然屏障，与共产党相持对抗。1949 年 11 月 9 日，（中共）郴州地委和资兴县工委决定攻打彭公庙，拔除这最后一个盘踞于资兴的反动据点。当时，参战部队有湘南游击队第三、第五大队和湘南支队、资兴县大队、东区游击队等，共计 2000 余人。11 月 10 日凌晨 4 时许，部队吃过早饭后，兵分两路向彭公庙进发：一路由中共资兴县工委书记、县长、县大队长孙立率资兴县大队，从塘家湾向驻守于彭公庙墟上之敌进发；另一路由南区指挥所第五大队大队长段韬、第三大队大队长何奇率领，从何家山乡向彭公庙进发。（部队）迅速抢占了彭公庙四周高山要地，借以截断敌之退路。黎明时分约 5 时许，部队到达指定位置，按照部署发起总攻。瞬间，山野四周冲锋号响起，打破了黎明的寂静。接着，六〇炮'轰轰'炸响，'嗒嗒嗒'的机枪声和步枪声响个不停，时而还夹杂着手榴弹的爆炸声，此起彼伏，好似春节放鞭炮一般。

由于这天大雾弥漫，在战斗中，我参战部队与从鄘县方向日夜兼程过来追剿国民党反动武装的中国人民解放军第四野战军某教导营发生了误战。战斗中，在我强大攻势下，敌溃不成军，作鸟兽散。天亮时，彭公庙被我部攻克，歼灭敌反动武装数百人，缴获了大批枪支弹药和军用品。敌伪县长何樵夫乘隙（在我军误战中）溜掉了，躲到了人烟稀少的深山老林中。1950 年 2 月中旬，何樵夫（与其卫兵）被我东区武工队和大军追捕小组击毙于何家山乡的百灵庵（现百加村）。"

民国档案第 303 卷第 132 页载有民国三十九年（1950）五月□日《湘粤边区 "反共" 第二游击纵队司令部公函》，其中说："本部奉：1. 台湾 '国民党中央政府国防部' 令组织成立，目的以 "反共救国救民" 而奋斗。2. 关于军需支付，目前 '中央' 因处境困难，对于本部整个大陆（敌后部队）未能如期补给，不能（不）仰给予当地党国先进及爱国志士。因此，函请（　）台端秉以救国救民之旨，对于本部及所属各支队随赐指导及联络，并对经济上予援助。3. 敬请（　）台端援助稻谷（　）担，并订于文到三日内兑交。希勿延误，不得泄漏机密，以生事端。4. 以上三项统希查照为荷。此致，×××先生。司令李振国，副司令王一之。"

第二节　中国国民党资兴县党部负责人

中国国民党系中国历史上第一个资产阶级政党，由中国近代革命先行者孙中山先生创立，前身是兴中会、中国同盟会（1905 年成立）、国民党（1912 年）。孙中山于 1919 年将国民党正式改组为中国国民党。该党于 1927年完成形式上的全国政权统一，并一直统治大陆至 1949 年。1949 年，国民党政权在大陆彻底失败，是年 12 月 11 日，国民党中央党部由大陆迁往台北。蒋介石连任 "总裁" 至 1975 年 4 月 5 日去世。蒋介石去世后，废除 "总裁" 制，国民党的首脑改称 "中央委员会主席"，由蒋经国连任至 1988 年 1 月 13 日去世。其后则由李登辉继任至 2000 年 9 月。此后，分别为连战，马英九 2005 年 8 月任，吴伯雄 2007 年 2 月任，马英九 2009 年 10 月任，吴敦义 2014 年 12 月任，朱立伦 2015 年（代），洪秀柱（女）2016 年 3 月任，吴敦义

2017 年 8 月任主席。

中国国民党资兴地方组织从国共第一次合作的大革命时期开始，即从民国十五年 10 月，中国国民党资兴县临时党部在县城（今兴宁镇）成立。开始时期，国民党资兴地方组织全部工作都是由中共党员和共青团员完成的，领导了资兴县轰轰烈烈的大革命运动。第一次国共合作失败后，国民党走向了反共、反人民的道路，最终被中国共产党领导人民打倒了，资兴解放后被取缔。

本节资料以《资兴市志》第四篇"党政群团"第二章"中国国民党资兴地方组织"的记载为主，同时采用本书笔者 1988 年 4 月编写定稿的《资兴市党派群团志》第五篇"其他党团"第一部分"中国国民党"（汇编打印稿）资料（市志中的资料即来源于此）。"中国国民党"和其他党团资料，全部来源于资兴市公安局档案室的《敌伪档案》——1984 年已移交到了资兴市档案馆，称"民国档案"。

一、建立国民党资兴县临时党部

《中国共产党资兴历史》（新民主主义时期）第二章第二节"建立国民党资兴县临时党部"中说：

早在 1923 年 6 月，中国共产党第三次全国代表大会做出了与国民党合作、建立革命统一战线的正确决策。次年 1 月，在共产党的帮助和推动下，孙中山决定改组中国国民党，承认并允许中国共产党党员和中国社会主义青年团（1925 年改为中国共产主义青年团）团员以个人名义加入国民党，实行"联俄、联共、扶助农工"的三大政策，并在 11 月召开的中国国民党第一次全国代表大会上加以确定，实现了第一次国共合作。

1926 年 8 月，国民党湖南省党部特派员、共产党员邓立平、王泽昌来到资兴，与在县立中学任教的黄义藻等人联系，决定组织和建立国民党资兴县党部。

1926 年 9 月中旬，国民党省党部又派共产党员彭国英、李练成、康少堃作为特派员来资兴指导工农运动，筹建国民党资兴县党部。同期到达的还有省女界联合会派到资兴来指导妇女运动的女特派员、共产党员陶宇芝、侯碧华。他们的到来，加快了国民党资兴县党部的筹备工作。同年 10 月上旬，国民党资兴县党部在县城成立,书记长彭国英,常务委员袁耀堃、委员李练成、康少堃、陶宇芝、侯碧华、龙本之。接着,相继在资兴城厢及东乡、南乡、西乡、北乡等区成立了区党部和区分部,并选派了一批共产党员和积极分子担任负责人。据《湖南历年党务概况统计表》记载,资兴县临时党部建立区党部 3 个、区分部 13 个,共有国民党员 148 人。

国民党资兴县临时党部建立后,共产党员可以利用县党部的名义和执行委员的身份进行工作,以发展壮大中共地方组织,开展工农革命运动。

1927 年长沙"马日事变"后,国民党资兴县临时党部负责人先后逃离资兴,并被国民党政府通缉、逮捕、杀害。

二、组织沿革

清光绪三十年(1904),资兴青年程子楷留学日本时与黄兴、程潜等人组织革命同志会,次年 8 月,加入中国同盟会。至辛亥革命前,资兴境内陆续有同盟会员活动。

民国元年(1912),同盟会改组为国民党。是年冬,国民党湖南省党部派人来资兴发展组织,组织未臻健全,无何显著工作。民国四年(1915)3 月,袁世凯下令解散国民党,资兴党务进入秘密状态。至民国十一年(1922)6 月 27 日,湖南《大公报》公布全省国民党员人数:"资兴 151 名。"民国十四年(1925),黄文楼负责组织成立"中国国民党资兴县息争所",调和党内矛盾。

中国国民党原是一个组织松懈、成分复杂、没有战斗力的团体。民国十二年(1923),孙中山决心改组国民党,与中国共产党合作。同年 6 月,中国共产党在广州召开第三次全国代表大会,通过了共产党与国民党合作、建立民族统一战线的决议,帮助孙中山改组国民党。1923 年 10 月 25 日,孙中山在广州组织成立了有共产党员参加的中国国民党临时中央执行委员会,发表了改组国民党宣言,确定"联俄、联共、扶助农工"的三大政策。民国十五年(1926)7 月,国民革命军出师北伐,国民党湖南省党部派王泽昌(共产党员,"泽"又写成"厥")、邓立平(共产党员,宜章县人)、肖先越等人来到资兴,开展工农运动,改组国民党。邓立平到了资兴,住在县总工会,王泽昌、肖先越住在县农会,与在外地加入了中国共产党的黄义藻、萧耀、黄义行、袁耀堃等人积极组织工农运动，发展国民党党务。民国十五年9月，国民党湖南省党部又派彭国英（衡山人）、李练成、康少堃（衡山人）、陶宇芝（女，湘潭人）、侯碧华（女，长沙人）5人（均系共产党员），为工运、农运、商运、党务特派员，到资兴开展革命活动，组建中国国民党资兴县临时党部。

彭国英等5人到达资兴后，与先期到达资兴的王泽昌等3人会合，与资兴的黄义藻等共产党员一起，成立了中国国民党资兴县党部筹备委员会，选举袁耀堃负责。湖南省党部委员到县视察，认为不合，指派康少堃负责筹备委员会。

民国十五年（1926）10月，中国国民党资兴县临时党部在县城（今兴宁镇）成立，执行委员7人：彭国英（书记长）、袁耀堃（资兴三都辰南人，常务委员）、李练成（组织委员）、康少堃（宣传委员）、陶宇芝（青年委员）、侯碧华（妇女委员）、龙本支（资兴人，共青团员，财经委员）。

临时县党部成立后，城厢和东乡、南乡、西乡、北乡等地相继成立区党部和区分部。第一个区分部在厚玉成立，何全德任书记，黎龙山任组织委员。民国十六年（1927）1月，由袁耀堃组织，在三都老街罗氏宗祠成立中国国民党资兴县第一个区党部——三都区党部，袁耀堃任书记，刘嗣尧、刘茂筠、李源刘（李铁民）、刘仲元等为委员。是年，据《湖南历年党务概况统计表》记载，资兴县临时党部建立区党部3个、区分部13个，共有国民党员148人。这3个区党部分别是城厢、三都、彭公庙。

民国十六年（1927）4月12日，蒋介石在上海发动了反革命政变；同年5月，许克祥在长沙发动了"马日事变"（21日），大肆屠杀工农革命群众和共产党员；同年7月15日，汪精卫在武汉"分共"——第一次国共合作全面破裂。

"马日事变"的消息于6月5日下午由在长沙工人运动讲习所学习的廖久皋带回资兴。当晚，中共资兴县支部召集国民党县党部、共青团支部、工会、农会等革命群众组织的负责人在工会纠察队队部开会，布置革命领导人和骨干疏散、潜伏，同时传达了在省总工会开会的中共资兴县支部书记、县总工会委员长樊淦口头说的"三十六计，走为上计，暂避浓溪"的指示。

6月6日清晨，省特派员康少堃、李练成、陶宇芝、侯碧华等5人，假称游羊角仙，在东江找了一条木船，乘船撤离了资兴。同日下午，省特派员王泽昌、肖先越由资兴的蒋日星带路，走小路撤离了资兴。同时，资兴的党、团领导和骨干，全部撤离了县城，隐蔽起来了。资兴的大革命运动，到此归于失败。

民国十六年（1927）秋，国民党湖南省改组委员会派蒋定欧（资兴人）到资兴，成立资兴县改组委员会，进行"清党"。未及一个月，因工农革命军（笔者注：《资兴市志》此处为"工农红军"，此时还没有"工农红军"，应为毛泽东领导秋收起义创建的中国工农革命军）入湘南（茶陵、酃县），国民党"清党"工作停顿。

民国十七年（1928）夏，国民党湖南省党务指导委员会派向吉（衡山人）、宾联辉（湘潭县茶恩公社吴家大队谭家生产队人）到资兴。6月，成立中国国民党资兴党务指导委员会。党务指导委员会由向吉（常务委员）、宾联辉（训练部长）、唐开明（资兴人，党务指导员）、陈晴和（资兴人，组织部部长）、邓永坤（资兴人，宣传部部长）5人组成。

此时，县长易宝钧与驻资兴的国民党第八军吴英兆团长联合起来，与县党务指导委员会作对。宾联辉带全体委员赴长沙向省党务指导委员会告状，宾联辉得胜，易宝钧被调离资兴。

同年8月，向吉辞去职务，由宾联辉接任常务委员。同时，增补新上任的县长何巍（安化人）为党务指导员。国民党资兴县党务指导委员会成立后，又在国民党内进行"清党"，重新登记党员。据《湖南省党员登记情况之经过》记载：民国十七年，资兴国民党员共302名，经过整理登记，"合格人数：男259人，女2人（共261人）；不合格人数：男40人，女1人（共41人）"。

民国十九年（1930）7月15日，中国国民党资兴县党部及其监察委员会在县城正式成立。据国民党湖南省指导委员会同年7月的《各县通讯》报道："（资兴）县执监委员，业经省指导委员会久已圈定，旋因张桂祸湘，交通阻塞，上级监督，逾期未到，致未能成立县党部。现湘南次第克复，省资交通亦已恢复，昨现指导委员会召集县党部执委金作炎、唐志夫、宾联辉，监委何巍、陈何煊开会。会议结果，即日分别接收移交，并定于本月十五日正式成立县党部。"县党部执行委员会由宾联辉（常务委员）、唐开明（组织部部长）、金作炎（资兴人，宣传部部长）、唐志夫（资兴人，训练部长），候补执行委员夏增汉（资兴人）5人组成。国民党资兴县监察委员会由郭孝仁（资兴人，常务委员）、陈何煊（资兴人）、何巍（县长）3人组成。县党部下设组织、训练、宣传、总务等机构。

民国二十年（1931）11月15日，国民党资兴县党部执行委员会和监察委员会做了调整。据民国二十三年（1934）12月统计的《中国国民党湖南省各县市党务机关负责人一览表》中记载："资兴县执行委员会，常务委员宾联辉，执行委员唐志夫、张献达（资兴人），候补执行委员金仁崇（资兴人）、夏增汉。监察委员会，常务委员唐开明，监察委员陈晴和、陈国元（资兴人），候补委员曹卓（资兴人）。"

民国二十六年（1937），国民党资兴县党部下设17个区分部。因抗日战争爆发，国民党停止召开各级代表大会，县党部由上级委派书记长。抗日战争胜利后，国民党恢复选举制。民国三十五年（1946）6月，中国国民党资兴县第一次代表大会选举县党务委员。

民国三十六年（1947）11月，中国国民党资兴县党部与三民主义青年团资兴分团组成资兴县党团统一委员会，袁觉民任书记长，聂景涛任副书记长。民国三十七年3月，国民党与三青团合并后，为了便于统一领导，国民党资兴县执行委员会和监察委员会进行了调整：袁觉民任书记长，聂景涛任副书记长，袁国基、文经纬、何泗承、张穆文、李世清、李永松、何泗汉等为执行委员。监察委员会由5人组成：宋义为任常务委员，许世袭、何共明、蒋定欧、陈国元为委员。

民国三十七年（1948）9月，国民党湖南省执行委员会派欧阳光回资兴接替已辞职的袁觉民任县党部书记长。欧阳光是资兴青市人（今青腰镇），原任酃县国民党县党部书记长。

民国三十八年（1949），国民党资兴县党部下辖区分部50个，区分组148个，有党员1426人。同年8月10日，资兴县城被中国共产党领导的游击武装占领。8月20日，成立了中国共产党领导的资兴县人民政府。资兴被中共地方组织接管后，县内国民党组织被取缔。国民党在资兴的县党部、区分部、区分组迅速瓦解，留在资兴的国民党骨干和党员，纷纷向人民政府自首、登记，改过自新。从此，国民党在资兴的统治宣告结束。

资兴市档案馆民国档案第312卷第3页载有《国民党资兴县党部的始原和

发展进度概况、历史沿革》（资兴县革命委员会人民保卫组、中国人民解放军资兴县公、检、法军管小组 1969 年 6 月编印的综合材料），其中说："资兴县国民党部，是民国十七年（1928）由湖南省党部派来委员：向吉（衡阳人）、宾联辉（湘潭人）、陈晴和（资兴鲤鱼江人）、唐开明（蓼市人）、邓永坤（香花人）等人来资兴组织成立'中国国民党资兴县常务指导委员会'。民国十七年至十九年（1928—1930）：'国民党资兴县常务指导委员会'，委员 5 人。民国十九年至二十一年（1930—1932）：正式成立'国民党资兴县党部'，委员 9 人。民国二十二年至二十五年（1933—1936）：'资兴县党部'，委员 8 人。民国二十七年（1938）成立 19 个区分部。民国二十八年（1939）发展了 17 个区分部。民国三十年至三十五年（1941—1946）发展了 14 个区分部。全县共计：50 个区分部，148 个区分组，1427 个党员。"

三、基层组织

中国国民党资兴县党部以下的基层组织，由区党部、区分部、区分组构成。区党部设执行委员会、监察委员会，选配常务委员和 2 至 3 名执行委员、1 至 2 名监察委员，并设秘书。区党部于民国二十七年（1938）至二十八年（1939）陆续撤销。区党部以下辖若干区分部，县党部同时设立直属区分部。区党部撤销以后，统设直属区分部。区分部设书记和组训、宣传、监察委员。区分部以下，按党员人数多寡、区域分布状况，设置若干区分组。区党部、区分部、区分组的设置，业经多次调整；办公地址、撤建、合并，任职人员等，时有变动。到民国三十六年（1947）10 月，全县共有直属区分部 50 个，区分组 181 个，党员 1768 人。

区党部

民国十五年（1926），以共产党员为主组织成立的临时县党部下设若干个区党部（如城厢、三都等），民国十六年（1927）因与共产党合作破裂，国民党在"清党"反共时予以撤销。民国十八年后，陆续建立区党部 3 个，直属区分部 9 个，至民国二十八年全部撤销。

第一区党部：民国十八年（1929）在县城成立第一区党部。民国十九年至二十一年，陈何煊任常务委员，唐志夫、何共明任执行委员，蒋德明任候补执行委员，蔡道璋任监察委员，钟述孙任秘书。民国二十一年至二十四年，陈范任常务委员，邝汉英、李永松任执行委员，曹文乡任监察委员，许名谟任秘书。民国二十五年至二十八年，陈何煊任常务委员，张穆文、蔡德明任执行委员，李述陶任候补执行委员兼秘书，蔡道璋任监察委员。第一区党部分别在县政府设立第一区分部，在乐城中学设立第二区分部，其他机关团体组成第三区分部。

第二区党部：民国十八年在何家山成立第二区党部。何森严和黄治明分别在民国二十五年至二十八年任常务委员，郭良儒、唐祝三任执行委员，黄高岗、樊汉儒任监察委员，谭岳山任秘书。区党部下辖3个区分部。第一区分部就设在区党部。第二区分部于民国十八年在仁保乡公所成立，先后任过常务委员的有：金作朋、金仁崇、聂景涛、胡钢如。民国二十七年11月18日，该区分部改称为县党部直属第七区分部。第三区分部于民国十八年下半年在大铺自治局内成立，民国十八年下半年至二十年下半年，樊子慈任书记，何廉生任组训委员，樊汉儒任宣传委员。民国二十年下半年至二十一年上半年，黄高岗任书记，樊子慈任组训委员，何廉生任宣传委员。民国二十一年下半年至二十七年11月，何廉生任书记，樊湘任组训委员，樊汉儒任宣传委员。民国二十七年11月13日，该区分部改称为县党部直属第三区分部。

第三区党部：民国十九年在蓼江市成立。袁在汉任常务委员，袁朝荣任秘书。下辖区分部3个。

直属区分部

1947年10月，50个区分部排序如下：

第一区分部：民国十七年2月15日在乐城中学成立。

第二区分部：民国十七年2月15日在县商会成立。

第三区分部：民国十七年11月13日在昌平乡清塘学校成立。

第四区分部：民国十七年11月28日在青田乡公所成立。

第五区分部：民国二十六年成立区党部下的区分部，民国二十七年11月28日改称直属第五区分部，区分部分别设在兰溪（兰市）乡公所、兰溪学校。

第六区分部：民国二十七年11月15日在三民（烟坪）乡成立。

第七区分部：民国二十七年11月18日在仁保乡公所成立。

第八区分部：民国二十七年11月16日在和顺乡公所成立。

第九区分部：民国二十七年春在保和（渡头）乡公所成立，民国二十七年 11 月 19 日改为直属第九区分部。

第十区分部：民国二十七年 11 月 20 日在西里乡公所成立。

第十一区分部：民国二十七年 11 月 22 日在鼎新乡公所成立。

第十二区分部：民国二十七年 11 月 22 日在和海乡公所成立。

第十三区分部：民国二十七年 11 月 24 日在文昌高小成立，民国三十一年 3 月后区分部改设于东江。

第十四区分部：民国二十七年 11 月 15 日在中西乡新维学校成立，民国三十五年以后区分部改设于中西乡公所。

第十五区分部：民国二十七年 11 月 18 日在中西乡中心学校成立。

第十六区分部：民国二十七年 11 月 22 日在五谷乡中心学校成立。

第十七区分部：民国二十七年 11 月 22 日在湘源乡中心学校成立。

第十八区分部：民国二十七年 11 月 18 日在威武乡中心学校成立。

第十九区分部：民国二十七年 11 月 19 日在桃源乡公所成立。

第二十区分部：民国二十七年 11 月 19 日在百何乡公所成立。

第二十一区分部：民国二十七年 11 月 4 日在旧市中心学校成立。

第二十二区分部：民国十九年 2 月 2 日在鹿鸣乡公所成立。

第二十三区分部：民国十九年 4 月 22 日在谷洞乡公所成立。

第二十四区分部：民国十九年 2 月 10 日在县田粮处成立。

第二十五区分部：民国十九年 4 月 24 日在县政府成立。

第二十六区分部：民国十九年 4 月 25 日在县党部成立。

第二十七区分部：民国十九年 7 月 12 日在昌平乡中心学校成立。

第二十八区分部：民国十九年 8 月 15 日在长丰乡公所成立。

第二十九区分部：民国十九年 9 月 13 日在永安乡公所成立。

第三十区分部：民国十九年 4 月 23 日在县立中学成立。

第三十一区分部：民国二十九年 11 月 15 日在雷正乡公所成立。

第三十二区分部：民国三十年 1 月 10 日在百加乡百加学校成立。

第三十三区分部：民国三十年 3 月 16 日在六和乡公所成立。

第三十四区分部：民国三十年 8 月 19 日在青田乡竹溪学校成立。

第三十五区分部：民国三十年 11 月 1 日在三民乡烟竹坪成立。

第三十六区分部：民国三十年 12 月 25 日在鼎新乡大江成立。

第三十七区分部：民国三十五年 2 月 1 日在湘源乡下石矶成立。

第三十八区分部：民国三十五年 2 月 1 日在程水乡中心学校（五谷乡高码圩）成立。

第三十九区分部：民国三十五年 2 月 1 日在桃源乡七里山成立。

第四十区分部：民国三十五年 2 月 1 日在鹿鸣乡下廊李家成立。

第四十一区分部：民国三十五年 2 月 1 日在鹿鸣乡岭下袁家成立。

第四十二区分部：民国三十五年 2 月 1 日在和顺乡七保联校（十里洞）成立。

第四十三区分部：民国三十五年 2 月 1 日在和顺乡二保三保联校（大湾）成立。

第四十四区分部：民国三十五年 4 月 12 日在威武乡杨家田成立。

第四十五区分部：民国三十五年 2 月 1 日在蓼江市成立。

第四十六区分部：民国三十六年 6 月 8 日在县警察局成立。

第四十七区分部：民国三十六年 7 月 23 日在城厢镇礼贤堂成立。

第四十八区分部：民国三十六年 10 月 11 日在城厢镇第三保保长办公室成立。

第四十九区分部：民国三十六年 10 月 20 日在七都乡永禄国民小学成立。

第五十区分部：民国三十六年 10 月 20 日在七都乡白日康学校成立。

四、代表大会

第一届代表大会

在共产党帮助改组国民党、建立中国国民党资兴县筹备委员会以后，于民国十五年（1926）10 月，在资兴县城召开了国民党资兴县第一届代表大会。代表大会宣传国共合作联俄、联共、扶助农工的三大政策，部署改组国民党、发展党务和开展大革命运动等工作，成立中国国民党资兴县临时党部，选举县执行委员会委员。大会通过了有关的决议案，选举彭国英、袁耀堃、李练成、康少堃、陶宇芝、侯碧华、龙本支 7 人为临时县党部执行委员会委员。

第二届代表大会

民国十九年（1930）7月中旬，在县城召开了国民党资兴县第二届代表大会，正式成立了国民党资兴县党部。这届代表大会，是在贯彻蒋介石的"整理党务案"精神，全面组织"清党""反共"，重新登记党员的基础上召开的。7月15日，大会宣布："中国国民党资兴县党部正式成立。"通过大会选举，国民党资兴县党部执行委员会由5人组成：宾联辉、唐开明、金作炎、唐志夫，候补委员夏增汉。监察委员会由3人组成：郭孝仁、陈何煊、何巍（县长）。这届委员于7月15日宣誓就职。

第三届代表大会

民国二十年（1931）11月中旬，在县城召开了国民党资兴县第三届代表大会，组成了国民党资兴县党部第三届执行委员会和监察委员会。执行委员会由5人组成：常务委员宾联辉，委员唐志夫、张献达，候补委员金仁崇、夏增汉。监察委员会，常务委员唐开明，监察委员陈晴和、陈国元，候补委员曹卓。

第四届代表大会

民国二十二年（1933）1月8日，在县城召开了国民党资兴县第四届代表大会。大会期间，因取消区分部初选代表许名谟选举资格，早已存在的派系矛盾公开化，双方发生冲突。湖南《大公报》1月12日以《资兴党部代表会：轩然大波——监委唐开明被殴伤、党部什物多被打毁》为题报道："资兴县长曹楚材、保安大队队长程振霆本月八日来电云：县属四全大会，内容复杂，酝酿已久，事前调解无效，本日开幕，因取消区分部初选代表许名谟选举资格，双方冲突，打伤党部候补监委唐开明眼角，全部杂物，亦多毁坏，职事正在斡旋，维护治安。"该报1月15日又以《党务发生纠纷》为题报道："资兴县党部一部分党员为反对包办县四次全体大会议案事，特于六日另成立全县代表大会，正式办公，并于是日晚拥至县党部，捣毁什物及文卷等件，并殴伤党部公务员一人。是非曲直，必待上级党部派人亲来察查，方能了解。"事件发生后，宾联辉带领县党部执行委员和监察委员奔赴长沙，到省党部告状。从此，县党部陷于瘫痪。直到同年7月，宾联辉告状得胜。7月7日，《大公报》以《资兴县党部发生纠纷，党印选举票均被劫——省执委会缄请令饬追回》为题报道："省党部昨公函省政府云：资兴县党部第四次全体代表大会，被党员刘恢汉率众捣毁，并劫去该执监委会印信各一颗及监委会所带选举票、密码电本等件一案，前经本会函请贵府令饬该县政府，分别追回在卷，然日久迄未见覆。现该县党代表大会，业经本会第二十二次委员会决议，令饬继续举行。兹据该县执监委员宾联辉、陈晴和等，以印信被劫，恳请重行颁发前来……除由本会另制该两会印信颁发应用外，查前次所失印信、选举票、密码电本等件，关系重大，特再函达贵府，烦请查照，转饬该县政府，迅速追回，以重党务。仍希敬复为荷。"同年7月，国民党资兴县第四届代表大会再次举行，组成了第四届执行委员会和监察委员会。执行委员会由5人组成：宾联辉、金作炎、张献达、唐志夫为委员，金仁崇为候补委员。监察委员会由4人组成：陈晴和、陈国元、陈何煊为委员，唐开明为候补委员。

第五届代表大会

民国三十五年（1946）6月25日至26日，在县城召开了国民党资兴县第五届代表大会。大会日程：25日早上举行开幕典礼，上午预备会议，下午审查提案；26日早上审查提案，上午讨论提案，下午选举执行委员和监察委员，举行闭幕典礼。选举结果：国民党资兴县党部执行委员由7人组成：袁觉民、袁国基、张穆文、文经纬、何世承为委员，李永松、李世清为候补委员。监察委员会由4人组成：宋义为（常务委员）、李墨昌、许世袭为委员，何共明为候补委员。这届执、监委员直到同年10月才宣誓就职。

五、主要活动

1. 参加第一次国共合作

国民党在资兴的早期活动主要是执行孙中山的"联俄、联共、扶助农工"的三大政策，实行国共合作，改组国民党资兴地方组织，组织工农运动，支援国民革命军北伐。民国十五年（1926）7月至次年6月，以国民党湖南省党部特派员身份来资兴的共产党员邓立平、彭国英等，在资兴籍共产党员黄义藻、黄义行等人的协助下，帮助改组县内国民党组织，成立国民党资兴县临时党部，并组织工会、农会、劳动童子团、女界联合会等群众团体。北伐军挺进湘南期间，资兴工农纷纷组织慰劳队、运输队、向导队、敢死队，积极支持和配合北伐军作战。在平江战役中，有15位资兴农民英勇献身。民国十五年10月19日至20日两天，国民党资兴县临时党部和县农民协会、县总工会等革命团体联合在县城召开"资兴庆祝革命军北伐胜利大会"和"追悼平江阵亡农民大会",动员了民众,壮大了大革命运动在资兴的声势。

国民党资兴县临时党部的革命活动,引起了国民党右派的恐慌。民国十六年(1927)3月8日,县内有人以第三区农民协会的名义,呈书国民党湖南省党部,以"勾串无恶不作之徒扰乱农运"为由,诬告袁耀堃、彭国英、康少堃等,袁耀堃、彭国英被撤职。蒋介石发动"四一二"反革命政变后,国民党资兴县临时党部主要成员均受到国民党当局通缉,彭国英、康少堃、龙本支先后遇害,国民党右派与卷土重来的土豪相互勾结,血腥镇压革命者,6月10日至20日,10天内逮捕革命干部群众百余名,李文经、李孝德、陈定成等数十名革命者被扣上"暴魁""暴首"罪名分别遭到枪杀、活埋、剖腹、挖心,大批革命群众遭到毒刑拷打。由共产党员和国民党左派发动起来的轰轰烈烈的资兴大革命运动遂告失败。

2. "清党""清乡"

民国十六年(1927)7月至十七年春,国民党湖南省改组委员会及国民党湖南省党务指导委员会先后派蒋定欧、向吉、宾联辉来到资兴,组织成立国民党资兴县改组委员会、国民党资兴县党务指导委员会,在县内进行"清党",对县内国民党员进行总登记、总考察、总训练,重新登记党员,清除"赤色分子"(参加国民党的共产党员和国民党左派分子)。至民国十七年(1928)冬,县内共清除"不合格党员"41名,其中女党员1名。

民国十七年,为配合反共的需要,国民党资兴县党务指导委员会创办《资兴民报》,宣传"反共、铲共、剿共"。在进行清乡时,先后成立"县清乡委员会""县清乡善后委员会""没收逆产委员会"等反共机构,成立资兴地方武装"县挨户团"。县长易宝钧任清乡委员会委员长。国民党资兴地方武装在全县实行"十家联结、五家联结、联保联坐法",并按照蒋介石"宁可错杀一千,不可放过一人"的指令,大肆搜捕、屠杀共产党员和参加过湘南暴动的工农革命群众。民国十七年10月至十八年(1929)6月,全县开展历时9个月的清乡运动,有1602人被编入另册,其中列为"共匪"的491人,列为"暴徒"的141人,列为"土匪"的42人。在清乡中,国民党制造了民国十七年9月17日"布田惨案",一夜之间,屠杀革命者和无辜群众87人,烧毁全村房屋,抢走牲畜、粮食无数。民国十七年10月至11月,国民党资兴地方武装协同正规军重兵围剿龙溪中共游击区，残暴枪杀资兴县苏维埃政府主席黎晋文和中共资兴县委书记兼独立团党代表袁三汉，并取袁三汉头颅悬挂县城门楼"示众"3天。

民国二十年（1931），国民党资兴县党部开展"资兴人民讨逆铲共宣传周"活动，发动各机关团体派人组建宣传队，大肆宣扬"铲除共党"。是年冬，成立"铲共义勇队"，以各区区长兼任支队长，各乡乡长兼任中队长，专门搜捕共产党员和革命群众。至次年年底，"铲共义勇队"和挨户团杀获革命者72人，其中枪杀65人。民国二十二年（1933）冬，逮捕并枪杀中共资兴县委书记李世成、县委委员黎克修等17名革命者。

民国二十三年（1934），为配合国民党军队对中央苏区革命根据地发动的第五次"围剿"，阻止中央红军入湘，国民党资兴县党部协助县政府组织"建碉委员会"，并严令各区、乡建筑碉堡。

3. 参加第二次国共合作

抗日战争时期（1937年7月至1945年8月），国共两党第二次合作，国民党资兴县党部做过一些工作。比如，组织成立全县民众抗战统一委员会，发动民众参加抗日国民公约宣誓；成立夜校、开展抗日救亡宣传；发动募捐、组织慰劳抗日军队将士等。尤其是当日本侵略军入侵县西北乡时，县党部曾组织民众支持驻境内的国民党暂编第二军和九十九军抗击日军。但国民党县党部在"攘外必先安内"的方针指导下，站在消极抗日、积极反共的立场上，大肆捕杀抗日志士和共产党员；诬蔑共产党领导下的抗日武工队、游击队为"匪"，对其进行"清剿"。

4. 实行党团合并

民国三十六年（1947）9月，国民党中央做出决议，令各级国民党、三青团合并，统一领导。中国国民党资兴县党部与三民主义青年团资兴分团部遵令组成党团统一委员会，接收原党、团各项文件表册，办理移交。11月15日，资兴县党团统一委员会书记长、副书记长就职。12月20日，资兴县党团统一委员会发布（36）统组人字第一号《中国国民党湖南省资兴县执行委员会代电》，称："奉中国国民党湖南省党部成齐电开：'本省党团统一委员会第二次会议决议，派袁觉民为资兴县执行委员会书记长，聂景涛为副书记长。袁觉民、钟述孙、黄鸿等为党团统一委员，特电遵照于本月八日前完成具报为要.' 等因奉此，觉民、景涛等遵于十一月十五日先行就职，并于十二月二日召集党团统一委员会全体委员举行第一次会议，随即统一办公。同年十二月十五日上午十时，党团统一委员会全体委员，在县党部中山礼堂宣誓就职。" 资兴县党团统一委员会委员和办事机构，由 13 人组成：书记长袁觉民，副书记长聂景涛，委员钟述孙、黄鸿；秘书袁国基，组训干事陈春和，宣传干事袁在湘，总务干事何泗承，民报社黄仁荣、蔡道立，录事金重、陈世规，干事兼收发欧阳华。民国三十七年（1948）1 月，国民党资兴县执行委员会以（37）统组字 25 号发出《关于党团登记公告》，全文如下："查本会奉令举办党团员总登记，业经党团统一委员会第二次会议决定，登记期间为三十天（自 37 年元月三十日起至二月二十八日止，即古历 36 年十二月二十四日至 37 年正月十九）。除分区派员督办外，务希本县党团员同志于期限内携带本人党证或团证并登记费一万元，如期亲向各所属区分部或区（分）队申请登记。未编组的党员团员同志可凭党证或团证或党团员二人以上之证明，得向当地区分部或区（分）队申请登记。切勿观望自误，丧失党权、丧失党籍为要。特此公告。"据统计，未举办党团登记以前，原有党员 1768 人，三青团员 600 余人；参加总登记党员 1095 人，补行总登记党员 20 人；登记后，全县共有国民党员 1115 人。

5. 竭力阻挡解放洪流

解放战争时期（1945 年 8 月至 1949 年 9 月），境内国民党组织为挽救即将覆灭的命运，千方百计扩充反革命武装，镇压共产党人和革命群众。国民党内部则钩心斗角，县党部书记长刘泰辅与县长何子伟互相争夺权力，何子伟盛怒之下将刘打入监狱，而让并非国民党员的曹树森临时接管县党部。民国三十五年（1946），县党部设立"党政军团特种汇报室"，将各机关设"防奸保卫小组"，搜集中共党员和进步人士活动情况。县党部书记长每周召集一次密会，搜集和研究"异党"情报，防止群众被中共"赤化"。民国三十六年（1947），又成立"人民动员剿共宣传委员会"，并在全县推行"五人联保"和"五户联坐"，对县内革命武装进行军事镇压。同时，国民党与三青团、青年党之间为争夺"国大代表"选票钩心斗角，互相倾轧。结果，让无党派人士何群生利用三者矛盾，借助宗族力量和经济实力，收买选票，一举当选。民国三十七年（1948），县内物价飞涨，法币大幅度贬值，田赋增加。中共地下组织发动群众，开展反征兵、反征粮、反征税以及反内战、反饥饿、反迫害斗争，国民党当局进行残酷镇压。民国三十八年（1949），国民党实行《戡乱建国总动员方案》和"空室清野""保甲连坐"等保安制度。境内成立粤赣湘边区反共救国军司令部，同时搬来军械修配厂，加紧扩充反共武装力量。国民党资兴县党部及其武装部队面对中国人民解放军大兵压境和游击队的频频进攻，大为惊恐，查封进步报纸《庶民报》，并配合盘踞在境内的白崇禧、薛岳残部，阻挠中国人民解放军进入资兴，最终失败。

六、中国国民党资兴地方组织主要负责人

民国档案第 312 卷第 3 页载有《国民党资兴县党部的始原和发展进度概况、历史沿革》（资兴县革命委员会人民保卫组、中国人民解放军资兴县公、检、法军管小组 1969 年 6 月编印的综合材料），其中的《伪县党部各届书记长简明表》记载："民国十七年至十九年资兴县党部党务指导委员：邓永坤、陈晴和、宾联辉、向吉、唐开明。民国十九年正式成立县党部：第二届执行委员金作炎、宾联辉、唐志夫；候补执行委员唐开明、夏增汉；监察委员陈何煊、郭孝原、何魏。民国二十二年县党部：第三届执行委员唐志夫、宾联辉、张猷达；候补执行委员夏增汉、金仁崇；监察委员陈国元、陈晴和、唐开明。民国二十六年县党部书记长：余先达。民国十七年县党部书记长：曹石人。民国二十九年县党部书记长：蔡以沅。民国三十一年县党部书记长：蒋汉璞。民国三十二年县党部书记长：刘泰辅。民国三十四年县党部书记长：曹树声。民国三十四年县党部书记长：戴傅益。民国三十五年县党部书记长：袁觉民。民国三十七年县党部书记长：袁觉民、副书记长聂景涛。民国三十七年县党部书记长：欧阳光、副书记长聂景涛。"

（一）国民党资兴县临时党部负责人

中国国民党资兴县临时党部的负责人，均系共产党员和社会主义青年团员，是帮助国民党在资兴"起家"的首功人员。然而，"马日事变"后，有的惨遭屠杀，有的牺牲在以后的对敌斗争中，有的下落不明。

彭国英：中国国民党资兴县临时党部书记长。民国十五年（1926）10 月至民国十六年（1927）3 月任（第一次国共合作时期）。衡山县人。中共党员。

据民国十七年（1928）湖南全省清乡公报第十一期《湖南全省清乡督办署判决书》记载："彭国英，民国十五年六月由共党向钧、田波杨介绍在戙子桥文英旅馆加入共产党西披（CP），深为共首夏曦、易礼容等所重视。九月底派为资兴农运特派员，复经资兴商民运动特派员。九月底到资兴，引起商民冲突。该被告人以前委邓立平所办农会无一真正共党，遂予改组，由该被告人介绍黄淦、黄家德、谢流昆等5人为共产党员，并捉拿资兴北乡执行委员长，惩办。16年三月被前伪省党部农民部撤职回省。"后被逮捕，民国十七年（1928）11月6日在长沙被枪决。

袁耀塈：中国国民党资兴县临时党部常务委员。民国十五年（1926）10月至民国十六年（1927）3月任（第一次国共合作时期）。资兴县人。中共党员。资兴的大革命运动，引起了国民党右派的极大恐慌。民国十六年（1927）3月8日，县内有人以第三区农民协会的名义，呈书国民党湖南省党部，以"勾串无恶不作之徒扰乱农运"为由，诬告袁耀塈，"被省党部撤销了资兴临时县党部常务委员职务"。"马日事变"后逃出资兴，以后当了律师。资兴市档案馆民国档案第11本《罗锦棠抄存》的案件中记载："《照抄第三区第八乡乡农民协会报告书》：'为报告事：旧岁被省党部撤销之资兴临时县党部常务委员袁耀塈勾串属乡无恶不作之贼犯罗金华，到处煽惑第四区第二乡乡农民协会于非谈厂。二月初四日，该乡七甲公祠移往属乡之三都市裕源和店内，聚众数百游街示威，扰乱我区农运，致令属乡居民惊恐无状。属乡无法制止，报恳钧会（资兴县农民协会）迅赏设法救济，以保乡区而维农运，实为公便。仅呈：第三区农民协会李、王二委员长暨列位执行委员先生公鉴。资兴第三区农民协会谨报。三月八日。'"此件未注明年号，应为"民国十六年"。

李练成：中国国民党资兴县临时党部组织委员。民国十五年（1926）10月至民国十六年（1927）6月6日任。中共党员。"马日事变"后下落不明。

康少塾：中国国民党资兴县临时党部宣传委员。衡山县人。中共党员。资兴市档案馆民国档案第57卷中载有资兴县政府民国十六年七月二十七日向省政府《呈为据实呈覆事》，历数康少塾的所谓"犯罪"事实，文中写道（文中的括号为本书笔者所加）："查覆共首康少塾，15年冬与彭国英等由伪省党部特派来资兴改组县党部。该犯身充执委兼农民运动专员，煽动农工，麻醉青年。16年春，严令县农会、工会戴廖斌、段廷璧、樊淦、王卓如等驱使农工，游行示威，组设特别法庭，该犯充当主席。唆使农民自卫军、工人纠察队及各级农工团体，到处搜捕良正（土豪劣绅），捆吊李成章、陈垂绅、王兑阳、胡远清等游街示辱，并严刑毒打胡熙甫、何共钦、曹彦真、王作宾、唐家春、陈葆华、黎雪楼等，洗掳胡孔章、李灿、张谢晋、李茂荣、程子枢等家。该犯所为同时，与王泽昌、肖先越等宣扬共产，常开会于伪县党部及云盖仙等处，惨状愈烈后，竟将商会文书委员金作忠（维新社秘书）及良民谢张焜（维新社成员）一并惨（残）杀。并且设立'讨蒋（介石）委员会'，自任主席，到处宣传诋毁革命领袖，鼓吹赤化，造成赤色恐怖。"

资兴市档案馆民国档案第 27 本载有"县长何巍"于中华民国十九年（1930）八月二十三日发布的《资兴县政府指令》："令东区区长钟述孙：呈请转呈枪决共首康少墅由，呈悉，准予汇转。仰即知照。此令。"民国二十四年（1935）7 月 27 日，资兴东区向县政府呈称：康少墅"被捕于首都"，在南京被杀。

陶宇芝：中国国民党资兴县临时党部青年委员。民国十五年（1926）10月至民国十六年（1927）6 月 6 日任。湘潭县人。中共党员。"马日事变"后隐蔽在湘潭。

侯碧华：中国国民党资兴县临时党部妇女委员。民国十五年（1926）10月至民国十六年（1927）6 月 6 日任。长沙人。中共党员。"马日事变"后隐蔽在株洲。

龙本支：中国国民党资兴县临时党部财经委员。民国十五年（1926）10月至民国十六年（1927）6 月 6 日任。资兴人。共青团员。民国十六年（1927）5 月，在衡阳内河口被杀害。国民党资兴县政府于民国十七年发布的《资兴各乡共匪年籍详细调查表》（通缉令）中说："龙本支：三十二岁，资兴（东乡）白家洞人，面长瘦，马日前充伪县党部干事，捉拿程子枢等，勒揭西乡良民光洋数千元；马日后在外秘密工作。"

《资兴市志·革命烈士》中记载："龙本支：男，籍贯：何家山乡；生卒年份：1901—1927；职务：县农会财务员。"

（二）国民党资兴县党务指导委员会主要负责人

常务委员：向吉，衡山县人，民国十七年 6 月至 8 月任（常务委员相当于书记长职权）。

常务委员：宾联辉，湘潭县人，民国十七年 8 月至民国十九年 7 月任（宾联辉，湘潭县茶思公社吴家大队谭家生产队人）。

县党部执行委员会常务委员：宾联辉，民国十九年 7 月至民国二十五年任。

党务指导员：何巍，民国十七年 8 月至民国十八年任（县长兼任）。

宾联辉的任职时间考：民国十七年 8 月至民国二十七年 5 月任

资兴市档案馆民国档案第 77 卷中载有钢版刻写油印件"恢字第 320 号"的《中国国民党湖南省资兴县执行委员会公函》，内容为"救济应征入营士兵家属实施办法"，"照抄计划书转饬各区乡协助执行"。文件的最后落款为："常务委员宾联辉。中华民国二十七年（1938）三月九日。"

民国档案第 80 卷中载有钢版刻写油印件《湖南全省人民抗敌后援总会资兴县分会》征字第二号："奉中国国民党湖南省党部转，奉军事委员会令：征集破铜烂铁……"最后落款为："常务主任委员宾联辉，常务委员李英翰、首光、何泗贤、黎询；征募组主任李岳生、何世承。中华民国二十七年五月。"

以上资料说明，宾联辉担任"常务委员"，起码到了"民国二十七年（1938）五月。"

（三）国民党资兴县党部执行委员会主要负责人

书记长：余先达，长沙人，民国二十六年至民国二十七年任

余先达的任职时间考：民国二十七年 5 月至民国二十八年 4 月任。

资兴市档案馆民国档案第 89 卷载有《中国国民党湖南省资兴县执行委员会临时通知书》（达字第 32 号）："兹查陈国良同志经本党党员黄仁覃等介绍，编入第七区分部工作……书记长余先达，中华民国二十八年（1939）四月二十六日。"这件资料说明：余先达的任职时间，起码到民国"28 年（1939）四月二十六日"之后了。

网站资料：《中华民国三部曲》之十八（2012 年 12 月 10 日发布）：

余先达（1916—　）：湖南长沙人。毕业于国立北平大学法商学院及"革命实践研究院"第十三期。任陕西省西安营业税局局长、重庆直接税局第四办事处主任、江苏省直接税局及上海货物税局科长、上海直接税局黄埔办事处主任。到台（湾）后，任"中央银行"中央印制厂襄理、顾问。1963 年，任"行政院"外汇贸易审议委员会专门委员。1965 年，任中国台湾物资局第五处处长。1969 年，调任"经济部"证券管理委员会主任秘书，1971 年任副主任委员，1977 年任主任委员。

书记长：曹石人，沅江县人，民国二十七年至民国二十九年 4 月任

曹石人的任职时间考：民国二十八年 4 月至二十九年 5 月 15 日任。

资兴市档案馆民国档案第 106 卷载有《中国国民党湖南省资兴县执行委员会通令》（贞训字第〇八六号）："查国歌代表国家标准，务须家喻户晓，人人均能歌唱……"最后落款为："书记长曹石人赴渝受训，干事许璧辉代行。中华民国二十九年三月三日。"从本年的三月二日至三月二十六日的文件，都是"书记长曹石人赴渝受训，干事许璧辉代行。"从本年四月的文件开始，则没有"赴渝受训"了。

民国档案第 106 卷载有《中国国民党湖南省资兴县执行委员会同事录》，民国二十九年（1940）五月造（册），共八人。首先记载的是"曹石人"："别号固贞，年龄三十，籍贯沅江。学历：湖南群治法专毕业，中央训练团党班六期毕业。经历：曾任湖南省党部干事、县党部委员、民报社长等职。现在通讯处：湖南民政厅第一科陈科员维干转。永久通讯处：沅江莲花塘十一号。"排名第二的是"许璧晖"："别号先照，年龄四二，籍贯资兴。学历：湖南省教育会单级师范毕业。经历：曾任资兴县立师范教员及县党部干事等职。现在通讯处：资兴县城许家。"排名第三的是"夏增汉"："别号灿南，年龄三九，籍贯资兴。学历：资兴县立旧制中技毕业，中央合作训练所及湖南省干训团党训班结业。经历：曾任资兴县党部委员、干事，湖北反省院会计。现在通讯处：资兴县城运文堂。永久通讯处：郴县东江市邮箱。"排名第四的是"张穆文"："年龄三九，籍贯资兴。学历：湖南干训团党政班结业。经历：曾任县党部秘书、干事等职。现在通讯处：资兴县蓼江市邮箱转。"排名第五的是"何懋蕙"："别号杜芳，年龄三三，籍贯资兴。学历：湖南省立三中毕业，湖南省干训团党政班毕业。经历：曾任资兴乡师校会计及党部干事，县教育会干事。现在通讯处：资兴鸿盛客栈转。永久通讯处：资兴渡头珍利号。"排名第六的是"何双玲"："别号轩石，年龄四三，籍贯资兴。学历：湖南省立第三师范学校毕业。经历（无）。现在通讯处：资兴二仪商店。永久通讯处：清塘村信柜交。"排名第七的是"陈剑农"："别号国英，年龄三六，籍贯资兴。学历：资兴县城立旧制中学毕业。经历：曾任国军中少尉书记，县党部录事等职。通讯处：湖南永兴三都市信箱。"排名第八的是"徐步云"："年龄四〇，籍贯资兴。学历：资兴乐成高小毕业。经历：曾任初小校长及教员。现在通讯处：东八联立高小传达室。永久通讯处：资兴东乡和顺乡公所转十里袁家洞徐家。"

民国档案第106卷载有《中国国民党湖南省资兴县执行委员会训令》（组字第152号）："令直属第六区分部：遵省执行委员会令发陈国元等换发党证二十七本。又奉令……发预备党员金孝情等党证三本……书记长曹石人，中华民国二十九年（1940）四月二十六日。"

直到民国二十九年（1940）五月五日，"书记长曹石人"还发出了"贞训字第231号"《训令》："令资兴县抗敌后援会各直属区分部：抄发奖励祠宇献金办法及补充办法。"

民国档案第115卷载有"民国二十九年十月编印"的《资兴县动员委员会工作报告书》，其中说："本会始于民国二十八年春，戴前县长兼主任委员，同年十一月改组，正式成立。"在"书记长办公室""委员"中又说："自28年十一月正式成立之日起，主任委员为戴县长鸿志。至29年二月以至现在为刘县长茂华。副主任委员为曹石人，至29年改组废除。委员初有十五人，即萧藩、樊忠益、陈时和、钟述孙、文经伟、樊子慈、樊鹤、甘霖、王化三、唐振禄、夏增汉、袁国基、樊传江、张汝正、段衡徵。至29年二月，甘霖、萧藩去职，改由李宝琦、萧炳荃继任。迄五月，委员曹石人去职，由蔡以沆继任。不久，旋复奉令改组，依法重新推定委员为五人，即县长刘茂华，县党部书记长蔡以沆，国民兵团副团长萧炳荃，军事科长王化三、驻军长官李宝琦。职务分配如下：萧委员兼组训股主任，王委员兼征调股主任，李委员兼救济股主任，蔡委员兼总务宣传股主任。十二月，王委员化三去职，由周志颛继任。"

李宝琦，黄埔军校第十五期毕业生。字子珍，毕业时23岁，山东省寿张县城内西街人。

1945年春，曹石人曾任靖县县长。"互联网"2008年11月12日发布的《警营传奇》中说："1945年春，靖县县长曹石人……"石沁源写的《民国岁月》中说："抗日战争时期，（靖县）新来的县长曹石人不买妇委会的账……"《冲击县政府》中说："曹石人，沅江人，任靖县县长。他原是湖南省国民党部的一名科长，中共地下党员。1931年曾到靖县任整理党务宣传员，属于故地重游。他博学多才，能说会道，是一个十分精明能干的人……"

书记长：蔡以沅，湘潭县人，民国二十九年 4 月至民国三十一年任

蔡以沅任职时间考：始任时间为民国二十九年 5 月 16 日。

资兴市档案馆民国档案第 106 卷载有《快邮代电》称："各区分部、各人民团体：中国国民党湖南省执行委员会 29 年四月二十五日任用书内开：'兹任用蔡以沅同志为资兴县执行委员会书记长。'奉此，遵于本月十六日接印视事……"这个文件最后没有写明日期，但可以断定：其始任时间的"本月"为"五月"无疑——因为"四月二十五日任用书内开"，不可能在"四月十六日接印视事"。

民国档案第 106 卷载有"民国二十九年五月二十日"制定的《中国国民党湖南省资兴县执行委员会所辖直属区分部开会时间表》："第一区分部，书记金作炎，所在地教育局。第二区分部，书记樊子慈，所在地县商会。第三区分部，书记黄中理，所在地太平乡大富，距县城一〇里。第四区分部，书记黄仁卫，所在地青田乡公所，距县城三五里。第五区分部，书记许钰谟，所在地蓝溪高小，距县城六五里。第六区分部，书记金忠杰，所在地三民乡公所，距县城六〇里。第七区分部，书记杨隆沾，所在地仁保乡公所，距县城九五里。第八区分部，书记谢昭榜，所在地和顺乡公所，距县城五〇里。第九区分部，书记李翕昭，所在地渡头市，距县城四〇里。第十区分部，书记黄仁寿，所在地西里乡公所，距县城四五里。第十一区分部，书记黄才佳，所在地滽口，距县城六五里。第十二区分部，书记陈传真，所在地和海乡仁里学校，距县城二〇里。第十三区分部，书记夏惠南，所在地和衷高小，距县城三〇里。第十四区分部，书记陈弟保，所在地中西乡段派学校，距县城四五里。第十五区分部，书记邓永坤，所在地凤城高小，距县城四〇里。第十六区分部，书记袁在汉，所在地程水高小，距县城五〇里。第十七区分部，书记刘俊先，所在地湘源乡公所，距县城四〇里。第十八区分部，书记袁国屏，所在地威武乡公所，距县城四五里。第十九区分部，书记袁雨平，所在地七里山，距县城三〇里。第二十区分部，书记何森严，所在地何家山，距县城二〇里。第二十一区分部，书记宋义为，所在地旧市，距县城二〇里。第二十二区分部，书记李盛金，所在地鹿鸣乡公所，距县城三五里。第二十三区分部，书记樊忠汉，所在地谷洞乡公所，距县城九〇里。第二十四区分部，书记文经伟，所在地县立中学。第二十五区分部，书记钟述孙，所在地县国民兵团。第二十六区分部，书记何懋蕙，所在地县党部。"

民国档案第 106 卷载有书记长蔡以沅，民国二十九年（1940）五月二十三日发布的"关于缴纳党费"的《中国国民党湖南省资兴县执行委员会通告》。

民国档案第 106 卷载有《中国国民党湖南省资兴县执行委员会通告》（以组字第〇〇二号）："查省党部为实地训练基层干部，推行战时工作起见，特组织视导团分区轮往各县举办党务干部训练班。顷接视导团第三队函知，定六月五日抵资，六月十二日本县党务干训班正式开学上课……书记长蔡以沅，民国二十九年（1940）五月二十六日。"

民国档案第 150 卷载有"中华民国三十年十二月二十日"编印的《本县地方行政干部训练所乡干组同学录》，其中的第 5 页载有蔡以沅的题词："荟萃英才，党政是训，抗战建国，同心迈进。蔡以沅：30 年十一月于资兴县党部。"

书记长：蒋汉璞，耒阳县人，民国三十一年至民国三十二年任

蒋汉璞在民国档案中，没有留下档案资料。

书记长：刘泰辅，资兴县人，民国三十二年至民国三十四年春任

本书笔者说明：刘泰辅，原有的资料记载为"耒阳县人"。经核实，为资兴县人。

资兴县公安局 1950 年 10 月编印的《资兴县国民党中统特务人员调查登记表》记载："刘泰辅：男，40 岁，（中统）调查组长，住址：二区何家山。"

资兴市档案馆民国档案第 184 卷第 86 至 93 页载有"中国国民党湖南省资兴县执行委员会书记长刘泰辅"于民国三十三年六月至十一月的"答复"文件 5 份。

民国档案第 206 卷第 28 页载有民国三十四年元月二十七日发布的《第九战区湖南省资兴县党政战斗指挥所代电》（伟政字 2072 号），称："各乡镇长览：本所为加强战时工作起见，特组织战时服务队，并经本月感日正式成立，开始工作。兼指挥官何子伟，副指挥官刘泰辅、钟述孙（笔者注：三青团资兴分团部负责人）。"

民国档案第 184 卷载有书记长刘泰辅于民国三十三年二月二十九日至年底发出的一系列《中国国民党湖南省资兴县执行委员会训令》。民国三十三年六月三日（社组字第一○二号）发给各直属区分部的《中国国民党湖南省资兴县执行委员会代电》，其中说（摘要）："奉国民党湖南省执行委员会密令，据报奸伪（实指共产党）最近采取之三种政策：（甲）以民众运动开展党务；（乙）以民之所争夺取政权；（丙）以民兵训练扩大军队。注意防备，研究之对策……书记长刘泰辅。"

民国档案第 307 卷载有民国三十八年编印的《乐城初级中学同学录》，其中记载："刘泰辅：43 岁，男，别名佐生，资兴人，前省立三师范、中央训练团、教育学校毕业，曾任中心学校校长、中学教员、教育局局长、省督学，现任（乐城初级中学）校长，通讯处：昌平乡何家山转。"

国民党内部钩心斗角，刘泰辅与县长何子伟互相争夺权力，何子伟盛怒之下将刘打入监狱，而让并非国民党员的曹树声临时接管县党部。

书记长：曹树生，资兴县人，民国三十四年春至民国三十四年初秋任

曹树声任职考：民国三十四年 5 月 16 日至民国三十四年 7 月底任。

"曹树生"，实为"曹树声"，民国档案第 203 卷中他所发布的一系列指示、代电等，其署名均为"曹树声"。民国三十四年五月十六日到会接印视事。蓼市大坪寺加下人。

资兴县档案馆民国档案第 203 卷第 15 页载有民国三十四年五月十八日发布的树秘字第二号《中国国民党湖南省资兴县执行委员会代电》，称："中国国民党湖南省资兴县执行委员会（0427）电略开：'该县书记长刘泰辅调任本会干事，遗缺派该员接充。除分电外，着刻即到职视事。'奉此，经遵于本（五）月十六日到会接印视事。中国国民党湖南省资兴县执行委员会书记长曹树声（0518）秘印。"

民国档案第 209 卷第 21 页载有《资兴县政府运粮会议记录》记载："时间：34 年（1945）七月廿日上午十时；地点：本府会议室；出席人：暂二军军部杨建廷，第六分站徐天祥，第五粮库刘发新，县党部曹树声，青年团钟述孙，田粮处柳正楷、温镜夫……"这则资料说明，民国"34 年（1945）七月廿日"，曹树声仍任国民党资兴县党部书记长。

书记长：戴前益，资兴县人，民国三十四年初秋至民国三十四年 9 月任

资兴县公安局 1950 年 10 月编印的《资兴县国民党中统特务人员调查登记表》记载："戴前益：别号佩谦，男，39 岁，简历：县党部书记长、干事，

（中统）干事，住址：二区七行政村。"

民国档案第 310 卷载有 1950 年 10 月（资兴县公安局）编印的《资兴县国民党中统特务人员调查登记表》记载："戴前益：别号佩谦，男，39 岁，简历：县党部书记长、干事，（中统）干事，住址：二区七行政村。""刘泰辅：男，40 岁，（中统）调查组长，住址：二区何家山。""宋义为：男，旧市人。"《资兴县复兴社人员调查登记表》记载："钟述孙：男，40 余岁，（复兴社）社员，住址：三区兰溪乡新浆。"

书记长：袁觉民，资兴县人，民国三十四年 9 月至民国三十七年 9 月任。

资兴县公安局 1950 年 10 月编印的《资兴县国民党中统特务人员调查登记表》记载："袁觉民：别号熊柏，男，38 岁，简历：县党部书记长、干事，（中统）调查组长，住址：蓼江市。"袁觉民于民国三十四年 9 月接任书记长，没有档案资料佐证。他们任职时间的确定，应是 1950 年公安局调查的结果。

资兴市档案馆民国档案第 218 卷第 1 页载有民国三十五年六月编印的《中国国民党湖南省资兴县第五次全县代表大会议决案》，其中说（摘要）："一、本县现有区分部计已成立者仅有四十五个……二、加紧吸收新党员。三、严密区分部组织，加紧党员训练。四、尽力协助政府，推行政令。五、选拔优秀同志，介绍政府派充地方自治人员。六、培植森林。七、请政府建筑抗战阵亡纪念碑。……第五次代表大会定于本月二十五日在县党部举行。各区分部代表只选派一人，非特殊原因应以书记当选。大会定为两日。"

民国档案第 218 卷第 16 页载有民国三十五年十月二日的《中国国民党湖南省资兴县执行、监察委员会代电》（觉秘字第四二五号）："本县第五届全县代表大会遵令于本年六月二十五日举行，并选举县执监委员，结果以袁觉民、袁国基、何世承、文经纬、张穆文五人当选为执行委员，李永松、李世清二人当选为候补执行委员；许世袭、李墨昌、宋义为三人当选为监察委员，何共明当选为候补监察委员。经呈奉湖南省执行委员会核准备案，并指定袁觉民兼执行委员会书记长，又监察委员会第一次常会互推宋义为为常务委员。经呈准于本年冬月宣誓就职。"

民国档案第 218 卷第 15 页载有民国三十五年十月二日的《中国国民党湖南省资兴县执行委员会代电》（觉秘字第四○二号）："本县第五届新任执、监委员会业经第五次全县代表大会选举通过，兹定于十月二日下午二时在本县大礼堂举行宣誓就职典礼⋯⋯中国国民党湖南省资兴县执行委员会书记长袁觉民。"

民国档案第 247 卷第 9 页载有民国三十六年十月二十日的《中国国民党湖南省资兴县执行委员会代电》（觉秘字第六八五号），称："觉民（因选举完毕）已于本月十九日返县照常视事。"

民国档案第 247 卷第 9 页载有民国三十六年十二月三日的《中国国民党湖南省资兴县执行委员会代电》（觉秘统组人字第一号），称："奉中国国民党湖南省党部齐电开：'本省党团统一委员会第二次会议决议，派袁觉民为资兴县执行委员会书记长，聂景涛为副书记长，袁国基、钟述孙、黄鸿等为党团统一委员。特电，遵照于本月卅日完成具报。'奉此，袁觉民、聂景涛等遵于十一月十五日先行就职，另期补行宣誓，并于本月二日召集党团统一委员举行第一次会议，随即统一办公。"

民国档案第 274 卷第 5 页载有《中国国民党湖南省资兴县执行委员会命令》（统组字第 24 号），其中说："中国国民党湖南省执行委员会（卅六）星执组字第四〇一三号代电转颁中央第六届执行委员会第四次全体会议及党团联席会议通过之本党当前组织纲领规定，党团员应重新登记⋯⋯本县党团统一委员会第二次会议决定，自本年元月三十日起至二月二十八日止（旧历 26 年十二月廿日至三十七年正月十九日）为党团员重新登记期间。全县划为十个区，每区派出 2 个人为督办人。"

资兴县政协成立之际，袁觉民被特邀为第一届（1984—1986）政协常务委员。《资兴政协二十年》中《第一届市（县）政协委员名单》中记载："袁觉民，男，73 岁，大学文化；界别：特邀；工作单位及职务：县政协常委，省立三师退休干部。"

书记长：欧阳光，资兴县人，民国三十七年 9 月 20 日至民国三十八年 8 月任

民国档案第 274 卷第 24 页载有民国三十七年九月二十四日的《中国国民党湖南省资兴县执行委员会代电》（资统总字第四号），称："奉中国国民党湖南省执行委员会（37）统总创字第 924 号代电开：'查资兴县统一委员兼书记长袁觉民同志呈请辞职，应予照准，遗缺派欧阳光同志接充。'奉此，遵于民国三十七年九月二十日到职视事。资兴县执行委员会书记长欧阳光。"

民国档案第274卷第20页载有《中国国民党湖南省资兴县执行、监察委员名册》：“（1）执行委员会书记长欧阳光：男，32岁，资兴人，民国大学毕业，曾任酃县书记长，37年九月到职，通讯处：青市。（2）执行委员袁国基：男，42岁，资兴人，兑泽中学毕业，曾任中小学教员、校长，党部干事、秘书、参议员，通讯处：大波水。（3）执行委员袁觉民：男，38岁，资兴人，湖南大学毕业，曾任教育厅科员，中学校长，通讯处：省二师。（4）执行委员文经纬：男，50岁，武昌师大毕业，曾任中小学教员、校长，通讯处：木根桥。（5）执行委员何世承：男，52岁，资兴人，商业中校毕业，曾任区长、总队长、主委，通讯处：渡市（头）。（6）执行委员张穆文：男，资兴人，省干团党务组结业，曾任党干事，通讯处：三都。（7）执行委员李世清：男，33岁，资兴人，省干团结业，曾任小学校长、田粮处科员，通讯处：东江。（8）执行委员李永松：男，资兴人，旧制中学毕业，曾任党总监委员，通讯处：城厢镇。（9）执行委员何泗杰：男，48岁，资兴人，旧制中学毕业，曾任小学校长、教员、参议员，通讯处：何家山。（10）常务监察委员宋义为：男，37岁，资兴人，旧制中学卒业，曾任小学教员、参议员、乡长，通讯处：旧市。（11）监察委员许世袭：男，35岁，资兴人，岳云高中毕业，曾任中小学教员、教育科长，通讯处：县政府（州门司人）。（12）监察委员何共明：男，38岁，资兴人，旧制中学毕业，曾任党务、乡镇长、中小学教员，通讯处：青市（花潭）。（13）监察委员蒋定欧：男，44岁，资兴人，中学毕业，曾任中小学教员、财政局局长，通讯处：城厢镇。（14）陈国元：男，44岁，资兴人，旧制中学毕业，曾任县党部监察委员会常务委员，通讯处：蓼江市。移交人：书记长欧阳光；接收人：书记长欧阳光、副书记长聂景涛。中华民国三十七年十二月二十九日。”

（四）国民党资兴县党部监察委员会主要负责人

常务委员：郭孝仁，资兴人，民国十九年7月至民国二十年11月任。

常务委员：唐开明，资兴人，民国二十年11月至民国二十二年1月任。

常务委员：陈晴和，资兴人，民国二十二年3月至民国二十五年任。

常务委员：宋义为，资兴人，民国三十五年7月至民国三十八年8月任。

附录：

1949 年 10 月，刘泰辅被活捉

六十年后终重逢——离休干部曹文彬与老战友李江豹的故事

《郴州日报》：发布时间 2011 年 3 月 22 日

60 年前，两位同生共死、并肩作战的战友结下了深厚的友情，可不久他们就因为工作的调动而失去了联系，直到 60 年后才得以重逢。60 年的分别，两位战友都成了白发苍苍的老人了！这两位老人一位叫曹文彬，是资兴市离休干部，今年 87 岁；另一位叫李江豹，是资兴市木材厂的退休工人，91 岁。两位高龄老人为何经历了 60 年才得以重逢？他们之间有着怎样曲折的传奇故事呢？3 月中旬，记者特意拜访了他们。

60 年前共同战斗，为革命立功劳

曹文彬是资兴市蓼江镇东塘村人，1924 年 7 月出生，家境殷实，从小受过良好教育，1944 年考入湖南省第三师范学校，在学校受到共产主义思想的熏陶，积极参加学校组织的"三反运动"（反内战、反饥饿、反迫害），1948 年毕业后当了半年老师，后投笔从戎，参加了湘南游击司令部管辖的资兴敌后武装工作队。曹文彬时任资兴西北区武工队政治指导员，李江豹是同队的侦察员，他们与其他武工队一起活跃在资汝桂地区进行敌后武装斗争。

1949 年 10 月，郴州地区解放，资兴各武工队合并整编为郴州军分区资兴县大队，曹文彬任该大队第三连政治指导员，李江豹调任大队侦察班班长。1950 年，为了肃清资兴境内的残余匪特，尤其是捕捉畏罪潜逃的伪政府党政官员，李江豹带领侦察班深入高山密林，风餐露宿，日夜侦探。同年农历十月，已是寒冬季节，李江豹与侦察班几名战士正在资桂边界执行侦察任务，忽然发现对面小山包上，树影晃动，仔细一看，有一人鬼鬼祟祟。他敏锐地感觉到此人有问题，来不及通知战友，就孤身一人前往察看。李江豹追上后，在他身后大喝一声："站住！什么人？"黑影一愣，撒腿就跑。李江豹意识到此人非同寻常，奋起直追，一把扑过去抱住他，两人搏斗起来，一边扭打一边滚下山坡。滚打时李江豹受了伤，他急中生智，掏出"左轮"手枪击中了那人腿

部。战友们听到枪声随即赶到，将那人制伏，送往大队验明，此人正是潜逃山区企图伺机谋反的国民党资兴县党部书记（长）刘泰辅。

李江豹在担任侦察班长期间，带领侦察班击毙了资兴伪县长何樵夫，以及从汝城窜入资兴外号为"一丈八"的女匪首。因为他舍生忘死、英勇机智独身擒匪，功劳卓著，郴州军分区授予他"侦察英雄"光荣称号，并令文工团将他的英雄事迹编成戏剧《侦察英雄李江豹》进行公演。他于1951年10月还被中国人民解放军十二兵团兼湖南省军区政治部记大功一次。

60年中各奔东西，人生经历迥异

曹文彬和李江豹在特殊时期一起生活战斗，两人结下了深厚的友谊。1951年11月，曹文彬调往某某军区工作，从此两人失去了联系。

1962年，曹文彬转业回到资兴工作后，一直到处打听李江豹的情况。他问一些共过事的同事战友，可是无人知晓；他又到政府有关单位去查询，也不知有其人。曹文彬觉得很奇怪，他寻思着：当年一个这么著名的侦察英雄，按理说，资兴有关政府部门总应该有他的简历或档案什么的，总应该有人知道这个人吧！可是，几十年来，李江豹似乎从人间蒸发了，没有留给曹文彬这个老战友一丝信息。

其实李江豹与曹文彬相隔并不遥远，他们后来甚至就生活在资兴新区这同一座小城里。

李江豹于1920年10月出生于原郴县桥口镇，3岁那年父亲不幸去世。后来母亲改嫁到资兴市木根桥乡（现为东江镇）一户李姓农民家里。李江豹从小过着艰苦劳累的生活。"1949年8月，他怀着满腔仇恨，参加了湘南游击队，在每次战斗中，他都表现得十分英勇，在困难、危险的情况下，从没有动摇过……"这是记者在李江豹家中一本《功代大会特辑》上看到的一段文字。这本书记载着1951年湖南郴州军分区第一届功代大会的全体功臣名单，以及介绍部分大功臣的文章，其中写李江豹的那篇文章叫《智勇双全的李江豹》。

1952年，李江豹退役回到木根桥乡政府工作，后调到东江木材厂，直到1975年12月退休。至今，他一直是一名普通企业退休职工，退休金仅1000余元，生活十分俭朴。

而曹文彬尽管在"文革"期间被下放，但在1978年落实政策后当了一名中学老师，后于1986年作为一名老干部办理了离休手续。

60 年后终得重逢，为老战友做证

从 1951 年分别后，曹文彬一直在寻找李江豹这位同生共死的战友。正当他感到今生无望再见到李江豹时，2010 年 11 月，外孙廖子彪的一个电话让曹文彬喜出望外。原来曹文彬的外孙廖子彪通过一个朋友认识了李江豹的孙子李东方，两人很是投缘，交往逐渐增多。一次交谈中，李东方偶然提到自己的爷爷当年参加过游击队，还立过功受过奖。廖子彪于是问李东方："你爷爷叫什么名字？""李江豹。"

听到"李江豹"这个名字，廖子彪似曾相识，因为他曾经听外公提起过李江豹这个名字，于是他打电话问外公认不认识李江豹这个人。

"李江豹啊，他就是我苦苦找了 60 年的战友啊！"曹文彬一听顿时又惊又喜。于是他叫孙子立即打听到李江豹的具体地址——资兴市第一人民医院家属区。"没想到他竟然跟我住在同一个地方！"曹文彬心想，他按捺不住激动的心情，立刻带了一部照相机和一份礼物，拄着拐杖，步行找到了李江豹的家。"老战友，60 年了，我终于找到你了！"一见面，曹文斌就紧紧握住李江豹的手大声说。

两位老战友在分别 60 年后终于得以重逢了，曹文彬觉得自己这辈子最大的心愿总算了结了，他的心情轻松了很多。可是当他了解到李江豹这么多年来只是享受一个普通退休工人的待遇，因为退休金少，过着非常艰苦的生活时，这一切令曹文彬心里很不是滋味。

"我没想到这个老英雄竟然被埋没了，不仅老百姓不知晓，连政府也不知道，我要为他做证，为他争取应该享受的待遇。"曹文彬想到就去做。他立刻写了份《侦察英雄李江豹同志简介》的报告，向相关部门反映。而李江豹淡然处之，这位耄耋老人早已习惯了俭朴的生活。

"他就是那种忠厚老实的人。"曹文彬说，"不管怎么样，这辈子能够找到他，我也没有很大的遗憾了。"

作者：刘娟丽　来源：《郴州日报》

第三节　中国三民主义青年团资兴分团负责人

龚育之主编的《中国二十世纪通鉴》（1921—1940）第二册《三民主义青年团成立》中说："1938 年 3 月召开的国民党临时全国代表大会决定：建立三民主义青年团（简称'三青团'），作为全国青年的组织。6 月 16 日，国民党中央公布《三民主义青年团团章》。同日，蒋介石发表《为组织三民主义青年团告全国青年书》，揭示组织三青团的目的：一是为求国民革命新的力量集中，二是为抗战建国的成功，三是为三民主义的实现。7 月 9 日，三民主义青年团在武昌成立，蒋介石任团长，陈诚为书记长，并成立了由陈立夫、朱家骅、张厉生、张道藩、贺衷寒、康泽等 20 多人组成的中央干事会。中央团部内设组织、训练、宣传、社会服务、总务、经济等处。中央团部下设支团部、分团部、区队、分队等各级组织。三民主义青年团成立后，原中华复兴社的大部分成员都转入团内。三青团实际上是蒋介石在控制青年并与共产党争夺青年的一个政治组织。1947 年 9 月，三青团并入国民党。"

《资兴市志》第四篇"党政群团"第三章"其他党派"第三节"中国三民主义青年团资兴地方组织"记载：

民国二十八年（1939）9 月，资兴县抗日自卫团第一中队分队长唐振禄（资兴碑记源塘唐家人）和萧藩（资兴汤市人）等 20 余人，在郴县受训期间，集体加入三民主义青年团。同年，这批三民主义青年团员回资兴筹备成立三民主义青年团郴县分团直属二十一、二十二两个分队。分队成立后分别由唐振禄、萧藩任分队长，楚天方（资兴坪石人）、周荡欧（祁阳人）任分队副。民国二十九年 1 月，三青团资兴区队在县城正式成立，由萧藩任区队长，萧炳奎任指导员，下辖工商、机关、社会 3 个分队。三青团资兴地方组织成立之初，曾组织青年进行抗日宣传，但主要追随国民党进行反共宣传。

民国三十年（1941）秋，资兴三青团组织发展到 300 余人。同年 10 月，三青团湖南省支团部核准成立三民主义青年团资兴分团筹备处，指派徐兴庠（山东人）任资兴筹备主任。同年 11 月正式成立三青团资兴分团，下设组训、宣传、总务 3 个股，辖 3 个区队、3 个区分队。民国三十三年 4 月，三青团资兴县第一次代表大会在县城召开，选举产生三青团资兴分团部，周金声、陈国钧、何懋斋等为分团干事会干事，周金声任干事长；樊策、许世袭、彭甲春等为分团监察委员会监察委员。三青团资兴分团辖 5 个区队、21 个区属分队。民国三十五年 11 月，三青团资兴县第二次代表大会在县城召开，选举产生分团干事会、监察委员会。干事会由 5 人组成，钟述孙任干事长，黄鸿任书记，袁在湘、聂景涛、何懋斋任干事。监察委员会由许世袭、樊策、谢书厨 3 名监察委员组成。是年，部分三青团员参加国民党"党政军团特种汇报室（会）"的反共情报活动。民国三十六年 9 月，黄鸿辞去书记职务，由袁在湘继任书记。民国三十六年 10 月，钟述孙辞去干事长职务，由聂景涛继任。这一时期，三青团资兴分团辖 5 个区队、16 个区分队，参与国民党当局反共的"五人联保""五户连坐"和推广反共歌曲等活动。

民国三十七年（1948）元月，三青团资兴分团并入国民党资兴县党部，三青团员 600 余人，部分团员转为国民党员，三青团资兴分团及其下属组织从此撤销。

资兴市档案馆民国档案第 312 卷第 8 页载有《三民主义青年团资兴分团部》（资兴县革命委员会人民保卫组、中国人民解放军资兴县公、检、法军管小组 1969 年 6 月编印的综合材料）记载：一、成立时间：民国二十八年至三十六年（1939—1947）。二、组织来源：

1. 民国二十八年（1939）秋，资兴分队副唐振禄等二十余人调到郴县受训，在郴州集体加入了三青团组织。结业归县后，分队副到各地大肆吸收团员，借以巩固个人权力。当时，成立两个分队，直属郴县分团部领导。

2. 民国二十九年（1940）元月被扩编为资兴区队，仍直属郴县分团部领导，由钟述孙、肖藩担任区队长、区队副职务。队址设于资兴城东正街国民军团部内，钟述孙任区队长时迁至蔡家大屋办公。

3. 民国三十年（1941），资兴三青团组织发展到二三百人，经省三青团湖南支部核准成立"资兴分团筹备处"。筹备处由徐兴庠、毛孝祥两任主任，时任两年期内，借以各种手段，陷害无辜青年，除主持纪念周、用口头宣传反共政策，并令其各校教师滥拉学生入团。每年规定入团训练班二次。同时设有《资兴青年三日刊社》，发行《资兴青年》，对青年灌输反动思想，同时分布到各乡、各地去贯彻发展（团员）。

4. 民国三十三年（1944）4月，分团召开第一届团员代表大会，选举了周金声等成立"干事会"，许世袭、彭甲春、樊策等三人成立"监察会"，任期三年。

5. 民国三十五年（1946）召开第二届代表大会，讨论今后团务发展，及重选干事、监察（委员）。这次当选干事（会执行委员）的（有）：钟述孙、黄鸿、聂景涛、袁在湘、何懋齐五人；监察（委员）：樊策、谢书厨、许世袭。其成员扩大到千余人，区队扩大到二十余个。

6. 民国三十三年（1944）8月，"平智中学"因避难来资兴旧市开学。该校学生何共焱等积极开展团务活动，吸收了新团员五十六名，于11月间报资兴分团派员监察宣誓。分团派袁在湘往该校主持宣誓，并确定成立了区队，何共焱为区队长，曹笃仁任区队副。该校于民国三十四年（1945）迁回他处，该区队团务停止。

7. 民国三十四年（1945）春，"五洲中学"迁来资兴大波水开学。该校教员吴则吴、杨树等拉青年入团，该校成立了区队。同年秋搬走，该校区队随即取消。

8. 民国三十六年（1947）伪令举办团员总登记。资兴分团随即召开了区队长会议，分发登记表，（让团员）填写。同年10月，伪中央令各级党、团统一合并，资兴随即由党、政、团及在城机关团体、学校头子组成"党团统一合并委员会"，办理合并。至民国三十七年（1948）元月，党团合并完成，三青团从此撤销。

9. 各机构情况：第一股负责人袁在湘，第二股负责人聂景涛，第三股负责人樊策，第四股负责人黄存文。

10. 各区队、直属分队情况：

县中区队负责人蒋振作、李世忠；地址：县立中学。

直属分队：直一分队：负责人聂景涛、蔡道立；地址：城厢镇。直二分队：负责人梁素珍、何栖梧；地址：女校。直三分队：负责人李明、李纲；地址：城高（级小学）。直四分队：负责人何世材、刘先全；地址：商会。直五分队：负责人黄秉贞、梁碧云；地址：妇女会。直六分队：负责人欧阳文、黄琼；地址：县政府。直七分队：负责人吴炳文、冯持；地址：田粮处。直八分队：负责人李剑夫、樊孝立；地址：参议会。直九分队：负责人鲁隆强、欧咸义；地址：警察局。

直属区队：第一区队：负责人唐声铸、李远芳；地址：城厢。第二区队：负责人黄仁宇、何翊凤；地址：二都。第三区队：负责人黎挺英、朱实俊；地址：凤凰。第四区队：负责人李超；地址：程水。第五区队：负责人樊天方、樊家仁；地址：昌平。第六区队：负责人陈继珍、熊永嘉；地址：复兴。第七区队：负责人陈有怀、李安民；地址：复兴乡。第八区队：负责人李永柏、樊孝全；地址：昌平乡。第九区队：1945 年成立，负责人金焜、何由斌；地址：仁保乡。第十区队：1944 年 12 月成立，负责人周书明、谭康平；地址：青田乡。第十一区队：1944 年 12 月成立，负责人宋盛家；地址：兰溪乡。第十二区队：1945 年成立，负责人谭绍尧、樊孝华；地址：和顺乡。第十三区队：1945 年成立，负责人李永机、樊忠汉；地址：谷洞乡。第十四区队：1945 年成立，负责人袁仲猷、何旗宾；地址：六和乡。第十五区队：1946 年成立，负责人唐祖祺、段绩明；地址：湘源、桃源、威武三乡。第十六区队：1946 年成立，负责人李若言、袁南高；地址：鹿鸣乡。第十七区队：1946 年成立，负责人曹泮清、黄存湘；地址：三民乡。第十八区队：负责人何应框、何翊奇；地址：凤凰乡。第十九区队：负责人黄存候；地址：二都乡。第二十区队：负责人李雅、李杰生；地址：永丰乡。第二十一区队：负责人戴廖翰；地址：郴侯乡。第二十二区队：负责人李贤、何懋英；地址：二都乡。第二十三区队：负责人樊谟藻、黄集义；地址：昌平乡。

11. 国民党资兴县党团统一委员会：民国三十六年（1947）国民党中央令各级党团合并，资兴随即由党团负责人召开会议，合并成立"资兴县党团统一委员会"，正式选出统一委员：书记长袁觉民，副书记长聂景涛，秘书袁国基，组训干事陈春和（资兴人），宣传干事袁在湘（资兴人），总务干事何泗承（资兴人），民报社黄仁荣、蔡道立，录事金重、陈世规，干事兼收发欧阳华。

民国档案第 251 卷第 16 页载有《三民主义青年团资兴分团干事会所属区分队长名册》，记载（共 25 个区队、直属 9 个分队）：

（民国三十六年 7 月）

区队名称	区队长姓名	副区队长姓名	区队所在地
第一区队	唐声铸	李远芳	城厢镇
第二区队	黄仁宇	何翊凤	西里乡
第三区队	黎挺英	朱宾俊	旧市
第四区队	李超	曹先恢	大坪墟
第五区队	樊天方	樊家仁	太平乡
第六区队	陈继珍	熊永嘉	东江
第七区队	陈有怀	李安民	中西乡
第八区队	李永柏	樊孝全	何家山
第九区队	金焜	何由斌	汤边
第十区队	周书明	谭康平	青要墟
第十一区队	许先腾	李彩廷	柳沙坪
第十二区队	谭绍尧	樊孝华	大波水
第十三区队	李永机	樊忠汉	谷洞
第十四区队	袁仲猷	何旗宾	黄草坪
第十五区队	唐祖祺	段绩明	蓼江市
第十六区队	李若言	袁南高	鹿鸣乡
第十七区队	曹泮清	黄存湘	彭公庙
第十八区队	何应框	何翊奇	长丰乡
第十九区队	黄振湘	黄存候	滁口
第二十区队	李雅	李杰生	永安乡
第二十一区队	戴廖翰	尹长馨	七里山
第二十二区队	李贤	何懋英	渡市（头）
第二十三区队	樊谟藻	黄集义	青塘
县中区队	蒋振作	李世忠	县立中学
乐中区队	蒋中坚	黄存文	乐城中学
直属第一分队	聂景涛	蔡道五	本会
直属第二分队	梁素珍（女）	何栖梧	女子学校
直属第三分队	李孟明	李泗	城高
直属第四分队	何世材	刘先全	商会

区队名称	区队长姓名	副区队长姓名	区队所在地
直属第五分队	黄秉贞（女）	梁碧云（女）	妇女会
直属第六分队	欧阳文	黄 琮	县政府
直属第七分队	吴炳文	冯 持	田粮处
直属第八分队	李剑夫	樊孝立	参议会
直属第九分队	鲁隆强	欧咸义	警察局

民国档案第 128 卷载有"民国三十年七月二十一日""区队长金作炎"发布的《三民主义青年团湖南省支团郴县分团资兴区队部命令》（区字第 181号）：转发中央干事会关于"分队会议规则"的"命令"。

关于"萧藩"，民国档案第 128 卷载有民国三十七年四月七日出版的《资兴民报》（社址：资兴县党部内），在第一版中载有《萧藩奉派临湘县长》的报道："本报讯，本县保民乡汤边萧藩氏，闻以奉发临湘县长。萧氏前在本县任国民兵团副团长，但主任秘书一席已电请袁在田先生担任云。"

民国档案第 251 卷第 4 页载有民国三十六年八月二十三日《湖南支团资兴分团干事会代电》（资干信组字第一三九号），其中说："奉湖南支团干事会湘干组字第一〇四六九号令：'复以本会干事兼书记黄鸿同志坚请辞书记兼职，应予照准。选遗书记一职准以干事第一股股长聂景涛同志调升。'"

民国档案第 251 卷第 14 页载有民国三十六年十一月一日编制的《湖南支团资兴分团干事会名册》，其中记载：

1. 干事兼干事长聂景涛：男，35 岁，籍贯资兴；出身：旧制中学毕业，曾任县党部干事、特别党部秘书；到职日期：33 年十月任股长，36 年八月任书记，36 年十月任现职。

2. 干事兼书记袁在湘：男，33 岁，资兴人；省立一师卒业，曾任中小学教员、民教馆馆长、本会股长；33 年任股长，36 年十月任现职。

3. 干事兼统一委员钟述孙：男，38 岁，资兴人；中央干部学校卒业，曾任分团书记、主任、省参议员，现任本县参议长，33 年九月到职，36 年十月辞职。

4. 干事兼统一委员黄鸿：男，35 岁，资兴人；省立一师卒业，曾任县府科员、督学、教育科长、民教馆长、本会书记；33 年五月任股长，33 年九月任书记，35 年三月辞职。

5. 干事刘恢汉：男，40 岁，资兴人；旧制中学卒业，曾任县党部指导员、书记长、站长、区长、田粮办事主任；36 年八月到职，通讯处：彭公庙。

另有干事樊汉儒、何懋斋、何应德、何双栋、陈和春，以及股员蔡道立、录事金重等七人的简历略。

民国档案第 251 卷第 11 页载有民国三十六年十一月一日编制的《湖南支团资兴分团监察会工作人员名册》，其中记载：

1. 常务监察（委员）樊策：男，40 岁，资兴人；出身：中央军校卒业；经历：曾任副团长、主任教官、股长、书记；通讯处：城厢镇。

2. 监察（委员）黄义廉：男，35 岁，资兴人；省一师卒业，曾任督学、中小学教员、县立女校校长；通讯处：东江邮转双溪（洞）。

3. 监察（委员）李宙松：男，45 岁，资兴人；旧制中学、中央军校卒业，曾任连长、营长、副团长、军训教官、中心学校校长；通讯处：程水中心学校。

4. 监察（委员）袁仲猷：男，41 岁，资兴人；旧制中学卒业，曾任区长、财政局课长、中心学校校长；通讯处：黄草坪。

5. 监察（委员）谢书厨：男，28 岁，资兴人；中山大学卒业，曾任中学教员及乐城中学主事；通讯处：县立中学。

第四节　中国青年党资兴地方组织负责人

中国青年党，初名"中国国家主义青年团"，1923 年 12 月 2 日成立于法国巴黎。1924 年 3 月 1 日在巴黎召开第一届代表大会，发起人均被推选为中央委员，曾琦为委员长；何鲁之、李璜、张子柱、李不韪、胡国伟、段震环分掌内务、外务、宣传、组织、训练、总务各部。1929 年 8 月 20 日，在沈阳举行第四次全国代表大会，正式定名为"中国青年党"。该党由地主、资本家、军阀、政客及部分知识分子组成。抗日战争期间，一部分成员公开投靠日本。解放战争期间，进一步依附国民党政权。该党 1949 年随国民党到台湾。该党赴台初期，在政坛上尚能发挥些微小的影响，在一些民意代表的选举中，还能获取一些职位。50 年代后，其实力明显衰退，在政坛上难以发挥制衡作用。导致这种状况的内因是党内派系林立，外因是国民党分化控制。在台湾地区第一届中央"民意代表"退职之前，青年党在"国民大会""立法院""监察院"中有 50 多个席位，但在台湾的第二届"中央民意机构"中则无一人当选。

《资兴市志》第四篇"党政群团"第三章"其他党派"第一节"中国青年党资兴地方组织"记载：

民国三十六年（1947）3 月，袁南彬（资兴三都人）在长沙由丁伯钧（益阳人）介绍加入中国青年党，并被中国青年党湖南省党部派到资兴，筹备成立中国青年党资兴县党部。青年党系国民党右派玩弄宪政花招的产物，依附国民党右派进行反共宣传。4 月，中国青年党资兴县党部筹备处在三都成立，先后发展段碧江等 30 多人入党。秋，推举段碧江（资兴蓼江市人，曾任湖南省教育厅督学）为"国大"代表候选人。县党部筹备处迅速吸收 100 多人入党，并为段碧江竞选"国大"代表四处活动。但终因力量薄弱，段碧江落选，青年党员士气低落，（从此）一蹶不振。民国三十七年（1948）1 月，中国青年党资兴县党部筹备处部务会在蓼江市段碧江家中召开，选举袁南彬、段碧江、方定元、袁指南、刘楚材、焦琴 7 人为中国青年党资兴县党部执行委员会委员。

民国三十七年（1948）2 月，中国青年党资兴县党部在县城基督教礼堂正式召开成立大会，到会代表 70 余人。大会宣布袁南彬任县党部主席，段碧江、焦琴、袁指南、许泽宣、袁谟南、刘楚材、方定元为县党部执行委员会委员。县党部内设训练、宣传、秘书、组织科，下设城厢区、北区、西区 3 个区党部。6 月，段碧江接任中国青年党资兴县党部主席。县党部仍下辖 3 个区党部，有青年党员 216 人。1949 年 10 月，中国青年党被人民政府取缔。

资兴市档案馆民国档案第 312 卷第 14 页载有《资兴青年党组织概况》（资兴县革命委员会人民保卫组、中国人民解放军资兴县公、检、法军管小组1969 年 6 月编印的综合材料）记载（摘要）：

"资兴青年党成立时间：1947 年 6 月至 1949 年止。

"萌芽时期：1947 年 6 月，袁南彬、袁甦两人从长沙参加青年党后，接受省党部指示，派来资兴扩充党务，发展组织，开始宣传'加入青年党可以安排工作'，并谓蒋介石允许多党执政，让一部分权力给各党派，作为欺骗青年的手段，在石背小学首先吸收教员袁秉衡、袁承烈、袁南豪、罗代质四人（入党）。于7月间成立区党部，进一步扩充党员达30余人，袁南彬、袁甦委派袁南极为区党部主任，李辉林为文书干事，袁承烈任组织干事，袁克勤任宣传干事，袁南豪任经济干事。同年10月，在资兴城天主教堂召开县党部成立大会，参加人数达70多人，选举县党部主席袁南彬、袁甦，秘书科长袁指南，组织科长刘楚材，宣传科长许泽新，组训科长焦琴文，文书袁勉南。其组织系统分县党部、区分部、小组三级。每小组以十至十五人为一组。从此，组织正式成立。

"兴盛与衰落时期：1947年秋，蒋介石为了攫取大总统地位，首先就要选出一批国大代表。袁南彬、袁甦将段碧江拉入青年党内，并提名他为国大代表候选人，大力宣传他当选后全部党员都可安排工作。因此，吸收党员一百余名。同年10月，全国各地竞选国大代表，青年党组织全部力量投入竞选工作，结果，段碧江落选。青年党随即衰落。

"总计：全县青年党县党部1个，区党部4个，小组17个，党员192人。"

民国档案第274卷第35页载有《中国青年党资兴县党部代电》（民国三十七年三月九日，资秘字第23号），其中说："本党已于本年二月一日在蓼江市正式成立，兹定于三月十日上午十时假县城福音堂举行第一届执委宣誓就职典礼（并定福音堂为办公地点）……主席：袁南彬。"

民国档案第248页载有《中国青年党入党登记表》，其中第一名为段碧江"民国三十六年五月二十日"填写的表："段碧江，别号廷珪；年龄六二；籍贯资兴；配偶黄家淑；直系家属：孙一、孙媳一；学历：前清京师大学堂师范馆最优等毕业；经历：湘省立三师校长，（中央）教育部秘书，湘省三中校长，（湖南）教育厅秘书；何时入党：民国三十六年五月廿日；何处登记：资兴；入党后任内部何种工作：组织；通讯处：湖南省资兴县蓼江市；介绍人：袁甦，袁南彬。"

民国档案第310卷载有1950年10月编印的《资兴县国民党反动党团特人员调查登记表》（青年党）记载：（1）袁甦：别号训南，男，37岁，党、教出身，成分地主；简历：办事青年党务、教员；职别：支部筹备员；住址：一区鹿鸣乡。（2）袁指南：别号克轩，男，73岁，教员出身，成分贫农；简历：教员；职级：委员；住址：一区鹿鸣乡。（3）刘楚材：别号翘生，男，49岁，军政出身，成分贫农；简历：伪司书、乡公所干事、乡长、教员；职级：组织干事；住址：一区湾门乡。（4）袁英林：别号爱群，男，35 岁，教员出身，成分富农；职级：筹备委员，现任校长；住址：二区水口乡。（5）许泽宣：别号先阅，男，44 岁，军人出身，成分地主；简历：上尉副官、连长；职级：候补执委；住址：本城杨公桥。（6）方定元：别号鸿才，男，64 岁，教员出身，成分中农；简历：教员、校长；职级：执委；住址：二区水口乡。（7）焦琴：别号楚材，男，62 岁，政教出身，成分贫农；简历：教育局科员、教师；职级：县党部执委；住址：一区望门乡。（8）袁勉南：别号守团，男，42 岁，政教出身，成分中农；简历：田粮处保管员及书记；职级：县党部书记；住址：一区鹿鸣乡。除此以外，还有：（1）罗永芳：男，35 岁，贫农，曾任督察科员、教员，区筹备员，开杂货店的；住址：一区鹿鸣乡三都。（2）樊孝礼：男，28 岁，中农，曾任政训干事、乡公所干事、教员，分队长；住址：四区大富乡。（3）樊孝立：男，28 岁，曾任参议会书记、教员，直八分队长；住址：四区平石乡……谭康平（十区队副），黄守和（中心校长，分队长）、樊天相（八区队一分队长）、樊天方（五区队长）4 人。

第五节　中国民主社会党资兴地方组织负责人

中国民主社会党由"国家社会党"和海外之"民主宪政党"合并而成，1946 年 8 月 15 日成立于上海。自称"以民主方法实现民主社会主义的国家宗旨"。创始人张君劢不担任主席，由徐傅霖代理。该党 1949 年随国民党一起去台湾，其政治主张与国民党无异，外界称其为国民党办的党外之党、"政治花瓶"。中国民主社会党与中国青年党共同参与制定《中华民国宪法》，因而有国民党、民社党、青年党三党为三个合法政党的说法。1950 年，中华人民共和国宣布该党为非法组织。1954 年、1959 年两次分裂，双方各自召开代表大会，成立中央党部。1962 年，张君劢呼吁该党团结，遂于 1963 年 5 月 11 日达成协议，结束分裂。1969 年，该党在台北举行临时"全国"党员代表大会，通过党章，选举主席团。1979 年，又在台北举行第三次"全国"党员代表大会。

《资兴市志》第四篇"党政群团"第三章"其他党派"第二节"中国民主社会党资兴地方组织"记载：

　　"民国三十七年（1948）6月，曾任华容县县长的曹亦吾（资兴蓼江市大坪人）在长沙加入中国民主社会党（简称'民社党'）。同年11月，曹亦吾介绍其族侄曹只常加入民社党。曹只常受民社党湖南省党部之委派出任资兴县选举委员会委员，参加国大代表监选工作。

　　"民国三十七年下半年，民社党湖南省党部委派曹只常、唐毓衡、吴鸿儒、黄秉贞、袁枚云、蔡道彰6人为资兴县民社党党务筹备委员会委员，指定曹只常为主任委员，组建民社党资兴县筹备处。同年11月，民社党资兴县筹备委员会第一次会议在县城鸿盛客栈召开，会议宣布正式成立民社党资兴县筹备委员会，下设组织、总务、宣传、秘书4个科。会上决定成立城厢、郴侯、程水、昌平4个区分部，任命了各科科长、各区（分部）主任及其委员等。该党依附于国民党右翼，反对消灭生产资料私有制，反对共产党。"

　　"民社党资兴县筹备委员会成立后，共开会3次，另有两个区分部各开会1次，无重大活动。1949年10月，该组织消亡。曹亦吾、曹只常等民社党员1950年9月向县公安局做了自新登记，表示改过自新。"

　　资兴市档案馆民国档案第312卷第12页载有《资兴民社党组织概况》（资兴县革命委员会人民保卫组、中国人民解放军资兴县公、检、法军管小组1969年6月编印的综合材料）记载（摘要）："1947年至1948年，民社党发展到70余人，于1948年11月在县城鸿盛客栈召开第一次筹备会议，决定下设秘书、组织、宣传、审查、总务科。1949年3月召开第二次筹备会议，主要讨论建党的具体办法。在此期间，解放军浩浩荡荡大举南下，湖南解放，民社党迫于形势，活动稍有收敛。1949年8月，资兴城初次解放，建立了人民政权。此时，民社党完全停止了活动。1949年12月，曹只常向人民政府交出了民社党全部文件（民社党全部材料完整保存在档案室）。全县民社党县党部1个，区分部筹备委员会4个，党员91人。资兴县民社党筹备委员会：筹备主任曹只常，秘书刘蔼如，组织股长曹只常（兼），总务股长蔡道彰，宣传股长许友嘉，审查股长曹含中，筹备委员唐毓衡，文书股长许流裕。第一区分部负责人刘珍，第二区分部负责人李典成，第三区分部负责人黄英华，第四区分部负责人焦志校。"

民国档案第 89 卷载有《中国民主社会党资兴县党部党员名册》，共列名99 人，第一名即"曹只常：籍贯资兴，年龄四十五岁；学历：湖南高等铁路学校卒业；经历：曾任站长、编辑、科长、敌后指导委员；通讯处：程水乡大坪墟；介绍人：黄维国、曹心泉；入党年月：36 年七月"。"程水乡大坪墟"即今蓼江镇大坪村大坪墟。

民国档案第 310 卷载有 1950 年 10 月编印的《资兴县国民党反动党团特人员调查登记表》（民社党）：（1）曹只常：男，58 岁，军政教出身，成分贫农；历任：伪暂二军民合作委员会指导员、队长、县府科长、公路站长、铁路协会编辑；曾任职别：县党部筹备主任；住址：二区大坪乡。（2）唐毓衡：别号秀超，男，60 岁，教政出身，成分富裕中农；简历：征收主任、财委会委员、教员；曾任职别：委员；住址：二区龙虎乡。（3）刘蔼如：别号先玨，男，55 岁，军教出身，成分中农；简历：代军需科长、代厅长、教员；曾任职别：秘书；住址：二区水口乡。（4）李典成：别号书良，男，44 岁，政教出身，成分中农；简历：教员、干事、乡长；曾任职别：筹备主任；住址：二区东塘乡。（5）刘珍：别号保罗，男，48 岁，简历：医药铺，成分富农；曾任职别：筹备主任；住址：一区香花树下。（6）袁作云：别号羽鹏，男，32岁，政教出身，成分贫农；简历：主任秘书、教育长及教员；曾任职别：筹备委员；住址：二区鹿鸣乡。

民国档案第 277 卷第 16 页载有"县长鲁倬昌"的《资兴县政府公缄》（民国三十七年十一月二十五日，安府一字第 459 号），其中说："查本县文献委员会曾于民国三十六年三月依法组织成立，惟为时已久，原任委员异动甚多，亟应从新选聘，以利会务。定于本月十五日举行文献委员会会议，决议增设委员为十九人，以加强工作。检送聘书一份：曹只常委员。"

民国档案第 277 卷第 5 页载有《资兴县党政参各机关暨各公法团组织戡乱建国动员委员会联席会议（记录）》："时间：中华民国三十七年四月二十四日；地点：县参议会。出席人：县长鲁倬昌，青年党县党部主任委员袁南彬，国民党县党部书记长袁觉民、聂景涛代，县自卫总队副总队长陈弟情，筹监委员会副主任委员何世承（代），商会理事长李永松，参议会议长钟述孙（代），主席：钟述孙、何樊斋代。会议议决：戡乱建国动员委员会设委员九人，推县长鲁倬昌、钟议长述孙、袁书记长觉民、袁主任委员南彬、陈副总队长弟情、何副主任委员世承、李理事长永松、程校长任之、樊馆长策为委员。"第 7 页和第 8 页中记载："定于本日（廿九）下午一时在参议会（蔡家大屋）召开本县戡乱建国动员委员会成立大会。大会议决：本会会址设参议会；设秘书 1 人，干事 2 人；经费由筹监委员会核实支给。"

民国档案第 277 卷第 48 页载有资兴县政府聘书一份，其中说："曹只常先生惠鉴：刻下二都永正、昌平各乡鼠子锋起，风鹤频惊，国家粮仓竟被抢劫，中产之户惨受勒捐，言念前途不寒而栗……先生地方贤达，特敦聘为本县自卫总队部顾问。县长潘余文。四月十五日（本书笔者注：潘余文，民国三十八年 1 月任资兴县县长，同年 5 月离任）。"

民国档案第 278 卷第 27 页载有民主社会党《民国三十七年十一月十三日下午五时会议记录》中记载："主席曹只常。议决：'1. 本会办公地址：定为南正街廿四号为临时办公地址。2. 经费：由本党在各机关团体等同仁自由捐助。3. 在较大的乡镇设立区分部，派欧阳耀为城镇区分部筹备员，李典成为郴侯乡区分部筹备员，焦定原为程水乡区分部筹备员。4. 设总务、组织、宣传三科。推蔡道彰为总务科长，许流裕为文书股长，曹如为财务股员；曹只常兼任组织科长，曹含中为审查股员；许友嘉为宣传科长，刘蔼如为秘书。'"

民国档案第 278 卷第 23 页载有民主社会党民国三十七年十月十九日"函本会各委员"的《公函》（只筹总字第二十一号），其中说："中国民主社会党湖南省党部总组申代电，资兴党务筹备人曹只常，本月十九日呈悉，兹分别核实指示如下：一、准予成立资兴县党务筹备委员会，派曹只常、蔡道彰、黄秉贞（本书笔者注：据本卷第 27 页《会议记录》中记载，黄秉贞，女，县参议会议长钟述孙之妻）、唐毓衡、袁牧云、吴鸿儒六人为该县筹备委员，并以曹只常兼主任委员。派令六件随电附发。二、所有各委员之履历名册，应即汇表报请核备。三、总章及组织规程、钤记式样一件须发，并将成立日期、办公地址具报备查……"第 24 页中记载："本会成立后，曾经召开第一次会议。迄今日久，兹定于民国三十八年三月十一日（古历二月十二）下午五时在本会召开第二次筹备会议。"第 30 页《民国三十八年三月十一日下午七时会议记录》中记载："议决：1. 本会筹备委员六人或服务他县，或蛰居乡间，以致到会不易，拟就在城者增加刘珍、曹儒为委员。2. 区分部筹备员：第一区分部（城厢镇）派刘珍、曹儒、黄仁义为筹备员，并指定刘珍为主任。第二区分部

（郴侯乡）派李典成、尹彪、范秀金、曹以德、刘耀、曹少云、曾恒为筹备员。第三区（程水乡）派黄英华、袁作云、许贤才、焦弼臣、曹广生、袁邦杰、曹洪镇七同志为筹备员。第四区分部（昌平乡）派焦志校为筹备员。第五区分部（凤凰乡）拟派？（未定）。"

民国档案第 303 卷第 131 页载有民国三十八年三月十八日发出的《中国民主社会党资兴县党务筹备委员会代电》，其中说："资兴县参议会议长黄介湖兄鉴：监江是奉悉，仁兄继任议长，吾资深庆得人……专电奉贺，敬希查照。中国民主社会党资兴县党务筹备委员会主任委员曹只常叩。"

附录：

民国时期：县参议员、国大代表选举、省参议员选举

有人撰文说："民国成立（1912）后，《宪法》中规定我们国家是民主、自由的国家，遵循三民主义。可惜的是，我们国家当时并没有太多资本，没有足够的工业基础，尤其是各种不平等条约制约着民国的发展，所以国家《宪法》精神并没有得到具体的贯彻。一句话，人民的权利是靠着国家的稳定来维持的，人民的民主、自由是靠着强大的国家实力来保护的。所以，在民国是一个自由的国家，但这只是一句空谈。"

资兴县在民国时期的一些"民主"活动，简要记述如下。

一、县参议员选举和县参议会

民国初年，成立了资兴县议会，为"县民意机关"。民国三十五年（1946）元月 1 日，成立了资兴县参议会，为"县人民代表机关，民意机关"。由于历史的原因，县议会和县参议会都不代表广大人民的利益，而是国民党统治人民的工具。

蒋介石为了坚持独裁、笼络人心、准备内战，1945 年 5 月 5 日至 21 日在重庆召开了国民党第六次全国代表大会。抗日战争胜利（1945.8.15）后的是年 9 月，国民党方面决定："六个月内后方各县（市）临时参议会应依法选举"，成为各县（市）正式"民意机关"。为此，湖南省政府公布了限期成立县（市）民意机关实施办法，规定："由各乡镇人民代表会选举县参议员，每

乡镇1人，由职业团体选举者其名额不超过总名额的十分之三。县参议员任期两年，连选连任。得票次多者，为候补当选人。县参议员在任期内因故去职时，由该乡镇、团体的候补当选人依次补足前任未满之期为限。"

同年秋，资兴县政府规定由保民大会"选出"代表，组成各乡民代表会。全县24个乡和4个职业团体分别"选出"县参议员。地主豪绅为此展开了激烈的争夺。经过一番较量，终有29人"获胜"。他们是：钟述孙、何泗贤、李昌全、樊忠益、李克廷、袁国基、何绍杰、樊忠汉、金仁崇、胡孟清、何应德、宋义为、黄汉雄、李德明、何懋大、邓国材、黄义廉、黄鸿、颜宗鲁、袁克南、李墨昌、唐士嘉、袁觉民、戴若愚、邝汉英、李弗庵、曹克家、唐振兴、王义延。至民国三十八年（1949），李克廷、何应德、宋义为、黄汉雄、李德明、李墨昌、袁觉民、戴若愚、邝汉英、唐士嘉、唐振兴11人因故出缺或落选，何泗濚、胡昭晋、蒋超、何世承、黎先进、李郁文、廖弟田、何森严、朱宾英、黄远抱10人补缺或新当选为县参议员。

民国三十五年（1946）元月1日，成立了资兴县参议会。3月24日，举行第一届参议会第一次大会开幕典礼，会议推选出提案审查委员会、宣言起草委员会，听取了县政府及警察局、民教馆、卫生院、干训所、田粮处、税捐处、查证所的工作报告。会议选举钟述孙为议长，何泗贤为副议长。

这届参议会一直延续到民国三十八年（1949）8月资兴解放为止。其间共召开参议员会10次，平时还召集一些临时会议。会议讨论一些重要事项，但多是议而不决，决而不行。

民国三十七年（1948）12月，议长钟述孙辞职，县参议会选举黄鸿为议长。

资兴县参议会各次会议情况表

会次	召开时间	参加人数
1	民国三十五年3月24日—31日	29
2	民国三十五年9月14日—20日	29
3	民国三十五年12月26日—36年1月1日	27
4	民国三十六年4月15日—21日	29
5	民国三十六年8月6日—11日	28

续表

会次	召开时间	参加人数
6	民国三十六年 12 月 30 日—31 日	18
7	（无资料）	
8	民国三十七年 8 月 6 日—10 日	
9	民国三十七年 12 月 29 日—38 年 1 月 2 日	18
10	民国三十八年 4 月 25 日—29 日	28

二、国大代表选举

民国二十六年（1937）5 月，国民政府颁布《国民大会组织法》《国民大会代表选举法》。当时，资兴县分到国大代表名额 1 个。7 月，全县各区经过激烈争夺和紧张角逐，选出何城霞、黄健、程子楷、袁矗鸿、何飞雄 5 人为国大代表候选人。在选举投票中，他们 5 人或尔虞我诈、互相拆台，或自我吹嘘、笼络人心，或拉帮结派、互相贿赂。经过较量，何飞雄终以 134856 票取胜，当上了"国大代表"。

民国三十六年（1947）夏，国民党为了挽回败局和失去的民心，决定召开国民代表大会。资兴县分得国大代表名额 1 个，并且指定要选青年党成员。资兴青年党人得到上司宠爱，下决心要争得这项桂冠。与此同时，国民党县党部和三青团都接到上司密令，要求在竞选中"只得成功，不准失败"。这样，选举尚未开始，就形成了一场明争暗斗的闹剧。

为了达到圈定的目标，省政府派出选举指导员欧阳景，来到资兴县指导"国选"工作。

9 月 10 日，成立了资兴县选举事务所。同时，全县 9 个乡 1 个镇也成立了选举事务所。随即，各地开始选民登记、选民资格审查及公布工作，并发出选民证。全县计有选民 70795 人。

11 月 6 日，县选举事务所公布了 14 名经审查合格的候选人名单：何子伟、钟述孙、黄秉贞（女）、袁觉民、何群生、何泗贤、李静安、何子清、段碧江、金远询、曹心泉、蒋定钦、温智惠（女）、李弗庵。随即印发了公告、选票，统一做了票箱，并确定 11 月 21 日至 23 日为全县选举日。

投票的前两天，国民党县党部接到蒋介石的电令，限令除中央指定的候选人之外，其他人一律不得自由竞选。这时，袁觉民、何泗贤、钟述孙、黄秉贞（女）、何子伟、蒋定钦等人通令声明放弃竞选。接着，县选举事务所发出公告：青年党段碧江为正式候选人，国民党金远询为候补候选人。然而，角逐非但没有停止，竞选的闹剧愈演愈烈。

段碧江是蓼江市人，本名段廷珪，号碧江，在蓼江市街上建了一栋豪宅，自己命名为"两亩半园"。他名为"青年党"，实际此时已 74 岁高龄了（1873年生）。当时，段氏家族及北乡片绅士群情振奋，纷纷筹资助选。在蓼江市乡政府架起几口大锅子，凡是给段碧江投了赞成票的，每人送一碗面条。这在当时也算一个不小的奖励。但是，时任国民党资兴县党部书记长的袁觉民（蓼江市人），因为跟段碧江曾经有过小小的过节，身为北乡片老乡，袁觉民倒倾向于南乡片的何群生中选。在激烈的竞争中，有人给资兴国民党县党部告密，诬陷段碧江参加了中国共产党。对手还抓住段碧江寡言少语的性格，说不能表述人民的心意……

南乡片二都乡绅士何群生，是今清江乡嘉田（也有写作"加田"的）村人。他依仗自己雄厚的经济实力和社会势力，充分利用青年党、国民党、三青团之间的矛盾，组织了庞大的竞选队伍，在全县各乡镇都设立了招待所，用以招待"投赞成票"的选民，因而取得了十分有利的地位。

二都乡选举事务所由青年党员袁训南任主任，国民党员李永松任发票员，三青团员曾宪综任监票员，三党成员各由上司指派，重任在肩，形成互相制约的状态。

二都乡是何群生在这次竞选中得票的重点区。当 3 人从县城出发，何群生便不断派要员沿路迎接，盛宴招待。因他们 3 人心中各有上司密令，何群生的热情并没有打动他们。头两天投票，3 人故意刁难，投票数寥寥无几。何群生见势不妙，就送了一份厚礼给袁训南 3 人，第三天，3 人公开提出把所有选票收集起来，留几个会写字的先生，在选票上填上何群生的名字投入票箱。因而这个乡的选票绝大多数在何的名下。票箱运往县城途中，何极不放心，派多人日夜护送、看守。各乡镇票箱到达县城后，开箱计票，何群生得 26183 票，段碧江得 17158 票，金远询得 5570 票。何群生独占鳌头，"当选"国大代表。

何群生"当选"后，正当举杯欢庆之时，谁料想上报到省里，由于违背圈定人选，省里想勾销作废。何群生急得团团转，便急奔省城，用重金请客送礼，奔走于大小衙门。经过好一番周旋，才取得去南京参加"国民代表大会"的资格。

资兴"国大代表"金远询

资兴县汤市乡金家，是民国时期著名的"大特务"金远询的家乡。金远询在当时比沈醉的名声大多了。他在抗日战争时期任少将，解放战争时期任中将，一直担任国民党"中央军事委员会"军统局湖南站站长。他最出名的事是1944年，当时他还兼任第九战区军法执行总监部调查室少将主任。国民党军统局局长戴笠得知国民革命军陆军第十军军长方先觉，在衡阳率部与日军血战47天后被俘，仍囚于衡阳，便命令军统局湖南站站长金远询去设法营救。金远询和军统衡阳站站长黄荣杰两人经过两个多月的策划部署，于11月18日，乘风雨交加之夜和日军警备松懈之机，从欧家町天主教堂的二楼窗口，用绳子将方先觉吊下来，救出……当时轰动全国。1945年，当日军攻占郴州和资兴的西北乡后，他还想将"中央军事委员会"军统局湖南站搬迁到汤市来呢（上级未批准）。他还是第一届国民大会代表（湖南省资兴县当时的代表2人，另一个是何群生）。1947年11月21日至23日，全国同时举行第一届国民大会代表选举，应选3045席，实选2961席。随国民政府迁台者一直没有改选，许多代表一直当到过世，未过世者一直担任到1991年年底才全面退休。按照民国三十六年（1947）资兴"国大代表"的选举结果，金远询并没有当选"国大代表"。然而，据台湾方面报道："第一届'国民大会'湖南省资兴县代表金远询已于民国七十二年10月5日病逝，应依法注销其名籍。（72）台统（一）义字第5824号（72.10.19），总统府公报第4206号。""民国七十二年"，即1983年。

资兴市史志办公室、市档案局、市地方文史研究会2015年9月编印的《资兴抗战纪实》（内部出版）中记载："金远询（1906－1983）：又名拙夫，1906年生，湖南资兴汤市（金家）人。1930年考入长沙读高中。毕业后历任《长沙兴报社》记者，粤汉铁路主任，第九战区司令部军法调查室副主任，湖南省保安处第五科少将科长，军统局湖南站站长，（第九战区）长官司令部调查统计室中将主任。1949年，经香港去台湾，先后任国民党香港派遣组组长、中国台湾党部总干事、台湾'国民大会代表'。"

资兴"国大代表"落选者段碧江

段廷珪（1873—1960），初名段荣华，学名段兴黉，号碧江，晚年自号庸庵老人，清同治十二年（1873）三月八日生于兴宁县（今资兴市）蓼江市。父亲段平熙，靠替人做雇工维持家计；后来稍有积蓄，便自租一个小店面，以染布为营生。段廷珪在家排行老大，下有两个弟弟、一个妹妹。他自幼天资聪慧，刻苦好学，就学于郴侯书院，参加县里童试，考取了秀才；又赴省试，高中举人。光绪皇帝亲赐"中书科中书"金字牌匾，封七品官衔。清末维新，取消了科举考试，各地兴办学堂。光绪二十四年（1898），他考取了北京京师大学堂（北京大学）首批公费生。其间，改名段廷珪，积极参与社会活动，宣传维新思想，用碧江、辟疆等笔名，在李大钊创办的刊物上发表进步文章，为校长蔡元培所赏识，毕业后留校任校刊编修。光绪三十年（1904），段廷珪调湖南省提学司任视学。社会现实让段廷珪看清了大清的腐败，他毅然加入了孙中山领导的同盟会，撰写了《中国教育与三民主义》一书，阐述了他的教育民生理念。宣统三年（1911），段廷珪改任衡阳南路师范学堂监督。旋即辛亥革命爆发，南路师范学堂改名为湖南省立第三师范学校，段廷珪任校长。在担任省立三师校长期间，段廷珪大胆改革，提出"学生贵在自立求新，教育贵在为民谋福"的办学方针。在他的倡导下，省立三师一扫因循守旧的颓废风气，学生思维活跃，学潮风起云涌，毛泽东多次亲临三师指导革命活动，并于1922年在这里建立了湖南第一个党的基层组织——中共湖南三师党支部。黄克诚、曾希圣、江华、曾志、夏明翰、夏明震、黄静源、高静山、孙开楚、曹亨灿、李弼廷、李卜成、贺恕、蒋先仁、彭晒、彭碕、袁痴、贺辉廷、黄义藻、黄益善、唐朝英等一大批先进青年脱颖而出，成为中国民主革命的中坚力量。省立三师由此被誉为"湘南革命摇篮"。

1918年春，段廷珪调到北京（中央）教育部任职。这年6月，毛泽东从湖南一师毕业，在段廷珪所在的北京大学担任图书馆馆员。经徐特立介绍，毛泽东一到北京，就找到了段廷珪，两人相洽甚欢。1923年，段廷珪回到衡阳，继续担任省立三中校长（1926年9月省立三中并入省立三师）。1926年，段廷珪调湖南省教育厅，先后任秘书、督学、副厅长、代理厅长等职。其间，他在老家蓼江市购置了两亩半稻田，兴建了庄园。他自己在大门上方书写"两亩半园"四字，还撰写了《两亩半园》一书，阐述自己"平均地权""人人有土地"的政治理想和民生主张。

1942年，由于毕业于上海交大的大儿子段湘生意外被毒害至死，他身心疲惫，以老告退（69岁），回到蓼江市的"两亩半园"居住。1945年年初，日寇侵入资兴西北乡，段廷珪不顾年事已高，积极参加抗战，曾将"两亩半园"让作国军伤员收容所。他将自己大部分积蓄，用于购买书籍、字画，以致后来生活陷入困顿。

新中国成立后，段廷珪主动把自己的"两亩半园"中的一栋住房和两间杂房让出来，给无房的三户贫苦乡亲居住。他曾两次给毛主席写信，对他当选中央主席表示祝贺，同时建议毛主席要保护文物，不要妄开杀戒。毛主席给他回了信，要他注意身体，加强学习，跟上时代的前进步伐。毛主席还要求湖南省委照顾好段廷珪的晚年生活。

他还给学生黄克诚、曾希圣写信，表示对新中国的期待。1950年春，黄克诚派秘书给段廷珪送来了200块大洋。不久，聘请段廷珪为省文史馆馆员，每月津贴46万元，后加至每月68万元（民国时期至50年代初的纸币以"万元"计，1万元等于大洋1元，人民币推行之后才改变）。从此，段廷珪衣食无忧，过着平淡的晚年生活。1960年4月21日，段廷珪病逝于"两亩半园"，终年88岁。

念人遗憾的是，"文化大革命"中，段廷珪倾其一生收藏的数千册书籍和数百幅名家字画，被造反派从故居二楼悉数翻出，当街付之一炬，真切地演绎了一场文化浩劫，让人至今唏嘘感叹！

三、省议员、省参议员选举

民国十一年（1922）1月1日，公布了《湖南省宪法》，按照规定要改选省议会。1月27日至3月30日，在全省开展省议员的直接选举。选票是按照各县人口比例，由选举事务所伪造选民名册，再根据名册人数将选票分给城乡绅士，然后由绅士们与国民党湖南省的派别竞选者公开交易。票价开始是一二角钱一票，到最后抢票时，票价抬高到一二元钱一票。投票时由各派别先雇人写好，带到投票场所，大卷大卷地投入票箱。结果，资兴县选出程子枢、袁矗鸿为省议员。

民国三十五年（1946）3月，公布了《湖南省参议员选举实施办法》，资兴县参议会选举唐士嘉为省参议员。

"省议员"程子枢

程子枢，西乡区香花团石鼓（原香花乡石鼓村）人，程子楷之兄，曾是资兴县立中学首任校长，民国时期湖南省议员。1924 年在省议会提案中，因反对女权运动而闻名全省。

《五四时期湖南的妇女解放运动》中"省宪修改时期反对剥夺女权的斗争"中记载：

湖南的女子解放运动起步较早。1924 年 10 月，《湖南省宪法》修改的时候，有一位叫程子枢的省议员，提案建议将宪法第三十条"凡有中华民国国籍之男女所满二十一岁者皆有选举省议员之权"，修改为"女子无选举权"；将第二十一条"义务教育以上之各级教育无分男女均享受同等利益之权"，修改为"女子不能受义务教育以上之教育"；将第八十条"资助贫户男女学童"，修改为"不资助女学童"。此种公开剥夺女权的提案，在总共四十位出席宪法会议席者中，竟然得到了十六人的联署，距离半数通过票只差四票而已。

对于这种公开剥夺女权的倒行逆施，《大公报》旗帜鲜明地表示反对，在"现代思想"副刊上特辟"妇女运动的星期论坛"，便利女子说话。时人赞道："妇女运动，当然是现代思想中的一件事，贵报在现代思想栏，特辟妇女运动论坛，总算知道尽职。"《大公报》还在"杂荟"副刊上，登载时人讽刺程子枢的打油诗和嬉笑怒骂的文章。一时间，程子枢几乎成了人人喊打的过街老鼠。

由于程子枢摧毁女权案在报上时有所闻，程子枢恼羞成怒，责怪报纸挑拨离间。编辑"盾"针对程子枢归罪于报纸的论调，尖锐地指出："程子枢以不中事理之提案，招致女界非议，自作自受，于人何尤？乃程不知反省，竟谓由于报纸之挑剔。噫！程殆真矣！报纸双方记载，有何挑剔！程言即玉律，亦当有人为之宣传。岂此项提案应当中秘，不宜由报纸泄露耶！或曰，程诸子非俱，乃自绌耳！情绪则智昏，故不辨黑白而有是言！"

女界自己也行动起来。女省议员吴家瑛（吴家瑛是旧民主主义革命时期妇女运动先驱，湖南省首位民选的女议员，坚强、能干的新女性，育有四女一子）、王昌国等于 1924 年 11 月 9 日在稻田师范召集女界联合会议，讨论应对办法；并于 11 月 16 日通过省教育会接洽宪法会议议员，疏通意见，欲达到根本推翻程案与请求加入女子有财产继承权之目的。11 月 17 日，宪法会议议事日程将程子枢所提修正宪法中女权意见书列入第四案。女界联合会闻讯，即于午前9时集合各女校代表六七十人，由王昌国、吴家瑛、王钰、许友莲等率赴宪法会议，请愿将程案撤销，并要求旁听。在女界的努力下，程子枢破坏女权的提案，最终未获通过。女界欢然联袂离会。

说明：王昌国，女，湖南醴陵人。清末民初女权活动家、教育家。中国第一批女性省议员之一。在她的简介中，也留下了程子枢的"大名"。王昌国（1880—1954），女。东富西林人。清光绪三十年（1904）东渡日本，入东京青山实践女校。翌年加入同盟会，并当选为中国留日本学生会领导成员。热心女子参政运动。辛亥革命后，在长沙创立"女国民会"，与唐群英等发起组织"中国女子参政同盟会"，被选为总部协理，为女权运动领袖之一。为争取男女平权，奔走呼号，虽屡遭失败，却愈挫愈勇。民国十一年（1922），在联省自治热潮中，由旅京醴陵同乡会推举，参加省议员竞选，当选为醴陵县议员、湖南省议员。为全国第一位女省议员。曾提出废娼、办女学等提案。民国十三年（1924），第一次国共合作，与唐群英等主持恢复湖南女界联合会，当选为女联主任。以"发展女权谋社会之幸福"为宗旨。在国民革命洪流中，积极参加女界国民会议。曾通电痛斥段祺瑞复辟专制制度的倒行逆施。支持孙中山北上主持国政。推举石道睿、向警予分别为驻京、驻沪湖南代表，与京沪女子团体协作工作。派代表参加在北平召开的全国妇女代表大会。同年年底，湖南修改宪法，王力争在宪法中列入女子有财产继承权。省议员程子枢提出取消女子有受教育权利的提案，妄言"女子参政运动是调情运动，应取缔"。王昌国奋起抨击，据理驳斥，终将提案取消。后从事教育工作，曾任务本女校校长。1954年在家病逝。

另附：

《孔雀东南飞》为程子枢妻李氏作。

摘要：孔雀东南飞，音警一何哀。资兴有李氏，七岁程门归。母曹老节妇，良人两小随。白发守儒素，庠序群交推。夫弟介胄士，名德兄追陪。峨峨诗礼门，秩秩内则规。事姑得欢心，操作无是非。纲维失统驭，天崩复地陷。暴民交横行，亲贤杀害滥。丁卯维二月，良……

诗文见《船山学刊》1935年第1期。

注："丁卯"：1927年。

《资兴历史》第二部

资兴历代县官考

下册

欧资海 著

中国致公出版社
China Zhigong Press

·目　　录·

前　言

中国共产党，简称中共，英语：Communist Party of China（CPC），成立于1921 年 7 月，1949 年 10 月至今为代表工人阶级领导工农联盟和统一战线、在中国实行人民民主专政的中华人民共和国唯一执政党。《中国共产党章程》将其自身表述为："中国共产党是中国工人阶级的先锋队，同时是中国人民和中华民族的先锋队，是中国特色社会主义事业的领导核心，代表中国先进生产力的发展要求，代表中国先进文化的前进方向，代表中国最广大人民的根本利益。党的最高理想和最终目标是实现共产主义。"中国共产党历经多年国共内战，经过抗日战争和解放战争，在中国大陆和绝大多数沿海岛屿取得全面胜利，并于 1949 年 10 月 1 日在北京建立实行社会主义制度的中华人民共和国。

1917 年，俄国十月革命一声炮响，给中国送来了马克思主义。它对中国革命的最主要影响是：中国共产党成立，标志着无产阶级开始登上政治舞台，从而揭开了中国新民主主义革命的序幕。中共湖南省委党史资料征集委员会主编的《湖南党史大事年表》（新民主主义革命时期）（湖南人民出版社 1986 年10 月出版）记载：1920 年"十月至十一月，毛泽东受上海共产主义小组陈独秀等的委托，建立了长沙共产主义小组，发起建党的有毛泽东、何叔衡、彭璜、贺民范等六人"。"十月，开始筹建长沙社会主义青年团……次年一月十三日，召开了长沙社会主义青年团成立大会"。1921 年"六月二十九日，毛泽东、何叔衡代表长沙共产主义小组，前往上海参加中国共产党的第一次全国代表大会。七月二十三日，中国共产党第一次全国代表大会在上海开幕……大会庄严宣告了中国共产党的成立"。

作为党的一部分的资兴地方组织，在党的各个历史时期，同样做出了艰苦卓绝的努力，在资兴大地上绘就了一幅气势磅礴、绚丽多彩的画卷。共产党领导资兴人民，在夺取新民主主义革命斗争中，走过了曲折的道路，创下了光辉的业绩。

1919年五四运动爆发后，马克思主义传播到资兴。资兴的热血青年怀揣凌云壮志，或远赴法国勤工俭学寻求真理，或组建进步组织"东升会"培养骨干，或组织"通俗讲演团"唤起民众，或投考黄埔军校习武报国，其中不少人相继加入了中国共产党和中国社会主义青年团，革命风云在资兴大地上悄然聚积。

1926年9月1日，中共资兴县支部成立，资兴革命历史从此翻开了崭新的一页。党支部一诞生，便立即建立了县农会、县总工会、共青团支部、县学联、县妇联，成立了农民自卫军、工人纠察队，设立了审判土豪劣绅特别法庭，发动了声势浩大的农民运动和工、青、妇运动，大灭了反动派的威风，大长了穷苦人的志气。大革命失败后，白色恐怖笼罩城乡，大批革命者遭到通缉搜捕、严刑拷打甚至残酷杀害。然而，共产党人不畏强暴，潜入地下，坚持斗争。

1928年，朱德、陈毅和中共湘南特委领导的湘南起义在宜章拉开序幕后，资兴革命者云集三都，迅速响应，成立县委、县苏维埃政府，恢复各个群团组织，并组建了中国工农革命军资兴独立团，联络邻县农军三克县城，同时开展插标分田的土地革命运动。当国民党调集重兵对湘南实行湘粤会剿时，毛泽东、何长工各率领一个团的兵力，从井冈山深入资兴，接应湘南起义军。在实行战略转移中，资兴有千余人奔赴井冈山参加红军，并以此组建了工农革命军第四军第十二师第三十六团。以后，第三十六团改称红军资兴独立团，奉命返回资兴，在浓溪（今龙溪）一带开辟了井冈山外围游击区。资兴独立团在极其艰苦的斗争环境里，多次击退国民党正规军和地方武装的猖狂进攻。因此，浓溪一带一度成为中共湘南特委领导湘南革命的指挥中心。

浓溪游击区陷落后，革命者不屈不挠，伺机再起。他们暗中联络同志，恢复县委，并加紧筹划武装起义。但由于叛徒的出卖，导致失败。中央苏区第五次反"围剿"失败后，多支红军部队转战资兴，资兴一批革命者投奔了红军队伍。红军长征后，资兴又有不少人加入了留下来的红军游击队。

抗日战争时期，党组织再度恢复，积极宣传党的抗日救国政治纲领，领导群众开展抗日救亡活动，并配合国民党部队有力地打击了入侵的日军。还有一些革命者随游击队整编北上，参加了新四军。

解放战争期间，县工委积极开展武装斗争，建立了县武工队、西北区武工队、凤凰区武工队等革命地方武装队伍，策动了国民党资兴县自卫总队起义，展开了卓有成效的武装斗争。1949 年 7 月上旬至 10 月中旬，三次攻占县城，并建立了人民政权，最终解放了资兴全境。

中国共产党资兴地方组织的历史，是一部可歌可泣、前仆后继、顽强拼搏、最终取得革命胜利的历史。

中华人民共和国成立以后，中国共产党领导全国各族人民沿着社会主义道路进行了不懈的探索。

在社会主义建设的进程中，中共资兴县委领导全县人民，开展了解放初期的土地革命、抗美援朝、镇压反革命运动。为彻底完成新民主主义革命的任务，并为社会主义革命和建设创造条件，对于农业、手工业和资本主义工商业进行了社会主义改造。1958 年 10 月，全县实现了人民公社化。此后，渡过了"三年困难"时期，开展了"社会主义教育"运动，又经历了十年"文化大革命"。经过不断探索，终于走上了改革开放的道路。

1984 年 12 月 24 日，国务院批准："撤销资兴县，设立资兴市（县级）。"1985 年开始，建设唐洞新区。1987 年至 1990 年，市直机关单位陆续从县城（兴宁镇）搬迁到唐洞新区办公，迎来了崭新的发展时期。国家富强，人民富裕，资兴发生了翻天覆地的变化。今日的资兴，正在中共资兴市委的领导下，朝着小康社会，朝着"中国梦"的实现，奋勇前进。

第五章　新民主主义时期（1926—1949）

中共资兴市委党史办公室、资兴市档案局编、湘资文准字（94）第 021 号准印证、资兴市印刷厂印刷的《中共资兴党史大事年表》（1919—1992）中记载："1926 年：9 月 1 日，中共资兴支部成立，书记樊淦，委员：樊淦、肖耀、刘英廷，时有党员 15 人。这是资兴境内最早的共产党组织。党支部决定组织群众支援北伐战争，并着手开展农民运动、工人运动、青年学生运动以及妇女运动。资兴的革命历史从此翻开了崭新的一页。"

中共资兴县地方组织的建立和发展，经过了艰难的斗争历程。在前仆后继的长期战斗中，锻造出了一批卓越的地方领导人。他们的功勋不应遗忘，应该予以记述。

本章资料，以资兴市党史办公室编、天马图书有限公司 2002 年 12 月第 1 版《中国共产党资兴历史》（新民主主义时期）；中共湖南省资兴市组织史资料编辑组（市委组织部、党史办、编委会、档案局）编印、1992 年 6 月内部出版发行的《中国共产党湖南省资兴市组织史资料》（1926.10—1987.12）的内容为主。

第一节　大革命时期

大革命时期，是指第一次国共合作和大革命的兴起时期，即 1924 年至 1927 年。这是一场以推翻帝国主义在华势力和北洋军阀为目标的革命运动，似滚滚洪流席卷中国大地，人们通常把它称为"大革命"或"国民革命"。这场"大革命"，1927 年，由于蒋介石在上海发动"四一二"反革命政变，许克祥在长沙发动"马日事变"（5月21日），汪精卫在武汉发动"七一五"政变，实行"分共"，国共合作破裂而宣告失败。

《郴州大事记》载："民国十五年（1926）：10月上旬，中共资兴县支部、共青团资兴及永兴县支部成立。10月，区内反共势力抬头，开始反共。资兴团防局解散农会。嘉禾团防局枪杀农民。永兴'国家主义派'曹亚屏等另组织县党部。桂阳土豪勾结团防局长，殴打国民党县党部特派员和农协委员，捣毁县党部、农会、工会，组织反动的县党部和假农会。12月，中共安仁县地方执行委员会建立。至此，郴区有共产党员千余名，成为全省第一个县县有中共组织的地区。"

"民国十六年（1927）2月，毛泽东在《湖南农民运动考察报告》中高度评价郴县等地农民运动。春，安仁、永兴、郴县、资兴、桂东、汝城、宜章、临武、嘉禾、桂阳等县农民协会及县工会先后成立。共有区农民协会110个，乡农民协会791个，会员达60万人。4月10日，省党部密函各县党部，将各地枪支一律交给农民协会，编练农民自卫军。郴县农民自卫队，宜章农民自卫总队，桂东、资兴、汝城农民自卫军，安仁县挨户团常备队先后建立。各县还相继成立县妇女联合会。安仁、永兴、资兴、汝城、临武、嘉禾等县建立审判土豪劣绅特别法庭，一批破坏农民运动的土豪劣绅和其他反动分子被惩处。5月21日，长沙发生'马日事变'，湖南省的'大革命'运动归于失败。"

一、中共资兴支部的建立

《中国共产党资兴历史》（新民主主义时期）中说（摘要）：

1926年以前加入中国共产党的资兴人士有李化之、李墨昌、袁作飞、黄义藻、李奇中、曾中生、黄义行等。其中李化之、李墨昌是在留法勤工俭学中入党，袁作飞、黄义藻、黄义行是在衡阳就读时入党，李奇中、曾中生是在黄埔军校加入党组织的。这些早期的共产党员，或利用寒暑假，或通过写信，或利用探亲的机会，向家乡的青年学生和进步人士宣传马列主义和孙中山的"三民主义"，传播共产党的宗旨、纲领，宣讲全国反帝反封建的大好形势，激发他们的革命热情和阶级觉悟，为资兴建立中共组织做了很好的舆论工作和思想准备。

1926年8月，中共湖南区委以国民党湖南省党部名义，派遣共产党员邓立平（邓履平）、王泽昌为农民运动特派员前来资兴开展工农运动和发展共产党组织。他俩一到资兴，一方面公开宣传国共合作和联俄、联共、扶助农工的三大政策，向广大群众宣传革命道理；另一方面与黄义藻、李奇中、黄义行等共产党员秘密串联，开展宣传发动，先后发展樊淦、段廷壁（有的资料写作"璧"）、王卓如、谢流昆、萧耀、刘英廷、李世成、许祖衡等加入共产党组织。他们中有的是思想进步的知识分子，有的是贫苦农民，有的是工人。他们立场坚定，思想觉悟高，成为资兴革命运动中的中坚力量。

1926年9月1日，中共资兴支部在县城成立，隶属于中共湖南区委领导。时有党员15人，选举樊淦任支部书记，萧耀、刘英廷为支部委员。这次支部会议还根据北伐军在湖南、湖北取得节节胜利和全省农民运动蓬勃发展的大好形势，决定组织群众支援北伐战争，同时着手组织农民运动、工人运动、青年学生运动以及妇女运动。

中共资兴支部的成立，标志着资兴的革命斗争已由自发性转为有领导的有纲领有目标的斗争。从此，资兴人民在中国共产党的领导下，以崭新的姿态登上了政治舞台。

1927年4月，蒋介石在上海发动"四一二"反革命政变；同年5月，许克祥在长沙发动"马日"反革命政变。此消息直到6月5日才传到资兴，国民党资兴地方武装势力大肆捕杀共产党员及工农运动积极分子，中共资兴地方组织遭到严重破坏。

中共资兴支部成立的时间考：

中共资兴支部成立的时间，存在着三种说法：一是说"1926年9月1日"或"九月"；二是说"1926年10月"；三是介乎两者之间："1926年9—10月"。

第一种说法：

1. 中共郴州党史资料征集办公室编、湖南人民出版社1986年11月出版发行的《湘南起义史稿》"资兴农民起义"中记载："资兴是大革命时期湖南农民运动开展得比较好的县份之一。早在一九二六年八月，中共湖南区委就派邓立平以特派员身份来到资兴，发展党组织。九月，成立了资兴县第一个党支部。吸收了刘英廷、樊淦、尚（应为'肖'）耀、段廷壁、谢流昆、王卓如、唐士文等为党员。"

2. 中共资兴市委党史办公室、资兴市档案局编、湘资文准字（94）第021号准印证、资兴市印刷厂印刷的《中共资兴党史大事年表》（1919—1992）中记载："1926年：9月1日，中共资兴支部成立，书记樊淦，委员：樊淦、肖耀、刘英廷，时有党员15人。这是资兴境内最早的共产党组织。党支部决定组织群众支援北伐战争，并着手开展农民运动、工人运动、青年学生运动以及妇女运动。资兴的革命历史从此翻开了崭新的一页。"

3. 资兴市地方志编纂委员会、湖南人民出版社1999年7月出版发行的《资兴市志》，在"大事记"中记载："民国十五年（1926）9月1日：中共资兴支部在县立中学成立，樊淦任书记。"

4. 资兴市党史办公室编、天马图书有限公司2002年12月出版的《中国共产党资兴历史》（新民主主义时期）中记载："1926年9月1日，中共资兴支部在县城成立。"

第二种说法：

1. 中共资兴市委党史办公室编1987年12月内部印刷的《资兴党史》第一集《资兴党史大事》中记载："1926年10月：中共资兴支部成立，樊淦任支部书记。"

2. 1992年6月内部出版发行的《中国共产党湖南省资兴市组织史资料》中记载：

1926年8月，共产党员黄义藻、黄义行和国民党湖南省党部农民部派来的农民运动特派员邓立平、彭国英（均系共产党员）先后来到资兴，建立党的组织。10月，工农骨干、进步青年樊淦、段廷璧、王卓如、谢流昆、刘茂筠、肖耀、刘英廷、李世成、樊家德、胡昭日、戴廖斌、王存玉、王道诚、唐士文、许祖衡等15人被秘密吸收为中国共产党党员，建立了中共资兴支部。后来，党员发展到23名。1927年5月，"马日事变"后停止活动。

中共资兴支部（1926年10月—1927年6月）：1926年10月，建立资兴县第一个党组织——中共资兴支部。隶属中共湖南区执委领导。

书记：樊淦，1927年2月免；段廷璧，1927年2月任。

副书记：樊淦，1927年2月任。

委员：肖耀1927年2月免；刘英廷1927年2月免；谢流昆1927年2月

任；王卓如1927年2月任；刘茂筠1927年2月任；李世成1927年2月任；胡昭日1927年2月任。

3. 中共湖南省郴州地区组织史资料编辑组编写、湘郴地文准字（1994）第17号、1994年10月湘南地质制图彩印厂出版的《中国共产党湖南省郴州地区组织史资料》记载："中共资兴支部（1926年10月—1927年6月）"——与资兴市组织史资料记载一样。

4. 中共郴州市委党史办编、湖南人民出版社2001年5月出版发行的《中国共产党郴州历史》（新民主主义时期）"中共郴州地方组织的建立"中说："1926年，资兴的黄义藻、黄义行与省农运特派员邓立平、彭国英一道开展建党工作。至10月发展了15名党员，并建立了中共资兴支部，书记樊淡，肖耀、刘英廷、谢流昆、王卓如、刘茂如（应为'筠'）、李世成、胡昭日为委员。"

5. 郴州地区档案信息网发布的《郴州大事记》中载："民国十五年（1926）：10月上旬，中共资兴县支部、共青团资兴及永兴县支部成立。"

第三种说法：

中共郴州市委党史办编、湖南地质制图彩印厂印刷1999年9月出版的《中共郴州党史大事年表》（1919—1995）记载："1926年9—10月：中共永兴支部、中共资兴支部、中共桂阳特别支部成立。黄庭芳、樊淡、何汉分别为各县支部书记。"

形成以上的多种说法，究其原因是什么呢？笔者长期在资兴担任县级领导工作，并一直努力收集资料、研究资兴地方文史，了解其中的内幕。这种状况的出现，其实都是由中共资兴市委党史办公室在不同的时间、由不同的人所提供的资料造成的。

造成第一种说法的原因在于：中共郴州党史资料征集办公室编、湖南人民出版社1986年11月出版发行的《湘南起义史稿》。这部书出版时间最早，又是"中共郴州党史资料征集办公室编"出版的，具有权威性。因此，后来的各种书籍均沿用此说。

造成第二种说法的根本原因在于：中共资兴市委党史资料征集办公室编1987年12月印刷出版的《资兴党史》第一集（谨以此书献给湘南起义六十周年），其中的《资兴党史大事》记载："1926年10月：中共资兴支部成立，樊淦任支部书记。"这部书奠定了中国共产党资兴新民主主义时期（1926—1949）的史料基础，囊括了资兴自从有了共产党后到1949年的所有大事件，是由李宙南同志收集资料、整理后主笔编写的。此后许多资料，则基本上沿用此说。可以说，李宙南同志功之最伟。

为此事，2016年4月13日，笔者从长沙打电话给李宙南同志（原中共资兴市委党史办公室副主任，后任文化局局长、市政协常务副主席，退休后任老年大学校长、中共资兴市委党史工作联络小组组长——笔者也是其中的成员），询问确定中共资兴支部成立的时间为"1926年10月"的根据是什么？

李宙南在电话中说："1959年，资兴曾经组织了一个班子，收集、整理历史资料，编辑和印刷了一本30多页的《资兴革命斗争史》，其中说：'1926年10月，中共资兴支部成立。'80年代（1981年8月）成立市委党史资料征集办公室后，我们收集到了这本书，便以此为根据，也没有进行什么考证了。因为1959年，资兴第一批入党的老同志还有人健在，而到了80年代，他们已经去世了，再也找不到什么新的根据了。"

我问："'民国十五年（1926）9月1日：中共资兴支部成立'的根据又是什么呢？"李宙南说："没有什么根据，我也没有看到过什么资料可以佐证。"然而，他忘记了：中共郴州党史资料征集办公室编、湖南人民出版社1986年11月出版发行的《湘南起义史稿》——由各县市提交党史资料汇编而成，正是他担任中共资兴市委党史资料征集办公室副主任（1983年12月—1988年，当时未配主任）时期。此时，我担任市委常委、宣传部部长（1986年7月改任市委办公室主任）。

为了弄清这个问题，我于2017年1月特地回到资兴，将这个问题的写作稿复印了一份，放在李宙南的老年大学办公室桌上，请他审阅。他十分认真，亲自从家里带来了《资兴党史》第一集，在办公室与我探讨。

2017年1月18日上午，在资兴市老干局四楼，李宙南主持召开"资兴市党史联络组"年终总结会议暨第三卷《中国共产党资兴历史》编审会。会议之中，我提出了两个建议："一是将党史资料编成学生用的地方教材，进入中小学授课；二是党史资料的编审要细心，不要出错。比如，中共资兴支部的成立时间问题……"与会者和市委常委、市委办公室主任王仁庆肯定和支持了我的建议。

李宙南在会上进行了说明。根据他的述说，这才知道：资兴确定"民国十五年（1926）9月1日：中共资兴支部成立"的湘资文准字（94）第021号准印证、资兴市印刷厂印刷的《中共资兴党史大事年表》（1919—1992）、湖南人民出版社1999年7月出版发行的《资兴市志》、天马图书有限公司2002年12月出版的《中国共产党资兴历史》（新民主主义时期）——这3本书的最后审定，李宙南虽然在资兴（任文化局局长、宣传部副部长），竟然没有邀请他参与。

　　李宙南在会上说："中国共产党资兴支部成立的时间，本来是'民国十五年（1926）10月'，这是符合历史事实的。但是，时至今日，确定'民国十五年（1926）9月1日：中共资兴支部成立'的，都是正规出版社出版的书籍，而且是权威性的书籍，只能以'1926年9月1日'为准了。"

　　李宙南的观点，似乎很有道理。然而，我想：《湘南起义史稿》是经过郴州地区许多党史专家认定的权威性书籍，他们之所以确定资兴"九月，成立了资兴县第一个党支部"，应该会有一些根据。于是，我找出了湖南人民出版社1986年10月第1版第1次印刷的《湖南党史大事年表》（新民主主义时期）。该书的《附表一：全省县（市）级党组织一览表（1921年7月—1949年9月）》中，只有中共资兴县委、县工委的记载，却没有"第一个党支部"的记载。我再一次翻看该书"一九二六年"的内容，只见其中记载："十月一日至十三日，中共湖南区委在长沙召开第六次全省代表大会，出席代表二十七人，代表党员三千七百一十四人。"最后又写道："本年内，全省有十四个县（区）成立了中共地方执行委员会或县委，有二十七个县或地区建立了中共特别支部或支部。有十三个县建立了农民武装。长沙建立了工人纠察队总部，并由省政府发了枪支。"资兴自然包括在这"有二十七个县或地区建立了中共特别支部或支部"之内。我想，1986年10月出版的书籍，就有了这么具体的统计数据，"中共资兴支部"成立的时间，应该还有其他资料佐证，只不过我们资兴的同志没有找到罢了。

　　为此，笔者赞同李宙南的观点：时至今日，应以"民国十五年（1926）9月1日：中共资兴支部成立"为准。

二、大革命运动掀起高潮

中共资兴支部建立以后，在国民党湖南省党部特派员、共产党员邓立平、王泽昌、彭国英、李练成、康少堃和女特派员、共产党员陶宇芝、侯碧华的领导下，加快了国民党资兴县党部的筹备工作。1926 年 10 月上旬，国民党资兴县临时党部在县城成立，书记长彭国英，常务委员袁耀堃（资兴人，共产党员），委员李练成、康少堃、陶宇芝、侯碧华、龙本之（资兴人，共青团员）。接着，相继在资兴城厢及东乡、南乡、西乡、北乡等区成立了区党部和区分部，并选派了一批共产党员和积极分子担任负责人。

国民党资兴县临时党部和中共资兴支部建立以后，积极推行和贯彻执行孙中山的三民主义（民族主义、民权主义和民生主义）和"联俄、联共、扶助农工"的三大政策，发动广大群众，使资兴的大革命运动迅速掀起了高潮，取得了丰硕的成果。

（一）支援北伐战争

1926 年春，国民政府决定北伐，以推翻北洋军阀的统治。同年 5 月下旬（27 日），国民革命军的先遣部队叶挺独立团由粤北进入宜章，挺进湖南，与唐生智第八军会合，先后发起衡山、衡阳和安仁、攸县战役。资兴工农在各界人士的支持下，纷纷组织慰劳队、运输队、向导队，积极支持和配合北伐军作战。叶挺独立团在湘南首战告捷后，国民党中央于 7 月 4 日发表《北伐宣言》，随即在广州誓师北伐。中共湖南区委根据中共中央指示精神，把支援北伐作为头等重要的政治任务。

1926 年 8 月下旬，北伐军为了消灭军阀吴佩孚的军队，发起了以平江战场为主的战役，仅 3 个多月，就歼敌 1 万余人，迫使北洋军阀不得不退出湖南。在战役中，资兴有 15 名支前农民壮烈牺牲。

1926 年 10 月 19 日，在中共资兴支部的领导下，县总工会筹备处和县农协通讯处联合举行追悼平江阵亡农民和庆祝北伐胜利大会。会议在县城文庙前的草坪召开，主席台的两旁摆满了挽联、悼词。到会团体机关有：县总工会及各行业分会，县农民协会及各区乡农民协会，国民党临时县党部、区分部，全县中小学校和其他群众团体，以及附近的群众，估计近万人，只见满城人山人海，拥挤不开。

大会在哀乐声中进行，首先由主持人报告了大会宗旨，接着由省特派员邓立平代表全县人民、由樊淦代表总工会演讲和致悼词。然后敬献挽联。邓立平的挽联是："得诸君牺牲，北伐大获胜利；愿农工团结，革命早日成功。"县总工会的挽联是："仰诸君援助北伐何等壮烈，为国家谋幸福，为自身图解放，牺牲奋斗，独仰诸君真烈士；愿我辈参加革命也要牺牲，求天下皆自由，求大家都平等，团结革命，唯有吾侪是先锋。"由于反动县长何元文唆使地痞流氓进行捣乱，会议不得不中止。第二天继续召开大会，邓立平和县中学教员、共产党员萧耀在会上做了热情洋溢的演讲，讴歌了北伐战争取得的伟大胜利，号召人民群众继续参军参战，为取得北伐战争的彻底胜利做出努力。会议最后举行了游行示威，口号声响彻云霄，震撼山谷。人们群情激愤，斗志昂扬。在游行中，许多人拥向了两家销售日美"洋货"的杂货店，捣毁了"洋货"。

这次大会，轰动了全县，激发了全县人民的革命斗志，促进了各项革命活动的蓬勃发展。

（二）建立县农民协会

1926 年 9 月，中共资兴支部在省特派员邓立平、彭国英等人的帮助下，根据当时党的活动是秘密的，而农民运动却可以公开进行的条件，决定组织农民运动、工人运动、学生运动及妇女运动。

同年 10 月上旬，在北伐战争节节胜利的捷报中，资兴县农民协会通讯处成立，由中共党员戴廖斌任主任，许祖衡任副主任，委员有段廷壁、王卓如、谢流昆等人。

到 1926 年 11 月，全县办起了区农会 5 个，乡农会 79 个，会员 5000 余人，许多贫苦农民当上了区、乡农会的负责人。5 个区农会的负责人是：一区（彭公庙）黄义藻、陈家成，二区（东江）唐士文，三区（七里）段海青，四区（蓼江市）刘五荣，五区（旧市）刘全德。城厢（城关）谢流昆。到 1927 年春，乡农会增至 100 多个，会员达 1.5 万余人。

本书笔者说明：（1）《中国共产党资兴历史》中，以上所说的"五区"，实际上成了六个区。资兴民国时期的"五区"是指：一是东乡区，即县城以东地区，从原坪石乡开始，直到彭公庙。二是北乡区，即县城以北地区，从香花乡的镜塘、柘木开始至三都、蓼江市、七里山、塘基坳（团结）。三是西乡区，即县城以西的地区，包括了"上西乡"的源塘（今属于碑记乡），兴宁镇的大石、山海、海水、水栗，至双溪——原木根桥乡（东江镇）所辖的龙泉、文昌、星红、仁里、铁厂；"中西乡"为原木根桥乡所辖的东江、泉水、木根桥、罗围、新民、田心，鲤鱼江镇，直到香花乡的香花桥、周源山。四是城厢区，即县城以及周边地区（今兴宁镇所属的菜农、近城、竹园、枫枧、仙桥、岭脚、心田、十龙）。五是南乡区，即县城以南地区，从厚玉乡（恒魁、白廊、杨林、布田）开始，至旧市、渡头、清江、滁口、黄草、浓溪、东坪等地。"半都"：即原碑记乡除源塘村外的其他村组，当时为郴县管辖。（2）区农会会长，似乎漏记了一个人：《资兴市志·革命烈士》中记载："李宇化：男，籍贯：三都镇；生卒年份：1874—1928；职务：区农会长。"

1927 年 3 月，县农协通讯处在县城召开了第一次农民代表大会，出席大会的代表有 200 多人，分别来自 5 个区农会和 100 多个乡农会。大会正式成立了资兴县农民协会，由段廷璧任委员长，李练成任组织部部长，戴廖斌任宣传部部长，言志任妇女部长。

大会通过了几十项决议，其中主要的有：实行减租减息，废除苛捐杂税，禁止卖淫开赌，禁止蓄婢纳妾，发展农民教育，等等。同时，明文规定借贷利率：钱利每元不得超过 1 分 5 厘，谷利每担不得超过 5 升。这些决议和规章，得到了全县贫苦农民的热烈拥护。至此，全县农民运动由宣传发动进入了组织正规化的阶段。

《中国共产党湖南省资兴市组织史资料》记载："资兴县农民协会（1927年 3 月—1927 年 6 月）：1926 年 8 月，国民党湖南省党部农民部委派邓立平、彭国英来资兴从事农运工作。他们改组国民党县党部后，积极筹建农运组织。同年 10 月经省农民部批准，成立了资兴县农民协会通讯处，戴廖斌任主任，许祖衡任副主任。1927 年 3 月，在资兴城召开第一次农民代表大会，会上正式成立了资兴县农民协会。县农协成立后迅速建立了 6 个区农会和 100 多个乡农会。全县拥有农会会员 15000 多名。在农运中，为了严惩土豪劣绅，县农民协会还成立了审判土豪劣绅特别法庭。5 月'马日事变'后，县农会和基层农会组织停止活动。主席：段廷璧。组织部部长：李练成；宣传部部长：戴廖斌；妇女部长：言志（女）。"

（三）建立工农武装

县农民协会成立后，立即建立了工农武装。1927年3月，中共资兴支部和县农民协会，根据中共湖南区委第六次代表大会关于"农民有武装自卫之权"的精神，和省农会颁布的《湖南农民自卫军组织大纲》，建立起一支1000多人的农民自卫军，由许雅琴任队长；并布置区、乡农会成立赤卫队。同时，协助县总工会成立了工人赤卫队和工人纠察队。

《中国共产党湖南省资兴市组织史资料·工农武装组织》记载：

1927年3月，资兴的大革命运动蓬勃开展，县农民协会、县总工会成立了自卫武装。

资兴县工人志愿军（1927年3月—1927年6月）：1927年3月，总工会为了实行工人武装自卫，成立了一支117人的工人志愿军：队长曾昭文。

资兴县农民自卫队（1927年3月—1927年6月）：1927年3月，在以农民运动为主的大革命运动中，为了促进全县农运斗争的胜利进行，建立了一支一千余农协会员参加的农民自卫队。农民自卫队的建立维护了农运斗争，有力地冲击了封建势力，打击了作威作福的土豪劣绅，在斗争中起了很大作用。队长：许雅琴。

《资兴市志·革命烈士》中记载："曾昭文：男，籍贯：兴宁镇；生卒年份：1898—1930；职务：县工人纠察队长。"

（四）成立审判土豪劣绅特别法庭

县农会组织成立了资兴县审判土豪劣绅特别法庭，由王卓如任庭长，谢流昆任审判员，黄义行任书记员。第一批被审的是长期残酷剥削和压榨农民的大土豪劣绅程子枢、袁指南、李培生、蒋汉雄等20多人。审判后，按照他们的罪恶轻重，或戴高帽子游街游洞，或关进监牢，或交群众监督改造。1927年从3月初到4月初仅一个月时间，就有100多名土豪劣绅被审判、被惩处。特别法庭的两个主事者都是贫苦工人出身，王卓如是理发工人，谢流昆是缝纫工人。他俩执法如山，铁面无私，土豪劣绅怕得要死，恨得要命。劣绅黎雪楼于是写了一副对联恶毒诽谤，对联曰："王剃匠坐法庭，刀刀见血；谢裁缝审官司，针针穿心。"农会会员知情后，将黎雪楼逮捕入狱，交特别法庭审判。

本书笔者说明：资兴档案馆民国档案57卷中载有资兴县政府民国十六年七月二十七日向省政府《呈为据实呈履事》，历数康少塈的所谓"犯罪"事实，文中写道："十六年春，（康少垫）严令县农会、县工会戴廖斌、段廷壁、樊淦、王卓如等驱使农工，游行示威，组设特别法庭，该犯充当主席……"

（五）没收土豪劣绅家产

1926年开展农民运动以后，组织农会的同时，没收土豪劣绅的家产。据不完全统计，全县被分了家产的地主有200多户，没收的金银、光洋则全部交公，作为各级农会组织的活动经费和置办自卫武器。

（六）改组假农会

1926年冬创办的农会，有一部分被土豪劣绅操纵。这些人除利用农会的权力保障自己的财产外，还不断制造事端，挑起农会与农会之间的矛盾。浓溪（今龙溪）土豪黎显仁、李志修等办了一个农会，他们带人攻打由农民掌握权力的田坪农会，打死打伤多名会员，还杀猪挑谷，对贫苦农民进行抢掠。另外，由土豪曾昭阳、邓国侯建起的谷洞农会；土豪陈辉南、何衍把持的厚玉大村农会等。这样的所谓农会，严重地阻碍着农民运动的深入开展，使一些作恶多端的土豪劣绅逃避了斗争。县农会成立以后，决定纯洁队伍，对全县农会进行一次大改组，并派工作队下去分头进行。东乡区由康少垫、萧耀负责，北乡区由刘英廷、戴廖斌负责，西乡区由黄义行、唐士文负责，南乡区由段廷壁、刘全德负责，城厢区由谢流昆、言志负责。对那些不服从改组的假农会，则由县农会、县工会派农民自卫军和工人纠察队去强行解散，重新组织。浓溪黎显仁不服从改组，县农会就派农民自卫军数百人抄了他的家，把他家里的粮食、财物分给贫苦农民。又强令解散假农会，重新成立浓溪农会，选举贫苦农民唐己太为农会负责人。为改组皮石的谷洞假农会，县农会工作队深入谷洞开展工作。当时邓国侯、曾茂和等土豪顽固阻止，还持刀砍伤一名工作队员。工作队当机立断，调动东乡区和彭公庙农会200多名会员前来支援，先把闹事的土豪抓获，分掉他们的谷子，再宣布重新成立谷洞乡农民协会，选举樊伟文、尹子文为农会负责人。厚玉大村假农会不服从改组，多次做工作无效。于是，农民自卫队就用抬枪、土炮连续轰了三天，把土豪赶走了，另外成立了由贫苦农民当家做主的农会。改组假农会，纯洁了组织，维护了声誉，推动了农民运动的健康发展。

（七）攻打旧县团防局

农民运动轰轰烈烈开展起来以后，土豪劣绅一个个如惊弓之鸟，惶惶不安。大土豪程子枢、李灿等吓得逃到长沙、汉口躲藏去了。没逃走的土豪为了保其家财，想尽办法，或出面办假农会，或设法打入农会，乘机篡夺农会的领导权。1926年11月中旬，旧县（今旧市）大土豪蒋汉雄等人胁迫旧县农会允许他们入会，并要由他们掌握实权，成立"保产农会"。旧县农会坚决拒绝了他们的要求，顶住了他们的威逼利诱。蒋汉雄等人恨得咬牙切齿，他们狗急跳墙，公然指使团防局武力围攻旧县农会。农会虽有几百名会员，无奈武器不如团防局，终被困守在农会的会议室里。在无法打退敌人的情况下，他们派人火速赶往县城，向县农会报告。县农协通讯处和县总工会负责人当即决定，首先派出农民自卫军、工人纠察队共计200余人，带着10多条枪，其余的扛大刀、梭镖、鸟铳跑步赶往旧县，然后调动县城附近的乡农会会员近400人，支援旧县农会。只见队伍浩浩荡荡，梭镖、大刀在阳光下寒光闪闪，还夹带着锄头、扁担、铲子等生产工具，人们呐喊着拥向旧县。旧县团防局纠集一些假农会会员，共300多人等候在那里，气势汹汹地叫嚣着要与农会作对。大土豪蒋达才挥舞着大刀，带领几十名坚决与人民为敌的狂妄之徒，怪叫着朝农会的队伍冲来。正在这时，县工人纠察队一分队的几十名队员带着枪赶到，队伍一围攻，枪声一响，冲在前面的几个暴徒被撂倒，那帮狂妄之徒见势不妙，慌慌张张抱头鼠窜。那些受蒙蔽跟随的300余人，多数是贫苦农民，他们在农民自卫军、工人纠察队的开导下，思想很快通了，有的溜回了家里，有的站在一边看热闹，也有的协助自卫军和纠察队抓住了蒋汉雄、蒋达才、黎汉山、黎先茂等几个反动头子。随后，在旧县洞口桥召开群众大会，县农协通讯处的领导表扬了旧县农会的坚定立场，揭露了敌人的阴谋诡计，号召广大群众擦亮眼睛，警惕敌人的捣乱破坏。这场由反动团防和土豪劣绅掀起的逆流才完全平息下来。

（八）召开"五卅惨案"纪念大会

1927年4月12日，蒋介石在上海发动政变，动用军队、武装流氓屠杀中共党员和共产党领导的工会等组织领导人，致使第一次国共合作开始破裂。这一事件史称"四一二"政变。为了显示工农运动的伟大力量，巩固工农革命成果，进一步震慑土豪劣绅以及一切反动势力，资兴县农会、县总工会决定召开"五卅惨案"两周年纪念大会。1927年5月30日，县城还笼罩在薄薄的晨雾中，五乡四路的工农群众已陆续来到了城里。大街小巷插满了红旗，拥挤着人群，手臂上扎着红布条的学生正在忙着贴标语、发传单，一队队扛长枪、鸟铳、梭镖的工农武装在大街上巡逻。会场设在城隍庙前的大坪里。主席台两边贴着一副色彩鲜明、悲壮激烈的对联：五卅纪念堪悲伤，同心协力歼倭奴；蒋逆顽石不中正，叛党误国齐讨伐。上午，1 万多群众齐集会场。但见整个会场红旗猎猎，梭镖林立，刀光闪闪，充满着庄严而紧张的气氛，展示出工农群众无可比拟的力量。会议由黄义行主持，省农运特派员康少塑报告了纪念"五卅惨案"的意义。他还报告了全省农工运动的情况，并指出资兴的农工运动正沿着正确的方向发展，只要全县工农紧密团结，就一定能取得反对封建势力的胜利。接着，农会、工会、妇联和学生联合会的代表发了言。会议中，还宣判了坚决与工农为敌的"维新社"头子金作忠、张谢锟两人死刑，并立即执行。整个大会群情激昂，在"坚决镇压反革命""打倒帝国主义""打倒土豪劣绅""工农运动万岁"等响彻云霄的口号声中结束。

资兴的农民运动从 1926 年 10 月中旬开始，至 1927 年 5 月，虽然只进行了短短的 7 个半月，但在资兴历史上留下了光辉灿烂的篇章。正如毛泽东同志所指出的：农民运动是一场"乡村的民主势力起来打翻乡村的封建势力"的"空前的农村大革命"。"孙中山先生致力于革命凡四十年，所要做而没有做到的事，农民在几个月内做到了，这是四十年乃至几千年未曾成就过的奇勋"。

三、建立群团组织

中共资兴支部成立后，立即着手建立各级群众团体组织，促进了大革命运动的深入开展。

成立县总工会

《中国共产党资兴历史》（新民主主义时期）中说（摘要）：

1926 年 9 月 1 日建立中共资兴支部后，立即着手开展县总工会的筹备工作。首先，建立了缝纫、理发、建筑 3 个行业工会。到 10 月，全县工会会员达到 1300 余人。同年 12 月 1 日，全省第一次工人代表大会在长沙召开，资兴工人代表谢流昆出席了大会，并汇报了资兴开展工人运动的情况。在这次大会上，毛泽东同志做了关于推动全省工人运动迅速发展的重要讲话。1927 年 2 月初，资兴县第一次工人代表大会在县城召开，参会代表共 100 多人，正式成立了资兴县总工会，选举产生了县总工会第一届执行委员会。樊淦任委员长，王樵舟任副委员长，邓立平任指导员，刘英廷、袁南魁、谢流昆、黄家德分别任组织、宣传、财务委员和秘书。同时，宣布成立2个产业工会和10个基层工会。这2个产业工会是：宇字煤矿工会、东乡连坪纸厂工会。10个基层工会是：厨业、教职工、缝纫、鞭炮、靴鞋、理发、泥木、店员、运输、铁业等工会，并任命了会长、副会长。

1927年2月，县总工会成立后，即向国民党县政府提出维护工人利益的要求：1.资方不得无故开除工人；2.资方如裁减工人，必须经工会审查同意；3.在矿山、工厂取消包工头制，并不得随意殴打工人；4.县政府拨款开办工人夜校。这些要求得到国民党县政府的认可。随后，县总工会派人向矿山资本家、工厂厂主、商店店主宣传国民党县政府的决定，并提出增加工人工资、缩短劳动时间、改善生产和生活条件，支持基层工会开展活动等合理要求。经过做工作，这些要求都基本得到对方满意的答复，从而维护了工人的合法权益。

成立劳动童子团

1927年2月初，县总会根据劳动童子团组织大纲，建立了资兴县劳动童子团，李孝德任团长。团员由各分工会推荐，共有30余人，年龄大多在十二三岁。同时，还给他们办了一个夜校，每晚上课，组织他们学习政治和文化知识。

1927年3月，县总工会根据革命斗争的需要，办起了一所"列力亚"石印局，由樊淦、萧耀、黄家德等人负责，主要印刷内部文件和印刷标语、传单，宣传孙中山先生的"三民主义"和大革命的理论。

1927年年初，县内土豪程子枢、胡孔彰结成反动同盟，利用死心塌地做走卒的李辉煌、金作忠出面，组织了一个与工会为敌的商民协会。他们造谣惑众，蒙蔽唆使部分店员、学徒入会，拼命扩充势力。同时利用县农会、总工会在组织反日美示威游行中，捣毁两家出售"日货"铺子一事发难，鼓动资本家和店主及商会会员，向总工会兴师问罪。县总工会采取紧急措施，调动工人纠察队赶走了李辉煌和金作忠，揭穿了他们的阴谋诡计。另派工会骨干担任商民协会负责人，把商民协会掌握在自己手里。但是，敌人并不甘心失败，程子枢、胡孔彰又利用金作忠、张谢锟出头，组织了所谓的"革命同志会"。这个组织表面上倾向革命，背地里却坚决与工农作对。县总工会发现后，立即向省特派员康少塾等人报告，由他们出面取缔了这一反动组织。同年3月下旬，金作忠、张谢锟又跳了出来，网罗地痞流氓，以"维新社"的面目出现，还出版反动报纸《维新报》。他们在报上大肆讽刺讥笑工农群众，散布"共产党是大骗子，搞不长""共产共妻""工农运动是痞子运动"等恶毒诽谤的言论。县总工会为了坚决打击其反动气焰，派工农武装逮捕了金作忠、张谢锟。两人经特别法庭审判后，于 5 月 30 日"五卅惨案"两周年纪念大会上予以镇压。

《中国共产党湖南省资兴市组织史资料》记载："资兴县总工会（1927 年 2 月—1927 年 6 月）：1926 年 10 月，党支部成立后，建立了资兴县工会筹备委员会，发展会员一千三百多人。1927 年 2 月，召开了资兴县第一次工人代表大会，正式成立了资兴县总工会，并选举产生了县总工会第一届执委会。总工会下辖 8 个基层工会组织。总工会在党支部的领导下，率领手工业工人在'抵制日货'、争取工资待遇、减少劳动时间方面与资本家展开了针锋相对的斗争。工人运动出现了新局面。'马日事变'后，工人运动收缩，总工会停止活动。委员长：樊淦；副委员长：王樵舟。"

建立共青团资兴支部

《中国共产党资兴历史》（新民主主义时期）中说（摘要）：1926 年夏，共产党员黄义藻从衡阳省立三师毕业回到资兴，任县立中学国文教员。他和进步教员段廷壁一道，将一批进步青年吸引过来，向他们灌输马克思主义，宣传共产党的主张，发展共产主义青年团员。同年 10 月下旬，中国共产主义青年团资兴支部成立，黄义藻任支部书记，段廷壁任宣传、组织委员。

《中国共产党湖南省资兴市组织史资料》记载："共产主义青年团资兴支部（1926 年 10 月—1927 年 6 月）：1926 年秋，共产党员黄义藻从衡阳来到资兴，分别从事建党、建团工作。他利用在县立中学教学与学生接触的机会，发展共青团员。同年 10 月，在县立中学成立共青团资兴支部，支部有团员 17 人。此时，广大青年在团支部的组织下，开始走向社会，参加各种政治活动，后来许多团员青年成为革命运动的骨干成员。1927 年'马日事变'后，团支部停止活动。书记：黄义藻。"

成立女界联合会

《中国共产党资兴历史》（新民主主义时期）中说（摘要）：
1926 年 9 月 1 日中共资兴支部成立后，资兴妇女运动就随着农民运动的兴起而兴起。同月下旬，省女界联合会派出特派员侯碧华、陶宇芝来资兴指导妇女运动。在共产党员樊淦、萧耀、黄义藻等人的协助下，组建了县女界联合会筹委县，言志、黄显、蔡道辉、黎爱姬、焦玉兰、袁好球等很快成为妇女运动中的骨干。1927年3月下旬，资兴女界联合会正式成立，由侯碧华任主任，陶宇芝、黄显任副主任，言志、黎爱姬、蔡道辉、樊家懿、焦玉兰、袁己月、袁好球为委员。接着，区、乡相继成立了女界联合会。

创办了女子职业学校。早在1922年冬，黄义藻等县内进步学生就向县议会要求创办女校，遭到省议员、劣绅程子枢的极力反对。1926年10月，县党支部指派黄义藻、黄义行配合侯碧华、陶宇芝两位女特派员与国民党县政府交涉，力求创办女校。程子枢知道以后，又跳出来阻挠，最终被黄义藻驳斥得满面通红，被迫答应。不久，资兴县女子职业学校开办，校址设在县城蔡家。校长谢之汉，教导主任段邦彦，樊淦、萧耀、言志及白薇的妹妹黄显等人担任教员。学校张贴招生广告，规定不管是未婚还是已婚，只要未生小孩的女子均可报名入学。不到三天，就有150余名妇女报名，年龄最大的23岁，最小的13岁，学校按年龄编了3个班。

妇女投入革命运动洪流。全县乡农会干部500余人，其中有女性100多人；区农会干部45人，其中女性10人；县农会干部20人，其中有女性5人。言志等一批妇女干部还光荣地加入了中国共产党。

破除封建的恶习陋俗。觉醒了的资兴妇女积极行动起来，高唱《放足歌》，走上街头，与男人一样，参加集会、游行等活动。她们在城乡广泛宣传，提倡男女平等，婚姻自由，反对蓄婢纳妾，号召妇女剪鬏放足，禁止溺女婴以及禁娼、禁毒（鸦片）。女子学校的学生不仅带头剪鬏放足，还下乡做群众工作。女界联合会还大力帮助一些妇女解除包办婚姻，解放婢妾。

劣绅程子枢一贯轻视妇女，阻挠妇女运动。妇女组织就向县农会、县工会反映，派人把他抓来，交特别法庭审判。在游街示众时，妇女们一拥而上，将程子枢的长袍扯得稀烂，大煞了他的威风。

《中国共产党湖南省资兴市组织史资料》记载："资兴县女界联合会（1927年3月—1927年6月）：1927年1月，省女界联合会派陶雨芝（原文如此）、侯碧华来资兴从事妇女运动。同年3月中旬，资兴县女界联合会在县女子职业学校正式成立。女界联合会成立后，在宣传妇女解放，男女平等，解放婢妾，号召妇女剪发放足，禁止妇女溺女婴、禁娼、禁烟（鸦片），惩罚地痞流氓，动员妇女积极加入农会，建立基层妇女组织方面做了大量工作，为妇女运动的开展起了积极的作用。5月'马日事变'后，女界联合会的活动停止。主任：侯碧华；副主任：陶雨芝、黄显。"

成立学生联合会

《中国共产党资兴历史》（新民主主义时期）中说："1927 年 3 月，资兴县学生联合会成立，袁凤芝任学联主席。"

《中国共产党湖南省资兴市组织史资料》记载："资兴县学生联合会（1927 年 3 月—1927 年 6 月）：1927 年 3 月，随着全县工、农、青、妇的组织纷纷建立，县城的学生也纷纷联合起来，成立了资兴县学生联合会，积极参加党开展的各种活动，使青年学生经受了大革命时期的锻炼。学生联合会的活动时间到 1927 年 6 月。学联主席：袁之凤（原文如此，应为'袁凤芝'）。"

四、大革命失败

《中国共产党资兴历史》（新民主主义时期）中说（摘要）：

1927 年 4 月 12 日，以蒋介石为代表的国民党右派在上海发动了"四一二"反革命政变。5 月 21 日，许克祥在长沙发动了"马日事变"，国民党反动派举起屠刀，大肆屠杀共产党员和革命群众，神州大地陷入了腥风血雨的白色恐怖之中。

资兴地处偏僻，交通不便，消息闭塞，故一直到 5 月底还不知道革命形势已发生了根本性的转折。6 月 5 日，中共资兴支部才收到去省总工会开会的资兴代表樊淦从长沙寄来的信，信上只含含蓄蓄地写着"三、六、计"三个大字。农会、工会干部当即进行了研究，认为形势紧迫，信上是暗示大家"三十六计，走为上计"。恰在此时，参加长沙市工人运动讲习所学习的廖九皋回来了，带来了樊淦的口信：省委指示迅速疏散干部，保存革命力量。并对"三、六、计"做了说明，即三十六计，走为上计。

为了采取应急措施，中共资兴支部连夜召开工会、农会、团支部、女界联合会等组织的负责人会议，决定共产党员和工、农、青、妇及其他革命组织的负责人立即转移或潜伏，静观事态的变化。省党部派来的特派员邓立平、王泽昌、侯碧华、陶宇芝等人，迅速撤离资兴。刘海珍、李世成等少数未完全暴露身份的骨干暂避县城附近，打探消息。6月6日，各革命组织的负责人多数疏散到了浓溪、塘基坳（今团结乡）、东坪等偏远的乡村，省党部特派员由人护送到东江，乘船潜往衡阳等地。资兴的大革命运动开始了由高潮向低潮的急剧变化。

几天后，农运高潮时期逃亡到汉口、长沙等地的大土豪李灿、程子枢等人，纷纷返回县里，纠集反动势力，高举起屠刀，恶狠狠地向革命者扑来。他们放出关在监狱里的土豪劣绅，为被农会镇压了的张谢锟、金作忠开"追悼会"。随后与国民党县政府的反动官吏相勾结，策划在全县进行大搜捕、大屠杀，企图彻底摧毁党组织和工农运动。

1927年6月上旬，国民党资兴县政府成立资兴县清乡委员会，县以下设立9个区清乡委员会。稍后又建立了一支反革命武装——县挨户团，招募了1000余人，有300多条枪，下分5个中队。全县被捕的革命群众就有200多人，并一律施行酷刑审讯，男的遭捆吊毒打、灌辣椒水、坐老虎凳等，女的用荆条抽打。不久，工会干部李文经、劳动童子团团长李孝德等数十名革命干部被惨遭杀害。

面对国民党反动势力的血腥镇压，资兴的共产党员、革命干部和群众没有被吓倒、被屈服，他们与反动派进行着艰苦而巧妙的斗争。潜伏下来的地下党员经常组织群众到县城和乡镇墟场张贴告示和革命标语，警告土豪劣绅不要胡作非为，气得他们暴跳如雷而又无可奈何。

6月下旬，潜伏在浓溪、东坪一带的部分农民自卫军队员自动集合起来，撤往汝城，与郴县、宜章、桂东、永兴等县的农军及广东东江地区的农军汇合，共4000余人，在汝城一带开展农民运动。

《郴州大事记》中记载："1927年6月初，汝城共产党员朱青勋、李涛（李湘民）等率县农民自卫军、工人纠察队、巡察队抗击反革命武装。桂东、永兴、郴县、宜章、资兴等县以及广东东江地区（惠、潮、梅）农军，先后撤至汝城，共约4000人，在汝城一带继续开展农民运动，形成'马日事变'后省内独有的革命高潮。中共中央军委派陈东日、武文元，中共广东区委派任卓宣至汝城。6月，组建CP驻汝城特别工作委员会，下旬，组建湘南军事委员会，统一领导以汝城为中心的湘南革命。6月14日，省政府军事厅发出分路清乡电令之后，汝城胡凤璋在濠头清乡数十天，五六个村的几百农家被洗劫一空；宜章反动派在近城区一次杀害农会干部和群众 56 人；资兴被反动派捕杀农会干部和群众达 200 余人。"

附录：

资兴大革命时期的革命烈士（1927 年）

《资兴市志》881 页《资兴革命英名录》记载：

姓名	性别	籍贯	生卒年月	职　　务
黄田福	男	渡头乡	1894—1927	乡农会长
黄不若	男	州门司镇	1906—1927	省立三师地下党宣传员
龙本支	男	何家山乡	1901—1927	县农会财务员
刘启贤	男	何家山乡	1904—1927	广东地下党工作人员
何福玉	男	坪石乡	1893—1927	乡农会土地委员
宋贤才	男	木根桥乡	1868—1927	乡农会长
李建帮	男	鲤鱼江镇	1895—1927	乡农会秘书
陈家成	男	烟坪乡	1872—1927	县农会工作人员
欧才旺	男	烟坪乡	1895—1927	乡赤卫队班长
谢树怀	男	碑记乡	1909—1927	乡赤卫队副班长
黎伯达	男	厚玉乡	1908—1927	乡农会宣传员
黎五毛	男	连坪乡	1881—1927	县农会通讯员
赵贵发	男	连坪乡	1891—1927	乡赤卫队员
袁姣启	男	东坪乡	1895—1927	县赤卫队员
尹牛山	男	皮石乡	1897—1927	乡农会宣传员
蒋振南	男	旧市乡	1901—1927	国民革命军第四军教导团党代表
李文经	男	州门司镇	1886—1927	县总工会宣传委员
黄义和	男	何家山乡	1888—1927	乡农会长

本书笔者说明：（1）以上革命烈士的"职务"中，有个别存在问题："赤卫队"，这是 1928 年湘南起义时期的称呼，1927 年应为"农民自卫队"，两者混淆了。

（2）关于蒋振南的资料：《潮州"革命家庭"四兄弟之李春蕃》文章中说："1926年1月21日澄海民众举行纪念列宁两周年盛大集会，到会者有学生、工人、农民、士兵、警察等共数千人，许继慎主席宣布开会理由后，政治特派员李春蕃（柯柏年）报告列宁一生奋斗历史，金中校长杜国庠演讲《纪念列宁之意义》，蒋振南演讲《革命之国际性》，八连党代表演讲《我们为什么追悼列宁》。"1927年12月11日，国民革命军第四军参谋长叶剑英率领教导团举行广州起义。本书笔者认为：蒋振南就是在这次起义中牺牲的。

第二节　湘南起义时期

湘南起义时期：1928年1月—4月。

湘南起义：土地革命战争时期，中国共产党在湖南省南部地区领导的武装起义。早在大革命时期，湘南地区的农民运动，在中国共产党的领导下就有很大发展。大革命失败后，湘南地区的共产党员和人民群众在国民党白色恐怖下继续坚持斗争。1927年冬，中共湘南特别委员会根据中国共产党中央委员会和中共湖南省委员会的指示，在湘南地区组织农民准备举行起义。1928年1月中旬，朱德、陈毅率领南昌起义军余部从粤北转至湘南宜章县境，在中共湘南特委和宜章县委的协助下，于1月22日智取宜章城，逮捕了国民党县政府官吏和豪绅，解除了团防局的武装，发动群众，开仓济贫，揭开了湘南起义的序幕。接着，南昌起义军余部改编为工农革命军第一师，朱德任师长，陈毅任党代表，王尔琢任参谋长。这时，国民党军独立第三师由广东乐昌地区北出向宜章进攻。为避免在不利条件下作战，工农革命军和农军主动撤出宜章城向黄沙堡方向转移。国民党军占领宜章城后，即向南追击工农革命军。工农革命军在农军配合下，在岩泉、栗源地区击溃独立第三师一部，乘胜追至广东省坪石，又将该师主力击垮，共歼1000余人，并重占宜章城。接着，建立宜章县苏维埃政府，工农革命军和农军迅速扩大。工农革命军作战的胜利和宜章县苏维埃政府的成立，振奋了湘南人民的斗志。朱德、陈毅和中共湘南特委为进一步发动湘南农民举行起义，工农革命军第一师由宜章北上，于2月4日占领郴县。随即分兵协助资兴、永兴、耒阳等县农军占领了这几座县城，并在这些县建立苏维埃政府。在此期间，安仁、茶陵、酃县、桂东、临武、嘉禾、桂阳、常宁、衡阳等县的部分农民，也纷纷起义。3月中旬，在郴县成立湘南苏维埃政府。湘南起义胜利后，中共湘南特委将宜章、耒阳、郴县和永兴、资兴五县农军，分别编成工农革命军第三、第四、第七师和两个独立团，共8000余人。3月下旬，国民党军以七个师的兵力向湘南地区进攻。这时，由于中共湘南特委的盲动主义政策，损害了人民群众的利益，工农革命军已无法在湘南地区立足。为保存革命力量，朱德、陈毅率工农革命军于4月上旬撤出湘南地区，向井冈山革命根据地转移。湘南起义，沉重地打击了国民党在该地区的统治，发展了工农革命军的力量。

《郴州大事记》中记载：1927年——

7月23日，组建中共郴县特委，辖郴、宜、汝、资4县，书记夏明震。在此前后，中共湖南省委已派陈芬、曾志、胡世俭、邓宗海、向大夏、何日升、黄益善等到各地恢复、建立党的基础组织。

中共中央委托农委书记毛泽东起草以汝城为中心的《湘南暴动大纲》。8月3日，中共中央通过《关于湘、鄂、粤、赣四省秋收暴动大纲》，决定发动农民暴动，夺取政权归农会。8月8日，中共中央正式决定组成以中央政治局候补委员毛泽东为书记的湘南特委，郭亮、夏曦、任卓宣为委员，领导湘南农民革命斗争（因情况变化，此届特委未实现）。

地方劣绅和常备队勾结湖南宣抚委员团及胡凤璋部占领郴城。10月8日，被国民党第十六军范石生部赶走。

8月9日，中共临时中央政治局举行会议，专题讨论湖南秋收起义问题，正要上船去湘南的毛泽东，被通知留下参加会议。会后毛为中央特派员，返湘领导湖南秋收起义。

8月中旬，CP（湘南中共）驻汝城特别工作委员会、湘南军事委员会、工农革命军第二师被范石生第十六军3个团及汝城匪首何其朗率反动武装夜袭，革命军突围至汝城濠头火焰坳，与桂东农民赤卫队会合，缩编为国民革命军第四军补充团，团长何举成，副团长于鲲，党代表任卓宣，活动于湘赣边界。9月，根据中共湖南省委指示，改为工农革命军第二师第一团，就地举行秋收起义。

8月23日，中共中央批评湖南省委"放弃湘南暴动"的错误，责令省委坚决把暴动主力建立在农民身上。

（9 月 9 日中秋节，毛泽东、彭公达领导的湘赣秋收起义爆发）9 月 26 日，工农革命军第二师第一团先后占领桂东、汝城。

朱德派副官周树堂、邓华堂到桂阳东华山召开耒、永、桂、郴 4 县工农运动负责人会议，研究策划年关暴动等问题。此时，各地农民自卫军、游击队、暴动队应时兴起。

10 月 7 日，中共湖南省委派朱英、何可等至郴县领导"年关暴动"。12 月，朱英在郴城尽美旅馆被捕遇害。

11 月 5—8 日，国民党军方鼎英部占领宜章、郴县，范石生部占汝城。

11 月 7 日，中共湖南省委通知成立中共湘南特别委员会，书记陈佑魁。在此前后，萧克、唐天际、黄克诚从外地返回家乡，和当地党组织一道，参加发动湘南农民革命。

11 月 19 日，朱德、陈毅率南昌起义余部至汝城，与范石生谈判，达成反蒋统一战线协议，朱德化名王楷，任第十六军第四十七师副师长，兼一四〇团团长。

11 月 26—28 日，朱德在汝城县城衡永会馆召开中共湘南、粤北 10 县党组织负责人会议，为湘南暴动做准备。12 月上旬，朱德、陈毅率部至广东韶关犁铺头整训。

12 月 6 日，中共湘南特委派人与朱德联系，共商组织湘南暴动事宜。

12 月底，区内各县党组织相继恢复。

湘南起义时期——1928 年 1 月至 4 月，资兴响应湘南起义，参与暴动，建立了红色政权资兴县苏维埃政府和第一届中共资兴县委员会。资兴县当时是五个暴动的重点县之一，也是土地革命"插标分田"最多、搞得最好的县之一。最后，五个县的湘南农军齐集资兴，跟随陈毅上了井冈山。

一、建立资兴县苏维埃政府

苏维埃一词是俄文"Советский"的汉语音译，意即"代表会议"或"会议"。苏维埃制度是苏联的政治基础，是苏联劳动人民在革命斗争过程中创造出来的政权组织形式。1927 年南昌起义后，中国革命进入了武装夺取政权的时期。为了适应革命政权的需要，9月份中共湖南省委向中央提出在政权建设中，实行工农兵代表会议制度，在暴动力量发展的地方，立即建立苏维埃政府。11月，中共中央临时政治局扩大会议把建立工农兵代表会议政权作为党的一项任务正式提了出来，认为无产阶级领导下的工农民主专政性质的政权，只能在工农兵代表会议制度的形式里建立起来。

《中国共产党资兴历史》（新民主主义时期）中说（摘要）：

1927年11月25日，朱德、陈毅率领部分南昌起义部队进入资兴，驻扎在县城李家祠堂。部队在资兴接受了范石生第十六军四十七师师长曾曰唯所发的薪饷、供给的武器装备和被服用品等——具体内容见笔者写作的《资兴历史》第三部《到过资兴的名人考》。

朱德率部进入资兴后，打开了国民党县政府的监狱，放出了"马日事变"后被反动派陆续逮捕关押的100多名革命者，为后来举行的湘南起义增加了一批中坚力量。随后，召开了中共资兴地下党组织的活动分子会议和群众大会。在党的活动分子会上，朱德说："党的各级组织要立即放手发动群众，恢复农会，组织农民武装，准备暴动。"当时资兴党组织的主要负责人黄义行、唐士文、李世成等人，一方面与朱德、陈毅积极接触；另一方面通知潜伏在县城四周的革命干部、骨干集合到县城，研究部署如何发动群众恢复各级农会，建立武装，筹备起义。几天后，三都、香花、七里以及东乡等地开始秘密恢复工会、农会组织，革命的火种又开始悄悄燃烧起来。

12月上旬，朱德、陈毅率部离开资兴，随十六军开赴广东，驻扎在韶关的犁铺头。朱德、陈毅部队这次在资兴的活动，沉重地打击了资兴的反动势力，给资兴人民的革命斗争以极大的鼓舞。

1928年1月中旬，中共湘南特委派共产党员邵杰生、伍业建二人潜至三都，协助恢复党的组织和筹备武装起义。邵杰生是原高码乡龙头村老屋头邵家人，该地原属郴县管辖（1984年12月划归资兴），但与资兴交界，地形、人员都十分熟悉。不久，中共资兴临时支部成立，由邵杰生任支部书记。临时支部成立后，重点抓了如下工作：

一是发展组织。大革命时期，资兴涌现出来的许多骨干分子，未能加入党组织内部。这些骨干中有不少人在"马日事变"后的白色恐怖中，仍然坚持与国民党反动派做坚决斗争。这次表现又积极，党支部就将他们吸收进组织，壮大了党的力量。

二是开展宣传。党支部成立后，立即派出一些地下党员和革命骨干，四处张贴宣传起义的标语，散发传单，为起义做好舆论宣传工作。

三是组织武装力量。党组织派出骨干人员深入乡村，秘密召集农民协会会员开会，宣传起义，并在三都地区组织了一支农民赤卫队，只等一声号令，即可投入行动。

四是做好调查工作。主要了解哪些贫苦群众有强烈的革命要求，哪些可以成为革命斗争的骨干，就将他们组织起来。同时，将土豪劣绅按照罪恶大小，秘密登记造册。

通过党支部的活动，三都一带的农民觉悟不断提高，革命热情不断高涨。一时间，三都成了资兴革命活动的中心。

2月3日晚，资兴县城。地下党组织负责人刘英廷、谢流昆等人召开秘密会议，筹划起义。半夜，地下党员刘海珍、唐书古等人抱着一大摞传单摸上街头，张贴暴动标语。天一亮，满城纷纷扰扰，只见墙上到处是："共产党万岁！""打倒土豪劣绅！""暴动！打倒国民党反动派！""暴动！杀尽一切贪官污吏！"县长彭如需见了县政府门口墙上的标语，阴沉的脸霎时变得寡白寡白，一种恐怖感顿时袭上心头。2月4日晚，他丢下县印，慌慌张张地收拾贵重东西，不与同僚商量，不辞而别，仓皇地逃往长沙去了。县城一时无人主政。

为了更好地领导群众开展革命斗争，根据湘南特委的有关指示精神，中共资兴临时支部开始筹备苏维埃政权。

1928年2月5日，三都地区第一次工农代表大会召开。大会由邵杰生主持，来自工、农、商、学界的代表50余人出席了会议。会上正式成立三都地区苏维埃政府：主席：伍业建；副主席：袁南薰，李学华；秘书长：李铁民，副秘书长：张凤仪；肃反主任：袁青钱、袁镜湖；土地主任：焦丙明；妇女主任：唐金玉，副主任：文瑞姣；赤卫队长：袁禄山；少先队长：罗金珍。会址设在三都老街袁镜湖家中。

三都地区苏维埃政府成立后，木根桥、香花、蓼江市相继成立了苏维埃政府，组织了农民赤卫队，并立即开展了打土豪、分田地的工作。整个北乡区沸腾起来了，各乡村到处只见打着红旗的农民，他们臂上系着红带子，手中握着梭镖、鸟铳，呼喊着革命口号，拥进了土豪家里，将土豪劣绅押着，戴上高帽子，敲着铜锣游街示众。

土豪劣绅的粮仓被打开了，一仓仓、一担担掠夺来的稻谷，又回到了农民手中。土豪劣绅的家产被没收了，送到苏维埃政府堆积处。所有的无益公产被清算了，分给了农民。仅三都中田李家土豪李若楼家，被抄生猪达20多头，稻谷数百担，箱笼10余口，其他财物无数。木瓜塘土豪袁家保家里，也被抄出稻谷几百担，有的谷子已经开始霉变，而农民却挨饥受饿。抄家时，农民十分气愤。

整个北乡片，以三都为中心，革命烈火迅猛燃烧，迅速震撼了全县。

县城里，正在土豪劣绅们惶惶无计之时，2月7日，国民党许克祥部队的一个连，在1月31日在广东坪石被朱德部队击败后，绕道汝城（本书笔者注：民国档案第18卷《请看资兴政委会主任李公正权冤案并资邑前后被共匪焚杀惨状》说："绕道塘村，过我资兴，由渡头而东江"），经渡头来到了东江。连长李正权，还带着60余人、58支枪。经大土豪李培生、袁指南、李东泉、曾文卿、蔡彪、何灿等人联系，以三千银洋的价款，迎接李正权带队进入县城主政。2月21日，四乡土豪齐集县城，"县行政委员会"召开成立大会，宣布由李正权任主任，陈澜、袁指南、李东泉、温衍南、李永爵、李礼松、刘海珍（地下党员）为行政委员。李正权收拢县政府和城厢挨户团枪支，加上县警察局的七八十人枪，县城的李正权拥有武装共200余人枪，并加紧训练，准备与共产党的农民暴动部队对抗。2月下旬，"县行政委员会"将资兴情况呈报当时驻在广东乐昌的国民党独立第三师师长许克祥及驻汝城的湘南"剿共"司令何介青。许见信大喜，委任李正权为游击大队长，督队驻资。并命令何介青分兵协助，何介青派副官叶文琛等人赴资兴，辅佐李正权反动政权。惶惶不安的四乡土豪们，似乎吃了一颗"定心丸"。

1928年2月初，黄义藻、李奇中受党组织的派遣，先后回到了资兴。两人到三都后，立即着手发动群众，筹划武装起义。

黄义藻是资兴县东乡枫树垇村（原坪石乡大铺村）人，衡阳省立第三师范学生，1924年在学校加入中国共产党，1925年任湘南学联宣传干事。1926年夏毕业回到资兴，任县立中学国文教员；10月，与国民党省党部资兴农运特派员邓立平、康少堃一起，组建了国民党资兴县临时党部；10月，共青团资兴支部在县立中学成立，任支部书记。这年 10 月中旬，他奉国民党湖南省党部农民部的派遣，到零陵县任农民运动特派员。1927 年 1 月，零陵县农民协会正式成立后，他奉命调到长沙。大革命失败后，1928 年 2 月他被党湖南特委派回资兴，领导资兴暴动。

李奇中，又名奇忠，资兴原坪石乡沙田村阔田桥人。黄埔军校第一期毕业。1925 年加入中国共产党。历任黄埔军校第三、第四期区队副，党军第一旅连指导员、第三团党代表办公室主任，国民革命军第九军第三师少校营副。1927 年参加南昌起义，任第二十军第三师五团团副，随军南下参加会昌战斗。潮汕失利后随朱德等转战赣南，大庾整编时任第一营营长兼教导大队大队长。湘南起义后，他受朱德派遣，前来资兴担任军事总指挥。

暴动首先从北乡区开始。北乡区包括今三都、蓼江市、七里、团基坳（今团结乡）等地。《兴宁县志·四正界道》中说："北由县城五里至塘婆田，二十里至观音阁，三十里至凤凰山，四十五里至东塘桥，七十里至锯江，抵永兴界。"距离县城较远。这个区有较好的群众基础，人民最富反抗精神。早在大革命时期的农运中，就已涌现出了一批很有威望的农民领导人，如袁三汉、戴廖斌、段廷壁、袁穆如、袁作恕、李铁民、袁作飞、文瑞姣（女）等。这些人对革命极为坚决，又很有组织力和号召力。2 月上旬，北乡区的群众被发动起来后，党组织立即在蓼江市召开了暴动大会。李奇中担任主席，邵杰生担任副主席，袁穆如、戴若愚、曹智莹等为主席团成员。参加大会的有附近乡村群众一万人左右。李奇中在大会上发表了讲话，宣布北乡区苏维埃政府成立：由邵杰生任主席，曹智莹任副主席。接着，邵杰生宣布：北乡区开始总暴动。会后，镇压了两个作恶多端的土豪劣绅。此后，在短短的一个月里，北乡区各乡都成立了苏维埃政府，建立了农民赤卫队，镇压了段陶卿、段戴吾、谢能镇、袁景太等数十名土豪劣绅。

蓼江市暴动大会以后，党组织立即派出大批干部，分赴西乡区、南乡区和东乡区，发动和组织农民暴动。

西乡区距离县城最近，其范围包括现在兴宁镇的大石、水栗（从水井铺开始）、海水、山海 4 个村，碑记乡的源塘村，东江镇（原木根桥乡，包括唐洞街道办事处中的新民、田心），鲤鱼江镇，至香花乡的周源山一带。《兴宁县志·四正界道》中说："西由县城十里至水井铺，二十里至鱼岭铺，三十里至东江，四十里至雷溪，抵郴县界。"这个区的暴动，以木根桥、香花和碑记的源塘（源塘属于资兴上西乡区，不属郴县管辖的"半都"）开展得最早。香花苏维埃政府成立于2月上旬，镇压了大土豪罗代成等，斗争了大土豪程子枢、李兴贵、程作林等，并没收了他们的全部家产，开仓分谷给贫苦农民。接着，木根桥苏维埃政府成立，大土豪李培生被押着游洞，家产全部没收。斗争热潮最为高涨的要算西乡区源塘村，这个村包括李家、陈家、苍背、深塘垅、黄家、瓦园墙、何家、欧婆井等自然村子，就成立了一支90多人的农民赤卫队。区苏维埃政府主席唐士文就出生在这个村的唐家。农军上井冈山之后，这个村被反动派杀害的干部群众就有20多人。

南乡区，包括旧县（后称"旧市"）、厚玉、渡头、清江、滁口、黄草、东坪、浓溪（包括今连坪）等地。《兴宁县志·四正界道》中说："南由县城十里至北廊，二十里至旧县七星桥，四十里至渡头，七十里至滁口，九十里至黄草坪，百二十里至白牛塘，抵桂阳县界。"此处的"北廊"，即今白廊，原属于厚玉乡管辖，距离县城最近；"桂阳县"即今汝城县。暴动开始后，具有反抗精神的布田（地处厚玉乡）、旧县一带农民首先起来响应。布田苏维埃政府镇压了大土豪黎容生、黄银花、黎利古等人，并开仓分了粮。旧县农民七八百人，挑着箩筐，高呼口号，拥进大土豪黄草新、蒋伯华的家中，没收其全部财产，并将其戴高帽子游洞示众。接着，渡头、清江、滁口、黄草等地相继行动，到处组织宣传队，到各个村宣传暴动。为了帮助浓溪、东坪等山区人民起义，南区苏维埃政府还派出黎先谋带500多人前往上述地区。2月下旬，在浓溪中洞李家召开大会，斗争了大土豪黎显仁、李志修、李加兴、杨奇才等人，宣布成立浓溪苏维埃政府。这样，山区地带的革命也轰轰烈烈地开展起来了。

东乡区，包括坪石、何家山、青腰、州门司、彭公庙、蓝溪（今兰市）、汤边（汤市）、烟坪、大陂水（今波水）等地。《兴宁县志·四正界道》中说："东由县城十里至大铺，二十里至何家山，四十里至州门司，五十里至长富桥，六十里至彭公庙，七十里至云头，百里至垅榨，抵酃、桂两县交界。"这里的"大铺"属于紧挨县城东方的坪石乡；此处的"酃、桂两县"，是指今炎陵县（酃县）和桂东县。这个区土豪劣绅最多，农民生活最为贫困。起义一开始，农民就表现出极大的热情。3月上旬，彭公庙召开了几千人的大会，斗争了10来个大土豪，并开仓分谷一千多担。蓝溪乡一次押着几个土豪游洞示众时，沿途参加的群众达五六千人。坪石大土豪李茂荣在被斗争时，饱受其欺凌的农民，愤怒地将其胡子几乎扯光。烟坪大土豪陈孝恩、陈高恩过去家有几百亩良田，积粮如山。1923 年至 1924 年资兴遭灾时，他们高价售粮，大发不义之财，这次被农民押着，戴着屎桶游洞。汤边大土豪胡调燮，家有水田 200余亩，常年收租谷数百担，过去农民向他借租谷，一担要还一担四。当地农民对他最为痛恨，结果被当地苏维埃政府镇压了。

经过党组织的发动，在短短的一个多月的时间里，全县 5 个区（包括了城厢区，即县城周边），100 个乡的农民几乎全都行动起来了。其地域之广、参加人数之多，是资兴有史以来从未有过的。革命的洪流从北乡到西乡，从南乡到东乡，以不可抗拒的磅礴气势，横扫着资兴一切反动势力。

1928 年 3 月 6 日，资兴县苏维埃政府在三都成立，下设军事委员会、土地委员会、肃反委员会、经济委员会、粮食委员会、财务委员会等。其负责人如下：

主席：刘英廷；副主席：黄义行。秘书长：何子奇。

军事委员李奇中，财务委员黎先谋，粮食委员袁才奇，土地委员李化之、胡昭日，肃反委员朱赤，青年委员袁公亮。

同日，在三都恢复了资兴县总工会，袁三启任委员长，黎守安任副委员长。同时，成立了中国共产主义青年团资兴县委员会，袁作恕任书记，袁漫游任副书记。此外，还成立了资兴县妇女联合会，袁凤兰任主任。

苏维埃干部实行供给制，不论级别，都不发薪金，伙食由公家供给。此外，苏维埃政府还公布了 10 条纪律：1. 造谣生事者杀；2. 窝藏土豪劣绅者杀；3. 临阵退却者杀；4. 强奸妇女者杀；5. 强买强卖者杀；6. 泄露机密者杀；7. 不服从指挥者杀；8. 贪污舞弊者杀；9. 妥协投降者杀；10. 畏罪潜逃者杀。这些纪律当然有不够完善的地方，有的过于偏激，但在当时残酷的斗争环境中，为苏维埃政权的巩固，起到了不可忽视的作用。

县苏维埃政府建立后，当时主要以建立和巩固人民政权，实行土地革命和肃清反革命分子为中心任务。为此，县苏维埃政府决定，马上解放资兴县城，迅速建立各区、乡苏维埃政府，领导广大人民群众，开展分田分地运动。

至 3 月中、下旬，各区先后成立了苏维埃政府，主要负责人如下：

城厢区：主席谢流昆，副主席欧佑春。

东乡区：主席何茂茂，副主席叶仲儒。

南乡区：主席何全德。

北乡区：主席邵杰生，副主席曹智莹。

原三都特区苏维埃政府主席伍业建因赴郴县，该职由副主席袁南熏接替。

此外，半都（今碑记、茶田、岗岭、松木、龙竹、高桥、石拱、太坪、茶坪）虽在资兴范围内，但为郴县管辖（源塘村除外），成立了郴县半都特区苏维埃政府，主席曹炳明。当时，半都特区所有工作均为郴县苏维埃政府领导和部署，具体工作与资兴联系。因郴县起义时间比资兴早，半都特区苏维埃政府的建立及其活动的开展均比资兴早。

城厢区苏维埃政府主席谢流昆，半都碑记村深江人，县城缝纫工人。民国十五年（1926）入党，是一个革命非常坚决的同志。谢流昆在民国十六年（1927）任缝纫工会主席，县农民协会审判土豪劣绅特别法庭审判员。他与审判长王卓如（理发工人）一起，审判土豪时，执法如山，异常严厉，引起土豪的极大惊慌和恐惧。有一土豪曾为他俩拟了一对联："王剃匠，坐法庭，刀刀见血；谢裁缝，审官司，针针穿心。"此次谢流昆担任苏维埃政府主席，土豪劣绅自感末日来临，无不丧魂落魄。一个土豪惊呼："谢裁缝又来针针穿我们的心了。"

区苏维埃政府建立后，各乡也陆续建立了苏维埃政府。至3月底，全县100个乡除东乡片的蓝溪外，全部建立了苏维埃政府。

值得说明的是：

《中国共产党资兴历史》的以上记载（个人简历为本书笔者所加），对照《中国共产党湖南省资兴市组织史资料》中的记载，一是少了一个"西乡区苏维埃政府"；二是"东乡区苏维埃政府"多了一个"副主席叶仲儒"。

对照国民党资兴县政府、清乡委员会民国十七年（1928）的《通缉令》，的确有一个"西乡区苏维埃政府"：唐士文"充区苏维埃政府主任"——这说明《中国共产党湖南省资兴市组织史资料》中的记载是对的。"东乡区苏维埃政府副主席叶仲儒"：《通缉令》中对叶仲儒的"暴动经过"记载："充东乡区伪政府副主任，督率赤卫军掳掠西家田财物，杀胡建章、胡陈氏。"——这说明《中国共产党资兴历史》中的记载是对的。

《中国共产党湖南省资兴市组织史资料》中记载：

资兴县苏维埃政府（1928 年 3 月—1928 年 11 月）：土地革命战争时期，在资兴党组织领导和发动的资兴起义中，建立政权组织。1928 年 2 月初，资兴、永兴两县农军首次攻下县城。撤回三都后，建立三都苏维埃政府。3 月 6 日，成立资兴县苏维埃政府。县苏维埃政府设军事、土地、肃反、经济、粮食、财务、青年 7 个委员会（7 个工作机构）。3 月中旬，各区、乡苏维埃政府成立。4 月上旬，蒋介石实行湘粤"会剿"，资兴农军向井冈山转移后，资兴政权组织暂时停止活动。5 月下旬，资兴农军返回资兴，在龙溪游击区恢复资兴县苏维埃政府。1928 年 11 月，龙溪游击区陷落后，县苏维埃政府停止活动。

主席：刘英廷：1928 年 9 月（牺牲）；黎晋文：1928 年 9 月任。

副主席：黄义行。

军事委员会（1928 年 3 月—1928 年 4 月）：主任李奇中。

土地委员会（1928 年 3 月—1928 年 4 月）：主任李化之、胡昭日。

肃反委员会（1928 年 3 月—1928 年 4 月）：主任朱赤。

经济委员会（1928 年 3 月—1928 年 4 月）：主任许祖衡。

粮食委员会（1928 年 3 月—1928 年 4 月）：主任袁才奇。

财务委员会（1928 年 3 月—1928 年 4 月）：主任黎先谋。

青年委员会（1928 年 3 月—1928 年 4 月）：主任袁公亮。

关于资兴县苏维埃政府领导成员，《资兴市志·革命烈士》中记载：

姓名	性别	籍贯	生卒年月	职　　务
刘英廷	男	兴宁镇	1898—1928	县苏维埃政府主席
黎晋文	男	厚玉乡	1890—1928	县苏维埃政府主席
许祖衡	男	兴宁镇	1891—1931	县苏维埃政府粮秣主任

资兴县区苏维埃政府：1928 年 3 月，湘南起义中，县苏维埃政府成立后，各区苏维埃政府相继建立。

城厢区苏维埃政府（1928 年 3 月—1928 年 4 月）：主席谢流昆，副主席欧佑春。

东乡区苏维埃政府（1928 年 3 月—1928 年 4 月）：主席何茂茂。

南乡区苏维埃政府（1928 年 3 月—1928 年 4 月）：主席何全德。

西乡区苏维埃政府（1928 年 3 月—1928 年 4 月）：主席唐士文，副主席曹亮华。

北乡区苏维埃政府（1928年3月—1928年4月）：主席邵杰生，副主席曹志莹。

各区苏维埃政府负责人考：

以上的记载，总体上是正确的，但与《资兴市志·革命烈士英名录》以及国民党县政府、县清乡委员会1928年发布的《通缉令》中的记载，有一些不同。现将两份史料中的记载罗列如下：

《资兴市志·革命烈士英名录》中记载：

姓名	性别	籍贯	生卒年月	职　　务
何茂茂	男	彭市乡	1906—1929	区苏维埃政府主席
何全德	男	厚玉乡	1902—1930	区农会会长
蔡子裘	男	兴宁镇	1871—1928	区苏维埃政府主席
唐士文	男	碑记乡	1890—1928	区苏维埃政府主席
谢流昆	男	碑记乡	1903—1931	县农会特别法庭审判员

国民党资兴县政府、县清乡委员会1928年发布的《通缉令》（见后文）中，对于区农会、区苏维埃政府（这份资料将"农会"和"苏维埃政府"混为一谈）的负责人记载如下：

北乡区：

李宇化（北乡张家湾人）："马日前后北乡区农会正委员长，主张屠杀。"《通缉令》的"备注"栏中说他是"烈士"，但《资兴市志·革命烈士英名录》中却没有其姓名。

袁公亮（北乡上袁家人）："前充北乡匪政府委员长，后充营党代表，攻打滁口，指挥匪军烧杀。"

邵杰生（郴县百丈洞人，今高码乡文昌阁村邵家）："北乡区匪政府委员长，北乡烧杀惨案均由该匪主持。"

曹智莹（北乡人）："马日前县总工会执委，此次充北乡区农会副委员长，主张屠杀（有屠杀命令）。"

三都特区：

伍业建（郴县土里人）："三都匪政府委员长，主杀陈基虞家属七人。"

袁南薰（三都岭下人）："三都伪政府委员长，主杀罗体成之妻并罗树槐。"

城乡区：

谢流崑，（昆，郴县半都人）："区苏维埃政府主任，烧杀掳掠工作显著。"

欧佑春（县城厢西门外人）："区苏维埃政府副主任。"

许月楼（城厢西北关许家人）："区苏维埃政府秘书，后充主任。"

西乡区：

唐士玟（西乡源塘，即今碑记乡源塘村唐家人）："马日前充当第三乡农协会顾问，抄掳勒索均用其极。马日后控告如麟，又勾引黄道成、许光照等捣毁县清党委员会，通缉有案。去冬朱逆来资，恢复农协，文充组织主任，释放监狱要犯谷述虞等数十名，勒令述等复组农工各会。今春勾引朱毛陷资，又充区苏维埃政府主任，兼独立伪营长，惨杀欧忠柱人丁五口及唐汉桢人丁七口，唐良两媳，焚烧金斗塘及庄中全村。古又二月十七日，率匪与湘粤赣边防抗战于南乡旧市。十九日与十三军抗战于西乡源塘。""玟"即"文"。1928 年"古又二月十七日"：4 月 7 日；"十九日"：4 月 9 日。

王禄松（上西乡双溪下屋，今东江镇星红村下屋人）："去年充乡农协会副会长，今春伪区政府正委员长。发令焚杀抄掳等暴动。"

王富禄（上西乡大湾头，今东江镇文昌村大湾头人）："今春充当区政府委员长，曾率队焚杀抄掳等暴动。"

本书笔者说明：（1）西乡区管辖范围，《兴宁县志·厢都》中记载："程水乡所属村庄，西乡凡十四处，北乡凡五十八处。西乡（三都三）：源塘、大石、水井铺、鱼岭铺、双溪、东江、罗围、土里、木根桥、青橹塘、香花桥、栗脚、深塘、周源山。"具体又分为西乡、上西乡、中西乡，即今：碑记乡的源塘村，兴宁镇的大石村——称之为"西乡"；兴宁镇的水栗村（从水井铺开始）、海水村、山海村，东江镇的双溪洞（龙泉、文昌、星红、仁里、铁厂 5 个村）——称之为"上西乡"；东江镇的东江、木根桥、罗围、新民（青橹塘）、田心 5 个村和鲤鱼江镇全部（原高码乡上灶坪村除外），香花乡的周源山、香花桥一带（柘木、镜塘为北乡），以及三都镇的符家、刘家（称之为"中西乡鹿鸣团三都符家"）等地——称之为"中西乡"，西乡区政府设于东江街。

（2）1928年湘南起义期间，西乡成立了类似于"特区"苏维埃政府，唐士文为主席；区政府设于源塘学校。上西乡成立了区苏维埃政府，王禄松为主席，王富禄为副主席。中西乡没有建立区苏维埃政府，木根桥、鲤鱼江地区仍归上西乡领导，中西乡香花团和鹿鸣团都划归到"三都特区"苏维埃政府领导。

（3）关于曹亮华所任职务问题：他没有担任过"西乡区苏维埃政府"副主席，而是担任香花乡苏维埃政府副主席。《通缉令》中记载：

曹亮华（通）	三十余	资兴	中西乡香花团曹家	身矮面尖无须	今春共匪入境，与张承恕、谭楚材等组织香花苏维埃政府，自任副主席。杀人、放火均由该匪指挥。

南乡区：

何全德（南乡四都大桥黄泥困，原厚玉乡大桥黄泥困人）："原系第四区苏维埃政府主席。该匪前任苏维埃政府伪职时曾发命令，剿灭爻山、天塘等处。现该匪红字报条尚存县清委会可调，被报如鳞。"

东乡区：

叶仲儒——清平区（彭公庙）坝头人，1928年"三二岁"。《通缉令》中记载："充东乡区伪政府副主任，督率赤卫军掳掠西家田财物，杀胡建章、胡陈氏。"

二、建立第一届中共资兴县委员会

《中国共产党资兴历史》（新民主主义时期）第四章"湘南起义在资兴"中说（摘要）：

资兴革命的迅猛发展，震惊了资兴的国民党反动派。与此同时，他们也加紧了对资兴革命势力的镇压。

1928年3月初，在郴州参加起义的三都老街上共产党员袁作恕，从郴州寄回一封信，不料此信转落到土豪袁述陶的手中。袁述陶将此信交给了县警察所，县警察所立即派出一个警察小队，秘密捕走了袁作恕的父亲袁镜湖。

为了打击反动势力的嚣张气焰，县苏维埃政府决定调集农民赤卫队攻打县城。但考虑到当时农民武装不多，革命力量尚不足以压倒资兴县城的反革命势力，于是经湘南特委批准，决定派人到邻近的郴县和永兴县苏维埃政府调兵援助。

3月8日，资兴党组织派袁才奇（袁镜湖长子）等二人赶赴永兴县城。当时永兴的革命烈火正蓬勃兴起，县里已建立了苏维埃政府。袁才奇等二人找到工农革命军永兴红色警卫团团长尹子韶、党代表黄克诚，将来意告诉他们。尹、黄二人欣然应允。经研究决定，永兴县苏维埃政府派尹子韶率警卫团赴资兴。傍晚时分，队伍在袁才奇等二人的领路下，开进了三都街（本书笔者注：原有的党史资料显示："经研究决定，永兴县苏维埃政府派出黄时凯、胡隆彪，二人当天率300多人赶赴资兴"）。

同日，湘南特委指示蒙九龄率郴县农军独立第三团开至木根桥、鲤鱼江一带。与此同时，资兴农军1600余人，在黄义藻、李奇中的率领下，集结在城厢一带。三县农军总数达3000多人。资兴党组织和苏维埃政府，广泛发动农民，特别是妇女、儿童，为部队烧火做饭，并组织担架队，随时准备救护伤人和运送军需物资。

笔者说明： 关于第一次攻打县城的农军参战人数。1928年的民国档案中说："加以刘海贼兄弟三人，贼心贼胆，内外勾通，日夜图谋倾陷（县城），乘此兵皆四出，密引半都、三都各路共暴数千余人，突于古二月十八日（阳历3月9日）乘虚抄小路扑城。"这个"数千人"，似乎有夸大之嫌。1988年《资兴党史》（第一集）中说："资兴党组织也调动了四百多农民参战。"因为参战的农军只有北乡区和西乡区，那时的资兴农军还没有"1600余人"。蒙九龄率郴县农军独立第三团的人数更少，不会超过300人（防守东江）。永兴农军300多人。半都（当时属于郴县管辖）农军不会超过200人。这样计算，三县农军总数在1200人左右；担任进攻县城的永兴、资兴和半都农军总数大约为900人。

3月9日凌晨，3000余农军抵达县城附近，随即召开了军事会议，决定资兴、永兴农军担任主攻，郴县农军独立第三团部署在县城靠东江方向一带，截断敌军退路，同时堵截敌援军。

天亮后，资兴、永兴农军抄小路扑向县城。李正权因其兵力被派往郴县桥口和资永交界的七里山、木根桥一带布防，守城的只有数十人、4支枪。李正权率部略做抵抗后，见农军来势凶猛，随即逃出城外，退驻西乡鱼岭铺（今兴宁镇山海村鱼岭铺组）。战斗中，农军击毙企图逃跑的敌"行政委员"陈澜和几名士兵。农军顺利攻占了县城，抬着一箩一箩的鞭炮燃放，满城庆贺。永兴、郴县农军随即撤回了本县。

恰在这日，汝城"剿共"司令何介青派朱鸿仪营300余人枪前来援助，已屯兵旧县。李正权见援兵赶来，企图卷土重来。他一面派人收拢驻桥口、七里山、木根桥等处兵力；一面与朱鸿仪约定，次日各自带队兵分两路反扑县城。

打入国民党资兴县"行政委员会"的地下党员刘海珍得知此情报，不敢怠慢，立即秘密告知中共资兴县委负责同志。

资兴农军得知敌军将反扑县城的消息后，兵分两路，决定打一场伏击战。一路埋伏在文庙后面的关圣山（今市人民医院后山），一路埋伏在城内。

资兴县城是个什么样的"城"呢？本书笔者做了调查。

根据《兴宁县志》的记载：东汉永和元年（136），析郴县地始置汉宁县，治所设凤凰山前（即今旧市，新中国成立前叫旧县）。南宋绍定二年（1229），改县名为兴宁县，并将县治由凤凰山前迁至管子壕，筑有土城墙。明洪武元年（1368），将土城墙改修成砖墙，墙上只有垛口，没有城楼。明正德三年（1508），苗民起义军进入县境，攻占县城，知县江瓒因失城而被撤职，兵退后，加修串楼。正德八年（1513），苗民起义军再次攻占县城，兵退后，将砖墙加固扩修为砖石墙，比原城墙高一倍，厚一倍。城墙周长400余丈，厚8尺，高2丈，加垛口360个，并在城墙上按东南西北方向建造正楼4座、隅楼4座，开西南两面城门。明朝末年由于年久失修加之战患，城墙大部分倾毁，至清朝康熙年间，正楼、隅楼、串楼等建筑物皆废。清朝乾隆二十年（1755），修复东城墙30余米，和西、南两面正楼，西楼取名"迎旭楼"，南楼取名"来薰楼"，皆有楼有门。乾隆二十三年（1758），又修复西北面城墙，整修西城门，复建东、北两面正楼，东楼取名为"缬萃楼"，北楼取名为"拱北楼"，皆有楼无门。清嘉庆二年（1797），始建东城门，取名为"寅宾门"。嘉庆二十年至二十三年（1815—1818），先后整修东、西两面城墙，共计60余米。清朝同治三年（1864），整修东城门，取名为"文昌门"。至清朝末年，城墙多处坍塌，城门废弃。

《资兴市志》中记载："至民国初年，城楼皆倾。民国三年（1914），兴宁县改名资兴县。民国十四年（1925），南城墙被拆毁，修建县议会办公房（原资兴县政府大院）。民国十六年（1927），拆北城墙，兴建县立中学。"

清朝末年，城内建筑零乱，虽有街道8条，但无规则分布。民国时期，房屋建筑向城外扩展，街道向东、南、西三面延伸，逐步扩展到具有大小街道十来条。街道路面以青石板或碎石铺成，其中较繁华的街道有西正街、正壕街、学门口街和丁字街等。这些街道，大多长100多米，但很狭窄，宽仅3米多，很适宜于打巷战。

也就是说，资兴县城既不大，也没有"城墙"，街道四通八达，只"适宜于打巷战"。

3月10日凌晨，大雾弥漫，春寒袭人。6时左右，李正权率部从鱼岭铺出发，从西门口直扑入城，未遇任何抵挡。正当李狐疑不定时，朱鸿仪营从南门口扑入城内。大雾弥漫之中，朱误以为李部为农军，即令开枪射击。李亦以为农军杀来，赶紧命令开火。敌军双方一场误战，随即展开。及至日出雾散弄清情况时，李的干将何维启、朱营一潘姓连长皆被击毙，死伤士兵还在统计之中。两军会合后，朱、李悔恨不已，正待分析军情时，突然枪声大作，杀声震天，只见数百农军从街道两旁的房屋中冲出，朱、李官兵又有数十人被打倒。朱、李见状，令部队赶紧退往文庙，企图抢占文庙后面的关圣山。刚到半山腰，被黄义藻率领的农军居高临下，迎头痛击。一时间，枪声、杀声震动山头，农军俯冲下来，朱、李部被打得魂飞胆裂，溃不成军。战斗至傍晚，朱、李部逃出县城，驻扎旧县。当日，农军又占领了县城。

3月11日，资兴农军放火烧了国民党资兴县政府及国民党监狱（学门口街道靠东面的半边街道，即20世纪80年代的县文化馆、县幼儿园、县妇幼保健站、县委招待所），随后，主动撤出了县城，经半都塘婆田（今碑记乡）返回了三都。

农军夺取县城后，本应着手恢复县农会、工会等群团组织，将县苏维埃政府迁入县城。但因武器缺乏——几乎都是大刀、梭镖、鸟铳，只有5个指挥员有手枪，还有警卫班有8支步枪，难于守城。故而又撤出了县城，开赴三都。

为了更好地领导全县人民的革命斗争，根据中共湘南特委的指示，资兴党组织决定建立中共资兴县委员会。

1928年3月13日至16日，资兴县党组织在三都流华湾召开了第一次党的代表大会。出席会议的代表有资兴建党时的早期党员段廷壁、戴廖斌、谢流昆、胡昭日、刘英廷、唐士文、许祖衡、李世成等，还有来自各区乡代表王樵舟、刘茂筠、何子奇、袁三启、曾昭文、袁漫游、黎先谋、李平阶（后叛变），以及郴县人邓亲明，汝城人朱赤、朱良才等，共57人。会议由袁三汉主持，黄义藻做了党组织建设报告，李奇中做了军事报告，刘英廷做了土地革命工作报告。

这次大会正式成立了中国共产党资兴县委员会。县委负责人名单如下：

书记：黄义藻。副书记：袁三汉。委员：李奇中、黄义行、刘英廷、朱良才、朱赤、李世成、谢流昆。

会议对当时的工作做了具体研究，议决了许多重大问题，其中主要的有以下几项：

一是土地问题。决定以乡为单位按照人口数平均分配土地，每人约为5石禾田（能实收谷子的水田面积），具体分配工作，由各级苏维埃政府的土地委员会负责。

二是武装问题。决定成立工农革命军资兴独立团（1000人左右），由李奇中任团长，黄义藻任党代表；工人纠察队（200人左右），由曾昭文任队长。区成立赤卫大队，乡成立赤卫队。并规定乡苏维埃政府设常务赤卫队员30人，预备队员100人。全体工农为后备队，由县苏维埃政府军事委员会制定军事训令，加紧军事训练，学习打仗。同时，决定各区、乡建立兵工厂，大量制造梭镖、大刀、鸟铳和土炮，要求全县人民人人有一件武器。

三是粮食问题。决定结束以前在粮食问题上出现的混乱现象，严格实行计划用粮。在此之前，县、区、乡均设立过招待处，无论何人，只要出身贫苦，均可以进入招待处用餐，粮食消费量太大。此后，公家的粮食只作军需及供各级苏维埃政府干部食用。

四是文化教育。立即恢复各地学校，大力开办民校、夜校，并创办一所党校，指定李世成负责，培训革命骨干。

五是医药问题。决定各乡成立药业经营处，军队内部设立卫生队。

六是婚姻问题。禁止重婚、纳妾、蓄童养媳。提倡婚姻自由、一夫一妻制。

七是废除雇工制度。

这些决议均由各级苏维埃政府贯彻执行。

在这次会议上，还决定各区要立即建立党的各区委会，并指派了一些区委书记。

中共资兴县委的成立，对领导全县人民进行革命斗争，开展土地革命运动，起了巨大作用。资兴人民的革命斗争走上了有明确方向、有严密组织、有严格纪律的正规化道路。

第一届中共资兴县委委员考：

关于第一届中共资兴县委的委员名单，《中国共产党资兴历史》的上述记载，与1987年12月中共资兴县委党史办公室编辑、1988年内部出版发行的《资兴党史第一集》（谨以此书献给湘南起义六十周年纪念日）的记载一致："1928年3月13日至16日（农历二月二十二日至二十五日），资兴县党组织在三都流华湾召开了第一次党的代表大会，出席代表57人……这次大会正式成立了中国共产党资兴县委员会。县委负责人名单如下：书记：黄义藻。副书记：袁三汉。委员：李奇中、黄义行、刘英廷、朱良才、朱赤、李世成、谢流昆。"

但是，与《中国共产党湖南省资兴市组织史资料》的记载，大有出入。

《中国共产党湖南省资兴市组织史资料》（1926年10月—1987年12月）中"土地革命战争时期·第一节 党的组织：中共资兴县委员会"记载如下：

1928年1月，成立了中共资兴临时支部。邵杰生任支部书记。1928年3月，成立了中共资兴县委员会。同年4月，县委率农军上井冈山，暂时停止了在资兴的活动。5月下旬，资兴农军返回资兴，县委恢复。10月，县委书记黄义藻率部去江西找红军部队，县委的工作由县委副书记袁三汉负责。11月，龙溪游击区失陷，县委书记袁三汉以及其他一部分革命组织负责人遇难，县委停止活动。隶属中共湘南特委领导。

1928年1月—1928年11月：

书记：黄义藻1928年3月—1928年10月；袁三汉1928年10月—1928年11月（牺牲）。

副书记：袁三汉1928年3月—1928年10月。

委员：黄义行1928年3月—1928年11月，刘英廷1928年3月—1928年9月（牺牲），李奇中1928年3月—1928年11月，何安民1928年5月—1928

年 11 月，何应吾 1928 年 5 月—1928 年 11 月。

《中国共产党湖南省资兴市组织史资料》的记载，对照《中国共产党资兴历史》的记载，在中共资兴县委第一届委员中，少了朱良才、朱赤、李世成、谢流昆。朱良才、朱赤是汝城县人，李世成、谢流昆是资兴人。

《中国共产党湖南省资兴市组织史资料》最开始编写是在 1988 年。那时，笔者担任中共资兴市委常委、市委办公室主任（同时兼任市改革委员会主任和市委整党办公室主任）。笔者记得当时的初稿是由市委党史办公室提供给市委组织部的，送交市委常委会议审查时的初稿是这样的："中共资兴县委员会：1928 年 3 月 13 日至 16 日，资兴县第一次党代会在三都流华湾召开，中共资兴第一届县委成立，黄义藻任书记，袁三汉任副书记；委员 7 名：李奇中、黄义行、刘英廷、朱良才、朱赤、李世成、谢流昆。第一届县委任期：1928 年 3 月 16 日至 1928 年 4 月中旬。"

然而，1992 年 6 月定稿之后，却变成了现在的这个样子（1990 年 1 月，笔者调入了湖南省东江师范学校担任党委书记）。经查《中国共产党湖南省郴州地区组织史资料》（1921 年 7 月—1992 年 12 月）第二章土地革命战争时期"中共资兴县委员会"，也与《中国共产党湖南省资兴市组织史资料》记载的一样。

按照当时党的政策规定，各级组织中必须有工人、农民代表加入，向忠发之所以能够担任党中央总书记，就是因为他是产业工人出身。而李世成是厚玉乡布田的农民，谢流昆是县城的缝纫工人（老家是碑记脚深江，那时归郴县管辖，称半都），少了他们，第一届中共资兴县委便不符合当时党的政策规定。至于朱良才和朱赤，则是中共湘南特委派来的，理应进入县委班子。因此，《中国共产党资兴历史》的记载，应是正确的。为此，笔者特别写作了《朱良才、朱赤在资兴任职考》的文章，"附录"于本章之后。

还有，湖南人民出版社 1986 年 10 月第 1 版第 1 次印刷的《湖南党史大事年表》（新民主主义时期），其中的《附表一：全省县（市）级党组织一览表（1921 年 7 月—1949 年 9 月）》，其中有中共资兴县委、县工委的记载："资兴县委 1928 年 3 月—1929 年 1 月，书记：黄义藻。"

三、建立群团组织

《中国共产党湖南省资兴市组织史资料》中记载：

中国共产主义青年团资兴县委员会（1928 年 3 月—1928 年 11 月）：1928 年 3 月，湘南起义中，在北乡区的三都成立了中国共产主义青年团资兴县委员会。4 月上旬，由于国民党军队的湘粤会剿，资兴革命的主要领导人率领资兴革命队伍随朱德、陈毅向井冈山转移。同年 5 月底，资兴革命武装返回龙溪进行游击战争，共青团资兴县委在龙溪恢复。1928 年 11 月，龙溪游击区陷落后，团县委停止活动。书记：袁作怼 1929 年 3 月（牺牲）；副书记：袁漫游 1928 年 4 月免；蔡道辉（女）1928 年 5 月任。

资兴县总工会（1928 年 3 月—1928 年 4 月）：1928 年 3 月，在湘南起义中，资兴县总工会成立。4 月上旬，湘南起义中的资兴农军随陈毅上井冈山后，县总工会停止活动。委员长：袁三启；副委员长：黎守安。

资兴县妇女联合会（1928 年 3 月—1928 年 4 月）：1928 年 3 月，湘南起义中，在北乡区的三都成立资兴县妇女联合会。4 月上旬，湘南起义中的革命队伍随朱德、陈毅部队开往井冈山后，县妇女联合会停止工作。主任：袁凤兰。

本书笔者说明：民国十七年（1928）《资兴城乡"共匪"年籍详细调查表》（通缉令）中记载："李钗平：年龄：一九，住址：城丁字街，面貌：身矮唇腮，暴动经过：充县女界联合会主任，女匪。（新中国成立以后）附记：即李孟兰，住三都（新中国成立后）。"

李宙南说：袁凤兰，三都人，1928 年 3 月在三都建立的资兴县妇女联合会担任主任，后来嫁到了酃县（今炎陵县），20 世纪 80 年代，我在市委党史资料征集办公室时还采访了她。李钗平，后来改名李梦兰，又写作李孟兰，城关排塘李家人，家无片瓦，寄住在县城李家祠堂。朱德率部来资兴时就住在李家祠堂，聆听过朱德的教导。她虽然大革命时期便参加了革命，但 1928 年 3 月没有去三都参加起义，后来县委领导农军占领县城后才参加起义工作。因此，国民党资兴县政府的《通缉令》属于误记。

四、湘南苏维埃政府成立

1928 年 1 月，朱德、陈毅发动了宜章年关暴动，打响了湘南起义第一枪。

宜章，成为湘南起义的策源地，揭开了湘南起义的序幕。在起义期间，在朱德、陈毅和中共湘南特委的领导下，郴县、资兴、永兴、耒阳、安仁、茶陵、酃县（今炎陵）、桂东、临武、嘉禾、桂阳、常宁、衡阳等县大部地区的农民也纷纷起义。常宁县水口山铅矿工人也于 1 月 26 日举行暴动，夺取矿警队的枪支，并与桐梓山地区的农民结合，建立了桐梓山工农游击队。湘南起义过程中，中共湘南特委将宜章、耒阳、郴县和永兴、资兴五县农军，分别编成工农革命军第三、第四、第七师和两个独立团，共 8000 余人。

3 月 16 日至 20 日，中共湘南特委和朱德、陈毅率领的工农革命军，在永兴县"太平寺"召开了首次湘南工农兵代表大会。出席这次大会的代表 80 名，郴县有李才佳、王湘和，宜章有彭晒、吴泗来，耒阳有张奉冈、彭址恂，资兴有胡昭日、刘英廷，汝城有朱良才、朱赤，桂阳有邓震东，安仁有刘嘉可等人。永兴是东道主，到会的代表比较多，有李一鼎、陈伯诚、黄克诚、刘木、李腾芳、戴彦风、邝振兴、何宝臣等 10 余人出席会议。会议由中共湖南省委特派员杨福涛主持。会议宣布正式成立"湘南工农兵苏维埃政府"，选举中共湘南特委书记陈佑魁为"湘南工农兵苏维埃政府主席"，朱德、陈毅、何长工、李才佳、宋乔生，资兴的刘英廷，永兴的陈伯诚、尹子韶等 21 人为执行委员。会议的主要内容为："巩固人民政权，实行土地革命，肃清反革命，扩大革命力量。"会上就土地问题进行反复讨论后，做出了《土地革命的决议》。大会向第三共产国际、中国共产党中央委员等发出了《快邮代电》。

《中国共产党湖南省郴州地区组织史资料》（1921 年 7 月—1992 年 12 月）中记载，"湘南苏维埃政府"领导成员如下：

主席：陈佑魁；委员：刘冬生、李才佳、周淑良、王香河、何长工、余甫文、吴弼、陈毅、朱德、伍昭援、伍昭彦、梁钟楚、陈伯诚、尹子韶、刘英廷、朱克敏、李玉田、吴泗来、宋乔生、黄体国。

五、土地法的制定与实施

湘南起义的一个显著特点，就是在开展武装斗争的同时，进行了轰轰烈烈的土地革命运动，实行"耕者有其田"。苏维埃政府让广大农民成为土地的主人，极大地调动了广大农民参加革命斗争的积极性。因此，湘南起义顿成燎原之势，各地农民闻风而动，影响深远。

1928 年 3 月，资兴县委、县苏维埃政府制定《土地分配法》，开展插标分田的土地革命。湘南起义前，全县水田总面积 21.2 万余亩，人口约 15.6 万人，人均 1 亩 3 分左右。可是由于地主阶级大量占有土地，农民多靠租田为生，贫富的悬殊非常大。当时贫苦农民约 3 万户，12 万余人，占有土地却只有 5.5 万多亩，人均 0.4 亩左右。中农约 5000 余户，2 万余人，占有土地 4.1 万多亩，人均 2 亩左右。大中地主约 1000 余户，4700 余人，占有土地 11.8 万余亩，人均约 25 亩。

地主阶级占有了土地，多以田地租给贫苦农民耕种，予以地租剥削。据调查，滁口一带，地主剥削农民田租多是四六开，即农民收产量的百分之四十，地主收百分之六十。有的是三七开，个别的甚至二八开。此外，还有其他的剥削，如耕牛租给农民饲养，犁了田，要每收 3 石谷交 1 斗租牛谷。水圳本是公有，也每 3 石谷要交 1 斗租圳谷。地主来收租时，还要用鸡鸭土产送礼。农民粮食不够吃，借贷利率要加二至五成，即借 1 石谷要还 1 石 2 斗，甚至 1 石 5 斗。确实，农民尝尽了没有土地的苦头。

湘南起义之所以取得成功，顿成燎原之势，就是因为农民夺取政权以后，随即开始了分田分地运动，农民从中得到了很大的实惠。

为了领导好这场土地革命，县、区、乡三级苏维埃政府都成立了土地委员会，具体负责此项工作。

土地委员会设主任一名，委员多名。负责人均由贫苦农民担任。

土地委员会的工作，主要是领导广大农民从地主阶级手中夺回土地，然后研究土地分配法。资兴县苏维埃政府制定的《土地法》的主要特点是：一是凡大中土豪之土地均予没收，作为分配土地。二是无益公产，如祠堂、庙宇、清明酒等田产，均予充公。有益公产，如作为修缮凉亭、山路等费用的田产，不没收，不予分配，仍作公产。三是土豪劣绅的土地，首先分给其佃户，多余部分再分给其他农民。

开始时，各区、乡制定的土地法，大多不太完善。有的偏激，如汤边苏维埃政府就曾规定，一户超过 30 石禾田（约 6 亩）者，就可当成小土豪劣绅，土地就可没收。这是由于当时共产党刚取得政权，办事还无经验所致。后来，各地苏维埃政府制定的土地法在实施中不断地得到了充实和完善。

各级苏维埃政府在成立土地委员会、制定土地分配法以后，立即领导人民开展了插标分田运动。在此之前，一般都由宣传队员进行广泛的宣传，然后召开农民大会，有组织、有领导、有计划地将土地分给广大农民。

插标分田搞得最早最热烈的是三都、七里、蓼市、木根桥、香花、碑记等地，然后城厢、厚玉、旧市、坪石、何家山、兰市、彭公庙等地也相继迅速开展起来。

千百年来，土地绝大多数归地主富农所有，贫苦农民只能靠租种地主的土地为生。现在一说分田地，他们万分兴奋。半都的碑记松木一个叫曹文光的农民，过去自己没有田，长年靠挑担、打零工过活，家中只有他和母亲二人，生活仍十分贫困。他本人二十五六岁了，连老婆也娶不起。这一回，他二人分得了16石禾田（约合3亩田），他乐得当天就到田里转了十多转，逢人便说："我们穷人分到了田，盘古开天地，这还是第一次。"第二天，他就报名参加了农民赤卫队。他说："我们穷人分得了田地，这就要靠我们自己保卫苏维埃政权，保卫自己的田地。"

在插标分田的运动中，各地也出现了一些问题。开始，由于各级苏维埃政府的领导人没有经验，分田开始前，没有认真研究分田法，缺乏系统的方法和严密的组织。因此，不少地方出现各自拿标到田里去插，从而造成了争好田、多争田的混乱局面。如青市花塘李家，有一丘田，常年能收谷40石，都抢着去插标，结果，这丘田插了20多块牌子。以后谁也不肯相让，从而引起了一场争吵，并差点斗殴起来。碑记鲜茶园村，一开会说要插标分田，有的人则会还没有开完，就悄悄到田里插标去了。结果，有的人插了很多的标，有的人则依旧未分到一亩田。

县委、县苏维埃政府了解了这些情况以后，立即召开了一次各区乡苏维埃政府土地委员会议。会议要求，区乡都要在人民政权的统一领导下，按照土地分配法分配土地，尽量分得合理一些。于是，分田工作重新开始。由各乡苏维埃政府的土地委员会召集群众商议，制定土地分配法。然后按户分好，用竹片或木牌写上户主的姓名、田土的面积，插在田土地里。这样一做，分田工作基本上搞得合理，绝大多数农民感到满意。

农民分得了土地，自感当家做了主人，觉得这场革命真正给自己带来了根本性的翻身。千百年来，土地属于地主，农民只有劳动的权利。如今成了土地的主人，革命热情更为高涨。他们开始在自己的土地上耕作。过去，犁田时，田洞里冷冷清清的，如今，许多村庄都在田洞里插了红旗，农民们喝牛的声音也比过去响亮了。

随着打土豪、分田地运动的逐步开展，极大地鼓舞了全县人民的革命斗志，广大人民群众扬眉吐气，精神振奋，真正感受到当家做了主人。相反，地主豪绅却感到极大恐慌，极端顽固分子更是不甘心失败，暗中组织力量，进行反扑，以反革命暴乱对付革命运动，惊心动魄的革命与反革命的殊死较量在各地不断发生。

1928年3月7日，北乡区威武乡地主组织60多人，埋伏在芋头垅，农民赤卫队经过时，遭到袭击，当场有10多名赤卫队员被杀害。待县苏维埃政府组织力量前来援救时，反革命武装分子已四处逃散，不见踪影。

3月上旬，旧县大土豪蒋汉雄、蒋达才等带领反革命武装200余人，攻打旧县苏维埃政府，杀伤革命干部和群众多人。县苏维埃政府闻讯后派曾昭文率农军500多人前去解围，反革命分子手持大刀，向农军反扑。后因农军开枪打倒了几个亡命之徒，他们才四处逃散，蒋汉雄、蒋达才等被农军抓获。

4月5日，蓝溪乡（今兰市）准备召开苏维埃政府成立大会。大土豪邝树修、邝杰章、邝志仕、邓康侯等人暗凑120块光洋，从酃县（今炎陵县）中村请来何国干办的挨户团40多人，携带10余支枪及鸟铳、大刀、梭镖等武器，半夜从中村出发。这天早上快到蓝溪时，被赤卫队员黄怀标的父亲发现。他立即叫黄怀标前往苏维埃政府报信。此时，苏维埃政府的干部正在乡公所（今兰市中学处）吃早饭，闻讯后立即撤往山上。黄怀标报告后想赶回家中帮助家人隐蔽，恰遇挨户团过来，当场被打死。挨户团进入蓝溪后，见人就杀，尤其是见了系红带子的更不放过，一共杀死17人。其中苏维埃政府的炊事员何双岗、李为阳未来得及撤走，在与挨户团博斗时被杀死。挨户团杀人之后，把苏维埃政府抄来的土豪财物也全部掳走了，当天返回了中村。县苏维埃政府闻讯后，由主席刘英廷率五六百人连夜赶往酃县中村，杀了一些挨户团丁，并放火烧毁了部分土豪房屋，随后率队折回蓝溪，立即逮捕了邝树修等几个大土豪，并召开大会，宣布成立蓝溪乡苏维埃政府，这场由土豪劣绅挑起来的反革命暴乱才得以平息下来。

与此同时，全县各区、乡在当地苏维埃政府肃反委员会的领导下，处决了一批罪大恶极的土豪劣绅，但地主豪绅组织的反扑却一直没有停止过。尤其是起义农军撤往井冈山之后，地主豪绅变本加厉，或自行组织反革命力量，或与清乡队、挨户团勾结，四处搜捕革命者，一大批苏维埃干部和革命群众，被逮捕和杀害。

4月上旬，由于反动派的湘粤会剿，朱德、陈毅分别率领湘南起义军上了井冈山，全县的分田分地运动即告停止，农民分得的土地，还未来得及耕种。有的地方，刚把田地分好，那分田的竹木牌还插在田地之中，反动派就反扑过来了，土地仍旧被地主夺了过去。这次的土地革命运动就这样夭折了。

全县只有龙溪地区的雷连十二洞例外。这里5月份以后成为井冈山的外围游击区。资兴、汝城、桂东三县的游击队及唐天际领导的湘南红军游击队在此活动一年多。在革命军队的保护下，农民不但分得了土地，并第一次收获了自己的胜利和劳动果实。农民还将收获的粮食的百分之二十，交给了当地苏维埃政府及游击队公用，有力地支援了中共湘南特委在龙溪领导的游击战争。

中共资兴县委和县苏维埃政府领导的这场轰轰烈烈的土地革命运动，使广大农民第一次分得了土地。这是一件意义十分深远的大事，在广大人民心目中留下了十分深刻的印记。自此之后，它一直激励革命人民努力奋斗，夺取政权，建立属于自己的美好生活。

六、资兴暴动大事记

《资兴市志·大事记》记载，民国十七年（1928）：

1月中旬，湘南起义在宜章拉开序幕，中共湘南特委派共产党员邵杰生（本书笔者注：郴县百丈邵家，现为资兴市高码乡龙头村邵家人，时年23岁）、共青团员伍业建（本书笔者注：郴县土里人，时年22岁）潜至三都，协助组织资兴暴动。不久，成立中共资兴临时支部（邵杰生任支部书记）。

2月5日，三都地区苏维埃政府成立，为县内第一个苏维埃政府。

2月上旬，中共资兴临时支部在蓼江市（今蓼江镇）召开万人暴动大会，宣布成立北乡区苏维埃政府和农民自卫队。会后，派人分赴北乡区各乡，发动农民起来暴动。

3月6日，资兴县苏维埃政府在三都成立，刘英廷任主席，黄义行任副主席。下旬，全县相继成立100余个乡、村苏维埃政府。

3月9日，资兴、郴县、永兴三县农民自卫军共3000余人攻占县城。当晚，永兴、郴县农军撤回本县。

3月10日，凌晨，县农民自卫军将主力撤至县城后面的关圣山，留小部埋伏城内，利用浓雾，挑起前来攻城的李正权、朱鸿仪两支国民党地方武装发生误战，死伤多人。农军趁机发起攻击，李、朱两部溃败。

3月中旬，资兴第一次党员代表大会在三都召开。会上成立中共资兴县委，黄义藻任书记，袁三汉任副书记。同时，还宣布成立工农革命军资兴独立团，团长李奇中，党代表黄义藻。

3月中旬，县委、县苏维埃政府搬迁到县城办公。

3月28日，何长工率工农革命军第一师第二团从鄜县进入资兴，击溃国民党第十六军一个营（此事见本书笔者写作的"湖南·资兴地方文史研究丛书"《资兴历史》第三部《到过资兴的名人考》，这里不再详写）。

3月，县委、县政府制定《土地分配法》，开展插标分田的土地革命。

4月8日，郴县、永兴、耒阳、宜章四县农军到达资兴，国民党白崇禧部一个团尾追而来，双方在县城（今兴宁镇）激战，郴县农七师第三团团长蒙九龄夫妇牺牲（此事见笔者写作的《资兴历史》第三部《到过资兴的名人考》）。

4月9日，何长工、陈毅与湘南特委负责人在彭公庙（今彭市）召开联席会议，研究部队的行军路线。当天，资兴独立团随陈毅上井冈山（此事见笔者写作的《资兴历史》第三部《到过资兴的名人考》）。

4月11—15日，毛泽东率领工农革命军第一师第一团经过汝城进入资兴，萧克率宜章独立营前来会合。革命军帮助成立东坪苏维埃政府，建立农民赤卫队。毛泽东指出：雷连十二峒山高林密，地域宽广，是个开展武装斗争的好地方。16日，毛泽东率部离开资兴（此事见笔者写作的《资兴历史》第三部《到过资兴的名人考》）。

5月上旬，毛泽东、朱德在井冈山会师后，资兴独立团被编为工农革命军（不久改称工农红军）第四军第十二师三十六团，团长李奇中，党代表黄义藻。

以上《大事记》概括了资兴湘南起义时期的整个暴动过程。但有四件大事值得补述如下：

一是资兴农军第二次攻占县城的时间：

具体内容见本书上册的第四章第一节"中华民国资兴县知事、县长"的"17. 李正权"。

资兴农军攻打资兴县城的时间：资兴市档案馆民国档案第18卷中的《请看资兴政委会主任李公正权冤案并资邑前后被共匪焚杀惨状》说："资兴县县长彭如需，骇闻朱德连陷郴宜各县，又不察正权属何方军队，遂于古历正月十三（阳历2月4日）夜，弃官逃走。次日县署人员，若鸟兽散，资城为之一空，人民惊慌无措。""于资兴设行政委员会，维持现状，推正权为主任……即日开成立大会，接篆视事，时古正月二十日（2月11日）也。""半都、三都各路共暴数千余人，突于古二月十八日（阳历3月9日）乘虚抄小路扑城。""二十日，匪向塘婆田逸去，正权复邀朱营长并驾入城。""迄古二月十六七等日（3月7、8日），共匪得毛泽东、王佐之声援，复谋陷资。先扰东江……朱于次早见肖队先去，朱营随后出发……日中以后，闻匪至旧县……遇匪于牛角湾，且退且击……于是资城又陷。"

上文中的"古二月十六七等日（3月7、8日）"，应为"二月二十六七日"，其中少了一个"二"字，即为阳历的3月17、18日——这可能是铅印排版时出现的错误。据此，可以确定：资兴农军第二次占领县城的时间为农历二月二十八日，即1928年3月19日。

关于"共匪得毛泽东、王佐之声援"的时间，经查酃县（今炎陵县）中村的"历史事件"，其中说："1928年3月，毛泽东批准炎陵县举行'三月暴动'，3月13日亲率工农革命军第一军第一师经炎陵县夏馆、县城、霍家（三河）、王家渡（鹿原）、炎帝陵、船形到中村集结。3月19日，在中村周南学校召开师委和地方党组织联席会议，批准酃县特别区委改为县委，成立酃县赤卫大队和共青团酃县委员会，并研究开展分田运动的政策与方法。随后，对部队进行了一个星期的政治训练。"

酃县中村与资兴皮石、汤市等乡相邻，这则资料与上文所证明的时间也相符。

据此推论：《资兴市志》所记"3月中旬，县委、县苏维埃政府搬迁到县城办公"的时间不准确，应在3月20日之后，即"3月下旬"。

二是蒙九龄率领第三团在资兴二都的革命活动：

蒙九龄，工农革命军第七师（郴县农军）第三团团长，革命烈士，曾两次率部战斗在资兴，最后在资兴县城牺牲。

蒙九龄第一次战斗在资兴，是 1928 年 2 月 27 日前后，率部"两战资兴"。郴州网《家乡革命斗争活动简史》"两战资兴"中说："郴县永二区（今苏仙区桥口镇与资兴市碑记乡）也发生了'反白事件'，两名特派员被害。1928 年 2 月 27 日，工农革命军第七师（郴县农军）第三团，在团长蒙九龄的率领下，同农民赤卫队及农民武装 3000 多人出击桥口，反动派逃往资兴。革命军进攻资兴（县城），消灭反动派 300 多人。返回桥口后，资兴的反动派又到了资兴（县城），七师第三团又复攻资兴，打垮了敌人。"

根据资兴党史的记载：蒙九龄第二次战斗在资兴，是 1928 年 4 月 6 日至 8 日，当时在工农革命军第七师（郴县农军）任第三团团长。他率领所部跟随陈毅，从郴州撤退到资兴，经东江、三都、碑记，到达资兴县城（今兴宁镇）。在资兴县城的巷战中，蒙九龄团长和他的爱人在正壕街壮烈牺牲。

民国二十六年（1937）刊行的资兴《二都传书》（人们俗称《二都志》，2016 年发现，收藏于资兴市史志办公室，焦明副主任 2017 年复印本），记述的是校址在渡头街的"南区二都崇义书院"，自 1880 年创建及以后发展之概况，卷一《局校源流记》中记载："民国十七年戊辰春二月，赤匪陷县城，乘势直捣我都（二都），匪团长蒙九龄盘踞总区，设伪政府半个月，所中什物、学谷耗毁无遗。自国军抵县城，匪党逃窜⋯⋯"二都：民国元年称"二都自治总区"，民国十八年（1929）改为"南二区区公所"，区政府设于渡头街。

资兴党史——包括《中国共产党资兴历史》，对于蒙九龄第二次战斗在资兴县城直至夫妇一起牺牲有较为详细的记载，对于"蒙九龄盘踞总区（二都自治总区），设伪政府半个月"以及两次参与攻打资兴县城的战斗史实，却遗漏了（第一次攻打资兴县城，说是防守东江方向）。

蒙九龄率部占领以渡头为中心的二都是有战略意义的。当时与资兴相邻的郴州、永兴先后被湘南起义军占领，恰恰汝城县为敌何介青（驻汝城"剿共"司令）所据。资兴农军第一次攻打资兴县城后，敌人的援军来自汝城县（何介青派出朱鸿仪营），第二次攻打县城也与他们交锋。蒙九龄率部占领二都，就可以在二都依据东江河，从半途中阻碍汝城来敌的进攻，从而保卫资兴县城。正是在渡头，25 岁的蒙九龄与一个资兴姑娘结婚。

根据《二都传书》中的记载，蒙九龄率领郴县农军第三团，在 1928 年 3 月 19 日占领资兴县城后，就一直战斗在以渡头为中心的二都南乡区，并没有返回郴县，而是在二都"设伪政府半个月"，直到 4 月 6 日撤退到资兴县城，4 月 8 日在县城阻敌激战中，夫妇一起壮烈牺牲。

蒙九龄率领第三团支援资兴两次攻打县城，然后驻守渡头的行动，与资兴独立团团长李奇中大有关系。他们两个人都是参加南昌起义、在广东三河坝失利后，跟随朱德、陈毅转战粤赣湘边境，李奇中任第一营营长兼教导大队大队长，蒙九龄担任教导大队副大队长。他们跟随朱德、陈毅智取宜章，揭开了湘南起义的序幕。占领郴州后，为加强农军的组织和建设，李奇中被朱德、陈毅派往资兴，担任资兴暴动的军事总指挥；蒙九龄被派往郴县农七师，担任第三团团长。

蒙九龄牺牲 70 多年以来，他的家乡、亲人一直不知情。中共郴州党史资料征集办公室编、湖南人民出版社 1986 年 11 月出版发行的《湘南起义史稿》第八章第三节"二、陈毅率各县农军经资兴向宁冈前进"中说："四十四岁的蒙九龄，广西玉林人。"在 20 世纪 80 年代，为要填补我军院校史上的空白，国防大学苏士甲打算编写《中国人民解放军院校发展史》之际，在对红军院校广泛调研中，蒙九龄这个新鲜名字跃然纸上。但对他办学的情况不甚了了，于是致函贵州省委党史研究室请求调查此事。此后 2005 年 8 月贵州省荔波县史志办主任何羡坤来国防大学参加中共中央党史室举办的培训班，他借机进一步发函蒙的资料，特去中央党史研究室图书馆，在馆长孙振清帮助下，有关资料证实了他是广州黄埔军校三期生，其籍贯是"贵州省荔波县城南街"人。蒙九龄的妻子就是个无名英雄，人们只知道她是资兴人，至今还不知道其名字。此后，荔波县史志办公室派人赶赴郴州和资兴调查，最后达成如下结果：

蒙九龄（1903—1928）：贵州荔波县城南街人，布依族，红军将领，中国人民解放军缔造参与者。1925 年毕业于黄埔军校第三期步兵科，1926 年参加北伐战争，1927 年参加南昌起义。蒙九龄在南昌起义时，担任 25 师 73 团 3 营营长，属于周士第部下，在南下三河坝分兵时，才划归朱德领导，此后一直跟随朱德、陈毅北上湘南，任起义军教导大队副大队长。1928 年 1 月参加朱德、陈毅领导的湘南起义，任起义军第七师三团团长。4 月，奉陈毅之命在湖南资兴掩护大部队转移上井冈山与毛泽东会师，率三团断后阻敌，因寡不敌众全团阵亡，夫妻双双于资兴城外老虎山上英勇牺牲。2011年，这段尘封了83年的革命历史才揭开了神奇的面纱，贵州省人民政府追认他为革命烈士。

三是资兴独立团与湘南农军跟随陈毅从彭公庙上井冈山的时间问题：

应为"4月10日"，而不是"4月9日……当天"。

《资兴党史》（1988年）第一集《湘南起义在资兴》中记载：

"1928年4月7日：陈毅率领工农革命军第一师机关及新兵营到达资兴县碑记，当晚宿营于石巩一带。第二天到达资兴县城。"

"4月8日：永兴县农军一千余人，由黄克诚、曹福昌率领，宜章农军由余经邦率领，耒阳农军由谭楚材率领，郴县农军由蒙九龄、李才佳率领，分别由鲤鱼江、三都方向聚集于资兴县城。资兴农军一千六百余人，由黄义藻、李奇中率领，也聚集县城。整个队伍八千余人，庞大而臃肿，老老少少，有的全家都跟来了。队伍越走越大，一天只能走二三十里路。当日，农军还没有完全撤离县城，敌桂系白崇禧一个团尾追过来，资兴农军在城外墙头坳、郴县农军在县城，与敌人进行了一场血战。为掩护部队转移，蒙九龄夫妇在县城正壕街牺牲，蒙团大部分阵亡。"

"4月9日：部队急行军到达彭公庙。在这里，陈毅、何长工、袁文才、王佐、邓允庭、黄义藻等与湘南特委书记杨福涛（又名杨载福）、湘南共青团特委书记席格思等，召开了联席会议。"

"4月10日：陈毅、何长工率部开往鄱县。"

《中国共产党资兴历史》第四章"湘南起义在资兴"四、彭公庙联席会议："4月10日：陈毅、何长工率部开往鄱县。"

四是资兴独立团上井冈山之后县内状况：

《中国共产党资兴历史》第三章"反白色恐怖的斗争"，其中的许多事例，实际上是湘南起义之后发生的事情，却记载为"大革命失败"之后——将大革命时期（1926—1927）与湘南起义时期（1928）混合在一起写了。

湘南起义后期，即参加湘南起义的各县农军，在4月10日跟随陈毅上了井冈山之后，资兴境内的情况如何呢？本书第二章"18. 易宝钧"中已有记述，这里补述如下：

《反白色恐怖的斗争》中说：6月上旬，国民党资兴县政府成立了"清乡委员会"，县以下设立了 9 个区清乡委员会。稍后，又建立了一支反革命武装——县挨户团，招募了 1000 余人，有 300 多条枪，下分 5 个中队。又成立了"资兴县挨户团"。对所有的共产党员、革命干部和革命群众，都强加上"暴徒"的罪名，打入另册，进行通缉、逮捕。一时间，全县被捕的革命干部和革命群众就有 200 多人，并一律施行酷刑，男的遭捆吊毒打、灌辣椒水、坐老虎凳等，女的用荆条抽打。不久，工会干部李文径、劳动童子团团长李孝德等数十名革命干部惨遭杀害。接着，血雨腥风又刮到乡村。他们拟定了一个通缉名单，有名有姓的达 700 多人……有些仅在苏维埃政府吃过一餐饭或开过一两次会的群众，也被逮捕。凡被通缉和逮捕的人，还牵连到家属、亲戚，稍为值钱的东西被掠走，不值钱的东西被砸烂，有的还被烧毁了房子，赶出家门，靠乞讨度日。不少苏维埃政府的干部和群众，被他们公开或秘密处死，甚至活埋。更惨的是，有些革命者被剖腹挖心，供他们炒熟下酒。半都源塘乡被杀害的就有 20 多人；挨户团在杀害革命干部唐禄明时，令团丁排成两行长队，每人用梭镖朝他身上乱刺，全身刺出几十个窟窿而死，惨不忍睹。

土豪劣绅疯狂进行反攻倒算。凡被农民分了的土地又被地主夺了过去，减去的租谷更要加倍偿还；那些戴过高帽子游过洞的土豪，强迫农民办酒送礼，燃放鞭炮，以"恢复名誉"。地主豪绅还对农民实行经济封锁，把从农民手中夺回来的粮食囤积起来，停止一切借贷。少数高利贷者乘机作乱，钱利又高达一年一对本（翻一番），年谷利每石 5 斗甚至 1 石。农民又跌入被压迫、被剥削的深渊，苦不堪言。

七、工农革命军第三十六团的诞生

1928 年 4 月 10 日，工农革命军资兴独立团 1600 余人，在黄义藻、李奇中的率领下，随大部队日夜向井冈山方向进发。部队到达酃县时，坏人在井里施放毒药，致使农军战士中毒死亡 10 余人。部队略为休息后，继续前进。

4 月 26 日，朱德、陈毅、何长工等率部相继到达井冈山砻市。与此同时，湘南各县农军也基本撤到了井冈山地区。28 日，毛泽东率第一团到达砻市，同日，朱德、陈毅及湘南起义部队各县负责人与毛泽东、何长工及湘赣边界特委的成员在龙江书院会面。至此，湘南起义部队与井冈山部队胜利会师。

29 日，在龙江书院文星阁召开了两军连以上干部会议。会上，毛泽东、朱德做了重要讲话，会议讨论通过了建立中国工农革命军第四军等一系列重大问题。

5 月 4 日，在砻市西面的河滩上召开了庆祝两支革命部队胜利会师大会。会上宣布，湘南起义部队与井冈山部队合编为工农革命军第四军（6 月改称为工农红军第四军）。朱德任军长，毛泽东任党代表，王尔琢任参谋长，陈毅任士兵委员会主任（后改称为政治部主任）。下辖 3 个师 8 个团和 1 个军直属特务营。朱德、张子清、陈毅分别兼任第十师、第十一师、第十二师师长（由于张负伤，毛泽东兼任第十一师师长）。工农革命军资兴独立团，被编为第十二师第三十六团，李奇中任团长，黄义藻任党代表，袁三汉任副团长——工农革命军第四军序列，见后文的"附录"。

值得说明的是：至于当时属于郴县管辖的"半都"赤卫队员上井冈山后，是编入了资兴人组成的三十六团，还是编入了郴县农七师改编的三十三团，资兴与郴县都没有资料显示。经查阅《资兴市志·革命烈士》中的记载，发现了一个差别：在 1928 年牺牲的革命烈士当中，碑记乡的烈士职务为"工农革命军三师战士""三师班长""红四军二十八团班长"等；而除碑记乡之外的其他烈士的职务，则为"红四军三十六团战士""三十六团班长""三十六团营党代表"等。这说明：他们没有编入三十六团。

从此，在第四军军委的领导下，井冈山革命根据地开始步入全盛时期。

部队改编后，随即进行了短期的军事训练。不久，第三十六团随第十二师从大龙上山，经过茅坪、黄洋界、大井、茨坪等地，到达永新县的拿山，沿途经历了五斗江、小衡山、黄坳等几次战斗。在黄坳战斗中，资兴农军武器较差，部队伤亡很大，李奇中因此受了处分，改任参谋长，黄义藻接任团长，袁三汉任党代表。

在拿山，部队整编，第十二师的番号被取消。郴县、耒阳、永兴、资兴 4 县武装组成的第三十三团、三十四团、三十五团、三十六团，合编为第三十团，列入第十师序列。团长刘之至，党代表戴一典。原三十六团编入第三营，营长邓清明，党代表黄义藻。

5 月底，部队从拿山再上井冈山，到达大井时，因粮食供应不上，军委仓促将永兴、耒阳、郴县、资兴农军组成的第三十团，重新分开，即日返回湘南，各县就地开展游击战争。

从此，资兴人民又揭开了武装斗争的新篇章。

《中国共产党湖南省资兴市组织史资料》第二章第三节"地方武装组织"记载：1928 年 3 月，湘南起义期间，建立了以资兴农军为主体和有工人纠察队参加的工农革命军资兴独立团，约一千人。4 月上旬，在县委率领下随陈毅部队奔赴井冈山，改编为工农革命军第四军十二师三十六团。5 月下旬，工农革命军三十六团奉毛泽东、朱德之命，返回资兴，在龙溪游击区改番号为工农革命军资兴独立团。6 月，改为工农红军第四军资兴游击独立团。10 月，团长黄义藻率主力部队突破国民党军队的重围，到达江西，编入彭德怀部队。党代表袁三汉率部分部队留龙溪坚持斗争。11 月，游击区陷落，独立团解体。

工农红军第四军资兴游击独立团（1928 年 3 月—1928 年 11 月）：

团长：李奇中　1928 年 3 月—1928 年 4 月，黄义藻　1928 年 5 月—1928 年 10 月。

党代表：黄义藻　1928 年 3 月—1928 年 4 月，袁三汉　1928 年 5 月—1928 年 11 月。

参谋长：李奇中　1928 年 5 月—1928 年 11 月。

副团长：袁三汉　1928 年 3 月—1928 年 4 月。

营级干部考：

《湘南起义史稿》第五章"工农革命军的建立和作用"中说："资兴独立团团长李奇中，党代表黄义藻。下辖 3 个营：一营营长袁南薰，党代表戴若愚；二营营长（待查，一说是夏孔义），党代表黄义行；三营营长唐文亮，党代表袁公亮，共 1000 人左右。"

在资兴的党史资料中，没有营级干部的记载。然而，在《资兴市志·革命烈士》中却有另外的记载：

姓名	性别	籍贯	生卒年月	职　　务
曹鸽群	男	蓼江镇	1892—1928	红四军三十六团营长
李灵升	男	何家山乡	1906—1928	红四军三十六团营党代表
夏孔义	男	木根桥乡	1906—1928	工农革命军一师一团营党代表

夏孔义系今东江镇（原木根桥乡）铁厂村夏家人。"工农革命军一师一

团"是毛泽东率领的秋收起义上井冈山的部队，即后来的工农革命军第四军三十一团（团长张子清）。夏孔义是随资兴独立团上井冈山的，他担任"一团"的"营党代表"，说明他在1928年5月底没有跟随资兴独立团返回资兴，而是留在了井冈山。

资兴市档案馆"中华民国十七年"的《资兴各乡共匪年籍详细调查表》（通缉令）中记载："唐士玫（西乡源塘，今碑记乡源塘唐家人）：今春勾引朱毛陷资，又充区苏维埃政府主任，兼独立伪营长……"这条资料说明，资兴独立团除了第一、二、三营外，还有"独立营"，营长为唐士玫（文）。

《通缉令》中，还载有："袁公亮（北乡上袁家人）：前充北乡匪政府委员长，后充营党代表……""袁汉（北乡半垅袁家人）：匪军营长，杀十余人。""曹鸽群（资兴）：前充匪军营长，后充军事指挥。""唐禄云（北乡塘基上人）：蓼市匪政府赤卫队营长，兼三都市匪政府秘书长。""郭良琛（郭猛），双溪王家塘，今春在伪区政府当军事委员长，兼红军营长。"

以上这些记载，由于时隔太久，如今已经无法对第一、二、三营和独立营的负责人去具体确证了。

资兴农军、资兴独立团、第三十六团人数考：

湘南起义时期的资兴地方武装，1928年2月开始之初，称为"资兴农军"；3月中共资兴县委成立之际，决定建立"资兴独立团"；4月上井冈山之后，被编为工农革命军第四军第十二师"第三十六团"。其成立的时间，特别是部队的人数，存在着不同的说法：

《郴州古代至建国前大事记》中记载："民国十七年（1928）2月下旬，资兴县组建中国工农革命军资兴独立团，团长李奇中，党代表黄义藻。"

《湖南省志》第五卷《军事志》第一篇第四章第一节"二、湘南起义部队"中记载："1928年3月中旬，资兴农军扩编为资兴独立团，团长李奇中，党代表黄义藻。下辖3个营，约1000人。"

《湘南起义史稿》第五章"工农革命军的建立和作用"中说："资兴独立团团长李奇中，党代表黄义藻。下辖3个营：一营营长袁南薰，党代表戴若愚；二营营长（待查，一说是夏孔义），党代表黄义行；三营营长唐文亮，党代表袁公亮，共1000人左右。"

《资兴党史》1988年第一集《湘南起义在资兴》中说："资兴农军一千六

百余人，由黄义藻、李奇中率领"，全部跟随陈毅上了井冈山。

1992 年 6 月内部出版的《中国共产党湖南省资兴市组织史资料》："工农革命军资兴独立团，约一千人。"

资兴市史志办公室 2002 年编印的《中国共产党资兴历史》（新民主主义时期）第四章湘南起义在资兴"五、工农革命军第三十六团的诞生"中说："工农革命军资兴独立团 1600 余人，在黄义藻、李奇中的率领下，随大部队日夜向井冈山方向进发。"

到达井冈山以后，《湘南起义史稿》"工农革命军第四军序列"中记载：第十二师"第三十六团（原资兴农军，二千余人）：团长：李奇中；党代表：黄义藻；副团长袁三汉"。

以上记载的资兴独立团人数，极不统一。但笔者认为：以上这些史料记载的资兴独立团人数看似不统一，其实是一个发展的过程。1928 年 2 月，资兴农军成立之际，只有西北乡的赤卫队员，其时只有数百人。当时，乡成立赤卫队，每乡 30 名常备队员，预备队员 100 人，全体农工为后备队员；区成立赤卫大队，其人数未见记载。到同年 3 月中旬，县委决定扩编为工农革命军资兴独立团，归独立团领导和指挥的作战人数，应是"1000 人左右"。到了 4 月 8 日，独立团集中到县城，准备向井冈山转移时，其人数已发展到了"一千六百余人"，因为加上了同时向井冈山转移的资兴县西部、北部、南部和县城的区、乡赤卫队员。5 月 4 日到达井冈山召开会师大会时，其人数已经达到了"二千余人"，因为又加上了县、区、乡各级党、政、群团负责人和机关工作人员，以及同时向井冈山转移的资兴东部各区、乡赤卫队员。其中，应该还包括了随军上井冈山的家属。不过，家属们上井冈山之后，即因为井冈山吃住困难，不久便纷纷下山返回了家乡。

再说，湘南起义时期，实行的是"全民皆兵"的体制，战时为"兵"，平时为"民"，要真正统计它的实际人数，确实困难。我分析，就是当时的苏维埃政府，也不可能有准确的统计数据；只有上井冈山时，才会有一个基本的数据：因为要吃饭、要供给。还有一点是十分明确的：当时苏维埃政权组织中的各级领导干部，全部编入了资兴独立团，并在其中担任了相应的职务。因此，资兴独立团的人数，实际代表了资兴参加湘南起义的总人数。

湘南起义农军上井冈山之后，国民党资兴县政府组织了"清乡委员会"，由县长易宝钧兼任县清乡委员会主任。"资兴县清乡委员会"的工作是十分深入而细致的，采取的是"人人过关"审查、不使"一人漏网"的办法。民国档案第13卷载有"县长兼（清乡委员会）委员长易宝钧，中华民国十七年九月二十日"发出的《资兴县清乡委员会训令》，"令东乡挨户团、自治区：五家联结，久经令发，遵办在案，迄今数月，尚未告竣，殊属玩延。现在十家联结及清查户口总册、正册、另册、门牌各式，又奉上峰钧悉，严令督促办理……"经逐村逐户"清查"，1928年全县总户数39043，总人口157949。据国民党资兴县党部内部统计资料说："民国十七年10月至18年6月，全县开展历时9个月的清乡运动，有1602人被编入'另册'，其中列为'共匪'的491人，列为'暴徒'的141人，列为'土匪'的42人。"

因此，笔者认为："1602人被编入另册"的，就是参加湘南起义的实际人数；也可以说，是资兴独立团的实际人数——其中的"共匪""暴徒""土匪"674人，正是其骨干人数。

以上是笔者所做的分析，是否有证据呢？当年上井冈山、后又返回资兴在浓溪打游击的胡辉民、王进寅说："1928年四月上旬，资兴农军一千六百人随湘南暴动五县农军一万余人，随陈毅上井冈山。"——摘自《资兴党史》第一集197页《猛虎出没山林间》。

以上考证虽然从正面和反面都证明了资兴农军是1602人，但还有一个疑问不能解决：资兴市史志办公室编印的《中国共产党资兴历史》（新民主主义革命时期）第三章"反'白色恐怖'的斗争"中说：1928年"6月上旬，国民党资兴县政府成立了资兴县清乡委员会……对所有的革命干部和革命群众，他们都强加上'暴徒'的罪名，打入另册，进行通缉、逮捕……他们拟定了一个通缉名单，有名有姓的达700多人"。第六章"隐蔽斗争"中又说："在1928年国民党资兴县政府印发的《资兴各乡共匪年籍详细调查表》中，遭通缉的革命干部多达374人。"按照一般的理解，《通缉令》中的人数，应该是参加湘南起义的骨干人数。

然而，笔者在2009年曾经用了半年时间，查阅了资兴市公安局1984年移送到市档案局的全部民国时期的档案资料（称"敌伪资料"，共有一千多卷），没有见到过700多人的《通缉令》。

于是，笔者从长沙打电话询问李宙南同志。他说："原始资料叫作《资兴

'共匪' 年籍调查表》（通缉令），是一个毛笔的手写本，纸张很薄，当时怕弄坏，党史办派人又抄录了一份。这份《通缉令》，湖南省档案馆保存的《全省清乡总报告书》中，还有原件。"

这个《通缉令》现在存放在哪里呢？2016 年笔者利用清明节从长沙回资兴扫墓的时机，4 月 5 日上午，特意到资兴市史志办公室，去查阅这个资料。史志办公室的同志告诉我："全部档案已经移交到了市档案局。"于是，我立即到了市档案局，赠送了一本本人写作的《欧阳氏族考》（资兴地方文史研究丛书《资兴历史》第一部）给他们。然后在档案局党组成员、副局长陈金娥（女）的引领下，亲自到林林总总的档案库房中，查阅了资兴市史志办公室交上去的档案资料，并将其中的三份资料进行了复印。

在"全宗号 15，卷宗号 194，资兴市委党史办关于敌伪资料通缉令"的第43 页，查到了"中华民国十七年（1928）"的《资兴各乡共匪年籍详细调查表》（通缉令）。这是一个手抄本，共有 40 页，最后落款题为："谢芳梁转抄，1983 年 11 月，中共资兴县委党史办"（原件中没有写明抄于何处）。然而，经笔者逐个清点，这个《通缉令》中并没有"700 多人"，实际人数共有 374 人，因王敬寅等 5 人重复，故为 369 人。

经笔者仔细审阅《通缉令》中所列人员，发现这 369 人是真正参加湘南起义的县、区、乡、村干部的骨干成员与少数的赤卫队员（"杀人红手、抢抄掳掠"者，即有"案底"被控告之人），但并没有包括苏维埃政权中的全体干部和全体农军战士。上列各个资料中所说的"约 1000 人""1000 人左右""1600 余人""二千余人"等，应该包括了全体农军战士。例如，当地人称为"红军婆"的樊家懿（资兴城关人），她参加了湘南起义，任县妇联委员，上了井冈山，后又返回资兴参加了浓溪游击战争，部队打散后逃跑出来，嫁给了旧市江口宋家的宋照阳（1949 年 10 月参加起义，担任凤凰区区长），直到新中国成立后的 20 世纪 80 年代，才被认定为"革命老人"（红军流散人员），当时的《通缉令》中就没有她。就连龙溪特区苏维埃政府副主席王维成，当时的《通缉令》中也没有（此事后述，应为"黄维成"）。

这个《通缉令》记载的事是否准确呢？笔者刚从市档案局查阅资料出来，就在市委、市政府大门口碰上了我的大学同学叶信红——他邀请我去吃中饭。他曾任资兴市政府办公室副主任、安监局局长，祖籍彭公庙坝头，因老家房屋在湘南起义中全被国民党烧毁，老祖父母带着他的父母亲四处流难，到1951年土改时才到青腰镇豪元铺上定居。他见我手上拿着国民党的《通缉令》复印件，十分兴奋，说："给我看看，这其中一定有我的公公。"他一翻就找到了他的祖父的名字：叶仲儒。他看了其中的内容，就说："这个《通缉令》是对的，记载一点没差。我的公公在暴动时当了东乡区苏维埃政府副主席，还指挥杀过人，后来上了井冈山，老家房屋全被烧毁。其实，我的阿婆也参加了湘南起义。在起义失败之后，我的公公和阿婆带着三个儿子逃跑出来，才幸免于难，流落街头乞讨为生。几年之后，他们还是熬不过了，为了能让三个儿子活着，他们在亲属们（有些亲属投向了国民党，还当了乡官）的劝说下'自新'了，到县政府画了押、摁了手印——我的公公是1958年在青腰街上去世的。"

为了不使参加湘南暴动的英雄们被埋没，笔者特别将他们附录于后（为了保存原貌，其中包括错别字也一字不改；表中"附记"中的有些内容，可能是新中国成立后公安局等有关部门在清查"革命"与"反革命分子"时添加的，如"烈士"等）。

附录一：
资兴各乡"共匪"年籍详细调查表（通缉令）
中华民国十七年

资兴东乡"共匪"年籍详细调查表

姓名	年龄	籍贯	住址	面貌	暴动经过	附记
黄义藻（通）	二六	资兴	大富区枫树坄	面胖	马日前充东乡区农会会长兼县党部宣传员，马日后充朱德部下党代表兼连长，现充匪军团长，资兴之祸完全由渠肇造。	烈士
黄义行（通）	二五	资兴	同上	面白而瘦	充伪县政府副主任兼党代表，指挥党羽枪杀焚烧。	

姓名	年龄	籍贯	住址	面貌	暴动经过	附记
黄义质 （自新）	二〇	资兴	同上	面圆不高	少年先锋队秘书，惨杀人民，俱系由渠主谋。	后任伪保长，病故
谭元 （津怀）	四三	资兴	大富区贝税	面白瘦有须	充匪政府执委，指挥党徒护杀烧黎子贞、谭玉富、谭录珠等家。	谭政三之父亲，烈士
黄质美 （瀑泉） （自新）	四二	资兴	大富区塘家垅	面长	充匪政府密查员。	住资兴城，后开悦家旅馆
李奇中 （通）	三〇	资兴	平石区阔田桥	面黑胖	黄埔二期毕业，随充朱德部下，统南共匪陷资，充伪县政府军事主任，资兴之祸完全由渠肇造。	现在东北
李郁春 （决）	三四	资兴	平石区阔田桥	面长	去冬充朱德部下团附，今年充东乡坪石区伪政军事主任，指挥匪徒实行抢杀烧主义。	烈士
樊贱贱 （贱田） （自新）	二五	资兴	平石区下朝官	面黑	充匪政赤卫队班长，率带赤卫军惨杀李云卿一家三口及李勃之妻谢氏。	烈士
李彩珠	三八	资兴	平石区何家塘	面胖	充乡匪政府赤卫队班长，率匪徒惨杀清乡委员长陈景嵩、委员樊谟刚。	
陈作栋	四一	资兴	平石区官桥头	面胖	充乡苏维埃政府赤卫队队长，率领赤卫匪军到处抢杀烧。	
樊锦堂	四四	资兴	平石区石门楼	面长瘦	充乡伪政府土地主任，压迫民众分田地，并任意吊拷勒索。	

续表

姓名	年龄	籍贯	住址	面貌	暴 动 经 过	附记
陈法太	三五	资兴	平石区水口	面长	充乡政府焚契委员，压迫民众烧毁契约。	烈士
钟为松	四三	酃县	现居下保区木垅		充伪乡政府赤卫队班长，惨杀胡调夑父子兄弟三人的主使，并抢掠焚烧的匪魁。	
兰铳春	四二	酃县	下保区矮寨		充伪乡政府赤卫队，劫掠多处财物，并惨杀胡调夑父子兄弟三人。	
胡天保（声请）	三七	资兴	清溪区水湄	面圆	充东乡区苏维埃政府军事主任，统率匪徒抄掳汤边、下保等处一带财物。	
叶仲儒	三二	资兴	清平区坝头	面白	充东乡区伪政府副主任，督率赤卫军掳掠西家田财物，杀胡建章、胡陈氏。	
金作柱（自新）	二八	资兴	清溪区金家	面白瘦	充伪区政府赤卫军队长，率赤卫军惨杀胡建章、胡陈氏。	
胡怀保（自新）	三二	资兴	清溪区水湄	面圆	充伪区政府财政，指挥匪徒实行抢杀烧工作。	
胡绍福	四〇	资兴	清溪区水湄	面白稍瘦鼻勾	充伪区政府逆产委员会主任兼宣传员，主杀胡建章、胡陈氏。	
何兴汉	三一	资兴	白家洞	圆矮	充第一乡、五乡苏维埃政府军事主任，统率匪徒杀烧并至大小五井。	

续表

姓名	年龄	籍贯	住址	面貌	暴 动 经 过	附记
龙本支（决）	三二	资兴	白家洞	面长瘦	马日前充伪县党部干事，捉拿程子枢等，勒揭西乡良民光洋数千元；马日后在外秘密工作。	烈士
肖孝孝	三四	资兴	青腰圩	面黑下颚小身矮	充乡苏维埃政府执委，抢杀烧俱系由彼指挥。	
李玉斋	四二	资兴	青腰圩水南洞	面黑存须身长	马日前后均充青腰工会委员长，抢杀烧工作均很显著。	
黄典古	二九	资兴	青腰圩虎形下	面黑身矮	充伪政府赤卫队，抢杀烧工作利害。	
曹炳学	二一	郴县	半都	面黄	充郴县半都特别区匪政府军事主任，率党徒至东乡烧温衍南、温清如之屋，至青腰圩、清溪各处烧杀。	
曹诗伯	三四	郴县	半都	面白	充当半都匪政府宣传主任，指挥党羽至资兴东乡宣传抢杀浇主义并力行之。	
黄义和（准）	三六	资兴	平田	面黄黑	马日前后均充农会委员长，掳烧胡远扬等六七家，杀其侄胡告化子。	
黄义方	二五	资兴	平田	瘦小	马日前后均充农会秘书，主谋掳杀烧胡远扬之家，并杀其侄告化子。	
樊增良	三三	资兴	兰溪区水南		充匪军支队长，统率匪徒往各处搜山杀人，烧屋掳掠。	

续表

姓名	年龄	籍贯	住址	面貌	暴动经过	附记
樊增禄（待查）	三一	资兴	兰溪区水南		充匪赤卫队班长兼密查委员，劫掠地方财物，焚烧贺及李家等房屋。	
樊林松（押）	四二	资兴	平石区下朝官	面瘦有须	马日前充农会副委员长，马日后充乡政府财务主任，指挥匪徒掳烧李茂荣、黄丁太等家。	
李红毛	三八	资兴	平石区庙湾村	黑面	充乡伪政府赤卫队，惨杀清乡委员长陈景嵩、委员樊谟刚，他均在场。	
李彩云	一六	资兴	平石区庙湾村	面圆	充匪政府少年先锋队长，惨杀李子清之妻谢氏。	
李共昌	二三	资兴	平石区阔田桥	面长瘦	充乡伪政府赤卫队，压迫农民到旧县抵御官军。	李奇中证明：积劳病故
李洪儒	一八	资兴	平石区阔田桥	面圆	充少年先锋队，指挥率领匪徒到处抢杀焚烧。	
陈八成（通）	四一	资兴	德仁区燕子窝	面长	马日前充乡农会财务，今春充乡伪政府，主杀谷厚福、陈海兴、谷贞松。	
樊顺顺	三一	资兴	兰溪区水南	面短	充匪政府赤卫队兼调查员，惨杀贺兆拨之兄及侄三人，焚掳贺家、袁家坪及李家等村。	

姓名	年龄	籍贯	住址	面貌	暴动经过	附记
何国㷀	四九	资兴	兰溪白筱,现住西全	面圆	充白筱匪政府执委兼搜山大队长,今年四月间诱匪首黄义藻率匪党到彩洞抢掳并惨杀十七人。	
熊楚光	三二	资兴	和顺区熊家	面长瘦	马日前充农会执委,马日后充乡伪政府土地主任,焚掳樊修书之屋,掳掠谷美容、陈诗汉等家。	
罗代杰(决)	二八	资兴	兰溪区大源冲	面黄	充匪政府赤卫队长,统率匪徒到谷洞、兰溪等处焚产劫掠。	
王兴汉	二四	资兴	兰溪区车下垅白鹤仙	面白	充匪政府赤卫队长,统率匪徒焚掳邝耀廷、邝增日等屋宇家谷财物。	
王细茂	二九	资兴	兰溪区车官	面长瘦	马日前充农会自卫军,吊拷勒索邝杰章、邝增日等钱财,并抄掳家谷财物。今春充匪政府主任,统率匪徒焚掳邝杰章等家房屋财物。	
陈良古	二四	资兴	下保区陈家洞	面圆	马日前充农民自卫军,马日后充匪政府赤卫队,惨杀胡调燮父子兄弟三人,并焚掳其屋宇财物。	
谢朝清	四〇	郴县	半都	面圆	充资兴县匪政府宣传委员,率带匪徒掳掠谭蔚然、谭攀元、谭秋和等家。	

姓名	年龄	籍贯	住址	面貌	暴动经过	附记
谢国英	二〇	郴县	半都	面圆	充少年先锋队长，率带匪徒抄掳谭蔚然、谭攀元、谭秋和等家。	
何伟古（通）	三二	资兴	兰溪区白筱	面圆	充州门司匪政府赤卫队长，焚掳黄道彰家之屋宇财物，并主杀许润如之妻。	
何德新	四一	资兴	兰溪区白筱	面圆	充州门司匪政府付主任，焚掳许润如家屋宇财物。	
李松松	三五	资兴	兰溪区白筱	面长	充白筱匪政府赤卫队，同杀许润如之妻，劫抢罗顺有寄存白竹坑之财物。	
黄富厚	二八	资兴	兰溪区长富桥	面长身短	马日前充水南农会秘书，马日后充工农革命军士兵，围杀彩洞罗姓十七人，并举手焚烧李文同之屋。	
陈诗章	二八	资兴	兰溪区坐坑垅	面圆	充乡伪政府执委，指使匪徒焚杀抢掠。	
邓黄古（通）	二四	资兴	兰溪区坐坑垅	面圆	充匪政府赤卫队，焚烧下浆贺家一村，又惨杀贺兆拔之兄及侄三人。	
刘启秀	二七	资兴	青腰圩李家洞	面黑身矮	充乡伪政府执委，指使匪徒到处焚杀劫掠。	
黄作材	四六	资兴	兰溪区黄旗洞	面黄黑	充州门司匪政府执委，劫毁蓼义为之屋宇财物。	

姓名	年龄	籍贯	住址	面貌	暴动经过	附记
何顺禄	三〇	资兴	兰溪区坐坑垅	面黄	充匪政府赤卫队，焚掳下浆贺姓一村，并惨杀贺兆拔之兄及侄三人。	
刘甫庚	二五	资兴	下保区羊古脑	面长	马日前充农民自卫军，今年充乡伪政府赤卫队，惨杀胡调燮父子兄弟三人之正凶。	
兰彩彩	三四	资兴	清平区云头	面长	充匪政府赤卫队，围杀兰上洪父子。	
胡贡三	四二	资兴	清平区张家洞	面黑	充伪区政府秘书长，主杀胡建章；去年充农会秘书长。	
叶亲吉（待查）	四二	资兴	清平区张家洞	面圆	充赤卫军，惨杀兰上洪父子之红手。	
邬六求（待查）	三五	资兴	清平区张家洞	面黑	充赤卫军，惨杀兰上洪父子之红手。	
胡文才（待查）	二六	资兴	清平区张家洞	面长	充赤卫军，惨杀兰上洪父子之红手。	
金凤冈（处决）	二五	资兴	清溪区高塘	面圆	充赤卫军，惨杀兰上洪父子之红手。	烈士
杨香荣	二五	资兴	兰溪区牛坦头	面长瘦	充匪政府执委，率带匪徒数百人至烟坪团双江掳烧蔡洛书家，又威迫农民当赤卫队。	
黎靖平	三〇	资兴	青腰圩	面瘦	抢杀烧工作利害，如烧黄可候、何海楼之屋，俱系由彼指使。	病故
何德仁	二八	资兴	青腰圩	面白	充当匪军队付，吊拷黄可候之妻，系渠带队。	病故

续表

姓名	年龄	籍贯	住址	面貌	暴动经过	附记
李灵升	二五	资兴	平石	面白而矮	充匪政府肃反主任，跟随匪首朱德至江西大小五井。	烈士
李卓然（化化）	三一	资兴	现避长沙东长街	面白	马日前充伪党部常务委员，兼水南农会会长，指使他人实行勒吊抢杀烧工作。	现在的历史反革命
王焕如	四〇	资兴	兰溪区车官	面胖黄	马日前充农会执委兼贫民会会长，统率匪徒抄掳邓顺古等家财物。今年充匪政府调查委员兼赤卫队总指挥，焚掳邝耀廷家。	
王大茂	三六	资兴	兰溪区车官	面黄短身	马日前充农会自卫军兼贫人会队长，抄掳邝增日、李楚材等家财谷。今春充匪政府赤卫军，焚掳邝杰章等房屋家谷财物。	判无期徒刑，因组织反革命案
王才康	四〇	资兴	兰溪区车官	面长带黄	马日前充农会自卫军，拷索地方人民钱财。今春充匪政府赤卫队，焚掳邝姓家谷房屋财物及刺杀罗月祥。	
王福康	二八	资兴	兰溪区车官	面长带黄	马日前充农会自卫军，拷索地方人民钱财。今春充匪政府赤卫队，焚掳邝姓家谷房屋财物及刺杀罗月祥。	
何齐齐	二四	资兴	兰溪区车官	面黄身长	充乡政府赤卫队，焚掳邝子元等房屋财物及刺杀罗月祥。	

姓名	年龄	籍贯	住址	面貌	暴 动 经 过	附记
何贤改	四二	资兴	兰溪区塘背坽	面黄丑	马日前充农会自卫军，抄掳李文德家食谷财物。今春充乡伪政府赤卫队，焚掳邝子元等房屋财物。	
何宝田	三九	资兴	兰溪区塘背坽现迁居田心头	面条白	马日前充农会自卫军。今春充乡伪政府赤卫队，焚掳邝杰章房屋财物及刺杀罗月祥。	
何四松	四八	资兴	兰溪区塘背坽	面黄长身魁梧	充乡伪政府赤卫队付队长，焚掳邝耀廷等房屋财物及刺杀罗月祥。	
黄万春	四五	资兴	兰溪区坳上中洞树下	面黄	充乡伪政府赤卫队，焚掳邝杰章等房屋财物及刺杀罗月祥。	
胡福禄	二九	资兴	现在兰溪区塘背坽何家佣工	面白身短	充乡伪政府赤卫队，焚掳邝杰章等房屋财物及刺杀罗月祥。	
黄仁和	二九	资兴	兰溪区柳沙坪车下坽茅坪	面黄	充乡伪政府赤卫队，焚掳邝耀廷房屋家谷财物。	
杨龙和	三八	资兴	兰溪区彩洞五庙山杨家	面白	马日前充农会自卫军。今春充乡伪政府赤卫队，焚掳邝增日等房屋财物。	
黎银方（待查）	二六	资兴	兰溪区柳沙坪车官牛栏坽樊家庄	面黄	马日前充农会自卫军。今春充匪政府赤卫队，焚掳邝子元等房屋财物及刺杀李成保。	

续表

姓名	年龄	籍贯	住址	面貌	暴动经过	附记
黎由方	二八	资兴	兰溪区柳沙坪车官牛栏垅樊家庄	面黄	马日前充农会自卫军。今春充匪政府赤卫队，焚掳邝子元等房屋财物及刺杀李成保。	
何丁酉	三五	资兴	兰溪区柳沙坪	面长大身长	马日前充农会自卫军，吊拷抄掳地方人民家谷财物。今春充乡伪政府赤卫队，焚掳邝耀廷等各材屋宇，并刺杀罗月祥。	
王鼎元	五〇	资兴	兰溪区柳沙坪车官茶子坪	面方白身魁梧	充当匪政府财物兼拍卖委员。	
吕尚和	四二	资兴	兰溪区水南坐坑垅	面黄	充乡伪政府赤卫队。	
王细保斋	四八	资兴	兰溪区柳沙坪现居白果树下	面黄身短	充当匪政府财物兼拍卖委员。	
陈高才	二九	资兴	德仁区燕子窝	面长	马日前充农会自卫军，马日后充赤卫队兼暗杀团长，围杀罗李氏忠怀。	
陈文才	二七	资兴	德仁区燕子窝	面长	马日前充农会自卫军，马日后充赤卫队，惨杀谷武勋，焚烧陈高恩屋。	
陈远宽	一八	资兴	德仁区燕子窝	面短	充少年先锋队长，围杀彩洞罗姓十七人，焚烧罗成文契约及陈训高恩屋。	
谷声振（决）	二四	资兴	德仁区雷打石	面长	马日前充伪党部常务委员兼农会宣传委员。马日后充匪政府土地主任，惨杀谷武勋。	

姓名	年龄	籍贯	住址	面貌	暴动经过	附记
金百善	二四	资兴	彭公庙天主堂	面长	马日前充理发工会委员长。马日后跟随匪首黄义藻等上江西大小五井。	在彭市理发，金耀廷之父
李富全	二一	资兴	兰溪区长富桥		充工农革命军一团六连士兵，围杀彩洞罗姓十七人。	
徐广兴	三八	资兴	兰溪区两得塘徐家	面长	充工农革命军班长，焚烧陈高恩屋，围杀罗孝友母妻女四人。	
刘金养	二八	资兴	兰溪区彭坑下刘家		充彭坑匪政府土地委员，围杀罗成文妻、曾氏媳杨氏、胡氏，并女五人。	
蒋浪子（忠祥）	四二	耒阳	兰溪区中彭坑	面长	充彭坑匪政府财务主任，惨杀罗传家。	
刘正正	三四	资兴	兰溪区黄皮坳	面短	充彭坑匪政府赤卫队长，惨杀杨氏馥梅。	
王金玉	三〇	资兴	兰溪区五祠寮棚上	面长	充兰溪乡农会赤卫队，惨杀罗文渊，抢罗玖元家洋二十元，罗曹氏、王氏家七十元。	
樊贱珠（决）	四〇	资兴	城厢老虎山	面麻	马日前充农会副会长，马日后充城厢伪乡政府副主任，焚烧罗成文契约，围杀彩洞罗姓十七人。	烈士
李明亮	二四	资兴	兰溪区柳沙坪盈尾白牛岭	面黄	马日前充农会自卫军，吊拷抄掳地方人民家谷钱财。今春充伪政府赤卫队，焚掳邝耀廷家谷房屋财物及刺杀罗月祥。	

续表

姓名	年龄	籍贯	住址	面貌	暴动经过	附记
李清亮	二六	资兴	兰溪区柳沙坪现迁居田心头	面黄	马日前充农会自卫军，吊拷抄掳地方人民家谷钱财。今春充伪政府赤卫队，焚掳邝耀廷家谷房屋财物及刺杀罗月祥。	
何厚养	二九	资兴	兰溪区柳沙坪	面圆身短小	马日前充农民自卫军，马日后充伪政府执委，统匪抄掳邝耀廷等合村房屋。	
王谱良	三八	资兴	兰溪区车官茶子坪	面黄身短小	马日前充农民自卫军，今春充伪政府赤卫队，焚掳邝子元等家房屋家谷财物。	
丘兆之	三二	资兴	兰溪区垅上老王冲丘家	面方白	马日前后均充农会秘书长，指挥一切抢杀烧工作。	
何红泰	三八	资兴	兰溪区柳沙坪	面黄	马日前充农会自卫军，今春充匪政府赤卫队，焚掳邝耀廷、邝子元等家房屋财物及刺杀罗月祥。	
何贡苟	三六	资兴	兰溪区塘背垅	面圆白身矮小	充乡伪政府赤卫队，焚掳邝增日等房屋财物及刺杀罗月祥。	
黄义信	一八	资兴	大富区铺上	面瘦小	充伪县政府军委委员兼先锋队书记，主杀黄才生。	已死
李金山（处决）	四二	资兴	兰溪区白筱	面黄身梧	马日前充农民自卫军，此人原系木工凶横已极。马日后充匪政府赤卫队，刺杀许润如之妻，并焚掳地方人民财物。	

资兴北乡"共匪"年籍详细调查表

姓名	年龄	籍贯	住址	面貌	暴动经过	附记
邵杰生（通）	二三	郴县	百丈邵家	面黑而小身矮	北乡区匪政府委员长，北乡烧杀惨案均由该匪主持。	西披汉口入党
伍业建（处决）	二二	郴县	土里	面白而圆	三都匪政府委员长，主杀陈基虞家属七人。	西披长沙入党
曹菜（通）	二三	郴县	七里山	光头癞子面白	朱德教导团毕业后，勾引匪军入境，充县政府委员，滥杀段陶卿、段戴吾、段仲元。	西披汉口入党。烈士
袁公亮（通）	二二	资兴	上袁家	面大而白	前充北乡匪政府委员长，后充营党代表，攻打滁口，指挥匪军烧杀。	西披衡阳三师入党，现在中央财政部工作，现名袁穆如
袁作澍（通）	二四	资兴	三都市	面黑而长	朱德教导团毕业后，勾引匪军入境，充当县匪政府委员，主持烧杀事。	西披汉口入党
袁南魁（醉庵）	二五	资兴	岭下	面短而圆	县匪政府秘书转派，滥杀段陶卿，段戴吾、段仲元。	西披上海入党
袁作恕（萝痕。处决）	三〇	资兴	三都市	面白而短	朱德教导团毕业后勾引匪军入境，充当县匪政府委员，主持烧杀事。	西披汉口入党
袁公爵	二〇	资兴	下石矶	面白而短	北乡区匪政府宣传员，领导抄烧袁炽周房屋。	西披岳云中学入党
袁公明	二六	资兴	下石矶	面白而长	北乡区匪政府宣传员，领导抄烧袁炽周房屋。	西披岳云中学入党，现在一中任会计

续表

姓名	年龄	籍贯	住址	面貌	暴动经过	附记
袁南洋（自新）	二五	资兴	岭南	面白而短	县匪政府秘书。	西歪新加入党
李化之（通）	二七	资兴	张家湾	面白而秀	土地委员会委员长，实行瓜分土地，焚烧契约，并按指使烧杀。	西歪汉口入党
李章祚（通）	二一	资兴	蓼江市	面白而肥	青年团团长兼匪政府宣传主任，烧杀无算。	西披衡州三师范入党
李源刘（通）	二七	资兴	侧岭	面白而圆	三都匪政府秘书长，所有一切暴动工作皆由该匪计划。	西歪新加入党
曹作霖（通）	三七	资兴	七里山	面白而秀发黄	七里山匪政府委员长，主杀段陶卿、段戴吾、代仲元、方笃生。	西歪新加入党
黄庭纬（通）	二〇	资兴	七里山黄家	面白而圆身小	七里山青年团团长兼匪政府委员，主杀段陶卿、段戴吾、代仲元、方笃生。	西披衡州三中校入党
蔡楚华	二六	资兴	七里山蔡家	面长身高	马日前充党部执委，此次充交通站长，主杀段陶卿、段戴吾、代仲元。	新入共产党（现已退休）
袁汉（声请）	三四	资兴	半垅袁家	面黑而大	匪军营长，杀十余人。	新入共产党
袁三汉（已死）	二四	资兴	半垅袁家	面淡黄而短	马日前县总会执委，此次充团党代表。	新入共产党（烈士）
曹鹤群（通）	二六	资兴	横冲	面黑且瘦	前充匪军营长，后充军事指挥，率部滥杀段陶卿、段戴吾、代仲元。	西披湖北入党

姓名	年龄	籍贯	住址	面貌	暴动经过	附记
袁作飞（通）	二四	资兴	土基坳	面黑身小	朱德部下党代表，马日后省政府有通缉令。	西披衡州入党
袁水湘（自新）	三二	资兴	下石矶	面白眼大口宽	勾引匪军入境，充蓼市匪政府经济委员会主任。	
袁自洋（自新）	二六	资兴	下石矶	面白身小	大坪匪政府宣传员，主杀谢能镇等七人。	西歪衡州政治讲习所入党（新中国成立前病故）
李宇化（处决）	四九	资兴	张家湾	面黑颈短宽口	马日前后北乡区农会正委员长，主张屠杀。	新入党（烈士）
曹智莹（通）	二四	资兴	上面石	面瘦齿暴	马日前县总工会执委，此次充北乡区农会副委员长，主张屠杀（有屠杀命令）。	西披衡州入党
袁蓂凤（自新）	三四	资兴	下石矶	面白眼近	北乡区农会秘书长，主张屠杀（有屠杀命令手笔）。	新入党（1963年病故）
袁昭麟	二七	资兴	下石矶	面白	马日前后充农会执委，此次极力鼓吹烧杀。	新入党（1951年病故）
唐秀超（自新）	三四	资兴	唐基上	瘦长	马日前充农会长，此次充筹款委员会委员。	新入党
唐文亮	二八	资兴	江源桥		匪军营长，指使各匪连部烧杀抢。	新入党
段禄山	二〇	资兴	七里山	面圆而黑	七里山匪政府委员，督队抄烧，主杀段陶卿、段戴吾、代仲元。	新入党

续表

姓名	年龄	籍贯	住址	面貌	暴动经过	附记
戴廖斌（处决）	三四	资兴	金龟塘	面大而黑	马日前县农会会长，此次任大坪匪政府委员长，指挥一切。	新入党
段辉唐（通）	二五	资兴	令图唐家	面白身小	北乡区政府军事指挥，主张总暴动。	烈士
段良弼（廷弼）	二四	资兴	桃源关	面黑而短	郴县安善区特派，杀人焚火最烈。	
刘茂筠（通）	二七	资兴	塘冲刘家	面黑而瘦	马日前充县农会执委，此次勾引匪首伍业进入境组织各匪机关。	
张普容（在押）	四七	资兴	倒水坳张家	面大而圆	马日前乡农会执委，此次农会执委，焚烧谢作候房屋。	
蔡田告子	二五	资兴	七里山	耳有孔面黑	七里山赤卫队长，镖杀段陶卿、段在吾、代仲元、方笃生之红手。	
唐孝薰（自新）	二五	资兴	张家湾	面白黄	马日前县特派，此次监察各匪机关烧杀事。	
李昭义（请）	二二	资兴	张家湾	面黑而扁	蓼江市少年先锋队队长。	新入党
许万槐（自新）	二八	资兴	镜塘	面白而圆	匪军连长，高码圩抢杀烧均由该匪指挥。	新入党
邵继舜（通）	二六	郴县	百丈邵家	面黑而大	匪政府委员长，镖杀李培生之妻。	新入党
段书怀	三七	资兴	党冲	面黑而瘦	马日前后农会长，主杀段盛仁之小儿幼女。	新入党
戴汉枢（祖述）	二五	资兴	司门前	癞子面黑而大	匪军连党代表，指挥烧杀事。	西歪新加入党

续表

姓名	年龄	籍贯	住址	面貌	暴动经过	附记
蔡友亮 (声请)	四〇	资兴	天门塘	面黑而短	马日前后充匪农会财务委员。	新入共产党
袁国梁 (佳才) (准自新)	二二	资兴	株树下	面圆而白	七里山先锋队长,督队焚烧曹锡三、曹国兴、曹修廷房屋。	西彼新入共产党
曹才古 (佳才)	三四	资兴	凉亭头	面长而黑	马日农会执委,此次匪政府大队长。	新入共产党
段廷珪 (已上详,本会不理)	五四	资兴	桃源关	面圆胖	马日前充任衡州三中校校长,制造共产分子,麻痹青年。马日后勾引朱毛匪首入境,设立苏维埃政府于其家,指挥党徒焚烧杀掳,流毒社会,实湘南共匪之领导。	
黄仁术 (植槐) (自新)	二九	资兴	七里山黄家	面圆而短	七里山匪政府经济主任。	新入共产党
曹小保	三二	资兴	七里山	面黑而大	乡匪政府赤卫队排长,杀段陶卿、段在吾、代仲元,均该匪亲自动手。	新入共产党
唐细苟	二八	资兴	练团	面黑而圆	匪军连长,督队滥杀黄坤五之妻及孙媳。	新入共产党
唐海加	二五	资兴	湘源桥	面黑而大	匪军连长,督队滥杀段陶卿、段在吾、代仲元。	新入共产党
袁汉文 (南万) (自新)	二二	资兴	木瓜塘	面白而条	马日前充纠察队秘书,此次充县宣传员,鼓吹抢杀烧	西彼新入共产党

续表

姓名	年龄	籍贯	住址	面貌	暴动经过	附记
曹贤德 （处决）	三二	资兴	和睦堂	面白	马日前后充七里山财务，主持抄烧杀事。	
袁南薰 （声请）	四九	资兴	岭下	面圆而黑	三都伪政府委员长，主杀罗体成之妻并罗树槐。	
吴杨松 （通）	二五	资兴	吴家	面白	三都匪政府少年先锋队正队长，镖杀袁景太之红手。	新入共产党
袁禄山 （处决）	二二	资兴	石背	面黑	三都匪政府纠察队长，镖杀袁彩奇之红手，捉陈基虞家属七人，围攻县城、渡头、滁口等处先锋。	新入共产党烈士
李旭华	四四	资兴	张家湾	面黄而瘦	去年农会顾问，三都匪政府委员长，主持抢杀烧事。	新入共产党
袁双起	四九	资兴	毛屋头	面黑身高	县总工会委员长，前二月郴县工会执委，烧捕甚多。	新入共产党
尹仁粟 （已准自新）	三九	资兴	尹家	面黄而长	七里山匪政府秘书长。	新入共产党
段廷壁 （天津被捕）	二三	资兴	七里山	面白而癞	马日前县农会长，主杀金作忠、谢张焜。现任朱德副官。	西彼上海入党
廖德成	二一	资兴	杨家田	面黑而长	马日前充当劳动童子团团长，此次郴县工委执委。	新入党

姓名	年龄	籍贯	住址	面貌	暴动经过	附记
罗慧	二〇	资兴原籍四川	蓼江市	面白而小	妇女工作会委员长，镖杀李昭智之红手。	西彼湖北入党
樊好钗（自新）	二一	资兴	木瓜塘	面白而肥	马日前充女子联合会执委，此次充三都妇女工作会委员，镖毙罗体成妻之红手。	新入党
李符氏得桃	二五	资兴	中田	面白而小	三都妇女工作会委员，梭毙罗代成之妻女。	新入党
袁青钱	四二	资兴	上村湾	面黑	三都匪政府肃清反革命委员长。	新入党
唐棣云（青如、尊青）（通）	二〇	资兴	塘基上	面白而小	蓼市匪政府赤卫队营长，兼三都市匪政府秘书长，指挥烧杀。	衡州入党
焦丙明	四二	资兴	高冲	面圆而肥	马日前任乡农会宣传员，马日后充伪区政府土地委员。引导共匪袁香渠、谢己启等劫掠掳焦镇湘家之什物，并统匪众焚烧焦镇湘房屋一栋。	
袁耀塾（亚枢）（通）	四七	资兴	岭下	面白而瘦	马日前充省民代表，主杀金作忠、谢张焜等。本年在外秘密工作。	
刘子言（雅三）	四八	资兴	黎阁田	面白	马日前充党部常务兼农民自卫队队长，主杀金作忠、谢张焜等。本年在外秘密工作。	
刘燮南	二八	资兴	黎阁田	面黑而凹	马日前充农会长，主杀金作忠、谢张焜等。本年在外秘密工作。	

续表

姓名	年龄	籍贯	住址	面貌	暴动经过	附记
李仙植（押情）	四五	资兴	牌楼干	面黑	马日前充农会秘书长，马日后在外秘密工作。	
袁三典	二四	资兴	下袁家	面上有一块红痕	马日前县总工会筹备主任，兼党部常务，马日后在外秘密工作。	
李奇才	三二	资兴	中田	面黑而长	马日前县纠察队长，枪决金作忠、谢张焜之炮手。马日后在军队中秘密工作。	
廖焕典	三二	资兴	东塘桥	面白而瘦	马日前充县筹款主任，勒捐万余元，压迫何作肱之妻几至毙命。马日后在衡阳秘密工作。	
袁明远	二三	资兴	半垅	面白而短	马日前充区党部常务，马日后在外秘密工作。	
刘乾三（通）	五二	资兴	黎阁田	面黑	马日前充农会副会长，主杀谢张焜。本年在外秘密工作。	
谢芝先（刘堃）	三五	资兴	蓼江市	面大而白	马日充乡农会长，主杀金作忠、谢张焜之要犯。本年在外秘密工作。	
曹崇如	三○	资兴	北边把	面白而长	马日前乡农会执委，主杀谢张焜。本年在外秘密工作。	
曹智泉	二三	资兴	上庙石	面白而长	马日前充第三乡农会长，抄掳十全家。本年在外秘密工作。	

姓名	年龄	籍贯	住址	面貌	暴动经过	附记
段邦廷 （通）	二四	资兴	桃源关	面黑而长	马日前充县党部常务，又充省民会议代表，主杀金作忠、谢张焜二人最烈。现在外秘密工作。	
李学华	四四	资兴		面黑而瘦，身长、背稍驼	马日前三都第二乡伪农会秘书，今春任三都苏维埃政府副委员长。主杀陈基虞一家七人，抄烧袁绍安、袁儒琴兄弟、李郁楼兄弟房屋。	
戴廖苶 （雨旸） （通）	四八	资兴	桃源金龟塘	身肥而不胖，面麻而黑	去年充当桃源农协秘书，指导破坏桃源贫民赈济会，嗣恨尹绍衡二十余人告发上峰，复拘打尹绍衡等，血流气晕，勒罚款四千余吊。马日后仍任秘书，指导一切，勒捐杀人放火各暴动工作。有已决匪犯曹贤德亲笔口供存卷。	
谢刘青 （声请准自新）	三〇	资兴	水东坪	面白	去年充五谷团农会长，私擅逮捕焦树奇，解押伪法庭，呈请枪决。又捕押张玉春、曹万兴等，并勒索小洋四百余元。今春充五谷团农会长，兼北乡苏维埃政府主任，胁迫曹茂福为新农会长，致畏威自尽。且主杀焦马斋等，其余放火、抄家，无不备极。	
段邦离 （已自新）	四十余	资兴	桃源关	人高而头微俯	去年充桃源农会顾问，指挥与戴廖苶狼狈为奸。	

资兴上西乡"共匪"年籍详细调查表

姓名	年龄	籍贯	住址	面貌	暴动经过	附记
唐士玫（处决）	三九	资兴	西乡源塘	有八字须	马日前充当第三乡农协会顾问，抄掳勒索均用其极。马日后控告如麟，又勾引黄道成、许光照等捣毁县清党委员会，通缉有案。去冬朱逆来资，恢复农协，文充组织主任，释放监狱要犯谷述虞等数十名，勒令述等复组农工各会。今春勾引朱毛陷资，又充区苏维埃政府主任，兼独立伪营长，惨杀欧忠柱人丁五口及唐汉桢人丁七口，唐良两媳，焚烧金斗塘及庄中全村。古又二月十七日，率匪与湘粤赣边防抗战于南乡旧市。十九日与十三军抗战于西乡源塘。	烈士
欧阳葵（通）	二七	资兴	西乡瓦窑墙	无须	去年充当农协裁判委员，曾做抢杀工作。今春充当区伪政府宣传主任，督队抢掳数十家，杀数十口，烧屋数十栋。	现判为地主，在家
唐士卿（周太）（通）	四九	资兴	西乡源塘唐家	面短而阔笑露其齿无须	今春充乡农会长，主令烧屋数十，杀人数十，抄掳百余家。去年曾充当乡农筹款委员。	死在山上
欧粹如（通）	四八	资兴	西乡瓦窑墙	无须高鼻独眼常戴眼镜遮眼	去年马日前充区农协执委。今春充组织委员长。杀人、烧屋、抄家，尽力为之。	死

姓名	年龄	籍贯	住址	面貌	暴动经过	附记
欧高科 （在押）	五〇	资兴	西乡瓦窑墙	无须，下颚尖，颧骨稍凸	今春充当土地委员，抢杀烧工作显著，又焚契约无数，瓜分田土，诱惑农工而害良类。	死
唐富富 （富加） （通）	三十余	资兴	西乡源塘唐家	无须脸方	今春充当土地委员，抢杀烧工作显著，又焚契约无数，瓜分田土，诱惑农工而害良类。	现在
唐振孔 （慕宁） （通）	一七	资兴	西乡源塘	头上有癞	今春充桃园团匪政府宣传员，兼少年先锋队长，杀人、放火、掳家捉人，皆动头手，若隔三日不杀人，大不耐烦。	现在
李友斋 （通）	四〇	资兴	大石	无须鼻高大面方阔	今春充赤卫队，抄杀工作有狠，焦氏龙钗于古又二月被杀，下午四时后复苏，被橡索绞死后，友斋恐其再活，又补下几刀。抱五岁余之幼女唐淑菱拖入塘内，菱哭嚷妈妈，把挨到塘边欲上其岸以梭镖刺其头，抵入水内浸死之。	死在广东
唐五斋 （五大）	三七	资兴	源塘	无须	去年充当农协纠查，今春充赤卫队副队长，曾督率杀人数十，焚屋数十，抄家百余。	死在广东
李荣太	四二	资兴	祠堂上	无须面小而短眼睛圆而稍鼓	今春充乡伪政府粮食委员，曾杀人数十，烧房屋数十，掠二百余家。	从广东回来病故

续表

姓名	年龄	籍贯	住址	面貌	暴动经过	附记
唐书古（书太）（通）	四六	资兴	源塘	无须	今春充当伪乡政府肃清反革命委员长，抄、烧、杀无不为之。系缝衣工人，今春正月初二曾从刘英庭、谢流昆等在县城开秘密会议，初九日亦开秘密会议，十四日到郴县，欢迎共匪来郴。	下落不明
唐发生（华生）（通）	三〇	资兴	源塘	无须	去年充当农协纠查，今春充当伪乡政府赤卫队支队长，督率捉人、杀人、抄家、烧屋，无不尽力为之。	下落不明
欧孝成	二六	资兴	西乡瓦窑墙	无须面方大	去年充当农协纠查，今春充当伪乡政府赤卫队支队长，曾杀人数十，焚屋数十，抄家百余。	变节后曾围剿布田
唐学斋（学太）（通）	四九	资兴	源塘	无须	今春充当乡伪政府监斩反动派委员长，抄家、烧屋难以言状，经赤卫队杀死之人个个身上定须杀几刀。	死在广东
王禄松（通）	四二	资兴	上西乡双溪下屋	无须	去年充乡农协会副会长，今春区政府正委员长。发令焚杀抄掳等暴动。	方义和由广东捉来
王富禄（捕）	三〇	资兴	大湾头	无须	今春充当区政府委员长，曾率队焚杀抄掳等暴动。	

姓名	年龄	籍贯	住址	面貌	暴动经过	附记
王存明（决）	二三	资兴	大湾头	无须	去年春充农协秘书，今春为红军连长，兼伪区政府特务长，曾率队焚屋数十，杀人数十，抄家百余。	
王任古（捕）	四三	资兴	唐家	面黄	去年在乡农协当纠查队，统带抄掳。今春充当伪区政府肃反委员长，杀人数十，焚屋百余。	
郭孝焜（甲全）	四二	资兴	涩塘（坝党）	无须	去年充农会正会长，今年在伪区政府充当土地委员长，焚烧契约无数。	
王法文	二三	资兴	冲头	无须	今春在伪区政府充当赤卫队队长，焚杀抄掳均做显著工作。	
郭良琛（郭猛）	二五	资兴	双溪王家塘	无须	今春在伪区政府当军事委员长，兼红军营长。	
谢富兴	三四	资兴	龙泉洞王鸡山	有连口胡须	去年在乡农协充当纠查，今年在区伪政府充当赤卫队副队长，统率焚杀抄掳等暴动。	
陈宝玉（死）	四二	资兴	上洞陈家	面宽大	去年在乡农协充当纠查，今春在区伪政府赤卫队正目，又兼肃清反动派委员，杀人放火抄家无不为。	

续表

姓名	年龄	籍贯	住址	面貌	暴动经过	附记
陈佑兴（死）	四三	资兴	龙泉洞王鸡山	无须	去年在乡农会充当裁判委员，兼纠查队长。今春在区伪政府充当秘查长，明指暗报诬害善类，种种恶迹不一而足。	
李定邦（通）	二三	资兴	坳头	独眼	今在伪政府充当秘书长兼速记，军事主谋。	
王凤松	三三	资兴	新屋图	面黄无须	去年在乡农协充当宣传长，今春在区伪政府充密查长，主使农工焚烧抄掳等暴动。	
张学仁（通）	二五	资兴	长冲张家	面上有红色疮	去年充当清理逆产委员，东城乡抄掳有案。潜逃未获。今春充区伪政府委员，其工作较之去年尤为显著。	烈士

资兴中西乡"共匪"年籍详细调查表

姓名	年龄	籍贯	住址	面貌	暴动经过	附记
罗永清（通）	三十余	资兴	中西乡鹿鸣团三元村	身中面尖满口须	去年充当三都党部兼农会执委，抄家杀人，被控有案。今春充三都苏维埃政府秘书，杀人、放火、凶暴无比。	
曹亮华（通）	三十余	资兴	中西乡香花团曹家	身矮面尖无须	今春共匪入境，与张承恕、谭楚材等组织香花苏维埃政府，自任副主席。杀人、放火均由该匪指挥。	

姓名	年龄	籍贯	住址	面貌	暴动经过	附记
谭乔松（押）	四十余	资兴	中西乡香花团大茅坪谭家	身中面尖无须	旧岁充当香花农会执委，抄家、勒捐、拘押县监有案。今春充当香花农会正委员长，杀人、放火与已办之谭楚材同。	
张承恕（通、押、死）	三十余	资兴	香花团星塘洞张家	身中面瘦无须	今春充当香花苏维埃政府秘书，杀人、放火与曹亮华同。	
文石尚	四十余	资兴	香花团田美头文家	身高面大无须	今春充当香花苏维埃政府正主席，杀人、放火均由该匪带队向前。	
符平朱	四十余	资兴	中西乡鹿鸣团三都符家	身中面小无须	去年充当三都农会纠查，抄家、杀人，被控有案。今春充当三都运输队长，杀人、放火事事争先。	
文克明（押衡阳）	三十余	资兴	香花团田美头文家	身中面圆无须	去年充当香花农会捐款委员，拿人、抄家无不前行，被控有案。今春充当香花苏维埃政府密查员，杀人、放火最为凶恶。	
罗金珍	二十余	资兴	中西乡鹿鸣团三元村	身中面尖无须	旧岁充三都农会纠查，被控有案。今春充当三都苏维埃政府少先队长，杀人、放火无不向前。	

续表

姓名	年龄	籍贯	住址	面貌	暴动经过	附记
文济民（通，密拿）	二十余	资兴	中西乡香花团高坵文家	身中面圆无须	旧岁充县中校特别党部总指挥暴动异常，被控有案，拘押县监狱有案。今春充当香花苏维埃政府少先队长，杀人、放火不亚于文克明。	
李亮生	二十余	资兴	中西乡香花团枫树垅头李家	身高面小无须	旧岁充当香花农会密查，抄家、劫财，被控有案。今春充当香花苏维埃政府密查长，杀人、放火，凶恶已极。	
谭永鸿	二十余	资兴	香花团大茅坪谭家	身中面大无须	今春充当香花苏维埃政府宣传员，烧、杀、抢、掳无所不为。	
文德明	二十余	资兴	中西乡香花团田美头文家	身中面尖无须	旧岁在香花农会抄掳劫掠，暴动已极。今春充当香花苏维埃政府土地委员，杀人、放火、奸淫、掳掠，无不向前。	
谭爱松	二十余	资兴	中西乡香花团大茅坪谭家	身中面小无须	旧岁在香花农会抄家、劫掠、暴动已极。今春充当香花苏维埃政府土地委员，杀人、放火、奸淫、掳掠，无不向前。	
陈弟根（通）	四十余	资兴	中西乡香花团老塘下陈家	身中面小无须	旧岁充当香花农会正委员长，抄、掳、劫、掠案积如鳞。今春充当香花苏维埃政府秘书，杀人、放火，恶毒无双。	

姓名	年龄	籍贯	住址	面貌	暴动经过	附记
谭明生	二十余	资兴	中西乡香花团大茅坪谭家	身矮面小无须	旧岁充当县中校特别党部学生军,抄家、劫财,拘押县监狱有案。今春充当香花苏维埃政府宣传员,烧杀淫抢事事争先。	
曹国柱(自新)	二十余	资兴	中西乡罗围团驳塘曹家	身中面长无须	旧岁充县中校特别党部宣传员,被控拘押县监狱有案。今春充当木市苏维埃政府肃反主任,杀人、放火甚为厉害。	
谭禄冬(自新)	五十余	资兴		身中面黑有斑无须	旧岁在香花农会抄家、劫财,被控有案。今春充当香花苏维埃政府土地委员,杀人、放火甚为厉害。	
陈传美(自新)	四十余	资兴	中西乡香花团柏树下陈家	身中面圆无须	旧岁充当香花农会募捐委员,抄家、勒捐,被控有案。今春充当香花苏维埃政府筹饷委员长,烧杀、勒捐,害人无数。	
李仁才	二十余	资兴	香花团枫垅头李家	身中面圆无须	今春充当香花苏维埃政府赤卫队长,杀人、放火皆由其指挥。	
宋霖雨(通)	二十余	资兴	中西乡香花团荷叶塘宋家	身中面尖小无须	旧岁随父亲宋贤臣在香花农会抄家、掠物,甚为厉害。今春充当香花农会赤卫队,杀人、放火不亚于宋四龙。	

续表

姓名	年龄	籍贯	住址	面貌	暴动经过	附记
刘运翼（准自新）	四十余	资兴	中西乡鹿鸣团三都刘家	身中面圆无须	旧岁充当三都党部常务委员，抄家、杀人，被控有案。今春充当三都苏维埃政府秘书，杀人、放火皆由其指挥。	
刘体仁	二十余	资兴	中西乡鹿鸣团三都刘家	身中面小无须	旧岁充当三都农会，抄家、劫财，被控有案。今春充当三都苏维埃密查，杀人、放火，暗中指使。	
符清才	三十余	资兴	中西乡鹿鸣团三都符家	身中面小无须	今春在三都苏维埃政府，杀人、放火、奸淫、掳掠，格外厉害。三都庠宇村无辜被杀之罗树槐，赤卫队尚未动手，该匪首先将树槐杀死。	
谢茂生	四十余	资兴	中西乡鹿鸣团中谢家	身中面小无须	旧岁充当三都农会纠查，抄家、杀人，被控有案。今春充当三都苏维埃政府密查，杀人、放火，十分厉害。	
谭明初	三十余	资兴	中西乡香花团大茅坪谭家	身高面长无须	旧岁在香花农会，抄掠劫掳，被控有案。今春充当香花苏维埃政府赤卫队第一排长，杀人、放火，带队争前。	
罗二玉（声请）	三十余	资兴	中西乡鹿鸣团三元村	身高面大无须	旧岁充当三都纠查，抄家、杀人，被控拘押有案。今春充当三都苏维埃政府密查队目，杀人、放火十分厉害。	工作显著

姓名	年龄	籍贯	住址	面貌	暴动经过	附记
罗槐珍	二十余	资兴	中西乡鹿鸣团三元村	身中面圆无须	旧岁充当三都农会、党部坐城密探，被控有案。今春充当三都苏维埃政府密察队，杀人、放火，凶恶无比。	
袁禄山（决）	二十余	资兴	中西乡鹿鸣团三都市	身中面小无须	今春充当三都苏维埃政府赤卫队副队长，烧杀淫掠无有过之者。	
宋承保（通）	二十余	资兴	中西乡香花团铁炉头宋家	身中面小无须	旧岁充当香花农会执委，掳家劫财，被控有案。今春任香花苏维埃政府宣传队，杀人、放火、奸淫、掳掠，无所不为。	
罗南华	三十余	资兴	中西乡鹿鸣团三元村	身中面尖无须	旧岁充当三都农会纠查，抄家杀人，被控有案。今春充三都密查，杀人、放火，为所欲为。	
宋四龙（通）	二十余	资兴	中西乡香花团荷叶垅宋家	身中面大无须	旧岁充当香花农会执委，抄家、杀人，被控有案。今春充当香花苏维埃政府纠查，杀人、放火，事事地场。	
陈廷昌	三十余	资兴	中西乡鹿鸣团仙岭背陈家	身中面大无须嘴上唇右边有黑痣	旧岁充当三都纠查队，今春充当三都苏维埃政府赤卫队，奸淫、掠掳，无所不为。	
李业鸿（通）	二十余	资兴	中西乡香花团星塘李家，住蓼市	大面无须	今春充当香花苏维埃政府军事指挥部长，杀人、放火、奸淫、掳掠，皆为指挥。	

续表

姓名	年龄	籍贯	住址	面貌	暴动经过	附记
李业塘（死）	二十余	资兴	中西乡香花团塘园垅李家	身中面长无须	今春充当香花苏维埃政府秘书，兼军事委员，杀人、放火、奸淫、掳掠，无所不用其极。	
陈国英（通）	二十余	资兴	中西乡香花团竹元头李家	身矮面小无须	今春充当香花苏维埃政府经济委员，兼迫卖委员，杀人、放火、奸淫、掳掠，为所欲为。	
陈家顺	二十余	资兴	中西乡香花团田里陈家	身中面长无须	今春充当香花苏维埃政府书记，兼军需委员，杀人、放火、奸淫、掳掠，害人无数。	
袁玉树（自新）	四十余	资兴	中西乡香花团土鸡坳袁家	身高面圆无须	旧岁在香花农会抄家、勒捐，甚为厉害。今春充当香花苏维埃政府勒捐委员，奸淫、掳掠，无所不为。	
罗竹亭（押，自新）	五十余	资兴	中西乡鹿鸣团三元村	身中面圆有须	旧岁在三都农会，抄家、杀人，皆由该匪指使。今春充当三都匪政府顾问，杀人、放火，无一不由该匪指挥。	
邵继舜（通）	三十余	资兴	中西乡罗围团木江市	身高面尖无须	旧岁充当郴县桥市（口）农会执委，抄安、劫掠，有案可查。今春充当木市匪政府主任，杀人、放火、奸人、掠掳，害人无数。	

姓名	年龄	籍贯	住址	面貌	暴动经过	附记
李大先贵（通）	四十余	资兴	中西乡罗围团木江市李家	身中面黑无须	旧岁当木江市农会执委，抄掳、劫掠，害人无数。今春充当木市肃反兼筹饷委员，杀人、放火，为所欲为。	
陈石珠（自新）	四十余	资兴	鹿鸣团大岸洞岭下陈家	身高面条有须	旧岁在三都农会抄家、劫掠。今春充当三都苏埃政府赤卫队，杀人视为儿戏。	
罗唐氏金玉（自新）	三十余	资兴	中西乡鹿鸣团三元村	身大面圆	旧岁充当三都妇女联合会正主任，今春充当三都妇女工作社主任，淫乱、惨杀不可言状。	
罗袁氏己月	二十余	资兴	中西乡鹿鸣团三元村	身矮面圆	旧岁充当三都妇女联合会副主任，今春充当资兴妇女工作社主任，淫乱、惨杀与金玉无异。	
文耀光（益隆、俊杰）（撤销）	三四	资兴	中西乡香花团田美头文家	身高面黄无须	马日前充当香花兴中农会执委，哨统地痞流氓数百，抄掳程平章兄弟及尚书、万和等家财物，因被缉拿逃外，现在鄂秘密工作。共产党。	
文彩辉（交龙）	三四	资兴	中西乡香花团田美头文家	身中面黄无须	马日前充当香花兴中农会执委，其工作与文耀光同。马日后充当香花苏埃政府经济委员，抢杀烧无不从场，现怕被拿，在逃。	

资兴城乡"共匪"年籍详细调查表

姓名	年龄	籍贯	住址	面貌	暴动经过	附记
曾昭文（通）	三二	资兴	城厢西门外蜡树下	稍高带瘦	县苏维埃赤卫队长，两次率（部）入城。	烈士
谢流崑（谢崑）	三四	郴县	半都	略瘦	区苏维埃政府主任，烧杀掳掠工作显著。	烈士
欧佑春	三五	资兴	县城厢西门外	略短	区苏维埃政府副主任。	已病故
许祖衡（通）	四〇	资兴	城厢西北关许家	面瘦无须	县、区苏维埃政府执委。马日前后均有显著工作，兼伪政府粮食委员主任，兼秘书，有委可证。	入共产党系由彭匪特派国英、许匪特派国襄二人介绍
许月楼（处决）	三八	资兴	城厢西北关许家	身矮面黄无须	区苏维埃政府秘书，后充主任。率队入城，放火烧正豪街，掳掠许世仁、许益卿家什物数百担。	烈士
许世积（处决）	三七	资兴	城厢西北关许家	面黄无须	先锋队长。	烈士
王敬寅（通）	二二	资兴	城厢大码头王家	面黄无须	县苏维埃执委，其工作与黄义藻同。	
许多才（自新）	二九	资兴	城厢西北关许家	无须	县苏维埃密察委员。	
胡昭日（通）	三二	资兴	城南社坛头	面白无须	县苏维埃伪政府肃反主任，杀人无算。	城厢公社卫生院长，已死
樊孝崑（东安）	十七	资兴	城东管塘		县少年先锋队团长	
李钗平	一九	资兴	城丁字街	身矮唇腮	充县女界联合会主任。女匪。	即：李孟兰，住三都

续表

姓名	年龄	籍贯	住址	面貌	暴动经过	附记
黎爱姬	十九	资兴	南乡布田		充县女界联合会。女匪。	住宜章
樊范球		资兴			充赤卫队长。	
樊淦	四二	资兴	竹园背樊家	面胖无须	马日前充资兴总工会正会长，明令匪党捉程子枢，杀金作忠、谢张焜，破坏资兴之首一。	已病故
王荡		资兴	城厢大码头		现在共匪工作，与该子王敬寅同。	已病故

资兴南乡"共匪"年籍详细调查表

姓名	年龄	籍贯	住址	面貌	暴动经过	附记
何全德（通）	三二	资兴	南乡四都大桥黄泥困	面黄无须	原系第四区苏维埃政府主席。该匪前任苏维埃政府伪职时曾发命令，剿灭爻山、天塘等处。现该匪红字报条尚存县"清委会"可调，被报如鳞。	弟何满德已成烈士
何钦阳（通）	二四	资兴	南乡一都乌鸡山	面白无须	原系苏维埃政府秘书长，烧杀暴动皆由该匪主使。该匪前发令烧一都蒋伯华房屋。阴又二月十三四日，亲自督队往爻山，烧杀掳掠，至今报条如鳞。现此匪已归家。	现在第一汽车制造厂
黎先谋（通）	三〇	资兴		面圆黑身矮小	马日前充县农会财务，吞没县款。马日后充第一乡乡政府主任，抢杀烧皆由指挥。	现在青市仓库工作

续表

姓名	年龄	籍贯	住址	面貌	暴动经过	附记
蒋得玉 （通）	二三	资兴	南乡一都 枫树垅	面白无须	前系一都第六乡农会第四组组长。该匪于今年又二月十三日，督队入爻山，先在竹林塘亲砍黄政心头顶一刀，又砍如一刀；至爻山黄氏族校，次日转吊旧市；十五日开会杀之。有李方斋可证。	据何江谈，后被群众打死
何忠平	二三	资兴	南乡一都 杨柳塘	面白无须	前系南乡四区苏维埃政府经济主任。凡一都唐、蒋及爻山黄、李被害各家，均受该匪主使，出发之毒。	
欧同昌	四二	资兴	南乡一都 兰家屋图	面白无须	前系一都农会主任。于又二月十三日亲督带红军往爻山，烧杀掳掠，至今报条如鳞。此匪现已回家。	旧市大队，弟名同怀。何秋生谈：未被杀，病故。
邵金禄	四〇	资兴 北乡人	旧市米厂 倒卖粉	面黑无须	前系旧市工会纠查队兵。于今年阴历又二月十一二日奔往爻山，肆行烧杀、掳掠，报条如鳞。	后已逃亡
蒋保昌 （已决）	四二	资兴	南乡一都 排楼下	面黄无须	前系旧市工会副会长，兼财务委员。据谭犯毛斋供称，该匪于又二月十三日，他等由爻山掳来衣物箱十余担，均送交该匪收贮，获物甚多，报条如鳞。	烈士

姓名	年龄	籍贯	住址	面貌	暴动经过	附记
欧法山	四三	耒阳	现住南乡二都西里井头铺上	面黑无须	前系二都西里赤卫队队长，于今年阴历又二月初十、十一日督队至滁口及高狮等处，掳物烧屋，有滁口居民报单为证。	烈士
黄良发	六二	资兴	南乡二都西里曲党	面黄无须	系一都农工会共匪向导。该匪本惯作离媒及武断乡曲等行为，此次一都六乡农会共匪来劫爻山时，纯为该匪为虎作伥所致。至今爻山人恨之入骨，报条山积。	
黎隆隆（通）	三二	资兴	南乡四都布田	面黄无须	系充一乡赤卫队队长兼筹款委员。该匪今春经过爻山、布田、浓溪等处，烧杀掳掠，人民受害不可胜数，至今报条山积。	已被杀害。何江谈：无后嗣。
何癫子（国章）	十四	资兴	南乡一都白泥塘	面黑无须	系充四区苏维埃政府少年先锋队。该匪于又二月十三四日奔往爻山，合同掳物烧屋，并吊人至十五日，旧市沙洲开会杀人时，唯该匪杀人最多，至今报条山积。	现在上海工厂工作（何江谈）

续表

姓名	年龄	籍贯	住址	面貌	暴动经过	附记
李元亨	三四	资兴	南乡二都西里舍下	面黄无须	充二都西里农会赤卫队长。今春又二月初十一二，督队至滁口高狮头，肆行掳物焚屋。此共匪头目，致该处人至今恨之入骨，报条如鳞。又于又二月九日，手杀布田中学生黎先茂确实，掳吊伊子而去。	
杨天德	二三	资兴	南乡一都猴古石	面黄无须	充南乡旧市工会纠查队长。该匪于今年又二月十一、二日，首先到爻山，直抵黄格心家，捣毁什物，并掳去衣装被帐等件甚多。	（江口）
张天心	二四	资兴	南乡四都曲活对门书房上	面黄无须	充第一乡农会赤卫队长。该匪于今年又二月十三四日，督队出发爻山，掳烧并吊人，带到旧市沙洲上开会，屠杀李大礼、黄玉春等数人。又前经手杀死四都胡至斋，有谭禄清供词为证。	（张家）
王敬寅（通）	二四	资兴	城厢大码头王家	面黄无须	充南乡一都旧市工会纠查队，前杀四都胡至斋，是该匪二刀。又焚布田黎国连房屋，有谭禄清供词为证。又今春奔往爻山劫抢。	重复，城乡中有记

姓名	年龄	籍贯	住址	面貌	暴动经过	附记
何秋生	三五	资兴	城厢南塘	面黄无须	充南乡农会赤卫队第三班班长。该匪手杀何良民、何心如。又于又二月十四日前往爻山劫抢时，所烧黄格心、如生、仁政等房屋，均经该匪之手，有刘任志供词为证。	
王继贞	三五	衡州	南乡旧市鲁班会公店	面黄无须	充南乡旧市工会纠查队第一班班长。今年又二月十一二三日出发爻山，先入黄格心家，捣毁竖平床家物等件，所获衣物、锡器等最多。	外籍人，革命失利后下落不明
李松山	三四	资兴	南乡旧市成章号染布	面黄无须	充一都旧市工会纠查队兵。该匪于今年又二月十三四日，出发爻山，大肆掳掠，所得衣物无算。	
何应蔡（安民）	三○	资兴	南乡四都白泥塘	面黄无须	充四都苏维埃政府赤卫队长。该匪率队赴杨林等处烧掳掠，不可胜数，四都恨入骨髓。	烈士
黎红米	三四	资兴	南乡四都长丰市	面黄无须	充旧市工会纠查。于今年又二月初八日往大村烧屋掳掠，被报如鳞。	已被反动派杀害，四兴之兄

续表

姓名	年龄	籍贯	住址	面貌	暴动经过	附记
邓富斋	五四	资兴	南乡二都保和黑带排上	面黑无须	充二都西瓜铺执委。于今年又二月十一、二、三、四日，当一都农工会共匪出发夌山劫抢时，乘风比同掳人谷食衣被，此贪恋共产之尤者。	
龙松斋	四二	资兴	东乡白家洞	面黄无须	充当旧市工会纠查。于今年又二月十一、二日，已参与劫掠夌山财物，并流往浓溪、雷洞等处，依然大肆掳掠，怙恶不悛。	
张楚雄（自新）	三一	资兴	南乡四都曲活书房上	面黄无须	充一乡乡政府赤卫队。于今年又二月十五日，在旧市沙洲上开会，经手杀人六名，有刘任志供词为证。	
黎哀斋（晋文）（通）	三二	资兴	南乡四都布田	面黄无须	充第一乡乡政府赤卫队长，督率本队将布田之屋烧的烧，毁的毁，共五十余间。又往大村胡家烧屋、吊人、掳掠犹小。	何秋生谈：该人未被杀
蒋辉星	三四	资兴	南乡上六洞浓溪香炉混脚下	面黄无须	充浓溪乡政府主任。该匪在浓溪烧屋杀人无所不至。	已叛变当清乡队负责人，土改中镇压
唐己太	三四	资兴	南乡上六洞浓溪中洞	面黄无须	充浓溪乡政府主任。该匪在浓溪烧屋杀人无所不至。	烈士

姓名	年龄	籍贯	住址	面貌	暴动经过	附记
黄恩恩	三五	资兴	南乡二都西里井大黄家	面黄无须	充西里乡政府赤卫队班长。随同李匪元亨往滁口高山头焚烧一带，报条如鳞。	
黎名万	三五	资兴	南乡二都西里井大黄家	面黄无须	充西里乡政府赤卫队班长。随同李匪元亨往滁口高山头焚烧一带，报条如鳞。	
何南改	五十余	资兴	南乡一都新田	面黄无须	充西里乡政府赤卫队班长。随同李匪元亨往滁口高山头焚烧一带，报条如鳞。	（乐安）
何荣改	五十余	资兴	南乡一都新田	面黄无须	充西里乡政府赤卫队班长。随同李匪元亨往滁口高山头焚烧一带，报条如鳞。	（乐安）
张洪盛	四十余	资兴	南乡二都西里大垅上坟上	面黄无须	系充二都西里乡政府赤卫队班长。于今年又二月十日在滁口高不等处，烧掠甚多。	
张树昌	二十余	资兴	南乡二都西里大垅焦坪岭	面黄无须	系充二都西里乡政府赤卫队班长。于今年又二月十日在滁口高不等处，烧掠甚多。	
张荣荣	二十余	资兴	南乡二都西里大垅焦坪岭	面黄无须	系充二都西里乡政府赤卫队班长。于今年又二月十日在滁口高不等处，烧掠甚多。	
李昆仑（梅春）	三十余	资兴	南乡四都厚玉	面黄无须	原系剃匠，后投旧市工会当纠查。于今年又二月初八日，督队烧朱明之之屋，被报在敝会。	后病故，无后嗣。

续表

姓名	年龄	籍贯	住址	面貌	暴动经过	附记
朱妹斋	三十余	资兴	南乡上六洞浓溪江垅上	面黄无须	原系剃匠，后投旧市工会当纠查。于今年又二月初八日，督队烧朱明之之屋，被报在敝会。	
宋告告	三十余	资兴	南乡一都江口	面黄无须	系第八乡乡政府执委，在一都抢杀烧显著。	
何良同	三十余	资兴	南乡四都大村	面黄无须	系四都乡政府赤卫队兵。在大村焚掳无算，工作显著。	
唐良福	四十余	资兴	南乡四都下坪	面黄无须	系四都伪政府执委，合陈耀宗等焚烧掳掠陈振又之屋宇财物。	
陈成古	三十余	资兴	南乡四都坪田	面黄无须	系四都伪政府执委，烧陈振文之屋在场，又今年又二月十三日，又率队至爻山抢掳。	
陈耀宗	三十余	资兴	南乡四都下坪	面黄无须	系四都四乡乡政府秘书，命令赤卫队往下坪陈振文家焚烧净尽，报条如鳞。	何江谈：该人已叛变革命
蒋焕文	五十余	资兴	南乡一都排楼下	面黄无须	系旧市工会秘书，抄掳蒋伯华家衣物赃证两确。	旧市
黄乙太	二十余	资兴	南乡一都南布	面黄无须	系旧市苏维埃政府先锋队兵。于今年又二月十三日亲往爻山掳掠，现尚存扁担一根为证。	旧市乐安

姓名	年龄	籍贯	住址	面貌	暴动经过	附记
黎克明	四十余	资兴	南乡一都杨林东边江	面黄无须	马日前充一乡农会长，被押。马日后又充八乡匪政府主席，继续工作，极狠，户族无不切齿相恨，案积如鳞。	日后病故，已变节
唐光耀（林林）	三十余	资兴	南乡一都长洞垅	面黄无须	充旧市工会赤卫队长，兼财务委员。于今年又二月十三日先往爻山，将黄寄大、黄章如等十余人吊至旧市开大会杀之，报条如鳞。该匪现已回家。	后病故
何任秀	三十余	资兴	南乡一都乌鸡垅	面黄无须	充六乡伪政府经济委员。前者听该岳父黄良发唆使，架害爻山人，导致一都六乡农会，疏报爻山农民反动，致爻山因此惨遭烧杀，恨之入骨，报条如鳞。此匪业已回家。	乐安
黄伐良	三十余	资兴	南乡一都上坊	面黄无须	充一都乡匪政府组长，于今年又二月十三日，偕匪党同往爻山烧杀掳掠，并吊李金昌等数人至旧市屠杀，至今报条如鳞。现已回家矣。	已划地主
何周斋	四十余	资兴	南乡一都乌鸡山	面黄无须	充一都六乡匪政府赤卫兵。于今年又二月十四日，劫烧黄仁政之房屋时，被该村黄长成瞥见可质，报条如鳞。	

续表

姓名	年龄	籍贯	住址	面貌	暴动经过	附记
李桃友	五十余	资兴	南乡一都侧江头	面黑无须	充一都乡匪政府执委，于今年又二月十三日，先到爻山，咙哄招待，及六乡政府共匪已到，合同劫掠，有该匪遗留墨记谷箩存在爻山曲党村内为证，报条如鳞。	
刘太海	四十余	资兴	南乡一都旧市德和堂	面黄无须	充旧市匪政府青年先锋队兵。于今年又二月十五日，在旧市沙洲上开大会，经手杀人甚多，报条如鳞。	
刘汉卿	三十余	资兴	南乡一都旧市德和堂	面白无须	充旧市匪政府青年先锋队兵。于今年又二月十五日，在旧市沙洲上开大会，经手杀人甚多，报条如鳞。	
吴顶盖老	三十余	资兴	南乡一都汉塘吴家	面黑无须	充一都六乡匪政府赤卫队兵。于今年又二月十三、四日，率队至爻山掳掠烧杀，被报如鳞。	
王天时	二十余	资兴	南乡一都庞家	面黄无须	前充第四区匪政府青年先锋队长，于今年又二月受伪命督队往爻山，肆行烧杀，今春旧市沙洲开会杀人之红手，报条如鳞。	汉塘大队
许己太	四十余	资兴	南乡一都下婆田	面黄无须	充一都农工会执委。于今年又二月受伪命督队往爻山，肆行烧杀，今春旧市沙洲开会杀人之红手，报条如鳞。	旧市大队

姓名	年龄	籍贯	住址	面貌	暴动经过	附记
蒋石养	五十余	资兴	南乡一都碻头	面黄无须	充一都六乡农会副主任。于今年又二月督队往爻山掳掠，并掳一都唐、蒋、何各富户衣箱甚多，谷担无数。	
吴品章	十余岁	资兴	南乡一都汉塘吴家	面黄无须	充六乡农会小组执委。今春又二月十三日来爻山抢劫掠，曾经手砍爻山黄丙发一刀，幸砍未多深，故其人至今未死可质。	
吴福斋	六十上下	资兴	南乡一都汉塘吴家	面黄无须	充一都农会小组执委。今春又二月十三日早，先往爻山，咙哄招待。至六乡农会来劫，又朋比掳掠，不避嫌疑。目据刘犯保松口供，刘匪佑之抄来衣箱一担，尚存伊家。	
蒋富文	三十余	资兴	南乡一都老洞蒋家	面黄无须	充六乡农会赤卫队长。于今年又二月十三日率队至爻山烧屋掳物，并吊去黄瑞昌在旧市沙洲上开会杀之。又掳来镰刀一大捆。有何禄禄供词为证。	乐安
李芳茗	二十余	资兴	南乡一都豆瓜园	面黄无须	充六乡农会小组执委。于今春又二月十三、四日曾到爻山抄掳衣物，获益亦不少。	

续表

姓名	年龄	籍贯	住址	面貌	暴动经过	附记
蒋怀如	四十余	资兴	南乡一都排楼下	面黄无须	充四区匪政府粮食委员。于今春在政府曾主使红军出发抄掳一都唐、蒋富户及爻山洞谷米衣物，致恨者不少。	
五耸斋	三十余	资兴	庞家	面黄无须	充六乡农会赤卫队。今春又二月十三、四日，该匪前往爻山，掳掠烧杀，并吊人至旧市沙洲上开会杀之，报条如鳞。	
唐甲昌	三十左右	资兴	南乡一都上坊	面黄无须	充六乡农会赤卫队。今春又二月十三、四日，该匪前往爻山，掳掠烧杀，并吊人至旧市沙洲上开会杀之，报条如鳞。	旧市
樊宝材	三十余	资兴	城厢人	面黄无须	马日暴动后，仍继续充旧市工会纠查。一切工作同前。	
宋怀斋	三十余	资兴	南乡一都秋溪宋家	面黄无须	充一都六乡农会小组执委。工作同前。	乐安
宋义为（声请）	二十	资兴	南乡一都秋溪宋家	面上圆下尖	职务、工作同前。	乐安
何子贞	二十	资兴	南乡一都秋溪宋家	面黄无须	充一都六乡农会小组执委。于今春又二月十三、四日红手，吊去爻山李英华兄弟母妻数人，均至旧市释放，掳得衣物甚多。	乐安

姓名	年龄	籍贯	住址	面貌	暴动经过	附记
蒋癸荣	五十	资兴	南乡一都现住洞口桥沙洲上	面黄无须	充六乡匪政府赤卫队兵。于今年又二月十二、三日，手执红旗，先入爻山，引导掳掠烧杀。	旧市
黄月春	四十	资兴	南乡一都荷包冲	面黄无须	职务同前。于又二月十三日劫掠爻山时，亲手烧黄格心之屋及黄福斋之屋，人人目见。	旧市
陈六斋	三十余	资兴	南乡一都新田	面黄无须	充六乡匪政府秘书长。于今春又二月十三、四日，发令出发爻山掳掠财物。又赴天塘勒索李荣古等捐款八十元，有何仁古口供为证。	乐安
蒋癸松	三旬上下	资兴	南乡一都	面黄无须	充四区匪政府少年先锋队。于今春又二月十五日，在旧市经手杀人最多，人人目见。	乐安
唐才古	三十	资兴	南乡一都秋溪唐家	面黄带肥无须	充一都六乡政府赤卫队兵。于今春又二月十二日到爻山，四布大言，指挥烧杀黄格心二个住屋，有张必必供词为证。	乐安
黎甲王	三十	资兴	南乡四都	面黄无须	充旧市工会纠查兵，随同往爻山烧杀掳掠，报条如鳞。	

续表

姓名	年龄	籍贯	住址	面貌	暴动经过	附记
何作良	三十左右	资兴	南乡旧市洞头	面黄无须	充四区伪政府青年先锋队。爻山此次惨遭烧杀，该匪实为始作俑者，况到处掳物烧屋，更犯社会公怒。	
何春春	三十五	资兴	南乡一都乌鸡石	面黄无须	职务同前。于今春又二月十三、四日抄掳爻山衣物无算，至十五日旧市沙洲上开军事大会，又经手杀爻山黄崔日。	乐安
何长教化子	三十五	资兴	南乡一都乌鸡石	面黄无须	充四区匪政府青年先锋队班长。于今春又二月十三、四日出发爻山，烧屋吊人，甚属利害，所得谷米、衣物唯该匪较多。	
何己太	三十五	资兴	南乡一都旧市街	面黄无须	充一都六乡农会小组长。于今春又二月十三、四日，出发爻山大肆掳浇，所获衣物甚多。	
何福德	三十五	资兴	南乡一都乌鸡石	面黄无须	充一都六乡农会小组长。工作同前。	
黄吉昌	十余岁	资兴	南乡二都爻山	面黄无须	充四区匪政府青年先锋队。工作同前。	
刘和气	二十余	资兴	南乡一都旧市街	面黄无须	系旧市工会看管箱物堆积处执委。工作同前。	
黄陌古	二十余	资兴	南乡一都松山头	面黄无须	充一都旧市工会纠查队五班长。工作同前。	

姓名	年龄	籍贯	住址	面貌	暴动经过	附记
蒋诺契	三十余	资兴	南乡一都乌鸡山的寄男	面黄无须	充六乡农会小组执委。于今春又二月十三、四日，到爻山抄掳，并烧黄格心之屋，有黄告化子供词为证。	
蒋书斋	三十余	资兴	南乡一都老洞蒋家	面黄无须	职务、工作同前。	
黎文焕	二旬左右	资兴	南乡四都田头井	面黄无须	充县匪政府青年先锋队兵。于今春又二月初十日，从主任友槐往坪石焚烧李茂荣之屋，被报如鳞。	
黎名祥	三十余	资兴	南乡四都田头井	面黄无须	充旧市四区匪政府土地委员。于今春又二月十三、四日在杨林塘口焚烧契据，插牌分田，被报如鳞。	已病故
何丙祥	三十余	资兴	南乡一都新田	面黄无须	充六乡农会小组主任。于今春又二月十三、四日，发令并督队出发爻山，抄掳焚烧，所获谷粮衣物不少。	
吴士太	五十余	资兴	南乡一都汉塘吴家	面黄无须	充一都农会小组执委。于今春又二月十三日出发爻山，经手焚烧抄掠无算，报条不多。	
袁易成	五十余	资兴	南乡二都西里上堡	面黄无须	充二都西里农会班长。于又二月初八日，当大股共匪攻打滁口时，曾身带梭镖至上七下八垅内，追赶钟茂林，幸茂林手段高强故未遇害。后烧滁口房屋，亦在场。	

续表

姓名	年龄	籍贯	住址	面貌	暴动经过	附记
杨忠忠	十余岁	资兴	南乡一都旧市义兴堂	面黄无须	充四区伪政府青年先锋队。前往爻山掳去衣物不少。又于又二月十五日在旧市沙洲上开大会，经手杀人最厉害。	
何会达	十余岁	资兴	南乡一都汉塘松树坳	面黄无须	职务、工作同前。	
蒋寄古	五十余	资兴	南乡一都排楼下	面黑无须	充六乡农会小组执委。于又二月十三日，当六乡共匪来劫爻山时，该匪手、撑红旗向前，指挥并任意抄掳。	
何兵古	三十余	资兴	南乡一都乌鸡石	面黄无须	充六乡农会赤卫队。于又二月十三、四日来爻山，抄掠所得谷食衣物亦多，此贪得共产之尤者也。	
袁松福	四十余	资兴	南乡一都高岸头	面黄无须	充六乡农会执委。于又二月十三日，因该匪先行禀报乡政府，要办反革命，致使全体出发爻山，抄烧、吊人，故爻山人至今恨之入骨。	
唐欠如	三十余	资兴	南乡一都上坊	面黄无须	充六乡农会秘书。共匪是其素性掳掠烧杀，靡不为所欲为，地方受害，此匪实作之俑。	
何全兴	二十余	资兴	南乡一都新田	面黄无须	充六乡农会小组执委。该匪乘风掩护，导人先路，故谷米衣物所得甚多。	

续表

姓名	年龄	籍贯	住址	面貌	暴动经过	附记
黎银方、黎由芳、袁作澍、黄仁术	二六二八 二四二九	资兴	兰溪区柳沙坪车官。三都市七里山		前面已列——重复	
何保保	四旬上下	资兴	南乡一都乌鸡石	面黄无须	充六乡农会赤卫队，于今年又二月十三、四日来爻山，抄掳所得谷食衣物亦多，此贪得共产之尤者也。	

谢芳梁转抄（1983 年 11 月）

中共资兴县委党史办

笔者说明：以上《调查表》（通缉令）中，东乡共计 106 人，北乡共计 82 人，上西乡共计 28 人，中西乡共计 44 人，城乡共计 15 人，南乡共计 99 人——其中 5 人重复（王敬寅、黎银方、黎由方、袁作澍、黄仁术）。总计为 374 人，减去 5 人重复的，总计为 369 人。其中许多人死得可能不怎么"壮烈"，但仍然是为革命而献身的呀，新中国成立后连"烈士"的名誉都没有，甚为可惜。

附录二：

工农革命军第四军序列

中共郴州地委党史资料征集办公室 1986 年 11 月编印的《湘南起义史稿》"伟大的会师"，其中载有 1928 年"工农革命军第四军序列"，现抄录如下：

工农革命军第四军（六月后改称为中国工农红军第四军）：

军长：朱德；党代表：毛泽东；参谋长：王尔琢；政治部主任：陈毅。

第十师：师长：朱德（兼）；党代表：宛希先。

第二十八团（原南昌起义的部分队伍，约二千人）：团长：王尔琢（兼）；党代表：何长工。

第二十九团（原宜章农军，二千余人）：团长：胡少海；党代表：龚楚（后叛变）。

第三十团（情况附后）。

第十一师：师长：张子清（由于张负伤，毛泽东代），党代表：何挺颖。

第三十一团（原秋收起义部队，一千余人）：团长：张子清（兼），后为朱云卿、伍中豪；党代表：何挺颖（兼），后为邝朱权（后叛变）。

第三十二团（原在井冈山一带活动的武装）：团长：袁文才；党代表：陈东日；副团长：王佐。

第三十三团（原郴县农军，二千余人）：团长：邓允庭；党代表：邝朱权。

第十二师：师长：陈毅（兼）。

第三十四团（原耒阳农军，七百余人）：团长：邝鄘；党代表：邓宗海；副团长：刘泰。

第三十五团（原永兴农军，八百余人）：团长：黄克诚（后为戴诚本）；党代表：李一鼎。

第三十六团（原资兴农军，二千余人）：团长：李奇中；党代表：黄义藻；副团长：袁三汉。

特务营营长：宋乔生；党代表：敬懋修。

会师时，无三十团番号，曾将三十四、三十五、三十六三个团，合编为三十团。1928 年五月底，因给养发生了极大的困难，红四军取消师的番号，缩编为四个团，即二十八团、二十九团、三十一团、三十二团，共五千余人。其余三十三团和由三十四、三十五、三十六三个团合编成的第三十团，在各县领导干部带领下，返回湘南就地坚持斗争。

附录三：

朱良才、朱赤在资兴任职考

（欧资海）

朱良才，汝城县人，1928 年 3 月至 4 月，任第一届中共资兴县委委员、县委组织部部长。新中国成立后授予上将军衔，任中国人民解放军北京军区政治委员。

朱赤，汝城县人，从1928年3月至1928年4月任中共资兴县委委员，兼任资兴县苏维埃政府肃反委员会主任。1928年8月下旬，中共汝城县委在田庄圩恢复，朱赤任县委委员，主管武装，在资兴浓溪、汝城县周边地区打游击。

《中国共产党资兴历史》（新民主主义时期）第四章"湘南起义在资兴"中记载："1928年3月13日至16日，资兴县党组织在三都流华湾召开了第一次党的代表大会。出席会议的代表有资兴建党时的早期党员段廷壁、戴廖斌、谢流昆、胡昭日、刘英廷、唐士文、许祖衡、李世成等，还有来自各区乡代表王樵舟、刘茂筠、何子奇、袁三启、曾昭文、袁漫游、黎先谋、李平阶（后叛变），以及郴县人邓亲明，汝城人朱赤、朱良才等，共57人。会议由袁三汉主持，黄义藻做了党组织建设报告，李奇中做了军事报告，刘英廷做了土地革命工作报告。这次大会正式成立了中国共产党资兴县委员会。县委负责人名单如下：书记：黄义藻。副书记：袁三汉。委员：李奇中、黄义行、刘英廷、朱良才、朱赤、李世成、谢流昆。"

然而，经查《中国共产党湖南省资兴市组织史资料》（1926年10月—1987年12月）中"土地革命战争时期·第一节党的组织：中共资兴县委员会"记载，委员之中，并没有"朱良才、朱赤、李世成、谢流昆"的名字。《中国共产党湖南省郴州地区组织史资料》（1921年7月—1992年12月）第二章土地革命战争时期"中共资兴县委员会"中，在委员名单中，与资兴市党史资料记载的一样，也没有"朱良才、朱赤、李世成、谢流昆"这4个人的名字。

那么，朱良才和朱赤是否担任过中共资兴县委委员呢？笔者查阅有关资料，进行了一番考证，其结果如下：

一、朱良才和朱赤确实担任过资兴县第一届县委委员

朱良才和朱赤是否担任过资兴县第一届县委委员？经查有关资料，现罗列如下：

第一，《资兴党史》资料中记载，朱良才和朱赤确实担任了资兴县第一届县委委员。

《资兴党史》1988 年第 1 期"中共资兴县委员会的成立"中说："民国十七年（1928）3 月 13 日至 16 日（农历二月二十二至二十五），资兴党组织在三都流华湾召开了第一次党的代表大会，出席大会的代表 57 人。出席会议的代表，都是起义中的领导者，有的还是建党的首批党员……以及郴县人邓亲明、汝城人朱赤、朱良才等。这次大会正式成立了中国共产党资兴县委员会（隶属于中共湘南特委）：书记：黄义藻；副书记：袁三汉；委员：李奇中、黄义行、刘英廷、朱良才、朱赤、李世成、谢流昆。"

　　第二，朱良才的个人简历中说："朱良才来到资兴县担任县委组织部部长，与其他领导一起发起了农民暴动。"

　　经互联网搜索，朱良才的个人简历中说：朱良才（1900—1989）："1927年 10 月，朱良才被营救出狱后毅然加入了中国共产党。""由于汝城的反动势力疯狂镇压革命，屠杀共产党人和革命群众，他在村里无法待了。所以，县委书记才亲笔写了密信，要他投奔朱德、陈毅参加湘南起义。""1928 年 1 月初，朱良才经县委介绍，前往湘南参加暴动。在湖南耒阳县，朱良才找到了朱德和陈毅。几天后，陈毅带他到永兴参加湘南特委特别召集的代表大会。会后，朱良才来到资兴县担任县委组织部部长，与其他领导一起发起了农民暴动。起义农民转移到耒阳后，组成第三十六团，不久挥师井冈山，加入了红四军的行列。"

　　值得指出的是，以上的"简历"需要加以说明和更正：（1）"在耒阳县，朱良才找到了朱德和陈毅"，时间当在"1928 年 2 月 10 日"以后了——1928年元月，朱德、陈毅率工农革命军智取宜章城，继而打垮许克祥的国民党第十三军第三师，军威大震，乘胜向郴县挺进。2 月 5 日，朱德身穿粗布军装，脚踏草鞋，身背斗笠，骑一匹高头大马，神采奕奕地走在部队前头，满面笑容地向欢迎人群挥手致礼。部队进城后，分别在第七联合中学和城隍庙等处驻扎。当晚，军民在濂溪女校礼堂举行联欢大会，夏明震代表县委致欢迎词，朱德、陈毅同志在会上讲了话。2 月 10 日，朱德率部离开郴州，向耒阳进军。（2）"陈毅带他到永兴参加湘南特委召集的代表大会"的时间在 3 月 16 日至20 日。（3）"（资兴）起义农民转移到耒阳后，组成第三十六团"，这句话是错的。事实是，资兴农军（独立团）没有到过耒阳，而是于 4 月 10 日跟随陈毅离开资兴彭公庙，经酃县上的井冈山。5 月 4 日，中国工农革命军第四军在砻市宣布成立，资兴独立团“组成第三十六团”。

第三，朱良才的个人简历中记载，他上井冈山后，担任了由资兴农军“独立团”改编而成的“三十六团”连党代表。

《中国人民解放军将帅名录》第一集第64页记载：朱良才（1900—1989）：湖南省汝城县人，1925年参加本县农民运动。1927年加入中国共产党，次年参加湘南起义。土地革命战争时期，任中国工农红军第四军军部秘书，第十二师三十六团连党代表，中共永兴县区党委书记（笔者注：此处“永兴县”是错误的，应为“江西永新县烟岗区委书记”），红四军第三十一团一营营部书记，连政治委员，第三纵队七支队政治委员，红一方面军第三军九师政治委员，红五军团第十五军政治委员，红军总卫生部政治委员，红三十一军政治部主任，红四方面军教导团团长兼政治委员，援西军政治部组织部部长。参加了长征。抗日战争时期，任晋察冀军区第三支队政治委员，第三军分区政治委员兼政治部主任，晋察冀军区政治部副主任、主任。解放战争时期，任晋察冀军区国政干部学校副校长、副政治委员，华北军政大学政治委员，华北军区副政治委员兼政治部主任，北京军区政治委员。1955年被授予上将军衔。朱良才是中国人民政治协商会议第一届全国委员会委员，第一届全国人民代表大会代表，第二、三、四、五届全国人民代表大会常务委员（笔者注：朱良才于1989年2月22日在北京病逝，终年89岁）。

中国工农革命军第四军“第十二师”和“三十六团”，在井冈山只存在了20多天的时间。1928年4月10日，中共资兴县委书记黄义藻（兼资兴独立团党代表）、副书记袁三汉（兼资兴独立团副团长）和资兴独立团团长李奇中（兼县苏维埃政府军事委员会主任），率领资兴独立团跟随陈毅，从彭公庙经汤市进入酃县，然后在酃县沔渡与朱德主力部队会合，上了井冈山。5月4日，朱德、毛泽东两部在宁冈砻市召开会师庆祝大会，工农革命军（6月改称“红军”）第四军成立，资兴农军“独立团”改编为第十二师（陈毅任师长兼党代表）第三十六团，李奇中任团长，黄义藻任党代表，袁三汉任副团长。这个“第十二师”和“三十六团”，在井冈山只存在了20多天的时间。5月下旬，红四军军委决定：撤销“师”的建制，军部直辖“团”，并将湘南农军组成的第三十三、三十四、三十五、三十六团合编为第三十团。5月底，由于井冈山给养发生困难，红四军军委决定：资兴、永兴、郴县、耒阳等县农军返回本地打游击。资兴农军（第"三十六团"）改编为红军资兴游击独立团，5月底从井冈山出发，沿途冲破敌人的防堵，于6月初返回了资兴县龙溪地区，建立了井冈山外围游击区。

第四，朱赤担任了资兴县苏维埃政府肃反委员会主任，这说明他那时确实在资兴县工作。

《中国共产党湖南省资兴市组织史资料》中"土地革命战争时期·第二节政权组织：资兴县苏维埃政府"记载："1928年2月初，资兴、永兴两县农军首次攻下县城。撤回三都后，建立三都苏维埃政府。3月6日，成立资兴县苏维埃政府。县苏维埃政府设军事、土地、肃反、经济、粮食、财务、青年7个委员会（7个工作机构）。肃反委员会主任：朱赤1928年3月—1928年4月任。"

二、有资料说：朱良才和朱赤是参加中共湘南特委在永兴县城太平寺召开的湘南工农兵代表大会，"会后，被派往资兴县参与组织农民暴动"的

资兴县第一届县委9名成员中，只有朱良才和朱赤两个人是汝城县人，其余都是资兴人。在湘南起义当中，绝大多数县的地方领导人，都是出自本地（"就地闹革命"），只有上面派下来的外地人才有可能担任当地的领导人。经查《汝城县志》（1990年3月初稿——笔者因公到汝城县，县委书记王存湘、县委副书记范儒廷两人送给笔者的，当时正稿还没有印出来）和有关史料，得到的资料汇集如下：

第一，革命烈士《何日升》传："何日升（1910—1931）：又名何日醒，化名李春华，汝城县土桥乡永安村人。1926年春在衡阳省立三师读书时加入中国社会主义青年团，不久转入中国共产党。'马日事变'后，秘密组建中共汝城县委，并任县委书记。1927年11月，他参加了朱德部署湘南起义的准备工作——在汝城县城衡水会馆召开的湖南和粤北十县县委书记会议。会后，介绍朱良才、朱赤等青年到朱德部参加了著名的湘南起义。"这个资料说明，朱良才和朱赤参加朱德部队的时间"在汝城县城衡水会馆召开的湖南和粤北十县县委书记会议"之后。这个会议召开的时间，是1927年11月26日至28日。

第二，第二十五篇《军事》第三章第三节"中国共产党领导的人民武装"中记载："中国工农革命军第二师第一团（1927年8月至10月）"：1927年8

月 15 日，汝城县大革命失败，汝城农军及部分宜章农军共 500 余人枪，撤至濠头火焰坳，整编为"国民革命第四军补充团"，推举何举成任团长。接着，转移到江西崇义县的上堡、上犹县的营前一带开展游击活动。同年 9 月，在营前圩接到中共湖南省委指示，部队改编为工农革命军第二师第一团，就地举行秋收起义。9 月 24 日，部队进入桂东县，27 日占领桂东县城，宣布起义。随即向汝城进发，28 日夜袭汝城，29 日占领县城。不久，国民党"宣抚团"何其朗反攻县城。部队纪律不严，一营大部分战士走散回家，部队撤至汝城、宜章、资兴交界的瑶岭附近，只剩 200 余人。"国民革命军十六军特务营（1927 年 10 月至 1928 年 2 月）"："1927 年 10 月，十六军（军长范石生）中的秘密共产党员韦昌义来到工农革命军第二师第一团驻地，介绍朱德与范石生谈判合作的情况，要求二师一团也接受十六军的番号。为保存力量，一团于月底开到广东乐昌县今乐昌市东头街接受十六军特务营番号。1928 年初，朱德部队开到湘南发动起义，特务营因行动迟缓，于 2 月 6 日拂晓在驻地——韶关女子学校，受到范部围攻，副营长黄文灿（原宜章农军负责人）叛变投敌，营长何举成负伤后壮烈牺牲。特务营大部被歼，剩余部分突围脱险，李湘民（李涛）、朱良才、范卓（笔者注：包括朱赤）等一部分人跟上朱德部队，参加了湘南暴动，上井冈山。至此，秋收起义中的二师一团失败。"这个资料说明，朱良才和朱赤参加的部队为"第十六军特务营"，在 1928 年 2 月 6 日的突围战斗中"突围脱险"。这个部队因受朱德任副师长兼团长、陈毅任书记的中共第十六军军委会领导，也可以叫作参加了"朱德部队"。

第三，第二十四篇《党政群团》"中共汝城县（工）委"中记载："1928 年 2 月，县委派朱良才、朱赤到耒阳傲山庙与朱德、陈毅联系，参加了中共湘南特委在永兴召开的党的代表大会。4 月，何日升、朱良才、朱赤等参加朱德部队上井冈山参加革命斗争。"中共郴州党史资料征集办公室编印的《湘南起义史稿》中"湘南工农兵代表会议对土地革命的部署"记载："三月十六日至二十日，湘南特委在永兴太平寺召开了湘南工农兵代表会议"，"汝城县委派朱少时（朱良才）、朱赤去耒阳鹜山庙向朱德汇报情况，因有陈毅的建议，便作为汝城的代表去永兴参加了会议。"

第四，朱良才简历。《汝城县志》第二十四篇"人物""二、革命人物传"第 46 页，有"朱良才"的个人简介：

朱良才，原名性明，字少时，1900年9月27日出生于汝城县外沙乡外沙村。周岁丧父，9岁始读蒙馆，11岁因家景日困而失学。14岁考入县濂溪高小，16岁毕业后，因经济困难，在家学织布。工余，看了些维新派梁启超写的书，稍知国家和世界之事。18岁时瞒着家里赴衡阳考进成德中学，一年后因军阀混战学校停课而辍学在家。21岁至22岁在本村教小学，后因家庭负担日重，又从事织布和耕种。由于政治、经济上受地主恶霸欺压，自发产生了对旧社会的不满。1926年，汝城县兴起大革命运动，他当选为外沙乡、西一区农协委员，并担任国民党区分部常务委员，积极参加了打倒土豪劣绅、禁赌、禁鸦片、办农民识字班及组织农民自卫军等工作。

　　1927年8月15日，国民党十六军（军长范石生）攻陷县城，汝城大革命失败，朱良才被捕入狱。9月，中共汝城县委秘密成立，并与狱中的共产党员取得联系。在中共汝城县委领导下，朱良才同狱中同志一起开展对敌斗争，控告土匪何其朗，在狱中度过了30余天，后经党组织营救出狱。出狱后，他秘密从事农会工作。10月，由中共汝城县委书记何日升、组织部部长胡佛章介绍加入中国共产党。入党时，他兴奋地说："在我被捕时差一点被敌人把我当共产党员杀了，今天才真正做了共产党员。做了共产党员，死也甘心、光荣！"（笔者注：邝若刚、徐宝写的《朱德与范石生合作的前前后后》中说：1927年9月，中共汝城县委利用范石生同汝城靖卫团长何其朗之间大鱼吃小鱼的矛盾，由农协干部朱良才、朱赤等向十六军政治部控告何其朗的罪恶。当时，范石生在西垣宗庙逮捕了何其朗，何的300多条枪被范部收缴了200多条，并释放了被关押的革命同志，使汝城的革命活动又活跃起来）。

　　1928年1月，他参加了朱德、陈毅和中共湘南特委领导的湘南起义。3月，参加了湘南特委在永兴县召开的湘南工农兵代表大会，并作为汝城代表在会上发言。会后，被派往资兴县参与组织农民暴动。4月，随部队到达井冈山。此后，历任红四军军部秘书，连党代表，江西永新县烟岗区委书记。8月，红四军主力远在湘南，毛泽东率三十一团三营前往桂东迎还红军大队，敌军两个团乘虚来攻井冈山。朱良才时任三十一团一营一连党代表，他率一连与三连紧密配合，共同守卫井冈山五大哨口之一的黄洋界，击退了敌人一次次的猛烈进攻，守住了红四军的主要军事基地。毛泽东为此役写下了《西江月·井冈山》，赞道："敌军围困万千重，我自岿然不动"（后略）……

　　第五，第二十五篇《军事》第三章第三节"中国共产党领导的人民武装"中"汝城县赤色游击队"中记载："1928 年 8 月，红四军应前委要求在汝城县南洞、田庄留下干部 4 人、战士 20 余人，组成汝城赤卫队，队长朱赤。10 月，汝城县委和赤卫队护送湘南特委杜修经等往宜章方面活动，至资兴、汝城间的浙江山西两水口被敌人偷袭冲散，县委书记唐天际收集失散人员，重组成汝城赤色游击大队。1929 年发展至 200 余人，接着编入湘南红军游击大队。队长朱赤（1928 年 8 月至 1928 年 10 月），大队长唐天际（1928 年 10 月至 1929 年秋）。"

　　关于"第十六军特务营"，邝若刚、徐宝写的《朱德与范石生合作的前前后后》（2008 年 3 月 18 日发布于互联网）中说（摘要）：朱德与范石生谈判后不久，以何举成为团长的汝城工农革命军二师一团到达宜章、汝城、资兴交界的瑶岭，范石生立即派人前去迎接，被编为十六军特务营，何举成任营长，李涛任支部书记。当朱德在韶关得到范石生密信率部撤走时，何举成因行动迟缓，未能及时撤走部队。特务营在韶关女子学校遭到十六军四十六师黄甲本团的突袭，何举成、李涛边指挥抵抗边撤退，终因寡不敌众，伤亡惨重。何举成跳楼后壮烈牺牲，李涛等在群众掩护下脱险。

　　根据以上资料，我们似乎大体可以了解朱良才、朱赤这一段时间的革命经历了：1927 年 10 月，朱良才加入中国共产党后，经中共汝城县委书记何日升介绍，与朱赤一起于 11 月下旬"参加了朱德部队"——实际上是参加了第十六军特务营。因为这个营是由共产党领导的"工农革命军第二师第一团"改编的，直属朱德任副师长兼团长、陈毅任书记的"中共第十六军军委"领导，可以叫作"参加了朱德部队"。1928 年 2 月 6 日拂晓，在韶关女子学校驻地，特务营正要跟随朱德、陈毅开往湘南去参加湘南起义时，因副营长黄文灿叛变投敌（暴露了秘密）而受到范部围攻，营长何举成负伤后壮烈牺牲。特务营大部被歼，李湘民（李涛）、朱良才、朱赤等一部分人突围脱险。此后，在中共汝城县委领导下坚持斗争。3 月中旬，朱良才、朱赤受中共汝城县委派遣，赴耒阳鹜山庙向朱德汇报情况，接受陈毅的建议，于 3 月 16 日至 20 日作为汝城县的代表，参加了湘南工农兵代表会议。"会后，被（中共湘南特委）派往资兴县参与组织农民暴动"，并被"任命"为中共资兴县委委员。4 月 10 日，在陈毅率领下，跟随资兴独立团上了井冈山。在井冈山会师时，朱良才任

"第十二师三十六团连党代表"，此后一直在军队工作，使之成为中国人民解放军上将。朱赤呢？上了井冈山之后，则于"1928年8月，红四军应前委要求在汝城县南洞、田庄留下干部4人、战士20余人，组成汝城赤卫队，队长朱赤"。从此，他与杜修经任书记的中共湘南特委和唐天际任大队长的红军湘南游击大队坚持在龙溪十二洞、汝城县等地继续斗争。

然而，事情果真是这样的吗？

三、朱良才、朱赤从韶关突围脱险后，被湘南特委"派往资兴县参与组织农民暴动"。他们两人参与了资兴县的整个暴动过程，因此被选为中共资兴县委委员

根据以上《汝城县志》记载的史料所得出的结论，存在一个问题：朱良才和朱赤是在资兴县第一次党代会上"当选"的，而不是被"任命"的。如果是"当选"的，在时间上又存在一个问题：召开中共资兴县第一次党员代表大会的时间是1928年3月13日至16日，此时，朱良才和朱赤就已经被选为中共资兴县委委员了；而召开湘南工农兵代表会议是3月16日至20日，"汝城县委派朱少时（朱良才）、朱赤去耒阳鳌山庙向朱德汇报情况，因有陈毅的建议，便作为汝城的代表去永兴参加了会议。"参加湘南工农兵代表会议的资兴代表为刘英廷（县苏维埃政府主席，1928年9月牺牲）、胡昭日（县苏维埃政府土地委员会主任），刘英廷被选为湘南工农兵苏维埃政府执行委员。

为什么会出现这样的问题呢？其中定有什么事情没有弄清楚！

经查《湘南起义史稿》，其中对汝城县的记载很少。可以说，在1928年1月至4月的湘南起义期间，汝城县除了十六军特务营在韶关失败外，并没有重新组建农军，也没有建立苏维埃政权，更没有"插标分田"进行土地革命。

经查《中国共产党湖南省郴州地区组织史资料》第二章"土地革命战争时期"，其中的"中共汝城县委员会"记载："1927年'8·15'，汝城的工农运动失败后，大部分党员随农军转移至外县活动。共青团汝城地下小组负责人何日升受湘南特委指示，联络隐蔽活动的共产党员秘密组织汝城县委。1928年4月，县委书记何日升随湘南起义部队上井冈山（笔者注：根据《何日升》的简历，他是只身逃出汝城，翻山越岭来到资兴，才找到湘南起义部队跟随上井冈山的），组织部部长胡伟章被土匪胡凤璋逮捕杀害，县委机关被破坏。1927年9月—1928年4月：书记何日升，组织部部长胡伟章，宣传部部长

（待查，据朱赤回忆，何日升曾对他说过范旦宇，原名范大裕，系县委成员、宣传部部长）"。

在这里，我们注意到："1927年'8·15'，汝城的工农运动失败后，大部分党员随农军转移至外县活动。"那么，朱良才与朱赤两个人呢？是否也是"转移至外县（资兴）活动"呢？!

第一，《汝城县志》第十二篇《政党群团》第一章第一节"组织机构"，在"中共汝城县（工）委"中记载："1927年8月15日汝城大革命失败后，党的组织遭到严重破坏。一部分共产党员随农军转移到外县活动，一部分隐蔽躲藏，党的活动处于低潮。不久，隐蔽下来的共青团汝城地下小组负责人何日升（共产党员）奉中共湘南特委指示，联络县内的共产党员秘密组织中共汝城县委。9月，中共湘南特委决定，正式成立中共汝城县委，指派何日升任县委书记，胡伟章任组织部部长，范旦宇任宣传部部长，继续秘密开展革命活动。1928年2月县委派朱良才、朱赤到耒阳鳌山庙与朱德、陈毅联系，参加了中共湘南特委在永兴召开的党的代表大会。4月，何日升、朱良才、朱赤等参加朱德部队上井冈山，进行革命斗争。"

请注意，以上所说的是"2月县委派朱良才、朱赤到耒阳鳌山庙与朱德、陈毅联系"。这就带来了两个问题：（1）《湘南起义史稿》记载："2月10日（旧历正月十九），朱德亲率工农革命军一师主力离开郴州，向耒阳挺进。陈毅留守郴州，谋划侧击永兴。"朱德率部于2月16日攻占耒阳县城；2月19日成立耒阳县苏维埃政府。（2）《湘南起义史稿》记载："三月一日（旧历二月初十）第二次攻克耒阳城后，工农革命军司令部在耒水东江梁家祠（后来又移驻鳌山庙）。"这说明：既是"2月"就不可能"到耒阳鳌山庙与朱德、陈毅联系"；既是"到耒阳鳌山庙与朱德、陈毅联系"，则应是"3月"无疑了。

然而，这里有没有这种可能：（1）"2月县委派朱良才、朱赤与朱德、陈毅联系"——《湘南起义史稿》则说是"汇报"，"汇报"的内容定然是关于十六军特务营在韶关被歼灭的情况，并请示他们的工作安排，因为他们都是朱德、陈毅的部下！（2）两个人"2月"到了郴州，没有找到朱德，却找到了陈毅。此时，中共湘南特委正从南岳迁移到了郴州。于是，他们被中共湘南特委"派往资兴县参与组织农民暴动"。（3）3月16日至20日召开湘南工农兵代表会议，汝城县因没有发展革命暴动，或者因县委负责人处于秘密状态而没有通知到，没有人参加会议。朱良才、朱赤"因有陈毅的建议，便作为汝城的代表去永兴参加了会议"。

第二，因汝城县在湘南起义时"党的活动处于低潮"，朱良才与朱赤也与其他干部一样，"转移至外县（资兴）活动"。

朱良才与朱赤在1928年2月中旬或下旬，从汝城县"转移至外县（资兴）活动"。1928年2月6日拂晓，在十六军特务营驻地——韶关女子学校，朱良才、朱赤突围脱险后，分别回到家乡找到了党组织。县委书记何日升再一次介绍他们到朱德部队参军。他们到达郴州，没有找到朱德，却找到陈毅。此时，中共湘南特委从南岳迁移到郴州，由于他们在部队干了两个多月，具备了一定的军事知识，又参加过战斗，因此，被湘南特委"派往资兴县参与组织农民暴动"。这样，他们就参与了资兴县的整个暴动过程。因此，3月6日资兴县苏维埃政府成立时，朱赤任"肃反委员会主任"。正由于此，3月13日至16日在资兴县第一次党员代表大会上，朱良才和朱赤一起当选为县委委员，朱良才同时任县委组织部部长。"因有陈毅的建议，便作为汝城的代表去永兴参加了（湘南工农兵代表）会议。"会后，他们并没有回汝城县，而是仍在资兴县工作，后来又随资兴独立团跟随陈毅上了井冈山。

第三，证据与佐证。

根据之一是朱良才自己的回忆。

解放军出版社出版的刘秉荣《中国人民解放军高级将领传·朱良才，开国上将》中说（摘要）：朱良才，原名朱姓明，字少时，号振声，湖南省汝城县外沙村人，1900年9月27日出生于一书香门第……1925年任外沙村农民协会组织委员……1927年8月15日，流窜在湘粤边界的土匪何其朗，勾结驻粤北的国民党军第十六军范石生部一个团，分三路向汝城县城进攻，其中一路的行踪被外沙农协会侦知。朱良才急忙叫上组织委员朱道行、宣传委员朱文斌和农协委员朱文亭等，连夜赶到县城，向朱青勋（中共汝城县委书记）等人报告情况。由于时间紧迫，来不及防范，县农民自卫队被打散，朱良才等人被敌人抓住。监狱看守喝问朱良才："你叫个甚？"朱良才顺口说："朱良才。"自此，他把原来的姓明、少时、振声等名、号都不要了，就叫朱良才……范石生同情革命，见到朱良才等人在狱中写的控告何其朗的信后，亲自进行了查问。

不几天，何其朗被抓起来，他的300多支枪被收缴了200多支，朱良才等人被释放（朱良才1980年回忆录音，存北京军区档案馆）。这次，朱良才坐了36天牢。出狱后，朱良才即与朱文亭、朱道行等人回乡继续组织农会。不久，范部离开汝城，土匪何其朗收买狱卒逃出，又组织起人马卷土重来，大肆捕人，没收革命者的财产。朱良才家仅有的7亩地被没收了，大哥也被捕入狱。他只得东躲西藏，秘密地进行革命活动。1927年9月，共产党员何日升被中共湘南特委派到汝城任中共县委书记，胡伟章任组织部部长。何日升见朱良才对敌斗争坚决，便由他和胡伟章二人介绍加入中国共产党。同年10月的一天，何日升、胡伟章在石泉下湾胡伟章家里主持举行朱良才入党仪式，和朱良才一起宣誓的还有其堂弟朱躬（朱赤）。是年冬，何其朗纠集反动势力更加疯狂，胡伟章两兄弟被反动派杀害，形势紧张。县委书记何日升用明矾水写了一封密信，介绍朱良才和朱赤到耒阳找朱德、陈毅。朱良才和朱赤带着密信，经资兴黄草坪、滁口到三都，骗过了敌人岗哨的盘查，赶往耒阳。朱良才、朱赤到达耒阳时，已是1928年2月中旬了，在耒阳城中的鳌山庙里见到朱德和陈毅。朱良才把何日升写的密信交给了朱德。朱德看后十分高兴，向他们询问了汝城方面的情况。两天后，陈毅对朱良才和朱赤说："湘南党代表大会要在永兴召开，我跟省特派员杨福涛商量了一下，汝城没有人参加，你们就作为汝城的代表参加大会。"朱良才对此回忆说："我和朱赤听了，很是高兴。第二天，就和陈毅一起动身去永兴，住在留守处。陈毅住里边的一间房子，我和朱赤还有工农革命军第一师参谋长王尔琢住在外边。王尔琢当时受了伤，我和朱赤睡在一个铺。"1928年3月，中共湘南特委在永兴召开湘南苏维埃代表大会，出席的有郴县、耒阳、安仁、资兴、宜章、永兴、桂阳、汝城等县的代表二十余人。会议研究的中心问题——土地革命，会上对于应该"没收谁的土地，分配给谁"的问题引起了激烈的争论，虽然最后对土地分配的原则做出了决议，但具体分配办法仍没有讨论出结果来。朱良才后来回忆说："'马日事变'后土豪劣绅的报复行为非常残酷，各县的党员、农协骨干都深受其害，所以，在反对陈独秀的右倾思想时，又'左'得很。我记得会议做出决定：把郴州到宜章在大路两边的房子都烧光。其理由是使敌人来了没有房子住。开会时，天气很冷，有的人提出是不是找个火盆取取暖，但马上就有人提出反对，说：'枪林弹雨都不怕，冷点怕啥！'从这两件事中反映了一些人'左'的情绪

（朱良才1980年回忆录音，存北京军区档案馆）。"会议之后，朱良才和朱赤被派到资兴县，参加那里暴动的组织领导工作，吸取经验后，再回汝城发动和组织汝城的暴动。朱良才和朱赤找到资兴县党组织领导人李奇中和黄义藻。黄义藻是毛泽东派去的，李奇中是朱德派去的。黄、李见到朱良才很高兴，他们安排朱良才任县委组织部部长，负责组织暴动的具体工作。暴动进行得很顺利。3月上旬，农民军占领了县城。资兴县党组织在资兴的三都流华湾召开了第一次党的代表大会，正式成立中国共产党资兴县委员会，朱良才和朱赤都当选为县委委员。资兴暴动成功后，朱良才等即计划到汝城开展暴动的组织发动工作。当时参加暴动的农军有几万人，力量很大。正值湘南的革命运动步步深入之际，反革命武装力量对湘南的"会剿"开始了。国民党军调集了七个师的兵力，直扑郴州。朱德审时度势，坚决抵制了湘南特委与敌硬拼的冒险盲动主张，决定工农革命军和农军主动撤离湘南，向井冈山转移。朱良才随资兴的农军队伍开赴井冈山。途中，资兴农军在酃县中村与敌人打了一仗。在那里，朱良才碰到了何日升。他背个水壶，水壶被打了个洞。朱良才对何说："你是县委书记，怎么也跑到前边打仗啊？"何说："县委书记也要打仗。"后来何日升也上了井冈山，以后被派到兴国担任县委书记，被敌人杀害了。1928年4月28日，毛泽东率领的秋收起义部队和朱德率领的湘南起义部队在宁冈砻市会师。会师后，两支部队合编为工农革命军第四军（后称红军第四军），资兴的农军被编为第四军第十二师第三十六团，由李奇中任团长，黄义藻任党代表。朱良才留在四军军部任秘书，十余天后，又调到十二师三十六团一连任党代表。5月下旬，部队整编，朱良才又被调到四军军部任秘书。朱良才回忆说："朱、毛两军会师后，毛泽东、朱德同志在砻市的龙江书院文星阁召开了连以上干部大会，4月末又召开了中国共产党第四军第一次代表大会。这两个会议我都参加了，毛泽东同志在会上对建军的原则做了阐述。不久，又召开了一次连以上党代表会议，讨论如何建军问题，使我对人民军队的宗旨、任务及党与军队的关系，有了一定的了解，对井冈山革命根据地的地位，也有了认识（朱良才1980年回忆录音，存北京军区档案馆）。"

在以上朱良才的回忆中，有四个关键的地方：一是"朱良才、朱赤到达耒阳时，已是1928年2月中旬了，在耒阳城中的敖山庙里见到朱德和陈毅"。值得说明的是，此时陈毅没有到达耒阳，而是与中共湘南特委一起留守在郴州，在夏明震 3 月 12 日牺牲后任中共郴县县委书记。二是朱良才和朱赤跟随陈毅在"1928 年 3 月"，参加了"中共湘南特委在永兴召开湘南苏维埃代表大会"。然而，这次大会的时间是 3 月 16 日至 20 日。还值得说明的是，此时陈毅还没有到达耒阳，而是仍然留守在郴州，他是从郴州直接到永兴去参加会议的。三是"会议之后，朱良才和朱赤被派到资兴县，参加那里暴动的组织领导工作，吸取经验后，再回汝城发动和组织汝城的暴动。朱良才和朱赤找到资兴县党组织领导人李奇中和黄义藻。黄义藻是毛泽东派去的，李奇中是朱德派去的。黄、李见朱良才很高兴，他们安排朱良才任县委组织部部长，负责组织暴动的具体工作"。四是"3 月上旬，农民军占领了县城。资兴县党组织在资兴的三都流华湾召开了第一次党的代表大会，正式成立中国共产党资兴县委员会，朱良才和朱赤都当选为县委委员"。然而，这次大会的时间却在 3 月 13 日至 16 日。这样看来，作者在写作时，把时间弄颠倒了——也就是把"前因"搞成了"后果"。但不管情况如何，事情倒是弄清楚了。

根据之二是《朱良才》的传记："参与组织了资兴农民暴动。"

《湖南党史月刊》编辑部编辑出版的《中国人民解放军湘籍将领》中《朱良才》传记说（摘要）：朱良才，1900 年 9 月 27 日生于汝城县外沙乡外沙村一个富裕农民家庭。1925 年投身革命，当选为村农民协会委员。1927 年大革命失败后，被捕入狱，被营救出狱后继续组织秘密农会，同年 10 月加入中国共产党。1928 年 1 月，朱良才参加了朱德、陈毅及湘南特委领导的湘南起义，参与组织了资兴农民暴动，随即在工农革命军第一师任秘书。4 月，随朱德上井冈山。中国工农革命军第四军成立后，任第十二师三十六团连党代表，后任军部秘书，中共永新县烟岗区区委书记，红三十一团一营一连党代表、营部书记、二连政委。1929 年，他参加了古田会议，后任第三纵队七支队政委。1930 年任红三军九师政委。1932 年任红五军团十五军政委……1989 年 2 月 22 日朱良才在北京病逝。新华社在《朱良才同志生平》中称他是"久经考验的共产主义战士，无产阶级革命家，我军优秀的政治工作领导者和军事指挥员"。

根据之三是有关书籍的记载。

《开国元帅、大将、上将简历》《井冈山斗争时期湖南籍的几位将领》《缅怀新中国 57 位开国上将》和《将军·人物志·朱良才》中，都一致记载："在湖南耒阳县，朱良才找到了朱德和陈毅。几天后，陈毅带他到永兴参加湘南特委召集的代表大会。会后，朱良才来到资兴县担任县委组织部部长，与其他领导一起发起了农民暴动。"

根据之四是郴州的一些史料记载。

2009 年 12 月 1 日，互联网中发布了郴州市政府信息化办公室邓小明、唐光龙写的一篇《参加湘南起义》的文章，其中说："1928 年 2 月中旬，朱良才和朱赤到达耒阳，工农革命军第一师师长朱德和党代表陈毅会见了他们兄弟俩。陈毅告诉朱良才：'湘南党代表大会要在永兴召开，我跟省特派员杨福涛商量了一下，汝城没有人参加，你们就作为汝城的代表参加会议吧。' 3 月，湘南党代会在永兴召开，主要讨论土地革命和肃反问题。朱良才代表汝城发言。会议派朱良才和朱赤到资兴参加暴动的组织和领导工作，取得经验后再回汝城，发动和组织汝城暴动。不久，耒阳、永兴、郴县相继起义成功，革命风暴波及资兴。朱德派李奇中到资兴组织起义。李奇中安排朱良才当县委组织部部长，朱赤当肃反委员会主任。之后，成立中共资兴县委员会，朱良才和朱赤都当选为委员。"

中国红色旅游网（中红网）2008 年 9 月 13 日发布了由湖南省汝城县水利局朱诗慧写的一篇"特稿"《湘南起义中朱良才与朱德、陈毅的一段佳话》。文中说（摘要）：1928 年 3 月中旬的一天，县委书记何日升用明矾水写了一封密信，介绍朱良才和朱赤到耒阳找朱德、陈毅。朱良才和朱赤带着密信，经资兴黄草坪、滁口到三都，骗过了敌人岗哨的盘查，赶往耒阳。在湖南耒阳县城，朱良才和朱赤找到了朱德、陈毅。朱良才 1926 年 10 月加入中国共产党。由于汝城的反动势力疯狂镇压革命，他在村里无法待了，所以县委书记才亲笔写了密信，要他投奔朱德、陈毅参加湘南起义。朱良才把汝城县委书记写的密信双手托起交给朱德。朱德把信放在水里，一会儿纸上就显出了字。朱德看了信高兴地对朱良才和朱赤说："欢迎你们！"接着询问起汝城方面的情况。过了两天，陈毅来到朱良才他们的住处，对朱良才说："湘南苏维埃工农兵代表大会要在永兴召开，我跟特派员杨福涛商量了一下，汝城没有人参加，你们就作为汝城的代表参加会议吧。"朱良才听了非常高兴。第二天和陈毅一起到了永兴，参加湘南苏维埃工农兵代表大会。会议之后，朱良才和朱赤被派到资兴县，参加那里革命暴动的组织领导工作。到资兴后，朱良才任县委组织部部长，朱赤任县肃反委员会主任，在资兴参加了轰轰烈烈的武装斗争和土地革命运动。工农革命军撤出湘南时，他（朱良才）随陈毅上了井冈山，红四军整编后，任军部秘书。从此，他在为中国人民求解放的革命道路上建功立业，成为中华人民共和国的开国上将，是一位文武纵横建功勋的共和国将军。

除了以上的直接证据外，还有"佐证"。

根据《汝城县志》第二十四篇"人物"当中的记载，汝城县在湘南起义时"党的活动处于低潮"，确实是"大部分党员随农军转移至外县活动"。现将"佐证"罗列如下：

其一，我们来看与朱良才、朱赤一样突围出来的李涛（中国人民解放军上将），当时也没有回本县工作。《李涛》传中说（摘要）：1927年9月，李涛任工农革命军第二师第一团团部书记和一营党代表。11月下旬，部队改编为第十六军特务营，李涛任中共营党委书记。2月6日晨，部队即将开赴湘南参加起义时，遭到十六军的围攻。何举成（营长）及许多同志牺牲，李涛由群众掩护化装脱险，后担任中共广东省委与中共东江特委之间的交通员。

其二，我们来看与朱良才、朱赤一样突围出来的范卓（1954年7月任郴州专员公署副专员），他也是到资兴参加地下工作。《郴州地区志》（下册）第三十八篇《人物》第1950页《范卓》中说："范卓于1928年2月6日，带领七八名农协会员到韶关特务营挑运子弹，以充实防御力量。不料，当夜特务营遭范石生部突然袭击。在激战中，营长何举成阵亡，全营被冲散，范卓、李涛、何翙奎等侥幸突围脱险。"汝城县志《范卓》传记中说："特务营全营被冲散，范卓、李涛、何翙奎等侥幸突围脱险。1928年3月至5月，范卓转到资兴县滁口一带坚持地下工作。"

其三，我们来看与朱良才、朱赤一样突围出来的何翙奎（任十六军特务营军需）。《何翙奎》传记中说（摘要）：2月6日晨，何翙奎等人突出重围，潜回田庄深山老林隐蔽。1928年4月，毛泽东率部到达汝城策应湘南暴动。9日，何翙奎、钟碧楚等赴毛泽东驻地田庄，向毛泽东汇报了汝城大革命运动以来的情况。次日，随毛泽东离开田庄，向资兴进发。第三天，毛泽东指示何翙奎等留资兴、汝城一带工作。根据毛泽东的指示，他组建了资（兴）汝（城）边区支部，并任书记。接着，在资兴东坪一带建立苏维埃政府和赤卫队。6月，东坪乡苏维埃政府和赤卫队被敌人围剿，他率领赤卫队守山隘口、山巅，英勇奋战，多次打退敌人的进攻。最后敌人放火烧山，层层围困，赤卫队遭到失败。

朱良才的传记和有关记载以及以上三人的经历说明，在 1928 年 1 月至 4 月的湘南起义期间，汝城县并没有发动暴动，更没有中共党员和革命者公开活动的条件。因汝城县"党的活动处于低潮"，"大部分党员随农军转移至外县活动"。这样，在 1928 年 2 月 6 日，朱良才和朱赤从韶关"突围脱险"后，回到汝城县，被县委书记何日升派往耒阳向朱德、陈毅汇报。然后，他们两人被陈毅和中共湘南特委"派往资兴县参与组织农民暴动"，并先后在资兴县担任领导职务：朱良才被选为中共资兴县第一届县委委员，同时担任县委组织部部长；朱赤被选为中共资兴县第一届县委委员，并任县苏维埃政府肃反委员会主任。

以上是作者的观点，仅供参考。

第三节　浓溪根据地时期

浓溪根据地时期：1928 年 5 月—1929 年。

浓溪，地区名，泛指雷连十二峒。《兴宁县志·瑶峒附》中说："雷连十二峒，在县东南七十里之隅。东抵桂东之鸡心岭，南抵桂阳（今汝城县）之棋盘石，西抵旧县之一都头狮岭，北抵四都之天鹅山。"瑶与汉民杂处，以瑶为主，均为盘瓠之后。

明朝隆庆年间（1567—1572），"贼入县境，瑶人谢福通、李子学等杀贼有功，招抚引见，义不受赏，愿给官山四十八处。三院奏设永安堡于浓溪峒，并设瑶官抚顺"。清朝初期废，顺治十八年（1661）招安复设。乾隆十一年（1746），例设瑶总二，一管上六峒，一管下六峒，着为新籍（即"新民"，等同于汉民），仍隶永安堡。"雷连上六峒"，即上峒、上连峒、长古峒、田坪峒、吕城峒、竹峒。"雷连下六峒"，即东坪峒、正雷峒、浓溪峒、源坑峒、周源峒、低平峒。

雷连十二峒横跨县域的东南方，东起资兴与桂东县交界的八面山（民谣曰：八面山，离天三尺三，人过要低头，马过要去鞍），中经连坪与浓溪交界的天师仙，南达东坪与汝城县交界的洪水山，"山山联叠危耸，亘数十里无居民"。1928 年 4 月 12 日，毛泽东率领井冈山的工农革命军第一师第一团从东坪到达浓溪，住在浓溪中洞岸头下的一间房子里，找来当地革命组织负责人唐己太、王维成（应为黄维成）、李赖福等人谈话，说："这里山高林密，地域宽广，地形复杂，群众觉悟高，又地处汝城、桂东、宜章、资兴几县的交界地，是一个干革命打游击的好地方。"

说明：雷连十二峒又称之为"浓溪十二峒"，因毛泽东主席在《井冈山的斗争》中写作为"龙溪十二洞"，1968 年"文化大革命"时期改写作"龙溪"，"峒"也改为了"洞"——本书依照史料的不同来源，遵循史料的真实性，故有"浓溪""龙溪"等不同的写法。

本集资料，主要来源于资兴史志办公室编印的《中国共产党资兴历史》（新民主主义时期）第五章"浓溪根据地斗争"。

一、回师浓溪

1928 年 5 月 25 日，中共中央发布的《中央通告第五十一号——军事工作大纲》中提出："在割据区所属之军队，可正式定名为红军，以取消以前工农革命（军）的名义。"同年 6 月 4 日，党中央给朱、毛并转前敌委员会的信中说："关于你们的军队，你们可以正式改称红军。"此后，井冈山的工农革命军第四军正式改称为"中国工农红军第四军"。

1928 年 5 月下旬，根据第四军军委的决定，资兴农军改称为"资兴游击独立团"——6 月改称为"红军资兴游击独立团"，黄义藻任团长，袁三汉任党代表，李奇中任参谋长。当日，郴县、耒阳、永兴、资兴四县农军在主力部队第三十一团第三营的护送下，离开井冈山。不久，抵达酃县水口附近，护送部队折回。同时，四县农军兵分三路返回各县。

水口墟地处交通要道，墟上驻有敌人的一股清乡队。资兴独立团为了给清乡队以突然打击，进墟前，悄悄把红旗收起，换上从敌人手中缴来的青天白日旗，队伍前面十余人，还换上了国民党军队制服。随后，部队大摇大摆地朝墟上走去。这天，水口刚好是逢墟的日子，四面八方来赶集的人很多。清乡队员都忙着敲诈勒索去了，墟口连个放哨的都没有。独立团快到墟口时，有人跑去给清乡队送信，说是有支不明情况的部队要进墟来了。他们随便朝墟外瞧了瞧，见是打着国民党的旗帜，便漫不经心地说："没什么，是'剿匪'的。"

这样，独立团兵不血刃地占领了水口墟。

占领墟场后，独立团迅速布置好警戒，随即动手捕捉清乡队员。清乡队大都是由土豪劣绅的子弟组成的，猛发现工农革命军（6月后称红军）来了，个个吓得魂飞魄散，丢掉武器，钻进居民家里躲藏起来。穷苦百姓见是工农革命军，人人欢欣鼓舞，有些人还告诉独立团的人说："清乡队都是剃陆军头的，你们见了剃陆军头的就捉，包没错。"独立团采用这个办法，将清乡队一网打尽。

独立团在水口墟住了一晚，处理了清乡队，并没收了几户土豪劣绅的财产分给农民。第二天部队到郿县船形市宿营，第三天踏上资兴地界。资兴的群众见是自己的子弟兵回来了，都热情地跑到大路上来迎接。有些遭受土豪劣绅和清乡队欺侮的群众，紧拉着战士的手，哭诉着要部队替他们报仇。当晚，部队在皮石彩洞宿营。

次日，部队分成了两路。

第一路由戴若愚等率领，主要护送伤病员及西北区的老弱妇孺返乡。此路人马共300余人，化装成白军，打着国民党的旗帜，臂系督察袖章，经大陂水（今波水乡）、七里山等地，于5月26日烧毁了七里山清乡委员会，救出了几名被关押的赤卫队员，消灭了七里山清乡队队长戴廖奎及6名队员，镇压了尹仁恕等6名清乡委员，缴获了一批枪支和粮食，随后到达回龙山，完成任务后到达浓溪。

另一路系独立团主力，由黄义藻、袁三汉等率领，共1000余人，经蓝溪、何家山向浓溪进发。在途经何家山时，突与敌二十一军一个营遭遇。黄义藻、袁三汉趁敌尚未反应过来，率一个连猛攻敌左翼，掩护部队撤至大陂水十里洞。战斗中，打死敌军陈姓副营长及数十名士兵，独立团亦有数十人伤亡。当晚，敌军因不明情况撤离了何家山，开往蓝溪。独立团立即杀了个回马枪，折回何家山，消灭了当地的清乡队，捣毁了乡公所。天亮后，独立团到达坪田。得知坪田的一栋公馆里关押着几十名革命同志和无辜群众，部队派出一排人前往救援。看守的清乡队员见独立团大部队到来，早已跑光。部队救出被关押人员后，经欧冲垄，翻越天鹅山，于5月底到达浓溪。

本书笔者说明：上文所说"突与敌二十一军一个营遭遇"。这个"营"，属于国民革命军第二十一军第五师师长向成杰部。

二、建立浓溪革命根据地

浓溪地区，及整个"雷连十二峒"，东与桂东接壤，南与汝城交界，与井冈山地区毗邻。这里方圆数百里，高山深谷纵横交错，原始森林遮天蔽日，群众生活苦不堪言，革命积极性很高，是一个开展游击斗争的好地方。在独立团进入这个地区以前，桂东县委书记陈奇已在这里组织了一支近百人的游击队，开展打土豪劣绅的斗争。资兴独立团进入浓溪后，为了联合起来与敌斗争，主动派人与陈奇取得了联系。两支部队领导人经过协商，合并在一起，并决定由袁三汉、李奇中、陈奇三人组成军事委员会，袁三汉任书记，具体负责浓溪地区的军事斗争。

独立团进入浓溪后，立即分成 10 余支小分队，每队 100 余人，派到各地开展广泛的宣传活动。告诉群众，部队不走了。放手发动群众，打土豪、分粮食，以解决部队和当地农民的生活困难问题。与此同时，恢复了中共资兴县委，由黄义藻、袁三汉、黄义行组成常委会，下设秘书处、组织科、宣传科、财务科。具体分工如下：

书记：黄义藻；副书记：袁三汉；常委：黄义行；秘书长：李奇中。秘书处干事：宋训升、王敬寅；组织科干事：何显伟；财务科：黎龙恩（负责）、王旦（会计）、李策勋（干事）。

本书笔者说明：1928 年 6 月 15 日县委《第五次常委会决议事项》中记载："四、指定李奇中为县委秘书长，宋训升、王敬寅为宣传科干事，何显伟为组织科干事。五、县委设一财务科，以王旦为会计、李策勋为总务。六、游击队长黎龙恩调财务科工作，该职由何应吾兼任。七、调蔡道辉为秘书处干事，李孟兰为共青团县委宣传科干事。"

1928 年 10 月下旬，资兴独立团主力离开浓溪后，浓溪地区的武装斗争由县委书记袁三汉领导，同时，增补了何安民、何应吾为县委委员。

本书笔者说明：关于何安民、何应吾的职务与任职时间，资兴史志中另有不同的记载。现抄录如下：

（1）《中国共产党湖南省资兴市组织史资料》中，何安民、何应吾担任县委委员的时间为"1928 年 5 月—1928 年 11 月"。

（2）《资兴市志·革命烈士》中记载：

姓　名	性别	籍　贯	生卒年月	职　　务
何应吾	男	青腰镇	1899—1929	县苏维埃政府军事委员
何安民	男	厚玉乡	1891—1928	区赤卫队长

中共资兴县委恢复后，围绕浓溪革命根据地的建设，紧张而繁忙地开展了一系列工作。

在军事方面：除成立了军事委员会具体负责浓溪地区的军事斗争外，还在战术上确定了有分有合，机动灵活地打击敌人的策略。并抽调了一批干部如邓光明、何应吾到游击队任队长和区队长。与此同时，加紧对部队进行军事训练，随时准备应付敌人的进攻。此外，在县城和浓溪周围地区建立了情报网、交通站，并派出大批情报人员，了解县城及周边地区敌人的驻军情况及动向，一有风吹草动，独立团便能掌握，研究出对付方案。

在政权建设方面：成立了浓溪特区苏维埃政府，主席唐己太，秘书曹智莹、张凤仪。并组建了浓溪赤卫队，由贫苦农民李赖福任队长，有常备赤卫队员30人。苏维埃政府成立后，领导农民开展打土豪、分田地运动，先后镇压了大土豪黎显仁和为瑶族穷人所痛恨的反动瑶官庞金龙、庞金彪等人，没收了他们的全部财产。接着，又在定王牌、塘背两地建立了两个乡苏维埃政府。独立团还派出大批干部，到各地苏维埃政府协助开展工作。

在组织建设方面：独立团仿照井冈山的做法，在部队健全了党、团支部。接着，还先后在布田、方洞、棕树垅、江垅上、九公堂、寨皮、镰刀湾、大坪等地建立了党支部。支部下设小组，并规定支部书记、干事、组长每月必须集中培训一次。每半月各支部必须召开一次党员大会。同时，恢复了共青团资兴县委，袁作恕任书记，下设组织、宣传等科。

《资兴市志·革命烈士》中记载："袁作恕：男；籍贯：三都镇；生卒年月：1925—1929；职务：共青团资兴县委书记。"（本书笔者注：生于"1925"年肯定是错的，应为"1905"）。

在宣传方面：印制了数千份传单、布告，派人到各交通要道及县城秘密散发和张贴，宣传红军的主张，号召广大群众起来与反动派做斗争。

在给养方面：除在周边地区开展打土豪活动外，还多次派出小股部队深入敌占区，打击清乡队与挨户团，将缴获的粮食送上山。

对上述方面的工作，县委还派出巡视员，不定期进行巡视、督察。此外，县委还派人到井冈山和长沙，与朱德、毛泽东联系及寻找省委。

通过一系列工作的开展，部队很快在浓溪站稳了脚跟，开辟了湘南地区最大的革命根据地——浓溪根据地，为配合井冈山的对敌斗争，起到了重要作用。

浓溪乡农会、特区苏维埃政府组成人员考：

《中国共产党资兴历史》第二章"轰轰烈烈的大革命运动"中"改组假农会"说："浓溪黎显仁不服从改组，县农会就派农民自卫军数百人抄了他的家，把他家的粮食、财物分给贫苦农民。又强令解散假农会，重新成立浓溪农会，选举贫苦农民唐己太任农会负责人。"

1988年出版的《资兴党史》第一集（谨以此书献给湘南起义六十周年）"大事记"中记载："1928年6月初，龙溪特区苏维埃政府成立，唐己太任主席。"同书中的《龙溪游击斗争》中记载："不久，龙溪特区苏维埃政府成立了，主席唐己太，秘书曹智莹、张凤仪。又在定王牌、塘背两地建立了两个乡苏维埃政府。独立团还派出大批干部，到各地苏维埃政府协助开展工作。"

关于浓溪特区苏维埃政府的组成人员，《中国共产党湖南省资兴市组织史资料》中记载："龙溪特区苏维埃政府（1928年6月—1928年11月）：主席唐己太，副主席王维成。"

浓溪乡农会与浓溪特区苏维埃政府，这是两个不同的政权组织，存在于不同的时期。笔者特别考证如下：

第一，蒋辉星与唐己太：

在民国十七年（1928）《资兴各乡共匪年籍详细调查表》（通缉令）中，原"南乡区"——现今的滁口、黄草、东坪、龙溪、连坪5个乡镇，只有浓溪列有三人：一是"南乡上六洞浓溪香炉混脚下"（龙溪乡下洞村香炉垄）的蒋辉星："充浓溪乡政府主任。该匪在浓溪烧屋杀人无所不至"。表中的"附记"说："已叛变当清乡队负责人，土改中镇压。"二是"南乡上六洞浓溪中洞"（龙溪乡中洞村中洞）的唐己太："充浓溪乡政府主任。该匪在浓溪烧屋杀人无所不至。"三是"南乡上六洞浓溪江坳上"（龙溪乡中塘村江垄上）的朱妹斋："原系剃匠，后投旧市工会当纠查。于今年又二月初八日，督队烧朱明之之屋，被报在敝会。"

按照民国十七年《资兴各乡共匪年籍详细调查表》（通缉令）中所列的"暴动经过"分析，大革命时期（1926 年冬至 1927 年 5 月）的浓溪乡农会，与湘南起义时期（1928 年 3 月至 1928 年 4 月）的浓溪乡苏维埃政府主席，应为蒋辉星。湘南起义农军上井冈山之后，蒋辉星"已叛变当清乡队负责人"。因此，红军资兴独立团进入浓溪，1928 年 6 月成立浓溪特区苏维埃政府时，唐己太"充浓溪乡政府主任"（应为"浓溪特区苏维埃政府主席"）。

　　《资兴市志·革命烈士》中记载："唐己太：男；籍贯：龙溪乡；生卒年月：1890—1929；职务：区苏维埃政府主席。"

　　第二，"王维成"与"黄维成"：

　　王维成是否担任过浓溪特区苏维埃政府"副主席"呢？1988 年出版的《资兴党史》第一集《湘南起义在资兴》第六章中说："四月十二日部队从东坪到达龙溪中洞。当晚，毛泽东把龙溪苏维埃政府的负责人唐己太、王维成、李赖福找拢来谈话。"文章中并没有说明他们的职务。

　　《资兴市志·革命烈士》中记载："黄维成：男；籍贯：厚玉乡；生卒年月：1886—1928；职务：浓溪特区苏维埃政府副主席。"

　　这就说明："王维成"，应该就是"黄维成"，确实担任了浓溪特区苏维埃政府副主席。资兴话中，确实是"王""黄"不分呀。

　　第三，李玉光和其他人员：

　　在《资兴市志·革命烈士》中记载的，涉及今龙溪乡1928 年至1929 年牺牲的革命烈士，还有其他人员，其中李玉光，任"区苏维埃政府工农部长"；蒋相臣，任"区农会委员"（应为"区苏维埃政府委员"）。另外，两个乡苏维埃政府主席，正是刘寿享和庞四祥。当年，县游击队的队长为黎高恩。

　　《资兴市志·革命烈士》中记载：

姓名	性别	籍贯	生卒年月	职　　务
王樵舟	男	兰市乡	1902—1928	浓溪特区苏维埃政府联络员
刘寿享	男	龙溪乡	1880—1928	乡苏维埃政府主席
巫戊祥	男	龙溪乡	1898—1928	桂东县游击队区队长
石六和	男	龙溪乡	1905—1928	乡苏维埃政府委员
钟林科	男	龙溪乡	1898—1928	区赤卫队员

续表

姓　名	性别	籍贯	生卒年月	职　　务
李乐昌	男	龙溪乡	1893—1928	红军游击队战士
李双古	男	龙溪乡	1900—1928	区少先队长
李福祥	男	龙溪乡	1908—1928	乡赤卫队炊事员
李太古	男	龙溪乡	1886—1928	乡赤卫队员
李荣福	男	龙溪乡	1886—1928	乡赤卫队员
何双双	男	龙溪乡	1906—1928	乡赤卫队员
何信加	男	龙溪乡	1903—1928	乡赤卫队员
何茄保	男	龙溪乡	1900—1928	乡赤卫队员
黄求友	男	龙溪乡	1889—1928	区赤卫队员
黄己兴	男	龙溪乡	1906—1928	红军游击队侦察员
黄全良	男	龙溪乡	1896—1928	红军游击队班长
黄戊启	男	龙溪乡	1877—1928	乡农会委员
袁敬贤	男	龙溪乡	1900—1928	乡农会炊事员
袁嘉昌	男	龙溪乡	1906—1928	乡赤卫队员
曾求养	男	龙溪乡	1908—1928	乡赤卫队员
欧丙斋	男	龙溪乡	1892—1928	桂东游击队战士
欧东思	男	龙溪乡	1878—1928	桂东游击队战士
欧幸福	男	龙溪乡	1894—1928	桂东游击队战士
赵辛连	男	龙溪乡	1899—1928	红军游击队班长
赵己苟	男	龙溪乡	1892—1928	红军游击队情报员
蒋相臣	男	龙溪乡	1869—1928	区农会委员
蒋三启	男	龙溪乡	1876—1928	红军游击队班长
蒋春祥	男	龙溪乡	1880—1928	乡农会委员
庞四祥	男	龙溪乡	1902—1928	乡苏维埃政府主席
庞毛毛	男	龙溪乡	1876—1928	乡赤卫队员
庞有古	男	龙溪乡	1889—1928	红军游击队班长
庞有祥	男	龙溪乡	1890—1928	红军游击队通讯员
谷良臣	男	龙溪乡	1889—1928	乡苏维埃政府粮食主任

续表

姓名	性别	籍贯	生卒年月	职　务
邱贵贵	男	龙溪乡	1906—1928	桂东县游击队队员
蓝庚祥	男	龙溪乡	1888—1928	区苏维埃政府工作人员
李先求	男	龙溪乡	1909—1929	区少先队长
李玉光	男	龙溪乡	1897—1929	区苏维埃政府工农部长
李堆恩	男	龙溪乡	1896—1929	红军游击队区队长
李旬恩	男	龙溪乡	1906—1929	红军游击队班长
黎高恩	男	厚玉乡	1904—1929	县游击队长

关于曹智莹、张凤仪和李赖福，笔者没有找到其他佐证资料。

三、反"围剿"斗争

浓溪根据地的建立与蓬勃发展，使国民党湖南省当局惊惶不安，于是调集军队和资兴、汝城、桂东三县的挨户团、清乡队，从 1928 年 6 月中旬起，对浓溪地区发动进攻，一次次组织"清剿""围剿""会剿"，企图一举扑灭革命烈火。

面对敌人的进攻，资兴县委和独立团在外无援兵、内缺粮食弹药的艰苦环境中，坚持运用在井冈山学到的游击斗争的战略战术，避其强敌，击敌弱处，利用浓溪地区谷深林密的天然屏障，发动群众，巧妙地打击敌人，取得了一次又一次的胜利。

6 月中旬，国民党第二十一军教导团，从县城出发，以营为单位，由布田、竹洞、青腰墟分左中右三路进攻浓溪。袁三汉得到消息后，立即组织独立团、县游击大队和浓溪特区苏维埃政府的负责人，商定作战方案。决定将独立团、游击队和参战农民集中埋伏在中洞至下洞这条 10 余里长的狭谷地带，这是敌军进犯浓溪的必经之路。这天，敌军中路一个营从竹洞出发，沿中洞至下洞冒进，路上不见一个人影，以为游击队逃跑了。中午时分，敌军经长途跋涉后，人马困乏，遂进村歇息，生火做饭。这时，军号四起，杀声震天，上千人从山上直冲下来，敌人顿时乱了阵脚，四处逃散。这一战，消灭了敌军近一个连。敌军中路被打败后，其余两路敌军闻讯不战而退。

6月下旬，国民党独立第五师（本书笔者注：应为"国民革命军第二十一军第五师"对浓溪地区发动了新的进攻，这次他们吸取了上次的教训，不再分兵冒进，而是将浓溪地区团团围住，然后纠集浓溪地区外逃的土豪劣绅子弟组成一个向导队，由这些向导队带路，对独立团进行四处袭击。这些向导队都是本地人，对浓溪地区地形最熟悉，部队行走到什么地方，他们都能找到，部队蒙受了几次损失。独立团对向导队恨之入骨，称其为"狗眼"，决定消灭向导队。但敌人却将向导队视为珍宝，将他们安排住在一个叫三公堂（本书笔者注：今东坪乡东坪村三工田）的地方。三公堂四面悬崖环抱，只有一条一两米宽的小路与外界相通。在入口处，敌人驻有大批人马，要挖掉这只"狗眼"，确实不易。于是，独立团抽调20多人，组成一支精干小分队，由区队长何应吾带领，一天晚上在一位老猎人的带路下，来到向导队驻地三公堂后面的悬崖陡壁上，利用绳索滑下去，将正在酣睡的向导队20余人全部消灭。敌人失掉了向导队，在浓溪深山峡谷中，地形不熟，处处陷入被动挨打的局面，不得不撤出浓溪。

独立团虽然打退了敌人的一次次进攻，但由于战斗频繁，到1928年7月间，部队伤病员亦不断增加。由于敌人的封锁，根据地缺医少药，伤病员在根据地得不到休养医治，独立团将这些伤病员分三批送出浓溪到外地分散医治。由黄义藻、刘英廷、李奇中各带一批，共送出二三百人。尽管护送的队伍陆续返回了浓溪，但减员很大。县苏维埃政府主席刘英廷在返回浓溪中途，在兴宁镇山海村早禾冲为部队筹集资金时，被清乡队抓获，后押解到县城，壮烈牺牲。

四、湘南革命中心

红军资兴独立团和中共湘南特委所领导的游击武装，在1928年的大事记载如下（根据资兴党史资料整理，括号内的说明为笔者所加）：

6月下旬：中共湖南省委派代表杜修经、杨开明前往江西永新、茅坪，向毛泽东和湘赣边界特委传达湖南省委的指示信。指示信对湖南形势做了错误的估计，认为湖南敌人已摇摇欲坠，并指责边界特委的一系列政策是"保守主义"，要红四军离开井冈山根据地，"杀开一条血路，到湘南去"。6月30日，红四军军委、湘赣边界特委、永新县委在永新县城召开了联席会议，会上做出了不同意湖南省委向湘南发展的决议。

7月中旬：朱德、陈毅、王尔琢等率红二十八团、二十九团攻占酃县后，杜修经不顾永新联席会议的决定和朱德等人的劝阻，以执行湖南省委指示信为由，并迎合由宜章农军组成的红二十九团部分官兵的思乡情绪，趁力持异议的毛泽东等远在永新之机，将红二十八团、二十九团强行拉到湘南，经桂东、资兴去攻打郴州。

7月下旬：盘踞在资兴进剿浓溪根据地的国民党第二十一军向成杰部见红军主力到了酃县，怕受攻击，仓皇撤离资兴（名为"调防"）。黄义藻、袁三汉闻讯后，立即率资兴独立团战士，从浓溪出发，攻打县城。国民党资兴县县长兼清乡委员会主任易宝钧，见资兴独立团来势凶猛，不敢守城，率部经半都（今碑记）逃往三都。

7月21日：资兴独立团占领县城。中共资兴县委立即恢复了资兴县苏维埃政府，任命黎晋文为主席。并打开县城粮仓，迎接红二十八团、二十九团进城。

7月24日：凌晨，红二十八团、二十九团及军部特务营兵临郴州城下，与国民党第十六军范石生部两个团激战，击溃敌军，于中午时分占领郴州城。傍晚时分，驻在郴州城外的范军4个团反扑过来，红二十八团仓促应战，混战中红二十九团擅自行动，向南（宜章方向）散去，情况十分危急。这时，朱德亲自掌握几挺机枪，掩护部队撤退。红军"先胜后败"，撤出郴州。

7月25日：凌晨，红军退至东江。原有2000多人的红二十九团，仅剩团长胡少海、党代表龚楚率领的团部和萧克率领的第七连共100余人；红二十八团和特务营无大损失，但亦有多人挂彩。这次攻打郴州，导致井冈山的"八月失败"。

朱德部队攻打郴州失败后，黄义藻、袁三汉立即组织独立团和厚玉布田村一带的农民赶往东江，为部队抬护伤员，并迎接部队到布田村休整。朱德部队在进布田村时，要过一条河，当时伤员多，行动不便，布田村的农民见状，家家拆下门板，铺在小木船上，让部队通过。并连夜将重伤员抬往连坪的坪田、成康等山区医治。部队过河后，又拆去门板，以免追敌过河。

朱德部队退驻布田后，资兴独立团又派出大批人员，四处打探敌方消息及收容部队失散人员。同时，朱德的部队在布田休整了 7 天，为保障部队的供给，独立团前往县城、旧县、渡头、坪石等地打土豪，为部队运送粮食和筹集资金。与此同时，布田村赤卫队还发动村民，为部队烧水煮饭，洗衣理发，做鞋补衣。所有这些，布田村民表现出了极大的热情，像接待亲人一样接待子弟兵，为朱德部队休整创造了良好的条件。

布田休整期间，朱德的夫人伍若兰在墙上写下了许多宣传标语。其间，她还随朱德一起到离村数十里远的兜率灵岩游览。

7 月底，朱德调唐天际等重组中共汝城县委，书记唐天际。同时成立县赤卫队和县团委，活动在浓溪与汝城周边地区。

8 月 1 日：井冈山红四军主力、资兴独立团和附近群众 2000 余人在布田村召开"南昌起义一周年"纪念大会，朱德、陈毅、王尔琢先后在会上讲了话，并奖给布田村赤卫队一批枪支弹药。朱德在讲话中说："此次资兴独立团及布田人民为我军护伤员、筹粮草，为我军搞好休整日夜辛劳，我党我军将切记不忘！"新中国成立后，朱德、陈毅还给布田人民来信，提及此事。

8 月 2 日：朱德率部离开布田。同时，命彭邀留下负责收容被打散的战士。不久，彭邀将收容的队伍并入资兴独立团。国民党湖南《清乡总报告书》中说："据资属龙溪、大水垅、秋溪一带，遍设伪苏维埃。"

8 月 7 日：拂晓，国民党第八军第三师师长阎仲儒，率八、九两团从永兴向资兴县城攻击前进，克复资兴县城——红军资兴独立团退据浓溪。

8 月 13 日：朱德决定留下红二十八团三营党代表唐天际等 30 余人，在浓溪成立湘南游击大队，拨给 12 支枪和一批弹药。唐天际任大队长，坚持湘南斗争。

8 月中旬：毛泽东得知红军大队在郴州失利的消息后，即率红三十一团三营离开江西永新迎还红二十八团。23 日，毛泽东率部在桂东与红二十八团会合。24 日，毛泽东主持召开营以上干部会议。会上决定留下杜修经、龚楚（本书笔者注：原红二十九团党代表，强烈要求攻打郴州的骨干；后与邓小平一起领导广西百色起义，1935 年叛变投敌）在资兴浓溪重组中共湘南特委，杜修经为书记。

8 月下旬：中共湘南特委正式在浓溪开展工作，机关设在杨家坪，共 5人，除杜修经、龚楚外，还有朱玉湘（女）任共青团湘南特委书记，彭昆、郭怀振（女）任特委秘书。湘南特委进驻浓溪后，对县委领导班子进行了调整，由袁三汉任县委书记，抽调黄义藻具体担负独立团的指挥工作。与此同时，桂东县委书记陈奇、安仁县委书记朱赤（本书笔者注：朱赤是汝城人，湘南起义时期担任资兴县委委员、肃反主任；浓溪革命根据地时期，担任汝城县委委员，主管武装；但杜修经新中国成立后的回忆文章中说，他是安仁县委书记）、汝城县委书记唐天际（兼），均进驻到浓溪开展工作。湘南游击大队和资兴独立团有100余条枪、七八百人，桂东、安仁两县游击队共约200人，枪数十支。一时间，浓溪根据地成为湘南革命的指挥中心。

9月：国民党调集第八军第三师（师长李品仙）、第二军第五师（师长谭道源）、独立第七师（此处应为"独立第十七师"，师长周希武）等部，会同资兴、汝城、桂东3县挨户团、清乡队共约4万人，以大包围的形式，将浓溪地区团团围住。为了困死根据地的游击队员，还层层设立了哨卡，将进出浓溪地区的大大小小路口派兵堵死。浓溪地区与外界完全隔绝了联系。同时发动进攻，进入浓溪实施"三光"政策，制造无人区，将村庄全部烧毁，把居民全部赶走，浓溪革命根据地面临空前困难时期。

9月17日（农历八月初四，故称之为"八四"惨案）：国民党第八军第二师（应为"国民革命军第三十五军独立第十七师副师长"）王英兆团与县挨户团共2000余人夜袭布田村，烧毁房屋100余间，当场残杀中共党员、游击队员和群众87人。下午，又将农会干部和赤卫队员黎守安、黎德昌、黎佰达、黎细方、黎竹松等10余人押走，后全部在县城枪决。牲畜、粮食全部被掳走。敌人血洗布田村，先后共屠杀101人，烧毁房屋613间，抢走牲畜312头，抢走或烧毁粮食、家什不计其数。一个300来户的大村庄，只剩下40来户，灭代的33户，被迫外逃的上百户，由于男人被杀妇女改嫁的达60余人……

10月上旬：资兴独立团击退进剿的国民党第二军第五师谭道源部。游击队得到敌人进攻的消息后，预先设下埋伏，留下鸡鸭狗诱敌进村，然后趁敌人在村里杀猪宰鸡做饭之机，从四面山上冲杀下来。敌人猝不及防，溃不成军，只得撤出龙溪。

10月中旬：敌独立第七师（此处应为"独立第十七师"）周希武部，先后攻克竹洞、方洞、上洞等地，区苏维埃政府负责人李五养、庞四祥及独立团战士近百人先后牺牲或被俘遇害。独立团减员严重，由井冈山下来时的1500

余人，逐渐减少至 600 余人。

10 月下旬：湘南特委驻地杨家坪及田坪洞、吕城坑一带陷落。为掩护湘南特委转移，资兴县苏维埃政府主席黎晋文牺牲，时年 38 岁。湘南特委和汝城县委等机关人员随唐天际率领的湘南游击大队，于 10 月 27 日转移到汝城县两水口村宿营。次日，遭到敌军袭击，共青团汝城县委书记唐天民等数十人牺牲，汝城县苏维埃政府副主席朱忠良等 10 余人被捕遇害。只有杜修经、龚楚、唐天际等少数人脱险。脱险后，杜修经、龚楚随后离开了湘南，特委书记一职由钟森荣担任。不久，钟森荣牺牲，唐天际代理特委书记，继续领导湘南游击大队，在资、汝边界活动。

10 月下旬：《黄义藻》传中说："由于战斗频繁，独立团损失很大，1928年 10 月间，由 1000 多人锐减到 300 多人。"独立团留下近百人和 10 余支枪，由袁三汉带领继续在浓溪坚持游击斗争；独立团主力 300 余人由黄义藻、彭遂率领，突出重围，来到湘赣边境的公姑山。独立团陆续派出一些侦察人员外出寻找红军。不久，有个叫何告先的红军侦察员，在江西信丰一个叫作新田墟的地方，找到了刚从湖南平江起义后突围出来的红五军，并与红五军的负责人彭德怀取得了联系（新田镇位于连通赣粤的省道信寻线上，地处信丰、安远、赣县三县接壤地区，为信丰的东大门）。11 月上旬，资兴独立团离开公姑山，到新田墟与红五军会合，被编入红五军第十二大队，于 12 月 10 日第二次到达井冈山。黄义藻调到军部从事组织工作。1929 年二三月间，黄义藻在广东南雄作战牺牲，时年 25 岁。

《资兴市志·革命烈士》中记载："黄义藻：男；籍贯：坪石乡；生卒年月：1904—1929；职务：中共资兴县委书记、红三十六团党代表、红军资兴独立团团长。"

11 月 17 日：浓溪革命根据地最后营地洪水山陷落。

当天，资兴游击队主力 30 余人，在何安民、何应吾率领下，开赴汝城支援湘南游击大队作战去了。洪水山营地只留下袁三汉和县委一些工作人员，以及病人等 10 余人。这天，天气寒冷，浓浓的白雾灌满了丛林，县委书记袁三汉与县委秘书李梦兰正在茅棚里起草一份宣传材料。正在这时，浓溪挨户团长杨奇才带领 100 余名敌人悄然摸了过来。敌人是由叛徒李金泉、何玉后引来的，两人经受不了艰苦的斗争生活考验，在金钱的引诱下叛变了。他俩熟悉地形，领着敌人从后山翻越过来。由于雾气重，能见度低，待哨兵发现时，敌人离营地仅20余米。袁三汉赶紧指挥游击队员沿着密林中的壕沟往山下撤，并抽出手枪，打倒了一个敌人，欲举枪再射时，不料子弹卡了壳，枪打不响了。此时，营地仅留下袁三汉配戴的一支枪。敌人见游击队人少、枪少，蜂拥而上。女游击队员龙金枝怀孕数月，行动不便，跑了几十步后被敌人抓住，另有几个伤病人亦被捕。秘书李孟兰背着文件袋，跟在袁三汉后面，跌跌撞撞往山下奔，被挨户团丁一梭镖刺中后脑勺，滚下山坡。袁三汉见状，欲去营救，不小心从一块巨岩上摔下来，跌断了脚，被敌人一拥而上乱刀砍死，牺牲时，年仅24岁。敌人为了邀功，残忍地割下了他的头颅。其他人员被敌人围住，经过一场恶战，大部分牺牲，只有曹仁贵、王旦、王进寅等数人突围出去。

《资兴市志·革命烈士》中记载："袁三汉：男；籍贯：七里镇；生卒年月：1904—1928；职务：红四军三十六团副团长。"

当天下午，何应吾和30多名游击队员返回洪水山时，在烧残的茅棚边才发现营地遭到了敌人袭击。接着，在一块巨岩下发现了一具血肉模糊的尸体，头颅已被割走。他们从衣着上很快认出来了，是县委书记袁三汉。

不久，突围出去后藏在山中的王旦、王进寅、李孟兰等人，听到这边有动静，觉察是自己人来了，也钻了出来。见到何应吾等人，悲痛之中，将发生的情况一五一十地讲了一遍。

恰在这时，镰刀湾的革命群众郑德斋赶来报信，说敌人剿灭洪水山后，正在离此地20余里的镰刀湾村摆酒庆功。游击队闻讯后，立即奔向镰刀湾。

游击队赶到镰刀湾对面的山上，恰见挨户团出村，叛徒李金泉与挨户团丁杨春押着龙金枝正在过桥。游击队区队长、外号"猛张飞"的黎龙恩见状，大喊龙金枝蹲下；龙金枝刚一蹲，李金泉一拉，又站了起来。就在这时，黎龙恩的枪响了，三人同时中弹。杨春从桥上摔下，死了；叛徒李金泉重伤，不久也死了；龙金枝的肚子上一个大洞，鲜血直涌，昏倒在地。她的丈夫、游击队员王进寅见状，大叫一声，奔了过去。游击队也纷纷冲下来。挨户团一下子乱了套，丢下几名被俘的游击队员，拼命朝寨皮方向逃跑。当晚，龙金枝因失血过多而牺牲。

洪水山陷落后，资兴游击队剩余的人员由何安民、何应吾带领，合编到唐天际率领的湘南游击大队。1929年七八月间，唐天际离开湘南，何安民、何应吾等也先后在战斗中牺牲。

资兴独立团，是湘南起义从井冈山返回后，坚持游击斗争时间最长，也是唯一建立了游击根据地的湘南起义武装。洪水山陷落后，湘南起义形成的中共湘南武装割据局面，已不复存在。

五、县苏维埃政府负责人

湘南起义期间，在中共资兴县委领导和发动的资兴起义中，建立了资兴县苏维埃政府。《资兴市组织史资料》第一章第二节"资兴县苏维埃政府"中记载："主席：刘英廷，1928 年 3 月至 9 月（牺牲）；主席：黎晋文，1928 年 9 月至 11 月（牺牲）；副主席：黄义行。"

黎晋文是在"1928 年 9 月"接任资兴县苏维埃政府主席的吗？在资兴现有的党史资料中，记载的是：1928 年 7 月，县苏维埃政府主席刘英廷，在护送伤员回家返回浓溪的途中，在兴宁镇山海村早禾冲为部队筹集资金时，被清乡队包围抓获，然后被押解到县城，9 月壮烈牺牲。在刘英廷被捕后，同年的 7 月下旬，黎晋文接任了资兴县苏维埃政府主席职务——这个"接任"的时间和接任的"任命"（应是中共资兴县委），都没有佐证资料。

现将《资兴市志·革命烈士》和网站中各两份资料罗列如下：

刘英廷：出生于一个贫苦农民家庭。因家贫只读过两年私塾。12 岁学裁缝，住县城。1926 年 10 月，加入中国共产党，并任中共资兴支部委员。随即到东乡组织农民协会和农民自卫队，对土豪劣绅拼凑的"保产农会"予以瓦解打击，使东乡的农运得到健康发展。1927 年 3 月，任资兴县农民协会执行委员兼县农民自卫队长。曾率农民自卫队多次平息土豪劣绅制造的暴乱。大革命失败后，转入地下斗争。1928 年春参加湘南起义，任工农革命军资兴独立团副团长。3 月，先后当选为资兴县苏维埃政府主席，中共资兴县委委员，湘南工农兵苏维埃政府执行委员。4 月底，随起义部队上井冈山后，任工农革命军第四军三十六团副团长，参加过保卫井冈山根据地的战斗。后奉命率部分湘南籍战士返回资兴开展游击战争，参与创建龙溪游击区。同年 7 月遭敌清乡队包围被捕。9 月，被杀害于资兴县城。

《资兴市志·革命烈士》中记载："刘英廷：男；籍贯：兴宁镇；生卒年

月：1898—1928；职务：县苏维埃政府主席。"

本书笔者说明：刘英廷是从浓溪游击区将伤员护送到西北区的家里后，在返回浓溪的途中，为筹集军用物资，在今兴宁镇山海村早禾冲被敌人抓住的。开始，他被早禾冲的群众掩护脱险，后来敌人侦察确实，从县城派来了30多人围堵，才把他抓获的。早禾冲，是刘英廷的老婆欧茂姬的娘家。他们生有一女刘月华。新中国成立后，刘月华是集体单位的职工，刘月华的丈夫黄亮柏在县工商业联合会工作。黄亮柏1954年至1957年4月任县工商联副主任，1957年4月至1966年10月任县工商联主任。"文化大革命"之后，1984年12月恢复资兴市工商业联合会，黄亮柏再一次担任主任至1988年12月。此后，1988年12月至1995年12月担任资兴市工商业联合会名誉主任委员。2017年，李宙南创作了大型舞蹈史诗《英雄颂》，其中就有刘英廷"血洒山城"（资兴县城）的壮烈场面。

黎晋文：厚玉乡布田村人。1926年10月，参加农民运动。1927年3月在县农民协会支持下，取缔了本村代表地主豪绅利益的假农会，担任新组建的布田村农民协会副主席，领导农民清算土豪劣绅，建立农民自卫队。同年加入中国共产党。1928年初参加湘南起义。起义部队上井冈山后，留在当地坚持游击斗争，参与创建龙溪游击区。同年7月下旬，任资兴县苏维埃政府主席，积极领导全县工农群众为攻打湘南的红四军筹粮、运输和收养伤病员。8月敌大举进犯，红军撤离湘南。10月下旬，为掩护中共湘南特委机关转移，率县游击队在中共湘南特委驻地今龙溪杨家坪阻击敌军时，不幸中弹牺牲。

《资兴市志·革命烈士》中记载："黎晋文：男；籍贯：厚玉乡；生卒年月：1890—1928；职务：县苏维埃政府主席。"

六、中共资汝边区支部与东坪特区（或资汝边区）苏维埃政府考

关于中共资汝边区支部与东坪特区苏维埃政府，在资兴市与郴州市的党史中，只在《毛泽东率部进湘南》中，对于中共资汝边区支部有过简述，而对于东坪特区苏维埃政府则完全没有涉及过。笔者根据有关史料，特做如下考证：

（一）毛泽东在哪里将何翙奎等3名干部留在龙溪十二洞

前文已叙："1928年4月11日，毛泽东指示何翙奎、钟碧楚、刘光明留

资兴东坪乡活动，组成中共资汝边区支部，何翊奎为书记，钟碧楚管组织，刘光明负责宣传兼武装。"此事，中共资兴的党史记载为在"龙溪（中洞）"，中共郴州市委党史办的记载为在"东坪"。

《中国共产党郴州历史》（新民主主义时期）"毛泽东率部进湘南"中记载："（1928年4月）11日，毛泽东指示何翊奎、钟碧楚、刘光明留资兴东坪乡活动，组成中共资汝边区支部，何翊奎为书记，钟碧楚管组织，刘光明负责宣传兼武装。"

《中国共产党资兴历史》（新民主主义时期）"毛泽东、何长工率部接应起义部队"中记载："（1928年）4月12日，部队从东坪到达浓溪……将干部何翊奎、钟碧楚、刘光明留在浓溪一带活动，组成中共资汝边区支部。"

不管是在东坪，还是在龙溪中洞，包括汝城县的南洞、田庄等地，都属于雷连十二洞，即毛泽东在《井冈山的斗争》中所说的"龙溪十二洞"。但是，究竟毛泽东在哪里将何翊奎等3名干部留在龙溪十二洞呢？

在资兴市与郴州市记载有出入的情况下，我想，这个问题的解决，只有查阅何翊奎、钟碧楚、刘光明3个人的简历了。我手头没有什么资料，只有湖南省革命烈士传编纂委员会编的《三湘英烈传》第六卷《何翊奎》传记，但比较简略；而《汝城县志》的初稿——1990年8月的打印稿则比较明了（这部书稿是当时汝城的县委书记王存湘送给我的）。现将《汝城县志》第二十四篇《人物》，其中的"何翊奎（革命烈士）、钟碧楚（社会知名人物）"的简历摘要于下：

何翊奎（1898—1930）：又名何辅仁，字竹贤，汝城县田庄乡蔡家村人。云头高小毕业后回乡募捐，在田庄圩创办"柱石小学"，自任校长。不久，又与钟碧楚、朱家声等筹捐创办"新民高级小学"，期待教育救国。然而，此道行不通，遂前往郴州，寻求救国之路。在郴期间，他结识了朱青勋等一些共产党员，1926年春，在郴州加入了中国共产党。1926年5月，何翊奎与朱青勋受党组织派遣，回汝城开展革命活动，他以个人名义加入了国民党。6月，中共汝城支部成立，他任宣传委员。1927年8月，汝城县大革命运动遭敌镇压。9月下旬，汝城农军奉命改编为工农革命军第二师第一团，何翊奎任第二营营长。为了保存革命实力，第二团与国民党第十六军建立了合作关系，编为十六军特务营，何翊奎任军需（管后勤）。

1928年1月，朱德、陈毅在宜章揭开了湘南起义的序幕。特务营决定2月6日早晨离开十六军，开赴湘南与朱德部队会合。但由于副营长黄文灿投敌叛变，2月6日拂晓特务营被敌人包围，战斗中不少壮士壮烈牺牲。何翙奎等人突出重围，潜回田庄深山老林隐蔽。

1928年4月，毛泽东率部到达汝城策应湘南暴动。9日，何翙奎、钟碧楚等赴毛泽东驻地田庄，向毛泽东汇报了汝城大革命运动以来的情况。次日，随毛泽东离开田庄，向资兴进发。第三天，毛泽东指示何翙奎等留资兴、汝城一带工作。根据毛泽东的指示，他组建了资（兴）汝（城）边区支部，并任书记。接着，在资兴东坪一带建立苏维埃政府和赤卫队。6月，东坪乡苏维埃政府和赤卫队被敌人围剿，他率领赤卫队守山隘口、山巅，英勇奋战，多次打退敌人的进攻。最后敌人放火烧山，层层围困，赤卫队遭到失败。

何翙奎从东坪脱险后，转至与汝城毗邻的崇义县金坑区，成立了中共上崇区委，担任书记。1929年1月，又组建了中共上（犹）崇（义）县委，担任县委书记。1930年4月，在红二十六纵队的协助下，夜袭上犹县城，取得了暴动的胜利。4月上旬，敌人对暴动队进行围剿，何翙奎在战斗中英勇牺牲。

钟碧楚（1896—1986）：字湘灵，又名林之，男，汉族，汝城县田庄乡新联村人，生于清朝光绪二十二年（1896），卒于1986年。高小文化，1926年加入中国共产党，1928年加入红军，跟随毛泽东上井冈山，历任红四军交通员、指导员、参谋、军需长、红三军后方医院院长。1931年当选为江西瑞金苏维埃代表。参加红军期间，千方百计采集中草药，救治伤员。中华人民共和国成立后，历任汝城县新民乡乡长，汝城县四区区长，汝城县卫生科代理副科长，汝城县卫生工作者协会主任。1953年湖南省卫生厅授予其"名老中医"称号。1956年被评为郴州地区先进工作者。1957年当选为汝城县第二届人民代表大会代表。同年调任郴州专区人民医院中医师。他从事医务工作五十余年。

《郴州日报》2009年8月31日发表郭延龙的《毛泽东到汝城》中说（摘要）："1928年4月8日，在汝城党组织和人民群众的支持下，毛泽东（率部）一举攻占汝城县城，并击溃了由粤北扑向湘南起义部队的胡凤璋匪部的两个排，击毙排长两名，匪连长胡宗毅率部逃回石泉老巢。我军随即打开县监狱救出了一批被关押的同志。9日黎明，继续与敌激战，考虑到一团在汝城阻敌三日，毛泽东率部掩护湘南起义部队向井冈山转移的目的已基本达到，便主动撤出战斗返回田庄驻扎。在梓头村药店里，毛泽东接见了从韶关突围回汝城活动的原二师一团的汝城共产党员何翊奎、钟碧楚、何应春三人，他们向毛泽东汇报了汝城大革命以来的情况。4月10日，何翊奎（何辅仁）、钟碧楚、刘光明随毛泽东离开田庄进入南洞，处决了几个罪大恶极的土豪劣绅，然后进入资兴县的龙溪洞。11日，毛泽东指示何翊奎、钟碧楚、刘光明留在资兴东坪至汝城一带工作，组成中共资汝边区支部，何翊奎为书记，钟碧楚管组织，刘光明负责宣传兼武装。随后，何翊奎等在东坪一带建立了苏维埃政府和赤卫队。"

根据何翊奎的简历和以上的资料记载，可以确定为"在东坪"。即《中国共产党郴州历史》所记载的："（1928年4月）11日，毛泽东指示何翊奎、钟碧楚、刘光明留资兴东坪乡活动，组成中共资汝边区支部，何翊奎为书记，钟碧楚管组织，刘光明负责宣传兼武装。"

互联网历史版本《何翊奎烈士》中介绍说："何翊奎，男，汉族，籍贯：湖南汝城，1897年生，牺牲日期：1930年5月。曾就读于汝城联立云头学校。毕业后，矢志教育救国，回乡创办柱石小学，任校长。后创办新民高级小学，任校董。1926年春加入中国共产党。同年5月，奉命到汝城县城发动组织群众，支援北伐。6月，中共汝城支部成立，任支部宣传委员。8月，以个人身份加入中国国民党，并任国民党汝城县党部执行委员，参与领导全县的农民运动。1927年'马日事变'后，参与组建汝城农军的工作。8月，汝城农军改编为工农革命军第二师第一团时，任二营营长，率部参加了攻占汝城的战斗；后率部在资兴、汝城、宜章三县交界处坚持游击战争。1928年4月，奉命赴资兴县东屏（坪）乡开辟根据地，组建了资汝边区支部，任书记。同年夏，以湘赣边的金坑为据点，组建中共犹崇区委，任书记。1929年元月，在崇义县长潭乡建立中共上（犹）崇（义）县委，任书记。1930年4月，领导上犹、崇义两县工农武装举行暴动。5月，在率部攻打上犹县城时，不幸中弹牺牲。"

根据以上资料，可以得出结论：中共资汝边区支部的建立时间为1928年4月—6月；驻地：资兴东坪；何翊奎任书记，钟碧楚任组织委员，刘光明任宣传兼武装委员。

《中共资兴县委常委会一九二八年在龙溪区一些会议记录》中记载：6月"第八次常委会（十九日于江龙上）"决定："调邓光明到军委服务。"6月30日又决定："调邓光明为游击队副队长。"这个"邓光明"是否就是"刘光明"

呢？如果是，从这些记载中，我们可以分析：当时的"中共资汝边区支部"是受中共资兴县委领导的。同时，1928 年 6 月，中共资汝边区支部、东坪乡苏维埃政府和赤卫队被敌人围剿、遭到失败以后，邓光明仍然留在浓溪坚持斗争。

（二）东坪特区（或资汝边区）苏维埃政府由何人组成呢

《中国共产党资兴历史》（新民主主义时期）"毛泽东、何长工率部接应起义部队"中记载："毛泽东率第一团在鄜县中村与第二团分兵后，经桂东、汝城进入资兴，于（1928 年）4 月 11 日到达东坪墟的两水口。随后找到当地苏维埃干部萧显通、胡九苟等人，了解情况后，鼓励大家办好乡苏维埃政府，搞好打土豪分田地工作。当得知他们正在筹建一支农民赤卫队后，很高兴，立即发给 3 支步枪和 100 多发子弹，并送了一匹小马。当晚，毛泽东的部队住宿在东坪两水口、永田头、枧坳、铜锣丘等地农民家，毛泽东住铜锣丘。"

在这里，没有明确萧显通、胡九苟的职务。

《何翙奎》的传记中说："根据毛泽东的指示，他组建了资（兴）汝（城）边区支部，并任书记。接着，在资兴东坪一带建立苏维埃政府和赤卫队。6 月，东坪乡苏维埃政府和赤卫队被敌人围剿，他率领赤卫队守山隘口、山巅，英勇奋战，多次打退敌人的进攻。最后敌人放火烧山，层层围困，赤卫队遭到失败。"

然而，不管是郴州，还是资兴，乃至汝城县的党史资料中，都没有"东坪特区（或资汝边区）苏维埃政府"的任何记载。本书笔者在《资兴市志·革命烈士》中，查到了东坪乡一些资料，现列表如下：

姓名	性别	籍贯	生卒年月	职　务
萧显通	男	东坪乡	1902—1929	区农会副会长
王学文	男	东坪乡	1890—1928	乡农会秘书
唐满古	男	东坪乡	1901—1928	乡赤卫队员
周南恩	男	东坪乡	1902—1928	乡赤卫队员
李牛古	男	东坪乡	1894—1928	乡农会会员
李荣昌	男	东坪乡	1908—1928	乡赤卫队侦察员
罗福福	男	东坪乡	1902—1928	红军游击队侦察员

姓名	性别	籍贯	生卒年月	职 务
罗日升	男	东坪乡	1887—1928	红军游击队侦察班长
扶德古	男	东坪乡	1894—1928	乡农会通讯员
李有古	男	东坪乡	1895—1935	红军游击队战士
李保恩	男	东坪乡	1921—1935	红军游击队通讯员
李加洋	男	东坪乡	1913—1935	红军游击队分队长
李成祥	男	东坪乡	1816—1935	红军游击队侦察员
杨彬员	男	东坪乡	1905—1935	红军游击队班长
谢昌求	男	东坪乡	1913—1935	红军游击队采购员
萧仕盛	男	东坪乡	1899—1936	红军游击队战士
叶德福	男	东坪乡	1893—1936	红军游击队侦察员
李业文	男	东坪乡	1897—1936	红军游击队通讯员
李炳娇	女	东坪乡	1908—1936	红军游击队战士
张运科	男	东坪乡	1913—1937	红军游击队分队长
庞林交	男	东坪乡	1913—1937	红军游击队战士

值得说明的是："区农会"和"乡农会"，是大革命时期（1926—1927）的名称；萧显通既然是 1928 年至 1929 年牺牲的，则应该是"区"或"乡"苏维埃政府；1928 年 6 月之后到 1937 年 7 月（"七七"事变）抗日战争爆发，则称之为"红军"。

从以上资料中分析，萧显通大革命时期任东坪乡农会副会长，1928 年 4 月至 6 月，任东坪特区或资汝边区苏维埃政府副主席。由此可以肯定：东坪特区或资汝边区苏维埃政府确实存在。

东坪特区或资汝边区苏维埃政府的存在时间：1928 年 4 月至 6 月。

附录：

中共资兴县委常委会

一九二八年在龙溪区的一些会议记录

苏维埃军事委员会训令，赤卫队组织与训练（十月十四日资兴清乡督察员罗湘琳在南乡龙溪收获）。

一、乡苏维埃政府常备赤卫队三十名，预备队×××，全体工农为后备队。

二、各自卫队每日需经党的上操上课，以普通的军事技术及充分的军事训练。

三、官兵生活一样，暂时不发薪饷，只发伙食。

四、学科只有政治讲演术科（稍息、立正、看齐、转法）等散兵之散训，如散开、前进、冲锋、利用……

五、农民作战绝对不与敌人打硬仗，不打正面，须打包围或以班为单位冲其一队，腰出其尾，抢行李、抢枪、断绝敌人粮食饮水等。

资属龙溪布田共匪决议事（独立第十七师长周希武呈称据转呈破获）。

第五次常委会决议事项（六月十五日于江龙上，到者义藻、三汉、义行参加）。

一、军事行动问题交军委会讨论。

二、指定李奇中、陈奇、袁三汉为军事委员，以袁三汉为书记组织军事委员会。

三、游击成立以陈奇为书记，宜属县委。

四、指定李奇中为县委秘书长，宋训升、王敬寅为宣传科干事，何显伟为组织科干事。

五、县委设一财务科，以王旦为会计、李策勋为总务。

六、游击队长黎龙恩调财务科工作，该职由何应吾兼任。

七、调蔡道辉为秘书处干事，李孟兰为 CY 宣传科干事。

八、县党部只限用公差三人，伙夫二人。

九、立即建立秘书机关，由黎龙恩负责寻找地点。

第六次常委会决议事项（十六日于江龙上，到者义藻、三汉、义行）。

一、粮食问题，保留。

二、经济问题，尽量打土豪。

三、党务问题：

1. 每月学习，每周预介绍新同学五人。

2. 严令各级党部多开各项会议，由组织科制定详细办法，通告各级执行之。

3. 到一地必须指定负责人成立支部。

4. 从速调查同学，由组织科制定表式。

5. 组织科从速决定讨论题目，负各级会议讨论，以资训练。

6. 每月每天至少须找一农协会员谈话。

7. 各处党部必须三天向上级报告一次，其报告条例由组织科决定下发。

四、闲杂人员由部队自行处理，党部严禁混入。

五、调文济民、袁己月到田坪秘密工作。

六、即日派人赴瑶岗与三十三团联络，并派人赴桂东一带与二十九团及朱、毛联络。

七、通过标语四十一句。

第七次常委会决议事项（十七日于江龙上，到者义藻、三汉、义行）。

一、批准军委第一次常委及第一次扩大会决议案。

二、江龙上工作问题：

1. 决定今晚成立支部。

2. 军队开走后留曹作霖在此工作。

3. 曹作霖在此工作以江龙上为中心，以长古洞、杨家坑、水头一带为范围，须与杨家坑之谭永鸣联络。

三、游击队及党部十五岁以下之小孩调集一次调令，由 CY 负责。

四、袁己月调为 CY 县委宣传科干事。

五、每月调集各支部书记、干事、组长开训练会一次，至少每次须一小时。

六、朔日开党员大会。

第八次常委会（十九日于江龙上）。

一、党务整顿问题：

1. 派人赴各地巡视党务。

2. 切实整顿军队中党务。（一）调邓光明到军委服务。（二）调何应吾任队长。（三）调李奇中为党代表。

二、工作人员生活问题：

1. 伙食每人每月小洋六元。

2. 办公费每地每月小洋一元。

3. 交通费临时给。

三、健全 CY 县委问题：派人找执委来。

四、建立城内通讯机关，由许月楼设法找李月多再决。

五、由巡视员负责建设各地秘密处，步哨送信人工资暂定每十里给二角。

六、陈奇同志回县问题：

1. 准其回县。

2. 带七九步枪两支，兵两名：罗有禄、郭新林。

3. 每周至少通讯一次，地点江龙上。朱连方转资兴县委兰洞暴水，郭秋林家转桂东。

七、军事问题：

1. 仍取保守政策，以资休养。

2. 明日决定开至九公堂。

第九次常委会决议事项（二十一日于九公堂，到者义藻、三汉、义行）。

一、九公堂工作问题：九公堂、寨皮、镰刀湾、大坪等处成立一支部，以九公堂为中心。

二、巡视问题：以军队游击方法去巡视。

三、宣传问题：

1. 准备数千份以上标语。

2. 派人到各大道及县城散发。

3. 出三种布告、四处张贴。

第十次常委会决议事项（二十三日于大坪，到者：义藻、三汉、义行）。

一、批准军委第二次常委会议议决案，陈奇仍任党代表，派李奇中帮助部队党务。

二、军事行动问题：明日开，驻地三八。

三、通扳（颁）标语二十三日（条）。

第十一次常委会决议事项（二十七日于龙溪上洞，到者：义藻、三汉、义行）。

一、整顿各支部党务问题：

1. 照前议案实行巡视。

2. 多发通告。

3. 限每三次各支部通讯一次。

二、发展各处党务问题：尽量由布田离城十五里许地向洋林、白泥塘及县城附近一带发展。

三、政治问题：据各方消息，准备夺取政权，计划如下：

1. 准备扩大民众。

2. 扩大宣传。

3. 破坏交通、电话、邮政。

4. 与各方切实联络。

5. 多派得力侦察探听确实消息。

四、秘书长问题：由黄义藻兼。

第十二次常委会决议事项（三十一日于龙溪中洞新屋头，到者：义藻、三汉、义行）。

一、组织苏维埃问题，即日成立十二区苏维埃政府筹备处，由义行负责指挥。

二、县委行动问题：

1. 义藻、三汉出外巡视。

2. 通讯处仍设龙溪。

3. 其余人员仍随队伍走，准备各项宣传品。

4. 少年先锋队编在队伍部守在押土豪。

第十三次常委会决议事项（六月三十日于龙溪中洞新屋头，到者：义藻、三汉、义行）。

一、明日全体官兵发饷，其发法如下：

1. 在大水龙参加战斗的每人发小洋十四元。

2. 前在第一连发小洋一元的每人补发四毛。

3. 此外新来的官兵发四毛。

4. 未分配工作不发。

二、各处特派员即发齐六月份之生活费、办公费。

三、许月楼因特别情形，每月发光洋三元作为生活费。

四、调邓光明为游击队付（副）队长。

五、调何应吾为游击队区队长。

六、南乡区委盛况：暂时不成立，由县委直接指挥。

七、文齐民兼管棕树垅支部。

八、唐士元到经济委员会工作。

九、县委伙食仍单开。

十、由宣传科拟一政治通告交常委批准发下。

第十四次常委会决议事项（七月九日于冈上）。

一、党部、军队整个行动问题：候再得到布田、方洞报告后再行决定，本晚军事行动交军委决定。

二、粮食问题：向黄泥寨、大村一带打土豪。

三、P 部负责人王相冲突及李奇中、蔡道辉问题，候在一党 P 队部全体党员、团员批评会议。

四、曹亮华仍在布田工作不另调换。

五、调张凤宜至大坪工作，袁作树转入 CP，仍在方洞工作，负 CY 责任。

六、以后县委常委除留一人与队伍走外，其余俱尽量出发巡视与组织。

七、派黄义行巡视棕树垅、田坪支部。

八、将此次巡视结果、各处优点、缺点一总批评通告各支部。

九、宣传科农民书由该科另行修改，并拟一政治通告交常委批准下发。

第十五次常委会决议事项（七月十三日于龙溪上洞梦冲，到者：义藻、三汉、义行）。

决议事项：对于目前政治环境问题。

一、防止土豪劣绅之大包围。

1. 多发标语，尽量做"挑拨离间"工作。

2. 在可能范围内略做一做瓦解小土豪勾结工作。

3. 相机行事，对于反动的挨户团、清乡委员会，以武力解决。

二、与各地切实取得联络。

1. 再派人与朱、毛联络。

2. 派人与永兴联络。

3. 再派人与三十三团联络。

4. 派人潜至长沙找特委与省委。

三、党部与队部目前行动：

1. 多打土豪将谷米送到山上。

2. 行动需要秘密。

3. 驻地须取埋伏势。

四、对于军队整顿问题：

1. 健全部队党和团的组织。

2. 尽量设法改良士兵精神物质生活。

3. 严肃军纪。

五、李奇中同志错误及其处罚问题：

（一）李奇中错处：

1. 个性太强。

2. 为恋爱而放弃各种责任。

3. 张言而不肯行。

（二）处以书面警告。

1. 批准宣传科传字第一号通告。

2. 调黎隆恩为党部交通委员。

第十六次常委会决议事项（七月十六日于大坪，到者：义藻、三汉、义行）。

一、日内军事行动暂照昨晚军委决案实行。

二、此次退出龙溪被挨户团烧了两家农民房子，抄了三洞许多农民东西，现在龙溪三洞农民对我们大失信仰，益怀恨我们此点。应即召集龙溪三洞农民代表会解释一切。

三、党的工作决于日内进行第二次巡视。

四、党 P 队部非当兵的闲杂人员，概编队伍当兵。

五、县党部伙食与队部并合一起。

六、对于李奇中回县委的信，交本日大会中议决。

七、本日下午一时开党 P 队部第二次全体党员、团员大会。

抄自《湖南全省清乡总报告书》

本书笔者注：

1. 江龙上：今龙溪乡中塘村江垄上，地处杨家坪（全村为瑶族，中共湘南特委驻地）的下游，现有 40 多人。

2. 九公堂：今连坪乡成康村酒瓮坛（1 户）。地处连坪乡与东坪乡寨皮、汝城县南洞乡镰刀湾交界处的深山之中。镰刀湾原属于资兴，与酒瓮坛组成一个生产队，1963 年划归汝城县管辖，酒瓮坛则留在资兴。

3. 大坪：今连坪乡成康村大坪上，与天鹅塘、仙人掌相邻。

4. 龙溪上洞：今龙溪乡中洞村上洞，现有 3 个村民小组，280 多人。

5. 龙溪中洞新屋头：今龙溪乡中洞村老屋组，作田时居住在那里，故称新屋头。只有 4 户，现属于中洞村垅头村民小组。

6. 冈上：今龙溪乡中洞村江背，属于上洞 3 个小组中的一个组，现有 48 人。

第四节　隐蔽斗争时期

浓溪革命根据地的最后营地洪水山陷落，第二任县委书记袁三汉牺牲之后，中共资兴县委领导的武装斗争暂时落下帷幕。国民党开始了秋后算账，白色恐怖笼罩城乡，一大批曾被县、区、乡各级苏维埃政府斗争过的土豪劣绅，由于反动政府的支持，又开始作威作福，横行乡里，被分的浮财、田地又被收了回去。他们对参加湘南起义和浓溪游击战的革命干部和群众，展开了大规模的搜捕，唐己太、袁作恕、王樵舟、谢流昆、唐士文、樊己蓉（女）、黎龙恩、许祖衡等 100 多人，先后遇害或被捕牺牲，一大批革命干部和群众被关押、毒打。一些在战斗中负伤被组织送回家乡疗养，在战斗中被打散返回家乡的骨干和积极分子，在当地已无法立足，只得远走他乡。当时，由于交通闭塞，信息不通，这些流散的同志大多流落到与资兴毗邻的广东和江西，或投亲靠友，或以教书、行医、帮工为掩护，隐姓埋名，以躲避国民党反动派的追捕，并寻找党组织。

1928 年 10 月后，广东省委派钟振华到达广东坪石，了解、联络流散在湘粤边界的湘南同志，并与流散在此的尹子韶（永兴县人）等取得了联系。1929 年 5 月，在广东坪石成立了中共湘南（驻粤）工作委员会（1930 年 12 月改为中共湘粤边工委），尹子韶任书记。

1929 年 1 月 1 日，国民党建立湘赣"剿匪"总部，分五路围剿井冈山，永兴、资兴、村东、汝城县被划为"剿匪区"。

1929 年 3 月，蒋介石与桂系军阀发生战争，出现了有利于革命斗争的形势。这年夏天，原中共资兴县委委员李世成，由江西遂川回到资兴，以乐城高小教员为掩护，从事地下工作。他逐步联络了一批党员和积极分子，准备重建资兴地下党组织。

1930 年春，广东省委派王涛、戴月到湘南巡视指导工作，重新恢复了中共湘南特委，尹子韶任书记。特委机关设在广东坪石，后转移至耒阳南乡、郴县、广东乐昌等地。9 月 22 日，特委在给广东省委并转中央的报告中，汇报了湘南的情况，要求与湖南省委建立联系，以加强对特委的领导并解决经费等问题。

1931 年 8 月，特委在广东乐昌黄圃司召开扩大会议，改组湘南特委，由王涛任书记，委员有李弼廷、谷子元、尹子韶等。恢复后的湘南特委整顿党组织，并派人到桂阳、郴县、宜章等地开展活动。同年 10 月，中共中央决定，将湘东特委、湘南特委和赣西南特委所辖区域合并成立中共湘赣省委。1932 年元月起，湘南特委隶属湘赣省委。

与此同时，流散到广东乐昌和原中共资兴县委常委黄义行，也在当地找到了党组织，并积极为党开展地下工作。

李世成回到资兴后不久，即前往布田，与浓溪根据地陷落后隐姓埋名潜伏下来的游击队员黎克修（化名黎芬）、黎古斋（化名黎全松）、黎龙山、李细德等，取得了联系。为了重新点燃革命烈火，重建资兴县委，他们一方面开始寻找上级党组织，一方面在坪石、资兴城厢、厚玉、半都（碑记）等地开展活动。后来，又与县城附近的李平阶、何全德等共产党员取得了联系。

1932 年春，李世成等得知有党组织在广东乐昌一带后，即与黎克修等人商量，由黎克修、黎龙山、黎古斋、李细德 4 人组成一个小队，借挑盐为名，前往广东寻找党组织。

黎克修一行到广东乐昌荆柴坪，住进一家客店后，意外发现店老板面貌酷似在浓溪担任过县委常委的黄义行，只是满口广东音，于是他们决定弄个究竟。

第二天，黎克修等人向老板辞行，把装着 4 升米、上面写着"布田"字样的一只布袋子交给老板保管，并留下话：下次挑盐时再取。

回到资兴，黎克修将此事向李世成汇报后，立即赶到黄义行的老家坪石大富枫树丘去了解情况，得知黄义行确定在广东，心里便有了底。

　　6月，黎克修一行再次上广东"挑盐"，径直来到荆柴坪那家客店投宿。傍晚时分，黎克修趁没人，单独找老板闲聊。闲谈中，老板自称姓贺，桂阳人。经过一番"试探"，"贺老板"终于承认自己是黄义行，并说已从米袋上的"布田"两字看出了名堂，只是不认识他们，不敢贸然接洽。接着，他们各自谈起了革命斗争的新情况。原来，黄义行从浓溪脱险后，到广东找到了地下党组织，被湘南特委书记王涛安排做秘密联络工作，荆柴坪这间客店便是秘密联络点。

　　黎克修等人与黄义行接上头后，回到了资兴。1932年冬，党组织派一位姓杨的共产党员来到了资兴，以熬硝做掩护，与李世成、黎克修取得了联系，着手恢复资兴地下党组织。

　　1932年12月，郴县、资兴、安仁成立"剿匪筑路局"，分别抢修郴县经资兴城至彭公庙公路，耒阳经安仁至江西吉安公路，目的在于围剿井冈山革命根据地。

　　1933年春，湘南特委批准恢复中共资兴县委，指定李世成为县委书记，李平阶、黎克修、钟仁兴为县委委员。县委下辖两个区委：李平阶兼任第一区委书记，负责南乡区工作；黎克修兼任第二区委书记，负责城厢、半都、坪石等地工作。

　　《郴州大事记》中记载："1933年4月26日，中共湘南特委召开扩大会议，讨论通过湘南党的任务决议案。会后，特委派人到宜章、衡阳、水口山、资兴等地恢复党的组织，扩大游击武装。"

　　中共资兴县委恢复后，革命工作蓬勃开展起来，革命组织迅速发展，先后在布田、城厢、坪石、半都等地，发展党员30余人。发展组织的工作主要由黎克修、李平阶负责。鉴于过去党组织被破坏的教训，县委制定了单线联系制度，即县委成员各自掌握自己发展的党员名单，党员之间不发生横向联系。

　　1933年4月底，湘南特委根据湘赣省委的指示召开了扩大会议，讨论通过了湘南党组织的决议案。此后，特委以郴县为中心，派人到资兴、宜章、衡阳等地，准备发动群众，开展武装斗争。

同年夏，资兴党组织进一步发展壮大，黎克修、李平阶各自发展党员50余人，先后建立了4个党支部，地下党员也涉及旧县、皮石等10余个地方。与此同时，资兴县委向湘南特委递交了举行武装起义的报告。

同年10月，湘南特委批准资兴党组织在年关举行武装起义，并要求做好武装起义前的准备工作。资兴县委接到批文后，立即加紧充实组织和实施起义的筹备工作，并指定黎龙山为暴动队长，黎古斋为联络员，黎福松为突击组长。这期间，黎克修联络到参加武装起义的党员和群众近百人。为安全起见，黎克修将自己的家搬到了布田下冲，并以开练武馆为掩护，白天组织人员在屋后的古樟树下练武，晚上则组织有关人员在树底下开会，研究工作。

10月底，经湘南特委联系，黎克修和李平阶、陈德和、李德改、李细德、谢三太、何万万等人，扮成商贩前往广东，随后伪装成发丧人员，用棺材从广东领回20支长枪、2支手枪、一批弹药和一千块银圆，准备武装起义。

起义前夕，李平阶被同村朱家坪的一户人家请去喝结婚喜酒。不料，同村的县警察所长李灿也被请去了。李平阶与李灿两人早有私怨，席间，两人言语不合，争吵起来。李平阶大怒，指着李灿的鼻子吼道："别以为自己是警察所长就了不起，你活不了多久啦！"李灿回去后觉得李平阶话有蹊跷，当晚派人将李平阶抓到警察所严刑拷问。李平阶受刑不住，叛变了，向李灿供出了中共资兴县委准备举行起义及李世成、黎克修和他本人发展的50余名地下党员名单及枪支收藏地点。

第二天，李灿与资兴铲共义勇队队长程振霆带兵四处捉拿地下党员。不久，李世成、黎克修等50余人被捕。李平阶招供的名单中，李细德、黎福松逃往广东，黄义行得到消息后也迅速转移。资兴党组织遭到彻底破坏，起义遂告夭折，资兴革命再一次转入低潮。

同年12月，李世成、黎克修、黎古斋、李德改、陈德和等17人，在城郊枣子坪刑场英勇就义。

新中国成立后，叛徒李平阶被资兴县人民政府逮捕、枪决。

《中国共产党湖南省资兴市组织史资料》（1926.10—1987.12）中记载：中共资兴县委：龙溪游击区陷落后，幸存的党员仍然坚持斗争，于1932年夏与失散多年的湘南特委取得联系。同年12月，经中共湘南特委批准，恢复中共资兴县委。1933年10月，县委负责人之一李平阶泄密叛变，县委书记李世成、县委委员黎芬以及其他一部分骨干遇难。12月，县委停止活动。

1932年12月—1933年12月：

书记：李世成：1932年12月—1933年12月（牺牲）。

委员：黎芬：1932年12月—1933年12月（牺牲）。

李平阶：1932年12月—1933年10月（叛变）。

笔者在《资兴市志·革命烈士》中，查到了"中共资兴特支"14人的资料，现列表如下（以牺牲的时间为序）：

姓名	性别	籍贯	生卒年月	职　　务
黄洋明	男	坪石乡	1901—1932	中共资兴县特支委员
陈茂兴	男	坪石乡	1908—1932	中共资兴县特支工作人员
樊茂茂	男	坪石乡	1906—1932	中共资兴县特支委员
谢柏才	男	坪石乡	1908—1932	中共资兴县特支委员
樊雨云	男	兴宁镇	1912—1933	中共资兴县委工作人员
曹春阳	男	碑记乡	1903—1933	中共资兴县特支工作人员
曹茂才	男	坪石乡	1908—1933	中共资兴县特支工作人员
黎克修	男	厚玉乡	1908—1933	中共资兴县委委员、区委书记
黎古斋	男	厚玉乡	1911—1933	中共资兴县特支财会员
陈德和	男	厚玉乡	1906—1933	中共资兴县委工作人员
黄扬洋	男	坪石乡	1910—1933	中共资兴县特支委员
李世成	男	兴宁镇	1904—1933	中共资兴县委书记
李德改	男	厚玉乡	1908—1933	中共资兴县委通讯员
谭友友	男	坪石乡	1884—1934	中共资兴县特支委员

特别说明：

中共资兴党史资料中说："1933年12月，李世成、黎克修、黎古斋、李德改、陈德和等17人，在城郊枣子坪刑场英勇就义。"然而，《资兴市志·革命烈士》中，只查到了"中共资兴特支"14人；其中在1933年牺牲的只有9人，说明还有8人并没有被列入烈士名单之中。

第五节　抗日战争时期

1933 年 9 月 25 日，中国工农红军第一方面军在江西南部、福建西部反对国民党军第五次"围剿"的战役开始。从 1933 年 9 月 25 日至 10 月间，蒋介石调集约 100 万兵力，采取"堡垒主义"新战略，对中央革命根据地进行大规模"围剿"。这时，王明"左"倾机会主义在红军中占据了统治地位，拒不接受毛泽东的正确建议，用阵地战代替游击战和运动战，用所谓"正规"战争代替人民战争，使红军完全陷于被动地位。经过一年苦战，10 万红军损失很大，终未取得反"围剿"的胜利。最后于 1934 年 10 月仓促命令中央领导机关和红军主力退出根据地，实行"战略转移"——开始了二万五千里长征。

1934 年 3 月下旬，李宗保率红独立四团部分人员在资兴青腰墟向敌人投降后，不愿投降的战士，由方维夏、陈山收集整顿后，所剩不足 100 人，转移到桂东县东边山的上庄、下庄、青洞、泥塘等地，开展游击斗争。

《郴州大事记》中记载："1934 年 8 月，中共湘南特委在资兴召开会议，部署迎送中央红军过境事宜。仅郴县就备粮 6 万公斤，银洋 4000 元，草鞋 2.8 万双。"为红六军团西征做准备。

1935 年 4 月，游世雄奉项英、陈毅指示，率领 100 余名游击队员从北山到达东边山。为统一领导，将集结在资兴、汝城、桂东和江西崇义边界的东边山、西边山的红军和游击队组建为"湘粤赣边游击支队"，蔡会文任支队长兼政委，游世雄任副政委，罗荣任参谋长。下辖 8 个大队，每个大队 100 人左右。同时成立湘粤赣特委，陈山任书记，方维夏任宣传部部长，钟为忠任组织部部长，蔡会文、张通、游世雄、王赤等为委员。不久，蔡会文将鄘县县委书记周礼带领的一个排编入游击支队，周礼任特委组织部长兼游击支队政治部主任。

同年 12 月，部队遭敌围剿，损失很大，蔡会文、方维夏夫妇先后牺牲，陈山在东边山被胡凤璋部俘获叛变。

1936 年 3 月，周礼、王赤、游世雄突围撤至鄘县西坑，部队由原来的 1000 余人，剩下 200 余人了。随后进行整编，游世雄任湘粤赣游击支队支队长，周礼任湘粤赣特委书记兼支队政委。同年 8 月下旬，游世雄率领 200 余人回到资兴、汝城边界的西边山，成立中共西边山区委，游世雄任书记，杨汉林任副书记，王赤、顾星奎等为委员。同时组建了工作团，分赴资兴、桂东、汝城，开展游击斗争。

1937 年 10 月，中共资、汝、桂中心县委成立，顾星奎任书记。次年 6 月，改属中共湘南特委领导。

1937 年 7 月 7 日 "卢沟桥事变" 后，国共实行第二次合作。同年 10 月，游世雄组成三人谈判代表团，下山到桂东县的桃寮，与国民党地方当局谈判，达成了四项协议：一是双方停止敌对行为，将桂东沙田作为红军游击队的集中地点，周围 30 华里由红军游击队接防；二是红军游击队集中期间，由国民党政府如数供给给养；三是释放所有被捕关押的共产党员、红军游击队员及群众；四是国民党派郭大维为常驻沙田代表，以便双方联络交涉。

1937 年 10 月至 11 月期间，游击队全部集中到了沙田，整训了一个月，改名为湘粤赣边区人民抗日义勇军，编为两个支队：第一支队长兼政委游世雄，第二支队长方班明，政委王赤，共 600 余人。

《郴州大事记》中记载："1937 年 12 月，湖南省第八行政督察区成立，辖永兴、资兴、桂阳、郴县、桂东、汝城、宜章、临武、蓝山、嘉禾 10 县，专员驻郴县。"

1938 年 1 月，中共中央派王涛从延安回到湘南，先后与周礼、李林、谷子元、谢竹峰等取得联系，5 月初设立了新四军驻郴州通讯处，王涛任主任。

同年春，资兴青年李国柱、黄义友等前往新四军驻湘南通讯处联系，被王涛、谷子元发展为共产党员。同期，中共湖南省工委派地下党员汪德彰到资兴矿厂（资兴煤矿）工作，在唐窿（今唐洞煤矿）发展 4 名党员，建立了党支部，汪德彰任支部书记，归中共湘南特委领导。

1938 年 3 月至 5 月，中共资兴黄草支部、中共资兴汉塘支部先后成立。同年 12 月，资兴的共产党员发展了 51 人。随着抗日形势的迅猛发展，湘南特委派何圣清主持成立了中共资兴县工委，朱培任县工委书记，朱仁汉、李鹤楼、李国柱、黄仁山为委员；下辖爻山、背冲、汉塘、滁口 4 个党支部。中共资兴县工委的建立，进一步加强了抗日宣传救亡工作。首先，创办贫民夜校，宣传抗日，传播马列主义；其次，组织开荒，培养积极分子，壮大组织；其三，选送朱仁汉到郴州新四军办事处秘密脱产学习了 4 个月。

《郴州大事记》中记载："1939 年 6 月，王涛调湘南，由周礼代理中共湘南特委书记。不久，周礼调省委工作，湘南特委书记由谷子元代理。此时，特委领导汝桂中心县委，耒阳、资兴县委。为缩小目标，特委撤销新四军沙田留守处。年底，中共湖南省工委撤销中共资、汝、桂中心县委，三县党组织直属湘南特委领导。1940 年 2 月，中共湖南省委决定：周礼任湘南特委书记。"

1939 年 6 月，中共资兴县工委进行了调整，朱仁汉任书记，黄仁山、李鹤楼、李国柱、何全香（女）为委员。同年 7 月，县工委再一次调整：黄仁山任书记，何全香（女）、李鹤楼为委员。7 月，在县工委的领导下，旧县豆瓜园抗日武工队成立，40 余人，武器以鸟铳、梭镖、大刀为主，主要任务是宣传抗日，实行自卫。

1939 年 11 月到 1940 年春，湘南特委认为资兴的地下党组织工作有成绩，隐蔽得比较好。特委机关的主要负责人谷子元（特委书记）、李明秋（特委组织部长）、朱文（特委宣传部部长）、何炳才（原汝城县委书记，后调桂阳县工作）等，在郴州党组织遭到破坏、新四军驻郴通讯处遭到查封后，都集中隐蔽到了资兴。湘南特委领导开始住在旧县爻山的黄仁山家里，因黄家住在一个山坳里的山坡上，过往行人较多，活动较显目，容易泄密，于是搬迁到干田头李国柱家里住下。这样，湘南特委机关就设在李国柱家里，3 个多月里，一直安全未出事故。当年春节，大家都在此过年。

1940 年 2 月 8 日，中共湘南特委在资兴旧县召开会议，认真分析了国内外形势，研究了如何贯彻省委"隐蔽精干，长期埋伏，积蓄力量，以待时机"的决策，湘南特委将会议精神首先对资兴工委做了传达。资兴工委根据湘南特委的指示，边注意隐蔽、埋伏，边继续发展组织，壮大自己的队伍。

1940 年 4 月 22 日，中共中央书记处发出《关于湖南工作的指示》，指出湖南党的工作总方针是长期埋伏，积蓄力量，等待时机。坚决撤退已经暴露的各级干部，停止在农民中发展党员。

原先，资兴工委准备在滁口与宜章县交界处的瑶岗仙钨矿建立一个立脚点，派了一些党员到那里去串联发动工人，不幸被钨矿的一个棚长察觉，并报告了国民党资兴县警察局。由于来不及转移，滁口支部 6 名共产党员不幸被捕。黄义友等人虽经严刑拷打，终未屈服，矢口否认自己是共产党员；再则那个棚长也没有抓到真凭实据，所以国民党资兴县政府不敢轻率处理，只得把他们几个人送到衡阳运河坐牢。黄义友等人备受折磨，但始终未暴露组织。后来，滁口地区的群众具名把他们保了出来。

经过这次风险后，资兴县工委为了保存革命力量，停止了一切活动，一些主要负责人利用各种机会离开了资兴。以后，国民党消极抗日、积极反共愈演愈烈，渐渐地资兴工委与上级失去了联系。李国柱等人虽到衡阳等处寻找过党组织，但未接上头，只得各个隐蔽，等待时机。

《中国共产党湖南省资兴市组织史资料》（1926.10—1987.12）中记载：抗日战争时期（1937年7月—1945年8月）

抗日战争时期，资兴党组织重新建立。资兴的南乡区是党组织的主要活动地。

土地革命战争后期，游世雄、王赤领导的湘南游击队，在资兴南乡区开展游击斗争。汝城县地下党组织曾在这一地区活动过，并在资兴建立了中共黄草坪支部。1937年5月，南乡区旧市汉塘的朱培（原名朱南香）经汝城地下党负责人何秉才介绍加入中国共产党，并在家乡先后发展了黄仁山、朱仁汉等20多名党员。1938年5月，建立了中共汉塘支部，以后，又建立了3个支部。1939年1月，成立中共资兴县工作委员会，隶属中共湘南特委领导，下辖4个支部。党组织形成一个上属下辖的较为完整的组织体系。主要工作是团结群众，宣传抗日。1940年春，由于国民党掀起第一次反共高潮，奉中共湘南特委指示，开始疏散隐蔽，后又与湘南特委中断联系而停止活动。

中共资兴县黄草坪支部（1938年3月—1939年年底）：

1937年10月，中共资、汝、桂中心县委成立，书记顾星奎，副书记彭寿其。1938年3月，经中心县委批准，成立中共资兴黄草坪支部。书记：杨师项1938年3月—1939年3月；何良珠1939年3月—1939年年底。

中共资兴县工作委员会（1939年1月—1940年春）：

1939年1月—1939年3月：书记朱培；委员：朱仁汉、李鹤楼、李国柱、黄仁山。

1939年3月—1939年6月：书记朱仁汉；组织委员：黄仁山；宣传委员：李鹤楼；委员：李国柱、何全香（女）。

1939年6月—1940年春：书记黄仁山；组织委员：何全香（女）；宣传委

员：李鹤楼。

资兴县基层党组织：1938 年 5 月，成立中共汉塘支部。同年 10 月，成立中共背冲、爻山、滁口支部。先隶属中共湘南特委领导，后隶属中共资兴县工委领导。

笔者注：湖南人民出版社 1986 年 10 月第 1 版第 1 次印刷的《湖南党史大事年表》（新民主主义时期），其中的《附表一：全省县（市）级党组织一览表（1921 年 7 月—1949 年 9 月）》，有中共资兴县委、县工委的记载："资兴县工委 1938 年 12 月成立——终止时间不详，书记：朱荣（仁）汉、黄仁山。"

中共汉塘支部：

1938 年 5 月—1938 年 10 月：书记朱培，副书记朱仁汉。

1938 年 10 月—1939 年 1 月：书记李国柱，副书记李介清。

1939 年 1 月—1940 年春：书记邱丁发。

中共背冲支部：

1938 年 10 月—1940 年春：书记刘太银，副书记何全茂。

中共爻山支部：

1938 年 10 月—1940 年春：书记黄仁山，1939 年 1 月免；书记李立生，1939 年 1 月任。

中共滁口支部：

1938 年 10 月—1939 年 9 月：书记黄义友。

资兴党史资料中说："黄义友等人备受折磨，但始终未暴露组织。后来，滁口地区的群众具名把他们保了出来。"然而，在《资兴市志·革命烈士》中，有黄义友烈士，1943 年牺牲。

姓名	性别	籍贯	生卒年月	职 务
黄义友	男	滁口乡	1918—1943	中共长活支部书记

值得说明的是：1945 年春，在日本侵略军占领资兴西北乡之后，在中共地下党员袁治平、袁才奇、李全古、曹林、李南国（受党组织委派，出任鹿鸣乡长）等人的发动下，三都成立了"资兴西北乡抗日联乡游击队"，香花乡爱国军人陈特全任队长，在阻止日军在湘盛煤矿（宇字煤矿）、杨梅坳煤矿（宝源煤矿）出煤，打击日军等方面做出了贡献。

第六节 解放战争时期

中国共产党领导的中国人民解放军在全国人民的大力支持下，英勇善战，经过了战略防御、战略反攻阶段，在各个战场取得了一个又一个伟大胜利。特别是 1948 年至 1949 年 1 月，连续取得辽沈、淮海、平津三大战役的伟大胜利，打垮了蒋介石的主要军事力量，国民党的统治已岌岌可危。人民解放战争的大好形势，极大地鼓舞着中国人民为自身的解放而努力斗争。

1947 年 9 月，陈传春通过老同学、《力报》编辑邹今锋（中共地下党员），与中共湖南省工委派到湘南指导工作的张力德取得了联系。陈传春，资兴县木根桥乡新民村清鲁塘人（即塘下，今属唐洞街道办事处），1942 年在衡阳师范加入中国共产党，因从事革命活动，被学校开除。1945 年 10 月从重庆育才学院水利系毕业，投奔解放区工作。次年 3 月被捕，9 月出狱。1946 年 4 月，被国民党军队抓去当兵，9 月逃回家乡。1947 年在衡阳冈直小学担任代课教师。虽经历波折和磨难，但他一直向往革命。陈传春向张力德表达了继续从事革命活动的意愿。张力德了解了陈传春的基本情况和思想动态后，向他介绍了全国的军事形势，并传达了中央的指示精神：秘密发展组织，开展敌后武装斗争，从敌人内部攻破敌人。并要求陈传春，立即奔赴农村，开展活动。

1947 年 10 月，陈传春受命回到了资兴，开展重建党组织工作。他首先发展了陈佳春、陈镇南，并在木根桥清鲁塘村陈镇南开的杂货店建立了党的一个地下联络站。不久，又恢复了三都的袁漫游、袁才奇的党组织生活。这两个人曾参加过湘南起义和井冈山斗争，都是 1928 年入党的老党员。随后，又发展了黄静、黄克、黄义林、曹林、焦雪林等进步知识青年入党。

1948 年 7 月，中共湘南工作委员会在衡阳成立，由谷子元、何大群负责。湘南工委根据资兴党组织的发展情况，决定批准成立中共资兴县西北区支部。同年 9 月 20 日，来自资兴西北区各乡的 9 名中共党员齐集木根桥田心黄家村黄克家中，参加支部成立会议。湘南工委委员朱汉樵代表湘南工委在会上宣布成立中共资兴县西北区支部的决定，并指定陈传春为支部书记，陈佳春、袁漫游、黄静为支部委员。

1948年10月下旬，中共五岭地委召开扩大会议，着重讨论在湘南开展武装斗争的问题。会议决定将湘南划分为三线：第一线桂东、汝城一带，与粤北支队配合，开展武装斗争，由刘亚球、李林负责；第二线汝城、桂东以西到粤汉路以东，发动群众开展反"三征"（征兵、征粮、征税）斗争，从人力、物力、财力方面支援第一线，并积极准备开展武装斗争，由湘南工委书记谷子元负责；第三线沿粤汉线铁路，从衡阳到广东边界的城乡，积极开展学生运动和工农运动，为第二线培养、输送干部，传递、提供情报，由何大群负责。会后，中共资兴西北区支部即在第二线领导资兴人民积极开展反"三征"的斗争，并积极筹建革命武装。

到1949年3月，资兴县西北区党支部发展的党员有几十人，还发展了一批地下工作者，活动范围几乎覆盖了整个资兴。同时，党支部在县城、清鲁塘、三都、蓼江市、青腰墟、渡头、高码墟、永康（今碑记）等地，均建立了秘密联络网点和备用联络点。1949年3月，经中共湘南工委批准，中共资兴县工作委员会成立，书记陈传春，委员：陈传春、袁漫游、陈佳春。

起初，资兴党组织领导核心工作地点设在陈传春家中，由于人来人往，目标太大，容易暴露。为了安全起见，转移到高码墟吴戌家中。吴戌是大学生，平时来往的客人就多，不容易引起敌人的怀疑。随着工作量的进一步增大，来往的人员进一步增多。5月，县工委再一次将中心点转移到蓼江市廖也夫和李柏昌开办的"兄弟诊所"。到1949年7月，全县党员发展到100余人，还有一大批地下工作者。

在壮大党组织的同时，中共资兴县工委领导人民迎接解放，做了大量工作。

组织领导三都矿区护矿，保护国家财产。

人民解放军南下之时，官僚资本家十分害怕，企图在南下大军到达之前，将三都煤矿的生产设备和护矿武装全部撤走，运到海南岛去。1948年冬，地下党员李南国（矿厂小职员）、袁才奇（三都流华湾人，小学教师），与进步人士、三都矿厂机械股股长杨泽民商谈组织护矿事宜。由杨泽民出面在工人群众中进行宣传护矿的必要性，同时由他做通财务科长张秋桐的工作，再由张秋桐做矿厂高层人员的工作，争取成立护矿组织。财务科长张秋桐从矿财务科拿出 200 块银元交给党组织做活动经费。在大家的努力下，湘南煤矿局代理局长丘传孟到香港请示官僚资本家曾养甫等，并带回了他们的意图。1949 年 5 月 21 日，丘传孟组织成立了资兴、杨梅垅两矿厂"非常时期员工护矿委员会"，以策"应变"，在疏散大批工人后，留下 80 余人护矿。党组织立即加强领导，由袁保德担任联络员，负责中共地下党组织与护矿队的联络任务。

护矿队成立之后，留在矿区的 80 余名护矿队员利用本矿的 60 余支枪，日夜轮流值班，巡逻放哨，保卫矿山。同时，拨出矿山用的雷管、炸药、导火线等作为军需物资，交给游击队使用。还挑选可靠的、技术好的韩金龙、包庆仁、谢明、符俊标等 7 名机械修理厂的工人，秘密为革命武装修理枪械，共修好长短枪 80 余支，机枪 1 挺；矿厂支援革命武装经费银圆 200 元，还赠送了一批枪支。

新中国成立后，三都煤矿、矿厂回到了人民手中，国家财产未遭受损失。

创办《庶民报》，扩大党的影响。

1949 年 6 月 26 日，中共资兴工委领导的半公开报纸《庶民报》创刊。何戈心任报社董事长，胡昭镕、许先正、李焕南、陈家麟、谢书厨等任董事。李世贤任报社社长兼总编辑，曹笃仁任主笔，李学仁、刘时、李永雄、朱谷平、谢书兆等进步知识分子在报社工作。报纸在全县各集镇、墟场都有联系点。报纸每三天一正刊，每天一增刊。正刊在一家私人印刷店承印，增刊则借用县立中学的油印机印刷。

报纸刊登的内容主要是转载偷偷从收音机里收听到的新华社电讯消息。报社本来没有收音机，那时的收音机还是稀罕之物。他们做通了国民党县政府一名电讯员的工作，利用敌人的收音机收听广播。同时，报纸也报道资兴革命武装斗争情况，戳穿敌人的谣言。

《庶民报》的宣传触动了国民党资兴当局的神经。7 月 11 日，国民党资兴县参议会会长钟述孙带领交警队查封了报社，并欲逮捕报社工作人员。好在曾参加过湘南起义的老游击队员黄存德探得消息，在敌人到来之前通知大家转移，报社工作人员才得以虎口脱险。

组织武装斗争，武装夺取政权。

1949 年 2 月，中共湘南工委在耒阳公平墟召开紧急会议，做出了"武装起来，保卫组织，发动群众，打击敌人，迎接解放"的决定。

1949 年 3 月，陈传春、袁漫游等在西北区发动 20 余名青年组成游击队，开展武装斗争。4月，中共西北区支部在塘下召开会议，着重研究大力开展武装斗争的问题。

解放战争时期，资兴的革命武装斗争，首先是由胡显志率领的东坪农民起义军在永正乡（今龙溪）打响了第一枪。此后，资兴境内的革命武装成立了10余支队伍。其中，胡显志、李建平领导的"资兴县武工队"，何奇、陈佳春、朱克威领导的"湘南第三大队"，陈弟情、陈家麟领导的"资兴解放大队"，为三支主要的武装力量。到1949年10月，中共领导的武装达到1000余人。

1949年3月8日深夜，胡显志、郭彦在胡显志家乡——东坪大水口老屋村召开骨干会议，决定举行武装起义。会后，全体成员立即行动，收集本地零星武器，计步枪12支，马刀2把，梭镖数把。连夜冒雨步行30余华里，到桂东县与郭名善队伍汇合。后把队伍拉到桂东西边山北上先遣队的根据地，进行军事训练和政治学习。

3月16日夜，郭名善、胡显志带领队伍从桂东来到了资兴的永正乡公所周围。这里崇山峻岭，与外界音讯难通，敌人不容易得到支援，且又与桂东、汝城县交界，万一出师不利，也容易转移出去。次日凌晨，战斗打响，胡显志指挥两名胆大心细的战士，用重达7斤半的土地雷，炸开了大门。顿时枪声大作，杀声震天，郭名善的北上先遣队和胡显志的队伍，奋勇冲进乡公所。敌人从梦中惊醒，吓得大喊饶命，束手就擒。战斗很快结束，俘虏乡长黎先厚、自卫队长和队员50余人，缴获枪支40余支和一批弹药。

攻打永正乡公所，打响了解放战争时期资兴革命武装与国民党反动武装斗争的第一枪，震动了全县，极大地鼓舞了人民的革命斗志。3月中旬，胡显志起义队伍被正式命名为"粤赣湘边区人民解放总队北上先遣队资兴武工队"，任命胡显志为队长，李建平为政治指导员，郭彦为参谋。武工队迅速扩大到40余人。

资兴武工队撤到东坪与郭名善的先遣队会合，决定把斗争范围扩大到周边邻近的汝城、桂东、郴县。于是，资兴武工队兵分两路，一路由李建平、胡振原带领，留守资兴浓溪、东坪、黄草等地，坚持斗争；另一路主力由胡显志、郭彦率领，同郭名善北上先遣大队转战四邻各县。

5月21日，武工队已扩大到140余人枪，整编为9个分队、1个政工队。到5月下旬，武工队已发展到240余人枪，扩编为3个中队、1个政工队。到1949年6月底，县武工队解放了资兴整个南乡片，并分别建立了区、乡人民政府。8月，资兴武工队编入湘南支队资兴县大队。

1949年5月17日晚上，何奇在西里乡（今清江乡）率领10多个农民，携手枪1支、长枪3支，举行起义，宣布成立游击队，何奇任队长。一举收缴了西里乡公所和藏在西里乡中心学校的长枪18支，刺刀30把，手榴弹8个和子弹4箱。随后，游击队迅速扩大到70余人。6月7日，渡头朱克威率队起义，建立了有50余人枪的游击队。在中共资兴县工委的领导下，两支队伍合编为游击大队，何奇任大队长，朱克威任副大队长。随后，这支队伍编入"粤赣湘边区人民解放军湘南游击司令部南区指挥所第三大队"。大队长何奇，指导员陈佳春（后为何力洪、罗继开），副大队长朱克威，副指导员唐振良，顾问白微（女，作家）。共计140余人枪。到11月7日配合兄弟部队攻占郴州城时，第三大队发展到282人枪。

1949年7月4日晚，国民党资兴县自卫总队副总队长陈弟情在旧县，率领自卫总队李子才中队、警察局李永茂中队和旧县自卫队共200余人枪，宣布起义。7月5日凌晨3点钟左右，乘着县城空虚，率领部队攻打资兴县城，占领了县政府、警察局，活捉县长郭拥民、警察局长邹毅强，解救出被捕的同志。不料敌情突变，黄存荣团开赴七里途中，又突然折返回城。李子才中队的黄存礼分队猛打猛冲，陷入敌军驻地内部，被包围，后调李永茂的一个分队增援，经过激战，才冲出包围，但牺牲2人，被俘10余人，并丢机枪1挺。三分队长李忠仁（军统特务）在战斗之初，率部投降敌人。国民党县长郭拥民、警察局长邹毅强趁混乱之机逃跑。

激战至拂晓，敌形成内外夹攻之势，对起义部队十分不利。陈弟情果断率起义部队180余人撤离县城，转移至和海乡坳头村（今东江镇铁厂村坳头）。当地群众热烈欢迎这支起义队伍，并慰劳全体官兵。陈家麟代表中共资兴县工委举行欢迎大会，会上宣布成立"湘南游击司令部资兴县人民解放大队"，陈弟情为大队长，陈家麟为政治指导员，下辖三个中队和一个政工队。

1949年7月10日，资兴解放大队与"湘游"第一、第三大队联合攻打县城，并第一次占领了县城，成立了资兴县军事管制委员会。

7月28日，解放大队参与攻打彭公庙的战斗。8月，该大队编入资兴县大队，陈弟情任副大队长。

1949年7月下旬（30日）至8月初，白崇禧九十七军八十二师一个团占领资兴，国民党资兴警察局曹泮林中队、地主武装胡孟清等部疯狂反扑，革命武装失利，只得退出县城和彭公庙，南乡区也陷入敌手，革命武装只得分散到浓溪、青腰、旧县、滁口、渡头、东江等地打游击。

1949 年 8 月初（8 月 4 日），国民党湖南省主席程潜，华中"剿匪"副总司令兼第一兵团司令、长沙警备区司令陈明仁宣布起义，长沙等地和平解放。白崇禧大为惊恐，按照国民党国防部命令，部署"湘粤联合防线"，计划在衡阳、宝庆（今邵阳）间寻机向解放军出击。盘踞在资兴境内的白崇禧八十二师一个团奉令撤离资兴，调至郴县一带布防。

资兴县武工队乘机收复失地，再一次解放南乡片大部分区乡。陈传春率领县工委及县武装力量在浓溪集结、休整，加强政治教育。

1949 年 7 月底，根据中共中央华南分局、粤赣湘边区党委决定，成立中共湘南地委，刘亚球任地委书记，统一领导湘南党、政、军民各项工作。8 月 6 日，中共湘南地委派孙立来到资兴浓溪，带来了地委关于改组中共资兴县工委的决定，任命孙立为县工委书记，陈传春为副书记，李建平、袁漫游、陈佳春为委员。同时，孙立还带来了湘南支队司令部的命令，将资兴县武工队、县解放大队以及西北区武工队、复兴区武工队、永康区（原属于郴县，新中国成立后才划归资兴）武工队统一整编为中国人民解放军粤赣湘边区湘南支队资兴县大队。孙立兼任大队长，胡显志、陈弟情为副大队长，李建平为教导员，郭彦为参谋长。县大队下辖 3 个中队和 1 个警卫队，共有 500 余人枪。

8 月 10 日，孙立率领刚刚整编、士气正旺的县大队，从四面进攻资兴县城。国民党守军溃败，分别向彭公庙、蓼江市逃窜。革命武装第二次攻占县城。

8 月 18 日，根据湘南地委的决定，成立资兴县人民政府。孙立任县长，袁漫游任副县长。并成立民政科、财粮科、文教科、建设科、机要室等机构，任命副县长袁漫游兼任民政科长，陈佳春任财粮科长，刘新民任文教科长，陈弟情任建设科长。同时，在浓溪、黄草、滁口、渡头、旧县、青腰、城厢、木根桥等地成立办事处，筹建区人民政府。

8 月底，县大队教导员李建平、副大队长胡显志率领县大队和两个区武工队，共 400 余人，进攻西北区。经三都、蓼江市交战，敌交警队败走永兴县，县大队主力解放了北乡区。

1949 年 8 月 22 日，国民党资兴东乡区区长何樵夫在反动势力的扶持下，当上了国民党资兴县的县长。9月3日，他跟随白崇禧八十二师两个团，带领败走的交警队，以及从全国其他地方逃窜过来的国民党军残部，还有逃亡的恶霸地主、还乡团骨干等，两三千人，兵分两路，疯狂向资兴反扑：一路直取县城，企图剿灭县工委、县人民政府和县大队一部；一路奔袭三都、蓼江市，企图歼灭资兴县大队主力。中共资兴县工委、县人民政府指挥革命武装实行战略转移，主动放弃县城，退守南乡片；在三都和蓼江市的县大队主力则退到了半垅、回龙山一带。县城和西北区即被敌军占领。

占领县城的敌军围剿永康区（今碑记）人民政府，逮捕了区长谢芳梁、武工队长谢四德，并占领滁口、旧县、青腰等乡。

9月20日，在敌人的策动下，永正区（今龙溪）人民政府区长黎承漠、副区长廖德旺公然背叛革命，伙同土匪李杰生武装夜袭武工队，逮捕了县人民政府派去永正区的督察员戴石平、曹智莹。

中共资兴县工委采取积极应对措施，派遣县大队武装平定了永正区的叛乱，惩办了叛徒，救出了被捕的同志。然后，收复了滁口、昌平（青腰）、旧县等东南部地区。同时，抽调一部分兵力，进抵木根桥、东江、鲤鱼江一带，切断资兴与郴县敌人之间的联系，又相机进军三都、蓼江市，解放西北乡地区。并且派出侦察小组，及时打掉了敌人的情报站，抓捕敌人的情报员，使敌人变成"聋子"和"瞎子"。

中国人民解放军第四野战军第十二、十三、十四兵团与第二野战军第五兵团，在衡阳、宝庆（今邵阳）地区，9月13日至10月16日进行了衡、宝战役，歼敌47000余人，取得了胜利。白崇禧于10月中旬令八十二师2个团撤离资兴。国民党资兴县县长何樵夫失去了白崇禧部队的支持，遂率部撤出县城，向彭公庙逃窜。

1949年10月19日，资兴县大队第三次占领县城。随即，县工委、县人民政府从浓溪迁入县城。至此，除彭公庙等个别区乡外，资兴全境解放。

10月20日，资兴县人民政府设立秘书、民政、财政、财粮、军事、司法、文教7个科室，并接收了邮电局，机关工作人员从当日起集体办公。**按照习惯，这一天作为"资兴解放日"。**

关于资兴"解放日"的问题：（1）湖南人民出版社1986年10月第1版第1次印刷的《湖南党史大事年表》（新民主主义时期），其中的《附表二：

全省各地解放时间表》中记载："资兴县：1949 年 10 月 20 日。"（2）中共郴州市委党史办编、湘南地质制图彩印厂印制 1999 年 9 月出版的《中共郴州党史大事年表》318 页《各县解放和政权建立简况》中说："注：资兴解放时间有三说，即 1949 年 7 月 10 日，1949 年 8 月 18 日，1949 年 10 月 19 日，目前尚未定论，故表中暂缺。"

全县划为 10 个区，原国民党保甲制度废除，改设 282 个行政村。10 个区人民政府主要负责人如下：

城关区：区长曹笃仁，副区长李世贤。

凤凰区：区长宋照阳。

永正区：区长黄镇疆，副区长郭联璧（1949 年 12 月任职）。

复兴区：区长陈继美，副区长陈镇南。

程水区：区长吴海晏，副区长袁醉庵。

郴侯区：区长蔡式，副区长戴子骏（1949 年 12 月任职）。

二都区：区长骆圣时（1949 年 12 月改任副区长），吴戌（1949 年 12 月任职）；副区长朱克威（1949 年 12 月任职）。

昌平区：区长周书名，副区长曹承志（1949 年 12 月任职）。

保民区：区长黄静，副区长何丕威（1949 年 12 月任职）。

七都区：区长何戈心（1949 年 12 月免职），谢书厨（1949 年 12 月任职）；副区长谢书厨（1949 年 12 月免职），何泽武（1949 年 12 月任职）。

10 月下旬，在中共资兴县工委的策反下，谢先朝率七都区自卫队起义，七都区和平解放。

11 月 10 日，进攻彭公庙的战斗打响，国民党资兴县长何樵夫率少数人逃脱，彭公庙解放。

12 月 18 日，国民党汤边自卫队交出 45 支枪和 2000 余发子弹，宣布起义，汤边和平解放。至此，全县解放。

党、政、军组织：

1949 年 3 月，经中共湘南工委批准，成立中共资兴县工作委员会，陈传春任书记，袁漫游、陈佳春为委员。同时还先后建立县、区武装组织。7 月 10 日，党领导的武装组织首次攻占了资兴县城，成立了资兴县军事管制委员会。8 月，上级党组织派孙立来资兴，充实和加强中共资兴县工作委员会的领导，县工委扩大，由原来的 3 人增加到 5 人，由孙立任县工委书记，陈传春任副书记，袁漫游、陈佳春、李建平为委员。8 月 18 日，党领导的武装组织再次攻占了资兴县城，成立了资兴县人民政府。不久，由于白崇禧部队的进犯，党、政、军组织退出了县城。9 月下旬，党、政、军组织再一次地进入了县城，人民政权稳定。10 月，县人民政府开始全面接管旧政权，建立新政权，其机关工作人员于 10 月 20 日集体办公。

《中国共产党湖南省资兴市组织史资料》（1926.10—1987.12）中记载：解放战争时期（1945 年 8 月—1949 年 10 月）。

中共西北区支部（1948 年 9 月—1949 年 3 月）：1948 年 9 月，成立中共西北区支部，隶属中共湘南工委领导。书记：陈传春。

中共资兴县工作委员会（1949 年 3 月—1950 年 1 月）：1949 年 3 月，经中共湘南工委批准，成立中共资兴县工作委员会。隶属中共湘南工委领导，9 月后隶属中共湘南地委领导。

1949 年 3 月—1949 年 8 月：书记陈传春；委员：袁漫游、陈佳春。

1949 年 8 月—1950 年 1 月：书记孙立；副书记陈传春；委员：袁漫游、陈佳春、李建平。

笔者注：湖南人民出版社 1986 年 10 月第 1 版第 1 次印刷的《湖南党史大事年表》（新民主主义时期），其中的《附表一：全省县（市）级党组织一览表（1921 年 7 月—1949 年 9 月）》，有中共资兴县委、县工委的记载："资兴县工委 1949 年 3 月—1949 年 10 月，书记：陈传春、孙立。"

资兴县军事管制委员会（1949 年 7 月—1949 年 7 月）：1949 年 7 月 10 日，湘南游击司令部南区指挥所和中共资兴县工委共同指挥人民武装攻下县城，立即成立军管会。月底，因敌反扑，军管会撤出县城而结束。主任：肖昶；副主任：袁漫游。

资兴县人民政府（1949 年 8 月—10 月）：1949 年 8 月，县工委率领革命武装占据县城，正式成立资兴县人民政府。县长：孙立；副县长：袁漫游。

地方武装组织：

《中国共产党湖南省资兴市组织史资料》（1926.10—1987.12）中记载：1949 年 2 月，中共湖南省工委向全省党组织和广大人民做出指示，号召全党全民积极开展游击斗争，配合南下大军，迎接解放。资兴县工委根据省委指示精神，立即组建地方武装组织。从 1949 年 3 月到 7 月，先后建立了 8 支县、区武装队伍。8 月，武装部队整编，8 支队伍当中，有 4 支队伍合编为湘南支队资兴县大队。武装部队整编后，还建立东区、凤凰区武工队。资兴地方武装组织在资兴党组织的领导下，在解放资兴的革命斗争中起了很大的作用。新中国成立后，全县的武装队伍，进行了最后的调整。

粤赣湘边区人民解放总队北上先遣队资兴武工队（1949 年 3 月—8 月）：1949 年 3 月，胡显志等在东坪武装起义，成立粤赣湘边区人民解放总队北上先遣队资兴武工队。同年 8 月，资兴武装部队整编时，编入湘南支队资兴县大队。队长：胡显志；指导员：李建平。

粤赣湘边区人民解放军湘南游击司令部第三大队（1949 年 4 月—9 月）：1949 年 4 月，何奇率领十多个农民攻下西里乡公所（现清江乡所在地），宣布起义，成立游击队。5 月，中共湘南工委批准，该部为粤赣湘边区人民解放军湘南游击司令部第三大队。9 月，三大队在郴州军分区接受整编。大队长：何奇；副大队长：朱克威、何懋时。指导员：陈佳春 1949 年 6 月离职，何力洪 1949 年 6 月—7 月（代理）。教导员：罗继开 1949 年 7 月任。副教导员：唐振良 1949 年 9 月任。

粤赣湘边区人民解放军湘南游击司令部资兴解放大队（1949 年 7 月—8 月）：1949 年 7 月 4 日，中共资兴县工委派人策动国民党资兴县自卫总队副总队长陈弟情起义。起义部队被改编为湘南游击司令部资兴解放大队。8 月，资兴武装整编时，编入湘南支队资兴县大队。副大队长：陈弟情；指导员：陈家麟。

湘南支队资兴县大队（1949 年 8 月—10 月）：1949 年 8 月，资兴武装部队整编，将粤赣湘边区人民解放总队北上先遣队资兴武工队、粤赣湘边区人民解放军湘南游击司令部资兴解放大队、资兴西北区武工队和复兴区武工队，合编为湘南支队资兴县大队。县大队于 1950 年 2 月称中国人民解放军资兴县大队，1952 年 6 月撤销。大队长：孙立（兼任）。副大队长：胡显志、陈弟情。教导员：李建平。

西北区武工队（1949 年 5 月—8 月）：1949 年 5 月，由县工委组建成立西北区武工队。8 月，编入湘南支队资兴县大队。队长：曹林（未到职）；副队长：袁克强；指导员：袁漫游、陈佳春。

复兴区武工队（1949 年 6 月—8 月）：1949 年 6 月，经县工委决定成立复兴区武工队。8 月编入湘南支队资兴县大队。队长：夏南；副队长：樊雄习；指导员：黄克。

永康区武工队（1949 年 6 月—1950 年 2 月）：1949 年 6 月，经县工委决定，永康区武工队成立。1950 年 2 月，编入中国人民解放军资兴县大队。队长：谢四德；指导员：袁冷。

程永复边区武工队（1949 年 7 月—10 月）：1949 年 7 月，程永复边区武工队经县工委批准成立。10 月，在郴州整编时结束。队长：黄静、陈镇南（后）；副队长：曹时景；指导员：黄崇湘、吴杨湖。

东区武工队（1949 年 8 月—1950 年 2 月）：1949 年 8 月，经县工委决定成立东区武工队。1950 年 2 月，编入中国人民解放军资兴县大队。队长：周书名；指导员：黄静。

凤凰区武工队（1949 年 8 月—1950 年 2 月）：1949 年 8 月，经县工委决定成立凤凰区武工队。1950 年 2 月，编入中国人民解放军资兴县大队。队长：黎时和；副队长：何全香；指导员：李国柱、何克非。

附录一：

新中国成立前资兴中共党员人数统计

《中国共产党湖南省资兴市组织史资料》（1926.10—1987.12）中记载：中国共产党党员人数统计如下：

1928 年 5 月，中国共产党党员 57 人。

1929 年 1 月，中国共产党党员 85 人。

1933 年 12 月，中国共产党党员 100 人。

1937 年 7 月，中国共产党党员 6 人。

1938 年 5 月，中国共产党党员 26 人。

1939 年 10 月，中国共产党党员 40 人。

1948 年 9 月，中国共产党党员 9 人。

1949 年 8 月，中国共产党党员 28 人。

1949 年 9 月，中国共产党党员 32 人。

附录二：

郴州市革命烈士统计表

本表统计至 1997 年止。

县市区	大革命时期	土地革命战争时期	抗日战争时期	解放战争时期	社会主义时期	合计
苏仙区	39	1110	24	21	80	1274
北湖区	12	596	20	8	43	679
资兴市	17	504	15	28	65	629
永兴县	14	1236	17	21	122	1410
宜章县	59	1111	22	12	127	1331
桂阳县	9	202	10	63	248	532
汝城县	42	226	23	43	91	425
安仁县	3	276	25	6	75	385
桂东县	6	251	26	16	67	366
嘉禾县	8	18	2	22	107	157
临武县	9	22	7	19	94	151
合计	218	5552	191	259	1119	7339

录自中共郴州市委党史办编、湘南地质制图彩印厂印制 1999 年 9 月出版的《中共郴州党史大事年表》第 317 页。

第六章　中华人民共和国（1950—2017）资兴党政军负责人

中华人民共和国（1949 年至今）：1949 年 10 月 1 日，在北京的开国大典中，由毛泽东向全世界宣告成立中华人民共和国，简称"中国"，是位于亚洲东部及太平洋西岸的社会主义国家。政治体制：工人阶级领导的、以工农联盟为基础的人民民主专政的社会主义国家。国旗：五星红旗。国歌：《义勇军进行曲》。国庆节：10 月 1 日。目前，全国的省级行政区划为 4 个直辖市，23 个省，5 个自治区，2 个特别行政区。首都：北京。其陆地疆域与 14 个国家接壤，总面积约 960 万平方公里（领土领海总面积约 1430 万平方公里），是全世界陆地面积第三大国家。其人口逾 13 亿，约占世界人口的 1/5，是世界上人口最多的国家；人口密度：139.6 人/平方公里（2011 年）。中华人民共和国是多民族国家，中国政府认定的 56 个民族合称为中华民族。通过改革开放，中华人民共和国现在是世界第一大工业国、世界第一大农业国、世界第二大经济体、世界第三大服务业国、世界第一大出口国、世界第二大进口国，拥有最多的外汇储备，最丰富的世界文化遗产，亦是国内生产总值实际增长率最高的国家之一。

1949 年 10 月 20 日，中国共产党领导的资兴县人民政府，全面接管全县政权，行政区划仍为 10 个区，袭用原名称，但所辖乡镇撤销，保甲制度废除，改设为 282 个行政村。

《资兴市志》第一篇"地理"第一章"建置"第二节"沿革"中记载：中华人民共和国成立后，资兴县隶属郴县专区。1952 年 11 月，资兴属湘南行政区。1954 年 7 月，湘南行政区撤销，改置衡阳、郴县两个专署，资兴属郴县专署。1959 年 3 月 22 日，国务院全体会议第 86 次会议通过，撤销资兴县，县域全部划归郴县。1960 年 8 月，郴县专署改名郴州专署（地区）。1961 年 7 月，恢复资兴县。1984 年 12 月 24 日，国务院批准撤销资兴县，设立资兴市（县级）。1987 年市委、市政府迁至唐洞（本书笔者注：1987 年 7 月市政府及有关的机关单位迁至唐洞新区，此后各机关单位陆续搬迁；1990 年 1 月，市委、市人武部及有关的机关单位迁至唐洞新区，基本完成市政搬迁）。郴州地区改市后，国务院批复明确，资兴市由省直辖，委托郴州市代管（笔者注：1994 年 12 月 17 日《国务院关于同意湖南省撤销郴州地区设立郴州市的批复》中说："原郴州地区的资兴市由省直辖。"1995 年 1 月 24 日《湖南省人民政府关于撤销郴州地区设立地级郴州市的通知》中说："资兴市由省直辖，委托郴州市代管"）。

值得说明的是"郴县与资兴县合并"的时间，许多资料既含糊，又矛盾。实际情况是：1958 年 10 月，经省委批准撤销资兴县委合并成立中共郴县县委。1958 年 12 月，郴资合并后的中共郴县县委、郴县人民委员会成立，资兴县的主要领导赴郴县任职——郴县、资兴合署办公。1959 年 3 月 22 日，国务院第 86 次会议通过关于行政区划变更的决定，决定将资兴县与郴县合并为郴县。资兴县被正式撤销，县委、县人委领导人全部到郴县任职。1961 年 5 月 15 日，中共郴州地委根据湖南省委 1961 年 5 月 11 日下达的《关于调整县市区域和领导关系的通知》精神，决定将郴县划为郴县和资兴县；郴县管辖的东江市改为郴州专署管辖。为此，资兴县的行政区划从郴县划回，地委同时任命了中共资兴县委和资兴县人民委员会负责人——资兴县实际恢复。1961 年 7 月 10 日，《湖南省人委会关于调整县级行政区划的请示报告》得到了国务院批准，因此，郴县正式与资兴县分设。简略地说：1959 年 3 月 22 日至 1961 年 5 月 15 日，资兴县并入郴县，1961 年 7 月 10 日国务院批准恢复资兴县。

本章资料来源：《中国共产党湖南省资兴市组织史资料》（1926.10—1987.12），资兴市委组织部、党史办、编委会、市档案局编，资兴印刷厂 1992 年 6 月印刷；《中国共产党湖南省资兴市组织史资料》第二卷（1988.1—1995.12），资兴市委组织部、市史志办、市档案局编，资兴印刷厂 1996 年 10 月印刷；《资兴市志》（1989—2003），资兴市地方志编纂委员会编，方志出版社 2013 年 12 月第 1 版；《骨干花名册》1987 年—1996 年，中共资兴市委组织部分年编印；《内部电话号码本》1999 年—2017 年，中共资兴市委办公室分年编印（个别年份缺），以及其他资料。

第一节 中共资兴县委、市委负责人

1950 年 1 月，中共郴县地委派赵理来资兴组建县委，并任县委副书记。8 月，中共资兴县委正式成立，赵理任县委书记。

1959 年 3 月 22 日至 1961 年 5 月 15 日，资兴并入郴县。1961 年 7 月 10 日国务院批准恢复资兴县。

1968 年 9 月至 1971 年 11 月，县革命委员会取代县委、县人委工作。1968 年至 1969 年 9 月，因受"文化大革命"的冲击，县内党组织瘫痪。1969 年 9 月，县革命委员会成立"党的核心领导小组"，设组长、副组长，组长代行县委书记职权。

1970 年 11 月恢复中共资兴县委，县革委"党的核心领导小组"撤销。

1984 年 12 月 24 日，经国务院批准："撤销资兴县，设立资兴市"（县级），此后称"中共资兴市委"。

解放初期的资兴县委（1950 年 1 月—1956 年 5 月）

1950 年 1 月，中共郴县地委派赵理来资兴组建县委，并任县委副书记。同年 8 月，中共资兴县委正式成立，赵理任县委书记，孙立（1953 年 2 月任副书记）、崔傅生、马解民、黄静（1951 年 1 月任）为委员。

县委负责人名单：

书记：赵理，1950 年 1 月—1951 年 8 月任县委副书记（无正职），1951 年 8 月—1953 年 4 月任县委书记，山西省介休县（今介休市）人。

书记：孙立，1950 年 1 月—1953 年 2 月任县委委员，1953 年 2 月—4 月任县委副书记，1953 年 4 月—1954 年 6 月任县委书记，湖南省桃源县人。

书记：许力平，1954 年 6 月—1956 年 5 月，山西省人。

副书记：黄静，1951 年 1 月任县委委员，1954 年 4 月—1956 年 5 月任代理副书记，资兴人。

副书记：李政栋，1953 年 7 月—1955 年 1 月任县委委员，1955 年 1 月—1956 年 5 月任县委副书记，山西省平遥县人。

县委委员：崔傅生，1950 年 1 月—1953 年 4 月。

县委委员：马解民，1950 年 8 月—1953 年 7 月。

县委委员：郭振华，1953 年 7 月—1954 年 5 月。

县委委员：梁玉振，1953 年 7 月—1954 年 6 月。

县委委员：曹忠琅，1954 年 9 月—1956 年 5 月。

县委委员：陈璋珩，1954 年 9 月—1956 年 5 月。

县委委员：邓福湘，1955 年 1 月—1956 年 5 月。

县委委员：常聚才，1955 年 1 月—1956 年 5 月。

县委委员：周绍理，1955 年 1 月—1956 年 5 月。

县委委员：朱性化，1955 年 1 月—1956 年 5 月。

县委委员：周继民，1955 年 4 月—1956 年 5 月。

第一届资兴县委（1956 年 6 月—1961 年 5 月）

1956 年 5 月 29 日至 6 月 1 日，中共资兴县第一次代表大会在县城召开。大会代表 243 人，代表党员 1530 名。大会选出县委委员 13 名、候补委员 4 名。委员：许力平、史云龙、周继民、陈璋珩、曹忠琅、邓福湘、王松涛、郭名诗、何广德、谢孔才、袁凤初、钟国华、赵金升；候补委员：段松球、谢早槐、徐运学、齐文凤（1956 年 8 月任）。

在一届一次会议上，选举产生了县委常委、书记：许力平（1958 年 12 月离职）；常委：许力平、周继民、何广德、史云龙（1958 年 5 月离职）。1956 年 9 月，省委任命张彬为县委副书记。1957 年 12 月，省委任命苗捷夫为县委第一书记。

1958 年 12 月，郴资合县开始，县委主要负责人先后赴郴县任职。1959 年 3 月 22 日，资兴县正式撤销后，资兴县委撤销。

任职名单：

书记：许力平，1956 年 6 月—1957 年 12 月任县委书记（正职），1957 年 12 月—1958 年 12 月任县委书记（副职），山西省人。

书记：苗捷夫，1957 年 12 月—1958 年 12 月任县委第一书记（正职），河北省阜平县人。

副书记：张彬，1956 年 9 月—1959 年 3 月，河北省遵化县（今遵化市）人。

县委常委：许力平，1956 年 5 月—1959 年 3 月。

县委常委：周继民，1956 年 5 月—1959 年 3 月。

县委常委：何广德，1956 年 5 月—1959 年 3 月。

县委常委：史云龙，1956 年 5 月—1958 年 5 月。

笔者说明：

1. 1958 年 10 月，全县建立人民公社体制，公社下辖生产大队，大队下辖生产队。

2. 1959 年 3 月 22 日至 1961 年 5 月 15 日，资兴并入郴县。

3. 1958 年 12 月至 1966 年 2 月，县委第一书记为正职，书记为副职。

4. 网站资料（2014 年 7 月查阅）：苗捷夫；出生地：河北阜平县；出生日期：1916 年 10 月 22 日；职业：高级人民法院院长。15 岁参加红军，曾担任湖南省高级人民法院院长。中共湖南省委接中共中央组织部 2011 年 6 月 1 日通知：中央同意苗捷夫同志提高享受省长级医疗待遇。

《湖南日报》2017 年 6 月 20 日报道："老红军，省高级人民法院原党组书记、院长，享受省长级医疗待遇的离休干部苗捷夫同志，因病于 2017 年 6 月 17 日在长沙逝世，享年 100 岁。苗捷夫同志逝世后，中共中央总书记、国家主席、中央军委主席习近平对其逝世表示悼念，并向家属表示慰问。刘云山、赵乐际、周强等领导同志对其逝世表示悼念，并向家属表示慰问。杜家毫、许达哲、王少峰、谢建辉等省领导以不同方式对苗捷夫同志的逝世表示悼念，对家属表示慰问。苗捷夫同志 1917 年 10 月出生于河北省阜平县，1932 年 2 月加入中国共产党，1933 年参加革命工作，1992 年 12 月离休。遵照苗捷夫同志生前愿望和家属亲人的意见，丧事从简，不举行遗体送别仪式。"

附录一：

东江市和郴县（郴资合并期间）主要负责人

1.《中国共产党湖南省资兴市组织史资料·中共东江市委员会》中记载：

"1961 年 3 月 22 日，东江市升格为县级市，直属郴县专员公署，原中共郴县东江市委更名为中共东江市委，直属中共郴州地委；1962 年 11 月撤销"（第一书记为正职，书记为副职）。

杨明：1961 年 3 月—5 月任第一书记，河南省人。

赵恒湘：1961 年 5 月—1962 年 11 月任第一书记，湖南省湘潭县人。

书记（副职）：赵恒湘（1961 年 3 月任）、王子杰、周继明。

2.《中国共产党湖南省郴州地区组织史资料·中共东江市委员会》第 177 页中记载："1959 年 11 月 7 日国务院批准郴县鲤鱼江、三都两个镇为基础划进桥口公社的江背、桥口、文昌阁、鲤鱼江四个大队，成立县辖东江市委，市所在地设鲤鱼江（笔者注：实际设于罗围大队的围子生产队，即后来的军队驻地，现为啤酒厂）。1961 年 5 月 24 日，地委请示省委批准，为县级市。1962 年 10 月 20 日国务院全体会议第 117 次会议通过，东江市委撤销，其行政区划划归资兴县委领导。"

1961 年 5 月—1962 年 2 月：书记：杨明（兼）；副书记：赵恒湘。

1962 年 3 月—7 月：第一书记：王子杰；书记：赵恒湘、周继明。

笔者说明： 以上记载，只记到"1962 年 7 月"，那么"1962 年 8 月—10 月"是谁任职呢？是否"7 月"为"10 月"之误？杨明于 1962 年 2 月至 1965 年 3 月任郴县县委书记。

《东江市人民委员会》（第 401 页，简介同前）：

1961 年 6 月—1962 年 10 月：市长：赵恒湘；副市长：肖大栋 1961 年 11 月免，葛子玉 1961 年 10 月—1962 年 5 月，王盛元。

以上两份史料，县级东江市批准的时间和个别领导人的任职，都出现了不同，应以《中国共产党湖南省郴州地区组织史资料》的记载为准。

3.《中国共产党湖南省郴州地区组织史资料·中共郴县委员会》第 177 页中记载："1958 年 10 月，经省委批准撤销资兴县委合并成立中共郴县县委。1958 年 12 月—1962 年 2 月：第一书记：苗捷夫，1961 年 5 月后兼。书记：李峰，尹辉 1960 年 2 月免，陈英然 1960 年 11 月免、1960 年 1 月离任，张彬 1959 年 1 月任，何美清 1959 年 11 月—1960 年 12 月，何广德 1959 年 11 月—1961 年 5 月，陈增余 1959 年 11 月—1961 年 5 月，李昭荣 1961 年 5 月任。"

4.《中国共产党湖南省郴州地区组织史资料·郴县人民委员会》第 401

页中记载：1958 年 12 月，郴县、资兴合署办公。1959 年 3 月，经国务院批准正式并县，称郴县，机关设郴县郴州镇。1961 年 5 月，资兴县从郴县析出单设。1958 年 12 月—1959 年 12 月：县长：高振山；副县长：钟国华、肖作民。1959 年 12 月—1965 年 5 月：县长：张彬（兼）1961 年 5 月任；副县长：钟国华 1960 年 12 月免，王朋义 1960 年 8 月任、1959 年 12 月离任，马晋山 1962 年 5 月—1962 年 12 月，陈长佩 1962 年 5 月—1964 年 8 月，陈金菊（女）1962 年 8 月—1963 年 2 月，吕亚民 1963 年 3 月任，胡加保 1963 年 8 月任。

第二届资兴县委（1961 年 5 月—1968 年 9 月）

1959 年 3 月 22 日至 1961 年 5 月 15 日，资兴县并入郴县，1961 年 7 月 10 日国务院批准恢复资兴县。

1961 年 5 月，郴县分设资兴县和郴县，经地委决定恢复中共资兴县委，从中共郴县第二届委员会中析出委员 8 名、候补委员 2 名，组建中共资兴县第二届委员会。1961 年 5 月—1962 年 2 月：杨明为第一书记，何广德、常聚才为书记；县委委员：杨明、何广德、常聚才、曹榜萱、谢孔才、谢早槐、邓福湘、陈璋珩；候补委员：刘春云、齐文凤。1962 年 1 月，何世球调任县委书记。

1962 年 2 月—1965 年 8 月：第一书记：何广德；书记：常聚才、何世球（1964 年 10 月免）、李永芳（1964 年 10 月免）、赵恒湘（1962 年 7 月任）。

1965 年 8 月，中共资兴县第二届第二次代表大会在县城召开。到会代表 109 人，列席代表 353 人，会上补选出第二届县委委员 11 名，候补委员 2 名，选出县委常委 9 名。

1965 年 8 月—1966 年 3 月：第一书记：何广德；书记：常聚才、赵恒湘；县委常委：何广德、常聚才、赵恒湘、刘才高、张鹏庚、李德金、吴景斌、刘春云、周名修（1966 年 3 月到职）；县委委员：刘才高、张鹏庚、李德金、吴景斌、冯永进、曾庆祥、王子儒、甘子良、游季灿、朱有发、罗家华。

1966 年 3 月—10 月：书记：赵恒湘；副书记：常聚才、周名修、何益群（1966 年 5 月任）、陈金菊（女，1966 年 7 月任）。

1966 年 10 月—1967 年 1 月：书记：盘祥根；副书记：常聚才、周名修、何益群、陈金菊（女）。

1967 年 1 月—1968 年 9 月：书记：赵恒湘；副书记：常聚才、周名修、何益群、陈金菊。

任职名单：

第一书记：杨明，1961 年 5 月—1962 年 2 月，河南省人。

第一书记：何广德，1961 年 5 月—1962 年 2 月任县委书记（副职），1962 年 2 月—1966 年 3 月任县委第一书记，资兴人。

第一书记：赵恒湘，1962 年 7 月—1966 年 3 月任县委书记（副职），1966 年 3 月—10 月任县委第一书记，湘潭县人。

第一书记：盘祥根，1966 年 10 月—1967 年 1 月任县委第一书记，湖南省道县人。

第一书记：赵恒湘，1962 年 7 月—1967 年 1 月任县委书记（副职），1967 年 1 月—1968 年 9 月任县委第一书记，湘潭县人。

书记（副职）：常聚才，1961 年 5 月—1968 年 9 月，山西省壶关人。

书记（副职）：何世球，1962 年 1 月—1964 年 10 月，永兴县人。

书记（副职）：李永芳，1962 年 2 月—1964 年 10 月，河北省荆县人。

副书记：周名修，1966 年 3 月—1968 年 9 月，永兴县人。

副书记：何益群，1966 年 5 月—1968 年 9 月，邵东县人。

副书记：陈金菊（女），1966 年 7 月—1968 年 9 月，郴县人。

县委常委：

刘才高：1965 年 8 月—1968 年 9 月。

张鹏庚：1965 年 8 月—1968 年 9 月。

李德金：1965 年 8 月—1968 年 9 月。

吴景斌：1965 年 8 月—1968 年 9 月。

刘春云：1965 年 8 月—1968 年 9 月。

"文化大革命"期间（1968 年 9 月—1970 年 11 月）

"文化大革命"，简称"文革"，指 1966 年 5 月至 1976 年 10 月在中国由毛泽东错误发动和领导，被林彪和江青两个反革命集团利用，给中华民族带来严重灾难的政治运动。其发展过程分为三个阶段。第一阶段：1966 年 5 月"文化大革命"的发动到 1969 年 4 月中国共产党第九次全国代表大会的召开；第二阶段：从 1969 年 4 月中共九大的召开到 1973 年 8 月中国共产党第十次全国代表大会的召开；第三阶段：从 1973 年 8 月中共十大的召开到 1976 年 10 月"四人帮"（王洪文、张春桥、江青、姚文元）被粉碎。"文化大革命"现在被广泛认为是中华人民共和国成立至今最动荡不安的阶段，常常被称为"十年动乱"或"十年浩劫"。自 1966 年开始，到 1976 年 9 月毛泽东去世和"四人帮"的被捕（10 月）为结束。

1966 年 5 月，"文化大革命"开始，学生全国大"串联"，学校停课（直到 1979 年才恢复）；继而各地各单位"造反"组织蜂拥而起，"炮打九级司令部"。揪斗各级领导中的"走资派"，造成全面混乱。1967 年 2 月，由县人民武装部牵头组成了"资兴县抓革命促生产领导小组"。1968 年 9 月至 1971 年 11 月，县革命委员会取代县委、县人委工作（任职名单见县政府）。1966 年至 1969 年 9 月，因受"文化大革命"的冲击，县内党组织瘫痪。1969 年 9 月，县革命委员会成立"党的核心领导小组"，设组长、副组长，组长代行县委书记职权（组长由中国人民解放军的"军代表"担任，亦称为"军管"）。1970 年 11 月恢复中共资兴县委后，县革委"党的核心领导小组"被撤销。

任职名单：

组长：陈凯田，1969 年 9 月—1970 年 1 月任"党的核心领导小组"组长，山东省人。

组长：萧春圃，1970 年 8 月—11 月任"党的核心领导小组"组长，内蒙古自治区人。

副组长：赵恒湘，1969 年 9 月—1970 年 8 月任"党的核心领导小组"副组长。

副组长：孔昭洵，1970 年 8 月—11 月任"党的核心领导小组"副组长，山东省牟平县（今牟平区）人。

第三届资兴县委（1970 年 11 月—1977 年 11 月）

1968 年底至 1969 年初，全县自上而下普遍开展了整党建党，党员的组织生活开始恢复。1970 年 11 月 17 日至 21 日，在县城召开了中共资兴县第三次代表大会，到会代表 646 人，代表 4361 名党员，选举产生了中共资兴县第三届委员会委员 27 名。成立县委后，同时撤销县革委"党的核心领导小组"。由县委书记（军代表）兼任县革委主任，实行党的"一元化"领导。1973年6月以后，县委工作机构逐步恢复，县委主要领导成员做了个别调整，"军代表"不再担任县委书记（解除"军管"）。

1970年11月—1977年11月：县委委员：萧春圃、孔昭洵、杜国才、孙熙毅、郑定华、钟明远、赵存科、徐庭芳、曾庆嫦（女）、许玉龙、金继成、李有才、刘春云、甘子良、王子儒、周德清、黄仁茂、罗家声、王正斌（女）、曹水清、李友意、范谦梅、李国民、何学改、李英华（女）、谭录秀（女）、李贡平（女）、曾庆鹄（增补，1975年4月—1976年2月）、朱上节（增补，1975年4月—1977年10月）。

第三次党代会闭幕后，召开了第三届一次全会，选举了第三届委员会常委、书记、副书记。1973年以后，县委主要负责人做了两次调整，增任了2名书记、3名副书记以及9名常委。县委书记兼任县革委会主任，实行党的"一元化"领导。

任职名单：

书记：萧春圃，1970年11月—1973年6月，内蒙古自治区人。

书记：孔昭洵，1970年11月—1973年6月任县委副书记，1973年6月—1975年9月任县委书记，山东省烟台人（山东省牟平县人）。

书记：朱菊香（女），1975年9月—1977年10月，汝城县人。

副书记：孙熙毅，1970年11月—1973年6月任县委常委，1973年6月—1975年9月任副书记，河北省人。

副书记：赵存科，1970年11月—1973年6月任县委常委，1973年6月—1977年11月任副书记，山西省昔阳县人。

副书记：周德清，1974年2月—1977年11月，汨罗县（今汨罗市）人。

县委常委：

杜国才：1970年11月—1977年11月。

郑定华：1970年11月—1977年11月。

钟明远：1970年11月—1977年11月。

徐庭芳：1970年11月—1977年11月。

曾庆嫦（女）：1970年11月—1977年11月。

刘春云：1973年6月—1976年5月。

许玉龙：1973 年 6 月—1977 年 11 月。

曾庆鹄：1975 年 4 月—1976 年 2 月。

周德程：1976 年 1 月—1977 年 11 月。

欧阳毅：1976 年 1 月—1977 年 10 月。

欧阳清：1976 年 8 月—1977 年 11 月。

甘子良：1977 年 1 月—1977 年 11 月。

王喜良：1977 年 10 月—1977 年 11 月。

何建都：1977 年 10 月—1977 年 11 月。

附录：网站消息：《原省劳动人事厅党组副书记孔昭洵同志逝世》2010 年 7 月 16 日 10：04；来源：湖南日报。本报讯：原省劳动人事厅党组副书记、副厅长，省人事厅原正厅级特邀顾问，享受副省级医疗待遇、离休干部孔昭洵同志因病医治无效，于 2010 年 7 月 7 日逝世，享年 85 岁。孔昭洵同志于 1926 年 7 月出生于山东省牟平县（今牟平区），1942 年 6 月参加革命工作，1943 年 7 月加入中国共产党，1993 年 10 月离休。

第四届资兴县委（1977 年 11 月—1985 年 4 月）

1977 年 11 月 25 日至 28 日，在县城（今兴宁镇）召开了中共资兴县第四次代表大会，大会代表 677 名，代表党员 7423 名。大会决定成立中共资兴县委纪律检查委员会。大会选举产生了中共资兴县第四届委员会，选出县委委员 23 名，候补委员 6 名。县委委员：朱菊香（女）、赵存科、欧阳清、萧春圃、周德清、杜国才、甘子良、周德程、许玉龙、何建都、王喜良、黄科武、肖荣科、王子儒、曾庆嫦（女）、罗家声、黄仁茂、袁学廷、谭录秀（女）、黄轩、曹仁书、陈玉明、齐鼎勋；候补委员：曹水清、钟孝仁、袁在芳、谢孔彬、郑士荣、何富良。1979 年以后，县委委员陆续进行了增补：成章田（1979 年 4 月增补）、曾庆池（1979 年 4 月增补）、刘文艺（1980 年 8 月增补）、钟孝仁（1981 年 1 月增补）、谢孔彬（1981 年 1 月增补）、何立春（1982 年 4 月增补）。

第四次党代会闭幕后，召开了四届一次全会，选举了第四届委员会常委、书记和副书记：书记：朱菊香（女）；副书记：赵存科（1980 年 9 月免）、欧阳清（1980 年 8 月免）、萧春圃（1979 年 11 月免）、周德清；常委：朱菊香（女）、赵存科、欧阳清、萧春圃、周德清、杜国才、甘子良、周德程、许玉龙、王喜良、何建都、黄科武。

1980 年 10 月，中共湖南省委、郴州地委调整任命资兴县委领导班子成员。书记：陈仲时；副书记：甘子良、周德清、黄科武（1981 年 3 月任）；常委：陈仲时、甘子良、周德清、杜国才、周德程、许玉龙（1981 年 10 月免）、王喜良（1981 年 3 月免）、何建都、黄科武、钟孝仁（1981 年 1 月任）、谢孔彬（1981 年 1 月任）、何立春（1982 年 4 月任）。

1983 年 12 月，中共湖南省委、郴州地委调整任命资兴县委领导班子成员。书记：甘子良；副书记：周德清（1984 年 12 月免）、瞿龙彬、谢孔彬（1984 年 11 月免）、柳培海（1984 年 11 月任）、何立春（1984 年 12 月任）；常委：甘子良、周德清、瞿龙彬、黄科武（1985 年 1 月免）、钟孝仁、谢孔彬、何立春、王运会、黄才勇、蓝英平、欧资海（1984 年 12 月任）、张友安（1985 年 1 月任）；顾问：李壁金（1984 年 4 月任）。

1984 年 12 月，称"中共资兴市委"。

任职名单：

书记：朱菊香（女），1977 年 11 月—1980 年 10 月，汝城县人。

书记：陈仲时，1980 年 10 月—1983 年 12 月，汨罗县人。

书记：甘子良，1981 年 3 月—1983 年 12 月任县委副书记，1983 年 12 月—1985 年 4 月任县（市）委书记，汨罗县人。

副书记：赵存科，1977 年 11 月—1980 年 9 月，山西省昔阳县人。

副书记：欧阳清，1977 年 11 月—1980 年 8 月，安仁县人。

副书记：萧春圃，1977 年 11 月—1979 年 11 月，内蒙古自治区人。

副书记：周德清，1977 年 11 月—1984 年 12 月，汨罗县人。

副书记：黄科武，1977 年 11 月—1985 年 1 月任县委常委，1981 年 3 月—1984 年 12 月任县委副书记，望城县（今望城区）人。

副书记：瞿龙彬，1983 年 12 月—1985 年 4 月，县长，醴陵县（今醴陵市）人。

副书记：谢孔彬，1981 年 1 月任县委常委，1983 年 12 月—1984 年 11 月任县委副书记，资兴市人。

副书记：柳培海，1984 年 11 月—1985 年 4 月，宜章县人。

副书记：何立春，1982 年 4 月任县委常委，1984 年 12 月—1985 年 4 月任县（市）委副书记，汝城县人。

县（市）委常委：

杜国才：1977 年 11 月—1983 年 7 月，人武部政委。

周德程：1977 年 11 月—1983 年 12 月。

许玉龙：1977 年 11 月—1981 年 10 月。

王喜良：1977 年 11 月—1981 年 3 月，公安局局长，调任东江木材厂副厂长。

何建都：1977 年 11 月—1983 年 12 月，资兴县人。

钟孝仁：1981 年 1 月—1985 年 4 月，常务副县长，资兴县人。

王运会：1983 年 12 月—1985 年 4 月，县人武部部长。

黄才勇：1983 年 12 月—1985 年 4 月，县委办公室主任，资兴县人。

蓝英平：1983 年 12 月—1985 年 4 月，县纪律检查委员会书记，资兴县人。

欧资海：1984 年 12 月—1985 年 4 月，市委宣传部部长（兼任中共坪石乡党委书记 1 年），资兴县人。

张友安：1985 年 1 月—4 月，市委组织部部长。

顾问：李璧金，1984 年 4 月—1985 年 4 月，资兴县人。

本书笔者说明：

1. 中共资兴县委组织部 1984 年 7 月编印的《骨干花名册》记载，《县委》领导：书记：甘子良，男，53 岁，汨罗人，高中文化。副书记：周德清，男，46 岁，汨罗人，中专文化。县长：瞿龙彬，男，38 岁，醴陵人，大学文化；谢孔彬，男，37 岁，资兴人，高中文化。县委常委：黄科武，人大常委会主任，男，53 岁，望城人，高小文化；王运会，县人武部部长，男，40 岁，黑龙江人，中专文化；何立春，组织部部长，男，44 岁，汝城人，初中文化；黄才勇，县委办公室主任，男，35 岁，资兴人，大专文化；蓝英平，县纪委书记，男，45 岁，资兴人，大学文化。顾问：李璧金，男，57 岁，资兴人，初师文化。

2.《中国共产党资兴历史》（1978.12—2006.12）第三卷（2017年8月18日审核稿）"资兴市（县）党政主要领导简介"中说："朱菊香（1942.11—），女，湖南省汝城县人，1942年11月生，中共党员。1973年7月任郴州妇女联合会主任；1973年10月任中共郴州地区委员会常委至1980年9月；1975年9月任中共资兴县委书记、资兴县革命委员会主任。1980年10月调衡阳市，历任市纺织厂副厂长、市人大常委会副主任。"

3.《中国共产党资兴历史》（1978.12—2006.12）第三卷"资兴市（县）党政主要领导简介"中说："陈仲时（1932.1—），男，湖南省汨罗县人，1932年1月生，中共党员。1965年8月任中共临武县委副书记；1972年11月任郴州地区计划委员会主任；1980年9月任中共资兴县委书记、县革命委员会主任。1983年12月调郴州，历任郴州地委组织部常务副部长、湖南省人大郴州地区联络工作委员会副主任。1992年退休。"

第五届资兴市委（1985年4月—1988年3月）

1984年12月24日，国务院以国函字184号《关于湖南省撤销资兴县设立资兴市的批示》下达省人民政府：同意撤销资兴县设立资兴市（县级），并将郴县的高码乡和桥口乡的白溪、下渡两个村划归资兴市管辖（白溪、下渡两个村至今没有划归）。1985年1月5日，省人民政府将《关于撤销资兴县设立资兴市的通知》下达到县级以上人民政府和省直机关各单位。1985年2月28日，资兴市成立大会在县城（今兴宁镇）大礼堂隆重举行。

1985年4月26日至29日，在县城（兴宁镇）召开了中共资兴市第五次代表大会，代表265名，因公缺席6人，实到代表259名；列席代表44名，代表党员8206名。大会主席团由25人组成：甘子良、瞿龙彬、柳培海、何立春、王运会、黄才勇、蓝英平、张友安、欧资海、李璧金为主席团常务委员。大会秘书长何立春，副秘书长张友安。代表资格审查委员会主任柳培海，副主任蓝英平，委员易春生、李丁山、宋信平。柳培海致开幕词；甘子良代表中共资兴市第四届委员会做了工作报告；蓝英平代表中共资兴市纪律检查委员会做了工作报告。大会审议并通过了甘子良所做的《锐意改革，勇于进取，为振兴资兴经济而奋斗》的工作报告。报告总结了1977年11月资兴县召开第四次党员代表大会以来，各项工作所取得的成绩，提出了今后几年全面开创社会主义现代化建设新局面、振兴资兴经济的任务和措施，提出了"加快建设市区（以唐洞为中心，包括东江、鲤鱼江、三都在内的城市工矿区），大力发展库区（东江水电站淹没区），全面带动郊区（蓼市、七里、团结、东乡片各乡及何家山、青市、连坪等边远地区）"的目标。会议听取并审议通过了蓝英平代表中共资兴市纪律检查委员会所做的工作报告。大会选举甘子良为中共湖南省第五次代表大会的代表；大会选举产生了中共资兴市第五届委员会，选出市委委员 18 名，候补委员 3 名。成员中，大专文化 12 人，年龄在 40 岁以下的 9 人。市委委员：甘子良、瞿龙彬、柳培海、何立春、王运会、黄才勇、蓝英平、张友安、欧资海、刘文艺、朱孝明、成章田、陈绪龙、欧桂珍（女）、袁在芳、袁林亲、唐清万、黄科武；市委候补委员：熊奇能、胡小平、曾庆嫦（女）。在 4 月 29 日召开的市委五届一次全会上，选举甘子良为市委书记，瞿龙彬、柳培海、何立春为市委副书记；甘子良、瞿龙彬、柳培海、何立春、王运会、黄才勇、蓝英平、欧资海、张友安为市委常委。大会选举产生了中共资兴市纪律检查委员会委员 11 人，在市纪委第一次全会上，蓝英平当选为市纪委书记。

1985 年 7 月，中共湖南省委、郴州地委调整任命资兴县委领导班子成员。书记：许永善；副书记：瞿龙彬、柳培海（1986 年 3 月免）、何立春、朱梅生（1985 年 6 月任）、谢孔彬（1986 年 7 月任，1987 年 4 月免）；常委：许永善、瞿龙彬、柳培海、何立春、黄才勇、王运会（1986 年 9 月免）、蓝英平、欧资海、张友安（1986 年 1 月免）、刘文艺（1986 年 9 月任）、邓泽良（1986 年 9 月任）、张家文（1986 年 9 月任，1987 年 6 月免）、黄诚（1987 年 9 月任）。

任职名单：

书记：甘子良，1985 年 4 月—7 月，汨罗县（今汨罗市）人。

书记：许永善，1985 年 7 月—1988 年 3 月，永兴县人。

副书记：瞿龙彬，1985 年 4 月—1988 年 3 月，市长，醴陵县（今醴陵市）人。

副书记：柳培海，1985 年 4 月—1986 年 3 月，宜章县人。

副书记：何立春，1985 年 4 月—1988 年 3 月（党群），汝城县人。

副书记：朱梅生，1985 年 6 月—1988 年 3 月（后脱产学习），汝城县人。

副书记：谢孔彬，1986 年 7 月—1987 年 4 月，资兴市蓼市（后改为蓼江镇）人。

市委常委：

王运会：1985 年 4 月—1986 年 9 月，人武部部长（本书笔者注：实际任职到 1986 年 7 月 19 日），黑龙江省人。

黄才勇：1985 年 4 月—1988 年 3 月，常务副市长，资兴市滁口乡人。

蓝英平：1985 年 4 月—1988 年 3 月，市纪律检查委员会书记，资兴市汤市乡人。

欧资海：1985 年 4 月—1988 年 3 月，市委宣传部部长，1986 年 7 月改任市委办公室主任，资兴市木根桥乡（现改为东江镇）人。

张友安：1985 年 4 月—1986 年 1 月，组织部部长。

刘文艺：1986 年 9 月—1988 年 3 月，组织部部长，常宁人。

邓泽良：1986 年 9 月—1988 年 3 月，人武部政委，会同人。

张家文：1986 年 9 月—1987 年 6 月，市委宣传部部长，安仁人。

黄诚：1987 年 9 月—1988 年 3 月，市委宣传部部长，资兴市黄草乡人。

顾问：李璧金，1985 年 4 月—1988 年 3 月，资兴市人。

本书笔者说明：

1. 市委常委、组织部部长张友安，调桂东任县委副书记、县长，于 1986 年 1 月 2 日到桂东县接移交后，许久未配（其市委整党办公室主任由欧资海兼任，直到村级整党结束）；1986 年 9 月才由刘文艺接替。1986 年 2 月 4 日许永善接到地委电话通知：市委副书记柳培海调回郴州，任地区化工局党委副书记，春节（2 月 9 日）后离任。

2. 中共资兴市委组织部 1987 年 4 月编印的《骨干花名册》记载，《市委》领导：市委书记：许永善，男，36 岁，永兴人，大学文化。副书记：瞿龙彬（市长），男，42 岁，醴陵人，大学文化；何立春，男，48 岁，汝城人，初中文化；朱梅生，男，41 岁，汝城人，大学文化。市委常委：黄才勇（常务副市长），男，39 岁，资兴人，大专文化；蓝英平（纪委书记），男，48 岁，资兴人，大学文化；刘文艺（组织部部长），男，47 岁，常宁人，大学文化；欧资海（宣传部部长），男，36 岁，资兴人，大专文化；邓泽良（人武部政委），男，37 岁，会同人，高中文化。顾问李璧金，男，60 岁，资兴人，初中文化。

3.《中国共产党资兴历史》（1978.12—2006.12）第三卷"资兴市（县）党政主要领导简介"中说："甘子良（1930.12—2016），男，湖南省汨罗县（今汨罗市）人，1930年12月生，中共党员。1954年起，历任中国人民银行资兴县支行副行长、县委工业交通政治部副部长、县人民委员会办公室主任、县财经贸易政治部部长、县供销社主任、县革命委员会办事组副组长、州门司公社党委书记、县农村办公室副主任，县革命委员会副主任、县长，县（市）委书记。历任中共资兴县委第二届委员，第三届委员、常委，第四、五届委员、常委、书记。1985年7月调任郴州地区计划委员会主任、郴州咨询委员。1991年1月退休。2016年去世，享年86岁。"

4.《中国共产党资兴历史》（1978.12—2006.12）第三卷"资兴市（县）党政主要领导简介"中说："许永善（1950.10—），男，湖南省永兴县人，1950年10月生，大学文化，中共党员。曾任湖南省东江木材厂厂长，1985年7月任中共资兴市委书记。1989年10月调郴州，历任郴州地区工商局副局长、中共郴州地区财贸政治部部长、郴州市科学技术委员会主任、郴州市发展计划委员会主任；郴州市人民政府助理巡视员。2012年3月21日退休。曾任中共郴州地委委员，中共湖南省委第四、五届候补委员；中共党的十一大代表和1985年党的全国代表大会的代表；湖南省人民代表大会第十届人大代表。"

5. 网站资料：许永善：男，大学文化，中共党员。曾任湖南省东江水泥厂厂长，中共资兴市委书记，中共湖南省委第四、五届候补委员，中共郴州地委委员，郴州地区工商局副局长，中共郴州地区财贸政治部部长，郴州市科学技术委员会主任，郴州市发展计划委员会主任，中共党的十一大代表和1985年（9月18日至23日）党的全国代表大会的代表；现任省十届人大代表，郴州市人民政府助理巡视员。2012年3月21日中共湖南省委同意：郴州市人民政府副巡视员许永善同志退休。

第六届资兴市委（1988年3月—1992年10月）

中共资兴市第六次代表大会于1988年3月5日至8日在兴宁镇（县城）召开。应到代表275人，实到代表246人，列席代表64人，代表全市9529名（9190名）党员。大会主席团由27人组成：许永善、瞿龙彬、何立春、朱梅生、黄才勇、蓝英平、刘文艺、欧资海、邓泽良、黄诚、李璧金为主席团常务委员。大会秘书长何立春，副秘书长欧资海。代表资格审查委员会主任何立春，副主任刘文艺，委员黄诚、胡昭伟、李丁山。瞿龙彬致开幕词；许永善代表中共资兴市第五届委员会做了《解放思想，锐意改革，艰苦创业，振兴资兴》的工作报告；蓝英平代表中共资兴市纪律检查委员会做了工作报告；朱梅生致闭幕词。大会以党的十三大精神为动力，动员全市各级党组织和党员进一步解放思想，锐意改革。大会选举产生中共资兴市第六届委员会和市纪律检查委员会。市第六届委员会由委员 21 人、候补委员 3 人组成：许永善、瞿龙彬、何立春、朱梅生、蓝英平、黄才勇、刘文艺、欧资海、黄诚、邓泽良、黄科武、曹桂树、成章田、欧桂珍（女）、熊奇伦、袁佳游、雷戊坤。候补委员：陈述仁、段绩魁、李四月（女）。3 月 7 日第六届一次全体会议选举产生了市委常委、书记和副书记，常务委员由 10 人组成：许永善任书记，瞿龙彬、何立春、朱梅生任副书记，黄才勇、蓝英平、刘文艺、欧资海、黄诚、邓泽良任常务委员。市纪律检查委员会由委员 11 人组成。市纪律检查委员会第一次全体会议选举产生市纪委常委会，由 5 名常委组成，蓝英平任书记（1989 年 8 月任市委副书记）。

1989 年 10 月，中共湖南省委、郴州地委调整任命资兴县委领导班子成员。书记：瞿龙彬；副书记：何立春（1990 年 2 月免）、朱梅生（1989 年 12 月免）、张万才、蓝英平、刘文艺（1989 年 12 月任）、李白均（1991 年 1 月任）、彭昌良（1992 年 8 月任）；常委：瞿龙彬、何立春、朱梅生、张万才、欧资海（1990 年 1 月免）、黄科武、雷戊坤、曾庆昭、李宙华、袁佳游、曹桂树、李白均、彭昌良、郭标平、丁宗如、宁登发。

任职名单：

书记：许永善，1988 年 3 月—1989 年 10 月，永兴县人。

书记：瞿龙彬，1988 年 3 月—1989 年 10 月任市委副书记、市长，1989 年 10 月—1992 年 10 月任市委书记，醴陵县（今醴陵市）人。

副书记：何立春，1988 年 3 月—1990 年 2 月（党群），汝城县人。

副书记：朱梅生，1988 年 3 月—1989 年 12 月，汝城县人。

副书记：张万才，1989 年 10 月—1992 年 10 月，安仁县人。

副书记：蓝英平，1989 年 12 月—1992 年 8 月，市纪律检查委员会书记，资兴市人。

副书记：刘文艺，1989 年 12 月—1992 年 8 月，常宁县人。

副书记：李白均，1991 年 1 月—1992 年 7 月，永兴县人。

副书记：彭昌良，1992 年 8 月—1992 年 10 月（党群），桂阳县人。

副书记：袁佳游，1992 年 8 月—1992 年 10 月，资兴市人。

市委常委：

蓝英平：1988 年 3 月—1989 年 12 月，市纪检书记，资兴市人。

黄才勇：1988 年 3 月—1989 年 12 月，常务副市长，资兴市人。

刘文艺：1988 年 3 月—1989 年 12 月，市委组织部部长，常宁县人。

欧资海：1988 年 3 月—1990 年 1 月，市委办公室主任，资兴市人。

黄诚：1988 年 3 月—1992 年 10 月，市委宣传部部长、副市长，资兴市人。

邓泽良：1988 年 3 月—1992 年 2 月，人武部政委，会同县人。

黄科武：1989 年 1 月—1990 年 2 月，市人大常委会主任，望城县（今望城区）人。

雷戊坤：1989 年 12 月—1992 年 10 月，市纪委书记，资兴市人。

曾庆昭：1989 年 12 月—1992 年 8 月，市委组织部部长，永兴县人。

李宙华：1989 年 12 月—1992 年 10 月，市委宣传部部长，资兴坪石人。

袁佳游：1990 年 2 月—1992 年 8 月，市委办公室主任；1992 年 8 月—同年 10 月，常务副市长，资兴市人。

曹桂树：1990 年 2 月—1992 年 10 月，市政协主席，资兴坪石人。

王存湘：1992 年 8 月—1992 年 10 月，副市长，资兴市人。

郭标平：1992 年 8 月—1992 年 10 月，市委办公室主任，资兴市人。

丁宗如：1992 年 8 月—1992 年 10 月，市委组织部部长，桂阳县人。

宁登发：1992 年 8 月—1992 年 10 月，人武部部长，武冈县（今武冈市）人。

何立春：1990 年 2 月—1992 年 6 月，市人大常委会主任，汝城县人。

顾问：李璧金，1988 年 3 月—1992 年 10 月，资兴市人。

调研员：蓝英平，1992 年 8 月—1992 年 10 月，资兴市人。

本书笔者说明：

1. 中共资兴市委组织部 1988 年 5 月编印的《骨干花名册》记载，《市委》领导：书记：许永善，男，37 岁，永兴人，大学文化。副书记：瞿龙彬，市长，男，43 岁，醴陵人，大学文化；何立春，男，49 岁，汝城人，初中文化；朱梅生，男，42 岁，汝城人，大学文化。市委常委：蓝英平，纪委书记，男，49 岁，资兴人，大学文化；黄才勇，常务副市长，男，40 岁，资兴人，大专文化；刘文艺，组织部部长，男，48 岁，常宁人，大学文化；欧资海，市委办公室主任，男，37 岁，资兴人，大专文化；黄诚，宣传部部长，男，33 岁，资兴人，大学文化；邓泽良，人武部政委，男，38 岁，会同人，高中文化；顾问李璧金，男，61 岁，资兴人，初中文化。

1989 年 5 月编印的《骨干花名册》记载，全部名单与上列相同，但多了一个：市委常委黄科武，人大常委会主任，男，59 岁，望城人，高小文化。

2. 中共资兴市委组织部 1990 年 4 月编印的《骨干花名册》记载，《市委》领导：书记瞿龙彬（醴陵人）；副书记：张万才（男，43 岁，安仁人，大专）、刘文艺（常宁人）、蓝英平（资兴人）；市委常委：何立春（汝城人）、黄诚（资兴人）、邓泽良（会同人）、雷戊坤（男，42 岁，资兴人，大专）、曾庆昭（男，50 岁，永兴人，高中）、李宙华（男，41 岁，资兴人，大专）、袁佳游（男，37 岁，资兴人，大专）、曹桂树（政协主席，男，57 岁，资兴人，高中）。顾问李璧金（资兴人）。

1991 年 4 月编印的《骨干花名册》记载，《市委》领导名单全部与上列相同，只是增加了一个：副书记李伯均（男，36 岁，永兴人，大专）。

3. 中共资兴市委组织部 1992 年 4 月编印的《骨干花名册》记载，《市委》领导（具体内容简略）：书记：瞿龙彬（醴陵人）；副书记：张万才（安仁人）、刘文艺（常宁人）、蓝英平（资兴人）、李白均（永兴人）；市委常委：何立春（汝城人）、黄诚（资兴人）、雷戊坤（资兴人）、曾庆昭（永兴人）、李宙华（资兴人）、袁佳游（资兴人）、曹桂树（资兴人）。

4.《中国共产党资兴历史》（1978.12—2006.12）第三卷"资兴市（县）党政主要领导简介"中说："瞿龙彬（1945.10—2016.4.25），男，湖南省醴陵县（今醴陵市）人，1945 年 10 月生，中共党员，1968 年大学毕业分配到资兴县工作。历任资兴县农业局技术员、副局长、农村办公室副主任、（兰市）公社书记、县长，资兴市第一任市长、市委书记。1992年2月底调郴州，历任郴州地委组织部副部长、郴州地区行署副专员、郴州市副市长、郴州市人大常委会副主任、巡视员。2006年退休。退休后任曾任湖南兰花协会副会长、东江湖兰花协会会长。同时，写作出版了《真实人生》和《快乐人生》两部散文集，加入湖南省作家协会。2016年4月25日凌晨去世，享年71岁。"

5. 资兴吧（网站资料）：瞿龙彬，醴陵人，在资兴工作20多年，其爱人是资兴清江人。在资兴历任公社书记、资兴市第一任市长、资兴市委书记，后任郴州地委组织部副部长、郴州地区行署副专员、郴州市副市长，最后从郴州市人民代表大会副主任任上退休。逝世前任湖南兰花协会副会长，东江湖兰花协会会长。瞿龙彬于2016年4月25日凌晨两点多去世，是在睡梦中死的，很安详。瞿老退休后写了很多美丽的文章，出版了《真实人生》和《快乐人生》两部散文集，并加入了湖南省作家协会。

6. 关于李白均的任职：

按照《中国共产党资兴历史》第三卷（审核稿第436页）中的记载，李白均任市委常委的时间为：1989年10月—1992年10月；其中1989年12月—1992年10月任市委副书记。

实际情况并不是这样的：中共资兴市委组织部1989年5月编印的《骨干花名册》记载，《市委》领导中，没有此人，1990年4月编印的《骨干花名册》中没有此人。1991年4月编印的《骨干花名册》记载，《市委》领导名单全部与1990年4月的相同，只是增加了一个："副书记李白均，男，36岁，永兴人，大专，党员。"

根据《资兴市志》第二卷（1989—2003）第73页中的记载："副书记：李白均，1991年1月—1992年7月，籍贯：湖南永兴。"

然而，经查阅网络中的"李白均"介绍，在其中的"人物简历"中却记着："1986.12—1990.12任共青团郴州地委书记；1990.12—1992.06任中共桂东县委副书记；1992.06—1994.01任中共桂东县委书记；1994.01—1995.04任中共郴州地委党校校长"。这就是说，从他的《简历》来看，他没有在资兴任职过。

大家都知道，他确确实实在资兴任职过。我1990年1月离开资兴调任湖南省东江师范学校党委副书记（主持全面工作）。1992 年 7 月中共郴州地委委员（当时的委员即后来的常委）、组织部部长王本义代表地委来资兴找人谈话——我任党委书记，并送李白均到桂东县去上任，我也跟随陪同去了桂东县城，并住了两晚。因此，我认为：李白均简历中的"1990.12—1992.6 任中共桂东县委副书记"，实际上是担任中共资兴市委副书记。这个时间，与《资兴市志》第二卷记载，前后的时间只是相差一个月，其《简历》中的时间，应是郴州地委决定的时间，而资兴市志记载的时间，则是实际在职工作的时间。

第七届资兴市委（1992 年 10 月—1997 年 9 月）

1992 年 10 月 26 日至 30 日，中共资兴市第七次代表大会在唐洞市区召开。大会代表 295 名，代表全市 10243 名党员，实到代表 275 名，特邀代表 10 人，列席代表 61 人。大会主席团由 33 人组成：张万才、黄诚、彭昌良、袁佳游、雷戊坤、郭标平、丁宗如为主席团常务委员。大会秘书长彭昌良，副秘书长郭标平、丁宗如。代表资格审查委员会主任彭昌良，副主任丁宗如，委员王利荣、段盛庚、黄国政。这次大会是在深入贯彻中央 2 号文件（邓小平南方谈话），进一步解放思想，深化改革，努力实现资兴经济调整发展的大好形势下召开的。大会由黄诚致开幕词；张万才代表中共资兴市委第六届委员会做了《加大力度，加快步伐，夺取改革开放和经济建设的新胜利》的市委工作报告；雷戊坤做纪律检查委员会工作报告。大会选举产生中共资兴市第七届委员会委员 25 名、候补委员 4 名：张万才、黄诚、彭昌良、袁佳游、雷戊坤、王存湘、李宙华、郭标平、丁宗如、宁登发、何立春、刘文艺、黄伦超、李任山、朱孝明、罗维汉、宁资利、胡昭京、谢廷槐、罗陈毅、欧谟香（女）、段绩魁、李德立、唐清万、欧桂珍（女）。候补委员：黎回生、陈述仁、杨晓南、段金华。中共资兴市纪律检查委员会委员 11 名。在中共资兴市第七届一次全体委员会议中，选举产生 10 名常委：张万才任书记，黄诚、彭昌良、袁佳游任副书记，雷戊坤、王存湘、李宙华、郭标平、丁宗如、宁登发任常委。雷戊坤任纪律检查委员会书记。

1995 年 1 月，中共湖南省委、郴州地委调整任命资兴市委领导班子成员。书记：盛茂林；副书记：黄诚、彭昌良、陈敏、曹修松（1995 年 2 月任）、佘宏荣（1995 年 2 月任）、李建牙（1995 年 8 月任）、袁生权（1997 年 5 月任）、李宙华（1997年7月任）；常委：盛茂林、黄诚、彭昌良、陈敏、曹修松、雷戊坤（1997年2月免）、李宙华、郭标平、丁宗如（1997年2月免）、宁登发、佘宏荣、黄亚林（1995年7月任）。

任职名单：

书记：张万才，1992年10月—1995年1月，安仁县人。

书记：盛茂林，1993年3月—1995年1月任市委副书记，1995年1月—1997年9月任市委书记，湖北省黄石县人。

副书记：黄诚，1992年10月—1997年9月，市长，资兴市人。

副书记：彭昌良，1992年10月—1995年7月（党群），桂阳县人。

副书记：袁佳游，1992年10月—1994年12月，资兴市人。

副书记：陈敏，1994年12月—1997年4月，汉寿县人。

副书记：曹修松，1995年1月—1997年9月，苏仙区人。

副书记：佘宏荣，1995年2月—1997年9月，邵东县人。

副书记：李建牙，1995年8月—1997年9月，苏仙区人。

副书记：袁生权，1997年5月—同年9月，资兴市人。

副书记：李宙华，1997年7月—同年9月，资兴市人。

市委常委：

雷戊坤：1992年10月—1997年2月，市纪委书记，资兴市人。

王存湘：1992年10月—1992年12月，副市长，资兴市人。

李宙华：1992年10月—1997年7月，资兴市人。

郭标平：1992年10月—1997年9月，资兴市人。

丁宗如：1992年10月—1997年2月，桂阳县人。

本书笔者说明：1997年5月《四家领导分工安排表》中，已经没有丁宗如。

宁登发：1992年10月—1997年9月，武冈县（今武冈市）人。

曾恩德：1994年1月—1997年9月，耒阳县人。

黄亚林：1995年7月—1997年9月，汝城县人。

黄子明（女）：1997年7月—1997年9月，副市长，资兴市人。

高爱国：1997年7月—1997年9月，祁东县人。

王周：1997年7月—1997年9月，纪委书记，祁阳县人。

调研员：蓝英平：1992 年 10 月—1997 年 9 月，资兴市人。

本书笔者说明：

1. 中共资兴市委组织部 1993 年 4 月编印的《骨干花名册》中记载，《市委》领导（具体内容简略）：书记：张万才（安仁人）；副书记：黄诚（市长，资兴市人）、彭昌良（男，44 岁，桂阳人，大专）、袁佳游（男，40 岁，资兴人，大专）、盛茂林（男，33 岁，湖北人，大专）；市委常委：雷戊坤（资兴人）、李宙华（资兴人）、郭标平（男，36 岁，资兴人，大专）、丁宗如（男，43 岁，桂阳人，大专）、宁登发（男，42 岁，武冈人，中专）。调研员：蓝英平（资兴人）。

1994 年 4 月编印的《骨干花名册》中记载，全部人员与上列相同，但增加了市委常委：曾恩德（男，53 岁，耒阳人，中专）。

2. 中共资兴市委组织部 1995 年 5 月编印的《骨干花名册》记载，《市委》领导（具体内容简略）：书记：盛茂林（湖北人）；副书记：黄诚（市长，资兴市人）、彭昌良（桂阳人）、曹修松（男，38 岁，郴县人，大学）、陈敏（男，39 岁，汉寿人，大学）、佘宏荣（男，38 岁，邵东人，硕士）；市委常委：雷戊坤（纪委书记，资兴市人）、李宙华（宣传部部长，资兴市人）、郭标平（开发区党委书记，资兴市人）、丁宗如（组织部部长，桂阳人）、宁登发（人武部部长，武冈人）、曾恩德（政法委书记，耒阳人）。调研员：蓝英平（资兴人）。

3. 中共资兴市委组织部 1996 年 5 月编印的《骨干花名册》记载，《市委》领导：书记：盛茂林（男，1960 年 1 月生，大专文化，1980 年 12 月入党，1975 年 3 月参加工作，湖北人）；副书记：黄诚（市长，男，1955 年 10 月生，大学文化，1972 年 3 月入党，1982 年 2 月参加工作，资兴人）、陈敏（副市长，男，1956 年 7 月生，大学文化，1976 年 3 月入党，1974 年 4 月参加工作，汉寿人）、李建牙（男，1954 年 4 月生，大专文化，1976 年 5 月入党，1978 年 11 月参加工作，郴县人）、曹修松（男，1957 年 6 月生，大学文化，1984 年 7 月入党，1980 年 8 月参加工作，郴县人）、佘宏荣（男，1957 年 7 月生，硕士学位，1981 年 4 月入党，1974 年 4 月参加工作，邵东人）；市委常委：雷戊坤（纪委书记，男，1948年7月生，大专文化，1970年9月入党，1971年10月参加工作，资兴市人）、李宙华（宣传部部长，男，1949年7月生，大专文化，1969年8月入党，1969年2月入伍，资兴市人）、郭标平（开发区党委书记，男，1957年10月生，大专文化，1981年7月入党，1981年8月参加工作，资兴市人）、丁宗如（组织部部长，男，1950年12月生，大专文化，1979年6月入党，1972年3月参加工作，桂阳人）、宁登发（人武部部长，男，1951年9月生，大专文化，1970年7月入党，1969年12月入伍，武冈人）、曾恩德（政法委书记，男，1941年6月生，中专文化，1970年10月入党，1961年12月参加工作，耒阳人）、黄亚林（市委办公室主任，男，1962年5月生，大专文化，1985年6月入党，1985年7月参加工作，汝城人）。调研员：蓝英平（男，1939年5月生，大学文化，1974年4月入党，1968年12月参加工作，资兴人）。

4. 1997年5月29日，市委办公室资办发〔1997〕25号文件印发的《1997年四家领导分工安排表》中记载：

盛茂林：市委书记，分工：主持全面工作；联系党建扶贫村：黄草丰林村、团结二峰村，包村单位及责任人：民政局邓名福；联系市属企业：东江木材厂；联系乡镇企业：顺兴钢铁厂，部门负责人陈先荣。

黄诚：副书记、市长，分工：主持政府工作，监察、审计、机编、办公室、劳动、人事、计物、城建、房改、国土、信访、军事、兵役、体改、建议提案办理、联系政协；联系党建扶贫村：鲤鱼江栗脚村、清江绩坪村，包村单位及责任人：库管局沈正伟；联系市属企业：东江制药厂；联系重点工程项目：郴资公路资兴段，承办单位及责任人：指挥部；联系乡镇企业：鲤鱼江企业基地，部门负责人：李达生。

李建牙：副书记，分工：党群、建整扶贫、乡镇企业；管片：南部区；联系党建扶贫村：办事处新民村、黄草乐洞村，包村单位及责任人：法院巫九根；联系市属企业：合力机构制造有限责任公司；联系重点工程项目：资兴接待处综合大楼，承办单位及责任人：接待处刘建华；联系乡镇企业：黄草宾馆、二水泥厂，部门负责人：邝贤明。

曹修松：副书记，分工：政法、宣传、计生、教育、卫生、文化、体育、城建；管片：北部区；联系党建扶贫村：三都上洞村、三都张家湾村，包村单位及责任人：房产局谢光煌；联系市属企业：市印刷厂；联系重点工程项目：三都商贸城，承办单位及责任人：三都镇黄志坚；联系乡镇企业：三都镇建筑公司，部门负责人：杨如东。

袁生权：副书记、副市长，分工：大农业、民政、宗教、扶贫、科技；管片：东部区；联系党建扶贫村：木根桥田心村、连坪田坪村，包村单位及责任人：审计局刘建设；联系市属企业：人造板厂；联系重点工程项目：丘岗开发，承办单位及责任人：农业开发办文南廷；联系乡镇企业：连坪竹木加工厂，部门负责人：曹发先。

宁登发：常委、人武部长，分工：主持市人武工作；管片：南部区；联系党建扶贫村：滁口塘湾村，包村单位及责任人：政府办周范平；联系市属企业：耐火材料厂；联系重点工程项目：横岭公路，承办单位及责任人：匡柏南；联系乡镇企业：高坪钨矿，部门负责人：张孝明。

李宙华：常委、宣传部部长，分工：宣传系统；管片：东部区；联系党建扶贫村：何家山两江村，包村单位及责任人：国土局陈志强；联系市属企业：白马江煤矿；联系重点工程项目：广电人防大厦，承办单位及责任人：广电局黄任改；联系乡镇企业：何家山萤石矿，部门负责人：叶玉云。

郭标平：常委、开发区党委书记，分工：主持东江开发区工作、旅游、外经贸；联系党建扶贫村：木根桥罗围村，包村单位及责任人：东江开发区胡昭京；联系市属企业：嘉兴针织厂；联系重点工程项目：大坝码头，承办单位及责任人：旅游局朱建山；联系乡镇企业：木根桥大坝装卸服务公司，部门负责人：陈志强。

曾恩德：常委、政法委书记，分工：政法系统；管片：北部区；联系党建扶贫村：蓼江大坪村，包村单位及责任人：政法委黄仁顺；联系市属企业：宏发建筑材料有限公司；联系乡镇企业：蓼江玻璃厂，部门负责人：尹锋。

黄亚林：常委、办公室主任，分工：办公室系统；管片：北部区；联系党建扶贫村：兴宁心田村，包村单位及责任人：财贸办李宇龙；联系市属企业：氮肥厂；联系乡镇企业：兴宁水泥厂，部门负责人：吴柯林。

蓝英平：市委调研员，分工：计生协会、林产工业；联系党建扶贫村：高码龙头村，包村单位及责任人：粮食局曹曰平；联系市属企业：东江木材厂；联系乡镇企业：东江家具厂，部门负责人：陈子雄。

5.《中国共产党资兴历史》（1978.12—2006.12）第三卷"资兴市（县）党政主要领导简介"中说："张万才（1947.10—2013.1.21），男，1945年10月生，湖南省安仁县安平镇人，郴州师专物理系毕业。1972年7月参加工作，1970年7月加入中国共产党。1990年2月任资兴市人民政府市长，1992年10月任资兴市委书记。1995年1月调任郴州市委副书记，郴州市委巡视员。2007年10月退休。2013年1月21日，因病医治无效在郴州逝世，享年67岁。"

张万才简历（网站资料）。张万才（1947.10—2013.01.21）：男，1947年10月生，湖南省安仁县安平镇人，郴州师专物理系毕业。原郴州市委副书记，郴州市委巡视员。1970年10月加入中国共产党，1972年7月参加工作，曾任郴州师专办公室副主任，郴州地委办公室综合科科长，嘉禾县副县长、县委常委，郴州地委政研室副主任，资兴市委副书记、市长、市委书记，郴州市委常委、市委秘书长，郴州市委副书记，郴州市委巡视员。2007年10月退休。2013年1月21日，因病医治无效在郴州逝世，享年67岁。

6.盛茂林简历（网站资料）。盛茂林：男，汉族，1960年1月生，湖北黄石人，1975年3月参加工作，1981年12月入党，中央党校大学学历。现（2014）任山西省委常委、组织部部长。1975年3月至1976年8月郴县知青，1976年8月至1986年12月核工业部711矿钻探队工人、团干、矿团委副书记（其间：1984年9月至1986年7月在省广播电视大学郴州分校干部专修科学习），1986年12月至1989年4月任核工业部711矿党委委员、团委书记、办公室主任、政工办主任，1989年4月至1991年6月任共青团郴州地委副书记，1991年6月至11月任共青团郴州地委书记，1991年11月至1995年1月任共青团湖南省委事业发展部部长、青少年发展基金会秘书长（其间：1993年2月至1995年1月挂职任资兴市（县级）市委副书记），1995年1月至1998年7月任资兴市（县级）市委书记（1994年7月至1996年6月在中国社会科学院研究生院财贸经济系商业经济专业研究生班学习；1995年9月至1996年7月在中央党校一年制中青年干部培训班学习），1998年7月至2000年4月任郴州市委常委、资兴市（县级）市委书记，2000年4月至2003年2月任郴州市委副书记，2003年2月至2004年5月任湖南省计划生育委员会主任、党组书记，2004年5月至2007年4月任邵阳市委书记（其间：2004年8月至2006

年12月在中央党校函授学院法律专业学习），2007年4月至2010年1月任湖南省委组织部常务副部长，2010年1月至2012年1月任湖南省人民政府党组成员、秘书长、办公厅主任，2012年1月至2012年2月任湖南省人民政府副省长、秘书长、办公厅主任，2012年2月至2014年9月任湖南省人民政府副省长，2014年9月任山西省委常委、组织部部长。

任免信息：2014年9月4日，山西省委组织部召开机关干部大会，宣布中央和省委关于省委组织部主要领导同志职务调整的决定：盛茂林同志任省委常委、组织部部长。2014年9月26日，湖南省十二届人大常委会第十二次会议在长沙闭幕，会议接受盛茂林辞去湖南省人民政府副省长职务的请求。盛茂林：2014年8月—2017年3月任山西省委常委、组织部部长；2017年3月至今任天津市委常委、组织部部长。

7. 袁佳游简历（网站资料）。袁佳游：男，汉族，湖南资兴人，1953年11月出生，1977年10月参加工作，1975年1月加入中国共产党，大专文化。现任郴州市人大常委会党组成员、副主任。简历：1977年10月至1978年10月任资兴县黄草公社党委委员，1978年10月至1979年11月任资兴共青团县委副书记，1979年11月至1980年9月任资兴县滁口公社党委副书记、管委会主任，1980年9月至1984年3月任资兴县滁口公社党委书记，1984年3月至1989年10月任资兴县滁口乡党委书记（其中：1984年9月至1986年7月离职在郴州地委党校学习），1989年10月至1990年2月任资兴市纪委副书记，1990年2月至1994年12月任资兴市委常委、办公室主任，资兴市常务副市长、副书记，1994年12月至1995年5月任宜章县委副书记、常务副县长，1995年5月至2000年6月任宜章县委副书记、代县长、县长，2000年6月至2003年7月任宜章县委书记，2003年7月至12月任郴州市计委党组书记、副主任，2003年12月至2004年12月任郴州市人民政府副秘书长，办公室党组副书记、副主任，2004年12月至2009年10月任郴州市人民政府党组成员、秘书长，政府办党组书记、主任，2009年10月至2010年2月任郴州市人大常委会党组成员，2010年2月至今任郴州市人大常委会党组成员、副主任。

任免通知：2010年2月27日下午，郴州市第三届人大四次会议召开第四次全体会议。经过投票选举，钟本强当选为郴州市人大常委会主任，袁佳游当选为郴州市人大常委会副主任，邓国光、许秀荣、袁光校、黄仁明、谢元安当选为郴州市人大常委会委员。

第八届资兴市委（1997 年 9 月—2002 年 9 月）

中国共产党资兴市第八次代表大会于 1997 年 9 月 26 日至 29 日在唐洞市区召开。出席这次代表大会的正式代表 310 名，列席代表 101 名，代表着全市12058 名共产党员。盛茂林向大会做了题为《贯彻十五大精神，狠抓历史性机遇，为加快实现"五市"目标而努力奋斗》的工作报告，提出了"全面推进两个文明建设步伐，加快实现农业强市、工业大市、旅游名市、财政富市、一流城市"的奋斗目标。大会选举产生了中共资兴市第八届委员会委员 25 名、候补委员 5 名；中共资兴市纪律检查委员会委员 13 名。在八届委员会第一次全体会议上，选举产生了市委常委：盛茂林、黄诚、李建牙、曹修松、李宙华、王周、宁登发、郭标平、黄子明（女）、高爱国。盛茂林任市委书记，黄诚、李建牙、曹修松、李宙华任市委副书记。在纪委第一次全会上，选举王周任市纪委书记。

2000 年 6 月，中共湖南省委、郴州市委调整任命中共资兴市委领导班子成员。书记：戴道晋；副书记：黄湘鄂（1998 年 7 月任）、曹修松（2000 年 7月免）、李宙华、高爱国、王周（2000 年 9 月任）、范建平（2001 年 9 月任）、马志武（2002 年 4 月任）、李太海（2002 年 6 月任）；常委：戴道晋、黄湘鄂、李宙华、高爱国、王周、罗锡武、范建平、黄明、刘志伟（2001 年 9 月免）、江初成（2002 年 8 月免）、周范平（2000 年 9 月任）、胡润勇（2001 年9 月任）、朱付山（2001 年 9 月任）、李典龙（2002 年 8 月任）、张舜春、方南玲（女）。

任职名单：

书记：盛茂林，1997 年 9 月—1998 年 7 月任资兴市委书记，1998 年7 月—2000 年 6 月任中共郴州市委常委兼资兴市委书记，湖北黄石县人。

书记：戴道晋，2000 年 6 月—2002 年 6 月任中共郴州市委常委兼资兴市委书记，汉寿县人。

书记：黄湘鄂，1998 年 7 月—2002 年 6 月任资兴市委副书记、市长，2002 年 6 月—9 月任资兴市委书记，新晃县人。

副书记：黄诚，1997 年 9 月—1998 年 8 月，市长，资兴市人。

副书记：李建牙，1997 年 9 月—1998 年 8 月，苏仙区人。

副书记：曹修松，1997 年 9 月—2000 年 6 月，苏仙区人。

副书记：李宙华，1997 年 9 月—2002 年 9 月，资兴市人。

副书记：何文君，1998 年 12 月—1999 年 7 月，汉寿县人。

副书记：高爱国，2000 年 1 月—2002 年 8 月，祁东县人。

副书记：王周，2000 年 9 月—2002 年 9 月，祁阳县人。

副书记：范建平，2001 年 9 月—2002 年 9 月，宜章县人。

副书记：马志武，2002 年 4 月—9 月，河北省唐山人。

副书记：李太海，2002 年 6 月—9 月，衡南县人。

市委常委：

王周：1997 年 9 月—2000 年 9 月，祁阳县人。

宁登发：1997 年 9 月—1998 年 3 月，人武部政委，武冈县（今武冈市）人。

郭标平：1997 年 9 月—2000 年 1 月，资兴市人。

黄子明（女）：1997 年 9 月—2000 年 1 月，副市长，资兴市人。

高爱国：1997 年 9 月—2000 年 1 月，祁东县人。

张继耀：1998 年 3 月—2000 年 9 月，永兴县人。

李太海：1998 年 3 月—2002 年 6 月，衡南县人。

罗锡武：1998 年 8 月—2002 年 9 月，耒阳县人。

黄明：2000 年 1 月—2001 年 9 月，永兴县人。

刘志伟：2000 年 1 月—2001 年 9 月，郴州人。

范建平：2000 年 7 月—2002 年 9 月，宜章县人。

江初成：2000 年 9 月—2002 年 8 月，宁远县人。

周范平：2000 年 9 月—2002 年 9 月，资兴市人。

胡润勇：2001 年 9 月—2002 年 9 月，长沙人。

朱付山：2001 年 9 月—2002 年 9 月，资兴市人。

李典龙：2002 年 8 月—9 月，隆回县人。

市委调研员：

蓝英平：1997 年 9 月—1999 年 6 月任市委调研员，资兴市人。

何立春：1998 年 1 月—2002 年 9 月任市委调研员，汝城县人。

蒋集中：2001 年 11 月—2002 年 9 月任市委助理调研员，资兴市人。

何忠邦：2001 年 11 月—2002 年 9 月任市委助理调研员，资兴市人。

焦能飞：2001 年 11 月—2002 年 9 月任市委助理调研员，资兴市人。

本书笔者说明：

1. 1998 年 4 月 26 日，市委办公室资办发〔1998〕10 号文件印发的《1998 年市领导分工安排表》中记载：

盛茂林：市委书记，分工：主持全面工作；联系乡镇驻村：团结（二峰村）；联系乡以上企业：东江木材厂、顺兴钢铁厂。

黄诚：副书记、市长，分工：主持政府工作、监察、审计、机编、移民工作；联系乡镇驻村：清江（清西村）；联系乡以上企业：东江制药厂、木材总公司、鲤鱼江企业基地；联系重点项目：清长公路，承办单位：交通局。

李建牙：副书记，分工：党群、建整扶贫、旅游；管片：南部区；联系乡镇驻村：黄草（乐洞村）；联系乡以上企业：合力机械制造公司、东江家具厂；联系重点项目：新党校工程，承办单位：党校。

曹修松：副书记，分工：政法、宣传、计生、教育、卫生、文化、体育、城建、个体私营经济；管片：北部区；联系乡镇驻村：三都（上洞村）；联系乡以上企业：云仙水泥公司、三都商贸城；联系重点项目：兴华市场，承办单位：工商局。

李宙华：副书记，分工：大农业、乡镇企业、科技；管片：东部区；联系乡镇驻村：何家山（和安村）；联系乡以上企业：木材总公司、何家山萤石矿；联系重点项目：程江口电站，承办单位：水电局。

王周：常委、纪委书记，分工：纪检监察系统、工交；管片：东部区；联系乡镇驻村：汤市（陈家洞村）；联系乡以上企业：新兴阀门公司、云仙水泥公司；联系重点项目：汤炎公路，承办单位：林业局、交通局。

宁登发：常委、人武部长，分工：主持市人武工作；联系乡镇驻村：（唐洞街道）办事处；联系乡以上企业：啤酒厂。

郭标平：常委、政法委书记，分工：政法委系统；管片：北部区；联系乡镇驻村：蓼江（秧田村）；联系乡以上企业：兴港公司、蓼江玻璃厂。

黄子明：常委、常务副市长，分工：协助市长主持政府工作、办公室、机编、人事、劳动（行政事业）、财贸、统计、物价、军事、兵役、职称改革，联系政协工作；联系乡镇驻村：木根桥（罗围村）；联系乡以上企业：资兴商厦、碑记特种水泥厂；联系重点项目：鲤鱼江大市场，承办单位：指挥部。

高爱国：常委、组织部部长，分工：组织系统；管片：南部区；联系乡镇驻村：坪石（清塘村）；联系乡以上企业：酒厂、坪石砖厂；联系重点项目：新党校工程，承办单位：党校。

张继耀：常委、市委办公室主任，分工：市委办系统；管片：北部区；联系乡镇驻村：高码（坪石村）；联系乡以上企业：氮肥厂、高码炉渣砖厂。

何立春：市委顾问，分工：水稻制种、小水电；联系乡镇驻村：兰市（鸭公坑村）；联系乡以上企业：棉织厂、种子公司；联系重点项目：过船轮电站，承办单位：移民办。

蓝英平：市委调研员，分工：计生协会、联系林产工业；联系乡镇驻村：青腰（宗吕村）；联系乡以上企业：白马江煤矿、青腰硅铁厂；联系重点项目：地税大楼，承办单位：地税局。

2. 1999年3月5日，市委办公室资办发［1999］6号文件印发的《1999年市领导分工安排表》中记载：

盛茂林：市委书记，分工：主持全面工作；联系乡镇驻村：（唐洞街道）办事处（新民村）、团结（二峰村）；联系企业、重点工程：东江木材厂、顺兴钢铁厂、20万吨复合肥厂工程。

黄湘鄂：副书记、代市长，分工：主持政府工作、监察、审计、机编、移民工作；联系乡镇驻村：黄草镇（丰林村、金腊村、高田村）；联系企业、重点工程：电力集团、3517线天桥—三都段改造、农网改造。

曹修松：副书记，分工：党群、建整扶贫、城建、个体私营经济；联系乡镇驻村：皮石乡（皮石村）；联系企业、重点项目：云仙水泥公司、东江南路、迎宾路工程、党校建设。

李宙华：副书记，分工：大农业、乡镇企业、科技、移民、小康建设；联系乡镇驻村：蓼江镇（水东坪村）；联系企业、重点工程：木材总公司、湘云鲫（鲤）中试基地、万口网箱工程、模式化稻田养鱼、绿野公司、蓼江玻璃厂。

何文君：副书记，分工：政法、宣传、计生、教育、卫生、文化、体育；

联系乡镇驻村：碑记乡（高桥村、源塘村）；联系企业、重点工程：合力机械制造公司、市立中学图书馆工程。

王周：常委、纪委书记，分工：纪检监察系统、工交；联系乡镇驻村：兰市（横丘村、鸭公垅村）；联系企业、重点工程：新兴阀门公司、迎宾路改造。

郭标平：常委、政法委书记，分工：政法委系统、旅游；联系乡镇驻村：三都镇（鹿东村）；联系企业、重点工程：轧钢厂、移民纪念塔。

黄子明：常委、常务副市长，分工：协助市长主持政府工作、政府办、机编、人事、教育、计划、财贸、统计、物价、军事、兵役、职称改革，联系政协工作；联系乡镇驻村：东江镇（木市村、铁厂村）；联系企业、重点工程：资兴大市场、绿野公司、兴宁批发市场、资兴商厦。

高爱国：常委、组织部部长，分工：组织系统；联系乡镇驻村：坪石乡（坪石村、清塘村）；联系企业、重点工程：酒厂、坪石脐橙基地、3517线天桥—三都段改造。

张继耀：常委、市委办公室主任，分工：市委办系统；联系乡镇驻村：高码乡（龙头村、坪石村）；联系企业、重点工程：东江电化厂、大院办公楼改造。

李太海：常委、人武部政委，分工：人武工作；联系乡镇驻村：七里镇（大树村、南源村）；联系企业、重点工程：啤酒厂、七里市场建设。

罗锡武：常委、宣传部部长，分工：宣传系统；联系乡镇驻村：汤市乡（坪子村）；联系企业、重点工程：新区电影院、汤炎公路改造。

何立春：市委顾问，分工：水稻制种、小水电；联系乡镇驻村：何家山乡（西垄村、百加村）；联系企业、重点工程：棉织厂、种子公司、过船轮电站。

蓝英平：市委调研员，分工：计生协会、联系林产工业；联系乡镇驻村：碑记乡（高桥村）；联系企业、重点工程：木材总公司、碑记水泥厂。

3. 中共资兴市委办公室1999年5月编印的《内部电话号码本》记载，《市委》领导名单："市委书记：盛茂林。副书记：黄湘鄂（市长）、曹修松、李宙华、何文君。常委：王周（纪委书记）、郭标平（政法委书记）、黄子明（女，常务副市长）、高爱国（组织部部长）、张继耀（市委办公室主任）、李太海（人武部政委）、罗锡武（宣传部部长）。顾问何立春，调研员蓝英平。"

4. 2000 年 3 月 9 日，市委办公室资办发［2000］22 号文件印发的《2000 年市领导分工安排表》中记载：

盛茂林：市委书记，分工：主持全面工作；联系乡镇驻村：东江镇（文昌村建整及计生工作）、团结（二峰村）；联系企业、重点工程：东江木材厂、顺兴钢铁厂、20 万吨复合肥厂工程。

黄湘鄂：副书记、市长，分工：主持政府工作、监察、审计、机编、移民工作；联系乡镇驻村：黄草镇（前程村建整及计生工作）；联系企业、重点工程：电力集团、3517 线天桥—三都段改造、农网改造。

曹修松：副书记，分工：党群、建整扶贫、城建、个体私营经济、第三产业；联系乡镇驻村：厚玉乡（白廊村）；联系企业、重点项目：合力机械制造公司、东江南路、迎宾路改造工程。

李宙华：副书记，分工：农口、乡镇企业、科技、小康建设；联系乡镇驻村：七里镇；联系企业、重点工程：木材总公司、湘云鲫（鲤）中试基地、万口网箱工程、模式化稻田养鱼、绿野公司。

高爱国：副书记，分工：政法、宣传、计生、教育、卫生、文化、体育、旅游；联系乡镇驻村：青腰镇（坪田村、周塘村计生工作）；联系企业、重点工程：云仙水泥公司、3517 线天桥—三都段改造、移民纪念塔。

王周：常委、纪委书记，分工：纪检监察系统，分管工交，协助分管个体私营经济和第三产业；联系乡镇驻村：兰市乡（鸭公垅村）；联系企业、重点工程：宏发建材公司、迎宾路改造、东江电化厂。

张继耀：常委、市委办公室主任，分工：市委办系统，分管外经贸工作；联系乡镇驻村：高码乡；联系企业、重点工程：绵织厂。

李太海：常委、人武部政委，分工：人武工作，协助分管综治工作；联系乡镇驻村：碑记乡（碑记村）；联系企业、重点工程：碑记水泥厂。

罗锡武：常委、宣传部部长，分工：宣传系统，协助分管旅游工作；联系乡镇驻村：烟坪乡（杨公塘村）；联系企业、重点工程：程江口工程（水电站）、轧钢厂。

黄明：常委、常务副市长，分工：协助市长主持政府工作，政府办、劳动、人事、计划、财贸、财税、经改、统计、物价、军事、兵役、职称改革，联系政协工作；联系乡镇驻村：唐洞街道办事处；联系企业、重点工程：资兴大市场、兴宁批发市场、资兴商厦。

刘志伟：常委、政法委书记，分工：政法委系统，分管安全生产；联系乡镇驻村：三都镇；联系企业、重点工程：市酒厂。

范建平：常委、组织部部长，分工：组织系统，协助分管乡镇企业；联系乡镇驻村：何家山乡（两江村）、坪石（清塘村）；联系企业、重点工程：耐火材料厂、坪石脐橙基地。

5. 中共资兴市委办公室2000年7月编印的《内部电话号码本》中记载，《市委》领导成员："市委书记：戴道晋。副书记：黄湘鄂（市长）、李宙华、高爱国。市委常委：王周（纪委书记）、张继耀（市委办公室主任）、李太海、罗锡武（宣传部部长）、黄明（常务副市长）、刘志伟（政法委书记）、范建平（组织部部长）。"

6. 2001年1月19日，市委办公室资办发〔2001〕15号文件印发的《2001年市级领导分工安排表》中记载：

戴道晋：市委书记，分工：主持全面工作；联系乡镇驻村：坪石乡（坪石村计生工作），扶持重点：猪、沼、果试点，市直联系单位：市财政局、市环保局；联系企业、重点工程：东江木材厂、青啤集团、1813线改造工程。

黄湘鄂：副书记、市长，分工：主持政府工作、监察、审计、机编、移民工作；联系乡镇驻村：厚玉乡（白廊村计生工作），扶持重点：白廊码头开发，联络员：李传玉，市直联系单位：东江库区管理局；联系企业、重点工程：创兴公司、市氮肥厂、电力集团公司、3517线天桥—三都段改造、农网改造。

李宙华：副书记，分工：政法、宣传、计生、教育、卫生、文化、体育；联系乡镇驻村：七里镇（桃源村计生工作），扶持重点：小城镇建设、规划，联络员：何泗文，市直联系单位：市水电局、市粮食局；联系企业、重点工程：白马江煤矿、东江鱼市、东江鱼加工。

高爱国：副书记，分工：党建、建整扶贫、旅游，联系政协工作；联系乡镇驻村：兴宁镇，扶持重点：小城镇建设、规划，联络员：何忠邦，市直联系单位：市建设局、市房产局；联系企业、重点工程：云仙水泥公司、3517线天桥—宇字段改造、移民纪念塔、龙景生态公园及小东江沿线整治。

王周：副书记，分工：农业、工业、乡企、科技、小康建设、个体私营经济、第三产业；联系乡镇驻村：团结乡，扶持重点：茶叶开发、山羊养殖、水库养鱼，联络员：谭成亮，市直联系单位：市民政局、市水产局、半垅管理局；联系企业、重点工程：顺兴钢铁厂、宏发建材公司、1813线改造工程、绿野公司、万亩耕地整理。

李太海：常委、纪委书记，分工：纪检监察、个体私营经济；联系乡镇驻村：蓼江镇（水东坪村），扶持重点：节水工程、蔬菜基地，联络员：黄任改，市直联系单位：市纪委、市广播电视局；联系企业、重点工程：一运公司、蓼江玻璃厂。

罗锡武：常委、宣传部部长，分工：宣传系统，协助分管旅游工作；联系乡镇驻村：香花乡（程江村），扶持重点：旅游景点建设，联络员：周耀武，市直联系单位：市林业局、市旅游局；联系企业、重点工程：程江口电站工程、程江口丹霞风光游工程。

黄明：常委、常务副市长，分工：协助市长主持政府工作，政府办、劳动、人事、计划、财贸、财税、经改、统计、物价、军事、兵役、职称改革，联系政协工作；联系乡镇驻村：（1）唐洞街道办事处，扶持重点：城市建设及管理，联络员：叶信红，市直联系单位：市建设局；（2）鲤鱼江镇，扶持重点：城市建设及管理，联络员：何泗国，市直联系单位：市交通局、市农机局、市公路局；联系企业、重点工程：鲤鱼江电厂扩建工程、东江青啤广场建设、合力机械制造公司。

刘志伟：常委、政法委书记，分工：政法委系统，分管安全生产；联系乡镇驻村：三都镇，扶持重点：小城镇建设，联络员：陈红卫，市直联系单位：市法院、市检察院；联系企业、重点工程：鲤鱼江电厂扩建工程、市电化厂、生态旅游节晚会场地建设。

范建平：常委、组织部部长，分工：组织系统，协助分管乡镇企业；联系乡镇驻村：青腰镇（坪田村），扶持重点：反季节蔬菜基地，联络员：匡柏南，市直联系单位：市人事局、市物价局、市乡镇企业局；联系企业、重点工程：市耐火材料厂。

江初成：常委、人武部长，分工：人武工作，协助分管综治工作；联系乡镇驻村：碑记乡，扶持重点：大辣椒生产，联络员：朱孝平，市直联系单位：市人武部、市计生委、市农经局；联系企业、重点工程：碑记水泥厂、汤炎公路（汤市乡至炎陵县公路改造）。

周范平：常委、市委办公室主任，分工：**市委办公室系统，城建；联系乡镇驻村：高码乡（龙头村），扶持重点：新村建设规划，联络员：陈志强，市直联系单位：市委办、市国土局；联系企业、重点工程：市棉织厂、龙泉头住宅小区、市政配套工程、东江南路工程。**

7. 中共资兴市委办公室 2001 年 4 月编印的《内部电话号码本》记载，《市委》领导："郴州市委常委、资兴市委书记：戴道晋。副书记：黄湘鄂（市长）、李宙华、高爱国、王周。市委常委：李太海（纪委书记）、罗锡武（宣传部部长）、黄明（常务副市长）、刘志伟（政法委书记）、范建平（组织部部长）、江初成（武装部长）、周范平（市委办公室主任）。"

8. 2002 年 3 月 10 日，市委办公室资办发〔2002〕21 号文件印发的《2002 年市级领导分工安排表》中记载：

戴道晋：郴州市委常委、资兴市委书记，分工：主持全面工作；联系乡镇驻村：坪石乡（坪石村、朝光村计生工作）、七里镇（七里村），扶持重点：猪、沼、果示范基地、鲴类鱼养殖，市直联系单位：市财政局、市粮食局；重点工程：1813 线改造工程；联系企业：青啤（郴州）公司。本书笔者说明：鲴鱼是一种底栖类鱼种，是黄尾密鲴、细鳞斜颌鲴、圆吻鲴和银鲴的总称；多以底层藻类和动植物碎屑为食，以美味的肉质让人印象深刻。

黄湘鄂：副书记、市长，分工：主持政府工作，主管监察、审计、机编、库管、移民、经贸和工业化工作；联系乡镇驻村：厚玉乡（白廊村、杨林村计生工作），扶持重点：白廊码头开发、鲴类鱼养殖，市直联系单位：东江库区管理局；联系重点工程：农网改造、3517 线天桥—宇字段改造；联系企业：市地方电力集团、市氮肥厂、创兴人造板公司。

李宙华：副书记，分工：政法、宣传、计生、教育、卫生、文化、体育；联系乡镇驻村：七里镇（七里村、毛坪村计生工作）；联系重点工程：东江鱼市、市立中学扩建；联系企业：创兴人造板公司。

高爱国：副书记、常务副市长，分工：协助市长主持政府日常工作，分管办公室、劳动保障、人事、计划、物价、统计、军事、兵役、国土资源、城建、房改、房产、开发区、重点工程，联系政协工作；联系乡镇驻村：东江开发区、唐洞街道办事处，扶持重点：城镇管理、绿化、美化，市直联系单位：

市建设局；联系重点工程：东江水厂扩建工程、市政配套工程；联系企业：东江制药厂。

王周：副书记，分工：党群、建整扶贫，联系人大、政协工作；联系乡镇驻村：蓼江镇（东塘村），扶持重点：基础设施建设，市直联系单位：市纪委、广电局；联系重点工程：1813 线改造工程、迎宾大道配套工程（东江大桥）；联系企业：云仙水泥公司。

范建平：副书记，分工：农业、工业、乡镇企业、科技、小康建设、个体经济、第三产业；联系乡镇驻村：东江镇（文昌村），扶持重点：国土项目、特种养殖，市直联系单位：市农村办、市畜牧局；联系重点工程：东江河道整治、无公害蔬菜基地、万亩耕地开发、生态农业观光园；联系企业：东江木材厂、市耐火材料厂。

李太海：常委、纪委书记，分工：纪检监察、个体私营经济；联系乡镇驻村：碑记乡；联系重点工程：大智公司竹醋竹炭开发；联系企业：顺兴钢铁厂。

罗锡武：常委、宣传部部长，分工：宣传系统；联系乡镇驻村：香花乡；联系重点工程：程江口水电站工程、程江口丹霞风光游工程；联系企业：东江轧钢厂。

江初成：常委、人武部长，分工：人武工作，协助分管综治工作；联系乡镇驻村：青腰镇（花塘村），扶持重点：水毁工程恢复、反季节蔬菜，市直联系单位：市检察院、市教育局；联系重点工程：彭炎公路（彭市乡至炎陵县公路改造）；联系企业：市电化厂。

周范平：常委、市委办公室主任，分工：市委办公室系统，城建；联系乡镇驻村：高码乡（龙头村），扶持重点：新村建设、麻笋种植、特种鱼养殖，市直联系单位：市国土资源局、市文化局；联系重点工程：东江水厂扩建工程、龙泉头住宅小区、市政配套工程；联系企业：市建筑公司。

胡润勇：常委、组织部部长，分工：组织系统；联系乡镇驻村：彭市乡（南坪村），扶持重点：花心薯、蔬菜种植，市直联系单位：市劳动和社会保障局、市蔬菜局；联系重点工程：1813 线改造工程；联系企业：资兴商厦。

朱付山：常委、政法委书记，分工：政法系统；联系乡镇驻村：清江乡（玭珠村），扶持重点：扶贫开发，市直联系单位：市法院、市环保局；联系重点工程：迎宾大道配套工程（东江大桥）、天池山祇园；联系企业：市棉织厂。

蒋集中：市委助理调研员，分工：协助分管督查、乡镇企业、移民；联系乡镇驻村：皮石乡；联系重点工程：银鱼冷冻加工；联系企业：东江饲料有限公司。

何忠邦：市委助理调研员，分工：协助分管治理经济发展环境、城建、招商引资；联系乡镇驻村：州门司镇，扶持重点：城镇建设、农产品加工，市直联系单位：市交通局、公路局、园林处；联系重点工程：城区污水治理工程、东江大桥；联系企业：市建筑公司。

焦能飞：市委助理调研员、兴宁镇党委书记。联系企业：兴宁水泥厂。

9. 戴道晋简历（网站资料）。戴道晋：男，汉族，1957年2月生，湖南汉寿人，1977年12月参加工作，1975年12月入党，在职研究生学历，工商管理硕士。现（2016年）任湖南省人民政府副省长、党组成员。简历：1977年12月—1978年10月为湖南省汉寿县汉太公社干部，1978年10月—1983年2月为湖南省汉寿县委组织部干部，1983年2月—1984年8月任湖南省汉寿县团委副书记，1984年8—1986年9在中国青年政治学院政治教育专业学习，1986年9月—1988年3月任湖南省委组织部办公室副科级组织员，1988年3月—1991年3月任湖南省委组织部组织处主任科员，1991年3月—1992年11月任湖南省委组织部组织指导处副处级组织员，1992年11月—1995年3月任湖南省委组织部《当代党建》杂志社副总编辑，1995年3月—1996年5月任湖南省委组织部办公室副主任、正处级组织员，1996年5月—2000年6月任湖南省委组织部办公室主任（其间：1996年9月—1998年12月在湖南大学商学院工商管理专业学习，获工商管理硕士学位），2000年6月—2002年6月任湖南省郴州市委常委、资兴市委书记，2002年6月—2004年3月任湖南省郴州市委常委、副市长，2004年3月—2008年8月任湖南省郴州市委副书记、市长，2008年8月—2011年12月任湖南省郴州市委书记，2011年12月—2012年3月任湖南省人民政府党组成员、副秘书长（排第一），办公厅主任，2012年3月—2014年11月任湖南省人民政府秘书长、党组成员，办公厅主任、党组书记，2014年11月—2014年12月任湖南省人民政府副省长、秘书长、党组成员，办公厅主任、党组书记，2014年12月—2015年4月任湖南省人民政府副省长、秘书长、党组成员，办公厅党组书记，2015 年 4 月—2015 年 5 月任湖南省人民政府副省长、党组成员、秘书长。2015 年 5 月 22 日，湖南省十二届人大常委会第十六次会议闭幕，会议决定免去戴道晋的湖南省政府秘书长职务。2015 年 5 月至今任湖南省人民政府副省长、党组成员。《中国新闻网》2017 年 5 月 27 日讯："今天上午，湖南省第十二届人大常委会第三十次会议决定：接受戴道晋辞去湖南省人民政府副省长职务的请求，报湖南省人民代表大会备案。"2017 年 5 月任湖南省政协副主席。是第十一届湖南省委委员，第十一届湖南省政协委员。

第九届资兴市委（2002 年 9 月—2006 年 8 月）

中国共产党资兴市第九次代表大会于 2002 年 9 月 22 日至 26 日在唐洞市区召开。出席这次代表大会的正式代表 320 名，列席代表 132 名，代表着全市 13356 名共产党员，邀请驻资中、省、郴州市企事业单位来宾 11 名。黄湘鄂做了题为《加强党的领导，把握历史机遇，实践"三个代表"，为实现我市经济社会跨越式发展而努力奋斗》的工作报告。大会选举产生中共资兴市第九届委员会委员 25 名、候补委员 5 名，中共资兴市纪律检查委员会委员 13 名。在第九届一次全体成员会议上，选举产生了市委常委：黄湘鄂、王周、陈湘安、范建平、李太海、周范平、马志武、罗锡武、胡润勇、朱付山、李典龙、张舜春、方南玲（女）、杨赛保。选举黄湘鄂任市委书记，王周、陈湘安、范建平、李太海、周范平任市委副书记。在市纪委第一次全体会议上，选举李太海任市纪委书记。

任职名单：

书记：黄湘鄂，2002 年 9 月—2006 年 8 月，湖南省新晃县人。

副书记：王周，2002 年 9 月—2006 年 8 月，市长，祁阳县人。

副书记：陈湘安，2002 年 9 月—2006 年 8 月（党群），永兴县人。

副书记：范建平，2002 年 9 月—2003 年 6 月，宜章县人。

副书记：李太海，2002 年 9 月—2006 年 8 月，衡南县人。

副书记：周范平，2002 年 9 月—2006 年 8 月，资兴市人。

副书记：马志武，2002 年 9 月—2004 年 2 月，河北省唐山人。

副书记：胡润勇，2003 年 6 月—2004 年 6 月，长沙人。

副书记：何子明，2004 年 1 月—2006 年 1 月，道县人。

副书记：罗锡武，2004 年 6 月—2006 年 8 月，耒阳县人。

市委常委：

罗锡武：2002 年 9 月—2004 年 6 月，宣传部部长，耒阳县人。

胡润勇：2002 年 9 月—2003 年 6 月，长沙人。

朱付山：2002 年 9 月—2004 年 12 月，政法委书记，资兴市人。

李典龙：2002 年 9 月—2005 年 6 月，隆回县人。

张舜春：2002 年 9 月—2006 年 8 月，广东大埔人。

方南玲（女）：2002 年 9 月—2005 年 4 月，安徽巢县人。

杨赛保：2002 年 9 月—2006 年 8 月，祁阳县人。

周亦彬：2003 年 6 月—2006 年 8 月。

王琼华：2004 年 6 月—2006 年 8 月，嘉禾县人。

陈国生：2004 年 12 月—2006 年 8 月，临武县人。

李水福：2005 年 4 月—2006 年 8 月，嘉禾县人。

凌小平：2005 年 6 月—2006 年 8 月，双峰县人。

市委顾问、调研员：

朱孝明：2003 年 1 月—3 月任市委顾问，资兴市人。

何忠邦：2002 年 9 月—2003 年 8 月任市委助理调研员，资兴市人。

焦能飞：2002 年 9 月—2006 年 8 月任市委助理调研员，资兴市人。

蒋集中：2002 年 9 月任市委助理调研员，资兴市人。

雷戊坤：2005 年 1 月—2006 年 8 月任市委顾问，资兴市人。

欧国文：2005 年 1 月—2006 年 8 月任市委顾问，资兴市人。

黄伦超：2005 年 1 月—12 月任市委顾问，资兴市人。

笔者说明：

1. 中共资兴市委办公室 2002 年 11 月编印的《内部电话号码本》记载，《市委》领导："市委书记：黄湘鄂；市委副书记：王周（代市长）、陈湘安、范建平、李太海（纪委书记）、周范平、马志武；市委常委：罗锡武（宣传部部长）、胡润勇（组织部部长）、朱付山（政法委书记）、李典龙（人武部政委)、张舜春(常务副市长)、方南玲(女)、杨赛保(市委办公室主任)。助理调研员:蒋集中、何忠邦、焦能飞。"

2. 2003年3月8日,市委办公室资办发〔2003〕25号文件印发的《2003年市级领导分工安排表》中记载:

黄湘鄂:市委书记,分工:主持全面工作;联系乡镇驻村:厚玉乡(白廊村、布田村计生工作),扶持重点:白廊码头建设、景区开发、水产养殖,兴白公路改造(兴宁镇至白廊码头),市直联系单位:东江库区管理局、市园林处、市移动公司;联系重点工程:东江城区开发建设、鲤鱼江电厂扩建;联系企业:青啤(郴州)公司、市地方电力集团、牲猪贩运公司。

王周:副书记,市长,分工:主持政府全面工作,主管监察、审计、机构编制、移民;联系乡镇驻村:东江开放开发区、黄草镇(前程村计生工作),扶持重点:小城镇建设、旅游开发,市直联系单位:市政府办、市旅游局、市邮政局;联系重点工程:迎宾大道改造(东江大桥)、横岭公路改造(黄草浙水通往宜章县岭秀乡公路)、东江制药厂改制、东江水电厂储能电站;联系企业:市自来水公司、市氮肥厂、东江鱼集团公司、东江移民开发建设集团公司。

陈湘安:副书记,分工:党群、城乡基层工作、(市委)办公室,联系人大和政协工作;联系乡镇驻村:蓼江镇(蓼江村),扶持重点:市场建设、煤炭开发、蔬菜基地建设,市直联系单位:市检察院、市总工会、市人防办;联系重点工程:S213线三都至宇字、凉树湾至唐洞段改造、十寨沟景点开发、乡村合并工作;联系企业:蓼江鞋厂。

范建平:副书记,分工:工业、农业、乡镇企业、民营经济、外向型经济;联系乡镇驻村:东江镇(星红村),扶持重点:劳动力转移,市直联系单位:市农村办、市乡镇企业局、市人民银行;联系重点工程:鲤鱼江水电站、东江河道整治、万亩耕地开发、生态农业观光园、东江鱼开发、20万吨竹浆纸工程引进;联系企业:东江木材厂、狗脑贡茶公司、农网改造、鱼制品深加工企业的引进。

李太海:市委副书记、市纪委书记,分工:纪检监察、重点工程、经济环境;联系乡镇驻村:碑记乡(石拱村),扶持重点:煤炭开发、蔬菜基地建设,市直联系单位:市纪委(市监督局)、市地税局、市房产局;联系重点工程：大智公司竹醋竹炭开发、水上运动中心、石拱电站；联系企业：顺兴铁道线路器材厂、碑记各水泥厂盘活改制。

周范平：副书记，分工：意识形态、城市规划建设、计划生育；联系乡镇驻村：鲤鱼江镇（大兴西路居委会、栗脚村计划生育工作），扶持重点：城镇建设与管理、旧城改造与开发，市直联系单位：市建设局、市交警大队、市机关事务管理局；联系重点工程：东江水厂、龙泉头住宅小区、鲤鱼江镇综合大楼、东江文化广场、依波茵花园、市政配套工程；联系企业：市建筑公司。

马志武：副书记，分工：政法、计划、物价、劳动和社会保障；联系乡镇驻村：坪石乡（杭溪村），扶持重点：猪、沼、果示范基地、水产养殖基地建设，市直联系单位：市劳动和社会保障局、市财政局、市信用联社；联系重点工程：东江明珠大酒店、坪石休闲度假园、资兴矿务局沉陷区结合整治项目；联系企业：创兴人造板公司。

罗锡武：常委、宣传部部长，分工：宣传系统；联系乡镇驻村：香花乡（程江村），扶持重点：周源山寿佛寺景点开发、蔬菜基地建设，市直联系单位：市广播电视局、市征稽所、市立医院；联系重点工程：程江口水电站、程江口丹霞风光旅游开发；联系企业：市轧钢厂。

胡润勇：常委、组织部部长，分工：组织系统；联系乡镇驻村：彭市乡（南坪村），扶持重点：蔬菜基地建设、非金属矿开发（石墨矿），市直联系单位：市委编办、市水利局、市农业开发办；联系重点工程：S322线改造、花心薯等农产品种植及加工、船形河水电开发；联系企业：中天商业、东江有色金属公司。

朱付山：常委、政法委书记，分工：政法系统、旅游；联系乡镇驻村：清江乡（代头村），扶持重点：脐橙基地建设，市直联系单位：市委政法委、市法院、市委党校；联系重点工程：迎宾大道配套工程（东江大桥）、天池山祇园、小东江观景栈道、东江湖景区门楼广场、停车场、白廊景区门楼及配套建设；联系企业：宏发建材公司。

李典龙：常委、人武部政委，分工：人武工作；联系乡镇驻村：东坪乡（水口村），扶持重点：蜂业开发，市直联系单位：市人武部、市林业局、市妇幼保健院；联系重点工程：横岭公路改造；联系企业：东江家具厂。

张舜春：常委、常务副市长，分工：协助市长主持政府日常工作，分管办公室、财政、财税、财贸、人事、计划、物价、统计、国土、煤炭税费征收、军事、兵役、定点屠宰，联系政协及统战、工商联工作；联系乡镇驻村：兴宁镇（枫梘村），扶持重点：旧城改造、城镇管理，市直联系单位：市审计局、市国税局、市城管大队；联系重点工程：房产大楼、兴宁商贸广场、兴宁蔬菜批发市场；联系企业：供销社系统改革。

方南玲：常委，分工：科技、教育、文化、卫生、体育、外经外贸；联系乡镇驻村：兰市乡（鸭公垅村），扶持重点：规模制种（水稻），市直联系单位：市科技局、市教育局、市工商局；联系重点工程：市一中教学综合楼、李家湾龙潭湖电站、资兴剧院改造；联系企业：市教育印刷厂、翡翠织造有限公司。

杨赛保：常委，市委办公室主任，分工：市委办公室系统；联系乡镇驻村：唐洞街道办事处（文峰路居委会），扶持重点：社区居委会建设，市直联系单位：市委办、市物价局、市中国人民银行；联系重点工程：（资兴）宾馆别墅群；联系企业：万隆涂料（郴州）有限公司。

朱孝明：市委顾问，分工：（未明）；联系乡镇驻村：黄草镇（前程村），扶持重点：小城镇建设、旅游开发，市直联系单位：市政府办、市旅游局、市邮政局；联系重点工程：田坪水电站；联系企业：东江电化厂。

何忠邦：市委助理调研员，分工：招商引资、重点工程调度及项目工程环境治理；联系乡镇驻村：州门司镇（州门司村），扶持重点：新世纪梨开发、小城镇建设，市直联系单位：市政公司、市建设银行、市住房公积金管理中心；联系重点工程：市棉织厂（破产后）房地产开发；联系企业：市绵织厂。

焦能飞：市委助理调研员、兴宁镇党委书记。联系乡镇驻村：兴宁镇（枫梘村）；联系企业：兴宁水泥厂。

3. 中共资兴市委办公室 2003 年 12 月编印的《内部电话号码本》记载，《市委书记、副书记、常委、助理调研员》名单："市委书记：黄湘鄂；市委副书记：王周（市长）、陈湘安、李太海（纪委书记）、周范平、马志武、胡润勇；市委常委：罗锡武（宣传部部长）、朱付山（政法委书记）、李典龙（人武部政委）、张舜春（常务副市长）、方南玲（女）、杨赛保（市委办公室主任）、周亦彬（组织部部长）。助理调研员：焦能飞。"

4. 2004 年 2 月 13 日，市委办公室资办发［2004］24 号文件印发的

《2004年市级领导分工安排》中记载：

黄湘鄂：市委书记，分工：主持全面工作；联乡包村：厚玉乡（白廊村）；联系重点工程（工作）：东江城区开发建设、子午轮胎、百万吨干法水泥生产线；联系企业：青啤集团、郴电国际、华润集团、青啤（郴州）公司、市地方电力集团公司、华润电力（鲤鱼江）有限公司。

王周：副书记、市长，分工：主持政府全面工作，主管监察、审计、机构编制、移民、电力；联乡包村：东江开放开发区、黄草镇（前程村）；联系重点工程：秀流公园改造与开发、秀水花园（住宅）、枫林路商业步行街、金龙大厦、横岭公路改造、水上休闲中心、市政移民搬迁纪念塔、东江制药厂改制、东江河道综合治理与开发、东湾电站；联系企业：市自来水公司、东江鱼集团公司、东江移民开发建设集团公司、世瑞科技。

陈湘安：副书记，分工：党群、（市委）办公室、城乡基层基础工作、信访、城建，联系人大和政协工作；联乡包村：鲤鱼江镇（栗脚村）；联系重点工程（工作）：东江文化广场、东江水厂、污水处理厂、秀流公园改造与开发、依波茵花园、沿江路、东江河道综合治理与开发、鸿都商业广场、天马商业广场、市政配套工程、城网改造、S213线（公路）改造、乡村合并工作；联系企业：东江金磊水泥有限公司、市建筑公司。

李太海：市委副书记、市纪委书记，分工：纪检监察、重点工程、经济环境、民营经济、乡镇企业；联乡包村：高码乡（坪石村）；联系重点工程：东江湖国际度假山庄、天上人间、大王寨开发；联系企业：顺兴铁道线路器材厂、湘南新型建材总厂、资兴翡翠织造公司。

周范平：副书记，分工：政法、意识形态、计划生育、卫生；联乡包村：蓼江镇（蓼市村）；联系重点工程（工作）：十寨沟景点开发、龙泉头住宅小区、青少年活动中心、劳动力培训和转移；联系企业：东江水电厂、郴州东江冶炼公司、蓼江鞋业公司。

胡润勇：副书记，分工：农业；联乡包村：东江镇（星红村）；联系重点工程（工作）：万亩耕地开发、生态农业观光园、船形河水利开发、退耕还林、小水电开发、速生丰产林建设、冷水鱼开发；联系企业：中天商业、东江有色金属公司、东江木材厂、创兴人造板公司、东江湖冷水鱼养殖公司。

罗锡武：常委、宣传部部长，分工：宣传系统、重点工程；联乡包村：清江乡（代头村）；联系重点工程（工作）：东江大桥、天池山祇园；联系企业：市轧钢厂、宏发建材公司、资兴集装袋厂。

李典龙：常委、人武部政委，分工：人武工作；联乡包村：东坪乡（水口村）；联系重点工程（工作）：通乡公路改造、杨冲垅电站、强溪电站；联系企业：东江家具厂。

张舜春：常委、常务副市长，分工：协助市长主持政府日常工作，分管办公室、财政、财税、财贸、人事、计划、物价、统计、国土、煤炭税费征收、军事、兵役、定点屠宰，联系政协及统战、工商联工作；联乡包村：兴宁镇（岭脚村）；联系重点工程（工作）：金厦商业广场、斯美特公司、兴宁旧城改造；联系企业：商、粮、供改革，斯美特集团。

方南玲：常委，分工：工业、煤炭、安全、企业改革、教育、科技；联乡包村：三都镇（鹿东村）；联系重点工程（工作）：21万吨焦炉扩改、东江电化厂改制扩建、劳动力培训、转移；联系企业：唐煤公司、诚祥五金皮具厂。

杨赛保：常委，市委办公室主任，分工：市委办公室系统、外经外贸、招商引资；联乡包村：碑记乡（石拱村）；联系重点工程（工作）：东江明珠大酒店、依波茵花园；联系企业：资兴市特种水泥厂、市第二水泥厂、宏远集团、水电八局。

周亦彬：常委、组织部部长，分工：组织系统、工业园区建设；联乡包村：彭市乡（南坪村）；联系重点工程（工作）：工业园区建设、农业观光园；联系企业：天洋（制衣）公司。

焦能飞：市委助理调研员、兴宁镇党委书记，分工：协助分管城建；联乡包村：兴宁镇（岭脚村）；联系重点工程（工作）：金厦商业广场、兴宁旧城改造；联系企业：兴宁水泥厂。

5. 中共资兴市委办公室2005年5月编印的《内部电话号码本》记载，《市委书记、副书记、常委、助理调研员、顾问》名单："市委书记：黄湘鄂；市委副书记：王周（市长）、陈湘安、李太海（纪委书记）、周范平、何子明、罗锡武；常委：陈国生（政法委书记）、李典龙、张舜春（常务副市长）、李水福、杨赛保（市委办公室主任）、周亦彬（组织部部长）、王琼华（宣传部部长）。助理调研员：焦能飞。顾问：雷戊坤、欧国文、黄伦超。"

6. 2005年6月14日，市委办公室资办发〔2005〕63号文件印发的

《2005年市级领导分工安排》中记载：

黄湘鄂：市委书记，分工：主持全面工作；联乡包村：厚玉乡（白廊村），联系布田村计生工作；联系重点项目（工作）：东江明珠大酒店、金磊水泥二期扩建、食品加工、青岛啤酒二期、广东宏远（原市氮肥厂开发）。

王周：副书记、市长，分工：主持市政府全面工作，主管监察、审计、机构编制、移民、电力；联乡包村：黄草镇（前程村），联系前程村计划生育工作；联系重点项目（工作）：鲤鱼江水电站、东江河道综合治理及沿江路、煤矸石发电及煤焦综合开发、超威日化、东江湖酒业、花园岛开发、市政移民搬迁纪念塔及周边地区整体开发。

陈湘安：副书记，分管党群、（市委）办公室、城乡基层基础工作、信访、城建，联系人大和政协工作；联乡包村：鲤鱼江镇（栗脚村）；联系重点项目（工作）：东江文化广场、东江水厂、污水处理厂、秀流公园改造与开发、依波茵花园、沿江路、东江河道综合治理及沿江路、鸿都与天马商业广场、市污水处理厂一期工程、金磊大道综合开发。

李太海：市委副书记、市纪委书记，分管纪检监察、重点工程、经济环境、民营经济；联乡包村：高码乡（坪石村）；联系重点项目（工作）：东江花园、天上人间、大王寨风景旅游区、东江温泉休闲山庄、东江湖国际度假山庄、中成不锈钢制品、"五岛一村"提质开发。

周范平：副书记，分管政法、意识形态、文教卫、计划生育；联乡包村：蓼江镇（蓼市村），联系蓼市村计划生育；联系重点项目（工作）：博晖服装制造、青少年活动中心，协助东江冶炼厂招商盘活，劳动力培训和转移。

何子明：副书记，分管工业、发改、民政、劳动和社会保障；联乡包村：东江开放开发区（罗围村）；联系重点项目（工作）：东江老街改造、依波茵购物广场、罗围农贸市场、东江湖旅游整体开发建设。

罗锡武：副书记，分管农业（乡镇企业）、旅游、移民、电力；联乡包村：清江乡（黄桥村）；联系重点项目（工作）：程江口水电站、程江口旅游开发、市竹木交易市场、竹木制品深加工、东江鱼集团公司上市筹备、东江湖旅游整体开发建设。

陈国生：常委、政法委书记，分管政法系统、重点工程、经济环境；联乡包村：香花乡（石鼓村）；联系重点项目（工作）：天池山旅游开发（清江乡三寨岛）、裕兴白钨矿、金磊水泥二期扩建。

李典龙：常委，联乡包村：东坪乡（东坪村）；联系重点项目（工作）：通乡公路改造。

张舜春：常委、常务副市长，分工：协助市长主持政府日常工作，协助分管办公室、财政、财税、商务、招商引资、住房公积金、人事、发改、物价、国土资源、统计、税费征收、重点工程、军事、兵役，联系政协、统战和工商联工作；联乡包村：兴宁镇（岭脚村）；联系重点项目（工作）：年产600万吨方便面生产线（斯美特公司）、东江水电厂扩机工程、煤矸石发电及煤焦综合开发、金厦商业广场、煤电一体化组建筹备。

李水福：常委，分管工业、交通、煤炭、安全、企业改革、科技、工业园区建设；联乡包村：三都镇（鹿东村）；联系重点项目（工作）：东江湖酒业、三都镇金都商贸城、东江冶炼厂（原地区管辖的鲤鱼江磷肥厂）招商盘活。

杨赛保：常委、市委办公室主任，分管办公室系统、商务、招商引资；联乡包村：碑记乡（石拱村）；联系重点项目（工作）：澳林山庄、东江服饰城、香港永东旅行社旅游合作。

周亦彬：常委、组织部部长，分管组织系统、工业园区建设；联乡包村：彭市乡（唐家湾村）；联系重点项目（工作）：凤凰路建设、船形河水利开发。

王琼华：常委、宣传部部长，分管宣传系统；联乡包村：东江镇（泉水村）；联系重点项目（工作）：旅游文化建设、宗教文化开发。

雷戊坤：市委顾问，协助分管东江河道综合治理与开发、小水电开发；联系重点项目（工作）：东江河道综合治理。

欧国文：市委顾问，协助分管重点工程；联系重点项目（工作）：金磊水泥二期扩建。

黄伦超：市委顾问，协助分管农业产业化建设；联系重点项目（工作）：杂交水稻制种。

焦能飞：市委助理研究员，协助分管农业、督查、通乡公路改造；联乡包村：黄草镇（前程村）；联系重点项目（工作）：通乡公路改造、金厦商业广场、黄草农贸市场开发、东江湖旅游整体开发建设。

7. 中共资兴市委组织部2006年5月提供的《资兴市部分领导干部名册》，市委领导成员如下：书记：黄湘鄂；副书记：王周（市长）、李太海（市纪委书记，正处级）、周范平、罗锡武；市委常委：陈国生（政法委书记）、张舜春（副市长）、李水福、杨赛保（市委办公室主任）、周亦彬（市委组织部部长）、王琼华（市委宣传部部长）；市委委员：郑艾萍（女，市政协副主席、党组成员，统战部部长）、杨晓南（副市长、党组成员）、曾建华（副市长、党组成员）、胡秀兰（女，副市长、党组成员）、王卫东（副市长、党组成员）、廖忠明（汉族，1953年9月生，1974年12月入党，大专，1990年10月任副处级干部，1995年1月任正处级干部，现任东江开放开发区党委书记）、冯国强（汉族，1954年11月生，1977年11月入党，大专，1990年12月任副处级干部，现任纪委副书记、监察局局长）、徐坚强（汉族，1967年4月生，1994年11月入党，大学，2003年4月任副处级干部，现任东江库区管理局党委副书记、局长兼市移民开发局党组副书记、局长，市政府党组成员，副处级）、庞方和（市委组织部常务副部长）；市委候补委员：何亚忠（汉族，1963年5月生，1983年7月入党，大学，2003年12月任副处级干部，现任市人大常委会副主任、党组成员）、陈忠明（汉族，1965年4月生，1992年10月入党，大学，2004年3月任副处级干部，现任市公安局党委书记、局长、市政府党组成员）、何银花（女、汉族，1964年9月生，1990年4月入党，大学，1995年11月任正科级干部，现任市妇联主席）、朱承旺（汉族，1962年10月生，1991年3月入党，大学，1995年12月任正科级干部，现任市政府办公室主任、党组书记，市政府党组成员）。市委助理调研员：焦能飞（汉族，1964年7月生，1989年11月入党，大学，2001年9月任副处领导干部）。

8. 中共资兴市委组织部提供的《资兴市部分领导干部名册》，2006年10月的市委领导成员如下：

书记：黄湘鄂，侗族，1962年12月生，大学，1985年6月入党，1994年8月任副处级领导，1998年7月任正处级领导（资兴市市长）。2006年8月7日离职，任郴州市人民防空办公室主任、党组书记。

副书记：王周，1965年11月生，博士生，1985年11月入党，1993年3月任副处级领导，2002年6月任正处级领导，任市长。

副书记：陈湘安，任党群副书记；2006年5月调任苏仙区委副书记、区长。

副书记：李太海，1954年10月生，大学，1974年9月入党，1992年8月任副处级领导，1996 年 4 月任正处级领导，现任市纪委书记（正处级）。2006 年 8 月离职，任市人大常委会主任、党组书记（本书笔者注：此职务后有改变）。

副书记：周范平，1963 年 1 月生，大学，1983 年 11 月入党，1998 年 1 月任副处级领导（资兴市委常委），任专职副书记。

副书记：何子明，2005 年 5 月任副处级领导。

副书记：罗锡武，1963 年 3 月生，大学，1985 年 6 月入党，1995 年 10 月任副处级领导（资兴市委常委），任专职副书记。2006 年 8 月离职。

市委常委：陈国生，1958 年 12 月生，大学，1984 年 4 月入党，1998 年 1 月任副处级领导，任政法委书记。2006 年 8 月转任市纪委书记。

市委常委：张舜春，1954 年 2 月生，大学，1986 年 11 月入党，1998 年 3 月任副处级领导，任常务副市长。2006 年 8 月离职，转任市政协主席、党组书记（本书笔者注：此职务后有改变）。

市委常委：李水福，1959 年 9 月生，大学，1982 年 12 月入党，1996 年 2 月任副处级领导，任专职常委。

市委常委：杨赛保，1964 年 9 月生，大学，1990 年 5 月入党，2002 年 9 月任副处级领导（资兴市委常委），任市委办公室主任。2006 年 8 月离职，调永兴县任县委常委、组织部部长。

市委常委：周亦彬，1965 年 10 月生，大学，1988 年 7 月入党，2001 年 10 月任副处级领导，任市委组织部部长。

市委常委：王琼华，1963 年 3 月生，大学，1990 年 8 月入党，2002 年 10 月任副处级领导，任市委宣传部部长。2006 年 8 月离职。

助理调研员：焦能飞，1964 年 7 月生，大学，1989 年 11 月入党，2001 年 9 月任副处级领导。2006 年 8 月离职。

9.《中国共产党资兴历史》（1978.12—2006.12）第三卷"资兴市（县）党政主要领导简介"中说："黄湘鄂（1962.10—），男，1945 年 10 月生，湖南省怀化新晃县人，大专文化。1998 年 7 月起任资兴市人民政府代市长、市长、资兴市委书记。2006 年 8 月调郴州市，任市人防办公室主任。2009 年 1 月 20 日，被湖南省郴州市北湖区人民法院以滥用职权罪和受贿罪合并判处被告人黄湘鄂有期徒刑 8 年，并处财产 50 000 元（已执行），依法没收其受贿款 757 131 元，美元 1000 元上缴国库。"

第十届资兴市委（2006年8月—2011年6月）

中国共产党资兴市第十次代表大会于 2006 年 8 月 23 日至 26 日在唐洞市区召开。出席这次代表大会的正式代表 320 名，列席代表 109 名，特邀代表 24 名，代表着全市 14313 名共产党员。李评向大会做了题为《继往开来，励精图治，努力推动我市经济社会又好又快发展》的工作报告。大会选举产生了中共资兴市第十届委员会委员 31 名、候补委员 6 名，中共资兴市纪律检查委员会委员 25 名。在十届一次全体会议上，选举产生了市委常委：李评、王周、周范平、陈国生、李水福、周亦彬、凌小平、胡强、王卫东、龙小华、郑艾萍（女）、朱承旺、何钦锋。选举李评任市委书记，王周、周范平任市委副书记。在纪委第一次全体委员会议上，选举陈国生任市纪委书记。

任职名单：

市委书记：李评，2006 年 8 月任中共资兴市委书记，2006 年 10 月任中共郴州市委常委、资兴市委书记，2011 年 10 月任中共郴州市委常委、（郴州）副市长。

市委副书记：

王周，2006 年 8 月—2007 年 3 月，市政府党组书记、市长。

周范平，2006 年 8 月—2007 年 10 月。

方南玲（女），2007 年 3 月—2011 年 6 月，市政府党组书记、市长。

周亦彬，2007 年 10 月—2009 年 12 月。

贺遵庆，2009 年 12 月—2011 年 6 月。

市委常委：

陈国生，2006 年 8 月—2009 年 4 月，纪委书记。

李水福，2006 年 8 月—2009 年 4 月，市政府党组副书记、常务副市长、市行政学校第一校长。

周亦彬，2006 年 8 月—2007 年 10 月，市委组织部部长。

凌小平，2006 年 8 月—2007 年 4 月，人武部长。

胡强，2006 年 8 月—2011 年 6 月。

王卫东，2006 年 8 月—2011 年 6 月；市政府党组成员、副市长，2009 年 4 月任市政府党组副书记、常务副市长、市行政学校第一校长。

龙小华，2006 年 8 月—2011 年 6 月，市委宣传部部长。

郑艾萍（女），2006 年 8 月—2007 年 10 月，市政协副主席、市委统战部部长。

朱承旺，2006 年 8 月—2011 年 6 月，市委办公室主任。

何钦锋，2006 年 8 月—2011 年 6 月，市委政法委书记。

曹玉春（女），2007 年 10 月—2009 年 12 月，市委统战部部长、市政协党组副书记。

李石清，2007 年 10 月—2011 年 6 月，市委组织部部长、2008 年兼任市委党校第一校长、市直机关工委书记。

阳明喜，2007 年 4 月—2010 年 5 月，市人民武装部政委、党委书记。

万文鑫，2007 年 3 月—2008 年 12 月，市政府副市长（挂职）。

曾建华，2009 年 4 月—2011 年 6 月，市政府党组成员、副市长。

曹云玫（女），2009 年 12 月—2011 年 6 月，市委统战部部长、市政协党组副书记。

韦华，2009 年 4 月—2011 年 6 月，市纪委书记。

罗文辉，2010 年 5 月—2011 年 6 月，市人武部长。

雷戊坤，2006 年 8 月—2007 年 12 月任市委顾问，资兴市人。

欧国文，2006 年 8 月—2007 年 12 月任市委顾问，资兴市人。

庞方和，2006 年 11 月—2011 年 6 月任副调研员，市委委员、市委组织部常务副部长（至 2008 年止），资兴市人。

廖忠明，2008 年 7 月—2011 年 6 月任市委正处级干部，市委委员，资兴市人。

李红强，2008 年 7 月—2011 年 6 月任市委副处级干部、市政府党组成员，资兴市人。

本书笔者说明：

1. 2006 年 10 月 9 日，市委办公室资办发〔2006〕87 号文件印发的《2006 年市级领导分工安排》中记载：

李评：市委书记，分工：主持全面工作；联乡包村：白廊乡（白廊村），联系布田村计生工作；联系重点项目（工作）：金磊水泥二期（扩建）、华润电力技改工程（以大代小项目）。

王周：副书记、市长，分工：主持市政府全面工作，主管监察、审计、机构编制；联乡包村：黄草镇（前程村），联系前程村计划生育工作；联系重点项目（工作）：鲤鱼江水电站、煤矸石（发电）二期、东江冶炼厂招商盘活、中大天天新材料基地。

周范平：副书记，协助书记处理日常事务，负责社会稳定、人口和计生工作、分管工、青、妇，联系人大、政协、武装、移民工作；联乡包村：蓼江镇（蓼市村），联系蓼市村计生工作；联系重点项目（工作）：东江湖酒业、鸿都天马商业广场。

陈国生：常委、纪委书记，分工：分管纪检监察、负责经济环境、重点项目督查；联乡包村：高码乡（坪石村）；联系重点项目（工作）：东江冶炼厂招商盘活。

李水福：常委、常务副市长，分工：协助市长主持市政府日常工作，协助分管办公室、财政、财税、商务、住房公积金、人事、发改、物价、国土资源、统计、税费征收、重点工程、军事、兵役、工商、政务公开，联系政协、统战和工商联工作；联乡包村：三都镇（鹿东村），联系重点项目（工作）：采煤沉陷区综合整治、煤电一体化建设、食品系列开发（东江湖酒业）、原市氮肥厂和东江文化广场旁的土地开发、高塘民生冶炼。

周亦彬：常委、组织部部长，分管组织系统、联系城建工作；联乡包村：彭市乡（唐家湾村）；联系重点项目（工作）：凤凰路建设、省级园林城市创建。

凌小平：常委、人武部长，分工：人武工作；联乡包村：七里镇（茅坪村）；联系重点项目（工作）：澳林山庄（住宅小区）。

胡强：常委，分工：分管大工业、安全生产、招商引资；联乡包村：滁口镇（荷坳村）；联系重点项目（工作）：东江水电厂扩机工程、江北工业园建设、东江冶炼厂招商盘活。

王卫东：常委、副市长，分工：协助分管农业（乡镇企业）、民政、蔬菜、农业产业化、移民、气象，联系残联工作；联乡包村：汤市乡（汤边村）；联系重点项目（工作）：东江鱼养殖深加工、速生丰产工业原料林基地、东江鱼产业开发、狗脑贡茶产业发展、东江湖果业、杂交水稻制种、林产品循环工业示范园建设。

龙小华：常委、宣传部部长，分工：分管宣传系统、联系旅游；联乡包村：东江镇（泉水村）；联系重点项目（工作）：旅游文化建设、东江休闲度假走廊。

郑艾萍：常委、政协副主席、市委统战部部长，分工：分管统战系统；联乡包村：团结乡（半垅村）；联系重点项目（工作）：陶瓷纤维。

朱承旺：常委、市委办公室主任，分工：分管办公室系统，联系教育、卫生；联乡包村：碑记乡（石拱村）；联系重点项目（工作）：华润鲤电 2 × 300MW 机组烟气脱硫工程、东江新天地、新都旅游购物休闲中心。

何钦锋：常委、政法委书记，分工：分管政法系统、联系信访工作；联乡包村：香花乡（石鼓村）；联系重点项目（工作）：东江河道鲤鱼江段湖面综合治理。

雷戊坤：市委顾问，协助分管东江河道综合治理与开发、小水电开发。

欧国文：市委顾问，协助分管重点工程；联系重点项目（工作）：金磊水泥二期（扩建）。

2. 中共资兴市委组织部提供的领导干部名册，2006 年 11 月在职的领导成员如下：

书记：李评，1960 年生，博士生，原任郴州市委组织部常务副部长，2006 年 8 月 13 日任中共资兴市委书记。

副书记：王周，任市长。

副书记：周范平，任专职副书记。

市委常委：陈国生，原任政法委书记；2006 年 8 月转任市纪委书记。

市委常委：李水福，原任专职常委，2006 年 8 月任常务副市长。

市委常委：周亦彬，任市委组织部部长。

市委常委：王卫东，1970 年 12 月生，1992 年 3 月入党，大学，2002 年 12 月任副处级领导（副市长、市委委员），2006 年 8 月任市委常委。

市委常委：郑艾萍，女，1963 年 10 月生，1992 年 7 月入党，大学，2002 年 12 月任副处级领导（市政协副主席、市委统战部部长、市委委员），2006 年 8 月任市委常委。

市委常委：朱承旺，1962 年 10 月生，1991 年 3 月入党，大学，1995 年 12 月任正科级干部，原任市政府办公室主任、市政府党组成员、市委候补委员；2006 年 8 月任市委常委、市委办公室主任。

市委常委：何钦锋，1967 年 6 月生，1990 年 6 月入党，大学，1996 年 4 月任正科级干部，原任市建设局党组副书记、局长；2006 年 8 月任市委常委、政法委书记。

3. 中共资兴市委办公室 2006 年 11 月编印的《内部电话号码本》记载，《市委》领导成员：市委书记：李评（郴州市委常委）；副书记：王周（市长）、周范平；市委常委：陈国生（纪委书记）、李水福（常务副市长）、周亦彬（组织部部长）、凌小平（人武部部长）、胡强、王卫东（副市长）、龙小华（宣传部部长）、郑艾萍（女，政协副主席，统战部部长）、朱承旺（市委办公室主任）、何钦锋（政法委书记）。顾问：雷戊坤、欧国文。

4. 中共资兴市委办公室 2008 年 3 月编印的《内部电话号码本》记载，《市委》领导成员：市委书记：李评（郴州市委常委）；副书记：方南玲（女，市长）、周亦彬；市委常委：陈国生（纪委书记）、李水福（常务副市长）、胡强、王卫东（副市长）、龙小华（宣传部部长）、朱承旺（市委办公室主任）、李石清（组织部部长）、万文鑫（副市长）、阳明喜（人武部政委）、曹玉春（女，统战部部长）。顾问：雷戊坤；副调研员庞方和。

5. 中共资兴市委办公室 2009 年 7 月编印的《内部电话号码本》记载，《市委》领导成员：市委书记：李评（郴州市委常委）；副书记：方南玲（女，市长）、周亦彬；市委常委：韦华（纪委书记）、王卫东（副市长）、胡强、龙小华（宣传部部长）、朱承旺（市委办公室主任）、何钦锋（政法委书记）、李石清（组织部部长）、阳明喜（人武部政委）、曹玉春（女，市政协党组副书记、统战部部长）、曾建华（副市长）。正处级干部廖忠明，副调研员庞方和，副处级干部、市政府党组成员李红强。

6. 关于曹玉春与曹云玫任市委常委、统战部部长的"交接"时间问题：

曹玉春任市委常委、统战部部长，接替她职务的是曹云玫，有的资料说："曹玉春（女，2007 年 10 月任，2009 年 10 月免）"；"曹云玫（女，2009 年 4 月任）。"然而，网站中记载她们的"交接"时间却是不同的。笔者认为，网站中的记载可能是正确的：不可能曹云玫先接替其职务半年后曹玉春才免职的。网站中的记载如下：

曹玉春，女，汉族，湖南资兴人，1970年3月生，1992年7月参加工作，1992年5月加入中国共产党，本科文化。1992年7月—1995年8月任资兴市委党校教师；1995年8月—2001年8月任资兴市委组织部副科级组织员；2001年8月—2004年4月任资兴市彭市乡党委副书记、乡长；2004年4月—2007年4月任资兴市彭市乡党委书记；2007年4月—2007年10月任资兴市高码乡党委书记、东江开发区副主任；2007年10月—2009年12月任资兴市委常委、统战部部长，市政协党组副书记；2009年12月—? 任永兴县委常委、宣传部部长。

曹云玫，女，汉族，1965年10月生，大专学历，中共党员。现任资兴市委常委、宣传部部长。2003年8月至2007年4月任资兴市科技局局长，2007年4月至2008年12月任资兴市发展和改革局局长、党组副书记，2008年7月至2009年12月任资兴经济开发区党委书记，2009年12月至2011年6月任资兴市委常委、统战部部长，2011年6月任资兴市委常委、宣传部部长。2016年9月，任资兴市委常委、宣传部部长。

为核实此事，本书笔者从长沙打电话询问曹云玫部长，她肯定地回答说："我开始担任市委常委、统战部部长的时间，是2009年12月。"因此，曹玉春的免职时间，也应该是2009年12月。

7. 2010年5月，中共湖南省委、郴州市委调整任命资兴市委领导班子成员。

书记：李评（中共郴州市委常委）。

副书记：方南玲（女）、贺遵庆。

常委：韦华、王卫东、胡强、龙小华、朱承旺、何钦锋、李石清、阳明喜（2010年5月免）、曾建华、曹云玫（女）、罗文辉（2010年5月任）。

市纪委书记：韦华（2009年4月任）。

市委副调研员、市委委员：庞方和，2006年11月开始担任副处级领导干部。

8. 中共资兴市委办公室2011年3月编印的《内部电话号码本》记载，《市委》领导成员：书记：李评（中共郴州市委常委）。副书记：方南玲（女，市长）、贺遵庆。市委常委：韦华（市纪委书记）、王卫东（常务副市长）、胡强、龙小华（宣传部部长）、朱承旺（市委办公室主任）、何钦锋（政法委书记）、李石清（组织部部长）、曾建华（副市长）、曹云玫（女，统战部部长）、罗文辉（市人武部部长）。市委副调研员庞方和，市委正处级干部廖忠明，市委副处级干部、市政府党组成员李红强。

9.2016 年网站资料：李评：男，汉族，湖南嘉禾县人，1960 年 11 月出生，1977 年 7 月参加工作，1989 年 4 月加入中国共产党，研究生文化，文学硕士学位。现任中共郴州市委常委、常务副市长。历任宜章师范教师，中共郴州地委讲师团教员、副科级教员、正科级教员，中共郴州市委政策研究室副主任，中共汝城县委副书记、常务副县长，中共郴州市委组织部副部长、正处级组织员、常务副部长，2006 年 8 月任中共资兴市委书记，2006 年 10 月任中共郴州市委常委、资兴市委书记，2011 年 10 月任中共郴州市委常委、副市长。现任中共郴州市委常委、常务副市长。2016 年 10 月，提名为政协郴州市第五届委员会主席候选人（2017 年 1 月任郴州市政协主席）。

第十一届资兴市委（2011 年 6 月—2016 年 9 月）

2011 年 6 月 28 日 8 点 38 分，中国共产党资兴市第十一次代表大会在市人民会堂隆重开幕，大会的主题是高举中国特色社会主义伟大旗帜，全面贯彻落实科学发展观，立足新起点，谋划新发展，团结动员全市党员干部群众，坚持科学发展，加快富民强市，为建设幸福资兴而努力奋斗。此次会议应到代表339 人，因事因病请假 4 人，实到代表 335 人。大会执行主席李评、方南玲、邓建中、韦华、王卫东、胡强、朱承旺、何钦锋、曾建华、曹云玫、黄四清、龚茂才在主席台前排就座。郴州市政协主席刘广明，郴州市人大常委会原主任杨重喜到会指导。大会由资兴市委副书记、市长方南玲主持，市委副书记邓建中在会上致开幕词。在代表们热烈的掌声中，中共郴州市委常委、资兴市委书记李评向大会做了题为《坚持科学发展，加快富民强市，为建设幸福资兴而努力奋斗》的报告。市委常委、市纪委书记韦华向大会做了《坚持惩防并举，加大防治力度，深入推进党风廉政建设和反腐败斗争》的报告。列席大会的有第十届市委委员、候补委员、市纪委委员及在职市级党员领导干部，市委工作机构主要负责人、担任实职的副职以及归口市委部门管理的机构的党政主要负责人，市人大常委会机关各办委主要负责人，市政府工作部门以及归口市政府部门管理的机构的党政主要负责人，市政协机关各办委主要负责人，正科级及以上企事业单位党政主要负责人，群众团体党政主要负责人，党组织关系在资兴的中、省、郴州市属行政事业单位党政主要负责人和党组织关系在资兴的规模以上企业代表党政主要负责人，担任过市级领导的正处级以上离退休老干部，现任市级领导和市直单位行政负责人的党外人士及党组织关系不在资兴的中、省、郴州市属企事业单位代表党组织主要负责人，特邀参加了大会。大会还以书面形式报告了市第十次党代会以来党费收缴、使用和管理情况。2011年7月4日大会闭幕。大会选举产生了市委委员、市纪委委员。在市委第一次全体委员会议的选举中，产生了市委常委、市委书记、副书记。

任职名单：

市委书记：李评（中共郴州市委常委），2011年6月—12月。

市委书记：陈荣伟，2011年12月19日—2015年12月。

市委书记：贺遵庆，2015年12月1日—2016年8月。

市委副书记：

方南玲（女），2011年6月—2014年3月，市政府党组书记、市长。

邓建中，2011年6月—2014年12月。

贺遵庆，2014年3月26日—2015年12月，市政府党组书记、市长。

刘朝辉，2014年12月—2016年4月。

黄峥嵘（女），2015年12月4日—2016年9月，市政府党组书记、市长。

市委常委：

韦华，2011年6月—2012年10月，市纪委书记。

王卫东，2011年6月—2012年8月，市政府党组副书记、常务副市长、市行政学校第一校长。

胡强，2011年6月—2016年9月，市委组织部部长、统战部部长、市政协党组副书记、市委党校第一校长、市直机关工委书记。

何钦锋，2011年6月—2015年12月，市委政法委书记。

曾建华，2011年6月—2016年9月，市委办公室主任，2011年兼任市政府党组成员。

曹云玫（女），2011年6月—2016年9月，市委宣传部部长。

黄四清，2011年6月—2013年6月，市政府党组成员、副市长。

龚茂才，2011 年 6 月—2014 年 3 月，市人武部政委。

刘章宇，2013 年 4 月—2014 年 12 月 24 日，市政府党组成员、副市长（挂职）。

范培顺，2012 年 9 月—2016 年 9 月，市政府党组副书记、常务副市长，市行政学校第一校长。

李典龙，2012 年 9 月—2016 年 9 月，市纪委书记。

刘立，2013 年 1 月—2014 年 12 月，市政府党组成员、副市长（挂职）。

侯峥辉，2013 年 8 月—2016 年 9 月，市政府副市长。

吴烂斌，2014 年 3 月—2015 年 5 月，市人武部部长。

黄建民，2015 年 5 月—2016 年 9 月，市人武部政委。

王仁庆，2015 年 12 月 28 日—2016 年 9 月，市委政法委书记。

廖忠明，2011 年 6 月—2012 年 12 月任正处级干部。

庞方和，2011 年 6 月—12 月任副调研员。

蒋集中，2012 年 12 月—2013 年 12 月任正处级干部。

张爱社，2012 年 12 月—2013 年 12 月任副处级干部。

徐仲潮，2012 年 5 月—2013 年 12 月任副处级干部。

2011 年 12 月 19 日：陈荣伟任中共资兴市委书记

《资兴吧》报道中说："2011 年 12 月 19 日上午，全市领导干部会议在市人民会堂召开。会议宣布由陈荣伟同志接任资兴市委书记，郴州市委常委、常务副市长、原资兴市委书记李评同志在会上做告别讲话，郴州市委常委、组织部部长、统战部部长廖跃贵同志到会并做重要讲话。会议由资兴市委副书记、市长方南玲主持。受省委、郴州市委委托，郴州市委常委、组织部部长、统战部部长廖跃贵在会上宣布了省委、郴州市委关于资兴市委书记职务调整的决定：陈荣伟同志任资兴市委书记，不再担任嘉禾县委书记；李评同志任郴州市委常委、常务副市长，不再担任资兴市委书记。"

本书笔者说明：

1. 中共资兴市委办公室 2012 年 6 月编印的《内部电话号码本》中记载，《市委》领导成员：市委书记：陈荣伟；市委副书记：方南玲（女，市长）、邓建中；市委常委：韦华（市纪委书记）、王卫东（常务副市长）、胡强（市委组织部部长、统战部部长）、何钦锋（市委政法委书记）、曾建华（市委办公室主任）、曹云玫（女，市委宣传部部长）、黄四清（副市长）、龚茂才（市人武部政委）。市委正处级干部廖忠明，市委副调研员庞方和，副处级干部徐仲潮。

东江移民文史资料征集工作座谈会在郴州召开（《资兴吧》发表时间：2013－5－28）：东江移民史料征集工作郴州座谈会 5 月 23 日在郴州市政协召开。此次座谈会邀请了一批曾经在资兴工作过的老领导、老同志进行座谈，为东江移民文史资料征集献计献策。市委书记陈荣伟参加座谈会。座谈会由市委副书记邓建中主持，市政协主席郑艾萍向老领导、老同志汇报东江移民文化史料征集工作情况。今年来，我市提出了弘扬移民文化，建设"一馆""一场""一节"。即：移民文化纪念馆、移民农产口集贸市场、设立东江移民文化节。并成立了资兴市东江移民文史资料征集工作领导小组办公室，计划用3—5年分步实施，分为资料征集、场馆建设、布展三个步骤和阶段，届时，资兴将建设以移民文化为主题的场馆、公园等，6 万东江移民将有属于自己的精神归宿和家园。王存湘、黄诚、李永辉、袁佳游、瞿龙彬、陈仲时、甘子良、袁在芳等领导和老同志详细听取汇报，深情回忆了我市那段移民历史，并对移民史料征集和文化建设提出了自己的宝贵意见和建议。他们表示将尽自己的力量为移民史料征集工作鼓与呼。市级领导（市政协）黄细芳、陈克忠、陈子雄参加会议。

2. 中共资兴市委办公室 2014 年 6 月编印的《内部电话号码本》中记载，《市委》领导成员：市委书记：陈荣伟；市委副书记：贺遵庆（市长）、邓建中；市委常委：胡强（市委组织部部长、统战部部长）、范培顺（常务副市长）、何钦锋（市委政法委书记）、曾建华（市委办公室主任）、曹云玫（女，市委宣传部部长）、李典龙（市纪委书记）、刘章宇（副市长）、侯峥辉（副市长）、吴烂斌（市人武部部长）。正处级干部蒋集中，副处级干部：张爱社、徐仲潮。

3. 网站消息：郴委干〔2014〕47 号《关于龚凤祥等同志职务任免的通知》。发布时间：2015—01—01；信息来源：中共郴州市委。全文如下："各县市区委，市委各部委，市直机关各单位、各人民团体、市属以上企事业各单位党组（党委）；市委同意：龚凤祥同志任中共郴州市委统一战线工作部部长、市委机构编制委员会办公室主任、政协郴州市委员会党组副书记；免去廖跃贵同志的中共郴州市委统一战线工作部部长、市委机构编制委员会办公室主任、政协郴州市委员会党组副书记职务；张希慧同志任中共郴州市委宣传部部长；免去周迎春同志的中共郴州市委宣传部部长职务；刘朝晖同志任中共资兴市委委员、常委、副书记；免去邓建中同志的中共资兴市委副书记、常委、委员职务；免去刘章宇同志的中共资兴市委常委、委员（挂职）职务。中共郴州市委。2014年12月24日。"2016年《资兴年鉴·大事记》中记载："2015年1月5日：市委副书记刘朝晖到资兴任职见面会召开。省工会副主席周乐红，资兴市领导陈荣伟、贺遵庆、邓建中、朱承旺、郑艾萍、胡强、曾建华、曹云玫、李典龙参加会议。"

4. 刘章宇，男，汉族，湖南安仁人，1972年8月出生，大学，历史学学士，中共党员。曾任湖南省新闻出版广电局（省版权局）人事处处长。2017年4月20日，湖南省人民政府决定，刘章宇同志任省新闻出版广电局副局长（试用期一年）。

5. 网站消息：陈荣伟简历：男，汉族，湖南郴州人，1967年9月出生。1985年9月—1989年7月为湘潭大学历史系历史专业学生；1989年7月—1993年5月任郴州地区农校教师；1993年5月—1995年6月任郴县人武部干事；1995年6月—2002年9月任郴州市委组织部干事、副科长、科长；2002年9月—2004年12月任桂阳县委常委、组织部党组书记、部长；2004年12月—2006年5月任桂阳县委副书记；2006年5月—2009年4月任嘉禾县委副书记、代县长、县长（2006年12月当选）；2009年4月—2011年12月任嘉禾县委书记；2011年12月—2015年12月任资兴市委书记；2015年12月—？任郴州市人民政府党组成员、秘书长。

《中国共产党资兴历史》（1978.12—2006.12）第三卷"资兴市（县）党政主要领导简介"中说："陈荣伟（1967.8—），男，湖南郴州人，1967年8月生。1989年9月参加工作，1991年6月加入中国共产党，大学文化，工商管理硕士。1985年9月起，历任郴州地区农校教师，郴县人武部干事，郴州地委组织部干事、副科级组织员、办公室副主任、正科级组织员、知识分子工作科科长、干部三科科长。2002年9月起，先后任桂阳县委常委、组织部长，桂阳县委副书记；嘉禾县委副书记、县人民政府代县长、县长，县委书记（其间：2010 年 9 月获湖南大学工商管理专业工商管理硕士学位）。2011 年 12 月调任资兴市委书记。2015 年 12 月任郴州市人民政府党组成员、秘书长，市人民政府办公室党组书记、主任。2017 年 1 月任郴州市人民政府党组成员、副市长。"

2015 年 12 月 1 日：贺遵庆任中共资兴市委书记

《资兴吧》报道中说："2015 年 12 月 1 日，资兴市领导干部会议召开，郴州市委组织部常务副部长张军在会上宣布资兴市委主要领导调整的决定：陈荣伟任郴州市政府党组成员、秘书长，市政府办党组书记、主任，不再担任中共资兴市委书记；贺遵庆同志任资兴市委书记。"

本书笔者说明：

1. 中共资兴市委办公室 2016 年 3 月编印的《内部电话号码本》中记载，《市委》领导成员：市委书记：贺遵庆；市委副书记：黄峥嵘（女，市长）、刘朝晖；市委常委：胡强（市委组织部部长、市委统战部部长）、范培顺（常务副市长）、曾建华（市委办公室主任）、曹云玫（女，市委宣传部部长）、李典龙（市纪委书记）、侯峥辉（副市长）、王仁庆（市政法委书记）、黄建民（市人武部政委）。市委正处级干部：蒋集中；市委副处级干部：张爱社、徐仲潮。

2. 网站消息：刘朝晖：男，汉族，湖南省攸县人，1974 年 2 月出生，1991 年 8 月参加工作，中共党员，大学文化，现为永兴县委副书记、县长。人物简历：1991 年 7 月—1997 年 12 月任攸县广播电台、电视台记者（其间：1997 年 1 月—12 月借调攸县县委农建办工作）；1997 年 12 月—2000 年 6 月任攸县县委组织部组织组干事、组长（其间：1997 年 9 月—1999 年 12 月在中央党校函授学院经济管理专业学习）；2000 年 6 月—2001 年 12 月任攸县县委组织部副科级组织员、干部组组长；2001 年 12 月—2002 年 10 月任攸县县委宣传部副部长（正科级）；2002 年 10 月—2005 年 10 月任省总工会研究室、宣教部正科级干事；2005 年 10 月—2006 年 6 月任省总工会办公室秘书科科长、党组秘书、常委会秘书；2006 年 6 月—2008 年 9 月任省总工会办公室副主任（副处级）；2008 年 9 月—2013 年 4 月任省总工会办公室主任（正处级）；

2013年4月—2014年2月任省总工会常委、办公室主任；2014年2月—2014年12月任省总工会常委、组织部部长；2014年12月—2016年4月任中共资兴市委副书记；2016年4月—7月任中共永兴县委副书记；2016年7月—？任中共永兴县委副书记、县长。任免信息：2016年7月，任永兴县县长。在2016年9月24日举行的中国共产党永兴县第十二届委员会第一次全体会议上，赵宇当选为中共永兴县委书记，刘朝晖当选为县委副书记。

3. 新华网湖南频道：《贺遵庆任资兴市委书记 黄峥嵘提名为资兴市市长候选人》，2015 - 12 - 04 09：04，来源：资兴新闻网。

据资兴新闻网报道，郴州资兴市人事调整，陈荣伟调任郴州市人民政府党组成员、秘书长、办公室党组书记、主任，不再担任资兴市委书记职务；资兴市委副书记、市长贺遵庆任资兴市委书记；桂东县委副书记、县长黄峥嵘任资兴市委副书记，提名为资兴市市长候选人。

2015年12月1日上午，郴州召开领导干部会议，宣布省委、郴州市委对资兴市党政主要领导调整的决定。郴州市委组织部常务副部长张军在领导干部会议上代表组织对陈荣伟给予高度评价。张军说，陈荣伟担任过嘉禾、资兴两个市（县）委书记，驾驭全局和统筹协调能力强，民主集中制执行好，善于协调和调动方方面面的工作积极性。省委、郴州市委的决定，既是对陈荣伟同志个人德才素质和工作业绩的充分肯定，也是对资兴市领导班子和全市工作的充分肯定。

对于资兴新任市委书记贺遵庆和市长提名人选黄峥嵘，张军评价，贺遵庆年富力强，工作有激情，思维敏捷，思路开阔，创新意识强，善于组织协调和应对各种复杂局面，工作务实肯干，事业心、责任感强，工作业绩突出。2014年2月担任资兴市委副书记、市长以来，为资兴的改革发展稳定，做了大量的工作，此次任命他担任资兴市委书记，就是对他工作能力和业绩的充分认可。黄峥嵘思想政治素质好，原则性强，经历了多个工作岗位的历练，领导经验丰富，组织协调能力强，做事干练，雷厉风行，工作勤奋扎实，吃苦耐劳，事业心责任感强，待人真诚，团结同志，律己严格，是一位不可多得的优秀的女干部。

4. 网站消息：贺遵庆简历：男，汉族，湖南衡南人，1976年2月出生，1997年1月加入中国共产党，1998年7月参加工作，硕士研究生文化。历任临武县金江镇党政办主任，临武县委政研室秘书、副主任、正科级研究员，郴州市财政局办公室副主任、主任，郴州市政府经济研究室正科级研究员，郴州市政府办公室副主任，郴州市委副秘书长，资兴市委副书记，2011年6月任临武县委副书记、代县长，2011年12月任临武县委副书记、县长，2014年3月任资兴市委副书记、市长候选人，2014年3月任资兴市委副书记、市长。

2014年3月26日上午，资兴市委召开全市处级领导干部大会，宣布省委、郴州市委关于该市主要领导同志职务调整的决定。贺遵庆任资兴市委副书记、市长候选人。

《中国共产党资兴历史》（1978.12—2006.12）第三卷"资兴市（县）党政主要领导简介"中说："贺遵庆（1976.2—），男，湖南衡南县人，1976年2月生。1997年1月加入中国共产党，1998年7月参加工作，硕士研究生文化。历任临武县金江镇党政办公室主任，临武县委政研室秘书、副主任、正科级研究员，郴州市财政局办公室副主任、主任，郴州市政府经济研究室正科级研究员，郴州市政府办公室副主任，郴州市委副秘书长，资兴市委副书记。2011年6月任临武县委副书记、代县长，2011年12月任临武县委副书记、县长。2014年3月起，先后任资兴市委副书记、市长候选人，市长。2015年12月任资兴市委书记。2016年调离资兴，2017年1月任郴州市人民政府副市长。"

2016年8月16日：黄峥嵘（女）任中共资兴市委书记

《资兴吧》在2016年8月16日的报道中说："我市在人民会堂召开领导干部大会，宣布省委、郴州市委关于我市党政主要领导人事调整的决定。中共郴州市委常委、市纪委书记李超出席会议并做重要讲话。黄峥嵘主持会议并讲话。郴州市委组织部部务委员、正处级组织员陈占和宣布我市人事调整的决定：黄峥嵘（女）同志任中共资兴市委书记，不再担任资兴市人民政府市长职务；提名罗成辉同志为资兴市人民政府市长候选人；贺遵庆同志不再担任中共资兴市委书记职务，另有任用。

红网资兴站《资兴通报领导干部人事任免，黄峥嵘任市委书记》中说："2016年9月11日上午，全市领导干部大会在市人民会堂召开。会议通报了郴州市委对资兴市四大家领导班子及其他市级领导干部的人事任免情况，传达了郴州市领导干部任前集体谈话会的精神。市委书记黄峥嵘主持会议并讲话。会议宣读了郴州市委常委会议研究决定的资兴市干部任免名单：黄峥嵘同志任资兴市委书记人选；罗成辉同志任资兴市委副书记、市长人选；范培顺同志任资兴市委副书记人选，免去常务副市长职务；曾建华同志任资兴市委常委人选、政法委书记，免去市委办主任职务；曹云玫同志任资兴市委常委人选、宣传部部长；李典龙同志任资兴市委常委、纪委书记人选；陈一之同志任资兴市委常委人选、组织部部长，不再担任永兴县委常委、县委办主任职务；侯峥辉同志任资兴市委常委、市政府常务副市长人选；王仁庆同志任资兴市委常委人选、市委办主任，免去政法委书记职务；黄建民同志任资兴市委常委人选、人武部政委；黄星同志任资兴市委常委人选、统战部部长，免去市政府副市长职务。"

第十二届资兴市委（2016 年 9 月—?）

2016 年 9 月 22 日上午，中国共产党资兴市第十二次代表大会在市人民会堂开幕。出席这次大会开幕式的代表应到 293 名，因事、因病请假 3 名，实到代表 290 名。市委副书记、代理市长罗成辉主持会议并宣布大会开幕。市委书记黄峥嵘代表中国共产党资兴市第十一届委员会向大会做了题为《争当排头兵，实现新跨越，为加快建设"五个资兴"而努力奋斗》的工作报告：五年来，我市地区生产总值由 156.1 亿元增加到 298.2 亿元，年均增长 12.3%；财政总收入由 13.8 亿元增加到 28.3 亿元，年均增长 15.4%；固定资产投资由 90.4 亿元增加到 295.5 亿元，年均增长 30.7%；城乡居民人均可支配收入分别达到 26861 元、15834 元，比 2010 年分别增长 61%、119%，我市经济综合实力上升至全省第四位。2015 年，全市全面小康总实现程度达 93.2%，被评为湖南省全面小康达标县。未来五年，资兴发展的战略定位和预期目标是：建设"实力资兴"，争当加快发展的排头兵；建设"创新资兴"，争当转型升级的排头兵；建设"开放资兴"，争当区域合作的排头兵；建设"生态资兴"，争当绿色崛起的排头兵；建设"幸福资兴"，争当共建共享的排头兵。会上，李典龙代表中国共产党资兴市第十一届纪律检查委员会向大会做了题为《忠诚履职，从严治党，坚定不移推进党风廉政建设和反腐败斗争》的工作报告。

大会执行主席黄峥嵘、罗成辉、范培顺、曾建华、曹云玫、李典龙、陈一之、侯峥辉、王仁庆、黄建民、黄星在主席台前排就座，会议主席团其他成员在主席台就座。

9月23日下午，在圆满完成各项议程后，中国共产党资兴市第十二次代表大会胜利闭幕。会议闭幕式应到代表293名，请假1名，实到292名。市委书记黄峥嵘主持会议并致闭幕词，市委副书记、代理市长罗成辉出席会议。本次大会的执行主席黄峥嵘、罗成辉、范培顺、曾建华、曹云玫、李典龙、陈一之、侯峥辉、王仁庆、黄建民、黄星在主席台前排就座。大会主席团其他成员在主席台就座。大会宣布了正式选举各项候选人得票情况和市委委员、候补委员、市纪委委员及出席郴州市第五次党代表大会代表当选人名单；通过了关于市委工作报告的决议和关于市纪委工作报告的决议。郴州市县市区党委换届风气现场督导组、换届工作业务指导监督组全体成员到会指导。资兴市第十一届市委委员、候补委员、市纪委委员及在职处级党员领导干部，市委工作部门主要负责人及担任实职的副职，市人大常委会机关各办委主要负责人，市政府工作部门党政主要负责人，市政协机关各办委主要负责人，工商联、群众团体党政主要负责人，市直正科级及以上企事业单位党政主要负责人，党组织关系在资兴的中、省、郴州市属行政事业企业单位党政主要负责人和党组织关系在资兴的规模以上企业代表党政主要负责人列席会议。担任过市级领导的正处级以上离退休老干部，现任市级领导和市直单位行政负责人的党外人士特邀参加会议。

资兴市人民政府门户网站报道：《中共资兴市第十二届市委召开第一次全体会议》

2016年9月23日下午，中国共产党资兴市第十二次代表大会闭幕后，我市在市党政联席会议室召开第十二届市委第一次全体会议。会议选举产生了我市新一届市委常委，市委书记和副书记。

会议听取了关于人事安排的说明，通过了市委第一次全体会议选举办法，通过了监票人名单，并指定了计票人。经过选举，黄峥嵘、罗成辉、范培顺、曾建华、曹云玫、李典龙、陈一之、侯峥辉、王仁庆、黄建民、黄星当选为我市第十二届市委常委，黄峥嵘当选为市委书记，罗成辉、范培顺当选为市委副书记。会上还通过了市纪委第一次全体会议选举结果。

任职名单：

市委书记：黄峥嵘（女），2016 年 8 月 16 日—。

市委副书记：

罗成辉，2016 年 9 月—，市政府党组书记、市长。

范培顺，2016 年 9 月—，兼任市委党校第一校长。

市委常委：

曾建华，2016 年 9 月—2017 年 10 月，政法委书记。

曹云玫（女），2016 年 9 月—，宣传部部长。

李典龙，2016 年 9 月—，纪委书记。

陈一之，2016 年 9 月—，组织部部长、市直机关工委书记兼任市委党校第一校长。

侯峥辉，2016 年 9 月—，市政府党组副书记、常务副市长、市行政学校第一校长。

王仁庆，2016 年 9 月—2017 年 1 月，市委办公室主任。

黄建民，2016 年 9 月—，人武部政委。

黄星，2016 年 9 月—2017 年 10 月，市委统战部部长、市政协党组副书记；2017 年 10 月—，市委政法委书记。

蒋乐江，2017 年 1 月—，市委办公室主任。

曾广清，2017 年 10 月—，市委统战部部长。

本书笔者说明：

中共资兴市委办公室 2017 年 4 月编印的《内部电话号码本》记载：市委（领导）：黄峥嵘，市委书记；罗成辉，市委副书记、市长；范培顺，市委副书记；曾建华，市委常委、政法委书记；曹云玫，市委常委、宣传部部长；李典龙，市委常委、市纪委书记；陈一之，市委常委、组织部部长；侯峥辉，市委常委、常务副市长；黄建民，市委常委、市人武部政委；黄星，市委常委、统战部部长、市政协党组副书记；蒋乐江，市委常委、市委办公室主任。蒋集中，市委正处级干部；张爱社，市委副处级干部；徐仲潮，市委副处级干部。

资兴新闻报道：（1）2017 年 7 月 17 日上午，资兴市委常委、政法委书记曾建华深入市交警大队，就大队现有办公用房进行现场办公。（2）2017 年 10

月 25 日，湖南省民宗委副主任曹承明一行来到资兴市调研回龙山瑶族乡乡庆工作。资兴市委常委、统战部部长曾广清陪同调研。（3）2017 年 11 月 22 日，资兴市委常委、政法委书记黄星到资兴市人民法院调研指导工作。

《中国共产党资兴历史》（1978.12—2006.12）第三卷"资兴市（县）党政主要领导简介"中说：黄峥嵘（1972.11—），女，汉族，湖南祁阳人，1972 年 11 月出生，1990 年 7 月参加工作，1996 年 4 月加入中国共产党，研究生文化。简历：1990.7—1992.1，任宜章县妇联干事（其间：1990.9—10 在省委党校妇干班学习；1991.1—12，在宜章县黄沙乡社教）；1992.1—1993.1，宜章县梅田镇团委副书记、计生专干；1993.1—1995.3，宜章县梅田镇副镇长；1995.3—1998.10，宜章县白石渡镇镇长；1998.10—1999.8，宜章县白石渡镇党委书记（其间：1996.1—1998.12，在中央党校函授学院经济管理专业大学毕业）；1999.8—2001.4，共青团郴州市委副书记、党组成员（其间：2000.2—4，在市委党校处干班学习）；2001.4—2004.12，共青团郴州市委副书记、党组副书记；2004.12—2008.3，共青团郴州市委书记、党组书记（其间：2005.9—2008.7，在省委党校经济管理专业研究生班学习；2006.9—2007.1，在省委党校 31 期中青班学习）；2008.3—2012.2，郴州市人口和计划生育委员会党组书记、主任；2012.2—3，桂东县委副书记；2012.3—7，桂东县委副书记，县人民政府党组副书记；2012.7—8，桂东县委副书记，县人民政府党组副书记、提名为县长候选人；2012.8—12，桂东县委副书记，县人民政府党组书记、代理县长；2012.12—2015.12，桂东县委副书记，县人民政府党组书记、县长；2015.12—2016.8，湖南资兴市委副书记、市长；2016.8—，资兴市委书记；2016 年 9 月任湖南省资兴市第十二届市委书记。任免信息：2015 年 12 月 1 日，黄峥嵘同志任资兴市委副书记，提名为资兴市人民政府市长候选人，不再担任桂东县委副书记、县长职务。2016 年 7 月，拟任县市区委书记人选。2016 年 8 月 8 日，黄峥嵘同志任中共资兴市委书记，不再担任资兴市人民政府市长职务。2016 年 9 月，任湖南省资兴市第十二届市委书记。

附录二：

历任中共资兴县（市）委书记何去何从

（资兴吧·2014 年）

赵理，中纪委审理室副主任

孙立，外交部驻法国参赞

许力平，调山西老家，不详

苗捷夫，湖南省高级人民法院院长

杨明，郴州副专员

何广德，资兴兰市人，任邵阳地委副书记、专员

赵恒湘，郴州检察院检察长

陈凯田，郴州军分区政委

萧春圃，岳阳军分区副司令

孔昭洵，省人事厅厅长

朱菊香（女），衡阳市人大常委会副主任

陈仲时，郴州市人大常委会副主任

甘子良，郴州市计委主任

许永善，郴州市政府副巡视员

瞿龙彬，郴州市副市长、人大常委会副主任

张万才，郴州市委副书记

盛茂林，湖南省副省长

戴道晋，省政府办公厅主任

黄湘鄂，不详

李评，郴州市常务副市长

陈荣伟，2011 年 12 月任资兴市委书记。

附录三：

资兴中国共产党组织发展概况
（1950—1995）

年份	党员数	男党员	女党员	支部数	总支数	党委数
1950	58	52	6	7	/	6（区委3）
1951	86	80	6	11	1	6（区委3）
1952	278	250	28	/	/	/
1953	402	356	46	70	1	11（区委8）
1954	906	815	91	110	1	11（区委8）
1955	1274	1162	112	110	1	11（区委8）
1956	1905	1752	153	201	19	11（区委8）
1957	2150	2014	136	201	19	3（机关）
1958	/	/	/	/	/	/
1959	/	/	/	/	/	/
1960	/	/	/	/	/	/
1961	3882	3510	372	318	1	37（农业34）
1962	3881	3483	398	412	7	26（农业25）
1963	3862	/	/	401	7	26（农业25）
1964	3886	3492	374	411	1	28（农业25）
1965	3836	/	/	411	1	28（农业25）
1966	3868	3482	386	399	/	28（农业28）
1967	/	/	/	/	/	/
1968	/	/	/	/	/	/
1969	/	/	/	/	/	/
1970	4361	3914	447	302	1	15（农业）
1971	5270	4615	655	252	/	28（农业）
1972	5837	5083	754	440	3	28（农业）
1973	6267	5461	806	471	3	28（农业）
1974	6470	5638	832	477	3	28（农业）

续表

年代	党员数	男党员	女党员	支部数	总支数	党委数
1975	6740	5876	864	494	/	28（农业）
1976	7228	6263	965	506	3	30（农业28）
1977	7423	6449	974	524	4	30（农业28）
1878	7515	6511	1004	523	7	30（农业28）
1979	7667	6669	998	541	7	28（农业28）
1980	7860	6861	999	544	8	31（农业29）另有党组5个
1981	8004	7006	998	549	10	31（农业29）另有党组5个
1982	8113	7116	1003	558	10	31（农业29）另有党组5个
1983	8094	7095	999	556	10	31（农业29）
1984	8206	7226	980	566	17	30（农业26）
1985	8823	7763	1060	585	18	31（农业31）
1986	9081	7999	1082	587	19	30（农业30）
1987	9529	8377	1152	604	20	32（农业28）
1988	9665	8486	1179	632	21	30，党组13
1989	9800	8644	1156	637	22	32，党组13
1990	9909	8726	1183	647	21	33，党组12
1991	10243	8981	1262	659	24	32，党组13
1992	10554	9225	1329	674	24	34，党组12
1993	10850	9499	1351	679	24	35，党组13
1994	11142	9697	1445	683	24	35，党组13
1995	11560	10020	1540	683	26	35，党组29

　　资料来源：中共湖南省资兴市组织史资料编辑组编印的《中国共产党湖南省资兴市组织史资料》。

　　注：（1）1958年12月至1960年为郴资合县，统计资料缺失。

　　　　（2）1967年至1969年"文革"当中，组织瘫痪，无统计资料。

附录四：

资兴市政建设和移民大搬迁的中枢决策

欧资海

1985 年和 1986 年，在资兴历史上是比较重要的年份。1985 年，市政建设在唐洞新区破土动工。特别是 1986 年，这一年，5 万移民大搬迁，东江大坝关闸蓄水，南乡片顿成一片泽国，24 万亩水面的东江湖逐步形成。这一年，还处于计划经济时代，全国控制基本建设总规模，唐洞新区建设进入第二年，面临"下马"威胁……

笔者有幸忝列中共资兴市委常委之中，不敢妄议市政建设和移民大搬迁中的得失，只将这两年中的几次重要会议记录，简单地罗列如下，以供有志研究资兴历史的人们参考，也算是对市政建设和东江大坝关闸蓄水 30 周年的一个纪念吧。

一、市四家领导会议：撤县建市工作

时间：1985 年 1 月 15 日上午；地点：市政府四楼会议室。

会议主持：甘子良（市委书记）。

参会人员：市委常委（甘子良、瞿龙彬、何立春、柳培海、王运会、蓝英平、黄才勇、欧资海、张友安，李璧金市委顾问），市人大常委会（黄科武、周德程、何建都、唐向才、肖荣科、李雄姬），市政府（刘文艺、袁在芳、廖茂现、沈孟皎、陈甫德，肖守秦调研员），市政协（曹桂树、钟孝仁、成章田）在家的市领导。

列席：各部办委局一把手。

会议内容：撤县建市问题（1984 年 12 月 24 日，国务院批准：撤销资兴县，设立资兴市）。

副市长陈甫德汇报市政建设工作（摘要）：

我先后两次到省里汇报我市的建市问题。前一次主要是问批不批准建市，这一次主要是批准了建市，落实如何搬家及其经费安排问题。建市当中，涉及七个问题：

一是接管郴县的桥口两个行政村和高码乡的问题。批准我市建市的文件中，明确了郴县的高码乡和桥口乡的白溪、下渡两个行政村划归我市。我估计，接管高码乡的问题不大，问题多的是桥口的两个行政村：白溪和下渡。这两个村接来后，划归哪个乡镇管辖？

二是行政区划问题。原定资兴区划做如下变动（其他乡镇不动）：城关镇改为兴宁镇，城郊乡改为望仙乡，三都分为三都街道办事处和鹿鸣乡，鲤鱼江镇改为街道办事处，东江设一个街道办事处。这些事，现在是否要做变动？如果要变动，就要写专题报告上送（省里和民政部）。

三是召开资兴市成立大会问题。是否定于2月1日召开？需要请地委和行署领导及驻市的中省地厂矿领导出席，要早做安排。召开成立大会以后，各单位立即换牌子和公章，正式定名资兴市，要造一个大的声势。

四是城市规划以及市中心区的确定问题。我们原先做了两个方案：一个是市政中心设于唐洞，好把三都和鲤鱼江连接起来；一个是东江至罗围，市政中心设在东江。只有把中心区确定好，城市规划才能搞。

五是市政建设和搬家的问题：（1）要尽快创造条件搬家，今年集中人力、财力、物力搞市政建设，力争今年初具规模，先建市委员会、政府、人大、政协、人武部和公、检、法、司；其他局级机关自建，企事业单位积极筹备自建，争取明年搬家。（2）要建成具有资兴特色的城市——园林化程度要高，道路要宽，排水要好，设施要全。（3）建议成立资兴市市政建设指挥部，由县委员会、政府主要领导挂帅，抽一些得力的干部开展工作。

六是资金的筹集问题。中央不给钱。省里补助一点，还得力争。可能有这么一些渠道：省财政拿一点，工交战线（工业、交通系统）投资搞点市政设施，各业务主管部门力争对口投点资。我们建议：（1）积极争取省里支持400—500万元；（2）各业务主管部门对口要钱投资200—300万元。（3）县财力集中使用于城政建设挤出100—150万元；（4）发动县里各单位抓好管理、节约开支、多收100万元左右。这样，一千万元资金可成。（5）除此之外，还可以搞银行贷款——用于有收入的单位，如商业网点建设，等等。

七是关于县人代会的名称问题。现在已经改为市了，就要称"资兴市第一届人民代表大会"，是称第一届，还是沿袭老的届数往下延伸？既要我们确定，又要请示上级（会议最后确定：沿袭老的届数往下延伸，不称"第一届"）。

会议经过讨论，最后甘子良书记做总结（摘要）：

资兴县改市，既是大事、好事，又是一件难事。资兴市发展工业，将会形成湘南新兴的工业中心。这件事必须大家齐心协力来挑担，大家齐心唱好这一台戏。各部门必须：要人抽人，向上跑时领导要出面的必须出面。

一是关于城市区划，分两步走：第一步，先将白溪、下渡两个村并入高码乡，其余一律维持现状。第二步，根据城市的发展，再来考虑三都、鲤鱼江、城关镇是否变动。

二是召开"资兴市成立大会"势在必行，争取 2 月 1 日召开，现在开始筹备。大会地点：暂时放在资兴城（剧院）。

三是资兴今后的市政中心放在哪里的问题。等待省设计院搞规划的同志来了以后再商定。在他们来以前，我们县四家领导集中一起再到实地踏勘一次，讨论成一个倾向性的意见。

四是关于市政建设和搬家的问题。必须成立领导小组，班子由四家领导各家抽一个人出来，再加上建委、城建局、财政局等抽人组成。第一个方案是：瞿龙彬（市委副书记、市长）任组长，柳培海（市委副书记）、陈甫德（副市长），还有人大常委会、政协各抽一人组成。第二个方案是：柳培海任组长，精力集中起来搞，陈甫德、人大常委会副主任李雄姬（女，曾任鲤鱼江镇党委书记）、政协副主席成章田参与。这件事，最后由常委会议再确定（指挥长：瞿龙彬，副指挥长：陈甫德、李雄姬等，驻地：鲤鱼江镇委会）。

五是市政建设的经费来源问题。同意陈甫德的意见：争取省里补一点，各部门向上要一点，县财政拿出一点——集中 100 万元左右。为了节约，今年县财政只保医药费、办公费和大队干部补贴，其余一律不投资。还有其他办法：各企业可以用多种办法集资一些；可以转让出租的项目，偿还用贷款；争取外地引进投资上项目。1985 年，争取弄 1000 万元，明年争取搬家。

六是争取外援问题。尽快到长沙去，召开资兴同乡会和曾在资兴工作过的同志会，向各方面呼吁到资兴投资、办厂。如果大家同意，马上就带着车子到长沙去筹备，去三个人：曹运久（计委）、唐勇（党史办）和县委招待所薛（学文）所长。

会议之后，四家领导集中一天的时间，乘坐汽车，从县城前往东江、罗围、鲤鱼江、唐洞实地勘察，讨论确定市中心区的地址。最后，大家倾向性的意见是：（1）东江，好建房的地方已经被水电八局占领，只剩下东方靠山脚下的一长条土地，市政中心摆不开。（2）罗围，存在两大问题：一是几乎全部是水田，不符合"建设要少占用耕地"的原则，怕省里不批；二是鲤鱼江火力发电厂的烟囱灰尘太大，田里的绿肥和土里的蔬菜叶片上，全部是厚厚的一层灰尘，污染太严重，不适宜。（3）鲤鱼江至木根桥，星罗棋布的工厂、村庄，几乎没有地方摆市政中心。（4）唐洞，具有五大优势：一是全是丘陵区，山不高，水田少，符合"建设要少占用耕地"的原则，容易获得省里批准。二是地处中心地带，好把三都和鲤鱼江连接起来，迅速扩展形成一个大的城市规模。三是投资省，此地村庄少，拆迁任务不大，花钱不多；将小山推平，土深的地方做道路，推平的硬土层刚好建房——绝大多数基础不会超深。四是可利用山头上的树木（树木先不征用，节省一笔钱），迅速形成公园和园林景观，利于城市绿化。五是地势宽阔，市政中心摆得开，"一张白纸，好画最新最美的图画"。结论：市政中心摆在唐洞，称之为"唐洞新区"。

《资兴市志·大事记》中记载：

"1985年2月28日：市委、市人民政府在兴宁镇举行资兴市成立庆祝大会，一万余人参加大会。会后，表演了龙灯、狮舞，晚上施放了焰火。

"3月6日：市长瞿龙彬、副市长陈甫德，与郴州地区行署办公室主任谷彤云一道，赴长沙汇报资兴市治搬迁建设工作。省人民政府常务副省长陈邦柱和省直有关单位负责人听取了汇报。此次汇报卓有成效，形成了省政府'纪要'，并达到了三个目标：一是省政府同意了资兴市治搬迁到唐洞，二是争取到了可观的财政优惠政策，三是省直属厅局同意对口支持资兴市有关部门搬迁。

"5月10日：省人民政府批准《资兴市城市建设总体规划》。

"5月25日：新市城建设奠基礼在唐洞黄土岭举行。部分市级领导和市直有关单位的干部职工及附近村民共1500余人参加奠基典礼。"

二、市四家领导会议：移民与市政建设

时间：1985年12月21日（一天）；地点：市政府三楼会议室。

会议主持：许永善（市委书记）。

参加会议人员：在家的市委常委（许永善、瞿龙彬、何立春、柳培海、朱梅生、王运会、蓝英平、黄才勇、欧资海、张友安，李璧金为市委顾问），市人大常委会、市政府、市政协领导。

会议内容：上午：副市长刘文艺汇报地区饲料工业会议精神（略），市计委副主任李德立汇报地委计划预备会议精神（略），副市长陈甫德汇报在珠海联合兴办的建兴商行处理情况（略）。下午：副市长袁在芳汇报移民工作，副市长陈甫德汇报市政建设情况。

副市长袁在芳汇报移民工作（摘要）：

（一）高码乡的移民问题：高码乡原属于郴县，其中东江移民1800多人，都是属于投亲靠友的，原来都是按照"投亲靠友"政策对待，市里没有统一管理。由于高码乡划归了资兴，今年全部纳入了市移民办公室经管的范围。

（二）移民搬迁问题：东江大坝和水电站建设速度很快，省里要求我们尽快做好移民搬迁工作。现在主要问题是缺汽车和汽油、柴油。我们打算到耒阳部队去联系，需要90多部车子。要向全市发布告：海拔250米以下的，明年6月底以前全部搬迁完毕；学校全部在明年下期搬迁到新校址上课；机关单位全部搬迁到新建的地点办公。不准损坏公共财产，凡是公共财产，要由上一级主管部门派人参加清点处理。东江库区的水面，要统一由市移民办公室安排使用。

（三）库区开发问题：村镇建设、公路与交通、水利建设（新开工项目16处，已经有15.5处完工）……向上级共提出了十大问题，供省、地、市领导研究、解决。

（四）关闸蓄水的近三年，即在拆房子、清库之后，可能会是最困难、最混乱的三年（1987—1989）。如何渡过难关？值得大家认真研究和决策。

首先，我们思想上要适应：要从纯移民安置转移到移民开发，由安置型转移到开发型，再转移到生产经营型。

其次，我们的机构要适应：移民办公室的内设机构要调整，秘书组、财务组、安置组不变。把建设组撤销，按照专业设置开发性的组：水利组、水产组、园艺组（水果、花木）、航运组、旅游组。

再次，我们的投资要适应：变无偿投资为项目投资，或有偿投资，可以搞无息贷款。

最后，我们的人才配备要适应：移民办公室要配备开发性移民的人才。

副市长陈甫德汇报城建情况（摘要）：

市区建设：从1985年5月1日开工建设，现已花457.68万元，其中完成土石方、征地 245.68 万元；修路 5 条 7.8 公里，72 万方土，支出 75 万元；自来水厂 42 万元；建房二栋 92 万元；通高压电线 3 万元。钱的来源：市里 300 万元，省财政补给我们 100 万元，省建委 470 万元。另外：司法建房已花 70 万元，粮贸中心已花 30 万元。

城建中面临的几个问题，需要我们大家决策：

（一）指导思想问题：是快建还是慢建？是大建还是小建？建议：下大决心，快建、大建。一是"三年搬家"的决心不动摇，要大干快上；二是地点不动摇，市区中心就是建在唐洞，省政府已下达了批文；三是集中人力、财力、物力不动摇，突击打人民战争，不要打持久战；四是积极向上争取资金不动摇，各部门、各条渠道，都要积极向上反映情况，争取上级的支持，尽量多地争取资金。

（二）城建计划问题：计划经济，计划管了一切。我们现在面临的是：一是无钱，或叫钱太少；二是有了一点钱，因无计划而用不出来。如果按照地委的安排：今年计划只有 70 万元的城建规模，明年计划就只有 50 万元的城建规模，那么，我们再搞 50 年也搬不了家。省委和地委的态度，我们理解：默认我们搞；但是，要指标——没有，讲不给嘛又不好。这又怎么办呢？我建议：（1）按照我们市所掌握的 5 万元以下的基建审批权，对各单位采用分项目、分资金来源，以 5 万元为上限，逐一审批。这样，可以积少成多。（2）按照靠得上的种种理由，大上项目。（3）属于集体单位的建设，就按照集体单位的规定去搞，可以不占我们的基建计划指标。（4）大的楼房建筑，将土地征收、主体工程、水电安装等，分项呈报审批。（5）争取上级重视，把单位的主体工程搞上去。有的单位只给钱、不给基建计划的，我们可以放开让其搞上去。（6）还可以采用旧房拆迁的办法，可以不占用计划指标……这些办法可否，请大家审定。如果可以，市里领导就要承担责任，担起担子。

（三）住宅标准问题：按照国务院的文件规定，用于普通职工：一类住房 42—45 平方米；二类住房 45—50 平方米；市级领导干部：三类住房 60—70 平方米；地级领导干部：四类住房 80—90 平方米。我们现在就是按照这个标准设计建房的。

（四）农民要求进入市区建房的问题：已经有 86 户农民写了申请，筹集资金 96 万元，约需 100 亩土地。这个问题，需要大家审定、决策：是否允许农民进城建房？

（五）市区农民吃粮问题：市区共有 18 个组的农民，因为征地而需要解决吃粮问题。其中：完全无地的有 6 个组，545 人；有 12 个组人均在 0.1 亩以下，1954 人。按照省里的文件精神，可以分期分批"农转非"，但我们报上去后却没有批准。现在着急的是：他们现在就要解决吃饭问题。

大家经过讨论，许永善书记做总结（摘要）：

（一）毛致用书记视察东江时的讲话：我向他汇报工作后，他对我说：作为一个负责干部，除了要站在本部门的立场上考虑问题外，还必须站在更高的角度考虑问题。这样，就能够与全局合拍，也就能够做好本职工作。在全局部署上，要抓到底。你们资兴工作任务，听你的汇报是很繁重的，我也很清楚。不过，一个县的团级干部比过去多得多，你可以调动大家的积极性。中央一个领导讲：作为一个县委书记，应该把每个村跑遍。你有没有这个打算？关于市区的建设问题，可以稳扎稳打，先搞一些基本的东西。

（二）县级整党工作（略）。

（三）当前要抓的几项工作：

1. 计划安排与农业生产（略）。

2. 粮油入库工作（略）。

3. 移民工作：（1）派下去搞移民工作的干部，专门安排一个时间碰头，再做具体部署。（2）抓紧到外面去联系搬迁的车辆和向省里要油。（3）我个人意见，现在先不发布告，但工作要往前赶。（4）抓移民搬迁与移民接收工作要互相衔接，安置区的水、电、路和就读等问题，都要统一考虑和安排。（5）移民补偿的漏报项目的补报工作，要抓紧。（6）移民资金拨款：明年要争取 3500 万到 4000 万元。明年，要争取把半垅水库和浙水电站上马。（7）移民后靠，靠不靠得住？除了"移"，还要"安"，只有安定才能靠得住。

4. 大办饲料工业（略）。

5. 城建工作：（1）要从各方面、各个渠道争取资金，争取支持，有钱就快点搞上去。（2）目标不动摇——三年搬迁；地点不动摇——唐洞新区。（3）住宅问题：标准不要突破，但多搞一、二类住宅，今后发展了，可以两套合为一套。（4）鲤鱼江大桥的兴建问题：要多往上争取，到交通部门去跑；争取尽快上这个项目，如果明年还上不了，争取到 1987 年也要上。（5）市区的 2000 多农民吃粮问题；要多往上跑，少讲或不讲市区征地，多讲或只讲水电八局、东江水泥厂征地问题。市政府专题再研究一次……

6. 元旦、春节安排问题（略）。

三、市委常委会议：移民与市政建设

时间：1986 年 2 月 20 日（正月十二）晚上，常委会议室。

主持：许永善。

参会人员：许永善（市委书记）、瞿龙彬（市委副书记、市长）、何立春（市委副书记）、朱梅生（市委副书记）、兰英平（纪委书记）、王运会（人武部政委）、黄才勇（市委办公室主任）、欧资海（市委宣传部部长）、李璧金（市委顾问）。说明：市委常委、组织部部长张友安，调桂东任县委副书记、县长，于 1986 年 1 月 2 日到桂东县接移交后，一直未配，其市委整党办公室主任由欧资海兼任（直到村级整党结束）；2 月 4 日许永善接到地委电话通知：市委副书记柳培海调回郴州，任地区化工局党委副书记，春节（2 月 9 日）后离任。

会议内容：乡级整党工作安排（略）。

许永善讲话：地区行署周时昌同志要到省里去，问资兴要省里解决的问题有哪些。我想有这么几个问题需要省里解决：一是移民搬迁的汽油指标问题；二是移民后靠 3 万多人的定销粮指标问题，还有中省地厂矿建设用地后，要解决粮食减购、农民吃粮等问题；三是市政建设，全国控制基本建设总规模，省里要求我们下马，我们怎么办？我看只能上，不能下。

会议决定：（1）上述问题，分专题写成报告，上送，申述我们的理由；（2）召开四家领导会议，统一思想。

四、四家领导会议：移民与市政建设

时间：1986 年 3 月 15 日（一天）。地点：市政府三楼会议室。

主持：许永善。参会人员：在家的市委、人大、政府、政协领导。

会议内容：（1）瞿龙彬汇报全国计划生育"双先"大会精神（资兴在大会上作为先进典型发了言）；（2）陈甫德汇报市政建设；（3）袁在芳汇报移民工作；（4）周德程汇报打击盗窃活动情况，瞿龙彬讲清明节预防群众械斗问题；（5）当前工作（乡级整党、农村工作、精神文明建设等）。

上午：陈甫德汇报市政建设（具体内容略）。他说：全国控制基本建设总

规模，全省计划会议明确要求我们下马，地区还没有表态，我们只能硬着头皮上，不能停。

许永善根据大家讨论的意见，做了总结讲话。关于唐洞新区的市政建设，他说（摘要，其他事项略）：

（一）我们四家领导要注意，在地委、行署没有通知停建之前，不能讲停建，建市工作照常进行。我们要改变提法：不要再讲"市政搬迁"，而叫"市政建设"。这样，人们可以理解，市政搬迁可以暂停，城市建设总是要搞的。全国控制基本建设总规模，但总是有"基本建设"嘛！

（二）市政建设一边建，一边申诉理由。要陈述的理由能不能讲这么四个方面：一是把市区放在唐洞的理由，有三都、鲤鱼江、东江、木根桥的建设，唐洞是个缓冲地带，唐洞建设是个穿针引线的工作，将来可以连成一片。二是现有征地，农民中已经有无耕地者，不亚于移民，是一个不安定因素。因此，"宁犯天条，不触众怒"，还是要建。三是城市建设，关系到资兴的经济振兴。四是东江水电站建成之后，交通中心、人口流动中心，都在那一带，也将是政治、经济和文化中心。总之，要拿出一些持之有据、能说服人的材料，供领导决策。

（三）要搞基础设施。要利用三都、鲤鱼江的生活设施配套，搞延伸。同时，还要考虑这两地的城镇小改造。

（四）要听地委、行署的指令。他们讲要停，工程不停的可能性就很小了。他们讲"不能停"，我们就有转机。

总之，我们四大家领导心里要有数，头脑要清醒。从现有的情况看，上有上的难处，我们有我们的苦处。只要我们搞好一些，上面的问题，是能够解决的。

本书笔者说明（关于市政建设下马的问题）：

《资兴市志·大事记》中记载：1986年"1月29日，省委常委、副省长王向天视察唐洞新市区建设"。王向天（1930—1992），长沙人。1949年2月加入中国共产党。1983年1月，任中共湖南省委常委、宣传部部长。1985年7月任中共湖南省委常委、省人民政府副省长，兼省教育委员会主任。1986年1月29日，他带着省卫生厅长、地区卫生局局长和保健医生从郴州来到资兴。许永善书记要我接待他。我当时担任资兴市委常委、宣传部部长，主管文教卫系统，听说他要来，喜出望外，认为是一个"要钱"的好机会。但是，由我负责接待，是否职级太低了？我说："他是省委常委，应该由你们党政一把手接待呀，我去能行吗？"许永善说："我和瞿龙彬都有事，他也是来了解卫生和教育方面的情况，你去最合适了。"于是，我便带着宣传部干事袁再学和教育局局长谢廷槐、卫生局局长梅忠良全程接待。上午，我们在罗围与郴县交界处的桥头接到他们之后，便兴致勃勃地带着他们来到了正在建设中的唐洞新区，看了已经开工建设的东江师范学校、市立完小和市委员会、政府大院，又从唐洞新区总体规划图中指给他看文教卫体等单位的地点（那时还是荒山野岭，不敢带着他去看）。这样，他便成为视察唐洞新区建设的省委领导第一人。中午，我带着他们到达县城（今兴宁镇），在市委招待所吃中饭，将教育局、卫生局、文化局、体育委、计生委、新华书店等单位请求上级拨款的"请示"送给了他。午餐后，我又带着他们去游览兜率灵岩。那天大太阳，气温升高，我们从山下爬上兜率灵岩洞口前的之字弯时，一个个大汗淋漓——都脱了棉袄。我见他们很累，便扶着王向天坐在那个至今还保留的小岩洞里的石头上休息。谁知，他一坐下去竟然晕倒了。大家一时慌了手脚，急得不知所措。随行的保健医生立即将他抱住，省卫生厅长亲自把脉，说："他中暑了。"保健医生的药箱里没有这方面的药，就说："马上给他喝白糖开水。"地区卫生局局长说："鸡蛋冲开水也行。"荒山野岭，哪里去找"鸡蛋、白糖开水"？我急忙叫跟随来的渡头乡干部黄常旺（背着游览岩洞用的竹筒火把），到山下的西瓜铺去搞。黄常旺高高瘦瘦的，十分灵活，沿着山道飞奔而去。西瓜铺虽然就在山脚下，站在山上看得见房子，可跑下去最快也得十多分钟，一来一回就要半个多小时。我怕误事，如果一个省委常委、副省长糊里糊涂地死在我的身边，那又怎么交差？我突然想到，兜率岩洞口的僧舍里住着老和尚唐华清（1988年去世）夫妇，于是急忙跑了上去。房子里只见到唐华清的老婆。我急问："有白糖吗？"她说："没有。"也是的，那时的白糖金贵着啦，还得凭"糖票"才能买到，普通老百姓家里一般都没有。我又问："有鸡蛋吗？"她说："没有养鸡。"我再问："有开水吗？"她说："没有。我们只喝冷水。"她不知发生了什么事，见我在房子里急得直打转，就说："水桶里有水，是洞里的泉水，很好的，你喝吧。"也是情急智生，我从碗柜里拿了一个白钵子（人民公社大食堂蒸饭时的大白钵子），放了一点盐，到水桶里舀了大半碗泉水，端着跑了下来。我对他们说："没有白糖，也没有鸡蛋，盐水可以救急吧？"省卫生厅长说："可以。"于是，保健医生抱着王向天，省卫生厅长扳开他的嘴，地区卫生局局长喂水，半碗冷水喝下去，他竟然活了过来，慢慢地恢复了神志。此时，已过了许久，渡头乡的黄常旺在下面西瓜铺村子里没有搞到白糖，又跑到了乡政府，好不容易在一个干部家里才搞到白糖，大汗淋漓地跑步上来了。王向天站起来拍拍屁股，微笑着说："好了，没事了。我们游洞吧？"在他的一再坚持下，我们打着几个竹筒（里面装了柴油）火把，他笑语欢声地游览了兜率岩洞全程。王向天在洞中边看边说："这个洞真大呀！它真高呀！"出洞后又对我说："好，好，这个洞真好！这是一个旅游的好景点，你们要好好地利用它搞好开发呀。"直到傍晚，他们才返回郴州。后来，市委书记许永善从省委得到内部消息，对我说："你呀，好心办坏事。王向天又不是一个金菩萨，他哪里有那么多钱给你呀！"原来，我们"要钱"的请示把他吓怕了，回到长沙，他在省委常委会议上说："资兴新区建设是一个无底洞，我们没有那么多钱去填它……"因此，省计划会议做出了资兴市政建设要下马的决定。那时我年轻气盛，总认为省委领导一个个艺高人胆大，哪里会想到他们也有被部下"吓怕"的时候。从此以后，我也学乖了，千方百计伸手向上要钱，但每次只报一个项目，待成功之后再报新项目，蚂蚁搬家，积少成多。

3月15日下午，副市长衷在芳汇报移民工作（具体内容略）：

我带着有关人员赴省，向熊清泉省长汇报情况，省里确定予以解决的几个问题：一是东江大坝关闸时间：1986年7月25日以后，选一个水情较好的日子关闸。二是东江大坝关闸后，二级放空洞出水流量为20个，如遇干旱，要加大放水流量，必须由省抗旱指挥部决定。三是东江大坝验收单位：由省建委会同有关单位进行。四是移民搬迁的汽油供应问题：1985年要了385吨，元月份已经拿了40吨，还将要给345吨，由省石油公司落实：4、5、6月是重点，每月保证80吨以上。五是关于移民后靠人口的定销粮问题，省里确定：价格：每百斤11.55元；数量：每人保证500斤（一年）。六是移民工程用的东江水泥，省里给了3000吨指标。七是移民用化肥，省里已解决：现已开票400吨标肥、200吨尿素。这些问题，省里已经写出了"会议纪要"予以确认。

曹文举副省长说：移民安置的重点要放在发展乡镇企业上，争取每家有一人在乡镇企业工作，有固定收入，结合搞一些种植业，用以保证其生活水平不下降。

会议讨论决定：现在离大坝关闸蓄水只有 130 天时间了，除了我们自己要抓紧抓好移民工作外，省里已经给我们解决了许多重大问题，但还要多向地区汇报移民搬迁中的具体问题，如车辆安排、生产生活物资供应、各部门协同，等等。

五、四家领导会议：移民工作

地点：市政府三楼会议室。时间：1986 年 3 月 28 日（一天）。

主持：许永善。参会人员：在家的市委、人大、政府、政协领导。

会议内容：上午听取教育局局长谢廷槐汇报教育工作；下午听瞿龙彬市长汇报移民工作。

教育工作：普及小学义务教育，迎接省里验收，调整中学教育结构，一中不再招初中生，校舍危房改造，民办教师工资由大队解决改为乡级统筹，等等。

教育工作中涉及移民经费问题：东江库区内淹没的中学校舍共计有 23679 平方米，移民补偿经费为每平方米 57 元，得到的补偿款仅为 1349710 元，差额太多，无法新建校舍，全靠群众集资建设……会议中大家讨论认为：库区学校建设有一个历年来因移民要搬迁而投入少的欠账问题，还有一个库区淹没补偿价格差的因素。解决办法：一是从移民《不可预见经费》中考虑 25 万元至 30 万元解决，二是由财政解决 8 万元至 10 万元，三是将要拆的学校出卖再补一点。

瞿龙彬做移民搬迁工作汇报。他说（摘要）：（一）移民搬迁形势紧迫，7 月 25 日关闸蓄水，我们还有如下工作：移民搬迁有两万车次的任务，需要紧急建房的有 1000 多人口，库底清理需要 60 万劳动力，交通、通邮、就学、就医等等问题一大堆，还没有解决。（二）现在的指导思想：要把移民工作当作全市第一位的中心工作。（三）搬迁部署：1. 库区内的机关单位，一律在 5 月底前搬完。2. 农村移民，省里要求是，地处海拔 220 米以下的，一律在 5 月底以前搬完。但我们现在的任务太重，根本搞不过来。我认为海拔 175.3 米以下的 5 月底以前搬完，220 米以下的 6 月底以前搬完。3. 工作上着力抓好三个"突击"：突击搬迁，紧急修好路，联系和组织好车辆，宣传发动，出好布告；

突击移民建房；突击清库。4. 成立移民搬迁指挥部。5. 其他方面。

会议经过一天的汇报和讨论，关于移民工作的决定如下：

（一）成立移民搬迁指挥部。指挥长：瞿龙彬；副指挥长：朱梅生、袁在芳；成员：刘桃生（政府办主任）、朱孝明（移民办主任）、谷明利（经委主任）。办公室主任：朱孝明。下设六个组：1. 运输组：组长陈安吉（交通局局长），副组长刘永志；2. 公路维修组：组长胡楚良，副组长邓广刚；3. 安置区群众工作组：组长朱孝明，副组长杨俊柏；4. 库区清理组：组长黄义厚，副组长陈修仁；5. 财务财产清理组：组长刘加廷，副组长何丕威；6. 安全保卫组：组长曾宪群（公安局副局长），副组长蔡德明。

（二）全市动员，各部门配合。市委发一个号召书，动员党、团员各级干部尽力尽责。各部门要车要出车，要人要出人。

（三）市政府发一个布告，动员全市人民，紧急搞好移民搬迁。

许永善最后做总结。关于移民工作，他说（摘要）：

我们几大家领导奉命于困难之际和危难之间。目前有三难：一是工作多、繁杂，难于集中；二是干部编制少，工作难兼顾；三是工农纠纷、民事纠纷多，工作难度大。但是，我们不怕苦，不怕难，一定要把工作搞好。

关于移民搬迁问题：时间就是命令，时间就是生命，来不得半点犹豫。大家要统一几个认识：

一是坚定不移、坚信不疑地宣传 7 月 25 日关闸蓄水。大坝闸门全是钢板做的，2.4 米厚，重 240 吨，关下去了就没有办法重新启出来。闸门一关，水就会涨上来，不要相信哪里会有漏洞的谣言。我们没有退路了，坚决搬迁！

二是工作重点要转移到以搬迁为中心上来。渡头、旧市、厚玉，搬迁是压倒一切的工作。搬迁要总动员，但不搞齐步走。外迁的要抢运，时间要抓紧，抓晴天，抢阴天，毛毛细雨当好天。要往前赶，但不搞一锅煮。方法要灵活，但要令行禁止。要发布告，要以小组为单位动员搬迁。市委要在大礼堂召开一个干部大会，全体动员齐上阵。

三是要维护移民的合法权益，移民大搬迁中，也不能侵犯移民的利益。

四是要强化领导。我们要求各部门配合，首先我们几大家领导要以身作则：要有顾全大局的思想境界，要有吃大苦、耐大劳的拼搏精神，要有互相配合的负责精神，要有高度的组织纪律性。各乡镇要加强领导，派驻各乡镇的整党联络组，同样要抓好移民搬迁工作。

五是要注意工作方法。基层有大量的现实问题。对于这些问题，我们只有向上喊，不能向下喊。向下，我们只能扎实解决问题，做好思想工作和具体工作。

六是关于几项具体工作：一是渡头、厚玉两乡，原定撤销建制，搬迁没有搞完，建制不能撤销。可以先搬到一个临时地点办公。二是库区内的交通、供电、邮电问题，现在拆毁了，今后怎么恢复？要着手考虑了。饮水问题，要回头查。就学、就医、生产、生活品供应问题，都要搞好。各部门的领导都要到实地去考察，组织实施。三是抓紧抓好220米以下的搬迁，其路线、路况和车辆配备等，要抓好。四是对于库区内的移民林权、债权、债务的处理，原则上要照顾后靠移民的利益。五是关于外迁移民的粮食问题，凡是海拔250米以下的粮食定购任务，一律由市里挂起来，不再搞。

七是关于市政建设问题。唐洞新区的市政建设，经过我们坚持不懈的努力争取，不断地申诉理由，地委领导认为，我们只能上，不能停。熊清泉省长讲："不准用移民经费建。"我们从前没有用过移民经费搞市政建设，今后也不准用移民经费搞市政建设。熊省长讲这个话，我的理解，这实际上是给我们开了一个口子：听话听音，说明他不会再让我们下马了。

《资兴市志·大事记》中记载："1986年4月1日，东江水电站移民搬迁指挥部成立，市长瞿龙彬任指挥长，市委副书记朱梅生、副市长袁在芳任副指挥长。前后共组织180多名干部，调集400多辆汽车，分赴各移民乡帮助搬迁。至年底，移民搬迁任务大体完成，共移民5.5万多人。"

六、市委常委会议：移民工作

地点：常委会议室。时间：1986年4月10日下午。

主持：许永善（市委书记）。

参会人员：许永善、瞿龙彬、何立春、朱梅生、王运会、蓝英平、黄才勇、欧资海、李璧金（市委顾问），列席：黄科武（市人大常委会主任）。

会议内容：黄才勇汇报地区计划会议精神，瞿龙彬汇报移民工作，当前几个会议的安排，修市志工作及人员配备，其他人事安排（初议）。

其他事略。瞿龙彬汇报移民工作：

从前天到昨天（4月8日至9日），地委、行署的领导来到了我们市，召开了一个移民现场办公会。地区的领导和有关部门的领导都来了，确定了一些事：一是由地区交通局包旧市搬迁，需组织 70 至 80 部汽车，运费（每车）由每天 150 元减至 80 元左右。二是地区教育局对移民区的中学拿出 8 万元补贴。三是地区卫生局对移民区的医院拿出 5 万元补贴。还有其他事项……

我们资兴怎么办？一是要与地区有关部门做好计划衔接；二是要做好思想动员工作；三是由四家领导分别带人到旧市去，包村发动移民搬迁；四是要充实旧市乡的领导力量，立即配备好乡党委书记（原书记为长沙下派干部欧阳国，1985 年 2 月至 1986 年 2 月任旧市乡党委书记，调走后一直未配）。

经过大家讨论，最后决定：

（一）加强旧市乡领导班子：李小平任党委书记（乡长不免）。增加：曹含勇（市委宣传部干事）任党委副书记，段奕显（原在汤市）任副乡长。汤市乡的副乡长，意向为曹发兴，待组织部考察后再确定。

（二）四家领导分工做一些调整：（1）瞿龙彬集中精力到旧市乡抓移民搬迁工作，不再兼管滁口乡的整党。钟孝仁（市政协副主席）继续管城关片，继续在旧市乡管整党，协助瞿龙彬抓移民搬迁。（2）市委常委王运会（市人武部政委）、市人大常委会副主任唐向才，分别带人去旧市乡，组成工作组，分别包村做工作。（3）市委常委欧资海（市委宣传部部长），原来分工与钟孝仁主管城关片（城关镇、城郊、旧市、厚玉、碑记乡），调整为与何建都（人大常委会副主任，主管林业）一起主管南乡片（渡头、清江、滁口、黄草、东坪、龙溪乡）；立即带市委宣传部人员进驻旧市乡江口村（海拔最低点），组织动员移民搬迁；同时负责长塕头的东江木材厂转运场的建设：选址、征地、场地内第二次移民房拆迁等工作（东江木材厂抽二人协助）。东江水库形成之后，长塕头是一个重要码头，要搞好小城镇规划，建好木材上岸码头（东江湖的水运木材全部由此上岸）……

（三）13 日上午，在市剧院召开在城机关单位干部职工大会，有关的厂矿单位领导也参加。大会内容：动员移民搬迁，支持移民搬迁；改进机关作风。何立春主持，瞿龙彬讲移民搬迁。

（四）要求接收移民的乡镇，派出干部到移民区做工作。各部办委局也要派出人员，动员群众搬迁。

（五）4 月 12 日，召开四家领导会议，统一思想。

七、四家领导会议：移民搬迁和市政建设

地点：市政府三楼会议室。时间：1986年4月12日下午。

主持：许永善。参会人员：在家的市委、人大、政府、政协领导。

会议内容：一是听行署专员周时昌在我市召开的现场办公会上的讲话（实况录音），二是瞿龙彬讲移民搬迁和市政建设，三是部署当前工作。

瞿龙彬讲话（摘要）：我讲两个问题，移民搬迁和市政建设。

我参加了地委、行署在我市召开的东江水库移民现场办公会议。这次会议开得很成功，表现在：

第一，较好地统一了地区有关部门领导的思想认识。参加会议的同志们到了东江大坝、清江、渡头、旧市等地，听了情况介绍，访问了一些移民户，看到了移民搬迁的艰巨性、紧迫性和必要性。加上地委和行署领导又做了大量工作，为我们解决了许多具体困难。

第二，有力地推动了我市的移民搬迁工作。参加这次会议的地委、行署、各部门领导共40多人，齐集资兴，解决具体问题，对于我们来说，是一个巨大的鼓舞。

第三，切实解决了一些实质性的问题。一是所有参加会议的领导，对于我们的移民工作，给予了大力的支持和同情。二是凡属有基层单位搬迁任务的部门领导，都表了态：搬迁的车辆由本部门包，按照统一的时间搞好搬迁；经费不足的，先垫付、先开支，或向省报告解决。教育局拿8万元、卫生局拿5万元给资兴。各部门负责本系统，组织力量、搞好服务、调查研究，处理好因移民而出现的问题。地区交通局负责1.5万辆汽车，调配到资兴，参与移民搬迁。

第四，我们要做的工作。一是进一步做好宣传发动，明天将在剧院召开机关干部大会，对干部统一提出要求。二是充实和配备好旧市乡的领导力量（前文已述）。三是由四家领导带队，集中时间分别包村，到旧市去做移民搬迁工作（前文已述）。四是由移民接收区每乡镇抽一至三个干部，到搬迁区来做动员工作。七里乡抽3人，木根桥乡抽2人，蓼市和三都各抽1至2人。五是做好搬迁车辆的组织、安排工作……

关于市政建设，这也是个重大问题。主要问题集中在基建规模，即"计划指标"上。我们面临的问题是：一是基建规模落实不了怎么办？二是能不

能"硬着头皮上"？三是新区建设已经花了 681 万元。陈甫德补充：征地 257 万元，建房 118 万元，修路 86.7 万元，下水道 7.4 万元，自来水 118 万元，还有临时设施，等等。四是地委、行署现场办公会议提出的几个问题，怎么解决？

今天上午，地区计委和建委又在鲤鱼江召开了会议，其意见是：（1）继续建，向省汇报；（2）对外宣传"加快速度"，对内宣传"明年搬家"；（3）首先搞好"司令部"建设（市委、市政府办公大楼）。

可是，我们却没有那么多基建计划指标。因此，请大家出主意、想办法来解决这个问题。

大家热烈讨论，就如何解决"基建计划指标不够"的问题，提出如下解决办法（统一意见，统一承担领导责任）：

（1）有的不算规模：160.4 万元，即道路、下水道等，还有市立完小等。

（2）小单位的、5 万元以下的项目，算临时基建，合在一起建，分开批准。（按照规定：基建计划不能以大划小，分开审批）。

（3）集体单位的，不算规模：供销社、劳动服务公司等。

（4）必须要算规模的，今年有 110 万元指标。去年市委大楼已花 93 万元，只给了 70 万元指标，审判庭 18 万元也要扣除，还有其他项目。这样算来，今年只有 43 万元指标了。再加房屋统建 30 万元，全部安排市委住宅楼（102.5 万元），还差 30 万元指标，由地区向省里再给我们要 200 万元指标，才能搞其他项目。

（5）商业网点 1000 平方米以下的，可以市里批。这样，只有两个地方没有办法解决：市委招待所、市立医院——没有基建计划指标了。

（6）淹没区的公房面积，没有建的，其基建计划指标可以拿到新区来建（按照规定，基建计划指标不能用于异地建设）。

（7）县城里的危房，可以异地兴建，用于新区基建计划指标。

八、四家领导会议：移民搬迁和市政建设

地点：市政府三楼会议室。时间：1986 年 5 月 21 日至 22 日。

主持：许永善。参会人员：在家的市委、人大、政府、政协领导。

会议内容：学习胡耀邦总书记关于端正党风的讲话和中纪委整顿纪律的二号文件，副市长廖茂现汇报计划生育工作，市政府调研员肖守秦汇报卫生改革工作，副市长陈甫德汇报市政建设情况，副市长沈孟皎汇报工业情况，市委副书记朱梅生汇报农村工作，市委常委王运会（政委）汇报人武部移交地方工作情况（从 5 月 10 日开始至 5 月底前结束，全部移交地方管理，人武部实行军队与地方双重领导），市委常委欧资海汇报农村整党工作安排（经济清退，班子建设，党员登记，由管片领导以片为单位组织验收）。

5 月 21 日在学习讨论中，涉及移民后的区划问题，决定：（1）撤销渡头乡，现有人口三千至四千人，分别划归旧市和清江乡管辖（正式撤销在移民搬迁完成后进行）。（2）旧市乡保留（原定撤销，后决定保留，乡政府迁大牛塭新址，已经在建设）。（3）厚玉乡保留。现有人口五千人，建制不变。乡政府所在地：迁移至望城水库旁边。问题是：原定撤销，现在异地重建，没有经费了。（4）撤销城郊乡和城关镇，合并设立兴宁镇。（5）移民库区的航运，原由移民办公室设立了航运组，现一律交由市交通局管理。

5 月 22 日上午，副市长陈甫德汇报市政建设情况（摘要）：

（一）市委、市政府大院建设情况：办公大楼两栋已经盖顶，正在搞内部装修，今年 9 月可使用。市委、市政府的 24 套住房在 6 月可交付使用。

（二）道路建设：完成了 70 万方土石方，还未成形，今年准备铺 5.6 公里路面基础。本来已经与广州军区（今已撤销）独立营签订了合同，但军区后勤部怕亏本，不准搞了，故至今还没有落实施工队伍。

（三）自来水：泵房正在清基，住房已建，11.4 公里管道已安装了 2.5 公里，今年年底以前可完成。

（四）有 16 个单位已平整了房屋地基，但建房的只有粮油公司和审判庭。

（五）问题：一是建委领导层严重不团结，二是资金不落实，三是各单位抓基建的人不落实。

（六）关于无地农民"农转非"问题：今年全省解决 500 万人，只落实到 1985 年 9 月 18 日以前的人，我们还排不上队。

九、市委常委会议：有关移民搬迁

地点：常委会议室。时间：1986 年 6 月 7 日下午。

主持：许永善（市委书记）。

参会人员：许永善、瞿龙彬、何立春、朱梅生、王运会、蓝英平、黄才勇、欧资海，李璧金（市委顾问），列席：黄科武（市人大常委会主任）、成章田（市政协副主席）。

会议内容：黄科武汇报参加省人大代表大会情况（六届四次会议），成章田汇报列席参加省人大代表大会和政协会议情况，瞿龙彬通报全市移民搬迁情况。

瞿龙彬通报说：今年彻底搬迁完毕的已经有 8 个组、278 户，原来计划安排 825 车，实际使用了 1000 车。

现在的问题：一是进度太慢，总体要搬迁 15000 车，四年来只搬迁了 5000 车，只占三分之一。今年 4 月份以来，用了 60 天时间，只搬运 1300 车次（主要是旧市，还包括渡头、厚玉两乡），还有 87％没有搬运。二是阻力蛮大，移民们不想搬，还想种一季晚稻；蔬菜已种下，接收区没有种菜，搬迁到新址没有菜吃；接收区还有许多问题没有解决，特别是侵占移民利益的事比较多，短时间内处理不清。三是返迁的户比较多，其中还有干部：清江中学校长刘加德、教育局干部黄常弟和清江乡卫生院长等人，强行返迁——已令这些单位领导去做工作了。

陈邦柱副省长的意见：（1）资兴移民必须抓紧进行；（2）搬迁还有什么问题，可以提出来解决；（3）6 月份来资兴检查移民工作。

丁连芳副专员的意见：（1）必须进一步统一思想认识，确保海拔 220 米以下的移民准时搬迁；（2）采取经济措施，鼓励搬迁；（3）采取强硬措施，强行搬迁。

我们的想法：集中力量，全面组织搬迁突击月活动。一是出动宣传车，再搞一个通告，强行清库；二是集中干部力量突击，首先用推土机推平旧市街。旧市街已经拆得差不多了，但还在赶集；我们用推土机去推，主要是造成声势，移民群众看到我们是搞真的了，不想搬也得去搬了。

许永善根据大家讨论的意见，做总结（要点，其他事略）：

移民搬迁，是我们当前工作的重中之重。

一是工作组增加人员：我们在库区旧市、渡头、厚玉乡做移民搬迁动员的干部已经有 100 多人了，但还不够，必须立即加强力量。从现在起，东乡片、城关片各个乡镇的整党联络组，每乡只留一个人，其余都抽出来搞移民；北乡片接收乡的整党联络组，搞接收区的具体问题解决。接收区的乡镇，派出干部组成工作组，每乡来 2—3 人，由乡领导带队。假如力量还不够，可以考虑从森工的工人中再抽一些人来做工作。抽调下乡的干部伙食补助，由抽人的单位自行解决，也算是为移民工作做贡献吧。

二是四家领导再增加人：原来已经率队派驻旧市的有欧资海、王运会、唐向才，瞿龙彬坐镇旧市乡，袁在芳坐镇移民搬迁指挥部。现在增加：肖佑甲（市政府调研员）驻厚玉乡，刘文艺（副市长）驻渡头乡。不驻乡镇的四家领导，都要抽出时间分头往移民区跑一跑，多做工作。

三是要驱赶：对于不愿搬迁的移民，先人赶，后水赶。多数人靠我们的人去赶，少数人靠水上来驱赶。其实，东江大坝关闸蓄水后，由于库容比较大，现在又是干旱少雨期，水上来的速度不会很快，只会慢慢地往上涨，人是淹不死的。但我们要大力宣传：如遇大雨，水的上涨速度会很快，搬迁不及时，就会淹死人的！现在我们工作的重点：一是外迁户，二是接收区解决具体问题，三是海拔低的后靠移民。海拔高的后靠移民（坪石、青市、清江、滁口、黄草、龙溪、东坪），由各乡镇自行抓紧解决问题，市里不再加派工作组。

四是抓好机关动员：星期一晚上召开四家领导会议，星期二上午召开科局长会议，就讲移民搬迁。

十、市委常委会议：有关移民搬迁

地点：常委会议室。时间：1986年7月9日下午。

主持：许永善（市委书记）。

参会人员：许永善、瞿龙彬、何立春、谢孔彬、朱梅生、蓝英平、王运会、黄才勇、欧资海，李璧金（市委顾问）。列席：曾庆沼（市委组织部副部长）。说明：谢孔彬从湘潭大学毕业，仍然担任市委副书记，7月8日开始参加市委常委会议。7月9日，市委常委会决定：欧资海调任市委办公室主任，市委组织部部长、宣传部部长，向上级呈报人选（姓名略）。

会议内容：人事安排。

会议决定：从省委党校毕业的黄诚、罗维汉2人，从湘潭大学毕业的黄子明（女），从地委党校毕业的王存湘、邓光星、袁佳游、朱友文、雷戊坤、曹秀如、黄常性7人，从电大毕业的王昌宏、何泗文、张孝林、胡小平、钟昭礼、袁木衡、黄国政、郭良学、贺秀仁、王国政、谢声梁、陈正元、陈述仁、赖林江、何广文15人，共计25人，逐一确定了工作单位和职务。同时决定：这批人先到旧市搞移民搬迁动员工作，待任务完成后再回新安排的单位上班。

十一、市委常委会议：移民搬迁

地点：常委会议室。时间：1986 年 7 月 19 日（星期六）晚上。

主持：许永善（市委书记）。

参会人员：许永善、瞿龙彬、何立春、谢孔彬、朱梅生、王运会、兰英平、黄才勇、欧资海，李璧金（市委顾问）。列席：曾庆沼（市委组织部副部长）。

会议内容：瞿龙彬汇报移民搬迁海拔 220 米以下扫尾工作情况，何立春传达政法、信访会议精神（略），欧资海汇报农村整党工作会议精神（略）。

瞿龙杉说（摘要）：

东江库区移民搬迁，时至今天，海拔 180 米以下基本搬迁完毕。海拔 220 米以内的共 24000 人，已搬迁 11000 人，正在搬的 7000 人，还未动的有 600 人。

省、地和中南设计院的同志，对我们的移民搬迁工作给予了很高的评价。特别对于我们以 180 米以下地区为重点的做法，反映很好。据他们测算：大坝关闸门 10 天到半个月，水位将达到海拔 180 米，2 个月到 3 个月，将达到 207 米，如遇洪水则可达 220 米。

副市长袁在芳到省里参加了熊清泉省长主持召开的"东江水库关闸蓄水会议"，主要是吵着要水、要电、要钱。这次会议解决了我市一些问题：汽油再给 30 吨，补足 200 吨；移民粮食（定销粮）原则上同意了我们的意见；邮电问题，由原来的 70 万元增加到 124.6 万元，由邮电部门包干解决。

省里的会议确定：东江大坝关闸时间为今年 7 月 25 日至 8 月 5 日之间，上游来水流量 50—100 流量就关闸。第二个导流洞原定放 20 个流量，考虑到下游生产、生活用水，增加到放 30 个流量。省政府正式下达了传真电报（我市已收到）。

有三件事需要提请常委们研究：一是四家领导听一次移民工作汇报（确定于明天听）；二是组织四家领导在关闸前，搞一次内部检查（大家同意）；三是渡头乡政府房屋地处海拔 186 米，要尽快拆除。这样，今天就要解决这么几个问题：撤销渡头乡后的区划确定下来，乡政府的八大财产处理要确定，乡干部的去向马上安排——21 日宣布干部去向，21—24 日乡干部搬家，25 日以后应付搬迁高潮。

曾庆沼汇报渡头乡干部的初步安排意见，大家讨论后决定：杨元春书记到旧市乡任党委书记，旧市乡书记李小平调到皮石乡任党委书记（8月6日常委会议决定改任烟坪乡书记）；乡长李国民到清江乡任乡长，清江乡的乡长唐建设调到汤市乡任乡长——其老婆陈赛湘是党委委员一同调入汤市乡任专职纪委委员；副书记黄仁辉调入厚玉乡任副书记、专职纪委委员，副乡长黄满松调入七里乡免职做干部安排，协理员朱正洪到旧市乡任协理员。一般干部8人，清江乡安排5人，旧市乡安排3人。

撤销渡头乡及其区划确定、财产处理、财务清理等事，均由管片领导欧资海负责。乡干部安排的谈话由瞿龙彬和曾庆沼负责。

说明：解决库区邮电通信问题。《资兴市志·大事记》中记载：1986年"7月，东江库区6个乡特高频无线通信网建成，为全省农村第一个特高频无线电话网"。

十二、四家领导会议：移民搬迁

地点：市政府四楼会议室。时间：1986年7月20日（星期日）。

主持：许永善（市委书记）。

参会人员：在家的市委、人大、政府、政协领导：许永善、瞿龙彬、何立春、谢孔彬、朱梅生、蓝英平、黄才勇、欧资海、李璧金、袁在芳、廖茂现、刘文艺、陈甫德、沈孟皎、黄科武、肖仁科、肖守秦、唐向才、周德程、曹桂树、钟孝仁、肖佑甲。

会议内容：上午，我市村级整党工作安排；传达地区政法（公安局长唐清万）、信访（信访办主任曹忠邦）会议精神。下午，副市长袁在芳汇报移民工作，许永善安排当前各项工作。

袁在芳汇报移民工作，传达省政府"明传电报"。瞿龙彬做了补充（具体事略）。

《明传电报》湘政传电〔1986〕72号，郴机374号。

关于东江水电站下闸蓄水有关问题的通知

（本书笔者摘录件）

郴州行政公署、衡阳市、资兴市、永兴县、郴县、衡南县、耒阳县人民政府，省直有关单位：

东江水电站工程于1984年正式浇筑大坝混凝土，到目前为止，拦河大坝最高坝块已浇到245米高程，其他各项工程进展顺利，已达到水电部和省政府

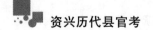

共同商定的 7 月底水库下闸蓄水要求。为保证电站按期蓄水发电，现就其下闸蓄水有关问题通知如下：

一、是一件大事……

二、下闸蓄水前，水库库区 220 米高程以下的移民搬迁及水库清理工作，必须完成……

三、下闸时间定在 7 月 26 日至 8 月 5 日之间，断水一天半到三天。

四、鲤鱼江火力发电厂将暂停发电五至六天……

五、鲤鱼江火力发电厂冷却用水，请省电力局负责落实。

六、耒水沿河船只卸空停在深水河道上，省交通厅负责。

七、严禁在断流期内毒鱼和排污。

湖南省人民政府

1986 年 7 月 16 日

许永善在安排工作时说（摘要）：

1. 党校、电大毕业生 25 人，已经做了工作安排。但是，他们集中突击搞移民搬迁动员工作，待任务完成之后，再到新的工作岗位上班。

2. 本月 23 日，请四家领导集中到库区检查一次。由刘桃生（移民办公室主任）、欧学礼（市委办公室副主任）组织车辆、安排路线、解决吃喝（本书笔者说明：23 日，四家领导顶着烈日，戴着草帽，从渡头街、旧市街一直到厚玉乡杨虎坑，检查移民拆房搬迁情况，只见一个个曾经繁荣昌盛的村庄，变成了一堆堆废墟，人无踪，畜无影）。

3. 渡头乡予以解散，明天就安排干部分配到各乡去。撤销渡头乡的工作由欧资海负责。

《资兴市志·大事记》中记载：1986 年"7 月 31 日，根据东江水库蓄水后地域的变化，决定撤销渡头乡的建制，所辖 12 个行政村除 3 个被撤销外，其余的分别划归清江、旧市、滁口 3 个乡管辖"。本书笔者说明：准确的时间应为：渡头乡于 7 月 28 日召开会议，被宣布撤销建制；7 月 29 日，乡政府大院被拆除。

十三、四家领导会议：移民搬迁

地点：市政府四楼会议室。时间：1986 年 7 月 25 日晚上。

主持：许永善（市委书记）。

参会人员：在家的市委、人大、政府、政协领导，还有人武部政委邓泽良。

说明：（1）政协副主席钟孝仁、成章田因事请假，其余全部到齐。（2）中共资兴市委常委的"任职表"中记载：王运会任至1986年9月，邓泽良"1986年9月"始任；而本人这次会议的记录中记载的则是："人武部政委邓泽良。"事实是，同年5月底人武部移交地方管理后，7月底吴振权担任部长、邓泽良担任政委——市委常委则在"1986年9月"才任命。

列席会议：市委、人大、政府、政协办公室、移民办公室正副主任。

会议内容：东江水电站大坝关闸蓄水紧急会议。

副市长袁在芳汇报"东江大坝下闸蓄水验收会议"精神。他说（摘要）：

7月23日至25日，湖南省副省长陈邦柱在东江主持召开了东江大坝下闸蓄水验收会议。陈副省长讲了话。会议期间，参加会议的各方领导和专家一起乘车检查了大坝的建设情况，并驱车到了旧市街、渡头街，实地检查了海拔285米高程以下的移民搬迁情况。通过检查与验收，会议确定：东江水电站大坝的下闸蓄水时间，在8月1日至5日之间，具体下闸时间，由关闸领导小组确定。

会议中，我们希望解决移民一些实际问题。我首先讲要解决220米以下的今年晚稻不插而引起的缺口粮问题。陈副省长讲：晚稻一定不插，口粮一次性解决，移民全部搬出去。其次，我讲要解决柴油、煤油问题。陈副省长讲：今年临时解决，明年列入计划解决。最后，我们要解决东江水电站的电和电费补偿，要移民补偿的物价补差等问题。陈副省长答应帮我们一起喊，并有了一些眉目。陈副省长讲：东江的电要多给点，淹没了这么多好地方才换取五十万千瓦电。

今天上午，水电总局原党委书记王干国讲了话。他说：东江水电站大坝下闸时间定在8月1日至5日之间。具体下闸时间，由领导小组（郴州地区、中南设计院、资兴、水电八局等组成）最后确定。关闸之后，东江河断流一天半至三天。

关于移民和清库问题，由资兴解决。

我们的任务、安排及设想：

（一）移民搬迁：要求海拔185米以下紧急搬迁是最紧急的任务，要在7

月 31 日以前搞完，即东西搬走，人撤走。海拔 220 米以下的于 8 月 10 日以前搞完，15 日扫尾。

（二）采取措施：（1）加强领导：海拔 180 米以下紧急搬迁具有担风险性质。因此，每个村民小组要有一个国家干部驻守，明确责任。市里领导要亲临前线，分工分区域负责。干部要有明确的纪律，不准擅离岗位。（2）逐户逐人做发动工作：落实搬迁计划，宣传这次会议精神。（3）采取经济手段：一是海拔 180 米以下的移民，于 7 月 30 日全部搬完的，每人补助 20 元。二是 180 米至 220 米之间的移民，于 7 月 30 日全部搬完、又不种晚稻的，每人补助 40 元。三是以上移民在 7 月 30 日以前全部搬完的，每人补助口粮指标 300 斤。（4）强制拆除——以清库为理由，推倒房屋。（5）保证通信、交通的畅通无阻。除了陆上交通，还要考虑水上交通。木船、机船都要启动，准备抢险。

（三）搞好库底清理：采用烧（东西）、填（埋废物）、砍（大树）、捞（漂浮物）等办法，搞好库底清理。重点地段为江口到渡头地域。

（四）社会治安及保卫……

瞿龙彬做了补充发言。

市委书记许永善做了紧急部署。他说（摘要）：

为确保移民搬迁工作不拖东江大坝关闸蓄水的后腿，不出问题，不造成损失，要求全市各项工作，都要为移民大搬迁让路，举全市之力搞好移民大搬迁。现决定四大家的领导重新分工，具体安排如下：

四大家领导机关，每家只留一人看家。留守机关的领导是：市委何立春（副书记）、市人大常委会周德程（副主任）、市人民政府沈孟皎（副市长）、市政协成章田（副主席）。陈甫德负责唐洞新区市政建设指挥部，袁在芳负责移民办公室与市移民搬迁指挥部（设在旧市良种场）。

驻清江乡的领导是：许永善（市委书记）、蓝英平（市委常委、纪委书记）、欧资海（市委常委、市委办公室主任）、刘文艺（副市长）、何建都（人大常委会副主任）。

驻旧市乡的领导是：瞿龙彬（市委副书记、市长）、黄科武（市人大常委会主任）、邓泽良（市人武部政委）、唐向才（人大常委会副主任）、肖荣科（人大常委会副主任）、吴振权（市人武部部长）。

驻厚玉乡的领导是：谢孔彬（市委副书记）、曹桂树（政协主席）、黄才勇（市委常委、副市长）、肖佑甲（市政府调研员）、肖守秦（市政府调研员）。

北乡片负责接收安置区工作的市领导是：朱梅生（市委副书记）、李璧金（市委顾问）、李雄姬（女，人大常委会副主任）、廖茂现（副市长）。

许永善要求：负责旧市乡与负责清江乡的领导同志，其工作的范围包括马上就要接收的渡头乡划过去的区域；并要求领导成员一律于 26 日分赴各指定地点，住在乡政府（此时库区拆迁区域内已没有电），不搞完搬迁工作原则上不回机关。

此后，四大家领导成员按照要求，于 26 日全部下到了各自的工作地点，抓紧组织移民搬迁，解决具体问题，保证了移民搬迁工作的顺利进行。

东江水电站大坝下闸蓄水领导小组 7 月 30 日确定：大坝关闸蓄水时间为 8 月 2 日。

1986 年 8 月 2 日，东江大坝彩旗飘扬，人流涌动。从上午 8 时至下午 1：40 分，东江大坝导流洞的大闸门终于顺利关下。从此，东江湖诞生了。8 月 2 日，就是东江湖的生日！

《资兴市志·大事记》中记载："1986 年 8 月 2 日，东江水电站（大坝）关闸蓄水。设计库容 81.2 亿立方米，水面积 24 万亩，相当于半个洞庭湖的蓄水量，人称'南洞庭'。共淹没耕地 5.74 万亩，林地 9.83 万亩，住宅基地 3500 亩。"

《资兴市志·大事记》中记载："1987 年 1 月 2 日，省委副书记、省人大常委会主任刘夫生来资兴视察市城建设情况。他说：'资兴人民搞了一项大建设，办了一件大事。要注意绿化，要重视帮助城市无地农民开辟生产门路。'"

《中共资兴党史大事年表》记载："1987 年 1 月 30 日（笔者注：应该是'1 月 3 日'），中共湖南省委书记毛致用来资兴视察。陪同前来的有王润明、龚杰、周时昌等省、地区领导。中共资兴市委书记许永善、副市长陈甫德汇报了资兴新市区城建规划工作、移民工作和全市 1986 年取得的主要成绩。毛致用在唐洞新市区建设工地发表了讲话，并题词'资兴必兴'。"

《资兴市志·大事记》记载："1987 年 2 月，中共湖南省委书记毛致用一行视察唐洞新市城建设情况，指示要加快改革开放步伐，用好用活政策，振兴资兴经济。毛致用题词'资兴必兴'。"《中共资兴党史大事年表》记载："2

月3日，中共湖南省委书记毛致用一行视察唐洞新市区建设，指示资兴要加快改革开放步伐，用好用活政策，振兴资兴经济。"

关于毛致用书记视察资兴的日期，以上的时间均为误记。准确的记载如下：

《中国共产党资兴历史》第三卷（1978.12—2006.12）（2014年11月初稿）"市政搬迁"中记载："资兴市区建设靠人民群众的支持、靠上级领导的重视和理解、靠领导班子的集体智慧和公而忘私、锲而不舍的精神，战胜了一个又一个困难，加快了建设步伐，仅用一年半的时间，一座初具规模的崭新城市终于耸立在唐洞市区。1987年1月3日，省委书记毛致用视察资兴新市区后，赞叹不已，挥毫泼墨写下了'资兴必兴'四个大字。"

毛致用和刘夫生为什么选择元旦期间视察资兴唐洞新区？这是来给资兴加油、鼓劲的。1986年1月，党中央、国务院做出了一个重大部署，为保障社会主义经济建设的健康发展，遏制已经出现的基本建设过热的倾向，压缩基建投资规模。2月份，省委、省政府在全省计划工作会议上传达了党中央、国务院文件精神，做出了全面部署，其中提到了资兴市政搬迁建设工程必须下马。3月，中共资兴市委召开四家领导会议，传达省委、省政府的计划工作会议精神，一致反对下马。于是，将资兴市搬迁建设工程不能下马的理由上报郴州地委和行署，求得了支持；然后又上报到省委和省政府，以求得支持。然而，当时没有人敢于给予肯定的答复。在这种情况下，资兴市委、市政府及人大、政协领导，顶着巨大压力搞建设，大干快上，使唐洞新区初具城市规模。这时，刘夫生主任和毛致用书记先后来到唐洞建设工地视察，并题词鼓励，这实际上是公开地给资兴的市政建设工程解除了"下马"威胁。

从此之后，省委、省政府和各部门的领导这才陆续到达唐洞新区视察，为资兴到省、地各级各部门进一步争取资金、政策等支持，发挥了巨大的作用。

由此，市政建设走上了发展的快车道。1988年1月11日上午，在县城（兴宁镇）市政府三楼会议室召开四家领导会议。笔者在记录本中记载："副市长陈甫德为搬迁第一人：1月11日上午装车发出第一车，开创了市政府搬迁唐洞新区的搬家先例。"

《资兴市志·大事记》记载：1988年"1月10日，市人民政府开始搬迁至新市城。2月9日正式办公"。1990年"1月，市委各机关单位搬迁至新市城办公"。

　　笔者行文至此，忍不住由衷地要向当时的四大家领导同事们道一声："辛苦了！"

2016年1月8日

第二节　资兴县、市人大常委会负责人

　　人民代表大会是中华人民共和国国家权力机关。包括：全国人民代表大会；省、自治区、直辖市的人民代表大会；设区的市、自治州的人民代表大会；县、自治县、不设区的市、市辖区的人民代表大会；乡、民族乡、镇的人民代表大会。全国人民代表大会是最高国家权力机关，地方各级人民代表大会是地方国家权力机关。

　　人民代表大会的代表由民主选举产生。全国人民代表大会由省、自治区、直辖市、特别行政区和人民解放军选出的代表组成。省、自治区、直辖市、设区的市、自治州的人民代表大会由下一级人民代表大会选出的代表组成。县、自治县、不设区的市、市辖区，以及乡、民族乡、镇的人民代表大会由选民直接选出的代表组成。

　　全国人民代表大会每届任期五年，每年举行一次会议。如果全国人民代表大会常务委员会认为必要，或者有五分之一以上的全国人民代表大会代表提议，可以临时召集全国人民代表大会会议。全国人民代表大会会议于每年第一季度举行，由全国人民代表大会常务委员会召集。全国人民代表大会举行会议时，选举主席团主持会议。地方各级人民代表大会每届任期五年。地方各级人民代表大会每年至少举行一次会议。经五分之一以上的代表提议，可以临时召集本级人民代表大会会议。县级以上的地方各级人民代表大会会议由本级人民代表大会常务委员会召集。乡、民族乡、镇的人民代表大会会议由上次人民代表大会主席团召集。地方各级人民代表大会举行会议时，选举主席团，由主席团主持会议。

　　资兴市人大常委会编印1994年10月内部出版的《资兴市人大志》（1989—2005）"选举与任免"中说："根据宪法和地方组织法规定，市人民代

表大会选举并且有权罢免市人民代表大会常务委员会的组成人员，市人民政府市长、副市长，市人民法院院长，市人民检察院检察长以及上一级人民代表大会代表。人民代表大会闭会期间，市人大常委会有权决定副市长的个别任免；决定市长、法院院长、检察院检察长职务代理人选；决定任免市政府组成部门的主任、局长；任免市人大常委会工作和办事机构主任、副主任，市人民法院副院长、审判委员会委员、审判员，市人民检察院副检察长、检察委员会委员、检察员；补选上一级人民代表大会缺额代表和罢免个别代表；决定接受市人大常委会的组成人员，市人民政府正、副市长，市人民法院院长，市人民检察院检察长的辞职。"

历史沿革：

《资兴市人大志》中说：

1927年3月，在中国共产党的领导下，资兴县农民协会通讯处召开第一次农民代表大会，选举产生了资兴县农民协会。1928年3月6日，召开了资兴县工农兵代表大会，选举产生了资兴县苏维埃政府。从性质和组织制度上看，农民协会、工农兵代表大会是人民代表大会制度的萌芽。

1949年8月，资兴县获得了解放。新中国成立初期，召开人民代表大会的条件尚未成熟。依照《中华人民共和国政治协商会议共同纲领》和中央人民政府颁发的《县各界人民代表会议组织通则》的规定，1950年5月10日至13日，在资兴县城召开了资兴县第一次各界人民代表会议，代行县人民代表大会职权。至1954年3月，资兴县各界人民代表会议共举行11次会议。县各界人民代表会议的召开，为普选创造了条件，为建立人民代表大会制度奠定了坚实的基础，标志着人民代表机关在资兴的确立。

遵照中央人民政府委员会通过的《全国人民代表大会及地方各级人民代表大会选举法》的规定，1954年3月，资兴县进行了新中国成立后第一次普选，各乡镇召开了人民代表大会，选出县人民代表195人。1954年6月27日至7月2日，资兴县第一届人民代表大会第一次会议在县城举行。这是资兴人民通过自己选出的代表管理国家事务的开端，标志着人民代表大会制度在资兴的正式建立。

自1954年6月至1966年，先后召开了五届人民代表大会，选举产生了县人民委员会。县人民委员会既是人民代表大会的常设机关，又是地方国家行政机关。1966年下半年至1976年，由于处于"文革"的特殊历史时期，人民代表大会制度受到严重冲击，停止了活动。1968 年 9 月 15 日，经湖南省革命委员会批准，成立了资兴县革命委员会。革命委员会成员不是通过选举产生的，而是经过协商和上级批准，由军方、革命干部、"造反派"三方面代表组成。1976 年 10 月，粉碎"四人帮"后，又恢复了人民代表大会制度。1978 年元月召开了资兴县第七届人民代表大会第一次会议，选举产生了资兴县革命委员会。县革命委员会既是县人民政府，又是县人民代表大会的常设机关。

1979 年 7 月，五届全国人大二次会议通过了《关于修改〈中华人民共和国宪法〉若干规定的决议案》和《中华人民共和国地方各级人民代表大会和地方各级人民政府组织法》《中华人民共和国全国人民代表大会和地方各级人民代表大会选举法》，规定县级以上地方各级人民代表大会设立常务委员会。1980 年 11 月 24 日，召开资兴县第八届人民代表大会第一次会议，选举产生了资兴县人民代表大会常务委员会，为县人民代表大会常设机关。下设办公室，为人大常委会综合办事机构。县人大常委会的设立，是资兴县人大史上的重要里程碑，它标志着人大工作进入了一个全新的发展阶段。

1983 年 12 月，县人大常委会又增设了法制工作室、财政经济工作室、教科文卫工作室三个专门办事机构。1984 年 11 月，县九届人大常委会第六次会议决定，上述三个工作室分别更名为：法制工作委员会、财政经济工作委员会、教科文卫工作委员会。1988 年 7 月 15 日，又决定增设选举联络工作委员会。县级设立人大常委会以来，办事机构趋于完备，扩大了人民民主，加快了民主政治建设，整个人大工作走上了制度化、规范化的轨道，标志着人民代表大会制度向更加完善的阶段发展。

1984 年 12 月，根据国务院关于撤销资兴县设立资兴市的批复，资兴县人民代表大会更名为资兴市人民代表大会，资兴县人大常委会更名为资兴市人大常委会。

1989 年 8 月 21 日，市人大常委会机关由兴宁镇（原县城）搬迁到唐洞新市区。

资兴市人大常委会 2006 年《简介》中说："湖南省资兴市人民代表大会制度始建于 1954 年。1954 年 6 月 27 日至 7 月 2 日，召开了资兴县第一届人民代表大会第一次会议，这是资兴人民通过自己选举出的代表管理国家事务的开端。1980 年 11 月 19 日至 24 日，资兴县举行第八届人民代表大会第一次会议，选出主任 1 名、副主任 4 名、常务委员 9 名，组成县人民代表大会常务委员会，为县人民代表大会的常设机构。县人民代表大会常务委员会下设办公室，机关行政编制 18 个，从而标志着资兴人大工作进入一个新的发展阶段。1984年 12 月，撤销资兴县，设立资兴市，资兴县人民代表大会常务委员会改称为资兴市人民代表大会常务委员会。自 1954 年 6 月至 2006 年 12 月，资兴市（县）已召开人民代表大会十四届共 42 次。资兴市人大及其常委会经过数十年的建设与发展，已日臻健全。资兴市十四届人民代表大会有代表 192 名，其中女代表 49 名，民主党派和无党派人士 52 名。资兴市十四届人民代表大会常务委员会组成人员 17 名，其中主任 1 名，副主任 6 名，兼职委员 2 名，女委员 3 名，非党 3 名。资兴市人民代表大会常务委员会机关内设办公室和选举任免联络、财政经济、内务司法、教科文卫、城建环保 5 个工作委员会，编制27 个。资兴市人大常委会多次荣获郴州市各县市区人大工作年度考核一等奖，人大工作创新奖。在 2004 年湖南省人大、政协工作会议上，资兴市人大常委会作为全省唯一的县级人大常委会做典型发言，资兴市人大常委会领导班子被郴州市委评为优秀领导班子。"

历届县、市人民代表大会概况

1949 年 8 月 10 日，在中共领导的资兴和湘南地方武装的进攻下，资兴县获得了解放，城乡各地建立了人民政权。1950 年春，根据《中国人民政治协商会议共同纲领》的规定和省、地的部署，积极筹备召开全县各界人民代表会议，为以后普选和正式建立人民代表大会制度创造条件。

根据当时的特定条件，县各界人民代表的产生，分为选举、推荐、直接聘请三种形式。具体做法是：由县政府分配名额到区，各区按实际情况产生各界人民代表。农民代表以区村农会为单位选举，工商代表以各集镇工商联合会为单位选举；教联代表以各区中心国民小学所属范围，由教职员工选举；开明人士由各区郑重提出推荐，进步绅士经县人民政府审查批准。各界代表产生后，再由县人民政府统一聘请。

第一届县各界人民代表会议

资兴县第一届各界人民代表会议第一次会议于 1950 年 5 月 10 日至 13 日在县城举行，到会代表 161 人。县委副书记（当时无正职）赵理致开幕词，并做了关于今后工作问题的报告，县长孙立做施政报告。会议做出了关于组织民兵剿匪肃特、关于开展生产运动、关于健全并扩大农民协会组织、贯彻双减反霸、关于财经问题、关于宣教工作、关于追悼革命烈士和抚恤烈属等决议。会议收到代表提案 103 份、215 件。

5 月 13 日，大会推选 17 人组成资兴县各界人民代表会议常务委员会，由赵理（县委副书记）任主任委员；孙立（县委委员）、李建平（县委委员）、许谟媛（女）任副主任委员；委员：赖康民、朱谷平、钟彩云、欧昌相、胡跃明、赵三堂、谢书厨、李韶成、张明义、李基邦、苏占白、谭绍丁、樊柏仁。

5 月 15 日，常委会召开第一次会议，开始办公。常委会的工作有：（一）督促县政府执行各界人民代表会议的决议案；（二）协助县政府处理有关事宜；（三）决定各界人民代表会议的召开日期等事项；（四）加强各代表与县政府的联系；（五）负责各界人民代表名额的比例分配；（六）负责代表资格审查工作。

资兴县第一届各界人民代表会议第二次会议于 1950 年 8 月 1 日至 3 日在县城举行，到会代表 161 人。大会选举欧阳贤、唐满生、陈家麟、戴青为资兴县出席湖南省首届各界人民代表会议代表。

资兴县第一届各界人民代表会议第三次会议于 1950 年 9 月 28 日至 30 日在县城举行，到会代表 182 人。会议讨论了《新农业条例》，通过了各区秋收任务，茶油、杉木的起征点和累计率，灾区和被野兽损害地区的粮食减免法，组织牛工会发展冬耕等决议案。

第二届县各界人民代表会议

资兴县第二届各界人民代表会议第一次会议于 1951 年 3 月 28 日至 31 日在县城举行，到会代表 359 人。县委书记赵理做了关于过去工作检查和抗美援朝、反对美帝武装日本、单独对日媾和问题的报告，公安局副局长李树贵做了关于清匪肃特镇压反革命问题的报告，县长孙立做了关于大力开展春耕生产、争取 1951 年大丰收的报告，并做出了相应的决议。

资兴县第二届各界人民代表会议第二次会议于 1951 年 11 月 3 日至 5 日在县城举行，到会代表 233 人。会议听取了县政府及有关部门关于政府半年来的工作、抗美援朝工作、土地改革工作、贯彻婚姻法、乡村小学经费征集办法五个报告，并做了相应的决议。会议收到代表提案 102 件。

第三届县各界人民代表会议

资兴县第三届各界人民代表会议第一次会议于 1952 年 2 月 2 日至 4 日在县城举行，到会代表 151 人。会议听取和讨论了县长孙立所做的关于三个月来县政府工作报告和关于加强经济建设、胜利完成 1952 年农业增产计划而奋斗的报告，并做出了相应的决议。

资兴县第三届各界人民代表会议第二次会议于 1952 年 8 月 11 日至 14 日在县城举行，到会代表 151 人。会议听取和讨论了县长孙立所做的关于秋收前的中心任务及其工作实施的报告。会议通过了关于查田定产工作的决议。

资兴县第三届各界人民代表会议第三次会议于 1952 年 11 月 28 日至 12 月 1 日在县城举行，到会代表 157 人。会议听取和讨论了县长孙立所做的关于三个月来县政府工作报告和关于今冬明春工作任务的报告。会议还通过了相应的决议。

第四届县各界人民代表会议

资兴县第四届各界人民代表会议第一次会议于 1953 年 2 月 26 日至 3 月 1 日在县城举行，到会代表 161 人。会议听取和讨论了县长孙立所做的关于三个月来县政府的工作及 1953 年三大任务的报告。通过了关于继续加强抗美援朝、关于贯彻《中华人民共和国婚姻法》、关于生产问题、关于筹集乡经费的四项决议。

资兴县第四届各界人民代表会议第二次会议于 1953 年 11 月 26 日至 29 日在县城举行，到会代表 161 人。会议听取和讨论了副县长李政栋关于解放四年来的工作概况、粮食问题、过渡时期总路线问题的报告。通过了关于坚决拥护国家在过渡时期的总路线、总政策，关于认真实行中央关于解决粮食问题，关于动员群众增产节约、卖爱国粮、保证完成国家统购任务，关于把我们的决心化为力量四项决议。

第五届县各界人民代表会议

资兴县第五届各界人民代表会议第一次会议于 1954 年 3 月 9 日至 10 日在县城举行，到会代表 121 人。会议的中心议题是当年的春耕生产和普选工作，同时还讨论了进一步贯彻国家总路线的问题。

经过三年的努力工作，各界人民代表会议已完成其历史使命。

资兴县第一届人民代表大会（1954 年选举）

经过各界人民代表会议三年的实践，我国有了普选的良好条件。1953 年 2 月，中央人民政府委员会通过了《中华人民共和国全国人民代表大会和地方各级人民代表大会选举法》。1953 年冬至 1954 年春，全县 8 个区、1 个区级镇、138 个乡镇，按照《选举法》和上级部署，开展了声势浩大的第一次普选工作。

全县总人口为 146179 人，其中选民登记总数为 89023 人。经审查，全县有 3973 人无选举权和被选举权，其中地主阶级分子等三类 3974 人，精神病患者 179 人。全县实际参加选举的选民为 72018 人，占选民总数的 81%（本书笔者说明：这些数字原文如此）。

当时，《选举法》规定，基层政权（乡镇）的选举，可以举手，也可以投票。全县各选区，当时以举手通过为主。乡镇人大代表产生后，立即召开乡镇人民代表大会，讨论生产计划，选举乡镇政府委员、乡长、副乡长、县人大代表。全县选出县人大代表 187 人。

资兴县第一届人民代表大会第一次会议，于 1954 年 6 月 27 日至 7 月 2 日在县城举行。应到代表 187 人，实到代表 177 名。大会听取和审议了县长李政栋、县委副书记黄静、宪法草案讨论委员会副主任史云龙等人做的报告。会议通过讨论，做出了关于发展合作社规模，关于发展粮食、牲猪、林业，办好互助合作社，办好信用合作社，办好民办夜校，开展爱国卫生运动，加强治安工作，学习讨论宪法草案八个决议。县委书记许力平为大会致开幕词和闭幕词。大会收到代表提案 15 件。大会还选举了资兴县出席湖南省第一届人民代表大会代表。

资兴县第一届人民代表大会第二次会议，于 1954 年 12 月 18 日至 21 日在县城举行。应到代表 187 人，实到代表 176 名，列席人员 12 人。大会听取和审议了县长李政栋、县政府秘书钟国华、县兵役局政委贾墨山等人所做的报告和讲话。会议通过讨论，做出了关于发展合作社、发展农业生产、发展林业生产、扩大信用合作组织四个决议。

资兴县第一届人民代表大会第三次会议，于 1955 年 4 月 5 日至 6 日在县城举行。应到代表 187 人，实到代表 122 名。大会听取了省人大代表、县委副书记李政栋传达的省一届人大一次会议精神，县委副书记黄静做大力发展互助合作、努力完成 1955 年生产任务的报告，县兵役局局长王松涛做关于《兵役法》（草案）的报告。会议通过了关于进一步发展农业生产的决议。大会以无记名投票方式，选举产生了资兴县人民委员会和县人民法院院长。

资兴县第一届人民代表大会第四次会议，于 1955 年 12 月 10 日在县城举行。应到代表 187 人，实到代表 112 名。大会以无记名投票方式，补选黄静为湖南省第一届人民代表大会代表。

资兴县第一届人民代表大会第五次会议，于 1956 年 5 月 10 日至 11 日在县城举行。应到代表 187 人，实到代表 178 名。大会听取和审议了县长朱性化做的县政府工作报告和撤区并乡的报告，县委副书记黄静做的关于农业合作化、1956 年国民经济计划的报告。大会通过了撤区并乡的决议，决定将原区公所一级派出机构撤销，将 133 个小乡镇合并成 25 个乡、镇，并对撤区并乡的工作时间、干部配备做了具体规定。

资兴县第一届人民代表大会第六次会议，于 1956 年 9 月 30 日在县城举行。会议中心议题是关于修建资兴至彭市公路问题。通过讨论，做出了动员全县民工修建资彭公路的决议。

第二届县人民代表大会（1956 年选举）

按照 1954 年宪法规定，县、乡镇人民代表大会每届任期两年。1956 年 3 月，进行了换届选举，选出县人民代表 215 名。

资兴县第二届人民代表大会第一次会议，于 1956 年 12 月 28 日至 1957 年 1 月 1 日在县城举行。应到代表 215 人，实到代表 154 名。大会听取和审议了县长史云龙关于前届人民委员会工作检查及今后任务的报告。大会选出了县人民委员会、县长、副县长，补选了省一届人大代表。

资兴县第二届人民代表大会第二次会议，于 1957 年 5 月 23 日至 24 日在县城举行。应到代表 215 人，实到代表 124 名。县长史云龙致开幕词，副县长钟国华做政府工作报告，财政科副科长蓼义乐做 1956 年财政决算和 1957 年财政预算的报告。大会通过了有关的决议。

资兴县第二届人民代表大会第三次会议，于 1958 年 1 月 30 日至 2 月 2 日在县城举行。县人民委员会委员何广德致开幕词，县长史云龙做人民委员会工作报告，财政科长罗煦涛做财政工作报告。

第三届县人民代表大会（1958 年选举）

1958 年，进行了第三届县、乡镇人民代表大会的选举工作。这些选举工作的步骤、方法和 1954 年的选举基本相同。选举出县人民代表 219 名。

资兴县第三届人民代表大会第一次会议，于 1958 年 5 月 24 日至 26 日在县城举行。应到代表 219 名，实到代表 181 名。县长史云龙致开幕词，副县长钟国华做政府工作报告，县人民法院院长刘占山做法院工作报告。会议经过酝酿提名、民主协商、无记名投票，选举出县人民委员会、县法院院长和湖南省第二届人大代表。

1959 年 3 月 22 日，国务院第 86 次会议通过关于行政区划变更的决定，决定将资兴县与郴县合并为郴县。

郴县第三届人民代表大会第二次会议，于 1960 年 2 月 9 日至 11 日在郴县举行。应到代表 384 名，实到代表 239 名，列席人员 7 名。会议听取和审议了副县长钟国华代表县人民委员会所做的关于高举总路线红旗乘胜前进的报告，县财政局副局长高良生做财政决算和预算的报告，县人民法院院长刘庭桂做法院工作报告；大会还听取了七个书面发言。大会选举出县人民委员会、县长、副县长。大会收到代表提案 141 件。

郴县第四届人民代表大会（1960 年选举）

1958 年至 1959 年，党中央召开了北戴河会议和八届六中全会，分别做出了《关于在农村建立人民公社问题的决议》《关于人民公社若干问题的决议》，全国大办人民公社。中央规定：农村人民公社社员代表大会即相当于人民代表大会。根据这一精神，郴县 1960 年年末实行普选，由公社社员代表大会直接选出县人大代表。全县人大代表共选出 370 人。

郴县第四届人民代表大会第一次会议，于 1960 年 12 月 8 日至 10 日在郴县举行。应到代表370人，实到代表279名。大会听取和审议了王朋义所做的人民委员会工作报告，财政局局长高良生所做的财政预、决算报告和刘庭桂所做的法院工作报告，还听取了六个工作发言。会议收到代表提案277件。大会选举了县人民委员会、县长、副县长，补选了省人大代表。

第五届县人民代表大会（1963年选举）

1959年3月22日至1961年5月，资兴并入郴县，1961年7月国务院批准恢复资兴县。

1961年7月，根据国务院决定，资兴与郴县分设。县属机关单位重新搬迁到资兴县城（当时名为"城厢镇"）。

1963年，全县按照《中华人民共和国全国人民代表大会和地方各级人民代表大会选举法》规定进行普选。全县选出县人大代表292人。经审查有8人不符合《选举法》规定，代表资格审查委员会撤销了这8人的代表资格，实际县人大代表为284人。

资兴县第五届人民代表大会第一次会议，于1964年8月2日至4日在县城召开。应到代表284人，实到代表225名。县委副书记常聚才致开幕词，副县长冯永进做政府工作报告，县财政局做财政预、决算报告，县人民法院做工作报告。会议还听取了工业、交通、供销、公安、武装、文教、卫生、手工业、农业、林业、民政等部门工作的发言。大会通过选举，以无记名投票、差额选举方式，选出了县人民委员会、县长、副县长、县人民法院院长和省第三届人大代表。大会收到代表提案152件。闭幕时，县长常聚才致闭幕词。

第六届县人民代表大会（"文化大革命"中没有选举）

1968年为第六届，由于处于"文化大革命"当中，没有实行代表选举。

1966年，"文化大革命"爆发，在长达10年的动乱期间，人民代表大会制度遭到严重破坏，代表大会长期不能召开。由"三结合"（军代表、革命干部、"造反派"）的临时权力机构——革命委员会取代了人民代表大会。

根据上级指示精神，于1968年年初成立了资兴县革命委员会筹备工作领导小组；9月11日湖南省革命委员会批准成立资兴县革命委员会，由65人组成，其中常务委员19人，同时还任命了县革委会主任、副主任。

1968 年 9 月 15 日，召开资兴县革命委员会成立大会，主任孙耀臣在大会上讲话。同时，县革委会向全县发出公告，宣告：资兴县革命委员会，是全县革命"三结合"的临时权力机构，自即日起掌管资兴县党、政、财、文一切大权，组织全县"抓革命，促生产，促工作，促战备"。革命委员会下设办事组、政治工作组、生产指挥组、人民保卫组。

9 月 17 日至 18 日，县革委会召开第一次全体会议，做出关于把"活学活用"毛泽东思想的伟大群众运动提高到更新阶段的决定、关于县革命委员会革命化建设的决定。

第七届县人民代表大会（"文化大革命"中没有选举）

1978 年为第七届，由于处于"文化大革命"当中，没有实行代表选举。

1971 年 9 月 13 日，党中央粉碎了林彪反党集团的阴谋，但直到 1975 年"文化大革命"仍在继续进行。1975 年 1 月，第四届全国人大一次会议修改通过了《中华人民共和国宪法》。这部宪法规定，地方各级革命委员会是地方各级人民政府，又是同级人民代表大会的常设机关；地方各级革命委员会组成人员，由本级人民代表大会选举或者罢免，但必须报上级国家机关审查批准。

1976 年 10 月，党中央粉碎了江青"四人帮"（王洪文、张春桥、江青、姚文元）反革命集团的政变阴谋，结束了"文化大革命"这场灾难。从此，人民代表大会制度开始逐步恢复。

1977 年年底，资兴县革命委员会决定于 1978 年 1 月召开县第七次人大一次会议，分配了代表名额，并提出了代表产生的指导思想、程序、办法和代表条件。代表产生的程序和条件是：（1）公社、镇革命委员会召开所在地的厂矿、企业、事业单位和机关负责人参加的革委会扩大会议，根据县革委会分配的代表名额，经过民主协商，提出代表候选人名单；（2）将拟定的代表候选人名单，征求所在单位革命群众意见，报县革委会审查；（3）各公社、镇召开革委会扩大会议，选举产生正式代表。为此，各地共选出县人民代表690 人。

资兴县第七届人民代表大会第一次会议，于 1978 年 1 月 10 日至 13 日在县城召开。应到代表 690 人，实到代表 647 名。县革委会副主任欧阳清致开幕词，县革委会主任朱菊香（女）做县革委会工作报告，县人武部部长杜国才做题为《高举毛泽东的伟大旗帜，大力加强民兵建设》的发言，县人民法院院长袁述久做了题为《加强社会主义法制，巩固无产阶级专政》的发言，县计委副主任曹杜槐做了题为《紧紧抓住揭批"四人帮"这个纲，加快我县经济建设的步伐》的发言，黄草人民公社革委会副主任李才养做了题为《认真做好移民工作，努力建设好新黄草》的发言，渡头人民公社琇珸大队革委会主任李显兴做了题为《面貌变不变，班子是关键》的发言，香花人民公社革委会负责人做了题为《坚持党的基本路线，多产、多储、多贡献》的发言。大会以无记名投票的方式，选出新的县革命委员会委员（36 名）。经大会举手表决，选举县人民法院院长。会议还通过了关于县革命委员会工作报告的决议。会议结束时，县革委会副主任赵存科致闭幕词。

第八届县人大常委会（届期为 1980 年 1 月 1 日—1984 年 3 月）

《中国共产党资兴历史》第三卷（初稿）《政治体制改革·完善人民代表大会制度》中记载："人民代表大会制度是国家的根本政治制度。1966 年'文化大革命'开始后，人民代表大会制度名存实亡。党的十一届三中全会以后，人民代表大会这一根本政治制度得到恢复，并不断完善发展。1978 年，全国五届人大一次会议通过的《中华人民共和国宪法》规定，地方各级人民代表大会是地方国家权力机关，县级以上各级人民代表大会设立常务委员会。这是国家地方政权组织建设上的一项重大改革。1979 年，全国五届人大二次会议修改通过的《地方组织法》和《选举法》规定，直接选举由乡一级扩大到县级，各级人民代表大会和国家权力机关、行政机关组成人员的选举，实行差额选举。这一民主选举制度的重大改革，更有利于人民按照自己的意愿选举自己的代表，是人民群众在新的历史时期充分享有民主权利的具体体现。"

1980 年 8 月至 11 月，资兴县第一次实行由选民直接选举县人民代表大会的代表，并将等额选举改为差额选举。从此形成制度。全县总人口 299916 人，选民登记总数为 174740 人。10 月 20 日为全县选举日，共选出公社、镇人大代表 1823 名（应选 1840 名）；从 383 名正式候选人中差额选出第八届县人大代表 232 名（应选 235 名）。

1980 年 11 月 19 日至 24 日，在县城（今兴宁镇）召开资兴县第八届人民代表大会第一次会议。应到代表 232 人，实到代表 220 名。大会根据中央指示精神，决定撤销县革命委员会，成立县人民政府和县人民代表大会常务委员会。经大会差额选举，选出主任 1 名、副主任 4 名、常务委员 9 名，组成县人大常务委员会：周德清任县人大常委会主任，周德程、何建都、许玉龙、万以周任县人大常委会副主任。县人民法院院长：袁长春；县人民检察院检察长：李任山。

为了加强党对县人大和县政府工作的领导，1980 年 12 月 8 日，中共资兴县委发出《关于成立县人大常委会党组、县人民政府党组的通知》。县人大常委会党组：周德清任书记（至 1983 年 12 月）；周德程任副书记。1981 年 9 月何建都任党组副书记。

从第八届人大常委会起，以后每届人大常委会都成立了党组。同时，从第八届人民代表大会第一次会议起，每一次人民代表大会期间均成立了临时党委（县市委书记任大会临时党委书记），负责领导会议的进行（具体任职人员，略）。

1981 年 12 月 13 日至 16 日，在县城（今兴宁镇）召开资兴县第八届人民代表大会第二次会议。应到代表 232 人，实到代表 194 名。大会补选唐向才、李雄姬（女）、段蔓菁为县第八届人大常委会副主任，曾恩德为县人民检察院检察长。

1983 年 3 月 17 日至 21 日，在县城召开资兴县第八届人民代表大会第三次会议。应到代表 227 人，实到代表 214 名。大会以无记名投票、差额选举方式，选举了资兴县出席省第五届人民代表大会代表。

资兴市人大常委会编印的《资兴市人大志》（1994 年 10 月内部出版）中记载："第八届县人大常委会：主任：周德清；副主任：周德程、何建都、许玉龙（1981 年 10 月调离）、万以周（1983 年 7 月离休）、唐向才（1981 年 12 月补选）、李雄姬（女，1981 年 12 月补选）、段蔓菁（兼职，1981 年 12 月补选）。委员：王月清（1983 年 6 月调离）、王存湘、李海山、陈奉齐、沈梦皎、赵丽娟（女，瑶族）、易春生、黄轩、谭录秀（女）。"

任职名单：

主任：周德清，1980 年 11 月—1984 年 3 月，汨罗县（今汨罗市）人（《组织史资料》记载为：1983 年 12 月，周德清调离，黄科武任主任；经查中共资兴县委任职名单，其中记载周德清担任县委副书记，直到"1984 年 12

月"才调离，但黄科武的实际任职时间为"1983年12月"）。

副主任：周德程，1980年11月—1984年3月，永兴县人。

副主任：何建都，1980年11月—1984年3月，资兴市人。

副主任：许玉龙，1980年11月—1981年10月，永兴县人。

副主任：万以周，1980年11月—1983年7月任，安徽省巢湖县（今巢湖市）人。

副主任：唐向才，1981年12月—1984年3月，资兴市人。

副主任：李雄姬（女），1981年12月—1984年3月兼职（鲤鱼江镇党委书记），资兴市人。

副主任：段蔓菁，1981年12月—1984年3月（兼职），资兴市人。

第九届市人大常委会（届期为1984年3月—1987年2月）

《资兴市组织史资料》记载："1983年12月，在县级机构改革中，地委对县人大常委会的领导班子做了调整，安排县委副书记黄科武为县人大常委会主任，县委副书记周德清调离。1984年3月换届选举后，县委立即任命黄科武为县人大常委会党组书记，周德程为副书记。"

1984年，全县选民登记总数为197962人。共选出乡镇人大代表2348名，第九届县人大代表278名。

1984年3月13日至17日，在县城召开了资兴县第九届人民代表大会第一次会议。应到代表278人，实到代表208名，列席108人。1983年冬至1984年春，全国普遍进行了机构改革工作。17日上午，大会按照党中央提出的干部革命化、年轻化、知识化、专业化的要求，选举产生了第九届县人大常委会、县人民政府、县人民法院和县人民检察院负责人。县人大常委会：主任：黄科武（1983年12月到职）；副主任：周德程、何建都、唐向才、肖荣科、李雄姬（女）、段蔓菁。县人民法院院长：刘烈孝；县人民检察院检察长：曾恩德。

1984年12月24日，国务院批准撤销资兴县，设立资兴市。1985年2月28日至3月4日，在县城（今兴宁镇）召开了资兴市第九届人民代表大会第二次会议。应到代表280人，实到代表254名，列席152人。会议期间，市人民政府向大会提出了"关于加快市政建设"（唐洞新区）的议案，经代表审议，暂不由人大会议做决议，交由市人大常委会审议决定。

1986 年 3 月 1 日至 4 日，在县城（今兴宁镇）召开了资兴市第九届人民代表大会第三次会议。应到代表 274 人，实到代表 263 名，列席 191 人。

资兴市人大常委会编印的《资兴市人大志》（1994 年 10 月内部出版）中记载："第九届市人大常委会：主任：黄科武；副主任：周德程、何建都、唐向才、肖荣科、李雄姬（女）、段蔓菁（兼职）。委员：何立春、何翙川、赵丽娟（女，瑶族）、李前光、曹杜槐、黄源泉、彭贤佐、谢昭广（1985 年 7 月调离）、傅临生、樊爱凤（女）。"

任职名单：

主任：黄科武，1983 年 12 月—1987 年 2 月，望城县（今望城区）人。

副主任：周德程，1984 年 3 月—1987 年 2 月，永兴县人。

副主任：何建都，1984 年 3 月—1987 年 2 月，资兴市人。

副主任：唐向才，1984 年 3 月—1987 年 2 月，资兴市人。

副主任：肖荣科，1984 年 3 月—1987 年 2 月，宜章县人。

副主任：李雄姬（女），1984 年 3 月—1987 年 2 月，资兴市人。

副主任：段蔓菁，1984 年 3 月—1987 年 2 月（兼职），资兴市人。

本书笔者说明：

中共资兴县委组织部 1984 年 7 月编印的《骨干花名册》记载，《县人大常委会》领导："人大常委会主任：黄科武，男，53 岁，望城人，高小文化，党员。副主任：周德程，男，56 岁，永兴人，高小文化，党员；何建都，男，52 岁，资兴人，初中文化，党员；肖荣科，男，54 岁，宜章人，初中文化，党员；唐向才，男，48 岁，资兴人，初中文化，党员；李雄姬，女，51 岁，资兴人，高小文化，党员；段蔓菁，男，56 岁，资兴人，大专文化。"

第十届市人大常委会（届期为 1987 年 2 月—1990 年 3 月）

1987 年 3 月，全县选民登记总数为 225967 人。共选出乡镇人大代表 1281 名，第十届市人大代表 245 名。根据省、地选举委员会要求，各乡镇召开人民代表大会时，都选举产生了乡镇人民代表大会主席团。全市乡镇人大主席团成员 142 名，其中：专职常务主席 18 名，兼职常务主席（乡镇党委书记）10 名。乡镇人大主席团的建立，对于完善人民代表大会制度，加强民主与法制建设起到了重大的促进作用。

1987 年 2 月 23 日至 28 日，在兴宁镇（原县城）召开了资兴市第十届一次人民代表大会。应到代表 245 人，实到代表 241 名，列席 197 人。大会以差额选举方式，选举产生了第十届市人大常委会、市人民政府、市人民法院和市人民检察院负责人。市人大常委会：主任：黄科武；副主任：何建都、唐向才、肖荣科、卢宝珍（女）。市人民法院院长：李任山（《组织史资料》第二卷第 130 页记载"选举刘烈孝为市人民法院院长"，错）；市人民检察院检察长：曾恩德。

资兴市人大常委会编印的《资兴市人大志》（2008 年 4 月内部出版）中"市人大常委会党组"记载："第十届人大常委会党组：书记黄科武（1987 年 2 月—1990 年 3 月）；副书记何建都（1987 年 2 月—1990 年 3 月）；成员：唐向才（1987 年 2 月—1990 年 3 月），肖荣科（1987 年 2 月—1990 年 3 月），邓光星（1987 年 2 月—1990 年 3 月），黄国政（1989 年 11 月—1990 年 3 月）。"

1988 年 1 月 6 日至 9 日，在兴宁镇（原县城）召开了资兴市第十届二次人民代表大会。应到代表 244 人，实到代表 218 名，列席 182 人。大会以差额选举方式，选举资兴市出席湖南省第七届人民代表大会代表；以等额选举方式，补选胡桂香（女）为市十届人大常委会委员，补选王存湘为市人民政府副市长。

1989 年 2 月 25 日至 3 月 1 日，在市唐洞城区举行了资兴市第十届人大三次会议。这是资兴撤县建市以来在新区召开的第一个大会。会议应到代表 239 名，实到代表 218 名。驻资兴的省人大代表、市政府组成人员及有关单位负责人、乡镇人大主席团主席或副主席列席了会议，省人大常委会副秘书长傅学俭也应邀列席了会议（本书笔者注：傅学俭是资兴选区选举的省人大代表）。

《资兴市人大志》记载："第十届市人大常委会委员：王隆才（1987 年 2 月—1990 年 3 月）、邓光星（1987 年 2 月—1990 年 3 月）、许兆麟（1987 年 2 月—1990 年 3 月）、陈述仁（1987 年 2 月—1990 年 3 月）、吴振权（1987 年 2 月—1990 年 3 月）、欧谟香（女，1987 年 2 月—1990 年 3 月）、彭贤佐（1987 年 2 月—1990 年 3 月）、赵丽娟（女，瑶族，1987 年 2 月—1990 年 3 月）、段绩魁（1987 年 2 月—1990 年 3 月）、胡桂春（女，1988 年 1 月—1990 年 3 月）。说明：《组织史资料》第二卷第 131 页记载为："吴振权：1989 年 5 月离任。段绩魁：1987 年 11 月辞职。"除此以外，委员中还有"刘加文"，但没有

"赵丽娟"（属于遗漏）。

任职名单：

主任：黄科武，1987年2月—1990年3月，望城县（今望城区）人。

副主任：何建都，1987年2月—1990年3月，资兴市人。

副主任：唐向才，1987年2月—1990年3月，资兴市人。

副主任：肖荣科，1987年2月—1990年3月，宜章县人。说明：《组织史资料》第二卷第131页记载为："肖荣科：1989年9月辞职。"《资兴市志》第二卷第112页记载却是："1987年2月—1990年2月。"

副主任：卢宝珍（女），1987年2月—1990年3月（兼职），广东省三水县（今三水区）人。

本书笔者说明：

中共资兴市委组织部1987年4月编印的《骨干花名册》记载，《市人大常委会》领导："主任：黄科武，男，57岁，望城人，高小文化，党员；副主任：何建都，男，54岁，资兴人，初中文化，党员；唐向才，男，52岁，资兴人，初中文化，党员；肖荣科，男，58岁，宜章人，初中文化，党员；卢宝珍，女，51岁，广东人，大学文化。原副主任：周德程，男，60岁，永兴人，高小文化，党员；李雄姬，女，55岁，资兴人，高小文化，党员；段蔓菁，男，60岁，资兴人，大专文化，党员。"

1988年5月、1989年5月编印的《骨干花名册》记载，全部与上列名单相同，但少了一个"原副主任，段蔓菁"（资兴人，1987年60岁退休）。

第十一届市人大常委会（届期为1990年3月—1992年12月）

1989年11月至1990年2月，进行了市、乡镇两级人大换届选举工作。全市共选出乡镇人大代表1364名，市人大代表246名。乡镇人民代表大会，选举人大主席团成员144名，推选常务主席、专职主席28名，选出乡镇长、副乡镇长94名。

1990年2月13日至18日，在市唐洞城区举行了资兴市第十一届人民代表大会第一次会议。会议应到代表246名，实到代表241名。驻资兴的省人大代表，市委常委，市人大常委会原副主任、委员，市政府组成人员及有关单位负责人，乡镇人大主席团主席、专职副主席和市政协委员，共 202 人列席了会议。大会选举产生了第十一届市人大常委会：主任：何立春；副主任：何建都、唐向才、宋信平、卢宝珍（女，兼职）；委员：黄国政、刘加文、段积向、吴立志、曹曰平、李自雄、陈述仁、欧谟香（女）、赵丽娟（女，瑶族）、胡桂香（女）、李海东。市人民法院院长：朱有文（1992 年 9 月调离，黄振岐1992 年 9 月任命，《组织史资料》第二卷第 132 贡记载："选举李任山为市人民法院院长"，错）；市人民检察院检察长：曾恩德。

《资兴市人大志》中"市人大常委会党组"记载："第十一届人大常委会党组：书记：何立春（1990 年 3 月—1992 年 12 月）；副书记：何建都（1990年 3 月—1992 年 12 月）；成员：唐向才（1990 年 3 月—1992 年 12 月）、宋信平（1990 年 3 月—1992 年 12 月）、王隆才（1990 年 3 月—1992 年 12 月）、刘加文（1990 年 3 月—1992 年 12 月）、黄国政（1990 年 3 月—1992 年 12 月）、李先改（1992 年 7 月—12 月）。"

《资兴市人大志》记载："第十一届市人大常委会委员（1990 年 2 月—1992 年 12 月）：刘加文、段绩向、吴立志、曹曰平、李自雄、陈述仁、欧谟香（女）、赵丽娟（女，瑶族）、胡桂香（女）、李海东。"说明：《组织史资料》第二卷第 132 页记载，委员中还有"王隆才、黄国政"。

1991 年 2 月 23 日至 27 日，在市唐洞城区举行了资兴市第十一届人民代表大会第二次会议。会议应到代表 246 名，实到代表 239 名。大会选举：市人大常委会副主任：王隆才；市人民政府副市长：魏永龄。

1992 年 2 月 23 日至 27 日，在市唐洞城区举行了资兴市第十一届人民代表大会第三次会议。会议应到代表 246 名，实到代表 244 名。

任职名单：

主任：何立春，1990 年 2 月—1992 年 12 月，汝城县人。

副主任：何建都，1990 年 3 月—1992 年 12 月，资兴市人。

副主任：唐向才，1990 年 3 月—1992 年 12 月，资兴市人。

副主任：宋信平，1990 年 2 月—1992 年 12 月，资兴市人。

副主任：王隆才，1991 年 2 月—1992 年 12 月，资兴市人。

副主任：卢宝珍（女），1990 年 3 月—1992 年 12 月（兼职），广东省三水县（今三水区）人。

本书笔者说明：

中共资兴市委组织部 1991 年 4 月编印的《骨干花名册》记载，《市人大常委会》领导：主任：何立春（市委常委，男，52 岁，汝城人，初中文化，党员）；副主任：何建都（资兴人）、唐向才（资兴人）、宋信平（男，56 岁，资兴人，初中文化，党员）、卢宝珍（女，广东人）、王隆才（男，57 岁，资兴人，初中文化，党员）。特邀顾问黄科武（61 岁）。

1992 年 4 月编印的《骨干花名册》记载，《市人大常委会》领导名单与上列相同，只是减少了"特邀顾问黄科武"。

第十二届市人大常委会（届期为 1993 年 1 月—1998 年 1 月）

法律规定，市、乡（镇）人大代表的任期，第十届、十一届均为每届 3 年；从第十二届起，根据新修改的《地方组织法》，市人大代表的任期改为每届 5 年，乡级人大代表仍为每届 3 年。

1992 年 9 月至 1993 年 1 月，进行了市、乡镇两级人大换届选举工作。全市共选出乡镇人大代表 1363 名，市人大代表 249 名。乡镇人民代表大会推选主席团成员 162 名，其中专职常务主席 27 名，兼职 1 人；选举乡镇长 28 人，副乡镇长 76 人。

1992 年 12 月 28 日至 1993 年 1 月 2 日，在市唐洞城区举行了资兴市第十二届人大第一次会议。会议应到代表 249 名，实到代表 249 名。驻资兴的省七届人大代表，市委领导，市人大常委会原副主任，市政府组成人员、市直单位负责人，市政协委员，乡镇人大主席团常务主席，共 203 人列席了会议。大会选举产生了第十二届市人大常委会：主任：何立春；副主任：唐向才、曾庆沼、宋信平、刘加文、罗珊英（女，兼职）；委员：欧谟香（女）、李先改、吴立志、邓光星、李自雄、曹曰平、陈述仁、李海东、袁戊祥、黄宝珠（女）、阮萍（女）。市人民法院院长：黄振岐；市人民检察院检察长：曾恩德。

1995 年 3 月 30 日至 4 月 4 日，市十二届人大三次会议选举：市人大常委会副主任：欧国文、李先改、邓光星；市人民检察院检察长：黄常斌。大会同意唐向才、宋信平、刘加文辞去市十二届人大常委会副主任职务。

1996 年 3 月 18 日至 22 日，市十二届人大四次会议选举：市人民法院院长：巫九根。

《资兴市人大志》中"市人大第十二届常委会党组"记载："书记：何立春（1993 年 1 月—1997 年 9 月）、袁生权（1997 年 9 月—1998 年 1 月）；副书记：唐向才（1993 年 1 月—1995 年 3 月）、曾庆沼（1995 年 3 月—1998 年 1 月）；成员：曾庆沼（1993 年 1 月—1995 年 3 月）、宋信平（1993 年 1 月—1995 年 3 月）、刘加文（1993 年 1 月—1995 年 3 月）、欧国文（1995 年 3 月—1998 年 1 月）、李先改（1993 年 1 月—1998 年 1 月）、邓光星（1995 年 3 月—1998 年 1 月）、欧谟香（女，1995 年 4 月—1998 年 1 月）。"

《资兴市人大志》记载："第十二届市人大常委会委员：李先改（1993 年 1 月—1995 年 3 月）、袁戊祥（1993 年 1 月—1998 年 3 月）、邓光星（1993 年 1 月—1993 年 2 月）、李自雄（1993 年 1 月—1998 年 1 月）、欧谟香（女，1993 年 1 月—1997 年 12 月）、陈述仁（1993 年 1 月—1998 年 1 月）、李海东（1993 年 1 月—1998 年 1 月）、黄宝珠（女，1993 年 1 月—1998 年 1 月）、阮萍（女，1993 年 1 月—1998 年 1 月）、陈远光（1995 年 4 月—1996 年 7 月）、龙世国（1997 年 3 月—1998 年 1 月）。"说明：《组织史资料》第二卷（1988.1—1995.12）第 134 页记载，委员中还有："吴立志、曹曰平、欧国文：1995 年 4 月补选。"但没有："陈远光、龙世国"（属于遗漏）。

任职名单：

主任：何立春，1993 年 1 月—1998 年 1 月，汝城县人。

副主任：唐向才，1993 年 1 月—1995 年 3 月，资兴市人。

副主任：曾庆沼，1993 年 1 月—1998 年 1 月，永兴县人。

副主任：宋信平，1993 年 1 月—1995 年 3 月，资兴市人。

副主任：刘加文，1992 年 12 月—1995 年 3 月，资兴市人。

副主任：欧国文，1995 年 3 月—1998 年 1 月，资兴市人。

副主任：李先改，1995 年 3 月—1998 年 1 月，资兴市人。

副主任：邓光星，1995 年 3 月—1998 年 1 月，资兴市人。

副主任：罗珊英（女），1992 年 12 月—1998 年 1 月（兼职），广东省大埔县人。

笔者说明：

1. 中共资兴市委组织部 1993 年 4 月编印的《骨干花名册》中记载，《市人大常委会》领导："主任：何立春（汝城人）；副主任：唐向才（资兴人）、曾庆沼（男，53 岁，永兴人，高中文化，党员）、宋信平（资兴人）、刘加文（男，58 岁，资兴人，大专文化，党员）、罗珊英（女，44 岁，广东人，大专文化）。原副主任王隆才（资兴人，59 岁）。"

2. 1994 年 4 月编印的《骨干花名册》中记载，全部人员与上列相同，但没有"王隆才"了。

3. 中共资兴市委组织部 1995 年 5 月编印的《骨干花名册》记载，《市人大常委会》领导（具体内容简略）："主任：何立春（汝城人）；副主任：曾庆沼（永兴人）、欧国文（资兴人）、李先改（资兴人）、邓光星（资兴人）、罗珊英（女，广东人）。"

4. 中共资兴市委组织部 1996 年 5 月编印的《骨干花名册》记载《市人大常委会领导》："主任、党组书记：何立春，男，1939 年 10 月生，初中文化，1969 年 4 月入党，1956 年 8 月参加工作，汝城人；副主任、党组副书记：曾庆沼，男，1941 年 10 月生，高中文化，1969 年 9 月入党，1964 年 3 月参加工作，永兴人；副主任、党组成员：欧国文，男，1947 年 10 月生，高中文化，1969 年 4 月入党，1968 年 3 月入伍，资兴人；李先改，男，1951 年 10 月生，大专文化，1976 年 4 月入党，1973 年 9 月参加工作，资兴人；邓光星，男，1945 年 1 月生，大专文化，1965 年 11 月入党，1964 年 8 月参加工作，资兴人；副主任：罗珊英，女，兼职，1949 年 8 月生，大专文化，1968 年 2 月参加工作，广东人。"

5. 1997 年 5 月 29 日，市委办公室资办发〔1997〕25 号文件印发的《1997 年四家领导分工安排表》中记载：

何立春：人大常委会主任，分工：主持市人大工作；联系党建扶贫村：州门司刘家村，包村单位及责任人：人大办欧谟香；联系市属企业：棉织厂；联系重点工程项目：过船轮电站，承办单位及责任人：库管局李传玉；联系乡镇企业：州门司铁合金厂，部门负责人：李世平。

曾庆沼：人大常委会副主任，分工：财经委；管片：北部区；联系党建扶贫村：香花镜塘村，包村单位及责任人：组织部段盛庚；联系市属企业：二运公司；联系乡镇企业：香花煤矿，部门负责人：李小平。

欧国文：人大常委会副主任，分工：人大办公室、选举联络工委；联系党建扶贫村：青腰宗吕村，包村单位及责任人：农行邝贤明；联系市属企业：力车厂；联系乡镇企业：高码炉渣砖厂，部门负责人：何泗国。

李先改：人大常委会副主任，分工：内务司法工委；联系市属企业：供销大厦；联系重点工程项目：郴资公路资兴段，承办单位及责任人：公路指挥部；联系乡镇企业：木根桥竹木交易市场，部门负责人：张舜春。

邓光星：人大常委会副主任，分工：科教文卫；联系党建扶贫村：连坪田坪村，包村单位及责任人：审计局刘建设；联系市属企业：一运公司；联系重点工程项目：程江口电站，承办单位及责任人：水电局何泽洲；联系乡镇企业：三都煤矿，部门负责人：刘建设。

说明：人大常委会兼职副主任，没有体现在《分工安排表》中（下同）。

第十三届市人大常委会（届期为1997年2月—2003年1月）

1995年，全市乡镇人大换届选举，选出乡镇人大代表1277人。1997年10月22日至12月5日，市人大换届选举，选出市十三届人大代表191人。全市共登记选民253875人，参加投票选举的247558人，投票率为97.51%。

1997年12月27日至1998年1月1日，在市唐洞城区举行了资兴市第十三届人大第一次会议。会议应到代表191名，实到代表191名。市委领导，市人大常委会原主任及各办委负责人，市政府组成人员，市政协领导及政协联络员，市人武部领导、市人民法院和市人民检察院负责人，市直有关单位负责人，乡镇人大主席，共259人列席了会议。大会选举产生了第十三届市人大常委会：主任：袁生权；副主任：曾庆沼、欧国文、李先改、邓光星、黄常斌、罗珊英（女，兼职）；委员：龙世国、蒋集中、李铁石、袁建国、胡秀兰（女）、熊玉中、蔡任香（女）、王三京、李威龙。市人民法院院长：巫九根；市人民检察院检察长：陈华生。

2001年3月6日至10日，市十三届人大四次会议选举：市人民法院院长：陈红卫。

《资兴市人大志》中"市人大第十三届常委会党组"记载："1998年1月—2003年1月：书记：袁生权；副书记：曾庆沼；成员：欧国文、李先改、邓光星、黄常斌、龙世国、朱明（2002 年 11 月—2003 年 1 月）。"

《资兴市人大志》记载："第十三届市人大常委会委员（1997 年 12 月—2003 年 1 月）：龙世国、蒋集中、李铁石、熊玉中、袁建国、胡秀兰（女，1997 年 12 月—2002 年 9 月）、蔡任香（女）、李威龙、王三京、李敏、刘湘民（2000 年 4 月—2003 年 1 月）。"

任职名单：

主任：袁生权，1997 年 12 月—2003 年 1 月，资兴市人。

副主任：曾庆沼，1997 年 12 月—2002 年 2 月，永兴县人（2002 年 2 月 7 日市十三届人大常委会第三十三次会议，决定接受曾庆沼辞去资兴市人大常委会副主任职务）。

副主任：欧国文，1997 年 12 月—2003 年 1 月，资兴市人。

副主任：李先改，1997 年 12 月—2003 年 1 月，资兴市人。

副主任：邓光星，1997 年 12 月—2003 年 1 月，资兴市人。

副主任：黄常斌，1997 年 12 月—2002 年 2 月，资兴市人（2002 年 2 月 7 日市十三届人大常委会第三十三次会议，决定接受黄常斌辞去资兴市人大常委会副主任职务）。

副主任：罗珊英（女），1997 年 12 月—2003 年 1 月（兼职），广东大埔县人。

本书笔者说明：

1. 1998 年 4 月 26 日，市委办公室资办发〔1998〕10 号文件印发的《1998 年市领导分工安排表》中记载：

袁生权：人大常委会主任，分工：主持市人大工作、联系农业开发；管片：东部区；联系乡镇驻村：州门司（白筱村）；联系乡以上企业：刨花板厂、州门司硅铁厂；联系重点项目：中生电站、"绍先亭"基地（香花乡天塘坪丘岗开发），承办单位：开发办。

曾庆沼：人大常委会副主任，分工：财经委、城环委；联系乡镇驻村：青腰（宗吕村）；联系乡以上企业：白马江煤矿、青腰硅铁厂；联系重点项目：地税大楼，承办单位：地税局。

欧国文：人大常委会副主任，分工：办公室、机关日常工作；联系乡镇驻村：波水（中坪村）；联系乡以上企业：工业品中心。

李先改：人大常委会副主任，分工：内务、司法；联系乡镇驻村：皮石（道塘村）；联系乡以上企业：粮食连锁公司、皮石氯酸钾厂；联系重点项目：郴资公路资兴段，承办单位：指挥部。

邓光星：人大常委会副主任，分工：教科文卫；联系乡镇驻村：东坪（湖洞村）；联系乡以上企业：一运公司；联系重点项目：阳安西路、东江南路非机动车道（改造），承办单位：建设局。

黄常斌：人大常委会副主任，分工：选举联络；联系乡镇驻村：龙溪（兜坪村）；联系乡以上企业：塑料厂。

2. 1999 年 3 月 5 日，市委办公室资办发［1999］6 号文件印发的《1999年市领导分工安排表》中记载：

袁生权：人大常委会主任，分工：主持市人大工作、联系农业开发；联系乡镇驻村：州门司（黄旗洞村）；联系企业、重点工程：刨花板厂、中生电站、"绍先亭"基地、1813 线砂改油工程。

曾庆沼：人大常委会副主任，分工：人大财经委、城环委；联系乡镇驻村：兴宁镇（仙桥村、大石村）；联系企业、重点工程：兴宁水泥厂、迎宾路工程。

欧国文：人大常委会副主任，分工：人大办公室、机关日常工作；联系乡镇驻村：波水乡（十里村、坪木村）；联系企业、重点工程：1813 线州门司至彭市段砂改油立项工程。

李先改：人大常委会副主任，分工：人大内司委；联系乡镇驻村：香花乡（星塘村、赤塘村）；联系企业重点工程：香花煤矿、郴资公路资兴段工程。

邓光星：人大常委会副主任，分工：人大教科文卫委；联系乡镇驻村：清江乡（大坵村、枫联村）；联系企业、重点工程：清长公路（清江乡至宜章县长策乡）。

黄常斌：人大常委会副主任，分工：人大联络工委；联系乡镇驻村：旧市乡（亳山村、水坵村）；联系企业、重点工程：塑料厂、（公路）3517 线天桥一三都段改造。

3. 2000 年 3 月 9 日，市委办公室资办发［2000］22 号文件印发的《2000

年市领导分工安排表》中记载：

袁生权：人大常委会主任，分工：主持市人大工作、联系农业开发和农业产业化建设；联系乡镇驻村：龙溪乡（中洞村）；联系企业、重点工程：中生电站、"绍先亭"基地、刨花板厂。

曾庆沼：人大常委会副主任，分工：人大财经委、城环委；联系乡镇驻村：皮石乡；联系企业、重点工程：兴宁水泥厂、迎宾路（改造）工程。

欧国文：人大常委会副主任，分工：人大办公室、机关日常工作；联系乡镇驻村：波水乡；联系企业、重点工程：公汽公司、1813 线州门司至彭市段砂改油立项工程。

李先改：人大常委会副主任，分工：人大内司委；联系乡镇驻村：香花乡（上芬村）；联系企业重点工程：公墓山、殡仪馆建设、煤炭公司。

邓光星：人大常委会副主任，分工：人大教科文卫委；联系乡镇驻村：清江乡（清西村）；联系企业、重点工程：供销有限责任公司、天竹公路（天鹅山至竹洞）扩建改造移交工程（说明：此公路由移民办公室主持修建，维修任务太大，改由交通部门接管）。

黄常斌：人大常委会副主任，分工：人大联络工委；联系乡镇驻村：旧市乡（洞头村）；联系企业、重点工程：新兴阀门公司、（公路）3517 线天桥—三都段改造。

4. 中共资兴市委办公室 2000 年 7 月编印的《内部电话号码本》中记载，《市人大常委会》领导："主任：袁生权；副主任：曾庆沼、欧国文、李先改、邓光星、黄常斌、罗珊英（兼职）。"

5. 2001 年 1 月 19 日，市委办公室资办发［2001］15 号文件印发的《2001 年市级领导分工安排表》中记载：

袁生权：人大常委会主任，分工：主持市人大工作、联系农业开发和农业产业化建设；联系乡镇驻村：龙溪乡（秋木村），扶持重点：山羊发展，联络员：李彩文，市直联系单位：市畜牧局、市交通局；联系企业、重点工程：龙溪狩猎游园建设、市刨花板厂。

曾庆沼：人大常委会副主任，分工：人大财经委、城环委；联系乡镇驻村：皮石乡（皮西村），扶持重点：（无），联络员：黄激流；联系企业、重点工程：市酒厂、1813 线罗围段改造。

欧国文：人大常委会副主任，分工：人大办公室、机关日常工作；联系乡镇驻村：烟坪乡，扶持重点：（无），联络员：李宙南；联系企业、重点工程：市公汽公司、1813 线州门司至彭市段砂改油立项工程。

李先改：人大常委会副主任，分工：人大内司委；联系乡镇驻村：清江乡（大垅村），扶持重点：煤炭生产和安全，联络员：王艾平，市直联系单位：市委政法委、市公安局；联系企业重点工程：天竹公路扩建改造移交工程、黄草漂流农家休闲游。

邓光星：人大常委会副主任，分工：人大教科文卫委；联系乡镇驻村：何家山乡（长垒村计生工作），扶持重点：（无），联络员：蒋集中；联系企业、重点工程：公墓山、殡仪馆建设、市煤炭公司。

黄常斌：人大常委会副主任，分工：人大联络工委；联系乡镇驻村：州门司镇，扶持重点：（无），联络员：龙世国；联系企业、重点工程：（公路）3517 线天桥—三都段改造。

6. 中共资兴市委办公室 2001 年 4 月编印的《内部电话号码本》记载，《市人大常委会》领导："主任：袁生权；副主任：曾庆沼、欧国文、李先改、邓光星、黄常斌、罗珊英（兼职）。"

7. 2002 年 3 月 10 日，市委办公室资办发〔2002〕21 号文件印发的《2002 年市级领导分工安排表》中记载：

袁生权：人大常委会主任，分工：主持市人大工作、联系农业开发和农业产业化建设；联系乡镇驻村：龙溪乡；联系重点工程：工业原料林建设、黑山羊开发、矿务局综合大楼；联系企业：宏发建材公司。

欧国文：人大常委会副主任，分工：人大办公室、财经工委；联系乡镇驻村：烟坪乡；联系重点工程：1813 线改造工程；联系企业：市第一汽车修理厂。

李先改：人大常委会副主任，分工：人大内司委、选举任免联络工委；联系乡镇驻村：三都镇，扶持重点：城镇建设、农产品加工，市直联系单位：市委政法委、市公安局、市自来水公司；联系重点工程：3517 线天桥至宇字段改造；联系企业：市刨花板厂。

邓光星：人大常委会副主任，分工：人大教科文卫委、城环工委；联系乡镇驻村：连坪乡（上连村计生工作），扶持重点：水毁工程恢复，市直联系单位：市人防办、市民政局、市体育局；联系重点工程：公墓山、殡仪馆建设；联系企业：碑记水泥厂。

8. 据陈子雄《回忆录》中记载：陈子雄"于2002年9月，担任市人大常委会副主任，于9月11日到市人大常委会上班。"

9. 中共资兴市委办公室2002年11月编印的《内部电话号码本》记载，《市人大常委会》领导："主任：袁生权；副主任：欧国文、李先改、邓光星。党组成员：陈子雄、蒋集中、龙世国。副主任：罗珊英（兼职）。"

第十四届市人大常委会（届期为2003年1月—2007年12月）

2002年12月28日至2003年1月2日，在市唐洞城区举行了资兴市第十四届人大第一次会议。会议应到代表192名，实到代表192名。市委领导，市人大常委会原副主任及各办委负责人，市政府领导和工作部门负责人，市政协领导和政协委员，市人武部领导、市人民法院和市人民检察院负责人，市直机关负责人，条管单位负责人，共285人列席了会议。大会选举产生了第十四届市人大常委会：主任：袁生权；副主任：欧国文、李先改、陈子雄、蒋集中、龙世国、周伟平（兼职）；委员：邓生中、朱明、刘湘民、孙时平（女）、张红（女）、欧资奇、范华英（女）、庞方和、袁子猷、袁建国。市人民法院院长：陈红卫；市人民检察院检察长：陈华生。

2004年3月1日至5日，市十四届人大二次会议选举：市人大常委会副主任：何亚忠。

2005年3月2日至6日，市十四届人大三次会议选举：市人民法院院长：黄安国。

《资兴市人大志》中"市人大常委会党组"记载："第十四届人大常委会党组：书记：袁生权（2003年1月—2007年12月）；副书记：欧国文（2003年1月—2004年3月）、李先改（2004年4月—2007年12月）；成员：李先改（2003年1月—2004年4月）、陈子雄（2003年1月—2007年12月）、蒋集中（2003年1月—2007年12月）、龙世国（2003年1月—2007年12月）、何亚忠（2004年4月—2007年12月）、朱明（2003年1月—2007年4月）。"

《资兴市人大志》记载："第十四届市人大常委会委员：朱明、庞方和、袁建国、刘湘民、欧资奇、袁子猷、范华英（女）、邓生忠、张红（女）、孙时平（女）。"

任职名单：

主任：袁生权，2003 年 1 月—2007 年 12 月，资兴市人。

副主任：欧国文，2003 年 1 月—2004 年 1 月，资兴市人（2004 年 1 月 16 日市十四届人大常委会第八次会议，决定接受欧国文辞去资兴市人大常委会副主任职务）。

副主任：李先改，2003 年 1 月—2007 年 12 月，资兴市人。

副主任：陈子雄，2002 年 12 月—2007 年 12 月，资兴市人（2002 年 9 月任人大常委会党组成员、副主任候选人）。

副主任：蒋集中，2002 年 12 月—2007 年 12 月，资兴市人（2002 年 9 月任人大常委会党组成员、副主任候选人）。

副主任：龙世国，2002 年 12 月—2007 年 12 月，资兴市人（2002 年 9 月任人大常委会党组成员、副主任候选人）。

副主任：何亚忠，2004 年 3 月—2007 年 12 月，资兴市人（2003 年 12 月任人大常委会党组成员、副主任候选人）。

副主任：周伟平，2003 年 1 月—2005 年 11 月（兼职，资兴市中医院院长。2005 年 11 月 4 日市十四届人大常委会第二十二次会议，决定接受周伟平辞去资兴市人大常委会副主任职务）。

顾问：邓光星，2003 年 1 月—2004 年；

顾问：欧国文，2004 年。

本书笔者说明：

1. 2003 年 3 月 8 日，市委办公室资办发〔2003〕25 号文件印发的《2003 年市级领导分工安排表》中记载：

袁生权：人大常委会主任，分工：主持市人大工作、联系农业开发和农业产业化建设；联系乡镇驻村：龙溪乡（下洞村），扶持重点：草食动物合作社做大做强，市直联系单位：市人大机关、市畜牧局、市药品监管局；联系重点工程：黑山羊开发加工、牛头河水电站、江背垅水电站、浦溪江水电站；联系企业：市草食动物合作社、市创兴板厂。

欧国文：人大常委会副主任，分工：协助主任主持人大机关日常工作，分管城建环保工委；联系乡镇驻村：烟坪乡（杨公塘村），扶持重点：反季节蔬菜瓜果生产基地建设，市直联系单位：市计生委、市史志办、市公路局；联系重点工程：S322 线（原称 1813 线）改造工程；联系企业：市第一汽车修理厂。

李先改：人大常委会副主任，分工：人大内务司法工委；联系乡镇驻村：三都镇（鹿东村），扶持重点：煤炭开发、小城镇建设和管理，市直联系单位：市人事局、市公安局、市文化局；联系重点工程：S213 线（原称 3517 线）三都—宇字、凉树湾至唐洞段改造，长塥头码头扩建工程；联系企业：市木材总公司。

陈子雄：人大常委会副主任，分工：财经工委；联系乡镇驻村：滁口镇（高垅村），扶持重点：锥栗开发与环境保护，市直联系单位：市公安森林分局、市技术监督局、市体育局；联系重点工程：农网改造、城网改造、鲤鱼江水电站；联系企业：天洋制衣（郴州）有限公司。

蒋集中：人大常委会副主任，分工：分管教科文卫工委和人大常委会办公室；联系乡镇驻村：皮石乡（竹岭村及计划生育工作），扶持重点：药材、茶业开发，市直联系单位：市民政局、市统计局、市烟草局；联系重点工程：乡村合并工作筹备；联系企业：东江饲料有限公司。

龙世国：人大常委会副主任，分工：选举任免联络工委；联系乡镇驻村：波水乡（十里村），扶持重点：菜业开发，市直联系单位：市经贸局、市司法局、市卫生局；联系重点工程：波水三级电站、中坪电站、龙江化工厂；联系企业：联合体育器材公司。

邓光星：市人大常委会顾问，分工：协助分管社区居民委员会建设；联系乡镇驻村：龙溪乡（下洞村），扶持重点：草食动物合作社做大做强，市直联系单位：市人大机关、市畜牧局、市药品监督局；联系重点工程：公墓山、殡仪馆建设；联系企业：香港永威有限公司。

2. 中共资兴市委办公室 2003 年 12 月编印的《内部电话号码本》记载，《市人大常委会主任、副主任、顾问》名单："主任：袁生权；副主任：欧国文、李先改、陈子雄、蒋集中、龙世国、周伟平（兼职）、何亚忠（副主任候选人）。顾问：邓光星。"

3. 2004 年 2 月 13 日，市委办公室资办发［2004］24 号文件印发的

《2004年市级领导分工安排》中记载：

袁生权：人大常委会主任，分工：主持市人大工作、联系农业开发和农业产业化建设；联乡包村：龙溪乡（下洞村）；联系重点工程（工作）：黑山羊开发加工、21万吨焦炉扩改；联系企业：市草食动物开发合作社、嘉裕针织公司、市刨花板厂。

李先改：人大常委会副主任，分工：人大内务司法工委；联乡包村：坪石（杭溪村）；联系重点工程（工作）：S213线（原称3517线）改造，长塩头码头扩建工程；联系企业：市木材总公司。

陈子雄：人大常委会副主任，分工：财经工委；联乡包村：烟坪乡（杨公塘村）；联系重点工程（工作）：鲤鱼江水电站、农网改造、城网改造；联系企业：市氮肥厂。

蒋集中：人大常委会副主任、市总工会主席，分工：分管城建环保工委，主持市总工会工作；联乡包村：皮石乡（壁溪村）；联系重点工程（工作）：乡村合并工作、通乡公路改造；联系企业：东江饲料有限公司。

龙世国：人大常委会副主任，分工：分管选举任免联络工委、教科文卫工委；联乡包村：波水乡（十里村）；联系重点工程（工作）：子午轮胎；联系企业：联合体育器材公司。

何亚忠：市人大常委会党组成员，分工：分管人大常委会办公室；联乡包村：滁口镇（长垅村）；联系重点工程（工作）：东江鱼开发；联系企业：东江鱼制品公司。

欧国文：市人大常委会顾问，分工：协助分管重点工程；联乡包村：鲤鱼江镇（栗脚村）；联系重点工程（工作）：百万吨干法水泥生产线；联系企业：金磊集团（原东江水泥厂）。

邓光星：市人大常委会顾问，分工：协助分管社区建设；联乡包村：龙溪乡（下洞村）；联系重点工程（工作）：社区配套建设；联系企业：资兴金磊水泥厂（原东江水泥厂）。

4. 中共资兴市委办公室2005年5月编印的《内部电话号码本》记载，《市人大常委会主任、副主任》名单："主任：袁生权；副主任：李先改、陈子雄、蒋集中（市总工会主席）、龙世国、何亚忠、周伟平（兼职）。"

5. 2005年6月14日，市委办公室资办发［2005］63号文件印发的

《2005 年市级领导分工安排》中记载：

袁生权：人大常委会主任，分工：主持市人大全面工作，联系农业开发和农业产业化建设；联乡包村：龙溪乡（下洞村）；联系重点工程（工作）：黑山羊产业发展。

李先改：人大常委会副主任，分工：人大内务司法工委；联乡包村：坪石（昆村村）；联系重点工程（工作）：脚盘辽引水工程（烟坪乡）。

陈子雄：人大常委会副主任，分工：财经工委；联乡包村：烟坪乡（杨公塘村）；联系重点工程（工作）：鲤鱼江水电站、农网改造、城网改造。

蒋集中：人大常委会副主任、市总工会主席，分工：分管城建环保工委，主持市总工会工作；联乡包村：皮石乡（壁溪村）；联系重点工程（工作）：通乡公路改造工程。

龙世国：人大常委会副主任，分工：分管选举任免联络工委；联乡包村：波水乡（枫树村）；联系重点工程（工作）：楠竹开发。

何亚忠：人大常委会副主任，分工：分管人大常委会办公室和教科文卫工委；联乡包村：滁口镇（荷坳村），联系长龙村计生工作；联系重点工程（工作）：东江鱼养殖深加工、东江鱼集团公司上市筹备。

6. 中共资兴市委组织部 2006 年 5 月提供的《资兴市部分领导干部名册》，市人大常委会领导成员如下："（主任姓名缺）；副主任：李先改（汉族，1951年 10 月生，1976 年 3 月入党，大学，1995 年 3 月任副处级领导干部，现任市人大常委会副主任、党组副书记）、陈子雄（汉族，1957 年 5 月生，1983 年 6月入党，大专，1998 年 3 月任副处级领导干部，现任市人大常委会副主任、党组成员）、蒋集中（汉族，1959 年 2 月生，1977 年 1 月入党，大学，2001年 9 月任副处级领导干部，现任市人大常委会副主任、党组成员，兼市总工会主席）、龙世国（汉族，1955 年 10 月生，1979 年 6 月入党，大专，2002 年 12月任副处级领导干部，现任市人大常委会副主任、党组成员）、何亚忠（汉族，1963 年 5 月生，1983 年 7 月入党，大学，2003 年 12 月任副处级领导干部，现任市人大常委会副主任、党组成员，市委候补委员）。"

7. 2006 年 10 月 9 日，市委办公室资办发〔2006〕87 号文件印发的《2006 年市级领导分工安排》中记载：

袁生权：人大常委会主任，分工：主持市人大全面工作，联系农业开发和农业产业化建设；联乡包村：龙溪乡（下洞村）；联系重点工程（工作）：草食动物产业发展、市场专业化建设、回龙山开发。

李太海：市人大常委会党组副书记、副主任候选人提名人选（本书笔者说明：此职务后因故未实行，调任郴州市粮食局副局长），分工：协助市人大常委会党组书记主持市人大常委会党务工作；联乡包村：东江开放开发区（罗围村）；联系重点工程（工作）：东江温泉山庄、展泰冶炼。

李先改：人大常委会党组副书记、副主任，分工：协助主任主持市人大常委会日常工作、分管内务司法工委；联乡包村：坪石（昆村村）；联系重点工程（工作）：脚盘辽引水工程、省道213线扩改续建。

陈子雄：人大常委会副主任，分工：分管财经工委、农业工委；联乡包村：烟坪乡（杨公塘村）；联系重点工程（工作）：鲤鱼江水电站、东江湖果业、农网改造、城网改造、兰花种植基地建设。

蒋集中：人大常委会副主任、市总工会主席，分工：分管城建环保工委，主持市总工会工作；联乡包村：皮石乡（壁溪村）；联系重点工程（工作）：通乡通村公路改造工程、林产品循环工业示范园建设。

龙世国：人大常委会副主任，分工：分管选举任免联络工委；联乡包村：波水乡（枫树村）；联系重点工程（工作）：楠竹开发。

何亚忠：人大常委会副主任，分工：分管人大常委会办公室；联乡包村：鲤鱼江镇（栗脚村），联系栗脚村计生工作；联系重点工程（工作）：东江鱼养殖深加工、鱼精开发、东江鱼产业开发、博维地球物理。

8. 中共资兴市委办公室2006年11月编印的《内部电话号码本》记载，《市人大常委会》领导成员："主任：袁生权；副主任候选人提名人选李太海（本书笔者注：此职务后有改变）；副主任：李先改、陈子雄、蒋集中（市总工会主席）、龙世国、何亚忠、黄守云（兼职）。"

9. 中共资兴市委组织部2007年12月的干部档案记载："市人大常委会：杨晓南，党组书记、主任、市委委员，现职年月：2007年12月。李先改，党组副书记、副主任，现职年月：1995年3月。陈子雄，党组成员、副主任，现职年月：2002年12月。蒋集中，党组成员、副主任，市总工会主席（兼），现职年月：2002年12月。龙世国，党组成员、副主任，现职年月：2002年12月。胡秀兰，党组成员、副主任、市委委员，现职年月：2007年12月。沈新军，市人大常委会副主任、市工商联主任，现职年月：2007 年 12 月。何亚忠，党组成员、副主任，现职年月：2003 年 12 月。欧谟香，党组成员，现职年月：2007 年 4 月。袁生权，市委委员，现职年月：2007 年 12 月。"

10. 附录：2014 年 1 月中国好人（"敬业奉献"）：袁生权（时间：2015—3—31 12：19：01；来源：红网综合；编辑：言娟）：袁生权，男，现年 66 岁，中共党员，2008 年 7 月退休，2010 年 3 月担任"湖南省资兴市关心下一代工作委员会"主任至今。1997 年 12 月—2007 年 12 月担任资兴市人大常委会主任的 10 年里，于 2001 年、2006 年连续两届被湖南省人大常委会办公厅和省人事厅授予"湖南省人大工作先进个人"称号并记二等功。2006 年被湖南省人民政府授予"湖南省防汛抗灾功臣"称号。2013 年被"湖南省关心下一代工作委员会"授予"全省关心下一代工作突出贡献奖"称号。

第十五届市人大常委会（届期为 2007 年 12 月—2012 年 12 月）

2007 年 12 月 28 日至 2008 年 1 月 2 日，召开了第十五届人民代表大会第一次会议，12 月 31 日选举产生了第十五届市人大常委会：杨晓南为资兴市人大常委会主任，蒋集中、胡秀兰（女）、龙世国、何亚忠、沈新军为副主任；选举黄安国为资兴市人民法院院长。

任职名单：

主任：杨晓南，2007 年 12 月—2012 年 12 月，资兴市人。

党组书记、副主任候选人提名人选：朱承旺，2011 年 6 月—2012 年 12 月。

副主任：蒋集中，2007 年 2 月—2012 年 12 月，资兴市人。

副主任：胡秀兰（女），2007 年 12 月—2012 年 12 月，资兴市人。

副主任：龙世国，2008 年 1 月—2012 年 12 月任副主任，资兴市人。

副主任：何亚忠，2008 年 1 月—2012 年 12 月任副主任，资兴市人。

副主任：沈新军，2008 年 1 月—2012 年 12 月任副主任，湖南湘乡人。

原主任：袁生权（正处级升副师级），2007 年 12 月—2008 年 7 月，资兴市人。

原副主任：李先改（正处级），2007 年 12 月—2011 年，资兴市人。

原党组成员：欧谟香（副处级），2007 年 4 月—2011 年，资兴市人。

本书笔者说明：

1. 中共资兴市委办公室 2009 年 7 月编印的《内部电话号码本》记载，《市人大常委会》领导成员："主任：杨晓南；副主任：蒋集中、胡秀兰（女，市总工会主席）、龙世国、何亚忠、沈新军（兼职，市工商联主席）。原副主任李先改（正处级），原党组成员欧谟香（副处级）。"

2. 中共资兴市委办公室 2011 年 3 月编印的《内部电话号码本》记载，《市人大常委会》领导成员："主任：杨晓南；副主任：蒋集中、胡秀兰（女，市总工会主席）、龙世国、何亚忠、沈新军（兼职，市工商联主席）。原副主任李先改，原党组成员欧谟香。"

3. 中共资兴市委办公室 2012 年 6 月编印的《内部电话号码本》中记载，《市人大常委会》领导成员："主任：杨晓南；党组书记、副主任朱承旺；副主任：蒋集中、胡秀兰（女，市总工会主席）、龙世国、何亚忠、沈新军。"

4. 资兴新闻网中说："杨晓南，男，汉族，湖南资兴市人，大专文化，中共党员。历任资兴市七里乡党委副书记、副乡长、乡长、党委书记，郴州地区农村部办公室副主任（挂职），资兴市政府市长助理、党组成员、副市长，2007 年 10 月任资兴市人大常委会党组书记、副市长，2007 年 12 月任资兴市第十五届人大常委会主任、党组书记，2011 年 6 月任资兴市第十五届人大常委会主任、党组副书记，2011 年 6 月党组书记由朱承旺接任。"

第十六届市人大常委会（届期为 2012 年 12 月—2016 年 11 月）

2012 年 12 月 16 日至 20 日，召开了资兴市第十六届人民代表大会第一次会议，选举产生了第十六届市人大常委会。

资兴新闻网："2012 年 12 月 17 日上午，备受全市人民关注的资兴市第十六届人民代表大会第一次会议在资兴剧院隆重开幕。大会主席团执行主席陈荣伟、朱承旺、徐坚强、何亚忠、沈新军、庞方和、谢阿兰在主席台前排就座。方南玲、邓建中、杨晓南、郑艾萍、胡强、范培顺、何钦锋、曾建华、曹云玫、黄四清、李典龙和大会主席团其他成员在主席台就座。郴州市副市长张希慧，郴州市人大常委会党组成员、正厅级干部黄诚到会指导。本次大会应到代

表 192 人，实到代表 192 人，符合法定人数。资兴市人大常委会党组书记、主任拟任人选朱承旺主持大会。会上，市长方南玲（女）代表资兴市人民政府向大会报告政府工作。会上，常务副市长拟任人选范培顺就资兴市《关于建设全国生态文明城市的议案》进行了说明。不是资兴市人大代表的市委、市人大常委会、市政府、市政协、市人武部领导，市法院正副院长、市检察院副检察长，驻资部分郴州市四届人大代表，市政协委员，市委各工作部门和单位负责人，市政府各工作部门和单位负责人，市直有关单位负责人，驻资部分单位负责人，不是市人大代表的乡镇人大主席拟任人选和市人大常委会办委负责人，在市四大家担任过副处级以上领导职务的在城离退休老同志列席了会议。"

红网资兴站 12 月 25 日讯（分站记者　张毅）："2012 年 12 月 20 日上午，资兴市十六届人大一次会议召开第三次全体会议。会议的主要任务是选举产生资兴市十六届人大常委会主任、副主任、委员，资兴市政府市长、副市长，市法院院长、市检察院检察长、郴州市第四届人大代表。大会由主席团常务主席、执行主席邓建中主持。大会执行主席陈荣伟、朱承旺、樊飞龙、何湘文、蓝新华、陈思超、刘晓燕、黄莉、盘好萍、宋旭英、胡迎辉在主席台前排就座。郴州市委换届领导工作督导组组长、郴州市委组织部部务委员陈占和到会指导。资兴市领导方南玲、胡强、李典龙、徐坚强、何亚忠、沈新军、庞方和、谢阿兰及大会主席团其他成员在主席台就座。大会应到代表 192 名，实到代表 190 名，符合法定程序。大会以无记名投票方式选举产生了资兴市十六届人大常委会主任、副主任、委员，资兴市政府市长、副市长，资兴市法院院长、市检察院检察长、郴州市第四届人大代表。朱承旺当选为资兴市十六届人大常委会主任，徐坚强、何亚忠、沈新军、庞方和、谢阿兰当选为副主任，方南玲当选为资兴市人民政府市长，范培顺、黄四清、邓文武、李建宏、蒋乐江、吴兴国、段翔宇当选为副市长，李雨林当选为资兴市法院院长，大会选举产生的资兴市人民检察院检察长须报郴州市人民检察院检察长提请郴州市人大常委会批准，由郴州市人大常委会公布。会上，资兴市委书记、大会执行主席陈荣伟为新当选的资兴市十六届人大常委会主任朱承旺颁发当选证书。朱承旺为新当选的资兴市十六届人大常委会副主任，资兴市人民政府市长、副市长，市法院院长，资兴市人大常委会委员颁发了当选证书。"

任职名单：

主任：朱承旺，2012 年 9 月—2016 年 11 月；

副主任：徐坚强，2012 年 9 月—2016 年 11 月；

副主任：何亚忠，2012 年 12 月—2015 年 12 月（去世）；

副主任：沈新军，2012 年 12 月—2016 年 11 月；

副主任：庞方和，2012 年 9 月—2016 年 11 月；

副主任：谢阿兰（女），2012 年 9 月—2016 年 11 月。

顾问、市委委员：杨晓南，2012 年 12 月—2015 年；

正处级干部：蒋集中，2013 年 12 月—2016 年 11 月；

正处级干部：胡秀兰，2012 年 12 月—2016 年 11 月；

正处级干部：龙世国，2012 年 12 月—2014 年；

副处级干部：李四文，2012 年 12 月—2013 年；

副处级干部：匡柏南，2013 年 6 月—2013 年。

本书笔者说明：

1. 中共资兴市委办公室 2014 年 6 月编印的《内部电话号码本》中记载，《市人大常委会》领导成员：主任、党组书记：朱承旺；副主任、党组副书记：徐坚强；副主任：何亚忠（党组成员）、沈新军、庞方和（党组成员）、谢阿兰（女，党组成员，市总工会主席）。顾问杨晓南（原主任），正处级干部：胡秀兰（女）、龙世国，副处级干部：李四文、匡柏南。

2. 资兴市第十六届人民代表大会第五次会议：

资兴新闻网："2016 年 2 月 18 日上午，市十六届人大五次会议在资兴剧院隆重开幕。市委书记贺遵庆出席大会，市委副书记、代市长黄峥嵘做政府工作报告，市人大常委会主任朱承旺主持大会。大会执行主席贺遵庆、朱承旺、徐坚强、沈新军、庞方和、谢阿兰在主席台前排就座。黄峥嵘、刘朝晖、郑艾萍、胡强、范培顺、曾建华、曹云玫、李典龙、侯峥辉、王仁庆、黄建民等市领导以及大会主席团其他成员在主席台就座。本次大会应到代表 187 人，实到代表 178 人，符合法定人数。不是市人大代表的市委、市人大常委会、市政府、市政协、市人武部领导，市人民法院正副院长、市人民检察院正副检察长，驻资省、郴州市人大代表，市政协委员，市委各工作部门和单位负责人，市政府各工作部门和单位负责人，市直有关单位负责人，部分驻资单位负责人，不是市人大代表的市人大常委会办委负责人，在市四大家担任过副处级以上领导职务的在城离退休老同志列席大会。

"在圆满完成各项议程后，市十六届人大五次会议于 2 月 20 日下午顺利闭幕。市委书记贺遵庆出席大会并做重要讲话。黄峥嵘当选为新一届市人民政府市长。市人大常委会主任朱承旺主持大会。大会执行主席贺遵庆、朱承旺、徐坚强、沈新军、庞方和、谢阿兰在主席台前排就座。黄峥嵘、刘朝晖、郑艾萍、胡强、范培顺、曾建华、曹云玫、李典龙、侯峥辉、王仁庆、黄建民等市领导及大会主席团其他成员在主席台就座。大会应到代表 187 名，实到代表 181 名，符合法定人数。本次大会的主要任务是选举市人民政府市长。大会以举手表决的方式通过了总监票人、监票人名单，通报了总计票人和计票人名单。大会以无记名投票方式选举产生了市人民政府市长。新当选的市人民政府市长黄峥嵘向宪法宣誓并做任职发言。市委书记贺遵庆代表中共资兴市委对大会的圆满成功表示热烈祝贺！"

3. 中共资兴市委办公室 2016 年 3 月编印的《内部电话号码本》中记载，《市人大常委会》领导成员："主任、党组书记：朱承旺；副主任、党组副书记：徐坚强；副主任：沈新军（党组成员）、庞方和（党组成员）、谢阿兰（女，党组成员，市总工会主席）。顾问：杨晓南（原主任），正处级干部：胡秀兰（女），副处级干部：李四文、匡柏南。"

4. 红网"资兴站"《资兴通报领导干部人事任免，黄峥嵘任市委书记》中说："2016 年 9 月 11 日上午，全市领导干部大会在市人民会堂召开。会议通报了郴州市委对资兴市四大家领导班子及其他市级领导干部的人事任免情况，传达了郴州市领导干部任前集体谈话会的精神。市委书记黄峥嵘主持会议并讲话。会议宣读了郴州市委常委会议研究决定的资兴市干部任免名单：朱承旺同志任资兴市人大常委会主任人选；徐坚强同志任资兴市人大常委会副主任人选；沈新军同志任资兴市人大常委会副主任人选（驻会）；庞方和同志任资兴市人大常委会副主任人选；谢阿兰同志任资兴市人大常委会副主任人选；杨书明同志任资兴市人大常委会副主任人选，免去东江湖水环境保护局局长职务。"

5. 2016 年 9 月 13 日，中共资兴市委组织部发出的《关于罗成辉等同志职务任免的通知》（发布在网站）："市委同意：杨书明同志任资兴市人大常委会党组成员，免去其郴州市东江湖水环境保护局（市环境保护局）党组副书记职务。"

资兴市第十七届人大常委会（届期为2016年11月—?）

资兴市第十七届人民代表大会第一次会议：

2016年11月25日上午，资兴市第十七届人民代表大会第一次会议在圆满完成各项议程后举行了闭幕式。市委书记黄峥嵘出席会议并做重要讲话，新当选的市人民政府市长罗成辉发表讲话。本次会议应到代表193名，因事请假4名，实到代表189名，符合法定人数。大会执行主席黄峥嵘、朱承旺、徐坚强、沈新军、庞方和、谢阿兰、杨书明在主席台前排就座。在主席台就座的还有：罗成辉、范培顺、郑艾萍、曾建华、曹云玫、李典龙、陈一之、侯峥辉、王仁庆、黄建民、黄星、罗志卫、李雨林以及大会主席团其他成员。会议分别由市人大常委会主任朱承旺、市人大常委会副主任徐坚强主持。市委书记黄峥嵘做重要讲话，她说：资兴市第十七届人民代表大会第一次会议期间，各位代表不负人民重托，始终以饱满的政治热情和强烈的责任意识认真履行职责，依法行使权力。会议开得非常圆满、非常成功。黄峥嵘代表中共资兴市委向新当选的同志表示热烈的祝贺，向对会议召开给予精心指导的郴州市指导监督组、现场监督组的各位领导，以及为筹备会议、组织会议、宣传会议付出辛勤劳动的全体工作人员表示衷心的感谢，向各位代表和同志们致以崇高的敬意！黄峥嵘说，过去的四年，全市人民凝心聚力、砥砺前行，实现了经济实力大提升、产业发展大转型、城乡面貌大改观、民计民生大改善、社会大局大和谐的总体目标，为"十三五"的良好开局奠定了坚实的基础。四年来，市人大及其常委会和全体代表，胸怀全局、履职担责，为资兴经济社会发展添砖加瓦、献计出力，做了大量卓有成效的工作，发挥了应有的作用，市委对人大工作是满意的。新当选的市长罗成辉发表了题为《担当实干，不负重托》的讲话。会上，新当选的国家机关工作人员向宪法进行了宣誓。大会采取无记名投票的方式，表决通过了《关于资兴市人民政府工作报告的决议》《关于资兴市2016年国民经济和社会发展计划执行情况与2017年计划的决议》《关于资兴市2016年预算执行情况与2017年预算的决议》《关于资兴市人民代表大会常务委员会工作报告的决议》《关于资兴市人民法院工作报告的决议》

《关于资兴市人民检察院工作报告的决议》。在圆满完成各项议程后，朱承旺宣布大会闭幕。

任职名单：

主任：朱承旺，2016年11月。

副主任：

徐坚强，2016年11月；

沈新军，2016年11月；

庞方和，2016年11月；

谢阿兰（女），2016年11月；

杨书明，2016年11月。

正处级干部：

蒋集中，2016年11月；

胡秀兰，2016年11月。

本书笔者说明：

中共资兴市委办公室2017年4月编印的《内部电话号码本》记载：市人大常委会（领导）：朱承旺，党组书记、主任；徐坚强，党组副书记、副主任；沈新军，副主任、九三学社资兴市主委；庞方和，党组成员、副主任；谢阿兰，党组成员、副主任、市总工会主席；杨书明，党组成员、副主任。胡秀兰，正处级干部；李四文，副处级干部；匡柏南，副处级干部。

附录一：

资兴市人大常委会机关人员编制表（1980—1992）

年份	常委会领导	办公室	法制工委	财政经济工委	教科文卫工委	选举联络工委	合计人数
1980	5	3					8
1981	7	6					13
1982	7	5					12

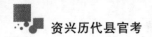

续表

年份	常委会领导	办公室	法制工委	财政经济工委	教科文卫工委	选举联络工委	合计人数
1983	6	5					11
1984	6	5	2	4	2		19
1985	6	5	2	4	2		19
1986	6	7	2	5	3		23
1987	6	8	3	5	3		25
1988	6	7	3	5	3	1	25
1989	6	7	3	5	3	2	26
1990	5	7	3	5	2	3	25
1991	5	8	3	2	2	3	21
1992	5	10	4	3	2	3	27

附录二：

资兴县、市历届全国人大代表名单

第四届全国人大代表（1975 年—1978 年）：郭履群（女，青市钨矿）。

第五届全国人大代表（1978 年 3 月—1983 年 6 月）：陈玉明（渡头公社珙瑀大队）。

第六届全国人大代表（1983 年 6 月—1988 年 3 月）：刘学义（鲤鱼江煤矿）。

第七届全国人大代表（1988 年 3 月—1993 年 3 月）：杨正源（东江水电八局）。

第八届全国人大代表（1993 年 3 月—1998 年 3 月）：李仁善（鲤鱼江电厂）。

资兴县、市历届湖南省人大代表名单

第一届（1954 年 8 月—1958 年 6 月）：

李政栋（县委）、黄贱才（旧市下街）、唐清才（蓼市龙虎）、谢爱莲

（女，资兴煤矿）、杨振麟（资兴煤矿）、史云龙（县委）、杨德钧（湘永煤矿）、黄静（县委）。

第二届（1958 年 7 月—1964 年 8 月）：

黄贱才（旧市下街）、谢爱莲（女，资兴煤矿）、何田钗（女，兰市公社）、杨爱众（县政府）、张彬（县委）。

第三届（1964 年 9 月—1968 年 3 月）：

常聚才（县委）、何田钗（女，彭市公社党委）、黄贱才（旧市下街）、谢爱莲（女，资兴矿务局）、吴秀祯（女，何家山）、李寿山（皮石公社）。

第四届（1968 年 4 月—1977 年 10 月）："文化大革命"，无。

第五届（1977 年 11 月—1983 年 3 月）：

吴文明（资兴矿务局）、欧群义（鲤鱼江磷肥厂）、段庆安（女，鲤鱼江电厂）、彭世植（宝源煤矿）、黄五改（厚玉公社车田大队）、方第笃（水电八局）、彭宗必（鲤鱼江农械厂）、陈玉明（渡头公社琇瑀大队）、周德清（县人大）。

第六届（1983 年 4 月—1987 年 12 月）：

李学云（女，周源山煤矿）、吴文明（资兴矿务局）、林卓藏（省轻工设计院）、周德清（县人大）、赵友兴（瑶族，团结瑶族公社）、彭世美（鲤鱼江磷肥厂）、彭宗必（鲤鱼江农械厂）、彭鹄成（鲤鱼江电厂）、谭靖夷（水电八局）。

第七届（1988 年 1 月—1992 年 12 月）：

马庆云（市氮肥厂）、刘玉京（女，鲤鱼江电厂）、张积文（资兴矿务局）、袁佳游（滁口乡党委）、黄科武（市人大）、黄爱华（东江电厂）、傅学俭（省人大）、瞿龙彬（市政府）、陈绪龙（市水电局）。

第八届（1993 年 1 月—1997 年 12 月）：

傅学俭（省人大）、杨重喜（地区人大代表联络工委）、何立春（市人大）、黄诚（市政府）、罗珊英（女，资兴矿务局计生办）、李素军（女，东江水泥厂）、李永良（黄草镇金腊村）。

第九届（1998 年 1 月—2002 年 12 月）：

黄诚（市政府）、罗珊英（女，资兴矿务局）、曹孟辉（市种子公司）、王东（从桂阳县调市政府）。

第十届（2003 年 1 月—2008 年）：

袁生权（市人大）、刘凡顺（湖南华润电力集团鲤鱼江公司）、钟芸兰（女，黄草镇沃水村）。

附录三：

资兴人大 60 年：回顾历程——东江湖畔的人大之歌

来源：资兴市电视台

李可佳　林敏捷

今年是我国人民代表大会制度建立 60 周年。伴随着我国这一根本政治制度的建立和完善，资兴市人大也走过了 60 年光辉历程。60 年来，资兴人大和资兴人民一道风雨兼程，在改革中前行，在开放中进步，在发展中完善，展现出蓬勃生机活力，收获了累累硕果。今天，资兴人大站在新的历史起点上，将不断完善人民代表大会制度，充分发挥人大作用，为"冲百强、统城乡、建小康"的资兴梦而努力奋斗。

1954 年 6 月 27 日至 7 月 2 日，资兴县第一届人民代表大会第一次会议举行，会期 6 天，这次特殊的盛会开启了资兴人民当家做主的新篇章。从 1966 年至其后的十年，由于历史因素，资兴县人民代表大会一度停止活动。1980 年 11 月 24 日，根据修改后的宪法和地方组织法，资兴县第八届人民代表大会第一次会议选举产生了资兴县人民代表大会常务委员会，为县人民代表大会的常设机关。时任县第八届人大常委会主任的周德清，他的家中至今还保存着那个年代的一些珍贵历史照片。

虽然此前资兴已经召开过好几届人民代表大会，但处在这个历史转折时期的资兴人大工作还是只能用百废待兴来形容。对此，1984 年开始任资兴县第九届人大常委会主任的黄科武深有感触。资兴县第九届、资兴市第十届人大常委会主任黄科武说："那时候的人大工作，就像小孩走路一样还走不稳，还比较困难，社会上对人大的地位和作用，认识还比较模糊。我首先主要是开始学法，在我手上举办了 6 期法制学习班，学习宪法和其他法律。"

那段时期，整个资兴经济社会的发展都是站在一个新的起跑线上，虽然前路艰辛，但作为国家根本政治制度的人民代表大会制度，在资兴这块特别的土地和这个特别的年代，已经开始逐步发挥它推动经济建设和社会事业的巨大能量。

1984年12月，国务院批准撤销资兴县，设立资兴市。1989年2月25日，在唐洞城区举行的资兴市第十届人民代表大会第三次会议，也成为了资兴撤县建市以来在新市区召开的第一个大会。1990—1998年任职两届市人大常委会主任的何立春回忆起那段时期说，资兴人大工作的重要性日益凸显，特别是在向上级人大常委会提交建议和议案方面，发挥了重要作用。

东江水库移民工作在我市人大工作中，是最具代表性和最重要的工作之一。这既是资兴本身为移民大市所特有的客观实际，也与东江湖库区经济发展的时代特征有关。1986年8月，东江水电站正式关闸蓄水，东江湖逐渐享誉国内外。而为了保护这一湖绿水，资兴人大做了大量工作。2001年，时任资兴市人大常委会主任的袁生权见证了一起湖南省人大常委会立法史上最快的立法纪录。

资兴市第十三、十四届人大常委会主任袁生权说："东江湖建成以后，全市上下关注的一个焦点难点热点问题就是如何保护好东江湖，我们顺应人民群众的这个要求，人大代表特别是驻资的省和郴州市人大代表联名提出了保护东江湖的议案。"这一议案得到了郴州和省人大的认同，《湖南省东江湖水环境保护条例》在短短三个月内就通过了立法程序。《条例》出台以后，对保护东江湖、发挥东江湖的生态经济社会效益，促进地方经济发展，起了重要的作用。

2004年3月5日，资兴市第十四届人民代表大会第二次会议也发生了一个让袁生权记忆深刻的事件，一个足以载入资兴市人大甚至湖南省人大工作史册的事件。这次会议修订了《资兴市人民代表大会议事规则》，规定"除预备会议、主席团会议外，市人民代表大会采用无记名投票方式选举、做出决议和决定、表决议案和其他事项"，废除了举手表决方式，极大地推进了社会主义民主政治进程。袁生权说："这就充分体现了人大代表表决事项的真实愿望，同时也是我们的一项制度探讨，这一改革举措、创新举措开创了湖南省人大工作的先河。"

时代的脚步在继续前进，资兴人大的工作也在不断地开拓，历史的舞台迎来了市十五届人大常委会。这一届人大常委会最令人关注的重要工作之一就是人大代表"建言献策、建功立业"活动，我市"两建"活动自2009年3月启动，并在全市三级人大代表中得到了广泛推广，有效促进了人大代表们主动围绕大局建言献策，立足本职建功立业，为全市经济社会的科学发展做出了积极贡献。五年里，市人大常委会收到代表建议、批评和意见941件，通过对代表建议的督办，有效推动了代表工作不断向前发展。

2014年1月，省人大常委会组织省直主要新闻媒体采访团到郴州开展"人大新开局"系列报道，并对我市开展人大代表"联系群众、服务群众"主题实践活动进行了集中采访宣传，这一活动也是对市十六届人大常委会工作的积极肯定。市十六届人大常委会积极推进代表履职常态化，彻底改变了过去部分人大代表只注重当好"开会代表"，与群众联系不够紧密的现象，让人大代表由"开会型代表"转变为闭会期间继续坚持履职、深入基层选区的"服务型代表"，成为了人民群众的贴心人。

回顾60年历程，我市自人民代表大会尤其是人大常委会成立以来，在市委的领导下，认真履行宪法和法律赋予的职权，保证了宪法和法律以及上级人大及其常委会的决议、决定在全市的贯彻执行，并在深入了解民情、广泛收集民意、充分集中民智的基础上，讨论、决定了事关全市社会经济发展的重大事项，对市人民政府、市人民法院、市人民检察院，加大了法律监督、工作监督和个案监督的力度，维护了人民群众的合法权益，推动了政府依法行政和"两院"公正司法；市人大及其常委会也进一步加强了自身建设，密切了与人大代表、人民群众的联系，自觉接受选民的监督，推动了全市经济快速、健康发展，促进了各项社会事业的全面进步。

第三节　资兴县、市人民政府负责人

1949年8月18日，中国共产党领导的资兴县人民政府成立，设县长、副县长。因当时战事还未停止，全局尚未安定，所以，暂未建立科室，只设有二都区和东江两个人民办事处。从此，县人民政府在中国共产党领导下，实行社会主义制度，开展社会主义建设。当年10月，县人民政府开始全面接管旧政权，建立新政权，下设秘书、民政、财粮、军事、司法、建设、文教7个科室，其机关工作人员于10月20日集体办公。12月，财粮科分设为财政科与粮食科。1950年9月，建立了人民法院。

1955年4月，资兴县人民政府改称为县人民委员会，仍设县长、副县长。1955年9月，建立了县人民检察院。政府工作机构由新中国成立初期的7个增加到"文化大革命"前的22个。

基层政权组织逐步进行了调整和更名，新中国成立初期设立的10个区到1950年3月调整为5个区，以后又逐步调整为8个区和1个县辖镇。1956年5月撤区并乡，建立乡人民委员会；1958年10月，撤乡建社，建立人民公社体制，取代乡镇政权，公社下辖大队，大队下辖生产队。人民公社经过两次大的调整后，由13个公社调整到"文革"前的25个公社、3个镇。

1959年3月22日至1961年5月15日，资兴县并入郴县，1961年7月10日国务院批准恢复资兴县。

1966年"文化大革命"开始后，县人民委员会及其工作部门陷于瘫痪。1968年9月15日成立资兴县革命委员会，代行县政府职权。县革命委员会设主任、副主任。

1980年11月，召开资兴县第八届人民代表大会，成立资兴县人民政府，设县长、副县长等职；历时12年之久的革命委员会被撤销。

1984年3月，全县推广彭市社改乡（1983年7月）经验，开展撤社改乡工作，各人民公社党委、管委会全部撤销，成立乡党委、乡人民政府。同时，将生产大队改为行政村、生产队改为村民小组，成立村党支部、村民委员会。1958年建立的人民公社体制，从此画上了句号。此后，根据《村民委员会组织法》逐步实行民主自治制度，村党支部书记和委员，由共产党员直接投票选举产生；村民委员会委员，由全体村民直接投票选举产生。20世纪90年代，村干部逐步实行工资制度——其资金由市、乡、村三部分组成。

1984年12月24日，经国务院批准："撤销资兴县，设立资兴市"（县级），设市长、副市长等职。

资兴县人民政府各届领导人名单

一、资兴县人民政府（1949年8月—1955年4月）

县长：孙立，1949年8月—1953年7月，桃源县人。

县长：黄静，1953 年 2 月—7 月任副县长，1953 年 7 月至 1954 年 3 月任县长，资兴县人。

县长：李政栋，1953 年 7 月—1954 年 3 月任副县长，1954 年 3 月至 1955 年 2 月任县长，山西省平遥人。

副县长：袁漫游，1949 年 8 月—1950 年 12 月，资兴县人。

副县长：何戈心，1953 年 2 月—7 月，资兴县人。

副县长：陈璋珩，1954 年 3 月—6 月，临武县人。

副县长：朱性化，1954 年 9 月—1955 年 2 月，汝城县人。

二、资兴县人民委员会（1955 年 4 月—1968 年 9 月）

资兴市人大常委会编印的《资兴市人大志》（1994 年 10 月内部出版）中《历届县、市人民委员会、革命委员会、人民政府、人民法院、人民检察院领导人员名单》记载："1955 年 4 月 5 日—6 日，资兴县一届人大三次会议选出：县人民委员会：县长：朱性化；委员：吴志能、李背启、李润春、袁伯林、袁南槐、许力平、曹泮清（女）、曹思琅、曹德槐、刘长瑞、赵循阳（瑶族）、谈志诚、邓福湘、樊学侯。县人民法院院长：谭泰凯。"

"1956 年 12 月 29 日—1957 年 1 月 1 日，资兴县二届人大一次会议选出：县人民委员会：县长：史云龙；副县长：钟国华、徐运学；委员：李世平、许力平、袁伯林、李润春、何广德、袁克强、袁南槐、樊学侯、邓福湘、谈志诚、赵循阳（瑶族）、谢天仇。"

"1958 年 5 月 24 日—26 日，资兴县三届人大一次会议选出：县人民委员会：县长：杨爱众；副县长：钟国华；委员：许力平、赵庆兰、袁南槐、赵循阳（瑶族）、谈志诚、管冰操、白冰莹（女）、原甲子、谢天仇、袁克强、戴子骏、王朋义。县人民法院院长：刘占山。"

任职名单：

县长：朱性化，1955 年 2 月—1956 年 6 月，汝城县人。

县长：史云龙，1956 年 6 月—1958 年 5 月，山西武乡人。

县长：杨爱众，1958 年 1 月—5 月任副县长，1958 年 5 月—1959 年 3 月任县长，山西省人。

副县长：徐运学，1956 年 1 月—1958 年 5 月，河北省人。

副县长：钟国华，1956 年 1 月—1959 年 3 月，平江县人。

1959 年 3 月 22 日至 1961 年 5 月，资兴并入郴县，1961 年 7 月国务院批准恢复资兴县。

《资兴市人大志》中《历届县、市人民委员会、革命委员会、人民政府、人民法院、人民检察院领导人员名单》记载："1960 年 2 月 9 日—11 日，郴县三届人大二次会议选出：县人民委员会：县长：张彬；副县长：钟国华；委员：王朋义、邓多英、李开礼、周杰秀、周继明、赵庆兰、赵光璧、袁克强、袁南槐、原甲子、梁桂芝（女）、许全、黄六斤、黄亮柏、常聚才、贺煌、银成彬、谈志诚、戴子骏。

"1960 年 12 月 8 日—10 日，郴县四届人大一次会议选出：县人民委员会：县长：张彬；副县长：王朋义；委员：周杰秀、原甲子、梁桂芝（女）、谷彤云、高良生、李前光、周继明、银成彬、许全、黄六斤、谈志诚、袁克强、戴子骏、袁南槐、赵光璧、邓多英、黄亮柏、廖丙运、陈宗甫。"

"1961 年 5 月，郴州地委根据省委指示决定恢复资兴县，并批准恢复资兴县人民委员会，任命了县长和副县长：县长：常聚才；副县长：冯永进、葛子玉（1962 年 5 月任）、张鹏庚（1963 年 3 月任）、曾庆祥（1963 年 3 月任）。"

"1964 年 8 月 2 日—4 日，资兴县五届人大一次会议选出：县人民委员会：县长：常聚才；副县长：冯永进、张鹏庚；委员：曾庆祥、游季灿、黄六斤、赵良才、朱有发、刘英翠（女）、周钦、黄家训、蒋有高、曹凤钗（女）、戴子骏、袁克强、黄亮柏、胡跃明、吴文明、吴秀祯、蒋先广、李寿山、盘仁兴（瑶族）。"

任职名单：

县长：常聚才，1961 年 5 月—1968 年 9 月，山西壶关人。

副县长：冯永进，1961 年 5 月—1968 年 9 月，河北省遵化县（今遵化市）人。

副县长：葛子儒，1962 年 5 月—1964 年 7 月，山西省浮山县人。

副县长：曾庆祥，1963 年 3 月—1964 年 7 月，宜章县人。

副县长：张鹏庚，1963 年 3 月—1968 年 9 月，河北省丰润县（今丰润区）人。

三、资兴县革命委员会（1968 年 9 月—1980 年 11 月）

"文化大革命"当中，1968 年 9 月 15 日召开大会宣布"成立资兴县革命委员会"，取代县委（革委会内设"党的核心领导小组"）、县人民政府职权。县革命委员会设主任、副主任、委员。

《资兴市人大志》中《历届县、市人民委员会、革命委员会、人民政府、人民法院、人民检察院领导人员名单》记载："1968 年 9 月 11 日经湖南省革命委员会批准成立资兴县革命委员会，由 65 人组成，其中常委 19 人：主任：孙耀臣；副主任：陈凯田、赵恒湘、皮贵和、喻顺安、何戊昌、曾庆嫦（女）；常委委员（19 名，缺 4 名）：何戊昌、黄满才、蒋友仁、袁长春、皮贵和、喻顺安、樊建安、孙耀臣、陈凯田、郭仁庆、萧春圃、钟明远、赵恒湘、周名修、曾庆嫦（女）。"

《资兴市组织史资料》中记载："经湖南省革命委员会批准，成立资兴县革命委员会。县革委是 1968 年 9 月 15 日在县城召开群众大会（称作第六届人大会）上宣布的。成员由军队代表、干部代表和群众代表三结合组成，由地区革委会任免。1973 年 6 月，军队代表不再担任革委会主任。

"1968 年 9 月—1970 年 9 月：主任：孙耀臣（军队代表，1969 年 3 月离职）；副主任：陈凯田（军队代表，1970 年 1 月离职）、赵恒湘（干部代表）、皮贵和（工人代表）、喻顺安（工人代表）、何戊昌（农民代表）、曾庆嫦（女，农民代表）、郑定华（干部代表，1970 年 1 月任）、孔昭洵（排第一，干部代表，1970 年 5 月任）、孙熙毅（干部代表，1970 年 5 月任）、廖德洪（干部代表，1970 年 5 月任）。

"1970 年 9 月—1973 年 6 月：主任：萧春圃（军队代表）；副主任：孔昭洵、孙熙毅、郑定华、曾庆嫦（女）、廖德洪（1970 年 11 月免）、杜国才（军队代表，1970 年 11 月任）、赵存科（干部代表，1970 年 11 月任）。

"1973 年 6 月—1975 年 9 月：主任：孔昭洵；副主任：赵存科、杜国才、萧春圃、曾庆嫦（女）、周德清（干部代表，1974 年 2 月任）。

"1975 年 9 月—1978 年 1 月：主任：朱菊香（女，干部代表）；副主任：赵存科、杜国才、萧春圃、曾庆嫦（女）、周德清、欧阳清（干部代表，1976 年 10 月任）。"

《资兴市人大志》中《历届县、市人民委员会、革命委员会、人民政府、人民法院、人民检察院领导人员名单》记载："1978 年 1 月 10 日至 13 日，资兴县七届人大一次会议选出：县革命委员会：主任：朱菊香（女）；副主任：赵存科、欧阳清、甘子良、周德程、杜国才；委员：王喜良、李华、曾庆嫦（女）、钟孝仁、万以周、刘桃生、李亮清、李前光、曹杜槐、李庚才、宋恩球、李基邦、肖佑甲、欧学礼、袁长春、易春生、朱孝明、曾庆池、李青翠（女）、宋跃桃、袁生权、朱国生、赵仁优、黄五改、朱为民（女）、涂清平、彭宗必、黄守德、刘秀宫、王为国。"

　　1980 年 9 月—11 月：主任：陈仲时；副主任：甘子良、周德程、杜国才。

任职名单：

　　主任：孙耀臣，1968 年 9 月—1969 年 3 月，黑龙江省人。

　　主任：萧春圃，1970 年 9 月—1973 年 6 月任县革命委员会主任，1973 年 6 月—1975 年 9 月任副主任，内蒙古自治区林西人。

　　主任：孔昭洵，1970 年 5 月—1973 年 6 月任县革命委员会副主任，1973 年 6 月—1975 年 9 月任主任，山东省烟台人。

　　主任：朱菊香（女），1975 年 9 月—1980 年 10 月，湖南省汝城县人。

　　主任：陈仲时，1980 年 10 月—11 月（据本人说：实际到职时间为 1980 年 5 月 1 日），汨罗县（今汨罗市）人。

　　副主任：陈凯田，1968 年 9 月—1970 年 4 月，山东省人。

　　副主任：赵恒湘，1968 年 9 月—1970 年 9 月，湘潭县人。

　　副主任：皮贵和，1968 年 9 月—1970 年 9 月，长沙人。

　　副主任：喻顺安，1968 年 9 月—1970 年 9 月，宁乡县（今宁乡市）人。

　　副主任：何戊昌，1968 年 9 月—1970 年 9 月，资兴市人。

　　副主任：曾庆嫦（女），1968 年 9 月—1978 年 1 月，资兴市人。

　　副主任：郑定华，1970 年 1 月—1973 年 6 月，耒阳县人。

　　副主任：孙熙毅，1970 年 1 月—1973 年 6 月，山东省冠县人。

　　副主任：廖德洪，1970 年 5 月—11 月，宜章县人。

　　副主任：赵存科，1970 年 11 月—1980 年 9 月，山西省昔阳县人。

　　副主任：杜国才，1970 年 11 月—1973 年 5 月，辽宁省辽西县人。

　　副主任：周德清，1974 年 2 月—1980 年 9 月，汨罗县（今汨罗市）人。

副主任：欧阳清，1976 年 10 月—1980 年 9 月，安仁县人。

副主任：周德程，1978 年 1 月—1980 年 11 月，永兴县人。

副主任：甘子良，1978 年 1 月—1980 年 11 月，汨罗县（今汨罗市）人。

本书笔者说明：

1994 年 10 月由湘南地质彩印厂印刷出版的湘郴地文准字（1994）第 17 号《中国共产党湖南省郴州地区组织史资料》第 481、482、627 页记载：

资兴县革命委员会

1968 年 9 月，资兴县革命委员会成立。

1968 年 9 月—1970 年 9 月：

主任：孙耀臣，县人武部政委，1969 年 3 月离任。

副主任：陈凯田，县人武部部长，1970 年 1 月离任；赵恒湘，原县委书记；皮贵和，县邮电局工人；喻顺安，县酒厂工人；何戊昌，旧市大队农民；曾庆嫦（女），农民；郑定华，1970 年 1 月任；孔昭洵，原省委宣传部干部处长，1970 年 5 月任第一副主任；孙熙毅，1970 年 5 月任；廖德鸿，1970 年 5 月任。

1970 年 9 月—1973 年 6 月：

主任：萧春圃，县人武部政委。

副主任：孔昭洵、孙熙毅、郑定华、曾庆嫦（女）；廖德鸿，1970 年 11 月免；杜国才，县人武部部长，1970 年 11 月任；赵存科，原郴县县委副书记，1970 年 11 月任。

1973 年 6 月—1975 年 9 月：

主任：孔昭洵。

副主任：赵存科、杜国才、肖春圃、曾庆嫦（女）；周德清，1974 年 2 月任。

1975 年 9 月—1976 年 10 月：

主任：朱菊香（女）。

副主任：赵存科、杜国才、萧春圃、曾庆嫦（女）、周德清。

1976 年 10 月—1980 年 10 月：

主任：朱菊香（女），1980 年 9 月离任。

副主任：杜国才、赵存科，1980 年 9 月免；肖春圃，1978 年 1 月免；曾庆嫦（女），1978 年 1 月免；周德清，1978 年 1 月免；欧阳清，1980 年 8 月免；甘子良，1978 年 1 月任；周德程，1978 年 1 月任。

1980 年 10 月—11 月：

主任：陈仲时；副主任：甘子良、周德程、杜国才。

根据以上记载，杜国才从 1970 年 11 月任副主任，直到 1980 年 11 月。他 1970 年 4 月担任资兴县人武部长，直到 1984 年 4 月才免，其间还担任过县委常委。

四、资兴县人民政府（1980 年 11 月—1984 年 12 月）

1980 年 8 月，资兴县人民代表大会开展首次人民代表直接选举工作，成立了县选举委员会，把直接选举由公社扩大到县级，将等额选举改为差额选举，从此形成制度。全县选民登记总数为 174740 人，选出第八届县人大代表 232 名。同年 11 月 19 日至 24 日，召开资兴县第八届人民代表大会第一次会议，成立资兴县人民政府，设县长、副县长等职，由人大代表采用差额办法直接选举：甘子良任县长，钟孝仁、肖荣科、刘文艺、成章田、袁在芳任副县长。历时 12 年之久的革命委员会被撤销。

《资兴市人大志》中《历届县、市人民委员会、革命委员会、人民政府、人民法院、人民检察院领导人员名单》记载："1980 年 11 月 19—24 日，资兴县八届人大一次会议选出：县长：甘子良；副县长：钟孝仁、肖荣科、刘文艺、成章田、袁在芳。县人民法院院长：袁长春；县人民检察院检察长：李任山。"

1983 年 12 月，在县级机构改革中，中共郴州地委对县人民政府的领导班子做了调整，重新任命了县长、副县长。1984 年 1 月增任了 1 名副县长。2 月，县政府开始设调研员。1983 年 12 月—1984 年 3 月：县长：瞿龙彬；副县长：陈甫德、袁在芳、刘文艺、沈梦皎、柳培海（1984 年 1 月任）。

1984 年 3 月 13 日至 17 日，资兴县九届人大一次会议选出：县长：瞿龙彬；副县长：陈甫德、袁在芳、刘文艺（1986 年 8 月辞职）、沈梦皎、柳培海（1984 年 12 月调离）、黄才勇（1985 年 1 月任命）、廖茂现（1985 年 1 月任命）。

任职名单：

县长：甘子良，1980 年 11 月—1983 年 12 月，汨罗县（今汨罗市）人。

县长：瞿龙彬，1983 年 12 月—1984 年 12 月，醴陵县（今醴陵市）人。

副县长：钟孝仁，1980 年 11 月—1983 年 12 月，资兴县人。

副县长：肖荣科，1980 年 11 月—1983 年 12 月，宜章县人。

副县长：刘文艺，1980 年 11 月—1984 年 12 月，常宁县人。

副县长：成章田，1980 年 11 月—1983 年 12 月，蓝山县人。

副县长：袁在芳，1980 年 11 月—1984 年 12 月，资兴县人。

副县长：陈甫德，1980 年 11 月—1984 年 12 月，益阳人。

副县长：沈梦皎，1980 年 11 月—1984 年 12 月，浙江省镇海人。

副县长：柳培海，1984 年 1 月—12 月，宜章县人。

调研员：肖守秦，1984 年 10 月—12 月，嘉禾县人。

本书笔者说明：

中共资兴县委组织部 1984 年 7 月编印的《骨干花名册》记载，《县人民政府》领导："县长：瞿龙彬，男，38 岁，醴陵人，大学文化，党员。副县长：陈甫德，男，49 岁，益阳人，中专文化，党员；袁在芳，男，49 岁，资兴人，小学文化，党员；刘文艺，男，44 岁，常宁人，大学文化，党员；沈梦皎，男，37 岁，浙江人，大学文化，党员；柳培海，男，38 岁，宜章人，大学文化，党员。调研员：肖守秦，男，54 岁，嘉禾人，初中文化，党员。"

五、资兴市人民政府（1984 年 12 月—2016 年 12 月）

1984 年 12 月 24 日，国务院批准：撤销资兴县，设立资兴市（县级）。1985 年 2 月 28 日，资兴市成立大会在县城（今兴宁镇）剧院隆重举行。由湖南省人民政府批准：市政机关由兴宁镇搬迁到鲤鱼江地区。1985 年，开始在唐洞建设新市区，到 1988 年 1 月，市人民政府首先搬迁到唐洞新区；此后各行政机关陆续搬迁，1990 年，市委、市人民武装部等机关全部搬迁。由此，资兴开创了"县"改"市"的崭新时代。

1987 年 2 月 23 日至 28 日，资兴市十届人大一次会议在兴宁镇举行，大会以无记名投票方式选举瞿龙彬为市第十届人民政府市长，黄才勇、陈甫德、袁在芳、沈梦皎、张家文为副市长。

1988年1月6日至9日，在兴宁镇（原县城）召开了资兴市第十届二次人民代表大会，补选王存湘为市人民政府副市长。

《资兴市人大志》中《历届县、市人民委员会、革命委员会、人民政府、人民法院、人民检察院领导人员名单》记载："1987年2月23日至28日，资兴市十届人大一次会议选出：市长：瞿龙彬（1989年10月辞职），张万才（1989年10月任代市长）；副市长：黄才勇、张家文、陈甫德、袁在芳、沈梦皎、王存湘（1988年1月补选）、姜新华（1988年6月任命）。"

《中国共产党湖南省资兴市组织史资料》第二卷（1988.1—1995.12）中记载："资兴市第十届人民政府党组（1988年1月—1990年2月）：书记：瞿龙彬；副书记：黄才勇；成员：陈甫德、袁在芳、沈梦皎、张家文、刘桃生（市政府办公室主任）、王存湘、姜新华（1988年6月增补）。"

任职名单：

市长：瞿龙彬，1984年12月—1989年10月，醴陵县（今醴陵市）人（1989年10月18日市十届人大常委会第十八次会议，决定接受瞿龙彬辞去资兴市人民政府市长职务）。

代市长：张万才，1989年10月—1990年1月，安仁县人（1989年10月18日市十届人大常委会第十八次会议，决定任命张万才为资兴市人民政府副市长，并由其代理市长职务）。

副市长：沈梦皎，1984年12月—1990年1月，浙江省镇海人。

副市长：袁在芳，1984年12月—1990年1月，资兴市人。

副市长：陈甫德，1984年12月—1990年1月，益阳人。

副市长：黄才勇，1985年1月—1990年1月，资兴市人。

副市长：廖茂现，1985年1月—1987年2月，郴县人。

副市长：张家文，1987年2月—1990年1月，安仁县人。

副市长：王存湘，1988年1月—1990年1月，资兴市人。

科技副市长：姜新华，1988年5月—1991年6月（挂职），湖北省汉阳人。

调研员：肖守秦，1984年12月—1990年3月，嘉禾县人。

调研员：肖佑甲，1985年3月—1990年9月，桂阳县人。

本书笔者说明：

1. 中共资兴市委组织部 1987 年 4 月编印的《骨干花名册》记载，《市人民政府》领导："市长：瞿龙彬，男，41 岁，醴陵人，大学文化，党员。副市长：黄才勇，男，39 岁，资兴人，大专文化，党员；陈甫德，男，53 岁，益阳人，中专文化，党员；袁在芳，男，52 岁，资兴人，小学文化，党员；沈梦皎，男，40 岁，浙江人，大学文化，党员；张家文，男，43 岁，安仁人，大专文化，党员。调研员：肖守秦，男，56 岁，嘉禾人，初中文化，党员；肖佑甲，男，63 岁，桂阳人，高小文化，党员。"

2. 1988 年 5 月编印的《骨干花名册》记载，全部与上列相同，但多了一个"副市长王存湘：男，32 岁，资兴人，大专文化，党员"。《资兴市志》第二卷第 117 页中的记载为："副市长：王存湘 1987 年 2 月—1990 年 1 月。"

3. 1989 年 5 月编印的《骨干花名册》记载，全部与上列相同，但多了一个"副市长姜新华：男，35 岁，湖北人，大专文化，党员"。《组织史资料》第二卷第 135 页中记载："姜新华：1990 年 5 月免。"姜新华后任湖南省林业厅人事教育处长、湖南省生态文化协会会长。

第十一届市人民政府（1990 年 2 月—1992 年 12 月）

1990 年 2 月 13 日至 18 日，资兴市十一届人大一次会议在唐洞新区举行，大会以无记名投票方式选举张万才为市第十一届人民政府市长，陈甫德、沈梦皎、王存湘、袁在芳、张家文、黄诚、姜新华为副市长。

《资兴市人大志·历届县、市人民委员会、革命委员会、人民政府、人民法院、人民检察院领导人员名单》记载："1990 年 2 月 18 日，资兴市十一届人大一次会议选出：市长：张万才（1992 年 11 月辞职）；副市长：黄诚（1992 年 11 月任代市长）、陈甫德、袁在芳、张家文、沈梦皎、王存湘、陈家森（1990 年 7 月任命）、魏永龄（1991 年 2 月补选）。"

《资兴市组织史资料》第二卷（1988.1—1995.12）中记载："资兴市第十一届人民政府党组（1990 年 2 月—1993 年 1 月）：书记：张万才（至 1992 年 11 月）；副书记：黄诚；成员：陈甫德、袁在芳、沈梦皎、张家文、王存湘、陈家森、钟孝仁、肖守秦、刘桃生（至 1991 年 8 月）、宁资利（1991 年 8 月增补）、袁生权（1992 年 11 月增补）、熊奇伦（1992 年 11 月增补）、李四月（女，1992 年 11 月增补）。"

任职名单：

市长：张万才，1990 年 2 月—1992 年 11 月，安仁县人（1992 年 11 月 7 日市十一届人大常委会第二十次会议，决定接受张万才辞去资兴市人民政府市长职务）。

代理市长：黄诚，1990 年 2 月—1992 年 10 月任副市长，1992 年 11 月—12 月任代理市长，资兴市人（1992 年 11 月 7 日市十一届人大常委会第二十次会议，决定任命黄诚为资兴市人民政府副市长，并由其代理市长职务）。

副市长：陈甫德，1990 年 2 月—1992 年 12 月，益阳人。

副市长：袁在芳，1990 年 2 月—1992 年 12 月，资兴市人。

副市长：张家文，1990 年 2 月—1992 年 8 月，安仁县人。

副市长：王存湘，1990 年 2 月—1992 年 12 月，资兴市人。

副市长：沈梦皎，1990 年 2 月—1992 年 12 月，浙江省镇海人。《组织史资料》第二卷第 135 页中记载："副市长，沈梦皎：1992 年 8 月免。"

副市长：魏永龄，1991 年 2 月—1992 年 12 月，四川省合江县人（《资兴市人大志》记载：1991 年 2 月 23 日至 27 日，市十一届人大二次会议选举：市人民政府副市长：魏永龄）。《组织史资料》第二卷第 135 页中记载："副市长，魏永龄：1991 年 5 月—1993 年 1 月。"这个"1991 年 5 月"是错误的，应为"2 月"。

科技副市长：陈家森，1990 年 7 月—1993 年 7 月（挂职），福建省福清县（今福清市）人（1990 年 7 月 24 日市十一届人大常委会第三次会议，决定任命陈家森为资兴市人民政府副市长）。《组织史资料》第二卷第 135 页中记载："副市长，陈家森：1990 年 7 月—1992 年 11 月。"

调研员：

钟孝仁，1990 年 2 月—1992 年 12 月，资兴市人。

肖守秦，1990 年 2 月—1991 年 1 月。

肖佑甲，1990 年 2 月—6 月。

市长助理：

市长助理：袁生权，1992 年 9 月—12 月，资兴市人。

市长助理：熊奇伦，1992年9月—12月，资兴市人。

市长助理：李四月（女），1992年9月—12月，资兴市人。

本书笔者说明：

1. 中共资兴市委组织部1990年4月编印的《骨干花名册》记载，《市人民政府》领导："市长：张万才（男，43岁，安仁人，大专文化，党员）；副市长：黄诚（男，35岁，资兴人，大学文化，党员）、陈甫德（男，56岁，益阳人，中专文化，党员）、袁在芳（男，55岁，资兴人，高小文化，党员）、沈梦皎（男，43岁，浙江人，大学文化，党员）、张家文（男，46岁，安仁人，大专文化，党员）、王存湘（男，34岁，资兴人，大专文化，党员）。调研员：肖守秦（嘉禾人，59岁）、肖佑甲（桂阳人，60岁）、钟孝仁（资兴人，57岁）。"

2. 中共资兴市委组织部1991年4月编印的《骨干花名册》记载，《市人民政府》领导（具体内容简略）：市长：张万才（安仁人）；副市长：黄诚（资兴人）、陈甫德（益阳人）、袁在芳（资兴人）、沈梦皎（浙江人）、张家文（安仁人）、王存湘（资兴人）、魏永龄（男，52岁，四川人，大学文化）、陈家森（男，50岁，福建人，大学文化，党员）。调研员钟孝仁（男，58岁，资兴人，高小文化，党员）。

3. 1992年4月编印的《骨干花名册》记载，《市人民政府》领导名单与上列相同，只是减少了"调研员钟孝仁（资兴人）"。

4. 值得说明的是：王存湘"1992年8月至1992年12月任市委常委，常务副市长"。然后，升任郴州地区林业局局长。网站消息：王存湘，男，汉族，1956年2月出生，湖南资兴人。1975年12月参加工作，1974年2月加入中国共产党，大专文化。现任湖南省郴州市政协副主席。简历：1973年2月—1974年2月为资兴县民办教师，1974年2月—1975年12月任资兴县兰市乡车官村党支部书记，1975年12月—1980年8月任资兴县兰市乡、旧市乡、渡头乡党委副书记，1980年8月—1988年1月任资兴县（市）团委书记，渡头乡、坪石乡、蓼市乡党委书记（其间：1984年8月—1986年7月在郴州地委党校学习），1988年1月—1992年12月任资兴市副市长，常委、常务副市长，1992年12月—1995年1月任郴州地区林业局局长，1995年1月—2000

年8月任汝城县委书记，2000年8月—2001年8月任郴州市委副秘书长，2001年8月—2005年10月任郴州市人事局党组副书记、局长，2005年10月—2007年2月任郴州市人事局党组副书记、局长，郴州市委组织部副部长（兼），2007年2月—12月任郴州市人事局党组书记、局长，郴州市委组织部副部长（兼），2010年2月至今任郴州市政协副主席。工作分工：分管提案委员会，联系活动小组（科技小组、民进小组），联系北湖区政协。

第十二届市人民政府（1993年1月—1997年12月）

1992年12月28日至1993年1月2日，资兴市十二届人大一次会议在唐洞新区举行，大会以无记名投票方式选举黄诚为市第十二届人民政府市长，袁佳游、魏永龄、袁生权、熊奇伦、李四月为副市长。

《资兴市人大志·历届县、市人民委员会、革命委员会、人民政府、人民法院、人民检察院领导人员名单》记载："1993年1月2日，资兴市十二届人大一次会议选出：市长：黄诚；副市长：袁佳游、魏永龄、袁生权、熊奇能、李四月、朱孝明（1993年4月任命）、赵思东（1993年4月任命）。"

《中国共产党湖南省资兴市组织史资料》第二卷（1988.1—1995.12）中记载："资兴市第十二届人民政府党组（1993年1月—1995年12月）：书记：黄诚；副书记：袁佳游（至1994年12月），陈敏（1995年2月任）；成员：袁生权、熊奇伦、李四月（女）、钟孝仁、陈甫德、袁在芳、王喜良、宁资利（至1994年8月）、赵思东（1993年7月增补）、谢廷槐（1993年7月增补）、朱孝明（1993年11月增补）、梅忠良（1994年8月—1995年4月）、黄子明（女，1995年2月增补）、杨晓南（1995年6月增补）、周范平（1995年6月增补）、罗锡武（1995年11月增补）、罗陈毅（1995年11月增补）。"

任职名单：

市长：黄诚，1993年1月—1997年12月，资兴市人。

副市长：袁佳游，1993年1月—1994年12月，资兴市人（本书笔者注：袁佳游1992年10月—1994年12月任中共资兴市委副书记）。

副市长：魏永龄，1993年1月—1997年12月，四川省合江县人。

副市长：袁生权，1993年1月—1997年7月，资兴市人（1997年7月29日市十二届人大常委会第二次会议，决定接受袁生权辞去资兴市人民政府副市长职务）。

副市长：李四月（女），1993 年 1 月—1995 年 10 月，资兴市人。

副市长：熊奇伦，1993 年 1 月—1997 年 11 月，资兴市人（1997 年 11 月 15 日市十二届人大常委会第二次会议，决定接受熊奇伦辞去资兴市人民政府副市长职务）。

副市长：朱孝明，1993 年 4 月—1997 年 12 月，资兴市人（1993 年 4 月 24 日市十二届人大常委会第二次会议，决定任命朱孝明为资兴市人民政府副市长）。

副市长：赵思东，1992 年 10 月任科技副市长，1993 年 1 月—1997 年 12 月任副市长，溆浦县人（1993 年 4 月 24 日市十二届人大常委会第二次会议，决定任命赵思东为资兴市人民政府科技副市长）。

副市长：黄子明（女），1994 年 9 月—1997 年 12 月，资兴市人（1994 年 9 月 27 日市十二届人大常委会第十一次会议，决定任命黄子明为资兴市人民政府副市长）。

副市长：谢廷槐，1993 年 6 月—1995 年 10 月任市长助理，1995 年 11 月（1995 年 10 月 30 日市十二届人大常委会第二十次会议决定任命）—1997 年 12 月任副市长，耒阳县人。

副市长：陈敏，1994 年 12 月—1997 年 4 月，汉寿县人。《组织史资料》第二卷第 136 页中记载："副市长，陈敏：1995 年 2 月任。"

科技副市长：欧燎原，1997 年 1 月—12 月（挂职），衡阳人。

科技副市长：邵伏先，1997 年 3 月—12 月（挂职），桃江县人（1997 年 3 月 10 日市十二届人大常委会第三十次会议，决定任命邵伏先为资兴市人民政府副市长）。

副市长：黄明，1997 年 11 月—12 月，永兴县人（1997 年 11 月 15 日市十二届人大常委会第三十六次会议，决定任命黄明为资兴市人民政府副市长）。

调研员：钟孝仁，1993 年 1 月—12 月，资兴市人。

调研员：陈甫德，1993 年 1 月—1994 年 11 月，益阳人。《组织史资料》第二卷第 136 页中记载："陈甫德，1995 年 1 月免。"

调研员：袁在芳，1993 年 1 月—1995 年 12 月，资兴市人。《组织史资料》

第二卷第 136 页中记载："袁在芳，1995 年 11 月免。"

调研员：王喜良，1993 年 1 月—1994 年 12 月，临武县人。《组织史资料》第二卷第 136 页中记载："王喜良，1994 年 6 月免。"

助理调研员：刘学亮，1996 年 3 月—1997 年 12 月，资兴市人。

助理调研员：黄仁攸，1996 年 3 月—1997 年 12 月，资兴市人。

市长助理：杨晓南，1994 年 4 月—1997 年 12 月，资兴市人。《组织史资料》第二卷第 136 页中记载："杨晓南，1994 年 3 月任。"

市长助理：罗锡武，1996 年 1 月—1997 年 12 月，耒阳县人。《组织史资料》第二卷第 136 页中记载："罗锡武，1995 年 12 月任。"

本书笔者说明：

1. 中共资兴市委组织部 1993 年 4 月编印的《骨干花名册》记载，《市政协》领导："市长：黄诚（市委副书记，男，38 岁，资兴人，大学文化，党员）；副市长：袁佳游（市委副书记，40 岁，资兴人，大专文化，党员），魏永龄（男，54 岁，四川人，大学文化），袁生权（男，45 岁，资兴人，高中文化，党员），熊奇能（男，41 岁，资兴人，大专文化，党员），李四月（女，38 岁，资兴人，大专文化，党员）。调研员：陈甫德（益阳人，59 岁），袁在芳（资兴人，58 岁），王喜良（男，58 岁，临武人，初中文化，党员）。"

《资兴市志》第二卷第 117 页中记载："副市长：沈梦皎 1993 年 1 月—1993 年 8 月；王存湘 1993 年 1 月—1993 年 12 月。"这是误记。

1994 年 4 月编印的《骨干花名册》中记载，全部人员与 1993 年相同，但增加了："副市长：朱孝明（男，48 岁，资兴人，高中文化，党员）；市长助理：谢廷槐（男，44 岁，耒阳人，大专文化，党员）、杨晓南（男，38 岁，资兴人，大专文化，党员）。"

2. 资兴市委组织部 1995 年 5 月编印的《骨干花名册》记载，《市人民政府》领导："市长：黄诚（市委副书记，资兴人）；副市长：陈敏（市委副书记，39 岁，汉寿人，大学文化，党员）、魏永龄（四川人）、袁生权（资兴人）、熊奇能（资兴人）、朱孝明（资兴人）、黄子明（女，42 岁，资兴人，大专文化，党员）、赵思东（男，51 岁，溆浦人，大学文化，党员）。调研员：袁在芳（资兴人）；市长助理：谢廷槐（耒阳人）、杨晓南

（资兴人）。"

3. 资兴市委组织部 1996 年 5 月编印的《骨干花名册》记载，《市人民政府》领导："市长：黄诚（市委副书记，男，1955 年 10 月生，大学文化，1972 年 3 月入党，1982 年 2 月参加工作，资兴人）；副市长：陈敏（市委副书记，男，大学文化，1976 年 3 月入党，1974 年 4 月参加工作，汉寿人）；魏永龄（男，1939 年 3 月生，大学文化，1963 年 9 月参加工作，四川人）、袁生权（男，1948 年 11 月生，高中文化，1970 年 11 月入党，1971 年 10 月参加工作，资兴人）、熊奇能（男，1952 年 8 月生，1976 年 11 月入党，1971 年 2 月参加工作，资兴人）、朱孝明（男，1946 年 1 月生，高中文化，1970 年 5 月入党，1971 年 10 月参加工作，资兴人）、黄子明（女，1952 年 9 月生，大学文化，1984 年 8 月入党，1968 年参加工作，资兴人）、赵思东（男，1944 年生，大学文化，1990 年入党，1967 年参加工作，溆浦人）、谢廷槐（男，1950 年 2 月生，大专文化，1970 年 9 月入党，1972 年 8 月参加工作，耒阳人）。市长助理：杨晓南（男，1956 年 2 月生，大专文化，1982 年 8 月入党，1981 年 9 月参加工作，资兴人）、罗锡武（男，1963 年 3 月生，大学文化，1985 年 7 月入党，1984 年 7 月参加工作，耒阳人）；助理调研员：刘学亮（男，1949 年 3 月生，大专文化，1970 年 3 月入党，1969 年 4 月入伍，资兴人）、黄仁攸（男，1941 年 10 月生，初中文化，1960 年 10 月入党，1958 年 6 月参加工作，资兴人）。"

4. 1997 年 5 月 29 日，市委办公室资办发［1997］25 号文件印发的《1997 年四家领导分工安排表》中记载：

黄诚：副书记、市长——分工的具体内容见《中共资兴市委》。

袁生权：副书记、副市长——分工的具体内容见《中共资兴市委》。

魏永龄：副市长，分工：乡企、外事、侨务；联系党建扶贫村：兴宁水栗村，包村单位及责任人：地税局樊忠明；联系市属企业：东江特种水泥厂（地处瓦家坳与凉树湾中间的山谷里，后废）；联系重点项目：东江特种水泥厂，承办单位及责任人：指挥部；联系乡镇企业：东江特种水泥厂，部门负责人：指挥部。

朱孝明：副市长，分工：移民、政法、法制、纠纷调处；管片：南部区；联系党建扶贫村：旧市江口村，包村单位及责任人：外贸局罗维汉；联系市属企业：东江电化厂（地处高码乡上灶坪村谷鱼塘）；联系重点项目：过船轮电站（地处黄草乡淅水），承办单位及责任人：库管局李传玉；联系乡镇企业：旧市柑橘出口厂，部门负责人：罗维汉。

熊奇伦：副市长，分工：工交企业、环保、技术监督、外经外贸、物资、安全；联系市属企业：云仙水泥有限责任公司；联系重点项目：清长公路（清江乡至宜章县长策乡），承办单位及责任人：交通局陈兵（斌）；联系乡镇企业：蓼江煤矿唐洞货场，部门负责人：曹水清、尹锋。

黄子明：副市长，分工：金融、保险、财税、商业、供销、粮食、国资、工商、财贸办、市场网点建设；联系党建扶贫村：兰市横丘村，包村单位及责任人：工商局何海文；联系市属企业：商业大厦；联系重点项目：鲤鱼江大市场，承办单位及责任人：市指挥部；联系乡镇企业：兰市孵化场，部门负责人：何海文。

谢廷槐：副市长，分工：教育、文化、卫生、体育、广播电视；管片：东部区；联系党建扶贫村：皮石沤乐村，包村单位及责任人：林业局陈子雄；联系市属企业：人民商场；联系重点项目：鲤鱼江电影院，承办单位及责任人：文化局陈建凯；联系乡镇企业：皮石电站，部门负责人：陈林峰。

赵思东：副市长，分工：科技、林科教；联系党建扶贫村：汤市秋田村，包村单位及责任人：计划局何泗国；联系市属企业：刨花板厂（地处唐洞火车站）；联系乡镇企业：汤市茶厂，部门负责人：袁林亲。

欧燎原：副市长，分工：水产、协管科技；联系党建扶贫村：厚玉竹园背村，包村单位及责任人：交通局匡柏南；联系重点项目：中洞渔场鱼种基地，承办单位及责任人：（水产局）李龙球；联系乡镇企业：厚玉砖厂，部门负责人：蒋振平。

邵伏先：副市长，分工：乡企、外事、侨务；联系重点项目：东江南路延伸段硬化，承办单位及责任人：（建设局）何忠邦；联系乡镇企业：旅游产品开发，部门负责人：朱建山。

杨晓南：市长助理，分工：农业、畜牧、经管、农机、减负；管片：东部区；联系党建扶贫村：烟坪兰洞村，包村单位及责任人：广播局黄任改；联系乡镇企业：烟坪蕨粉厂，部门负责人：黄征粮。

罗锡武：市长助理，分工：乡镇企业、矿管、安全；管片：北部区；联系党建扶贫村：七里南营村，包村单位及责任人：农业开发办文南廷；联系乡镇企业：市特种水泥厂，部门负责人：曾冬青。

刘学亮：市政府助理调研员，分工：人防、老龄、协管城镇管理；联系党建扶贫村：龙溪兜坪村，包村单位及责任人：信用联社吴柯林；联系重点项目：人防大楼，承办单位及责任人：人防办陈焕琴；联系乡镇企业：碑记文武煤矿，部门负责人：陈焕琴。

黄仁攸：市政府助理调研员，分工：蔬菜、烟草、协管市场建设；联系党建扶贫村：碑记乡碑记村，包村单位及责任人：蔬菜局谢克林；联系重点项目：鲤鱼江大市场，承办单位及责任人：指挥部；联系乡镇企业：鲤鱼江建筑公司，部门负责人：何忠邦。

罗陈毅：市政府党组成员、计生委主任，分工：计生；联系乡镇企业：高码建筑公司，部门负责人：纪随燕。

本书笔者说明：市长助理，属于副县级干部，本应由中共郴州市委任命；资兴搞了一些"土政策"，个别人由中共资兴市委任命——这不属于本书讨论的范围，本书只认文件记载（其实，省、地都搞了一些"土政策"，这属于"上行下效"，美其名曰：地方"粮票"）。

第十三届市人民政府（1998 年 1 月—2002 年 12 月）

《资兴市人大志》记载："1997 年 12 月 27 日至 30 日，市十三届人大一次会议选举：市人民政府：市长：黄诚；副市长：黄子明（女）、黄明、谢廷槐、杨晓南、周范平、邵伏先、欧燎原。"

"1999 年 3 月 11 日至 14 日，市十三届人大二次会议选举：市人民政府：市长：黄湘鄂。"

任职名单：

市长：黄诚，1998 年 1 月—1998 年 7 月，资兴市人（1998 年 7 月 29 日市十三届人大常委会第四次会议，决定接受黄诚辞去资兴市人民政府市长职务）。

市长：黄湘鄂，1998 年 7 月—1999 年 3 月任代市长（1998 年 7 月 29 日市十三届人大常委会第四次会议，决定任命黄湘鄂为资兴市人民政府副市长，并由其代理市长职务）；1999 年 3 月—2002 年 7 月任市长。新晃县人（2002 年 7 月 5 日市十三届人大常委会第三十六次会议，决定接受黄湘鄂辞去资兴市人民政府市长职务）。

代市长：王周，2002年7月—12月任代市长，祁阳县人（2002年7月5日市十三届人大常委会第三十六次会议，决定任命王周为资兴市人民政府副市长职务，并决定其代理市长职务）。

副市长：黄子明（女），1998年1月—2000年2月，资兴市人（2000年2月21日市十三届人大常委会第十七次会议，决定接受黄子明辞去资兴市人民政府副市长职务）。

副市长：谢廷槐，1998年1月—2002年12月，耒阳县人。

副市长：黄明，1998年1月—2001年9月，永兴县人（2001年9月6日市十三届人大常委会第二十九次会议，决定接受黄明辞去资兴市人民政府副市长职务）。

副市长：杨晓南，1998年1月—2002年12月，资兴市人。

副市长：周范平，1998年1月—2000年9月，资兴市人（2000年9月27日市十三届人大常委会第二十一次会议，决定接受周范平辞去资兴市人民政府副市长职务）。

科技副市长：欧燎原，1998年1月—2000年1月（挂职），衡阳人。本书笔者说明：1999年4月26日市委办公室印发的《1999年市领导分工安排表》中，已经没有欧燎原的安排了。2014年欧燎原任湖南省畜牧水产局副局长。

科技副市长：邵伏先，1998年1月—2000年1月（挂职），桃江县人。本书笔者说明：1999年4月26日市委办公室印发的《1999年市领导分工安排表》中，已经没有邵伏先的安排了。2014年12月邵伏先任湖南省劳动人事职业学院院长。

科技副市长：李本贵，1999年1月—2001年1月（挂职），沅江县（今沅江市）人（1999年1月23日市十三届人大常委会第九次会议，决定任命李本贵为资兴市人民政府副市长）。中南林业科技大学处长：2015年10月3日，聘任李本贵为实验室建设与资产管理处处长。

副市长：王东，1999年5月—2002年12月，桂阳县人（1999年5月6日市十三届人大常委会第十二次会议，决定任命王东为资兴市人民政府副市长）。

副市长：方南玲（女），2000年9月—2002年9月，安徽巢县人（2000年9月27日市十三届人大常委会第二十一次会议，决定任命方南玲为资兴市人民政府副市长。2002年9月12日市十三届人大常委会第三十八次会议，决定接受方南玲辞去资兴市人民政府副市长职务）。

副市长：张舜春，1998 年 4 月—2000 年 8 月任市长助理，2000 年 9 月—2002 年 9 月任副市长，广东大埔人（2000 年 9 月 27 日市十三届人大常委会第二十一次会议，决定任命张舜春为资兴市人民政府副市长）。

副市长：高爱国，2001 年 9 月—2002 年 9 月（2001 年 9 月 6 日市十三届人大常委会第二十九次会议，决定任命高爱国为资兴市人民政府副市长。2002 年 9 月 12 日市十三届人大常委会第三十八次会议，决定接受高爱国辞去资兴市人民政府副市长职务）。

副市长：曾建华，2002 年 4 月—12 月，永兴县人。

市政府顾问：刘文艺，1998 年 1 月—2000 年 4 月，常宁县人。

市政府顾问：曾恩德，1998 年 1 月—2001 年 6 月，耒阳县人。

市政府顾问：魏永龄，1998 年 1 月—1999 年 6 月，四川合江人。

市政府顾问：胡昭京，1998 年 3 月—2003 年 9 月，资兴市人。

助理调研员：刘学亮，1998 年 1 月—2002 年 12 月，资兴市人。

助理调研员：黎回生，2000 年 3 月—2002 年 12 月，资兴市人。《资兴市志》第二卷中没有。

助理调研员：黄仁攸，1998 年 1 月—2001 年 5 月，资兴市人。

市长助理：罗锡武，1998 年 1 月—9 月，耒阳县人。

市长助理：黄志坚，2001 年 8 月—2002 年 10 月，资兴市人。

市长助理：何亚忠，2001 年 8 月—2002 年 12 月，资兴市人。

市长助理：胡秀兰（女），2002 年 10 月—12 月，资兴市人。

市长助理：王卫东，2002 年 10 月—12 月，嘉禾县人。

笔者说明：

1. 1998 年 4 月 26 日，市委办公室资办发［1998］10 号文件印发的《1998 年市领导分工安排表》中记载：

黄诚：副书记、市长——其分工见《中共资兴市委》。

黄子明：常委、常务副市长——其分工见《中共资兴市委》。

黄明：副市长，分工：经改、工交、劳动工资（企业）、安全生产、开发区、外经外贸、技监、矿管、侨务、外事、无线电管理、东江码头管理处，联系统战对台、工会工作；联系乡以上企业：耐火材料厂、嘉兴针织厂、东江制药厂。

谢廷槐：副市长，分工：计生、教育、文化、卫生、体育、广播电视、爱卫、少儿、职教，联系共青团工作；联系乡镇驻村：彭市（联富村）；联系乡以上企业：供销贸易公司；联系重点项目：市立中学，承办单位：教育局。

杨晓南：副市长，分工：农村工作、农业、林业、乡企、水利水电、气象、畜牧、农机、民政、民族宗教事务、经管、农业开发、饲料工业、林产工业，联系妇联工作；联系乡镇驻村：香花（程江村）；联系乡以上企业：东江木材厂、香花煤矿；联系重点工程项目：程江口电站、农行发行大楼，承办单位：水电局、农发行。

周范平：副市长，分工：城乡建设、国土测绘、房改、环保、政法、法制、纠纷调处、信访；联系乡镇驻村：鲤鱼江；联系乡以上企业：宏发公司、鲤鱼江建筑公司；联系重点项目：松林脚岛开发、筹备广场建设，承办单位：旅游局、建设局。

邵伏先：副市长，分工：旅游、风景名胜、计划、物资、驻长沙办事处，联系驻市中省地厂矿；联系乡镇驻村：彭市（三宝村）；联系乡以上企业：民爆公司、黄草宾馆。

欧燎原：副市长，分工：科技、专家办、水产、地震监测；联系乡镇驻村：厚玉（台前村）；联系重点项目：中洞渔场鱼种基地，承办单位：库管局。

刘文艺：市政府顾问，分工：移民；联系乡镇驻村：厚玉（恒魁村）；联系乡以上企业：市电化厂、厚玉砖厂。

曾恩德：市政府顾问，分工：政法、法制、纠纷调处、信访；联系乡镇驻村：七里（乌石村）；联系乡以上企业：二运公司。

魏永龄：市政府顾问，分工：乡企、特种水泥厂，联系中省地企业；联系乡以上企业：力车厂；联系重点项目：特种水泥厂，承办单位：指挥部。

罗锡武：市长助理、宣传部部长，分工：宣传系统；联系乡镇驻村：烟坪（双江村）；联系乡以上企业：土产公司、烟坪蕨粉厂；联系重点项目：新区电影院，承办单位：文化局。

张舜春：市长助理、财政局局长，分工：财税；联系乡镇驻村：团结（双坑村）；联系乡以上企业：市印刷厂。

黄仁攸：市政府助理调研员，分工：蔬菜、烟草、市场建设；联系乡镇驻村：兴宁（山海村）；联系乡以上企业：蔬菜公司、兴宁农贸市场；联系重点项目：鲤鱼江大市场，承办单位：指挥部。

刘学亮：市政府助理调研员，分工：人防、老龄、勘界；联系重点项目：人防大楼，承办单位：人防办。

胡昭京：市政府顾问，分工：城建；联系乡以上企业：市建筑公司；联系重点项目：晋兴东路硬化，承办单位：建设局。

2. 1999 年 3 月 5 日，市委办公室资办发〔1999〕6 号文件印发的《1999年市领导分工安排表》中记载：

黄湘鄂：副书记、代市长——分工安排见《中共资兴市委》。

黄子明：常委、常务副市长——分工安排见《中共资兴市委》。

黄明：副市长，分工：经改、工交、劳动工资、安全生产、开发区、旅游、外经外贸、技监、矿管、无线电管理、东江码头管理、移民旅游开发，联系工会工作；联系乡镇驻村：开发区（罗围村）；联系企业、重点工程：氮肥厂、东江制药厂、20 万吨复合肥工程、中竹公路。

谢廷槐：副市长，分工：计生、文化、卫生、体育、广播电视、爱卫、少儿、职教、民族宗教事务、侨务、对台、外事，联系共青团工作；联系乡镇驻村：青腰镇（坪田、团桥、赤足园）；联系企业、重点项目：文博馆。

杨晓南：副市长，分工：农业、林业、乡企、水利水电、气象、水产畜牧、农机、民政、经管、农业开发、饲料工业、移民农业开发，联系妇联工作；联系乡镇驻村：团结乡（深坳村、半垅村）；联系企业、重点工程项目：10 万亩楠竹工程、万亩脐橙工程、农电网改造、程江口电站项目、草食动物开发、皮石氯酸钾厂。

周范平：副市长，分工：城乡建设、国土测绘、房改、环保、公安、司法、法制、纠纷调处、信访；联系乡镇驻村：鲤鱼江（栗脚村）；联系企业、重点项目：宏发公司、城市标志雕塑、市政配套工程、东江南路、阳安西路工程、自来水公司。

李本贵：副市长，分工：林产工业、科技；联系企业、重点工程：东江木材厂、东江家具厂。

刘文艺：市政府顾问，分工：移民；联系乡镇驻村：厚玉乡（台前村、恒魁村）；联系企业、重点工程：市电化厂、移民纪念塔工程。

曾恩德：市政府顾问，分工：法制、纠纷调处、信访、粮食市场稽查；联系乡镇驻村：龙溪乡（乌石村）；联系企业、重点工程：草食动物开发。

魏永龄：市政府顾问，分工：企业、外经外贸。

张舜春：市长助理、财政局局长，分工：财税、粮食；联系乡镇驻村：彭市乡（丹坳村、塘家湾村）；联系企业、重点工程：市饲料厂、五洲大酒店。

黄仁攸：市政府助理调研员，分工：蔬菜、烟草、市场建设；联系乡镇驻村：烟坪乡（杨公塘村、烟坪村）；联系企业、重点工程：蔬菜公司、兴宁蔬菜批发市场。

刘学亮：市政府助理调研员，分工：人防、老龄、勘界、煤炭税费征收；联系乡镇驻村：蓼江镇（陈家坪村）；联系企业、重点项目：人防大楼。

胡昭京：市政府顾问，分工：城建、督查；联系乡镇驻村：七里镇；联系企业、重点工程：市建筑公司、牲猪贩运网络建设、资兴大市场。

3. 2000年3月9日，市委办公室资办发〔2000〕22号文件印发的《2000年市领导分工安排表》中记载：

黄湘鄂：副书记、市长——分工安排见《中共资兴市委》。

黄明：常委、常务副市长——分工安排见《中共资兴市委》。

谢廷槐：副市长，分工：教育、计生、文化、卫生、体育、广播电视、爱卫、少儿、民族宗教事务，联系共青团工作；联系乡镇驻村：团结乡（半垅村建整及计划生育）；联系企业、重点项目：印刷厂。

杨晓南：副市长，分工：农口、乡企、民政、饲料工业、移民，联系妇联工作；联系乡镇驻村：蓼江镇（大坪村）；联系企业、重点工程项目：茶叶开发、10万亩楠竹工程、万亩脐橙工程、农电网改造、牲猪贩运、草食动物开发、蓼江玻璃厂。

周范平：副市长，分工：城乡建设、国土测绘、房改、环保、公安、司法、法制、纠纷调处、信访、旅游、大坝码头管理、安全生产、矿管，联系工会工作；联系乡镇驻村：何家山乡（两江村）；联系企业、重点项目：建筑公司、城市标志雕塑、龙泉头住宅小区、市政配套工程、东江南路、阳安西路工程。

李本贵：副市长，分工：科技、工业、技监、无线电管理；联系乡镇驻村：州门司镇；联系企业、重点工程：刨花板厂、东江家具厂、中生电站。

王东：副市长，分工：外经外贸、开发区、侨务、对台、外事，联系统战对台工作；联系乡镇驻村：东江开放开发区；联系企业、重点工程：东江制药厂、郴州宏远公司。

刘文艺：市政府顾问，分工：移民；联系乡镇驻村：汤市乡；联系企业、重点工程：汤炎公路（汤市乡至炎陵县公路改造）、移民纪念塔工程。

曾恩德：市政府顾问，分工：法制、纠纷调处、信访；联系乡镇驻村：（唐洞街道）办事处。

刘学亮：市政府助理调研员，分工：人防、老龄、勘界、煤炭税费征收；联系乡镇驻村：连坪乡；联系企业、重点项目：人防大楼、天鹅电站。

胡昭京：市政府顾问，分工：督查、市场建设与管理；联系乡镇驻村：滁口乡；联系企业、重点工程：资兴大市场、蔬菜。

张舜春：市长助理、财政局局长，分工：财税、粮食、粮食市场稽查；联系乡镇驻村：彭市乡（水南村）；联系企业、重点工程：市饲料厂、五洲大酒店、烟草。

黎回生：市政府助理调研员、东江木材厂第一书记，分工：工交、东江木材厂；联系乡镇驻村：鲤鱼江镇；联系企业、重点工程：20万吨复合肥工程、市氮肥厂。

4. 中共资兴市委办公室2000年7月编印的《内部电话号码本》中记载，《市人民政府》领导："市长：黄湘鄂；常务副市长：黄明；副市长：谢廷槐、杨晓南、周范平、李本贵、王东。顾问：胡昭京，助理调研员：刘学亮、黎回生；市长助理：张舜春。"

5. 2001年1月19日，市委办公室资办发〔2001〕15号文件印发的《2001年市级领导分工安排表》中记载：

黄湘鄂：副书记、市长——分工安排见《中共资兴市委》。

黄明：常委、常务副市长——分工安排见《中共资兴市委》。

谢廷槐：副市长，分工：协助分管教育、计生、文化、卫生、体育、广播电视、爱卫、司法、信访、法制、纠纷调处、少儿、民族宗教事务，联系共青团工作；联系乡镇驻村：旧市乡（亳山村计生工作），扶持重点：四季小水果，联络员：廖建华，市直联系单位：市卫生局、市公安局；联系企业、重点项目：文化娱乐城建设（市剧院）。

杨晓南：副市长，分工：协助分管农口、乡企、民政、国土、山林纠纷调处、饲料工业、移民，联系妇联工作；联系乡镇驻村：汤市乡（汤边村），扶持重点：狗脑贡茶开发，联络员：赖林江，市直联系单位：市农业局、市科技局；联系企业、重点工程项目：木材总公司、茶叶开发、10 万亩楠竹工程、万亩脐橙工程、农电网改造工程、牲猪贩运、草食动物开发、万亩耕地开发、天鹅山登山游。

王东：副市长，分工：协助分管外经外贸、开发区、旅游、环保、侨务、对台、外事，联系统战对台工作；联系乡镇驻村：东江开放开发区，扶持重点：城市建设与管理，市直联系单位：市计划局、市文化局；联系企业、重点工程：东江制药厂、郴州宏远公司、兜率岛休闲观光和风情歌舞表演。

方南玲：副市长，分工：协助分管审计、计划、物价、统计、物资、科技、技监，联系工会工作；联系乡镇驻村：兰市乡，扶持重点（无），联络员：陈赛香；联系企业、重点项目：鲤鱼江电厂扩建工程、兴宁水泥厂。

张舜春：副市长，分工：协助分管财贸、商业、粮食、供销、烟草、金融、保险、工商、城建；联系乡镇驻村：东江镇，扶持重点：养牛基地，联络员：何业忠，市直联系单位：市农村办、市司法局、市房改办；联系企业、重点工程：市饲料厂、五洲大酒店、烟草公司和、城市标志雕塑、市政配套工程、东江南路工程（改造）、美食一条街。

刘学亮：市政府助理调研员，分工：协助分管人防、老龄、勘界、煤炭税费征收；联系乡镇驻村：连坪乡，扶持重点（无），联络员：何广林；联系企业、重点项目：人防大楼、天鹅电站。

胡昭京：市政府顾问，分工：协助分管督查、市场建设与管理、蔬菜；联系乡镇驻村：彭市乡，扶持重点（无），联络员：欧阳爱；联系企业、重点工程：资兴大市场、1813 线改道工程（迎宾路）、鲤鱼江电厂扩建工程。

黎回生：市政府助理调研员、东江木材厂第一书记，分工：协助分管工交、煤矿行业管理、矿产资源管理、国有资产经营；联系企业、重点工程：20 万吨复合肥工程。

中共资兴市委办公室 2001 年 4 月编印的《内部电话号码本》记载，《市政府》领导："市长：黄湘鄂；常务副市长：黄明；副市长：谢廷槐、杨晓南、王东、方南玲（女）、张舜春。顾问：胡昭京，助理调研员：刘学亮、黎回生。"

6. 2002 年 3 月 10 日，市委办公室资办发〔2002〕21 号文件印发的《2002 年市级领导分工安排表》中记载：

黄湘鄂：副书记、市长——分工安排见《中共资兴市委》。

高爱国：副书记、常务副市长——分工安排见《中共资兴市委》。

谢廷槐：副市长，分工：协助分管公安、司法、综治、法制、计生、信访、纠纷调处、创建、爱卫、交通、环保，联系工会工作；联系乡镇驻村：旧市乡（亳山村、秋溪村计生工作），扶持重点：四季小水果基地，市直联系单位：市卫生局、市人事局；联系重点工程：交通局综合大楼；联系企业：合力机械公司。

杨晓南：副市长，分工：协助分管农业、林业、水利、电力、移民、蔬菜、民政、农业产业化工作；联系乡镇驻村：汤市乡（汤边村），扶持重点：茶叶发展、农产品加工，市直联系单位：市农业局、市司法局；联系重点工程：狗脑贡茶生产基地、国家公益林建设、农电网改造；联系企业：市木材总公司、市地方电力集团。

王东：副市长，分工：协助分管外经外贸、旅游、侨务、外事、民族宗教，联系统战对台工作；联系乡镇驻村：团结乡（二峰村），扶持重点：少数民族扶持、回龙山旅游开发，市直联系单位：市林业局、市房改办；联系重点工程：东江天鹅山祇园；联系企业：市外贸公司。

方南玲：副市长，分工：协助分管科技、技术监督、教育、文化、卫生、体育、广播电视，联系妇联、共青团、少儿工作；联系乡镇驻村：兰市乡（横丘村），扶持重点：茶叶、养鱼开发，市直联系单位：市发展计划局、市科技局、市统计局；联系重点工程：技术监督局大楼、市立初中扩建工程；联系企业：市教育印刷厂。

张舜春：副市长，分工：协助分管财税、金融、保险、工商、烟草、市场建设和管理、煤炭税费征收、国有资产管理和经营；联系乡镇驻村：兴宁镇，扶持重点：城镇建设和农产品加工，市直联系单位：市人大办、市交警大队；

联系重点工程：信用联社大楼、国储粮库建设、兴宁综合批发市场；联系企业：市供销贸易公司。

刘学亮：市政府助理调研员，分工：协助分管经贸、人防、老龄工作；联系乡镇驻村：何家山乡（何家山村），扶持重点：移民点稻田养鱼，市直联系单位：市机构编制办、市水产局、市农机局；联系重点工程：东江电化厂生产线扩建；联系企业：市塑料厂。

胡昭京：市政府顾问，分工：协助分管重点工程；联系乡镇驻村：鲤鱼江镇，扶持重点：城镇建设、农产品加工，市直联系单位：市政公司、市环卫处；联系重点工程：鲤鱼江电厂扩建工程。

黎回生：市政府助理调研员、东江木材厂第一书记，分工：协助分管全市煤炭生产和安全生产、东江木材厂；市直联系单位：市煤炭局；联系重点工程：市耐火材料厂万吨耐火砖技术改造；联系企业：市白马江煤矿。

黄志坚：市长助理，分工：协助分管重点工程和城镇化建设；联系乡镇驻村：坪石乡（坪石村）。

何亚忠：市长助理、市农村工作领导小组办公室主任，分工：协助分管农业产业化建设；联系乡镇驻村：厚玉乡（白廊村）；联系企业：东江鱼制品公司。

7. 中共资兴市委办公室 2002 年 11 月编印的《内部电话号码本》记载，《市人民政府》领导："代市长：王周；副市长：张舜春（常务副市长）、谢廷槐、杨晓南、王东、曾建华。助理调研员：刘学亮、黎回生。市长助理：胡秀兰（女）、王卫东。原顾问：胡昭京。"

8. 《中国共产党资兴历史》（1978.12—2006.12）第三卷"资兴市（县）党政主要领导简介"中说："黄诚（1954.10—），男，汉族，湖南省资兴人，1954 年 10 月生，1980 年 2 月参加工作，1975 年 3 月加入中国共产党，大学文化。1980 年 2 月起，历任资兴县林业局助理工程师、资兴县委政研室干事、资兴市龙溪乡党委书记、湖南省委党校党政干部专修班学员，中共资兴市委办公室副主任；资兴市委常委、宣传部部长；资兴市委常委、副市长；资兴市委副书记、市长。1998 年 7 月调郴州，历任郴州市人民政府助理巡视员、郴州市人大常委会副主任、党组成员、党组副书记；郴州市人大常委会正厅级干部、党组成员，并于 2014 年退休。"

网站消息（2014年11月查阅）：黄诚，男，汉族，湖南资兴市人，1954年10月出生，1980年2月参加工作，1975年3月加入中国共产党，大学文化，现任郴州市人大常委会党组成员、正厅级干部。简历：1980年2月—1982年5月任资兴县林业局助理工程师，1982年5月—1983年4月任资兴县委政研室干事，1983年4月—1984年9月任资兴县龙溪乡党委副书记、书记，1984年9月—1986年9月在湖南省委党校学习，1986年9月—1987年8月任资兴市委办公室副主任，1987年8月—1990年2月任资兴市委常委、宣传部部长，1990年2月—1992年10月任资兴市委常委、常务副市长，1992年10月—1998年7月任资兴市委副书记、市政府市长。1998年7月—2000年12月任郴州市人民政府助理巡视员，2000年12月—2009年7月任郴州市人大常委会副主任，2009年7月—2010年5月任郴州市人大常委会党组副书记、正厅级干部，2010年5月至今任郴州市人大常委会党组成员、正厅级干部。

第十四届市人民政府（2003年1月—2007年11月）

《资兴市人大志》（1989—2005）记载："2002年12月28日至2003年1月2日，市十四届人大一次会议选举：市人民政府：市长：王周；副市长：张舜春、杨晓南、王东、曾建华、胡秀兰（女）、王卫东。"

任职名单：

市长：王周，2003年1月—2007年3月，祁阳县人。

市长：方南玲（女），2007年3月—12月，安徽巢县人。

副市长：张舜春，2003年1月—2006年9月，广东大埔人。

副市长：杨晓南，2003年1月—2007年12月，资兴市人。

副市长：王东，2003年1月—2005年2月，桂阳县人（2005年2月6日市十四届人大常委会第十六次会议，决定接受王东辞去资兴市人民政府副市长职务）。

副市长：曾建华，2003年1月—2007年12月，永兴县人。

副市长：胡秀兰（女），2002年12月—2007年12月，资兴市人。

副市长：王卫东，2002年12月—2007年12月，嘉禾县人。

副市长：欧日明，2003年4月—2005年4月，宁远县人（2005年4月7日市十四届人大常委会第十八次会议，决定接受欧日明辞去资兴市人民政府副市长职务）。

副市长：谢晖，2003 年 10 月—2007 年 12 月，贵州省贵阳人（2003 年 10 月 8 日市十四届人大常委会第五次会议，决定任命谢晖为资兴市人民政府副市长）。

副市长：陈忠辉，2005 年 5 月—2007 年 12 月，资兴市人（2005 年 5 月 12 日市十四届人大常委会第十九次会议，决定任命陈忠辉为资兴市人民政府副市长）。

副市长：李典龙，2006 年 1 月—2007 年 12 月，隆回县人。

副市长：李水福，2006 年 8 月—2007 年 12 月，嘉禾县人。

副市长：万文鑫，2007 年 3 月—2007 年 12 月（湖南省工商局下派挂职）。

调研员：雷戊坤，2003 年 1 月—2004 年，资兴市人。

助理调研员：谢廷槐，2003 年 1 月—2007 年 12 月员，耒阳县人。

助理调研员：刘学亮，2003 年 1 月—2007 年 12 月，资兴市人。

助理调研员：黎回生，2003 年 1 月—2007 年 12 月，资兴市人。

助理调研员：李传玉，2003 年 4 月—2007 年 12 月，资兴市人。

市长助理：何亚忠，2003 年 1 月—2003 年 12 月，资兴市人。

市长助理：陈志强，2003 年 1 月—2007 年 10 月，资兴市人。

市长助理：纪随燕，2003 年 1 月—2007 年 10 月，陕西勉县人。

本书笔者说明：

1. 2003 年 3 月 8 日，市委办公室资办发［2003］25 号文件印发的《2003 年市级领导分工安排表》中记载：

王周：副书记、市长——分工安排见《中共资兴市委》。

张舜春：常委、常务副市长——分工安排见《中共资兴市委》。

杨晓南：副市长，分工：协助分管公安、司法、城建、房产房改、综治、法制、环保、调处纠纷、老龄、人防、爱卫、创建，联系法院、检察院、工会、共青团；联系乡镇驻村：高码乡（坪石村），扶持重点：渔业基地建设，市直联系单位：市环保局、市国土局、市农业银行；联系重点工程：市政配套工程、东江沿江路、污水处理厂、垃圾处理场、秀流公园治污；联系企业：市公共汽车公司、大千工艺品厂。

王东：副市长，分工：协助分管文化、教育、卫生、体育、科技、广电、外经外贸；联系乡镇驻村：团结乡（二峰村），扶持重点：草食动物开发，市直联系单位：市农机局、市档案局、市人民保险公司；联系重点工程：回龙山旅游开发；联系企业：市外贸公司。

曾建华：副市长，分工：协助分管经贸、乡镇企业、外资企业、民营经济、企业改革、交通、安全生产、煤炭；联系乡镇驻村：何家山乡（何家山村），扶持重点：市场建设，市直联系单位：市老干局、市水产局、电信局；联系重点工程：工业园区建设、交通大楼、砂改油工程、市耐火材料厂技术改造；联系企业：市地方煤业集团、合力机械公司、市耐火材料厂。

胡秀兰：副市长，分工：协助分管劳动和社会保障、信访、计划生育、外事侨务、民族宗教，联系妇联工作；联系乡镇驻村：连坪乡（上连村及计生工作），扶持重点：养羊、改房，市直联系单位：市外贸局、市市场服务中心、市县乡公路管理站；联系重点工程：连坪竹叶坪电站；联系企业：大鲵养殖基地。

王卫东：副市长，分工：协助分管农业、林业、水利、电力、农网改造、城网改造、移民、蔬菜、民政、农业产业化、气象、残联；联系乡镇驻村：汤市乡（汤边村），扶持重点：茶叶开发、温泉开发，市直联系单位：市农业局、市农经局、市工商联；联系重点工程：狗脑贡茶生产基地、国家公益林建设、农网改造、城网改造、脚盘辽引水工程；联系企业：市地方电力公司、东江菜业集团公司、新疆额河特有鱼类开发有限公司资兴分公司。

雷戊坤：市政府调研员，分工（未明），联系乡镇驻村：汤市乡（汤边村），扶持重点：茶叶开发、温泉开发，市直联系单位：市农业局、市农经局、市工商联；联系重点工程：退耕还林、小水电开发；联系企业：波水电站。

谢廷槐：市政府助理调研员，分工：协助分管旅游；联系乡镇驻村：旧市乡（江口村），扶持重点：小水果开发、旅游开发，市直联系单位：市交通局、市发展计划局、市中医院；联系重点工程：小东江观景栈道、东江湖景区门楼广场、停车场、白廊景区门楼及配套设施建设；联系企业：东江湖旅游集团公司。

刘学亮：市政府助理调研员，分工：（未明）；联系乡镇驻村：何家山乡（何家山村），扶持重点：市场建设，市直联系单位：市老干局、市水产局、市电信局；联系重点工程：兴宁商贸广场、兴宁蔬菜批发市场；联系企业：竹木工艺品企业的组建。

黎回生：市政府助理调研员，分工：协助分管安全生产；联系乡镇驻村：碑记乡（石拱村），扶持重点：煤炭开发、蔬菜基地，市直联系单位：市纪委（市监察局）、市地税局、市房产局；联系重点工程：资兴矿务局沉陷区综合整治项目；联系企业：嘉裕针织厂。

胡昭京：市政府顾问，分工：协助分管旅游文化开发；联系重点工程：鲤鱼江电厂扩建工程。

何亚忠：市长助理、市农办主任，分工：协助分管农业、农业产业化建设；联系乡镇驻村：厚玉乡（白廊村），扶持重点：白廊码头建设、景区开发、水产养殖，市直联系单位：东江库区管理局、市园林处、市移动公司；联系企业：东江鱼制品公司。

2. 中共资兴市委办公室 2003 年 12 月编印的《内部电话号码本》记载，《市政府市长、副市长、助理调研员、市长助理》名单如下："市长：王周；常务副市长张舜春；副市长：杨晓南、王东、曾建华、胡秀兰（女）、王卫东、欧日明、谢晖。调研员雷戊坤，助理调研员：谢廷槐、刘学亮、黎回生、李传玉。市长助理：陈志强、纪随燕。"

3. 2004 年 2 月 13 日，市委办公室资办发［2004］24 号文件印发的《2004 年市级领导分工安排》中记载：

王周：副书记、市长——分工安排见《中共资兴市委》。

张舜春：常委、常务副市长——分工安排见《中共资兴市委》。

杨晓南：副市长，分工：协助分管公安、司法、城建、综治、法制、环保、调处纠纷、老龄、人防、爱卫、城网改造，联系法院、检察院、工会、共青团；联乡包村：唐洞街道（文锋路社区居委会）；联系重点工程：东江文化广场、市政配套工程、（东江）沿江路、鸿都商业广场、天马商业广场、依波茵花园、污水处理厂、垃圾处理场、秀流公园改造与开发、市政配套工程、东江河道综合治理与开发；联系企业：市建筑公司、市公共汽车公司。

王东：副市长，分工：协助分管文化、教育、卫生、药品监督、体育、广播电视、外经外贸、招商引资；联乡包村：团结乡（双坑村）；联系重点工程：子午轮胎、百万吨干法水泥生产线、回龙山旅游开发；联系企业：市外贸公司、梅雁集团。

曾建华：副市长，分工：协助分管经贸、乡镇企业、外资企业、民营经济、企业改革、交通、质量技术监督、通乡公路改造、安全、煤炭、工业园区建设；联乡包村：何家山乡（何家山村）；联系重点工程：东江电化厂改制扩建、亿兴建材；联系企业：资兴矿业集团（原属于省煤炭厅管辖）、焦电公司、市地方煤业集团。

胡秀兰：副市长，分工：协助分管劳动和社会保障、信访、计划生育，联系妇联工作；联乡包村：连坪乡（上连村）；联系重点工程（工作）：劳动力培训转移、劳务输出、乡镇计划生育服务站规范建设；联系企业：鲤鱼江煤矿（原属于郴州管辖）。

王卫东：副市长，分工：协助分管农业、农网改造、移民、蔬菜、农业产业化、气象；联乡包村：汤市乡（汤边村）；联系重点工程：狗脑贡茶生产基地、东江鱼开发、东江鱼市、国家公益林建设、农网改造、脚盘辽引水工程、退耕还林、船形河水利开发、小水电开发；联系企业：隆平高科资兴公司、东江菜业公司、东江鱼集团公司、狗脑贡茶叶公司。

欧日明：副市长，分工：协助分管科技、农业、外经外贸、招商引资；联乡包村：黄草镇（前程村）；联系重点工程（工作）：楠竹开发、农网改造、小水电开发、横岭公路改造、金牛湾水上休闲中心（黄草）；联系企业：创兴人造板公司、牲猪贩运公司、东江湖冷水养鱼养殖公司。

谢晖：副市长，分工：协助分管旅游、民政、外事侨务、民族宗教、计划、统计、物价、残联、重点工程；联乡包村：蓼江镇（蓼市村）；联系重点工程（工作）：白廊龙艇观光游、旅游文化建设、中国野仙画院、工业园区建设；联系企业：东江湖生态旅游公司、东江湖旅游（集团）公司。

雷戊坤：市政府调研员，分工：协助分管东江河道综合治理与开发、小水电开发；联乡包村：碑记乡（石拱村）；联系重点工程：东江河道综合治理与开发、小水电开发；联系企业：波水电站。

谢廷槐：市政府助理调研员，分工：协助分管通乡公路改造、创优工作和建市20周年庆典筹备组织工作；联乡包村：兰市乡（鸭公垅村），扶持重点：

小水果开发、旅游开发，市直联系单位：市交通局、市发展计划局、市中医院；联系重点工程（工作）：建市 20 周年重点工程；联系企业：东江湖天然食品公司。

刘学亮：市政府助理调研员，分工：协助分管蔬菜开发、竹木工艺品开发；联乡包村：何家山乡（何家山村）；联系重点工程（工作）：蔬菜开发、竹木工艺品开发；联系企业：竹木工艺品企业组建。

黎回生：市政府助理调研员，分工：协助分管安全生产；联乡包村：东江镇（星红村）；联系重点工程（工作）：资兴矿务局沉陷区综合整治；联系企业：白马江煤矿。

李传玉：市政府助理调研员，分工：协助分管移民工作；联乡包村：白廊乡（白廊村）；联系重点工程（工作）：市肉联有限公司建设、水果水产开发、东江湖白廊旅游码头；联系企业：万隆涂料公司。

陈志强：市长助理，市国土资源局局长，分工：协助分管重点工程、国土；联乡包村：高码乡（坪石村）；联系重点工程（工作）：东江明珠大酒店；联系企业：中铁十六局。

纪随燕：市长助理，市计划生育委员会主任，分工：协助分管计划生育工作；联乡包村：烟坪乡（杨公塘村）；联系重点工程（工作）：建市 20 周年庆典筹备组织；联系企业：市一建公司。

4. 中共资兴市委办公室 2005 年 5 月编印的《内部电话号码本》记载，《市人民政府市长、副市长、助理调研员、市长助理》名单："市长：王周；常务副市长：张舜春；副市长：杨晓南、曾建华、胡秀兰（女）、王卫东、谢晖、陈忠辉。助理调研员：谢廷槐、刘学亮、黎回生、李传玉。市长助理：陈志强（市国土局局长）、纪随燕（市人口计生委主任）。"

5. 2005 年 6 月 14 日，市委办公室资办发［2005］63 号文件印发的《2005 年市级领导分工安排》中记载：

王周：副书记、市长——分工安排见《中共资兴市委》。

李水福：常委、常务副市长——分工安排见《中共资兴市委》。

杨晓南：副市长，分工：协助分管公安、司法、城建、综治、法制、环保、房产房改、调处纠纷、老龄、人防、爱卫、城网改造，联系法院、检察院、工会、共青团；联乡包村：唐洞街道（新民村）；联系重点工程（工作）：

东江河道综合治理及沿江路、市污水处理厂一期工程、澳林山庄、鸿都天马二期工程。

曾建华：副市长，分工：协助分管工业、民营经济、企业改革、交通、质量技术监督、通乡公路改造、安全、煤炭、工业园区建设；联乡包村：何家山乡（何家山村）；联系重点工程：超威日化、通乡公路改造工程。

胡秀兰：副市长，分工：协助分管劳动和社会保障、信访、计划生育、卫生、食品药品监督，联系妇女工作；联乡包村：连坪乡（上连村），联系上连村计划生育工作；联系重点工程（工作）：劳动力培训转移和劳务输出、乡镇计划生育服务站规范建设。

王卫东：副市长，分工：协助分管农业（乡镇企业）、民政、残联、农网改造、移民、蔬菜、农业产业化、气象；联乡包村：汤市乡（汤边村）；联系重点工程：东江鱼养殖深加工、5万头商品猪生产项目、速生丰产工业原料林基地、东江鱼集团公司上市筹备、狗脑贡茶产业发展、公益林建设。

谢晖：副市长，省旅游局挂职。

陈忠辉：副市长，分工：协助分管教育、科技、体育、文化、广播电视；联乡包村：兴宁镇（岭脚村）；联系重点工程（工作）：文化产业、教育、卫生改革改制、事业民办。

谢廷槐：市政府助理调研员，分工：协助分管旅游、通乡公路改造；联乡包村：兰市乡（鸭公坳村），联系重点工程（工作）：新都旅游购物休闲中心、通乡公路改造工程。

刘学亮：市政府助理调研员，分工：协助分管蔬菜开发、旅游工艺品开发；联乡包村：何家山乡（何家山村）；联系重点工程（工作）：蔬菜开发、旅游工艺品加工、市政移民搬迁纪念塔。

黎回生：市政府助理调研员，分工：协助分管外事侨务、民族宗教、安全生产；联乡包村：蓼江镇（蓼市村）；联系重点工程（工作）：资兴矿务局沉陷区综合整治、裕兴白钨矿、宗教文化开发。

李传玉：市政府助理调研员，分工：协助分管移民工作；联乡包村：白廊乡（白廊村）；联系重点工程（工作）：东江水电厂扩机工作。

陈志强：市长助理，市国土资源局局长，分工：协助分管重点工程、国土资源；联乡包村：高码乡（坪石村）；联系重点工程（工作）：大王寨风景旅游区、中天行房车俱乐部。

纪随燕：市长助理，市计划生育委员会主任，分工：协助分管计划生育工作；联乡包村：清江乡（黄桥村）；联系重点工程（工作）：乡镇计生服务站规范建设。

6. 2006年10月9日，市委办公室资办发〔2006〕87号文件印发的《2006年市级领导分工安排》中记载：

王周：副书记、市长——分工安排见《中共资兴市委》。

李水福：常委、常务副市长——分工安排见《中共资兴市委》。

王卫东：常委、副市长——分工安排见《中共资兴市委》。

杨晓南：副市长，分工：协助分管公安、司法、城投（公司）、城建、综治、法制、环保、房产房改、调处纠纷、老龄、人防、爱卫，联系法院、检察院工作；联乡包村：唐洞街道（新民村）；联系重点工程（工作）：东江河道综合治理、沿江北路及风光带、无害化垃圾处理场、市污水处理厂、澳林山庄、园林城市创建。

曾建华：副市长，分工：协助分管工业、民营经济、招商引资、企业改革、交通、质量技术监督、工业园区建设、通乡通村公路建设；联乡包村：何家山乡（何家山村）；联系重点工程：兴鑫冶炼二期、超威日化二期、东江冶炼厂招商盘活。

胡秀兰：副市长，分工：协助分管信访、计划生育、卫生、食品药品监督，联系妇女工作；联乡包村：连坪乡（上连村），联系上连村计划生育工作；联系重点工程（工作）：乡镇计划生育服务站规范建设、农村合作医疗。

谢晖：副市长，分工：协助分管旅游、电力、电网改造、外事侨务、民族宗教，联系共青团、工会工作；联乡包村：黄草镇（前程村）；联系重点工程（工作）：东江湖康复休闲度假中心、寿佛文化中心。

李典龙：副市长，分工：协助分管劳动和社会保障、安全、煤炭、非煤矿山；联乡包村：东江开放开发区（罗围村）；联系重点工程（工作）：罗围综合大市场、东江新天地、劳动力转移培训和劳务输出。

陈忠辉：副市长，分工：协助分管教育、科技、体育、文化、广播电视、科技；联乡包村：清江乡（黄桥村）；联系重点工程（工作）：文化产业开发、体育运动中心。

谢廷槐：市政府助理调研员，分工：协助分管旅游、通乡通村公路建设；联乡包村：兰市乡（鸭公垅村），联系重点工程（工作）：新都旅游购物休闲中心、旅游产品及市场开发、通乡通村公路建设。

刘学亮：市政府助理调研员，分工：协助分管蔬菜开发、重点项目建设；联乡包村：何家山乡（何家山村）；联系重点工程（工作）：市政移民搬迁纪念塔。

黎回生：市政府助理调研员，分工：协助分管外事侨务、民族宗教；联乡包村：蓼江镇（蓼市村）；联系重点工程（工作）：宗教文化开发。

李传玉：市政府助理调研员，分工：协助分管移民工作；联乡包村：白廊乡（白廊村）；联系重点工程（工作）：东江水电厂扩机工程、东江湖地质灾害治理。

陈志强：市长助理，市国土资源局局长，分工：协助分管重点工程、国土资源；联乡包村：高码乡（龙头村）；联系重点工程（工作）：高塘民生冶炼。

纪随燕：市长助理，市计划生育委员会主任，分工：协助分管计划生育工作；联乡包村：清江乡（黄桥村）；联系重点工程（工作）：乡镇计生服务站规范建设。

7. 中共资兴市委办公室 2006 年 11 月编印的《内部电话号码本》记载，《市人民政府》领导成员："市长：王周；常务副市长：李水福；副市长：王卫东、杨晓南、曾建华、胡秀兰（女）、谢晖、李典龙、陈忠辉。助理调研员：谢廷槐、黎回生、李传玉。市长助理：陈志强（市国土局局长）、纪随燕（市人口计生委主任）。"

8. 中共资兴市委组织部 2006 年 5 月提供的《资兴市部分领导干部名册》，市人民政府领导成员如下："市长：王周（市委副书记）；副市长：张舜春（市委常委）、杨晓南（市政府党组成员、市委委员）、曾建华（市政府党组成员、市委委员）、胡秀兰（女，市政府党组成员、市委委员）、王卫东（市政府党组成员、市委委员）、谢晖（市政府党组成员）、李典龙（市政府党组成员，正处级）。市人民政府助理调研员、党组成员黎回生。"

9. 中共资兴市委组织部提供的领导干部名册，2006 年年终考核的市人民政府领导成员如下：

市长：王周，1965 年 11 月生，博士生，1985 年 11 月入党，1993 年 3 月任副处级领导，2002 年 6 月任正处级领导，现任市委副书记、党组书记、市长。

副市长：张舜春，1954 年 2 月生，大学，1986 年 11 月入党，1998 年 3 月任副处级领导，任市委常委、党组副书记、常务副市长。

副市长：杨晓南，1956 年 2 月生，大专，1982 年 8 月入党，1994 年 3 月任副处级领导，任市委委员、党组成员、副市长。

副市长：曾建华，1962 年 9 月生，大学，1987 年 11 月入党，2002 年 4 月任副处级领导，任市委委员、党组成员、副市长。

副市长：胡秀兰（女），1958 年 2 月生，大学，1977 年 1 月入党，2002 年 12 月任副处级领导，任市委委员、党组成员、副市长。

副市长：王卫东，1970 年 12 月生，大学，1992 年 3 月入党，2002 年 12 月任副处级领导，任市委委员、党组成员、副市长。

副市长：谢晖，1972 年 7 月生，大学、硕士，1992 年 11 月入党，2003 年 8 月任副处级领导，任党组成员、副市长。

副市长：陈忠辉，2005 年任副市长。

副市长：李典龙，1964 年 8 月生，大学，1985 年 12 月入党，1997 年 3 月任副处级领导，2000 年 3 月任正处级领导，任党组成员、副市长。

助理调研员：谢廷槐。

助理调研员：刘学亮。

助理调研员：黎回生，1952 年 5 月生，大学，1974 年 9 月入党，1999 年 7 月任副处级领导，党组成员、助理调研员。

10.《中国共产党资兴历史》（1978.12—2006.12）第三卷"资兴市（县）党政主要领导简介"中说："王周（1965.12—），男，汉族，1965 年 12 月生，湖南省祁阳县人，中共党员，哲学博士学位。2002 年调任资兴市委副书记、市纪检书记，历任资兴市委副书记、代市长、市政府党组书记；市委副书记、市长。2007 年 3 月调离资兴，先后任桂东县委书记，北湖区委书记，郴州经济开发区党委书记；郴州市公安局党委书记、局长；郴州市副市长、郴州市公安局党组书记、局长。2016 年 9 月任湖南警察学院党委副书记、院长、二级警监。"

2016 年网站消息：王周，男，汉族，1965 年 12 月出生，湖南祁阳县人，在职研究生，哲学博士，讲师，中共党员。现任湖南郴州市副市长、郴州市公安局党委书记、局长。2002年任湖南资兴市委副书记、代市长、市政府党组书记；2003年1月任湖南资兴市委副书记、市长、市政府党组书记；2007年3月任湖南桂东县委书记；2010年4月任湖南郴州市北湖区委书记、郴州经济开发区党委书记；2014年4月任郴州市副市长，郴州市公安局党委书记、局长；2016年8月，提名为湖南警察学院第一届委员会委员、副书记候选人，任院长。2016年10月任湖南警察学院院长。

第十五届市人民政府（2007年12月—2012年12月）

2007年12月28日至2008年1月2日，召开了资兴市第十五届人民代表大会第一次会议，12月31日选举方南玲（女）为资兴市人民政府市长，李水福、王卫东、万文鑫（挂职）、曾建华、谢晖、陈忠辉、李典龙、徐坚强为副市长。

任职名单：

市长：方南玲（女）2007年12月—2012年12月，市委副书记、市政府党组书记，安徽巢县人。

副市长：李水福，2007年12月—2009年4月，市委常委、市政府党组副书记、常务副市长；2008年兼任市行政学校第一校长。

副市长：王卫东，2007年12月—2012年8月，市委常委、市政府党组成员，2009年4月任市委常委、市政府党组副书记、常务副市长，兼任市行政学校第一校长。

副市长：范培顺，2012年9月—12月，市委常委、市政府党组副书记、常务副市长。

副市长：黄四清，2008年12月—2012年12月，党组成员，2011年6月任市委常委。

副市长：万文鑫，2007年12月（候选人）—2008年，市委常委，挂职。

副市长：曾建华，2007年12月—2010年，市委委员、市政府党组成员。

副市长：谢晖，2007年12月—2008年，市委委员、市政府党组成员。

副市长：陈忠辉，2007年12月—2011年3月，兼任市社会主义学校第一校长。

副市长：李典龙，2007 年 12 月—2011 年，市委委员、市政府党组成员。

副市长：徐坚强，2007 年 12 月（候选人）—2011 年，市委委员、市政府党组成员。

副市长：邓文武，2009 年 4 月—2012 年 12 月，党组成员、市委委员。

副市长：文静，2009 年 4 月—2010 年，党组成员，挂职。

副市长：肖志刚，2011 年 3 月—2012 年 12 月，党组成员，挂职（省发改委经济和气候处副调研员）。

副市长：蒋乐江，2011 年 6 月—2012 年 12 月，党组成员，市委委员。

副市长：李建宏，2012 年 9 月—12 月。

副市长：吴兴国，2012 年 9 月—12 月，党组成员，市公安局党委书记、局长兼督察长。

副市长：曾风山，2012 年 9 月—12 月，党组成员，挂职。

副市长：段翔宇，2012 年 9 月—12 月，党组成员，挂职。

副调研员：谢廷槐，2007 年 12 月—2009 年，党组成员。

副调研员：刘学亮，2007 年 12 月—2009 年，党组成员。

副调研员：黎回生，2007 年 12 月—2011 年，党组成员。

副调研员：李传玉，2007 年 12 月—2012 年 12 月，党组成员。

市长助理：黄志坚，2007 年 10 月—2012 年 12 月，党组成员，2011 年免去市长助理。

市长助理：赖林江，2007 年 10 月—2012 年 12 月，党组成员，2009 年任市委候补委员，2011 年免去市长助理。

市长助理：文建军，2009 年 9 月—2010 年，党组成员（副处级）。

市长助理：喻敏，2008 年 12 月—2010 年，副处级干部、党组成员，市公安局党委书记、局长；2011 年为市委委员。

市长助理：冯国强，2008 年 12 月—2012 年 12 月，市委委员、市政府党组成员；2011 年免去市委委员、市长助理。

党组成员：李红强，2009 年 4 月—2010 年，市委副处级干部。

党组成员：黎泽刚，2008 年 7 月—2012 年 12 月，副处级干部。

党组成员：蔡子平，2008 年 7 月—2012 年 12 月，副处级干部。

党组成员：罗文辉，2009 年 4 月—2010 年 8 月，市人武部部长。

党组成员：龚茂才，2010 年 8 月—2011 年 6 月，党组成员，市人武部政委。

党组成员：吴烂斌，2011 年 7 月—2012 年 12 月，党组成员，市人武部部长。

副处级干部：王永平，2010 年 5 月—2011 年，市公安局政委、党委副书记、纪委书记。

副处级干部：李生华，2012 年 9 月—12 月，市公安局政委、党委副书记。

副处级干部：周耀武，2012 年 9 月—12 月。

副处级干部：赖胜民，2012 年 9 月—12 月。

笔者说明：

1. 中共资兴市委办公室 2008 年 3 月编印的《内部电话号码本》记载，《市人民政府》领导成员："市长：方南玲（女）；副市长：李水福（常务副市长）、王卫东、万文鑫、曾建华、谢晖、陈忠辉。"

2. 中共资兴市委办公室 2009 年 7 月编印的《内部电话号码本》记载，《市人民政府》领导成员："市长：方南玲（女）；副市长：王卫东（常务副市长）、曾建华、陈忠辉、李典龙、徐坚强、黄四清、邓文武、刘静。副调研员：谢廷槐、黎回生、李传玉。市长助理：黄志坚、赖林江、冯国强。市长助理、副处级干部、公安局局长：喻敏。副处级干部：黎泽刚、蔡子平。"

3. 中共资兴市委组织部提供的领导干部名册，2010 年年终考核的领导有（55 周岁以下者）：

市长：方南玲，女。

副市长：陈忠辉，男，汉族，籍贯资兴东江，1968 年 5 月生，41 岁，1991 年 6 月参加工作，九三学社主委，大学学历，2005 年 5 月开始担任副处级领导干部。

市人民政府党组成员、副市长、市委委员：李典龙，男，汉族，籍贯隆回，1964 年 8 月生，45 岁，1982 年 10 月参加工作，1985 年 12 月加入中国共产党，大学学历，1997 年 3 月开始担任副处级领导干部，2000 年 3 月开始担任正处级领导干部。

市人民政府党组成员、副市长、市委委员：徐坚强，男，汉族，籍贯资兴烟坪，1967 年 4 月生，42 岁，1990 年 7 月参加工作，1994 年 11 月加入中国共产党，2003 年 4 月开始担任副处级领导干部。

市人民政府党组成员、副市长：黄四清，男，汉族，籍贯祁阳，1975 年 6 月生，34 岁，1995 年 7 月参加工作，2003 年 3 月加入中国共产党，大学学历，2008 年 8 月开始担任副处级领导干部。

市人民政府党组成员、副市长：邓文武，男，汉族，籍贯桂阳，1972 年 11 月生，37 岁，1993 年 8 月参加工作，1998 年 3 月加入中国共产党，大学学历，2006 年 11 月开始担任副处级领导干部。

市人民政府党组成员、市长助理：文建军，男，汉族，籍贯临武，1978 年 7 月生，31 岁，2000 年 9 月参加工作，1999 年 1 月加入中国共产党，大学学历，2009 年 9 月开始担任副处级领导干部。

市人民政府党组成员、副调研员：李传玉，男，汉族，籍贯资兴黄草，1955 年 4 月生，54 岁，1977 年 10 月参加工作，1976 年 10 月加入中国共产党，中专学历，1994 年 3 月开始担任副处级领导干部。

市人民政府党组成员、市长助理：黄志坚，男，汉族，籍贯资兴滁口，1958 年 3 月生，51 岁，1976 年 2 月参加工作，1991 年 1 月加入中国共产党，大学学历，2002 年 9 月开始担任副处级领导干部。

市人民政府党组成员、市长助理：赖林江，男，汉族，籍贯资兴天鹅山，1956 年 1 月生，53 岁，1976 年 9 月参加工作，1979 年 1 月加入中国共产党，中专学历，2003 年 8 月开始担任副处级领导干部。

市人民政府党组成员、市长助理、副处级干部、市公安局党委书记、局长：喻敏，男，汉族，籍贯苏仙区，1964 年 11 月生，45 岁，1986 年 7 月参加工作，1991 年 3 月加入中国共产党，大学学历，2004 年 10 月开始担任副处级领导干部。

市人民政府党组成员、副处级干部：蔡子平，男，汉族，籍贯资兴彭市，1963 年 2 月生，46 岁，1982 年 7 月参加工作，1989 年 12 月加入中国共产党，大专学历，2008 年 7 月开始担任副处级领导干部。

4. 中共资兴市委办公室 2011 年 3 月编印的《内部电话号码本》记载，《市人民政府》领导成员："市长、市委副书记：方南玲（女）；市委常委、常务副市长：王卫东；市委常委、副市长：曾建华；副市长：陈忠辉、李典龙、徐坚强、黄四清、邓文武。副调研员：黎回生、李传玉；党组成员：黄志坚、赖林江、冯国强；党组成员、市委副处级干部：李红强；副处级干部、市长助理、市公安局局长：喻敏；副处级干部：文建军、黎泽刚、蔡子平、王永平（市公安局政委）。"

5. 中共资兴市委办公室 2012 年 6 月编印的《内部电话号码本》记载，《市人民政府》领导成员："市长、市委副书记：方南玲（女）；市委常委、常务副市长：王卫东；市委常委、副市长：黄四清；副市长：李典龙、徐坚强、邓文武、肖志刚、蒋乐江。党组成员、市人武部部长吴烂斌，副调研员李传玉。党组成员：黄志坚、赖林江、冯国强；副处级干部、市长助理、市公安局局长、督察长（兼任）喻敏；副处级干部：黎泽刚、蔡子平、王永平（市公安局政委）。"

6. 2016 年网站资料：陈忠辉，男，汉族，1968 年 5 月生，湖南省资兴市人，九三学社社员，大学学历，历史学学士，1991 年 7 月参加工作。参加工作后先后任湖南省资兴市一中、市立中学教师；1998 年 9 月任湖南省资兴市市立中学教师、教务处主任；1998 年 12 月任湖南省资兴市教育局副局长；2002 年 3 月任湖南省资兴市一中校长（其间：2001 年 10 月—2003 年 8 月在湖南大学法学院经济法专业研究生课程班学习）；2005 年 5 月任湖南省资兴市副市长；2007 年 11 月任湖南省资兴市副市长、社会主义学校第一校长；2011 年 3 月任山西社会主义学院副院长；2015 年 11 月任临汾市副市长（资料来源：《临汾日报》）。

第十六届市人民政府（2012 年 12 月—2016 年 11 月）

2012 年 12 月 20 日上午，资兴市十六届人大一次会议召开第三次全体会议，大会以无记名投票方式选举方南玲为资兴市人民政府市长，范培顺、黄四清、邓文武、李建宏、蒋乐江、吴兴国、段翔宇当选为副市长。会上，资兴市委书记、大会执行主席陈荣伟为新当选的资兴市十六届人大常委会主任朱承旺颁发当选证书。朱承旺为新当选的资兴市十六届人大常委会副主任，资兴市人民政府市长、副市长，市法院院长，资兴市人大常委会委员颁发了当选证书。

任职名单：

市长：方南玲（女），2012 年 12 月—2014 年 3 月，市委副书记、市政府党组书记，安徽巢县人。

市长：贺遵庆，2014 年 3 月任代市长，2014 年 4 月 22 日—2015 年 12 月 1 日任市长，市委副书记、市政府党组书记。

市长：黄峥嵘（女），2015 年 12 月 1 日任代市长（12 月 24 日市人大常委会通过），2016 年 2 月 20 日—2016 年 8 月 16 日任市长，市委副书记、市政府党组书记。

市长：罗成辉，2016 年 8 月 16 日—11 月任市长候选人，市委副书记、市政府党组书记。

副市长：范培顺，2012 年 12 月—2016 年 9 月，市委常委、市政府党组副书记、常务副市长、市行政学校第一校长。

副市长：刘立，2013 年 1 月—2014 年 12 月，市委常委、市政府党组成员，挂职。

副市长：刘章宇，2013 年 4 月—2014 年 12 月 24 日，市委常委、市政府党组成员，挂职。2017 年 4 月 20 日，湖南省人民政府决定，刘章宇同志任省新闻出版广电局副局长。刘章宇，男，汉族，湖南安仁人，1972 年 8 月出生，大学，历史学学士，中共党员。

副市长：侯峥辉，2013 年 8 月（候选人）—2016 年 11 月，市委常委、市政府党组成员；2016 年 9 月任市委常委、市政府党组副书记、常务副市长、市行政学校第一校长。

副市长：邓文武，2012 年 12 月—2014 年 12 月，党组成员、市委委员。

副市长：李建宏，2012 年 12 月—2016 年 11 月，市社会主义学校第一校长。

副市长：蒋乐江，2012 年 12 月—2016 年 11 月，党组成员，市委委员。

副市长：吴兴国，2012 年 12 月—2016 年 11 月，党组成员，市公安局党委书记、局长兼督察长。

副市长：曾风山，2012 年 12 月—2014 年 12 月，党组成员，挂职。曾风山：湖南省勘测设计院四〇二队副队长，2016 年，任湖南省勘测设计院四〇二队党委书记兼队长。

副市长：段翔宇，2012 年 12 月—2016 年 11 月，党组成员。

副市长：黄星，2014 年 4 月—2016 年 9 月，党组成员。

副市长：刘录三，2014 年 4 月—2016 年 5 月，党组成员，挂职。刘录三，男，1975 年生，博士，中国环境科学研究院研究员，国家环境保护河口与海岸带环境重点实验室学科带头人，河北大学客座教授，国家节能减排评估师，中国环境科学学会环境损害鉴定评估专业委员会副秘书长。2014 年至 2016 年，任湖南省资兴市副市长（挂职）。获 2010 年度环境保护科学技术二等奖。在国内外核心期刊、SCI 源刊发表论文 80 余篇，申请国家发明专利 4 项，合作出版著作 4 部，译著 2 部。

副市长：郭艳，2015 年 5 月—2016 年 11 月，党组成员，挂职（女，省财政厅下派）。

副市长：杨发，2016 年 9 月—11 月，党组成员、副市长候选人选。

副调研员：李传玉，2012 年 12 月—2015 年 12 月。

处级干部：冯国强，2012 年 12 月—2014 年 12 月。

副处级干部：周耀武，2012 年 12 月—2014 年 12 月。

副处级干部：黄志坚，2012 年 12 月—2014 年 12 月。

副处级干部：赖林江，2012 年 12 月—2014 年 12 月。

副处级干部：蔡子平，2012 年 12 月—2016 年 11 月。

副处级干部：李生华，2012 年 9 月—2016 年 11 月，市公安局政委、党委副书记。

副处级干部：赖胜民，2012 年 12 月—2014 年 12 月。

本书笔者说明：

1. 《资兴吧》报道中说："2014 年 3 月 27 日：资兴市人民政府市长方南玲调任汝城县委书记。临武县人民政府县长贺遵庆任资兴市委副书记、市长候选人。"

2. 《中国共产党资兴历史》（1978.12—2006.12）第三卷"资兴市（县）党政主要领导简介"中说："方南玲（1968.9—），女，汉族，1968 年 9 月生，安徽省巢湖市人。1990 年参加工作，1997 年 11 月加入中国共产党，研究生文化，注册会计师、统计师、经济师。1990 年 7 月湖南财经学院统计专业本科学习毕业后，历任郴州市金属材料公司会计，郴州市物资局干事、计财科副科长；郴州麻制品厂挂职锻炼任厂长助理；郴州市外贸冶金公司副经理。2000 年 9 月任资兴市人民政府副市长，2002 年 9 月任中共资兴市委常委。2005 年 4

月调任桂阳县委常委、组织部部长。2007年3月起，先后任资兴市委副书记、代市长，资兴市委副书记、市长。"

2016年网站资料：方南玲，女，汉族，安徽巢湖市人，1968年9月（或1969年7月）生，1990年7月参加工作，1999年11月加入中国共产党，湖南财经学院统计专业毕业，大学文化，经济学学士。现任中共湖南省汝城县委书记。1990年7月—1993年5月为湖南省郴州地区金属公司干事，1993年5月—1996年10月为湖南省郴州地区（市）物资局干事，1996年10月—1997年7月任湖南省郴州市物资总公司财务科副科长，1997年7月—2000年9月任湖南省郴州市对外经济贸易冶金公司副经理（副处级），2000年9月—2002年9月任湖南省资兴市人民政府副市长，2002年9月—2005年4月任中共湖南省资兴市委常委，2005年4月—2007年3月任中共湖南省桂阳县委常委、组织部部长，2007年3月21日—30日任中共湖南省资兴市委副书记、代市长、市政府党组书记，2007年3月30日—2014年2月任中共湖南省资兴市委副书记、市长、市政府党组书记。2014年2月至今任中共湖南省汝城县委书记。

本书笔者说明：方南玲，2014年3月18日上任中共汝城县委书记。

市长：贺遵庆2014年3月任代市长，2014年4月22日—2015年12月1日任市长。

贺遵庆在资兴市第十六届人民代表大会第三次会议上的任职发言《在实干中前行》（编稿时间：2014年4月22日15：54）。

各位代表，同志们：

衷心感谢大家的信任，选举我担任资兴市人民政府市长，选举黄星、刘录三同志担任资兴市人民政府副市长。此时此刻，我们既感到无比光荣，又感到责任重大，同时也充满信心，是大家的厚爱赋予我们光荣的使命，是人民的信任给予我们前行的力量！

五年前，我来到资兴工作，曾深深感动于资兴人民的勤劳、智慧和包容，感动于这片热土的无限生机。五年后，我有机会回到资兴工作，再次惊诧于市委、市政府带领全市人民在经济社会发展方面取得的巨大成就，惊诧于资兴城乡面貌的巨大变化。站在新的起点上，我一定倍加珍惜组织和人民的重托，以实干为魂，以实事为本，只争朝夕，锐意进取，创新图强，严于律己，务求有所作为、不辱使命。

一方面，我将在实干中加快发展。坚持在荣伟书记和市委的坚强领导下，在市人大、市政协、市人武部的大力支持下，团结和带领政府班子成员和市直各部门、各乡镇（街道），不惜力、不懈怠、不折腾，一心一意抓项目、搞建设、兴产业、谋发展，一步一个脚印地抓好工作落实，助推资兴早日实现"冲百强、统城乡、建小康"的目标，用实实在在的业绩回报全市人民。

另一方面，我将在实干中改善民生。坚持把民生改善作为政府一切工作的出发点和落脚点，牢记宗旨、心系百姓，努力把人民群众关心和期盼的事情办好，切实把人民群众的根本利益实现好、维护好、发展好，真正做到为官一任，造福一方。

各位代表、同志们，责重于山，行胜于言。我把"实干"当作今天的宣言和今后的承诺，必将用尽我全部的心智和力量与大家一起努力奋斗。我相信，只要我们真诚团结，通过实干，我们就一定能够创造更加美好的生活、建设更加美丽的资兴！

我就说这些，谢谢大家！

2014 年 4 月 22 日

本书笔者说明：

1. 中共资兴市委办公室 2014 年 6 月编印的《内部电话号码本》中记载，《市人民政府》领导成员："市长、市委副书记：贺遵庆；市委常委、常务副市长：范培顺；市委常委、副市长：刘章宇、侯峥辉；副市长：李建宏、蒋乐江（党组成员）、吴兴国（党组成员、市公安局局长、督察长兼任）、段翔宇（党组成员）、黄星（党组成员）、刘录三（党组成员）。副调研员：李传玉；副处级干部：冯国强、周耀武、黄志坚、赖林江、蔡子平、李生华（市公安局政委）、赖胜民。"

2. 2015 年 4 月 30 日，资兴市人民政府办公室发布《领导班子成员及工作人员分工安排》。根据这个文件的记载，资兴市人民政府的领导成员是：市委副书记、市长：贺遵庆。市委常委、常务副市长：范培顺；市委常委、副市长：侯峥辉。副市长：李建宏、黄星、吴兴国、段翔宇、蒋乐江、刘录三、郭艳（副市长候选人）。市政府副处级干部：蔡子平、赖胜民、黄志坚、周耀武、赖林江、李生华（市公安局政委）。

黄峥嵘（女）2015 年 12 月 1 日任代市长（12 月 24 日市人大常委会通过），2016 年 2 月 20 日任市长。

《资兴市人民代表大会常务委员会关于黄峥嵘副市长为资兴市人民政府代理市长的决定》（2015 年 12 月 24 日资兴市第十六届人民代表大会常务委员会第二十四次会议通过）资常发［2015］10 号：2015 年 12 月 24 日资兴市第十六届人民代表大会常务委员会第二十四次会议决定：黄峥嵘副市长为资兴市人民政府代理市长。

中共资兴市委办公室 2016 年 3 月编印的《内部电话号码本》中记载，《市人民政府》领导成员："市长：黄峥嵘（女，市委副书记）；市委常委、常务副市长：范培顺；市委常委、副市长：侯峥辉；副市长：蒋乐江（党组成员）、吴兴国（党组成员，市公安局局长，督察长兼任）、段翔宇（党组成员）、黄星（党组成员）、郭艳（党组成员）、李建宏。副处级干部：周耀武、黄志坚、蔡子平、李生华（市公安局政委）、赖胜民。"

罗成辉为资兴市人民政府市长候选人。

《资兴吧》报道中说："2016 年 8 月 16 日，黄峥嵘（女）同志任中共资兴市委书记，不再担任资兴市人民政府市长职务，提名罗成辉同志为资兴市人民政府市长候选人。"

红网资兴站《资兴通报领导干部人事任免，黄峥嵘任市委书记》中说："2016 年 9 月 11 日上午，全市领导干部大会在市人民会堂召开。会议通报了郴州市委对资兴市四大家领导班子及其他市级领导干部的人事任免情况，传达了郴州市领导干部任前集体谈话会的精神。市委书记黄峥嵘主持会议并讲话。会议宣读了郴州市委常委会议研究决定的资兴市干部任免名单：罗成辉任市委副书记、市长，李建宏同志任资兴市政府副市长人选；蒋乐江同志任资兴市政府副市长人选；吴兴国同志任资兴市政府副市长人选、公安局局长；段翔宇同志任资兴市政府副市长人选；谢献芳同志任资兴市政府副市长人选；杨发同志任资兴市政府副市长人选。"

2016 年 9 月 13 日，中共资兴市委组织部发出的《关于罗成辉等同志职务任免的通知》（发布在网站）："市委同意：罗成辉同志任资兴市人民政府党组书记，免去黄峥嵘同志的市人民政府党组书记职务。侯峥辉同志任资兴市人民政府党组副书记、行政学校第一校长，免去范培顺同志的市人民政府党组副书记、行政学校第一校长职务。黄星同志任中共资兴市委统一战线工作部部长、政协资兴市委员会党组副书记，免去其市人民政府党组成员职务；免去刘录三同志的资兴市人民政府党组成员职务。谢献芳、杨发同志任资兴市人民政府党组成员。"

第十七届市人民政府（2016 年 11 月至今）

2016 年 11 月 25 日上午，资兴市第十七届人民代表大会第一次会议在圆满完成各项议程后举行了闭幕式。市委书记黄峥嵘出席会议并做重要讲话，新当选的市人民政府市长罗成辉发表讲话。本次会议应到代表 193 名，因事请假 4 名，实到代表 189 名，符合法定人数。大会执行主席黄峥嵘、朱承旺、徐坚强、沈新军、庞方和、谢阿兰、杨书明在主席台前排就座。在主席台就座的还有：罗成辉、范培顺、郑艾萍、曾建华、曹云玫、李典龙、陈一之、侯峥辉、王仁庆、黄建民、黄星、罗志卫、李雨林以及大会主席团其他成员。会议分别由市人大常委会主任朱承旺、市人大常委会副主任徐坚强主持。新当选的市长罗成辉发表了题为《担当实干，不负重托》的讲话。会上，新当选的国家机关工作人员向《宪法》进行了宣誓（这是历史上的第一次）。

任职名单：

市长：罗成辉，2016 年 11 月 25 日—，市委副书记、市政府党组书记。

副市长：侯峥辉，2016 年 11 月—，市委常委、市政府党组副书记，常务副市长。

副市长：李建宏，2016 年 11 月—，市社会主义学校第一校长。

副市长：蒋乐江，2016 年 11 月—2017 年 1 月，党组成员，市委委员。

副市长：吴兴国，2016 年 11 月—，党组成员，市公安局党委书记、局长兼督察长。

副市长：段翔宇，2016 年 11 月—，党组成员。

副市长：谢献芳，2016 年 11 月—，党组成员。

副市长：杨发，2016年11月—，党组成员。

副市长：郭艳，2016年11月—2017年9月29日，党组成员，挂职（女，省财政厅下派）。

副市长：曹毅仁，2017年1月—，党组成员，挂职（2017年1月23日资兴市第十七届人民代表大会常务委员会第二次会议决定任命曹毅仁同志为资兴市人民政府副市长）。

副市长：黄希惠，2017年3月—，党组成员。

副市长：廖华军，2017年9月—。

副处级干部：蔡子平，2016年11月—。

副处级干部：李生华，2016年11月—，市公安局政委、党委副书记。

本书笔者说明：

1.《中国共产党资兴历史》（1978.12—2006.12）第三卷"资兴市（县）党政主要领导简介"中说："罗成辉（1969.10—），男，中共党员，1969年10月生，湖南省永兴县人，本科学历，公共管理学硕士。2012年2月20日，任郴州市委政研室主任，2015年6月任郴州市商务局局长，2016年任中共资兴市委副书记、市人民政府市长。"

2. 资兴市第十七届人民代表大会常务委员会第七次会议任免名单（2017年9月29日资兴市第十七届人民代表大会常务委员会第七次会议通过）："决定任命：廖华军同志为资兴市人民政府副市长……决定免去：郭艳同志的资兴市人民政府副市长职务……"

3. 中共资兴市委办公室2017年4月编印的《内部电话号码本》记载：市人民政府（领导）：罗成辉，市委副书记、市长；侯峥辉，市委常委、常务副市长；李建宏，副市长；吴兴国，党组成员、副市长、市公安局局长、督察长（兼）；段翔宇，党组成员、副市长；谢献芳，党组成员、副市长；杨发，党组成员、副市长；曹毅仁，党组成员、副市长；黄希惠，党组成员、副市长。周耀武，副处级干部；黄志坚，副处级干部；蔡子平，副处级干部；李生华，副处级干部、市公安局政委；赖胜民，副处级干部。

附录：

资兴县、市国家干部人数统计表（1950—1987）

年代	干部总数	其中女	共产党员		年代	干部总数	其中女	共产党员
1950	531	90	51		1969	2024	285	794
1951	560	93	63		1970	1929	288	776
1952	885	119	307		1971	2839	457	1012
1953	887	143	375		1972	2990	498	1063
1954	795	102	248		1973	3022	521	1056
1955	959	126	455		1974	3031	505	1076
1956	1268	143	370		1975	3037	414	1088
1957	1048	126	299		1976	3096	541	1153
1958	/	/	/		1977	3155	565	1168
1959	/	/	/		1978	3154	566	1202
1960	/	/	/		1979	3292	577	1284
1961	/	/	/		1980	3436	603	1277
1962	1125	123	376		1981	3327	601	1223
1963	1621	179	687		1982	3416	613	1256
1964	1724	191	709		1983	3561	629	1305
1965	1798	214	729		1984	3743	631	1356
1966	/	/	/		1985	4044	734	1665
1967	/	/	/		1986	4092	755	1565
1968	/	/	/		1987	4436	773	1837

注：（1）1958—1961 年郴资合县，数据缺失。

（2）1966—1968 年，"文革"期间，数据缺失。

资兴市国家干部人数统计表（1988—1995）

年代	干部总数	其中女干部	其中共产党员	年代	干部总数	其中女干部	其中共产党员
1988	4587	917	1774	1989	4567	1005	1829
1990	4629	1044	1851	1991	6594	1737	2001
1992	5209	1288	1814	1993	5264	1303	1832
1994	5366	1389	1859	1995	5654	1564	1986

资兴市国家干部分系统人数统计表（1988—1995）

年代	总数					党群系统			国家机关系统			
	计	行政机关	事业单位	企业单位	中小学校	计	行政机关	企事业单位	计	行政机关	事业单位	企业单位	中小学校
1988	4587	1425	851	629	1682	296	259	37	4291	1166	814	629	1682
1989	4567	1673	699	573	1622	289	257	32	4278	1416	667	573	1622
1990	4629	1534	825	513	1757	312	280	32	4317	1254	793	513	1757
1991	6594	1707	1095	1010	2782	306	288	18	6288	1419	1077	1010	2782
1992	5209	1720	849	542	2098	311	294	17	4898	1426	832	2098	2098
1993	5264	1662	976	439	2187	332	313	19	4932	1349	957	439	2187
1994	5366	1890	766	426	2284	339	320	19	5027	1570	747	426	2284
1995	5654	1921	3277	456		326	306	20	5328	1616	5327	456	

选自《中国共产党湖南省资兴市组织史资料》第二卷。

本书笔者注：（1）1995 年度中小学校一栏已统入事业单位栏内。（2）1992 年度中的国家机关系统数据不对：总数为 4898 人，"企业单位"的数据为 2098 人，中小学校也是 2098 人；除开"企业单位"的数据为 2098 人外，其他数据相加也达到 5356 人——超过总数。

第四节 资兴县、市政协负责人

1999 年 7 月由湖南人民出版社出版的第一部《资兴市志》中记载："中国人民政治协商会议资兴县委员会成立于 1984 年 3 月 16 日，由中国共产党、各民主党派、无党派民主人士、人民团体、各少数民族和各界代表、台湾同胞、港澳同胞、归国侨胞的代表及特邀人士组成。县政协成立后，根据中国共产党与各民主党派人士'长期共存、互相监督、肝胆相照、荣辱与共'的方针，对资兴的政治生活、经济建设和文化教育等方面的重大问题进行政治协商，并通过政协委员提案建议和批评意见发挥了民主监督作用。"

《中国共产党资兴历史》第三卷（1978.12—2006.12）《政治体制改革·设立县人民政协》中记载（摘要）：

1984 年以前，资兴县没有设立地方政协组织。

1982 年 11 月，中共郴州地委根据中共中央《关于县（市）和市辖区设立政协问题的通知》精神，批准设置中国人民政治协商会议资兴县委员会（以下简称"县政协"）。同年冬，资兴县委着手县政协的筹备工作。至 1983 年春，对县政协委员人选的酝酿、协商，常设机构专职人员的配备等，做了一些工作。随后，因与全省县级机构改革的部署相衔接，筹备工作暂停。

1983 年 10 月，县级机构改革全面铺开，在建立新的党、政领导班子的同时，把建立县政协列入了重要议事日程。12 月，中共郴州地委对政协资兴县委员会的领导做了人事安排。

1984 年 1 月 16 日，中共资兴县委主持召开县委、县政府各部办委、县属各局、行、院负责人和各界人士代表参加的政协会议，正式成立了"中国人民政治协商会议资兴县委员会筹备委员会"（下称"筹委会"）。筹委会由曹桂树任主任委员，钟孝仁、成章田、左楚金、樊学侯任副主任委员，肖守秦任秘书长。筹委会共 15 名成员，既考虑了方方面面的代表性，又注重了"党外多于党内"的原则，其中非党各界人士 9 人，中共党员 6 人。1 月 20 日，召开了第一次筹备工作会议。2 月 18 日和 3 月 10 日，分别召开了第二次、第三次筹备工作会议，审议确定了政协资兴县第一届委员会委员名单，讨论和审定了大会工作报告（讨论稿），提出了县政协第一届一次大会主席团人选和大会日程安排。

经过多次民主协商确定，政协资兴县委员会第一届委员会第一次全体会议，由17个界别69名委员组成。

1984年3月11日至18日，政协资兴县第一届委员会第一次会议在县城（今兴宁镇）召开。会议由筹委会副主任钟孝仁致开幕词，筹委会主任曹桂树做了题为《做好人民政协工作，发挥政协组织作用，同心同德，群心群力，为加快社会主义现代化建设而奋斗》的工作报告。中共资兴县委书记甘子良到会讲话。会议选出政协资兴县第一届委员会常务委员9名，曹桂树任主席，钟孝仁、成章田、左楚金、樊学侯任副主席，黄轩任秘书长。委员会下设办公室、学习工作委员会、联络委员会、文史资料委员会4个工作机构。

1984年12月起，称"资兴市政协"。

1990年6月19日，中共资兴市委结合资兴的实际情况，做出了《中共资兴市委关于坚持和完善中国共产党领导的多党合作和政协协议制度的规定》，具体规定共有19条：加强和改善党对政协工作的领导，把多党合作和政治协商纳入制度化的轨道；协调好政协党组和人大常委会党组的关系；政府党组要为政治协商和民主监督创造良好的条件；积极配备和使用非中共党员干部；加强政协自身建设，发挥整体功能作用，等等。

从1984年3月至1992年，资兴县（市）政协先后三届共提出各类提案963件。

《中国共产党湖南省资兴市组织史资料》第二卷（1988.1—1995.12）第256页记载："政协资兴市委员会不仅在参政、议政、加强自身建设方面做了大量工作，还积极开展联谊工作，为统一祖国大业，为两个文明建设做出了应有的贡献。党的十一届三中全会以来，按照上级的要求，根据本市的具体情况认真、扎实地开展对'一国两制'基本国策和对台方针政策的宣传教育。成立了黄埔军校同学联络小组，开展了对黄埔军校同学的走访活动；同时，采取召开'三胞'家属座谈会，走访'三胞'亲属，做好'三胞'接待工作等方式，积极宣传党的方针政策，扩大对台、港、澳同胞和侨胞的政治影响，从而消除了偏见，沟通了感情，增进了情谊。1988年7月16日，中共资兴市委、市人民政府在《羊城晚报》（港澳海外版）刊登的《新兴的能源城市——资兴》专版中，全面介绍了资兴对外开放的优惠政策，积极吸引各方朋友来开发资兴。从 1990 年至 1995 年，资兴共引进外资 1000 多万元人民币，大部分用于合资办厂、文化教育及社会福利事业等。同时，先后利用一年一次的中南五省政协联席会议和三省（广东、湖北、湖南）政协工作协作会议等机会，为发展资兴经济牵线搭桥，有力地促进了资兴各方面的建设。"

《中国共产党资兴历史》第三卷（1978.12—2006.12）《政治体制改革·加强统战工作》中记载（摘要）："按照上级的指示，政协委员中，党外人士不得少于 60%，政协常委中党外人士不得少于 65%，政协正副主席中党外人士应多于党内人数。1984 年 3 月至 1992 年，资兴县（市）政协的三届任期中，政协委员总数 316 人，安排党外人士 202 人（次）；政协常委 53 人，安排党外人士 34 人；正副主席 19 人，安排党外人士 10 人（次）。"

1992 年至 2006 年，资兴市委先后制定了《关于进一步加强政协工作的决定》《关于进一步加强新时期政协工作的决定》《关于明确乡镇政协联络员职级待遇的通知》。市委明确市委书记亲自抓政协工作，主管党群的市委副书记和市政府常务副市长联系政协工作，市政协党员主席或党组书记列席市委常委会，一名市政协副主席列席市政府常务会议。乡镇也明确一名副书记负责政协、统战工作。1997 年，全市 28 个乡镇全部配备了政协联络员。从 1999 年起，明确市政协连任两届的非中共党员兼职副主席，退下来后可享受专职副主席待遇；乡镇政协联络员享受正科级待遇。2006 年 12 月，市委决定市政协兼职副主席享受四大家班子成员待遇。

至 2004 年，累计提交提案 2123 件，建议 1080 余条。

1992 年至 2004 年，先后接待"三胞"1500 余人次。

2004 年 11 月，资兴政协工作有史以来第一次以《一个基层政协的大作为》为题载上了《人民政协报》的头条，并以《一个基层政协为什么有作为》为题专版刊发，引起全国各地政协的关注，先后有 40 多家外省、市、县政协来资兴进行政协工作交流。

第一届县、市政协负责人（1984 年 3 月—1987 年 2 月）

2007 年内部出版的《资兴政协二十年》（资兴市政协办公室编印）记载："1984 年 3 月 11 日，中国人民政治协商会议湖南省资兴县委员会正式成立，从此，资兴人民有了自己的爱国统一战线和政治协商组织。1984年12月24日，国务院批准撤销资兴县设立资兴市，政协资兴县委员会易名为资兴市委员会。成立时的资兴县政协由17个界别、69名委员组成。1985年4月22日，经市政协常委会议协商决定，增补委员2名。"

1984年3月11日至18日，政协资兴县第一届委员会第一次全体会议在县城（今兴宁镇）召开，69名政协委员全部出席了会议。会议以无记名投票方式选出政协资兴县第一届委员会常务委员9名，曹桂树为主席，钟孝仁、成章田、左楚金、樊学侯为副主席，黄轩为秘书长。1985年2月26日至3月4日，政协资兴市一届二次会议在兴宁镇举行，71名政协委员全部出席了会议。1985年7月17日至19日，在兴宁镇举行了全体政协委员会议，会议听取省党代会和全国政协六届三次会议、省政协五届三次会议精神的传达。1986年3月1日至4日，政协资兴市一届三次会议在兴宁镇举行，71名政协委员全部出席了会议。

常务委员会：根据《中国人民政治协商会议章程》的有关规定，1984年3月16日选举产生了政协资兴县第一届委员会常务委员会，其成员是：主席：曹桂树；副主席：钟孝仁、成章田、左楚金、樊学侯。秘书长：黄轩。常务委员：卢宝珍（女，台港眷属，县人民医院医师）、刘焕文（县第二人民医院院长）、张克加（鲤鱼江镇副镇长）、陈佳春（县政协）、何治华（县司法局干部）、袁伯林（县水电局技术员）、袁觉民（特邀，省立三师退休干部）、黄亮柏（县生资公司退休干部）、樊汉池（台胞，县移民办干部）。

党组：党组书记：曹桂树；副书记：钟孝仁；党组成员：成章田、黄轩。

任职名单：

主席：曹桂树，1984年3月—1987年2月，资兴县人，中共党员，工作单位：市政协。

副主席：钟孝仁，1984年3月—1987年2月，资兴县人，中共党员，工作单位：市政协。

副主席：成章田，1984年3月—1987年2月，蓝山县人，中共党员，工作单位：市政协（市委统战部部长）。

副主席：左楚金，1984年3月—1987年2月（兼职），湖北省人，工作单位：资兴矿务局土木建筑主任工程师。

副主席：樊学侯，1984 年 3 月—1987 年 2 月（兼职），资兴县人，工作单位：市三中副校长。

本书笔者说明：

中共资兴县委组织部 1984 年 7 月编印的《骨干花名册》记载，《县政协》领导："主席：曹桂树，男，50 岁，资兴人，高中文化，党员。副主席：钟孝仁，男，51 岁，资兴人，小学文化，党员；成章田，男，51 岁，蓝山人，初中文化，党员；左楚金，男，58 岁，湖北人，大学文化；樊学侯，男，56 岁，资兴人，大学文化。"

秘书长：黄轩，1984 年 3 月—1987 年 2 月，资兴人。

第二届市政协负责人（1987 年 2 月—1990 年 2 月）

1987 年 2 月 21 日至 28 日，在资兴市老县城（兴宁镇）召开了政协资兴市第二届第一次全体委员会议。应到委员 120 人，实到委员 118 人（《组织史资料》中记载："参会委员 71 人。"错）。会议以无记名投票方式选举产生了政协资兴市第二届委员会常务委员 11 人，正副主席 7 人，秘书长 1 人；曹桂树为主席，钟孝仁、成章田、刘焕文、潘兴友、樊学侯、魏永龄为副主席，黄轩为秘书长。1988 年 1 月 3 日至 7 日，政协资兴市二届二次会议在兴宁镇举行，120 名政协委员全部出席了会议。1989 年 2 月 22 日至 28 日，政协资兴市二届三次会议在兴宁镇举行，应到委员 120 人，实到委员 119 人。

《资兴政协二十年》中记载："资兴市政协第二届委员会由 16 个界别，120 名委员组成。1988 年 1 月 3 日，市政协第二届五次常委会议协商决定，增补委员 3 名。1989 年 2 月 22 日，市政协第二届九次常委会议协商决定，增补委员 2 名。本届委员共 125 名。"

常务委员会：根据政协章程的有关规定，1987 年 2 月 27 日选举产生市政协第二届委员会常务委员会，成员是：主席：曹桂树；副主席：钟孝仁、成章田、刘焕文、潘兴友、樊学侯、魏永龄。秘书长：黄轩。常务委员：吴罡（水电八局移民科）、陈雷（东江水电厂质检科）、李雄（市体委副主任）、李四月（女，团市委副书记）、李玉兰（女，唐洞煤矿服务公司）、李润春（市建材厂协理员）、黄伦超（市委统战部副部长）、何治华（市法律顾问处）、袁伯霖（市文化馆馆长）、曹经伟（市水电局设计队长）、樊汉池（台胞，市移民办公室干部）。

党组：党组书记：曹桂树；副书记：钟孝仁；党组成员：成章田、黄轩。

《组织史资料》第二卷中记载："政协资兴市第二届委员会党组：1988年1月—1990年2月：书记：曹桂树；成员：钟孝仁、成章田、黄轩。"

任职名单：

主席：曹桂树，1987年2月—1990年2月，资兴市人，中共党员，工作单位：市政协。

副主席：钟孝仁，1987年2月—1990年2月，资兴市人，中共党员，工作单位：市政协。

副主席：成章田，1987年2月—1990年2月，湖南省蓝山县人，中共党员，工作单位：市政协（市委统战部部长）。

副主席：樊学侯，1987年2月—1990年2月（兼职），资兴市人，工作单位：市三中副校长。

副主席：刘焕文，1987年2月—1990年2月（兼职），邵东县人，工作单位：市卫生局副局长。

副主席：潘兴友，1987年2月—1990年2月（兼职），沅陵县人，九三学社，工作单位：资兴矿务局设计处主任工程师。

副主席：魏永龄，1987年2月—1990年2月（兼职），四川省合江县人，工作单位：资兴矿务局宝源煤矿总工程师。

秘书长：黄轩，1987年2月—1990年2月，资兴市人。

本书笔者说明：

中共资兴市委组织部1987年4月编印的《骨干花名册》记载，《市政协》领导："主席：曹桂树，男，54岁，资兴人，高中文化，党员。副主席：钟孝仁，男，54岁，资兴人，小学文化，党员；成章田，男，55岁，兰山人，初中文化，党员；刘焕文，男，47岁，邵东人，大专文化；潘兴友，男，54岁，沅陵人，中专文化；樊学侯，男，59岁，资兴人，大学文化；魏永龄，男，48岁，四川人，大学文化。"

1988年5月、1989年5月编印的《骨干花名册》记载，全部与上列相同。

第三届市政协负责人（1990年2月—1992年12月）

1990年2月12日至18日，在资兴市唐洞新区召开了政协资兴市第三届第一次全体委员会议。应到委员124人，实到委员123人。会议以无记名投票方式选举产生了政协资兴市第三届委员会常务委员12人，曹桂树为主席，成章田、潘兴友、魏永龄、陈沅磊、袁伯霖为副主席，黄轩为秘书长。1991年2月23日至27日，政协资兴市三届二次会议在唐洞新区举行，应到委员124人，实到委员120人。会议增选黄轩为政协副主席，何昭义为常务委员。1991年9月5日至6日，在唐洞新区举行了全体委员会议，学习中央主要领导的"七·一"讲话，并赴厚玉乡和坪石乡的板栗园和白果基地参观学习。1992年2月21日至26日，政协资兴市三届三次会议在唐洞新区举行，应到委员123人，实到委员122人。会议同意黄轩副主席辞去兼任的秘书长职务，增选黄伦超为副主席、李宙新为秘书长、常务委员；会议撤销了一名因违反计划生育的委员。

《资兴政协二十年》中记载："市政协第三届委员会由15个界别，124名委员组成。1991年2月26日增补委员1名。1992年2月21日，市政协第三届常委会决定，撤销了1名委员。本届共124名委员。"

常务委员会：根据政协章程的有关规定，1990年2月28日选举产生市政协第三届委员会常务委员会，由下列人员组成：主席：曹桂树；副主席：成章田、潘兴友、魏永龄、陈沅磊、袁伯霖、黄轩（1991年2月26日增选）、黄伦超（1992年2月24日增选）。秘书长：黄轩、李宙新（1992年2月24日增选）。常务委员：李玉兰（女，唐洞煤矿个体经营户）、李永模（市工商联主任）、李永辉（市建筑设计院院长）、李雄（市体委主任）、李香娥（女，厚玉乡团委副书记）、陈雷（东江水电厂运行二车间副主任）、吴罡（水电八局东江分局基地办主任）、欧阳泉华（市职中教导主任）、何昭义（1991年2月26日增选，市立医院）、李宙新（1992年2月26日增选）。

党组：党组书记：曹桂树；副书记：钟孝仁；党组成员：成章田、黄轩、黄伦超（1992年2月任）。

《组织史资料》第二卷中记载："政协资兴市第三届委员会党组：1990年2月—1992年12月：书记：曹桂树；成员：成章田、黄轩、黄伦超（1992年

3月增补）、李宙新（1992年3月增补）。"

任职名单：

主席：曹桂树，1990年2月—1992年12月，资兴市人，中共党员，工作单位：市政协。

副主席：成章田，1990年2月—1992年12月，蓝山县人，中共党员，工作单位：市政协。

副主席：黄轩，1991年2月—1992年12月，资兴市人，中共党员，工作单位：市政协。

副主席：黄伦超，1992年2月—12月，资兴市人，中共党员，工作单位：市委统战部（部长）。

副主席：潘兴友，1990年2月—1992年12月（兼职），沅陵县人，九三学社，工作单位：资兴矿务局设计处主任工程师。

副主席：魏永龄，1990年2月—1991年2月（兼职），四川省合江县人，工作单位：资兴矿务局宝源煤矿（总工程师，《资兴市人大志》记载：1991年2月23日至27日，市十一届人大二次会议选举：市人民政府副市长：魏永龄）。

副主席：陈沅磊，1990年2月—1992年12月（兼职），宜章县人，工作单位：市一中（副校长）。

副主席：袁伯霖，1990年2月—1992年12月（兼职），江苏省江阴县（今江阴市）人，工作单位：市文化馆（馆长）。

秘书长：黄轩，1990年2月—1992年2月，资兴市人；李宙新，1992年2月—12月，资兴市人。

本书笔者说明：

1. 中共资兴市委组织部1990年4月编印的《骨干花名册》记载，《市政协》领导（具体内容简略）："主席：曹桂树（市委常委，资兴人）；副主席：成章田（兰山人，党员）、魏永龄（四川人）、潘兴友（沅陵人）、袁伯霖（男，50岁，江苏人，中专文化）、陈沅磊（男，46岁，宜章人，大学文化）。"

2. 中共资兴市委组织部1991年4月编印的《骨干花名册》记载，《市政协》领导（具体内容简略）："主席：曹桂树（市委常委，资兴人）；副主席：

成章田（兰山人，党员）、黄轩（男，59岁，资兴人，初中文化，党员）、潘兴友（沅陵人）、袁伯霖（江苏人）、陈沅磊（宜章人）。"

3. 中共资兴市委组织部1992年4月编印的《骨干花名册》记载，《市政协》领导（具体内容简略）："主席：曹桂树（资兴人）；副主席：成章田（兰山人）、黄轩（资兴人）、黄伦超（男，47岁，资兴人，中专文化，党员）、潘兴友（沅陵人）、袁伯霖（江苏人）、陈沅磊（宜章人）。秘书长：李宙新（男，53岁，资兴人，高小文化，党员）。"

4. 资兴市政协办公室2004年编印的《资兴政协二十年》中"市政协机关离职人员基本情况表"记载："曹桂树，男，1933年10月生，汉族，高中文化，中共党员，原任主席，1983年12月调入，1994年4月离休。钟孝仁，男，1933年10月生，汉族，初中文化，中共党员，原任副主席，1983年12月调入，1990年2月调出。成章田，男，1932年11月生，汉族，初中文化，中共党员，原任副主席，1983年12月调入，1994年4月退休。黄轩，男，1932年9月生，汉族，初中文化，中共党员，原任副主席，1983年12月调入，1993年3月退休。"

第四届市政协负责人（1992年12月—1997年12月）

1992年12月28日至1993年1月2日，在资兴市唐洞新区召开了政协资兴市第四届第一次全体委员会议。123名委员全部出席了会议。会议以无记名投票方式选举产生了政协资兴市第四届委员会常务委员13人，刘文艺为主席，黄伦超、李宙新、袁伯霖、陈沅磊、王成泰、李永辉为副主席。1994年1月23日至27日，政协资兴市四届二次会议在唐洞新区举行，应到委员123人，实到委员120人。1995年3月29日至4月2日，政协资兴市四届三次会议在唐洞新区举行，123名委员全部出席了会议。1996年3月17日至21日，政协资兴市四届四次会议在唐洞新区举行，130名委员全部出席了会议。1997年3月22日至26日，政协资兴市四届五次会议在唐洞新区举行，131名委员全部出席了会议。

《资兴政协二十年》中记载："市政协第四届委员会由15个界别，123名委员组成。1996年1月5日，市政协第四届十三次常委会议协商决定，增补委员7名。1997年3月10日，市政协第四届十八次常委会协商决定，辞去委员 1 名（文素琴），增补委员 1 名（雷戊坤）。本届共 130 名委员。"

常务委员会：根据政协章程的有关规定，1993 年 1 月 1 日选举产生了市政协第四届委员会常务委员会：主席：刘文艺；副主席：黄伦超、李宙新、陈沅磊、袁伯霖、李永辉、雷戊坤（1997 年 3 月 26 日增选）。常务委员：马美林（宝源煤矿副总工程师）、王三京（市一中体育教师）、王树棠（彭市乡副乡长）、李长春（市农业局经作站副站长）、何广斌（市科协副主席）、张舜春（特邀，市财政局局长）、饶冠华（市侨联副主席）、胡秀兰（女，市总会副主席）、段金华（团市委书记）、袁若阳（市防疫站宣教科主任）、曹广安（市台联副会长）、谢寿贤（市农行副行长）、黎先汉（市工商联主任）。

党组：党组书记：刘文艺；党组成员：黄伦超、李宙新、曹桂树（1994 年 4 月免）、雷戊坤（1997 年 5 月任）、尹红萍（女，1995 年 5 月任，1997 年 7 月免）、周雄（1997 年 7 月任）。

《组织史资料》第二卷中记载："政协资兴市第四届委员会党组：1992 年 12 月—1997 年 10 月：书记：刘文艺（1993 年 1 月任）；成员：黄伦超、李宙新、尹红萍（女，1995 年 6 月增补）。"

任职名单：

主席：刘文艺，1992 年 12 月—1997 年 12 月，常宁县人，中共党员，工作单位：市政协。

副主席：黄伦超，1992 年 12 月—1997 年 12 月，资兴市人，中共党员，工作单位：市政协。

副主席：李宙新，1992 年 12 月—1997 年 12 月，资兴市人，中共党员，工作单位：市政协。

副主席：袁伯霖，1992 年 12 月—1997 年 12 月（兼职），江苏省江阴县（今江阴市）人，工作单位：市文化馆馆长。

副主席：陈沅磊，1992 年 12 月—1997 年 12 月（兼职），宜章县人，工作单位：市一中副校长。《组织史资料》第二卷中记载："副主席，陈沅磊：1993 年 9 月离任。"

副主席：王成泰，1992 年 12 月—1997 年 12 月（兼职），河南省方城县人，九三学社，工作单位：资兴矿务局主任工程师。

副主席：李永辉，1992 年 12 月—1997 年 12 月（兼职），资兴市人，工作单位：市建委副主任。

副主席：雷戊坤，1997年3月26日增选为副主席，资兴市人，中共党员。

本书笔者说明

1. 中共资兴市委组织部1993年4月编印的《骨干花名册》记载，《市政协》领导："主席：刘文艺，男，53岁，常宁人，大学文化，党员；副主席：黄伦超，男，48岁，资兴人，中专文化，党员；李宙新，男，54岁，资兴人，高小文化，党员；副主席（兼职）：袁伯霖，男，53岁，江苏人，中专文化；陈沅磊，男，49岁，宜章人，大学文化；王成泰，男，49岁，河南人，大学文化；李永辉，男，42岁，资兴人，大学文化。原主席：曹桂树，资兴人，60岁。"

2. 中共资兴市委组织部1994年4月、1995年5月编印的《骨干花名册》记载，《市政协》领导（具体内容简略）：主席：刘文艺（常宁人）；副主席：黄伦超（资兴人）、李宙新（资兴人）、袁伯霖（资兴人）、王成泰（河南人）、李永辉（资兴人）。

3. 中共资兴市委组织部1996年5月编印的《骨干花名册》记载，《市政协》领导："主席、党组书记：刘文艺（男，1940年3月生，大学文化，1976年3月入党，1965年8月参加工作，常宁人）；副主席、党组成员：黄伦超（男，1945年9月生，中专文化，1976年6月入党，1968年1月参加工作，资兴人）、李宙新（男，1939年8月生，大专文化，1973年3月入党，1966年2月参加工作，资兴人），副主席（兼职）：袁伯霖（男，1940年9月生，中专文化，1966年8月参加工作，资兴人）、王成泰（男，1944年1月生，大学文化，1968年1月参加工作，河南人）。"

4. 1997年5月29日，市委办公室资办发〔1997〕25号文件印发的《1997年四家领导分工安排表》中记载：

刘文艺：政协主席，分工：主持政协工作；联系党建扶贫村：坪石抗溪村，包村单位及责任人：政协办尹红萍；联系市属企业：市电化厂；联系重点项目：中竹公路（龙溪中洞至厚玉竹洞），承办单位及责任人：交通局黎先忠；联系乡镇企业：坪石机砖厂，部门负责人：许先泽。

黄伦超：政协副主席、市委统战部部长，分工：统战；管片：南部区；联系党建扶贫村：清江大远村，包村单位及责任人：环保局黎泽刚；联系市属企业：兴塑厂；联系乡镇企业：清江柑橘保鲜厂，部门负责人：黎泽刚。

李宙新：政协副主席，分工：法制、提案、文教卫；联系党建扶贫村：碑记茶坪村，包村单位及责任人：市委办骆从良；联系市属企业：供销大楼；联系乡镇企业：青山煤矿，部门负责人：陈甲才。

雷戊坤：政协副主席，分工：科经联谊；联系党建扶贫村：波水十里村，包村单位及责任人：纪委谭成亮；联系重点项目：程江口电站，承办单位及责任人：水电局何泽洲；联系乡镇企业：连坪两江口电站，部门负责人：何泽洲。

本书笔者说明：凡是兼职副主席的，市委未做分工安排（下同）。

第五届市政协负责人（1997年12月—2002年12月）

1997年12月27日至1998年1月1日，在资兴市唐洞新区召开了政协资兴市第五届第一次全体委员会议。125名委员全部出席了会议。会议以无记名投票方式选举产生了政协资兴市第五届委员会常务委员19人，朱孝明为主席，雷戊坤、黄伦超、袁伯霖、饶冠华、谢任江为副主席。1999年3月10日至14日，政协资兴市五届二次会议在唐洞新区举行，应到委员125人，实到委员123人。会议同意曹国枢、何钦锋辞去市政协常务委员职务，增选欧阳爱、邬忠平为常务委员。2000年3月18日至22日，政协资兴市五届三次会议在唐洞新区举行，应到委员125人，实到委员120人。2001年3月5日至9日，政协资兴市五届四次会议在唐洞新区举行，应到委员137人，实到委员125人。会议增选陈远光、刘模葵为常务委员。2002年3月1日至5日，政协资兴市五届五次会议在唐洞新区举行，应到委员141人，实到委员130人。

《资兴政协二十年》中记载："市政协第五届委员会由17个界别，125名委员组成。1999年3月1日，市政协第五届五次常委会议协商决定，辞去委员2名，增补委员10名。2000年3月3日，市政协五届九次常委会协商决定，辞去委员3名，增补委员5名。2001年2月16日，市政协五届十三次常委会协商决定，增补委员2名。2002年2月22日，市政协五届十七次常委会协商通过，增补委员5名，撤销委员1名。本届共141名委员。"

常务委员会：根据政协章程的有关规定，1997年12月31日选举产生了市政协第五届委员会常务委员会，组成人员是：主席：朱孝明；副主席：雷戊坤、黄伦超、袁伯霖、饶冠华、谢任江。常务委员：王声明（市中医院副院长）、王建国（市政协经科联谊委主任）、田裕民（市国资局副局长）、华建星（市立中学体艺教研组长）、刘秀英（女，黄草镇妇联主席，2000 年 3 月辞）、李生龙（市教育局办公室副主任）、何广林（市政协法制提案委主任）、何钦锋（团市委书记，1999 年 3 月 1 日辞）、沈新军（市法院副院长）、张从武（市粮食联合工会副主席）、周雄（市政协办公室主任）、赵权兴（市广播电视台编辑室）、赵金兰（女，瑶族，团结乡中心完小教师）、段发贵（资兴矿务局机电处副处长）、段盛庚（市委组织部副部长）、钱开然（市美术广告服务部经理）、黄守云（市畜牧局防检站站长）、曹国枢（市政协文教卫体委主任，1999 年 3 月 1 日辞）、谭德仁（市科技局办公室主任）、欧阳爱（女，1999 年 3 月 13 日增选，市政协文教卫体委主任）、邬忠平（1999 年 3 月 13 日增选，2000 年 3 月 3 日辞，团市委副书记）、陈远光（2001 年 3 月 9 日增选，市政协科经联谊委主任）、刘模葵（2001 年 3 月 9 日增选，文教卫体委主任）。

党组（1997 年 10 月—2002 年 8 月）：党组书记：朱孝明；党组成员：雷戊坤、黄伦超、周雄（2001 年 5 月免）、欧阳爱（女，2001 年 5 月任）。

任职名单：

主席：朱孝明，1997 年 12 月—2002 年 12 月，资兴市人，中共党员，工作单位：市政协。

副主席：雷戊坤，1997 年 12 月—2002 年 12 月，资兴市人，中共党员，工作单位：市政协。

副主席：黄伦超，1997 年 12 月—2002 年 12 月，资兴市人，中共党员，工作单位：市委统战部部长。

副主席：袁伯霖，1997 年 12 月—2002 年 12 月（兼职），江苏省江阴县（今江阴市）人，工作单位：市文化馆馆长。

副主席：饶冠华，1997 年 12 月—2002 年 12 月（兼职），广东省大埔（惠阳）人，工作单位：市工商联会长。

副主席：谢任江，1997 年 12 月—2002 年 12 月（兼职），资兴市人，工作单位：市新兴阀门公司董事长。

顾问：李宙新，1997 年 12 月—1999 年。

本书笔者说明：

1. 1998 年 4 月 26 日，市委办公室资办发〔1998〕10 号文件印发的《1998 年市领导分工安排表》中记载：

朱孝明：政协主席，分工：主持市政协工作、联系移民工作；管片：南部区；联系乡镇驻村：滁口（塘下村）；联系乡以上企业：东江电化厂、滁口茶叶公司；联系重点项目：过船轮电站、中洞渔场，承办单位：移民办。

雷戊坤：政协副主席，分工：办公室、法制提案、经科联谊；联系乡镇驻村：连坪（田坪村）；联系乡以上企业：连坪竹木加工厂；联系重点项目：两江口电站，承办单位：水电局。

黄伦超：政协副主席、市委统战部部长，分工：统战、文教卫体；联系乡镇驻村：清江（清东村）；联系乡以上企业：合兴公司、清江煤矿。

李宙新：政协顾问，分工：法制提案、个体经济；联系乡以上企业：兴宁农贸市场。

2. 1999 年 3 月 5 日，市委办公室资办发〔1999〕6 号文件印发的《1999 年市领导分工安排表》中记载：

朱孝明：政协主席，分工：主持市政协工作、联系移民工作；联系乡镇驻村：滁口镇（林泉村、荷坳村）；联系企业和重点工程：过船轮电站、漂流滑道、滁口市场。

雷戊坤：政协副主席，分工：政协办公室、法制提案委、经科联谊委；联系乡镇驻村：连坪乡；联系企业和重点工程：天鹅电站。

黄伦超：政协副主席、市委统战部部长，分工：统战、政协文教卫体委；联系乡镇驻村：东坪乡（新坳村、窖前村）。

李宙新：政协顾问，分工：政协法制提案委、个体经济；联系乡镇驻村：（唐洞）街道办事处；联系企业和重点工程：兴华市场、供销贸易集团。

3. 中共资兴市委办公室 2000 年 7 月编印的《内部电话号码本》中记载，《市政协》领导："主席：朱孝明；副主席：雷戊坤、黄伦超，兼职副主席：饶冠华、谢任江。"

4. 2000 年 3 月 9 日，市委办公室资办发〔2000〕22 号文件印发的《2000 年市领导分工安排表》中记载：

朱孝明：政协主席，分工：主持市政协工作、联系移民工作；联系乡镇驻村：坪石乡（朝光村）；联系企业和重点工程：过船轮电站收尾工作、市电化厂。

雷戊坤：政协副主席，分工：政协办公室、法制提案委、经科联谊委；联系乡镇驻村：兴宁镇（海水村）；联系企业和重点工程：市第一汽车修配厂。

黄伦超：政协副主席、市委统战部部长，分工：统战、政协文教卫体委；联系乡镇驻村：东坪乡（乐桥村计生工作）；联系企业和重点工程：市力车厂。

5. 中共资兴市委办公室 2001 年 4 月编印的《内部电话号码本》记载，《市政协》领导："主席：朱孝明；副主席：雷戊坤、黄伦超、袁伯霖、饶冠华、谢任江。"

6. 2001 年 1 月 19 日，市委办公室资办发［2001］15 号文件印发的《2001 年市级领导分工安排表》中记载：

朱孝明：政协主席，分工：主持市政协工作、联系移民工作；联系乡镇驻村：黄草镇（丰林村），扶持重点：农家旅游村建设，联络员：黎泽刚，市直联系单位：市劳动局、教育局；联系企业和重点工程：东江电化厂、过船轮电站收尾工作。

雷戊坤：政协副主席，分工：政协办公室、法制提案委、经科联谊委；联系乡镇驻村：波水乡（波水村），扶持重点：香芋生产基地，联络员：文南廷，市直联系单位：市蔬菜局、市人防办、市农业开发办；联系企业和重点工程：市塑料厂。

黄伦超：政协副主席、统战部部长，分工：统战、政协文教卫体委；联系乡镇驻村：（无），联络员：曾庆改；联系企业和重点工程：白廊沙滩农家游。

7. 中共资兴市委办公室 2002 年 11 月编印的《内部电话号码本》记载，《市政协》领导："党组书记：李宙华；主席：朱孝明；副主席：雷戊坤、黄伦超。党组成员：李宙南、郑艾萍（女）。兼职副主席：饶冠华、谢任江。"

8. 2002 年 3 月 10 日，市委办公室资办发［2002］21 号文件印发的《2002 年市级领导分工安排表》中记载：

朱孝明：政协主席，分工：主持市政协工作、联系移民工作；联系乡镇驻村：黄草镇，扶持重点：城镇建设、农产品加工，市直联系单位：市政协办、市旅游局、市房产局；联系重点工程：东江名贵鱼孵化养殖、鲤鱼江水电站建设工程；联系企业：东江电化厂。

雷戊坤：政协副主席，分工：政协办公室、法制提案委、经科联谊委；联系乡镇驻村：波水乡（十里村），扶持重点：香芋、生姜基地，市直联系单位：市蔬菜局、市水利局、市审计局；联系重点工程：移动公司综合大楼；联系企业：波水电站。

黄伦超：政协副主席、市委统战部部长，分工：统战、政协文教卫体委；联系乡镇驻村：滁口镇（荷坳村计生工作）；联系重点工程：人民医院住院大楼；联系企业：蓼江玻璃厂。

第六届市政协负责人（2002年12月—2007年12月）

2002年12月27日至2003年1月1日，在资兴市唐洞新区召开了政协资兴市第六届第一次全体委员会议。应到委员168人，实到委员160人。会议以无记名投票方式选举产生了政协资兴市第六届委员会常务委员23人，李宙华为主席，李宙南、郑艾萍、饶冠华、谢任江、陈克忠为副主席。2004年2月29日至3月4日，政协资兴市六届二次会议在唐洞新区举行，应到委员171人，实到委员168人。会议增选曹曰平为秘书长、常务委员，谢剑锋、李建人、何先成为常务委员。

《资兴政协二十年》中记载："市政协第六届委员会由17个界别，168名委员组成。2004年2月26日，市政协第六届六次常委会议协商决定，辞去委员1名，增补委员11名。本届共177名委员。"

常务委员会：根据政协章程的有关规定，2002年12月31日选举产生了市政协第六届委员会常务委员会，由下列人员组成：主席：李宙华；副主席：李宙南、郑艾萍（女）、谢任江、饶冠华、陈克忠。秘书长：曹曰平（2004年3月3日增选为常委）。常务委员：王向暾（市司法局副局长、移民开建公司总经理助理）、王清华（市银都酒店总经理）、邓子良（市财政局副局长）、刘懿（女，瑶族，滁口镇妇联主席）、刘拔登（市工商业联合会会长）、刘模葵（市政协文教卫体委主任）、杜正涛（市林业局副局长）、李承桃（市农调队队长）、肖高义（唐煤有限责任公司总经理）、何广林（市政协法制提案委主任）、何立新（市工商银行行长）、沈新军（市法院副院长）、陈少镇（郴州创兴人造板有限公司董事长）、欧阳爱（女，市政协办公室主任，2004年2月26

日辞)、段发贵（资兴矿业集团机电公司党总支书记，九三学社资兴市基层委员会）、黄守云（市畜牧局总畜牧师）、曹选成（市卫生局副局长）、韩少华（东江湖冷水鱼养殖开发公司总经理）、曾庆改（市政协法制提案委主任）、谢湘兵（市教育局局长）、谭上翠（女，黄草镇副镇长）、谭德仁（市科协主席、科技局副局长）、樊细杨（大连细杨防水工程公司经理）、谢剑锋（市政协提案委员会主任，2004 年 3 月 3 日增选）、李建人（市政协经济科技人口资源环境主任，2004 年 3 月 3 日增选）、何先成（市政协法制群团外事联谊委主任，2004 年 3 月 3 日增选）。

党组（2002 年 8 月任）：党组书记：李宙华；党组副书记：李宙南（2003 年 1 月任）；党组成员：郑艾萍（女）、曹曰平（2003 年 1 月任）。

任职名单：

主席：李宙华，2002 年 12 月—2007 年 12 月，资兴市人，中共党员，工作单位：市政协。

副主席：李宙南，2002 年 12 月—2007 年 12 月，资兴市人，中共党员，工作单位：市政协。

副主席：郑艾萍（女），2002 年 12 月—2007 年 12 月，桂阳县人，中共党员，工作单位：市委统战部（部长）。

副主席：谢任江，2002 年 12 月—2007 年 12 月（兼职），资兴市人，工作单位：市物资行管办（主任）。

副主席：饶冠华，2002 年 12 月—2007 年 12 月（兼职），广东省大埔（惠阳）人，工作单位：市科技局（副局长）。

副主席：陈克忠，2002 年 12 月—2007 年 12 月（兼职），耒阳县人，工作单位：市人民医院（院长）。

副主席：张舜春，2006 年 9 月—2007 年 12 月任副主席候选人提名人选，2007 年 10 月—12 月任副主席。

秘书长：曹曰平，2004 年 2 月—2007 年 12 月。

顾问：黄伦超，2002 年 12 月—2004 年 12 月。

本书笔者说明：

1. 2003 年 3 月 8 日，市委办公室资办发［2003］25 号文件印发的《2003

年市级领导分工安排表》中记载：

李宙华：政协主席，分工：主持市政协工作、联系推进工业化进程工作；联系乡镇驻村：青腰镇（青腰村），扶持重点：蔬菜基地建设，市直联系单位：市政协机关、市蔬菜局、市工商银行；联系重点工程：工业园区建设、郴丰鞋业二期（工程）；联系企业：云仙水泥公司、浦峰集团资兴水泥公司、东华钢带厂。

李宙南：政协副主席，分工：协助主席主持政协机关日常工作，分管法制提案委、经科联谊委；联系乡镇驻村：州门司镇（州门司村、春牛村计生工作），扶持重点：新世纪梨开发、小城镇建设，市直联系单位：市市政公司、市建设银行、市住房公积金管理中心；联系重点工程：旅游文化建设、资兴剧院改造；联系企业：郴州宏远生物工程公司。

郑艾萍：政协副主席、市委统战部部长，分工：主持市委统战工作、分管市政协文教卫体委工作；联系乡镇驻村：旧市乡（江口村），扶持重点：小水果开发、旅游开发，市直联系单位：市交通局、市发展计划局、市中医院；联系重点工程：彭炎公路（彭市至炎陵县公路改造）；联系企业：东江生态旅游发展有限公司。

黄伦超：市政协顾问，分工：协助分管旅游文化开发；联系乡镇驻村：青腰镇（青腰村），扶持重点：蔬菜基地建设，市直联系单位：市政协机关、市蔬菜局、市工商银行；联系企业：金信化工有限公司。

2. 2004 年 2 月 13 日，市委办公室资办发［2004］24 号文件印发的《2004 年市级领导分工安排》中记载：

李宙华：政协主席，分工：主持市政协工作、联系工业园区建设、民营经济；联乡包村：青腰镇（青腰村）；联系重点工程（工作）：工业园区建设、郴丰鞋业二期（工程）；联系企业：郴丰鞋业公司、德兴水泥厂（地处木根桥古街地域，紧挨市水泥厂）。

李宙南：政协副主席，分工：协助主席主持政协机关日常工作，分管办公室、提案委、经科委、法制联谊委；联乡包村：州门司镇（州门司村）；联系重点工程（工作）：旅游文化建设；联系企业：浙水电站、过船轮电站。

郑艾萍：政协副主席、市委统战部部长，分工：主持市委统战工作、分管市政协文教卫体、学习文史委；联乡包村：兰市乡（鸭公垅村）；联系重点工程（工作）：周源山寿佛景点开发；联系企业：周源山煤矿。

黄伦超：市政协顾问，分工：协助分管农业产业化建设；联乡包村：青腰镇（青腰村）；联系重点工程（工作）：（水稻）杂交制种；联系企业：大千工艺品公司。

3. 2005年6月14日，市委办公室资办发［2005］63号文件印发的《2005年市级领导分工安排》中记载：

李宙华：政协主席，分工：主持市政协全面工作、联系工业园区建设、民营经济；联乡包村：青腰镇（青腰村）；联系重点工程（工作）：粤兴汽车配件、宗教文化开发。

李宙南：政协副主席，分工：协助主席主持政协机关日常工作，分管办公室、提案委、经科委、法制联谊委；联乡包村：州门司镇（州门司村）、联系下江村计生工作；联系重点工程（工作）：旅游文化建设。

郑艾萍：政协副主席、市委统战部部长，分工：主持市委统战工作、分管市政协文教卫体、学习文史委；联乡包村：团结乡（半垅村）；联系重点工程（工作）：宗教文化开发。

4. 中共资兴市委组织部2006年5月提供的《资兴市部分领导干部名册》，市政协领导成员如下："主席：李宙华（略）；副主席：李宙南，汉族，1951年11月生，1975年1月入党，大专文化，2002年12月任副处级领导干部，现任市政协副主席、党组副书记；郑艾萍，女，汉族，1963年10月生，1992年7月入党，大学文化，2002年12月任副处级领导干部，现任市政协副主席、党组成员，统战部部长，市委委员。"

5. 2006年10月9日，市委办公室资办发［2006］87号文件印发的《2006年市级领导分工安排》中记载：

李宙华：政协主席，分工：主持市政协全面工作、联系工业园区建设；联乡包村：青腰镇（青腰村）；联系重点工程（工作）：粤兴汽车零部件。

郑艾萍：市委常委、政协副主席、市委统战部部长，分管市委统战工作；联乡包村：团结乡（半垅村）；联系重点工程（工作）：陶瓷纤维。

张舜春：市政协党组副书记、副主席候选人提名人选，分工：协助市政协党组书记主持市政协党务工作；联乡包村：兴宁镇（岭脚村）；联系重点工程（工作）：金厦商业步行街、东江湖米业、采煤沉陷区综合整治。

李宙南：政协党组副书记、副主席，分工：协助主席主持政协日常工作，分管办公室、法制群团外事联谊委；联乡包村：州门司镇（州门司村）、联系下江村计生工作；联系重点工程（工作）：旅游文化建设、宗教文化开发（寿佛文化中心）。

　　6. 中共资兴市委办公室 2006 年 11 月编印的《内部电话号码本》记载，《市政协》领导成员："主席：李宙华；副主席候选人提名人选：张舜春；副主席：李宙南、郑艾萍（女）、谢任江（兼职）、饶冠华（兼职）、陈克忠（兼职）、李建宏（兼职）。"

第七届市政协负责人（2007 年 12 月—2012 年 12 月）

　　2007 年 12 月，在资兴市唐洞新区召开了政协资兴市第七届第一次全体委员会议。12 月 31 日，会议以无记名投票方式选举郑艾萍（女）为资兴市政协主席，陈子雄、陈克忠（兼）、黄守云、李建宏（兼）、纪随燕为副主席。

　　任职名单：

　　主席：郑艾萍（女），2007 年 12 月—2012 年 12 月，桂阳县人，中共党员，市委委员。工作单位：市政协（2007 年 10 月任党组书记、主席候选人提名人选）。

　　党组副书记：曹玉春，2007 年 10 月—2009 年 12 月，市委常委、市委统战部部长。

　　党组副书记：曹云玫，2010 年 1 月—2011 年 6 月，市委常委、市委统战部部长。

　　党组副书记：胡强，2011 年 6 月—2012 年 12 月，市委常委、市委统战部部长、市委组织部部长。

　　副主席：陈子雄，2007 年 12 月—2012 年 12 月，资兴市人，中共党员，工作单位：市政协（2007 年 10 月任党组副书记、副主席候选人提名人选）。

　　副主席：陈克忠，2007 年 12 月—2012 年 12 月，耒阳县人，工作单位：市政协（2007 年 10 月任副主席候选人提名人选，市立医院院长）。

　　副主席：黄守云，2007 年 12 月—2012 年 12 月，资兴市人，工作单位：市政协（2007 年 10 月任副主席候选人提名人选、市畜牧局总畜牧师）。

　　副主席：李建宏，2007 年 12 月—2012 年 12 月（兼职），工作单位：市人民检察院（副检察长，2007年10月任副主席候选人提名人选）。

副主席：纪随燕，2007年12月—2012年12月，陕西勉县人，中共党员，市委候补委员，工作单位：市政协（2007年10月任党组成员、副主席候选人提名人选）。

副主席：黄细芳，2010年1月—2012年12月，中共党员，工作单位：市政协（党组成员）。

原主席：李宙华，2007年12月—2009年12月，正处级干部、市委委员。

原副主席：谢任江，2007年12月—2012年12月，正处级干部，市商务局副局长。

原副主席：饶冠华，2007年12月—2009年12月，正处级干部，市科技局副局长。

原副主席：李宙南，2007年12月—2011年12月，副处级干部。

原副主席：张舜春，2007年12月—2012年12月，副处级干部，市委委员。

本书笔者说明：

1. 中共资兴市委办公室2008年3月编印的《内部电话号码本》记载，《市政协》领导成员："主席：郑艾萍（女）；副主席：陈子雄、陈克忠、黄守云、李建宏（兼职）、纪随燕。原主席：李宙华；原副主席：李宙南、张舜春。"

2. 中共资兴市委办公室2009年7月编印的《内部电话号码本》记载，《市政协》领导成员："主席：郑艾萍（女）；副主席：陈子雄、陈克忠、黄守云、李建宏（兼职，市检察院副检察长）、纪随燕。原主席：李宙华；原副主席：李宙南、张舜春；原副主席（正处级）：谢任江、饶冠华。"

3. 中共资兴市委办公室2011年3月编印的《内部电话号码本》记载，《市政协》领导成员："主席：郑艾萍（女）；副主席：陈子雄、黄细芳、陈克忠、黄守云、李建宏（兼职，市检察院副检察长）、纪随燕。原副主席：李宙南、张舜春、谢任江。"

4. 中共资兴市委办公室2012年6月编印的《内部电话号码本》记载，《市政协》领导成员："主席：郑艾萍（女）；党组副书记：胡强；副主席：陈子雄、黄细芳、陈克忠、黄守云、李建宏（兼职，市检察院副检察长、市工商联主席）、纪随燕。原副主席：张舜春，正处级干部：谢任江。"

5. 中共资兴市委组织部提供的 2007 年市政协的干部档案中记载：陈克忠：副主席（兼）、市立医院院长，始任现职年月：2002 年 12 月；李建宏：副主席（兼）、市检察院副检察长，始任现职年月：2006 年 3 月；谢任江：正处级干部，市商务局副局长，始任现职年月：1998 年 1 月；饶冠华：正处级干部，市科技局副局长，始任现职年月：1998 年 1 月。

第八届市政协负责人（2012 年 12 月—2016 年 11 月）

2012 年 12 月，在资兴市唐洞新区召开了政协资兴市第八届第一次全体委员会议。应到委员 189 名，实到委员 184 名，因病因事请假 5 名。12 月 19 日上午，政协资兴市八届一次会议第二次大会在资兴宾馆六楼大会议室举行，以无记名投票方式选举郑艾萍（女）为资兴市政协主席，黄细芳、陈克忠、黄守云、纪随燕、谢湘兵、何超南为副主席。

任职名单：

主席：郑艾萍（女），2012 年 12 月—2016 年 11 月，中共党员，党组书记、市委委员，桂阳县人，工作单位：市政协。

党组副书记：胡强，2012 年 12 月—2016 年 9 月，市委常委、市委统战部部长、市委组织部部长。

党组副书记：黄星，2016 年 9 月—11 月，市委常委、市委统战部部长。

副主席：黄细芳，2012 年 12 月—2016 年 11 月，资兴市人，中共党员、党组副书记，工作单位：市政协。

副主席：陈克忠，2012 年 12 月—2016 年 9 月，耒阳县人，工作单位：市政协。

副主席：黄守云，2012 年 12 月—2016 年 11 月，资兴市人，工作单位：市政协。

副主席：纪随燕，2012 年 12 月—2016 年 9 月，陕西勉县人，中共党员、党组成员，工作单位：市政协。

副主席：谢湘兵，2012 年 12 月—2016 年 9 月，资兴市人，中共党员、党组成员、市委委员，工作单位：市政协。

副主席：何超南，2012 年 12 月—2016 年 11 月任（兼职），工作单位：市工商联（主席，2012 年 9 月任副主席候选人提名人选）。

正处级干部：陈子雄，2012 年 12 月—2016 年 11 月。

正处级干部：谢任江，2012 年 12 月—2015 年 12 月。

原副主席：张舜春，2012 年 12 月—2015 年 12 月。

本书笔者说明：

1. 中共资兴市委办公室 2014 年 6 月编印的《内部电话号码本》中记载，《市政协》领导成员："主席、党组书记：郑艾萍（女）；党组副书记：胡强；党组副书记、副主席：黄细芳；副主席：陈克忠、黄守云、纪随燕（党组成员）、谢湘兵（党组成员），何超南（兼职，市工商联主席）。正处级干部：陈子雄。"

2. 中共资兴市委办公室 2016 年 3 月编印的《内部电话号码本》中记载，《市政协》领导成员："主席、党组书记：郑艾萍（女）；党组副书记：胡强；党组副书记、副主席：黄细芳；副主席：陈克忠、黄守云、纪随燕（党组成员）、谢湘兵（党组成员），何超南（兼职，市工商联主席）。正处级干部：陈子雄。"

3. 红网资兴站《资兴通报领导干部人事任免，黄峥嵘任市委书记》中说："2016 年 9 月 11 日上午，全市领导干部大会在市人民会堂召开。会议通报了郴州市委对资兴市四大家领导班子及其他市级领导干部的人事任免情况，传达了郴州市领导干部任前集体谈话会的精神。市委书记黄峥嵘主持会议并讲话。会议宣读了郴州市委常委会议研究决定的资兴市干部任免名单：郑艾萍同志任资兴市政协主席人选；黄细芳同志任资兴市政协副主席人选；黄守云同志任资兴市政协副主席人选（驻会）；何超南同志任资兴市政协副主席人选；朱性明同志任资兴市政协副主席人选，免去市委党校校长职务；黄琴同志任资兴市政协副主席人选（驻会）。陈克忠、纪随燕、谢湘兵三位同志不再提名担任资兴市政协副主席职务。"

4. 2016 年 9 月 13 日，中共资兴市委组织部发出的《关于罗成辉等同志职务任免的通知》（发布在网站）："市委同意：免去胡强同志的市委统一战线工作部部长、政协资兴市委员会党组副书记、市委党校第一校长、市直属机关工作委员会书记职务；黄星同志任中共资兴市委统一战线工作部部长、政协资兴市委员会党组副书记，免去其市人民政府党组成员职务。朱性明同志任政协资兴市委员会党组成员，免去其行政学校、市社会主义学校校长职务。"

5. 网站消息（2016 年 9 月）：郑艾萍：女，汉族，湖南省桂阳县人，1963 年 10 月生，中共党员，大学本科文化，1992 年 6 月入党，1983 年 7 月参加工作。现任政协资兴市委员会党组书记、主席，郴州市第三届政协委员。工作简历：郴州师范学校学习，郴州 7451 工厂子弟学校教师，资兴市二轻局办公室主任，资兴市委党史办干事、副主任，资兴市委组织部副科级组织员、办公室主任（其间：于 1992 年 9 月—1995 年 6 月在湖南省委党校经济管理专业函授学习，1995 年 8 月—1997 年 12 月在中央党校函授学院党政管理专业学习），资兴市委组织部正科级组织员、办公室主任，资兴市委组织部正科级组织员、干部组组长，资兴市委机构编制委员会办公室主任。2002 年 9 月—2002 年 12 月任资兴市委统战部部长、市委机构编制委员会办公室主任，市政协党组成员、副主席候选人提名人选。2002 年 12 月—2006 年 8 月任资兴市政协党组成员、副主席，市委统战部部长。2006 年 8 月—2007 年 3 月任资兴市委常委，市政协党组成员、市委统战部部长。2007 年 3 月—10 月任资兴市委常委，市政协党组副书记、市委统战部部长。2007 年 12 月至今任资兴市政协党组书记、主席。

第九届市政协负责人（2016 年 11 月至今）

2016 年 11 月 22 日至 25 日，在资兴市唐洞新区召开了政协资兴市第九届第一次全体委员会议。应到委员 191 名，实到委员 187 名。11 月 24 日下午，会议以无记名投票方式选举郑艾萍（女）为资兴市政协主席，黄细芳、黄守云、何超南、朱性明、黄琴为副主席，唐洪当选为秘书长；李世荣、郭孝龙等 28 人当选为政协资兴市第九届委员会常务委员。

2016 年 11 月 22 日上午，政协资兴市第九届委员会第一次会议在市剧院隆重开幕。来自全市各族各界和各条战线的全体政协委员带着全市人民的重托，汇聚一堂，认真履行人民政协政治协商、民主监督、参政议政的职能，共同谋划未来资兴壮美蓝图。雷纯勇、黄峥嵘、郑艾萍、黄星、黄细芳、陈克忠、黄守云、纪随燕、谢湘兵、何超南，朱性明、黄琴、唐洪在主席台前排就座；罗成辉、范培顺、朱承旺、曾建华、曹云玫、李典龙、陈一之、侯峥辉、王仁庆、黄建民、罗志卫、李雨林等市级领导以及政协常委在主席台就座。本次大会应到委员191人，实到187人，符合政协章程规定人数。市政协副主席，大会秘书长黄细芳主持开幕大会。市政协主席郑艾萍代表政协资兴市第八届委员会常务委员会向大会做工作报告。报告总结了政协资兴市第八届委员会四年来的工作。四年来，市政协在中共资兴市委的坚强领导下，在郴州市政协的悉心指导下，以党的十八大和习近平同志系列重要讲话精神为指导，坚持团结、民主两大主题，深入贯彻《中央关于加强人民政协工作的意见》，团结带领广大政协委员和政协各参加单位，维护核心、服务中心、凝聚人心，切实履行政治协商、民主监督、参政议政职能，主动作为，务实创新，为资兴经济社会健康发展做出了积极贡献。一是上下联动，发挥政协独特优势。二是突出重点，助推资兴改革发展。三是广泛参与，凝聚社会发展合力。四是整体推进，政协队伍不辱使命。郴州市政协党组副书记、副主席雷纯勇代表郴州市政协向大会的召开表示祝贺！市委书记黄峥嵘在会上代表中共资兴市委对大会召开表示祝贺！大会还听取了刘强、王化平、赵丹、金轩磊、黄永辉、胡运贵6名政协委员的提案发言。在家的市委、市人大、市政府、市政协、市人武部领导以及担任过市四大家副处级以上领导职务的在城离退休老同志，以及副处以上单位负责人，驻资省、郴州市政协委员，市纪委和市委各工作部门、市人大常委会各办委、市政府工作部门、市政协各办委负责人，乡镇（街道）党（工）委书记，市直机关单位、驻资有关单位负责人，九三学社资兴市委员会，市工商联，市党外领导干部联谊会负责人应邀列席了会议。

资兴：郑艾萍当选政协资兴市第九届委员会主席（发布时间：2016—11—28；信息来源：大会报道组）：2016年11月24日下午，政协资兴市九届一次会议第二次大会在资兴剧院举行，大会选举政协资兴市第九届委员会主席、副主席、秘书长和常务委员。郑艾萍当选为政协资兴市第九届委员会主席。黄峥嵘、范培顺、郑艾萍、李典龙、陈一之、侯峥辉、黄星、黄细芳、黄守云、何超南、朱性明、黄琴、唐洪出席大会并在主席台前排就座，资兴市政协常委候选人在主席台就座。郴州市县市区领导班子换届工作指导监督组、郴州市委派驻政协资兴市第九届委员会第一次会议现场督导组到会指导监督。会议由大会执行主席黄星主持。这次大会应到委员 191 名，实到委员 185 名，符合法定人数。资兴市委常委、组织部部长陈一之在会上做了本次大会选举工作说明并介绍政协资兴市第九届委员会候选人情况。会议以举手表决的方式通过了选举办法和总监票人、监票人名单。大会以无记名方式投票选举产生了政协资兴市第九届委员会主席、副主席、秘书长和常务委员。郑艾萍当选为政协资兴市第九届委员会主席；黄细芳、黄守云、何超南、朱性明、黄琴当选为政协资兴市第九届委员会副主席；唐洪当选为政协资兴市第九届委员会秘书长；李世荣、郭孝龙等 28 人当选为政协资兴市第九届委员会常务委员。

任职名单：

主席：郑艾萍（女），2016 年 11 月—，中共党员，党组书记、市委委员，桂阳县人，工作单位：市政协。

党组副书记：黄星，2016 年 11 月—，市委常委、市委统战部部长。

副主席：黄细芳，2016 年 11 月—，资兴市人，中共党员、党组副书记，工作单位：市政协。

副主席：黄守云，2016 年 11 月—，资兴市人，工作单位：市政协。

副主席：何超南，2016 年 11 月（兼职）—，工作单位：市工商联（主席）。

副主席：朱性明，2016 年 11 月—，中共党员、党组成员，工作单位：市政协。

副主席：黄琴，2016 年 11 月—，工作单位：市政协。

秘书长：唐洪，2016 年 11 月—，工作单位：市政协。

正处级干部：陈子雄，2016 年 11 月—。

原副主席：陈克忠，2016 年 9 月—。

原副主席：纪随燕，2016 年 9 月—。

原副主席：谢湘兵，2016 年 9 月—。

本书笔者说明：

中共资兴市委办公室 2017 年 4 月编印的《内部电话号码本》记载：市政协（领导）：郑艾萍，党组书记、主席；黄星，党组副书记；黄细芳，党组副书记、副主席；黄守云，副主席；何超南，副主席、市工商联主席；朱性明，党组成员、副主席；黄琴，副主席。陈子雄，正处级干部；陈克忠，原副主席；纪随燕，原副主席；谢湘兵，原副主席。

附录：

驻资兴市省、郴州市历届政协委员名单

级别	届别	届　期	姓　名
省政协	五	1983—1987 年	吴文刚
	六	1988—1992 年	吴文刚、陈传礼、袁伯霖、朱洪洲
	七	1993—1997 年	朱洪洲、闵新立、袁伯霖、吴文刚
	八	1998 年	闵新立、朱洪洲、赖发明
郴州市政协	一	1995—1999 年	刘文艺、朱孝明、黄伦超、李性亮、王筱兰（女）、何平、欧日忠、肖自立、魏永龄
	二	2000 年	朱孝明、黄伦超、王东、周伟平、李正安、沈新军、谭德仁、谢翠凤（女）、郭合云、许毅、李忠恒
		2003 年	李宙华、郑爱萍（女）、王东、周伟平、李正安、沈新军、谭德仁、谢翠凤（女）、许毅、李忠恒

载于《资兴政协二十年》第 323 页。

第五节　资兴县、市人民武装部负责人

中华人民共和国成立后，党和国家认真总结了地方武装的工作经验，建立健全了各级人民武装的领导机构。实行普通民兵制度和义务兵役制度，地方武装得到全面整顿和加强。1950 年 2 月，郴县军分区决定将湘南支队资兴县大队改为中国人民解放军资兴县民兵支队部，成立中国人民解放军资兴县人民武装部。1952 年 6 月，资兴县大队撤销。1954 年 7 月，资兴县人民武装部改称为资兴县兵役局。1959 年 3 月，撤销资兴县兵役局，恢复资兴县人民武装部，因郴资合

县，恢复后的资兴县人民武装部并入郴县人民武装部。1961 年 5 月，恢复资兴县后，成立资兴县人民武装部，并设立了各公社、镇人民武装部。1966 年 11 月，根据中央军委联合参谋部通知，县人民武装部番号称"中国人民解放军资兴县人民武装部"。从县人民武装部建立到"文化大革命"，第一政委均由县委书记兼任。

1984 年 12 月 24 日，国务院批准：撤销资兴县，设立资兴市。资兴县人民武装部改称为资兴市人民武装部。

领导人名单：

中国人民解放军资兴县大队

1949 年 10 月—11 月：

大队长：孙立（兼任）。副大队长：胡显志、陈弟情。教导员：李建平。

1949 年 11 月—1951 年 5 月：

大队长：张捷，1950 年 2 月免。副大队长：王成礼。副政委：顿锐锋，1951 年 2 月免。参谋长：侯志学，1951 年 4 月任。

1951 年 5 月—1952 年 6 月：

大队长：王成礼。参谋长：侯志学。

中国人民解放军民兵支队部

1950 年 7 月—1951 年 8 月：

政委：孙立（兼任）。副支队长：鲁冀军。

中国人民解放军资兴县人民武装部

1951 年 8 月—1954 年 7 月：

政委：赵理（兼任），1951 年 9 月—1953 年 4 月。

政委：孙立（兼任），1953 年 4 月—1954 年 6 月。

副部长：鲍玉金，1952 年 11 月免。

副部长：王松涛，1952 年 5 月任。

副部长：李鸿友，1952 年 8 月任。

资兴县兵役局

1954 年 7 月—1959 年 3 月：

局长、政委：刘傅俊，1957 年 6 月任。

政委：许力平（兼任），1955 年 3 月—1957 年 12 月。

政委：苗捷夫（兼任），1957 年 12 月—1958 年 12 月。

副局长：王松涛。

副政委：贾墨山，1955 年 3 月任。

中国人民解放军资兴县人民武装部

1961 年 6 月—1966 年 2 月：

部长：朱有发。

政委：杨明（兼任），1962 年 2 月免。

政委：何广德（兼任），1962 年 2 月任。

政委：丁宗仁，1962 年 6 月—1964 年 6 月。

政委：吴景斌，1964 年 5 月任。

副部长：宋广信。

副部长：赵所成，1964 年 5 月—8 月。

副政委：王爱民，1961 年 6 月—1964 年 6 月。

副政委：肖春圃，1964 年 8 月任。

1966 年 2 月—1968 年 3 月：

部长：张洪臣。

政委：吴景斌。

政委：盘祥根（兼任），1966 年 10 月—1967 年 1 月。

政委：赵恒湘（兼任），1967 年 1 月任。

副部长：董发有，1968 年 1 月免。

副政委：钟有发，1966 年 5 月免。

副政委：肖春圃。

"文化大革命"期间，县人民武装部参加"三支两军"（支左、支工、支农、军管、军训），在县委和县人委受到冲击，机关工作处于瘫痪半瘫痪状态时，牵头组成"资兴县抓革命捉生产领导小组"。1968 年 9 月成立县革命委员会，部长曾以军队代表身份担任县革委主任。1973 年 6 月，部长不再担任县委、县革委的主要职务。县人武部隶属郴州军分区。

中国人民解放军资兴县人民武装部

1968 年 3 月—1970 年 4 月：

部长：陈凯田，1970 年 1 月免。

政委：赵恒湘（兼任），1969 年 9 月免。

政委：孙耀臣，1969 年 3 月免。

政委：肖春圃，1969 年 12 月任。

副部长：钟明远。

副部长：李华，1970 年 1 月任。

副政委：肖春圃，1969 年 12 月免。

副政委：金继成，1969 年 4 月任。

副政委：李庆荣，1969 年 7 月任。

副政委：徐庭芳，1969 年 12 月任。

1970 年 4 月—1976 年 10 月：

部长：杜国才。

政委：肖春圃。

政委：刘凤国，1973 年 11 月—1975 年 10 月。

政委：黎书祥，1976 年 6 月任。

副部长：钟明远、李华。

副部长：葛志友，1970 年 8 月—1971 年 12 月。

副部长：张六成，1971 年 12 月—1973 年 5 月。

副部长：关文显，1971 年 12 月—1973 年 5 月。

副部长：赵所成，1972 年 2 月任。

副部长：李太安，1972 年 9 月—1974 年 2 月。

副部长：冯云山，1974 年 10 月任。

副部长：崔泉，1974 年 10 月任。

副政委：金继成、徐庭芳。

副政委：林湘，1971 年 6 月—12 月。

副政委：张开，1971 年 9 月任。

副政委：赖寿全，1973 年 7 月任。

1976 年 1 月 1 日，中国人民解放军资兴县中队改为"中国人民解放军武装警察部队资兴县中队"。"文化大革命"结束后，县人武部第一政委从 1979 年恢复由县委书记兼任。

1976 年 10 月—1984 年 4 月：

部长：杜国才。

部长：王运会，1983 年 7 月任。

第一政委：朱菊香（女，兼任），1979 年 5 月—1980 年 10 月。

第一政委：陈仲时（兼任），1980 年 10 月—1983 年 12 月。

第一政委：甘子良（兼任），1983 年 12 月任。

政委：黎书祥，1977 年 10 月免。

政委：肖春圃，1979 年 11 月免。

政委：王月清，1979 年 11 月—1983 年 6 月。

政委：谢昭广，1983 年 9 月任。

副部长：钟明远，1978 年 5 月免。

副部长：李华，1982 年 3 月免。

副部长：赵所成，1978 年 5 月免。

副部长：冯云山，1978 年 5 月免。

副部长：崔泉，1979 年 3 月免。

副部长：王章良，1979 年 3 月—1981 年 6 月。

副部长：肖腊梅，1979 年 9 月—1980 年 9 月。

副部长：王运会，1981 年 5 月—1983 年 7 月。

副部长：赵昌华，1983 年 10 月任。

副政委：金继成，1979 年 7 月免。

副政委：徐庭芳，1981 年 6 月免。

副政委：张开，1979 年 7 月免。

副政委：赖寿全，1978 年 5 月免。

副政委：谢昭广，1979 年 7 月—1983 年 9 月。

资兴市人民武装部

1985 年 2 月，根据广州军区（今已撤销）司令部司务字［1985］第 10 号批复，资兴县人民武装部改称为资兴市人民武装部。1986 年 5 月，根据中发［1986］5 号文件精神，中国人民解放军资兴市人民武装部改归地方建制，机构名称改为"资兴市人民武装部"，其任务不变，隶属关系为地方和军队双重领导。

1984 年 4 月—1986 年 7 月：

部长：王运会（1985 年 4 月—1986 年 9 月任市委常委，1986 年 7 月 19 日最后参加了市委常委会议，黑龙江人）。

第一政委：甘子良（兼任），1985 年 7 月免。

第一政委：许永善（兼任），1985 年 7 月任。

政委：谢昭广，1985 年 7 月免。

副部长：赵昌华，1985 年 7 月免。

副部长：吴振权，1986 年 1 月任。

副部长：邓泽良，1986 年 1 月任。

本书笔者说明：1986 年 5 月底，人武部移交地方管理后，7 月底邓泽良担任政委（7 月 25 日参加了市四家领导会议），吴振权担任部长。

《中国共产党湖南省资兴市组织史资料》第二卷（1988.1—1995.12）中记载："1986 年 5 月，根据中发［1986］5 号文件精神，中国人民解放军市人民武装部改归地方建制，机构名称为资兴市人民武装部，其任务不变，隶属关系为地方和军队双重领导。"

中共资兴市人民武装部委员会：1986 年 5 月，市人民武装部划归地方建制后，中共资兴市人民武装部委员会书记一职，均由市委书记兼任：

1988 年 1 月—1989 年 10 月：书记：许永善；副书记：邓泽良，吴振权（1988 年 10 月免），宁登发（1989 年 6 月任）；委员：许永善、邓泽良、吴振权（1988 年 10 月免）、李太海、朱邵宁（1989 年 1 月任）、冯继曾（1989 年 1 月任）、宁登发（1989 年 6 月任）。

1989 年 10 月—1992 年 2 月：书记：瞿龙彬；副书记：邓泽良，宁登发；委员：瞿龙彬、邓泽良、宁登发、李太海、朱邵宁、陈和平、李件春。

1995 年 1 月—12 月：书记：盛茂林；副书记：宁登发，李太海；委员：

盛茂林、宁登发、李太海、朱邵宁、陈和平、李件春。

资兴市人民武装部：

1988 年 1 月—1989 年 4 月：部长：吴振权 1988 年 10 月免；政委：邓泽良。

1989 年 4 月—1995 年 12 月：部长：宁登发；政委：邓泽良 1992 年 2 月免；李太海 1992 年 2 月任；副部长：朱邵宁 1993 年 4 月任。

中共资兴市委组织部 1987 年 4 月编印的《骨干花名册》记载："市人武部政委：邓泽良，男，37 岁，会同人，高中文化，党员；部长：吴振权，男，37 岁，高中文化，党员。"

任职名单：

部长：吴振权，1986 年 7 月—1988 年 10 月，会同县人。

政委：邓泽良，1986 年 7 月—1992 年 2 月（1986 年 9 月—1992 年 2 月任市委常委），广东人。

1989 年 5 月：政委：邓泽良（市委常委）；部长：宁登发，男，41 岁，武冈人，中专文化，党员。

1992 年 4 月：政委：李太海；部长：宁登发。

政委：李太海，1992 年 9 月—1996 年任，郴县人。

部长：宁登发，1989 年 4 月—1998 年 3 月任（1992 年 10 月—1998 年 3 月任市委常委），武冈县（武冈市）人。

副部长：朱邵宁，1993 年 9 月—1996 年任，黑龙江人。

中共资兴市委组织部 1996 年 5 月编印的《骨干花名册》记载，《市人武部》领导："市委常委、部长：宁登发，男，1951 年 9 月生，大专文化，1970 年 7 月入党，1969 年 12 月入伍，武冈人。政委：李太海，男，1954 年 10 月生，大专文化，1974 年 10 月入党，1992 年 12 月入伍，郴县人。副部长：朱邵宁，男，1956 年 10 月生，中专文化，1978 年 10 月入党，1971 年 1 月入伍，黑龙江人。"

1997 年 5 月 29 日，市委办公室资办发〔1997〕25 号文件印发的《1997 年四家领导分工安排表》中记载："宁登发：常委、人武部长，分工：主持市人武工作；管片：南部区；联系党建扶贫村：滁口塘湾村，包村单位及责任人：政府办周范平；联系市属企业：耐火材料厂；联系重点工程项目：横岭公路（黄草乡淅水至宜章县岭秀乡公路改造），承办单位及责任人：匡柏南；联系乡镇企业：高坪钨矿，部门负责人：张孝明。"

1998 年 4 月 26 日，市委办公室资办发［1998］10 号文件印发的《1998年市领导分工安排表》中记载："宁登发：常委、人武部长，分工：主持市人武工作；联系乡镇驻村：（唐洞街道）办事处；联系乡以上企业：啤酒厂。李太海，人武部政委，分工：人武部工作；管片：南部区；联系乡镇驻村：旧市（送塘村）；联系乡以上企业：旧市柑橘打腊厂。"

中共资兴市委办公室编印的《内部电话号码本》与有关文件记载，《市人武部首长》名单如下：

1999 年：部长江初成，政委李太海（1998 年 3 月—2002 年 6 月任市委常委，衡南县人，2000 年转业），副部长张爱社。

1999 年 3 月 5 日，市委办公室资办发［1999］6 号文件印发的《1999 年市领导分工安排表》中记载："李太海：常委、人武部政委，分工：人武工作；联系乡镇驻村：七里镇（大树村、南源村）；联系企业、重点工程：啤酒厂、七里市场建设。江初成：人武部部长，分工：人武工作；联系企业、重点工程：万口网箱工程。"

2000 年：部长江初成，政委李典龙（2000 年 3 月—2005 年 8 月），副部长张爱社（根据 2006 年 5 月中共资兴市委组织部提供的资料记载：张爱社，汉族，1958 年 3 月生，1979 年 2 月入党，大专文化，1998 年 3 月任副处级领导干部，现任市纪委副书记）。

2000 年 3 月 9 日，市委办公室资办发［2000］22 号文件印发的《2000 年市领导分工安排表》中记载："李太海：常委、人武部政委，分工：人武工作，协助分管综治工作；联系乡镇驻村：碑记乡（碑记村）；联系企业、重点工程：碑记水泥厂。江初成：人武部政委，分工：人武工作；联系乡镇驻村：汤市乡；联系企业、重点工程：汤炎公路（汤市乡至炎陵县公路改造）。"

2001 年：部长江初成（2000 年 9 月—2002 年 8 月任市委常委，宁远县人），政委李典龙，副部长张爱社。

2001 年 1 月 19 日，市委办公室资办发［2001］15 号文件印发的《2001年市级领导分工安排表》中记载："江初成：常委、人武部长，分工：人武工作，协助分管综治工作；联系乡镇驻村：碑记乡，扶持重点：大辣椒生产，联络员：朱孝平，市直联系单位：市人武部、市计生委、市农经局；联系企业、重点工程：碑记水泥厂、汤炎公路（汤市乡至炎陵县公路改造）。李典龙：人武部政委，分工：人武工作；联系乡镇驻村：东坪乡，扶持重点：（无），联络员：赖发明；联系企业、重点工程：东江家具厂。"

2002年：部长唐安钢，政委李典龙（2002年8月—2005年8月任市委常委，隆回县人），副部长段世以。

2002年3月10日，市委办公室资办发［2002］21号文件印发的《2002年市级领导分工安排表》中记载："江初成：常委、人武部长，分工：人武工作，协助分管综治工作；联系乡镇驻村：青腰镇（花塘村），扶持重点：水毁工程恢复、反季节蔬菜，市直联系单位：市检察院、市教育局；联系重点工程：彭炎公路（彭市乡至炎陵县公路改造）；联系企业：市电化厂。李典龙：人武部政委，分工：人武工作；联系乡镇驻村：东坪乡；联系企业：东江家具厂。"

2003年：部长唐安钢（2011年12月5日公示：唐安钢，男，临武县人，1958年8月生，大学文化，中共党员，市人大环资委副主任委员，拟任郴州市人大环资委主任委员），政委李典龙（市委常委，2005年转业，后任资兴市人民政府副市长），副部长：段世以、王纪元。

2003年3月8日，市委办公室资办发［2003］25号文件印发的《2003年市级领导分工安排表》中记载："李典龙：常委、人武部政委，分工：人武工作；联系乡镇驻村：东坪乡（水口村），扶持重点：蜂业开发，市直联系单位：市人武部、市林业局、市妇幼保健院；联系重点工程：横岭公路改造；联系企业：东江家具厂。唐安钢：人武部部长，分工：人武工作；联系乡镇驻村：七里镇（七里村），扶持重点：小城镇建设，市直联系单位：市粮食局、市煤炭局、市环卫处；联系重点工程：彭炎公路（改造）；联系企业：市电化厂。"

2004年2月13日，市委办公室资办发［2004］24号文件印发的《2004年市级领导分工安排》中记载：李典龙：常委、人武部政委，分工：人武工作；联乡包村：东坪乡（水口村）；联系重点工程（工作）：通乡公路改造、杨冲垅电站、强溪电站；联系企业：东江家具厂。唐安钢：人武部部长，分工：人武工作；联乡包村：七里镇（七里村）；联系重点工程（工作）：通乡公路改造；联系企业：市电化厂。

2005 年：部长凌小平（2006 年 8 月—2007 年 4 月任市委常委，双峰县人），政委阳明喜，副部长谭治武。

2005 年 6 月 14 日，市委办公室资办发〔2005〕63 号文件印发的《2005年市级领导分工安排》中记载：凌小平：市人武部部长，分工：人武工作；联乡包村：七里镇（茅坪村）；联系重点项目（工作）：通乡公路改造工作。阳明喜：市人武政委，分工：人武工作；联乡包村：东坪乡（东坪村）；联系重点项目（工作）：通乡公路改造工作。

2006 年：部长凌小平（市委常委），政委阳明喜，副部长谭治武。

2006 年 10 月 9 日，市委办公室资办发〔2006〕87 号文件印发的《2006年市级领导分工安排》中记载：凌小平：常委、人武部长，分工：人武工作；联乡包村：七里镇（茅坪村）；联系重点项目（工作）：澳林山庄（住宅小区）。阳明喜：人武部政委，分工：人武工作；联乡包村：东坪乡（东坪村）；联系重点项目（工作）：通乡通村公路建设、东江花园。

2007 年资料缺。

2008 年：部长毛雪成，政委阳明喜（2007 年 4 月—2010 年 5 月任市委常委），副部长伍成华。

2009 年：部长罗文辉（市委常委 2010 年 5 月—2011 年 6 月任），政委阳明喜（市委常委 2010 年 5 月免），副部长伍成华。

2010 年资料缺。

2011 年：部长罗文辉，政委龚茂才（2011 年 6 月—2012 年 12 月任市委常委），副部长伍成华、鲍文明。

2012 年：部长吴烂斌，政委龚茂才（市委常委），副部长鲍文明。

龚茂才 2011 年 6 月—2014 年 3 月任市委常委、人武部政委网站 2014 -3 -28 发布消息：《郴委干〔2014〕16 号关于王周等同志职务任免的通知》中说："免去龚茂才同志的中共资兴市委常委、委员职务。"

2013 年：部长吴烂斌，政委龚茂才（市委常委）。

2014 年：部长吴烂斌（2014 年 3 月—2015 年 5 月任市委常委），政委黄建民，副部长李健超（军事科长）。网站消息：2014 年 2 月 18 日资兴市人武部政委龚茂才转业到地方工作，由黄建民接任政委职务。

2016 年《资兴年鉴·大事记》中记载："2015 年 2 月 11 日：市人民武装

部部长调整命令大会召开，宣布市人民武装部原部长吴烂斌调任长沙工作，由钟志同志接任人民武装部部长一职。郴州军分区参谋长夏礼民，市领导陈荣伟、曾建华、黄建民、李健超出席会议。"

2016 年：部长钟志，政委黄建民（2015 年 5 月—2017 年 12 月任市委常委），副部长王文峰。

网站消息：黄建民同志任资兴市委常委人选、人武部政委。2016 年 9 月 23 日举行的中国共产党资兴市第十二届委员会第一次全体会议上，当选为资兴市新一届市委常委。

中共资兴市委办公室 2017 年 4 月编印的《内部电话号码本》记载：市人民武装部领导：黄建民，市委常委，政委：王文峰，副部长。

附录网站资料（宁登发曾任郴州军分区副司令员）：

郴州军分区领导班子调整

发布时间：2007 年 5 月 14 日 8 时 20 分 11 秒

本报 5 月 13 日讯（记者曾西林）：5 月 11 日下午，郴州军分区召开宣布领导班子调整命令会议，湖南省军区副司令员黄明开宣布了中央军委的命令，任命杨亚海为郴州军分区司令员。

命令说，按照《现役军官法》和《现役军官职务任免条例》规定，郴州军分区原司令员潘兴国任现职满 10 年，郴州军分区原副司令员宁登发已达到任现职最高年龄。中央军委任命杨亚海为郴州军分区司令员，免去潘兴国的郴州军分区司令员职务；广州军区（今已撤销）任命王喜滨为郴州军分区副司令员，批准宁登发退休。黄明开充分肯定了郴州军分区近年来所取得的成绩，对潘兴国和宁登发任职期间所做的工作给予了高度评价，并希望郴州军分区新一届领导班子大力加强党委班子建设，高标准做好未来军事斗争准备；加大从严治军力度，确保部队安全稳定，为郴州的经济发展和社会稳定做出新的贡献。

市委书记、郴州军分区党委第一书记葛洪元，市委常委、市委组织部部长廖跃贵出席会议。葛洪元代表市委、市人大、市政府、市政协对潘兴国和宁登发两名同志在郴州工作期间所做出的贡献表示崇高敬意，希望他们继续关心和参加郴州的建设，多提宝贵建议。同时对杨亚海和王喜滨两名同志调整提升到郴州军分区任职表示欢迎和祝贺，希望新班子要继承和发扬郴州军分区的光荣传统和优良作风，带领全体官兵齐心协力，扎实工作，不断开创郴州军分区工作新局面。

郴州军分区政委魏永景主持会议。军分区领导李双喜、廖茂雄、罗发旺等出席会议。

附录：

资兴其他县级干部名单

随着改革开放的深入进行，全国各个县市的科级机构升为副县级机构在逐步增加，县级（处级）干部的任命也越来越随便，让人眼花缭乱。"县级领导干部"这顶桂冠，已不再专属于市委、市人大常委会、市人民政府、市人民政协、市人武部五大家领导所独有，而是"旧时王谢堂前燕，飞入寻常百姓家"了——连三都派出所所长，都配备了"市公安局副处级侦察员"，把整个三都地区都"抬高"了三级。这是全国各级党政机关都存在的问题，却不是本书所要探讨的问题，姑且不论。

现将资兴其他县级干部（仅限于2007年至2017年在职者，"享受处级干部待遇"者不在此列）名单罗列如下。或不全面，仅供参考；如有遗漏，敬望谅解。

中共资兴市纪委：

冯国强：2007年任市委委员，纪委副书记、监察局局长，市政府党组成员；2008年任市委委员，市政府党组成员；任处级时间：1999年4月—2008年12月。

中共资兴市委统战部：

张爱社：2007年任市委统战部常务副部长，2008年任市委统战部常务副部长、市社会主义学校副校长（兼）；任处级时间：2006年8月—2012年12月。

中共资兴市委政法委:

黄仁顺:2007年任市委政法委副处级干部;任处级时间:2002年11月—2009年12月。

中共资兴市委党校:

朱明:2007年任市委党校校长,2010年任市委党校(行政学校、社会主义学校)校长,市委委员;任处级时间:2007年4月—2016年9月。

李振华:2016年任市委党校(行政学校、市社会主义学校)校长,兼任市经济信息化和商务局党组书记、局长(2017年免);任处级时间:2016年9月—2017年。

资兴市公安局:

陈忠明:2007年任市委委员,市公安局党委书记、局长(副处级侦察员),市政府党组成员;任处级时间:2004年6月—2007年12月。

宋力明:2007年任市公安局政委(副处级侦察员);任处级时间:2004年6月—2007年12月。

周仁贵:2007年任市公安局正处级侦察员,2008年任调研员;任处级时间:2004年7月—2008年12月。

张子荣:2007年任市公安局副处级侦察员、三都派出所所长,2009年任市公安局副调研员;任处级时间:2004年7月—2011年12月。

喻敏:2007年任市公安局党委书记、局长,政府副处级干部、党组成员;任处级时间:2007年12月—2008年12月。

此后,市公安局党委书记、局长进入市人民政府领导班子。

市人民法院:

黄安国:2007年任市法院党组书记、院长,市委委员;任处级时间:2004年6月—2012年7月。

黄振岐:2007年任市法院副处级审判员;任处级时间:2002年10月—2010年12月。

李雨林:2012年任市法院党组书记、院长;任处级时间:2012年7月—

2016 年 9 月。

罗志卫：2016 年任市法院党组书记、院长；任处级时间：2016 年 9 月—
2017 年。

市人民检察院：

曹三毛：2007 年任市检察院党组书记、检察长；任处级时间：2007 年 10
月—2012 年 9 月。

李可：2012 年任市检察院党组书记、检察长；任处级时间：2012 年 9
月—2016 年 9 月。

李雨林：2016 年任市检察院党组书记、院长；任处级时间：2016 年 9
月—2017 年。

湖南资兴经济开发区：

廖忠明：2007 年任资兴经济开发区（东江开放开发区）党委书记、市委
委员；任处级时间：1997 年 10 月—2008 年 7 月。

胡向军：2007 年任资兴经济开发区党委副书记、主任，市政府党组成员；
任处级时间：2007 年 10 月—2011 年 1 月。

曹云玫：2008 年任资兴经济开发区党委书记、市委候补委员；任处级时
间：2008 年 7 月—2010 年 3 月。

王理军：2010 年任经济开发区党委书记兼高码乡党委书记，2012 年免去
兼高码乡党委书记，2015 年 12 月任党委副书记、管理委员会主任；任处级时
间：2010 年 3 月—2017 年。

黄星：2011 年任经济开发区党委副书记、管委会主任，市政府党组成员，
市委委员；任处级时间：2011 年 1 月—2013 年 12 月。

颜斗：2015 年 12 月任资兴经济开发区党委书记；任处级时间：2015 年 12
月—2017 年。

郴州市东江湖水环境保护局：

欧资海：2007 年任东江湖水环境保护局副处级干部；任处级时间：2003
年 8 月—2011 年 2 月。

戴海文：2007 年任东江湖水环境保护局党组副书记、局长，市政府党组成员，市委候补委员；任处级时间：2007 年 10 月—2009 年 12 月。

匡柏南：2008 年任东江湖水环境保护局党组书记；任处级时间：2008 年 7 月—2013 年 3 月。

杨书明：2009 年任东江湖水资源保护局（市环保局）党组副书记、局长，市委委员；任处级时间：2009 年 12 月—2016 年 9 月。

黄宾：2013 年任东江湖水环境保护局（市环保局）党组书记，兼任发改局党组副书记局长（2014 年免），2016 年 9 月任党组书记、局长；任处级时间：2013 年 3 月—2017 年。

东江库区管理局：

谢湘兵：2007 年任东江库区管理局党委副书记、局长兼市移民开发局党组副书记、局长，市政府党组成员；任处级时间：2007 年 10 月—2012 年 10 月。

袁坚雄：2007 年任东江库区管理局党委书记、兼市移民开发局党组书记；2012 年 10 月任东江库区管理局（移民局）党委副书记（党组副书记）、局长；任处级时间：2007 年 10 月—2016 年 9 月。

曹跃江：2012 年任东江库区管理局党委书记、移民开发局党组书记；任处级时间：2012 年 10 月—2016 年 9 月。

方永胜：2016 年 9 月任东江库区管理局党委书记、市移民开发局党组书记，市政府办党组书记、主任，市政府党组成员；任处级时间：2016 年 9 月—2017 年。

盘楹：2016 年 9 月任东江库区管理局局长、市移民开发局局长；任处级时间：2016 年 9 月—2017 年。

袁坚雄：原局长，2016 年 9 月—2017 年。

曹跃江：原党委书记，2016 年 9 月—2017 年。

湖南天鹅山国家森林公园管理处：

袁忠姜：2009 年任天鹅山国家森林公园管理处主任、党委副书记；任处级时间：2009 年 12 月—2017 年。

徐仲潮：2009 年任天鹅山国家森林公园管理处党委书记；任处级时间：2009 年 12 月—2012 年 5 月。

黄希惠：2012 年任天鹅山国家森林公园管理处党委书记，市委委员；2012 年 10 月—2016 年 12 月。

徐仲潮：原党委书记；2012 年 5 月—2017 年。

东江湖风景名胜区管理处：

朱群山：2011 年任东江湖风景名胜区管理处党委书记；任处级时间：2011 年 1 月—2017 年。

黄小周：2011 年任东江湖风景名胜区管理处党委副书记、主任、市委组织部常务副部长、市委委员；2011 年 1 月—2017 年。

其他处级干部：

周耀武：2007 年任市农村办公室党组书记、主任；任处级时间：2003 年 12 月—2012 年 12 月。

李四文：2007 年任市经济局党组书记，2008 年任市人大任免联络工委主任；任处级时间：2005 年 4 月—2012 年 12 月。

冯国强：副处级干部，任职时间：2008 年 12 月—2014 年 12 月。

张爱社：副处级干部，任职时间：2012 年 12 月—2017 年。

周耀武：副处级干部，任职时间：2012 年 12 月—2017 年。

李四文：副处级干部，任职时间：2012 年 12 月—2017 年。

赖林江：副处级干部，任职时间：2007 年 10 月—2014 年 12 月。

黄志坚：副处级干部，任职时间：2007 年 10 月—2017 年。

赖胜民：副处级干部，任职时间：2012 年 12 月—2017 年。

资兴市工商局（属于郴州市工商系统，资兴组织系统处级干部中没有）：

局长、党组书记：何海文 1999 年—2006 年（郴州市工商局助理调研员，兼任市消协会会长）；许毅敏（女）2008 年（局长）—2009 年（局长兼党组书记）……

党组书记：何海文（郴州市工商局助理调研员）2008 年……

附 录 篇

为了使读者对于资兴有一个比较全面的了解，特别将《资兴人口资料》（至2016年止）、《全县各公社、大队部驻地海拔高程表》（1980年）、《东江湖底，故乡家园——东江水库第一期移民淹没界桩海拔高程表》（1978年）等资料附录如下。

附录一：

资兴人口资料

资兴市的人口数，主要资料来源：一是《兴宁县志》，二是资兴市统计局，三是资兴市公安局人口大队（2001—2016）。

1. 历代至民国人口统计

据《兴宁县志》记载，资兴历代人口数如下：

公元1442年，明正统七年，2459户，23830人。

公元1502年，明弘治十五年，1937户，16655人。

公元1542年，明嘉靖二十一年，2405户，38310人。

公元1562年，明嘉靖四十一年，2461户，23831人。

公元1572年，明隆庆六年，2461户，23831人。

公元1816年，清嘉庆二十一年，26690户，145715人。

公元1817年，清嘉庆二十二年，28526户，152193人。

以上均系历史资料，统计时未做调整。

附录：《兴宁县志·赋役志·人口》第 82 页中记载：嘉庆二十一年（1816），奉部文编造循环里甲烟民户册，分城厢及东、南、西、北四乡。**城厢**烟民四千七百七十一户、男妇二万二千三百五十九丁口（编成关厢一里，4771 户、22359 人）；**东乡**（赤竹园二里，何家山、坪石三里，大湾桥、青坑四里，州门司、汤边五里）6782 户、37166 人；**南乡**（一都、西里六里，滁口七里，大村八里，丰溪九里）6289 户、39310 人；**西乡**（双溪十里，周源山十一里）3922 户、12972 人；**北乡**（桃源关十二里，湘源垅十三里，得胜团十四里，蓼江市十五里）4922 户、23857 人；以上城乡烟民共计 26686 户、145672 人。另有瑶峒（当时郴州直管）：**上六峒**土著、新民、客籍、瑶民 818 户、2914 人；**下六峒**土著、新民、客籍、瑶民 1022 户、3607 人。**全县总计：28526 户、152193 人。**

民国时期人口情况如下：

1921 年总人口 158985，其中男 91395 人，女 67590 人。

1928 年总户数 39043，总人口 157949。

1929 年总户数 41025，总人口 160247，其中男 91408 人，女 68839 人。

1930 年总户数 40885，总人口 167929。

1931 年未统计。

1932 年总户数（40791），总人口 165348，其中男 94756 人，女 70592 人。

1933 年总户数（41359），总人口 167652，其中男 95059 人，女 72593 人。

本书笔者注：据各县政府调查，见民国二十二年（1933）《湖南年鉴》：资兴 165348 人。

1934 年总户数（40691），总人口（164952），其中男（94120）人，女（70832）人。

1935 年总户数 40023，总人口 162233，其中男 93180 人，女 69053 人。

1936 年总户数（39901），总人口（162997），其中男（93436）人，女（69561）人。

1937 年总户数 39939，总人口 163761，其中男 93692 人，女 70069 人。

1938 年总户数 39482，总人口 159462，其中男 89844 人，女 69618 人。

1939 年总户数 41821，总人口 151351，其中男 84634 人，女 66716 人。

1940 年总户数 41749，总人口 151198，其中男 84006 人，女 67192 人。

1941 年总户数 40258，总人口 151114，其中男 82655 人，女 68459 人；其中：出生 3407 人，死亡 3316 人，迁入 765 人，迁出 447 人。

1942 年总户数 40422，总人口 151324，其中男 82685 人，女 68639 人；其中：出生 3446 人，死亡 3530 人，迁入 1036 人，迁出 477 人。

1943 年总户数 40340，总人口 151618，其中男 82591 人，女 69027 人；其中：出生 3238 人，死亡 2952 人，迁入 1043 人，迁出 415 人。

1944 年总户数（40397），总人口（151834），其中男（82568）人，女（69266）人。

1945 年总户数（40364），总人口（151545），其中男（82633）人，女（68902）人。

1946 年总户数 40331，总人口 151236，其中男 82698 人，女 68538 人。

1947 年总户数 31004，总人口 117792，其中男 61898 人，女 55894 人。

1948 年总户数（34004），总人口（130092），其中男（68849）人，女（61243）人。

说明："（　）"内的数字是当时的估算数字。

《资兴市志·大事记》中记载："民国三十八年（1949）9 月：全县人口为14.2 万人，因长期战乱，加上自然灾害频繁等因素，比民国十年减少 16593 人。"

2. 资兴解放以来历年人口数

资兴解放以来历年人口情况（资兴市统计局）：

1949 年总户数 37004，总人口 142392，其中男 75800 人，女 66592 人。自然增长 1425 人，自然增长千分率 10.44。

1950 年总户数 37226，总人口 143987，其中男 77296 人，女 66691 人。自然增长 1555 人，自然增长千分率 10.85。

1951 年总户数 38480，总人口 145854，其中男 78180 人，女 67674 人。自然增长 1872 人，自然增长千分率 12.92。

1952 年总户数 41843，总人口 148319，其中男 79180 人，女 69139 人。自然增长 2479 人，自然增长千分率 16.85。

1953 年总户数 44115，总人口 158984，其中男 84253 人，女 74731 人。自然增长 2551 人，自然增长千分率 16.60。

1954 年总户数 44718，总人口 164330，其中男 87442 人，女 76888 人。自然增长 3522 人，自然增长千分率 21.79。

1955 年总户数 44944，总人口 167821，其中男 84253 人，女 78299 人。自然增长 2867 人，自然增长千分率 17.26。

1956 年总户数 46750，总人口 185359，其中男 104037 人，女 81322 人。自然增长 3814 人，自然增长千分率 21.60。

1957 年总户数 48133，总人口 198481，其中男 111745 人，女 86736 人。自然增长 4283 人，自然增长千分率 22.32。

1958 年总户数 47283，总人口 207196，其中男 119001 人，女 88195 人。自然增长 3984 人，自然增长千分率 19.64。

1959 年总户数 45183，总人口 226212，其中男 121525 人，女 104687 人。自然增长 5796 人，自然增长千分率 26.75。

1960 年总户数 45973，总人口 206586，其中男 113375 人，女 93211 人。自然增长 2667 人，自然增长千分率 12.32。

1961 年总户数 47445，总人口 204179，其中男 110541 人，女 93638 人。自然增长 937 人，自然增长千分率 4.5。

1962 年总户数 50162，总人口 201186，其中男 105900 人，女 95286 人。自然增长 5879 人，自然增长千分率 29.01。

1963 年总户数 51308，总人口 213235，其中男 113753 人，女 99482 人。自然增长 8007 人，自然增长千分率 38.64。

1964 年总户数 51698，总人口 218210，其中男 115423 人，女 102787 人。自然增长 6636 人，自然增长千分率 30.76。

1965 年总户数 51074，总人口 223158，其中男 117790 人，女 105368 人。自然增长 7062 人，自然增长千分率 32.00。

1966 年总户数 51451，总人口 230319，其中男 121751 人，女 108568 人。自然增长 5621 人，自然增长千分率 24.79。

1967 年总户数 51950，总人口 235202，其中男 124600 人，女 110602 人。自然增长 4680 人，自然增长千分率 20.11。

1968 年总户数 52463，总人口 240376，其中男 127500 人，女 112876 人。自然增长 5080 人，自然增长千分率 21. 36。

1969 年总户数 53375，总人口 247091，其中男 131200 人，女 115891 人。自然增长 5408 人，自然增长千分率 22. 19。

1970 年总户数 54569，总人口 253459，其中男 134016 人，女 119443 人。自然增长 5041 人，自然增长千分率 20. 14。

1971 年总户数 54398，总人口 259933，其中男 138783 人，女 121150 人。自然增长 4663 人，自然增长千分率 18. 15。

1972 年总户数 54745，总人口 263363，其中男 140473 人，女 122890 人。自然增长 4633 人，自然增长千分率 17. 71。

1973 年总户数 55286，总人口 268494，其中男 143547 人，女 124947 人。自然增长 4126 人，自然增长千分率 15. 52。

1974 年总户数 55754，总人口 271535，其中男 145349 人，女 126186 人。自然增长 3593 人，自然增长千分率 13. 31。

1975 年总户数 57180，总人口 274555，其中男 146507 人，女 128048 人。自然增长 3328 人，自然增长千分率 12. 19。

1976 年总户数 57296，总人口 279040，其中男 149062 人，女 129978 人。自然增长 2845 人，自然增长千分率 10. 28。

1977 年总户数 58788，总人口 282128，其中男 150294 人，女 131834 人。自然增长 2605 人，自然增长千分率 9. 28。

1978 年总户数 59981，总人口 289085，其中男 156493 人，女 132592 人。自然增长 2922 人，自然增长千分率 10. 23。

1979 年总户数 60584，总人口 292469，其中男 158099 人，女 134370 人。自然增长 2937 人，自然增长千分率 10. 10。

1980 年总户数 61390，总人口 294341，其中男 157422 人，女 136919 人。自然增长 2998 人，自然增长千分率 10. 22。

1981 年总户数 63493，总人口 300595，其中男 160124 人，女 140471 人。自然增长 4944 人，自然增长千分率 16. 62。

1982 年总户数 65724，总人口 306570，其中男 163209 人，女 143361 人。自然增长 4021 人，自然增长千分率 13. 25。

1983 年总户数 67929，总人口 310056，其中男 165333 人，女 144723 人。自然增长 1263 人，自然增长千分率 4.67。

1984 年总户数 69776，总人口 312639，其中男 167151 人，女 145488 人。自然增长 1291 人，自然增长千分率 4.15。

1985 年总户数 76000，总人口 334339，其中男 176449 人，女 157890 人。自然增长 1303 人，自然增长千分率 3.97。

1986 年总户数 81500，总人口 339695，其中男 178405 人，女 161290 人。自然增长 2338 人，自然增长千分率 6.88。

1987 年总户数 84200，总人口 342671，其中男 179139 人，女 163632 人。自然增长 2670 人，自然增长千分率 7.79。

1988 年总户数 89400，总人口 348036，其中男 182749 人，女 165287 人。自然增长 2725 人，自然增长千分率 7.89。

1989 年总户数 91900，总人口 351900，其中男 184500 人，女 167400 人。自然增长 2968 人，自然增长千分率 7.0。

1990 年总户数 94600，总人口 355900，其中男 185800 人，女 170100 人。自然增长数 2571 人，自然增长千分率 7.3。

1991 年总户数 97700，总人口 357000，其中男 186900 人，女 170100 人。自然增长 2258 人，自然增长千分率 6.33。

1992 年总户数 99700，总人口 357400，其中男 187200 人，女 170200 人。自然增长 1326 人，自然增长千分率 3.71。

1993 年总户数 99700，总人口 355500，其中男 185800 人，女 169700 人。自然增长 833 人，自然增长千分率 2.35。

1994 年总户数 102800，总人口 357100，其中男 186400 人，女 170700 人。自然增长 1036 人，自然增长千分率 2.91。

1995 年总户数 105400，总人口 358900，其中男 187800 人，女 171100 人。自然增长 848 人，自然增长千分率 2.37。

1996 年总户数 105800，总人口 358100，其中男 187400 人，女 170700 人。自然增长 831 人，自然增长千分率 2.32。

1997 年总户数 107400，总人口 358200，其中男 187000 人，女 171200 人。自然增长 1208 人，自然增长千分率 3.37。

1998 年总户数 108200，总人口 360000，其中男 187900 人，女 172100 人。自然增长 1394 人，自然增长千分率 4.4。

1999 年总户数 108600，总人口 362200，其中男 187800 人，女 174400 人。自然增长 1958 人，自然增长千分率 3.17。

2000 年总户数 110924，总人口 351581，其中男 181633 人，女 169948 人。自然增长 1215 人，自然增长千分率 3.46。

以下为资兴市公安局人口大队统计数据：

（市公安局人口大队副大队长彭卫提供）

资兴常住人口年底数，即户口在资兴的人口：

2001 年总人口数：361703 人。

2002 年总人口数：361054 人。

2003 年总人口数：361050 人。

2004 年总人口数：361911 人。

2005 年总人口数：362937 人。

2006 年总人口数：366035 人。

2007 年总人口数：369813 人

2008 年总人口数：372971 人。

2009 年总人口数：372332 人。

2010 年总人口数：369585 人。

2011 年总人口数：371989 人。

2012 年总人口数：374184 人。

2013 年总人口数：375237 人。

2014 年总人口数：377338 人。

2015 年总人口数：378428 人。

2016 年总人口数：382723 人。

资兴市在网站中的《市情介绍》说："2013 年年末，资兴市总人口 37.73 万人，常住人口 34.31 万人，城镇化率 60.28%，比 2012 年提高 1.49 个百分点。人口出生率为 10.64‰，死亡率 5.38‰，人口自然增长率 5.26‰。"

3. 第五次人口普查汇总资料（2002 年 7 月汇总）

资料来源：资兴市统计局。第五次人口普查时间：2000 年 11 月 1 日。

（1）基本情况

户数：合计 110924，其中：家庭户 109434 户，集体 1490 户。

人口数：合计 351581，其中：男 181633，女 169948，性别比：106.88。

人口数的家庭户中：344335 人，男 177062，女 167273，性别比：105.85。家庭户每户人数：3.15 人。

人口数的集体户中：7246 人，男 4571，女 2675，性别比：170.88。

在本地居民的人口总数 350710（男 181211，女 169499）之中，农业户口 236698 人，男 120804 人，女 115894 人；非农业户口 114012 人，男 60407 人，女 53605 人。非农业人口的人数占总人口的比例 32.5%，其中男占 33.34%，女占 31.63%。

在全市人口总数 351581 之中，共有 26 个民族。其中：汉族 346758 人，男 179137 人，女 167621 人；瑶族 4284 人，男 2230 人，女 2054 人。其他民族的人数分别如下：蒙古族 59 人，回族 32 人，藏族 17 人，维吾尔族 4 人，苗族 119 人，彝族 15 人，壮族 32 人，布依族 15 人，朝鲜族 10 人，满族 28 人，侗族 66 人，白族 8 人，土家族 80 人，哈尼族 7 人，傣族 2 人，黎族 1 人，佤族 1 人，畲族 15 人，水族 5 人，土族 7 人，达尔族 3 人，羌族 1 人，仡佬族 2 人，塔吉克族 10 人。

在全市瑶族 4284 人（男 2230 人，女 2054 人）之中，分乡镇的人数如下：

唐洞街道办事处：117 人，男 68 人，女 49 人。兴宁镇：39 人，男 22 人，女 17 人。三都镇：23 人，男 11，女 12 人。鲤鱼江镇：94 人，男 52 人，女 42 人。七里镇：14 人，男 5 人，女 9 人。东江镇：83 人，男 37 人，女 46 人。州门司镇：8 人，男 1 人，女 7 人。青腰镇：55 人，男 24 人，女 31 人。黄草镇：425 人，男 228 人，女 197 人。滁口镇：555 人，男 290 人，女 265 人。厚玉乡：15 人，男 9 人，女 6 人。旧市乡：86 人，男 46 人，女 40 人。碑记乡：289 人，男 161 人，女 128 人。连坪乡：513 人，男 281 人，女 232 人。何家山乡：5 人，男 1 人，女 4 人。坪石乡：52 人，男 26 人，女 26 人。团结乡：823 人，男 419 人，女 404 人。香花乡：13 人，男 5 人，女 8 人。高码乡：16 人，男 6 人，女 10 人。彭市乡：5 人，男 2 人，女 3 人。汤市乡：9 人，男 2 人，女 7 人。波水乡：17 人，男 5 人，女 12 人。皮石乡：1 人，女。烟坪乡：35 人，男 16 人，女 19 人。兰市乡：1 人，男。清江乡：399 人，男 209 人，女 190 人。龙溪乡：382 人，男 204 人，女 178 人。东坪乡：75 人，男 34 人，女 41 人。资兴矿务局：91 人，男 41 人，女 50 人。东江开放开发区：38 人，男 23 人，女 15 人。

家庭户规模：全市总户数为 109434 户，其中：一人户 12730，占 11.63%；二人户 19235，占 17.58%；三人户 36094，占 32.98%；四人户 27067，占 24.73%；五人户 10661，占 9.74%；六人户 2638，占 2.41%；七人户 728，占 0.67%；八人户 196，占 0.18%；九人户 65，占 0.06%；十人及十人以上户 20，占 0.02%。其中：一代户 25661，占 23.45%；二代户 68355，占 62.46%；三代户 15099，占 13.8%；四代户 319，占 0.29%；五代户以上没有了。

（2）年龄状况

在全市人口总数 351581 之中，1 岁以下 3468 人，其中男 1811，女 1657；1 至 4 岁 13506 人，其中男 7057，女 6449；5 至 9 岁 18801 人，其中男 9830，女 8971；10 至 14 岁 32365 人，其中男 16901，女 15464；15 至 19 岁 27944 人，其中男 14626，女 13318；20 至 24 岁 24810 人，其中男 12653，女 12157；25 至 29 岁 32631 人，其中男 16911，女 15720；30 至 34 岁 38615 人，其中男 19855，女 18760；35 至 39 岁 36049 人，其中男 18825，女 17224；40 至 44 岁 27162 人，其中男 14153，女 13009；45 至 49 岁 25707 人，其中男 12938，女 12769；50 至 54 岁 17499 人，其中男 9251，女 8248；55 至 59 岁 13062 人，其中男 6973，女 6089；60 至 64 岁 13929 人，其中男 7111，女 6818；65 至 69 岁 11320 人，其中男 5745，女 5575；70 至 74 岁 7686 人，其中男 3899，女 3787；75 至 79 岁 4360 人，其中男 2041，女 2319；80 至 84 岁 1862 人，其中男 783，女 1079；85 至 89 岁 646 人，其中男 221，女 425；90 至 94 岁 137 人，其中男 40，女 97；95 至 99 岁 21 人，其中男 7，女 14；100 岁及其以上岁数 1 人。

（3）受教育程度

在全市 331179 人（男 170993，女 160186）之中，未上过学 12067 人，其

中男 2624 人，女 9443 人；扫盲班 4338 人，其中男 1119 人，女 3219 人。小学
117038 人，其中男 56267 人，女 60771 人，在校生 1713 人；初中 134393 人，
其中男 72876 人，女 61517 人，在校生 1648 人；高中 38302 人，其中男 23436
人，女 14866 人，在校生 499 人；中专 15525 人，其中男 7989 人，女 7536 人，
在校生 197 人；大学专科 7585 人，其中男 5196 人，女 2389 人，在校生 131
人；大学本科 1912 人，其中男 1470 人，女 442 人，在校生 3 人；研究生 19
人，其中男 16 人，女 3 人。

历次人口普查文化程度对比表

普查次数	总人口	大学	高中（中专）	初中	小学	文盲半文盲
第一次	149801					
第二次	213266	534	3458	11928	73807	65096
第三次	304948	1263	30442	58026	126316	62658
第四次	360813	3762	42955	90431	144815	41665
第五次	351581	9510	53827	134393	117038	16405

说明：全国第一次人口普查时间为 1953 年 7 月 1 日，第二次人口普查时间为 1964 年 7
月 1 日，第三次人口普查时间为 1982 年 7 月 1 日，第四次人口普查时间为 1990 年 7 月 1
日，第五次人口普查时间为 2000 年 11 月 1 日。

（4）总人口与人口变动

全市按普查口径登记的常住人口为 351581 人（包括外来人口，不包括外
出人口），同第四次人口普查 1990 年 7 月 1 日的 360813 人相比，十年零四个
月共减少 9232 人，减少 2.56%（主要是水电八局东江分局人员减少）。按我
市行政区域管理口径计算，2000 年年末户籍人数为 364602 人（包括外出人
员、不包括外来人口）。

人口普查年度登记的人口出生率为 9.91%，死亡率为 6.39%，自然增长
率为 3.52%，比 1990 年分别下降 10.55、0.50 和 10.05 个千分点。

（5）人口密度

全市人口密度（按登记人口）为每平方公里 128 人。比 1990 年第四次人
口普查时的 131 人，减少 3 人。

（6）城乡人口

全市总人口中，居住在城镇的人，占总人口的 42.0%；居住在乡村的人口 227971 人，占总人口的 58.0%。

（7）各乡镇与单位人口统计

唐洞街道办事处：2000 年第五次人口普查：户数：合计 8130，其中：家庭户 770，集体 350 户。人口总数 23785，其中：男 11894，女 11892，比例：100.83。人口数的家庭户中：21156 人，男 10638，女 12618，性别比：101.14。人口数的集体户中：2629 人，男 1256，女 1373，性别比：91.48。家庭户平均每户人数：2.72 人。在本地居民的人口总数 23718 之中，农业户口 3809 人，男 1829 人，女 1980 人；非农业户口 19909 人，男 10024 人，女 9885 人。非农业人口的人数占总人口的比例 83.94，其中男占 84.57，女占 83.31。

兴宁镇：2000 年第五次人口普查：户数：合计 5556，其中：家庭户 5534，集体 22 户。人口总数 15820，其中：男 8155，女 7665，比例：106.39。人口数的家庭户中：15746 人，男 8098，女 7648，性别比：105.88。人口数的集体户中：74 人，男 57，女 17，性别比：335.29。家庭户平均每户人数：2.85 人。在本地居民的人口总数 15789 之中，农业户口 10612 人，男 5408 人，女 5204 人；非农业户口 5177 人，男 2733 人，女 2444 人。非农业人口的人数占总人口的比例 32.79，其中男占 33.57，女占 31.96。

三都镇：2000 年第五次人口普查：户数：合计 3466，其中：家庭户 3456，集体户 10。人口总数 10738，其中：男 5376，女 5362，比例：100.26。人口数的家庭户中：10705 人，男 5359，女 5346，性别比：100.24。人口数的集体户中：33 人，男 17，女 16，性别比：106.25。家庭户平均每户人数：3.1 人。在本地居民的人口总数 10709 之中，农业户口 8624 人，男 4183 人，女 4441 人；非农业户口 2085 人，男 1180 人，女 905 人。非农业人口的人数占总人口的比例 19.47，其中男占 22，女占 16.93。

鲤鱼江镇：2000 年第五次人口普查：户数：合计 8843，其中：家庭户 8538，集体 305 户。人口总数 23584，其中：男 12418，女 11166，比例：111.21。人口数的家庭户中：22390 人，男 11444，女 10946，比例：104.55。人口数的集体户中：1194 人，男 974，女 220，性别比：442.73。家庭户平均每户人数：2.62 人。在本地居民的人口总数 23494 之中，农业户口 4140 人，男 1918 人，女 2222 人；非农业户口 19354 人，男 10459 人，女 8895 人。非农业人口的人数占总人口的比例 82.38，其中男占 84.5，女占 80.01。

蓼江镇：2000 年第五次人口普查：户数：合计 4996，其中：家庭户 4942，集体户 54。人口总数 16297，其中：男 8321，女 7976，比例：104.33。人口数的家庭户中：16074 人，男 8201，女 7873，性别比：104.17。人口数的集体户中：223 人，男 120，女 103，性别比：116.5。家庭户平均每户人数：3.25 人。在本地居民的人口总数 16265 之中，农业户口 15510 人，男 7827 人，女 7683 人；非农业户口 755 人，男 482 人，女 273 人。非农业人口的人数占总人口的比例 4.64，其中男占 5.8，女占 3.43。

七里镇：2000 年第五次人口普查：户数：合计 4437，其中：家庭户 4426，集体户 11。人口总数 15536，其中：男 8028，女 7508，比例：106.93。人口数的家庭户中：15470 人，男 7985，女 7485，性别比：106.68。人口数的集体户中：66 人，男 43，女 23，性别比：186.96。家庭户平均每户人数：3.5 人。在本地居民的人口总数 15528 之中，农业户口 14725 人，男 7511 人，女 7214 人；非农业户口 803 人，男 514 人，女 289 人。非农业人口的人数占总人口的比例 5.17，其中男占 6.4，女占 3.85。

东江镇：2000 年第五次人口普查：户数：合计 3985，其中：家庭户 3944，集体户 41。人口总数 13309，其中：男 6833，女 6476，比例：105.51。人口数的家庭户中：13009 人，男 6600，女 6409，性别比：102.98。人口数的集体户中：300 人，男 233，女 67，性别比：347.76。家庭户平均每户人数：3.3 人。在本地居民的人口总数 13249 之中，农业户口 12027 人，男 6143 人，女 5884 人；非农业户口 1222 人，男 668 人，女 554 人。非农业人口的人数占总人口的比例 9.22，其中男占 9.81，女占 8.61。

州门司镇：2000 年第五次人口普查：户数：合计 2755，其中：家庭户 2713，集体户 42。人口总数 9001，其中：男 4717，女 4284，比例：110.11。人口数的家庭户中：8842 人，男 4616，女 4226，性别比：109.23。人口数的集体户中：159 人，男 101，女 58，性别比：174.14。家庭户平均每户人数：3.26 人。在本地居民的人口总数 8991 之中，农业户口 8384 人，男 4329 人，女 4055 人；非农业户口 607 人，男 386 人，女 221 人。非农业人口的人数占总人口的比例 6.75，其中男占 8.19，女占 5.17。

青腰镇：2000 年第五次人口普查：户数：合计 3440，其中：家庭户 3433，集体户 7。人口总数 11537，其中：男 5959，女 5398，比例：110.39。人口数的家庭户中：11325 人，男 5944，女 5381，性别比：110.46。人口数的集体户中：32 人，男 15，女 17，性别比：88.24。家庭户平均每户人数：3.3 人。在本地居民的人口总数 11345 之中，农业户口 10749 人，男 5581 人，女 5168 人；非农业户口 596 人，男 374 人，女 222 人。非农业人口的人数占总人口的比例 5.25，其中男占 6.28，女占 4.12。

黄草镇：2000 年第五次人口普查：户数：合计 3788，其中：家庭户 3757，集体户 31。人口总数 12025，其中：男 6349，女 5676，比例：111.86。人口数的家庭户中：11915 人，男 6266，女 5649，性别比：110.92。人口数的集体户中：110 人，男 83，女 27，性别比：307.41。家庭户平均每户人数：3.17 人。在本地居民的人口总数 12000 之中，农业户口 11173 人，男 5834 人，女 5339 人；非农业户口 827 人，男 503 人，女 324 人。非农业人口的人数占总人口的比例 6.89，其中男占 7.94，女占 5.72。在人口总数中，瑶族 425 人，其中男 228 人，女 197 人。

滁口镇：2000 年第五次人口普查：户数：合计 3763，其中：家庭户 3722，集体户 41。人口总数 13010，其中：男 6667，女 6343，比例：105.11。人口数的家庭户中：12868 人，男 6558，女 6310，性别比：103.93。人口数的集体户中：142 人，男 109，女 33，性别比：330.3。家庭户平均每户人数：3.46 人。在本地居民的人口总数 12975 之中，农业户口 11994 人，男 6080 人，女 5914 人；非农业户口 981 人，男 572 人，女 409 人。非农业人口的人数占总人口的比例 7.56，其中男占 8.6，女占 6.47。在人口总数中，瑶族 555 人，其中男 290 人，女 265 人。

厚玉乡：2000 年第五次人口普查：户数：合计 2108，其中：家庭户 2088，集体户 20。人口总数 6752，其中：男 3504，女 3248，比例：107.88。人口数的家庭户中：6651 人，男 3438，女 3213，性别比：107。人口数的集体户中：101 人，男 66，女 35，性别比：118.57。家庭户平均每户人数：3.19 人。在本地居民的人口总数 6746 之中，农业户口 6436 人，男 3302 人，女 3134 人；非农业户口 310 人，男 198 人，女 112 人。非农业人口的人数占总人口的比例 4.6，其中男占 5.66，女占 3.45。

旧市乡：2000 年第五次人口普查：户数：合计 1680，其中：家庭户 1677，集体户 3。人口总数 5249，其中：男 2714，女 2535，比例：107.06。人口数的家庭户中：5174 人，男 2673，女 2501，性别比：106.88。人口数的集体户中：75 人，男 41，女 34，性别比：120.59。家庭户平均每户人数：3.09 人。在本地居民的人口总数 5239 之中，农业户口 4905 人，男 2490 人，女 2415 人；非农业户口 334 人，男 216 人，女 118 人。非农业人口的人数占总人口的比例 6.38，其中男占 7.98，女占 4.66。

碑记乡：2000 年第五次人口普查：户数：合计 3185，其中：家庭户 3148，集体户 37。人口总数 10216，其中：男 5362，女 4854，比例：110.47。人口数的家庭户中：10061 人，男 5254，女 4807，性别比：109.3。人口数的集体户中：155 人，男 108，女 47，性别比：229.79。家庭户平均每户人数：3.2 人。在本地居民的人口总数 10210 之中，农业户口 9836 人，男 5102 人，女 4734 人；非农业户口 374 人，男 254 人，女 120 人。非农业人口的人数占总人口的比例 3.66，其中男占 4.74，女占 2.47。在人口总数中，瑶族 289 人，其中男 161 人，女 128 人。

连坪乡：2000 年第五次人口普查：户数：合计 613，其中：家庭户 606，集体户 7。人口总数 2135，其中：男 1122，女 1013，比例：110.76。人口数的家庭户中：2086 人，男 1092，女 994，性别比：109.86。人口数的集体户中：49 人，男 30，女 19，性别比：157.89。家庭户平均每户人数：3.44 人。在本地居民的人口总数 2113 之中，农业户口 1975 人，男 1008 人，女 967 人；非农业户口 138 人，男 104 人，女 34 人。非农业人口的人数占总人口的比例 6.53，其中男占 9.35，女占 3.4。在人口总数中，瑶族 513 人，其中男 281 人，女 232 人。

何家山乡：2000 年第五次人口普查：户数：合计 2393，其中：家庭户 2386，集体户 7。人口总数 8189，其中：男 4229，女 3960，比例：106.79。人口数的家庭户中：8161 人，男 4213，女 3948，性别比：106.79。人口数的集体户中：28 人，男 16，女 12，性别比：133.33。家庭户平均每户人数：3.42 人。在本地居民的人口总数 8183 之中，农业户口 7828 人，男 4003 人，女 3825 人；非农业户口 355 人，男 222 人，女 133 人。非农业人口的人数占总人口的比例 4.34，其中男占 5.25，女占 3.36。

坪石乡：2000年第五次人口普查：户数：合计2701，其中：家庭户2682，集体户19。人口总数8985，其中：男4628，女4357，比例：106.22。人口数的家庭户中：8871人，男4552，女4319，性别比：105.39。人口数的集体户中：114人，男76，女38，性别比：200。家庭户平均每户人数：3.31人。在本地居民的人口总数8980之中，农业户口8584人，男4375人，女4209人；非农业户口396人，男252人，女144人。非农业人口的人数占总人口的比例4.41，其中男占5.45，女占3.31。

团结瑶族乡：2000年第五次人口普查：户数：合计742，其中：家庭户733，集体户9。人口总数2572，其中：男1327，女1245，比例：106.59。人口数的家庭户中：2505人，男1284，女1221，性别比：105.16。人口数的集体户中：67人，男43，女24，性别比：179.17。家庭户平均每户人数：3.42人。在本地居民的人口总数2570之中，农业户口2411人，男1232人，女1179人；非农业户口159人，男94人，女65人。非农业人口的人数占总人口的比例6.19，其中男占7.09，女占5.23。在人口总数中，瑶族823人，其中男419人，女404人。

香花乡：2000年第五次人口普查：户数：合计3154，其中：家庭户3140，集体户14。人口总数10717，其中：男5481，女5236，比例：104.68。人口数的家庭户中：10655人，男5433，女5222，性别比：104.04。人口数的集体户中：62人，男48，女14，性别比：342.86。家庭户平均每户人数：3.39人。在本地居民的人口总数10707之中，农业户口10271人，男5207人，女5064人；非农业户口436人，男271人，女165人。非农业人口的人数占总人口的比例4.07，其中男占4.95，女占3.16。

高码乡：2000年第五次人口普查：户数：合计3020，其中：家庭户2979，集体户41。人口总数10421，其中：男5333，女5088，比例：104.82。人口数的家庭户中：10247人，男5233，女5014，性别比：104.37。人口数的集体户中：174人，男100，女74，性别比：135.14。家庭户平均每户人数：3.44人。在本地居民的人口总数10379之中，农业户口9321人，男4750人，女4571人；非农业户口1058人，男568人，女490人。非农业人口的人数占总人口的比例10.19，其中男占10.68，女占9.68。

彭市乡：2000年第五次人口普查：户数：合计2047，其中：家庭户2034，集体户 13。人口总数 6934，其中：男 3628，女 3306，比例：109.74。人口数的家庭户中：6904 人，男 3604，女 3300，性别比：109.21。人口数的集体户中：30 人，男 24，女 6，性别比：400。家庭户平均每户人数：3.39 人。在本地居民的人口总数 6929 之中，农业户口 6549 人，男 3375 人，女 3174 人；非农业户口 380 人，男 252 人，女 128 人。非农业人口的人数占总人口的比例 5.48，其中男占 6.95，女占 3.88。

汤市乡：2000 年第五次人口普查：户数：合计 2148，其中：家庭户 2139，集体户 9。人口总数 7090，其中：男 3723，女 3367，比例：110.57。人口数的家庭户中：7063 人，男 3701，女 3362，性别比：110.08。人口数的集体户中：27 人，男 22，女 5，性别比：440。家庭户平均每户人数：3.3 人。在本地居民的人口总数 7086 之中，农业户口 6705 人，男 3478 人，女 3227 人；非农业户口 381 人，男 244 人，女 137 人。非农业人口的人数占总人口的比例 5.38，其中男占 6.56，女占 4.07。

波水乡：2000 年第五次人口普查：户数：合计 3216，其中：家庭户 3197，集体户 19。人口总数 10680，其中：男 5651，女 5029，比例：112.37。人口数的家庭户中：10631 人，男 5613，女 5018，性别比：111.86。人口数的集体户中：49 人，男 38，女 11，性别比：345.45。家庭户平均每户人数：3.33 人。在本地居民的人口总数 10679 之中，农业户口 10286 人，男 5397 人，女 4889 人；非农业户口 393 人，男 253 人，女 140 人。非农业人口的人数占总人口的比例 3.68，其中男占 4.48，女占 2.78。

皮石乡：2000 年第五次人口普查：户数：合计 1579，其中：家庭户 1570，集体户 9。人口总数 5173，其中：男 2748，女 2425，比例：113.32。人口数的家庭户中：5138 人，男 2730，女 2408，性别比：113.37。人口数的集体户中：35 人，男 18，女 17，性别比：105.88。家庭户平均每户人数：3.27 人。在本地居民的人口总数 5154 之中，农业户口 4903 人，男 2573 人，女 2330 人；非农业户口 251 人，男 164 人，女 87 人。非农业人口的人数占总人口的比例 4.87，其中男占 5.99，女占 3.6。

烟坪乡：2000 年第五次人口普查：户数：合计 1472，其中：家庭户 1427，集体户 45。人口总数 5050，其中：男 2674，女 2376，比例：112.54。人口数的家庭户中：4882 人，男 2558，女 2324，性别比：110.07。人口数的集体户中：168 人，男 116，女 52，性别比：223.08。家庭户平均每户人数：3.42人。在本地居民的人口总数 5046 之中，农业户口 4697 人，男 2448 人，女2249 人；非农业户口 349 人，男 224 人，女 125 人。非农业人口的人数占总人口的比例 6.92，其中男占 8.38，女占 5.27。

兰市乡：2000 年第五次人口普查：户数：合计 2043，其中：家庭户 2042，集体户 1。人口总数 6857，其中：男 3619，女 3238，比例：111.77。人口数的家庭户中：6852 人，男 3617，女 3235，性别比：111.81。人口数的集体户中：5 人，男 2，女 3，性别比：66.67。家庭户平均每户人数：3.36 人。在本地居民的人口总数 6856 之中，农业户口 6518 人，男 3401 人，女 3117 人；非农业户口 338 人，男 218 人，女 120 人。非农业人口的人数占总人口的比例4.93，其中男占 6.02，女占 3.71。

清江乡：2000 年第五次人口普查：户数：合计 3296，其中：家庭户 3265，集体户 31。人口总数 10961，其中：男 5684，女 5277，比例：107.71。人口数的家庭户中：10838 人，男 5586，女 5252，性别比：106.36。人口数的集体户中：123 人，男 98，女 25，性别比：392。家庭户平均每户人数：3.32 人。在本地居民的人口总数 10956 之中，农业户口 10449 人，男 5325 人，女 5124人；非农业户口 507 人，男 356 人，女 151 人。非农业人口的人数占总人口的比例 4.63，其中男占 6.27，女占 2.86。在人口总数中，瑶族 399 人，其中男209 人，女 190 人。

龙溪乡：2000 年第五次人口普查：户数：合计 1565，其中：家庭户 1554，集体户 11。人口总数 5003，其中：男 2701，女 2302，比例：117.33。人口数的家庭户中：4966 人，男 2668，女 2298，性别比：116.1。人口数的集体户中：37 人，男 33，女 4，性别比：825。家庭户平均每户人数：3.2 人。在本地居民的人口总数 5003 之中，农业户口 4704 人，男 2495 人，女 2209 人；非农业户口 299 人，男 206 人，女 93 人。非农业人口的人数占总人口的比例5.98，其中男占 7.63，女占 4.04。在人口总数中，瑶族 382 人，其中男 204人，女 178 人。

东坪乡：2000 年第五次人口普查：户数：合计 1165，其中：家庭户 1161，集体户 4。人口总数 3714，其中：男 1969，女 1745，比例：112.84。人口数的家庭户中：3702 人，男 1961，女 1741，性别比：112.64。人口数的集体户中：12 人，男 8，女 4，性别比：200。家庭户平均每户人数：3. 19 人。在本地居民的人口总数 3707 之中，农业户口 3436 人，男 1785 人，女 1651 人；非农业户口 271 人，男 181 人，女 90 人。非农业人口的人数占总人口的比例 7. 31，其中男占 9. 21，女占 5. 17。

资兴矿务局：2000 年第五次人口普查：户数：合计 15537，其中：家庭户 15408，集体户 129。人口总数 49138，其中：男 25101，女 24037，比例：104. 43。人口数的家庭户中：48826 人，男 24856，女 23970，性别比：103. 7。人口数的集体户中：312 人，男 245，女 67，性别比：365. 67。家庭户平均每户人数：3. 17 人。在本地居民的人口总数 48863 之中，农业户口 1893 人，男 798 人，女 1095 人；非农业户口 46970 人，男 24154 人，女 22816 人。非农业人口的人数占总人口的比例 96. 13，其中男占 96. 8，女占 95. 42。

说明：资兴矿务局的人口总数，并不是它的职工与家属总数，其户口不在矿务局的未包括在内。

东江开放开发区：2000 年第五次人口普查：户数：合计 4101，其中：家庭户 3963，集体户 138。人口总数 11283，其中：男 5718，女 5565，比例：102. 75。人口数的家庭户中：10622 人，男 5287，女 5335，性别比：99. 1。人口数的集体户中：661 人，男 431，女 230，性别比：187. 39。家庭户平均每户人数：2. 68 人。在本地居民的人口总数 11241 之中，农业户口 3244 人，男 1617 人，女 1627 人；非农业户口 7997 人，男 4081 人，女 3916 人。非农业人口的人数占总人口的比例 6. 75，其中男占 8. 19，女占 5. 17。

说明：东江开放开发区的人口数，包括了原东江镇所属的罗围村（全部）和东江村地区（东江河南岸）。

附录二：

全县各公社、大队部驻地海拔高程表（1980）

海拔高程：也称海拔高度，就是某地与海平面的高度差。严格的海拔高程（简称海拔高），是地面点沿重力线到似大地水准面的距离。

资兴县城（今兴宁镇）位于资兴的中部，海拔高度：373 米。

黄海高程　单位：米

地名	高程	地名	高程	地名	高程
城厢镇	360				
菜农	380	竹园	420	光明	390
前途	370	近城	410	大石	510
水栗	500	山海	430	海水	410
石垅	710	新田	440		
厚玉公社	226				
台前	280	白廊	250	张家	194
杨林	240	厚玉	220	布田	197
胡家	200	车田	220	大桥	210
恒魁	450	竹洞	320	游龙塘	450
中洞	270	**县农科所**	260		
旧市公社	183				
送塘	185	枫垅	460	水垅	330
乐安	191	南桥	178	汉塘	199
热爱	200	爻山	200	江口	178
旧市大队	190	梧洞	470	（旧市街道）	180
碑记公社	360				
茶田	480	大坪	360	龙竹	320
源塘	500	茶坪	580	松木	370
高桥	370	石巩	390	岗岭	530
碑记大队	360				
连坪公社	650				
田坪	340	上连	650	金塘	760
成康	620				
青市公社	320				
平田	300	杨垅	450	苍田	540
豪元	310	崇吕	580	五星	660
花坛	320	赤竹元	450	中心	530
焕新	420	青腰	320	周塘	350
团桥	370	黄金	430		
何家山公社	400				
西垒	380	白加	270	新铺头	420
长垒	370	两江口	420	联合	570

地名	高程	地名	高程	地名	高程
和安	390	光田	450	何家山	400
坪石公社	278				
坪石大队	270	石盈	340	清塘	310
下洞	270	沙田	310	大富	300
昆村	270	杭溪	290	五星	480
税里	450				
蓼市公社	200				
鲁塘	140	水东坪	130	水口	120
大坪	150	秧田	150	东塘	160
上村湾	130	龙虎	130	陈家坪	120
日新	190	先进	150	蓼市大队	120
七里公社	210				
湘源	220	株树	190	茅坪	140
大树	150	柏树	160	高坡	160
桃源	190	南源	190	乌石	190
七里大队	212				
团结公社	260				
团结大队	360	深坳	380	双坑	510
半垅	260	坪磨	560	泮泥	340
二峰	920				
三都镇	130				
鹿东	120	上洞	130	蔬菜	120
中田	110	辰南	130	三都大队	130
香花公社	135				
香花大队	140	境塘	120	上芬	110
星塘	120	赤塘	110	石鼓	140
柘木	120	程江	130	鹿桥	180
鲤鱼江镇（山）	180				
（街道居委会）	140	栗脚	146		
木根桥公社（山）	200				
（木根桥街道）	150	罗围	138	龙泉	170
田心	138	东江	150	文昌	170
新民	180	泉水	180	星红	170

地名	高程	地名	高程	地名	高程
仁里	190	铁厂	210		
彭市公社	610				
彭市	610	坝头	665	三宝	650
南坪	620	杨头	670	联合	670
廖家湾	620	丹坳	620	水南	600
长富桥	570				
烟坪公社	760				
烟坪大队	750	大坪	1075	坳头	700
双江	830	杨洞	830	兰洞	540
顶寮	1050	燕窝	700	杨公塘	700
兰市公社	620				
团结	610	车光	620	互爱	740
兰市共同	600	星明	820	和平	700
兰市	620	心爱	620	联合	710
鸭公坳	670				
州门司公社	590				
州门司	590	白筱	620	建设	600
新洞	660	下江	560	团结	600
黄皮洞	610	春牛	570	刘家	460
红星	700				
波水公社	350				
七宝	660	和平	510	中苏	480
十里	470	大坪	340	下坪	430
光明	640	前进	350	中坪	570
上坪	670	青华	690	三乐	530
大湾	320				
皮石公社	550				
团结	540	皮石	550	道塘	860
胜利	750	竹岭	730	彩洞	840
谷洞	680	和平	890	欧乐	725
山塘	890				
汤市公社（山）	460				
汤市	440	和平	800	青林	400

续表

地名	高程	地名	高程	地名	高程
汤边	450	秋田	470	上坳	550
下保	550	坪子	640		
渡头公社	185				
渡头	180	垅联	470	新丰	180
渡江	180	秀流	180	洞头	480
夹隅	180	高活	190	合理	220
大坦	230	焦坪	540	枫联	330
亲睦	190				
清江公社	250				
清江大队	220	玭珠	480	源塘	590
上堡	220	加田	490	山口	420
民族	520	丫和	470	上坪	390
积坪	210	上里	310	黄桥	270
滁口公社	200				
滁口	190	高坪	570	大江	320
高湾	250	塘下	220	长活	290
金星	320	塘湾	210	林泉	230
红星	520				
龙溪公社	660				
下洞	600	太玉	320	中塘	620
斗坪	550	源坑	620	水头	670
秋木	370	中洞	760		
黄草公社	250				
丰林	190	羊兴	600	富滩	240
冠军	520	罗洞	360	前程	220
龙兴	440	黄家	360	桂溪	230
横坳	400				
东坪公社	320				
东坪大队	410	新坳	350	湖洞	785
水口	300	乐桥	380	周塘	480
窖前	260				
天鹅山国营林场	270	**滁口国营林场**	280	**宜章县岭秀公社**	720
建安工区	520	汉塘工区	280	瑶岗仙（山）	1420

地名	高程	地名	高程	地名	高程
下洞工区	330	西边山工区	230		
坳头坪工区	640	干塘工区	320	**郴县**桥口公社	345
洛山工区	850			**郴县**板桥	150
				郴县大奎上公社	760
永兴县大布江公社	280	**永兴县**鲤鱼塘公社	170	**永兴县**坂坑	380

附录三：

东江湖底，故乡家园

——东江水库第一期移民淹没界桩海拔高程表（1978）

东江湖位于湖南省东南部郴州市的资兴市境内，南距广州 370 千米。东江湖是国家级风景名胜区，国家 AAAAA 级旅游区，国家生态旅游示范区，国家湿地公园，国家水利风景区。东江湖是湖南省唯一一个同时拥有国家 AAAAA 级旅游区、国家级风景名胜区、国家生态旅游示范区、国家森林公园、国家湿地公园、国家水利风景区"六位一体"的旅游区。

东江湖纯净浩瀚，湖面面积 160 平方公里，碧波万顷，景象万千，其水质达到了国家一级饮用水标准。东江水库水位海拔为 280 米，比长沙 50 米的海拔高出 230 米，是个"地上水库"，湖水可自流至衡阳、株洲、湘潭、长沙，运营成本低。

境内主要景观有：雾漫小东江、东江大坝、龙景峡谷、兜率灵岩、东江漂流、三湘四水·东江湖文化旅游街（含东江湖奇石馆、摄影艺术馆、人文潇湘馆），还有仿古画舫、豪华游艇游湖及惊险刺激的水上跳伞、水上摩托等。

东江湖融山的隽秀、水的神韵于一体，挟南国秀色、禀历史文明于一身，被誉为"人间天上一湖水，万千景象在其中"。

东江湖沿革：

1986 年 8 月 2 日，东江水电站大坝正式下闸蓄水，东江湖开始形成——8月 2 日，是东江湖的"生日"。

1996 年，东江湖风景旅游区被评为湖南省公众评选最佳旅游目的地，东江漂流被评为湖南省公众评选最佳旅游专项活动。

1997 年、1998 年、2001 年，东江湖风景旅游区又连续被湖南省旅游局评为"最佳旅游景区（点）"。1998 年被国家旅游局列为"98 华夏城乡游青山水秀经典景区"，成为湖南省生态旅游、度假休闲的重点基地。

2001 年，共接待国内外游客 55.43 万人次，成为京广铁路黄金旅游线和湖南省宗教名山风情旅游线上一颗璀璨的明珠。

2002 年 10 月 25 日，东江湖风景旅游区被国家旅游局评为"AAAA 级风景旅游区"。

2015 年 7 月 13 日，东江湖风景旅游区被国家旅游局评为"AAAAA 级风景旅游区"。

东江湖底，正是资兴人民过去的家园。

现将东江湖底最深的海拔 220 米以下部分资料，呈现给读者——并向资兴的 6 万移民致敬！

1978 年 9 月资兴县移民办公室翻印：

生产队名	点名编号	位　置	高程	生产队名	点名编号	位　置	高程
厚玉公社							
布田大队	红 B—1	布田完小左门墙	197.30	布田一队	红 B—2	王南根门前晒场	197.30
布田二队	红 B—3	黄凤嫦门左	197.30	布田四队	红 B—4	欧细香墙上	197.30
布田五队		黎高生右墙基	197.20	布田五队		办公室门前	199.04
布田五队	红 B—5	公牲房	197.40	布田八队	红 B—6	黎中进厕所	197.30
布田八队		公牲房	197.60	布田六队	红 B—7	六队田坎	197.30
厚玉公社张家大队	红 B—8	张家七队陈进仁房屋	197.09	张家大队		七八九十生产队轮泵	193.17
张家七队		公房屋	194.37	张家九队		祠堂门前	196.36
张家九队	1	曹孝礼屋基	205.28	张家十队	2	仓库门下	193.47

生产队名	点名编号	位 置	高程	生产队名	点名编号	位 置	高程
张家十队	3	公牲房	195.65	张家十队	4	张勇西门前	190.60
张家大队	5	小学门前	194.19	张家大队	6	一、二队水泵房	189.81
张家二队	7	张布孔牲畜房	193.62	张家二队	8	张田恒门前屋基	192.70
张家大队	9	小学门侧屋基	194.90	张家四队	10	黄共改门前屋基	197.00
张家四队	11	张家松门前屋基	198.68	张家四队	12	张堂社门前屋基	198.06
张家五队	13	公牲房	204.95	张家六队	14	黄根根屋基	192.72
张家五队	15	张根良屋基	198.22	大桥大队五队	16	公牲屋	191.23
大桥大队四队	17	何绍改屋基	192.38	大桥大队五队	18	何贵泉屋基	198.87
旧市公社							
送塘大队	19	供销社后墙	190.68	送塘一队	20	唐福和屋基	187.28
送塘大队	21	上房小学门侧	185.71	送塘三队	22	张九斤屋基	186.32
送塘三队	23	唐梅昌屋基	186.06	新屋头队	兰 B—1	水田	186.32
老屋头队	兰 B—2	水田	186.35	送塘三队	24	唐桂才屋基	187.05
送塘四队	兰 B—3	水田	186.30	送塘四队	25	公牲畜屋	202.82
送塘大队	26	上下送塘二个队水轮泵	182.22	送塘大队	27	上下送塘二个队水轮泵	182.38
送塘大队	28	大队办公室屋基	185.14	送塘六队	兰 B—4	水田	186.28

续表

生产队名	点名编号	位　置	高程	生产队名	点名编号	位　置	高程
送塘五队	29	公牲畜屋	196.39	送塘大队	兰 B—5	上下送塘队水田	186.30
上送塘队	兰 B—6	五队水田	186.30	上下送塘队	兰 B—7	水田	186.30
温泉队	30	公牲畜房	192.23	温泉队	31	唐贱良屋基	188.56
送塘八队	32	何才有屋基	190.14	送塘八队	33	烤烟房	203.61
厚玉公社大桥大队	34	水轮泵	186.53	旧市送塘钟家坊	35	水轮泵	190.61
大桥老屋头队	兰 B—8	水田	186.33	大桥新屋头队	兰 B—9	水田	186.30
大桥新屋头队	兰 B—10	水田	186.30	大桥新屋头队	兰 B—11	水田	186.30
石角头队	36	蒋有宏门前屋基	184.90	石角头队	兰 B—12	水田	186.30
石角头队	兰 B—12	水田	186.30	石角头队	37	蒋根良门前屋基	184.49
石角头队	38	公牲房	181.63	旧市公社	39	水电站	180.00
旧市林站	40	林站门右屋基	182.68	旧市中学	红 W—1	学校厨房后墙基	183.60
旧市公社	红 W—2	公社宿舍门前	183.60	旧市大队	红 W—3	王家生队王书其屋基	183.60
旧市大队	41	旧市街口"知青点"	179.25	旧市大队	42	粮仓围墙基	188.68
旧市大队王家队	兰 W—1	水田	180.70	旧市大队王家队	43	黎戊廷门基	187.05
旧市大队王家队	44	烤烟房	179.66	旧市大队王家队	兰 W—2	水田	180.70

生产队名	点名编号	位　置	高程	生产队名	点名编号	位　置	高程
旧市大队王家队	45	旧市小学屋基	181.20	旧市大队王家队	46	王爱其屋基	181.20
旧市大队杨柳塘队	47	何怀昌牲畜房	180.44	杨柳塘队	48	生产队加工厂	185.06
杨柳塘队	兰W—3	水田	180.70	杨柳塘队	49	政治夜校门基	180.43
杨柳塘队	50	公牲畜房	187.42	杨柳塘队	51	烤烟房	196.81
杨柳塘队	兰B—14	旱土地	186.39	旧市大队王家队	兰B—15	水田	186.30
旧市大队王家队	52	烤烟房	194.80	旧市大队王家队	红B—9	烤烟房	197.30
旧市良种场	53	门右墙基	198.20	旧市农机站	54	门墙基	198.65
旧市大队	55	烤烟房门墙基	198.50	旧市大队	56	学校教室墙基	195.31
石角头队	57	公房屋	197.16	石角头队	兰W—4	水田	180.70
新屋头队	兰W—5	水田	180.70	旧市		大桥下水坝	181.10
旧市	58	左岸左桥头厕所	184.22	巷门口队	兰B—16	水田	186.30
巷门口队	兰B—17	水田	186.30	欧家队	59	公牲房	190.48
欧家队	60	欧资旺屋基	184.46	旧市九队	61	水泵	187.44
蒋家队	62	蒋声达屋基	201.01	旧市九队	兰B—18	乐安大队水田	186.31
旧市四队	兰B—19	腰古塘水田	186.30	旧市大队	兰B—20	中街队水田	186.30
江边王家队	兰B—21	水田	186.30	旧市五队	63	黄正清空房基础	191.10

续表

生产队名	点名编号	位 置	高程	生产队名	点名编号	位 置	高程
乐安大队	64	学校屋基	199.62	旧市大队	兰 W—6	腰古塘水田	180.70
旧市大队	兰 W—7	中街水田	180.70	旧市大队洞头队	兰 W—8	水田	180.70
旧市大队	65	腰古塘水泵	188.55	乐安大队	66	大队办公室门基	191.04
乐安四队	67	仓库门前屋基	189.59	乐安五队	68	仓库门前屋基	191.98
乐安八队	69	蒋荣生屋基	198.07	老排楼队	70	蒋奉生屋基	194.45
老排楼队	71	生产队空屋基	197.28	新排楼队	72	队保管室屋基	192.87
乐安四队	73	槎树下蒋满兴屋基	190.72	大丘头队	74	蒋家勇屋基	191.72
热爱大队一队	75	烂屋头李绍刚屋基	195.52	热爱大队唐家一队	76	宋厚德屋基（牲畜）	197.95
热爱大队热爱一队	77	唐任能屋基	197.62	热爱大队热爱一队	78	仓库屋基	197.37
热爱大队热爱一队	79	公牲畜房	196.13	热爱养路工班	80	左墙基	195.65
乐安大队乐安二队	81	孙丁姬屋基	192.08	乐安大队乐安二队	82	公牲畜房	189.32
乐安大队乐安二队	83	仓库门前屋基	187.55	乐安大队乐安二队	84	朱文生屋基	185.40
乐安大队乐安二队	兰 B—22	水田	186.30	乐安大队乐安五队	兰 B—23	水田	186.27
乐安大队乐安二队	兰 B—24	水田	186.30	乐安大队乐安二队	兰 B—25	水田	186.30

生产队名	点名编号	位 置	高程	生产队名	点名编号	位 置	高程
旧市大队江边	兰W—9	水田	180.70	乐安大队乐安三队	兰W—10	水田	180.70
旧市大队	85	打铁房门侧	179.18	乐安一队	86	何共乐厕所	180.71
乐安一队	87	何日松门前	181.50	乐安一队	兰W—11	水田	180.70
乐安一队	88	何根才门基	181.24	乐安一队	兰W—12	水田	180.40
乐安一队	兰W—13	水田	180.40	南桥兰布队	89	袁天乐门基	182.86
南桥兰布队	90	生产队仓库屋基	184.39	南桥大队七队	91	公牲畜房	182.84
南桥大队八队	92	王夏华屋基	184.94	南桥大队山脚队	兰B—26	水田	186.30
南桥大队山脚队	93	黄贱生房屋	185.91	南桥大队山脚队	兰B—27	水田	186.30
南桥大队乌一队	94	何六斤门前	182.15	南桥大队乌一队	95	何介松门前	181.25
南桥大队乌一队	96	宋其才门前	179.80	南桥大队刘家	兰B—28	水田	186.30
南桥大队刘家	兰B—29	水田	186.30	南桥大队刘家	兰B—30	水田	186.30
南桥大队刘家	97	宋国才屋基	184.95	南桥大队刘家	兰W—14	水田	180.43
南桥大队刘家	兰W—15	水田	180.40	南桥大队刘家	兰W—16	水田	180.40
南桥大队	98	五·七学校教室侧	178.27	南桥大队乌二队	99	何相平屋基	176.94
旧市南桥大队	100	大队部门左	178.00	南桥大队柴前洞队	101	仓库屋基	178.21

生产队名	点名编号	位 置	高程	生产队名	点名编号	位 置	高程
南桥大队柴前洞队	102	大李家李全生屋基	178.58	南桥大队	103	水泵	176.34
南桥、旧市		坝	176.07	南桥大队刘家队	104	蒋振辉屋基	186.84
南桥大队刘家队	兰B—31	水田	186.30	南桥大队刘家队	105	陈任松屋基	183.13
南桥大队老刘家队	兰B—32	水田	186.40	南桥大队老刘家队	106	公牲畜房	188.23
南桥大队刘家队	107	烤烟房墙脚	183.57	南桥大队刘家队	兰B—33	水田	186.35
南桥大队刘家队	108	袁宏志屋基	177.92	南桥大队老刘家队	兰W—17	水田	180.40
南桥大队老刘家队	兰W—18	水田	180.40	柴前洞、刘家	109	刘正旺屋基	176.54
汉塘大队新田队	兰B—34	水田	186.30	汉塘大队新田		公路涵洞	193.39
汉塘大队新田队	兰B—35	水田	186.30	汉塘大队	兰W—19	水田，上路佛前	180.44
汉塘大队庞家队	兰W—20	水田	180.43	汉塘大队	兰B—36	水田，路佛前	186.40
汉塘上路佛前	110	李甘林屋基	185.12	汉塘大队	111	龙骨小学教室后墙	187.92
汉塘上路佛	112	仓库靠公路侧墙	196.17	汉塘上路佛	113	公牲畜房	194.94
汉塘下路佛	114	仓库门侧	189.72	汉塘下路佛	115	何克明屋后墙	185.50

生产队名	点名编号	位　置	高程	生产队名	点名编号	位　置	高程
上下路佛	兰B—37	水田	186.30	汉塘上路佛	116	何国才门基	187.97
汉塘下路佛	兰W—21	水田	180.32	汉塘下路佛	兰W—22	水田	180.30
汉塘上路佛	兰B—38	水田	186.30	汉塘下路佛	兰B—39	水田	186.30
汉塘下路佛	兰B—40	水田	186.30	汉塘下路佛	117	朱双儒门前	180.25
汉塘下路佛	兰W—23	水田	186.40	汉塘下路佛	兰W—24	水田	186.40
红星队	兰W—25	水田	186.40	汉塘下路佛	兰B—41	水田	186.30
汉塘下路佛	兰B—42	水田	186.30	红星队	兰W—26	水田	180.40
红星队	兰W—26	水田	180.40	红星队	兰W—27	水田	180.40
红星队	118	黄存仁门前	180.62	蓬渡队	兰W—28	水田	180.40
红星队	119	烤烟房屋基	182.13	红星队	兰W—29	水田	180.40
汉塘大队	120	油炸房	182.71	红星队	121	黄祖咀屋基	184.69
红星队	122	黄绍兴屋基	190.40	红星队	123	钟林改屋基	191.98
红星队	124	黄成兵屋基	191.44	汉塘大队	125	大队部屋基	199.13
红星队	兰B—43	水田	186.30	红星队	兰B—44	水田	186.30
红星队	兰B—45	水田	186.30	红星队	兰B—46	水田	186.23
朱家队	126	朱上林屋基	190.88	朱家队	兰B—47	水田	186.30
朱家队	兰B—48	水田	186.30	联合队	127	朱绍宾屋基	190.97
联合队	128	仓库屋基	194.66	联合队	兰B—49	水田	186.30
油榨头队	129	陈桂生屋基	189.95	油榨头队	130	烤烟房屋基	192.63

生产队名	点名编号	位　置	高程	生产队名	点名编号	位　置	高程
石登脚队	131	李九改牲畜房	205.43	联合队	132	公牲畜房	198.65
朱家队	133	朱乡庭屋基	194.81	旧市良种场	134	厨房侧门	196.69
旧市良种场	135	宿舍门侧	199.02	畜牲场	136	门右	197.43
旧市大队五里桥队	137	蒋细任门前	199.23	旧市大队五里桥队	138	仓库门侧	198.62
旧市大队五里桥队	139	黄存汉门前	197.11	旧市大队五里桥队	140	公牲畜房	197.04
旧市大队五里桥队	141	李守田门前	192.41	旧市大队下街队	142	仓库	179.38
旧市大队下街队	143	公牲畜房	180.63	医院	144	医院墙基	180.50
旧市大队江边队	145	谭永茂门前	180.61	中街队	兰W—30	水田	180.40
中街队	兰W—31	水田	180.40	旧市大队江边队	146	王仁良门前	178.76
旧市大队江边队	147	黄佑平门前	178.00	旧市大队江边队	148	仓库门侧	179.48
船步塘队	149	仓库	177.13	船步塘队	150	门前	177.63
杨柳塘队	兰W—32	水田	180.10	杨柳塘队	兰W—33	水田	180.10
船步塘队	151	何汉文门前	179.20	船步塘队	152	何德才灰屋	176.73
船步塘队	153	何金培门前	177.79	船步塘队	154	何七杰门前	176.12
船步塘队	155	欧信国门前	177.86	船步塘队	156	袁戊廷门前	185.37
船步塘队	157	龙头上何庆平门前	185.37	船步塘队	158	何清仁门前	189.20

生产队名	点名编号	位 置	高程	生产队名	点名编号	位 置	高程
南桥大队蒋家队	159	仓库	189.90	南桥大队蒋家队	160	李赛赛门前	183.79
南桥大队蒋家队	兰W—34	水田	179.85	南桥大队蒋家队	161	陈家陈乙文门前	178.57
南桥大队蒋家队	兰W—35	陈乙文菜园	179.80	南桥大队蒋家队	162	蒋家松门前	184.62
南桥大队许家队	163	许金山门前	183.10	南桥大队许家队	164	欧才吉门前	186.09
南桥大队许家队	165	仓库	191.00	南桥大队知青点	166	果木场宿舍	181.02
旧市林站	167	保安组屋后墙上	178.58	南桥大队许家队	168	烤烟房	186.64
南桥大队许家队	169	郭家黎满恩房屋	188.60	南桥大队许家队	兰B—50	旱土	186.30
南桥大队许家队	170	公牲畜屋	183.95	南桥大队许家队	兰W—36	旱地	179.50
汉塘大队邱家队	171	邱柏松屋基	196.78	汉塘大队邱家队	172	邱上昌屋基	200.06
汉塘大队豆瓜园队	173	黄才清屋基	200.00	汉塘大队豆瓜园队	173	松树右何丙茂屋基	201.76
汉塘大队豆瓜园队	175	李家雄屋基	201.16	庞家队	176	王五芬屋基	175.22
庞家队	177	王天卫屋基	176.96	庞家队	178	王全改屋基	179.42
庞家队	179	王国才牲畜房屋基	186.22	庞家队	兰W—81	水田	179.50
铁心队	兰W—82	水田	179.50	汉塘大队	180	水电站住房门	180.49

续表

生产队名	点名编号	位 置	高程	生产队名	点名编号	位 置	高程
汉塘大队	180	水电站房侧	174.70	铁心队	兰W—83	水田	179.50
铁心队	182	何仁兴屋基	182.87	铁心队	183	何桂生屋基	181.82
铁心队	兰W—84	水田	179.50	铁心队	184	公牲畜屋	189.54
铁心队	185	小学门前	184.16	铁心队	兰W—85	水田	179.50
蓬渡队	186	何德良屋基	182.50	蓬渡队	187	公牲畜房	175.85
蓬渡队	兰W—86	山脚	179.50	江口大队一队	兰B—81	水田	186.26
江口大队一队	兰W—87	水田	179.00	江口大队一队	兰W—88	水田	179.00
江口大队宋家一队	兰B—82	水田	186.26	江口大队宋二队	188	宋胜茂屋基	180.98
宋一队	189	王林姬屋基	179.00	宋一队	190	公牲畜房	176.65
宋一队	191	宋志华屋基	177.35	宋二队	192	唐淑清屋基	185.42
宋四队	193	宋细茂门前	175.75	宋一队	194	宋炳凉门前	174.85
宋五队	195	宋信明屋基	174.09	宋三队	196	宋后改屋基	176.19
宋四队	197	宋志友屋基	181.78	宋三队	198	宋马马牲畜房	177.00
江口四队	199	宋茂南牲畜屋	175.91	江口大队	200	大队部门侧	178.36
江口五队	201	宋齐明屋基	176.42	江口五队	202	宋福松屋基	175.16
江口大队	203	水泵	175.01	江口四队	204	宋平山屋基	176.21
江口小学	205	教室右侧	181.06	江口四队	206	公牲畜屋	187.08
江口六队	207	宋国清屋基	179.78	江口二队	兰W—89	水田	179.10
江口二队	兰W—90	水田	179.10	江口二队	兰B—83	水田	186.27
江口二队	兰W—91	水田	179.10	江口二队	兰B—84	水田	186.27

生产队名	点名编号	位 置	高程	生产队名	点名编号	位 置	高程
江口二队	兰W—92	水田	179.00	江口二队	兰B—85	水田	186.27
江口二队	兰W—93	水田	179.10	江口二队	兰B—86	水田	186.27
江口二队	兰W—94	水田	179.10	江口五队	兰W—95	水田	179.10
江口二队	兰B—87	水田	186.14	江口五队	兰B—88	水田	186.27
江口五队	兰B—89	水田	186.26	江口五队	兰B—90	水田	186.26
江口五队	兰W—96	水田	179.10	江口五队	兰W—97	水田	179.10
江口五队	兰W—98	水田	179.10	江口刘家一队	兰W—99	水田	179.10
宋五队	兰B—91	水田	186.26	江口刘家一队	兰W—101	水田	179.10
江口刘家一队	兰W—102	水田	179.10	刘家一队	兰B—92	水田	186.20
刘家一队	兰B—93	水田	186.20	刘家一队	兰B—94	水田	186.20
刘家一队	兰B—95	水田	186.20	刘家一队	208	冬田头宋礼章屋基	187.83
江口刘家一队	兰W—100	水田	179.10	长任头队	兰B—96	水田	186.26
江口刘家二队	兰W—103	水田	179.10	江口大队	209	水泵房墙侧	169.70
江口大队	210	门右墙上	174.32	江口十队背冲	211	刘松仁屋基	181.40
江口十队	212	刘湘改屋基	183.30	江口十队	213	公牲畜房	162.70
江口十队	兰W—104	水田	179.10	江口十队	兰W—105	水田	179.10
江口十队	兰B—197	旱地	186.27	江口十队	兰W—106	水田	179.10
江口十队	兰B—98	旱地	186.27	江口十队	兰B—99	旱地	186.27

生产队名	点名编号	位 置	高程	生产队名	点名编号	位 置	高程
刘家一队	兰W—107	水田	179.10	江口刘家一队	214	仓库	179.34
刘家一队	215	牲畜屋	183.21	刘家一队	兰W—108	水田	179.27
刘家一队	兰B—100	旱地	186.27	背冲队	兰W—37	水田	179.50
背冲队	兰W—38	水田	179.50	背冲队	兰B—51	水田	186.30
江口大队头汕队	251	头汕加工厂	177.23	头汕生产队	兰B—52	水田	186.20
江口大队店上队	兰W—39	水田	178.60	江口大队店上队	252	队粮厂	181.49
江口大队头汕队	253	合作社墙角	178.03	江口大队店上队	254	烤烟房墙上	191.05
店上生产队	255	陈万兴房屋	176.17	店上生产队	256	宋发彪房屋	176.73
店上生产队	257	小学屋基	179.75	店上生产队	258	公牲畜房	179.75
店上生产队	兰W—40	水田	178.90	店上生产队	兰B—53	沟边	186.26
江口大队大江队	259	廖子高屋基	184.21	江口大队大江队	260	刘家才屋基	178.67
头汕木材站	261	招待所屋基	173.08	江口十队	262	黄成炎屋基	179.75
江口十队	263	王成甲屋基	182.14	江口十队	264	刘太东屋基	177.95
江口大队头汕队	兰B—54	旱地	186.25	梧洞大队大湾	265	肖金花屋基	179.99
梧洞大队大湾	兰W—41	桥边	178.90	梧洞大队大湾	兰B—55	小路边	186.20
江口大队下龙科队	兰W—42	水田	179.32	江口大队大江队	兰B—56	坡地	186.27

续表

生产队名	点名编号	位　置	高程	生产队名	点名编号	位　置	高程
江口大队下龙科队	兰W—43	田坎	179.10	江口大队大江队	兰B—57	坡地	186.27
江口大队上龙科队	兰B—58	公路边	186.27	江口大队上龙科队	兰W—44	水田	179.10
上龙科队	266	烤烟房	179.94	上龙科队	兰W—45	晒坪	179.10
上龙科队	兰W—46	旱地	179.10	上龙科队	267	队牛栏	180.66
上龙科队	268	刘少鹏屋基	176.13	上龙科队	269	刘少鹏猪栏	177.19
上龙科队	270	刘守良屋基	183.38	上龙科队	兰W—47	坎上	179.10
下龙科队	271	刘英恒屋基	182.62	下龙科队	272	刘炳南屋基	182.60
下龙科队	兰W—48	田坎	179.10	下龙科队	273	刘德清屋基	176.82
下龙科队	兰W—49	田坎	179.10	下龙科队	兰B—59	旱地	186.27
江口刘二队	274	刘昨明屋基	174.54	江口刘二队	275	队仓库屋基	173.52
江口刘一队、二队	276	两队共用房屋	171.19	江口刘二队	277	刘家生屋基	173.62
江口刘二队	278	刘庚成屋基	178.44	旧市大队	215	加工厂房侧	180.39
渡头公社							
合理大队西瓜铺队	红B—1	水准点旁房屋角	197.33	合理大队西瓜铺队	居民点	铺上街口房屋角基础上（此村庄最高位）	199.63
合理大队西瓜铺队	居民点	铺上街中房角石头上	197.83	合理大队西瓜铺队	居民点	铺下街口房屋角（此街最低点）	188.97
西瓜铺队	兰B—1	铺下街口村口田角	186.35	西瓜铺队	兰W—1	沟边	180.15

生产队名	点名编号	位 置	高程	生产队名	点名编号	位 置	高程
合理大队下湾队	房居	王贵良屋前基高	182.30	下湾队	红 W—1	猪房基高	184.60
下湾队	兰 W—2	菜园中（山边）	180.15	下湾队	兰 B—2	山坡地里	186.28
合理大队西瓜铺队	居民点	王承金屋基房角（此地最低高程，村边码头）	180.55	渡江大队八队	兰 W—3	河边地中	180.65
渡江大队八队	兰 B—3	山坡路边	186.35	渡江大队八队	兰 W—4	河边地角	180.80
渡江大队八队	兰 B—4	路边	186.35	渡江大队八队	兰 B—5	山坡田坎边	186.21
渡江大队八队	兰 B—6	山路小山包边	180.39	渡江大队七队	兰 B—7	冲田角	186.36
渡江大队七队	兰 B—8	河边坎上地中	186.34	渡江大队七队	红 B—2	猪栏角（十队养猪场）	197.34
渡江大队七队	居民点	黄炎英屋基高	188.00	渡江大队七队	抽水机	抽水机站基脚	176.68
渡江大队七队	兰 B—9	黄炎英屋前田坎上	186.37	渡江大队八队	红 W—2	养猪场猪栏屋脚	185.10
渡江大队七队	红 W—3	李友德屋脚上	185.10	渡江大队八队	红 W—4	街上李四四屋脚上	185.10
渡头公社大门口	红 W—5		185.10	渡头公社	供销社	门旁基角	186.60
渡头公社渡船口	红 W—6	职工宿舍屋角墙上（进门左边角上）	185.10	渡头公社渡船口	居民点	河边房屋朱必耀屋角（此地最低点）	180.79

续表

生产队名	点名编号	位　置	高程	生产队名	点名编号	位　置	高程
渡江大队三队	居民点	邓谢清房屋	181.78	渡头公社银行	银行	进门右角屋角上	185.16
渡头公社三岔路口	兰B—10	渡头后山三岔路口到珙瑀公路边	186.35	渡头公社医院	医院	职工宿舍屋角	198.30
渡头公社医院	红B—3	职工宿舍屋角	197.33	渡头公社	邮电局	前门屋角基高	196.06
渡江大队八队	红B—4	烤烟房屋基（公路边）	196.06	渡江大队八队	兰B—11	河边干地	186.35
渡江大队八队	兰B—12	河边干地	186.35	渡江大队四队	红W—8	队屋墙上	185.10
渡江大队四队	红W—9	田坎上清江河坝上	181.09	渡江大队	抽水机站	屋基脚	179.39
渡江大队四队	居民点	袁良钗屋角上	186.32	渡江大队四队	兰B—16	路边	186.35
渡江大队四队	兰B—17	河边田坎上	186.35	渡江大队六队	兰B—18	田坎上	186.35
渡江大队六队	兰B—19	田坎上	186.35	渡江大队六队	兰W—11	冲沟边	181.18
渡江大队五队	兰B—29	田坎上	186.37	渡江大队五队	兰B—30	田坎上	186.35
渡江大队五队	兰B—31	河边田坎上	186.35	渡江大队五队	兰B—32	河边田坎上	186.35
渡江大队五队	兰W—12	路边	181.15	渡江大队六队	兰B—33	田坎上	186.35

续表

生产队名	点名编号	位　置	高程	生产队名	点名编号	位　置	高程
渡江大队三队	居民点	猪栏角上	188.52	渡江大队三队	居民点	房基	190.67
渡江大队三队	红W—9	李永祥屋角	185.10	渡江大队三队	居民点	房基	182.92
渡江大队三队	居民点	李助民房基	185.65	渡江大队三队	红W—10	李纪菊屋墙上	185.10
渡江大队三队	兰B—34	田坎上	186.35	渡江大队二队	兰B—35	田坎上	186.35
渡江大队二队	居民点	李金业屋角上	185.38	渡江大队二队	居民点	李六斤屋角上	187.18
渡江大队二队	居民点	李立太屋角上	204.61	渡江大队二队	兰W—13	田坎上	181.12
渡江大队	小学	屋基	183.00	渡江大队一队	兰W—14	田坎	181.22
渡江大队一队	兰B—36	田坎	186.35	渡头中学	抽水机站	屋基	176.23
渡江大队六队	兰B—20	田坎上	186.36	渡江大队五队	居民点	油榨房	198.01
渡江大队八队	兰B—21	清江岸边田坎上	186.37	渡江大队四队	兰B—22	清江岸边田坎上	186.34
渡江大队四队	兰B—23	清江岸边田坎上	186.35	渡江大队四队	兰B—24	清江岸边田坎上	186.35
渡江大队四队	居民点	李九斤房屋	193.45	渡江大队四队	居民点	黄基平房屋（此地最高点）	197.33
渡江大队养猪场	猪栏	屋基高	196.90	渡江大队四队	兰B—25	公路下山坡	186.28

生产队名	点名编号	位　置	高程	生产队名	点名编号	位　置	高程
养路工班		屋基高（此处最高点）	203.28	渡江大队石湾队	兰W—10	河边山坡地中	181.12
渡江大队石湾队	兰B—26	河边山坡地中	180.35	渡江大队五队	仓库	仓库屋角上	192.59
渡江大队五队	居民点	李乙清屋基高	192.86	渡江大队五队	居民点	李乙清屋基高	196.00
渡江大队五队	兰B—27	河边山坡	186.37	渡江大队五队	居民点	李裕清屋角（此处最低点）	185.16
渡江大队五队	居民点	何明阶屋角	189.02	渡江大队六队	居民点	李巧钟屋角	194.58
渡江大队六队	居民点	李海清屋角	194.03	渡江大队五队	居民点	李庆何屋角	193.34
渡江大队六队	兰B—28	田坎上	186.35	渡头中学	高中部	学生宿舍墙角	204.33
渡江大队一队	兰B—37	山坡上	186.35	渡江大队一队	兰B—38	烤烟地	186.35
渡江大队一队	兰W—15	路边田坎	181.15	渡江大队一队	猪栏房	屋基脚	182.36
渡江大队一队	肥料房	山基脚	185.14	渡江大队一队	兰B—39	山坡上旱地	186.32
渡江大队一队	兰B—40	山坡坎上	186.32	渡江大队一队	居民点	汪伦清屋角上	184.15
渡江大队一队	红W—11	刘付兴屋墙上（屋基高183.15）	185.10	渡江大队一队	居民点	叶竟解屋角上	184.45

续表

生产队名	点名编号	位 置	高程	生产队名	点名编号	位 置	高程
渡江大队一队	兰B—41	路边	186.35	渡江大队一队	兰B—42	山坡路边	186.32
渡江大队一队	兰W—16	山坡路边	180.65	渡江大队一队	居民点	刘美付屋墙角	190.12
渡江大队一队	居民点	刘生辉屋墙角	187.07	渡头中学农场	兰W—17	山坡路上	186.65
渡头中学猪场	居民点	猪栏墙角上	182.75	渡头中学猪场	兰W—18	河边坎上	180.75
渡江大队花园队	居民点	叶家湾叶庆福屋角	186.28	渡江大队花园队	兰W—19	路边山坡上	180.65
合理大队西瓜铺	居民点	下湾队，黄贵仁屋角上	183.99	西瓜铺小学		学校屋角（小山包上，此处最高点）	201.36
西瓜铺下湾队		杂房屋基	188.31	西瓜铺下湾队	兰B—49	田坎上	186.31
西瓜铺下湾队	兰B—50	山坡路边	186.30	西瓜铺下湾队	兰W—27	冲田坎	180.15
西瓜铺下湾队	兰B—51	山坡上	186.30	西瓜铺下湾队	兰B—52	山坡上	186.30
西瓜铺下湾队	兰W—28	田坎上	180.15	西瓜铺下湾队	兰B—53	田坎上	186.30
西瓜铺下湾队	居民点	屋角上（旧市公社煤矿井人已搬走）	191.37	西瓜铺下湾队	兰W—29	田坎上	180.15
渡江大队六队	兰B—89	路边旱地坡上	186.35	渡江大队六队	兰W—58	沟边坎角	181.65

生产队名	点名编号	位　置	高程	生产队名	点名编号	位　置	高程
渡江大队六队	兰W—59	沟边坎角	181.65	松油厂仓库		仓库墙角上	193.14
渡江大队六队	居民点	黄香清屋角（五保户）	178.29	珧瑀大队一队	红W—7	（广安寺）张志良屋墙上	185.65
珧瑀大队一队	居民点	村头第一栋屋墙脚	187.38	珧瑀大队一队	兰B—13	路下边	186.35
珧瑀大队一队	居民点	黄章才屋角（此处最低点）	182.97	珧瑀大队一队	红W—5	公路边山坡	182.15
珧瑀大队一队	兰B—14	公路边山坡	186.45	珧瑀大队一队	兰W—6	公路下边田坎	182.20
珧瑀大队一队	兰W—7	田坎上	182.11	珧瑀大队一队	兰B—15	公路山坡上	186.45
珧瑀大队一队	大队猪场	猪栏房屋角上	184.59	珧瑀大队一队	兰W—8	河边地中	182.15
珧瑀大队一队	TP—6	街头桥中石头5—6块上	181.13	珧瑀大队中学		学校屋角墙上	181.44
珧瑀大队四队		牛栏房基	184.23	珧瑀大队四队	兰W—45	河边菜园地	181.15
珧瑀大队四队	兰B—67	冲田坎上	186.40	珧瑀大队四队	居民点	耕作房基高	198.65
珧瑀大队四队	居民点	雷己达、钟永香屋	187.12	珧瑀大队四队		油榨房屋基高	188.55
珧瑀大队四队	猪栏房	猪场屋角	188.97	珧瑀大队四队	兰B—68	四队房前	186.40

生产队名	点名编号	位　置	高程	生产队名	点名编号	位　置	高程
玡珸大队三队	居民点	供销店门口	184.70	玡珸大队三队	红 W—13	李汉文屋墙上	186.15
玡珸大队三队	居民点	仓库墙基	189.11	玡珸大队三队		烤烟房墙角	205.12
玡珸大队三队	兰 B—69	河边菜园地	186.43	玡珸大队五队	红 B—5	牛栏屋角	197.35
玡珸大队五队	红 B—6	猪栏屋角（此房最低点）	197.34	玡珸大队五队	兰 B—70	冲田路边	186.30
玡珸大队五队	兰 B—71	路边坎上	186.34	玡珸大队五队		牛栏屋角	187.10
玡珸大队五队	兰 B—75	田坎上	188.41	玡珸大队五队	兰 B—72	牛栏房前坎上	186.35
玡珸大队五队	兰 W—46	河边路坎上	182.15	玡珸大队五队	居民点	朱厚忠屋基高	194.65
新丰大队三队	居民点	耕作房屋基	180.84	新丰大队三队	红 W—15	耕作房墙上	187.75
新丰大队三队	兰 B—77	耕作房边上	186.70	新丰大队三队	兰 B—78	冲田坎（靠山边）	186.65
新丰大队一队	兰 W—48	冲田坎	184.65	新丰大队一队	居民点	牛栏房墙角	190.50
新丰大队一队	兰 B—79	牛栏房下边田坎	186.70	新丰大队一队	兰 W—49	牛栏房下边田坎	184.65
新丰大队一队	兰 B—80	山坡田坎	186.70	新丰大队一队	兰 W—50	冲沟边坎上	184.65

生产队名	点名编号	位　置	高程	生产队名	点名编号	位　置	高程
新丰大队一队	红 B—7	张春山杂房墙上	197.35	新丰大队一队	兰 B—84	河边坎上旱地（茅柴岭）	186.50
新丰大队一队	兰 W—54	河坎山坡上	182.65	新丰大队一队	兰 W—55	田坎上	182.65
新丰大队一队	兰 B—85	高坎上	186.52	新丰大队一队	学校	新丰学校墙基	200.01
新丰大队一队	居民点	猪场屋基	197.44	新丰大队一队	居民点	烤烟房墙基	197.75
新丰大队一队	红 B—8	朱九斤屋墙上	197.35	新丰大队一队	红 B—9	朱卫生屋墙上	197.35
新丰大队二队	居民点	朱凤良屋墙基	193.57	新丰大队二队	居民点	二队农具屋墙基（仓库）	193.44
新丰大队二队	居民点	何文怀屋墙基	189.79	新丰大队二队	居民点	朱明良屋墙基	187.14
新丰大队三队	居民点	朱忠现屋墙基	191.21	新丰大队三队	居民点	朱雪梅屋墙基	190.09
新丰大队	电站	河边电站屋墙基	179.48	新丰大队三队	兰 W—56	河边山坡旱地（去电站小路边）	183.65
新丰大队三队	兰 B—86	去电站小路边	186.50	新丰大队三队	闸门高	电站渠边关水闸门	183.03
新丰大队二队	居民点	朱五斤房墙角基	198.76	新丰大队一队	居民点	仓库墙基	196.10

生产队名	点名编号	位 置	高程	生产队名	点名编号	位 置	高程
新丰大队一队	兰W—57	河边烟土地（煤矿脚下）	181.65	新丰大队一队	兰B—87	河边烟土地（煤矿脚下）	186.35
广安寺煤矿		厨房墙基脚	189.95	新丰大队	兰B—88	山坡公路下（广安寺）	186.35
合理大队一队	兰W—20	菜园中	180.15	合理大队一队	居民点	黄成星屋墙基	182.74
合理大队一队	兰B—43	山坡	186.35	合理大队一队	兰W—21	田坎上	180.15
合理大队一队	兰W—22	田坎上	180.15	合理大队一队	居民点	黄兴昌屋墙角基	182.95
合理大队一队		烤烟房	193.01	合理大队一队	居民点	黄七斤屋墙角基	197.83
合理大队二队	居民点	黄仁光屋墙角基	177.97	合理大队二队	兰W—23	田坎上	180.15
合理大队二队	兰B—44	山坡上	186.30	合理大队三队	兰W—24	田坎上	180.15
合理大队三队		抽水机站房基	182.58	合理大队油榨队	兰B—45	山坡上	186.30
合理大队油榨队	兰W—25	田坎上	180.14	合理大队油榨队		生产队公房墙基	187.88
合理大队油榨队	居民点	罗四斤屋基	192.27	合理大队油榨队	兰B—46	山坡上	186.26
合理大队油榨队	柴火房	黄守达屋基	184.58	合理大队油榨队	柴火房	渠边边屋墙角上	185.60

生产队名	点名编号	位　置	高程	生产队名	点名编号	位　置	高程
合理大队油榨队	兰B—47	河边田坎上	186.34	合理大队油榨队	兰W—26	河边田坎上	180.22
大坨大队	学校	石坨小学墙角上	214.99	石坨冲口	兰B—48	冲口坎上（合理大队油榨队）	186.27
合理大队		油榨房基	193.21	老合理五队	居民点	黄春雪屋基	182.97
老合理五队	居民点	黄甲甲屋基	190.59	老合理五队	兰B—54	黄甲甲门前菜园	186.30
老合理五队	居民点	黄九九屋基	184.64	老合理五队	兰B—55	路下山坡旱地坎上	186.30
老合理五队	兰W—30	小路边	180.15	亲睦大队一队	牲畜房	朱坪生产队猪场房基	182.70
亲睦大队二队		仓库房基	182.37	亲睦大队二队	兰W—34	河边地中	179.30
亲睦大队二队	居民点	袁在芳屋墙角	176.58	亲睦大队二队	兰W—35	河边旱地	179.30
亲睦大队二队	小杂房	屋基上（朱坪河对岸小房子）	179.83	亲睦大队二队	兰W—36	田坎上	179.33
亲睦大队二队	兰B—58	田坎上（小路边）	186.27	亲睦大队二队	电站	屋基（朱坪对岸小电站）	196.38
亲睦大队二队	兰B—58	晒坪场旁小杂房	195.85	亲睦大队二队	兰W—37	河边坎上	179.30
亲睦大队二队	兰B—59	河边坎上	180.27	亲睦大队		学校墙角基	185.86

续表

生产队名	点名编号	位　　置	高程	生产队名	点名编号	位　　置	高程
亲睦大队四队	兰B—60	学校田坎	186.30	亲睦大队四队	兰W—38	学校下，河边田坎	179.30
亲睦大队四队	兰B—61	河上面田坎上	179.30	亲睦大队四队	兰W—39	门前田坎上	179.30
亲睦大队四队	居民点	墙角基（四队湾头一家）	179.78	亲睦大队四队		烤烟房墙基	182.60
亲睦大队四队	红W—12	门前田坎上	183.60	亲睦大队二队	兰B—62	田坎上	186.30
亲睦大队二队	居民点	（新合理七队）耕作房墙基	192.44	亲睦大队四队	兰B—63	田中间小土包上	186.20
亲睦大队四队	兰W—40	冲田坎上	179.10	亲睦大队四队	居民点	张守良屋基脚	178.26
亲睦大队六队	兰B—65	河边田坎上	186.37	亲睦大队六队	兰B—66	公路边田坎上	186.30
亲睦大队四队	兰W—41	田坎上	179.20	亲睦大队六队	兰W—42	河边田坎上（门前100米左右）	179.30
亲睦大队六队	居民点	张治运屋墙基	182.39	渡头公社农科所	居民点	屋墙基	197.36
亲睦大队六队	兰B—64	公路下田坎	186.25	亲睦大队六队	居民点	何江如房基	184.98
亲睦大队六队	兰W—43	河边田坎上	179.20	亲睦大队六队	兰W—44	河边田坎上	179.27
亲睦大队六队	居民点	房墙基	180.74	亲睦大队朱坪队	兰W—51	河边旱地	179.50

续表

生产队名	点名编号	位　置	高程	生产队名	点名编号	位　置	高程
亲睦大队朱坪队	兰B—56	山坡上	186.25	亲睦大队朱坪队	兰W—32	河边小路上	179.30
亲睦大队朱坪队	兰W—33	河边旱地埂上	179.30	亲睦大队朱坪队	兰B—57	山坡上	186.30
高浦大队	学校	屋墙基	180.34	高浦大队二队		厕所墙基	191.31
高浦大队二队	居民点	黄美玉房墙基（此处为最低点）	189.67	高浦大队二队	居民点	李昌光房墙基（此处为最高点）	196.61
高浦大队二队		水库坝顶（二队水库）	196.27	高浦大队二队	兰B—81	河下路边	186.70
高浦大队二队	兰W—51	河下路边	184.65	高浦大队二队	兰B—82	田坎上	186.70
高浦大队二队	兰W—52	田坎上	184.65	高浦大队一队	兰W—53	田坎上	184.65
高浦大队一队	兰B—83	田坎上	186.70	高浦大队一队	居民点	李炳山猪栏	188.82
高浦大队一队	居民点	李丁平房屋墙基（店上）	187.65	高浦大队一队	居民点	李付良房屋墙基	191.23
高浦大队一队	居民点	李厚发房屋墙基	191.32	高浦大队浦溪江队	居民点	房屋墙基	191.05
浦溪江	居民点	养路工班房屋墙基	192.72	高浦大队二队	居民点	肥料房墙基	183.18
高浦大队二队	兰B—73	河边上	186.50	高浦大队二队	兰W—47	河边路上	183.15

生产队名	点名编号	位　置	高程	生产队名	点名编号	位　置	高程
高浦大队二队	兰B—74	河边路上	186.50	高浦大队四队	居民点	甲钗屋墙角基	201.02
高浦大队四队		养猪场房角基	199.47	高浦大队三队	兰B—76	山坡田坎上	186.50
高浦大队四队	居民点	仓库墙脚基	191.55	高浦小学		学校房墙基	190.15
秀流大队一队	居民点	李炳样房基	189.81	秀流大队二队	居民点	李任任房基	193.27
秀流大队一队	红W—14	猪房墙上	187.75	秀流大队一队	居民点	生产队办公室墙基	188.94
秀流大队二队	居民点	李孝生房墙基	189.86	秀流大队二队	居民点	房墙基	189.10
秀流大队三队	居民点	黄田柱房墙基	189.70	秀流大队三队	居民点	朱七七房墙基	190.66
滁口公社							
滁口街上		书店房墙基	200.12	滁口街上		副食品店房墙基	200.12
滁口街上		公社房墙基	199.51	滁口街上		商店房墙基	202.04
滁口街上	红B—11	河边食品店房墙基	197.90	滁口街上		洗藻堂房墙基	198.81
滁口老街上大桥队	红B—13	仓库墙基	197.90	滁口老街上	红W—18	黄立仁房墙基	196.90
滁口老街上	居民点	熊世典房墙基（此处最高的房基）	199.80	滁口老街上	居民点	生产资料门市部墙基	194.40
滁口老街上	居民点	罗雨盛房墙基	198.78	国营滁口林场		小学校房墙基	199.16

生产队名	点名编号	位　置	高程	生产队名	点名编号	位　置	高程
滁口生产队	红B—15	沈五苟墙上（封闭基高197.05）	197.90	滁口生产队	红W—19	其松屋墙上	196.90
大湾生产队	红W—20	房墙上（房墙基高196.05）	196.90	大桥生产队	居民点	袁占苟房墙基	197.24
上七下八队	居民点	牛栏房墙基	194.46	修配厂	居民点	宿舍房墙基（公路边）	199.48
麻石铺队	居民点	黄水仁房墙基（大樟树下）	198.94	上七下八队	红B—17	邵贵良墙上	197.50
肖黄家队	居民点	肖阴茂房墙基	202.25	肖黄家队		猪栏房墙基	200.14
肖黄家队	兰B—94	河边菜园地	195.56	大桥队	兰B—95	田坎上	195.60
大桥队	红B—12	黄龙龙屋墙上	197.90	滁口队	居民点	育秧房墙基	201.39
滁口小学	居民点	教室墙基	202.29	滁口中学	居民点	食堂屋墙基	201.56
滁口公社		水电站房墙基	195.53	滁口大队	兰B—96	电站房头田坎上	201.39
滁口大队		电站水渠边顶	201.81	滁口中学		高中部墙基	201.93
大桥队	居民点	黄学主角房墙基	194.71	大桥队	兰B—90	河边田坎上	195.05
大桥队		加工厂宿舍墙基	199.72	大桥队	民房	李万银屋墙基	200.21
肖黄家队	兰B—91	河边小路旁	195.05	大桥队		猪场墙基	206.68

续表

生产队名	点名编号	位 置	高程	生产队名	点名编号	位 置	高程
大桥队	兰 B—92	公路下田坎上	195.05	滁口大跃前队	居民房	黄发亮屋基	203.51
滁口大跃前队	居民房	黄永昌屋基	200.52	滁口大跃前队	兰 B—93	公路边田坎上	195.60
滁口水运站	居民点	食堂楼房墙基	195.54	滁口水运站	居民点	后面宿舍墙基（最高处）	200.94
滁口水运站	居民点	后面宿舍墙基	197.90	滁口水运站	红 W—16	食堂后面墙上	197.48
滁口水运站	红 B—10	食堂后面墙上	197.90	滁口林场坳头工区	兰 B—99	公路下河边坎上	190.05
滁口林场坳头工区	兰 B—100	窄边沟坎上	190.08	渡头公社	居民房	渡江大队林场墙基	200.48
滁口林场坳头工区	红 W—21	职工食堂墙角基	192.90	滁口林场坳头工区	红 W—22	职工宿舍墙角基	192.90
上七下八队	红 W—23	肥料房墙基	192.90	高湾大队大湾队	兰 B—97	田坎上	193.55
高湾大队大湾队	红 B—16	油榨房墙上	197.70	高湾大队大湾队	兰 B—98	河边	193.55
高湾大队牛滩队	兰 B—101	田坎上	191.55	高湾大队牛滩队	居民点	仓库房墙基	205.22
高湾大队牛滩队	居民点	牛栏墙基	199.21	高湾大队牛滩队	兰 B—102	河边田坎上	191.55
高湾大队牛滩队	民房	李保国房屋墙基	203.91	高湾大队牛滩队	兰 B—103	河边	191.55
高湾大队牛滩队	兰 B—104	河边田坎上	191.80	高湾大队牛滩队	兰 B—105	河边旱地上	192.05

生产队名	点名编号	位 置	高程	生产队名	点名编号	位 置	高程
高湾大队牛滩队	居民房	何青改墙基	201.39				

说明：

1. 东江水库（今东江湖）淹没范围为海拔 285 米（黄海高程），第一期移民范围为海拔 200 米以下，即此表所列范围。外迁移民（离开东江湖）基本上属于此表范围，后靠移民（在原住地内后靠）则在海拔 200 米以上到海拔 285 米。

2. 本表中的"点名编号"栏内："红"字代表房屋，按照 20 年一遇洪水计算水位高程；"兰"字代表田土，按照 5 年一遇洪水计算水位高程；"W"字代表围院挡水期；"B"字代表坝体挡水期。

3. 此表来源于"三三〇"（中南）勘测设计院。

主要参考书目

　　《资兴历代县官考》的写作，参考了许多书籍和文章、文件。在此，向作者们表示衷心的感谢！但本书的资料来源，在书中都有说明。由于引用的资料太多，故在此不能全部列出，只将其中的主要资料参考书目，罗列如下：

　　[1] 康熙《兴宁县志》，康熙五十三年甲午（1714）刊行，2016年发现并收藏于资兴市档案馆，资兴市档案局局长戴忠诚2017年毛笔手抄本。

　　[2] 乾隆《兴宁县志》，乾隆二十四年己卯（1759）刊行，北京故宫博物院收藏，欧资海2017年扫描影印本。

　　[3] 光绪《兴宁县志》，光绪元年乙亥（1875）刊行，1988年重印本。

　　[4]《资兴市志》，湖南省资兴市地方志编纂委员会编，湖南人民出版社1999年7月第1版。

　　[5]《资兴市志》（1989—2003），资兴市地方志编纂委员会编，方志出版社2013年12月第1版。

　　[6]《中国共产党湖南省资兴市组织史资料》（1926.10—1987.12），资兴市委组织部、党史办、编委会、市档案局编，资兴印刷厂1992年6月印刷。

　　[7]《中国共产党湖南省资兴市组织史资料》第二卷（1988.1—1995.12），资兴市委组织部、市史志办、市档案局编，资兴印刷厂1996年10月印刷。

　　[8]《资兴党史》第一集，中共资兴市委党史办公室编，1987年12月内部印刷。

　　[9]《中共资兴党史大事年表》（1919—1992），中共资兴市委党史办公室、市档案局编，湘资文准字［94］第021号准印证，资兴市印刷厂印刷。

　　[10]《中国共产党资兴历史》（新民主主义时期），资兴市党史办公室编、天马图书有限公司2002年12月出版。

　　[11]《资兴市人大志》（1989—2005），资兴市人大常委会编印，1994年

10 月内部出版。

[12]《浓墨重彩写春秋——资兴政协十五年》，政协资兴市委员会编，2000 年 11 月内部出版。

[13]《政协二十年》，资兴市政协办公室 2007 年编辑，内部出版。

[14]《骨干花名册》，1987 年—1996 年，中共资兴市委组织部分年编印。

[15]《内部电话号码本》，1999 年—2017 年，中共资兴市委办公室分年编印（个别年份缺）。

[16]《民国档案》，资兴市档案馆资料。

[17]《二都传书》，民国二十六年（1937）刊印，2016 年发现收藏于资兴市史志办，焦明副主任 2017 年影印本。

[18]《湘南起义史稿》，中共郴州党史资料征集办公室编，湖南人民出版社 1986 年 11 月出版。

[19]《中国共产党湖南省郴州地区组织史资料》（1921 年 7 月—1992 年 12 月），中共郴州地委组织部、郴州地委党史办、郴州地区编制委员会、郴州地区档案局编，1994 年湘南地质制图彩印厂印刷。

[20]《郴州地区志》，郴州地区地方志编纂委员会编，1996 年 6 月中国社会出版社出版。

[21]《中共郴州党史大事年表》（1919—1995），中共郴州市委党史办编，湖南地质制图彩印厂印刷 1999 年 9 月出版。

[22]《中国共产党郴州历史》（新民主主义时期），中共郴州市委党史办编，湖南人民出版社 2001 年 5 月出版。

[23]《古代至建国前郴州大事记》，郴州档案信息网 2007 年 11 月 19 日 19 时 37 分 15 秒发布。

[24]《郴州简史》，"郴州街上的老奶钵"写作，发布于网站。

[25]《中国历史大事年表》，冯君实主编，辽宁人民出版社 1984 年 12 月第 1 版。

[26]《湖南党史大事年表》（新民主主义时期），湖南人民出版社 1986 年 10 月第 1 版。

[27]《井冈山革命根据地》，井冈山革命根据地党史资料征集编研协作小组、井冈山革命博物馆编，中共党史资料出版社 1987 年 9 月第 1 版。

[28]《蒋介石日记揭秘》，张秀章编著，团结出版社 2007 年 1 月第 1 版。

作者后记

对于湖南省资兴地方文史的研究，我是从 20 世纪 80 年代开始的。那时，我担任中共资兴市委常委，先后任市委宣传部部长、市委办公室主任，同时兼任市体制改革委员会、整党办公室主任等职。党的十一届三中全会之后，拨乱反正，平反冤假错案，涉及大量的历史问题。为了研究资兴的历史，市委、市政府先后成立了党史资料征集办公室、市志办公室。工作的需要，使我对于资兴地方历史产生了浓厚的兴趣。

我的爱人颜自兰在公安局办公室工作，负责办公室事务的同时兼任档案员。"文化大革命"中把社会上所谓"四旧"（旧思想、旧文化、旧风俗、旧习惯）的东西都捣毁了，书籍也烧光了，民国以及以前的资料几乎荡然无存。只有公安局的档案室里，保留了民国的历史档案，还保留了资兴唯一幸存的光绪元年乙亥（1875）重修的《兴宁县志》。我得天独厚，那时就看到了这些资料，并摘抄了不少。

1990 年 1 月，我调任湖南省东江师范学校党委书记。学校工作有个好处，每年均有两个假期。那时，我 39 岁，精力旺盛，怀着一个"伟大"的文学梦，一心想当作家，除了写一些诗歌、散文、新闻报道之外，开始长篇小说《东江女》的创作。这部小说，是我根据所积累的资兴历史知识，反映资兴"自从有了共产党"以来所经历的斗争故事，计划一直写到东江水库移民。为了引导学生写作"身边人、身边事"，我边写边在我创办的《东师文艺》上发表。同时，我联合了两位老师，为学生编写了地方教材《炎帝走过的郴州》，介绍郴州地区各县市的人文地理，用以增强他们对自己家乡的认识。这样，越写，积累资兴的历史资料越多，越想把它们整理出来。

然而，1993 年之后，在强劲的改革开放春风之中，为了将刚刚从宜章县城搬迁到资兴新区办学的东江师范学校建设好，千方百计自己"攒钱"建设学校。我首先扩大了招生范围，学校在办中专（学制 3 年）的同时，加办了自学考试的大专班；我又先后跑广东、海南、福建、江西、山东、云南等地，大量招收外省"自费生"（回原籍分配工作），使一个每年只招收 4 个班、200 名学生、总规模 600 人的学校，扩大到每年招收 10 多个班、在校学生总数达 3600 多人。这样，假期没有空闲了，天天忙于工作，先是"6＋1"，后是"5＋2"（1995年 3 月 25 日开始），总是"白＋黑"地苦干，自己的写作便耽搁了。

担任"一把手"10 年之后，恰逢一场变故，我退出了"一把手"的岗位。没有担任过"一把手"的人，只眼红它"权大、势大"；真正担任过"一把手"、并想搞出点"名堂"的人，才会知道会有多"心累"，身处矛盾的中心点，无时无刻不在思虑、顾虑、焦虑中生活。退出了"一把手"的岗位，我的心顿时从"三虑"中解脱出来，重新拾起写作这门"功课"。

2001 年冬至 2002 年秋，我组织资兴、永兴、炎陵 3 县市的欧阳氏族人，续修资兴《欧阳氏族谱》。我既当总主修，又当总编辑；既组织领导班子，又组织写作班子；既下乡宣传发动，筹集资金，又亲自编写，亲自校对，只用了一年的时间，就在族人的大力支持下，将一部厚达七卷、4504 页的族谱编撰和印刷好了，发放到 7112 名入谱者手中。

2003 年，我离开湖南省东江师范学校，调入刚刚成立的郴州市东江湖水环境保护局（与资兴市环境保护局合署办公）工作，并担任资兴市高码工业园（现改名为江北工业园）建设协调指挥部副指挥长。在工作的同时，我努力收集和研究资兴各姓氏的族谱，开始写作《资兴人是从哪里来的》。在收集和研究各姓氏族谱的过程中，涉及资兴各方面的历史，于是，逐步地进行了分类写作。

2011 年 2 月，我退休了，立即参加了总部设在福州、编辑部设在郴州的"世界三欧（欧、欧阳、区）总谱"的工作，并担任郴州和湖南分会的常务副会长兼文化研究会会长，后又担任总会的文化研究会常务副会长。此后，又担任总部设在长沙的《中华欧阳氏大宗谱》副主编。于是，着手写作《欧阳氏族考》。这几年，我先后写作了这么几部书稿：

湖南·资兴地方文史研究丛书《资兴历史》第一部《欧阳氏族考》：从2013 年开始写作，2015 年 10 月完成，共 4 编计 86 万多字。同年 10 月，将其压缩到 3 编 40 多万字，以《欧阳氏族考》内部印刷了 1000 本，征求意见。2015 年冬北京"人文在线文化艺术有限公司"交由中国文联出版社出版时，改名为《资兴欧阳村落探源》，压缩到 2 编计 35.8 万字，并于 2016 年 4 月第 1版发行（现在我还有存书，网站上也可以购买）。

《资兴历史》第二部《资兴历代县官考》：从 2003 年开始写作，2009 年10 月写成了初稿；2016 年进行修改，2017 年 2 月定稿，共 73.3 万字。此书分上下两册出版：上册至民国，下册为资兴 1926 年"有了共产党以后"至2017 年 12 月。2017 年 12 月，北京"人文在线文化艺术有限公司"交由中国致公出版社出版。

《资兴历史》第三部《到过资兴的名人考》：从 2003 年开始写作，2009 年10 月已经拟写了 300 多个人物，包括汉朝的李广、马援，南宋的丞相朱胜非，现代的毛泽东、朱德、陈毅，还有林彪和龚楚，以及新中国成立后到过资兴的省部级以上人物，到 2006 年回良玉副总理、前总理温家宝视察资兴止。计划再一次修改定稿，并准备出版。

《资兴历史》第四部《资兴机关企事业单位考》：这是记述资兴自新中国成立以后至 2017 年的全县机关企事业单位的书，2017 年 1 月开始写作，已经写了部分篇章，准备出版。

《资兴历史》第五部《资兴基层政权考》：主要记述区、乡镇和人民公社的情况，个别内容涉及行政村和自然村的情况。2017 年 1 月开始写作，已经写了部分篇章，准备出版。

《资兴历史》第六部《资兴历代人物考》：这是记叙本土人物的书，包括县志中所记载的人物，各姓氏族谱中所记载的人物和其他书籍中所记载的人物。从 2003 年以来，已经积累了部分资料，也写作了部分章节。准备继续收集资料，写作好后出版。

《资兴历史》第七部《资兴人是从哪里来的》：从 2003 年开始，已经收集并整理了 30 多部族谱的资料，并列出了各姓氏的源流、世系、诗词、著名人物。到 2009 年，收集、整理的资料达到 116 万字，并写作了初稿，准备修改后出版。

《资兴历史》第八部《资兴文学》：已经收集并整理了部分资兴的传说、诗歌、文学作品等资料，但不完整。此书内容太多，今后有可能分为二三部书出版。

根据以上的研究，2016 年 5 月 22 日，我曾经向资兴市四大家的主要领导，递交了《关于文化立市的建议》，想以此推动资兴的文化建设，增强资兴人民的文化自信。

　　资兴地方文史是一个宝库，时至今日，还没有人认真地、系统地进行挖掘、整理、研究，并将她公之于众。我可以骄傲并自豪地说：我就是想做这个"第一人"！同时，以期引起资兴各级领导的重视，引起资兴有志研究地方文史的行家重视，齐心协力，共同来开发这座宝库！

　　就《资兴历代县官考》的资料搜集而言，我要特别感谢一个单位和三个人，那就是资兴市档案馆和欧国文、梁毅、周雨霏同志。档案馆为我查阅、收集、整理民国时期的资料提供了方便，从而澄清了许多历史事实。欧国文、梁毅和周雨霏同志则为我提供了许多20世纪90年代以后的资料，使我的研究得以顺延到2017年8月。我真诚地希望，在以后《资兴历史》的研究中，能够得到各个部门和单位负责同志的支持和帮助，收集到更多更准确的资料。

　　书中肯定存在不少问题或错误，特别是20世纪90年代以后领导干部的任职时间，没有经过中共资兴市委组织部的核对。虽有中共资兴市委组织部的《骨干花名册》和中共资兴市委办公室编印的《内部电话号码本》作为考证的依据，但这毕竟只是一个旁证，何况《内部电话号码本》从1999年才开始编印，其中还缺少了2003年（只编印了办公室系统的主管领导和办事人员）、2004年、2007年、2010年、2013年、2015年。同时，这两个资料对于任职的时间也不一定准确，特别是"始任"时间——因为必须是先到职，然后才能编印出书，这与准确的任职时间，存在一定的差距。请读者在阅读时予以注意。

　　只有重视自己历史的民族，才能开创不朽的历史奇迹！

　　谨以此作为后记，以就教于方家。

2017年12月18日，写于长沙